Windows Server 2022

Administración avanzada

Olivier Le Guevel

ISBN: 978-2-409-05068-8
Edición original: 978-2-409-04800-5

Ediciones ENI

P° Ferrocarriles Catalanes, 97-117, 2a pl. of. 18
08940 - Cornellà de Llobregat (Barcelona)

Tel: 934 246 401
Fax: 934 231 576

e-mail: info@ediciones-eni.com
http://www.ediciones-eni.com

Autor: Olivier Le Guevel
Edición española: Angel Mª Sánchez Conejo
Colección **Expert IT** dirigida por Émilie Villetorte

Contenido

Introducción

Capítulo 1
Active Directory

Capítulo 2
El servicio DHCP

Capítulo 3
El servicio DNS

Capítulo 4
Almacenamiento

Capítulo 5
Hyper-V

Capítulo 6
El clustering con Windows Server

Capítulo 7
Windows Server y Azure

Capítulo 8
La seguridad de Windows Server

Introducción

1. Prólogo

Windows Server 2022 sigue los pasos de las versiones que comenzaron con Server 2016, y trae una serie de nuevas características para trabajar con el cloud (en la nube). También hay actualizaciones para la seguridad y la virtualización, así como otras mejoras.

Sin embargo, no se trata de una revolución, sino de una evolución, en línea con las ediciones anteriores del sistema, 2016 y 2019. Server 2019 inició un cambio hacia arquitecturas híbridas in situ y en la nube, y Server 2022 continúa en esta dirección.

Este libro tiene como objetivo proporcionar una comprensión general de Windows Server y su ecosistema y, para ello, en primer lugar revisará los servicios fundamentales como Active Directory, almacenamiento y los servicios de red básicos DNS y DHCP.

Juntos veremos temas más avanzados como la virtualización con Hyper-V, clustering, arquitecturas híbridas y algos aspectos básicos de seguridad.

A lo largo del libro, nos basaremos más en demostraciones prácticas que en extensas explicaciones teóricas, aunque profundizaremos en la teoría cuando sea necesario. Podrá reproducir en casa las configuraciones utilizadas en este libro para explorar las características de Windows Server 2022.

2. ¿A quién va dirigido este libro?

Este libro está diseñado para personas que ya tienen conocimientos básicos de redes y sistemas de servidor. Un conocimiento básico de PowerShell también será útil para sacar el máximo provecho de este libro. Asumimos que aquellos interesados en la administración avanzada de Windows Server ya están familiarizados con los fundamentos de estos temas. Por último, un conocimiento básico del servicio en la nube Microsoft Azure, también puede resultar útil para sacar el máximo provecho de este libro.

En la misma línea, no explicaremos cómo configurar máquinas virtuales para reproducir las operaciones presentadas en el libro, ya que pensamos que usted ya sabe cómo hacerlo.

Tanto si hablamos de servicios como DHCP o de temas más avanzados como la virtualización, nuestro objetivo es llevarle más allá de estos conceptos básicos esenciales.

Si es usted un técnico que quiere ascender en su carrera profesional, un administrador que desea ampliar sus conocimientos o mantenerse al día con las nuevas tecnologías o un aficionado a Linux que quiere descubrir la administración de Windows, este libro es para usted.

No está obligado a estudiar los capítulos en el orden cronológico del libro, sino que es totalmente posible trabajar los temas tratados en el orden que desee.

Sin embargo, la organización de los capítulos tiene cierta lógica. Por ejemplo, es mejor haber estudiado el almacenamiento antes de ver la virtualización o haber leído el capítulo sobre Active Directory antes de leer el de DHCP.

3. Reproducción de los trabajos prácticos

Para poder reproducir los trabajos prácticos del libro, que se realizan utilizando máquinas virtuales, puede utilizar el hipervisor de su elección, Hyper-V, VMware Workstation o Virtual Box. No entraremos en los detalles de cómo utilizar estos programas.

En cuanto a la máquina real que alojará estas máquinas virtuales, una máquina con 16 GB de RAM, un procesador I5 y un SSD en el que se almacenarán las máquinas virtuales, nos parece lo mínimo.

Si, por casualidad, se encuentra encorsetado por una máquina con 16 GB de RAM, no todas las operaciones requerirán que todas las máquinas virtuales estén encendidas al mismo tiempo. Puede apagar algunas de ellas, ahorrando así memoria, aunque los trabajos prácticos utilizados en este libro están diseñados para ejecutarse en una máquina con 16 GB de memoria.

En cada capítulo se utilizarán diferentes trabajos, que nos permitirán poner en práctica los conceptos tratados.

4. Novedades de Windows Server 2022

Como sucede con cualquier versión de Windows Server, la versión 2022 traerá su parte de mejoras y nuevas características. Sin enumerarlas todas, he aquí una lista rápida de las principales novedades.

4.1 Ediciones Windows Server 2022

Windows Server 2022 está disponible en cuatro ediciones:

- Essential (sólo para revendedores, también conocido como OEM),
- Standard,
- Datacenter,
- Datacenter Azure Edition (sólo disponible en máquinas virtuales Azure).

La versión "essential" sólo está disponible preinstalada en un servidor físico y se limita a 25 usuarios y 50 dispositivos: está destinada a las pequeñas empresas.

La diferencia entre la edición standard y la edición datacenter reside en el número de máquinas virtuales que se pueden crear en Hyper-V: dos para la versión standard e ilimitadas en la edición datacenter. Ya no hay limitaciones en cuanto a usuarios o dispositivos en estas dos ediciones.

Windows Server 2022 Datacenter Azure Edition es una nueva edición de Windows Server, especialmente diseñada para máquinas virtuales alojadas en Azure. En comparación con la versión Datacenter, incluye características adicionales diseñadas para trabajar con la nube de Microsoft:

- gestión de la funcionalidad de red extendida de Azure WAN,
- aplicación de actualizaciones en caliente,
- SMB sobre QUIC (una especie de VPN SMB),
- compatibilidad con Azure Stack HCI,
- compresión de réplicas de almacenamiento durante la transferencia de datos.

4.2 Gestión del hardware

En cuanto a la gestión del hardware, las principales novedades de Windows Server 2022 son las siguientes:

– aumento de la cantidad máxima de RAM gestionada a 48 terabytes,

– virtualización anidada con procesadores AMD,

– Arranque seguro UEFI.

4.3 Seguridad

Entre las nuevas funciones de seguridad figuran las siguientes:

– TLS 1.3 está activado por defecto,

– compatibilidad con servidores de núcleo seguro,

– seguridad basada en la virtualización,

– Cifrado SMB AES-256,

– DNS sobre HTTPS para el cliente DNS.

4.4 Otras novedades

Esta lista de novedades no es ni mucho menos exhaustiva.

Para la red, por ejemplo, habrá mejoras en la gestión de los protocolos UDP y TCP y un mejor rendimiento para los switchs virtuales Hyper-V.

En cuanto al almacenamiento, hay nuevas funciones para el sistema de archivos ReFS, una caché de bus de almacenamiento disponible para servidores independientes, un servicio de migración de almacenamiento mejorado, una sincronización de almacenamiento más rápida en clústeres y una velocidad de reparación de almacenamiento ajustable.

Por último, hay varias mejoras más, como la compresión de datos para intercambios SMB, la desinstalación automática de actualizaciones de calidad si provocan fallos en el arranque y Microsoft Edge, que sustituye al antiguo Internet Explorer.

5. Tipos de instalación

Windows Server 2022 se puede instalar de tres formas distintas: una instalación completa con interfaz gráfica, una instalación mínima (también conocida como modo Core), sin interfaz gráfica y una versión nanoservidor (también conocida como Windows Server ultraminimal), que se puede implementar en un VHD.

Cuanto más mínima sea la instalación, más estable será el sistema, menor será la superficie de ataque y mejor será el rendimiento general del sistema. La versión completa con interfaz gráfica requiere muchos más recursos, tarda más en reiniciarse y es menos estable que una instalación Core o nano.

La mejor práctica recomendada por Microsoft es instalar Windows Server en modo Core, sin interfaz gráfica. A continuación, el sistema operativo se puede gestionar en PowerShell, directamente o a través de la red con una máquina Windows 10 u 11, en la que se hayan instalado Herramientas de administración remota de servidores (*Remote Server Administration Tools*, RSAT) o desde otro servidor añadiéndolo al dominio de Active Directory y, posteriormente, en el administrador de servidores de una máquina que disponga de interfaz gráfica.

Por último, es posible instalar Windows Server en un nanoservidor, que es una instalación ultraligera, y cuya finalidad es instalar un sistema que sólo realizará un único servicio, como DHCP o Hyper-V o el servidor web IIS. El despliegue del nanoservidor se realiza como parte de un contenedor con Hyper-V.

En este capítulo introductorio veremos cómo configurar un servidor Core y cómo administrarlo desde una máquina cliente Windows 10 u 11, porque no sólo es la recomendación de Microsoft, sino que también es una base sólida para una infraestructura empresarial. Por supuesto, veremos la configuración de Windows Server desde la línea de comandos y la interfaz gráfica a lo largo de este libro.

6. Despliegue de un servidor Core

Aunque la mayoría de nosotros estamos familiarizados con la implementación de un servidor Windows con una interfaz gráfica, implementar un servidor en modo Core puede resultar un poco confuso al principio. Pero es la mejor práctica recomendada por Microsoft. Incluso es la opción seleccionada por defecto cuando se instala el sistema.

6.1 Presentación del trabajo práctico

En este mini trabajo práctico, necesitaremos tres máquinas:

- Un controlador de dominio DC-COLE, con el dominio cole.com y la dirección IP 192.168.1.200.
- Un servidor en modo core, "core1" con IP 192.168.1.150.
- Un cliente Windows 10, con IP 192.168.1.10, en el que instalaremos los RSAT. El procedimiento para instalar RSAT es exactamente el mismo en Windows 11.

No vamos a explicar aquí cómo hacer un despliegue básico de un controlador de dominio o un equipo cliente de Windows 10.

La instalación de RSAT no requiere en sí misma estar en el dominio, pero es necesaria para poder gestionar los servidores desde el equipo cliente.

Por último, recuerde que, para poner una máquina en el dominio, las dos condiciones son que la dirección del servidor DNS de las máquinas sea el controlador de dominio y, por supuesto, que puedan llegar a él a través de la red.

6.2 Despliegue del servidor Core

▶ En la instalación, deje la elección de la edición por defecto, que es el modo Core.

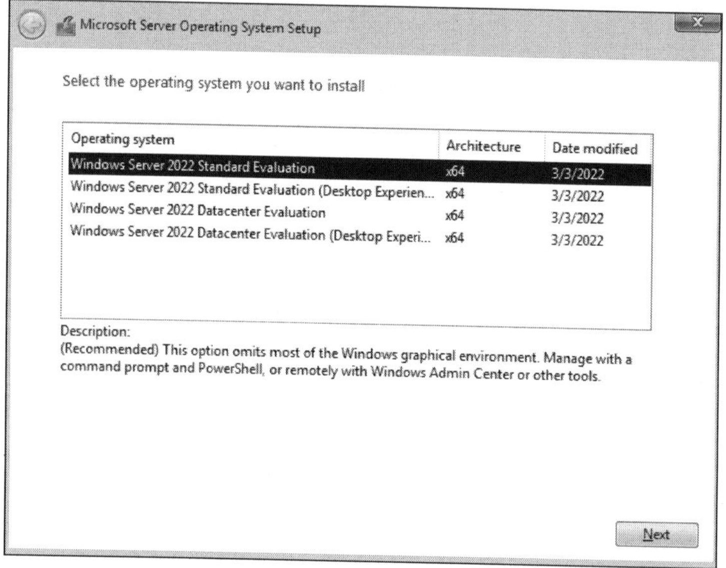

Tras la instalación, el procedimiento es el habitual: **crear una contraseña**, iniciar sesión, todo en un símbolo del sistema en lugar de la interfaz gráfica:

Observación

Para pasar de una línea a otra, utilice la tecla [Tab]. Si cierra accidentalmente la consola, puede reiniciarla enviando [Ctrl][Alt][Supr] a la máquina y, a continuación, inicie el administrador de tareas, desde donde puede iniciar una nueva tarea para reiniciar un símbolo del sistema escribiendo cmd.

Una vez abierta la sesión, se lanza una utilidad de línea de comandos que se ejecuta por defecto al inicio: Sconfig.exe. Sconfig se utiliza para la configuración básica del sistema. Está disponible desde Server 2008, tanto en sistemas completos con GUI como en servidores Core.

Las configuraciones básicas del sistema también se podrían hacer usando PowerShell, pero vamos a hacerlas usando Sconfig.

▶Escriba **8** para realizar los ajustes de red.

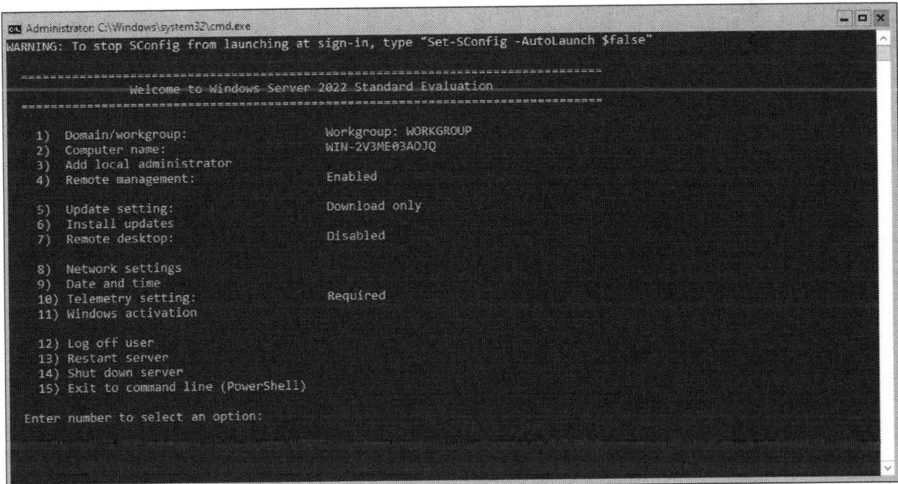

A continuación, introduzca el número de índice de la tarjeta de red con la que desea trabajar. Esto es necesario porque puede haber varias tarjetas de red y es el índice el que identifica la tarjeta ante el sistema.

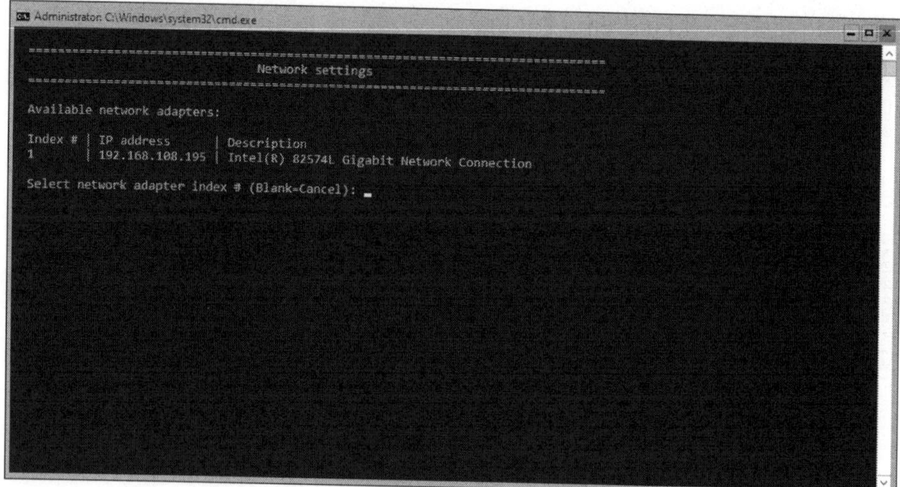

Escriba **1** para establecer la dirección IP, la máscara y la puerta de enlace de la tarjeta.

```
Administrator: C:\Windows\system32\cmd.exe
===============================================================================
                          Network adapter settings
===============================================================================

NIC index:    1
Description:  Intel(R) 82574L Gigabit Network Connection
IP address:   192.168.108.195,
              fe80::4881:912e:d482:4dc3
Subnet mask:  255.255.255.0
DHCP enabled: True

Default gateway:       192.168.108.254
Preferred DNS server: 192.168.108.254
Alternate DNS server:

  1) Set network adapter address
  2) Set DNS servers
  3) Clear DNS server settings

Enter selection (Blank=Cancel):
```

- Indique si desea una configuración dinámica mediante DHCP o una configuración estática.

En nuestro caso, elegiremos estática tecleando la letra **S** y confirmando:

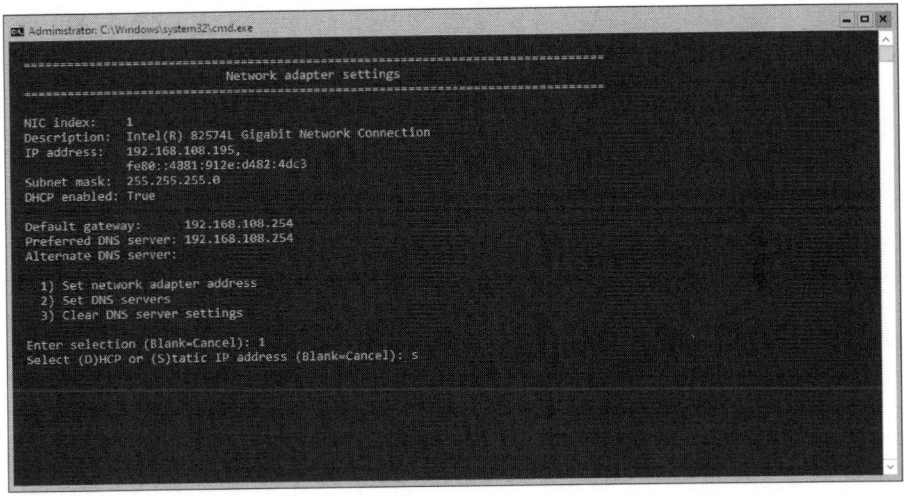

```
Administrator: C:\Windows\system32\cmd.exe
===============================================================================
                          Network adapter settings
===============================================================================

NIC index:     1
Description:   Intel(R) 82574L Gigabit Network Connection
IP address:    192.168.108.195,
               fe80::4881:912e:d482:4dc3
Subnet mask:   255.255.255.0
DHCP enabled:  True

Default gateway:       192.168.108.254
Preferred DNS server:  192.168.108.254
Alternate DNS server:

  1) Set network adapter address
  2) Set DNS servers
  3) Clear DNS server settings

Enter selection (Blank=Cancel): 1
Select (D)HCP or (S)tatic IP address (Blank=Cancel): s
```

- Introduzca una dirección IP y confirme.

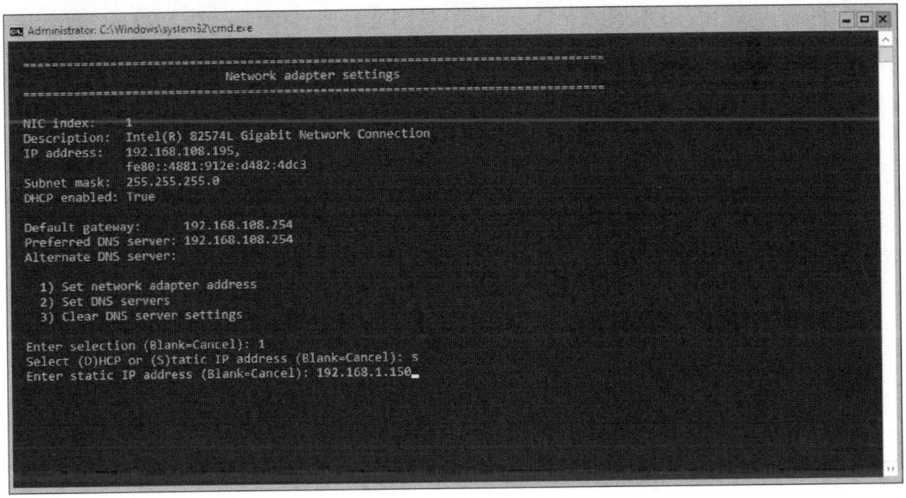

```
Administrator: C:\Windows\system32\cmd.exe
===============================================================================
                          Network adapter settings
===============================================================================

NIC index:     1
Description:   Intel(R) 82574L Gigabit Network Connection
IP address:    192.168.108.195,
               fe80::4881:912e:d482:4dc3
Subnet mask:   255.255.255.0
DHCP enabled:  True

Default gateway:       192.168.108.254
Preferred DNS server:  192.168.108.254
Alternate DNS server:

  1) Set network adapter address
  2) Set DNS servers
  3) Clear DNS server settings

Enter selection (Blank=Cancel): 1
Select (D)HCP or (S)tatic IP address (Blank=Cancel): s
Enter static IP address (Blank=Cancel): 192.168.1.150_
```

▶ Introduzca el valor de la máscara de subred o déjelo en blanco y confirme para aplicar la máscara de clase:

```
Administrator: C:\Windows\system32\cmd.exe
===============================================================================
                          Network adapter settings
===============================================================================

NIC index:    1
Description:  Intel(R) 82574L Gigabit Network Connection
IP address:   192.168.108.195,
              fe80::4881:912e:d482:4dc3
Subnet mask:  255.255.255.0
DHCP enabled: True

Default gateway:       192.168.108.254
Preferred DNS server: 192.168.108.254
Alternate DNS server:

  1) Set network adapter address
  2) Set DNS servers
  3) Clear DNS server settings

Enter selection (Blank=Cancel): 1
Select (D)HCP or (S)tatic IP address (Blank=Cancel): s
Enter static IP address (Blank=Cancel): 192.168.1.150
Enter subnet mask (Blank=255.255.255.0): 255.255.255.0
```

▶ En la siguiente opción, introduzca la dirección de la puerta de enlace predeterminada y confirme.

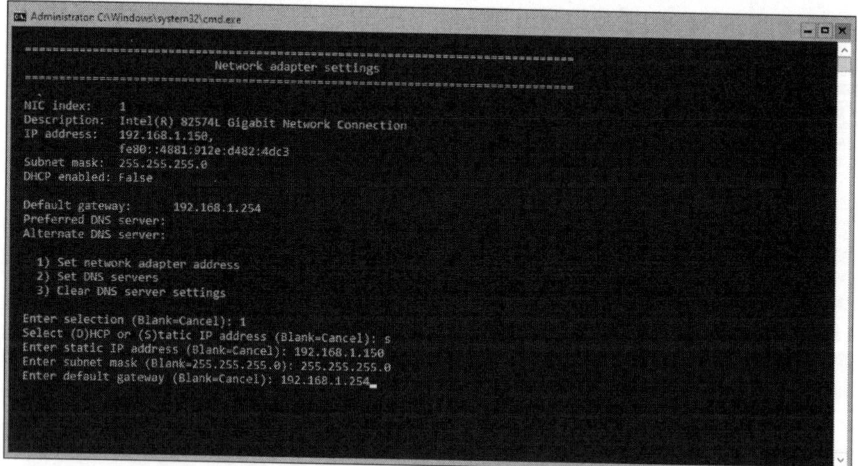

Verá un mensaje de confirmación y tendrá que validar de nuevo. Esto nos llevará de nuevo a la pantalla de inicio de Sconfig.

Para poner la máquina en el dominio de Active Directory, tenemos que hacer los ajustes de DNS.

▶ Elija **8** para la configuración de red e introduzca de nuevo el índice de la tarjeta de red.

▶ A continuación, elija **2** para establecer la dirección del servidor DNS.

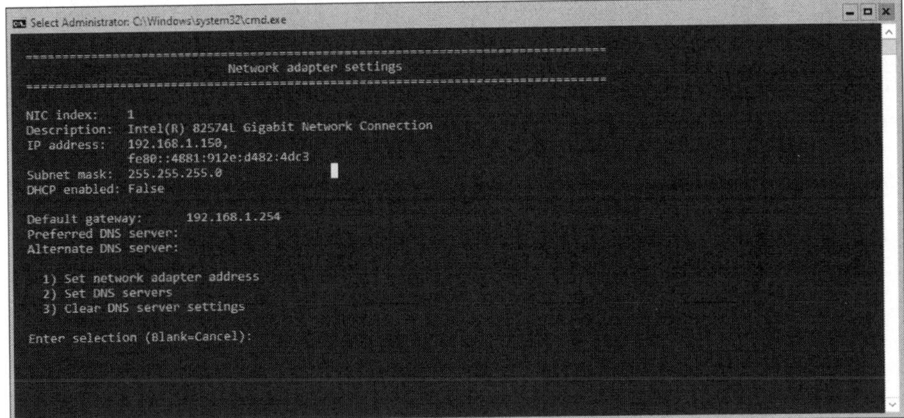

▶ Introduzca la dirección del controlador de dominio y confirme.

```
Administrator: C:\Windows\system32\cmd.exe
===============================================================================
                           Network adapter settings
===============================================================================

NIC index:     1
Description:   Intel(R) 82574L Gigabit Network Connection
IP address:    192.168.1.150,
               fe80::4881:912e:d482:4dc3
Subnet mask:   255.255.255.0
DHCP enabled:  False

Default gateway:       192.168.1.254
Preferred DNS server:
Alternate DNS server:

  1) Set network adapter address
  2) Set DNS servers
  3) Clear DNS server settings

Enter selection (Blank=Cancel): 2
Enter new preferred DNS server (Blank=Cancel): 192.168.1.200_
```

- Deje en blanco la dirección DNS secundaria y confirme.

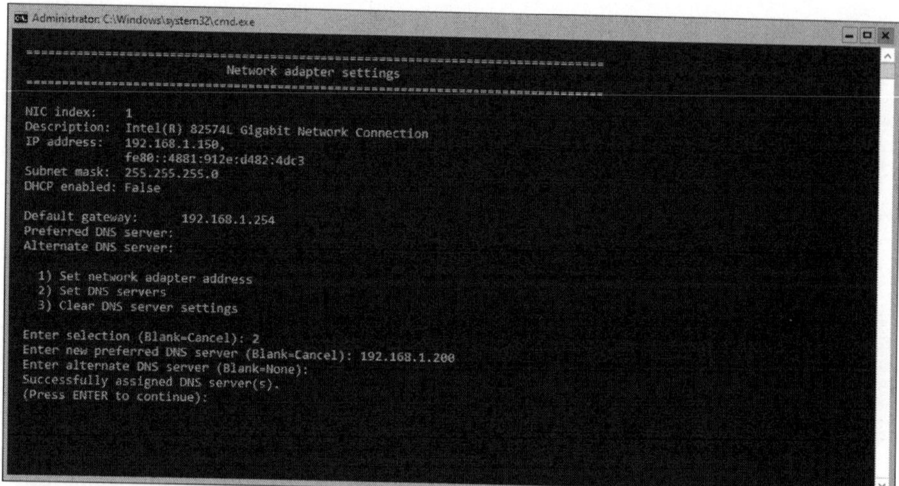

- Confirme de nuevo para volver al menú de inicio. Escriba **15** para salir de Sconfig y cambiar a PowerShell.

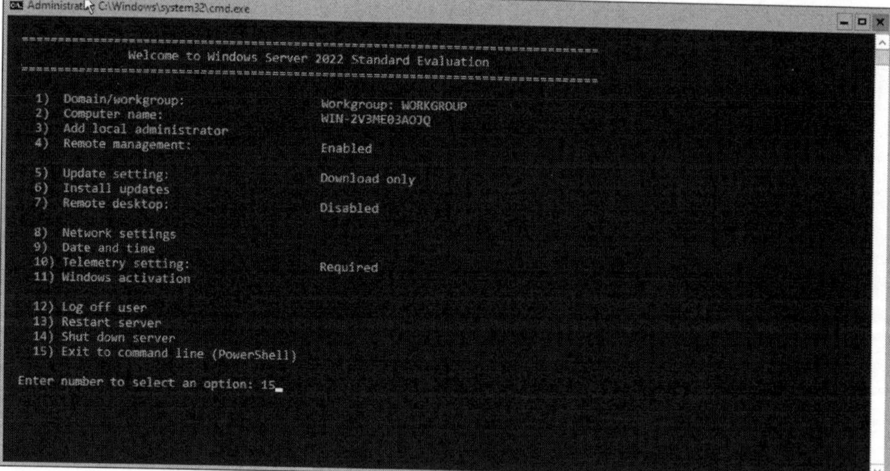

Ahora estamos en PowerShell, pero aún es posible volver a Sconfig, simplemente escribiendo "**SConfig**".

▶Cambie el nombre de la máquina mediante el comando PowerShell:

```
Rename-computer -NewName core1
```

▶Reinicie la máquina con el siguiente comando:

```
Restart-Computer
```

Ahora vamos a poner la máquina en el dominio usando un comando de PowerShell, con el nombre del dominio de Active Directory que hemos instalado previamente en el controlador de dominio del trabajo práctico.

```
PS C:\Users\Administrator> Add-Computer -DomainName cole.com
```

Tras confirmar el comando, aparecerá una pequeña ventana en la que se le pedirá que se autentique como administrador del dominio.

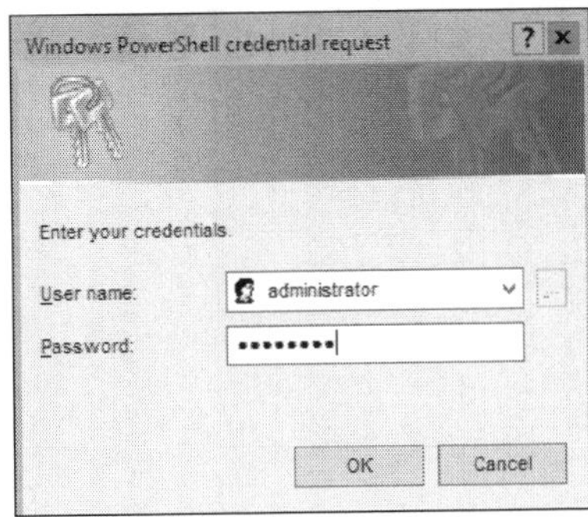

- Tras el mensaje que nos indica que la operación se ha realizado correctamente, escriba un último comando para reiniciar la máquina.

```
cmdlet Add-Computer at command pipeline position 1
Supply values for the following parameters:
Credential
WARNING: The changes will take effect after you restart the computer WIN-2V3ME03AOJQ.
PS C:\Users\Administrator> Restart-Computer_
```

A partir de este momento, la máquina se puede gestionar en remoto:

- En PowerShell, que es totalmente capaz de trabajar a distancia.
- Desde la interfaz gráfica de otro servidor, añadiendo la máquina Core al gestor de servidores, con todos los servidores en el mismo dominio de Active Directory.
- Desde un equipo Windows 10 u 11 en el que se haya instalado RSAT. El equipo cliente y los servidores deben estar en el mismo dominio de Active Directory.

6.3 Instalación de RSAT en Windows 10

En un equipo con Windows 10 o Windows 11, es posible añadir funciones opcionales para gestionar un sistema Windows Server, conocidas como RSAT.

- Para ello, vaya a la configuración de Windows 10, luego **System**, luego **Optional features** . Haga clic en **Add a feature**.

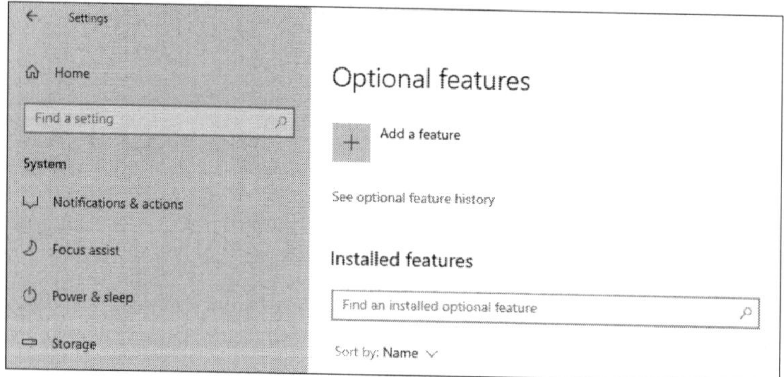

Se abrirá una ventana y podremos instalar los RSAT, que se descargarán. Hay unos veinte y puede tardar un poco.

- Seleccione todos los RSAT y haga clic en **Install**. Una vez finalizada la instalación, deberá reiniciar el equipo.

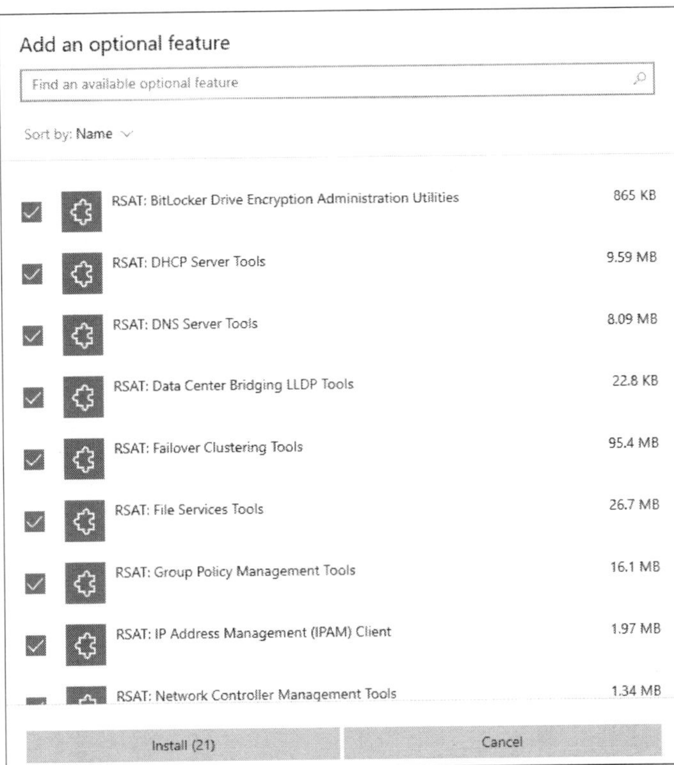

Ahora tenemos **Server Manager** en nuestra máquina cliente Windows.

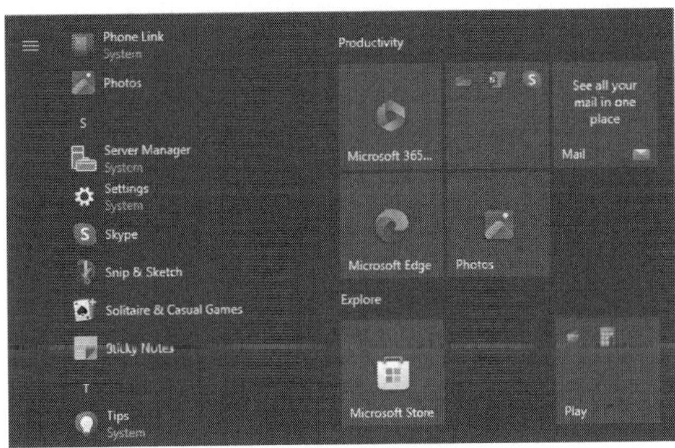

No hay servidores disponibles en este momento, por lo que necesitamos añadir nuestros servidores en el administrador de servidores. La sesión de Windows se ha abierto como administrador del dominio.

- Inicie el **Server Manager** y vaya al menú **Manage**.
- Seleccione **Add Servers**.

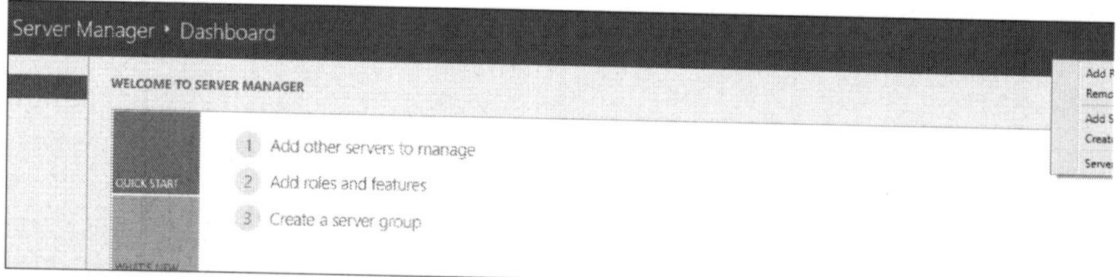

- Busque por nombre **core1** y DC-cole, añádalos a la columna de la derecha y confirme.

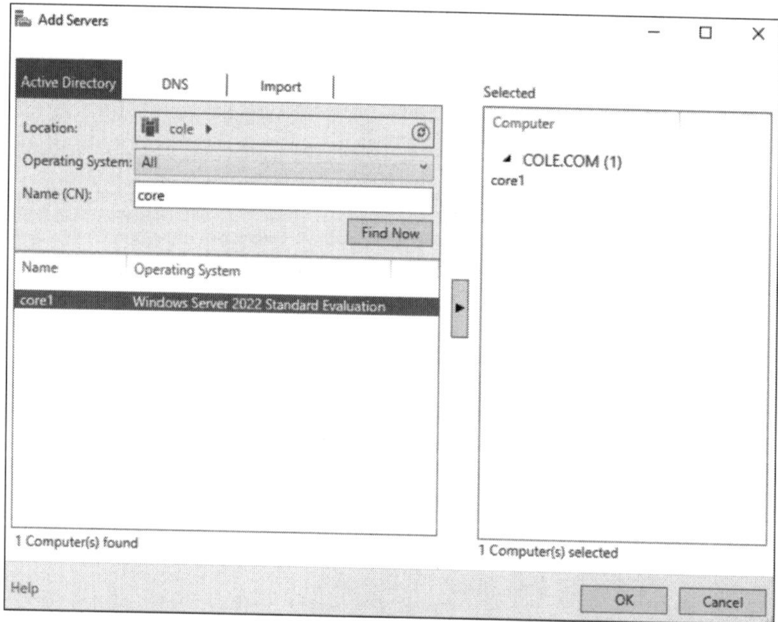

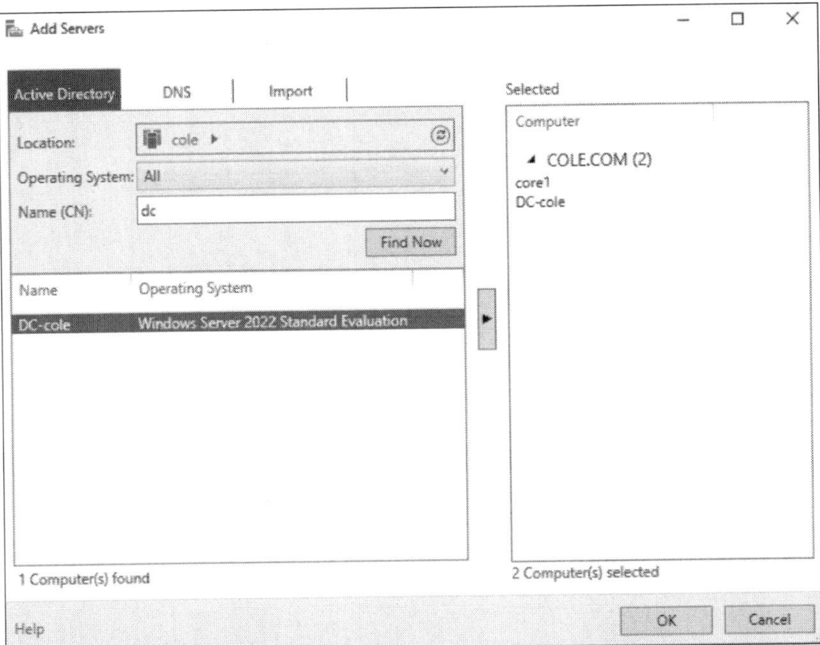

Una vez añadidos los servidores, aparecen en el **Server Manager**, junto con las funciones instaladas en los servidores.

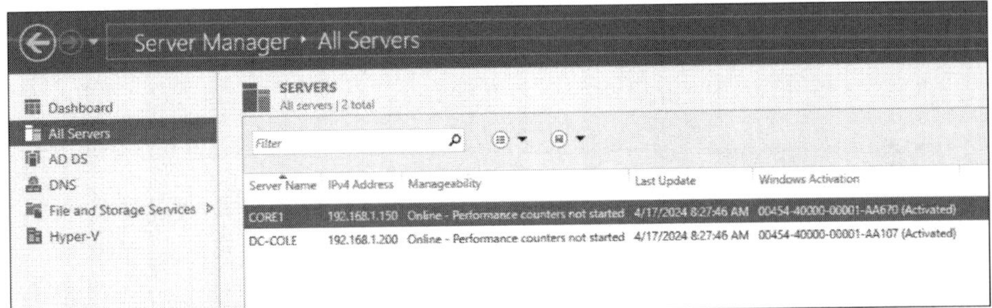

Podemos gestionarlos desde la máquina Windows 10 con la misma interfaz que en Windows Server, añadiendo roles y funciones, formateando discos, etc.

También podemos enviar fácilmente comandos PowerShell desde la máquina cliente a los servidores, utilizando **Server Manager**.

- Haga clic con el botón derecho del ratón en uno de los servidores y seleccione **Windows PowerShell**.

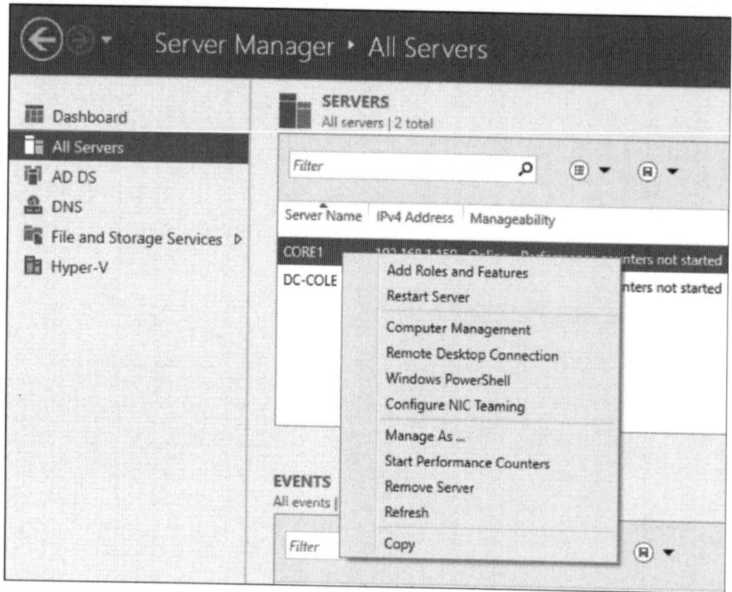

En este punto se abre un símbolo del sistema de PowerShell y ya está conectado al servidor que desea, como se muestra por el símbolo del sistema y el resultado del comando **hostname**.

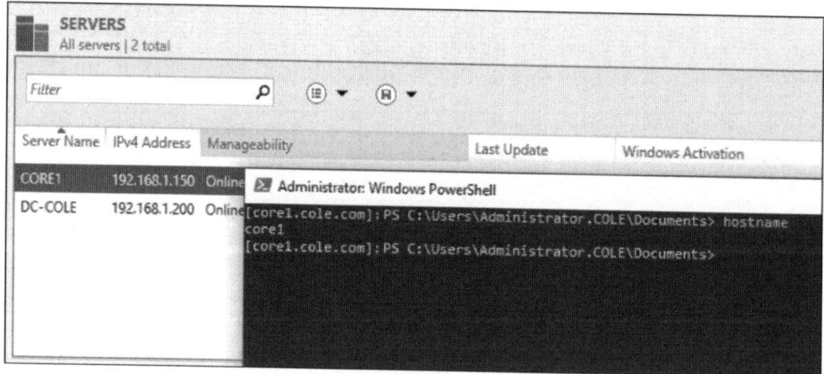

La conexión a una máquina Windows Server remota mediante PowerShell también se puede realizar mediante un comando. Si hubiéramos escrito el siguiente comando en un prompt local de PowerShell, habríamos obtenido exactamente el mismo resultado:

```
Enter-PSSession -ComputerName core1
```

Tanto si se utiliza el administrador de servidores como un símbolo del sistema de PowerShell, el envío de un comando remoto utiliza el protocolo WinRM, que está habilitado por defecto en Windows Server. No es el caso en Windows 10 y 11, donde se debe configurar previamente.

También podemos instalar un rol remotamente desde el administrador de servidores en la máquina cliente. Vamos a instalar el rol de servidor web IIS en la máquina core1:

- En el **Server Manager**, vaya al menú **Manage**.
- Seleccione **Add Roles and Features Wizard**.
- Seleccione **Role-based or feature-based installation**.

En la siguiente pantalla, podemos **elegir el servidor** en el que queremos instalar el rol.

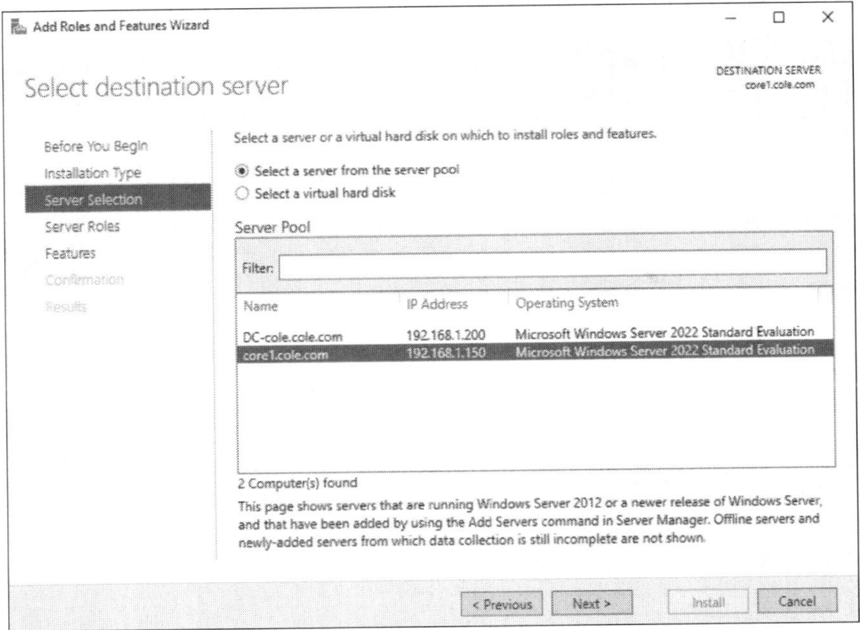

▶ Por último, elija el rol a instalar, **Web Server (IIS)** en nuestro ejemplo.

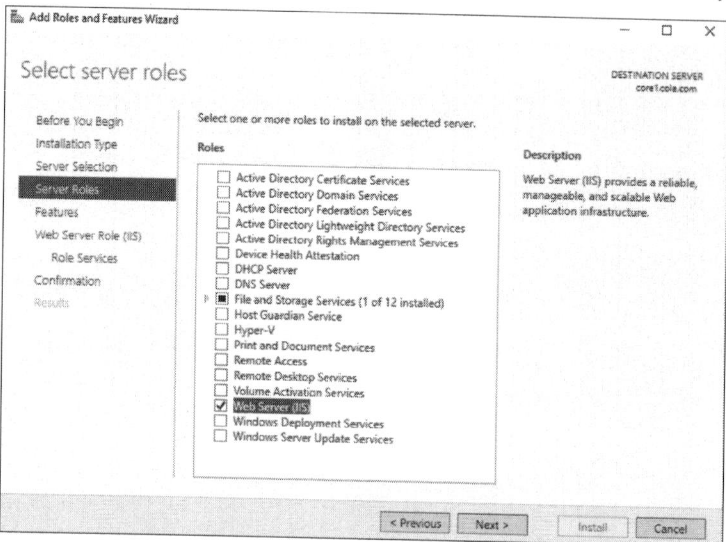

▶ Todo lo que tiene que hacer ahora es pulsar **Next** hasta llegar a la última ventana, que iniciará la instalación del rol. Haga clic en **Install**.

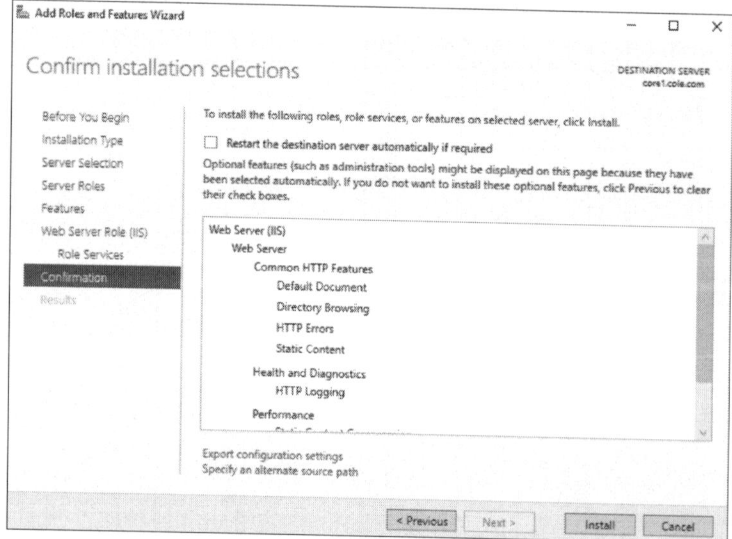

▶ Una vez finalizada la instalación, probaremos que el servidor web funciona correctamente, conectándonos a él desde el navegador Edge de la máquina Windows 10, utilizando la dirección IP de la máquina core1.

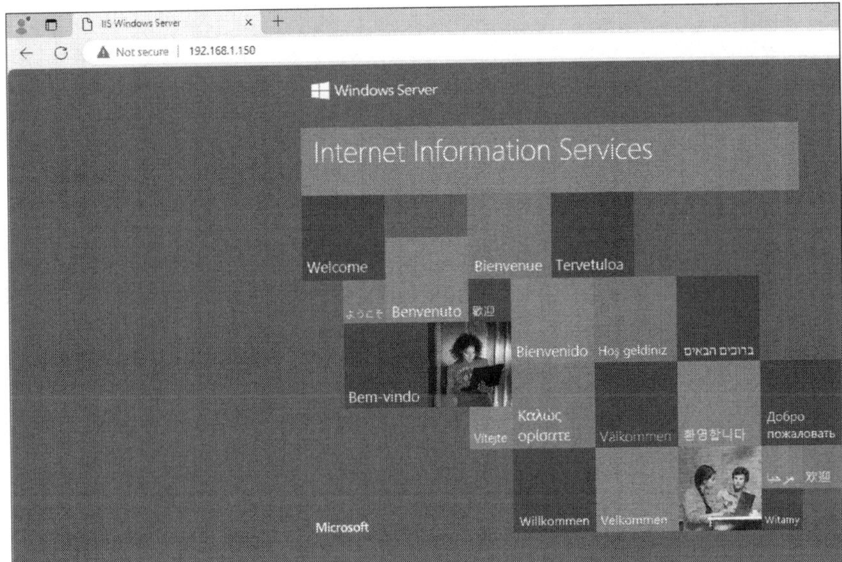

Para administrar IIS remotamente, el Web Management Service debe estar instalado en el servidor Core.

▶ Conéctese a través de una sesión remota.

```
PS C:\Users\administrator> Enter-PSSession -ComputerName core1
[core1]: PS C:\Users\Administrator.COLE\Documents>
```

▶ Instale el Web Management Service.

```
[core1]: PS C:\Users\Administrator.COLE\Documents> Install-WindowsFeature -Name web-mgmt-service

Success Restart Needed Exit Code      Feature Result
------- -------------- ---------      --------------
True    No             Success        {ASP.NET 4.8, Management Service, Manageme...
```

▶ Ahora compruebe lo que está instalado en el servidor core1 con el comando:

```
Get-WindowsFeature | Where-Object Installed -eq True
```

▶ Podemos ver que IIS y el Web Management Service han sido instalados.

```
[core1]: PS C:\Users\Administrator.COLE\Documents> Get-WindowsFeature | Where-Object Installed -eq True

Display Name                                            Name                       Install State
------------                                            ----                       -------------
[X] File and Storage Services                           FileAndStorage-Services        Installed
    [X] Storage Services                                Storage-Services               Installed
[X] Web Server (IIS)                                    Web-Server                     Installed
    [X] Web Server                                      Web-WebServer                  Installed
        [X] Common HTTP Features                        Web-Common-Http                Installed
            [X] Default Document                        Web-Default-Doc                Installed
            [X] Directory Browsing                      Web-Dir-Browsing               Installed
            [X] HTTP Errors                             Web-Http-Errors                Installed
            [X] Static Content                          Web-Static-Content             Installed
        [X] Health and Diagnostics                      Web-Health                     Installed
            [X] HTTP Logging                            Web-Http-Logging               Installed
        [X] Performance                                 Web-Performance                Installed
            [X] Static Content Compression              Web-Stat-Compression           Installed
        [X] Security                                    Web-Security                   Installed
            [X] Request Filtering                       Web-Filtering                  Installed
    [X] Management Tools                                Web-Mgmt-Tools                 Installed
        [X] Management Service                          Web-Mgmt-Service               Installed
[X] .NET Framework 4.8 Features                         NET-Framework-45-Fea...        Installed
    [X] .NET Framework 4.8                              NET-Framework-45-Core          Installed
    [X] ASP.NET 4.8                                     NET-Framework-45-ASPNET        Installed
    [X] WCF Services                                    NET-WCF-Services45             Installed
        [X] TCP Port Sharing                            NET-WCF-TCP-PortShar...        Installed
[X] Microsoft Defender Antivirus                        Windows-Defender               Installed
[X] System Data Archiver                                System-DataArchiver            Installed
[X] Windows PowerShell                                  PowerShellRoot                 Installed
    [X] Windows PowerShell 5.1                          PowerShell                     Installed
[X] WoW64 Support                                       WoW64-Support                  Installed
```

Ya está, hemos terminado este primer trabajo práctico, que pone punto y final a este capítulo introductorio. Podríamos ir más lejos en la configuración de IIS de forma remota, pero el objetivo de este primer trabajo práctico era ver juntos cómo administrar una máquina de forma remota, con o sin una interfaz gráfica.

Capítulo 1
Active Directory

1. Tipos de dominio de Active Directory

El bosque de Active Directory es una estructura jerárquica, en la que hay un dominio raíz del bosque, subdominios y dominios raíz de árbol. Un único dominio es el dominio raíz de todo el bosque.

Todos los dominios del bosque confían (*trust*) automáticamente los unos en los otros y cada dominio es una frontera de seguridad, replicación y autenticación. Todos los dominios son subconjuntos del bosque.

Dentro de un bosque de Active Directory, existen tres tipos de dominios:

- dominio raíz del bosque,
- dominio raíz de un árbol,
- subdominio.

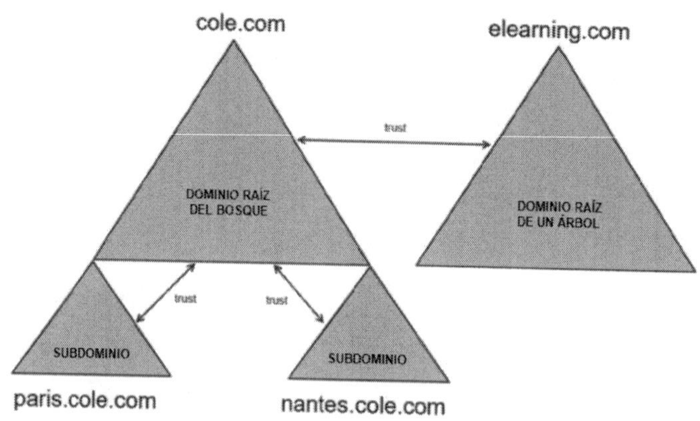

Diagrama del bosque del trabajo práctico con los tres tipos de dominio

1.1 El trabjo práctico para implantar dominios

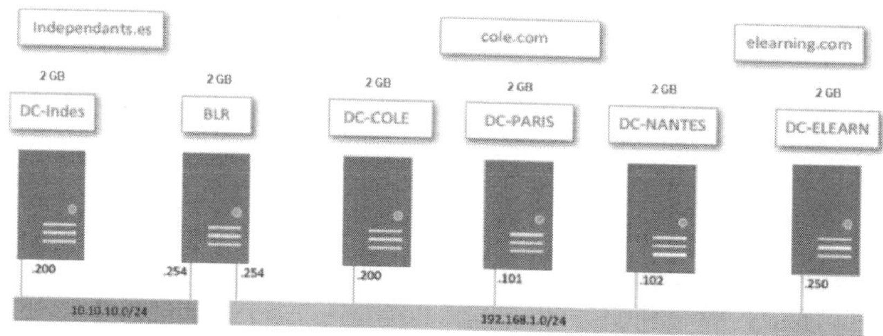

Este es el primer trabajo práctico que se utilizará en este capítulo. Irá creciendo a medida que avancen las operaciones cubiertas, hasta alcanzar el tamaño mostrado en el diagrama, con no menos de seis máquinas Windows Server.

Contiene dos bosques, cole.com e independants.es, en dos redes separadas. El dominio elearning.com se adjuntará al dominio cole.com.

El router BLR (*borderline router*) que une las dos redes, se construirá en una máquina Windows Server y veremos su configuración juntos. Es libre de utilizar otros sistemas como routeres.

Una vez que la arquitectura esté completamente desplegada, haremos algunos cambios en ella para practicar los temas finales del capítulo.

Pero antes de ponernos manos a la obra y empezar a desplegar máquinas virtuales, debemos repasar algunos conceptos básicos.

1.2 Dominio raíz del bosque

Este es el primer dominio que crea y es el padre de todos los demás dominios. El dominio raíz se puede utilizar de dos maneras diferentes:

- El dominio raíz dedicado: sólo se utiliza para administrar los demás dominios y en él, no habrá más usuarios que los administradores. No representa ninguna ubicación geográfica u organizativa dentro del bosque. Los administradores de los subdominios no tienen permisos sobre otros dominios y sólo los administradores del dominio raíz tienen permisos sobre todo el bosque.
- El dominio raíz regional: puede optar por no utilizar un dominio raíz dedicado para no hacer más engorrosa la gestión y el mantenimiento del bosque, en cuyo caso utilizará un dominio regional como dominio raíz. En el primer diagrama de este capítulo, paris.cole.com y nantes.cole.com son dominios regionales. Un dominio raíz regional contiene usuarios como otros dominios regionales y se creará en primer lugar. La única diferencia con otros dominios regionales es que también contiene cuentas con permisos de administrador para todo el bosque.

Observación

En el caso de un bosque con un único dominio, se trata obviamente del dominio raíz y del dominio regional al mismo tiempo.

1.3 Dominio raíz de un árbol

El dominio elearning.com es un dominio raíz de un árbol, forma parte del bosque y depende del dominio raíz cole.com sin ser un subdominio. Un administrador del dominio raíz del bosque también tendrá permisos de administrador sobre este dominio elearning.com. Un dominio raíz de un árbol también puede tener subdominios.

Permite ampliar el bosque con un nombre de dominio diferente, a diferencia de los subdominios, que deben contener el nombre del dominio raíz del bosque en su propio nombre.

Observación

Por ejemplo, una empresa que desee iniciar una nueva actividad con un nombre diferente e integrar esta nueva actividad en su Active Directory, puede utilizar un dominio raíz de un nuevo árbol en su bosque existente, creando así una nueva estructura de árbol en este bosque. Esto también puede ser útil cuando se adquiere una empresa que ya tiene su Active Directory, a la espera de integrar sus usuarios en el bosque existente.

1.4 Subdominio

El subdominio depende directamente del dominio raíz y su nombre incluye necesariamente el nombre del dominio raíz, siguiendo la jerarquía DNS. Es un dominio hijo del dominio raíz. Permite segmentar el árbol de Active Directory, delegar la administración, aplicar diferentes directivas de grupo y gestionar el acceso a los recursos en función de la realidad geográfica y organizativa de la empresa.

Aunque es posible dar permisos de acceso a recursos como una carpeta compartida en un subdominio a usuarios de otro subdominio, el dominio hijo sigue siendo una barrera de seguridad y replicación.

Todos los dominios y subdominios deben tener al menos un servidor Active Directory, denominado controlador de dominio. Puede haber varios controladores de dominio por dominio.

1.5 Relación de aprobación

Las relaciones de aprobación son relaciones de confianza entre dominios.

Si todos los dominios del bosque confían entre sí, es debido a la relación de aprobación que se crea automáticamente entre ellos. Esto permite a los usuarios de un dominio acceder a los recursos de otro dominio del bosque. También es posible crear relaciones de aprobación entre dos bosques diferentes.

Esta relación de aprobación tiene dos características: transitividad y dirección.

1.5.1 Transitividad y dirección

- Transitividad: una relación de aprobación puede pasar de un dominio a otro, a través de un dominio intermedio, si es transitiva. Esto es lo que permite dar acceso a los usuarios de un dominio del bosque, a recursos situados en diferentes dominios del bosque. Por el contrario, una relación de aprobación no transitiva sólo permitirá el acceso a un único dominio. Si el dominio A confía en el dominio B y B confía en el dominio C, entonces A también confía en C. Ten en cuenta que la transitividad no se aplica a nivel de bosque.
- Dirección: define si la relación de aprobación opera en ambas direcciones, es decir, los dos dominios confían el uno en el otro o en una sola dirección, en cuyo caso un dominio confía en el otro sin que esto sea recíproco. Los usuarios de un dominio no pueden acceder a los recursos de otro dominio que no confíe en su dominio original. La dirección de acceso a los recursos es opuesta a la dirección de aprobación.

El siguiente diagrama muestra la direccionalidad y transitividad de la relación de aprobación. En este ejemplo, la relación es unidireccional: el dominio A aprueba el dominio B, pero no ocurre lo mismo a la inversa. También es transitiva: el dominio A aprueba el dominio C, porque el dominio B aprueba el dominio C. Por lo tanto, los usuarios de B y C tienen acceso a los recursos de A.

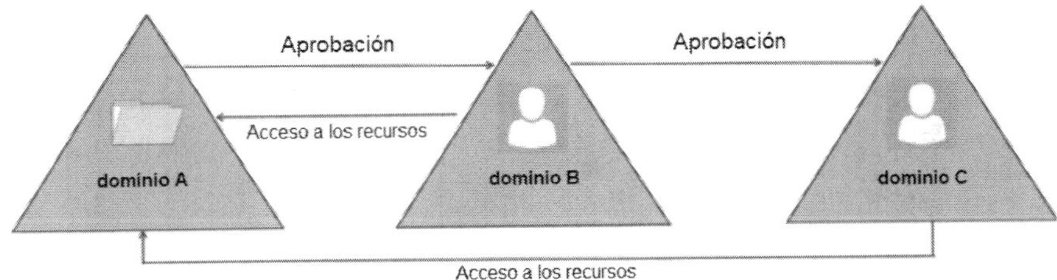

Puede ver las relaciones de aprobación en la ventana **Active Directory Domains and Trusts**. Se encuentra en el menú **Start - Windows Administrative Tools - Active Directory Domains and trusts**.

Esta ventana permite ver, crear, eliminar y modificar relaciones de aprobación. Muestra la relación de aprobación entre el dominio raíz cole.com y los subdominios paris.cole.com y nantes.cole.com.

Al visualizar las propiedades del dominio cole.com, podemos ver que las relaciones son bidireccionales y transitivas. Las dos direcciones son las relaciones entrantes y salientes del dominio cole.com.

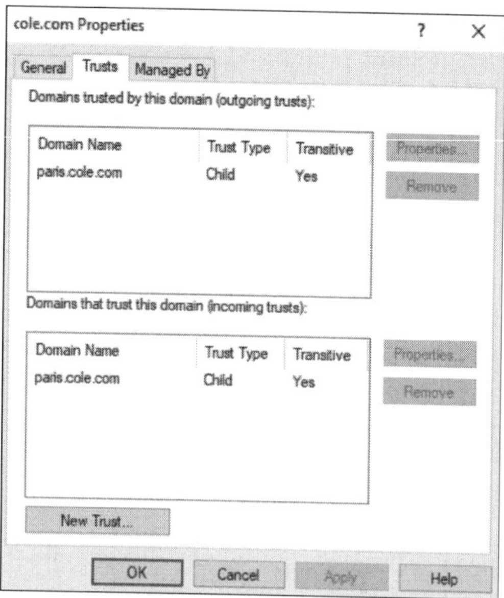

Las relaciones de aprobación que se crean cuando se añade un subdominio a un bosque se conocen como relaciones predefinidas y se crean automáticamente. Si se añade otro árbol al bosque, se crea una relación de aprobación conocida como "estructura de árbol", que también es una relación de aprobación predefinida. Estas dos relaciones de aprobación también se conocen como "relaciones de aprobación predefinidas".

1.5.2 Otros tipos de relación de aprobación

Existen otros tipos de relaciones de aprobación en Windows Server además de las relaciones predefinidas:

- relación de autorización del bosque,
- relación de aprobación externa,
- relación de aprobación abreviada,
- relación de aprobación del reino.

Relación de aprobación del bosque

Esta relación puede ser unidireccional o bidireccional. Se puede utilizar para crear una aprobación entre todos los dominios y subdominios de dos bosques, ya que siempre es transitiva. No se puede extender a un tercer bosque. Se puede utilizar para la autenticación selectiva, es decir, para conceder acceso a todos los usuarios de un dominio o sólo a usuarios o grupos seleccionados.

Relación de aprobación externa

La relación de aprobación externa se utiliza para crear una relación entre dos dominios en dos bosques diferentes, cuando no existe una relación de aprobación entre estos bosques. Es unidireccional o bidireccional y no transitiva. Permite la autenticación selectiva.

Relación de aprobación abreviada

Este tipo de relación permite crear una aprobación entre dos dominios o subdominios de un mismo bosque, sin pasar por el dominio raíz. En grandes infraestructuras, esto evita rutas de aprobación excesivamente largas y acelera el proceso de autenticación. Además, en términos de transitividad, existe un límite de diez enlaces de aprobación. La relación de atajo evita este límite. También alivia la carga del servidor del dominio raíz. Es transitiva y puede ser unidireccional o bidireccional. No permite la autenticación selectiva.

Relación de aprobación del reino

Este tipo de relación se utiliza para crear una aprobación con sistemas no Windows que utilizan el protocolo Kerberos para la autenticación, conocido como reino Kerberos. Puede ser unidireccional o bidireccional, transitiva o no transitiva. No permite la autenticación selectiva.

Al crear estos otros tipos de relaciones de aprobación, tiene la opción de crear ambos lados de la relación al mismo tiempo o por separado. Si las crea por separado, tendrá que repetir el procedimiento en ambos controladores de dominio. En todos los casos, deberá tener el nivel de autorización adecuado para crear estas relaciones.

1.6 Niveles de privilegio

Cuando se instala Active Directory y se crea el primer dominio del bosque, el dominio raíz, el administrador de la máquina local se une a varios grupos del dominio.

Se une al grupo de "administradores de la empresa". Este es el nivel más alto de autorización en Active Directory, dando permisos de administrador sobre todo el bosque y el derecho a cambiar absolutamente, cualquier configuración en Active Directory. Los miembros del grupo de administradores de la empresa se convierten automáticamente en miembros de los administradores de dominio para todos los dominios del bosque, incluso los creados posteriormente.

La pertenencia al grupo "administradores de dominio" sólo otorga permisos de administración sobre un único dominio o subdominio del bosque. Esto da control total de todos los objetos de Active Directory en ese dominio. Los administradores de dominio también se unen al grupo de administradores locales en todas las máquinas del dominio. Los administradores de dominio no tienen acceso a determinadas configuraciones avanzadas de Active Directory.

También se une al grupo de "administradores de esquemas". El esquema es una lista de todos los tipos de objetos de Active Directory y de todos los parámetros y atributos de todos estos tipos de objetos. Esta lista de objetos puede ser modificada y también los atributos de cada objeto, si pertenece a este grupo.

2. Implantación de un bosque multidominio

Ahora vamos a iniciar el trabajo práctico y ver la implementación de un bosque con un dominio raíz, dos subdominios y un dominio raíz de árbol. También se creará una relación de aprobación de acceso directo entre los dos subdominios.

El dominio raíz será cole.com, los subdominios paris.cole.com y nantes.cole.com y el dominio raíz de un árbol eleaning.com.

Observación

La adición de un dominio a un bosque y la creación de una relación de aprobación se deben realizar con una cuenta que sea administradora de la empresa, como es el caso del administrador raíz del dominio.

En este capítulo, desde el punto de vista de la red, todos los controladores de dominio están en la misma red física y en la misma red IP 192.168.1.0/24, para simplificar las cuestiones de red y concentrarnos en el Active Directory.

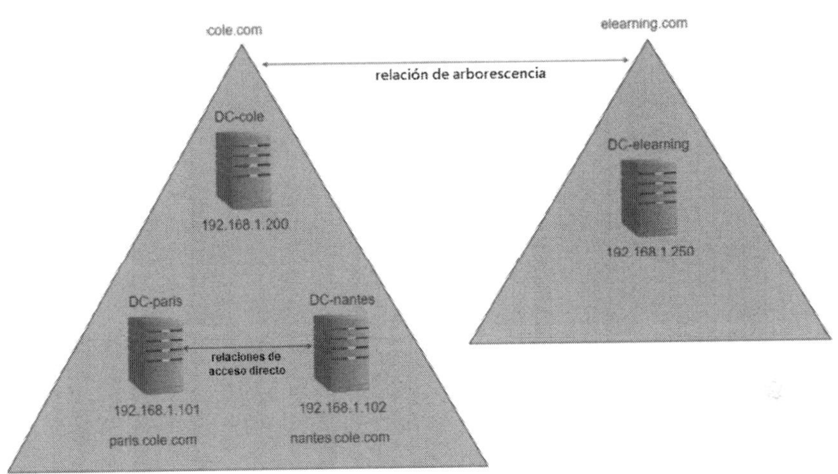

2.1 Creación del dominio raíz

2.1.1 Consideraciones sobre el hardware del controlador de dominio

Microsoft recomienda tener en cuenta ciertos criterios para los distintos componentes del servidor que alojará Active Directory:

- Espacio en disco:
  - 40 a 60 KB por objeto de Active Directory,
  - 110% del tamaño de la base de datos en espacio libre, para la desfragmentación de la base de datos.
- RAM:
  - tamaño total de la base de datos y tamaño total de la carpeta sysvol,
  - tamaño recomendado para el sistema operativo,
  - necesidad de aplicaciones de terceros y funciones adicionales,
  - prever entorno a un 33% más de memoria para satisfacer las necesidades cambiantes.
- Tarjeta de red: se recomienda 1 GB/segundo. Necesario para Windows Server.
- Procesador: máximo 1000 usuarios por núcleo. Caché L4.

Otras consideraciones:

Con el tamaño y el precio actuales de las unidades SSD, una unidad dedicada a los datos de Active Directory debería ser adecuada en la gran mayoría de los escenarios.

El tamaño de la RAM debe permitir que todos los datos de Active Directory se almacenen en la RAM, además de en el sistema, para no tener que buscar los datos en el disco, que siempre es más lento que la memoria. Si esto no es posible, por ejemplo, en hardware antiguo, entonces el rendimiento de lectura/escritura en disco se convierte en un factor relevante a la hora de evaluar el rendimiento general del sistema.

Evite las aplicaciones de terceros mal programadas, que pueden utilizar cantidades excesivas de RAM o provocar picos inesperados de carga en el procesador.

Mida el rendimiento de las máquinas y el impacto en el tráfico de la red. Conviene realizar estas mediciones durante los picos de actividad, como por la mañana, cuando todos los empleados abren sesiones de Windows, y también durante los periodos de uso normal del sistema.

2.1.2 Instalación de ADDS (Active Directory Domain Services)

El rol de servidor a instalar para crear un bosque de Active Directory es el rol ADDS. Ahora vamos a desplegar el controlador de dominio raíz para nuestro trabajo práctico.

- Para instalar ADDS desde el **Server Manager**, vaya a **Manage** y haga clic en **Add Roles and Features**.

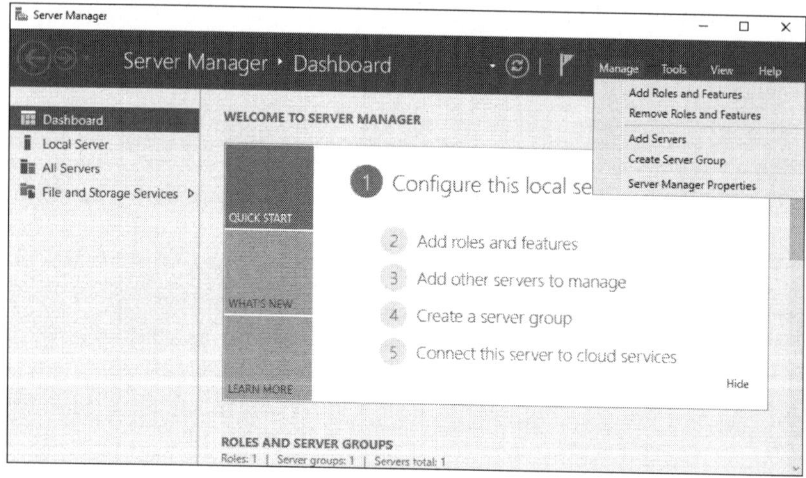

- Se inicia el asistente de instalación, salte la primera página y en la segunda elija **Role-based or feature-based installation**, que está seleccionada por defecto.
- En la página siguiente, el servidor local ya está seleccionado por el asistente, haga clic en **Next**.
- En la página siguiente, seleccione **Active Directory Domain Services**.

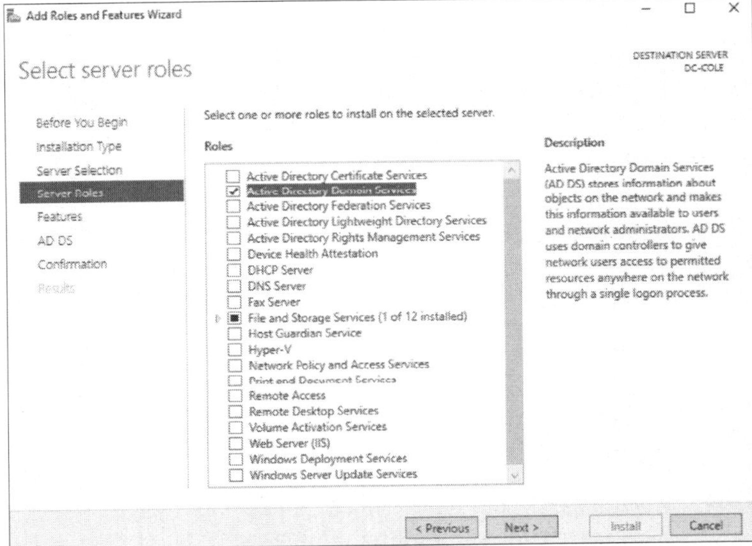

- Se abrirá una ventana indicando que se instalarán varias funciones adicionales.
- Todos los demás ajustes se pueden dejar por defecto. Haga clic en **Next** hasta llegar a la última pantalla y, a continuación, en **Install**. Se inicia la instalación del rol ADDS.

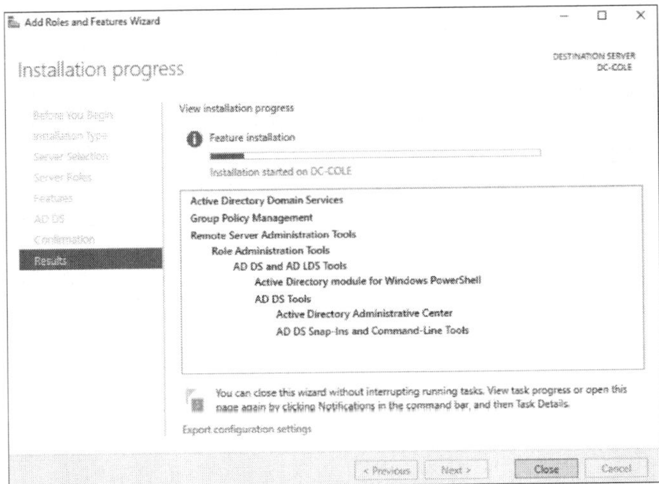

2.1.3 Promoción del servidor a controlador de dominio

Una vez instalado el rol ADDS, es necesario configurarlo, lo que creará el dominio. Esto se denomina promover el servidor a controlador de dominio.

▶ En la ventana de fin de instalación del rol ADDS, haga clic en **Promote this server to a domain controller**.

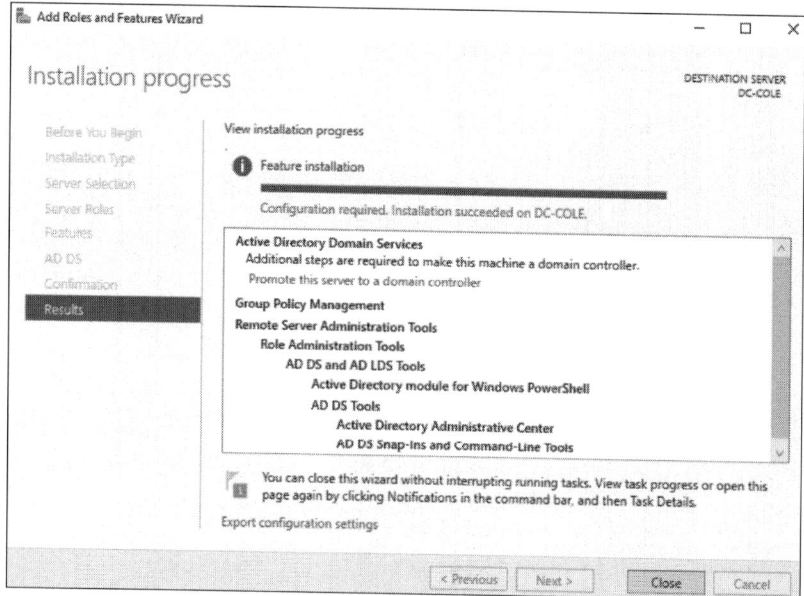

Se abre un nuevo asistente. Nos permitirá realizar las configuraciones básicas para el dominio raíz y crear la base del árbol de Active Directory.

▶ En la primera página, seleccione **Add a new forest** e introduzca el nombre del dominio raíz. En este ejemplo, será **cole.com**.

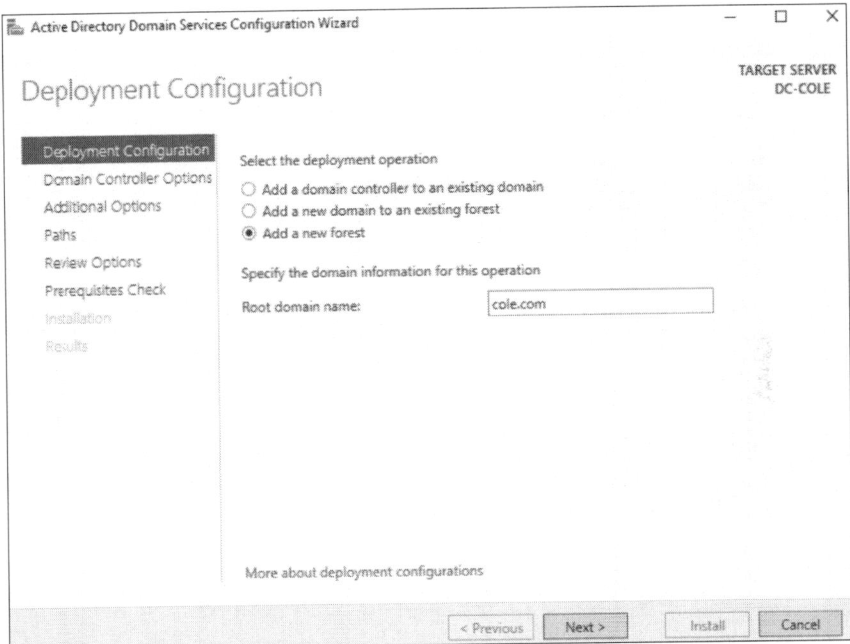

En la siguiente pantalla se definen varias opciones, como el nivel funcional del bosque y del dominio. En Windows Server 2022, los niveles posibles van desde Server 2008 hasta Server 2016. El nivel funcional determina qué versiones de Windows Server son compatibles.

Si la infraestructura incluye servidores con versiones anteriores de Windows Server, puede decidir reducir el nivel funcional. Sin embargo, esto conllevará la pérdida de ciertas funciones no presentes en versiones más antiguas. Es preferible migrar los servidores antiguos a versiones más recientes de Windows Server.

Con un nivel funcional establecido en Server 2016, el nivel más alto disponible en Server 2022, las versiones de Windows Server 2016, 2019 y 2022 serán compatibles. Con un nivel establecido en Server 2008, todos los sistemas desde Windows Server 2008 hasta Windows Server 2022 serán compatibles.

A continuación, se instala el servicio DNS en el controlador de dominio. Microsoft recomienda que todos los controladores de dominio alojen también el servicio DNS, ya que Active Directory depende en gran medida de él para funcionar.

Las dos opciones siguientes aparecen en gris y no se pueden modificar, ya que se trata del primer controlador del dominio que se está creando.

El primer controlador de dominio debe contener una copia del catálogo global. El catálogo global es una base de datos de sólo lectura que contiene una lista de todos los objetos del bosque, con sus atributos principales, así como la información necesaria para encontrarlos, independientemente de su ubicación en el bosque.

La otra configuración que no se puede cambiar es la que determina si el servidor es o no un RODC (*Read Only Domain Controller*). Un RODC es un controlador de dominio de sólo lectura, que sólo sincronizará la base de datos de Active Directory desde un controlador de dominio principal, y desde el que no se podrán realizar cambios.

Observación

Un RODC se utiliza en entornos en los que la seguridad física y el acceso al servidor no se pueden controlar, como una sucursal. La base de datos y los cambios realizados en ella se sincronizarán desde otro controlador de dominio, a través de la red.

Finalmente, el último ajuste consiste en introducir la contraseña para el modo de restauración de Active Directory, que se utiliza para intentar restaurar la base de datos de Active Directory cuando se produce un desastre.

- Deje la configuración predeterminada e introduzca la contraseña del modo de recuperación.

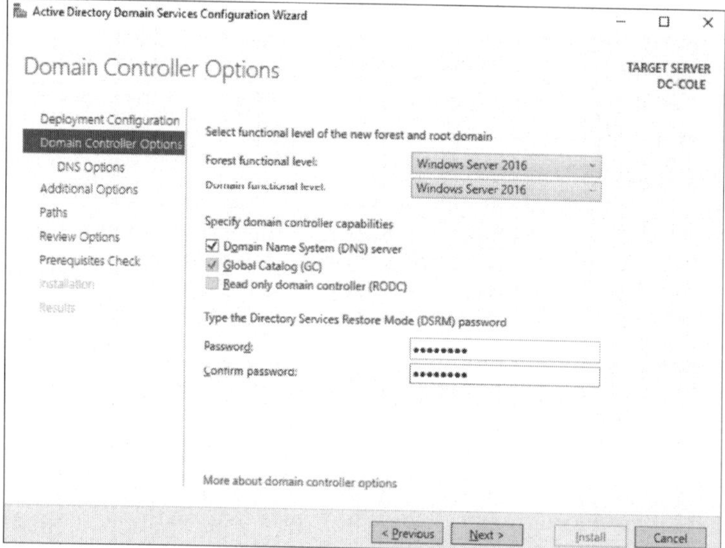

- La siguiente página nos dice que no podemos crear una delegación DNS para nuestro nombre de dominio, porque no puede encontrar un dominio padre. Esto es normal ya que estamos creando el dominio raíz del bosque, no hay dominio padre. Haga clic en **Next**.
- En la siguiente ventana se genera el nombre NetBIOS del dominio. NetBIOS es un protocolo de red utilizado por Active Directory. Haga clic en **Next**.

A continuación, deberá elegir la ubicación para la base de datos de Active Directory, los registros de eventos y la carpeta sysvol. Una buena práctica recomendada por Microsoft es colocar estos elementos en un volumen distinto del volumen del sistema. Por tanto, necesita un disco adicional, que se debe formatear en NTFS.

En este nuevo volumen, se ha creado una carpeta ADDS para alojar la base de datos y los registros de eventos. sysvol debe estar en una carpeta separada, como se muestra en la siguiente ilustración.

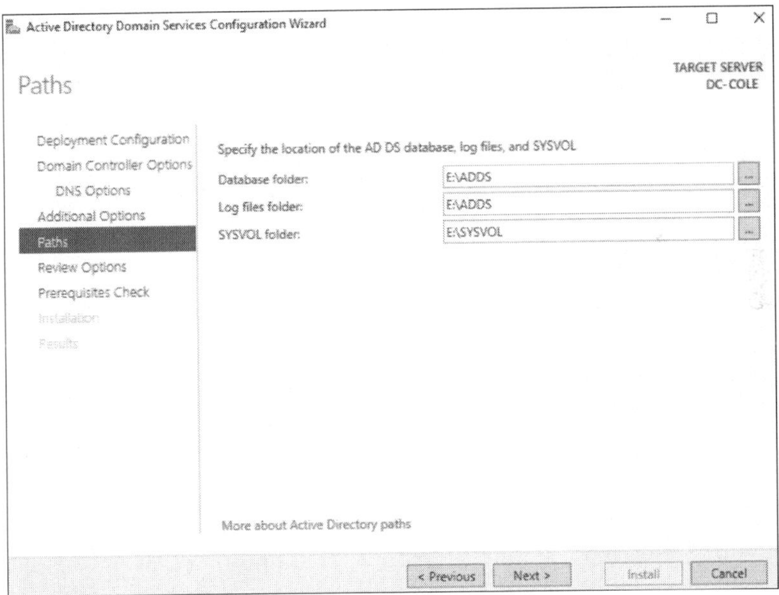

Observación

Tenga cuidado, con algunos programas de virtualización, poner la base de datos de Active Directory en otro volumen provoca un error y una pantalla azul al reiniciar. Hacer una snapshot antes de promocionar el servidor puede ser una buena idea. O como alternativa, deja la base de datos en su ubicación por defecto, aunque una vez más, esto no es algo que deba hacer en una empresa.

- La siguiente ventana es un resumen de la configuración, que le permite exportar la configuración que acaba de realizar en forma de comandos PowerShell a un archivo de texto, haciendo clic en **View script**. Observe que falta el comando para instalar el rol de Active Directory, ya que el script mostrado sólo se refiere a la promoción del servidor a controlador de dominio. Haga clic en **Next**.

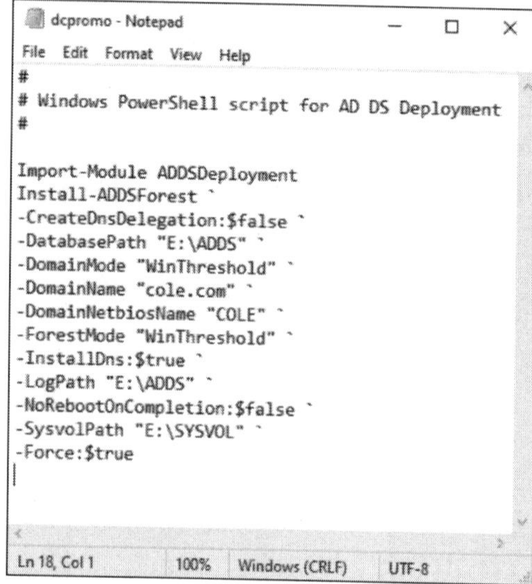

```
#
# Windows PowerShell script for AD DS Deployment
#

Import-Module ADDSDeployment
Install-ADDSForest `
-CreateDnsDelegation:$false `
-DatabasePath "E:\ADDS" `
-DomainMode "WinThreshold" `
-DomainName "cole.com" `
-DomainNetbiosName "COLE" `
-ForestMode "WinThreshold" `
-InstallDns:$true `
-LogPath "E:\ADDS" `
-NoRebootOnCompletion:$false `
-SysvolPath "E:\SYSVOL" `
-Force:$true
```

- La última ventana sirve para comprobar la configuración. Si todo es correcto, aparecerá un mensaje indicando que la comprobación se ha realizado correctamente. Haga clic en **Instalar**.

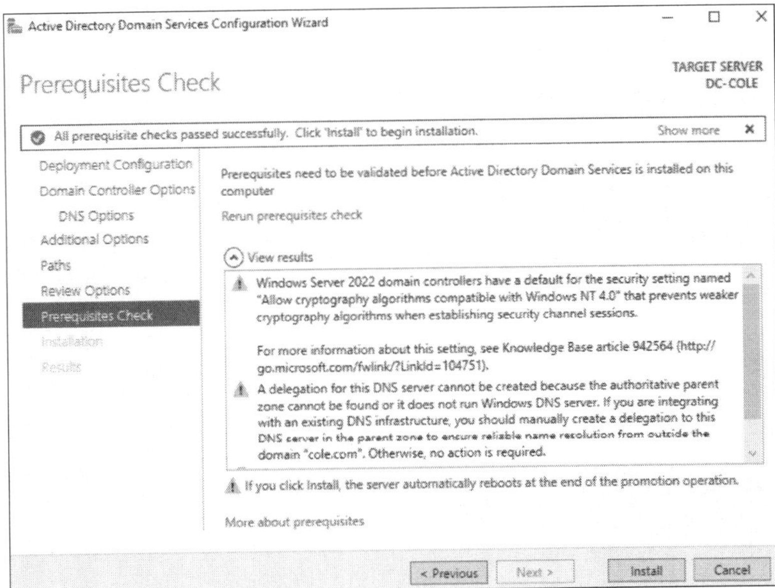

La instalación tardará un momento y la máquina se reiniciará.

2.1.4 Instalación y configuración de ADDS con PowerShell

Estos son los comandos necesarios para instalar el rol ADDS y promover el servidor a controlador de dominio. Se ha añadido el comando **`Install-WindowsFeature`** (línea 1) para instalar el rol. El resto del script sólo se refiere a la promoción del controlador de dominio.

```
1   Install-WindowsFeature -Name AD-Domain-Services -IncludeManagementTools
2
3   Import-Module ADDSDeployment
4
5   Install-ADDSForest `
6   -CreateDnsDelegation:$false `
7   -DatabasePath "E:\ADDS" `
8   -DomainMode "WinThreshold" `
9   -DomainName "cole.com" `
10  -DomainNetbiosName "COLE" `
11  -ForestMode "WinThreshold" `
12  -InstallDns:$true `
13  -LogPath "E:\ADDS" `
14  -NoRebootOnCompletion:$false `
15  -SysvolPath "E:\SYSVOL" `
16  -Force:$true
```

Observación

Observe el carácter de escape al final de cada línea en el comando **`Install-ADDSForest`** *(línea 5), que le permite pasar a la línea siguiente sin interrumpir el comando. Esto se hace con el atajo de teclado [AltGr] 7. No está presente en la línea 16, ya que el comando ha terminado.*

2.1.5 Error de redirección DNS

Puede ocurrir que, tras la promoción del servidor a controlador de dominio, el DNS haya registrado fowarders que pueden dificultar el correcto funcionamiento del DNS y, por tanto, de Active Directory.

- Para comprobarlo, vaya a **Server Manager** y, a continuación, a **Tools - DNS**.
- Haga clic con el botón derecho en el servidor, **Properties** y vaya a la pestaña **Forwarders**. Si hay reenviadores IPv6, elimínelos haciendo clic en **Edit**.

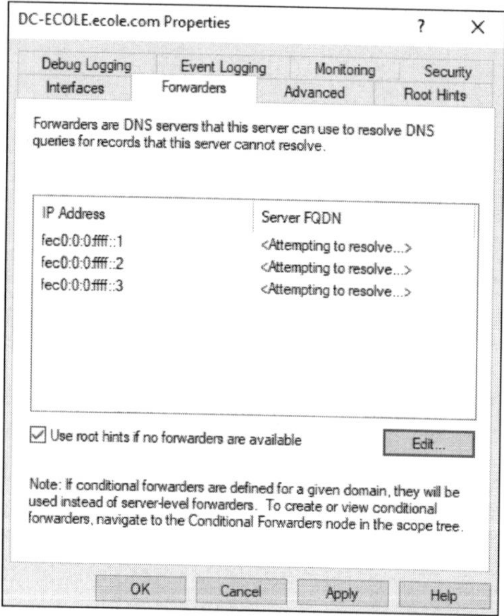

2.2 Crear subdominios

El procedimiento de creación de subdominios es el mismo para Nantes y París, a excepción del nombre de dominio.

- Para instalar la función ADDS en ambos controladores de dominio, repita la subsección Instalación de ADDS (Active Directory Domain Services).

2.2.1 Promoción de un controlador de subdominio

Para simplificar el procedimiento, conviene empezar por poner el servidor en el dominio. Para ello, las dos máquinas deben estar en la misma red y la máquina que va a entrar en el dominio, debe tener la dirección del servidor raíz como servidor DNS en su configuración de red, es decir, 192.168.1.200, siguiendo el plan de direccionamiento del trabajo práctico.

- Para poner la máquina en el dominio, abra CMD y escriba el siguiente comando:

```
sysdm.cpl
```

- Esto abre la ventana de propiedades del sistema, haga clic en **Edit**.
- En la nueva ventana que se abre, seleccione **Domain** e introduzca el nombre del dominio raíz.

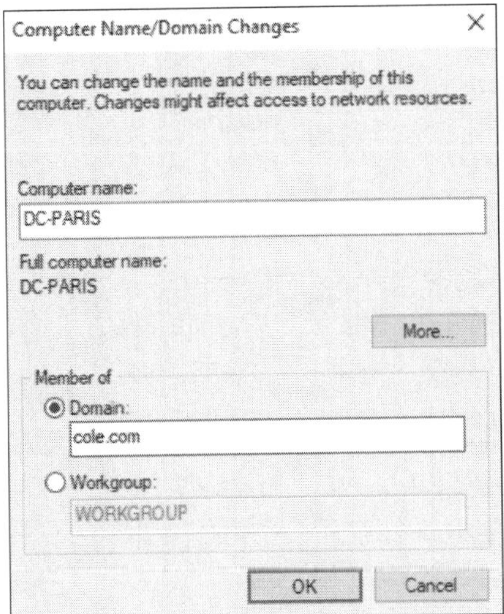

- Se abrirá una ventana pidiéndole que se autentique. Introduzca las credenciales del administrador del dominio raíz.

- Tras unos instantes, aparecerá un mensaje de bienvenida al dominio, confírmelo y reinicie el servidor.

Después de reiniciar, necesitamos abrir una sesión como administrador de dominio raíz. Tenemos que incluir el nombre de dominio en el inicio de sesión, ya que la cuenta de **administrator** también existe localmente en la máquina.

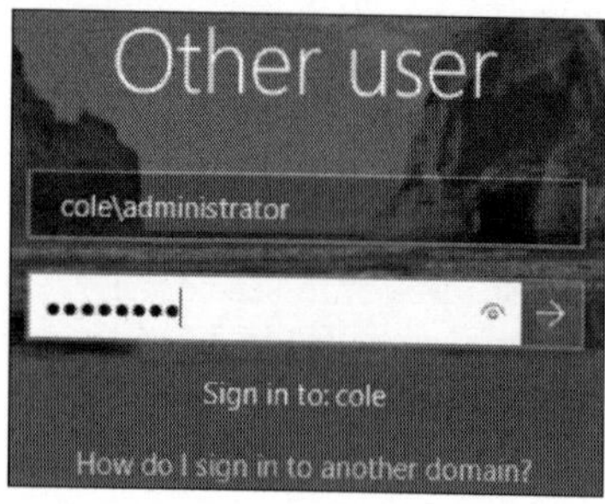

- Instale el rol de servicios de dominio de Active Directory.
- Promueva el servidor a controlador de dominio. Introduzca el nombre del subdominio y compruebe las credenciales, que deben ser las del administrador del dominio raíz. Si no es el caso, haga clic en **Edit**.

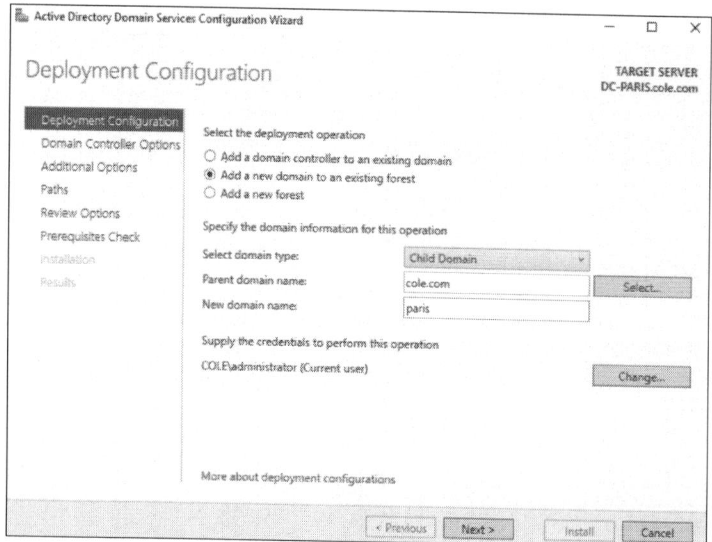

▶ En la siguiente ventana, deje la configuración por defecto, la instalación del servidor DNS y el catálogo global deben estar seleccionados. Introduzca la contraseña del modo de recuperación de la base de datos y haga clic en **Next**.

La nueva pantalla muestra la delegación DNS entre el dominio padre y el subdominio.

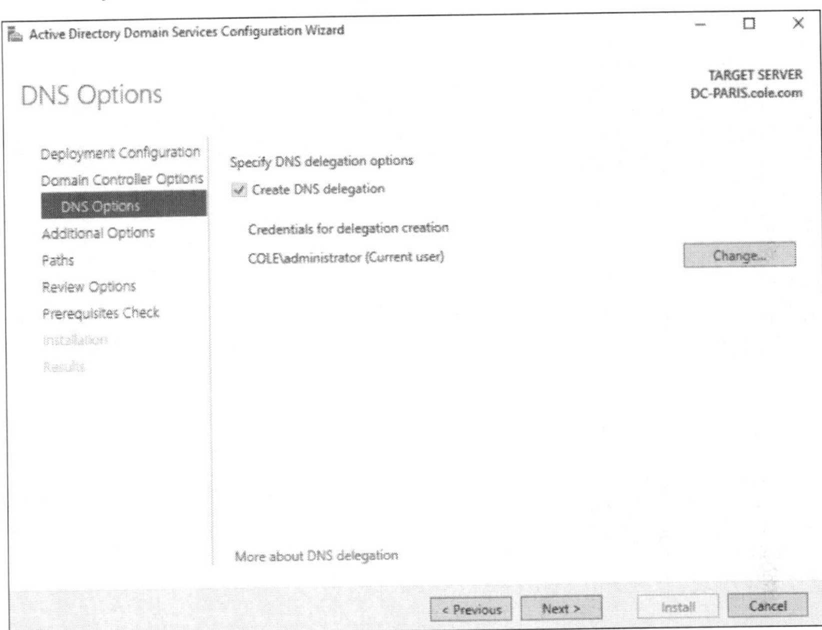

A esto le sigue el nombre NetBIOS del dominio, la ubicación de la base de datos, los registros de eventos y la carpeta sysvol, que se colocará en un volumen dedicado y después, la ventana de resumen con el botón para exportar el script. Todos estos parámetros, salvo la ubicación de los datos, se pueden dejar por defecto.

▶ En la pantalla final, el sistema comprueba la configuración, haga clic en **Install**.

Al igual que con el dominio raíz, el sistema se reiniciará al cabo de unos minutos.

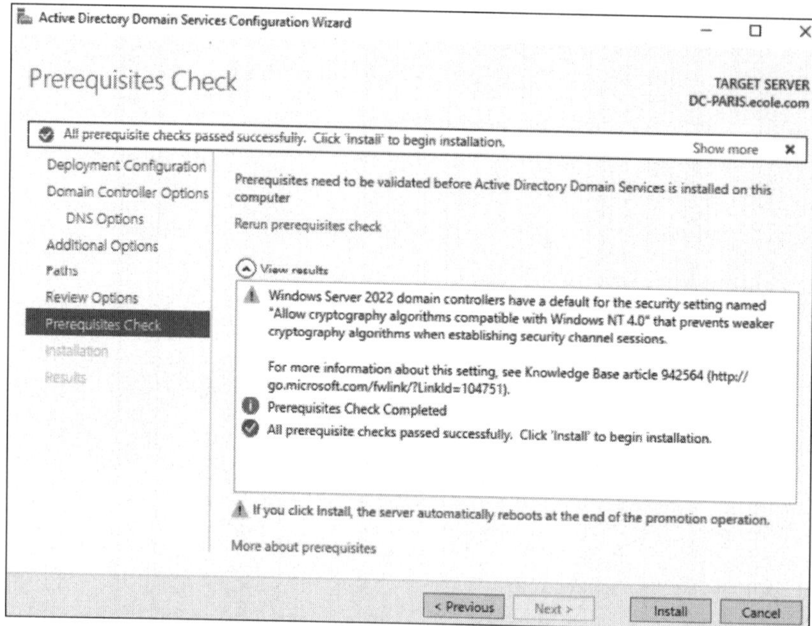

El procedimiento se puede repetir de forma idéntica para el segundo subdominio, instalar ADDS, poner la máquina en el dominio y promover el servidor a controlador de dominio, para el dominio hijo **nantes**.

Una vez creados los dos subdominios en el servidor raíz, aparecen las relaciones de aprobación.

2.2.2 Creación de subdominios con PowerShell

Estos son los comandos necesarios para configurar subdominios:

Línea 5: **`Install-ADDSDomain`** sustituye a `Install-ADDSForest` del dominio raíz.

```
Install-WindowsFeature -Name AD-Domain-Services -IncludeManagementTools

Import-Module ADDSDeployment

Install-ADDSDomain `
-NoGlobalCatalog:$false `
-CreateDnsDelegation:$true `
-DatabasePath "C:\Windows\NTDS" `
-DomainMode "WinThreshold" `
-DomainType "ChildDomain" `
-InstallDns:$true `
-LogPath "C:\Windows\NTDS" `
-NewDomainName "paris" `
-NewDomainNetbiosName "PARIS" `
-ParentDomainName "cole.com" `
-NoRebootOnCompletion:$false `
-SiteName "Default-First-Site-Name" `
-SysvolPath "C:\Windows\SYSVOL" `
-Force:$true
```

Para el segundo subdominio, basta con sustituir **"paris"** por **"nantes"** en el script.

2.3 Creación del dominio de árbol

El procedimiento para crear un árbol adicional en el bosque de Active Directory es muy similar al de la creación de un subdominio:

En su configuración de red, el servidor debe tener el controlador de dominio raíz como DNS y ADDS debe estar instalado, como para un subdominio.

Sin embargo, el servidor no se colocará en el dominio de antemano. Cuando el servidor se promueva a controlador de dominio, se tendrá que autenticar como administrador de dominio raíz en la primera ventana.

▶ En la primera ventana de la promoción del servidor, haga clic en **Edit** e introduzca las credenciales del administrador del dominio raíz, **cole\administrator**.

Para el resto, es necesario haber configurado las opciones como se muestra en la siguiente captura de pantalla: nuevo dominio, dominio de árbol, nombre de bosque cole.com, nuevo nombre de dominio elearning.com.

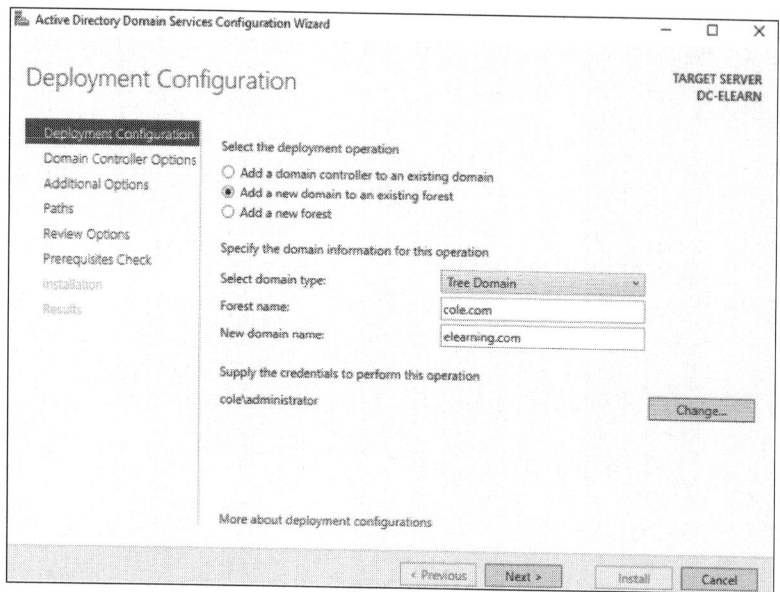

Tenga en cuenta que no será posible delegar DNS, ya que el nuevo dominio no es un dominio hijo. El resto de la configuración incluye los pasos habituales para promover un controlador de dominio: nombre NetBIOS, ubicación de la base de datos, registros y sysvol, resumen y visualización del script PowerShell y verificación de la configuración.

Se ha creado una nueva relación de aprobación bidireccional y transitiva de tipo árbol. Puede ver esta relación haciendo clic en **Start - Windows Administrative Tools - Active Directory Domains and Trusts**. A continuación, haga clic con el botón derecho del ratón en nuestro dominio raíz, luego en **Properties** y, por último, en la pestaña **Trusts**.

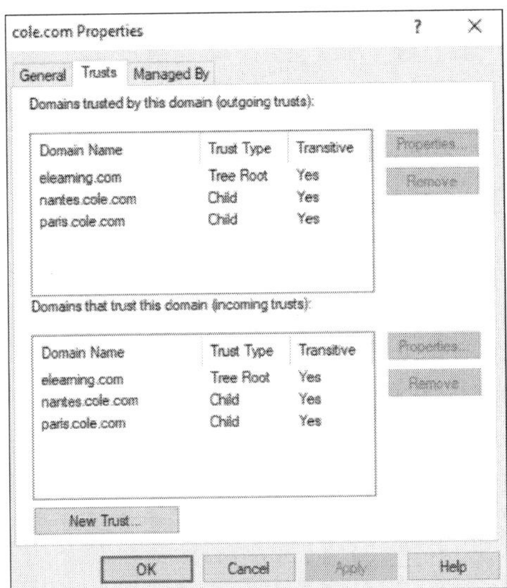

Creación de un dominio de árbol con PowerShell

```
Install-WindowsFeature -Name AD-Domain-Services -IncludeManagementTools

Import-Module ADDSDeployment

Install-ADDSDomain `
-NoGlobalCatalog:$false `
-CreateDnsDelegation:$false `
-Credential (Get-Credential) `
-DatabasePath "C:\Windows\NTDS" `
-DomainMode "WinThreshold" `
-DomainType "TreeDomain" `
-InstallDns:$true `
-LogPath "C:\Windows\NTDS" `
-NewDomainName "elearning.com" `
-NewDomainNetbiosName "ELEARNING" `
-ParentDomainName "cole.com" `
-NoRebootOnCompletion:$false `
-SiteName "Default-First-Site-Name" `
-SysvolPath "C:\Windows\SYSVOL" `
-Force:$true
```

2.4 Creación de la relación de aprobación abreviada

Se han creado automáticamente las relaciones de aprobación predefinidas entre el dominio raíz y los subdominios. Ahora tenemos que crear la aprobación de acceso directo entre los dos subdominios, para reducir los tiempos de autenticación para los intercambios entre los dos subdominios, y aliviar el controlador de dominio raíz.

- En el controlador de dominio paris, abra una sesión como administrador de dominio raíz.
- Vaya al menú **Start**, haga clic en **Windows Administrative Tools** y, por último, en **Active Directory Domains and Trusts**.
- En el dominio paris.cole.com, haga clic con el botón derecho y seleccione **Properties**.
- Vaya a la pestaña **Trust** y haga clic en **New Trust**.
- Salte la ventana de presentación y, en la pantalla siguiente, introduzca el nombre NetBIOS del dominio de Nantes.

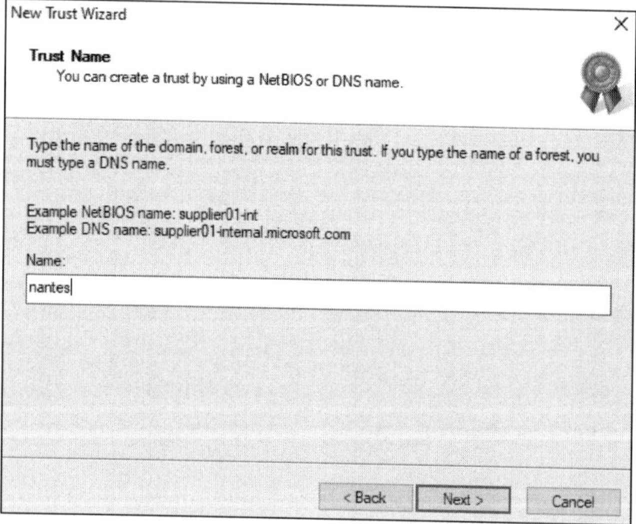

- A continuación, para la dirección, elija **Two-way**.

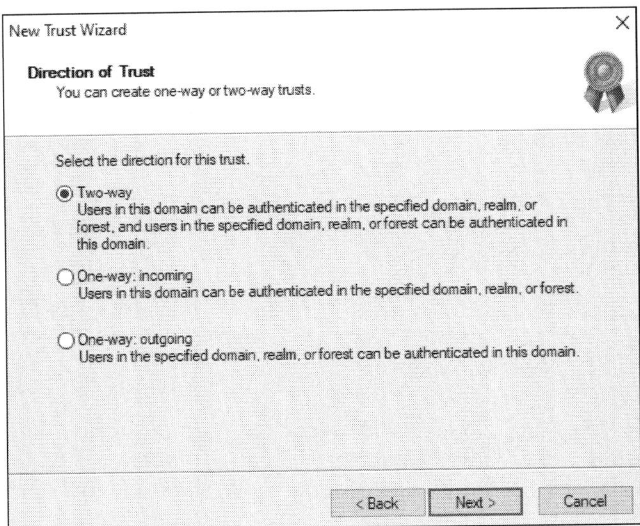

- A continuación, haga clic en **Both this domain and the specified domain** para crear la relación para ambos dominios al mismo tiempo.

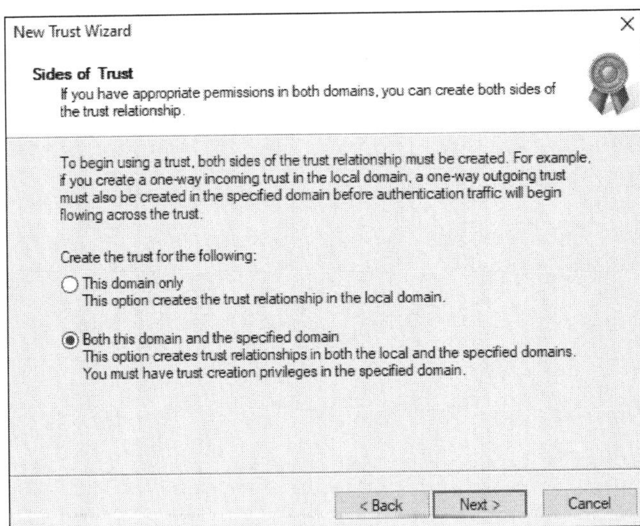

- En la siguiente ventana, autentifíquese como administrador de dominio raíz.
- A continuación, se mostrará un resumen para cada dirección de aprobación.
- Las dos páginas siguientes le piden que valide la aprobación saliente y entrante, valide ambas.

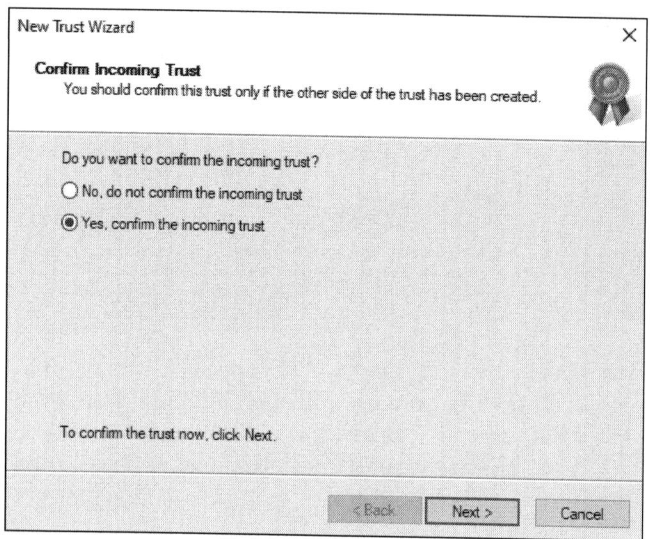

- Por último, una ventana confirma que se ha creado la relación de aprobación. Haga clic en **Apply**.

  Se ha creado la relación de aprobación abreviada entre los dos dominios.

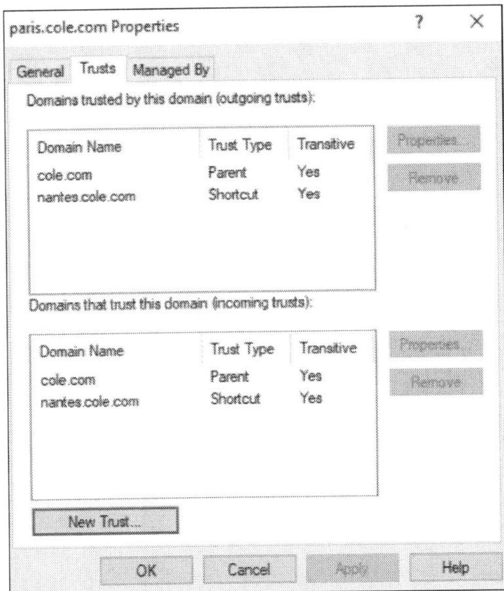

3. Relación de aprobación de bosque y aprobación externa

Estas relaciones de aprobación existen entre bosques que son completamente independientes entre sí. Se pueden establecer para colaboraciones entre empresas independientes o cuando se adquieren empresas.

Dado que las infraestructuras de red de los distintos bosques también son independientes y probablemente se encuentren en redes remotas, para poder implementar las relaciones de aprobación del bosque y las relaciones de aprobación externas, puede ser necesario configurar cortafuegos que permitan el paso de las comunicaciones entre los distintos controladores de dominio.

Los puertos utilizados por los controladores de dominio son:

- DNS: TCP/UDP puerto 53,
- LDAP: puerto TCP/UDP 389,
- Autenticación Kerberos: puerto TCP/UDP 88,
- Contraseña Kerberos: puerto TCP/UDP 464a,
- RPC: puerto TCP/UDP 135a,

- NetBIOS: puerto TCP/UDP 137 - 138a,
- SMB: puerto TCP/UDP 445a,
- LDAP SSL: puerto TCP/UDP 636a,
- catálogo global: puerto TCP/UDP 3268 - 3269.

Además, es necesario configurar el DNS para estas infraestructuras, de modo que los controladores de dominio puedan enrutar las solicitudes DNS y resolver los nombres de dominio de los demás.

3.1 Configuración de los DNS

Se pueden utilizar varias configuraciones de DNS para implementar relaciones de aprobación externas y forestales:

- forwarders condicionales, la solución más sencilla de desplegar, que indican qué dirección de red utilizar para llegar al DNS del otro dominio,
- zonas secundarias, una solución bastante similar a las redirecciones condicionales, que tiene la ventaja de actualizarse dinámicamente,
- un servidor DNS raíz común, que debe contener las delegaciones DNS para cada nombre de dominio, una solución más compleja que no es realmente adecuada.

En este capítulo se utilizarán forwarders condicionales.

3.2 Relación de aprobación de bosque

Se establece una relación de aprobación de bosque entre los dos dominios raíz de los dos bosques. Es necesariamente transitiva hacia cualquier subdominio y puede ser unidireccional o bidireccional. Un bosque puede tener varias relaciones de aprobación con otros bosques, pero siempre de forma no transitiva, sin que la aprobación pase de un bosque a otro.

En la siguiente ilustración, el bosque A tiene una relación de aprobación con los bosques B y C.

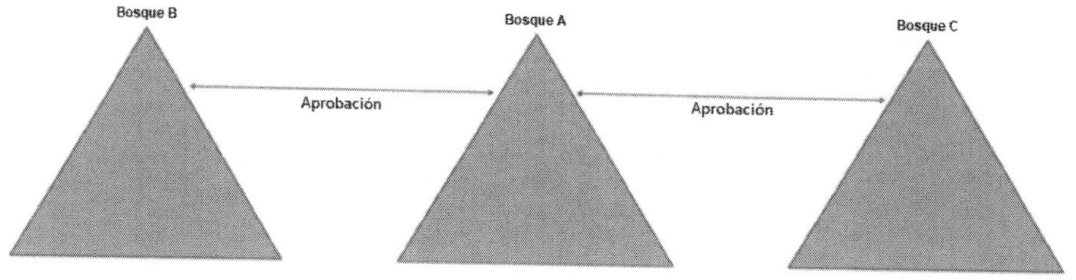

Los usuarios de A tienen acceso a los recursos de B y C, los usuarios de B y C tienen acceso a los recursos de A, pero los bosques B y C no confían el uno en el otro, sus usuarios no tienen acceso a sus respectivos recursos. Esto requeriría la creación de una nueva relación de aprobación de bosques entre B y C.

3.2.1 Esquema del trabajo práctico

Para implementar una relación de aprobación de bosque, tomaremos como punto de partida el entorno de la sección Implementación de un bosque multidominio de este capítulo, al que añadiremos una relación de aprobación con un bosque completamente nuevo.

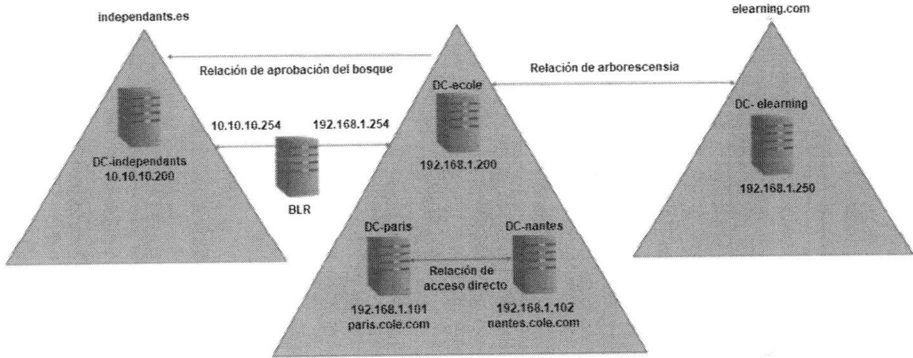

El nuevo bosque tendrá el nombre **independants.es** y estará en la red 10.10.10.0/24, en una red física separada. Un router enlaza las dos redes. No hay filtrado ni cortafuegos. Las máquinas de cada red deben tener el router como pasarela.

Se creará una relación de aprobación saliente desde cole.com hacia el dominio independants.es.

3.2.2 Configuración del router BLR

Así que vamos a crear una máquina virtual Windows Server, con dos tarjetas de red, que será nuestro router. Una de las tarjetas estará en la misma red 192.168.1.0/24 que nuestros controladores de dominio existentes y la otra, en la nueva red 10.10.10.0/24. Configuraremos ambas tarjetas con IP .254 en sus respectivas redes.

▶ Instale el rol de **Remote Access**.

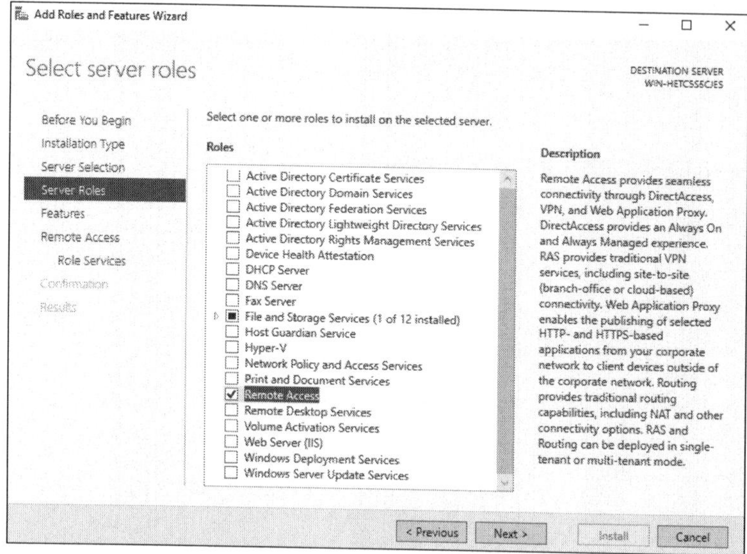

Haga clic en **Next** hasta llegar a la ventana de selección de servicios de rol.

Seleccione **DirectAccess y VPN (RAS)** y **Routing**.

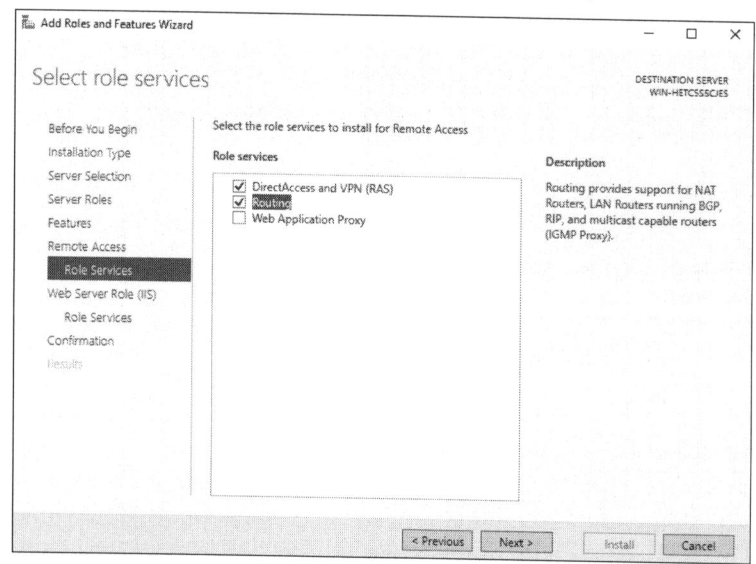

A continuación, pulse **Next** hasta el final del asistente y haga clic en **Install**.

▶Abra un símbolo del sistema y escriba:

```
rrasmgmt.msc
```

Se abrirá la ventana de gestión de rutas.

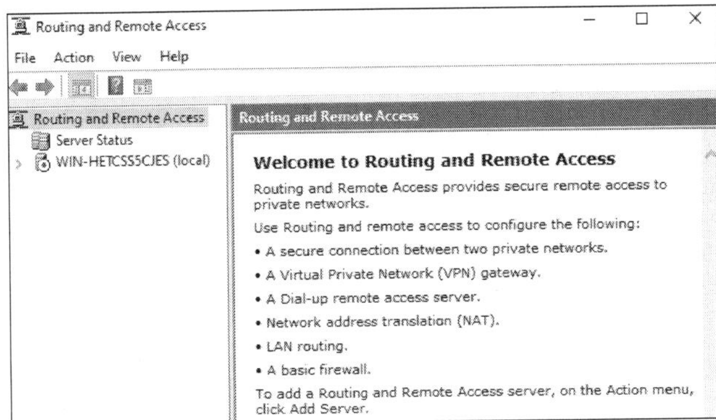

▶Haga clic con el botón derecho en el servicio y seleccione **Configure and Enable Routing and Remote Access**.

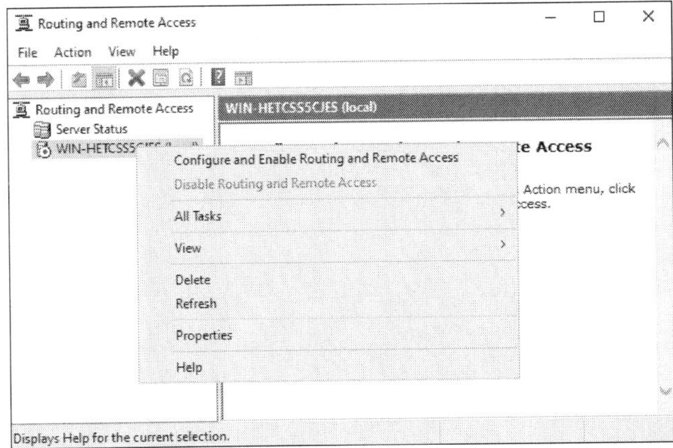

Observación

Es posible que aparezca un mensaje de error diciendo que sólo hay una tarjeta de red. Se trata de un error. Cancele el asistente y reactive el enrutamiento volviendo a ***Configure and Enable Routing and Remote Access****. Esto resolverá el problema.*

▶Haga clic en **Next** dos veces y, a continuación, seleccione **Custom configuration**.

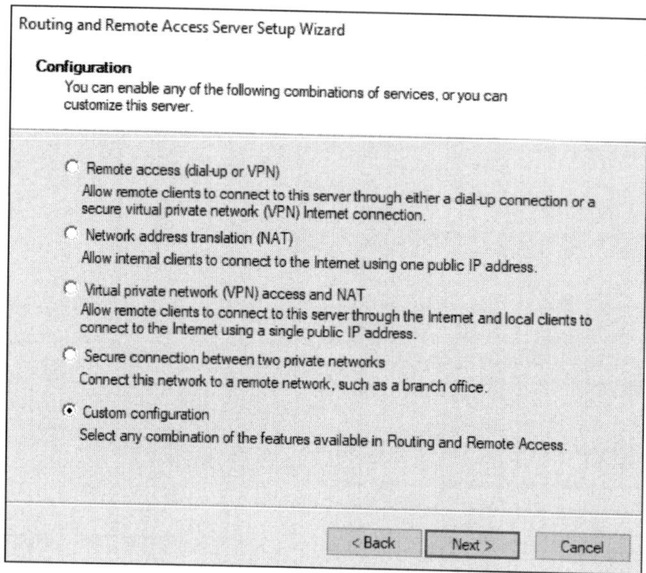

▶En la pantalla siguiente, seleccione **LAN routing**.

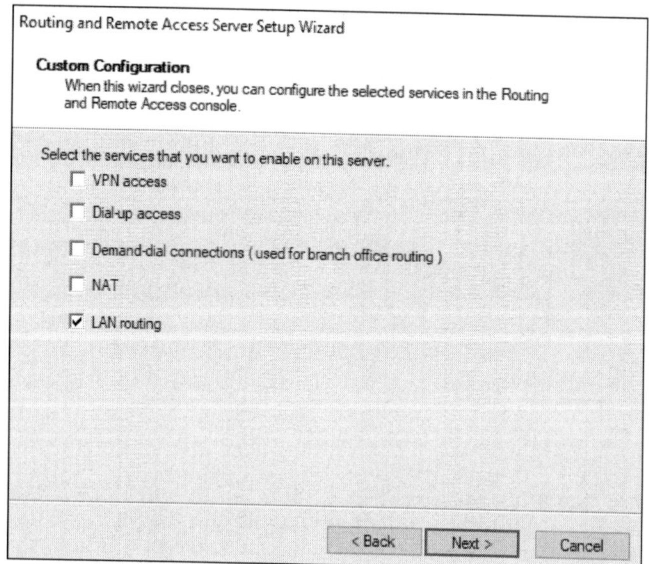

▶Haga clic en **Next** y, a continuación, en **Apply**.

▶ Un mensaje le pedirá que inicie el servicio, haga clic en **Start**.

La configuración del enrutamiento se ha completado y la ventana de roles debería tener este aspecto:

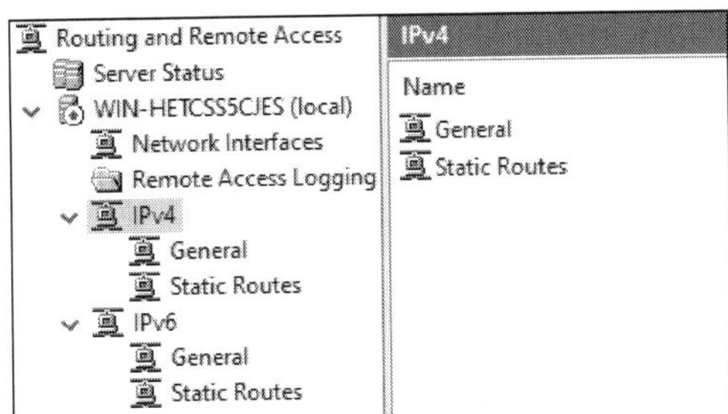

3.2.3 Implantación del dominio externo

En primer lugar, tenemos que instalar un controlador de dominio para el dominio independants.es. No estará unido al bosque cole.com y se encuentra al otro lado del router BLR, en la red 10.10.10.0/24.

Para tu información, aquí tiene la configuración de red del controlador de bosque independants.es:

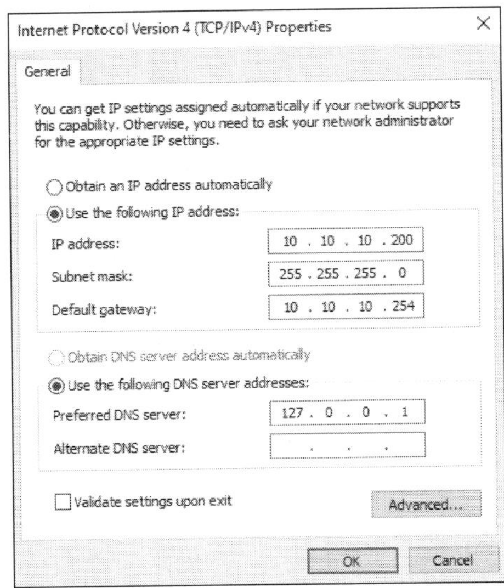

El valor del servidor DNS preferido 127.0.0.1, lo completa automáticamente el sistema cuando el servidor se promueve a controlador de dominio.

- Instale Active Directory y cree el dominio independants.es en esta máquina.

3.2.4 Creación de forwarders condicionales

Como los dos controladores de dominio que van a establecer la relación de aprobación no están en el mismo bosque ni comparten ninguna información a nivel de DNS, necesitamos utilizar forwarders condicionales.

- En el controlador del dominio raíz cole.com, vaya a **Server Manager - Tools - DNS**.
- A continuación, haga clic con el botón derecho en **Conditional Forwarder - New Conditional Forwarder**.

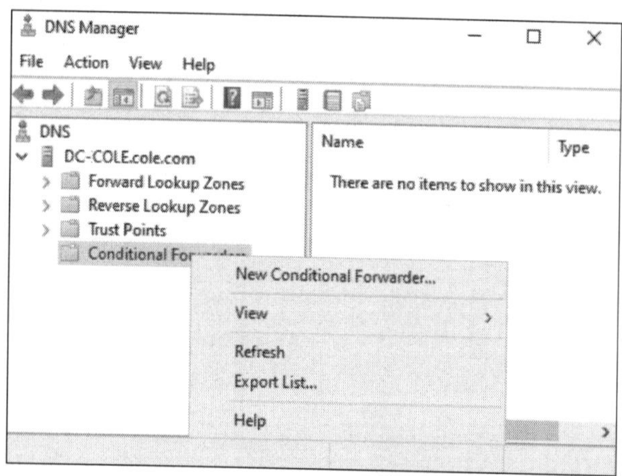

- Introduzca el nombre del dominio de destino y la IP del servidor DNS, en este caso el controlador del dominio independants.es. Guarde el forwarder en todos los controladores del dominio. Ignore la cruz roja, que se debe al retraso excesivo en la resolución del nombre. Pulse **OK**.

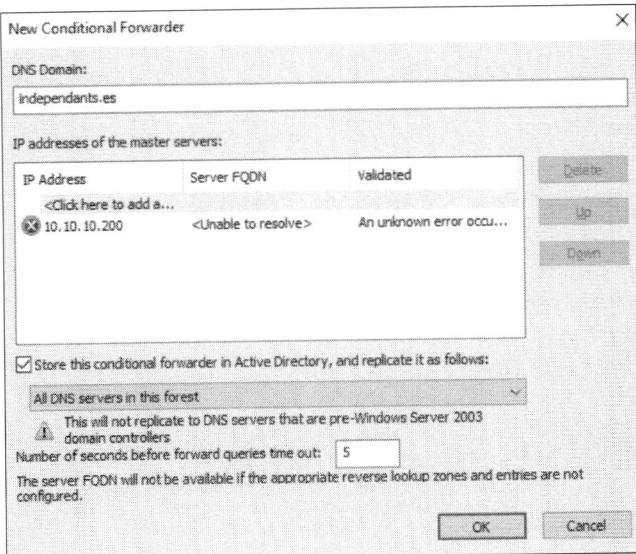

▶ En el controlador del dominio **independants.es**, repita el procedimiento, esta vez para el dominio raíz del bosque **cole.com**.

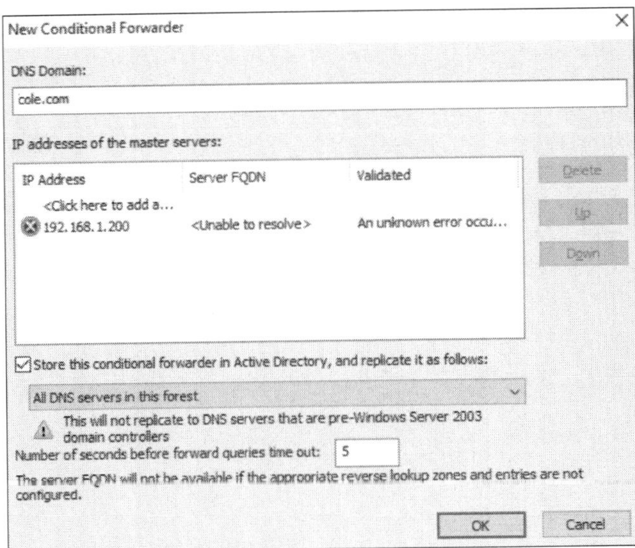

3.2.5 Creación de la relación de autorización de bosque

- Para crear una relación de aprobación en un controlador de dominio, vaya al menú **Start**, luego a **Windows Adminitrative Tools** y, para terminar, a **Active Directory Domains and Trusts**. En este ejemplo, la operación se realiza desde el dominio cole.com.
- En el dominio raíz cole.com, haga clic con el botón derecho en **Propiedades**, pestaña **Trusts**.
- Haga clic en nueva aprobación y se iniciará el asistente. Haga clic en **Next**. En la nueva ventana, introduzca el nombre del dominio raíz de destino y haga clic en **Next**.

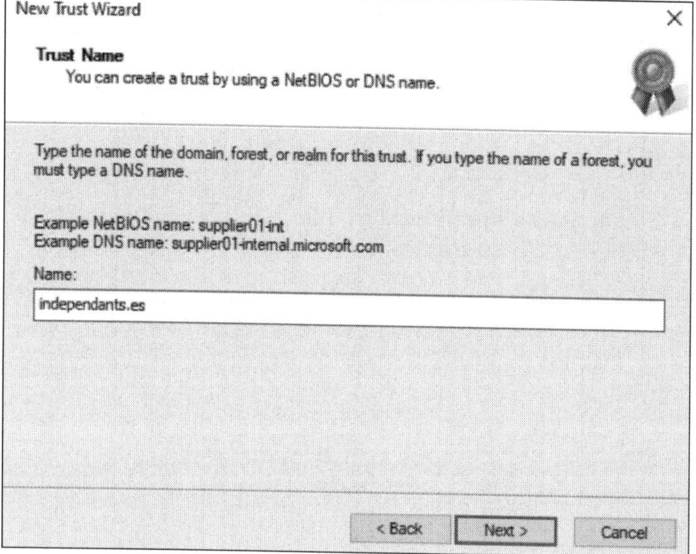

▶ El sistema detecta que el dominio de destino es un dominio raíz y propone aprobaciones externas y de bosque. Seleccione **Forest trust**.

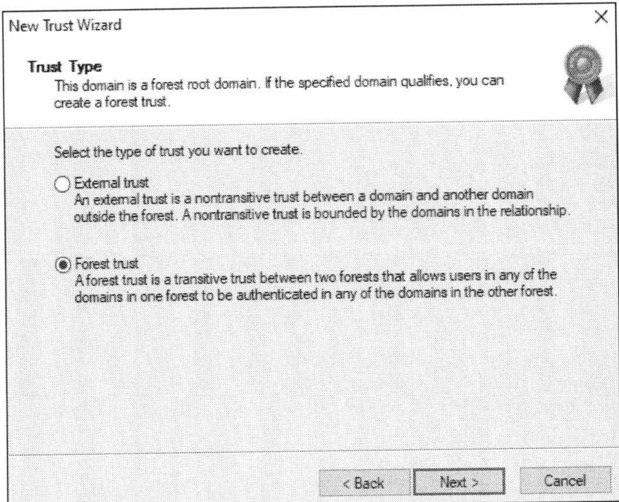

▶ Elija la dirección.

En nuestro ejemplo, los usuarios del dominio independants.es tendrán acceso a los recursos del dominio cole.com, pero no será posible lo contrario.

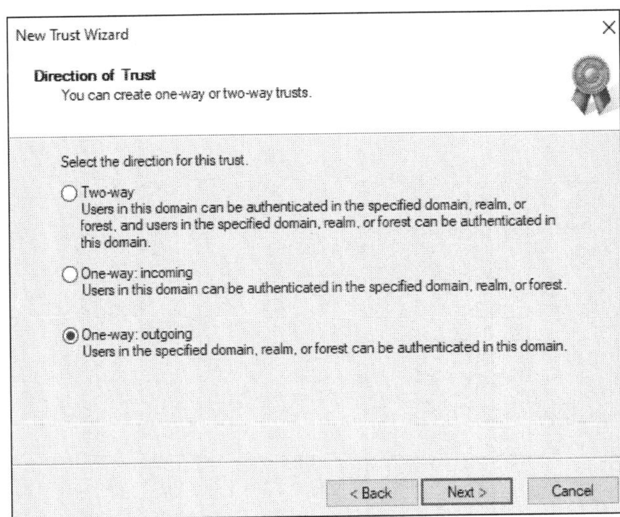

▶ La siguiente ventana permitirá establecer la dirección de la aprobación. Puede hacerlo en ambos dominios a la vez haciendo clic en **Both this domain and the specified domain**.

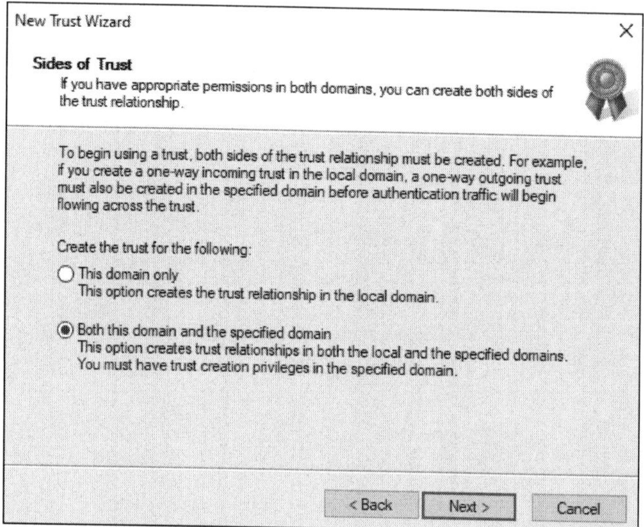

▶ A continuación, introduzca las credenciales de un administrador de la empresa para el dominio de destino.

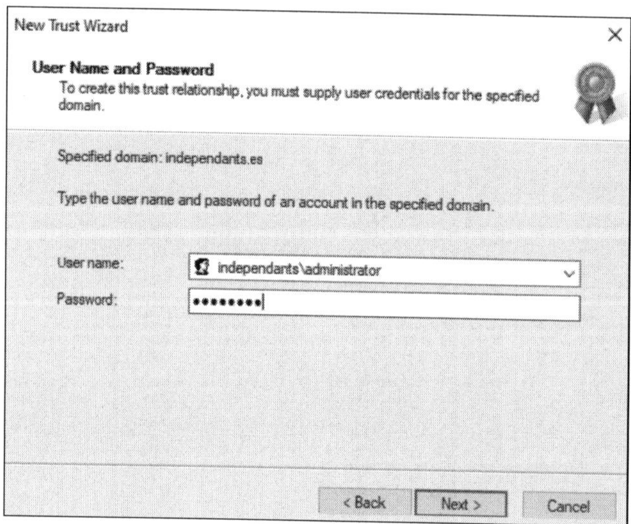

▶A continuación, debe decidir si desea autenticar de forma selectiva o para todos los recursos del bosque. Seleccione **Forest-wide authentication**.

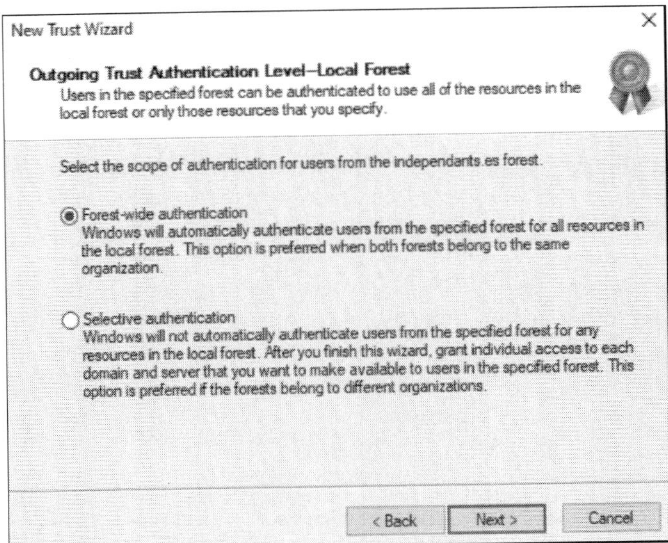

▶La siguiente ventana muestra un resumen de los ajustes seleccionados. Haga clic en **Next**.

El bosque local contiene dos árboles, cole.com y eleaning.com, y se nos pregunta para qué árboles queremos crear la relación de aprobación. Elegiremos seleccionar ambos.

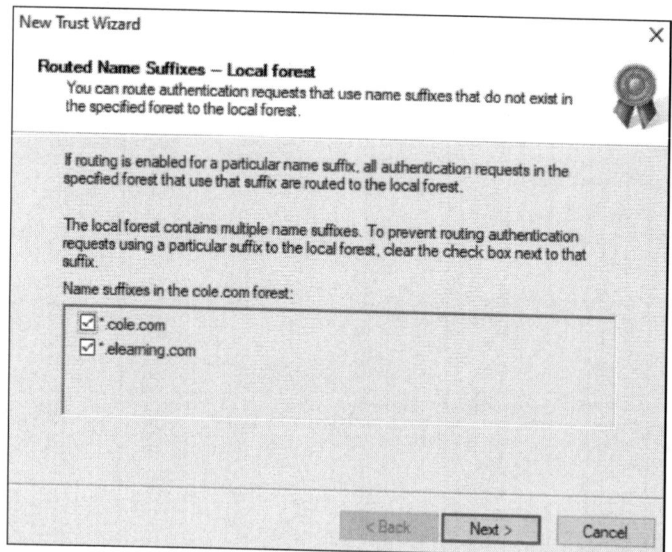

▶ El sistema sigue mostrando un resumen de la configuración, haga clic en **Next**. Ahora necesitamos confirmar la aprobación.

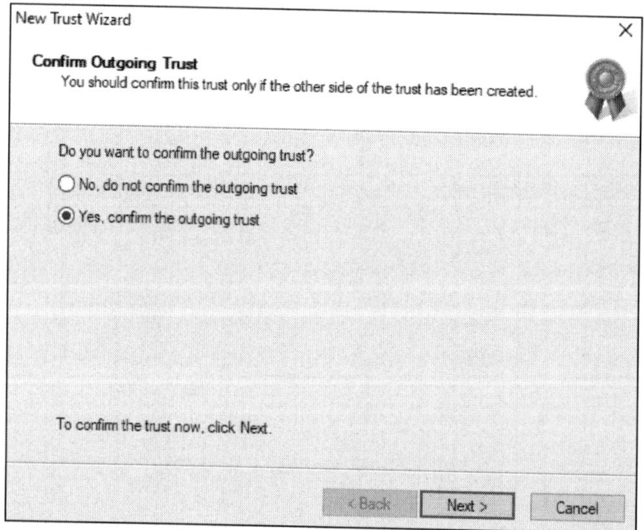

- En la siguiente ventana, haga clic en **Apply** para finalizar la creación de la aprobación.

  El bosque cole.com aprueba ahora el dominio **independants.es**, aunque no es recíproco.

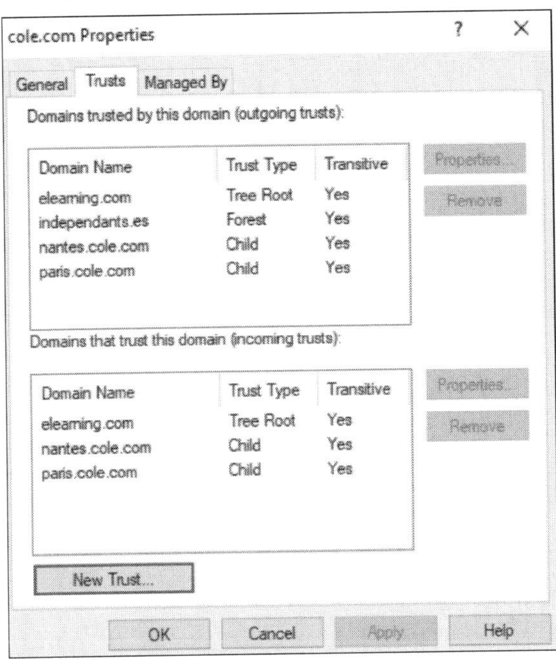

Ahora es posible conceder permisos sobre un recurso del dominio cole.com a usuarios del dominio independants.es. Por ejemplo, permisos de seguridad para una carpeta en una carpeta compartida.

- Para ello, vaya a la gestión de permisos de la carpeta y haga clic en **Add**.

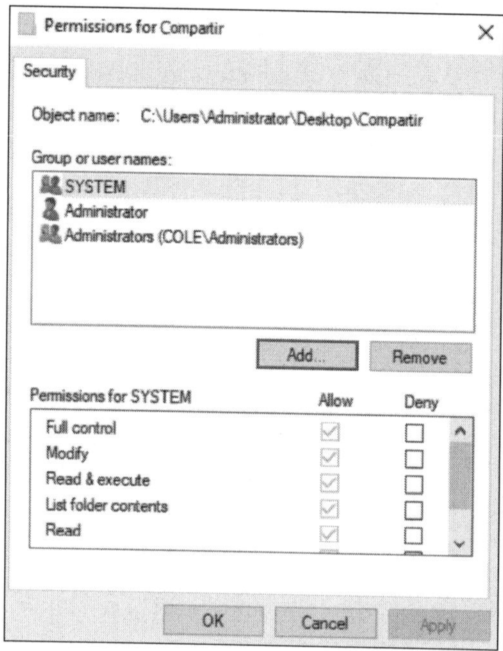

▶ A continuación, haga clic en **Locations**.

El dominio **independants.es** figura en la lista de ubicaciones que pueden seleccionarse para conceder permisos.

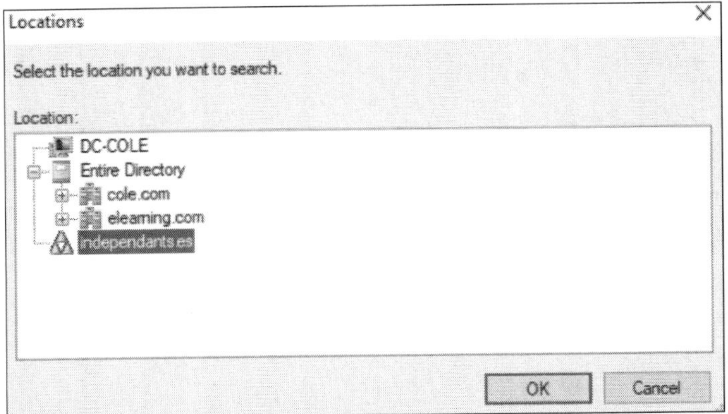

▶ Una vez seleccionada la ubicación de independants.es, introduzca el nombre del administrador del dominio, que es el único disponible en la topología actual. A continuación, haga clic en **OK**.

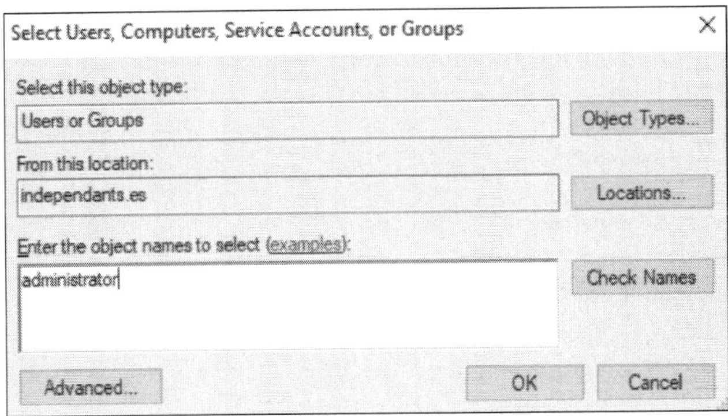

▶ A continuación, inicie sesión con una cuenta que tenga permisos de administrador para la empresa en el dominio independants.es.

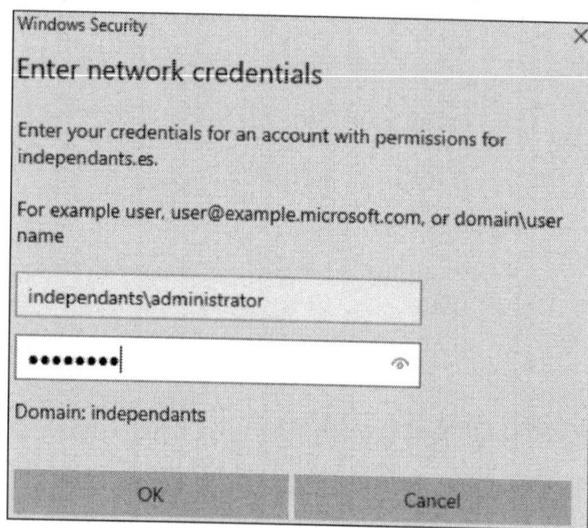

El administrador del dominio independant.es ha sido añadido a los permisos de la carpeta perteneciente al dominio cole.com.

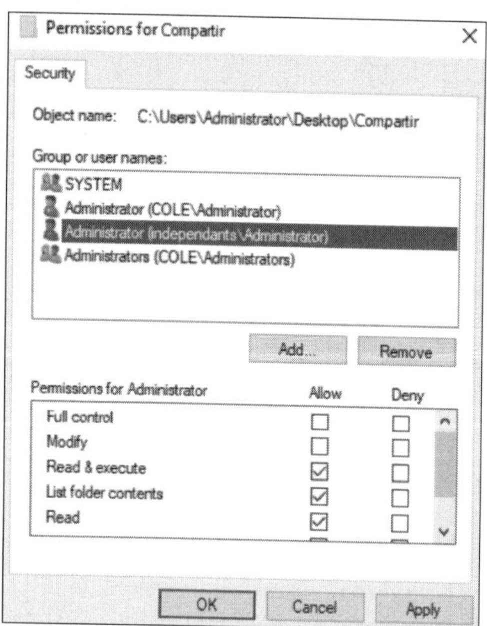

3.2.6 Creación de autorizaciones externas con autenticación selectiva

Ahora vamos a ver cómo crear una relación de aprobación externa entre dos dominios de dos bosques diferentes. En nuestro ejemplo, vamos a crear una relación unidireccional entre el dominio independants.es y el subdominio paris.cole.com. Añadiremos autenticación selectiva.

Observación

La autenticación selectiva funciona como un nivel adicional de seguridad. Además de tener que dar permisos al recurso al que queremos que se conecten los usuarios, como por ejemplo un recurso compartido, también tendremos que dar el permiso a autenticarse en la máquina que aloja este recurso. Los recursos en máquinas donde los usuarios no tengan permisos de autenticación, no serán accesibles.

En primer lugar, vamos a eliminar la relación de aprobación de bosque que creamos en la sección anterior de este capítulo.

- Vaya a **Start - Windows Administrative Tools - Active Directory Domains and Trusts** y haga clic con el botón derecho en **Properties - Trusts** en el dominio raíz cole.com.
- Visualice las propiedades del dominio cole.com, vaya a la pestaña **Trusts**. Seleccione la aprobación saliente para el dominio independants.es y haga clic en **Remove**.

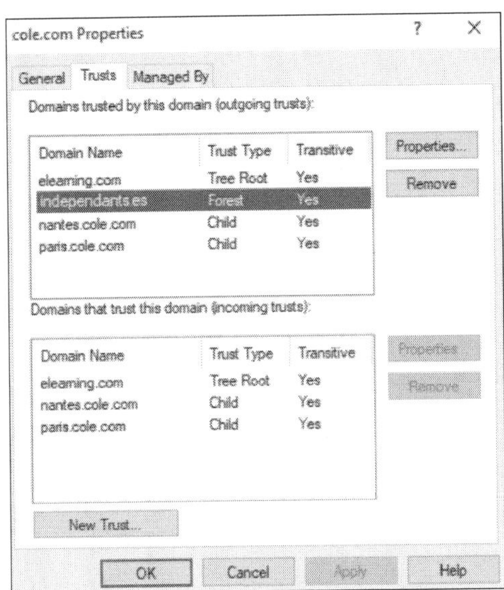

- Identifíquese como administrador del dominio independants.es y elija eliminar ambas autorizaciones al mismo tiempo.

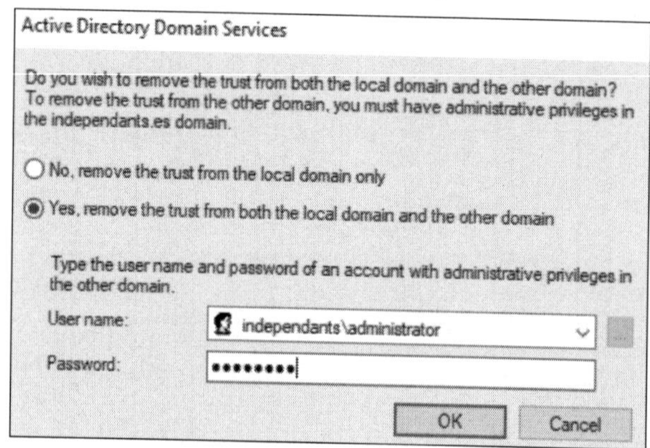

Se le pedirá una confirmación final y se eliminará la relación de aprobación, en ambas direcciones.

Observación

Como en cualquier operación sobre relaciones de aprobación, los administradores de ambos dominios deben estar presentes. La alternativa es que los dos administradores actúen sobre las relaciones de aprobación por separado, lo que puede resultar poco práctico.

Ahora podemos crear la relación de autorización externa. El procedimiento es bastante similar al de la relación de autorización de bosque.

- Vaya a **Start - Windows Administrative Tools - Active Directory Domains and Trusts** y haga clic con el botón derecho del ratón en **Properties - Trusts** en el dominio independants.es.
- Haga clic en **New Trust**.
- En la segunda ventana del asistente, introduzca el nombre del subdominio que desee. Como el dominio no es un dominio raíz, no tendrá que elegir entre aprobación de bosque o externa, será directamente externo.

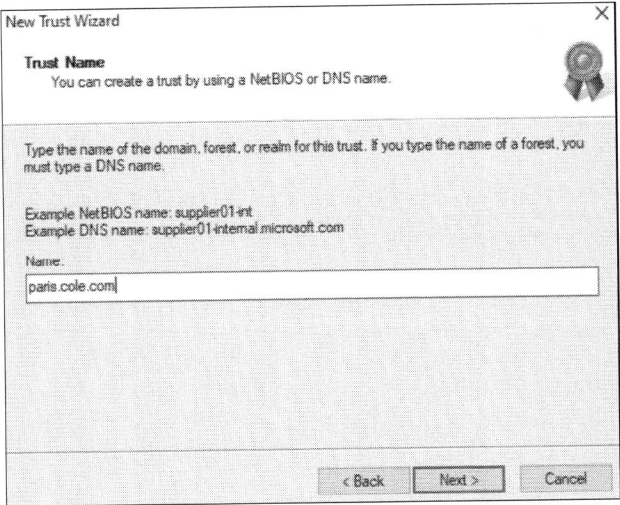

- Elija una relación bidireccional (**Transitive**).
- A continuación, elija hacer ambos lados de la aprobación al mismo tiempo.
- Autentícate con permisos de administrador de dominio para el dominio de destino.
- Seleccione la autenticación selectiva. Se le pedirá que lo haga dos veces, para cada lado de la aprobación.

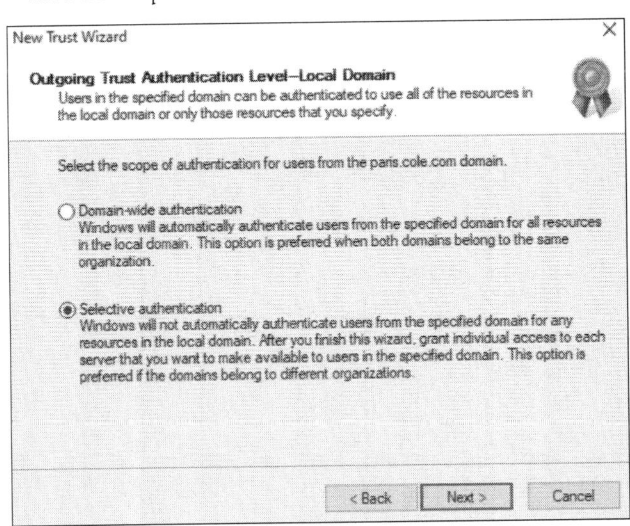

- Confirme las aprobaciones para ambos dominios.
- Un último mensaje advierte de que **SID filtering** está activado por defecto. Esto es para prevenir el robo de identidad. Haga clic en **OK** para confirmar.

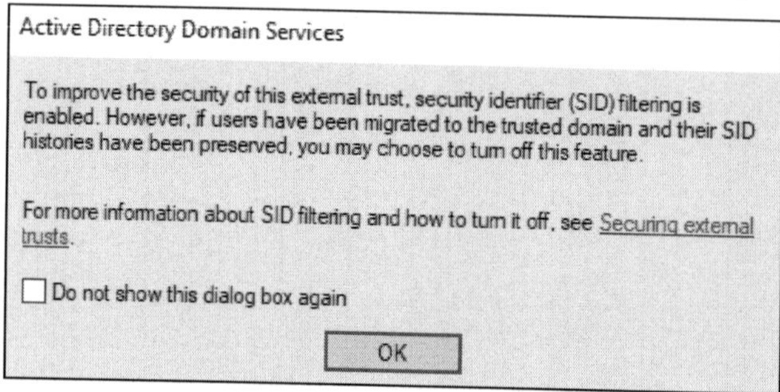

El SID (*Security Identifier*) es un identificador único asignado a cada objeto en un dominio de Active Directory. En una relación de aprobación, cada dominio tiene una lista de los SID del otro dominio.

Cuando se migra un objeto de un dominio a otro, se crea un **SID history** que contiene los SID nuevo y antiguo. Si el SID antiguo procede de una cuenta que tenía privilegios elevados, esto puede causar problemas de seguridad.

También hay ataques basados en SID falsificados. Y no controlamos necesariamente la seguridad del dominio externo con el que establecemos una relación de aprobación.

El filtrado de SID comprueba los SID del dominio externo para asegurarse de que proceden del dominio deseado y no de un dominio antiguo, que son válidos y que no están falsificados. Esta función se puede desactivar, pero no se recomienda.

Una vez que haya validado, podrá ver la relación de aprobación externa.

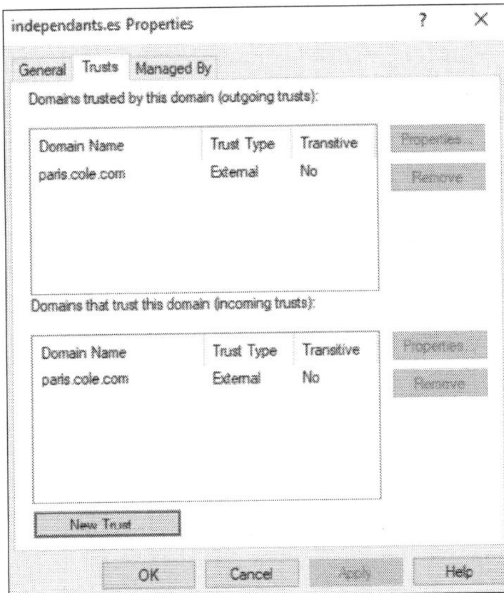

Si visualiza las propiedades de una relación de aprobación y va a la pestaña **Authentication**, puede cambiar la configuración de autenticación selectiva.

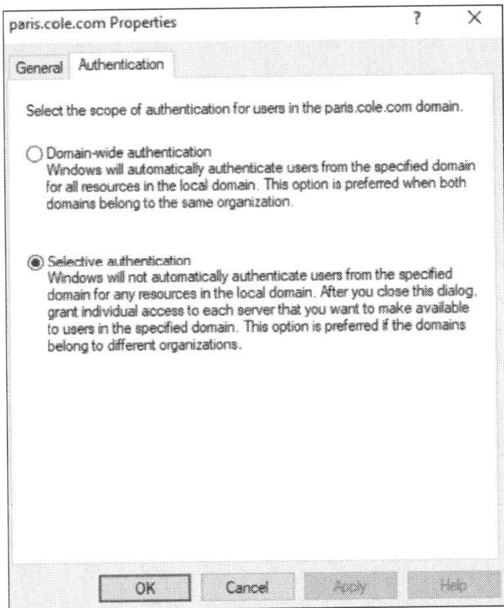

Dado que hemos realizado una aprobación de autenticación selectiva, ahora podemos seleccionar un usuario o grupo para otorgarles permisos de acceso a los recursos alojados en una máquina.

En nuestro ejemplo, daremos el permiso de autenticación al administrador del dominio independants.es, en el controlador de dominio DC-paris, lo que le permitirá acceder a los recursos alojados en esta máquina. Una vez más, también tendremos que establecer los permisos sobre el propio recurso, como los permisos de compartición, y dar los permisos apropiados en los permisos de seguridad.

- Para ello, vaya a **Start - Windows Administrative Tools - Active Directory Users and Computers**.
- Muestre las funciones avanzadas.

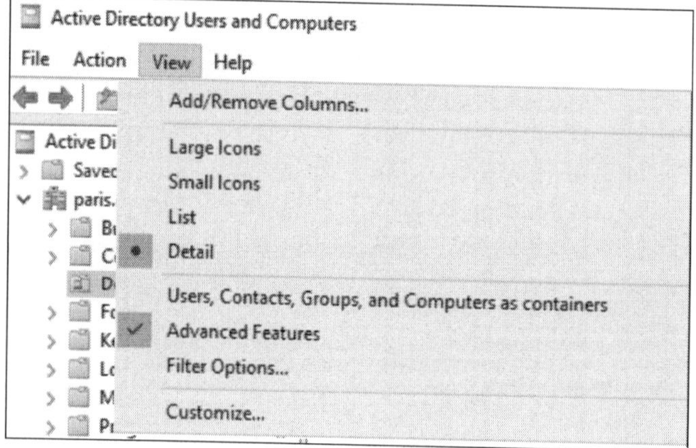

▶A continuación, en las propiedades del controlador de dominio de paris, pestaña **Security**, haga clic en **Add**.

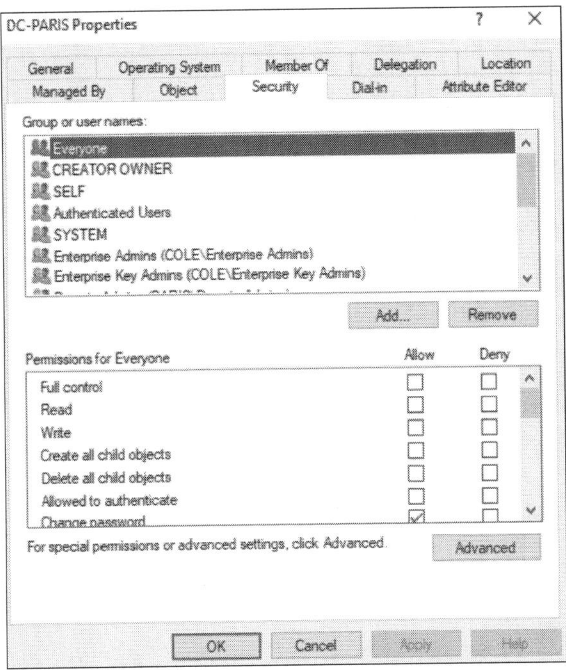

▶A continuación, cambie la ubicación a **independants.es**.

▶Conéctese como administrador del dominio independants.es.

▶A continuación, seleccione el administrador de este dominio. Concédale permisos de autenticación para acceder a los recursos de esta máquina.

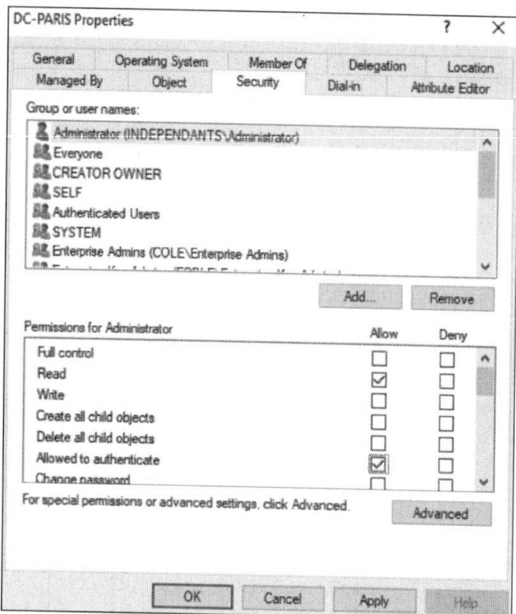

4. Roles FSMO

4.1 Introducción a los roles FSMO

Cuando se despliegan varios controladores de dominio para un mismo dominio, el que se instala en primer lugar se denomina controlador "primario" y todos los demás controladores desplegados posteriormente en este dominio, se denominan "secundarios".

Aunque todos los controladores de un dominio se pueden utilizar para gestionar objetos de Active Directory, sólo el controlador principal dispone inicialmente de ciertas funcionalidades. Estas se conocen como roles FSMO.

FSMO son las siglas de *Flexible Single Master Operation*. La base de datos de Active Directory se basa en un modelo denominado "multimaestro", que permite a cualquier controlador de dominio escribir en la base de datos. Esto puede dar lugar a conflictos si se realizan varias modificaciones en el mismo objeto al mismo tiempo. Existe un mecanismo para gestionar estos conflictos que consiste en que, el último controlador de dominio en el que se ha realizado una modificación, tiene prioridad sobre los demás. Se trata del enfoque "*last writer wins*".

Sin embargo, ciertas modificaciones sólo son posibles desde el servidor que tiene los roles FSMO, para evitar conflictos en lugar de tener que resolverlos. En este caso, se utiliza un modelo de "maestro único". Un ejemplo de configuración que sólo se puede realizar desde un único controlador de dominio, es decidir qué servidor debe ser la fuente de reloj para sincronizar la hora de todos los servidores.

Por lo tanto, existen cinco roles FSMO, cada uno de los cuales realiza una o varias funciones y que se encuentran inicialmente en el controlador de dominio principal. Como veremos, es posible cambiar los roles FSMO de servidor, pero sólo pueden existir en un único servidor, ya sea a nivel de bosque o a nivel de dominio.

En resumen, se utilizará un único modelo maestro para determinadas operaciones, pero de forma flexible. Este enfoque es heredado de las versiones NT3.51 y NT 4.0 de Windows Server, en las que sólo el controlador de dominio principal (CDP) estaba autorizado a realizar cambios en el dominio.

Existen cinco funciones de la FSMO:

- controlador del esquema,
- maestro de operaciones de nombres de dominio,
- maestro RID,
- emulador PDC,
- maestro de infraestructuras.

4.2 Descripción de los roles FSMO

Controlador del esquema

El esquema de Active Directory es una lista de todos los tipos de objetos que se pueden crear en la base de datos, como un grupo, un usuario, un controlador de dominio, una unidad organizativa, etc. El esquema también contiene una lista de todos los atributos disponibles para cada categoría de objeto.

Es posible modificar el esquema, añadir nuevos tipos de objeto o cambiar la lista de atributos de un tipo de objeto. Sólo el servidor que tiene el rol de controlador del esquema puede realizar estos cambios.

El esquema es un elemento crucial de Active Directory y sólo puede haber un controlador de esquema por bosque. Los otros controladores de dominio del bosque simplemente sincronizan el esquema desde el servidor que tiene el rol FSMO.

Maestro de operaciones de nombres de dominio

Un único controlador de dominio puede desempeñar esta función para todo el bosque. El servidor que tiene el rol de maestro de operaciones de nombres de dominio es el que modificará la lista de nombres de dominio del bosque y el que asignará nombres de dominio cuando se añada un dominio al bosque. También elimina un nombre de dominio cuando se elimina un dominio del bosque.

El servidor desde el que se crea un nuevo dominio o subdominio debe poder ponerse en contacto con el maestro de operaciones de nombres de dominio. De lo contrario, la creación de dominios o subdominios fallará.

Además, existen particiones denominadas "de aplicación" en la base de datos de Active Directory, que se pueden crear o eliminar desde la línea de comandos o mediante aplicaciones como DNS. El maestro de nombres de dominio debe ser accesible para poder crear o eliminar estas particiones.

Maestro RID

El rol maestro RID debe ser único en cada dominio y debe haber uno por dominio.

Cuando un controlador de dominio crea un objeto en la base de datos de Active Directory, como un grupo o un usuario, a este objeto se le asigna un identificador de seguridad único (SID). Por lo tanto, el sistema utiliza el SID para gestionar la identidad de un objeto, en lugar de su nombre, que puede cambiar.

Este identificador se compone de dos partes: un SID de dominio común a todos los objetos del dominio y un ID relativo, un RID, único para cada objeto del dominio.

El siguiente comando PowerShell muestra los usuarios y su SID.

```
Get-ADUser -Filter * | Select-Object Name, SID
```

```
PS C:\Users\Administrator> Get-ADUser -Filter * | Select-Object Name, SID

Name          SID
----          ---
Administrator S-1-5-21-2407680600-742696211-3525076223-500
Guest         S-1-5-21-2407680600-742696211-3525076223-501
krbtgt        S-1-5-21-2407680600-742696211-3525076223-502
PARIS$        S-1-5-21-2407680600-742696211-3525076223-1104
NANTES$       S-1-5-21-2407680600-742696211-3525076223-1106
ELEARNING$    S-1-5-21-2407680600-742696211-3525076223-1107
test user     S-1-5-21-2407680600-742696211-3525076223-1109
```

El identificador se divide en varias partes, por ejemplo, en la primera línea:

- S-1-5-21 es el prefijo.
- 2407680600-742696211-3525076223 es el identificador del dominio.
- 500 es el RID, el identificador único. El administrador siempre tiene 500.

Para asignar estos identificadores, a cada controlador de dominio se le asigna una reserva de RID, es decir, una larga lista de números de identificador que puede utilizar al crear objetos en la base de datos. El maestro de RID distribuye estas reservas de RID a cada controlador de dominio.

Cuando un controlador de dominio ha agotado su reserva de RID, envía una solicitud al maestro de RID, que le proporciona una nueva reserva.

Emulador PDC

La máquina que desempeña el rol de emulador de PDC, cumple varias funciones. Debe ser única en el dominio.

El emulador PDC es la referencia utilizada por las máquinas del dominio para sincronizar la hora. Windows utiliza el servicio W32Time y el protocolo NTP (puerto UDP 123) para gestionar la hora. Este servicio funciona jerárquicamente. El controlador de dominio que tiene el rol de emulador PDC para el dominio raíz, actúa como referencia para los demás servidores del dominio. Éstos, a su vez, actúan como referencia para las máquinas del dominio. El emulador de PDC del dominio raíz se puede sincronizar con una fuente autoritativa externa. La gestión del tiempo es fundamental en un bosque de Active Directory, ya que lo utilizan varios servicios importantes como Kerberos, que gestiona la autenticación.

Es posible establecer la fuente de tiempo para el emulador PDC del dominio raíz. Esto se puede hacer de varias maneras, en la línea de comandos, editando el registro o mediante GPO. Veremos cómo hacerlo desde la línea de comandos.

Nuestro primer comando muestra quién es la referencia de tiempo para la máquina. Para el emulador PDC del dominio raíz, es él mismo.

```
w32tm /query /source
```

La respuesta es:

```
Local CMOS Clock
```

En entornos grandes, es posible que necesite una fuente más precisa. El siguiente comando configura el servicio de tiempo para utilizar otra referencia, en nuestro caso un servidor español gratuito:

```
w32tm /config /update /manualpeerlist:es.pool.ntp.org,x08
/syncfromflags:MANUAL
```

Para forzar la sincronización:

```
w32tm /resync
```

Para forzar la sincronización de un equipo mediante la jerarquía de los emuladores PDC de Active Directory:

```
w32tm /config /syncfromflags:domhier /update
```

Estas son las otras características del emulador PDC:

- Cuando se realiza un cambio de contraseña, la nueva contraseña se replica primero en el emulador PDC del dominio.
- El emulador de PDC también gestiona los fallos de contraseña, enviando el mensaje de error al usuario.
- El emulador PDC bloquea la cuenta después de varias contraseñas fallidas.
- El emulador PDC proporciona los servicios de un controlador de dominio NT 4.0 o anterior a máquinas cliente, que ejecutan Windows NT 4.0 o anterior.

Maestro de infraestructuras

El maestro de infraestructura es único dentro de un dominio. Es responsable de las referencias entre dominios en el bosque. Por ejemplo, cuando un usuario de un dominio se añade a un grupo de otro dominio. El maestro de infraestructura es responsable de replicar esta información a todos los controladores de dominio del bosque.

Cuando se hace referencia a un objeto en un dominio distinto de su dominio original (piense en un usuario que se une a un grupo en otro dominio), la referencia se hace en forma de "objeto fantasma", como lo denomina Microsoft, que contiene el GUID, el SID y el *Dinstinguished Name* (DN), es decir, la ruta LDAP del tipo "*CN=olivier,OU= users,DC= cole,DC=com*". El maestro de la infraestructura es responsable de actualizar el SID y el DN en la referencia entre dominios.

El rol de maestro de infraestructura no debe estar en un servidor que contenga el catálogo global. El catálogo global es una lista de todos los objetos de Active Directory del bosque, junto con sus ubicaciones. Si este es el caso, el maestro de infraestructura deja de gestionar las referencias entre dominios.

Actualmente, Microsoft recomienda que todos los controladores de dominio de un bosque contengan el catálogo global. En este caso, todos los servidores tienen los datos de referencia y el rol de maestro de infraestructura, ya no se utiliza.

Cuando se activa la papelera de reciclaje de Active Directory, ya no es el maestro de infraestructura el responsable de gestionar las referencias entre dominios, sino que son todos los controladores de dominio los que deben mantener actualizadas las referencias entre dominios cuando se elimina, mueve o renombra un objeto.

4.3 Traslado de roles FSMO

Los roles FSMO se pueden mover, por eso se dice que son flexibles. Hay varias razones por las que podríamos querer mover un rol FSMO, por ejemplo, el rol podría estar muy ocupado gestionando las contraseñas de miles de usuarios, en cuyo caso podría ser útil moverlo a un controlador de dominio, que se ejecuta en una máquina más potente.

O cuando se tiene que apagar un servidor por mantenimiento. Los roles FSMO no se transfieren automáticamente cuando se apaga un controlador de dominio.

Cuando se transfiere un rol FSMO, los datos gestionados por ese rol se transfieren antes de que el rol sea realmente transferido, asegurando que el rol funciona correctamente en el nuevo servidor.

Por supuesto, si transfiere una función que debe estar presente en todos los dominios, debe transferirse a un controlador del mismo dominio. Las funciones que son únicas para todo el bosque se pueden transferir a cualquier controlador de dominio del bosque.

4.3.1 Instalación de un controlador de dominio secundario

Para transferir los roles FSMO, que deben ser únicos en el dominio, se requiere obviamente un controlador de dominio secundario.

Hay dos formas de instalar un controlador de dominio secundario: replicando la base de datos y la carpeta sysvol desde el controlador principal a través de la red o exportando previamente los datos a un disco externo.

Vamos a analizar juntos este segundo método. Al sincronizar una base de datos completa de Active Directory a través de la red, se corre el riesgo de generar errores y de saturar innecesariamente la red corporativa. También es el método preferido si el controlador secundario se encuentra en un sitio geográficamente remoto.

Por lo tanto, añadiremos un disco duro a la máquina virtual controladora principal, en un único archivo y lo formatearemos en NTFS. Se utilizará como disco duro externo para transferir datos entre las dos máquinas. Una vez formateado el disco, crearemos una carpeta en su raíz llamada transfer.

Para exportar los datos, utilizaremos la utilidad de línea de comandos Ntdsutil.exe.

- Abra un símbolo del sistema con los permisos de un administrador de empresa y escriba el comando `ntdsutil`.
- El prompt cambia y se inicia el software ntdsutil.exe. Escriba el comando `activate instance ntds`.

- A continuación, introduzca el comando `ifm`.
- Introduzca este último comando para lanzar la exportación (e: es la letra del disco externo en el sistema del autor): **`create sysvol full e:\tranfert`**.

```
C:\Users\Administrator>ntdsutil
ntdsutil: activate instance ntds
Active instance set to "ntds".
ntdsutil: ifm
ifm: create sysvol full e:\transfert
Creating snapshot...
Snapshot set {ae4913ff-b405-4176-a4cc-63f66943d3df} generated successfully.
Snapshot {1dcb25f4-eaf3-4915-bc9e-a7ae38e0b984} mounted as C:\$SNAP_202404300405_VOLUMEC$\
Snapshot {1dcb25f4-eaf3-4915-bc9e-a7ae38e0b984} is already mounted.
Snapshot {1dcb25f4-eaf3-4915-bc9e-a7ae38e0b984} is already mounted.
Initiating DEFRAGMENTATION mode...
     Source Database: C:\$SNAP_202404300405_VOLUMEC$\Windows\NTDS\ntds.dit
     Target Database: e:\transfert\Active Directory\ntds.dit

                  Defragmentation  Status ( omplete)

          0    10   20   30   40   50   60   70   80   90  100
          |----|----|----|----|----|----|----|----|----|----|
          ...................................................
```

La carpeta de transferencia o la base de datos y la carpeta sysvol se han exportado, junto con algunos otros datos.

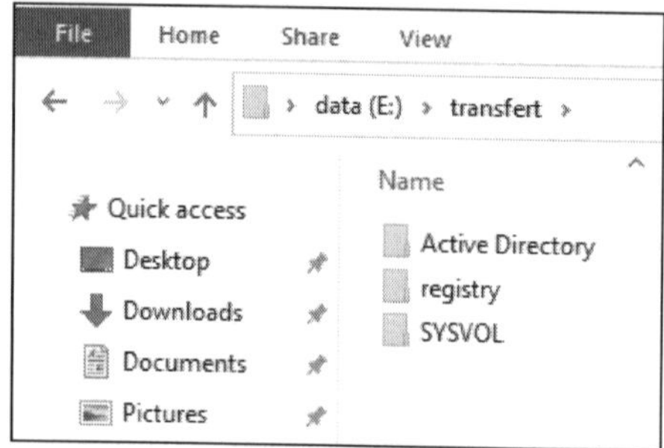

Ahora vamos a instalar un controlador de dominio. Estará en la misma red que el controlador principal DC-COLE, y tendrá la IP 192.168.1.99. En su configuración de red, el DNS principal debe ser DC-COLE, es decir, 192.168.1.200. Esta nueva máquina se llamará DC-COLE2.

Observación

Si su máquina real ya no puede suministrar memoria a todas las máquinas virtuales, puede apagar sin problemas la máquina DC-independants y DC-EALEARN.

- Instale una máquina Windows Server y colóquela en el dominio cole.com.
- Recupere el disco donde se exportaron los datos de Active Directory desde el controlador principal y conéctelo a esta máquina. Si es necesario, apague el controlador principal para recuperar el disco. También puede ser necesario poner el disco "en línea" en diskmgmt.msc una vez conectado al controlador secundario. Esto simula el uso de un disco externo.
- Instale el rol servicios de dominio Active Directory ADDS.
- Promueva el servidor a controlador de dominio.
- En el primer paso, seleccione **Add a domain controller to an existing domain**, con el dominio **cole.com** como administrador del dominio.

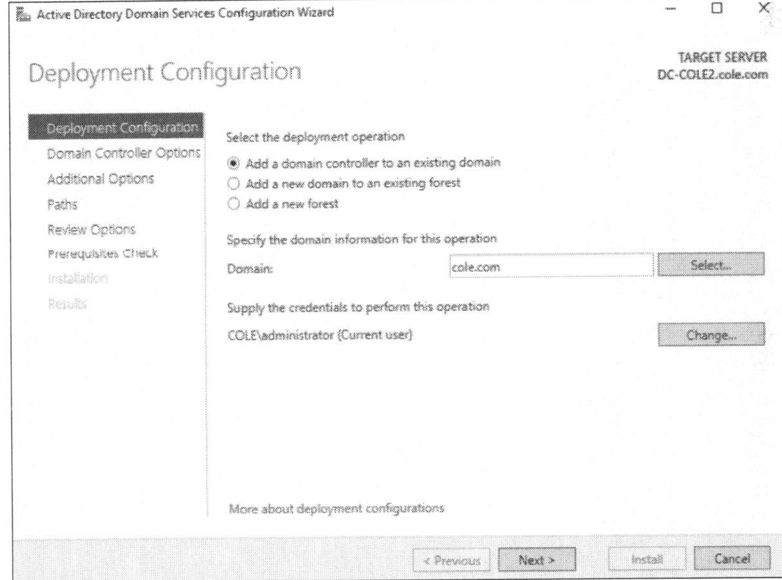

Observación

Para pasar al siguiente paso, hay que encender la máquina virtual del controlador de dominio primario y retirar de ella el disco que se utilizó para transferir los datos, ya que ahora está conectada al controlador secundario.

- En la siguiente pantalla, deje la configuración predeterminada e introduzca la contraseña del modo de recuperación.
- Ignore el mensaje habitual de delegación DNS y haga clic en **Next**.

▶ En la nueva ventana del asistente, marque **Install from media** y elija la carpeta que está en el disco externo.

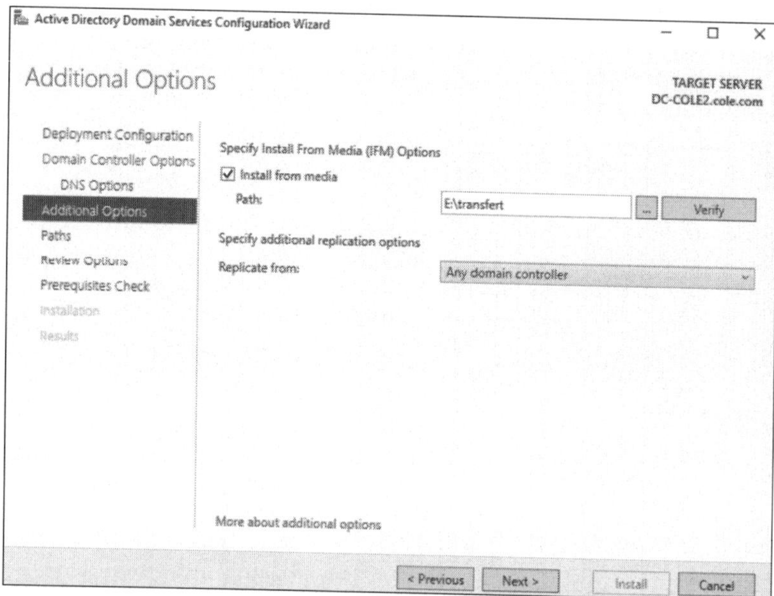

▶ A continuación, haga clic en **Next** para completar el último paso e iniciar la promoción del servidor a controlador de dominio secundario.

En la consola **Active Directory Users and Computers**, los dos equipos se encuentran en la unidad organizativa **Domain Controllers**.

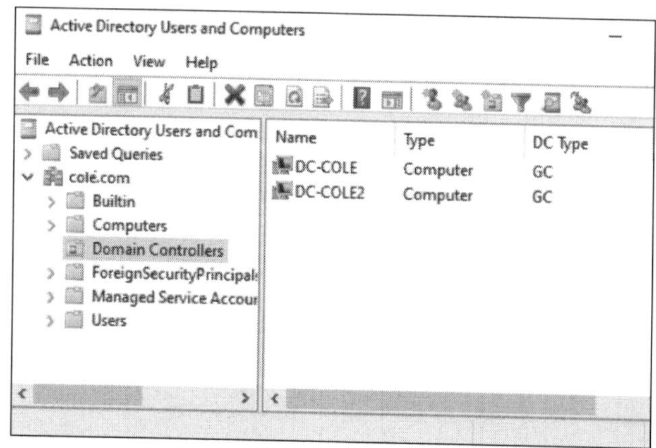

4.3.2 Transferencia de roles FSMO

Ahora que tenemos dos controladores de dominio en el mismo dominio, podemos transferir los roles FSMO.

Las transferencias de roles se pueden realizar a través de una consola MMC utilizando herramientas plug-in. Se necesitarán varios componentes plug-in para diferentes roles FSMO:

- **Componente de software Active Directory Schema plug-in**, que se utilizará para la función de controlador de esquema. Este componente no aparece por defecto en la lista de componentes que se pueden añadir a una MMC.

Para añadir este componente a su MMC, primero debe registrar el componente Schmmgmt.dll:

```
regsvr32 schmmgmt.dll
```

- Para abrir una MMC en blanco, basta con escribir "**mmc**" en una línea de comandos.
- En el mmc, vaya al menú **File - Add or Remove Snap-ins**. Debería ver el componente **Active Directory Schema** en la lista, así que todo lo que tiene que hacer es añadirlo.
- Una vez añadido el componente a la consola, haga clic con el botón derecho del ratón en **Active Directory Schema** y, a continuación, en **Change Domain Controller** y seleccione el servidor de destino.
- Vuelva a hacer clic con el botón derecho del ratón en **Active Directory Schema** y, a continuación, en **Operations Master**. Haga clic en **Change**.

- **Componente de software Active Directory Domains and Trusts** se utilizará para transferir el rol maestro de la operación de nombres de dominio. Se encuentra en el menú **Start - Windows Administrative Tools**.

- Haga clic con el botón derecho del ratón en **Active Directory Domains and Trusts**.
- Haga clic en **Change Domain Controller** y seleccione el servidor de destino.
- Vuelva a hacer clic con el botón derecho en **Active Directory Schema**, luego en **Operations Master** y haga clic en **Change**.

- **Active Directory Users and Computers** permite cambiar los roles de maestro de RID, emulador de PDC y maestro de infraestructura. Se encuentra en el menú **Start/Windows Administrative Tools**.

- Haga clic con el botón derecho del ratón en la raíz del dominio **Operations Master**. Se abre una ventana con una pestaña para cada uno de los tres roles.

- Seleccione la pestaña correspondiente al rol que desea transferir y haga clic en **Change**.

Las funciones FSMO también se pueden transferir mediante la herramienta de línea de comandos Ntdsutil.exe o PowerShell.

El siguiente comando cmd nos dirá dónde están los roles fsmo.

```
netdom query fsmo
```

```
C:\Users\Administrator>netdom query fsmo
Schema master               DC-COLE.cole.com
Domain naming master        DC-COLE.cole.com
PDC                         DC-COLE.cole.com
RID pool manager            DC-COLE.cole.com
Infrastructure master       DC-COLE.cole.com
The command completed successfully.
```

Para transferir un rol fsmo, utilizaremos la utilidad ntdsutil.exe. Vamos a transferir el emulador PDC:

- Abra un CMD y escriba **ntdsutil.exe**.
- Escriba **`roles`** para entrar en la gestión de roles fsmo.
- Escriba **`conn`** para conectarse a un servidor.
- Escriba **`connect to server dc-cole2`** para conectarse al controlador secundario.
- Una vez conectado, pulse **`q`** para salir de la pantalla de conexión.
- Escriba **`transfer pdc`** para iniciar la transferencia de roles. Se abrirá una ventana, confirme.

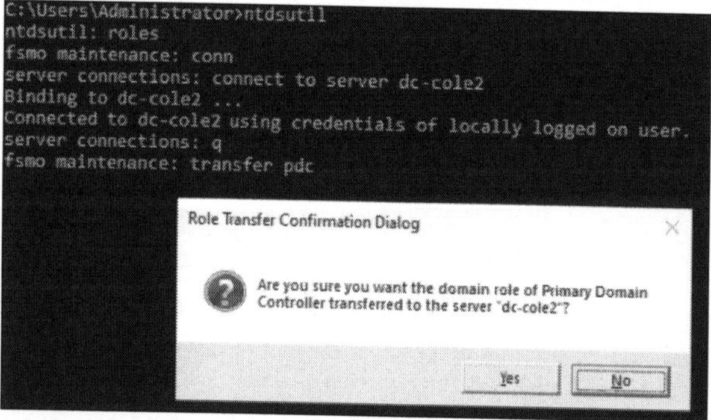

Si vuelve a ejecutar el comando `netdom`, verá que el rol ha cambiado de servidor y ahora está en DC-COLE2.

```
C:\Users\Administrator>netdom query fsmo
Schema master               DC-COLE.cole.com
Domain naming master        DC-COLE.cole.com
PDC                         DC-COLE2.cole.com
RID pool manager            DC-COLE.cole.com
Infrastructure master       DC-COLE.cole.com
The command completed successfully.
```

La operación que acabamos de realizar es una transferencia y requiere que los dos servidores se puedan comunicar. Pero si el servidor que tiene un rol fsmo ya no es accesible o se ha averiado, entonces es posible "introducir" un rol fsmo.

4.3.3 Introducir roles FSMO

Introducir un rol FSMO no es una operación que se deba tomar a la ligera. Microsoft recomienda hacerlo sólo en caso de desastre en el controlador original y también, recomienda eliminarlo por completo después de introducir los roles en el nuevo servidor.

Observación

No recomendamos seguir adelante con el procedimiento e introducir realmente un role en el trabajo práctico, ya que esto podría dañar nuestra infraestructura.

Para introducir un rol FSMO, el procedimiento con ntdsutil.exe es bastante similar al de transferir un rol, ya que sólo cambia el último comando:

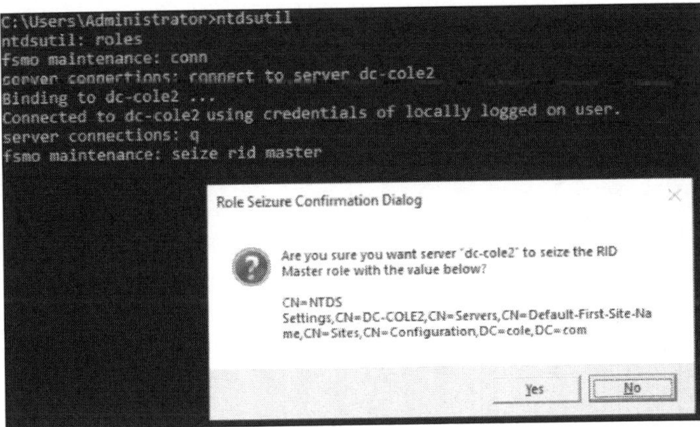

En la práctica, se deben introducir todos los roles FSMO del servidor que ha fallado. A continuación, Microsoft recomienda eliminar el servidor averiado del dominio de Active Directory. Una vez reparado el servidor, se puede volver a utilizar, siempre que se haya reformateado y reinstalado completamente el sistema.

A continuación, deberá limpiar el Active Directory de los metadatos que el sistema inevitablemente habrá conservado del servidor antiguo. Esto también se puede hacer con ntdsutil.exe, desde cualquier controlador de dominio, en el mismo dominio que el servidor eliminado:

- Conéctese a un controlador de dominio, para nosotros el controlador secundario.
- Escriba **ntdsutil**.
- A continuación, introduzca el comando **metadata cleanup**.
- Conéctese al servidor con **conn**.
- A continuación, pulse q para salir de la página de inicio de sesión.

```
C:\Users\Administrator>ntdsutil
ntdsutil: metadata cleanup
metadata cleanup: conn
server connections: connect to server dc-cole2
Binding to dc-cole2 ...
Connected to dc-cole2 using credentials of locally logged on user.
server connections: quit
```

- Seleccione el dominio, en nuestro ejemplo el dominio raíz del trabajo práctico.
- Escriba **select operation target**.
- Introduzca **list domains**.
- Seleccione el dominio, para nosotros el dominio raíz **select domain 0**.

```
metadata cleanup: select operation target
select operation target: list domains
Found 4 domain(s)
0 - DC=cole,DC=com
1 - DC=paris,DC=cole,DC=com
2 - DC=nantes,DC=cole,DC=com
3 - DC=elearning,DC=com
select operation target: select domain 0
No current site
Domain - DC=cole,DC=com
No current server
No current Naming Context
```

- Liste los sitios, en nuestro trabajo práctico sólo tenemos uno. Después liste los servidores y seleccionar el servidor que queremos limpiar.
- Introduzca **list sites**.
- A continuación, haga **select site 0**.
- A continuación, escriba **list server en site**.
- Seleccione el servidor cuyos metadatos desea limpiar, en nuestro caso el controlador principal: **select server 0**.

```
select operation target: list sites
Found 1 site(s)
0 - CN=Default-First-Site-Name,CN=Sites,CN=Configuration,DC=cole,DC=com
select operation target: select site 0
Site - CN=Default-First-Site-Name,CN=Sites,CN=Configuration,DC=cole,DC=com
Domain - DC=cole,DC=com
No current server
No current Naming Context
select operation target: list server in site
Found 5 server(s)
0 - CN=DC-COLE,CN=Servers,CN=Default-First-Site-Name,CN=Sites,CN=Configuration,DC=cole,DC=com
1 - CN=DC-PARIS,CN=Servers,CN=Default-First-Site-Name,CN=Sites,CN=Configuration,DC=cole,DC=com
2 - CN=DC-NANTES,CN=Servers,CN=Default-First-Site-Name,CN=Sites,CN=Configuration,DC=cole,DC=com
3 - CN=DC-ELEARN,CN=Servers,CN=Default-First-Site-Name,CN=Sites,CN=Configuration,DC=cole,DC=com
4 - CN=DC-COLE2,CN=Servers,CN=Default-First-Site-Name,CN=Sites,CN=Configuration,DC=cole,DC=com
select operation target: select server 0
Site - CN=Default-First-Site-Name,CN=Sites,CN=Configuration,DC=cole,DC=com
Domain - DC=cole,DC=com
Server - CN=DC-COLE,CN=Servers,CN=Default-First-Site-Name,CN=Sites,CN=Configuration,DC=cole,DC=
        DSA object - CN=NTDS Settings,CN=DC-COLE,CN=Servers,CN=Default-First-Site-Name,CN=Sites,
        DNS host name - DC-COLE.cole.com
        Computer object - CN=DC-COLE,OU=Domain Controllers,DC=cole,DC=com
No current Naming Context
```

Observación

Los sitios de Active Directory son una característica para administrar la replicación entre ubicaciones físicas remotas, que contienen controladores de dominio del mismo dominio. Lo veremos juntos en la sección Sitios Active Directory, de este capítulo.

- Salga del modo de selección e introduzca el comando para limpiar los metadatos. Se abrirá una ventana pidiendo confirmación.
- Escriba **quit**.
- E introduzca **remove selected server**.

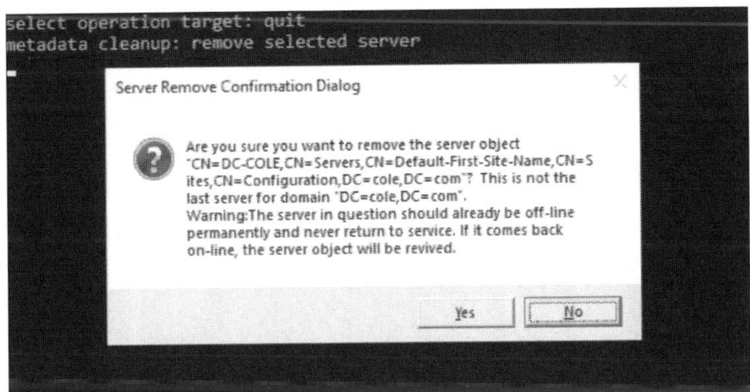

Observación

Una vez más, no iremos más lejos y confirmaremos esta orden para no dañar la infraestructura de nuestro trabajo práctico.

Una vez que haya limpiado los metadatos, deberá eliminar la cuenta de la máquina de los usuarios y equipos de Active Directory.

- En el DNS, en la zona _msdcs y en la de Active Directory, elimine los registros correspondientes al servidor.

5. Base de datos Active Directory

La base de datos de Active Directory está contenida en un archivo con formato JET llamado ntds.dit que, si mantenemos la ubicación por defecto (lo cual no es recomendable), se encuentra en c:\windows\ntds. Este directorio está presente en todos los controladores de dominio de un bosque.

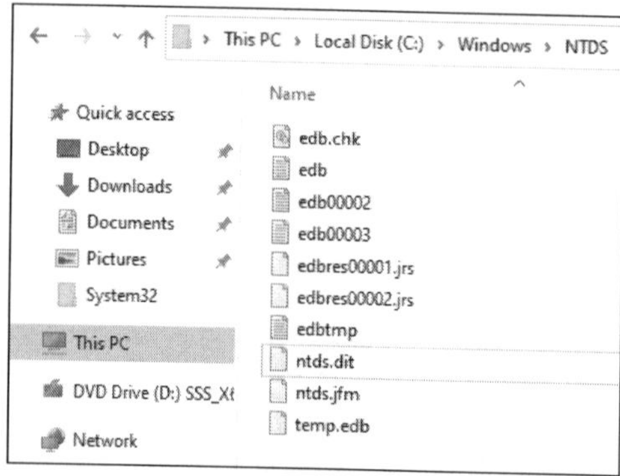

5.1 Particiones de bases de datos

La base de datos contiene diferentes particiones, que se replican de distintas maneras en función de la situación.

Partición de configuración

Se crea cuando se crea el bosque. Contiene información sobre el bosque. Estructura del bosque, dominios y subdominios, controladores de dominio, etc.

Se replica en todos los controladores de dominio del bosque.

Partición de esquema

La partición de esquema contiene la definición de todos los tipos de objetos que se pueden crear, así como las reglas para crear y manipular objetos en el esquema.

Replicado en todos los controladores de dominio del bosque.

Partición de dominios

Se crea cuando se configura un dominio. Contiene una lista de usuarios, grupos, OUs y configuraciones específicas del dominio.

Se replica en los controladores de dominio del mismo dominio.

Particiones de las aplicaciones

Son creadas por aplicaciones como DNS o Exchange. Puede haber varias particiones de aplicaciones en la base de datos. Es posible crear particiones de aplicaciones nosotros mismos.

Para DNS, habrá dos particiones de aplicación:

- *ForestDNSzones* replicado en todos los controladores de dominio en el bosque,
- *DomainDNSzones* replicadas dentro del mismo dominio.

Hay varias maneras de ver las particiones en la base de datos de Active Directory y vamos a utilizar la utilidad ADSIedit.msc.

- Abra un símbolo del sistema cmd y escriba **adsiedit.msc**. Se abrirá una consola mmc.
- Haga clic con el botón derecho del ratón en el icono **ADSI Edit** y, a continuación, en **Connect to**.

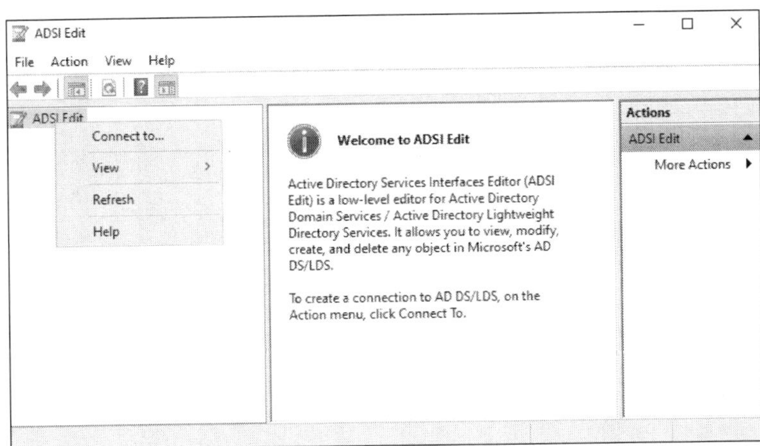

▶En la ventana de conexión, seleccione **Configuration**.

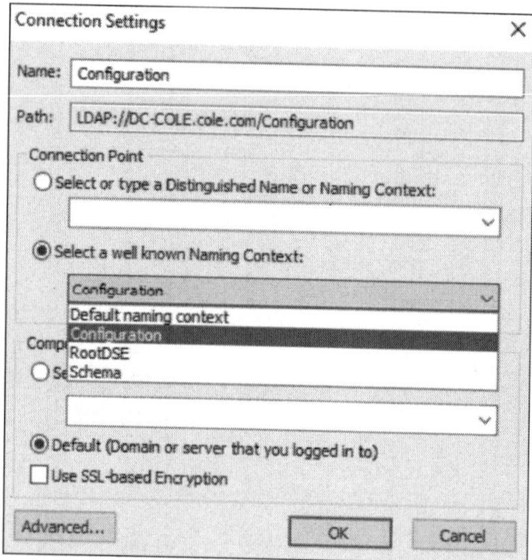

▶Vaya a la carpeta que contiene las particiones.

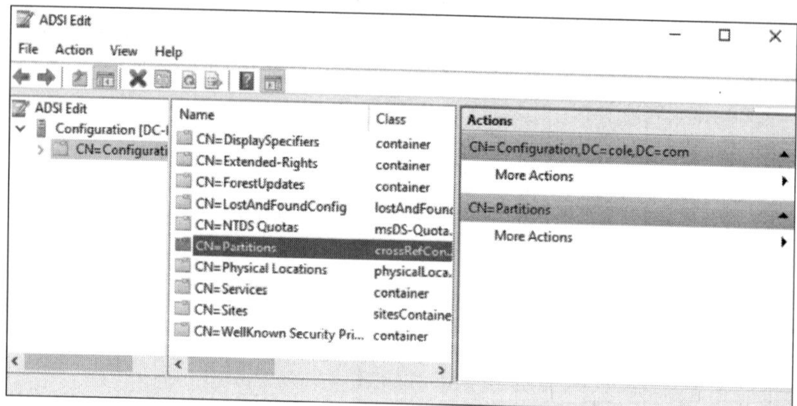

A continuación, podemos ver las diferentes particiones de la base de datos de nuestro trabajo práctico. Las vemos con nuestro controlador de dominio principal.

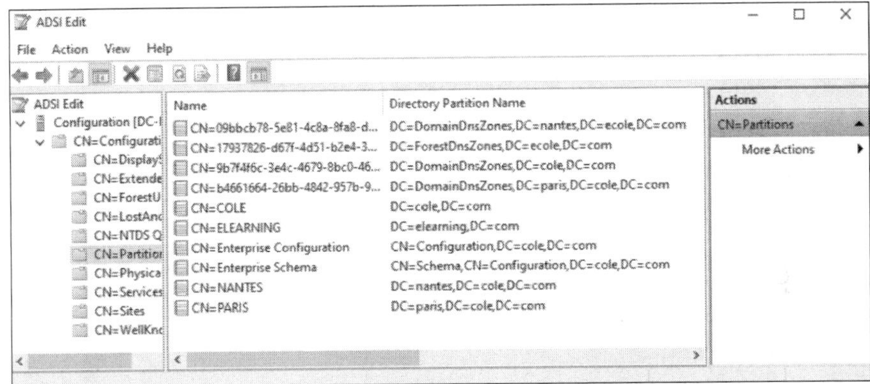

Observación

ADSIedit.msc se puede utilizar para una amplia gama de operaciones de Active Directory: cambiar el valor de un atributo de objeto, añadir columnas a la consola Usuarios y equipos de Active Directory, activar o desactivar funciones de Active Directory, modificar el esquema, y mucho más.

5.2 Desfragmentar la base de datos de Active Directory

La desfragmentación de la base de datos de Active Directory es una operación de mantenimiento, que se debe realizar una o dos veces al año, según Microsoft, y que mejora el rendimiento general del sistema. Es necesario ser administrador de la empresa para realizar esta operación.

Existen dos tipos de desfragmentación de bases de datos: online, con el servicio Active Directory en ejecución y offline, con el servicio detenido.

La desfragmentación en línea la realiza el sistema en segundo plano y no es muy eficaz. Por lo tanto, es necesario que usted mismo realice una desfragmentación offline, una o dos veces al año.

En primer lugar, debe detener el servicio Active Directory y, a continuación, varios servicios que dependen de él también se detendrán.

- En cmd, escriba **`net stop ntds`** y confirme.

```
C:\Users\Administrator>net stop ntds
The following services are dependent on the Active Directory Domain Services service.
Stopping the Active Directory Domain Services service will also stop these services.

   Kerberos Key Distribution Center
   Intersite Messaging
   DNS Server
   DFS Replication

Do you want to continue this operation? (Y/N) [N]: y
```

El servicio NTDS y los que dependen de él se detendrán.

```
The Kerberos Key Distribution Center service is stopping.
The Kerberos Key Distribution Center service was stopped successfully.

The Intersite Messaging service is stopping.
The Intersite Messaging service was stopped successfully.

The DNS Server service is stopping.
The DNS Server service was stopped successfully.

.
The DFS Replication service was stopped successfully.

The Active Directory Domain Services service is stopping.
The Active Directory Domain Services service was stopped successfully.


C:\Users\Administrator>_
```

Ahora vamos a ejecutar ntdsutils y crear una copia desfragmentada de la base de datos, en la ubicación de nuestra elección. En nuestro ejemplo, en la raíz de C:\.

Una vez en **ntdsutil**:

- Escriba **`activate instance ntds`**.
- Entre en el modo de gestión de archivos con **`file`**.
- Cree la copia desfragmentada de la base de datos, en la raíz del volumen C **`compact to c:\ntds.dit`**.

```
C:\Users\Administrator>ntdsutil
ntdsutil: activate instance ntds
Active instance set to "ntds".
ntdsutil: file
file maintenance: compact to c:\ntds.dit
Initiating DEFRAGMENTATION mode...
     Source Database: C:\Windows\NTDS\ntds.dit
     Target Database: c:\ntds.dit\ntds.dit

                  Defragmentation  Status ( omplete)

          0    10   20   30   40   50   60   70   80   90  100
          |----|----|----|----|----|----|----|----|----|----|
          ...................................................

It is recommended that you immediately perform a full backup
of this database. If you restore a backup made before the
defragmentation, the database will be rolled back to the state
it was in at the time of that backup.

Compaction is successful. You need to:
   copy "c:\ntds.dit\ntds.*" "C:\Windows\NTDS"
and delete the old log files:
   del C:\Windows\NTDS\*.log
```

Ntdsutil nos dice que tenemos que sustituir la base de datos antigua por la nueva, y que tenemos que borrar los archivos de log. Estos archivos se deben borrar porque ya no corresponden al estado de la base de datos y esto puede causar problemas.

La operación ha creado una carpeta en la raíz de C: que contiene la nueva base de datos.

La carpeta contiene el archivo ntds.dit y el archivo ntds.jfm, que se utiliza para guardar los cambios en la base de datos. En caso de problema, este archivo se puede utilizar para restaurar la base de datos.

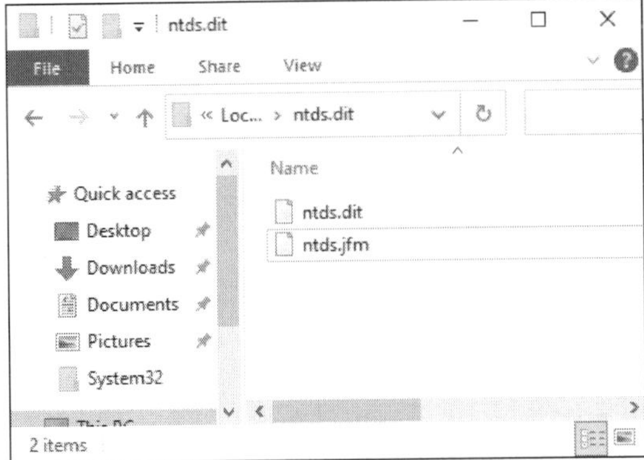

Así que vamos a copiar la base de datos compactada a la ubicación prevista por defecto, en nuestro ejemplo, c:\windows\ntds y sobrescribir la antigua.

- Escriba el comando **copy c:\ntds.dit\ntds.dit c:\windows\ntds\ntds.ntds.dit**.

```
C:\Users\Administrator>copy c:\ntds.dit\ntds.dit c:\Windows\NTDS\ntds.dit
Overwrite c:\Windows\NTDS\ntds.dit? (Yes/No/All): y
        1 file(s) copied.
```

Ahora tenemos que eliminar los archivos de registro en la carpeta c:\windows\ntds.

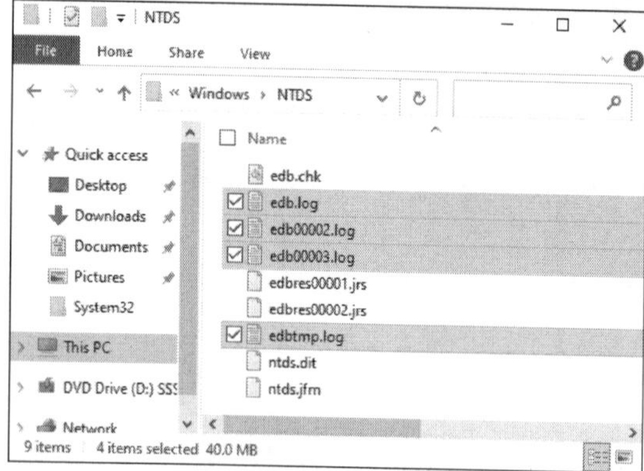

- Una vez eliminados los archivos de registro, reinicie el servicio ntds con el comando **net start ntds**.

```
C:\Users\Administrator>net start ntds
The Active Directory Domain Services service is starting.
The Active Directory Domain Services service was started successfully.
```

En services.msc puede ver que el servicio Active Directory, ntds, se ha reiniciado correctamente.

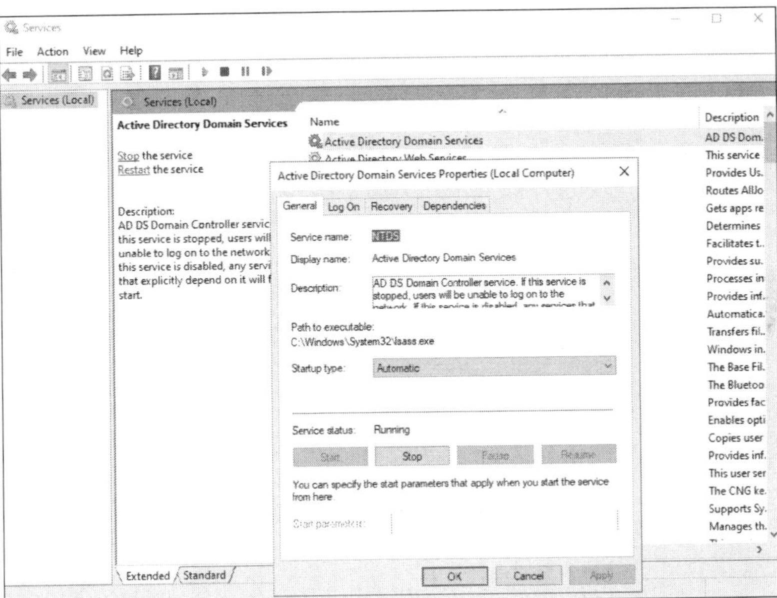

5.3 Trasladar la base de datos de Active Directory

5.3.1 Trasladar la base de datos y los registros

Cuando el espacio en disco sea insuficiente, si adquiere un disco más potente o si desea colocar la base de datos en un volumen distinto al del sistema, puede utilizar ntdsutil para mover la base de datos y los archivos de registro.

Como antes de cualquier manipulación de la base de datos, necesitamos parar el servicio Active Directory con el comando:

```
Net stop ntds
```

A continuación, tenemos que lanzar ntdsutil y entrar en el menú de gestión de los archivos. En la siguiente captura de pantalla, podemos ver la ayuda:

- Una vez en ntdsutil, introduzca el comando **`activate instance ntds`** y luego **`files`**.

```
C:\Users\Administrator>ntdsutil
ntdsutil: activate instance ntds
Active instance set to "ntds".
ntdsutil: files
file maintenance: help

 ?                              - Show this help information
 Checkpoint                     - Dump Jet checkpoint file
 Checksum                       - Perform Jet physical integrity check
 Compact to %s                  - Compact DB to specified directory
 Dump page %d                   - Dump Jet db %d page number
 Header                         - Dump the Jet database header
 Help                           - Show this help information
 Info                           - Return information about DS files
 Integrity                      - Perform Jet logical integrity check
 Logfile %s                     - Dump Jet log file %s. %s could be absolute
                                  path or just the log file name in log dir.
 Metadata                       - Dump Jet db metadata
 Move DB to %s                  - Move DB to specified directory
 Move logs to %s                - Move log files to specified directory
 Quit                           - Return to the prior menu
 Recover                        - Perform soft database recovery
 Set backup exclusion key       - Set backup exclusion key for the AD DS/LDS.
 Set default folder security    - Reset security on NTDS folders to default
                                  values
 Set path backup %s             - Set online backup directory path
 Set path DB %s                 - Set DB file path
 Set path logs %s               - Set logging directory path
 Set path working dir %s        - Set AD DS/LDS working directory path
 Space usage                    - Dump Jet db space usage

file maintenance:
```

Antes de mover la base de datos, creamos una carpeta, en nuestro ejemplo en c:\ntds_db.

- Mueva la base de datos con ntdsutils. Además de mover la base de datos, ntdsutils establecerá los permisos de seguridad en la carpeta de destino.
- Introduzca **move db to c:\ntds.dit**.

```
C:\Users\Administrator>ntdsutil
ntdsutil: activate instance ntds
Active instance set to "ntds".
ntdsutil: files
file maintenance: move db to c:\ntds_db

Successfully updated the backup exclusion key.
Copying NTFS security from C:\Windows\NTDS to c:\ntds_db...
The previous NTDS database location C:\Windows\NTDS\dsadata.bak is unavailable.
Default NTFS security on NTDS folders will be set on reboot.
Copying NTFS security from C:\Windows\NTDS to c:\ntds_db...
```

Ahora tenemos que mover los registros a la misma ubicación que la base de datos.

El comando es casi idéntico al de mover la base de datos: **move logs to c:\ntds_db**.

```
file maintenance: move logs to c:\ntds_db
Successfully updated the backup exclusion key.

Copying NTFS security from C:\Windows\NTDS to c:\ntds_db...

Drive Information:

        C:\ NTFS (Fixed Drive  ) free(47.6 Gb) total(59.3 Gb)

DS Path Information:

        Database   : c:\ntds_db\ntds.dit - 16.0 Mb
        Backup dir : c:\ntds_db\DSADATA.BAK
        Working dir: c:\ntds_db
        Log dir    : c:\ntds_db - 50.0 Mb total
                        edbtmp.log - 10.0 Mb
                        edbres00002.jrs - 10.0 Mb
                        edbres00001.jrs - 10.0 Mb
                        edb00001.log - 10.0 Mb
                        edb.log - 10.0 Mb
```

El comando se completó correctamente y los archivos se movieron. Pero tanto al mover la base de datos como al mover los registros, recibimos un mensaje sobre copia de seguridad y restauración.

```
If move log files was successful,
 please make a backup immediately else restore
 will not retain the new file location.


file maintenance: _
```

Este mensaje nos indica que hay que hacer una copia de seguridad de la base de datos ahora que se han realizado los cambios de ubicación, de lo contrario el sistema no recordará la nueva ubicación cuando se restaure.

Para hacer una copia de seguridad de la base de datos, utilizaremos Windows Server Backup. Esta función debe estar instalada.

5.3.2 Copia de seguridad de la base de datos

- Para ello, vaya al **Server Manager**, luego al **Add Roles and Features Wizard** e instale **Windows Server Backup**.

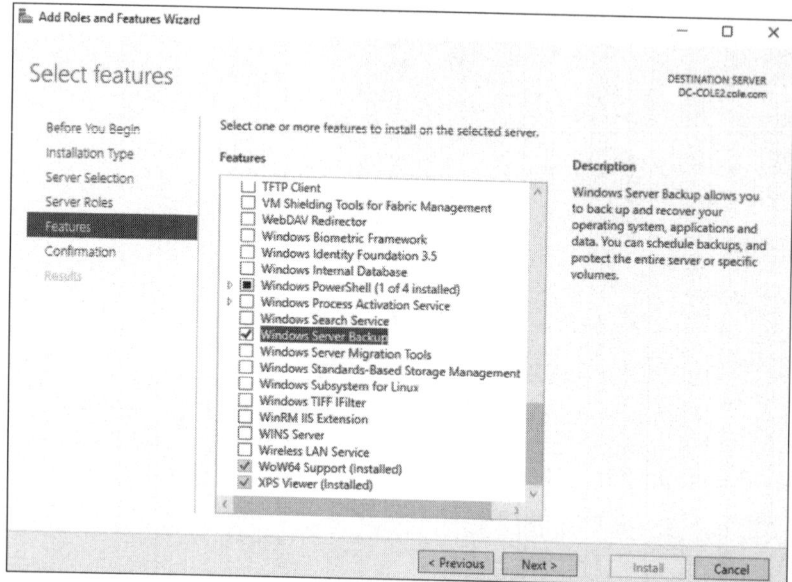

- Una vez instalada la funcionalidad, ejecútela escribiendo su nombre en el cuadro de búsqueda.
- Seleccione **Local Backup** a la izquierda y, a continuación, **Backup Once** en la barra de acciones de la derecha.

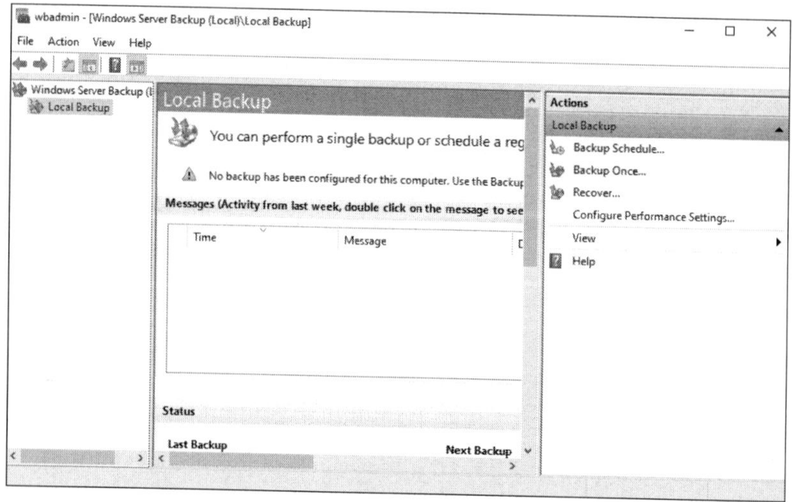

- En la primera ventana, no tenemos ninguna opción para la configuración de la copia de seguridad, ya que no hicimos ninguna previamente. Haga clic en **Next**.
- En la siguiente ventana, seleccione **Custom**.
- A continuación, haga clic en **Add Items**.
- Seleccione la nueva carpeta que contiene la base de datos y los logs.

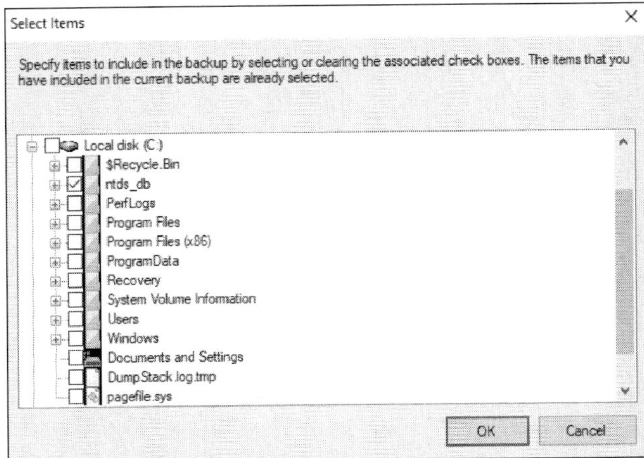

- A continuación, elija una ubicación local para almacenar la copia de seguridad.

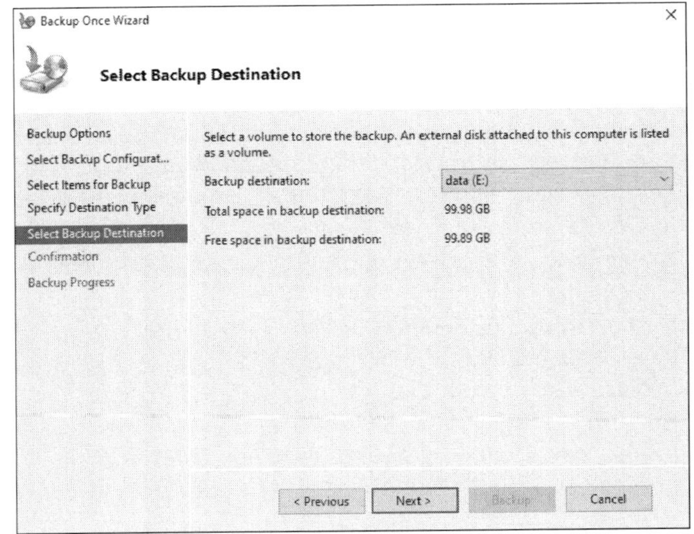

▶ Inicie la copia de seguridad y espere al mensaje de confirmación.

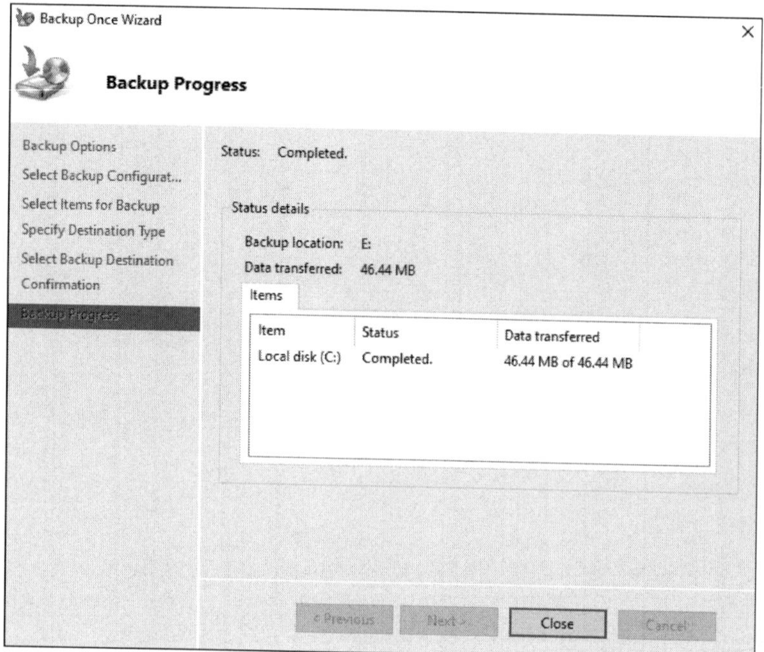

6. Esquema de Active Directory

El esquema de Active Directory contiene una lista de todos los tipos de objetos, como usuario, grupo, unidad organizativa, controlador de dominio, etc., y una lista de todos los atributos posibles para cada tipo de objeto, como nombre, SID o número de teléfono.

Cada versión de Windows Server viene con un número de versión de esquema y el esquema de Windows Server 2022 es la versión número 88.

El esquema lo gestiona el controlador de dominio, que tiene el rol FSMO de maestro de esquema, que es único dentro del bosque. Los cambios se replican a los demás controladores de dominio del bosque.

6.1 Requisitos previos para modificar el régimen

Es posible modificar el esquema añadiendo un tipo de objeto o un atributo a un tipo de objeto existente. Cualquier modificación del esquema se debe realizar desde el servidor que tiene el rol de maestro para el esquema.

Para saber qué servidor tiene el rol, ya hemos visto el archivo:

```
netdom query fsmo
```

Pero también es posible hacerlo en PowerShell. El siguiente comando nos dará el nombre del servidor que es el maestro del esquema:

```
Get-ADForest | Select-Object name, schemamaster
```

```
PS C:\Users\Administrator> Get-ADForest | Select-Object name, schemamaster

name     schemamaster
----     ------------
cole.com DC-COLE.cole.com
```

También puede ejecutar un comando para ver qué roles FSMO tiene el servidor en el que se encuentra:

```
Get-ADDomainController | Select-Object OperationMasterRoles
```

```
PS C:\Users\Administrator> Get-ADDomainController | Select-Object OperationMasterRoles

OperationMasterRoles
--------------------
{SchemaMaster, DomainNamingMaster, RIDMaster, InfrastructureMaster}
```

Para poder modificar el esquema, es necesario estar autentificado con una cuenta que pertenezca a los grupos administrador de la empresa y administrador del esquema.

Para ver y realizar operaciones en el esquema, vamos a utilizar una consola MMC. Sin embargo, el plug-in que permite visualizar y actuar sobre el esquema, no está disponible desde el principio.

Primero tenemos que registrarlo con un comando:

```
regsvr32 schmmgmt.dll
```

Una vez hecho esto, podemos lanzar una consola mmc y añadir el componente que gestiona el esquema.

▶ Abra una consola mmc vacía escribiendo:

```
mmc
```

Se abre una consola mmc en blanco, seleccione **Add/Remove Snap-in**.

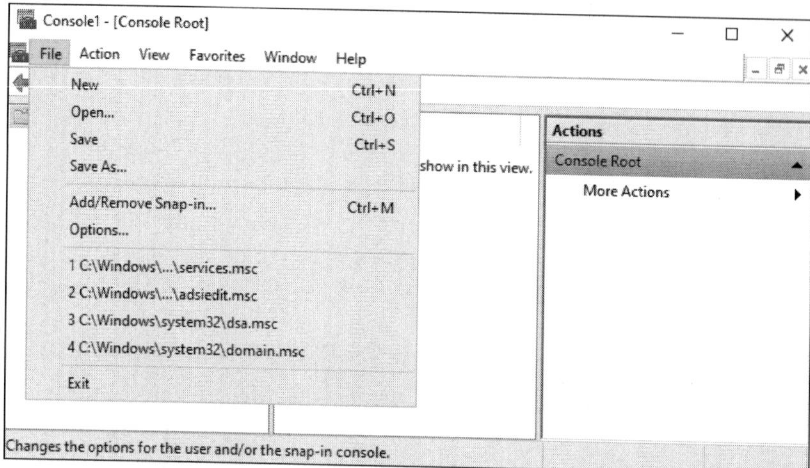

En la lista de componentes disponibles, puede ver el que gestiona el esquema.

Añada el componente **Active Directory Schema** y confirme.

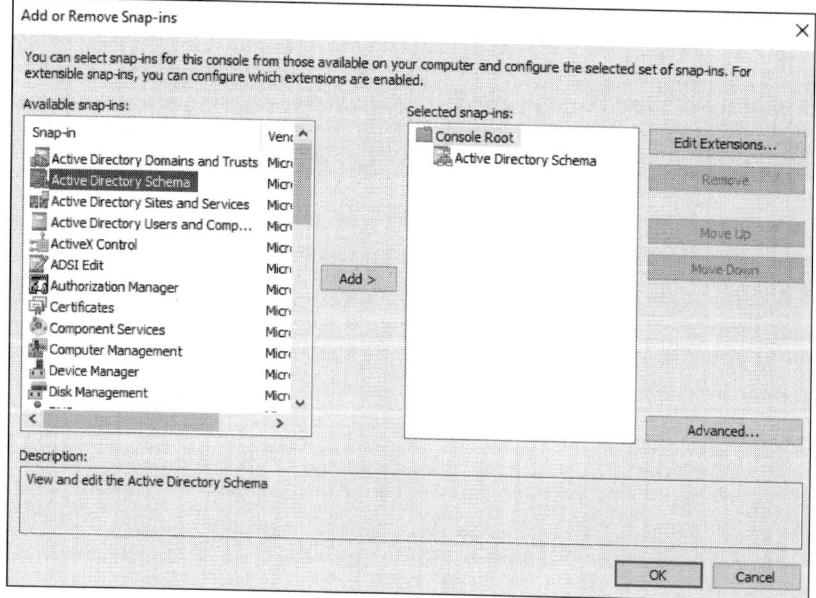

La consola de gestión del esquema está ahora abierta y puede ver las clases y atributos de los objetos.

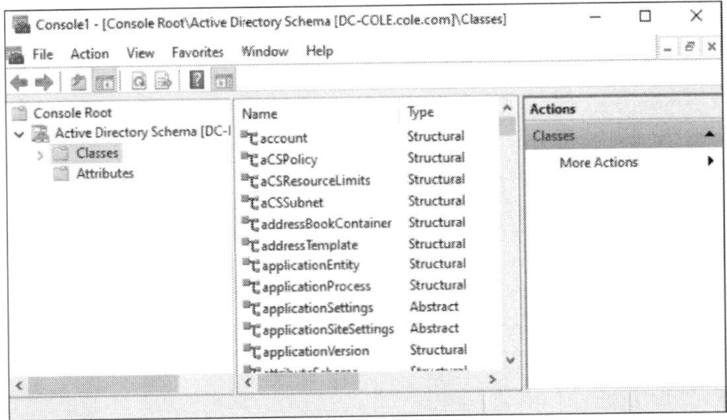

6.2 Modificación del diagrama

6.2.1 Modificar un atributo

Vamos a ver la modificación más común del esquema de Active Directory, añadir un atributo a un tipo de objeto. En nuestro ejemplo, vamos a añadir el atributo **birthday** al tipo de objeto **User**.

- En la consola de gestión, haga clic con el botón derecho del ratón en **Attributes** y seleccione **Create Attribute**.

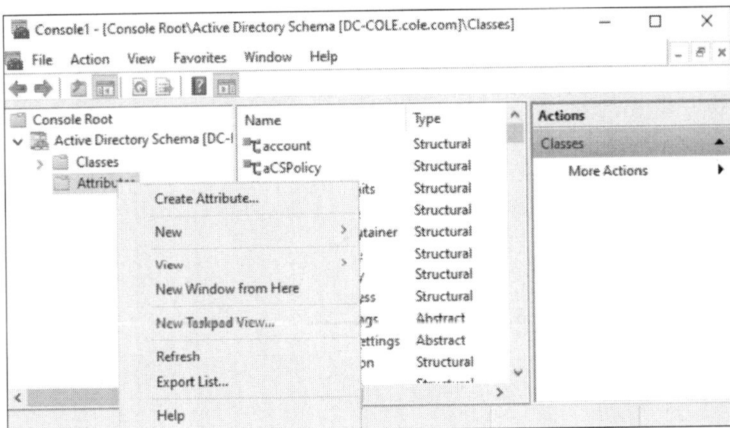

▶ Verá un mensaje de advertencia informándole de que la modificación del esquema es permanente, ya que no es posible eliminar un atributo. Haga clic en **Apply**.

Se abre la ventana de creación de atributos.

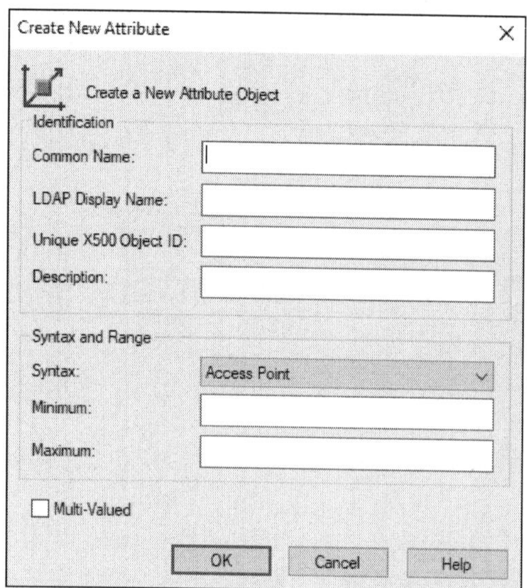

Uno de los atributos se denomina identificador único de objeto X500, también conocido como O.I.D. El protocolo LDAP en el que se basa Active Directory identifica todos los objetos mediante un O.I.D., que es una secuencia de números separados por un punto como, por ejemplo: 1.2.840.113556.1.5.9.

Por ejemplo, 840 significa Estados Unidos, 113556 significa Microsoft, el 1 después de Microsoft significa Active Directory y así sucesivamente. Así que no puedes poner los valores que quiera y el D.I.O. que vamos a poner en nuestro nuevo atributo, debe respetar una sintaxis determinada. Asignar un D.I.O. que no respete la sintaxis correcta puede provocar pérdidas de datos y graves fallos de funcionamiento.

Existen varias formas de obtener un nuevo O.I.D. que cumpla con el protocolo LDAP, una de las más conocidas es utilizar PowerShell:

```
1  $Prefix = "1.2.840.113556.1.8000.2554"
2  $GUID = [System.Guid]::NewGuid().ToString()
3  $Parts = @()
4  $Parts += [UInt64]::Parse($GUID.SubString(0, 4), "AllowHexSpecifier")
5  $Parts += [UInt64]::Parse($GUID.SubString(4, 4), "AllowHexSpecifier")
6  $Parts += [UInt64]::Parse($GUID.SubString(9, 4), "AllowHexSpecifier")
7  $Parts += [UInt64]::Parse($GUID.SubString(14, 4), "AllowHexSpecifier")
8  $Parts += [UInt64]::Parse($GUID.SubString(19, 4), "AllowHexSpecifier")
9  $Parts += [UInt64]::Parse($GUID.SubString(24, 6), "AllowHexSpecifier")
10 $Parts += [UInt64]::Parse($GUID.SubString(30, 6), "AllowHexSpecifier")
11 $OID = [String]::Format("{0}.{1}.{2}.{3}.{4}.{5}.{6}.{7}", $Prefix, $Parts[0], `
12 $Parts[1], $Parts[2], $Parts[3], $Parts[4], $Parts[5], $Parts[6])
13 $oid
```

Pero antes de seguir adelante, echemos un vistazo a los controles.

- La primera línea establece la raíz del O.I.D.. de Microsoft en la variable de `$prefix`. Este es el estándar para generar O.I.D. únicos en el entorno Windows.
- La segunda línea crea un nuevo identificador global único.
- El tercer comando crea una tabla vacía que almacenará las diferentes partes del identificador.
- De la cuarta a la décima línea, los valores O.I.D. se generan en hexadecimal.
- Las líneas 11 y 12 son un único comando, con un carácter de escape al final de la línea 11. Ensamblan las diferentes partes del O.I.D. y las convierten en decimales.
- La línea 13 muestra el nuevo O.I.D.

El resultado es el siguiente:

```
PS C:\Users\Administrator> $Prefix = "1.2.840.113556.1.8000.2554"
$GUID = [System.Guid]::NewGuid().ToString()
$Parts = @()
$Parts += [UInt64]::Parse($GUID.SubString(0, 4), "AllowHexSpecifier")
$Parts += [UInt64]::Parse($GUID.SubString(4, 4), "AllowHexSpecifier")
$Parts += [UInt64]::Parse($GUID.SubString(9, 4), "AllowHexSpecifier")
$Parts += [UInt64]::Parse($GUID.SubString(14, 4), "AllowHexSpecifier")
$Parts += [UInt64]::Parse($GUID.SubString(19, 4), "AllowHexSpecifier")
$Parts += [UInt64]::Parse($GUID.SubString(24, 6), "AllowHexSpecifier")
$Parts += [UInt64]::Parse($GUID.SubString(30, 6), "AllowHexSpecifier")
$OID = [String]::Format("{0}.{1}.{2}.{3}.{4}.{5}.{6}.{7}", $Prefix, $Parts[0], `
$Parts[1], $Parts[2], $Parts[3], $Parts[4], $Parts[5], $Parts[6])
$oid

1.2.840.113556.1.8000.2554.32275.16284.40789.17384.44090.7222016.14384053
```

La última línea es el O.I.D. que podremos rellenar para crear nuestro nuevo atributo.

Ahora sólo tenemos que copiar este O.I.D. en el campo correspondiente de la ventana de creación de atributos.

También tenemos que rellenar los campos de la sección **Identification** y en la sección **Syntax** elegir **Case Insensitive String** y validar.

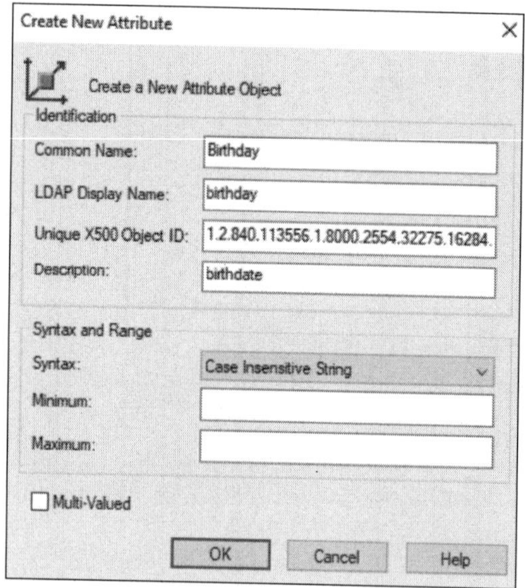

Se ha creado el atributo.

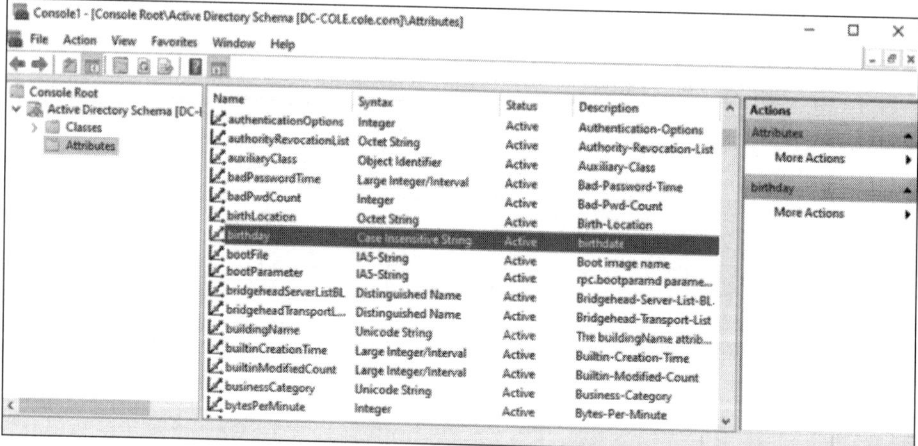

Ahora tenemos que adjuntar nuestro nuevo atributo a la clase de objeto de usuario.

▶Despliegue la carpeta de clases y vaya hasta **user**.

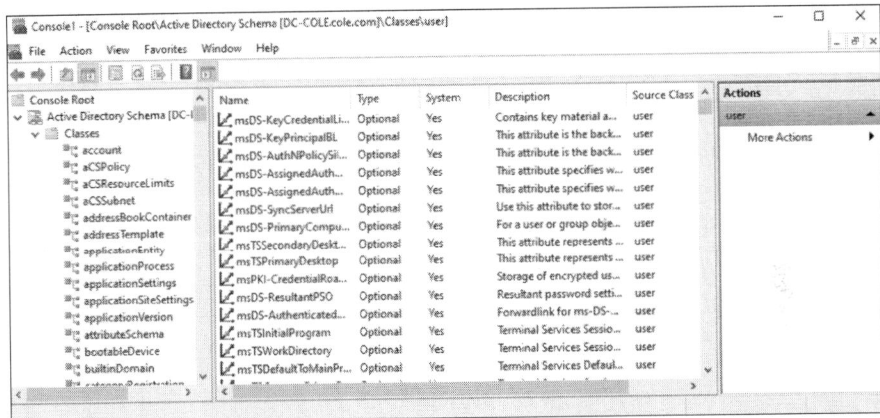

▶Haga clic con el botón derecho del ratón sobre **user** y seleccione **Properties**. Una vez abiertas las propiedades, vaya a la pestaña **Attributes**.

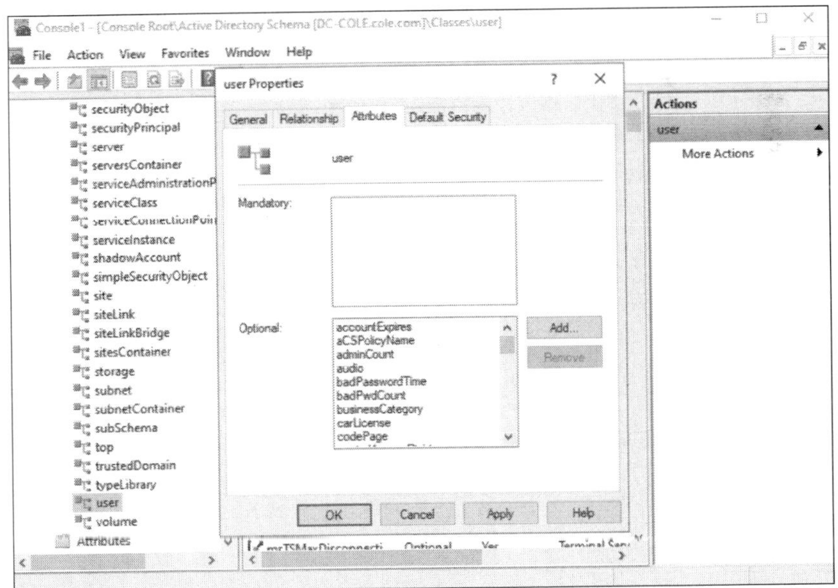

▶Haga clic en **Add**, seleccione el atributo **birthday** y confirme.

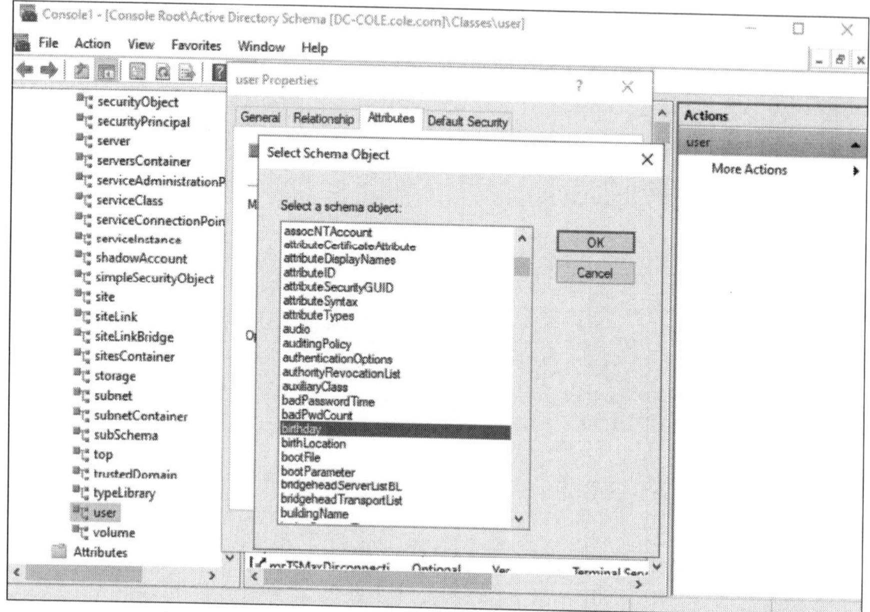

▶Confirme la adición del atributo a la categoría **user**. Esto puede causar un error en la consola mmc, así que ignóralo.

▶Reinicie Active Directory con el siguiente comando PowerShell:

```
Restart-Service Ntds -force
```

▶En la ventana **Active Directory Users and Computers**, despliegue las funciones avanzadas. Vaya a la pestaña **Attribute Editor** del perfil de Active Directory de un usuario.

Se ha añadido el atributo **birthday**.

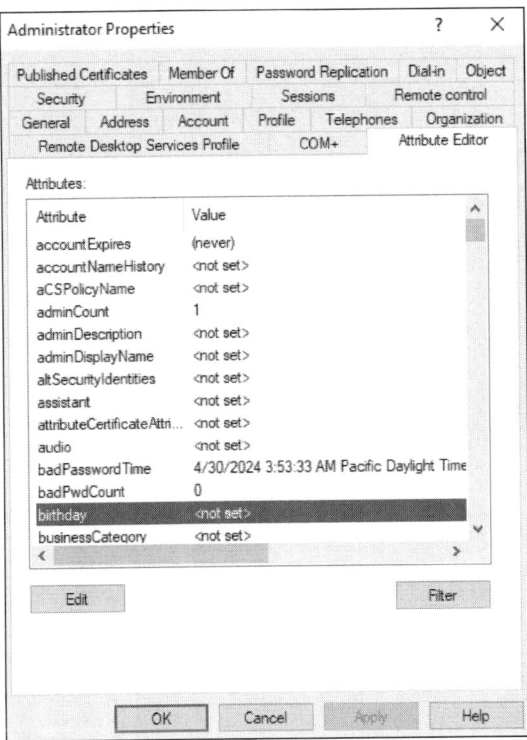

6.2.2 Gestión de la caché

Los controladores de dominio mantienen el esquema en su disco duro y en caché en la RAM por razones de rendimiento. Cuando se realiza un cambio en el esquema, este cambio se escribe en el esquema del disco duro y sólo se aplica a la versión en caché transcurridos cinco minutos. Por lo tanto, los cambios no aparecerán en la ventana de gestión hasta pasados cinco minutos.

Es posible recargar el esquema almacenado en caché. Para ello, utilizaremos la consola de gestión de esquemas.

- Haga clic con el botón derecho en el esquema y seleccione **Reload the Schema**.

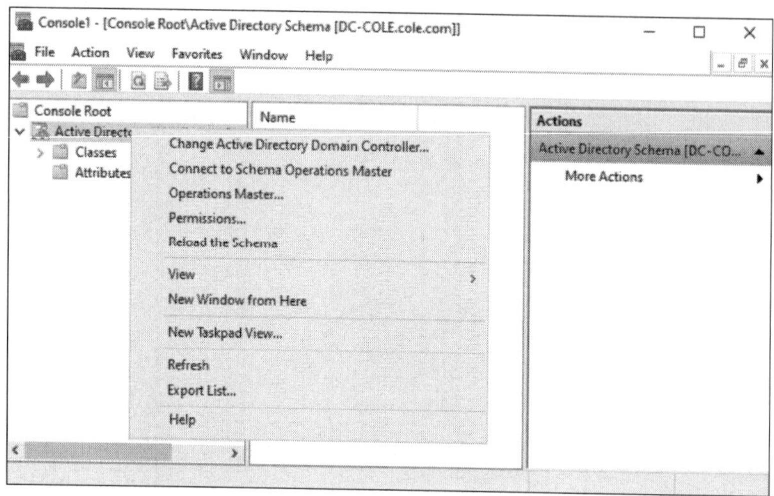

7. Directorio sysvol

El directorio sysvol que se crea cuando un servidor se promueve a controlador de dominio, es un recurso compartido que contiene dos cosas principales: directivas de grupo y scripts de inicio de sesión, normalmente para montar recursos compartidos de red cuando se abre Windows.

Por defecto, sysvol se encuentra en la carpeta Windows, pero puede elegir otra ubicación cuando promocione el servidor a controlador de dominio. Esta carpeta se comparte para que los equipos cliente puedan acceder a las gpo y a los scripts.

Sysvol contiene cuatro subcarpetas.

El directorio domaine

Esta carpeta contiene dos subcarpetas: policies, donde se encuentran las directivas de grupo y scripts, donde se almacenan los scripts de inicio de sesión.

Los directorios staging y staging area

Se utilizan para la replicación de sysvol. Staging contiene datos en espera de replicación.

La subcarpeta sysvol

En el directorio sysvol hay otro directorio sysvol, que contiene un punto de unión, una especie de acceso directo, que permite a las máquinas remotas acceder al recurso compartido.

7.1 Verificación de la replicación

Este directorio se replica en los controladores de dominio y se evitan otros tipos de datos para no aumentar los tiempos de replicación.

La replicación es proporcionada por el servicio DFSR. Es posible comprobar el estado de la replicación utilizando PowerShell. Los comandos para DFSR no están disponibles por defecto, por lo que necesitamos instalar primero las herramientas de gestión DFS.

- En **Server Manager**, haga clic en **Add Roles and Features Wizard**, navegue hasta las características y seleccione las herramientas de administración de DFS en **Remote Server Administration Tools - Role Administration Tools - File Services Tools - DFS Management Tools**.

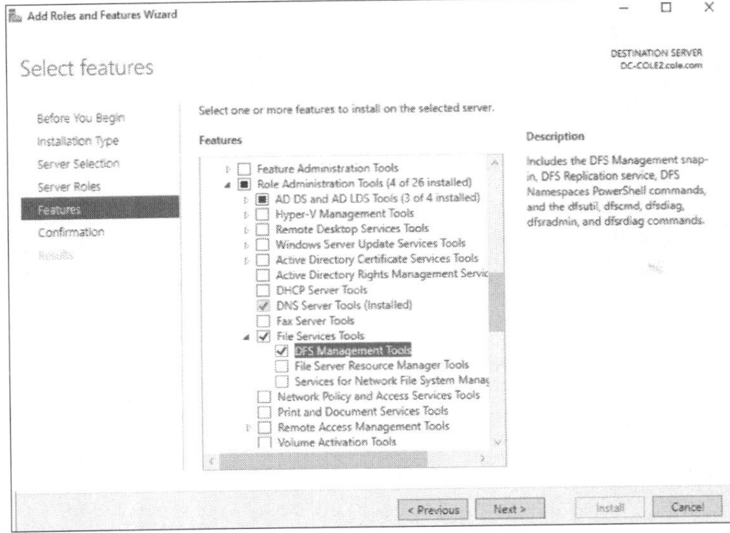

- Una vez instaladas las herramientas de gestión DFS, escriba el siguiente comando:

```
Get-DfsReplicationGroup -GroupName * -IncludeSysvol
```

En caso de problema de replicación, no olvide comprobar que la carpeta sysvol está compartida en las propiedades de la carpeta.

7.2 Añadir directivas de grupo

Además de las directivas de grupo ya presentes en Windows Server, es posible descargar y añadir directivas, por ejemplo, para gestionar aplicaciones de terceros como los navegadores Chrome y Firefox, para gestionar una versión concreta del paquete Office para el que no existe ninguna directiva de grupo disponible por defecto en el sistema o para gestionar nuevas características de una nueva versión del cliente Windows.

Las directivas se descargan de los editores de software en forma de archivos ADMX, junto con archivos ADML para la localización por idioma. Una vez descargados, se deben almacenar en lo que se conoce como almacén central, que es una carpeta que puede crear usted mismo.

Esta carpeta debe llamarse **PolicyDefinitions** y debe estar ubicada en la carpeta **Policies** del dominio. Esto nos da la siguiente ruta para el dominio **cole.com**:

C:\WindowsSYSVOL\sysvol\cole.comPolicies\PolicyDefinitions

Dentro de esta carpeta **PolicyDefinitions**, necesitamos crear dos subcarpetas para las versiones de idioma:

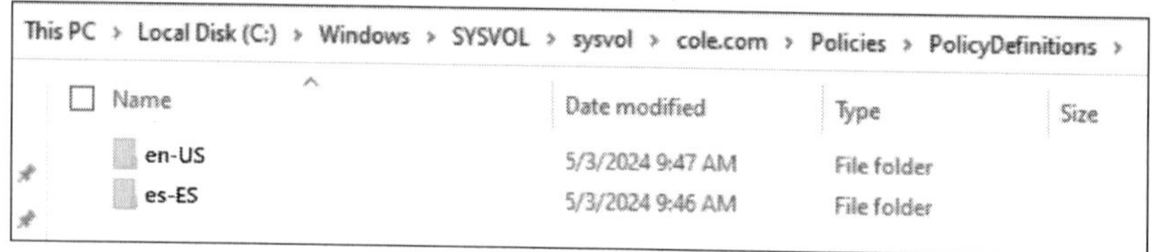

Las carpetas en-US y es-ES contendrán los archivos ADML.

Vamos a instalar los GPO para Windows 11 23H2, que están disponibles en esta dirección: https://www.microsoft.com/en-us/download/details.aspx?id=105667

▶ El archivo descargado es un instalador en formato .msi. Haga doble clic en él para iniciar la instalación.

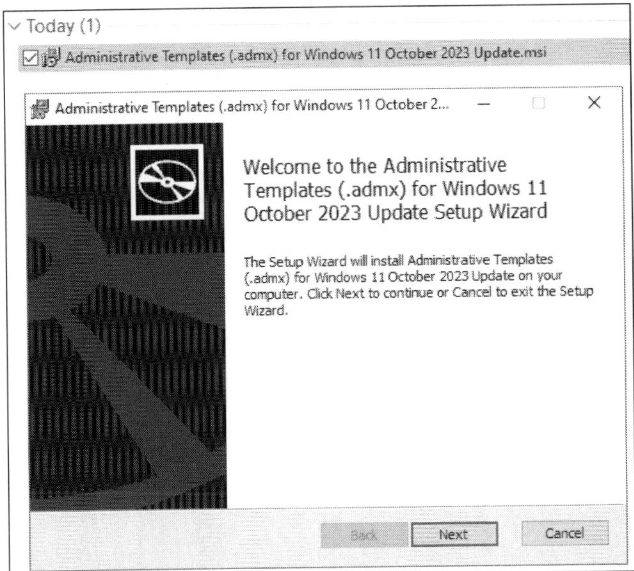

Una vez instalado, tenemos que recuperar los archivos ADMX de C:\Program Files (x86)\Microsoft Group Policy\Windows 11 October 2023 Update (23H2)\PolicyDefinitions.

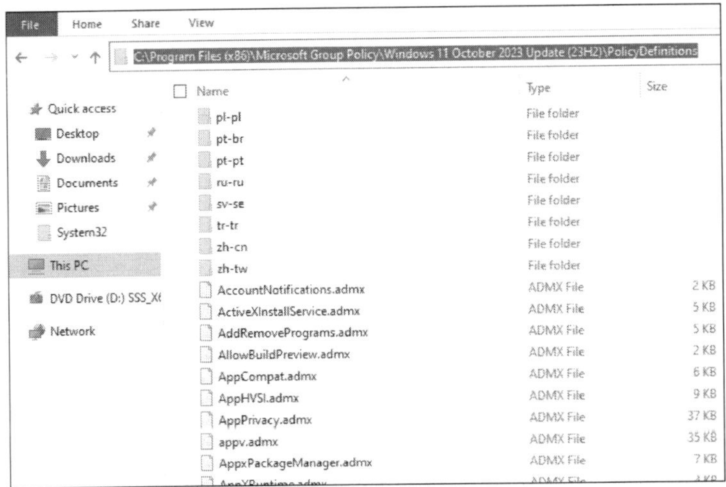

Sólo queda copiar los archivos ADMX al almacén central, la carpeta PolicyDefinitions que creamos en sysvol y los archivos de idioma a las carpetas del almacén central.

Los GPO están disponibles directamente en GPMC.

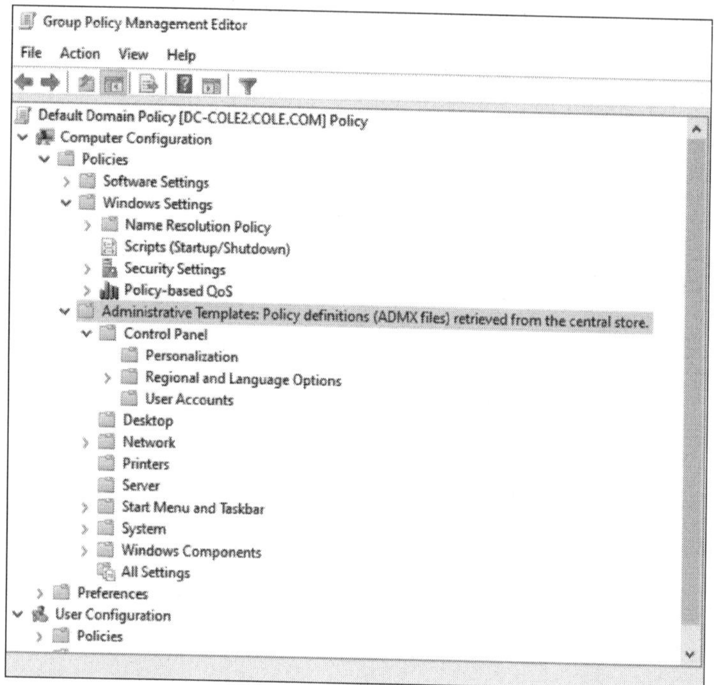

8. Sitios de Active Directory

8.1 Conceptos básicos

Los sitios de Active Directory son una característica diseñada para gestionar dominios extendidos a través de múltiples ubicaciones físicas como, por ejemplo, entre varias ciudades. Esto implica que se establezca una conectividad de red, por ejemplo, con VPN de sitio a sitio.

En particular, se utilizan para configurar la replicación de bases de datos de Active Directory entre sitios físicos remotos. Los GPO también se pueden vincular a un sitio.

Con los sitios de Active Directory, puede crear y gestionar una topología de replicación, que puede ser diferente de la topología de red, entre varias ubicaciones físicas. Por defecto, sólo hay un sitio de Active Directory y todos los controladores de dominio están dentro de él.

Windows Server dispone de una consola de gestión dedicada a los sitios, a la que se accede a través del menú **Start - Windows Administrative Tools - Active Directory Sites and Services**.

Al abrir la consola, puede ver el sitio predeterminado denominado **Default-First-Site-Name** y los controladores de dominio que contiene.

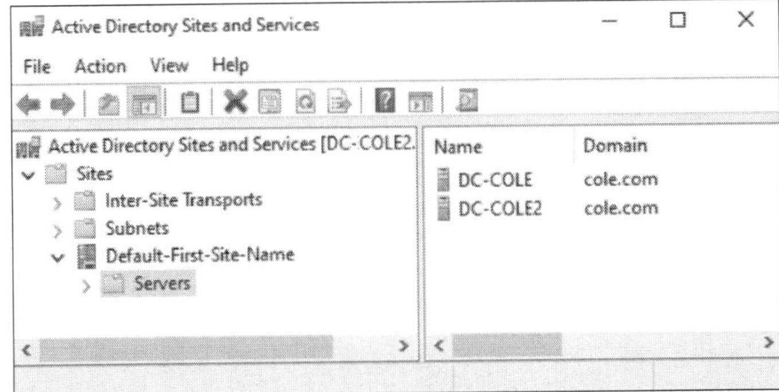

Cuando se añaden controladores de dominio a un dominio, un proceso llamado KCC (*Knowledge Consistency Checker*) creará automáticamente objetos de conexión en los controladores de dominio y estos objetos se utilizarán para la replicación.

Así, cada controlador de dominio dispone de un objeto de conexión para cada uno de los demás controladores del dominio.

Estos objetos de conexión se pueden ver en el perfil Active Directory de un servidor/pestaña **Directory/General/NTDS Settings/Connections**. Se generan automáticamente, pero también se pueden crear a mano o editar. Si los objetos de conexión se crean a mano o se editan, dejarán de ser gestionados por el KCC. Representan la replicación entrante desde otro servidor.

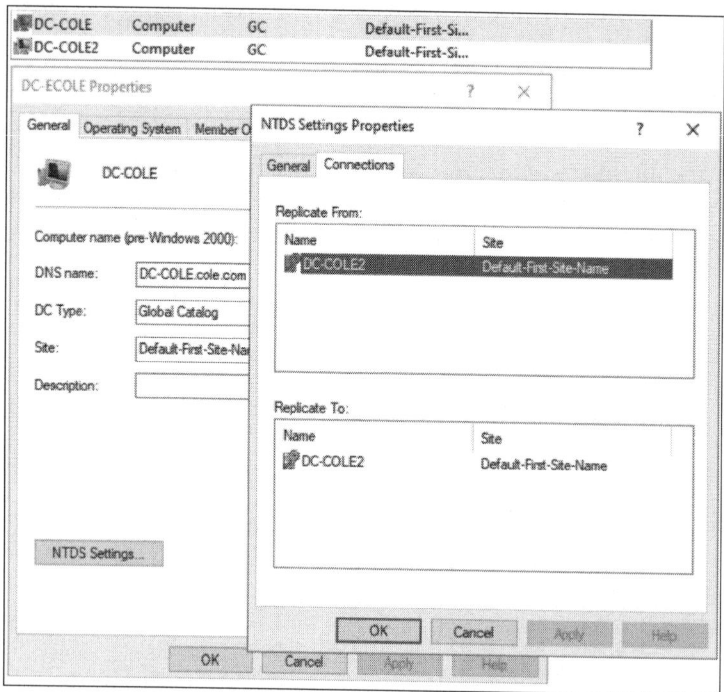

Además de gestionar las conexiones, el KCC también gestionará las topologías de replicación dentro de un sitio y entre sitios diferentes.

8.1.1 Replicación dentro del centro

Dentro del mismo sitio de Active Directory, todos los controladores de dominio se replicarán. Cuando se realiza un cambio en un controlador de dominio, el KCC determina el controlador de dominio más cercano al que replicar, teniendo en cuenta la velocidad de los enlaces de red.

Por defecto, la replicación dentro de un sitio tiene lugar quince segundos después de una modificación. Transcurridos quince segundos, el controlador de dominio avisa a sus socios de que tiene una modificación que propagar.

La topología de replicación utilizada es un anillo bidireccional, con un máximo de seis controladores de dominio. Si hay más de seis controladores de dominio para el mismo dominio y en el mismo sitio, se crean accesos directos de replicación, ya que la replicación de Active Directory no puede ir más allá de tres saltos.

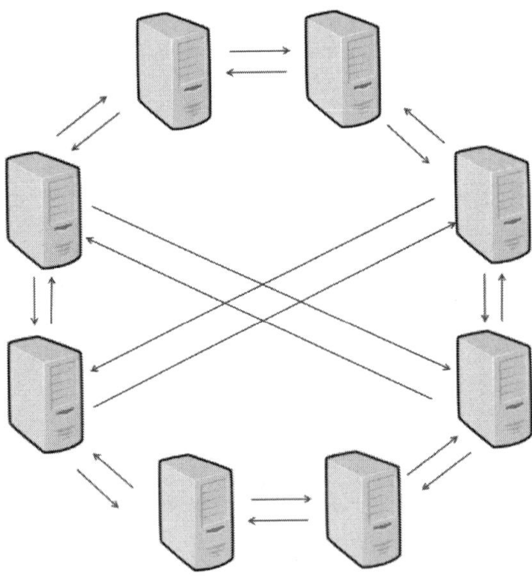

Diagrama esquemático de la replicación intrasitio con atajos

8.1.2 Replicación entre sitios

La replicación entre sitios geográficos remotos también se realizará a través de enlaces, en los que podremos realizar diversos ajustes:

- Intervalo de tiempo de replicación: para determinar si la replicación tiene lugar todo el tiempo o sólo a determinadas horas o determinados días.
- Frecuencia de replicación: mínimo 15 minutos, por defecto 180 minutos.
- Coste de replicación: si hay varios enlaces disponibles para la replicación, el coste determinará qué enlace se utiliza primero. Se utiliza el enlace con el coste más bajo, quedando los demás disponibles en caso de fallo.

En arquitecturas con muchos sitios remotos, es posible utilizar diferentes topologías de replicación, creadas añadiendo o eliminando enlaces de replicación, utilizando la configuración de costes.

Podemos tener, por ejemplo, una topología en estrella, donde todos los sitios replican desde un sitio central o un mesh, donde todos replican a todos los demás, una topología en anillo o algo híbrido entre estas topologías.

Para evitar que todos los controladores de dominio de cada sitio se repliquen a través de los enlaces entre sitios y, por tanto, se atasque la conexión a Internet, el KCC designará uno de los controladores de dominio como cabeza de puente para cada sitio, que garantizará la replicación con los demás sitios y redistribuirá los cambios a su propio sitio Active Directory. Puede elegir qué servidor es la cabeza de puente para cada sitio.

8.1.3 Ejemplo de topología de replicación

En esta topología, los costes asignados a cada enlace hacen que:

- Lyon replica desde París y Estrasburgo desde Lyon. El enlace París/Estrasburgo está ahí en caso de avería.
- Caen y Nantes replican desde París y el enlace entre Caen y Nantes sólo existe en caso de avería.

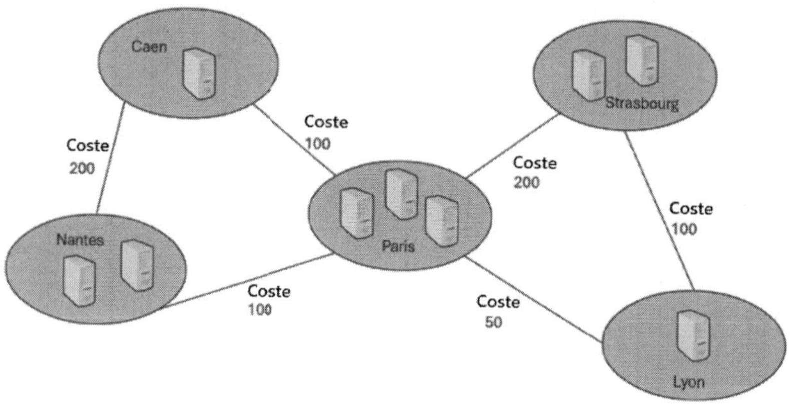

Los costes de los enlaces entre sitios Active Directory deben reflejar el ancho de banda, la latencia y la disponibilidad del enlace físico. Otro criterio puede ser el coste del tráfico.

Por otro lado, una estación de trabajo cliente intentará, por defecto, hablar con un controlador de dominio en su sitio. Si éste es inalcanzable, buscará otros sitios. Se puede obligar a los clientes a utilizar los enlaces con los costes más bajos, con un GPO llamado "**intentar el siguiente sitio más cercano**".

Este GPO es uno de los ADMX para Windows 10 u 11 que se pueden añadir al almacén central y se encuentra en:

Computers/Policies/Administrative templates/System/net logon/DC locator DNS records.

8.2 Trabajo práctico para implantar sitios Active Directory

Para poder implementar sitios de Active Directory, vamos a crear un nuevo trabajo práctico, con un controlador de dominio raíz para el dominio cole.com, un servidor Windows 2022 que actuará como router y un controlador de dominio secundario para el dominio raíz, que estará al otro lado del router.

El servidor que actuó como router en el trabajo práctico anterior, se puede reutilizar tal cual, pero le aconsejamos que vuelva a instalar controladores de dominio nuevos. Como en el trabajo práctico anterior, el BLR no se colocará en el dominio.

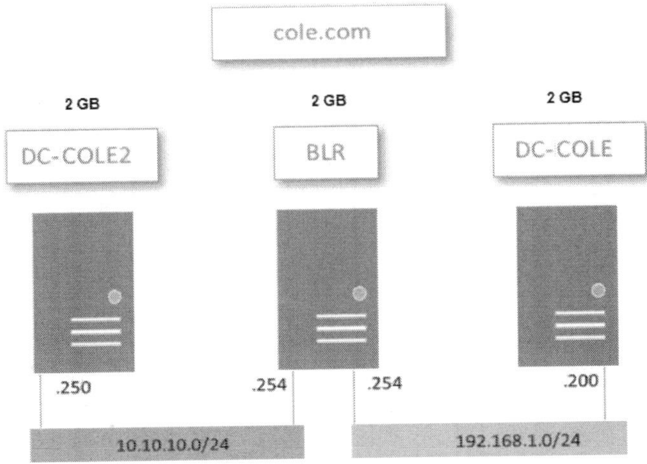

Observación

No olvide que, para colocar el controlador de dominio secundario en el dominio, antes de instalar ADDS, la dirección del servidor DNS debe ser la misma que la del controlador principal en su configuración de red.

Si decide reinstalar un router completo, consulte la subsección Configuración del router BLR, de este capítulo.

8.3 Implantación de sitios Active Directory

En el controlador DC-cole, vamos a ir a la consola **Active Directory Sites and Services**. En esta consola, vamos a empezar por renombrar el sitio por defecto.

- Haga clic con el botón derecho en el sitio y seleccione **Rename**. Lo llamaremos **Site-A**.

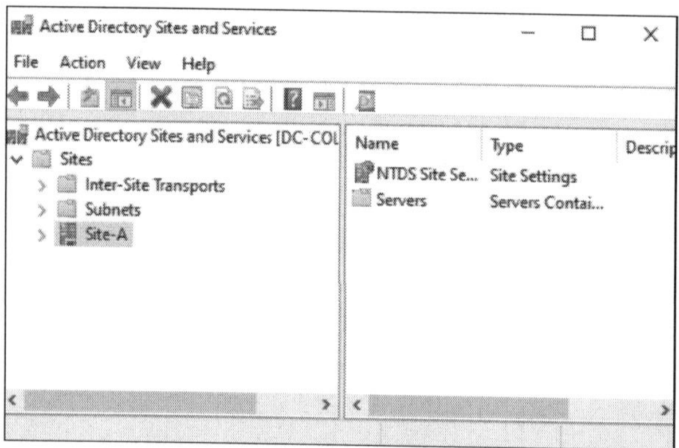

- Cree un segundo sitio, **Site-B**. Haga clic con el botón derecho del ratón en la carpeta **Sites** y seleccione **New Site**.

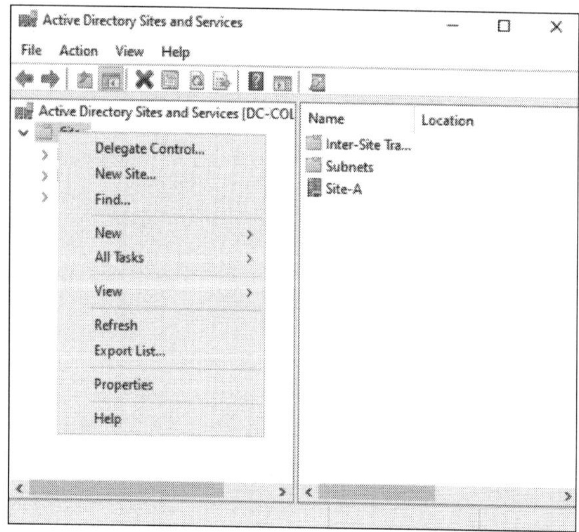

De momento, sólo tiene el enlace por defecto, selecciónelo y confirme.

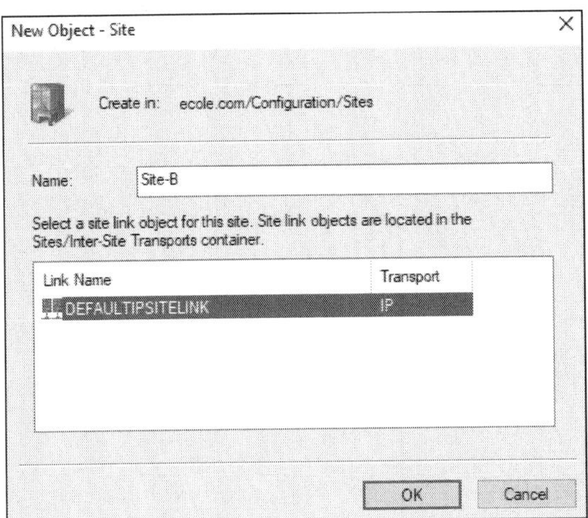

Ahora arrastre y suelte el segundo servidor en **Site-B**.

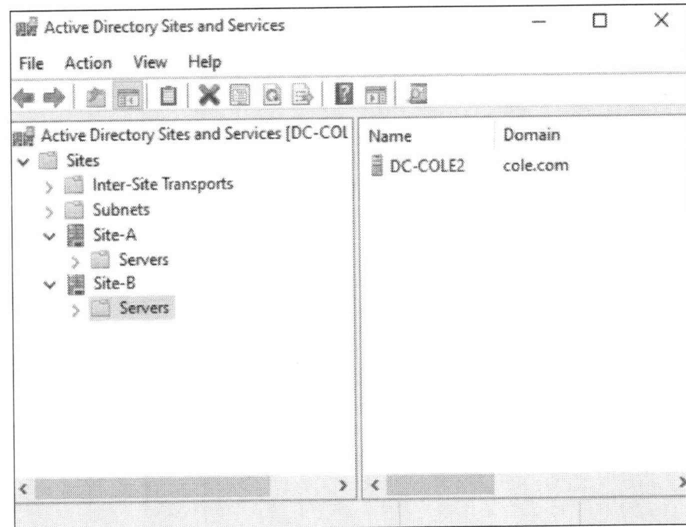

Ahora tiene que definir las subredes y vincularlas a los sitios. Para ello, haga clic con el botón derecho del ratón en la carpeta **Subnet** y seleccione **New subnet**. Deberá especificar la subred en notación CIDR y vincularla a un sitio.

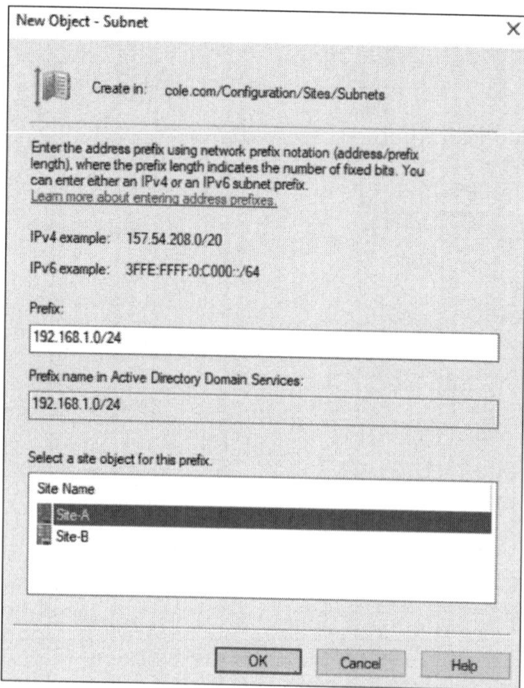

▶ Repita la operación para la red **Site-B** y ahora tendrá ambas redes en la carpeta **Subnets**.

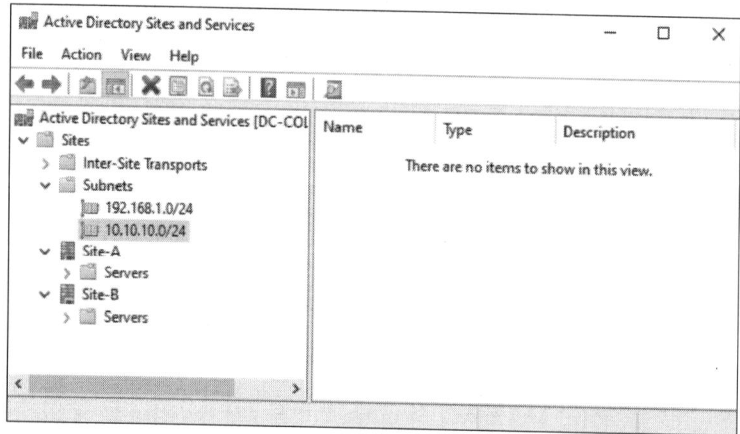

Ahora tenemos que configurar los enlaces. Se encuentran en la carpeta **Inter-Site-Transport** y en la carpeta **IP**.

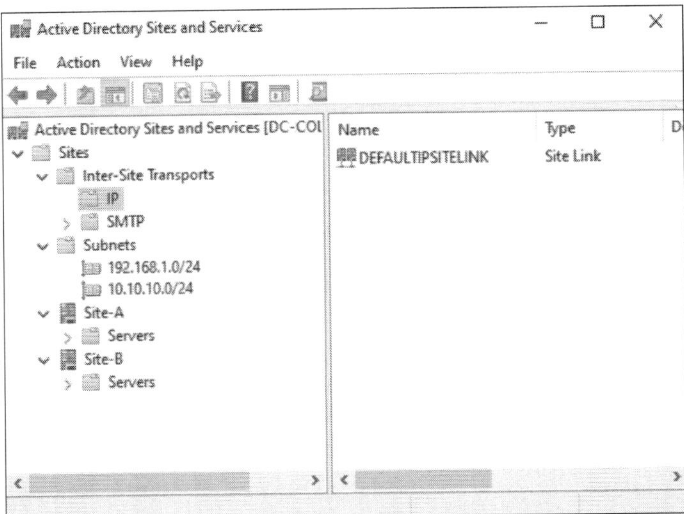

▶Haga clic con el botón derecho en el enlace y seleccione **Rename**.

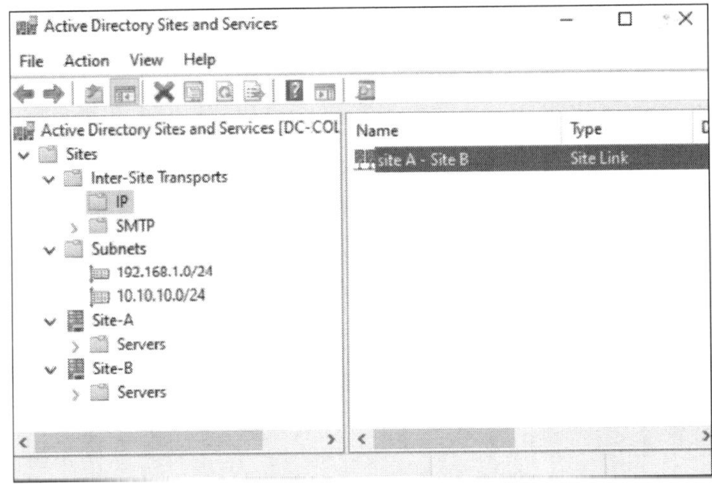

Para editar el coste, la frecuencia de replicación y la franja horaria de replicación, vaya a las propiedades del enlace.

- Haga clic con el botón derecho del ratón en el enlace y seleccione **Properties**. En este ejemplo, fije el coste en **50** y la frecuencia en **15** minutos, que es el mínimo.

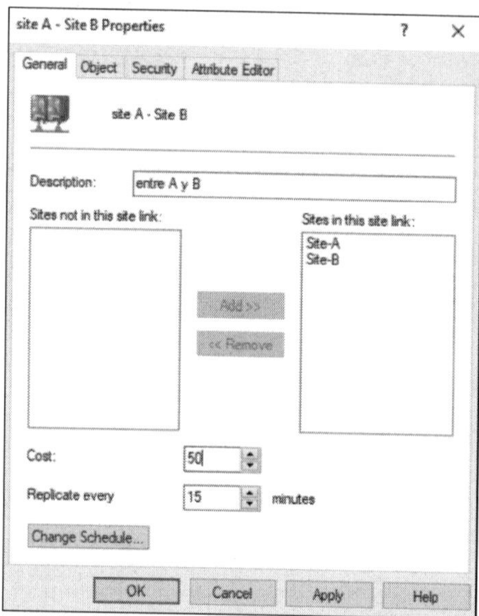

- Haga clic en **Change Schedule** para establecer la franja horaria.

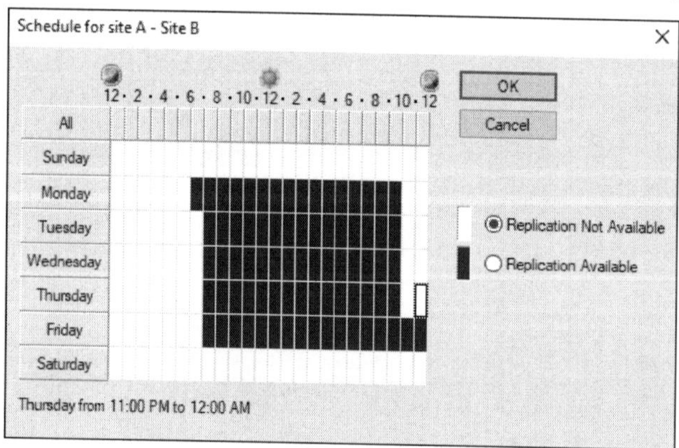

Si vamos a uno de los servidores, podemos ver en **NTDS settings** el objeto de conexión que habilita la replicación del otro controlador de dominio. Pulsamos con el botón derecho del ratón sobre este objeto para forzar la replicación.

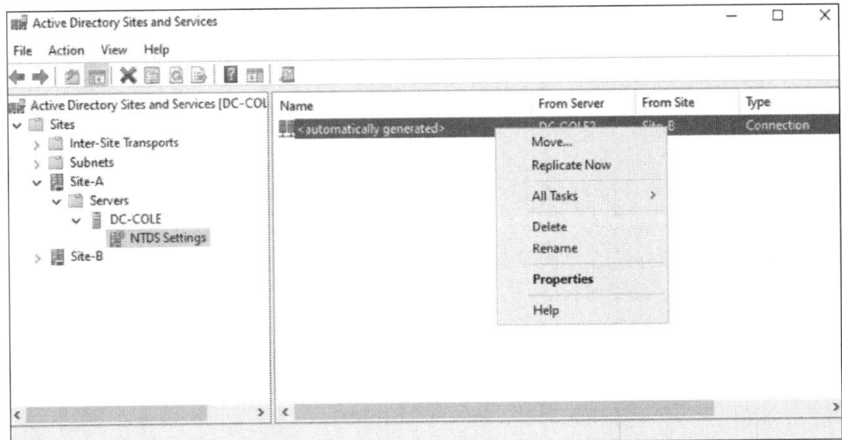

Para configurar un servidor como cabeza de puente de su sitio, haga clic con el botón derecho del ratón en el servidor que desee y vaya a propiedades. Sólo queda pasar el protocolo IP a la columna de la derecha.

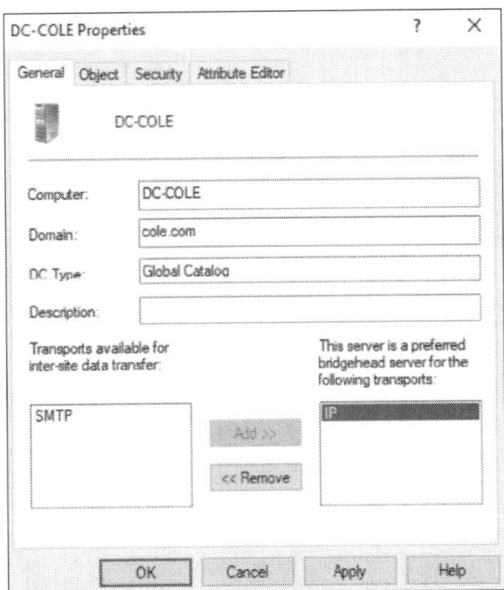

Para seguir viendo cómo gestionar sitios y replicación, vamos a añadir un tercer sitio. No corresponderá a ninguna red de nuestro trabajo práctico y no habrá ningún servidor en él. Pero nos permitirá ver algunos conceptos más.

Cuando creamos un sitio nuevo, como sólo tenemos un enlace en nuestro trabajo práctico, estamos obligados a elegir éste.

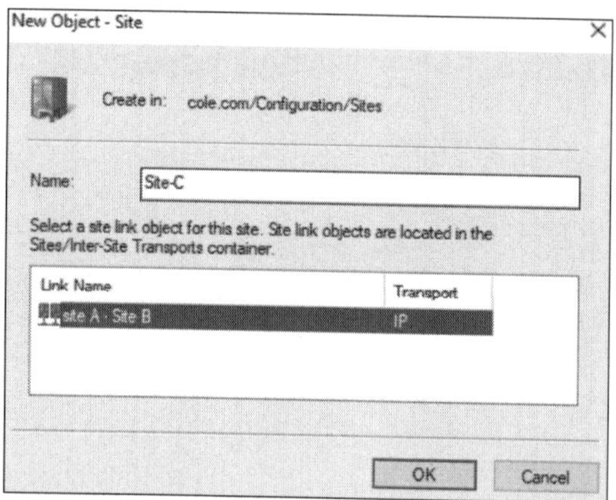

▶ A continuación, necesita crear un enlace entre el **Site-C** y el **Site-B**. Haga clic con el botón derecho en la carpeta **IP** y seleccione **New Site Link**.

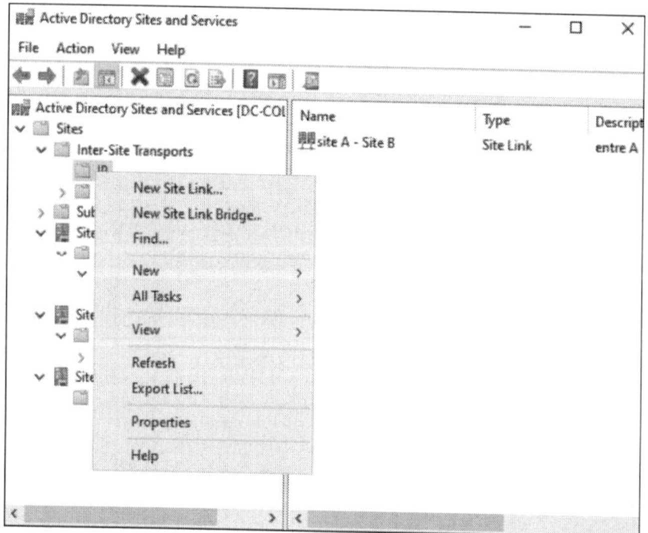

▶ En la ventana de creación de enlaces, seleccione los sitios que desea enlazar.

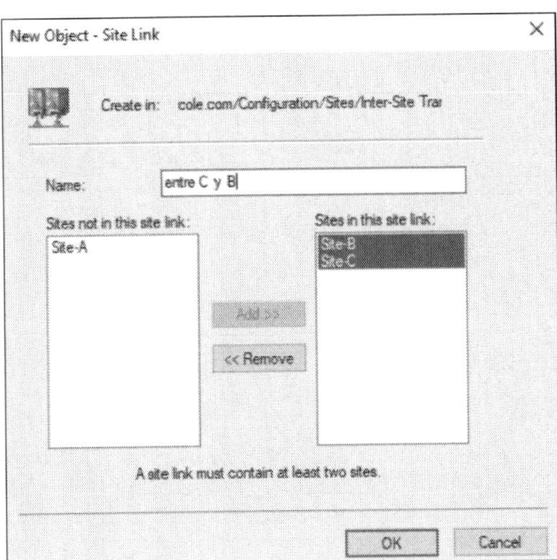

Tenga en cuenta que hemos elegido el enlace por defecto que ya existía cuando se creó el nuevo sitio, por lo que tendremos que eliminarlo. En las propiedades del enlace, puede cambiar los sitios vinculados a él.

▶ Añada una subred y vincúlela al nuevo sitio.

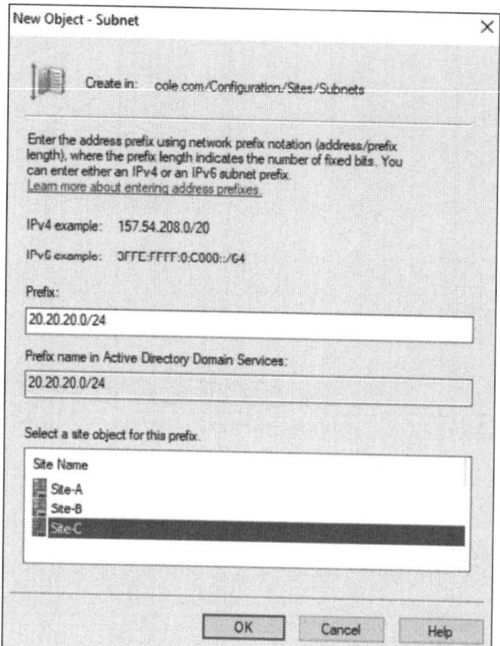

8.4 Gestión usando la línea de comandos

Existen herramientas de línea de comandos para diagnosticar y gestionar la replicación. Para ver los errores de duplicación utilizando el comando `repadmin`.

```
repadmin /replsummary
```

Para activar la replicación con `repadmin`. El primer servidor especificado en el comando es el servidor de destino y el segundo, es el servidor de origen.

```
repadmin /replicate dc-cole2.cole.com dc-cole.cole.com
dc=cole,dc=com /force
```

Si utiliza la opción `/full` con este comando, sincronizará todos los objetos de Active Directory.

```
repadmin /replicate dc-cole2.cole.com dc-cole.cole.com
dc=cole,dc=com /full
```

El comando `nltest` permite ver en qué sitio se encuentra un servidor.

```
nltest /dsgetsite /server:dc-cole2
```

El comando `Get-ADReplicationFailure` se puede utilizar para ver los errores de replicación a nivel de servidor, sitio o dominio:

```
Get-ADReplicationFailure -Target dc-cole

Get-ADReplicationFailure -scope Site -Target Site-a

Get-ADReplicationFailure -scope Domain -Target cole.com
```

El siguiente comando permite ver las operaciones de replicación pendientes en un servidor.

```
Get-ADReplicationQueueOperation -Server dc-cole2
```

El comando `Get-ADReplicationPartnerMetadata` proporciona una gran cantidad de información sobre el estado de replicación de los servidores de un dominio.

El atributo `LastReplicationResult` indica un error si su valor es `1`, ningún error si su valor es `0`.

```
PS C:\Users\Administrator> Get-ADReplicationPartnerMetadata -Target * -Scope Server


CompressChanges                    : True
ConsecutiveReplicationFailures : 0
DisableScheduledSync               : False
IgnoreChangeNotifications          : False
IntersiteTransport                 :
IntersiteTransportGuid             :
IntersiteTransportType             : IP
LastChangeUsn                      : 14519
LastReplicationAttempt             : 5/6/2024 9:10:25 AM
LastReplicationResult              : 0
LastReplicationSuccess             : 5/6/2024 9:10:25 AM
Partition                          : DC=cole,DC=com
PartitionGuid                      : bb78dae0-2f2e-4d90-926a-228d28d0a411
Partner                            : CN=NTDS Settings,CN=DC-COLE2,CN=Servers,CN=Site-B,CN=Sites
PartnerAddress                     : c4dbbfce-8134-4dd6-abfb-da56f2650f99._msdcs.cole.com
PartnerGuid                        : c4dbbfce-8134-4dd6-abfb-da56f2650f99
PartnerInvocationId                : e0fe60b4-7e8f-4c23-bbb2-09c1e3354f27
PartnerType                        : Inbound
ScheduledSync                      : True
Server                             : DC-COLE.cole.com
SyncOnStartup                      : True
TwoWaySync                         : False
UsnFilter                          : 14519
Writable                           : True
```

Puede filtrar la salida de este comando para mostrar sólo los servidores con errores, en nuestro ejemplo con el nombre del servidor y la fecha del último intento de replicación:

```
PS C:\Users\Administrator> Get-ADReplicationPartnerMetadata -Target * -Scope Server `
| Where-Object LastReplicationResult -EQ 1 | FT server, lastreplicationattempt
```

9. Controlador de dominio de sólo lectura

Un controlador de dominio de sólo lectura (RODC) es un servidor que replica los cambios en la base de datos de Active Directory, pero desde el que no se pueden realizar cambios.

Hay varias situaciones en las que puede querer desplegar un RODC, dependiendo de las necesidades de su negocio o infraestructura.

Queremos desplegar un controlador de dominio en un sitio remoto, donde no tenemos control total sobre la seguridad física, que no es tan seguro como la sede central de la empresa.

El controlador de dominio estará en un sitio remoto donde no hay ningún técnico en el que se pueda confiar plenamente para administrar el servidor.

Cuando se despliegan en instalaciones remotas, los RODC ofrecen una serie de ventajas.

- Nos permitirán decidir qué identificadores se almacenan en caché en el servidor y evitar que los identificadores con altos privilegios se almacenen localmente.
- Es posible delegar la instalación en un usuario con menos privilegios.
- Cuando un usuario inicia una sesión Windows por primera vez en un sitio gestionado por un RODC, sus credenciales se importan desde el controlador de dominio principal y se almacenan en caché en el RODC. Esto puede ralentizar el primer inicio de sesión, pero en el RODC sólo se almacenan las credenciales de los usuarios del sitio local.
- Y, por supuesto, nadie puede hacer cambios desde el RODC.

Sin embargo, existen algunas limitaciones:

- Un RODC no puede tener roles FSMO.
- Un RODC no puede ser cabeza de puente para la replicación.
- Tanto para DNS como para Active Directory, un RODC sólo acepta escrituras de otro controlador de dominio.
- Cuando una máquina cliente se conecta por primera vez, se registra en la zona DNS del Active Directory en el controlador principal y luego se sincroniza en el RODC. También en este caso, esto puede causar ralentizaciones.
- Por último, si hay docenas o incluso cientos de usuarios en el sitio remoto, es preferible desplegar un controlador de dominio "completo", que permita la escritura, por razones de rendimiento.

9.1 Despliegue de un RODC

Hay dos formas de desplegar un RODC: hacer un RODC cuando el servidor es promovido a controlador de dominio o preparando el despliegue con antelación y creando la cuenta RODC en el Active Directory. Es este segundo método el que vamos a utilizar, conocido como "pre-staging".

9.1.1 Trabajo práctico de despliegue de un RODC

Para el trabajo práctico, vamos a empezar desde el trabajo práctico de la sección anterior, Sitios de Active Directory, y vamos a añadir un RODC en el sitio B, el que está en la red 10.10.10.0/24. Vamos a darle la dirección 10.10.10.99.

9.1.2 Implantación de un RODC

Tenemos que empezar por preconfigurar el RODC, es decir, crearlo en la base de datos Active Directory. Para ello, vamos a la consola **Active Directory Users and Computers** del controlador de dominio principal, DC-cole.

- En la unidad de organización **Domain controllers** , haga clic con el botón derecho del ratón y seleccione **Pre-create Read-only Domain Controller account**.

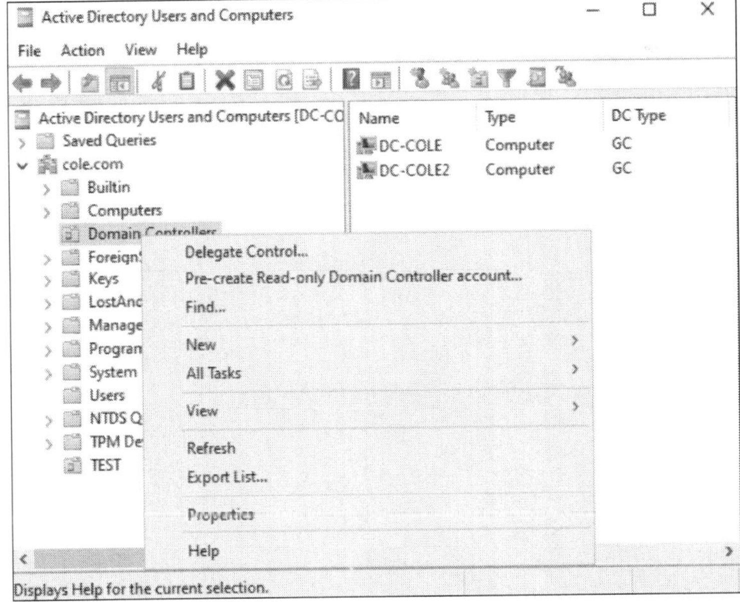

▶ Se inicia un asistente, seleccione **Use advanced mode installation**.

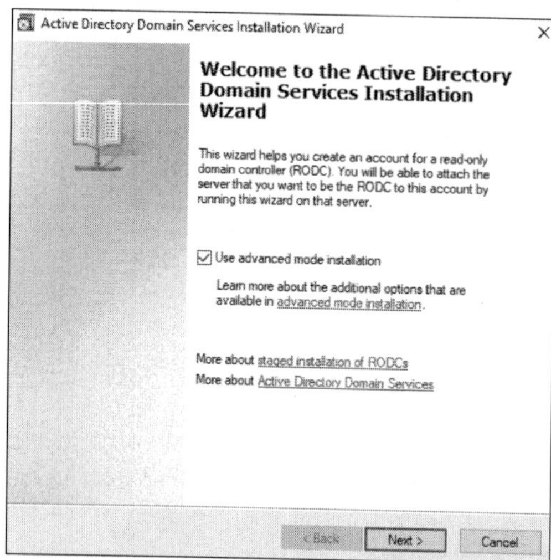

▶ En la siguiente pantalla, elija la cuenta de administrador del dominio para realizar la operación.

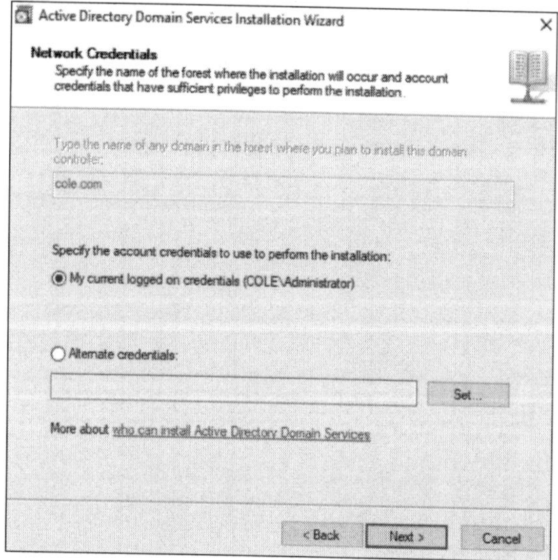

▶A continuación, asigne un nombre a su RODC.

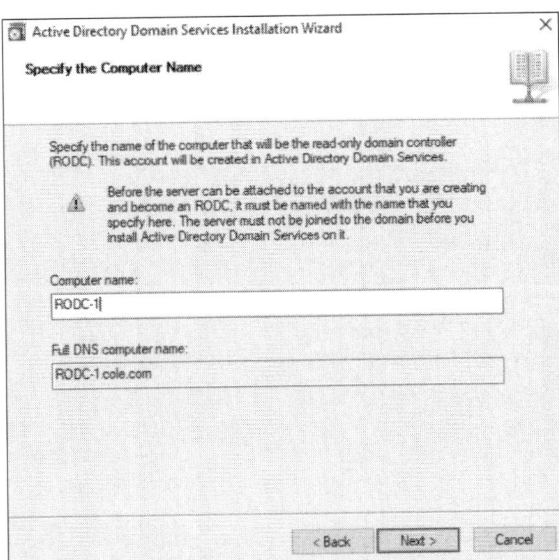

▶En el siguiente paso, el asistente le pregunta en qué sitio desea colocar su RODC. En su trabajo práctico, elija **Site-B**.

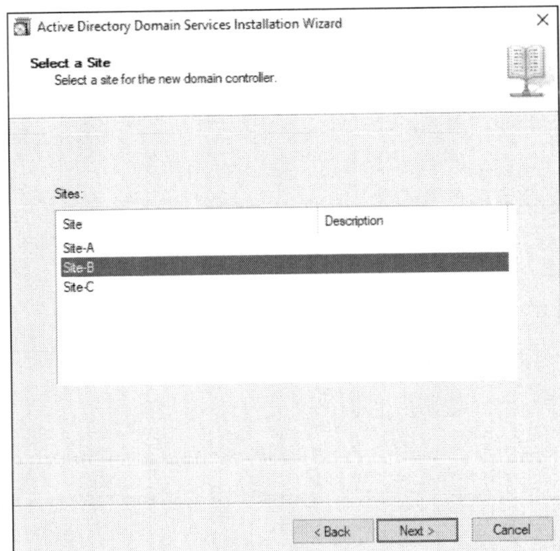

▶ Se proponen las opciones habituales para el despliegue de un controlador de dominio. Dejar toda la configuración por defecto, queremos DNS y el catálogo global en el RODC.

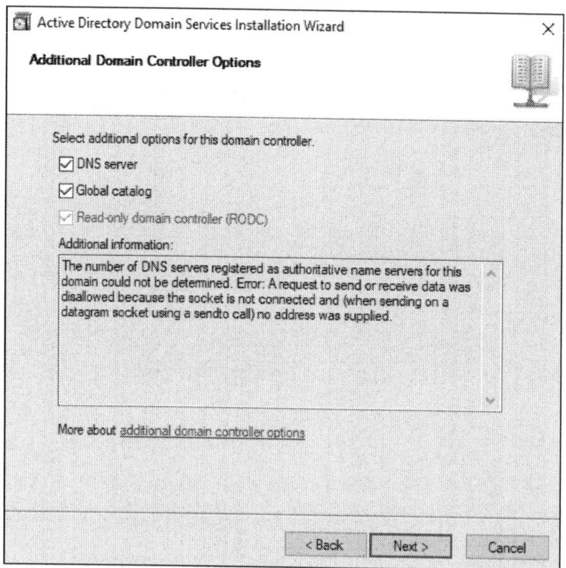

A continuación, el sistema nos pide que seleccionemos los grupos de usuarios cuyas credenciales se almacenarán en caché en el RODC. Tenga en cuenta que el grupo de administradores de dominio no tendrá sus credenciales almacenadas en caché.

El sistema ha creado dos grupos para gestionar el almacenamiento en caché de identificadores en un RODC:

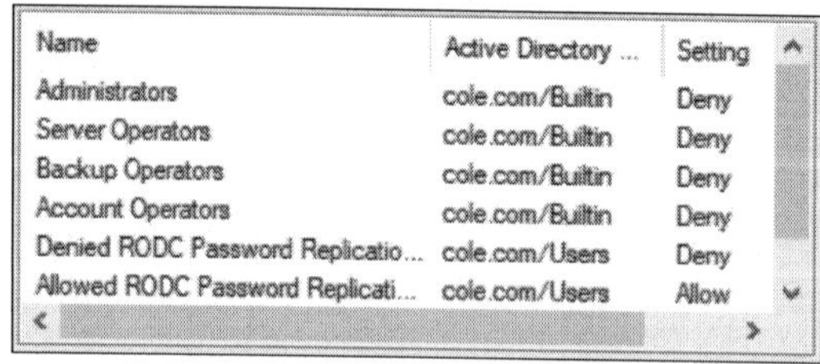

Name	Active Directory ...	Setting
Administrators	cole.com/Builtin	Deny
Server Operators	cole.com/Builtin	Deny
Backup Operators	cole.com/Builtin	Deny
Account Operators	cole.com/Builtin	Deny
Denied RODC Password Replicatio...	cole.com/Users	Deny
Allowed RODC Password Replicati...	cole.com/Users	Allow

Podríamos imaginar fácilmente poner grupos de usuarios cuyos identificadores queremos almacenar localmente en el RODC, en el grupo previsto a tal efecto y viceversa.

Una vez más, vamos a dejar la configuración por defecto y continuar.

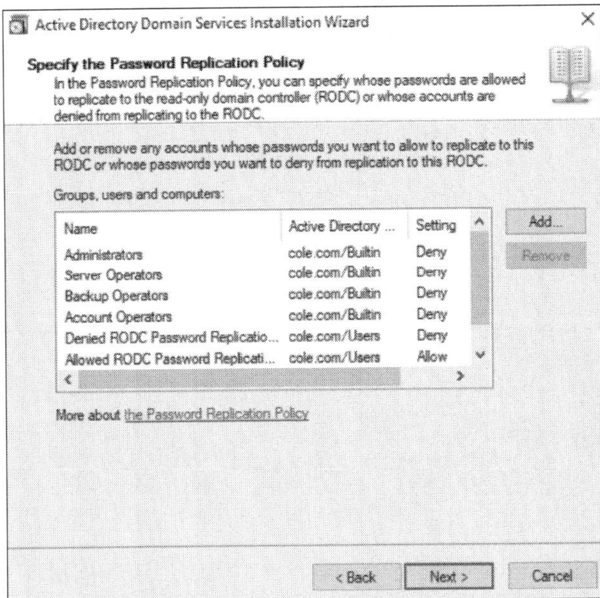

En la siguiente etapa, se nos preguntará en qué cuenta queremos delegar la instalación. En efecto, podemos delegar la instalación del futuro RODC a una cuenta de usuario o a un grupo, y no es necesario que esta cuenta tenga permisos particulares, se puede utilizar cualquier usuario normal.

Esto se debe a que estamos pensando en un futuro despliegue en una ubicación geográfica remota, donde puede que no haya técnicos in situ.

Así que vamos a crear un usuario de prueba en nuestro Active Directory, al que le daremos el permiso de desplegar el RODC.

- Abra una nueva consola **Active Directory Users and Computers** y cree un usuario. En nuestro ejemplo, lo llamaremos **user rodc**.

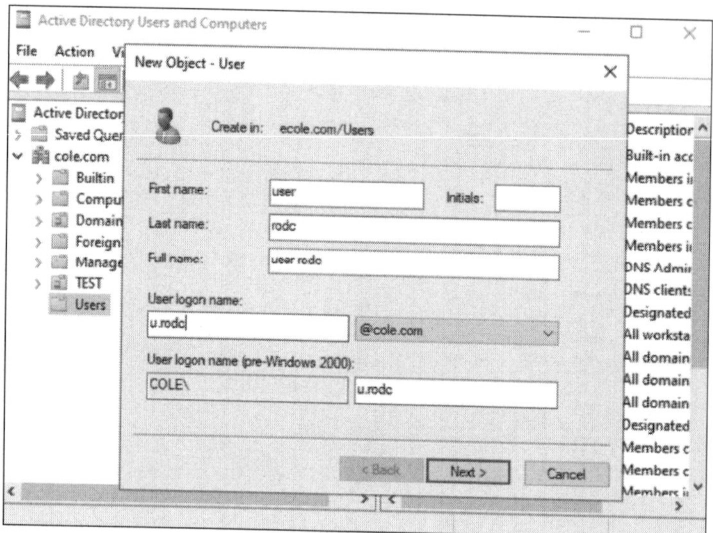

▶ Este es el usuario que utilizaremos para la instalación. Introduzca su nombre.

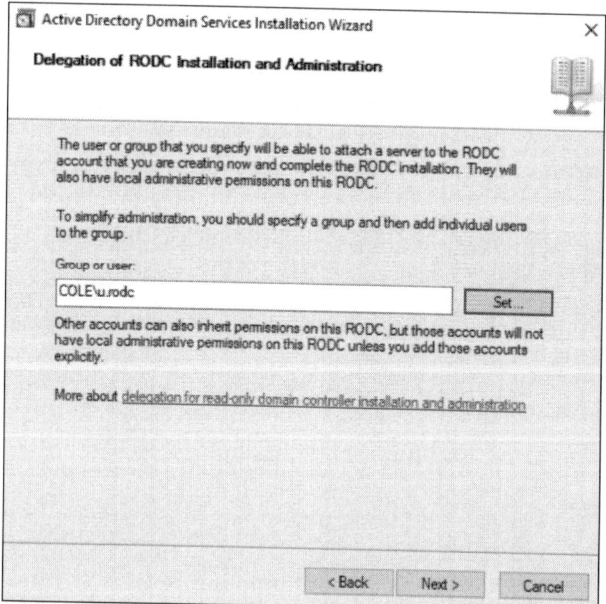

- A continuación, obtendremos el resumen habitual de los ajustes, y la pantalla final del asistente. Confirme dos veces.

  La cuenta RODC ha sido creada, pero está desactivada a la espera de su despliegue.

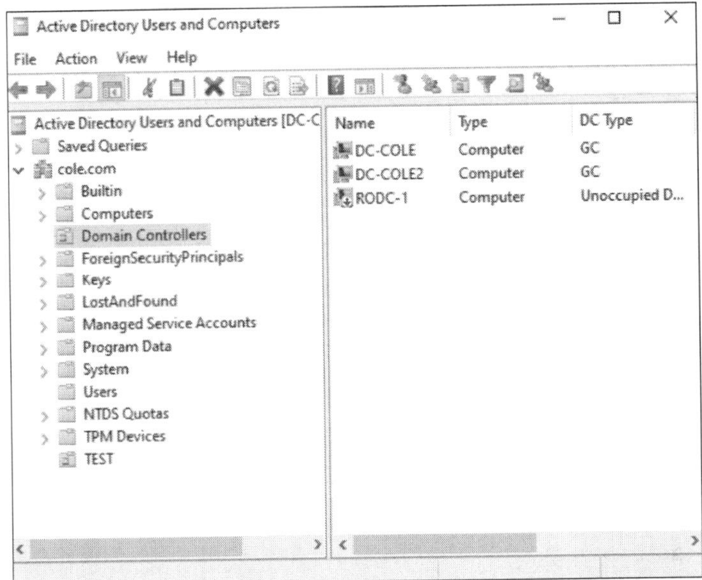

Ahora necesitamos instalar un Windows Server, que será nuestro RODC. Establezca su dirección IP a 10.10.10.99 y colóquelo en la red con el controlador de dominio secundario. Es importante tener en cuenta que este servidor no debe estar en el dominio.

Este servidor debe tener la dirección de otro controlador de dominio en su configuración de red, por lo que elegiremos **DC-cole2** como servidor DNS, es decir, 10.10.10.

Además, esta máquina debe tener el mismo nombre NetBIOS que la cuenta especificada en Active Directory, es decir, RODC-1.

A continuación, abrimos la sesión de Windows en el RODC como administrador local, instalamos el rol **Active Directory Domain Service** (ADDS) y lanzamos la **promoción del servidor de dominio**.

En la primera fase de la promoción, seleccionamos **Add a domain controller to an existing domain**, en el dominio cole.com y nos identificamos como nuestro usuario **user rodc** creado previamente, en quien hemos delegado el permiso a realizar esta instalación al preconfigurar el RODC.

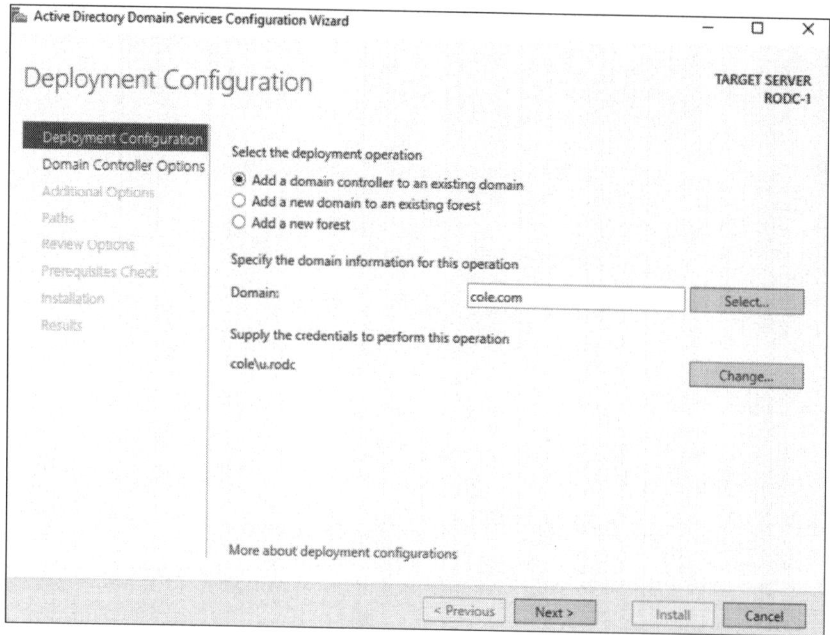

Observación

La idea aquí es que esta instalación la haga un usuario que no tenga permisos de administrador en el dominio, porque no queremos dar estos permisos a alguien en el sitio remoto, ya sea por falta de seguridad o porque nadie en este sitio tiene la capacidad de administrar Active Directory. Lo único que podrá hacer nuestro usuario es esta instalación.

En el siguiente paso, el sistema ha detectado que ya existe una cuenta para el RODC en Active Directory. No podemos cambiar ninguna configuración, sólo introducir la contraseña del modo de recuperación.

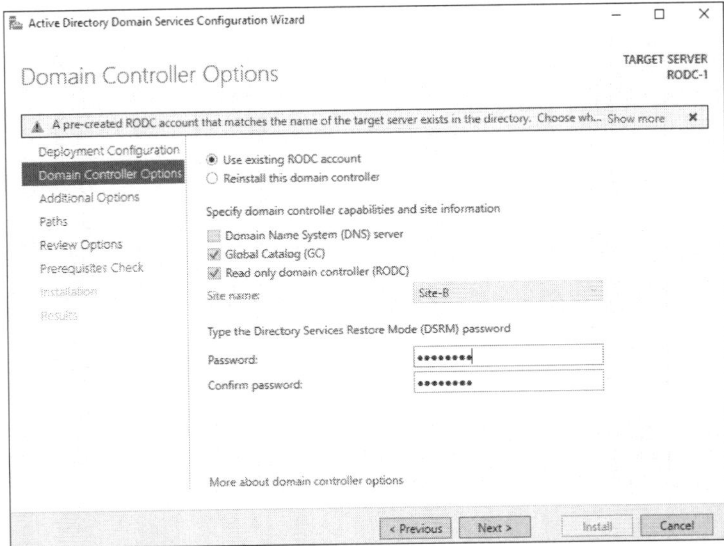

Entonces elegimos replicar la base de datos desde otro controlador de dominio, elegimos DC-cole2, porque está en la misma red y en el mismo sitio y los datos no pasarán por Internet.

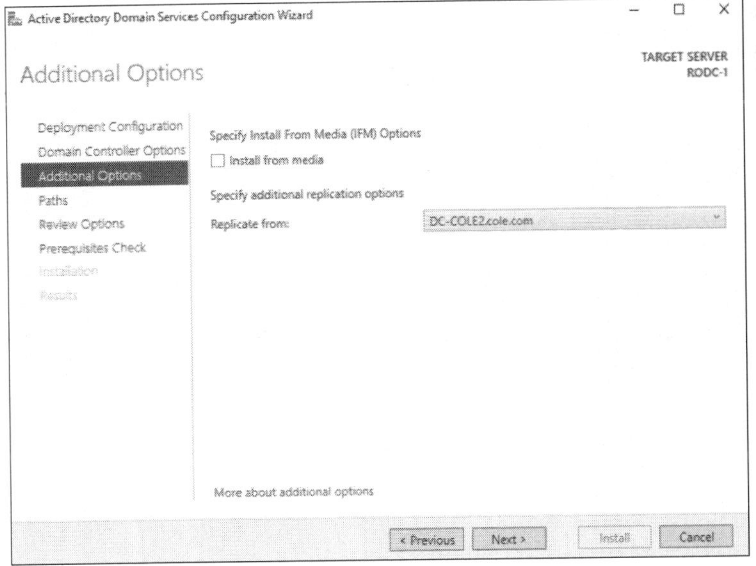

Observación

A menudo, el RODC se instala y se promociona en un trabajo práctico en la sede de la empresa y un administrador desplegará el RODC en la red del sitio remoto, una vez que se haya configurado por completo. Además, para un RODC no está permitida la replicación de la base de datos desde un soporte en el que se hayan exportado los datos mediante ntdsutil. Aprovechamos que ya existe un controlador de dominio en nuestro sitio remoto, DC-cole2.

A continuación, viene la página para elegir la ubicación de la base de datos en el RODC, que dejaremos por defecto.

A continuación, se resumen los ajustes y se exporta el script PowerShell.

▶ Por último, verá la comprobación de los requisitos previos. Si todo es correcto, haga clic en **Install**.

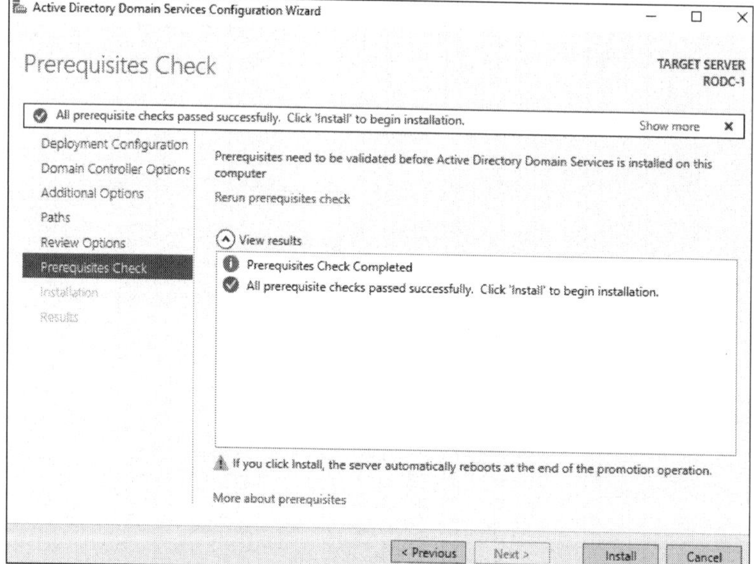

Si queremos comprobar el tipo de instalación tras el reinicio, podemos ir a **Active Directory Users and Computers** y hacer clic con el botón derecho del ratón en la primera línea de la consola y elegir **Change Domain Controller**.

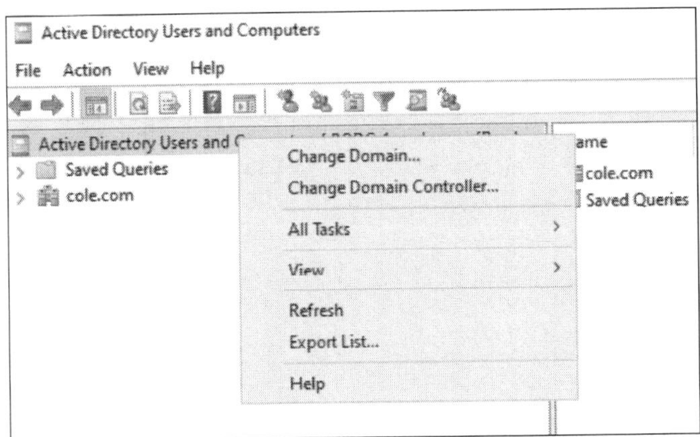

Podemos ver que la máquina es efectivamente un RODC y que se encuentra en el sitio B de nuestra infraestructura.

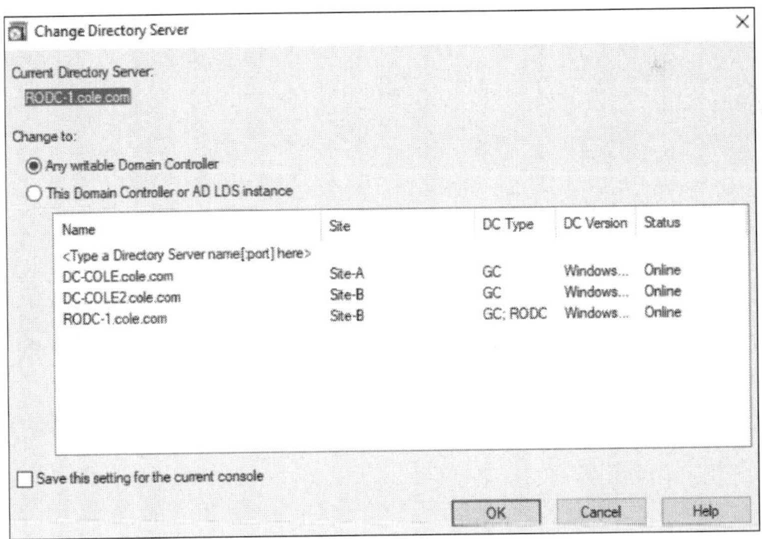

9.2 Baja de un controlador de dominio

Para completar nuestro trabajo práctico, ahora podemos retirar nuestro controlador de dominio secundario, nuestro sitio B ahora contiene nuestro RODC.

- Para ello, inicie sesión en el controlador de dominio secundario DC-cole2 como administrador del dominio, vaya a **Server Manager - Manage - Remove Roles and Features Wizard**.
- Elija eliminar el rol ADDS. Aparece un mensaje de error con un enlace **Demote this domain controller**. Haga clic en el enlace.

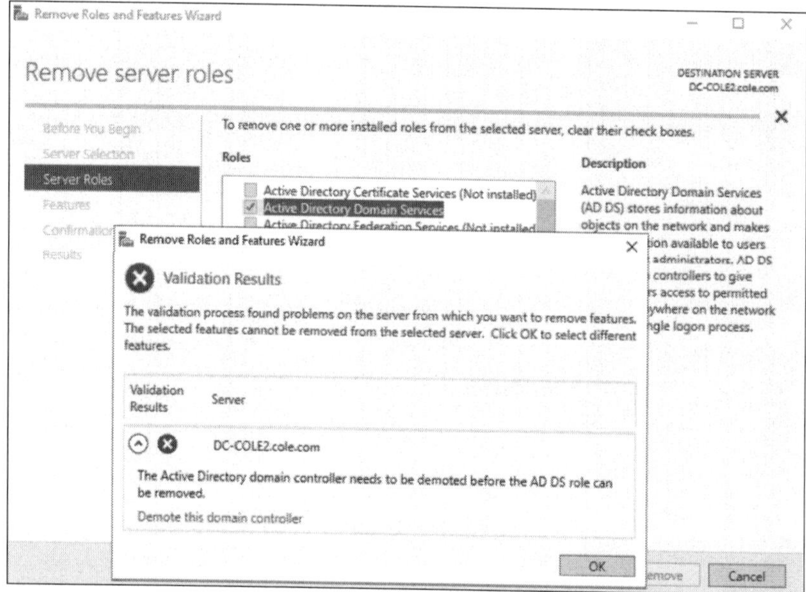

- En el siguiente paso, marque la opción **Force the removal of this domain controller**.

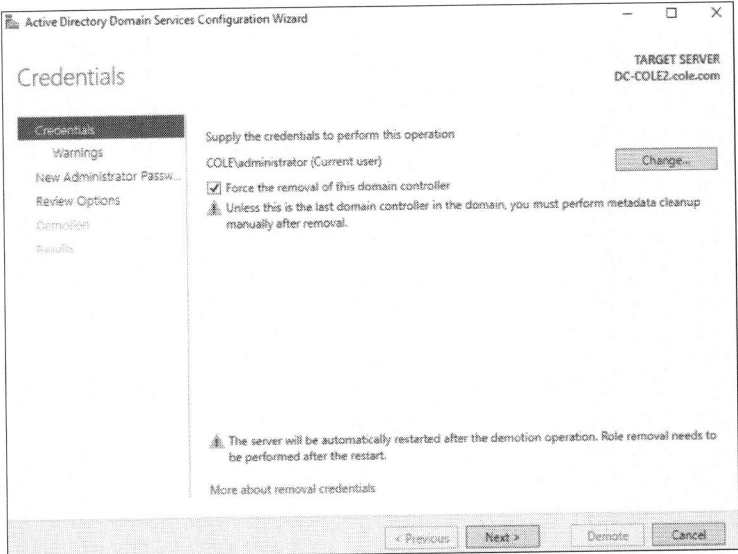

En la siguiente imagen, se enumeran las características Active Directory presentes en la máquina. Marque **Proceed with removal** y confirme.

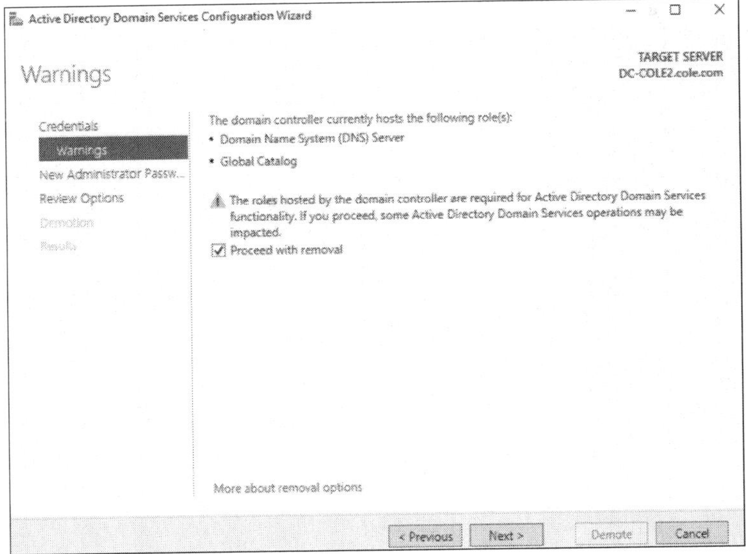

Observación

Si los roles FSMO estuvieran presentes en la máquina, aparecerían en esta lista. En ese caso, habría que transferirlos antes de eliminar el controlador de dominio que los aloja.

A continuación, nos aparece una ventana que nos pide que introduzcamos y confirmemos una contraseña, que será la nueva contraseña de la cuenta de administrador local.

Por último, una pantalla nos advierte de que aún quedarán metadatos por limpiar y nos permite exportar el script.

Todo lo que queda es **limpiar los metadatos con ntdsutil**, como vimos en la subsección Introducir roles FSMO, de este capítulo.

10. Gestión con PowerShell

Para terminar este capítulo sobre Active Directory, vamos a ver cómo gestionar usuarios, grupos y unidades organizativas utilizando PowerShell.

10.1 Poblar Active Directory

Observación

En esta sección, muchos comandos utilizan el carácter de escape, el backtick, que se hace con [AltGr] más espacio. Esto permite pasar a la línea siguiente sin interrumpir el comando. No debe haber ningún espacio después del backtick, sino que debe ir a la línea inmediatamente siguiente.

- Para poblar Active Directory, cree unidades de organización con el siguiente comando:

```
New-ADOrganizationalUnit
```

- Crear la unidad organizativa **Nantes** y las subunidades **ordenadores** y **users**.

```
New-ADOrganizationalUnit -Name Nantes -Path "dc=cole,dc=com"
New-ADOrganizationalUnit -Name ordenadores -Path "ou=nantes,dc=cole,dc=com"
New-ADOrganizationalUnit -Name users -Path "ou=nantes,dc=cole,dc=com"
```

- A continuación, cree un usuario con el siguiente comando:

```
New-ADUser
```

Hay un montón de opciones disponibles para este comando, ya que enumera lo que puede poner en el perfil Active Directory de un usuario.

En nuestro ejemplo, comenzamos declarando una variable que contendrá la contraseña. Para rellenar esta variable, el sistema nos guiará para teclear la contraseña, que quedará oculta en la pantalla ya que será una cadena de caracteres segura.

```
PS C:\Users\Administrator> $mdp = (read-host -AsSecureString)
******
PS C:\Users\Administrator> _
```

Para el resto de las opciones, están los dos nombres de usuario `SamAccountName` y `UserPrincipalName`, sólo `SamAccountname` es obligatorio. La única otra opción que es obligatoria es la opción `Name`. La opción `Path` determina en qué unidad organizativa se creará la cuenta. `ChangePasswordAtLogon` obligará al usuario a cambiar su contraseña la próxima vez que se conecte.

```
$mdp = (read-host -AsSecureString)

New-ADUser `
-Name "Ahmed Sadki" `
-GivenName Ahmed `
-Surname Sadki `
-DisplayName "ahmed sadki" `
-SamAccountName ahmed `
-UserPrincipalName a.sadki@cole.com `
-Department Informática `
-Path "ou=users,ou=nantes,dc=cole,dc=com" `
-Enabled $true `
-ChangePasswordAtLogon $true `
-AccountPassword $mdp `
-City Paris
```

Para crear un grupo, utilice el siguiente comando:

```
New-ADGroup
```

En este comando tenemos que definir el tipo y el ámbito del grupo, así como su nombre.

```
New-ADGroup `
-Name TECHS `
-path "ou=users,ou=nantes,dc=cole,dc=com" `
-GroupScope Global `
-GroupCategory Security `
-DisplayName Techs
```

Para poner un usuario en un grupo, utilice el siguiente comando:

```
Add-ADGroupMember
```

```
Add-ADGroupMember `
-Identity Techs -Members a.sadki
```

También podemos poner a todos los usuarios de una unidad organizativa en un grupo utilizando el siguiente comando:

```
Get-ADUser
```

El resultado de este comando se almacenará en una variable.

```
$accounts = Get-ADUser -filter * `
-SearchBase "ou=users,ou=nantes,dc=cole,dc=com"

Add-ADGroupMember `
-Identity Techs -Members $accounts
```

10.2 Importación masiva de usuarios

La importación masiva se realiza mediante archivos CSV. Este tipo de archivo se puede generar a partir de una lista de nombres y apellidos, generalmente suministrada por recursos humanos o la secretaría.

Existen varios métodos para crear el archivo CSV a partir del listado proporcionado, utilizando Excel, un script, etc. Este es también el tipo de tarea que puede realizar una inteligencia artificial, como Chat GPT o Copilot. Este último método es mucho más rápido, una vez que haya determinado las instrucciones que debe dar a la inteligencia artificial.

Sea cual sea el método utilizado para crear el archivo CSV, importarlo a Active Directory con PowerShell lleva el mismo tiempo, tanto si tiene diez como dos mil usuarios.

El aechivo CSV debe estar en formato DOS con el punto y coma como separador. La primera línea del archivo representa los encabezamientos de las opciones del comando `New-ADUser`, que pondremos en variables; esta operación será repetida para cada usuario por el script.

```
import.csv - Bloc-notes
Fichier Edition Format Affichage Aide
Prénom;Nom;Nom_complet;Login;OU
John;Doe;John Doe;j.doe;ou=utilisateurs,ou=nantes,dc=ecole,dc=com
Jane;Doe;Jane Doe;j.doe;ou=utilisateurs,ou=nantes,dc=ecole,dc=com
Napoléon;Bonaparte;Napoléon Bonaparte;n.bonaparte;ou=utilisateurs,ou=nantes,dc=ecole,dc=com
Ali;Baba;Ali Baba;a.baba;ou=utilisateurs,ou=nantes,dc=ecole,dc=com
Jules;César;Jules César;j.cesar;ou=utilisateurs,ou=nantes,dc=ecole,dc=com
Jean;Dupont;Jean Dupont;j.dupont;ou=utilisateurs,ou=nantes,dc=ecole,dc=com
Olive;Etom;Olive Etom;o.etom;ou=utilisateurs,ou=nantes,dc=ecole,dc=com
```

El comando utilizado es:

```
Import-Csv
```

A continuación, tenemos que proporcionar la ruta al archivo CSV y enviar el resultado en un bucle `FOR`, donde declaramos las variables y ejecutamos el comando `New-ADUser` para cada usuario.

La variable de la contraseña es idéntica para todos los usuarios. No se incluye en el bucle, ya que no es necesario rellenarla cada vez.

Los otros argumentos, que son idénticos para todos los usuarios, no se ponen en variables, como las opciones `Enabled` o `City`. Están en el bucle, porque queremos que se rellenen para cada cuenta de usuario.

```
$mdp = (read-host -AsSecureString)

import-csv c:\import.csv -Delimiter ";" | foreach-object{
$nom = $_.given
$ape = $_.surname
$name = $_.complet_name
$sam = $_.login
$path = $_.ou

New-ADUser `
-GivenName $nom `
-SurName $ape `
-Name $name `
-path $path `
-SamAccountName $sam `
-AccountPassword $mdp `
-ChangePasswordAtLogon $true `
-Enabled $true `
-Department Informática `
-City París
}
```

Podemos utilizar el mismo bucle `FOR` y la misma lógica para poner usuarios en un grupo. Todo lo que necesitamos poner en una variable es el identificador de cada usuario.

Para el comando `Add-ADGroupMember`, no hemos incluido los nombres de las opciones, ya que son argumentos "posicionales". Es obligatorio que, lo que viene en primer lugar después del comando sea el nombre del grupo y, lo que viene después, sea el login del usuario. Si no es así, el comando no funcionará.

```
import-csv c:\import.csv -Delimiter ";" | foreach-object{
$sam = $_.login
Add-ADGroupMember "Techs" $sam
}
```

10.3 Gestión de usuarios con PowerShell

Buscar un usuario o todos los usuarios que cumplen ciertos criterios, puede ser complicado de hacer manualmente, especialmente en un Active Directory con cientos de cuentas. PowerShell puede ayudar con esta tarea.

El siguiente comando se utiliza para buscar en la base de datos de Active Directory:

```
Search-ADAccount
```

En nuestro ejemplo, buscaremos cuentas que no hayan iniciado sesión durante 90 días:

```
Search-ADAccount -AccountInactive -UsersOnly -TimeSpan 90
```

Para dar un mejor ejemplo de administración, enviamos el resultado al comando `Set-ADUser`, que se puede utilizar para modificar usuarios y desactivarlos.

```
Search-ADAccount -AccountInactive -UsersOnly -TimeSpan 90 `
 | Set-ADUser -Enabled $false
```

Otro comando para buscar usuarios es:

```
Get-ADUser
```

Este comando utiliza filtros para realizar la búsqueda. En nuestro ejemplo, estamos utilizando el filtro para buscar usuarios por nombre, lo que proporciona una buena cantidad de información sobre la cuenta, incluyendo su ubicación.

Estamos buscando en todo el dominio.

```
Get-ADUser -Filter "name -eq 'julius caesar'" `
-SearchBase "DC=cole,DC=com"
```

El resultado es:

```
PS C:\Users\Administrator> Get-ADUser -Falter "name -eq 'julius caesar'" -SearchBase "DC=cole,DC=com"


DistinguishedName : CN=Julius Caesar,OU=users,OU=Nantes,DC=cole,DC=com
Enabled           : False
GivenName         :
Name              : Julius Caesar
ObjectClass       : user
ObjectGUID        : 8ae96bcb-45d5-4f60-bffc-14741cb0b351
SamAccountName    : j.cesar
SID               : S-1-5-21-4046803450-2863761942-1077160875-1113
Surname           :
UserPrincipalName :
```

Otro ejemplo es ver todas las cuentas desactivadas de una unidad organizativa:

```
Get-ADUser -Filter "enabled -eq '$false'" `
-SearchBase "OU=users,OU=Nantes,DC=cole,DC=com"
```

Ahora vamos a ver cómo modificar todos los usuarios de una unidad organizativa, añadiendo un `DisplayName` formado por su nombre y apellidos.

```
Get-ADUser -Filter * `
-SearchBase "OU=users,OU=Nantes,DC=cole,DC=com" `
-Properties DisplayName `
| % {Set-ADUser $_ -DisplayName ($_.Surname + ' ' + $_.GivenName)}
```

Finalmente, para nuestro último ejemplo, vamos a enviar un archivo de texto que contiene una lista de todas las cuentas deshabilitadas en el bosque.

```
Get-ADUser -Filter * `
| Where-Object enabled -eq $false `
> c:\desactives.txt
```

Capítulo 2
El servicio DHCP

1. El trabajo práctico

En este capítulo, dispondremos de un controlador de dominio DC-COLE, un servidor Core sin interfaz gráfica de usuario, un equipo Windows 10 con RSAT instalados, un servidor que actuará como router y un segundo equipo cliente Windows 10.

El router conectará las dos redes 192.168.1.0/24 y 10.10.10.0/24, cada una de las cuales alojará un cliente. Se trata de dos redes virtuales separadas en su hipervisor. Configuraremos un agente de retransmisión DHCP en el servidor que actúa como router.

Se puede reutilizar el router del capítulo Active Directory. Los otros servidores tendrán que ser reinstalados.

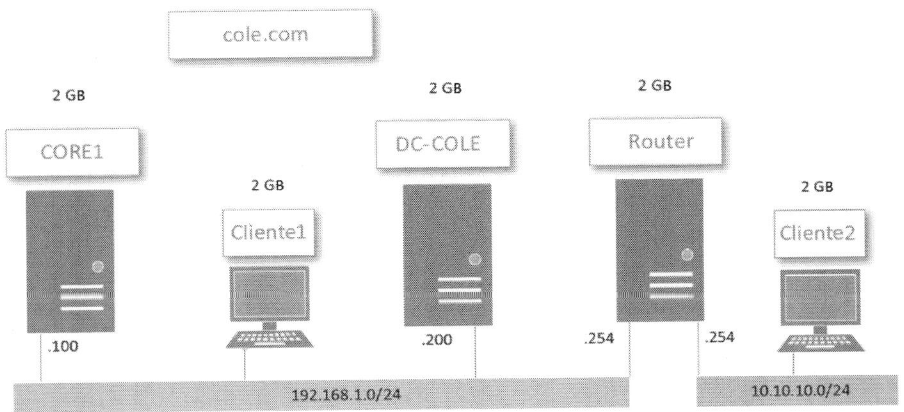

1.1 Configuración del servidor Core

Tras instalar el controlador de dominio, como vimos en el capítulo Active Directory, pasaremos a configurar el servidor Core, lo que haremos íntegramente en PowerShell.

Para configurar una tarjeta de red, necesitamos su índice. Podemos obtener esta información utilizando el siguiente comando:

```
Get-NetAdapter
```

En el resultado del comando, la columna **ifIndex** nos da el valor del índice de la tarjeta de red.

```
PS C:\Users\Administrator> Get-NetAdapter

Name                      InterfaceDescription                    ifIndex Status
----                      --------------------                    ------- ------
Ethernet0                 Intel(R) 82574L Gigabit Network Conn...      10 Up
```

Vamos a poner el resultado del comando **Get-NetAdapter** en una variable y extraer el valor del índice, que pondremos en otra variable. El último comando sólo está ahí para comprobar el contenido de la variable **$index**.

```
PS C:\Users\Administrator> $NIC = Get-NetAdapter
PS C:\Users\Administrator> $index= $NIC.ifindex
PS C:\Users\Administrator> $index
10
```

Ahora podemos utilizar la variable `$index` en el comando utilizado para establecer la interfaz de red.

```
New-NetIPAddress
```

```
$NIC = Get-NetAdapter
$index = $NIC.ifIndex

New-NetIPAddress `
-ifIndex $NIC `
-IPAddress 192.168.1.100 `
-PrefixLength 24 `
-DefaultGateway 192.168.1.254
```

Para realizar la configuración DNS, necesitamos utilizar otro comando:

```
Set-DnsClientServerAddres
```

También utiliza una opción para el índice de la tarjeta de red, pondremos ahí la misma variable `$index`.

```
Set-DnsClientServerAddress `
-InterfaceIndex $NIC `
-ServerAddresses 192.168.1.200
```

Ahora vamos a renombrar la máquina:

```
Rename-Computer -NewName CORE1
```

Sólo queda añadir el servidor Core al dominio y reiniciar la máquina. Cuando ejecute el comando **Add-Computer**, se abrirá una ventana que le pedirá que introduzca las credenciales del administrador del dominio.

```
Add-Computer -DomainName cole.com
Restart-Computer
```

1.2 Configuración del client1

Para ponernos en las condiciones del trabajo práctico, tendremos que instalar los RSAT de la red real, en la máquina client1 y después, ponerla en la red del trabajo práctico. Tendremos que asignarle una IP, en este caso vamos a elegir 192.168.1.1 y su DNS será el controlador de dominio con 192.168.1.200 que tendremos que poner en el dominio. Para completar, su puerta de enlace será 192.168.1.254, es decir, la dirección del router. Volveremos a poner este cliente en dinámico una vez que se haya instalado DHCP en el servidor Core.

Una vez hecho esto, añadiremos el servidor Core y el controlador de dominio al gestor de servidores del equipo cliente.

Observación

Las operaciones relativas a las RSAT se describen detalladamente en la subsección Instalación de RSAT en Windows 10, del capítulo de introducción de este libro.

- Para ello, vaya a **Server Manager**, luego a **Manage** y haga clic en **All Servers**.
- Realice una búsqueda por nombre de los dos servidores, añádalos a la columna de la derecha y confirme.

  Una vez añadidos los servidores, se encuentran en el gestor de servidores del equipo Client1.

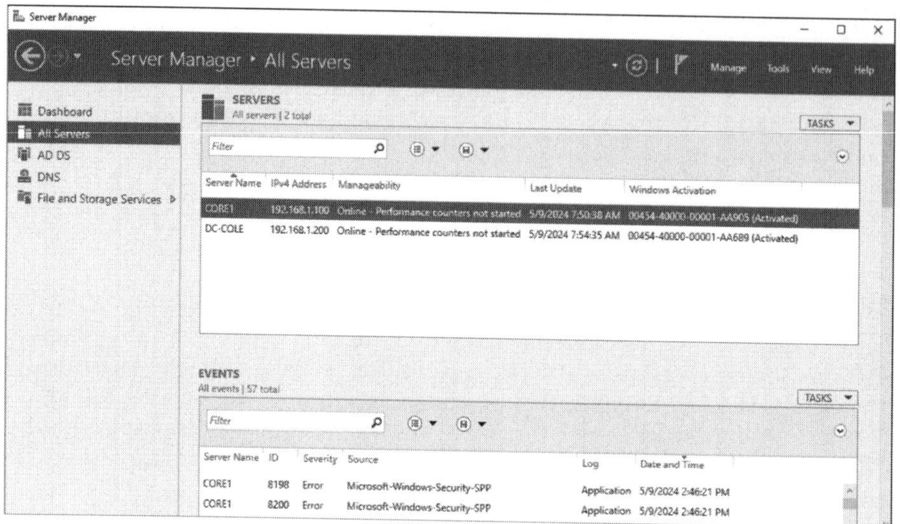

2. Instalación del servicio DHCP

2.1 Instalación en PowerShell

Vamos a instalar el rol de servidor DHCP en el servidor core1, desde client1.

▶ Abra un símbolo del sistema PowerShell y abra una sesión remota en el servidor core1. Esto conectará el símbolo del sistema al servidor.

```
PS C:\Users\administrator> Enter-PSSession -ComputerName core1
[core1]: PS C:\Users\Administrator.COLE\Documents>
```

Una vez conectado, puede enviar comandos al servidor. Vamos a instalar el rol DHCP con el siguiente comando:

```
Install-WindowsFeature -Name DHCP
```

No instalamos las *management tools*, puesto que ya están presentes en la máquina client1, a través de las RSAT.

A continuación, realizaremos las configuraciones posteriores a la instalación, es decir, crearemos los grupos de seguridad **users DHCP** y **admins DHCP**. A continuación, con un segundo comando, autorizaremos DHCP en el dominio.

Observación

Un servidor DHCP en Windows Server enviará un mensaje ***DHCPINFORM*** *para averiguar si su dirección IP es una de las direcciones DHCP autorizadas. En caso contrario, el servicio no responderá a las solicitudes de los clientes. Una vez iniciado, el servicio continuará enviando estos mensajes regularmente.*

- Envía el comando para crear los grupos de seguridad.

```
Add-DhcpServerSecurityGroup -ComputerName CORE1.cole.com
```

- A continuación, envíe la de autorizar el servicio en el dominio.

```
Add-DhcpServerInDC -DnsName CORE1.cole.com -IPAddress 192.168.1.100
```

- Por último, reinicie el servicio.

```
Restart-Service Dhcpserver
```

- Cree el ámbito de aplicación.

```
Add-DhcpServerv4Scope `
-Name "Scope core1" `
-StartRange 192.168.1.10 `
-EndRange 192.168.1.60 `
-LeaseDuration 15.00:00:00 `
-SubnetMask 255.255.255.0 `
-State Active
```

Observación

En el comando de creación de ámbito, la duración del lease es de 15 días. Cuidado con la sintaxis: hay un punto después del 15 y dos puntos entre la serie de ceros.

- Añada la opción de alcance 3 para la pasarela.

```
Set-DhcpServerv4OptionValue -OptionId 3 -Value 192.168.1.254
-ScopeId 192.168.1.0
```

- A continuación, vaya a la opción 6 para la dirección del servidor DNS.

```
Set-DhcpServerv4OptionValue -OptionId 6 -Value 192.168.1.200
-ScopeId 192.168.1.0
```

Por último, la opción 15 para el nombre de dominio:

```
Set-DhcpServerv4OptionValue -OptionId 15 -Value cole.com
-ScopeId 192.168.1.0
```

Sólo queda reiniciar el servicio.

```
Restart-Service Dhcpserver
```

Podemos comprobar la configuración, de nuevo desde la estación de trabajo client1 , esta vez de forma gráfica:

▶ Vaya a **Server Manager - Tools - DHCP**.

El grupo de direcciones y las opciones están ahí.

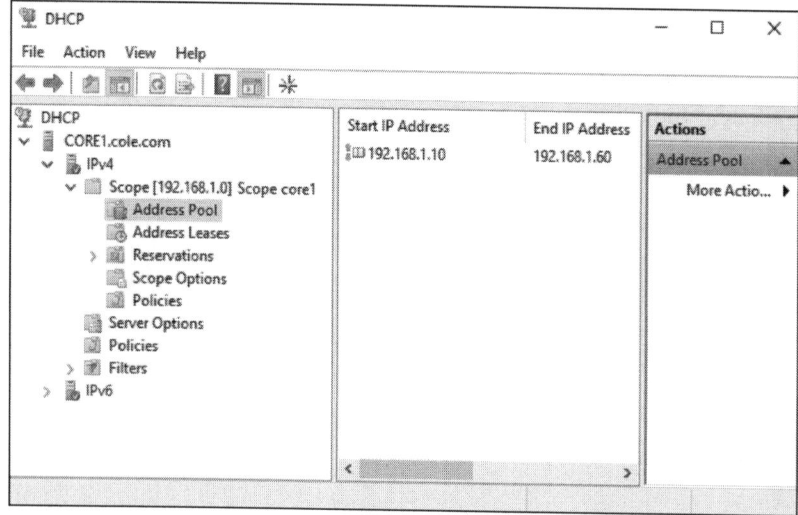

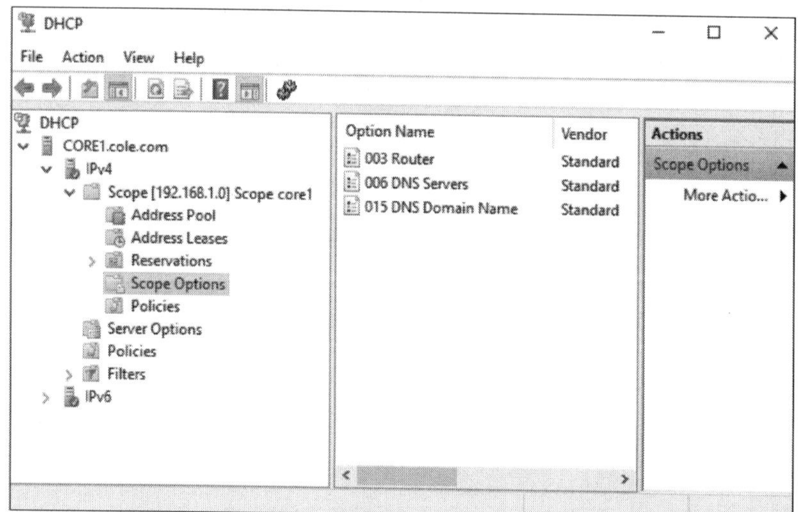

Estos ajustes se pueden exportar mediante el siguiente comando:

```
Export-DhcpServer -File c:\dhcp.xml
```

A continuación, vuelva a importarlos con el siguiente comando:

```
Import-DhcpServer -File c:\dhcp.xml
```

El archivo XML creado se puede utilizar para migrar el servicio DHCP a otra máquina. El nuevo servidor DHCP debe tener el rol instalado y el servicio detenido, cuando se importe el archivo. Se importarán los ámbitos y DHCP leases, junto con las opciones.

▶ Para detener el servicio antes de la operación, utilice el comando PowerShell:

```
Stop-Service -Name DhcpServer -force
```

Para iniciar el servicio después de la importación:

```
Start-Service -Name DhcpServer
```

2.2 Gestión y herencia de opciones DHCP

Acabamos de crear las opciones de ámbito, pero estas opciones también se pueden crear a nivel de servidor y de reserva DHCP.

Las opciones creadas a nivel de reserva tendrán prioridad sobre las de ámbito que, a su vez, tendrán prioridad sobre las del servidor.

Una opción creada en el servidor se heredará por el ámbito y las reservas, y las de ámbito por las reservas.

Para poner de relieve este fenómeno, utilizaremos la opción 15 del nombre de dominio y crearemos tres opciones con valores diferentes:

- cole.local en el servidor.
- cole.com ya está en el ámbito.
- Crearemos una reserva y le añadiremos el nombre de dominio cole.domain.

En el administrador DHCP, desde la máquina Windows 10, vamos a añadir una opción a nivel de servidor.

▶ Haga clic con el botón derecho del ratón en **Server Options** y seleccione **Configure Options**.

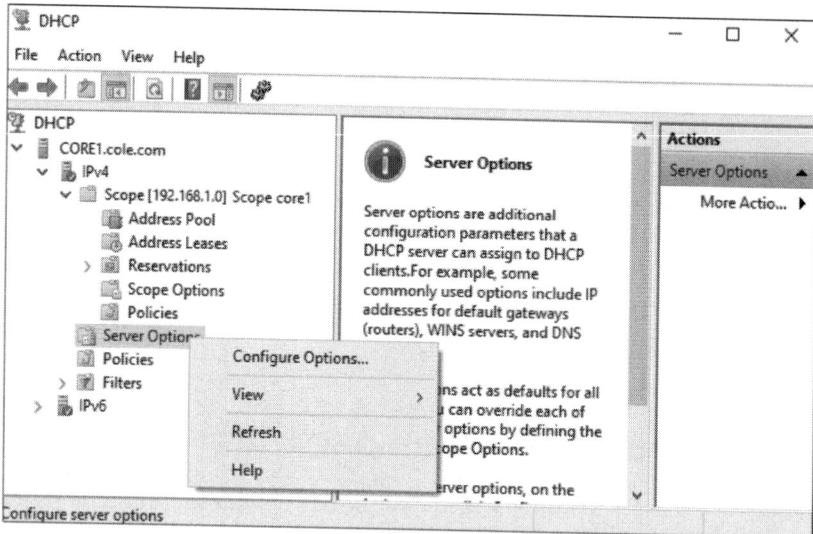

▶Seleccione la opción 15 e introduzca el valor **cole.local**, luego confirme.

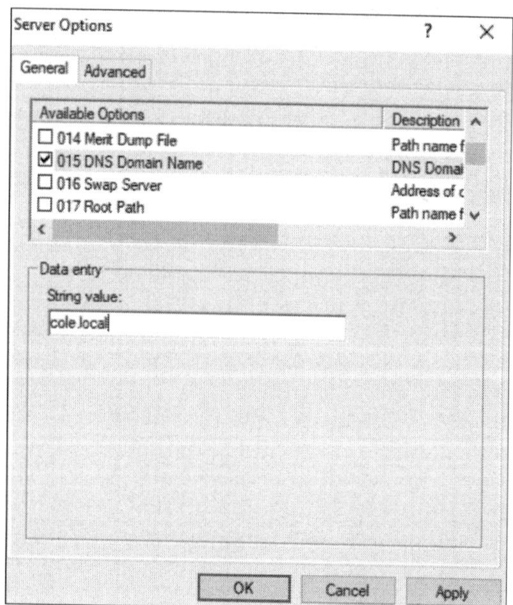

Ahora necesitamos que un DHCP lease se transforme en una reserva, así que vamos a poner la máquina Windows 10 en dinámica en su configuración de red. Una vez hecho esto, ipconfig nos indica que es la opción del host la que se ha tenido en cuenta y no la del servidor.

```
C:\Users\administrator>ipconfig

Windows IP Configuration


Ethernet adapter Ethernet0:

   Connection-specific DNS Suffix  . : cole.com
   Link-local IPv6 Address . . . . . : fe80::a773:a49e:ea38:89f1%9
   IPv4 Address. . . . . . . . . . . : 192.168.1.10
   Subnet Mask . . . . . . . . . . . : 255.255.255.0
   Default Gateway . . . . . . . . . : 192.168.1.254
```

Convirtamos este lease en una reserva:

- Haga clic con el botón derecho del ratón en el DHCP lease de los leases de direcciones y seleccione **Add to Reservation**.

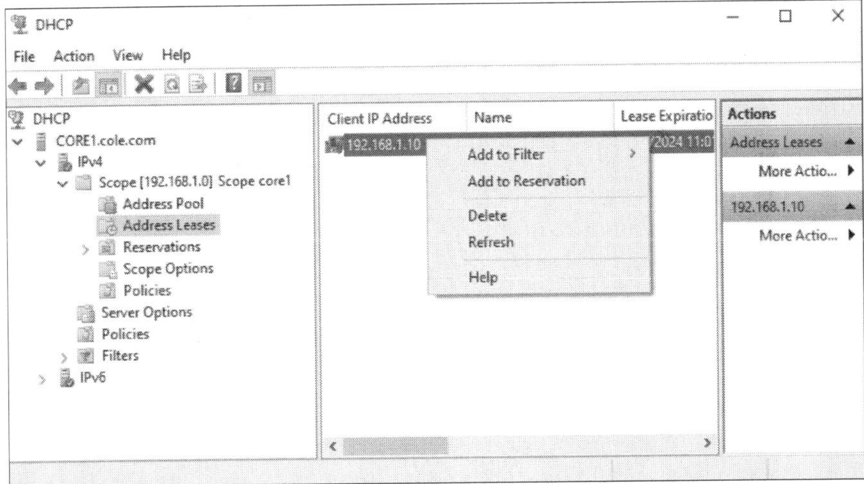

Una vez que el lease se ha transformado en reserva, puede ver que se han heredado las opciones de ámbito.

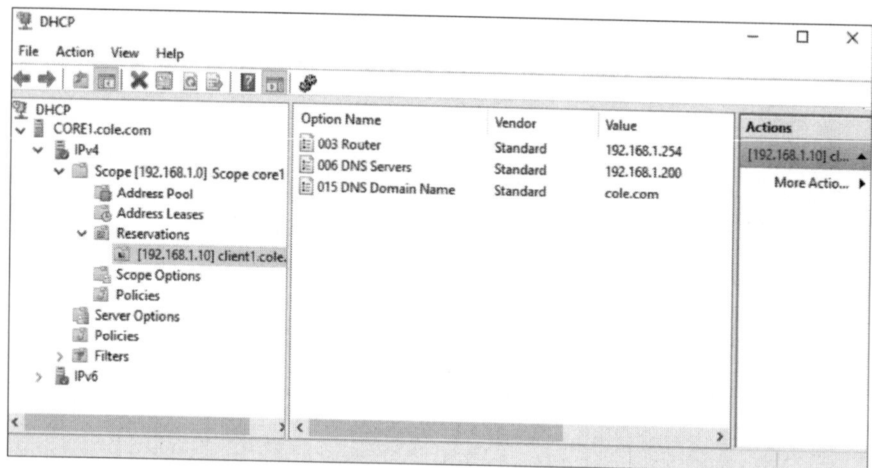

▶Elimine la opción a nivel de ámbito.

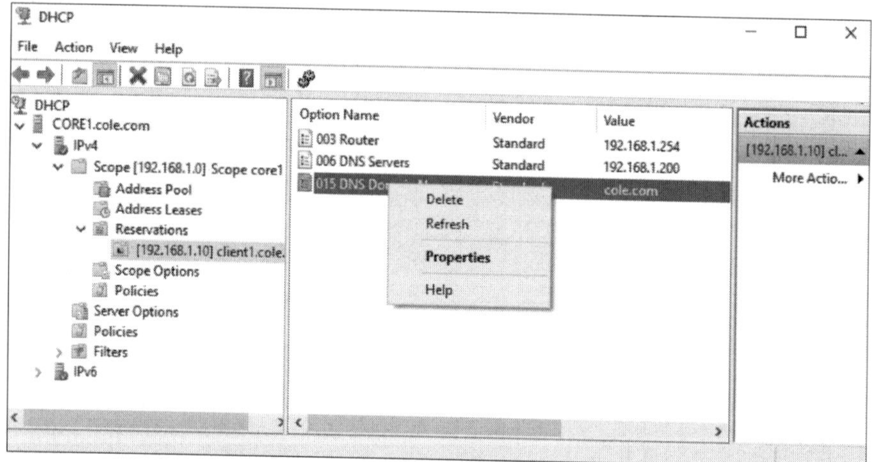

Cuando volvemos al nivel de reserva, podemos ver que es la opción del servidor la que se hereda en la reserva.

▶Configure la misma opción esta vez a nivel de la reserva.

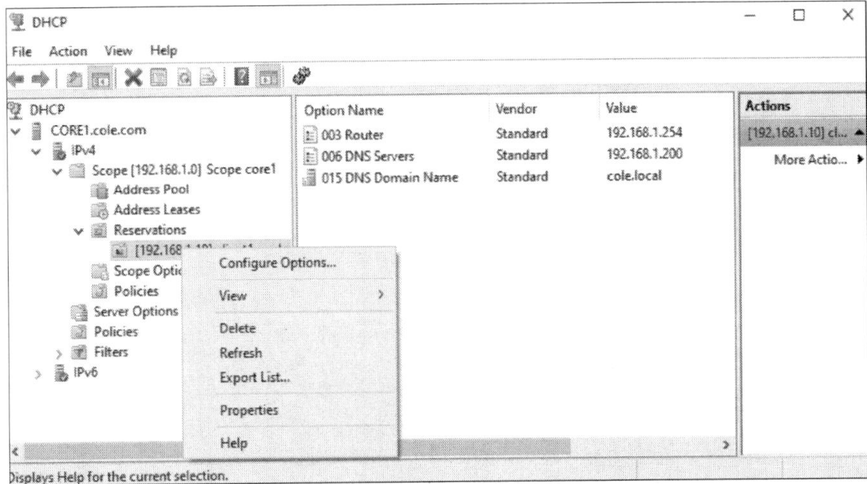

▶Y dele el valor **cole.domain**.

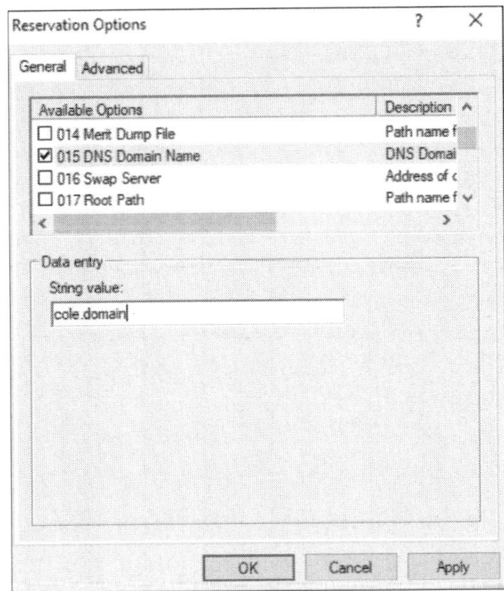

Si hacemos un **ipconfig /renew** en el CMD del cliente, el servidor le enviará los cambios de configuración y podremos ver que se ha tenido en cuenta la opción de reserva.

```
C:\Users\administrator>ipconfig /renew

Windows IP Configuration

No operation can be performed on Bluetooth Network Connection while it

Ethernet adapter Ethernet0:

   Connection-specific DNS Suffix  . : cole.domain
   Link-local IPv6 Address . . . . . : fe80::a773:a49e:ea38:89f1%9
   IPv4 Address. . . . . . . . . . . : 192.168.1.10
   Subnet Mask . . . . . . . . . . . : 255.255.255.0
   Default Gateway . . . . . . . . . : 192.168.1.254
```

Si elimina la opción de reserva por el nombre de dominio, la opción de reserva de servidor tendrá efecto después de un nuevo **`ipconfig /renew`**.

```
C:\Users\administrator>ipconfig /renew

Windows IP Configuration

No operation can be performed on Bluetooth Network Connection while it

Ethernet adapter Ethernet0:

   Connection-specific DNS Suffix  . : cole.local
   Link-local IPv6 Address . . . . . : fe80::a773:a49e:ea38:89f1%9
   IPv4 Address. . . . . . . . . . . : 192.168.1.10
   Subnet Mask . . . . . . . . . . . : 255.255.255.0
   Default Gateway . . . . . . . . . : 192.168.1.254
```

3. Agente de retransmisión DHCP

El agente de retransmisión DHCP es un dispositivo que se instala en un router para que las solicitudes DHCP enviadas en una red, se transfieran a otra red. No se configura en el servidor DHCP sino en el router. Permite redirigir las peticiones DHCP de clientes de varias redes a un único servidor.

En nuestro trabajo práctico, vamos a implementarlo en el servidor que gestiona el enrutamiento entre la red 192.168.1.0 y 10.10.10.0. De esta forma, las peticiones DHCP de client2 se retransmitirán en la red del servidor Core.

3.1 Creación del ámbito

Lo primero que vamos a hacer en nuestra topología es añadir un ámbito DHCP en el servidor core1 para la red 10.10.10.0/24.

- Desde el equipo **client1**, en el administrador de servidores, vaya a la sección DHCP y haga clic con el botón derecho del ratón en el servidor **core1/DHCP Administrator**.

▶En la ventana DHCP, vaya a **IPv4**, haga clic con el botón derecho del ratón y seleccione **New Scope**.

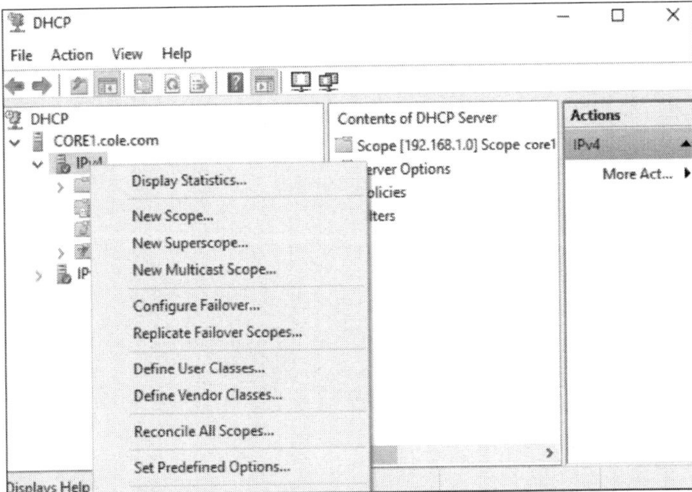

▶Asigne el nombre el ámbito **scope2 core1** y haga clic en **Next**.

▶Introduzca el rango desde **10.10.10.10** hasta **10.10.10.60**. Por defecto, el sistema rellenará previamente la máscara de clase, es decir, un /8. Esto no es lo que queremos. Esto no es lo que queremos, así que asegúrese de introducir un /24.

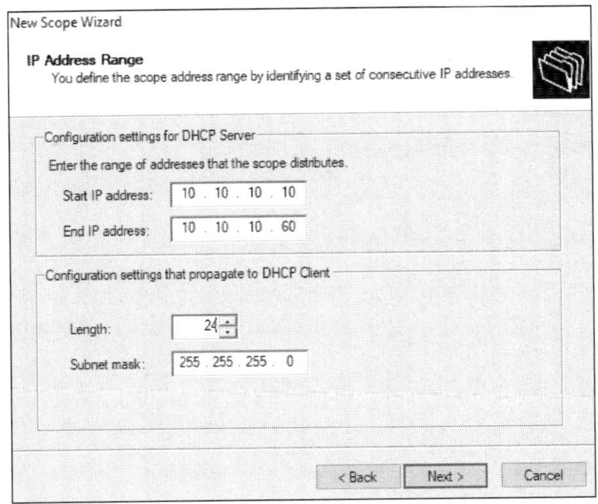

En la siguiente ventana, se nos pregunta si queremos hacer exclusiones o añadir un retraso. No vamos a hacer nada más, así que dejaremos la página en blanco y haremos clic en **Next**.

A continuación, se establece la duración del lease. El ajuste por defecto es de 8 días, pero vamos a establecerlo en **30 días**.

A continuación, viene la ventana que nos pregunta si queremos configurar las opciones DHCP, así que vamos a elegir **yes** y después haga clic en **Next**.

Configuraremos las opciones DHC de la siguiente manera:

- Puerta de enlace: 10.10.10.254
- Dominio cole.com
- Servidor DNS: 192.168.1.200

Por lo demás, dejemos todos los ajustes en sus valores por defecto, hasta la última ventana, en la que confirmamos. Se crea el rango de red 10.10.10.0.

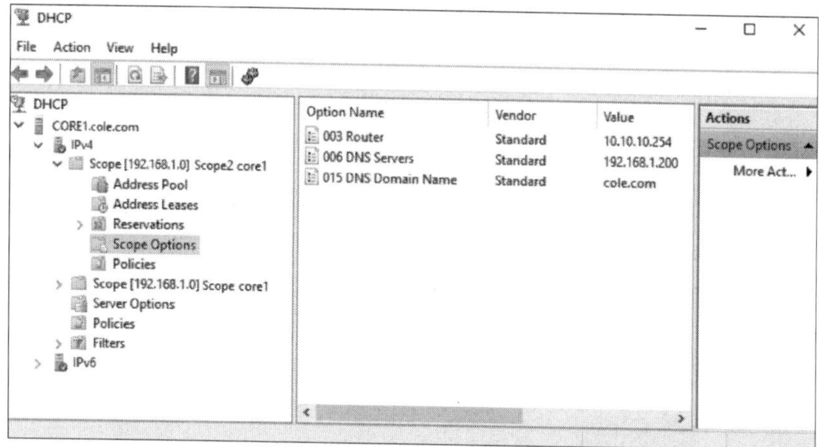

3.2 Configuración del agente de retransmisión

Vamos al servidor que actúa como router para crear nuestro agente de retransmisión DHCP. Este servidor no está en el dominio y no podemos gestionarlo desde la máquina cliente y las RSATs.

- Abra un CMD y escriba **rrasmgmt.msc** para abrir la ventana de gestión de enrutamiento.

- En IPv4, haga clic con el botón derecho del ratón en **General** y seleccione **New Routing Protocol**.

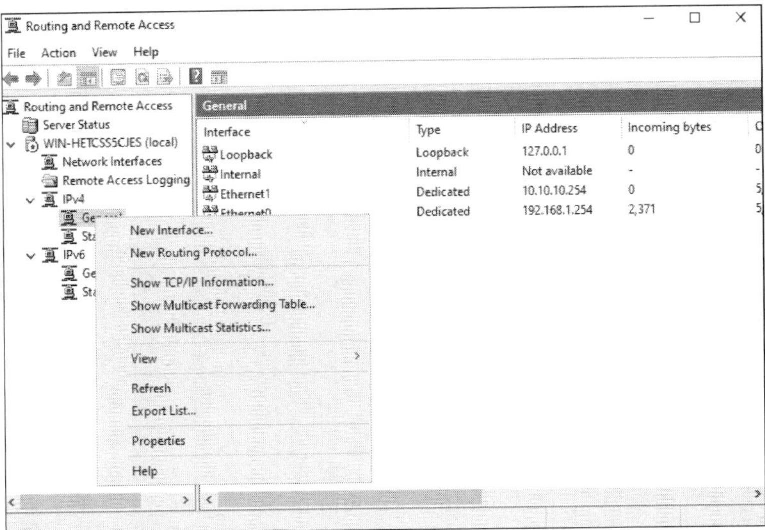

- Seleccione **DHCP Relay Agent** y confirme.

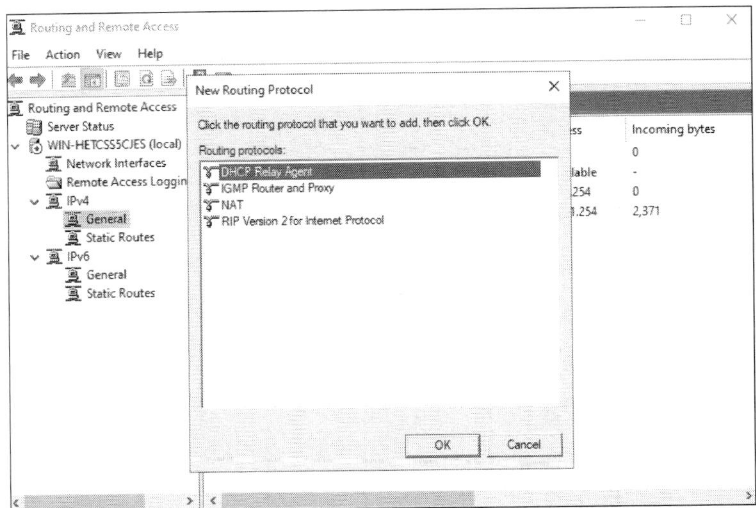

Ahora tenemos que decirle al agente de retransmisión en qué interfaz debe escuchar los mensajes DHCP de los equipos cliente. Si vamos a **General**, podemos ver qué interfaz está en la red 10.10.10.0.

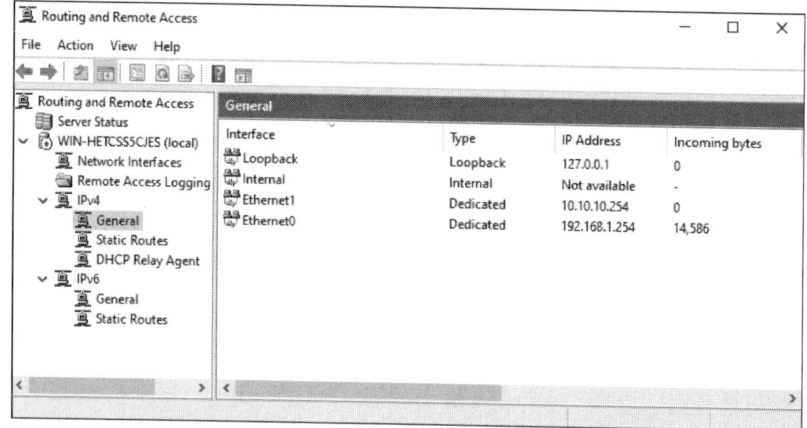

Vamos a decirle al agente de retransmisión que escuche en la tarjeta Ethernet1.

▶ Haga clic con el botón derecho en **DHCP Relay Agent** y seleccione **New Interface**.

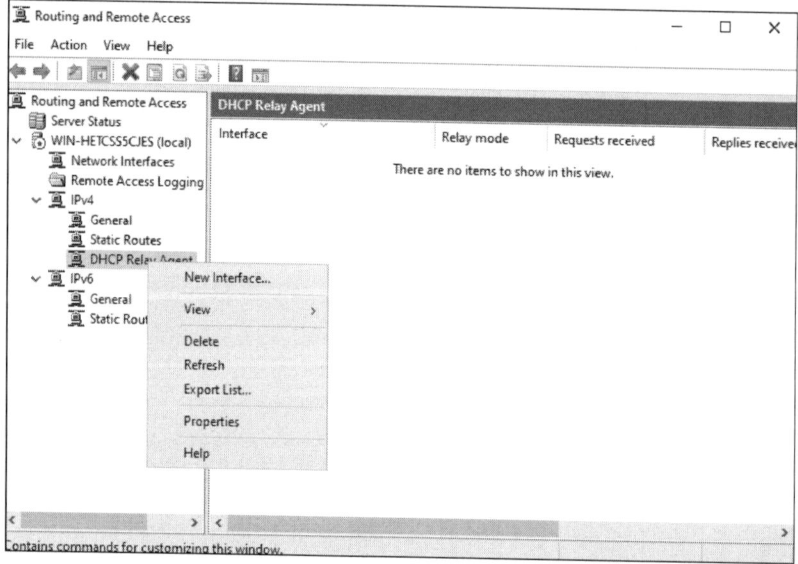

▶ Seleccione la interfaz **Ethernet1** y confirme.

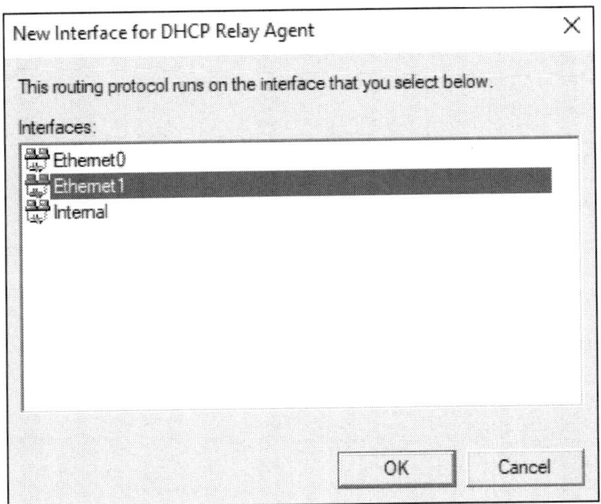

Ahora tenemos que decirle al agente de retransmisión dónde enviar las peticiones DHCP de los clientes.

▶ En **DHCP Relay Agent**, haga clic con el botón derecho del ratón y seleccione **Properties**. Introduzca la dirección del servidor core1 y confirme.

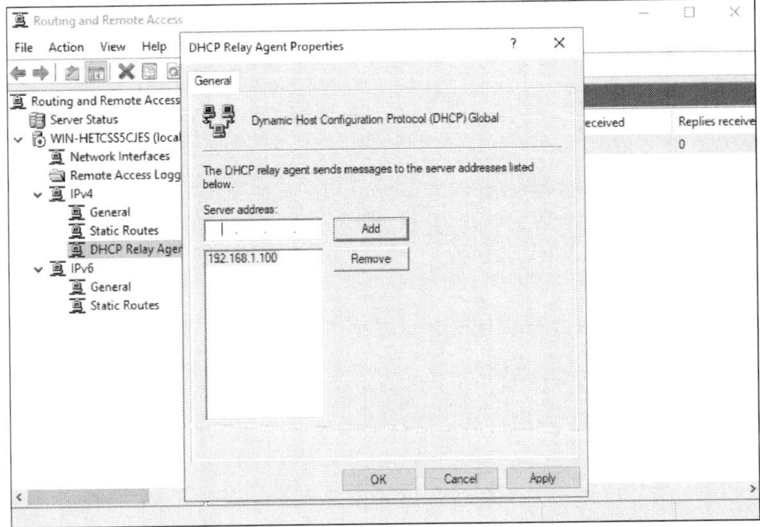

Un comando `ipconfig` en la máquina client2 nos dice que el agente de retransmisión y el nuevo ámbito DHCP están operativos. También podemos ver el DHCP lease del client2 en el servidor.

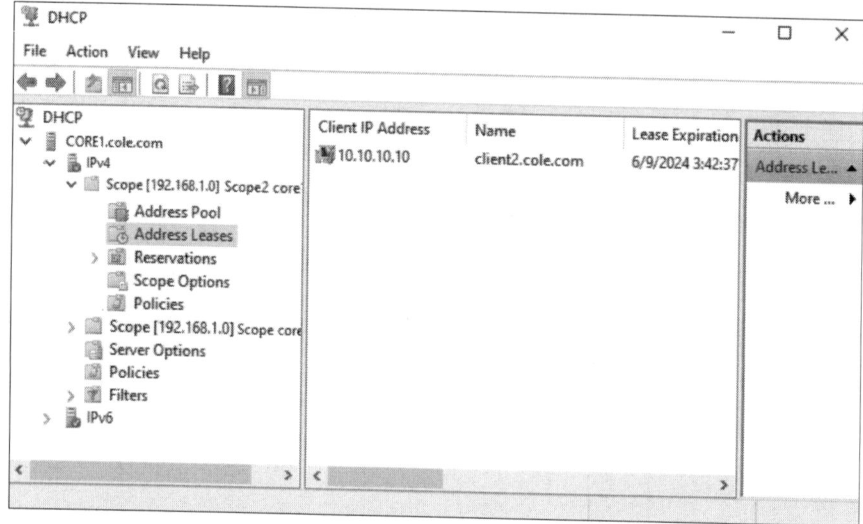

■ Observación

En cuanto al funcionamiento de la red, el agente de retransmisión recibirá las solicitudes DHCP, que son broadcasts. Las encapsulará, las transformará en unicasts y las enviará a la dirección del servidor DHCP que se le indique. El servidor DHCP envía su respuesta al agente de retransmisión que, a su vez, envía esta respuesta a la máquina cliente, de nuevo en un mensaje unicast. A lo largo de la transacción, los mensajes de negociación DHCP contienen la dirección IP de la tarjeta de red que escucha las peticiones DHCP. Esto lo utiliza el servidor DHCP para averiguar en qué rango (y por lo tanto en qué red) debe crear el DHCP lease. La parte del mensaje enviado por el agente de retransmisión que contiene esta información se denomina GIADDR.

4. Actualización dinámica del DNS

En un entorno Active Directory, DHCP puede actualizar dinámicamente DNS informándole de los cambios de dirección de las máquinas a las que ha asignado direcciones IP.

En nuestro trabajo práctico, tal y como están las cosas, client2 no está en el dominio, por lo que no está en el DNS.

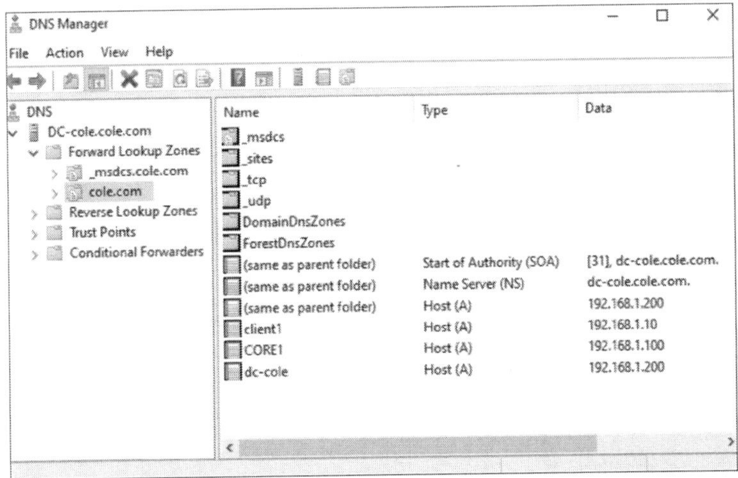

Poner client2 en el dominio debería hacer que aparezca en DNS. Como recordatorio, esto sólo es posible si el cliente tiene la dirección del controlador de dominio como su servidor DNS en su configuración de red.

- En client2, escriba el comando `sysdm.cpl`, haga clic en **Change** y cambie la configuración de la siguiente manera:

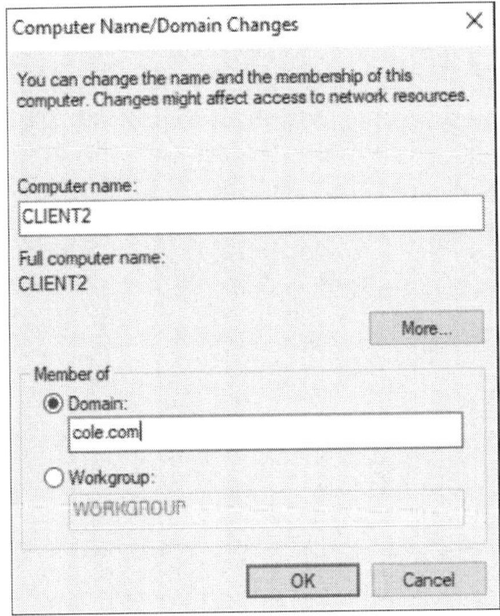

Una vez que la máquina client2 se ha integrado en el dominio, podemos ver que su registro de host se ha creado automáticamente en DNS.

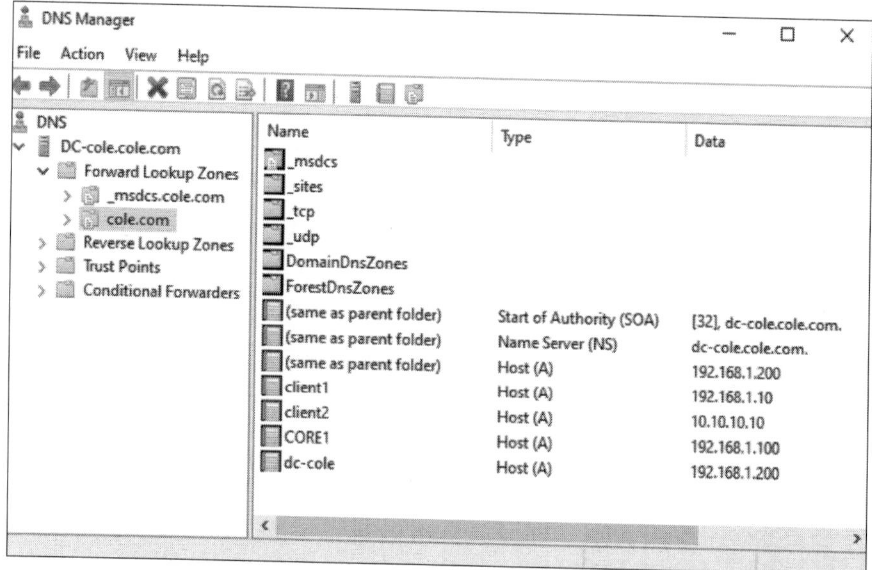

Como el servidor DHCP y la máquina client2 están en el dominio Active Directory, si la máquina cliente cambiara su dirección IP, el registro DNS se actualizaría automáticamente.

Vamos a provocar este cambio de dirección creando una división en la dirección actual de la máquina cliente, es decir, 10.10.10.10:

- En la ventana de administración de DHCP, haga clic con el botón derecho del ratón en la carpeta del grupo de direcciones para el intervalo 10.10.10.0 y seleccione **New Exclusion Range**.

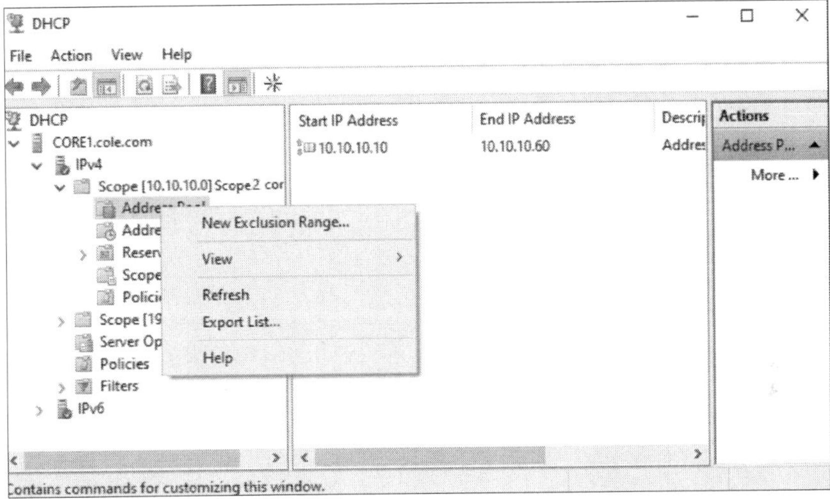

▶A continuación, introduzca la dirección de la máquina client2 y haga clic en **Add**.

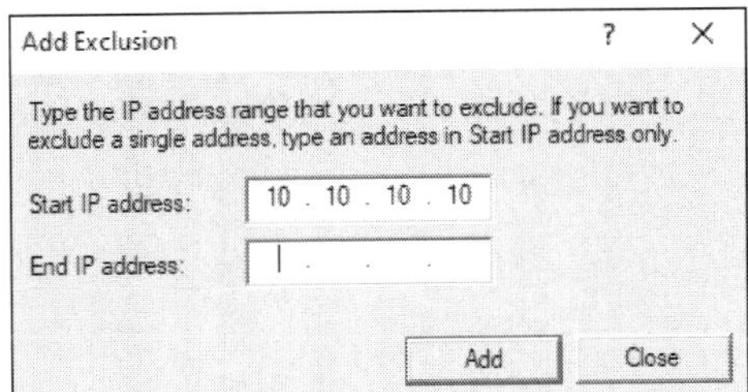

Cuando se renueve el DHCP lease de la máquina client2, no se le podrá volver a asignar su dirección actual. Se le asignará necesariamente una nueva.

▶Para iniciar esta renovación, reinicie el equipo client2.

Después de reiniciar, se puede ver que la dirección se ha cambiado en el DHCP lease:

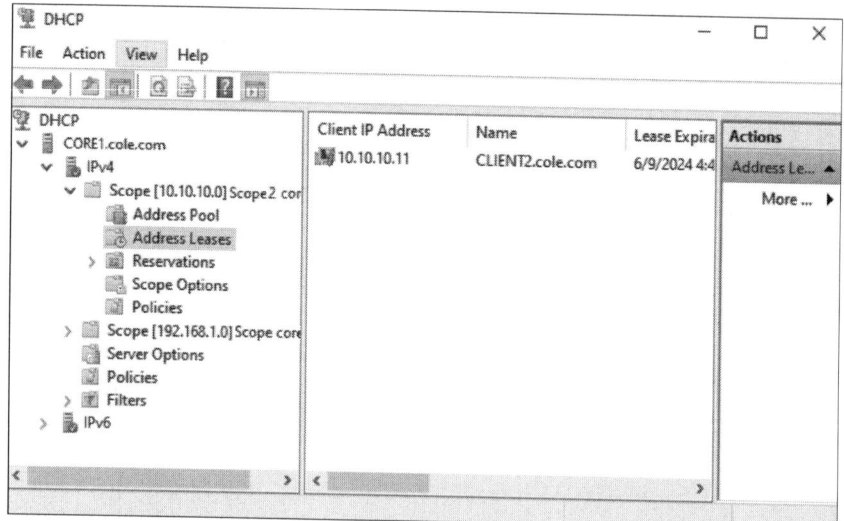

Si miramos en el DNS, vemos que efectivamente se ha actualizado el registro de la máquina client2.

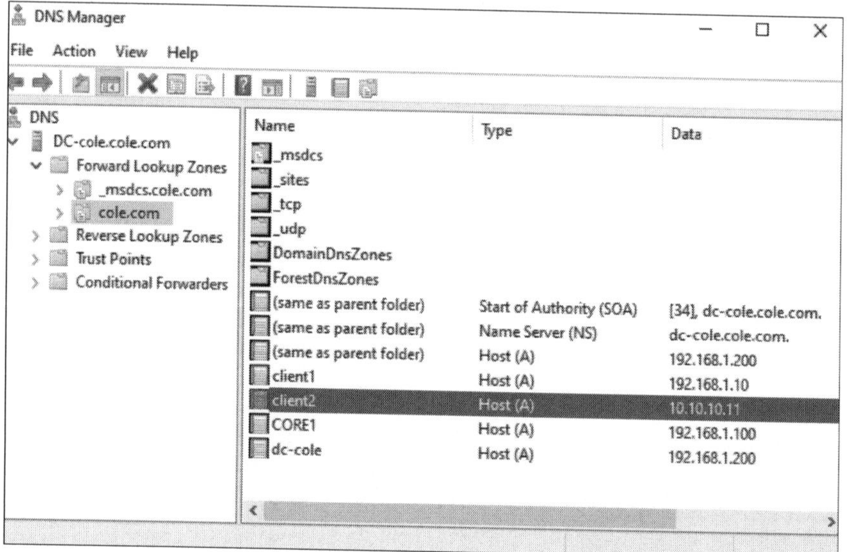

Esta función DHCP se puede configurar a nivel de servidor haciendo clic con el botón derecho del ratón en IPv4 y seleccionando **Properties**.

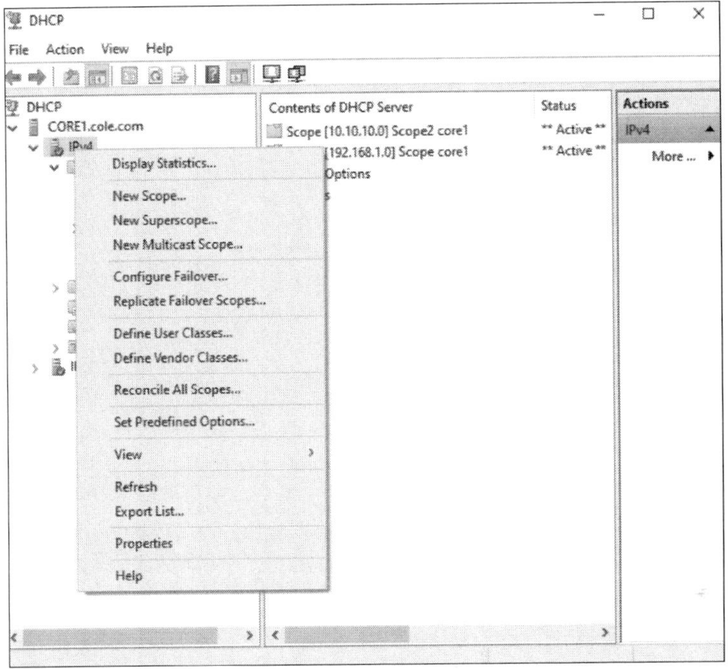

Observación

Este ajuste también se puede hacerse a nivel del ámbito, en sus propiedades.

A continuación, tenemos que ir a la pestaña **DNS**, donde podemos ver que, por defecto, las actualizaciones de registros DNS están habilitadas si los equipos cliente están en el dominio.

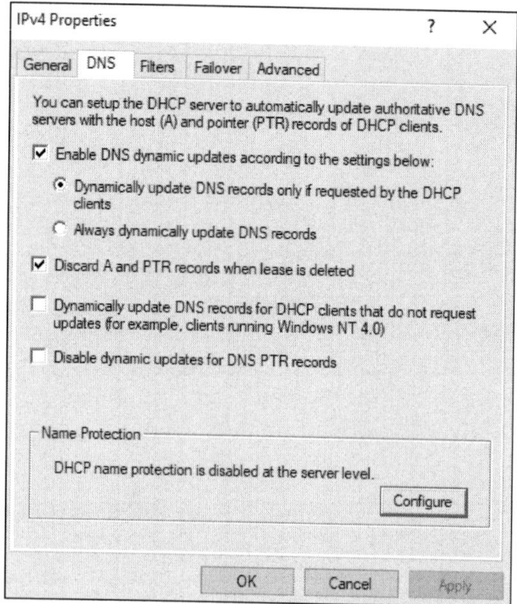

Para garantizar que las máquinas fuera del dominio también puedan tener sus registros creados y actualizados dinámicamente, se debe seleccionar la opción **Always dynamically update DNS records**. Esto requiere que se realicen los ajustes correspondientes a nivel de DNS, pero eso lo veremos en el próximo capítulo. Sin embargo, esta opción es menos segura.

También hay ajustes para los registros PTR, para zonas DNS inversas.

Por último, en la parte inferior de la ventana, hay un botón para acceder a la configuración de la protección de nombres. Esta configuración se utiliza para impedir la creación de registros DNS en los casos en que otra máquina ya tenga registros con el mismo nombre.

- Haga clic en **Configure**.
- Marque la casilla para activar el ajuste.

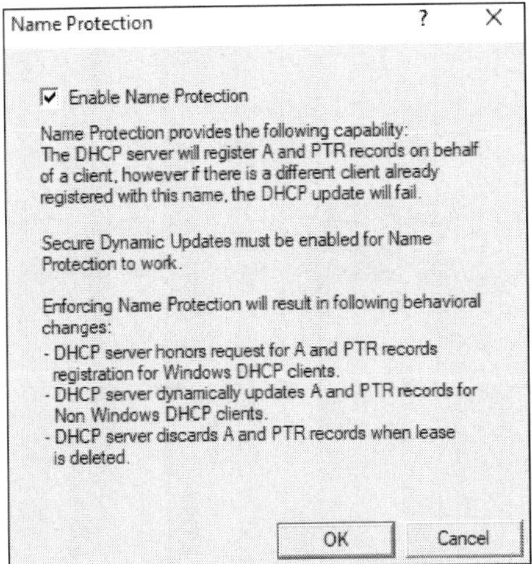

Esta configuración se puede realizar mediante PowerShell.

```
Set-DhcpServerv4DnsSetting `
-ComputerName "core1.cole.com" `
-DynamicUpdates OnClientRequest `
-DeleteDnsRROnLeaseExpiry $true ` -NameProtection $true
-NameProtection $true
```

5. Otros tipos de ámbito

Hasta ahora hemos hablado de los ámbitos DHCP tradicionales, pero hay otros tipos de ámbitos que se pueden gestionar en Windows Server: ámbitos multicast, ámbitos globales y ámbitos divididos.

5.1 Ámbitos de multicast

Los ámbitos multicast garantizan que dos grupos multicast no utilicen la misma dirección. Así, un servidor que necesitara una dirección multicast para comunicarse con un grupo de clientes, tendría la seguridad de utilizar un único grupo multicast y no crear un conflicto con otros posibles grupos multicast. El uso de DHCP multicast proporciona un mayor control sobre las difuciones multicast en la red. El DHCP multicastutiliza el protocolo MADCAP.

- Para crear un ámbito de multicast en Windows Server, vaya al administrador DHCP, haga clic con el botón derecho del ratón en IPv4 y seleccione **New Multicast Scope**.

▶ Lo primero que hay que hacer es dar un nombre al ámbito: elija **Multicast Scope cole**.

A continuación, se le pedirá que configure el ámbito y el TTL.

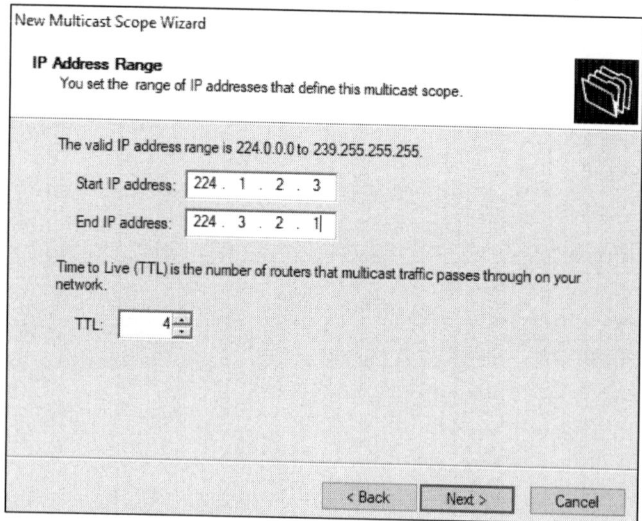

Observación

El TTL en un ámbito de multicast se utiliza para determinar cuántos routers puede atravesar la comunicación de multicast.

A continuación, se nos preguntará si queremos hacer alguna división.

▶ Haga clic en **Next**.

▶ A continuación, se indica la duración del lease, que por defecto es de treinta días. Haga clic en **Next**.

▶ Se le pedirá que active el ámbito de multicast, seleccione **Yes** y haga clic en **Next**.

▶ En la última ventana, haga clic en **Finish**.

Se ha creado el ámbito de multicast:

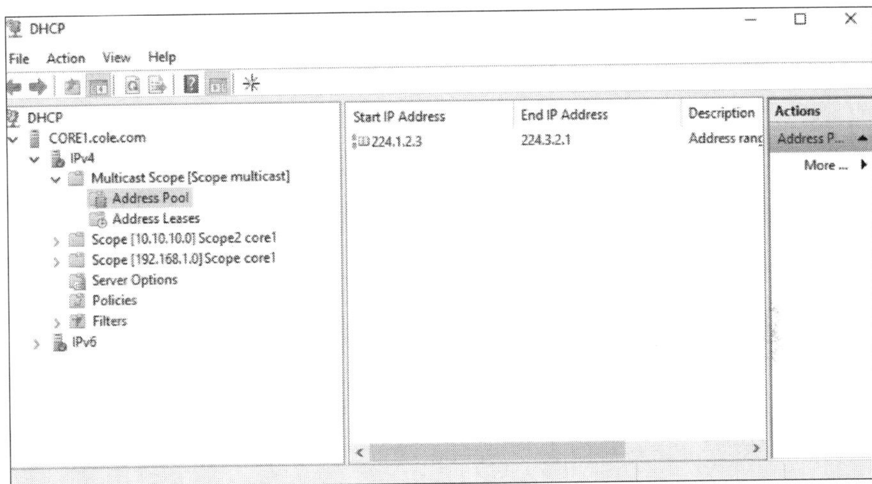

5.2 Ámbitos globales

En términos sencillos, los ámbitos globales se utilizan para combinar varios ámbitos en una única unidad de gestión. Esto puede ser útil si tiene varias redes IP en la misma red física.

En general, se acepta que sólo debe configurarse una red IP en una única red física. Sin embargo, hay casos en los que puede ser necesario utilizar varias redes IP en el mismo dominio de broadcast. Si nos quedamos sin direcciones IP que utilizar en nuestra red y configuramos una segunda o si estamos en proceso de migración de una dirección IP a otra. Tener varias redes IP en el mismo

segmento físico suele denominarse "multinet".

También es posible que desee gestionar juntos dos ámbitos en el mismo servidor, correspondientes a dos dominios de difusión, para los que ha centralizado el servicio DHCP en el mismo servidor a través de un agente de retransmisión.

- Para crear un ámbito global, haga clic con el botón derecho del ratón en **IPv4** y seleccione **New Superscope** en el menú desplegable.
- En la primera ventana del asistente, asigne un nombre al ámbito global, por ejemplo, **Hyper Scope 1**.

- A continuación, seleccione los rangos que desea incluir en su rango global.

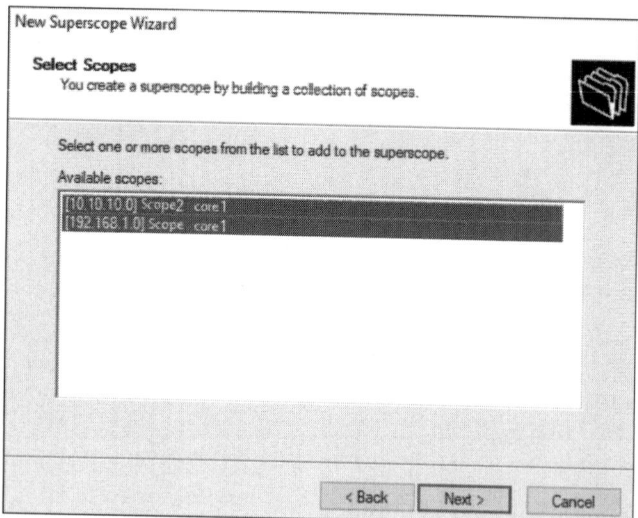

- A continuación, la última ventana le pedirá que confirme la configuración. Haga clic en **Finish**.

  En la ventana de gestión de DHCP, puede ver nuestro ámbito global y los dos ámbitos dentro de él.

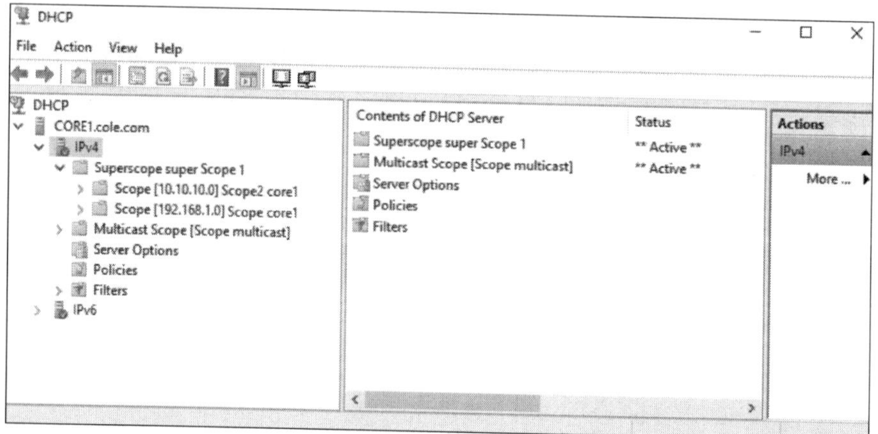

Si hace clic con el botón derecho del ratón y, a continuación, en **Statistics** del ámbito global, podrá ver un breve resumen de las direcciones utilizadas en los dos ámbitos de nuestro ámbito global.

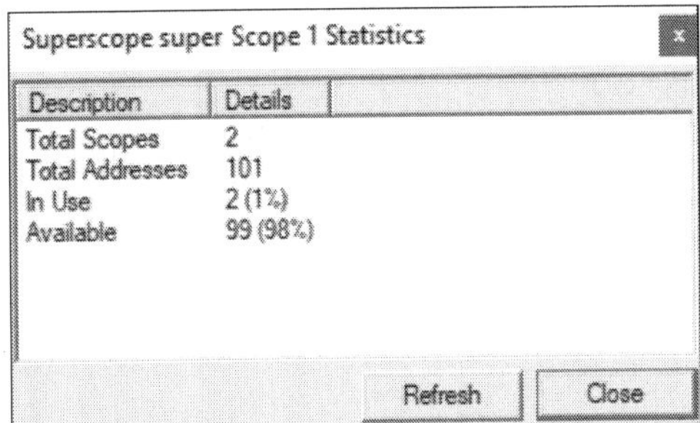

En el mismo menú desplegable del botón derecho del ratón para el ámbito global, puede desactivar ambos ámbitos al mismo tiempo.

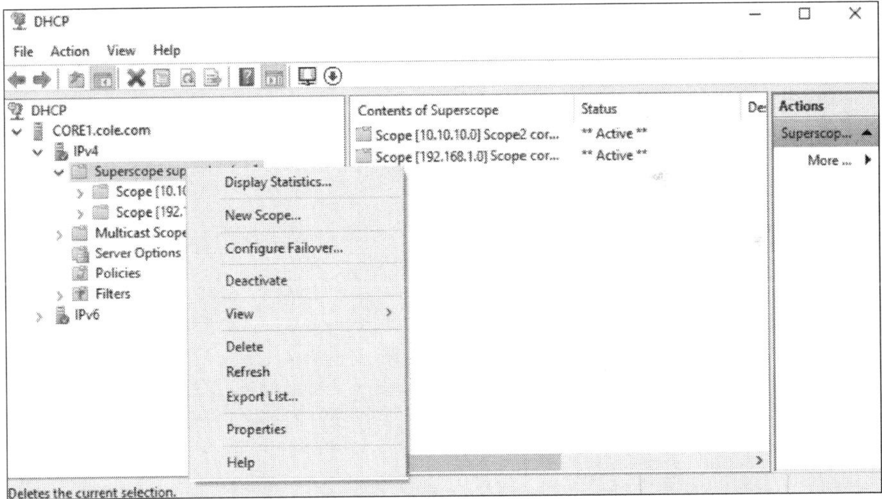

5.3 Ámbitos divididos

Un ámbito dividido es un ámbito que se divide entre dos servidores DHCP. Aunque existen funciones para gestionar automáticamente ámbitos divididos entre varios servidores, como la conmutación por error de DHCP, los ámbitos divididos tienen la ventaja de no dejar que el sistema decida automáticamente cómo utilizar los servidores y los ámbitos. En el caso de los ámbitos divididos, es el administrador quien decide todo.

Ámbitos divididos requiere que el servicio DHCP esté presente en dos servidores, por lo que vamos a instalar el servicio DHCP en el controlador de dominio DC-cole de nuestro trabajo práctico.

- Desde **Server Manager** en la máquina cliente Windows, vaya a **Manage - Add Roles and Features**.
- Elija una instalación basada en roles y, a continuación, seleccione el servidor **DC-cole**.
- Marque **Servidor DHCP** y haga clic en **Next** hasta que finalice la instalación. No es necesario reiniciar.
- Una vez finalizada la instalación, haga clic en el enlace para realizar los ajustes posteriores a la instalación.
- Haga clic en **Next**, compruebe que la identidad del administrador del dominio se ha introducido correctamente y haga clic en **Finish**.

En el administrador DHCP, vamos a configurar un nuevo ámbito, ya que los que ya tenemos en nuestro trabajo práctico los utiliza el ámbito global. Esto lo haremos en el servidor core1 desde los RSAT del equipo client1.

- Haga clic con el botón derecho del ratón en **IPv4** y seleccione **New scope** en el menú desplegable.
- Asigne el nombre al ámbito **Split Scope** y, en la siguiente pantalla, defina el pool de direcciones desde 192.168.2.2 hasta 192.168.2.200 y deje la máscara de clase.
- No haga exclusiones ni retrasos y deje la duración del lease por defecto.
- Elija 192.168.2.1 como puerta de enlace y deje la configuración DNS por defecto. No utilizaremos un servidor WINS.
- No active el ámbito ahora, esto se hará cuando se cree la división del ámbito.

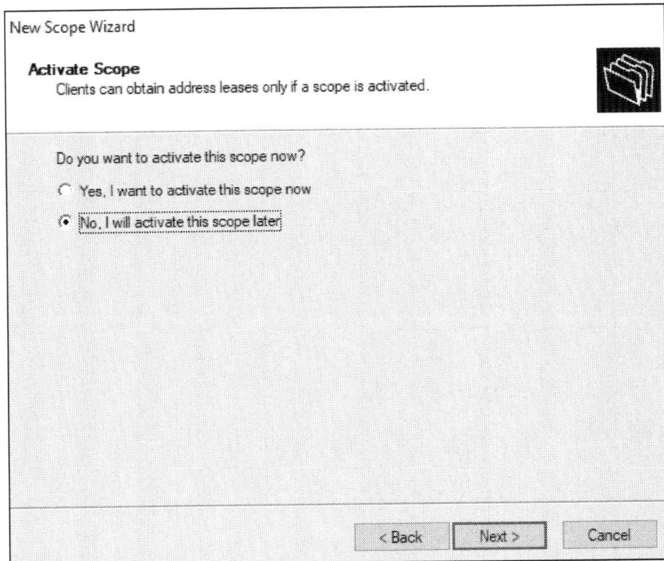

▶ Una vez creado el ámbito, haga clic con el botón derecho del ratón sobre él y, a continuación, haga clic en **Advanced** y **Split-Scope**.

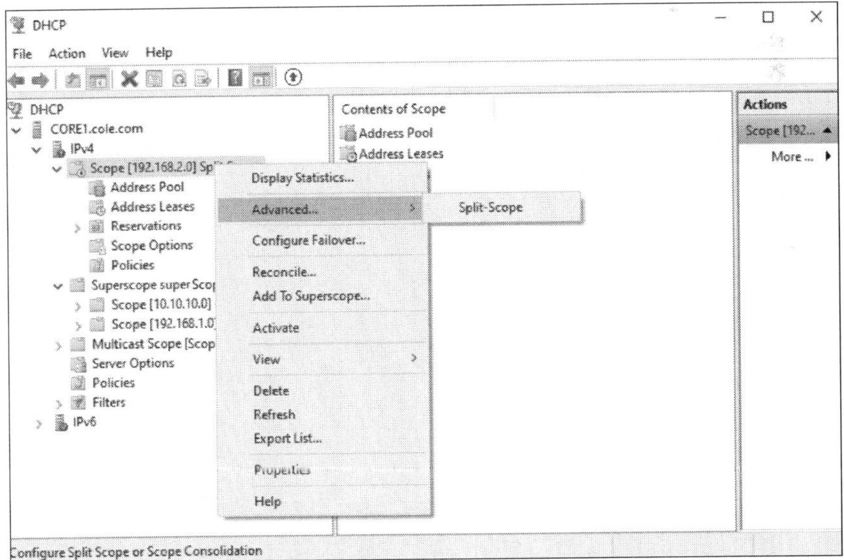

- Se lanza un asistente, salte la primera pantalla. Llegará a la ventana de selección del segundo servidor. Para este ejemplo, realice la operación en el servidor core1, por lo que hay que añadir DC-cole.
- Haga clic en **Add Server**.

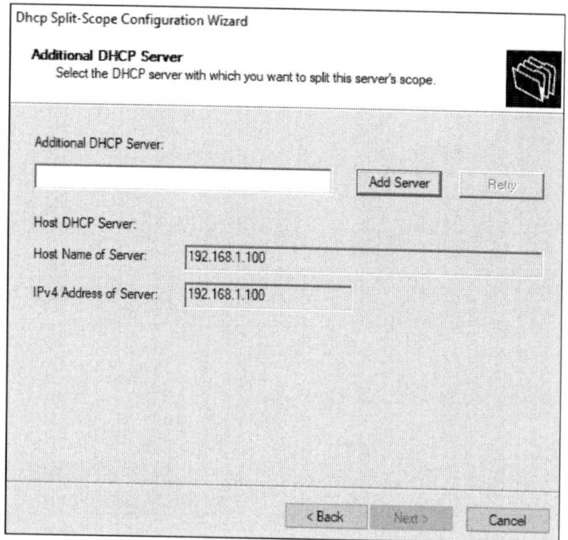

- Seleccione el segundo servidor. Si no aparece en la lista, puede utilizar el botón **Browse** para encontrarlo.

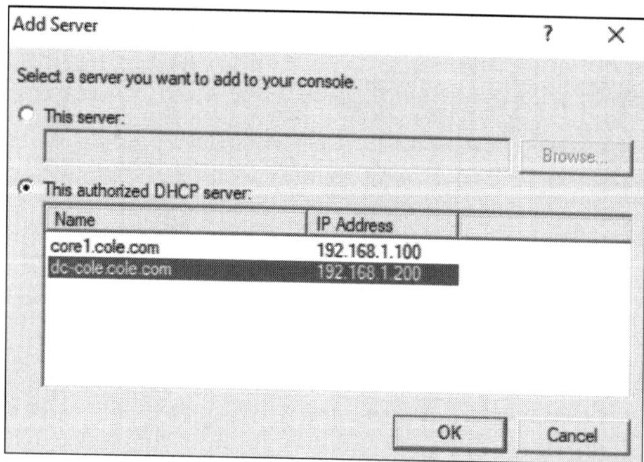

▶Se añade el segundo servidor, haga clic en **Next**.

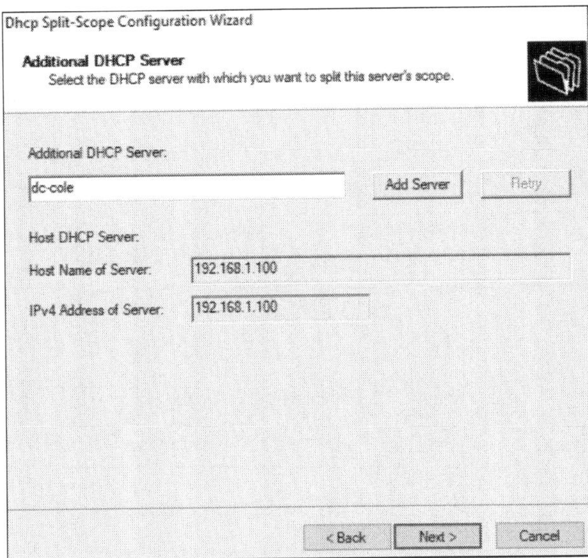

Se abre la ventana de configuración de la división. La columna de la izquierda representa el servidor que se ha añadido, en nuestro caso DC-cole.

▶Ajuste la división del ámbito a 50%.

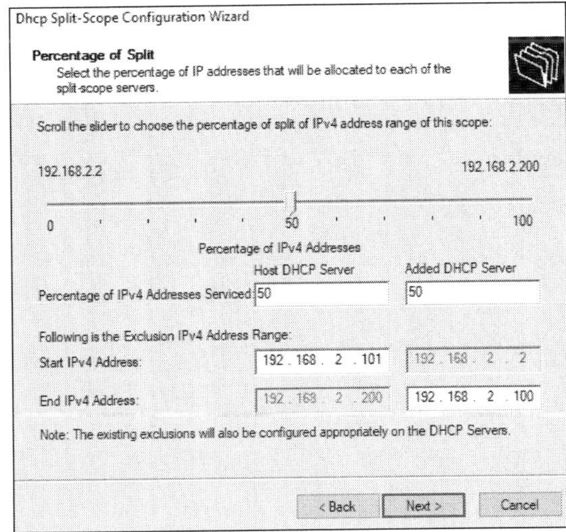

La siguiente pantalla le permite establecer un tiempo de respuesta para los servidores DHCP. El que tenga el menor retardo responderá primero y, por lo tanto, procesará la mayoría de las solicitudes hasta que se llene su parte del rango, momento en el que el segundo servidor tomará el relevo.

Si el primer servidor tarda demasiado en responder, el segundo servidor procesará la solicitud DHCP.

- Establezca un retardo de 100 milisegundos para el segundo servidor.

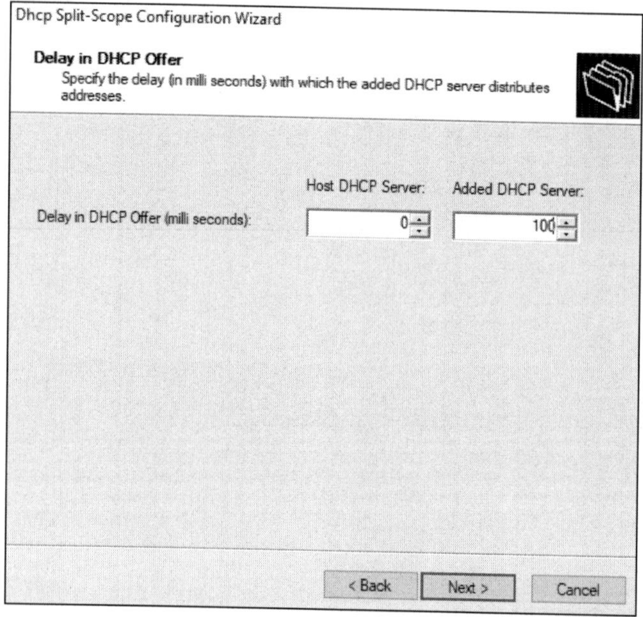

- Una ventana final muestra un resumen de la configuración, haga clic en **Finish**.
- De vuelta en el administrador DHCP, necesita activar el ámbito. Haga clic con el botón derecho en el ámbito y seleccione **Activate**.

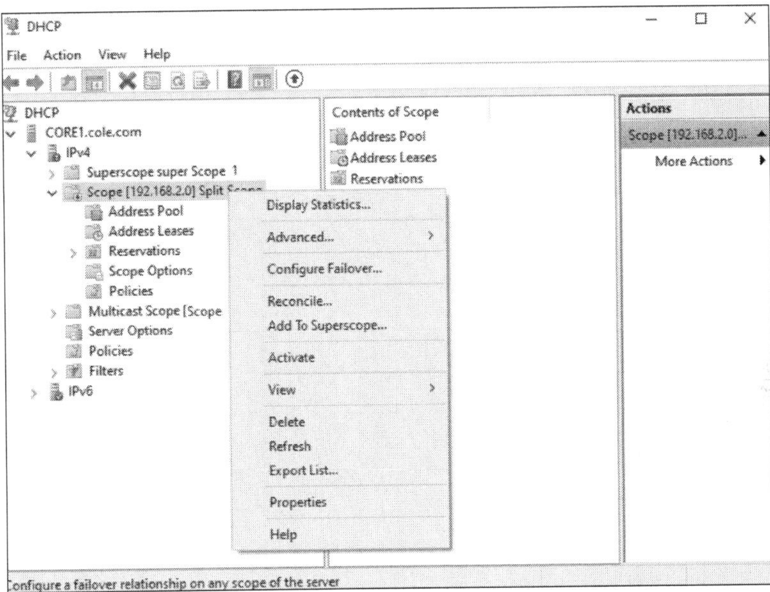

Cuando miramos el conjunto de direcciones del ámbito, vemos que se ha creado una división. Esta corresponde a la parte del ámbito que se debe gestionar por el otro servidor. Podemos ver la configuración de la división inversa en DC-cole.

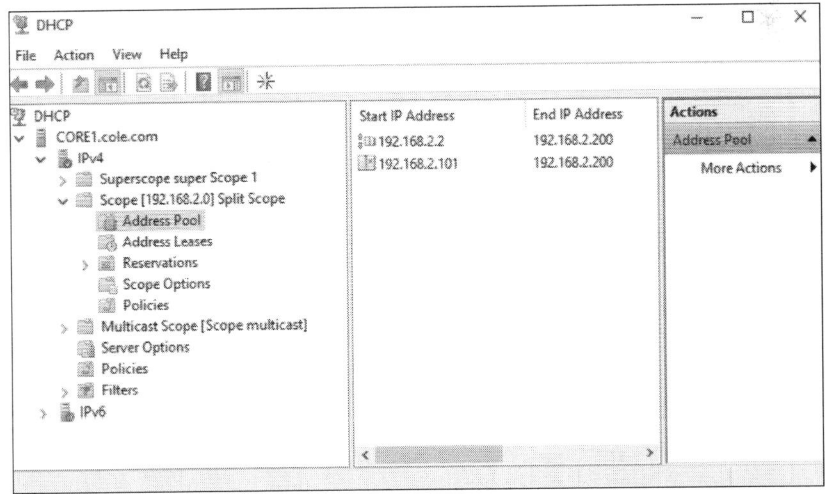

▶ También debe activar la segunda parte del ámbito en el segundo servidor, en este caso DC-cole. Haga clic con el botón derecho en el ámbito y seleccione **Activate**.

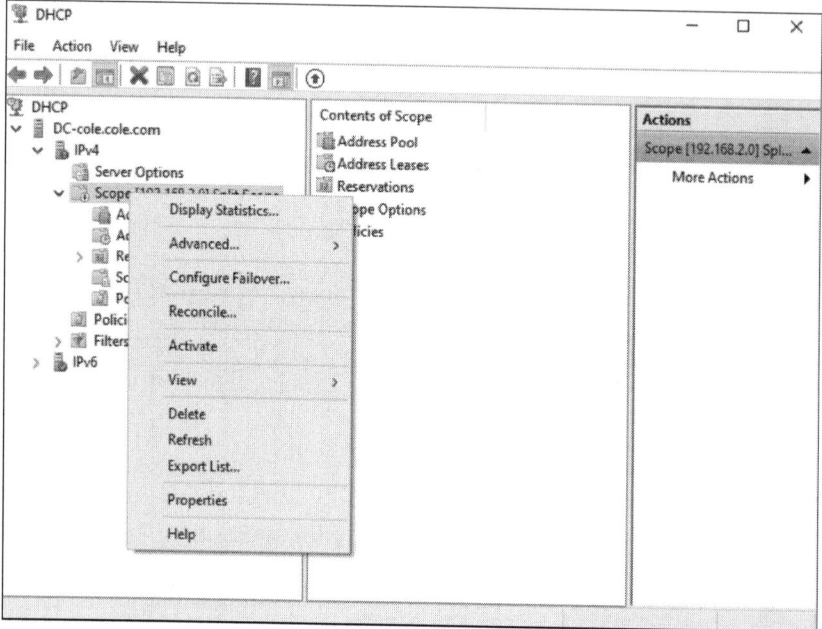

6. Directivas DHCP

Las directivas DHCP permiten realizar ajustes específicos en el servicio DHCP si los clientes cumplen ciertas condiciones. Por ejemplo, se les puede dar diferentes opciones DHCP dependiendo de su dirección mac o del agente que retransmite su petición.

Las directivas DHC se pueden aplicar a nivel de servidor o de ámbito.

6.1 Directiva con clases de usuarios

Es posible definir una clase de usuario en una estación de trabajo cliente como, por ejemplo, si una máquina se utiliza para la gestión de la red o una estación de trabajo de usuario y distribuirles diferentes opciones DHCP.

Hemos visto que las opciones DHCP se pueden aplicar a nivel de servidor, ámbito y reserva. Hay un cuarto lugar para definir opciones, llamado clase de usuario.

Las opciones definidas a nivel de clase de usuario tendrían prioridad sobre el servidor y el ámbito, pero no sobre las reservas.

▶Para definir la clase de usuario en el servidor DHCP, haga clic con el botón derecho del ratón en **IPv4** y seleccione **Define User Classes**.

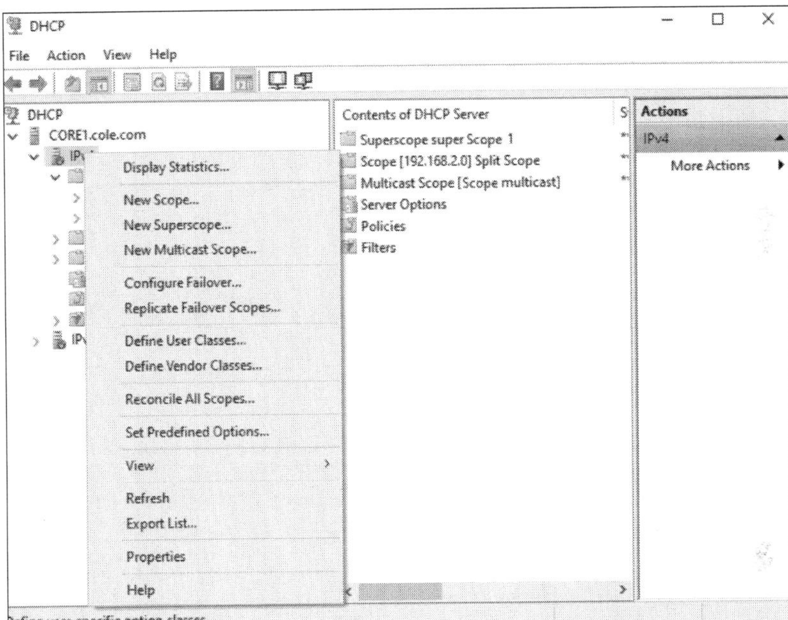

▶A continuación, haga clic en **Add**.

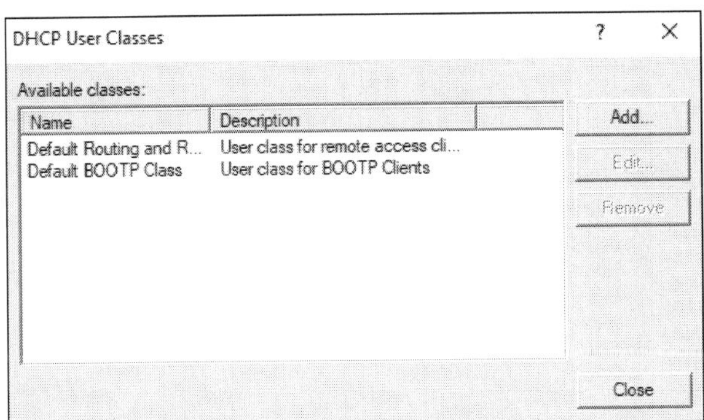

- Asigne un nombre a su clase de usuario y, en la columna **ASCII**, introduzca el valor **MGMT**.

New Class
Display name:
MGMT PCs
Description:
ID:
Binary:
ASCII:
0000 4D 47 4D 54
MGMT
OK
Cancel

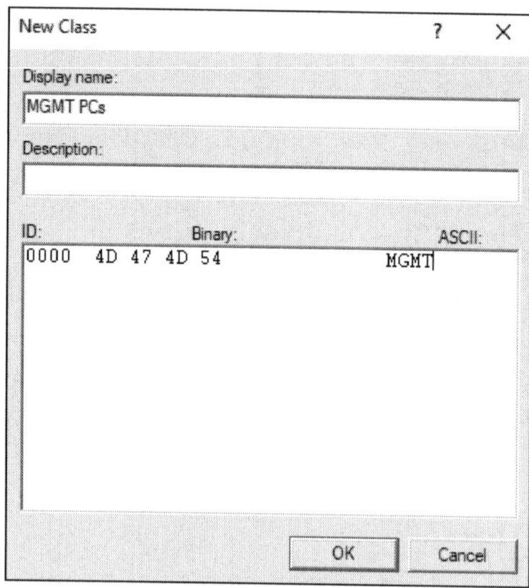

Se ha creado la clase de usuario.

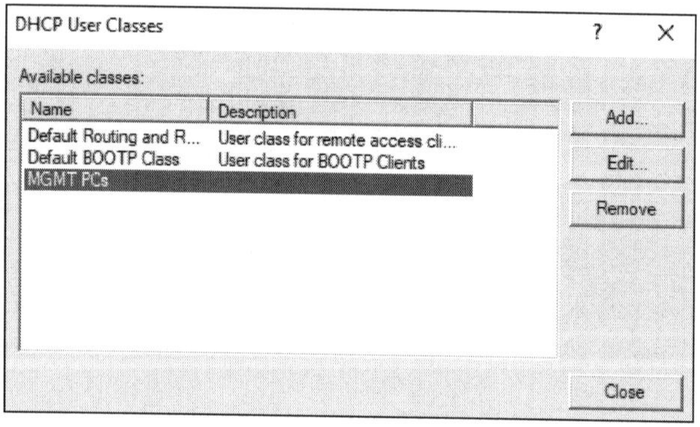

DHCP User Classes
Available classes:
Name
Description
Default Routing and R...
User class for remote access cli...
Default BOOTP Class
User class for BOOTP Clients
MGMT PCs
Add...
Edit...
Remove
Close

▶Ahora cree la directiva que se aplica a esta clase. Haga clic con el botón derecho del ratón en la carpeta **Policies** y seleccione **New Policy**.

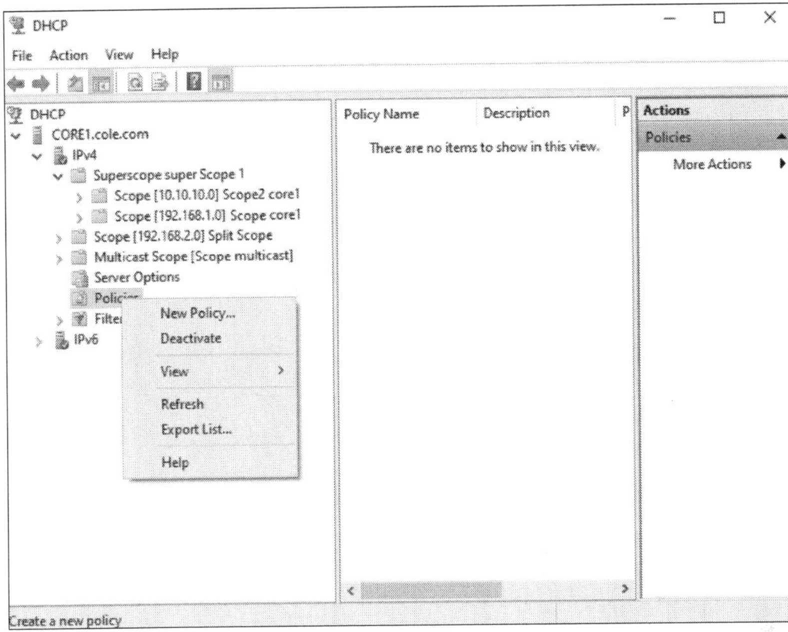

Observación

La carpeta Policies utilizada en esta operación es la que se aplica a nivel de servidor. Es posible hacer los mismos ajustes a nivel de ámbito. Esto puede ser útil para ámbitos divididos, para evitar tener que hacer ajustes en ambos servidores o para hacer diferentes directivas para diferentes ámbitos.

▶Asigne un nombre a su directiva.

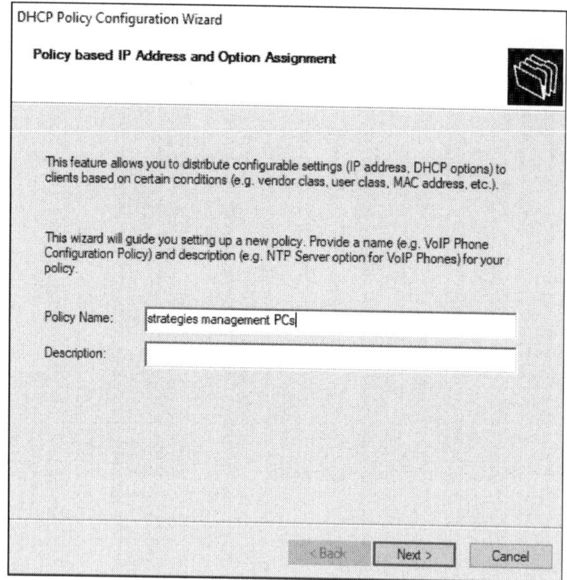

A continuación, defina las condiciones de aplicación de la directiva. Haga clic en **Add**.

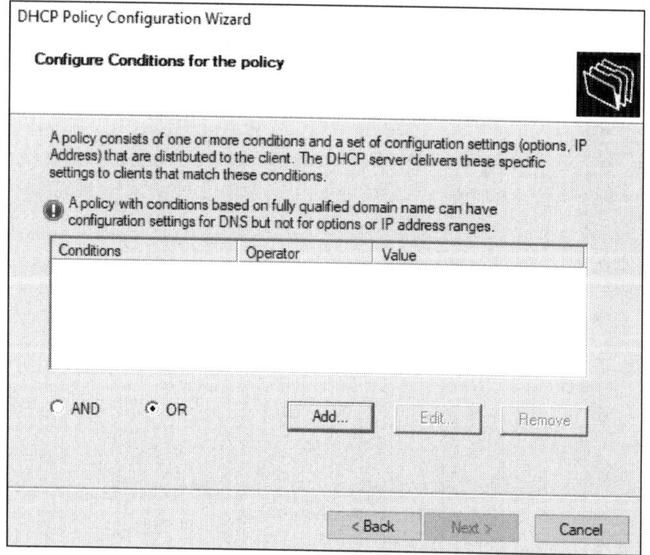

- Elija **User Class** como criterio, **Equals** como operador y añada su clase **MGMT PCs** como valor.

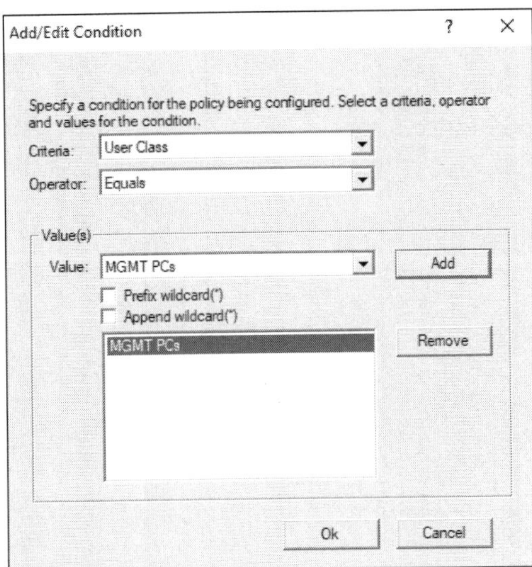

- Cuando haya terminado de establecer las condiciones para su directiva, haga clic en **Next**.

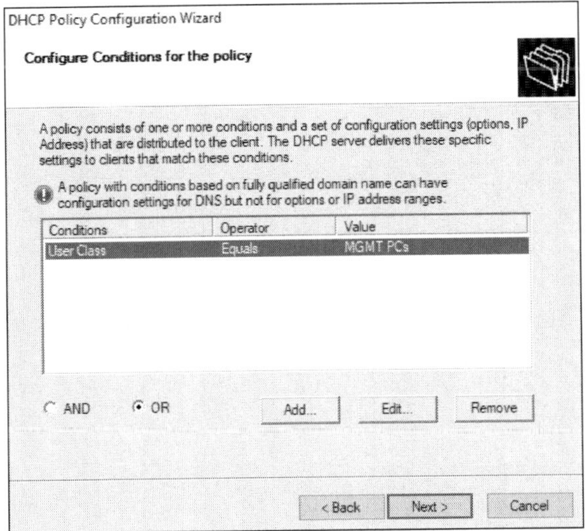

- Defina su acción de directiva. Elija **DHCP Standard Options** y establezca la opción 15 en **cole.net**.

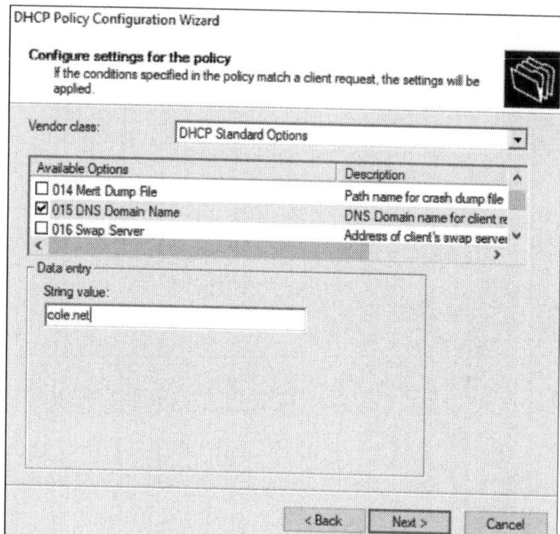

- Hay una pantalla de resumen final, haga clic en **Finish**.

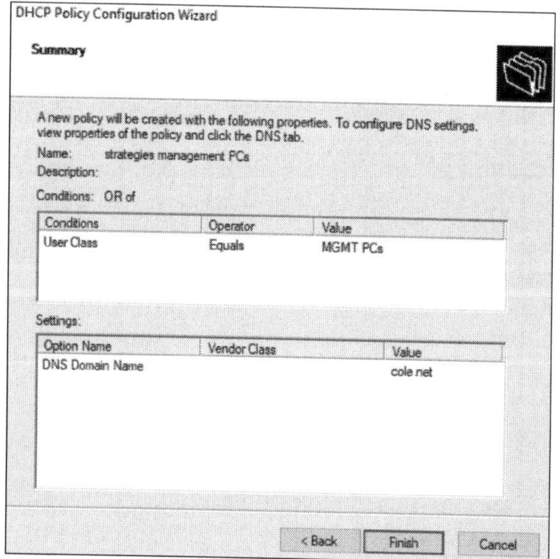

Encontramos nuestra directiva en la carpeta del mismo nombre y, si hacemos clic con el botón derecho del ratón en **Properties**, tendremos acceso a ajustes adicionales como, en nuestro ejemplo, para la duración del lease.

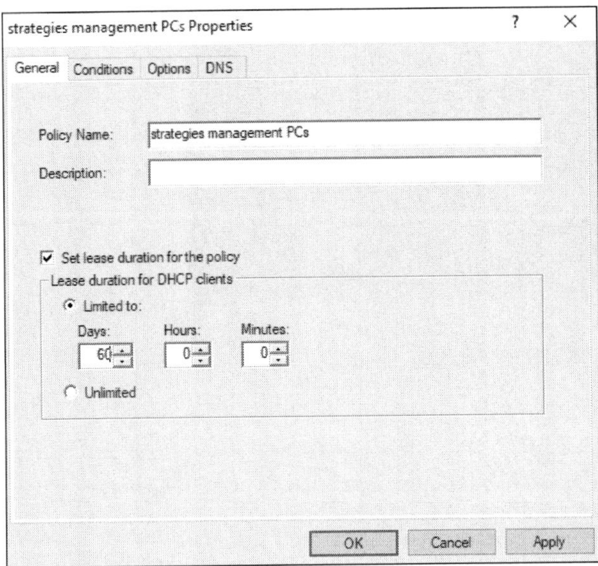

Ahora que hemos terminado de configurar la directiva, todavía tenemos que configurar nuestra estación de trabajo cliente para que entre dentro de la clase de usuario que hemos definido.

▶En la máquina cliente de su trabajo práctico1, abra CMD y escriba:

```
ipconfig /setclassid "ethernet0" MGMT
```

El comando `ipconfig /all` nos permite comprobar la configuración, así como la opción de nombre de dominio 15, tal y como la hemos definido para esta clase:

```
Connection-specific DNS Suffix  . : cole.net
Description . . . . . . . . . . . : Intel(R) 82574L Gigabit Network Connection
Physical Address. . . . . . . . . : 00-0C-29-E0-C3-DC
DHCP Enabled. . . . . . . . . . . : Yes
Autoconfiguration Enabled . . . . : Yes
Link-local IPv6 Address . . . . . : fe80::a773:a49e:ea38:89f1%9(Preferred)
IPv4 Address. . . . . . . . . . . : 192.168.1.10(Preferred)
Subnet Mask . . . . . . . . . . . : 255.255.255.0
Lease Obtained. . . . . . . . . . : Thursday, May 9, 2024 11:21:30 AM
Lease Expires . . . . . . . . . . : Wednesday, July 10, 2024 3:56:12 PM
Default Gateway . . . . . . . . . : 192.168.1.254
DHCPv4 Class ID . . . . . . . . . : MGMT
DHCP Server . . . . . . . . . . . : 192.168.1.100
DHCPv6 IAID . . . . . . . . . . . : 117443625
DHCPv6 Client DUID. . . . . . . . : 00-01-00-01-2D-B0-CB-7D-00-0C-29-E0-C3-DC
DNS Servers . . . . . . . . . . . : 192.168.1.200
NetBIOS over Tcpip. . . . . . . . : Enabled
```

6.2 Estrategia de direcciones MAC

Entre otras posibilidades, es posible crear directivas que se apliquen según la dirección MAC de las máquinas. Vamos a crear una directiva que se aplica a nivel de ámbito.

En el ámbito de nuestra red 10.10.10.0, encontramos la directiva de clase de usuario que acabamos de crear, ya que se hereda del servidor.

▶ Haga clic con el botón derecho del ratón en la carpeta **Policies** del ámbito y seleccione **New Policy**.

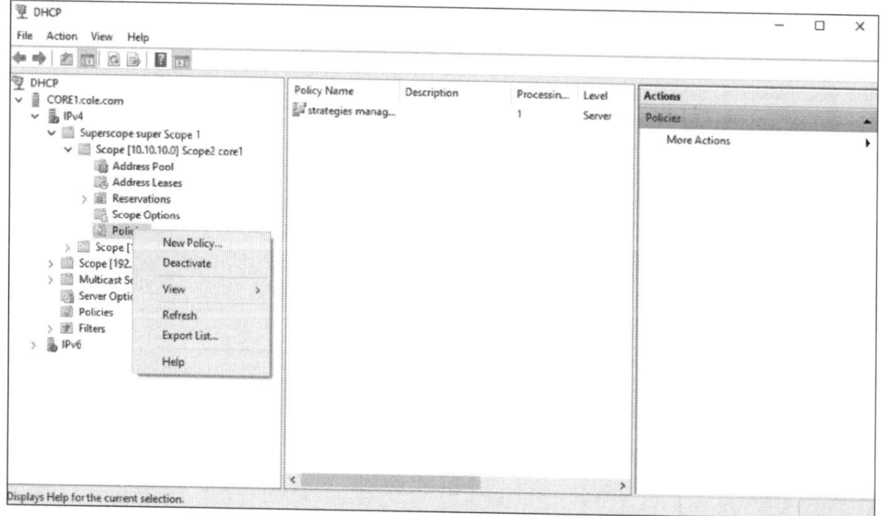

▶Dele un nombre.

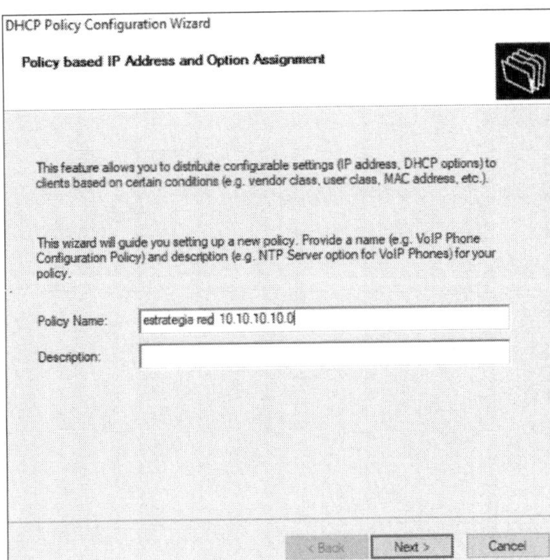

▶A continuación, tendrá que crear la condición para aplicar su directiva, haga clic en **Add**.

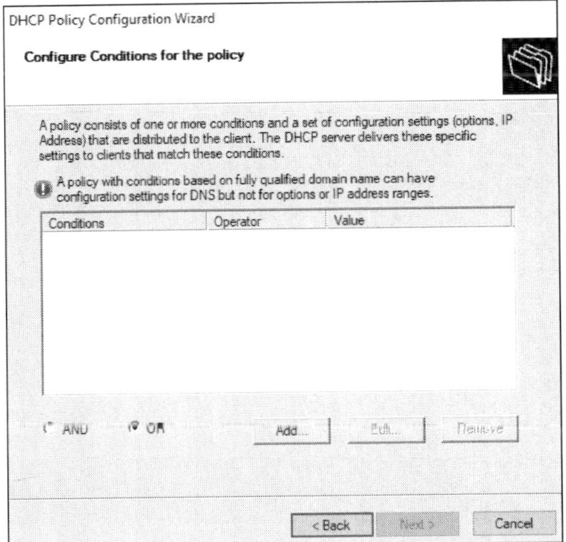

▶ Elija el criterio de dirección **MAC Address**, el operador **Equals** e introduzca la dirección MAC de la máquina client2 de su trabajo práctico.

Si tenemos una flota de máquinas del mismo fabricante, la primera mitad de la dirección MAC será idéntica. Marcando la opción **Append wildcard(*)**, podemos asegurarnos de que la directiva se aplica a todas las máquinas, cuya dirección MAC tenga el mismo ID de fabricante.

▶ Haga clic en **Add**.

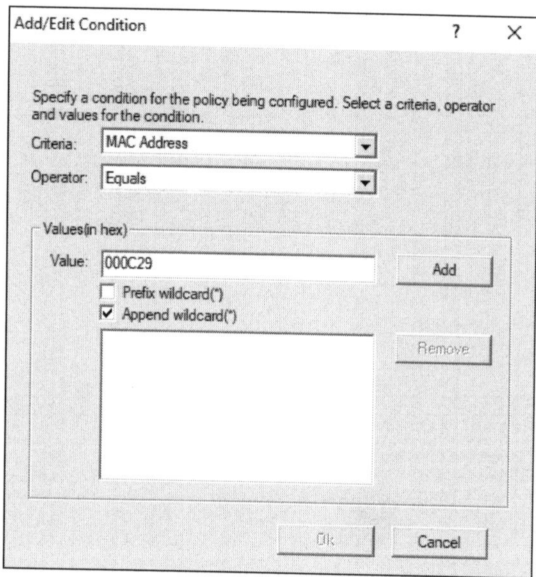

▶ En la siguiente ventana, defina una parte del ámbito que se dará a las máquinas con el mismo inicio de dirección MAC definido en la configuración anterior.

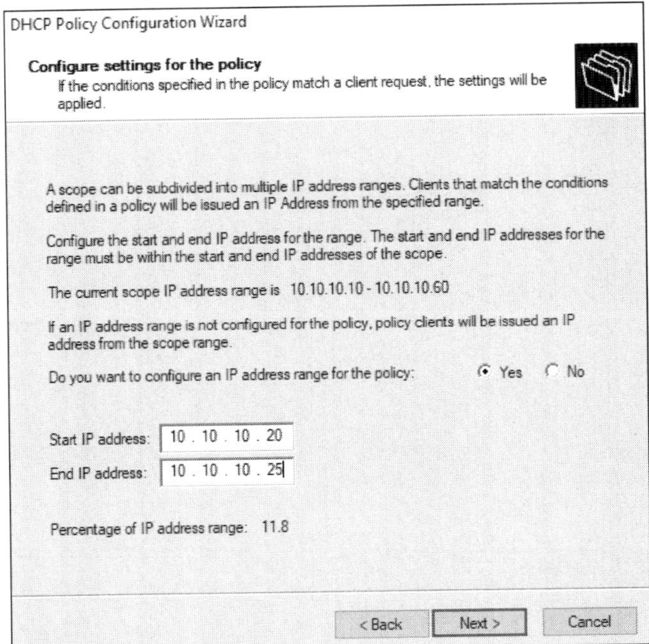
DHCP Policy Configuration Wizard
Configure settings for the policy
If the conditions specified in the policy match a client request, the settings will be applied.
A scope can be subdivided into multiple IP address ranges. Clients that match the conditions defined in a policy will be issued an IP Address from the specified range.
Configure the start and end IP address for the range. The start and end IP addresses for the range must be within the start and end IP addresses of the scope.
The current scope IP address range is 10.10.10.10 - 10.10.10.60
If an IP address range is not configured for the policy, policy clients will be issued an IP address from the scope range.
Do you want to configure an IP address range for the policy: Yes No
Start IP address: 10 . 10 . 10 . 20
End IP address: 10 . 10 . 10 . 25
Percentage of IP address range: 11.8
< Back
Next >
Cancel

Observación

Este tipo de configuración puede ser útil para identificar máquinas en la red. Es habitual en las empresas disponer de listados de las direcciones IP que se utilizan, para reconocer fácilmente una máquina o un grupo de máquinas y, de esta manera, saber quién está haciendo qué en la red de la empresa.

- Falta establecer las opciones DHCP para esta directiva. Elija de nuevo la opción 15, ya que es fácil de comprobar. Asígnele el valor **cole.edu**.

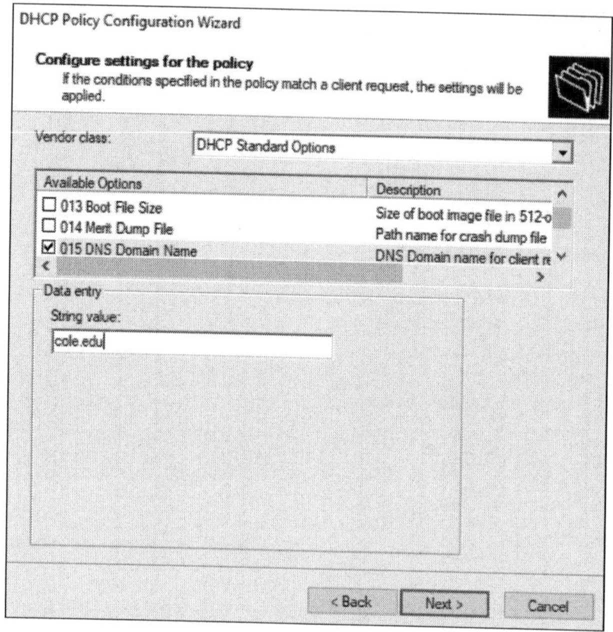

▶La siguiente ventana muestra un resumen de los ajustes.

En la carpeta de directivas del ámbito, se muestra la directiva que acabamos de crear, con un icono diferente a la heredada del servidor.

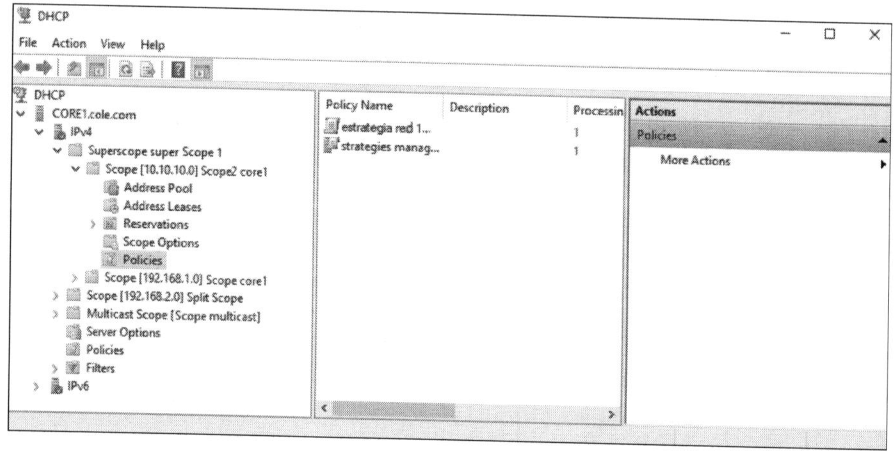

6.3 Otros ejemplos de directivas

Es posible crear directivas para máquinas que no están en el dominio de Active Directory. Para ello, se debe utilizar como condición el **Fully Qualified Domain Name** de las máquinas, utilizando el operador **Not Equals**.

El valor será el nombre de dominio, con la opción de prefijo genérico.

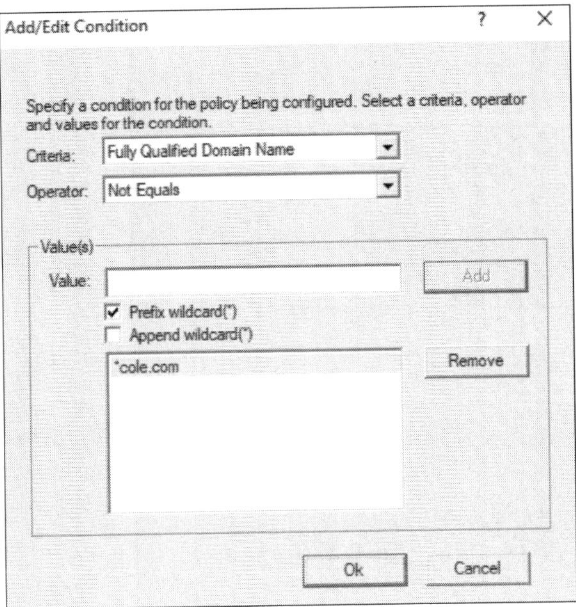

- Esta es la única configuración posible cuando se crea la directiva; la siguiente ventana resume la configuración. Haga clic en **Finish**.

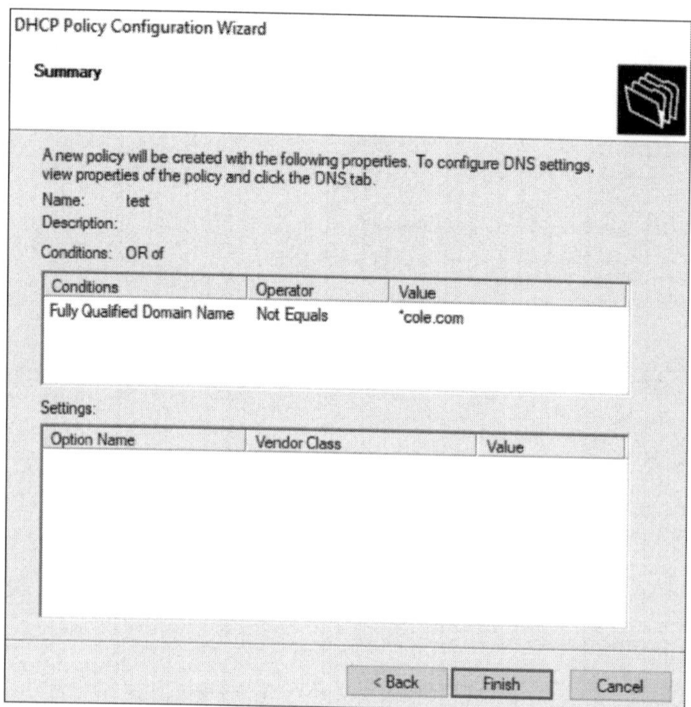

n las propiedades de la directiva es donde hay que ir para establecer las acciones. La elección es más limitada, ya que sólo podemos actuar sobre la duración del lease y la configuración para la actualización dinámica de los registros DNS. Esto se debe al tipo de condición utilizada, el FQDN. Aunque la pestaña de opciones DHCP está presente, no podemos interactuar con ella.

Podríamos imaginar el mismo tipo de configuración con la dirección MAC, creando una directiva para todas las direcciones que no tengan el identificador de fabricante deseado. Para ello, elegiríamos la dirección MAC como criterio, el operador **Not Equals** y la primera mitad de la dirección MAC con el sufijo genérico como valor.

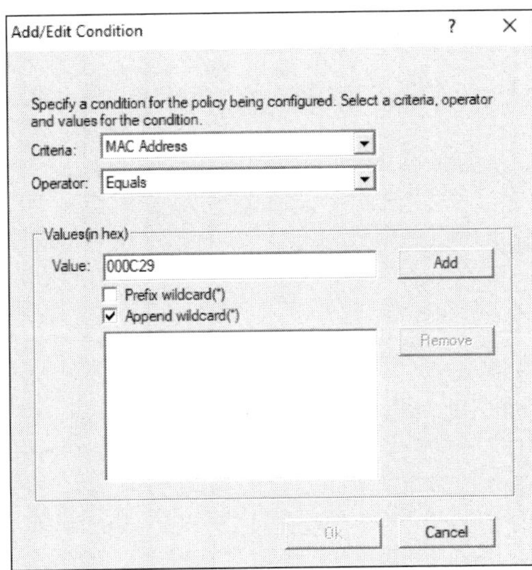

El criterio de la dirección MAC nos da acceso a más acciones posibles, como elegir opciones DHCP.

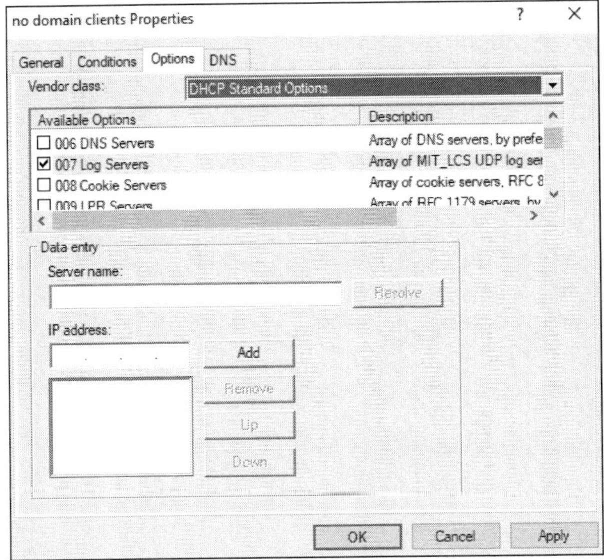

6.4 Gestión y aplicación de directivas DHCP

El orden de las directivas determina cuál se aplicará primero, si a nivel de los ámbitos o del servidor.

Una directiva heredada del servidor en un ámbito, también tendrá en cuenta su orden de aplicación.

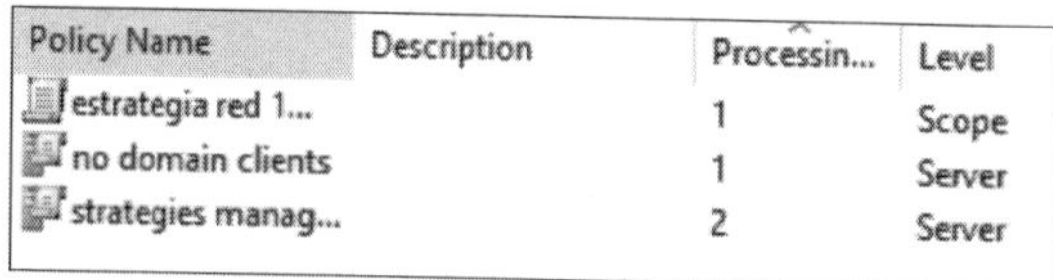

El orden en que se tienen en cuenta las directivas se puede modificar pulsando con el botón derecho del ratón sobre una directiva y moviéndola hacia arriba o hacia abajo en la lista de directivas.

También puede desactivar una directiva haciendo clic con el botón derecho del ratón sobre ella.

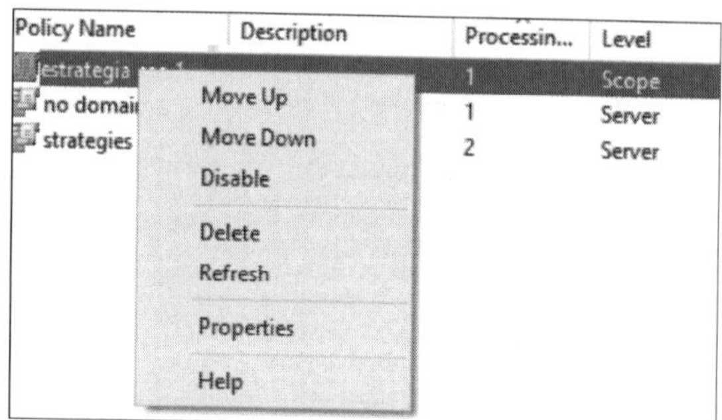

Cuando un cliente realiza una solicitud DHCP, el servidor evalúa la solicitud y comprueba si se cumplen las condiciones de las directivas. Primero se aplicarán las directivas de ámbito y después las directivas de servidor.

Si se aplican varias directivas con la misma opción configurada de forma diferente, sólo se tendrá en cuenta la que aparezca en primer lugar en el orden de aplicación.

Las opciones de directiva DHCP también compiten con las opciones de servidor, ámbito y reserva. Este es el orden de prioridad final para las opciones DHCP:

De mayor a menor prioridad, primero encontramos las opciones de reserva, que tienen prioridad sobre todas las demás opciones, después las directivas de ámbito y las directivas de servidor. Por último, encontramos las opciones de ámbito y luego las opciones de servidor.

Reserva - directiva de ámbito - directiva de servidor - opción de ámbito - opción de servidor.

7. Filtrado de direcciones MAC

En la ventana de gestión de DHCP, podemos ver una carpeta **Filters** a nivel de servidor, que nos permite activar una lista de direcciones MAC autorizadas o una lista de direcciones MAC prohibidas o ambas. Esta configuración se realiza a nivel de servidor y será heredada por todos los ámbitos.

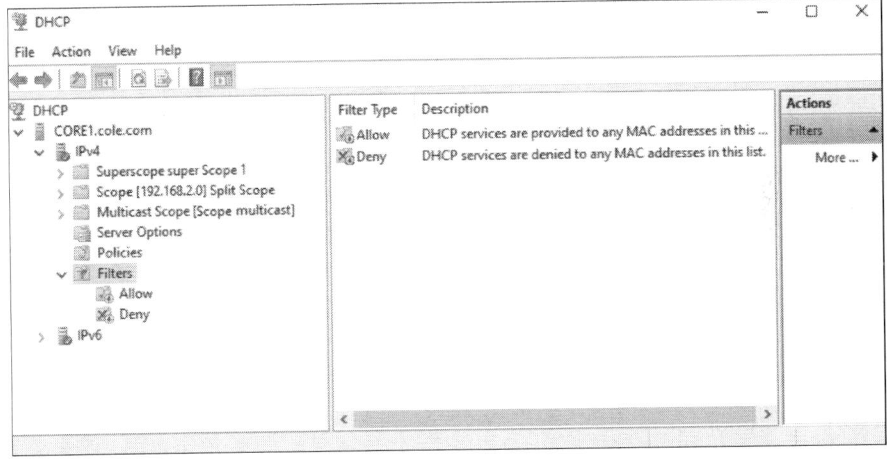

Por defecto, estas dos listas de filtros están desactivadas. Si se activa la lista de direcciones MAC autorizadas y está vacía, ninguna dirección MAC y, por tanto, ninguna máquina recibirá una dirección IP del servidor. Del mismo modo, si se activa la lista de direcciones MAC prohibidas y está vacía, todas las direcciones estarán autorizadas.

Al igual que con las directivas DHCP, es posible hacer una lista sólo con la primera mitad de la dirección MAC, la que corresponde al fabricante, seguida de un asterisco.

▶ Active la lista para autorizar direcciones MAC. Haga clic con el botón derecho del ratón en la carpeta para filtros de autorización y seleccione **Enable**.

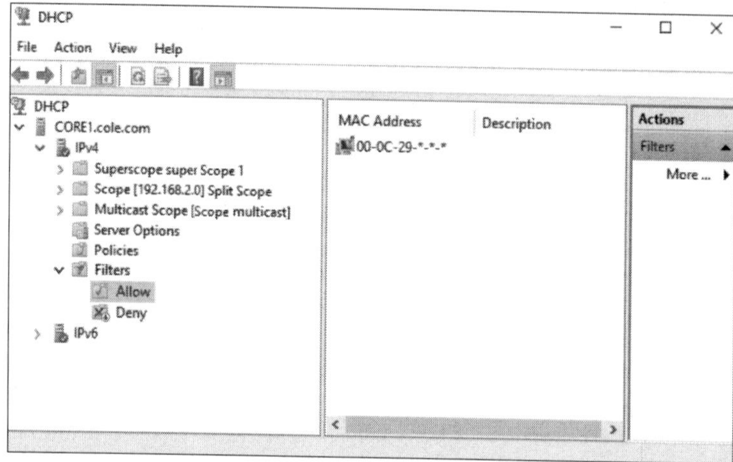

▶ Una vez activada la lista, vuelva a hacer clic con el botón derecho del ratón y seleccione esta vez **New Filter**.

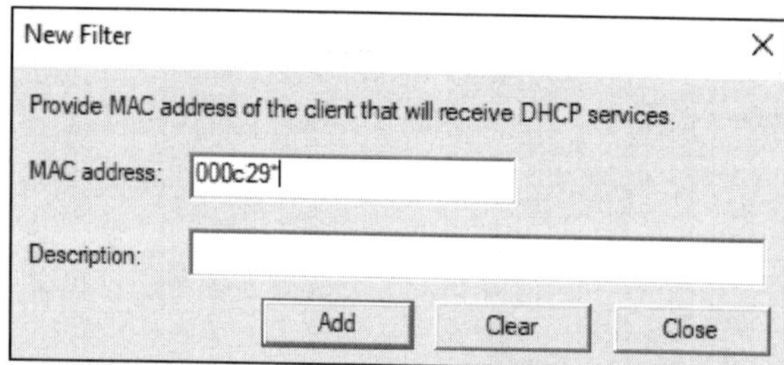

Podemos ver que el filtro se ha añadido a la lista.

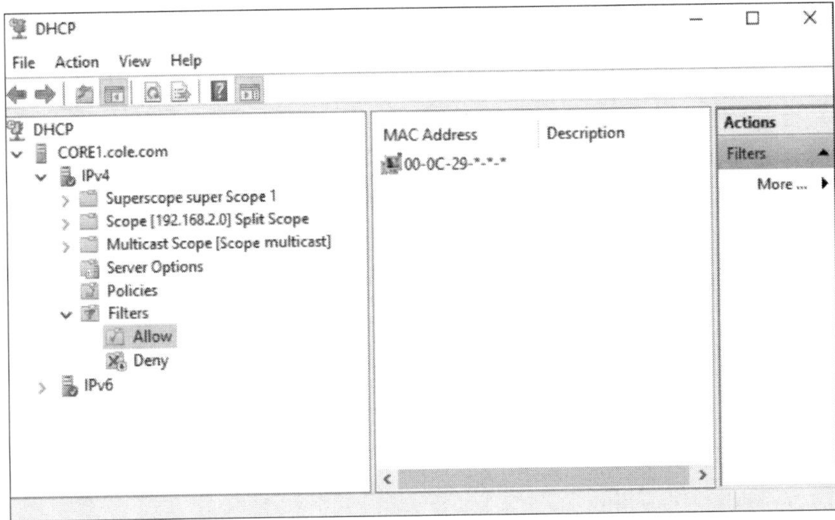

Observación

El filtrado de direcciones MAC por fabricante se puede utilizar para garantizar que un servidor sólo distribuye direcciones a una categoría de máquinas (si sus tarjetas de red son todas del mismo fabricante y diferentes del resto de la base instalada de la empresa).

Una forma de usar la lista de prohibición de direcciones MAC, es añadir la dirección de una máquina que haya visto en la red y que parezca estar comportándose de forma inusual o causando problemas en la red. Esto se puede hacer directamente desde la lista de DHCP.

- Active la lista de rechazos en el administrador DHCP haciendo clic con el botón derecho del ratón en **Enable**.
- En la lista de DHCP leases, haga clic con el botón derecho del ratón en el lease de la máquina que desee y seleccione **Add to Filter** y, a continuación, **Deny**.

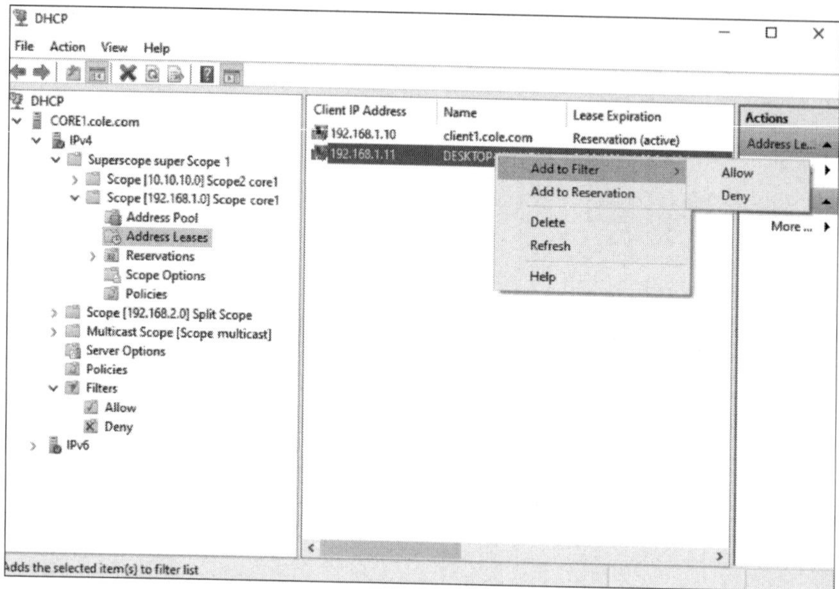

La dirección MAC se ha añadido al filtro.

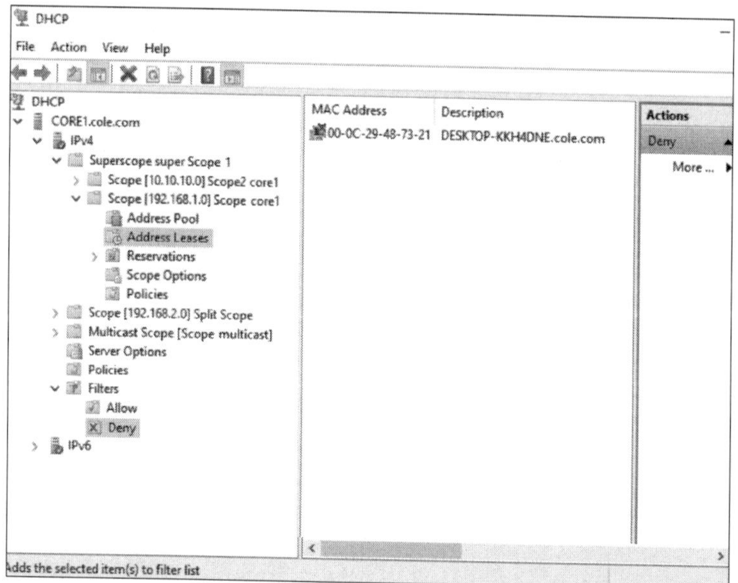

Si hace clic con el botón derecho del ratón en uno de los filtros, verá que es posible desplazar un filtro de autorización a los filtros de denegación, y viceversa.

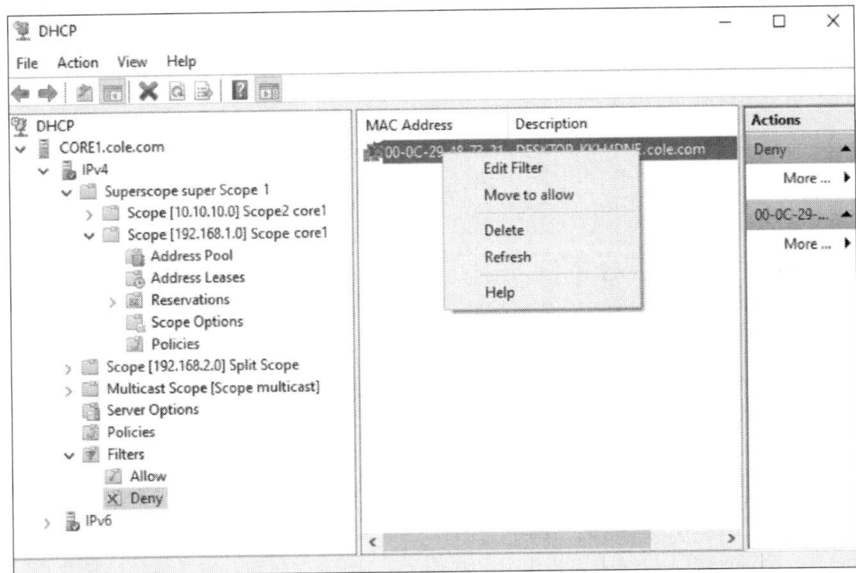

Observación

Como decíamos, un ejemplo de uso de esta función sería poner en el filtro de rechazo una dirección mac correspondiente a una máquina que está causando problemas en la red. Una vez que el problema parezca haberse resuelto, la máquina pasaría a la lista de filtros de autorización, el tiempo suficiente para asegurarnos de que no hay más problemas. Y cuando estemos seguros de que el problema se ha resuelto definitivamente, eliminamos el filtro correspondiente a esta máquina.

8. DHCP IPv6

8.1 Conceptos básicos del protocolo IPv6

Echemos un rápido vistazo al protocolo IPv6, cubriendo los conceptos necesarios para implementar DHCP IPv6. El protocolo IPv6 no está muy extendido y se estima que sólo el 20% de la red mundial está equipada y configurada para IPv6. Sin embargo, algunas aplicaciones necesitan este protocolo para funcionar. Un buen ejemplo sería el servidor de correo Exchange.

8.1.1 Tipos de direcciones IPv6

Las direcciones IPv6 se expresan en hexadecimal, de 0 a F. Se codifican en 128 bits y la máscara se expresa en notación CIDR. Por ejemplo 2001:0db8:00d6:3000:0000:0000:6700:00a5/64

Direcciones Link-Local

Empiezan por **FE80** y el sistema las asigna automáticamente. En cuanto se activa una tarjeta de red, tiene una dirección Link-Local. Estas direcciones no son enrutables y no se pueden utilizar para entrar en otra red. Se utilizan para comunicaciones dentro del mismo segmento de red.

Aunque el sistema las asigna automáticamente, también se pueden configurar por los administradores.

Direcciones Global Unicast

Las direcciones Global Unicast son direcciones enrutables, cuyo inicio va de **2000 a 3FFF**. Se pueden utilizar en una red privada y en Internet. Se deben configurar manualmente o mediante DHCP. Es habitual tener una o varias direcciones Global Unicast, además de la dirección Link-Local.

Direcciones Unique Local

Equivalentes a las direcciones IPv4 privadas, sólo se pueden enrutar dentro de una red privada. Su uso no está muy extendido, ya que existen suficientes direcciones Global Unicast para dar una dirección a cada host del planeta. Las utilizan algunos administradores a los que les gusta tener direcciones privadas que se puedan enrutar en la LAN de la empresa, como ocurre con IPv4. Comienzan por **FC** o **FD**.

Direcciones multicast

Las direcciones de multicast empiezan con los ocho primeros bits a 1, es decir, **FF** en hexadecimal. En IPv6 no hay direcciones de difusión, por lo que en su lugar se utiliza la multicast, entre otras cosas para las solicitudes DHCP. La multicast es enrutable en IPv6, por lo que si quiere hacer multicast sin salir de un segmento de red, las direcciones deben empezar por FF02.

8.1.2 Notación de las direcciones IPv6

Existen mecanismos para abreviar la notación de las direcciones IPv6. Escribir las direcciones completas puede llevar mucho tiempo y ser una fuente de errores.

- Por tanto, una dirección IPv6 completa se escribe como 128 bits en hexadecimal:
- El primer mecanismo permite eliminar un máximo de tres ceros consecutivos de cada parte de la dirección, empezando por la izquierda. Esto nos da:

  2001:db8:0:85a3:0:0:ac1f:8001 /64
- Además, cuando varias partes consecutivas de la dirección estén formadas totalmente por ceros, los puede sustituir por dos veces dos puntos. Esto sólo se puede hacer una vez por dirección:

Pongamos otro ejemplo, con una dirección: 2001:db8:0001:0000:0000:0000:0000:0001

Que se puede abreviar como: 2001:db8:1::1

Como en IPv4, la máscara divide la dirección en dos partes: netID, también conocido como prefijo que define la red IP y hostID, que define la dirección de la máquina en la red. En nuestro ejemplo, las dos partes están separadas por un espacio: 2001:db8:0:85a3 ::ac1f:8001 /64

8.2 Mecanismos del DHCP IPv6

Hay tres formas de que una máquina cliente obtenga una dirección IPv6 dinámicamente.

Un cliente IPv6 que se haya configurado para obtener su configuración dinámicamente escuchará la red, en busca de mensajes de un router. También puede pedir a cualquier router que le envíe información mediante un mensaje **Router Solicitation** o RS, en modo multicast.

Por lo tanto, un router IPv6 enviará mensajes de tipo **routeur advertisement**, también conocidos como mensajes RA, a través de la red. Estos mensajes RA contienen información que permitirá al cliente configurarse a sí mismo o llamar al router para obtener más información, o buscar un servidor DHCP IPv6. El mensaje RA también contiene el netID de la red IPv6 en la que el cliente se debe configurar.

La información contenida en los mensajes RA que indican a los clientes cómo comportarse, se denominan "flags" y hay tres que se utilizan para la configuración dinámica de las máquinas cliente.

Los tres flags para la configuración de direcciones en un mensaje RA son:

- **Autonomous** : si esta bandera está activada en el mensaje RA, entonces el cliente IPv6 que vea el mensaje sabrá que debe crear su propia dirección IPv6, basándose en el netID, el prefijo, que también está en el mensaje RA. Este mecanismo se llama **SLAAC** (*Stateless Address Autoconfiguration*) y no es DHCP.
- **Other Configuration**: si se establece este indicador en el mensaje RA, el cliente, además de autoconfigurarse, obtendrá opciones adicionales de un servidor DHCP IPv6. Normalmente, recuperará la dirección de un servidor DNS. Este método se llama **Stateless DHCP**, porque aunque se utiliza un servicio DHCP, no hay noción de lease y no se guarda información sobre qué cliente tiene qué dirección.
- **Managed**: si este indicador está activado, el cliente no realizará ninguna configuración por sí mismo y buscará la configuración IPv6 de un servidor DHCP. En este caso, la información de lease se almacena normalmente en el servidor DHCP y se denomina **Statefull DHCP**.

8.3 El trabajo práctico DHCP IPv6

La primera tarea que tendremos que hacer en el trabajo práctico será dar direcciones IPv6 a nuestro servidor core1, DC-cole y al router.

Tomaremos el siguiente plan de direccionamiento:

- core1 tendrá la dirección 2001:db8:1::100
- DC-cole tendrá la dirección 2001:db8:1::200
- El router tendrá la dirección 2001:db8:1::254

8.4 Direccionamiento IPv6

Ahora vamos a entrar en el meollo de IPv6 y empezaremos configurando las direcciones IPv6 para nuestros servidores.

8.4.1 Direccionamiento DC-cole

- Desde el servidor DC-cole, abra un CMD y escriba el comando `ncpa.cpl`, que abrirá la configuración de red.
- Haga clic con el botón derecho del ratón en la tarjeta de red, luego en **Properties** y seleccione configuración IPv6.

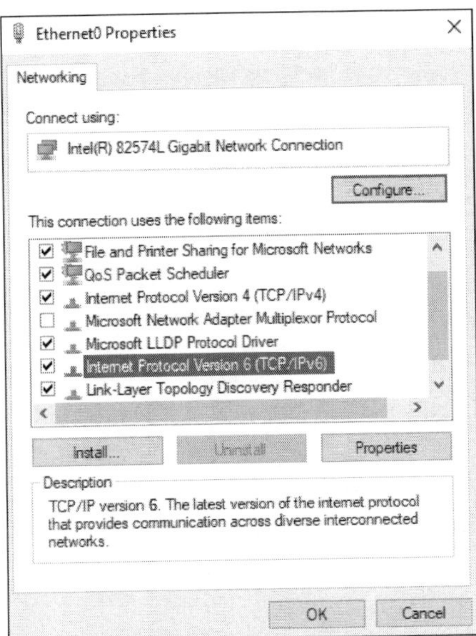

- Pulse en **Properties** y establece la dirección IPv6 y la máscara. Establezca la puerta de enlace predeterminada, que será el enrutador del trabajo práctico y el DNS en "::1", que es la dirección de loopback en IPv6 y, por tanto, indica a la máquina que es su propio DNS.

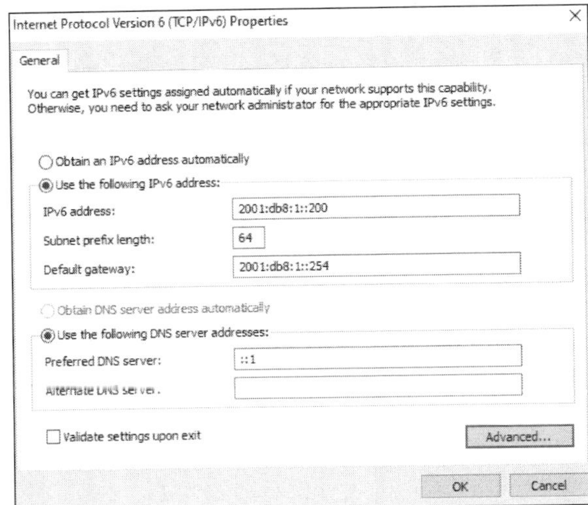

▶ Haz un `ipconfig /all` para comprobar la configuración.

```
C:\Users\Administrator>ipconfig /all

Windows IP Configuration

   Host Name . . . . . . . . . . . . : DC-cole
   Primary Dns Suffix  . . . . . . . : cole.com
   Node Type . . . . . . . . . . . . : Hybrid
   IP Routing Enabled. . . . . . . . : No
   WINS Proxy Enabled. . . . . . . . : No
   DNS Suffix Search List. . . . . . : cole.com

Ethernet adapter Ethernet0:

   Connection-specific DNS Suffix  . :
   Description . . . . . . . . . . . : Intel(R) 82574L Gigabit Network Connection
   Physical Address. . . . . . . . . : 00-0C-29-4A-97-47
   DHCP Enabled. . . . . . . . . . . : No
   Autoconfiguration Enabled . . . . : Yes
   IPv6 Address. . . . . . . . . . . : 2001:db8:1::200(Preferred)
   Link-local IPv6 Address . . . . . : fe80::449e:f157:c8f9:720a%10(Preferred)
   IPv4 Address. . . . . . . . . . . : 192.168.1.200(Preferred)
   Subnet Mask . . . . . . . . . . . : 255.255.255.0
   Default Gateway . . . . . . . . . : 2001:db8:1::254
                                       192.168.1.254
   DHCPv6 IAID . . . . . . . . . . . : 100666409
   DHCPv6 Client DUID. . . . . . . . : 00-01-00-01-2D-67-38-AC-00-0C-29-4A-97-47
   DNS Servers . . . . . . . . . . . : ::1
                                       127.0.0.1
   NetBIOS over Tcpip. . . . . . . . : Enabled
```

8.4.2 Direccionamiento de core1

Vamos a utilizar PowerShell para dirigirnos a core1:

▶ Desde el equipo client1, vaya a **Server Manager**, haga clic con el botón derecho del ratón en el servidor core1 y seleccione **Windows PowerShell**.

▶ Introduzca los siguientes comandos, el primero para establecer la dirección IPv6 de la máquina y el segundo para establecer la dirección del servidor DNS.

```
New-NetIPAddress `
-InterfaceAlias "Ethernet0" `
-AddressFamily IPv6 `
-IPAddress 2001:db8:1::100 `
-PrefixLength 64 `
-DefaultGateway 2001:db8:1::254

Set-DnsClientServerAddress `
-InterfaceAlias "ethernet0" `
-ServerAddresses 2001:db8:1::200
```

Utilice el comando **`ipconfig /all`** para comprobar la configuración.

```
[CORE1.cole.com]: PS C:\> ipconfig /all

Windows IP Configuration

   Host Name . . . . . . . . . . . . : CORE1
   Primary Dns Suffix  . . . . . . . : cole.com
   Node Type . . . . . . . . . . . . : Hybrid
   IP Routing Enabled. . . . . . . . : No
   WINS Proxy Enabled. . . . . . . . : No
   DNS Suffix Search List. . . . . . : cole.com

Ethernet adapter Ethernet0:

   Connection-specific DNS Suffix  . :
   Description . . . . . . . . . . . : Intel(R) 82574L Gigabit Network Connection
   Physical Address. . . . . . . . . : 00-0C-29-0E-73-38
   DHCP Enabled. . . . . . . . . . . : No
   Autoconfiguration Enabled . . . . : Yes
   IPv6 Address. . . . . . . . . . . : 2001:db8:1::100(Preferred)
   Link-local IPv6 Address . . . . . : fe80::2065:f794:864a:55a9%6(Preferred)
   IPv4 Address. . . . . . . . . . . : 192.168.1.100(Preferred)
   Subnet Mask . . . . . . . . . . . : 255.255.255.0
   Default Gateway . . . . . . . . . : 2001:db8:1::254
                                       192.168.1.254
   DHCPv6 IAID . . . . . . . . . . . : 100666409
   DHCPv6 Client DUID. . . . . . . . : 00-01-00-01-2D-CE-F4-05-00-0C-29-0E-73-38
   DNS Servers . . . . . . . . . . . : 2001:db8:1::200
                                       192.168.1.200
   NetBIOS over Tcpip. . . . . . . . : Enabled
[CORE1.cole.com]: PS C:\>
```

Se utiliza un ping IPv6 para comprobar la conectividad entre los dos servidores configurados.

```
[CORE1.cole.com]: PS C:\> ping -6 2001:db8:1::200

Pinging 2001:db8:1::200 with 32 bytes of data:
Reply from 2001:db8:1::200: time<1ms
Reply from 2001:db8:1::200: time=1ms
Reply from 2001:db8:1::200: time=1ms
Reply from 2001:db8:1::200: time=1ms

Ping statistics for 2001:db8:1::200:
    Packets: Sent = 4, Received = 4, Lost = 0 (0% loss),
Approximate round trip times in milli-seconds:
    Minimum = 0ms, Maximum = 1ms, Average = 0ms
[CORE1.cole.com]: PS C:\> _
```

8.4.3 Configuración del router

Ahora vamos a configurar la interfaz del router que está en la misma red que los dos servidores y la máquina client1. Esta máquina no está en el dominio y, por tanto, no se puede configurar desde los RSAT de la máquina client1.

Así que vamos a hacer los ajustes directamente desde el router, utilizando PowerShell.

▶ En primer lugar, configure el direccionamiento IPv6 y la dirección del servidor DNS.

```
New-NetIPAddress `
-InterfaceAlias "Ethernet0" `
-AddressFamily IPv6 `
-IPAddress 2001:db8:1::254 `
-PrefixLength 64

Set-DnsClientServerAddress `
-InterfaceAlias "ethernet0" `
-ServerAddresses 2001:db8:1::200
```

A continuación, tenemos que decirle al router que envíe mensajes RA en la red:

```
Set-NetIPInterface `
-InterfaceAlias "Ethernet0" `
-AddressFamily IPv6 `
-Advertising Enabled
```

Por último, debemos indicar al sistema qué prefijo IPv6 debe incluir en los mensajes RA, para que los clientes sepan en qué red deben crear una dirección con SLAAC.

Para ello, es posible utilizar una ruta que ya existe en el sistema para la red 2001:db8:1::/64. El problema es que no está configurada correctamente por defecto porque, tras un reinicio, el prefijo dejaría de aparecer en los mensajes RA.

Tendremos que borrar esta ruta y volver a crearla. Esto hará que sea persistente en los mensajes RA, incluso después de un reinicio.

```
Remove-NetRoute `
-DestinationPrefix 2001:db8:1::/64

New-NetRoute `
-InterfaceAlias "Ethernet0" `
-DestinationPrefix 2001:db8:1::/64 `
-Publish Yes
```

A partir de este momento, la máquina client1 crea una dirección para sí misma en la red IPv6 utilizando el mecanismo SLAAC. Esta dirección temporal se utiliza para acceder a Internet con una dirección que cambia regularmente, evitando así ser detectado en Internet. Una vez reiniciado el servidor, SLAAC seguirá funcionando.

```
Ethernet adapter Ethernet0:

   Connection-specific DNS Suffix  . : cole.net
   Description . . . . . . . . . . . : Intel(R) 82574L Gigabit Network Connection
   Physical Address. . . . . . . . . : 00-0C-29-E0-C3-DC
   DHCP Enabled. . . . . . . . . . . : Yes
   Autoconfiguration Enabled . . . . : Yes
   IPv6 Address. . . . . . . . . . . : 2001:db8:1:0:908e:40ee:2e93:41a2(Preferred)
   Temporary IPv6 Address. . . . . . : 2001:db8:1:0:5c90:460e:402b:bd5b(Preferred)
   Link-local IPv6 Address . . . . . : fe80::a773:a49e:ea38:89f1%9(Preferred)
   IPv4 Address. . . . . . . . . . . : 192.168.1.10(Preferred)
   Subnet Mask . . . . . . . . . . . : 255.255.255.0
   Lease Obtained. . . . . . . . . . : Wednesday, May 15, 2024 4:49:54 AM
   Lease Expires . . . . . . . . . . : Sunday, July 14, 2024 4:49:54 AM
   Default Gateway . . . . . . . . . : 192.168.1.254
   DHCPv4 Class ID . . . . . . . . . : MGMT
   DHCP Server . . . . . . . . . . . : 192.168.1.100
   DHCPv6 IAID . . . . . . . . . . . : 117443625
   DHCPv6 Client DUID. . . . . . . . : 00-01-00-01-2D-B0-CB-7D-00-0C-29-E0-C3-DC
   DNS Servers . . . . . . . . . . . : 192.168.1.200
   NetBIOS over Tcpip. . . . . . . . : Enabled
```

Para su información, aquí hay una captura de pantalla tomada con WireShark, mostrando un mensaje RA con la información del prefijo.

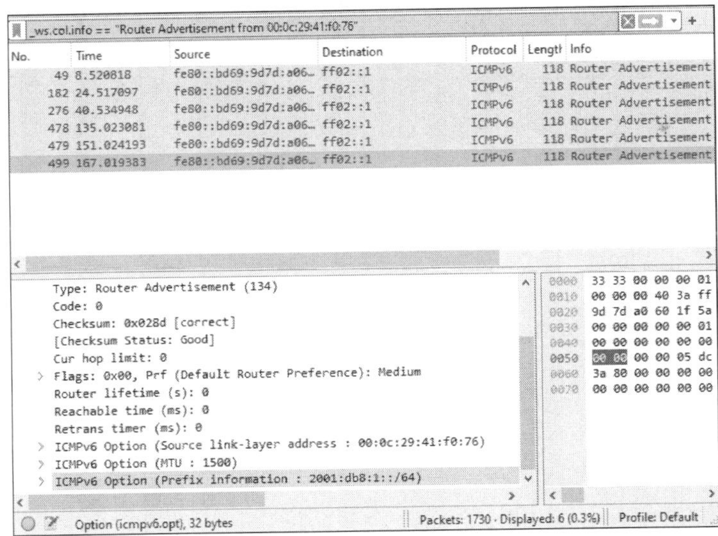

8.4.4 Configuración del ámbito DHCP IPv6

Ahora que nuestra infraestructura IPv6 básica está en su lugar, podemos implementar nuestro ámbito DHCP. La utilizaremos para comunicar la dirección del servidor DNS, el último dato que les faltaba a nuestras máquinas cliente.

Ya disponen de la dirección del router a través de sus mensajes RA, lo que les ha permitido crear una dirección en la misma red que el router mediante el protocolo SLAAC. Por lo tanto, nuestra extensión DHCP les proporcionará la dirección del servidor DNS, que era el último dato que faltaba.

- En **Server Manager** del equipo client1, vaya a **Tools** y, a continuación, a **DHCP**.
- En la carpeta IPv6, haga clic con el botón derecho del ratón y seleccione **New Scope**.

La primera ventana del asistente nos pide que le **demos un nombre**, así que lo llamaremos "Scope IPv6".

La siguiente ventana solicita el prefijo IPv6. La configuración de preferencia se utiliza si hay varios servidores DHCP IPv6; el de mayor preferencia tendrá prioridad.

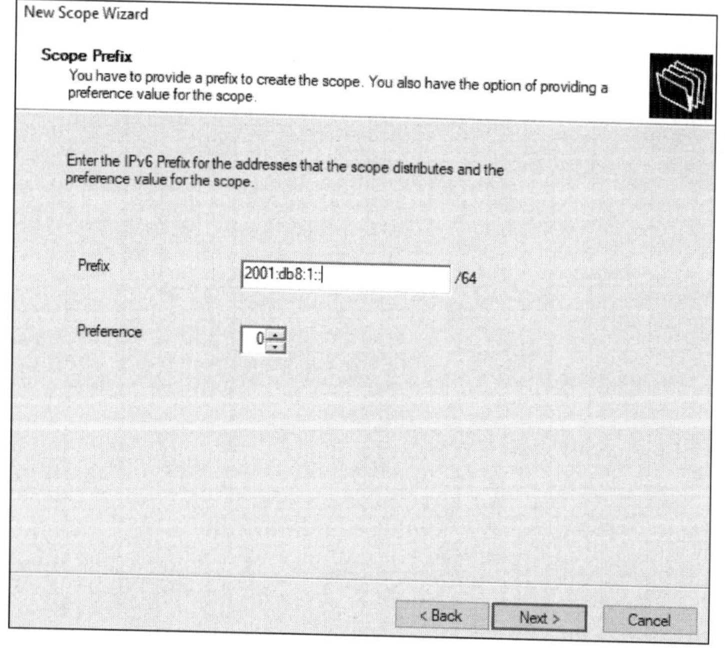

A continuación, el asistente nos permite hacer exclusiones o divisiones. Vamos a excluir las direcciones del servidor y del router.

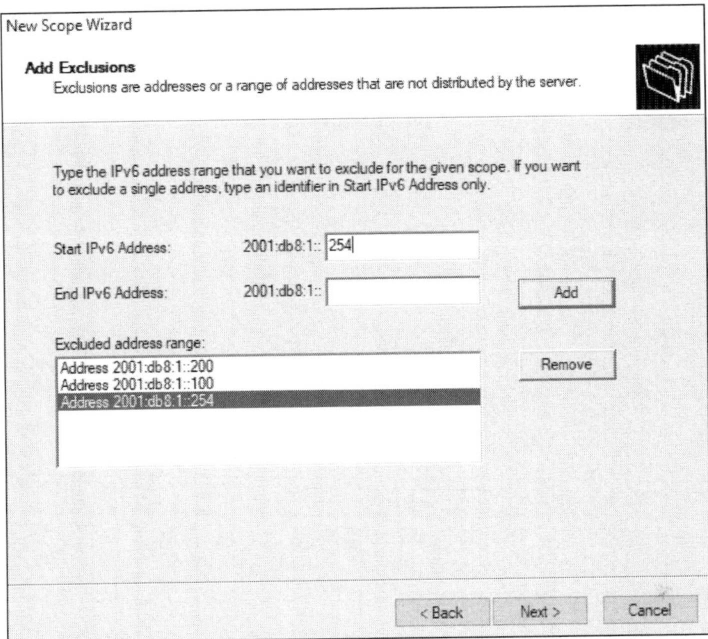

A continuación, viene la duración del lease, con dos valores, duración preferida y duración válida. Al final de la duración preferida, el lease se considerará amortizado, pero el cliente podrá seguir utilizando la dirección. Al final de la duración válida, el cliente ya no podrá utilizar la dirección.

▶ Deje la configuración predeterminada y haga clic en **Next**.

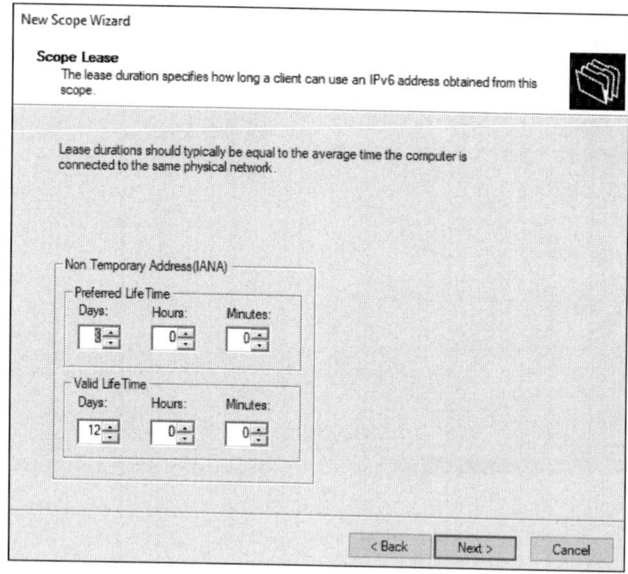

▶ A continuación, aparece la ventana de resumen, haga clic en **Finish** para crear el ámbito.

▶ Para configurar la opción de ámbito para la dirección del servidor DNS, haga clic con el botón derecho del ratón en la carpeta y seleccione **Configure Options**.

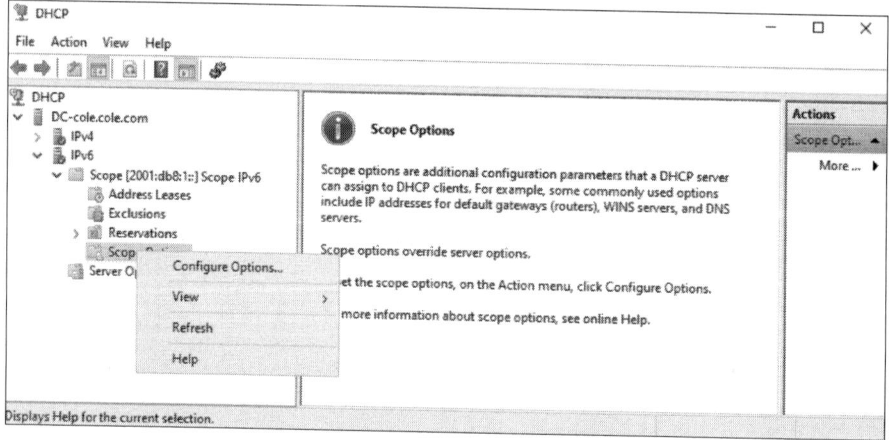

■ Seleccione la opción 23 e introduzca la dirección del controlador de dominio DC-cole como servidor DNS.

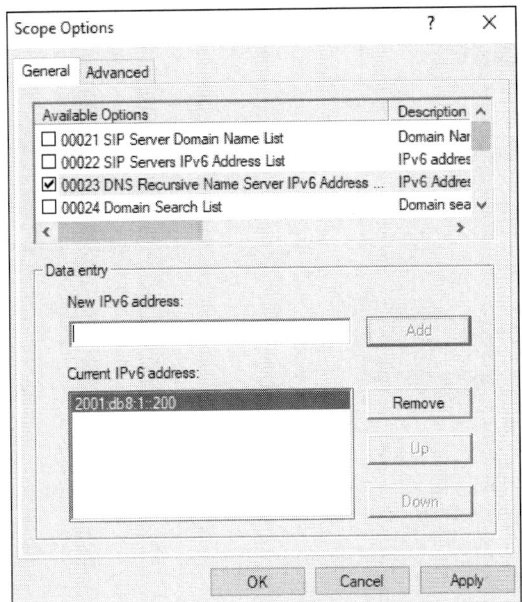

Podemos ver que se ha creado un DHCP lease para la máquina client1.

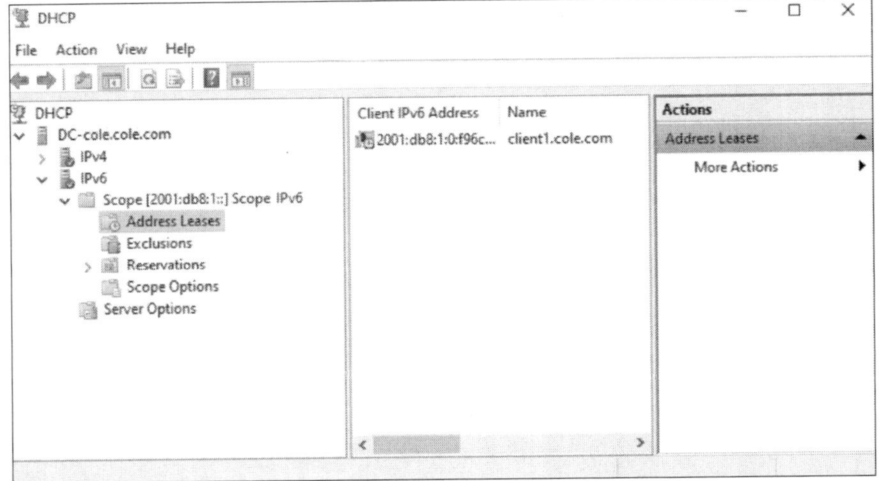

Y si hacemos un `ipconfig /all` en la máquina client1, vemos que efectivamente tiene una dirección IPv6 para el servidor DNS.

```
DHCPv6 Client DUID. . . . . . . . : 00-01-00-01-2D-B0-C8-
DNS Servers . . . . . . . . . . . : 2001:db8:1::200
                                    192.168.1.200
```

9. Clustering DHCP

Ya sea para garantizar una alta disponibilidad o para equilibrar la carga, es posible configurar un clúster de servidores DHCP, con dos servidores Windows en los que se instale el servicio.

Empezaremos examinando el clúster de conmutación por error, también llamado *failover*, que garantiza la alta disponibilidad del servicio.

Clúster de conmutación por error DHCP

Es posible configurar la conmutación por error para la parte IPv4 del servicio, pero también para los ámbitos. Haciendo clic con el botón derecho del ratón en IPv4 o en una extensión se ofrece igualmente una opción para configurar la conmutación por error. Sin embargo, esta opción no está disponible en IPv6, a ningún nivel.

En nuestro trabajo práctico, vamos a implementar la conmutación por error a nivel IPv4. Las dos opciones son idénticas en su configuración, la única diferencia es, por supuesto, que la conmutación por error IPv4 puede replicar todos los ámbitos, mientras que si configuramos la conmutación por error directamente en una extensión, sólo se replicará la extensión seleccionada.

▶ Desde el gestor DHCP del servidor core1 en los RSAT del equipo client1, haga clic con el botón derecho del ratón en IPv4 y seleccione **Configure Failover** en el menú desplegable.

En la primera ventana del asistente, podemos seleccionar los rangos que serán replicados. Por defecto, la opción **Select all** está marcada; la desmarcaremos y seleccionaremos los rangos **10.10.10.0/24** y **192.168.1.0/24**.

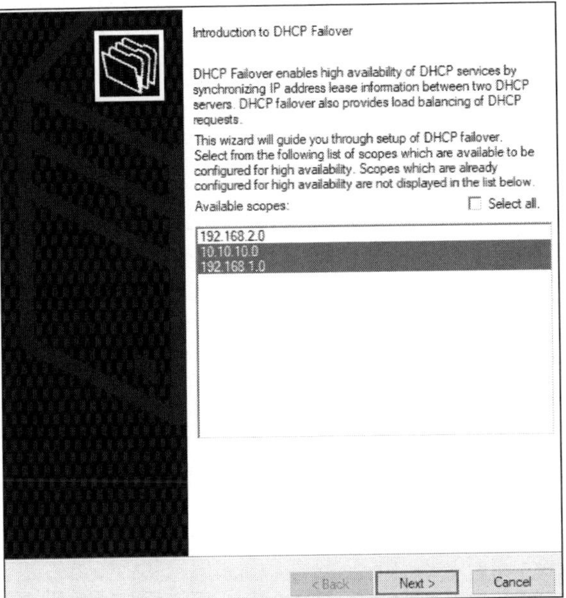

Ahora tiene que añadir el segundo servidor, haga clic en **Add Server**.

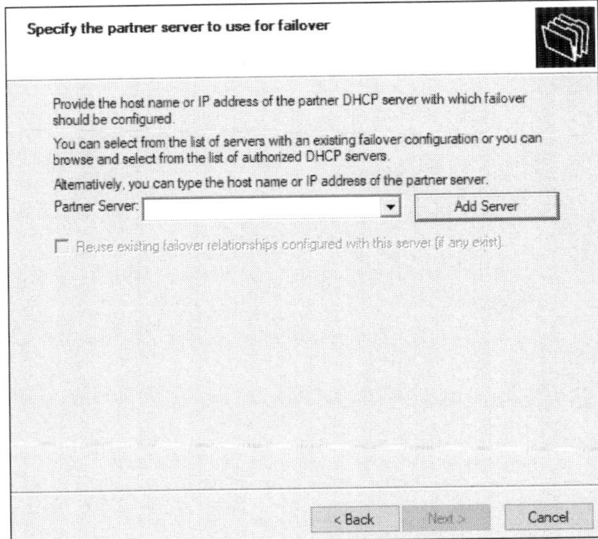

▶ En la ventana que se abre, marque **This authorized DHCP server** y seleccione el otro servidor DHCP de su trabajo práctico, es decir, el DC-cole.

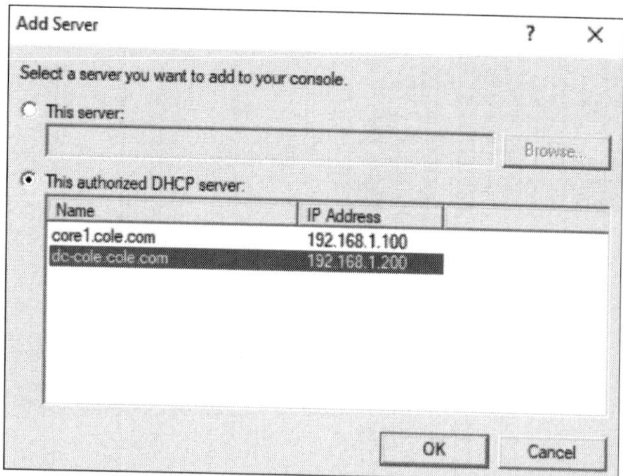

La siguiente ventana se utiliza para configurar el clúster:

Configure Failover
Create a new failover relationship
Create a new failover relationship with partner dc-cole
Relationship Name: CORE1-DC-cole
Maximum Client Lead Time: 1 hours 0 minutes
Mode: Hot standby
Hot Standby Configuration
Role of Partner Server: Standby
Addresses reserved for standby server: 10 %
State Switchover Interval: 30 minutes
Enable Message Authentication
Shared Secret: ********
< Back Next > Cancel

Vamos a ver estos ajustes en detalle.

Relation ship Name: podemos pensar en este ajuste como el nombre del clúster y podemos establecerlo como queramos.

Maximum Client Lead Time (MCLT): este parámetro define el tiempo que un cliente puede conservar su dirección IP en caso de fallo del servidor primario, mientras el servidor secundario toma el relevo. El nombre MCLT procede del mundo UNIX.

Mode: este ajuste define el papel del clúster, equilibrio de carga o servidor en espera.

La siguiente sección, que incluye dos ajustes, cambia según el tipo de clúster seleccionado en el parámetro **Mode**:

- Si el modo elegido es balanceo de carga, entonces esta sección se utiliza simplemente para definir el porcentaje de carga manejado por cada servidor.

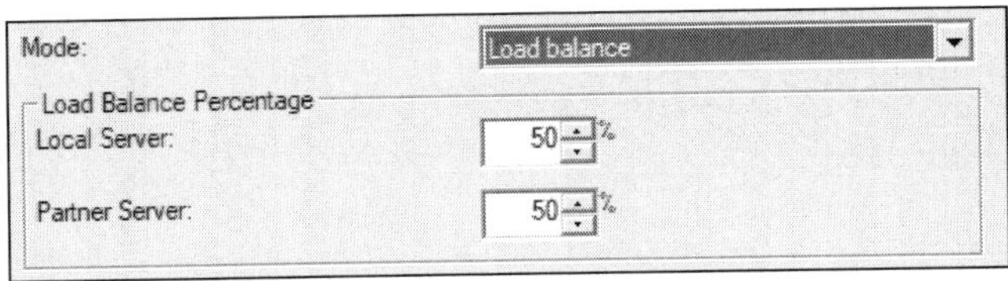

- Si el modo elegido es el servidor en espera, los dos ajustes son los siguientes:

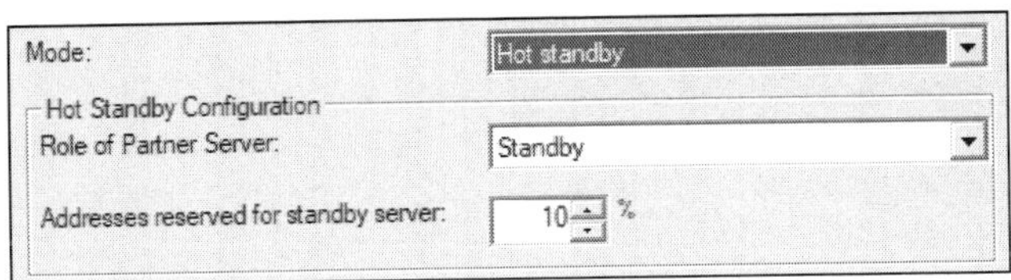

  - **Role of Partner Server**: define si el servidor de seguridad está en espera o activo.
  - **Addresses reserved for standby server**: se puede reservar un porcentaje de direcciones del intervalo para el segundo servidor, de modo que disponga de direcciones para distribuir a los clientes cuando tome el relevo si falla el primer servidor.

State Switchover Interval : cuando se interrumpe la comunicación con el primer servidor, este ajuste determina cuánto tiempo esperará el segundo servidor antes de tomar el relevo. Este ajuste debe estar vinculado a MCLT y no debe ser más largo que este último, de lo contrario las máquinas cliente se podrían encontrar sin un servidor con el que comunicarse para renovar su lease.

Tenga en cuenta que, si esta opción no está activada, el servidor secundario se puede activar a la menor interrupción, corte de red, etc.

Shared Secret: se utiliza para cifrar las comunicaciones entre las dos redes.

▶ Aplique los ajustes y pase a la siguiente ventana.

▶ La última ventana muestra un resumen de la configuración, haga clic en **Finish**.

Una vez establecida la conmutación por error, una ventana nos indica si las distintas etapas se han completado con éxito o no, así como el éxito final de la conmutación por error.

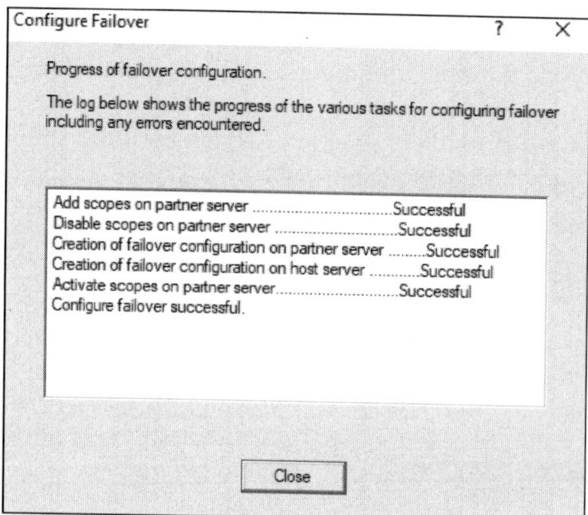

Los dos ámbitos seleccionados para formar parte de nuestro clúster de conmutación por error, se replicaron en el segundo servidor, el DC-cole de nuestro trabajo práctico.

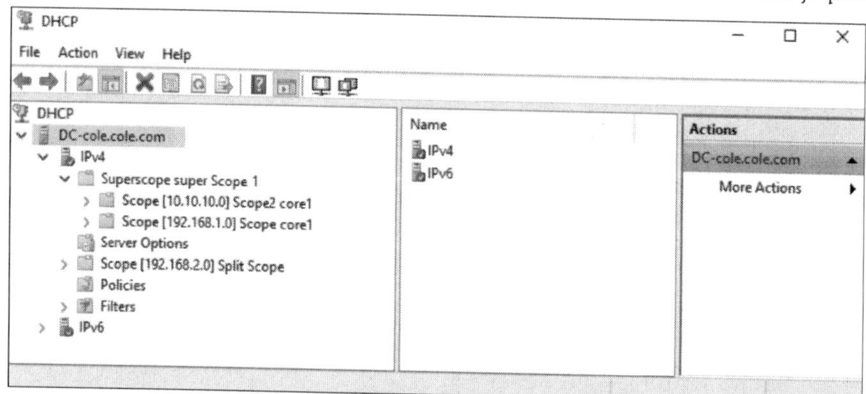

Si va a las propiedades de los ámbitos replicados, hay una pestaña para ver la configuración de replicación y clustering.

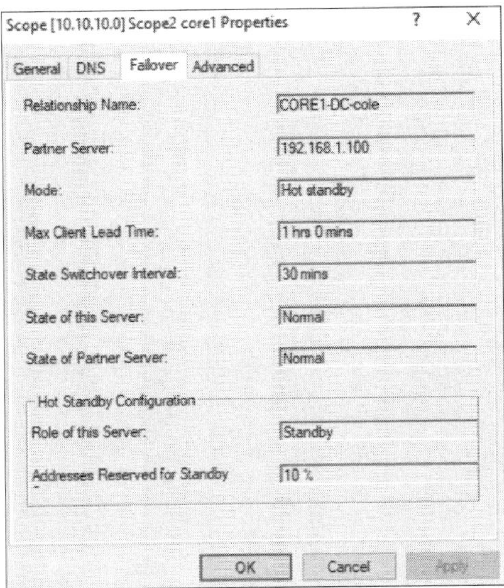

▶ Para cambiar la configuración del clúster, vuelva a **IPv4 - Properties** y, en la pestaña **Failover**, haga clic en **Edit**.

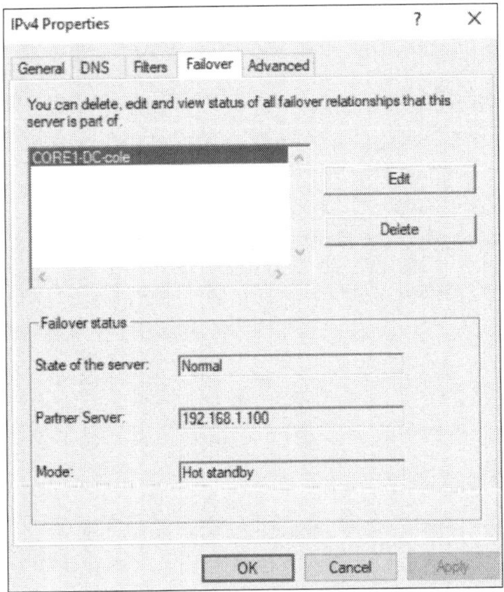

A continuación, puede modificar los ajustes.

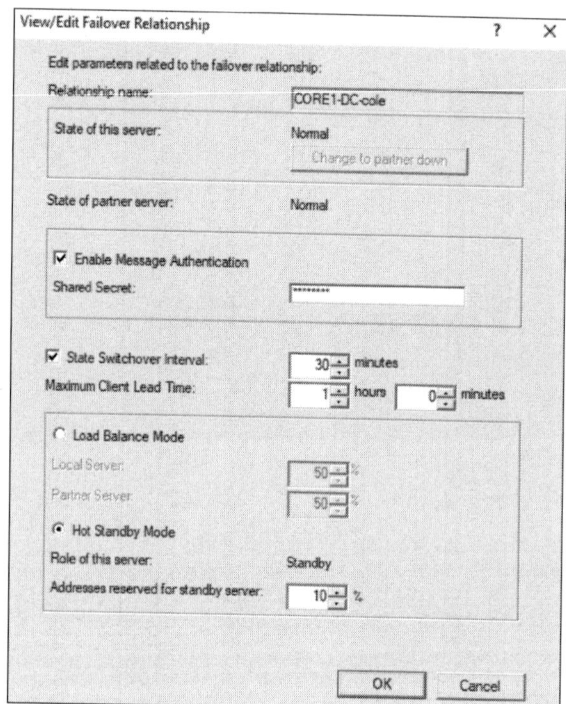

Observación

Si desea probar la conmutación por error, puede cambiar la configuración del intervalo de conmutación por error de estado a un minuto. A continuación, apague el servidor principal, en nuestro ejemplo core1, y reinicie la máquina client1. Un comando ipconfig debería indicar que el servidor DHCP es ahora la máquina DC-cole. Cambie de nuevo el intervalo de conmutación por error y reinicia ambos servidores para que vuelvan a su estado inicial.

Capítulo 3
El servicio DNS

1. Principios básicos

1.1 Indicaciones de raíz

Cuando se pide a un servidor DNS (*Domain Name System*) que traduzca un FQDN (*Fully Qualified Domain Name*) en una dirección IP, hay dos escenarios posibles: o bien el servidor DNS conoce la respuesta a la pregunta formulada, porque tiene esta información en un registro DNS o almacenada en caché en su memoria RAM, o bien no conoce la respuesta y, por tanto, debe preguntar a otro servidor DNS.

Si pregunta a otro servidor, puede, entre otras cosas, enviar su petición a uno de los servidores DNS raíz, que son de acceso público en Internet.

Como recordatorio, los servidores DNS raíz conocen las direcciones de los servidores TLD (*Top Level Domain*), que gestionan la última parte de una dirección, como .com, .edu, .es o .gov.

Los servidores TLD proporcionarán al servidor DNS la dirección del servidor que gestiona el dominio al que desea acceder, como cole.com o eni.es y el servidor DNS devolverá la dirección IP del servidor que gestiona el servicio al que desea acceder, como www.eni.es.

Este proceso se conoce como búsqueda iterativa. Las direcciones IP de los servidores raíz utilizados para iniciar estas búsquedas están disponibles en el sistema.

1.1.1 Ver las indicaciones de raíz

En un servidor DNS de Windows, puede encontrar las indicaciones de raíz haciendo clic con el botón derecho del ratón en el servicio, yendo a **Properties** y después a la pestaña **Root Hints**.

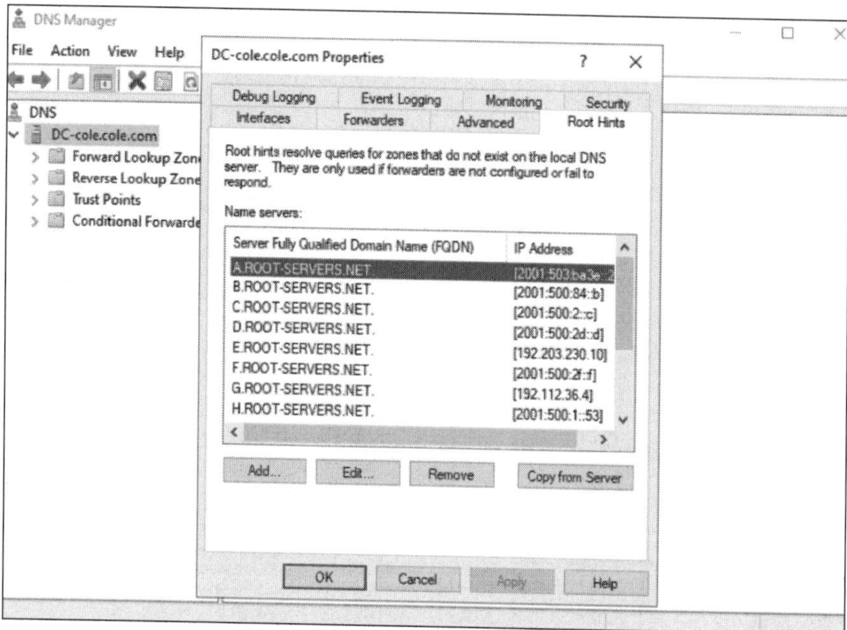

Estas direcciones del servidor raíz están contenidas en un archivo llamado CACHE.DNS, ubicado en c:\windows\system32\dns. Este archivo se puede editar con el bloc de notas para eliminar o añadir servidores.

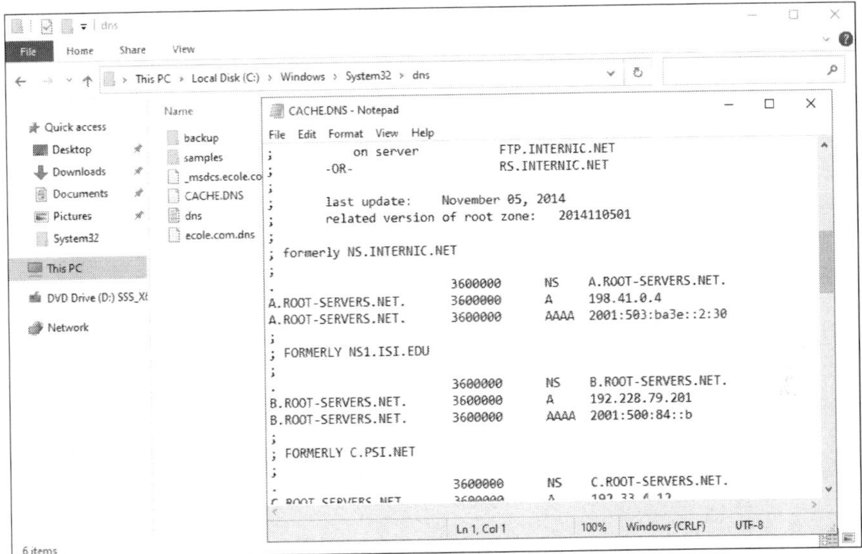

1.1.2 Modificar las indicaciones de raíz

Es posible que desee modificar este archivo por varias razones, como para actualizar el archivo con nuevas direcciones de servidores raíz, para cumplir con la legislación que requiere ciertos servidores raíz o para utilizar sólo los que ofrecen el mejor rendimiento.

Las indicaciones raíz se pueden cambiar modificando el archivo CACHE.DNS, mediante la interfaz gráfica o con PowerShell.

Para añadir una indicación raíz, utilice el comando:

```
Add-DnsServerRootHint -NameServer TestServer -IPAddress 1.2.3.4
```

Para eliminar una indicación raíz, utilice el comando:

```
Remove-DnsServerRootHint -NameServer TestServer
```

Por último, para mostrar las indicaciones de la raíz en PowerShell:

```
Get-DnsServerRootHint
```

1.2 Gestión de la caché

Una vez obtenida la información, el servidor la almacenará en caché en la memoria RAM, junto con las direcciones de los servidores contactados durante la consulta iterativa. Puede ver la caché del servicio DNS mediante el comando PowerShell:

```
Show-DnsServerCache
```

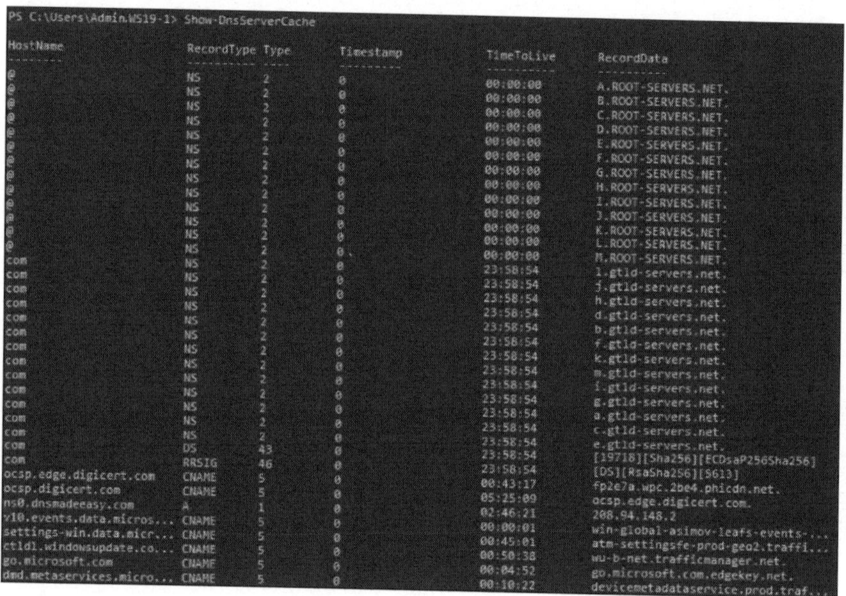

```
PS C:\Users\Admin.WS19-1> Show-DnsServerCache

HostName                    RecordType Type   Timestamp   TimeToLive   RecordData
--------                    ---------- ----   ---------   ----------   ----------
@                           NS         2      0           00:00:00     A.ROOT-SERVERS.NET.
@                           NS         2      0           00:00:00     B.ROOT-SERVERS.NET.
@                           NS         2      0           00:00:00     C.ROOT-SERVERS.NET.
@                           NS         2      0           00:00:00     D.ROOT-SERVERS.NET.
@                           NS         2      0           00:00:00     E.ROOT-SERVERS.NET.
@                           NS         2      0           00:00:00     F.ROOT-SERVERS.NET.
@                           NS         2      0           00:00:00     G.ROOT-SERVERS.NET.
@                           NS         2      0           00:00:00     H.ROOT-SERVERS.NET.
@                           NS         2      0           00:00:00     I.ROOT-SERVERS.NET.
@                           NS         2      0           00:00:00     J.ROOT-SERVERS.NET.
@                           NS         2      0           00:00:00     K.ROOT-SERVERS.NET.
@                           NS         2      0           00:00:00     L.ROOT-SERVERS.NET.
@                           NS         2      0           00:00:00     M.ROOT-SERVERS.NET.
com                         NS         2      0           23:58:54     l.gtld-servers.net.
com                         NS         2      0           23:58:54     j.gtld-servers.net.
com                         NS         2      0           23:58:54     h.gtld-servers.net.
com                         NS         2      0           23:58:54     d.gtld-servers.net.
com                         NS         2      0           23:58:54     b.gtld-servers.net.
com                         NS         2      0           23:58:54     f.gtld-servers.net.
com                         NS         2      0           23:58:54     k.gtld-servers.net.
com                         NS         2      0           23:58:54     m.gtld-servers.net.
com                         NS         2      0           23:58:54     i.gtld-servers.net.
com                         NS         2      0           23:58:54     g.gtld-servers.net.
com                         NS         2      0           23:58:54     a.gtld-servers.net.
com                         NS         2      0           23:58:54     c.gtld-servers.net.
com                         NS         2      0           23:58:54     e.gtld-servers.net.
com                         DS         43     0           23:58:54     [19718][Sha256][ECDsaP256Sha256]
com                         RRSIG      46     0           23:58:54     [DS][RsaSha256][S613]
ocsp.edge.digicert.com      CNAME      5      0           00:43:17     fp2e7a.wpc.2be4.phicdn.net.
ocsp.digicert.com           CNAME      5      0           05:25:09     ocsp.edge.digicert.com.
ns0.dnsmadeeasy.com         A          1      0           02:46:21     208.94.148.2
v10.events.data.micros...   CNAME      5      0           00:00:01     win-global-asimov-leafs-events-...
settings-win.data.micr...   CNAME      5      0           00:45:01     atm-settingsfe-prod-geo2.traffi...
ctldl.windowsupdate.co...   CNAME      5      0           00:50:38     wu-b-net.trafficmanager.net.
go.microsoft.com            CNAME      5      0           00:04:52     go.microsoft.com.edgekey.net.
dmd.metaservices.micro...   CNAME      5      0           00:10:22     devicemetadataservice.prod.traf...
```

Una forma de utilizar un servidor DNS es la denominada **DNS resolver**. En este caso, el servidor no contiene zonas ni registros. Llenará gradualmente su caché con la información solicitada por los clientes. Por defecto, contiene las direcciones de los servidores raíz y puedes indicarle las direcciones de otros servidores DNS o enviarle peticiones. Utilizar un servidor DNS de esta forma puede ser útil para distribuir la carga dentro de una empresa, ya que los clientes envían sus peticiones a distintos resolvers que, a su vez, solicitan información a un DNS que aloja las zonas de la empresa. En todos los casos, almacenará la información en caché.

Esta caché se puede borrar con el siguiente comando:

```
Clear-DnsServerCache
```

Es posible que desee realizar esta operación por motivos de seguridad, si sospecha que un atacante ha conseguido incluir información falsa en la caché o con fines de limpieza para volver a empezar de cero.

Tenga en cuenta que, si un servidor de resolución DNS se queda sin información en caché, será más lento porque tendrá que volver a preguntar al mundo exterior por cada petición de sus clientes, hasta que la caché se vuelva a llenar.

Cierta información, como las indicaciones de raíz o el contenido del archivo hosts, se almacena automáticamente en caché.

En el caso de un servidor que contenga zonas y registros DNS, la caché sigue siendo útil, ya que la información solicitada también se almacenará en ella, lo que representa una importante ganancia de rendimiento.

La información DNS también se almacena en caché en las máquinas cliente, en el sistema y en los navegadores web, porque el número de peticiones DNS que se pueden hacer en una red es muy elevado (se calcula que hay 1.500 millones de peticiones DNS por segundo en todo el mundo) y el almacenamiento en caché ahorra ancho de banda y mejora el rendimiento.

Cada registro DNS tiene un **tiempo de vida llamado TTL** (*Time to Live*), que define cuánto tiempo permanecerá almacenado en caché.

En Windows Server, una característica llamada **cache locking** está activada por defecto, e impide la modificación de un registro almacenado en caché antes del final de su TTL. Esto está diseñado para prevenir ataques de envenenamiento de caché en los que un actor malicioso inserta información falsa.

La *cache locking* se establece como un **porcentaje de la duración del TTL**, como en este comando PowerShell con un ejemplo al 50% de la duración TTL:

```
Set-DnsServerCache -LockingPercent 50
```

Puede ver la configuración de la caché utilizando el comando:

```
Get-DnsServerCache
```

2. El trabajo práctico

Para explorar el servicio DNS en Windows Server, utilizaremos el siguiente trabajo práctico:

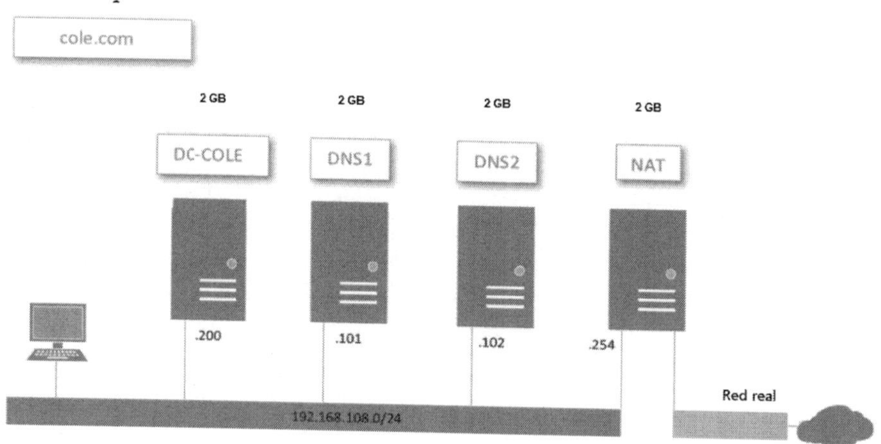

- Un controlador de dominio, con DHCP y DNS.
- Dos servidores DNS que no están en el dominio.
- Una máquina cliente que no está inicialmente en el dominio.
- Un servidor Windows con enrutamiento NAT, que no estará en el dominio.

El servidor NAT tiene dos tarjetas de red, una que lo conecta a la red real a través de su software de virtualización y otra en la misma red que el resto de las máquinas.

- En DC-cole, instale el rol de servicios de dominio de Active Directory y elija instalar DNS cuando promocione el servidor a controlador de dominio. A continuación, instale el rol DHCP y autorícelo en el dominio.
- En el servidor DC-cole, configure la extensión DHCP para que los equipos cliente puedan tener una dirección en la red de su NAT, con el NAT como pasarela y el DC-cole como DNS.
- Instale el rol de servidor DNS en los servidores DNS1 y DNS2. Para ello, puede utilizar el comando PowerShell:

```
Install-WindowsFeature -Name DNS -IncludeManagementTools
```

2.1 Configuración del NAT

2.1.1 Configuración de tarjetas de red

La tarjeta de red en el mismo segmento que la otra máquina tiene la siguiente configuración:

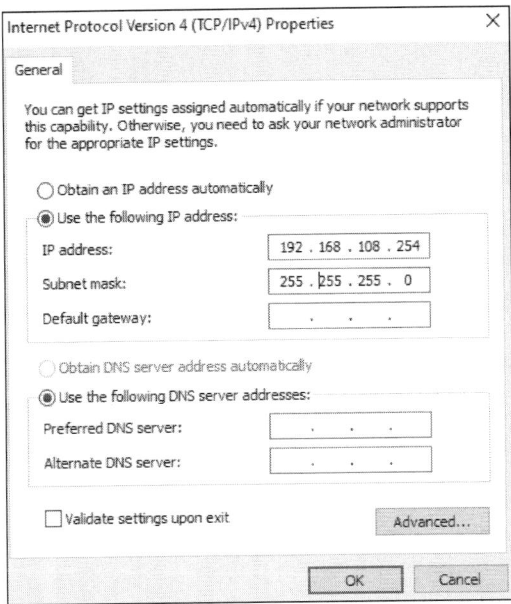

La segunda tarjeta de red, que está conectada a la red real, se debe configurar de acuerdo con la red IP utilizada en su red. La siguiente captura de pantalla muestra configuraciones adaptadas a la red real donde se realiza este ejercicio, la red IP puede ser diferente en su país.

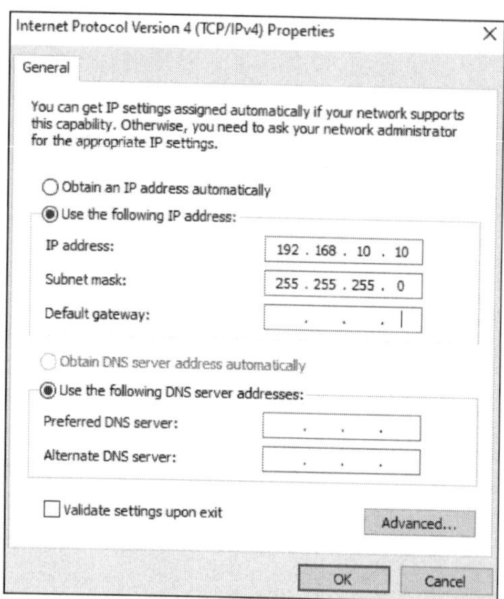

En este punto debería poder hacer ping a su router real desde la máquina NAT y las otras máquinas reales deberían poder hacer ping al servidor NAT.

Tenga en cuenta que el cortafuegos puede bloquear el ping. La regla para permitir el paso del ping se encuentra en **Windows Defender Firewall - Advanced settings - Inbound Rules - File and Printer Sharing (Echo Request - ICMPv4-In)**.

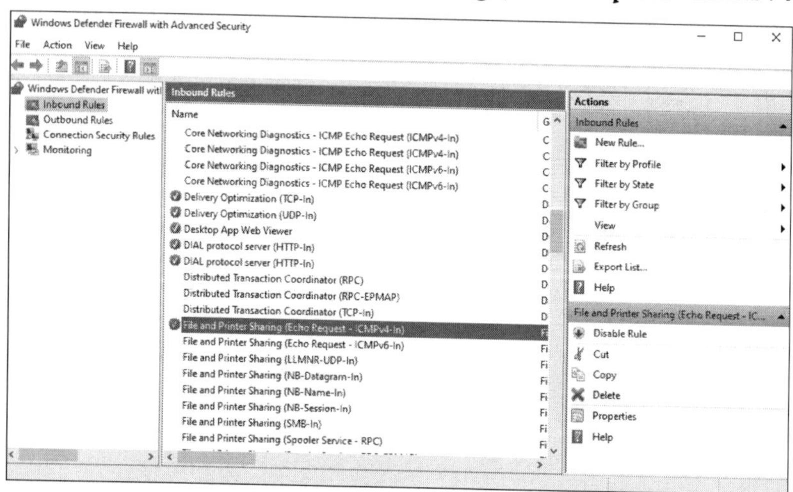

Observación

Sobre todo, no deshabilites el cortafuegos del servidor NAT, ya que es el que realiza el filtrado NAT y puede provocar graves fallos de funcionamiento.

2.1.2 Instalación de enrutamiento NAT

- En el administrador de servidores, añada la función **Remote Access**.
- En los servicios de rol, seleccione **Routing**, **DirectAccess** se añadirá, lo dejaremos. Haga clic en **Next** para completar la instalación.

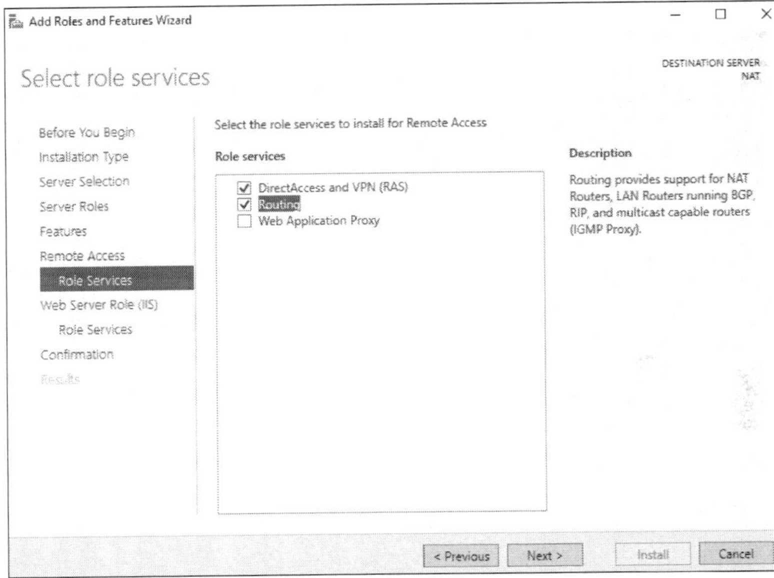

- Una vez instalado el rol de enrutamiento, abra un símbolo del sistema CMD y escriba el comando:

```
rrasmgmt.msc
```

Se abrirá la ventana de gestión de rutas.

- Haga clic con el botón derecho en el servicio y seleccione **Configure and Enable Routing and Remote Access.**

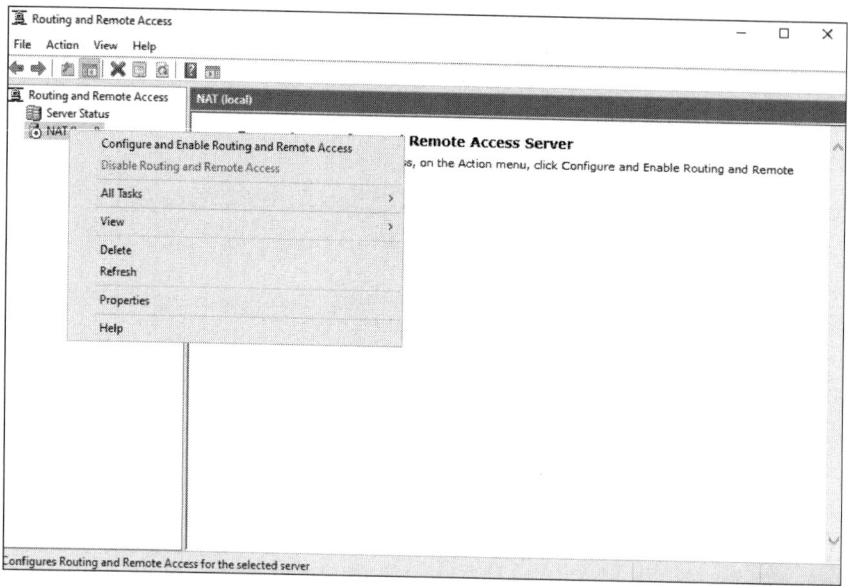

- En la siguiente pantalla, seleccione **Virtual private network (VPN) access and NAT**.

Routing and Remote Access Server Setup Wizard

Configuration

You can enable any of the following combinations of services, or you can customize this server.

- Remote access (dial-up or VPN)
  Allow remote clients to connect to this server through either a dial-up connection or a secure virtual private network (VPN) Internet connection.
- Network address translation (NAT)
  Allow internal clients to connect to the Internet using one public IP address.
- Virtual private network (VPN) access and NAT
  Allow remote clients to connect to this server through the Internet and local clients to connect to the Internet using a single public IP address.
- Secure connection between two private networks
  Connect this network to a remote network, such as a branch office.
- Custom configuration
  Select any combination of the features available in Routing and Remote Access.

< Back | Next > | Cancel

▶ A continuación, seleccione la tarjeta conectada a la red real.

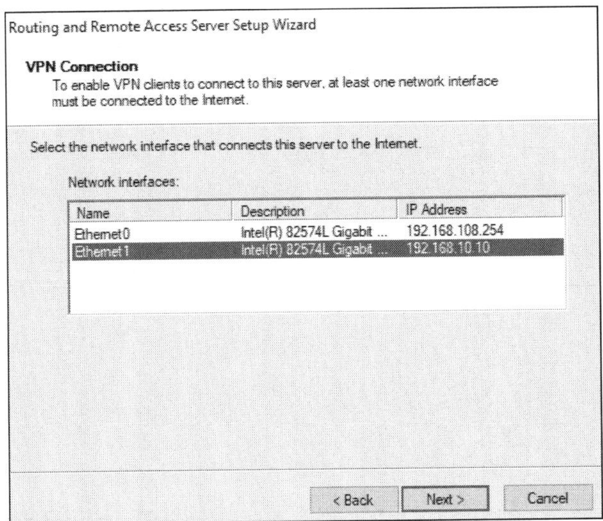

▶ Puede dejar todos los demás ajustes por defecto, entonces un mensaje le preguntará si desea iniciar el servicio. Confirme su elección.

2.2 Ruta estática añadida

NAT está ahora instalado, pero con la configuración de la tarjeta de red que hizo. La máquina no sabe dónde está el router que la conectará a Internet. Vamos a implementar una ruta estática para decírselo.

▶ En **IPv4 - Static Routes**, haga clic con el botón derecho del ratón y seleccione **New Static Route** en el menú desplegable.

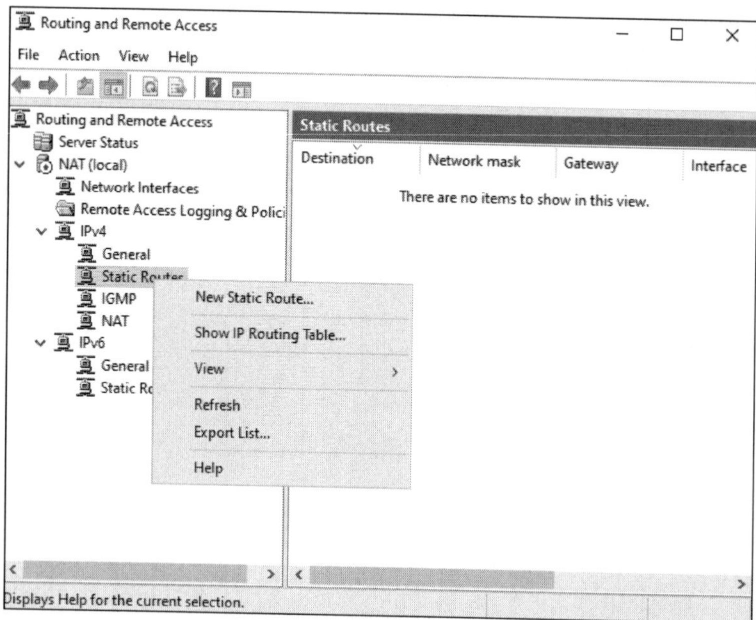

La configuración de ruta estática significa que cualquier cosa que no esté en la tabla de enrutamiento de la máquina, se puede alcanzar en la dirección del box de su red real. La IP de destino debe ser la de su router real.

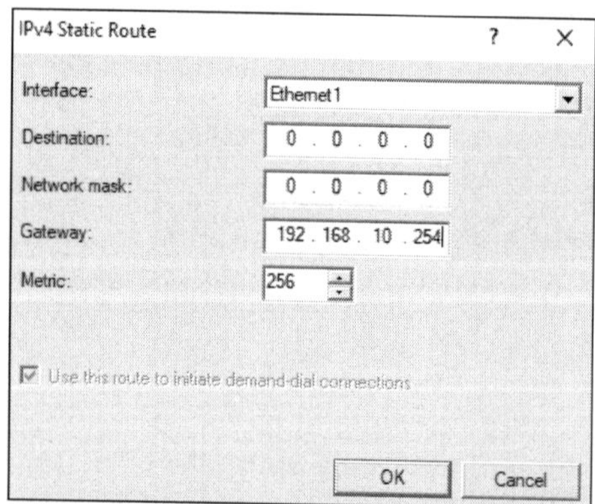

La configuración de la red se ha completado y las máquinas del trabajo práctico deberían tener acceso a Internet. Un ping a 8.8.8.8 debería tener éxito.

3. Redireccionadores

Es posible indicarle a un servidor DNS dónde buscar la información que necesita para responder a las peticiones de los clientes. Como hemos visto, por defecto, si un servidor no tiene la información que necesita para responder a un cliente, preguntará a los servidores DNS raíz.

La resolución con indicaciones de raíz puede ser demasiado lenta y provocar mensajes de tiempo de espera.

▶ Para comprobar la resolución DNS, utilice el comando `nslookup`.

```
C:\Users\Administrator>nslookup www.eni.es
Server:  UnKnown
Address:  ::1

Non-authoritative answer:
DNS request timed out.
    timeout was 2 seconds.
```

Puede resolver este problema especificando otro servidor DNS; esto se hace utilizando redireccionadores o forwarders. Existen dos tipos de redireccionadores: globales y condicionales. Con los redireccionadores, ya no se lleva a cabo la resolución iterativa a los servidores DNS raíz; el servidor preguntará directamente por el servicio DNS indicado en el redireccionador.

Observación

*El comando **`nslookup`** ignora la caché DNS local de la máquina donde se ejecuta y fuerza la resolución por el servidor DNS.*

3.1 Redireccionadores globales

Los redireccionadores globales indicarán una dirección de servidor DNS a consultar cuando el servidor no disponga de la información solicitada.

▶ En el servicio DNS de DC-cole, para crear un redireccionador global, vaya al administrador DNS, luego haga clic con el botón derecho del ratón en el servicio **Properties** y, a continuación, en la pestaña **Forwarders**.

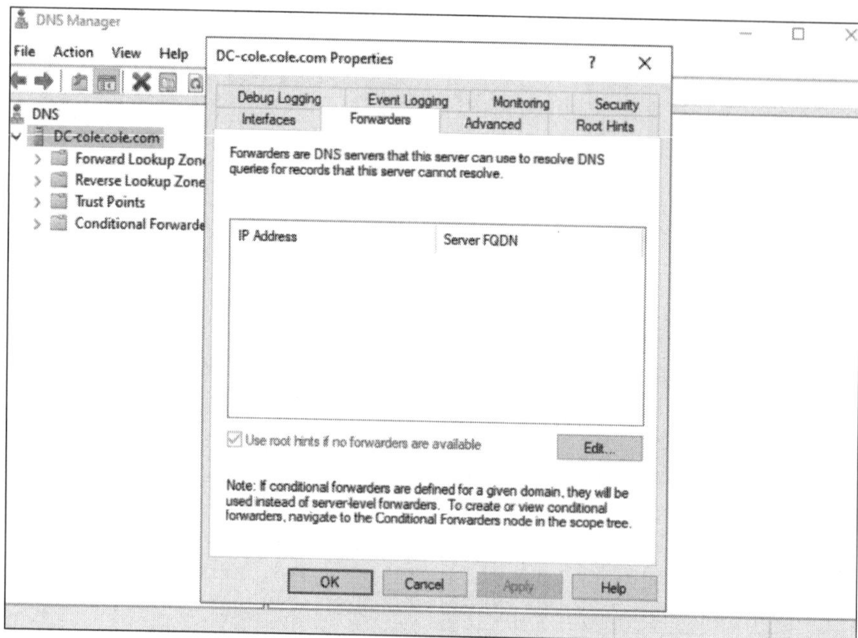

▶ Haga clic en **Edit** e introduzca la dirección de un servidor DNS. En nuestro ejemplo, utilizaremos el servicio DNS público de Google.

Edit Forwarders
IP addresses of forwarding servers:
IP Address | Server FQDN | Validated
8.8.8.8
Delete
Up
Down
Number of seconds before forward queries time out: 3
The server FQDN will not be available if the appropriate reverse lookup zones and entries are not configured.
OK
Cancel

Después de configurar el redireccionador, la resolución funciona al primer intento, sin ningún tiempo de espera.

```
C:\Users\Administrator>nslookup www.eni.es
Server:  UnKnown
Address:  ::1

Non-authoritative answer:
Name:    ip200.eni.es
Address:  185.42.28.200
Aliases:  www.eni.es
```

3.2 Redireccionadores condicionales

Los redireccionadores condicionales también se pueden utilizar para redirigir las peticiones DNS de los clientes a otra máquina, pero sólo para un dominio DNS específico.

- Para crear un redireccionador condicional, vaya al servidor DNS1 del trabajo práctico y cree un redireccionador para el dominio cole.com.

El servidor DNS1 tiene la dirección de servidor DNS 127.0.0.1 en su configuración de red y su servicio DNS no tiene información sobre el dominio cole.com. En estas condiciones, una búsqueda en este dominio activará la resolución iterativa y se devolverán direcciones públicas en Internet.

```
C:\Users\Administrator>nslookup cole.com
Server:  localhost
Address:  127.0.0.1

Name:    cole.com
Addresses:  45.33.2.79
          72.14.178.174
          198.58.118.167
          96.126.123.244
          45.33.23.183
          72.14.185.43
          45.33.18.44
          173.255.194.134
          45.33.20.235
          45.56.79.23
          45.79.19.196
          45.33.30.197
```

- Para crear un redireccionador condicional, vaya al administrador DNS, haga clic con el botón derecho del ratón en la carpeta de redireccionadores condicionales y seleccione **New Conditional Forwarder**.

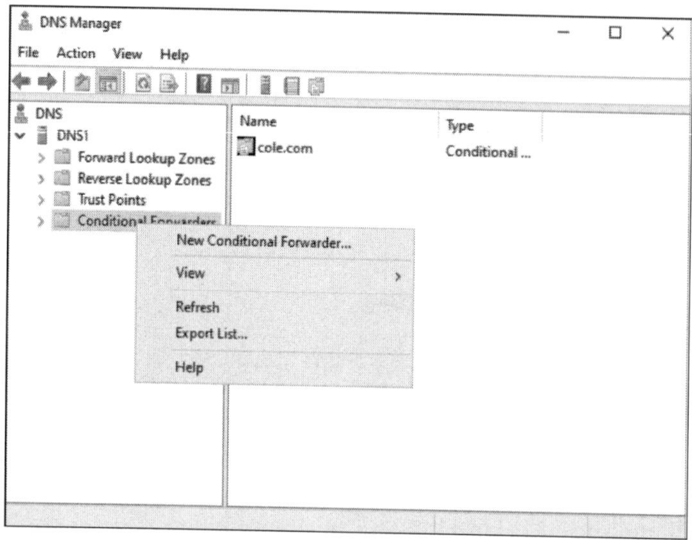

A continuación, debe introducir el nombre del dominio y la dirección del servidor DNS con el que se debe poner en contacto para obtener información sobre este dominio. En nuestro trabajo práctico, se trata de la dirección del servidor DC-cole.

New Conditional Forwarder
DNS Domain:
cole.com
IP addresses of the master servers:
IP Address
Server FQDN
Validated
192.168.108.200
Delete
Up
Down
Store this conditional forwarder in Active Directory, and replicate it as follows:
All DNS servers in this forest
Number of seconds before forward queries time out: 5
The server FQDN will not be available if the appropriate reverse lookup zones and entries are not configured.
OK
Cancel

Un nuevo intento de resolución dará esta vez la dirección DC-cole y ya no las direcciones públicas, puesto que la resolución iterativa ya no se utiliza para este dominio.

```
C:\Users\Administrator>nslookup cole.com
Server:  localhost
Address:  127.0.0.1

Non-authoritative answer:
Name:    cole.com
Address:  192.168.108.200
```

4. Proceso de resolución del servidor DNS

Ahora vamos a ver cómo los servidores DNS intentan resolver la petición.

Cuando una petición DNS llega al servidor, comienza un proceso para resolverla, teniendo en cuenta los datos disponibles localmente, el contenido de la caché, cualquier redireccionador e indicaciones de las raíces.

- El servidor comprueba primero si la información solicitada está disponible en la caché. En caso afirmativo, responde al cliente.
- Si no hay datos en la caché que se puedan utilizar para responder a la solicitud, el servidor consultará cualquier zona DNS alojada localmente, buscando registros DNS que se puedan utilizar para responder a la solicitud. Si tiene algún registro, responderá al cliente.
- Si no hay registros disponibles para resolver la petición del cliente, el servidor comprobará si tiene algún redireccionador. Si lo tiene, enviará la petición a la dirección especificada en el redireccionador, en el puerto 53 en UDP.
  - Si el servidor indicado por el redireccionador responde, reenvía la información al cliente.
  - Si el servidor indicado en el redireccionador no responde, intenta llegar a los servidores raíz.
  - Si no tiene un redireccionador, también intentará llegar a los servidores raíz.
- Si la resolución iterativa iniciada con los servidores raíz da lugar a una respuesta, ésta se transmitirá al cliente.
- Si el servidor no recibe ninguna respuesta tras el intento de resolución iterativo, entonces el servidor envía al cliente una respuesta indicando que la resolución es imposible.

En todos los casos, las respuestas se almacenan en caché antes de ser enviadas al cliente. Los registros DNS utilizados para responder a la solicitud contienen un TTL (*Time to Live*), que indica al servidor cuánto tiempo se debe mantener la respuesta en caché. Puede ser desde unos minutos hasta varias semanas. Por defecto, en Windows Server, este tiempo está fijado en una hora.

5. Registros DNS

Por lo tanto, una zona DNS contiene registros, algunos de los cuales se crean automáticamente por el sistema, mientras que otros se pueden crear manualmente por parde de los administradores. Existen diferentes tipos de zona DNS, que realizan diferentes funciones.

Existen muchos tipos diferentes de registros DNS. A continuación, se ofrece una lista de los más utilizados:

- **Registros SOA *(Start of Authority)***: este registro se crea al mismo tiempo que la zona y contiene información como la lista de servidores autorizados para el dominio, el TTL que indica cuánto tiempo se deben mantener los registros en caché, la configuración de transferencia de zona, la configuración de actualización dinámica, etc.
- **Registros NS**: este tipo de registro contiene la lista de servidores autoritativos de la zona. Contiene la misma información que un registro SOA, incluidos TTL, actualizaciones, etc.
- **Registros host**: contienen las direcciones IP de las máquinas y los hay de dos tipos:
  - tipo A para direcciones IPv4,
  - tipo AAAA para direcciones IPv6.
- **Registros CNAME**: también conocidos como alias, estos registros no contienen una dirección IP, sino que hacen referencia a un registro host. Se utilizan para enviar diferentes servicios a una misma máquina, como www o ftp, que estarían en la misma máquina y, por tanto, en el mismo registro de host.
- **Registros PTR**: son los llamados registros inversos, que permiten traducir una dirección IP en un FQDN. Sólo se pueden alojar en zonas inversas. PTR son las siglas de "pointer record" (registro puntero).
- **Registros MX**: son registros de Mail Exchange, utilizados para referirse a los servidores de correo electrónico. No contienen una dirección IP, sino que se refieren a un registro de tipo host.

- **Registros SRV**: se utilizan para indicar las máquinas que prestan diferentes servicios, como HTTP o FTP. Contienen parámetros de prioridad y peso, que se utilizan para gestionar el equilibrio de carga distribuyendo el tráfico entre los distintos servidores que prestan el mismo servicio. Un servidor con una prioridad menor que los demás recibirá más peticiones. La prioridad se tiene en cuenta antes que el peso.
- **Registros TXT**: se utilizan para demostrar a un tercero que usted es realmente el propietario del dominio NDS. Por ejemplo, cuando quiere vincular Office 365 a un nombre de dominio que alquila a un proveedor.

Observación

Para crear un registro DNS en Windows Server, basta con hacer clic con el botón derecho del ratón en la zona en cuestión. Puede crear directamente registros host, CNAME y MX. Para otros tipos de registros, seleccione "nuevos registros". La lista de tipos de registro posibles va mucho más allá de los pocos ejemplos más comunes que se dan aquí.

6. Gestión de zonas y registros

Cuando se promociona un servidor controlador de dominio, la mejor práctica recomendada por Microsoft es instalar el servicio DNS al mismo tiempo en la misma máquina.

Por lo tanto, este método instalará el servicio DNS y creará dos zonas de búsqueda directa, que estarán vinculadas a Active Directory y se utilizarán para su funcionamiento.

El primero, cuyo nombre empieza por "_msdcs" seguido del nombre de dominio del bosque, es un subdominio del dominio raíz. Se replicará en todos los controladores de dominio del bosque.

Contiene varias subcarpetas:

- DC contiene información sobre los sitios de Active Directory,
- Domains, donde encontrará la lista de controladores de dominio del bosque,
- GC, que contiene la lista de controladores de dominio que tienen el dominio global,
- PDC, donde encontrará la lista de controladores de dominio que son emuladores de PDC.

Observación

En términos prácticos, hay poca administración que hacer en esta zona y los administradores raramente interactúan con ella. Sin embargo, puede faltar, en cuyo caso se puede crear manualmente dándole un nombre que empiece por _msdcs. El sistema crea entonces carpetas, subcarpetas y registros DNS. Esto se debe considerar como una solución temporal para hacer frente a la emergencia, antes de reinstalar el servicio.

Es en la segunda zona creada por el sistema donde tendrá lugar la administración más importante, la del nombre de dominio. También contiene las subcarpetas utilizadas por el sistema, la delegación DNS a la zona _msdcs y los registros creados por Active Directory para todas las máquinas del dominio. Cuando se añade una máquina al dominio, se crea automáticamente un registro de host para ella.

6.1 Gestión de máquinas con varias tarjetas de red

Cuando el sistema crea registros DNS para máquinas en el dominio, si una máquina tiene varias tarjetas de red, creará un registro para cada tarjeta, con las direcciones IP correspondientes. Por lo tanto, en los registros DNS aparecerán varias direcciones IP para la misma máquina.

Esto puede causar problemas. Para evitarlos, basta con configurar las tarjetas de red de las máquinas para que no se tengan en cuenta por DNS.

▶ En la máquina en cuestión, vaya a las propiedades de la tarjeta de red y luego a **IPv4**.

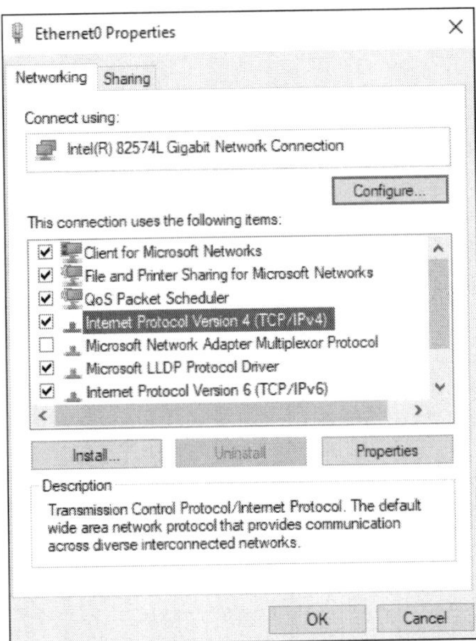

▶Una vez en IPv4, pulse en **Advanced**.

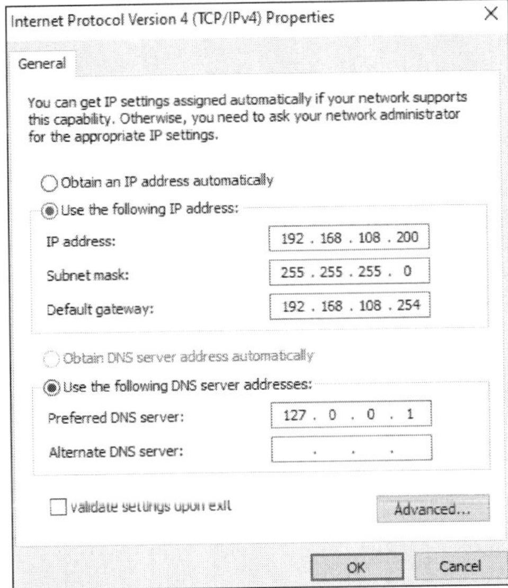

- A continuación, vaya a la pestaña **DNS** y desmarque la casilla **Register this connection's addresses in DNS**.

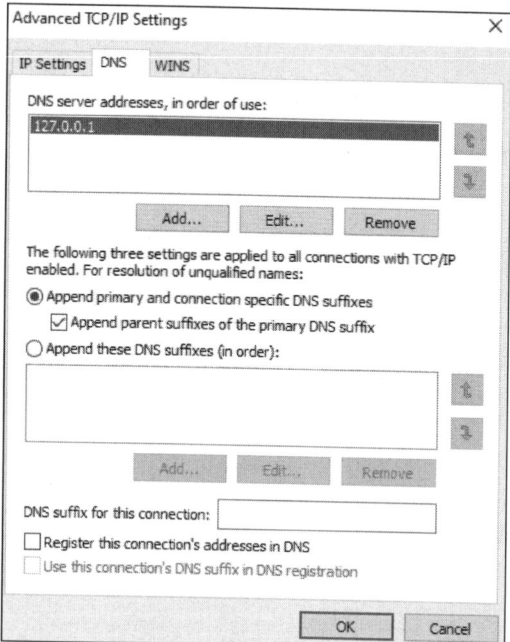

6.2 Gestión de zonas DNS Active Directory

6.2.1 Recrear un registro

Si falta el registro DNS correspondiente a una máquina del dominio, es posible forzar la creación del mismo, ejecutando un comando PowerShell en la máquina cliente:

```
Register-DnsClient
```

6.2.2 Vuelva a crear la zona DNS Active Directory

Si falta la zona DNS del dominio, puede volver a crearla manualmente, simplemente creando una zona de búsqueda directa con el nombre del dominio.

- Para ello, vaya al administrador de DNS, haga clic con el botón derecho del ratón en la carpeta **Foward Lookup Zones** y seleccione **New Zone**.

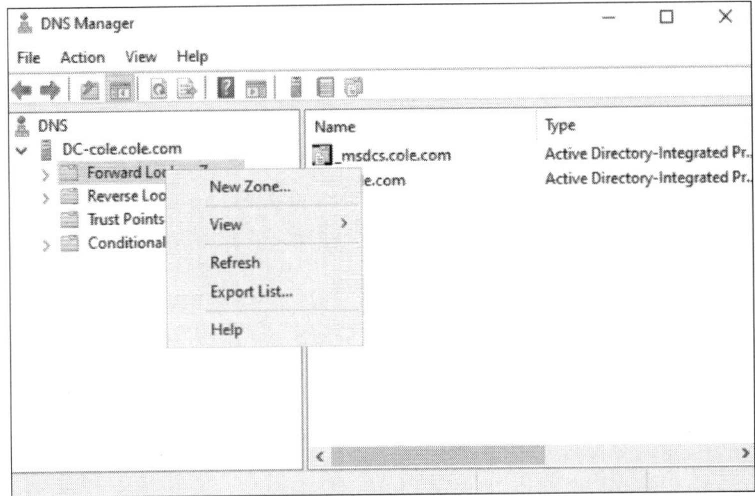

Seleccione **Primary zone**.

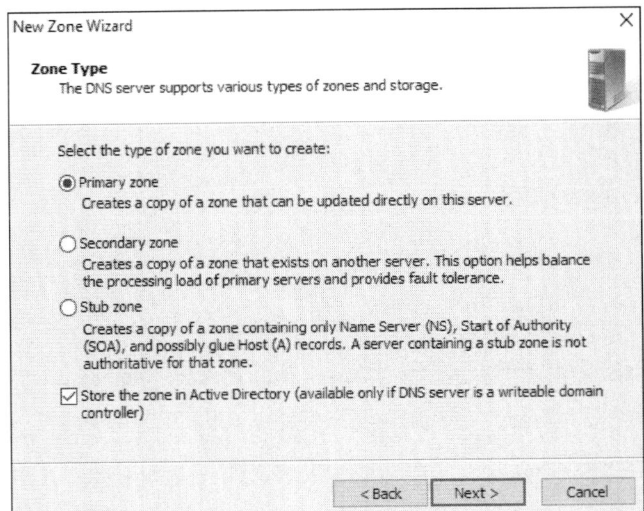

En las pantallas siguientes, deje todos los ajustes en sus valores por defecto, ya que corresponden a los utilizados por Active Directory. Deberá dar un nombre a la zona; asígnele el nombre del dominio.

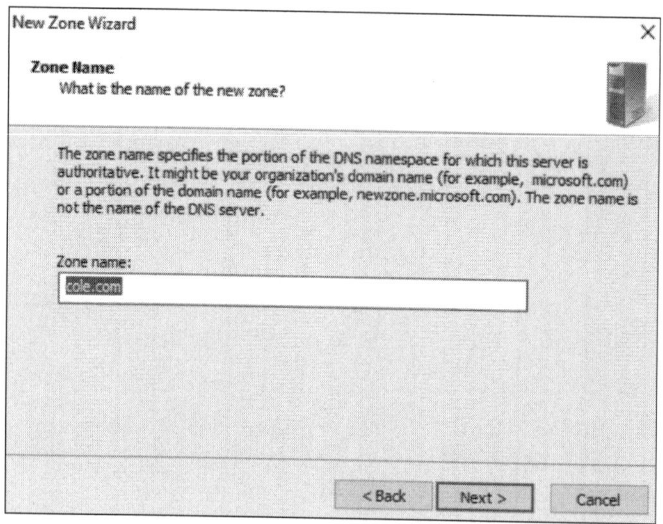

Por defecto, la nueva zona no tiene ni los registros DNS de las máquinas del dominio ni las subcarpetas requeridas por Active Directory.

El servicio Netlogon se debe reiniciar para que el sistema cree los registros DNS de las máquinas y subcarpetas en la nueva zona.

```
Restart-Service -Name Netlogon
```

6.2.3 Configuración de limpieza por zonas

Existe una función en DNS para eliminar registros que están obsoletos. Un registro se vuelve obsoleto cuando no se ha actualizado durante un cierto periodo de tiempo, que puede ser definido por los administradores.

Cuando vaya a la ventana de la zona DNS, podrá ver que algunos registros tienen una fecha en la columna **Timestamp**, mientras que otros se indican como **static**.

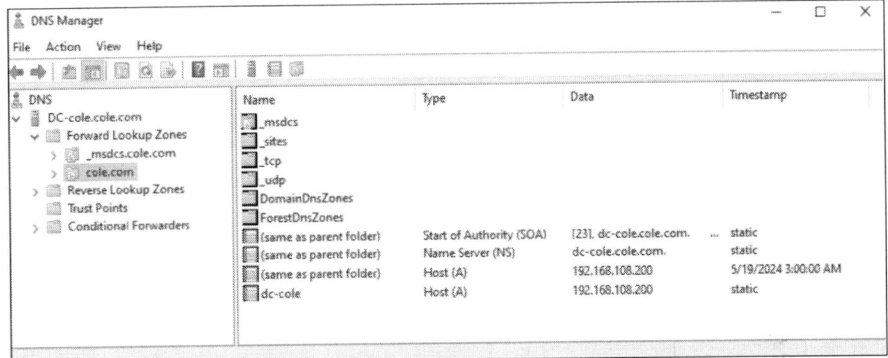

Los marcados como estáticos corresponden a máquinas a las que se ha fijado una configuración IP y los que tienen una marca de tiempo corresponden a máquinas con una dirección dinámica dada por DHCP. DHCP actualizará los registros si cambia la dirección de la máquina, y cambiará la marca de tiempo.

Es posible eliminar automáticamente los registros que no hayan sido actualizados desde el final del lease DHCP. Esta configuración se puede hacer a nivel de servicio, en cuyo caso todas las zonas lo heredarán o en cada zona. Nosotros lo haremos en el servidor.

- En el administrador de DNS, haga clic con el botón derecho del ratón en el servicio y seleccione **Set Aging/Scavenging for All Zones**.

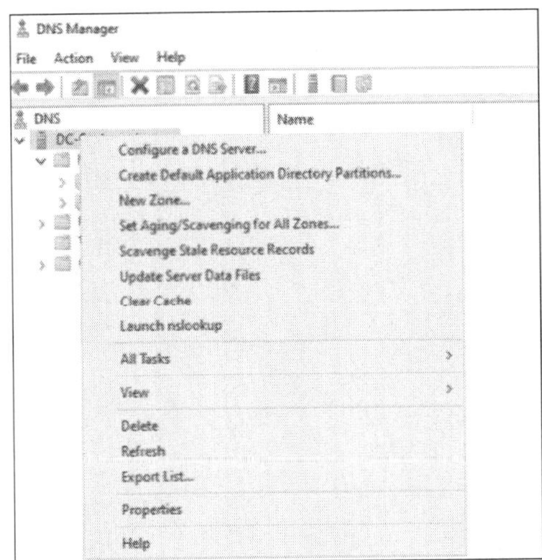

- Marque la opción para activar la limpieza y establezca las duraciones (en nuestro ejemplo para un lease de ocho días):
  - La primera duración, **No-refresh interval**, evita que los registros sean modificados, basándose en su marca de tiempo. Se establece en la mitad del periodo de lease DHCP, porque las máquinas cliente no cambiarán la marca de tiempo del registro antes de que haya transcurrido la mitad del periodo de lease.
  - La segunda duración, **Refresh interval**, indica el tiempo que se le da al sistema para actualizar los registros, ya sea cambiando su valor o cambiando la marca de tiempo. Este valor se establece para la otra mitad del lease DHCP.

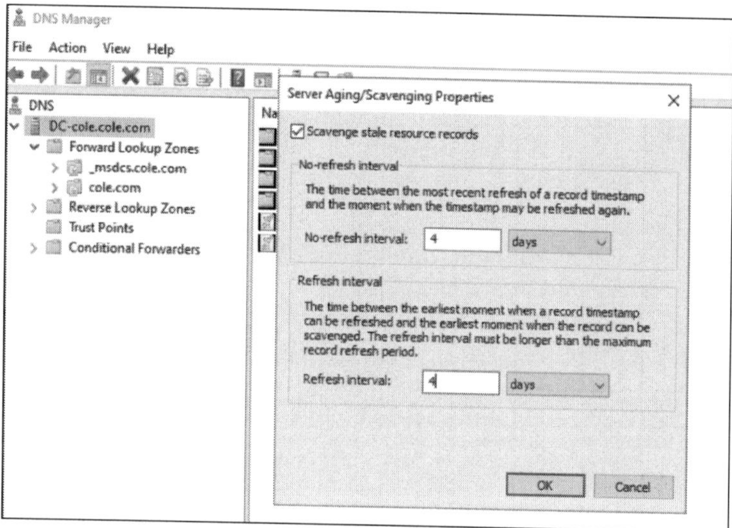

- Una vez validado, el sistema le preguntará si desea activar la limpieza de las zonas de Active Directory. Marque la opción:

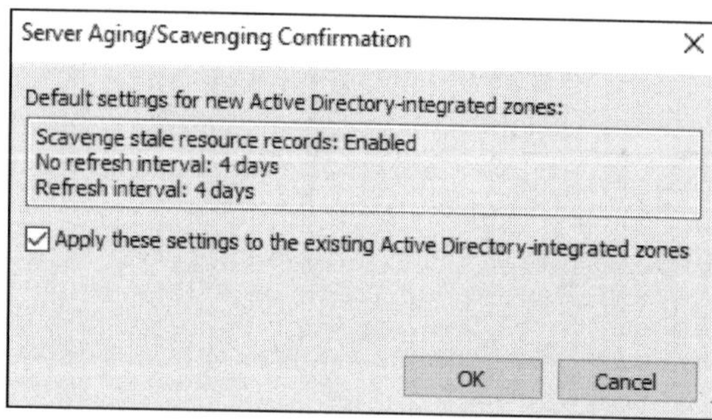

- Acaba de configurar la limpieza, ahora necesita activarla. Haga clic con el botón derecho del ratón en el servicio DNS y seleccione **Properties** en el menú desplegable.
- Vaya a la pestaña **Advanced** y marque la opción **Enable automatic scavening of stale records**, a continuación, establezca la duración al mismo valor que el contrato de lease DHCP.

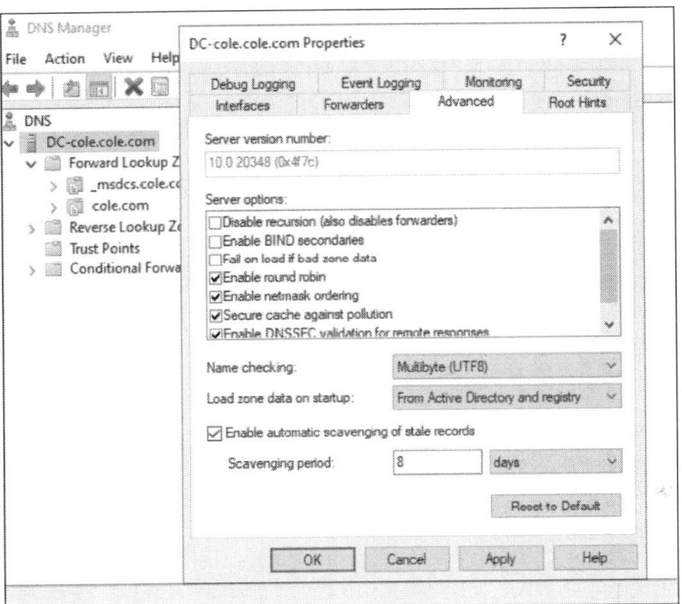

Observación

Además de limpiar regularmente el DNS de registros obsoletos, esta función reduce el tráfico de red debido a la replicación de zonas DNS en diferentes servidores, y hace que el sistema sea más seguro al evitar la actualización fraudulenta de registros durante el periodo de no actualización.

En resumen, vamos a elaborar una lista de las distintas acciones que se pueden realizar sobre los registros y, de esa manera, definir una especie de ciclo de vida de los registros:

- Actualización: se trata de modificar la marca de tiempo.
- Actualización: es la modificación del registro, como la duración del lease o la dirección IP. Cualquier modificación cambia la marca de tiempo.
- Intervalo de no actualización: periodo durante el cual no se puede actualizar el registro, en función de la marca de tiempo.

- El intervalo de actualización: a partir del final del periodo de no actualización, el tiempo durante el cual se pueden modificar los registros.

  Si al final del intervalo de actualización el registro no ha sido actualizado o modificado, se considerará obsoleto. La limpieza tendrá lugar en la fecha especificada en las propiedades del servicio.

7. Creación de zonas DNS en Windows Server

Existen varios tipos de zona en DNS y veremos cómo crearlas y configurarlas en Windows Server 2022.

Cada zona DNS tiene una dirección y un tipo. Para la dirección, puede ser directa o inversa, y para el tipo, puede ser primaria, secundaria o *stub*. Por lo tanto, podemos tener una zona primaria inversa o directa y una zona secundaria inversa o directa.

Un servidor DNS que aloja una zona ya no es un simple resolver DNS, sino un servidor DNS conocido como host.

7.1 Zonas principales

En el trabajo práctico, vamos a crear una zona de búsqueda directa y una zona inversa en el controlador de dominio DC-cole.

7.1.1 Creación de zonas principales directas

▶ En el Administrador de DNS, haga clic con el botón derecho en **Forward Lockup Zones** y seleccione **New Zone** en el menú desplegable.

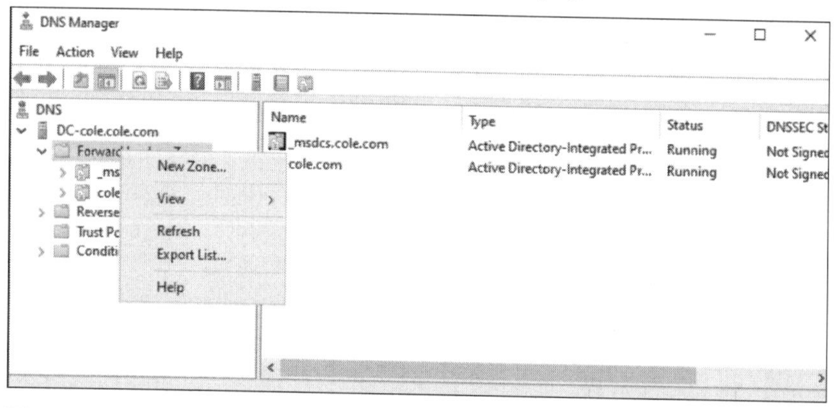

▶ Se iniciará un asistente, así que sáltese la primera ventana.

▶ En la segunda ventana, seleccione **Primary zone**.

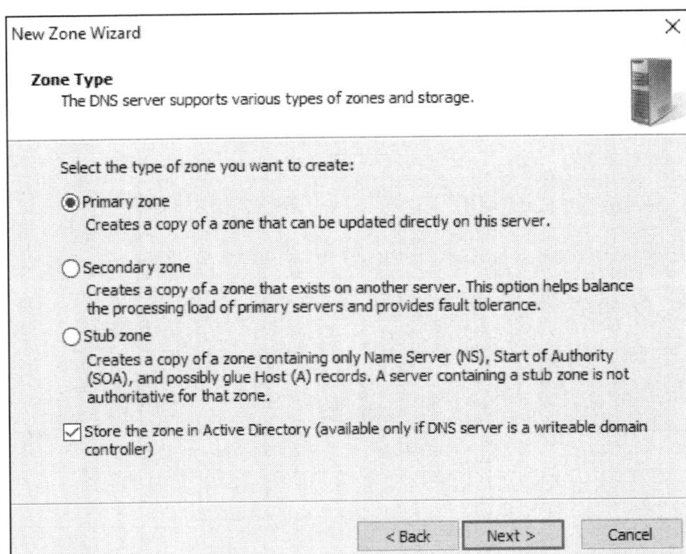

Cuando se crean zonas en un controlador de dominio, la opción de almacenar la zona en Active Directory está marcada por defecto. Esto significa que los registros contenidos en estas zonas se almacenan en particiones de tipo aplicación de la base de datos de Active Directory.

- Si las zonas se han configurado para replicarse en los controladores de dominio del mismo dominio, se encuentran en la partición **DomainDnsZones**.
- Si las zonas se han configurado para replicarse entre los controladores de dominio de todo el bosque, sus registros se almacenan en la partición **ForestDnsZones**.

Si la opción no estuviera marcada, el sistema sugeriría almacenar la zona en un archivo con el nombre de la zona y ubicado en c:\windows\system32\dns por defecto.

A continuación, viene la configuración de replicación, donde elegimos replicar a todos los controladores de dominio del mismo dominio.

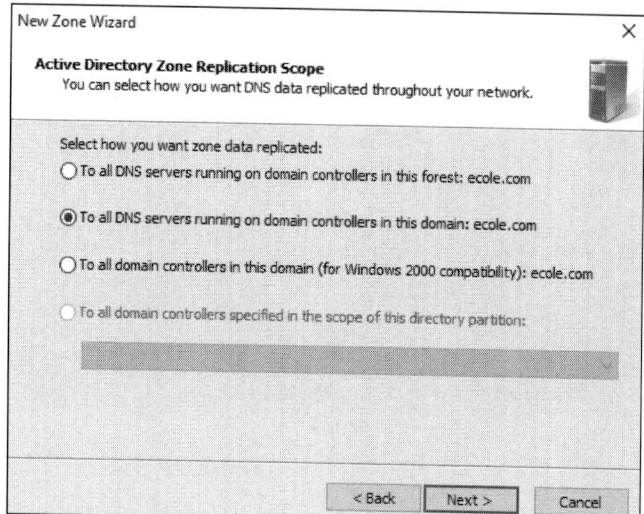

▶ A continuación, debe dar un nombre a la zona, elija editions56.com.

New Zone Wizard

Zone Name

What is the name of the new zone?

The zone name specifies the portion of the DNS namespace for which this server is authoritative. It might be your organization's domain name (for example, microsoft.com) or a portion of the domain name (for example, newzone.microsoft.com). The zone name is not the name of the DNS server.

Zone name:

edition56.com

< Back | Next > | Cancel

A continuación, debe decidir la directiva de actualización dinámica. Va a desactivar la actualización dinámica de los registros.

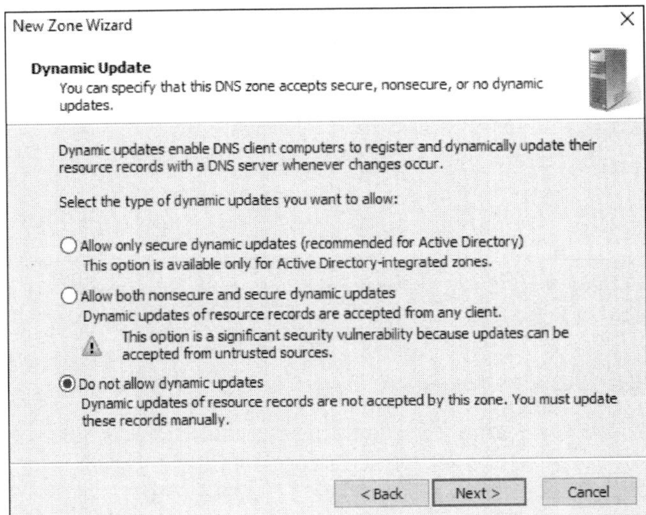

Observación

Deshabilitar las actualizaciones dinámicas se puede hacer para una zona DNS que albergará registros que conducen a servidores que nunca cambian de dirección. Esto también es una medida de seguridad.

▶ A continuación, aparece la tradicional ventana de resumen de ajustes. Confirme.

La zona DNS primaria directa se ha creado y contiene dos registros:

- El SOA, que convierte al servidor en la autoridad de la zona que acabamos de crear y que contiene la configuración de replicación de la zona, el TTL y la configuración de actualización dinámica.
- El registro NS (*Name Server*), que contiene la lista de servidores DNS de la zona.

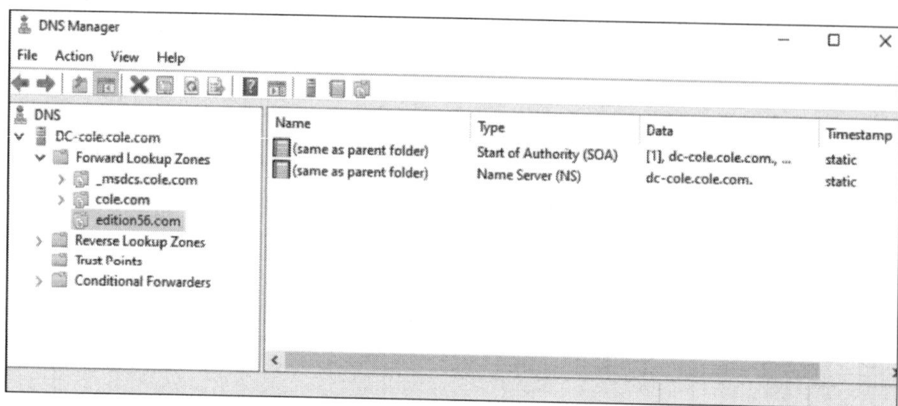

7.1.2 Creación de zonas principales inversas

Es posible crear zonas inversas que traducen las direcciones IP en FQDNs, a diferencia de una zona directa. El uso principal de estas zonas es para aplicaciones como Microsoft Exchange o VMware vSphere, que las necesitan para funcionar.

Vamos a crear una zona principal inversa que estará vinculada a nuestra zona directa editions56.com. De esta forma, cuando se creen registros en la zona directa, los registros inversos, los PTR, se podrán crear automáticamente.

- En el administrador de DNS, haga clic con el botón derecho en la carpeta **Reverse Lookup Zones** y seleccione **New Zone**.

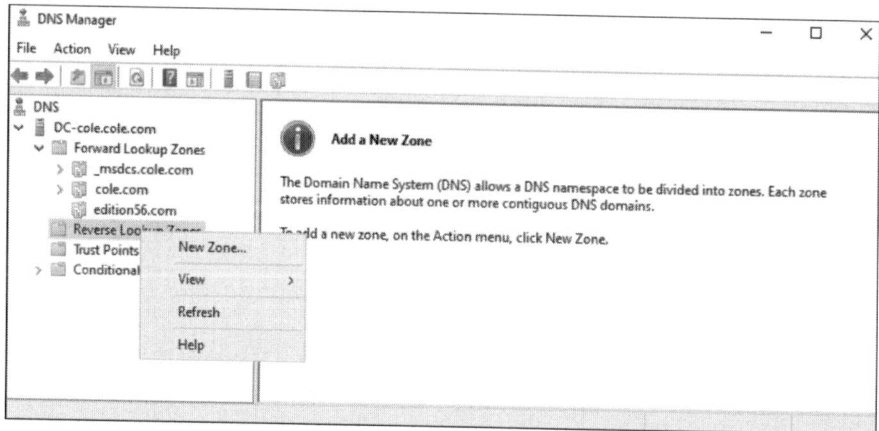

▶ Al igual que con una zona directa, cree una zona principal.

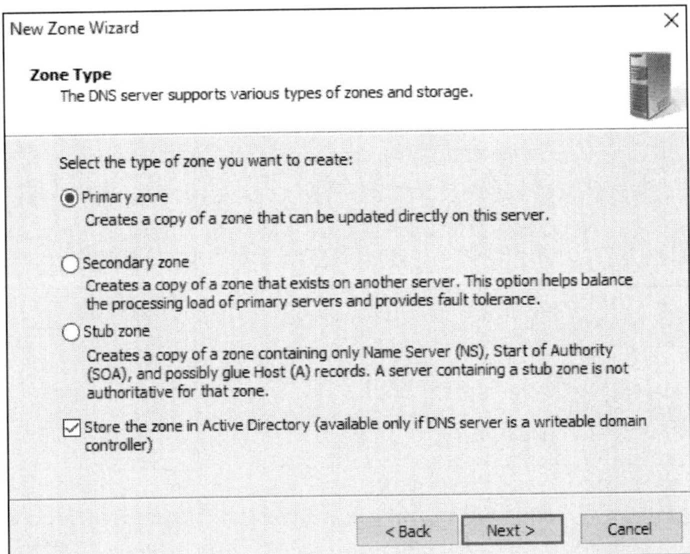

▶ La siguiente ventana se refiere a la replicación en controladores de dominio. Deje la configuración por defecto: replicación en controladores del mismo dominio.

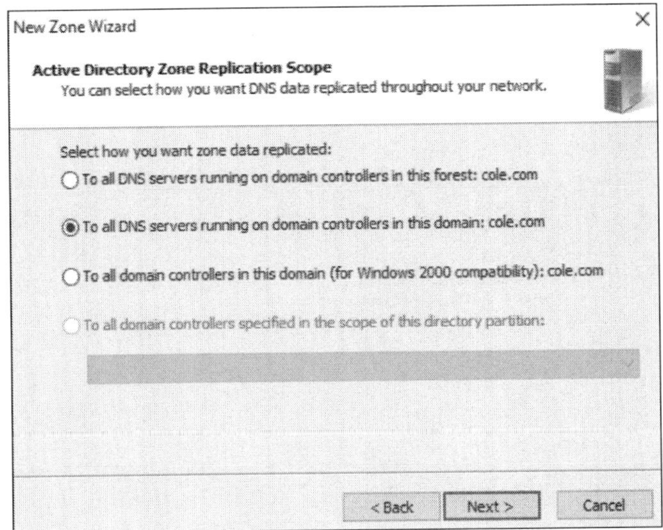

- La siguiente ventana le pregunta si desea crear una zona IPv4 o IPv6. Cree una zona IPv4.

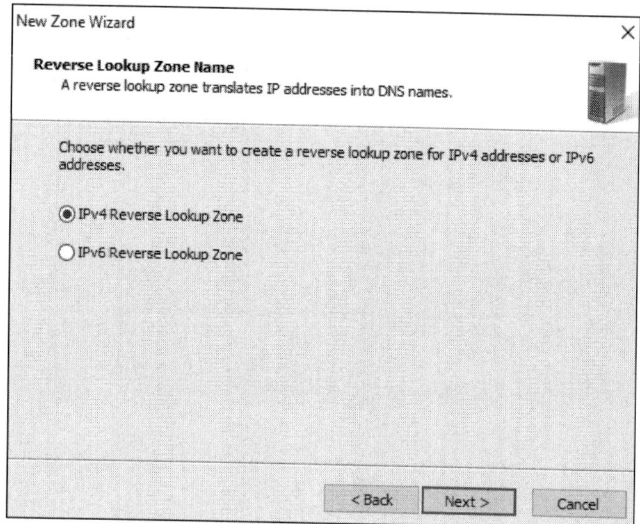

- A continuación, debe introducir el ID de red de la red en la que se ubicarán los registros, ya que define la zona inversa. Nosotros lo fijaremos en 192.168.111.0 /24.

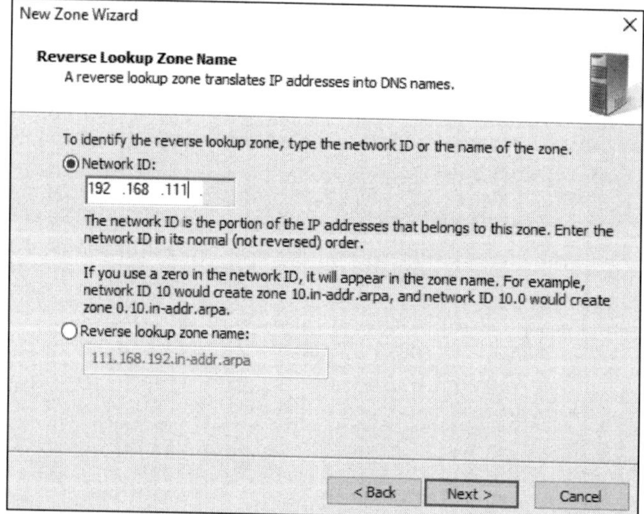

- A continuación, elija no permitir actualizaciones dinámicas de los registros.

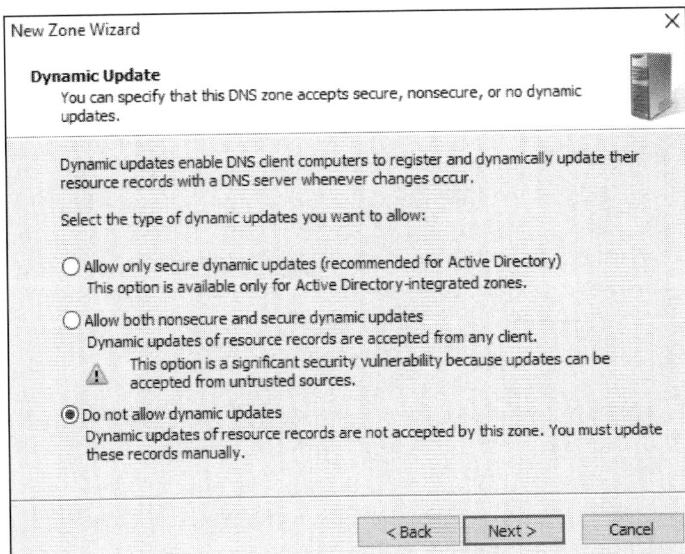

- Por último, aparece la ventana de validación de los ajustes. Confirme.

Ahora va a crear un registro en la zona de búsqueda directa y el correspondiente registro invertido al mismo tiempo.

- Vaya al cuadro de búsqueda directa de **edition56.com** y cree un registro de tipo host.

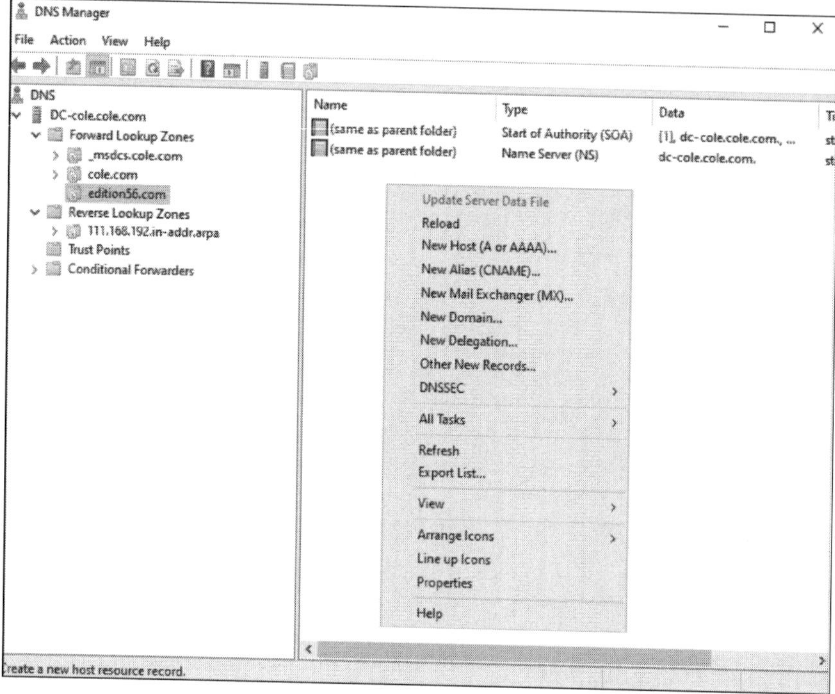

▶ Introduzca un nombre y una IP en la red para la zona inversa 192.168.111.0. Marque la casilla para crear el registro inverso al mismo tiempo.

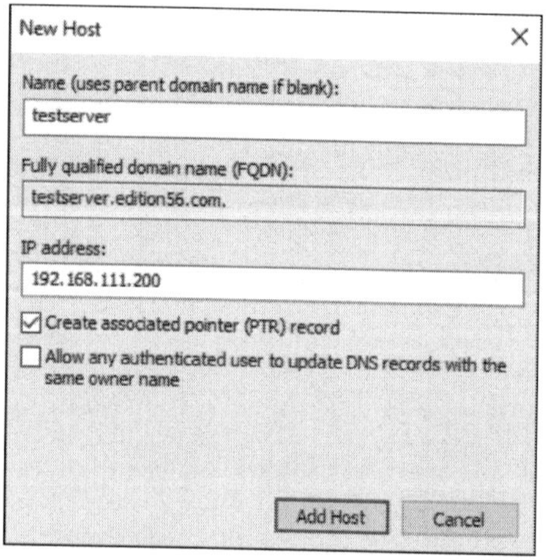

New Host
Name (uses parent domain name if blank):
testserver
Fully qualified domain name (FQDN):
testserver.edition56.com.
IP address:
192.168.111.200
☑ Create associated pointer (PTR) record
☐ Allow any authenticated user to update DNS records with the same owner name
Add Host
Cancel

▶Confirme y cierre la ventana de creación de registros.

La grabación directa y la grabación inversa se crearon al mismo tiempo.

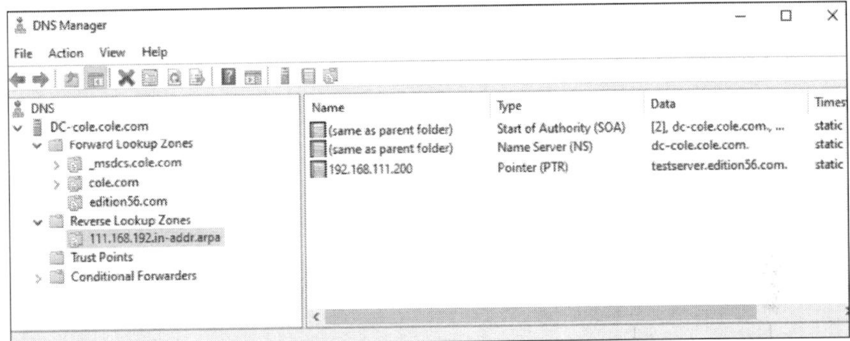

Si crea un registro en la misma zona, pero en una red diferente, obtendrá un mensaje de error si intenta crear el registro inverso. Este mensaje indica que no existe una zona inversa para esta red.

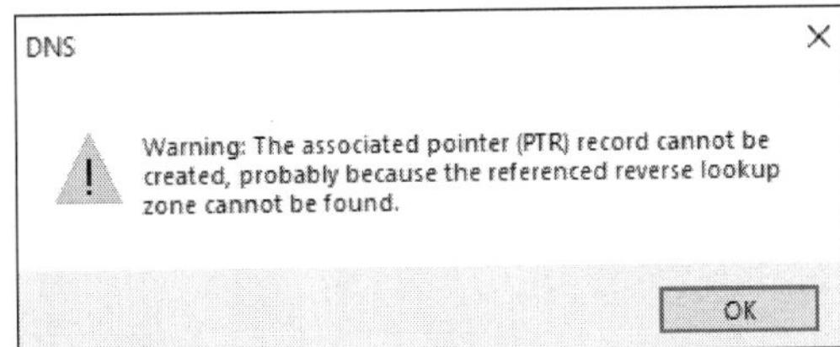

Por el contrario, si crea un registro en la zona cole.com, pero con una dirección IP en la red de la zona inversa, se creará el registro PTR.

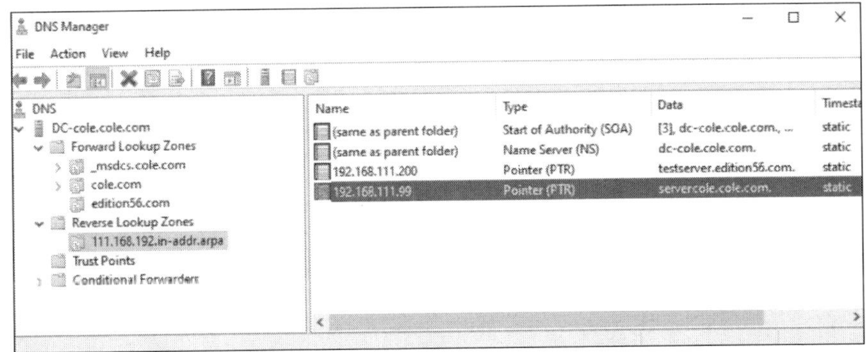

7.1.3 Creación de una zona primaria fuera de Active Directory

En los ejemplos anteriores, hemos creado zonas en el controlador de dominio que están integradas con Active Directory.

Ahora vamos a crear una zona DNS que no esté integrada con Active Directory.

- En el administrador de DNS, haga clic con el botón derecho en la carpeta **Reverse Lookup Zones** y seleccione **New Zone**.
- En la segunda ventana, seleccione **Primary zone** y desmarque la opción para almacenar la zona en la base de datos Active Directory.

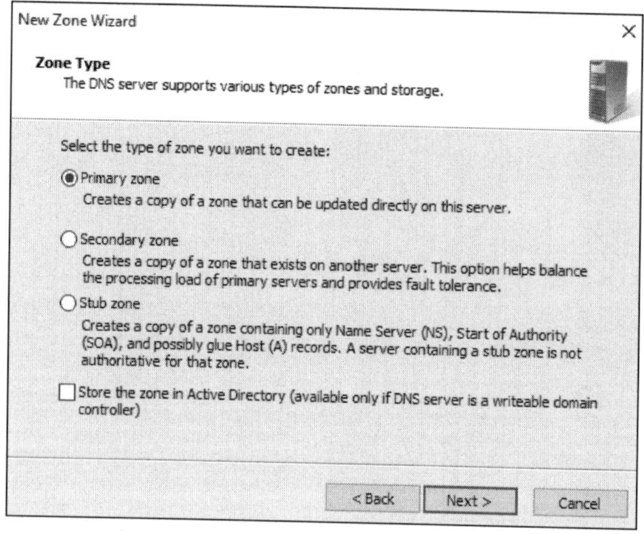

- A continuación, asigne un nombre a la zona.

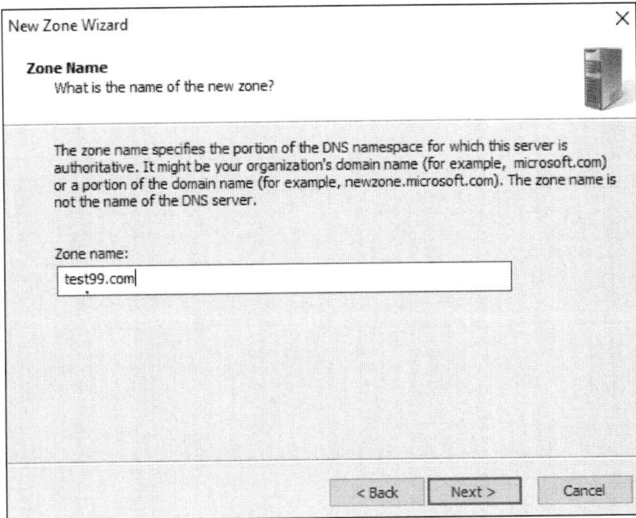

A continuación, el asistente le pregunta dónde desea almacenar la zona. Usted elige crear un nuevo archivo con el mismo nombre que la zona DNS. Este archivo alojará la zona y no la base de datos Active Directory.

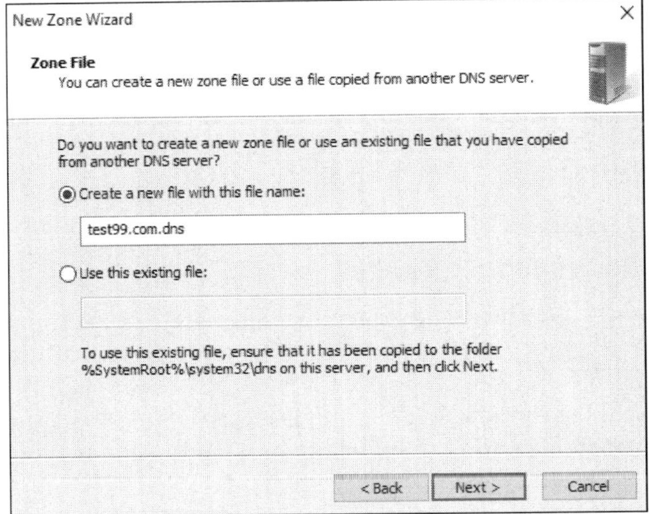

▶ Deje todos los demás ajustes por defecto y cree la zona.

El archivo se creó en **c:\windows\system32\dns**.

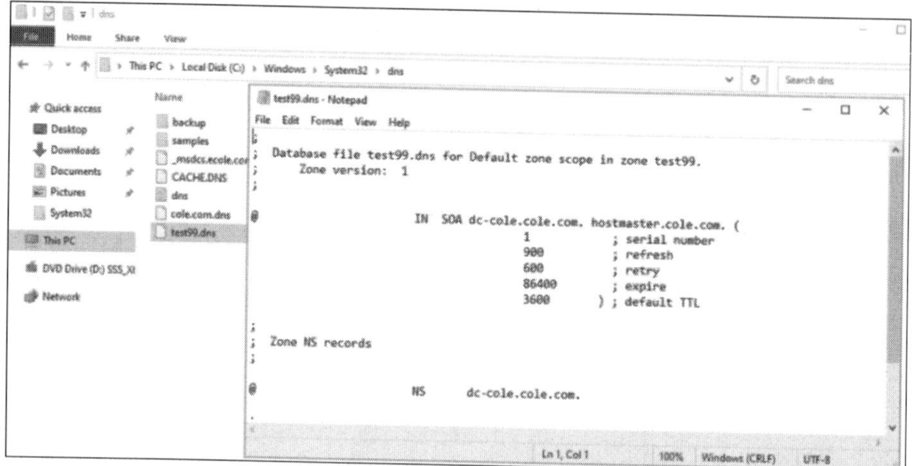

7.2 Zonas secundarias

Las zonas secundarias pueden ser directas o inversas y son zonas en las que no se pueden crear registros, pero que replican a las zonas principales.

Se suelen utilizar para colocarlos en un servidor situado en una ubicación geográfica remota, por motivos de seguridad, ya que no se pueden modificar directamente. También se pueden implantar en servidores que se utilizarán para aliviar al servidor principal y repartir la carga, ya que la gestión se simplifica al haber un único servidor que mantener al día.

7.2.1 Creación de una zona secundaria directa

Ahora vamos a crear una zona secundaria directa en el servidor DNS1 de nuestra topología, que replicará la zona primaria directa de editions56.com en el controlador de dominio.

▶ En el administrador DNS del servidor DNS1, haga clic con el botón derecho del ratón en la carpeta **Forward Lockup Zones** y seleccione **New Zone**.

En la pantalla de selección del tipo de zona, seleccione **Secondary zone**.

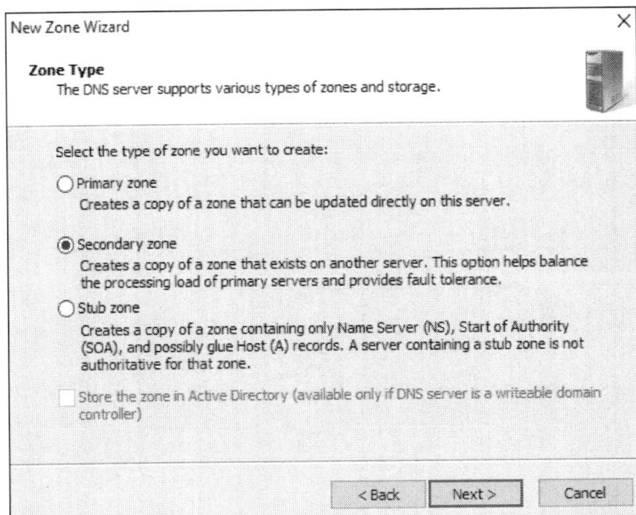

Dele el mismo nombre que la zona principal directa creada en el controlador de dominio.

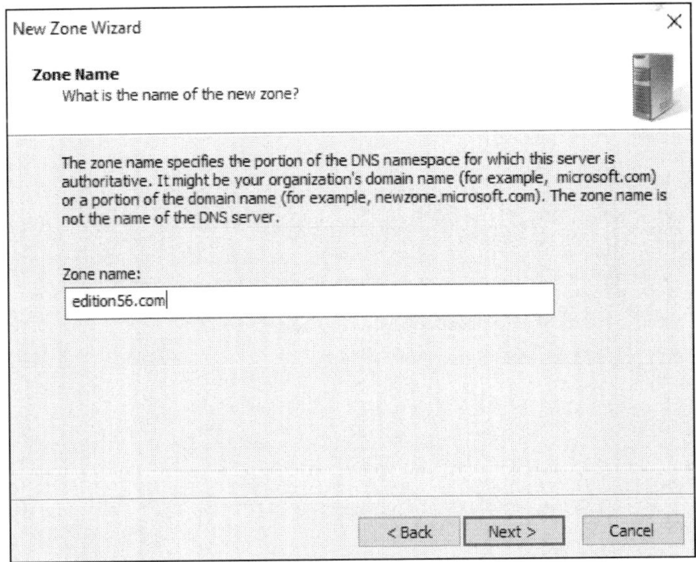

A continuación, debe introducir la dirección IP del servidor maestro, donde se encuentra la zona principal.

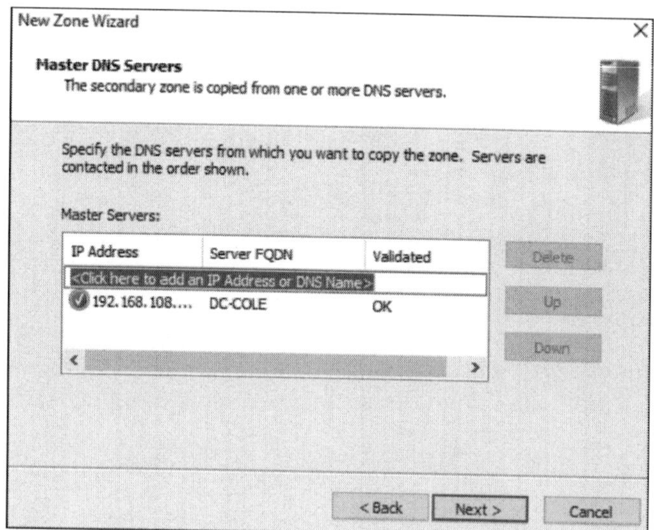

▶ A continuación, viene la pantalla de resumen y validación. Valide.

Cuando intenta ver la zona secundaria en el administrador de DNS, aparece un mensaje de error que indica que no se ha podido realizar la replicación. Esto se debe a que el servidor maestro DC-cole no permite la transferencia de zonas.

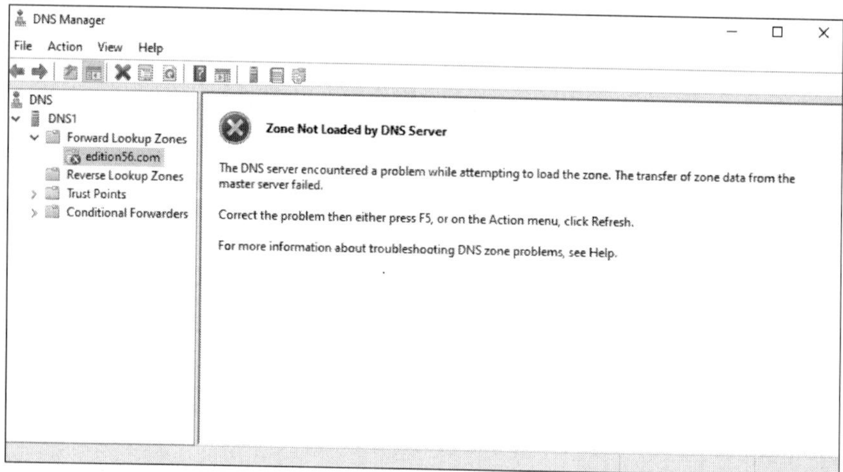

- Para que esto funcione, debe volver al servidor DC-cole y hacer clic con el botón derecho del ratón en **Properties** de la zona que desea replicar. A continuación, vaya a la pestaña **Zone Transfers**.
- Seleccione **Allow zone transfers** y **Only to the following servers**. A continuación, haga clic en **Edit**.

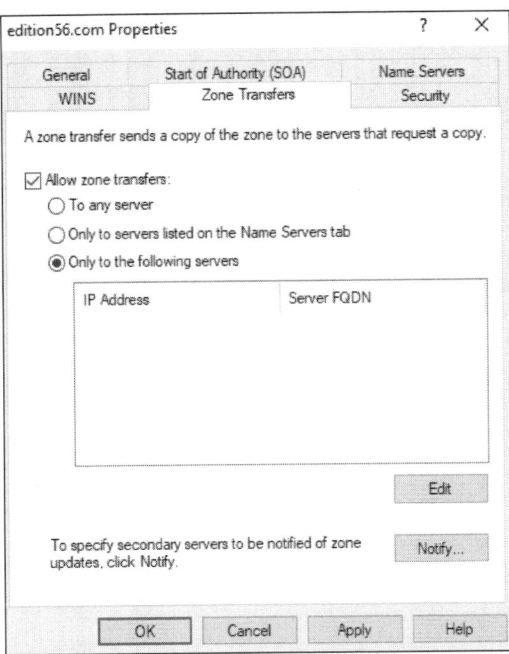

- Ahora introduzca la dirección IP del servidor DNS1 donde se encuentra la zona secundaria y confirme. Si ve una cruz roja junto a la IP, ignórela, es un problema de latencia.

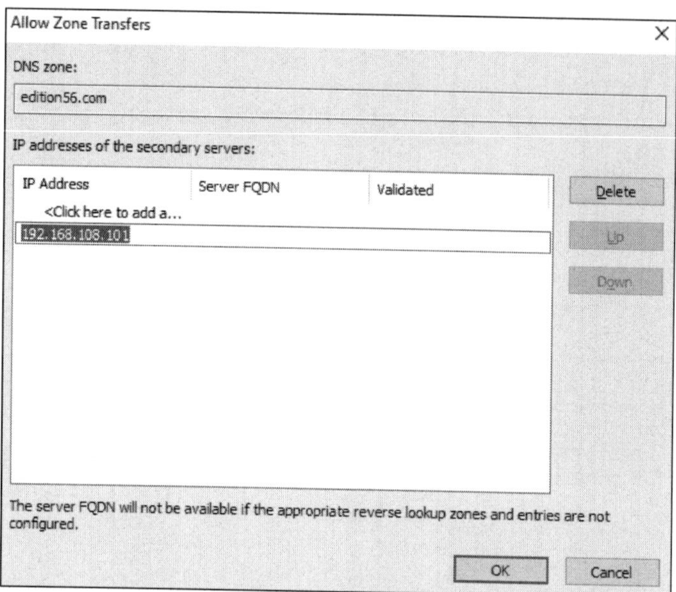

▶ A continuación, haga clic en **Notify** para que el servidor que aloja la zona secundaria reciba notificación de cualquier cambio en la zona principal y pueda replicarlo.

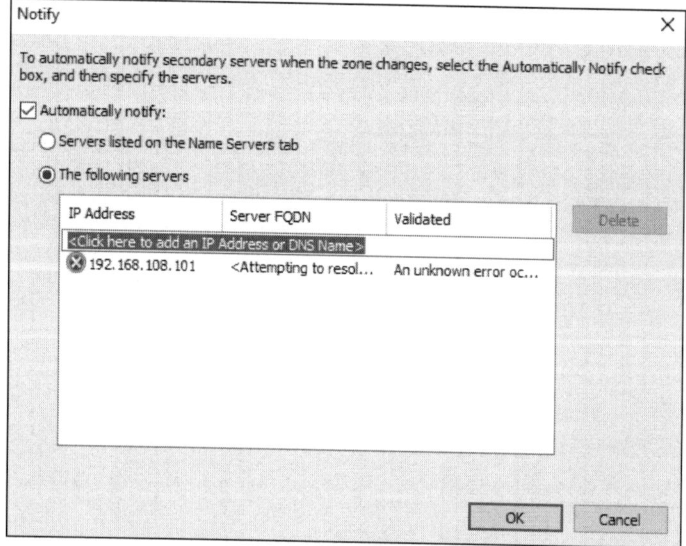

- Confirme la configuración y cierre la ventana.
- La zona principal se replica en la zona secundaria. No dude en actualizar la pantalla de la zona varias veces para que aparezca.

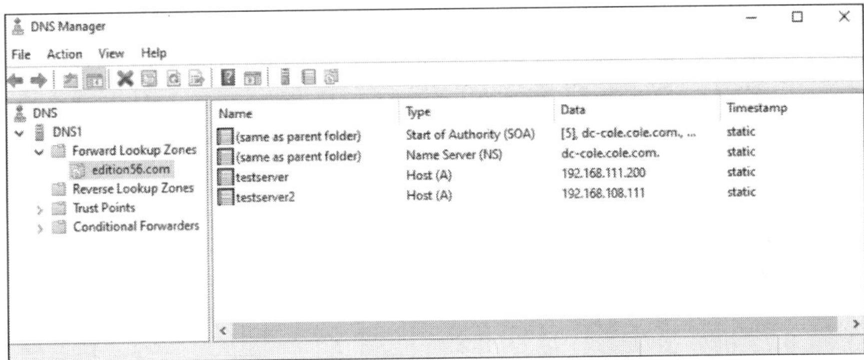

Si hace clic con el botón derecho del ratón en la zona secundaria, verá que es posible iniciar una transferencia desde el servidor maestro.

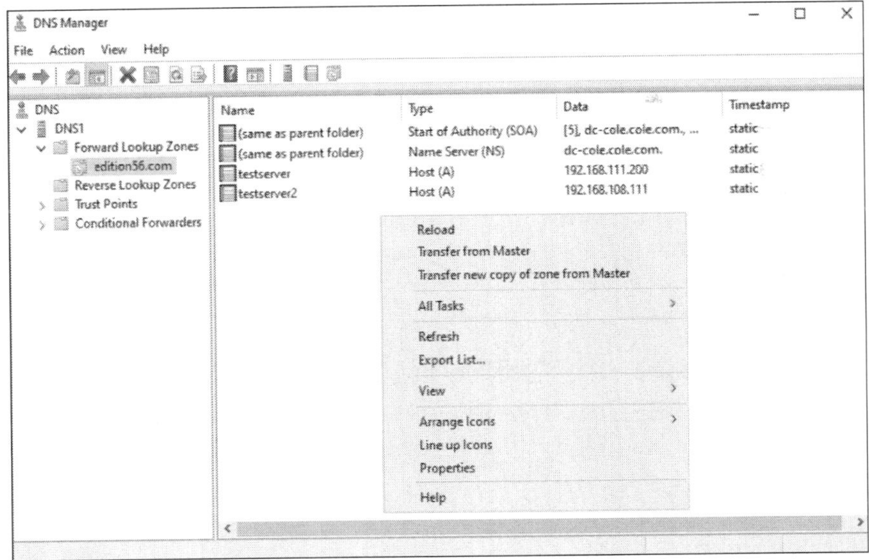

7.2.2 Creación de una zona secundaria inversa

Utilizando el mismo principio que las zonas directas, es posible crear zonas secundarias inversas para que se puedan replicar en otro servidor.

Por lo tanto, vamos a crear una zona de este tipo en nuestro servidor DNS1.

- En el gestor DNS del servidor DNS1, haga clic con el botón derecho del ratón en la carpeta **Reverse Lookup Zones** y seleccione **New Zone**.
- En la pantalla de selección del tipo de zona, seleccione **Secondary zone**.
- A continuación, seleccione **IPv4** como tipo de dirección.
- Ahora, introduzca el netID de la red; debe introducir el mismo que en la zona principal.

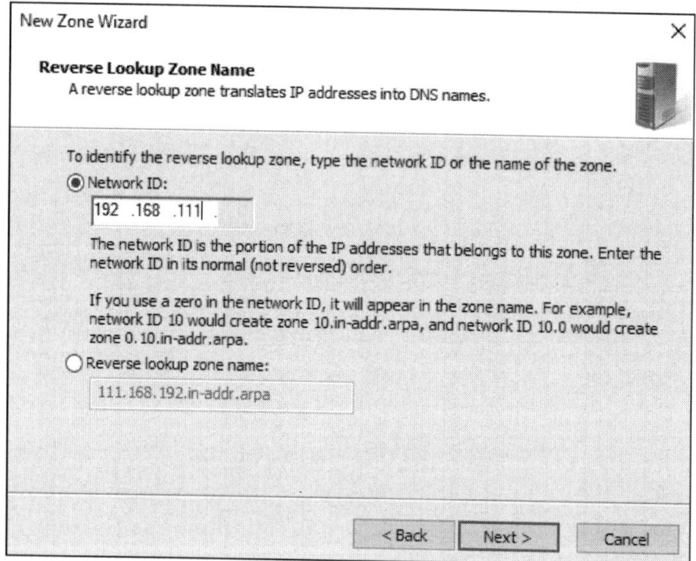

A continuación, debe especificar la IP del servidor maestro, que en el trabajo práctico es DC-cole.

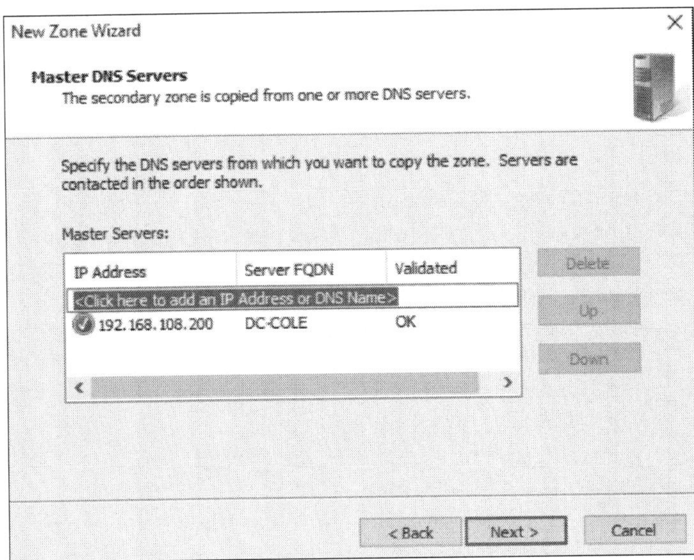

▶Finalmente llega la pantalla de confirmación de los ajustes. Confirme.

Al igual que con las zonas secundarias directas, la zona que acaba de crear no replica la zona principal, ya que esta última no está configurada para permitir la transferencia de zonas.

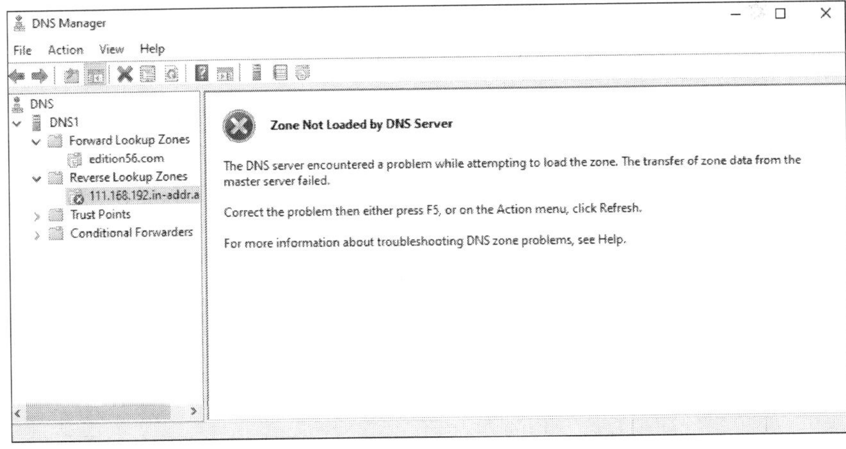

▶Vaya a DC-cole para realizar los ajustes necesarios.

- En el servidor **DC-cole**, haga clic con el botón derecho del ratón y seleccione **Properties** en la zona que queremos replicar. A continuación, vaya a la pestaña **Zone transfers**.
- Seleccione **Allow Zone Transfers** y **Only to the following servers**. A continuación, haga clic en **Edit**.
- Ahora introduzca la dirección IP del servidor DNS1 donde se encuentra la zona secundaria y confirme. Si ve una cruz roja junto a la IP, ignórela, ya que se trata de otro problema de latencia.

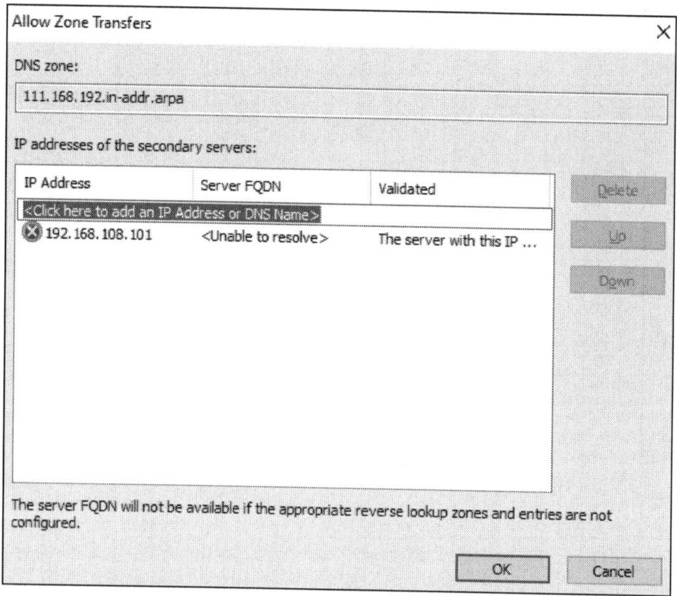

- A continuación, haga clic en **Notify** para notificar al servidor que aloja la zona secundaria cualquier cambio en la zona principal y pueda replicarlo.

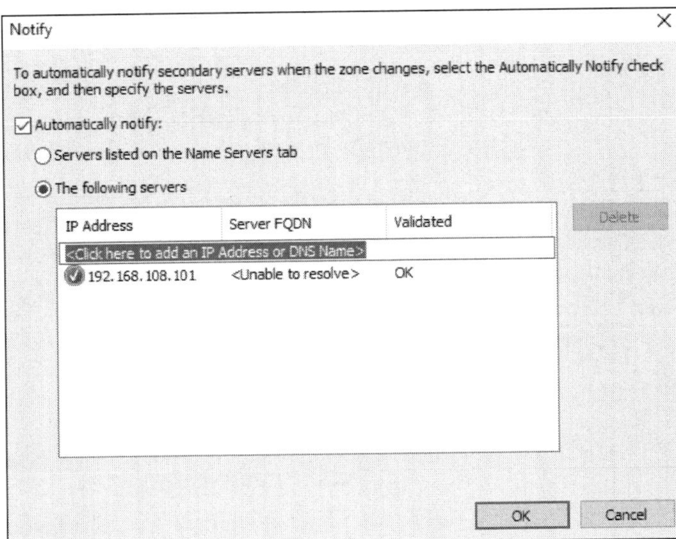

▶Confirme los ajustes y cierre la ventana.

Tras actualizar la ventana de la zona secundaria inversa en el servidor DNS1, puede ver que la zona se ha replicado.

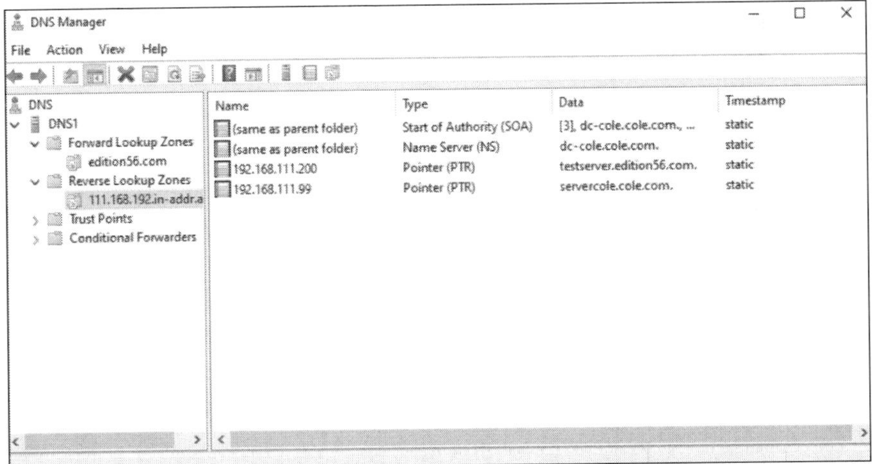

7.3 Zonas de stub

Las zonas de stub se utilizan para indicar dinámicamente a qué servidores DNS se debe acceder para un dominio determinado. A menudo, se denominan redireccionadores condicionales dinámicos. Es cierto que el propósito de las zonas de stub y los redireccionadores condicionales, es el mismo.

Pero una redirección condicional tiene un defecto: no se actualiza sola. Si cambia la dirección de acceso a un servidor DNS, hay que actualizar el redireccionador condicional. En cambio, la zona de stub se actualiza dinámicamente.

Para que nuestro ejemplo tenga sentido, vamos a añadir registros a la zona que hemos creado en DC-cole, la zona **test99**.

Observación

Test99 es una zona no integrada en Active Directory, por lo que el manejo de las zonas stub funcionaría de la misma manera para una zona integrada en Active Directory.

▶ Empiece añadiendo dos registros de tipo **Host** a la zona, sin crear los registros inversos, los PTR, ya que no existe la zona inversa correspondiente.

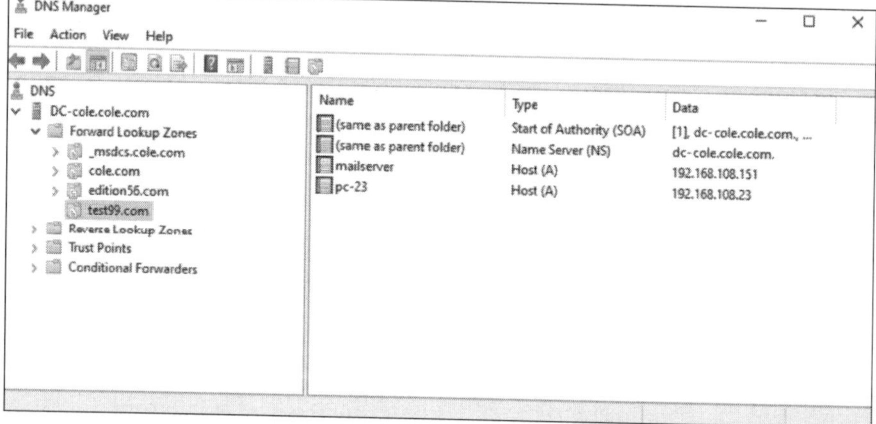

▶A continuación, añada otros dos registros de host, que se supone que representan servidores DNS para esta zona.

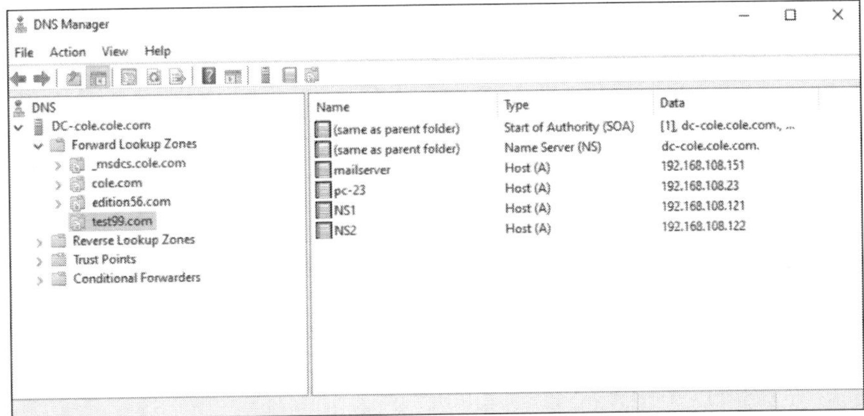

▶Ahora tiene que añadir al registro NS los dos registros que se supone que representan servidores DNS, para simular servidores de nombres con autoridad en la zona. Haga clic con el botón derecho en el registro NS y seleccione **Properties**.

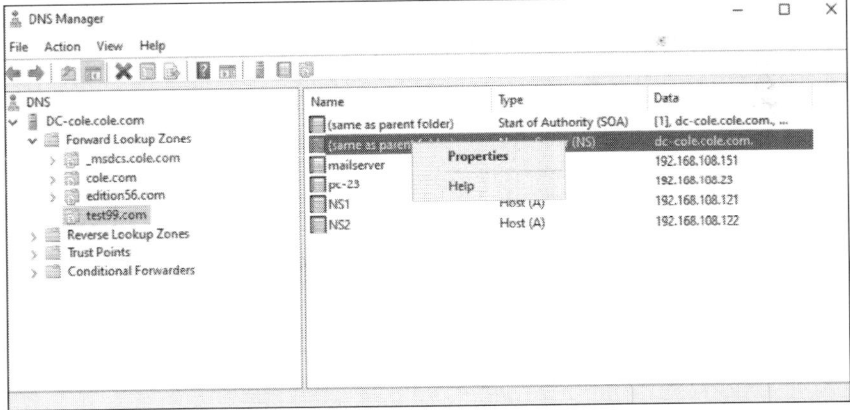

▶En la ventana que se abre, vaya a la pestaña **Name Servers** y haga clic en **Add**.

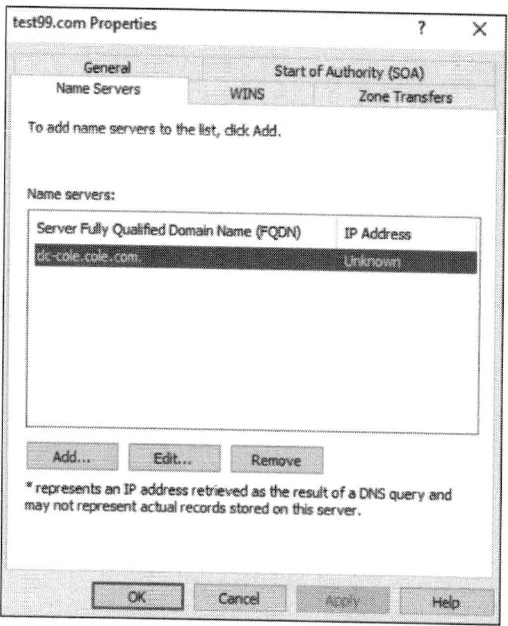

▶ Añada los dos servidores de nombres introduciendo sus FQDNs y direcciones IP. Obviamente, no hay servidores DNS en estas direcciones y recibirá un mensaje para avisarle. Pero esto será suficiente para demostrar cómo funciona la zona stub.

New Name Server Record

Enter a server name and one or more IP addresses. Both are required to identify the name server.

Server fully qualified domain name (FQDN):

NS1.test99.com

Resolve

IP Addresses of this NS record:

IP Address | Validated

192.168.108.121

Delete

Up

Down

OK

Cancel

▶Una vez añadidos los dos servidores de nombres ficticios, cierre la ventana.

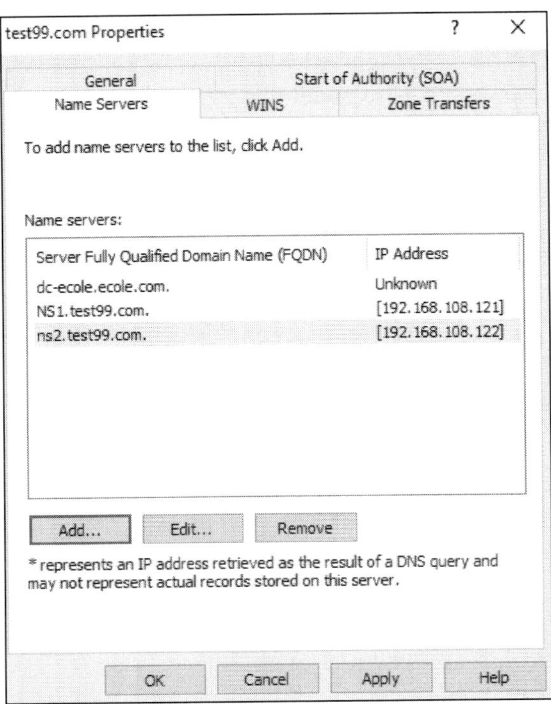

Los registros de tipo NS aparecen en la zona después de actualizar la pantalla.

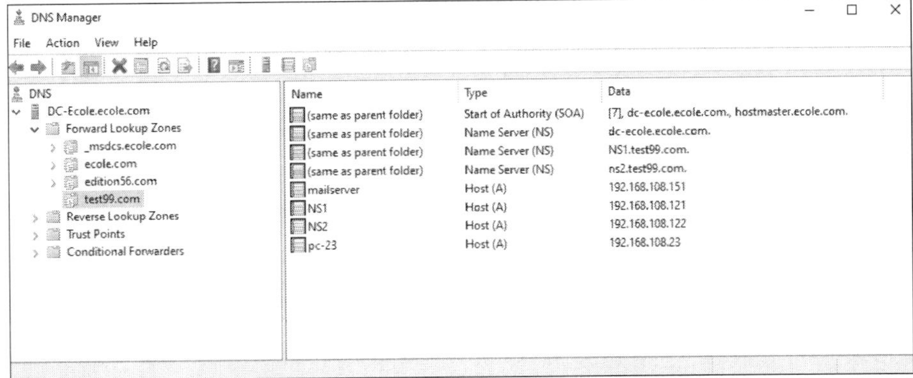

Ahora estamos listos para configurar la zona de stub en el servidor DNS1.

- En el gestor DNS del servidor DNS1, haga clic con el botón derecho del ratón en la carpeta **Forward Loockup Zones** y seleccione **New Zone**.
- En la elección del tipo de zona, seleccione **Stub zone**.

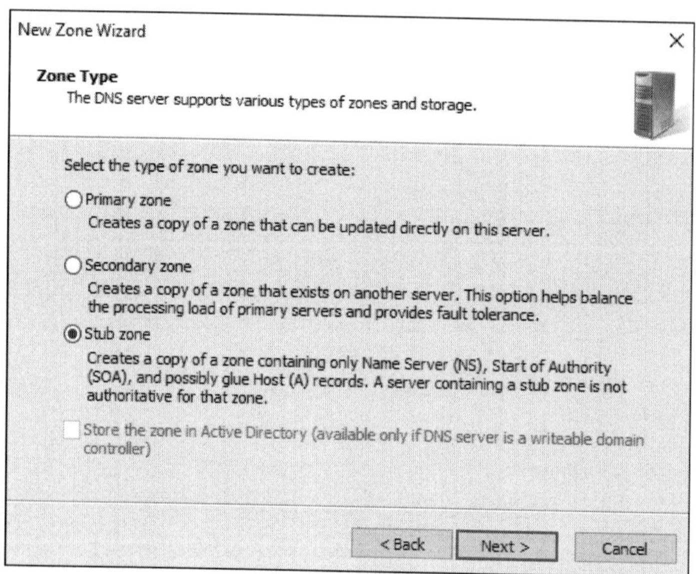

Observación

El asistente indica que la futura zona de stub sólo contendrá registros SOA y NS, así como registros host de cola. Estos últimos son los registros de host de los servidores de nombres, que contienen sus direcciones IP.

▶ A continuación, deberá introducir el nombre de la zona de stub, utilizando el mismo nombre que el de la zona principal.

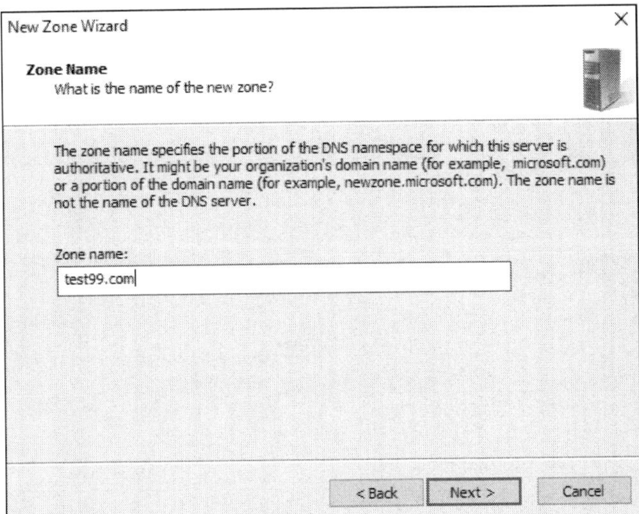

Entonces, como no hay Active Directory en este servidor, es necesario poner la zona en un archivo.

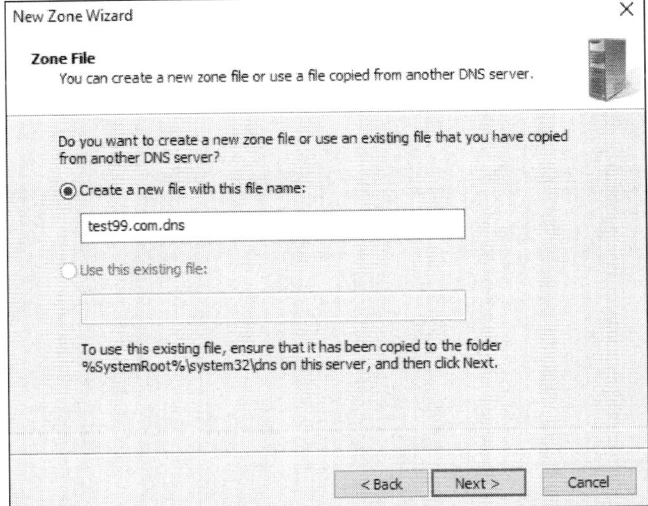

En el siguiente paso, introducirá la dirección del servidor para la zona principal.

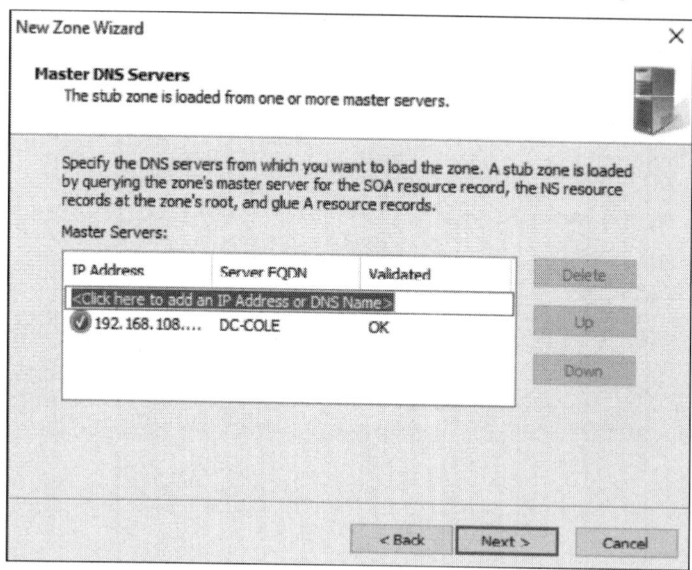

▶Una última ventana resume los ajustes. Valide.

Se crea la zona de stub. Como era de esperar, sólo se replican los registros SAO, NS y *glue host*.

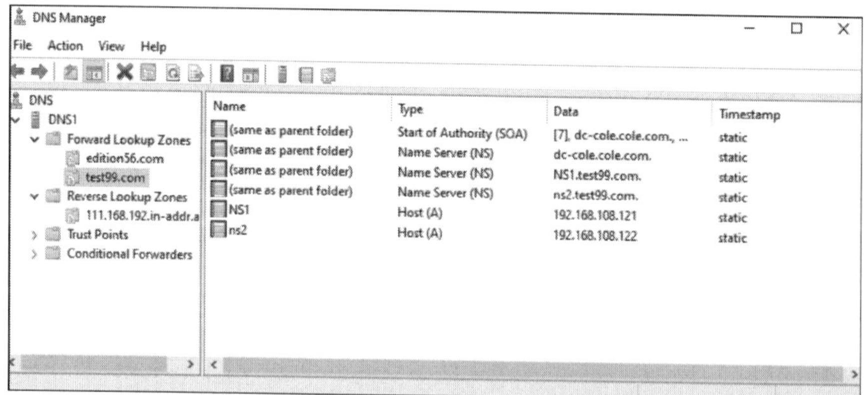

7.4 Creación de zonas con PowerShell

7.4.1 Creación de zonas principales

El comando para crear zonas principales es:

```
Add-DnsServerPrimaryZone
```

Se utiliza para las zonas principales incluidas en Active Directory, en un archivo de texto y zonas inversas.

Para una zona principal replicada en el bosque, la opción `ReplicationScope` se utiliza para definir el ámbito de replicación.

```
Add-DnsServerPrimaryZone -Name "cole.com" `
-ReplicationScope "Forest"
```

Para una zona almacenada en un archivo:

```
Add-DnsServerPrimaryZone -Name "cole.com" `
-ZoneFile "cole.com.dns"
```

Para una zona inversa:

```
Add-DnsServerPrimaryZone -NetworkID "192.168.108.0/24" `
-ReplicationScope "Domain"
```

Para una zona inversa almacenada en un archivo:

```
Add-DnsServerPrimaryZone -NetworkID 192.168.108.0/24 `
-ZoneFile "0.168.192.in-addr.arpa.dns"
```

Para autorizar la transferencia de zonas a un servidor:

```
Set-DnsServerPrimaryZone -Name "test99.com" `
-SecureSecondaries "TransferToSecureServers" `
-SecondaryServers "192.168.108.101"
```

7.4.2 Creación de zonas secundarias

El comando para crear zonas secundarias es:

```
Add-DnsServerSecondaryZone
```

Para una zona secundaria:

```
Add-DnsServerSecondaryZone -Name "cole.com" `
-ZoneFile "cole.com.dns" -MasterServers 172.23.90.124
```

Para una zona secundaria inversa:

```
Add-DnsServerSecondaryZone -NetworkId 192.168.108.0/24 `
-ZoneFile "0.168.192.in-addr.arpa.dns" `
-MasterServers 192.168.108.200
```

7.4.3 Creación de zonas de stub

El comando para crear una zona de stub es:

```
Add-DnsServerStubZone
```

Para una zona de stub almacenada en un archivo:

```
Add-DnsServerStubZone -Name "test99.com" `
-MasterServers "192.168.108.200" `
-ZoneFile "test99.com.dns" `
```

Para una zona de stub almacenada en el Directorio Activo:

```
Add-DnsServerStubZone -Name "test99.com" `
-MasterServers 192.168.108.200 `
-ReplicationScope "Forest"
```

8. Directivas DNS

8.1 Visión general de las directivas de DNS

Es posible crear directivas para determinar las condiciones en las que un servidor DNS aceptará responder a una solicitud o dará respuestas diferentes, en función de la directiva. Estas directivas se pueden implementar a nivel de cada zona o a nivel de todo el servidor.

Si se configura una directiva a nivel de servidor y otra a nivel de zona y entran en conflicto, entonces la directiva del servidor tiene prioridad y se aplica.

Existe un orden de aplicación de las directivas, que funciona como una ACL (*Access Control List*). El sistema procesará las peticiones DNS e intentará aplicarles las directivas tomándolas por orden de ejecución, en orden secuencial. En cuanto una directiva es aplicable, el sistema deja de leerlas e ignora las siguientes.

He aquí algunos ejemplos de cómo se pueden utilizar las directivas DNS:

- **Balanceado de la carga**: por ejemplo, teniendo varios registros apuntando a diferentes servidores que alojan la misma aplicación.
- **Gestión de la geolocalización**: el DNS estará autorizado a responder o no en función de la geolocalización de la solicitud. Es uno de los mecanismos utilizados para prohibir sitios en determinados países.
- **Filtrado**: es posible decidir si se responde o no a las solicitudes en función de determinados criterios.
- **División**: el servidor DNS responderá de forma diferente en función de si la solicitud procede de una red interna o externa.

8.2 Conceptos básicos

8.2.1 Condiciones y acciones

Las condiciones que definen si el servidor DNS responde y cómo lo hace pueden variar, como la red IP desde la que se origina la solicitud, el protocolo utilizado, el tipo de registro utilizado para responder a la solicitud o la hora a la que se realizó la solicitud, entre otras.

Además de las condiciones, una directiva determinará cómo responde el servidor DNS y hay tres acciones posibles:

- **Autorizar**: el servidor responde normalmente.
- **Rechazar**: el servidor envía un rechazo al cliente.
- **Ignorar**: el servidor no responde al cliente.

Las directivas aplicadas a nivel de servidor sólo pueden realizar acciones de **Rechazar** e **Ignorar**. Se suelen utilizar para crear listas negras.

8.2.2 Ámbitos de zona DNS

Las zonas DNS se pueden dividir en extensiones, en las que se pueden almacenar registros DNS con valores diferentes para los mismos FQDN. Esto permite responder de forma diferente a las solicitudes DNS, en función de determinadas condiciones, como la hora del día, la red IP, la geolocalización, etc.

Esto también permite distribuir la carga, dando un "peso" a los ámbitos. Si un ámbito tiene un peso de 8 y otro de 2, entonces 8 de cada diez respuestas procederán del ámbito con el peso de 8 y las otras dos respuestas, del ámbito con el peso de 2.

Existe un ámbito por defecto en todas las zonas DNS.

Un registro DNS puede formar parte de varios ámbitos.

8.3 Creación de una directiva de balanceo de carga

Para crear y gestionar directivas y ámbitos DNS, necesitamos utilizar PowerShell, lo que no es posible con una interfaz gráfica. La directiva permite responder a las solicitudes de un mismo FQDN con una dirección diferente, y así balancear la carga. Habrá tres registros con el mismo FQDN, repartidos en tres ámbitos de zona, cada uno con una configuración de peso.

▶ En los primeros comandos, cree un ámbito y divídalo en tres zonas (ámbitos), añadiendo dos a la que viene por defecto, todas en el servidor DC-cole.

```
Add-DnsServerPrimaryZone `
-Name "repartition.com" `
-ReplicationScope "Forest"

Add-DnsServerZoneScope `
-ZoneName "repartition.com" `
-Name "Scope1"

Add-DnsServerZoneScope `
-ZoneName "repartition.com" `
-Name "Scope2"

Get-DnsServerZoneScope -ZoneName "repartition.com"
```

El último comando comprueba la existencia de dos ámbitos. Vemos los dos ámbitos y el ámbito por defecto:

```
ZoneScope                FileName
---------                --------
repartition.com
Scope1
Scope2
```

▶ Ahora cree registros DNS de tipo host (A) y póngalos en los ámbitos de zona. No hay ningún ámbito especificado para el primer registro, así que irá a la zona por defecto. El último comando te permite ver los registros de un ámbito:

```
Add-DnsServerResourceRecord `
-ZoneName "repartition.com" `
-A `
-Name "testrecord" `
-IPv4Address "192.168.108.81"

Add-DnsServerResourceRecord `
-ZoneName "repartition.com" `
-A `
-Name "testrecord" `
-IPv4Address "192.168.108.82" `
-ZoneScope "Scope1"

Add-DnsServerResourceRecord `
-ZoneName "repartition.com" `
-A `
-Name "testrecord" `
-IPv4Address "192.168.108.83" `
-ZoneScope "Scope2"

Get-DnsServerResourceRecord `
-ZoneName "repartition.com" `
-ZoneScope "Scope1"
```

El resultado del comando de comprobación del ámbito 1:

```
HostName     RecordType Type  Timestamp   TimeToLive  RecordData
--------     ---------- ----  ---------   ----------  ----------
@            NS         2     0           01:00:00    dc-cole.cole.com.
@            SOA        6     0           01:00:00    [2][dc-cole.cole.com.][hostmaster.cole.com.]
testrecord   A          1     0           01:00:00    192.168.108.82
```

▶ En los siguientes comandos, cree la directiva y compruébela.

```
Add-DnsServerQueryResolutionPolicy `
-Name "LB-Policy" `
-Action ALLOW `
-Fqdn "EQ,*" `
-ZoneName "repartition.com" `
-ZoneScope "repartition.com,1;scope1,1;scope2,3"

get-DnsServerQueryResolutionPolicy -ZoneName "repartition.com"
```

Y el resultado del comando de verificación de la directiva:

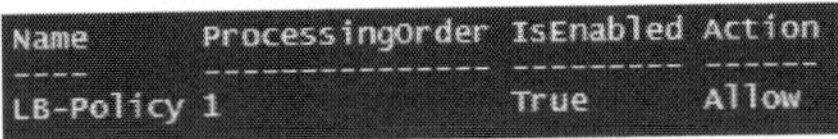

Name	ProcessingOrder	IsEnabled	Action
LB-Policy	1	True	Allow

A continuación, describiremos estos comandos con más detalle:

- La acción es `ALLOW`, lo que significa que el servidor responderá a las peticiones.
- La opción FQDN está configurada para responder, independientemente del FQDN solicitado.
- A continuación, viene el nombre de la zona a la que se aplica la directiva.
- Por último, los ámbitos a los que se aplica la directiva, con el ajuste de peso para cada ámbito: 1 para el ámbito por defecto, 1 para el ámbito 1 y 3 para el ámbito 2.

El comando para ver la directiva indica en su resultado el número 1 en el orden de aplicación, este es el valor por defecto, no hemos establecido una opción para ajustar este parámetro.

▶ Para comprobar que la directiva funciona correctamente, utilice el equipo cliente y consulte el servidor con el comando `nslookup`.

```
C:\Users\user-1>nslookup testrecord.repartition.com
Server:  UnKnown
Address:  192.168.108.200

Name:    testrecord.repartition.com
Address:  192.168.108.81


C:\Users\user-1>nslookup testrecord.repartition.com
Server:  UnKnown
Address:  192.168.108.200

Name:    testrecord.repartition.com
Address:  192.168.108.83


C:\Users\user-1>nslookup testrecord.repartition.com
Server:  UnKnown
Address:  192.168.108.200

Name:    testrecord.repartition.com
Address:  192.168.108.83


C:\Users\user-1>nslookup testrecord.repartition.com
Server:  UnKnown
Address:  192.168.108.200

Name:    testrecord.repartition.com
Address:  192.168.108.82
```

8.4 Creación de una directiva de gestión de redes IP

Ahora vamos a crear una directiva DNS para que responda de forma diferente dependiendo de la red IP desde la que se origine la petición.

- Empiece por crear una zona DNS **subred.net** en DC-cole, que se replicará en los servidores del mismo dominio.

```
Add-DnsServerPrimaryZone `
-Name "subnet.net" `
-ReplicationScope "Domain"
```

- A continuación, defina las redes IP para que el servidor DNS las tenga en cuenta.

```
Add-DnsServerClientSubnet `
-Name subnet-A `
-IPv4Subnet "10.10.10.0/24"

Add-DnsServerClientSubnet `
-Name subnet-B `
-IPv4Subnet "192.168.108.0/24"
```

Los siguientes comandos crearán los ámbitos en la zona subnet.net.

```
Add-DnsServerZoneScope `
-ZoneName "subnet.net" `
-Name "Scope1-A"

Add-DnsServerZoneScope `
-ZoneName "subnet.net" `
-Name "Scope-B"
```

Ahora puede crear registros DNS dividiéndolos en los ámbitos que acaba de crear y utilizando las dos redes IP.

```
Add-DnsServerResourceRecord `
-ZoneName "subnet.net" `
-A `
-Name "appserver" `
-IPv4Address "10.10.10.71" `
-ZoneScope "Scope-A"

Add-DnsServerResourceRecord `
-ZoneName "subnet.net" `
-A `
-Name "appserver" `
-IPv4Address "192.168.108.71" `
-ZoneScope "Scope-B"
```

Observación

Dado que los ámbitos de zona sólo se gestionan en PowerShell, no aparece ningún registro en la interfaz gráfica. De hecho, sólo los realizados por la zona por defecto son visibles gráficamente.

- Por último, crea dos directivas, una para cada red IP, para que respondan de forma diferente en función de la red de la que proceda la solicitud.

```
Add-DnsServerQueryResolutionPolicy `
-Name "Strat-SubnetA" `
-Action ALLOW `
-ClientSubnet "EQ,subnet-A" `
-ZoneName "subnet.net" `
-ZoneScope "Scope-A,1"

Add-DnsServerQueryResolutionPolicy `
-Name "Strat-SubnetB" `
-Action ALLOW `
-ClientSubnet "EQ,subnet-B" `
-ZoneName "subnet.net" `
-ZoneScope "Scope-B,1"
```

Vamos a mejorar un poco el comando de visualización de directivas utilizando el pipe ([AltGr] 6) para enviar el resultado a un comando `Format-List(fl)`, que dará más detalles.

```
get-DnsServerQueryResolutionPolicy -ZoneName "subnet.net" | fl
```

El resultado muestra el orden en que se aplican las directivas. Si las peticiones llegan desde la red 10.10.10.0/24, se ignorará la segunda directiva.

Si las peticiones proceden de la red 192.168.108.0/24, se ignorará la primera directiva y el sistema pasará a la segunda.

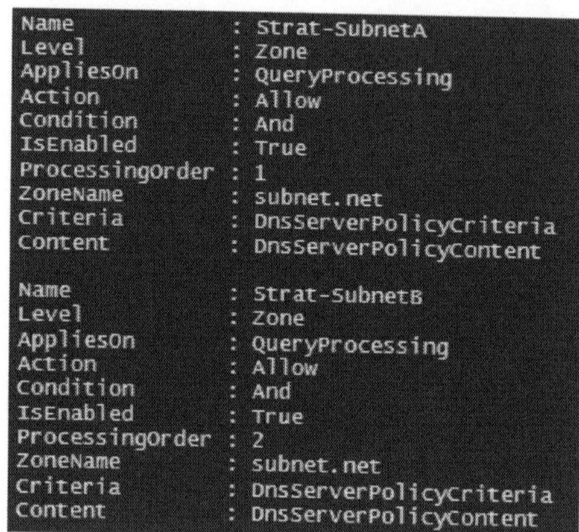

```
Name            : Strat-SubnetA
Level           : Zone
AppliesOn       : QueryProcessing
Action          : Allow
Condition       : And
IsEnabled       : True
ProcessingOrder : 1
ZoneName        : subnet.net
Criteria        : DnsServerPolicyCriteria
Content         : DnsServerPolicyContent

Name            : Strat-SubnetB
Level           : Zone
AppliesOn       : QueryProcessing
Action          : Allow
Condition       : And
IsEnabled       : True
ProcessingOrder : 2
ZoneName        : subnet.net
Criteria        : DnsServerPolicyCriteria
Content         : DnsServerPolicyContent
```

Otros ejemplos de directivas podrían ser:

- bloquear las solicitudes de una red determinada,
- bloquear determinados tipos de peticiones DNS,
- sólo responden a las peticiones DNS a determinadas horas,
- bloquear o permitir las solicitudes de un determinado dominio,
- permitir o bloquear peticiones recursivas para un dominio.

9. DNSSEC

9.1 Conceptos generales

DNSSEC es una característica de DNS que refuerza la seguridad de las infraestructuras DNS y combate los ataques de "man in the middle" y el envenenamiento de la caché DNS. Se puede aplicar a zonas incluidas en Active Directory:

- Se utiliza para **garantizar la autenticidad** de las respuestas de los servidores y asegurar a los clientes que efectivamente, es el servidor DNS el que les ha dado la respuesta a su consulta. Para ello, los servidores firman las respuestas mediante una clave privada, que los clientes pueden verificar con la clave pública correspondiente.

- También garantiza la integridad de las respuestas recibidas y que no han sido modificadas en el camino. Las respuestas se pueden cifrar utilizando el mismo mecanismo de claves públicas y privadas.
- Los clientes recuperan la clave pública en lo que Microsoft denomina **un anclaje de aprobación**, que se crea en el servidor DNS y se replica en los controladores de dominio del bosque. Esto sustituye a los certificados utilizados en Internet para crear la cadena de confianza y generar las claves.
- Los clientes están obligados a utilizar DNSSEC a través de una directiva de grupo configurada en Active Directory y sólo aceptarán respuestas firmadas con las claves de anclaje de aprobación. Entre los servidores utilizarán DNSSEC, que está activado por defecto en Windows Server 2022.
- En DNSSEC se utilizan dos pares de claves públicas/privadas:
  - La ZSK (*Zone Signing Key*) se utiliza para firmar la zona DNS con la clave privada y el cliente verifica la firma con la clave pública.
  - Las KSK (*Key Signing Key*) son otro par de claves, utilizadas para firmar ZSK con una clave privada, de modo que los clientes puedan verificar la autenticidad de la ZSK con una clave pública.
- En las zonas DNS, los registros se van a firmar. Más concretamente, se crearán nuevos registros firmados denominados RRSIG, que se asociarán a los registros tradicionales.
- También se puede utilizar un mecanismo llamado NSEC para firmar respuestas negativas, lo que permite autenticar respuestas que afirman que un FQDN no existe.
- Se creará un registro DS para gestionar la delegación de zona DNS de forma segura mediante la creación de una cadena de autenticación.
- Es posible cifrar los intercambios entre clientes y servidores DNS utilizando el protocolo IPsec. Para ello se necesita un certificado.

9.2 Configuración de DNSSEC

9.2.1 Firma de la zona DNS

Si DNSSEC está activado por defecto en Windows Server 2022, no se firma ninguna zona DNS. Por lo tanto, lo primero que hay que hacer es firmar la zona deseada. En nuestro ejemplo, realizaremos las operaciones en una zona integrada con Active Directory.

▶ Haga clic con el botón derecho del ratón en la zona **cole.com** y seleccione **DNSSEC - Sign the Zone** en el menú desplegable.

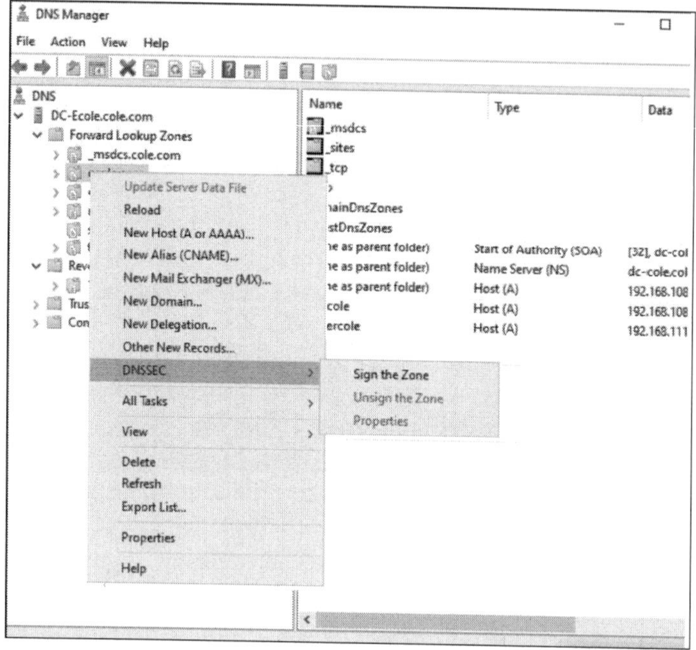

Si elige personalizar los ajustes, todas las etapas del proceso de firma serán claramente visibles.

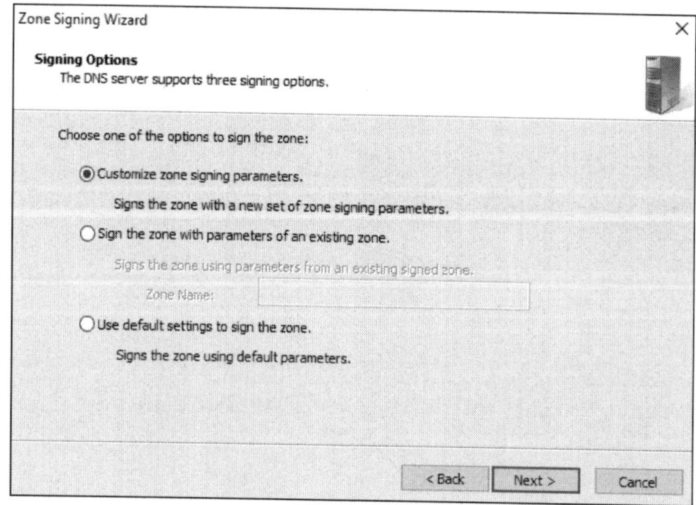

- En el siguiente paso, designe el servidor **DC-cole** como maestro de claves. Los demás servidores del dominio replicarán las claves desde este servidor.

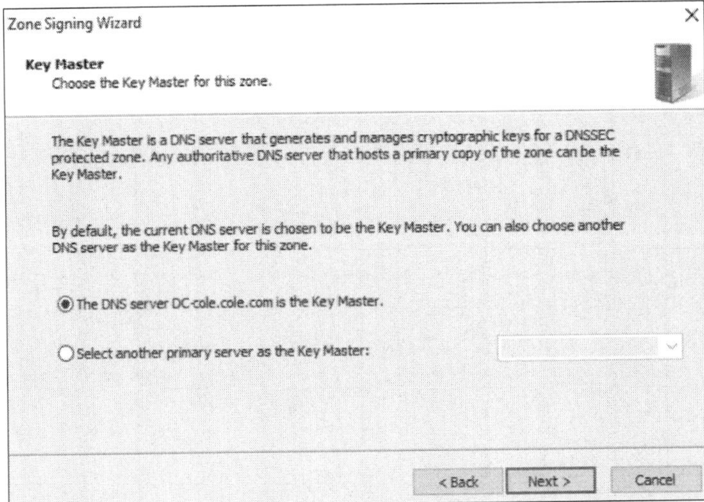

- La siguiente ventana del asistente explica los conceptos básicos de las claves KSK y ZSK. Haga clic en **Next**.
- A continuación, aparece la ventana para crear el par de claves KSK que se utilizarán para firmar las claves de zona, las claves ZSK. Haga clic en **Add**.

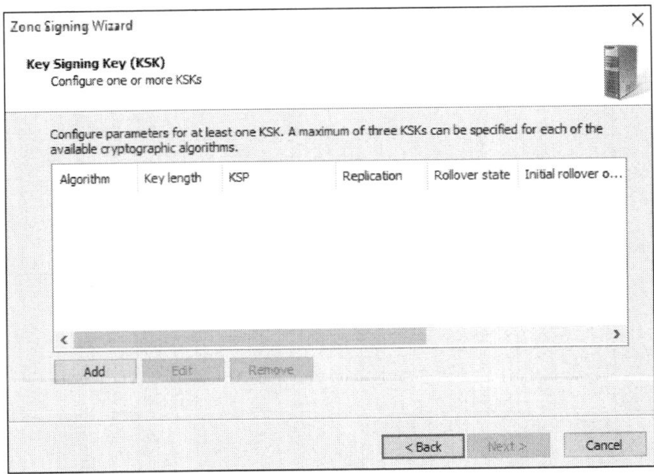

▶Se abre una ventana que le permite realizar los ajustes de criptografía de claves. En la parte inferior de la ventana se encuentra la configuración para la renovación periódica de la clave. Establezca la longitud de la clave en **4096** y haga clic en **OK**.

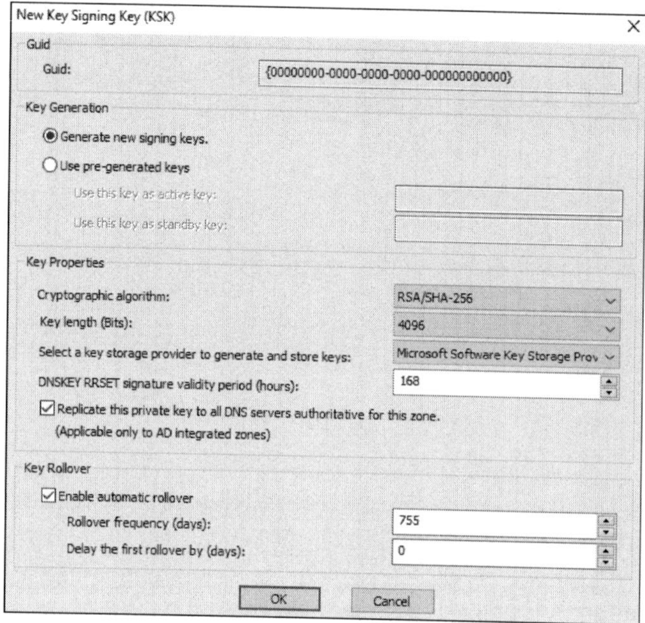

▶Se ha creado el par de claves. Haga clic en **Next**.

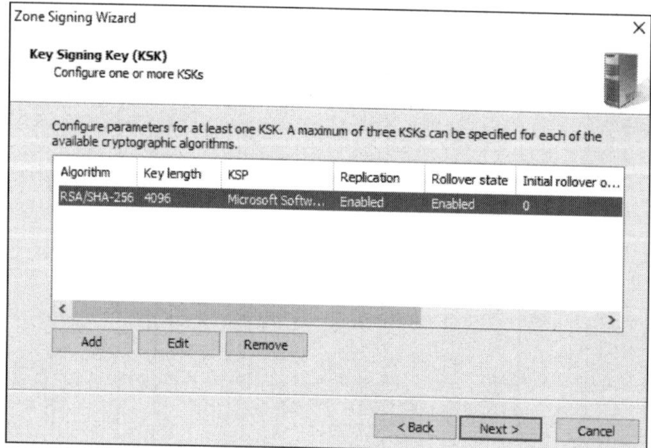

- La ventana muestra un mensaje sobre las claves ZSK. Haga clic en **Next**.
- A continuación, aparece la ventana de creación de la clave ZSK, haga clic en **Add**.
- En la ventana de configuración de la clave ZSK que se abre, ajuste la longitud de la clave a **4096** y confirme.

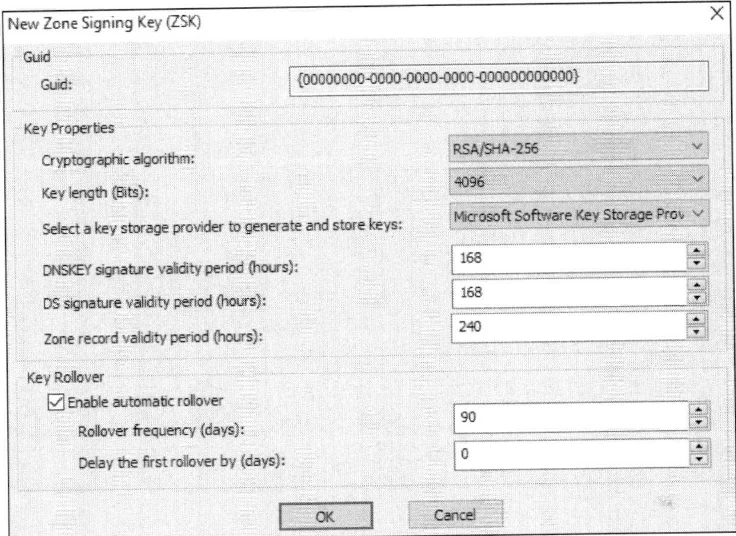

- La ventana muestra que se ha creado el par de claves ZSK, haga clic en **Next**.
- A continuación, debe configurar NSEC para firmar las respuestas negativas. Compruebe que está configurado como **NSEC3**, la última versión del protocolo.

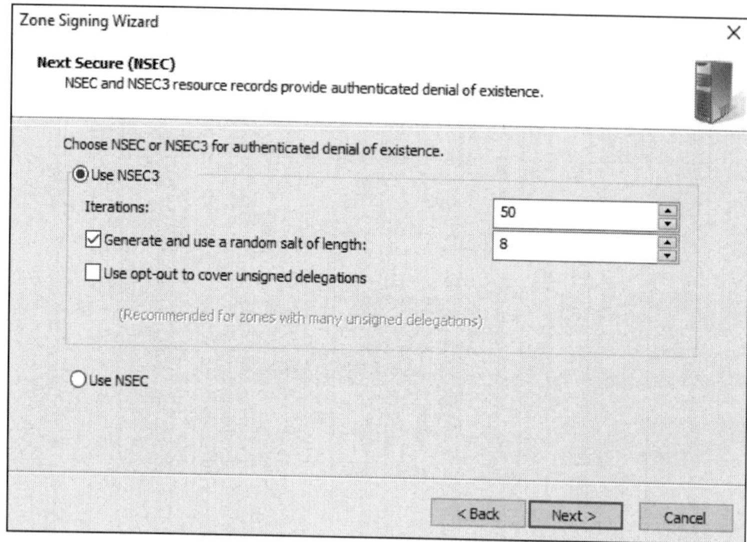

▶ En el siguiente parámetro, marque la opción para distribuir claves a otros servidores DNS del dominio.

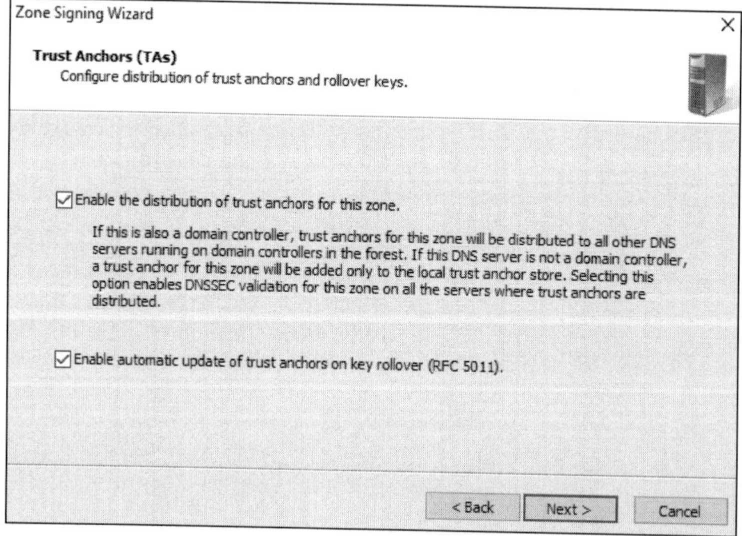

Luego hay ajustes para el registro DS, la delegación a zonas hijas y subdominios.

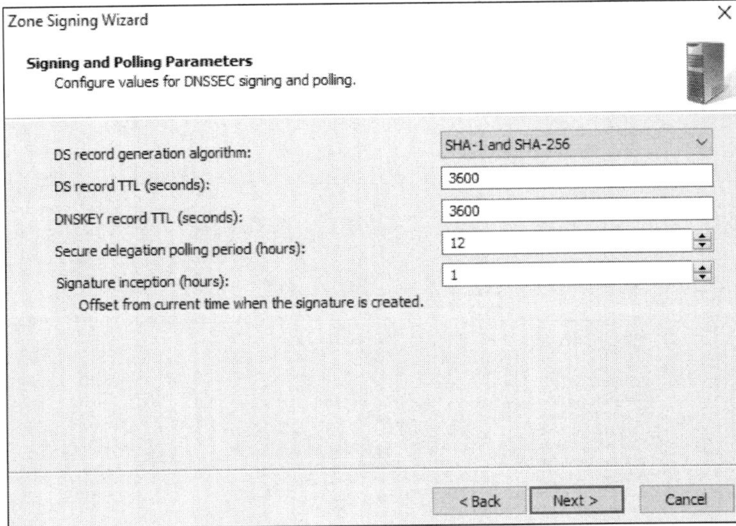

- Por último, aparece la tradicional ventana de resumen. Haga clic en OK.
- La firma de la zona tardará unos segundos. Una vez hecho esto, haga clic en **Finish**.

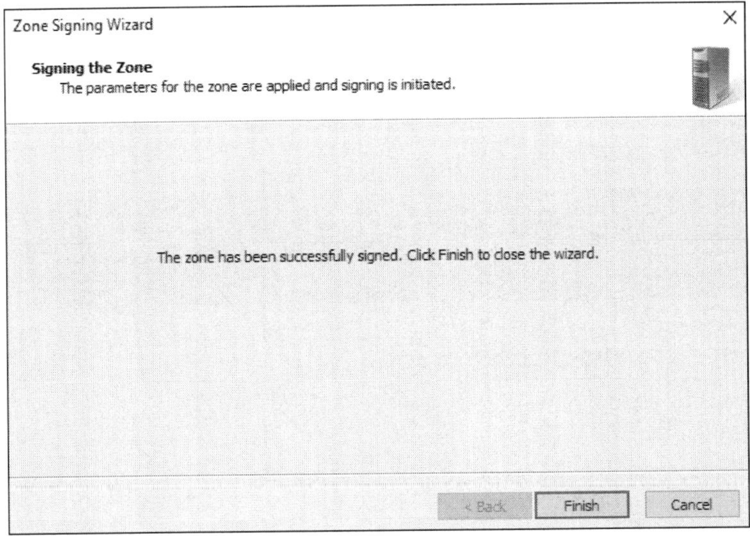

Cuando se actualice la visualización de la zona DNS, se habrán añadido los registros cifrados.

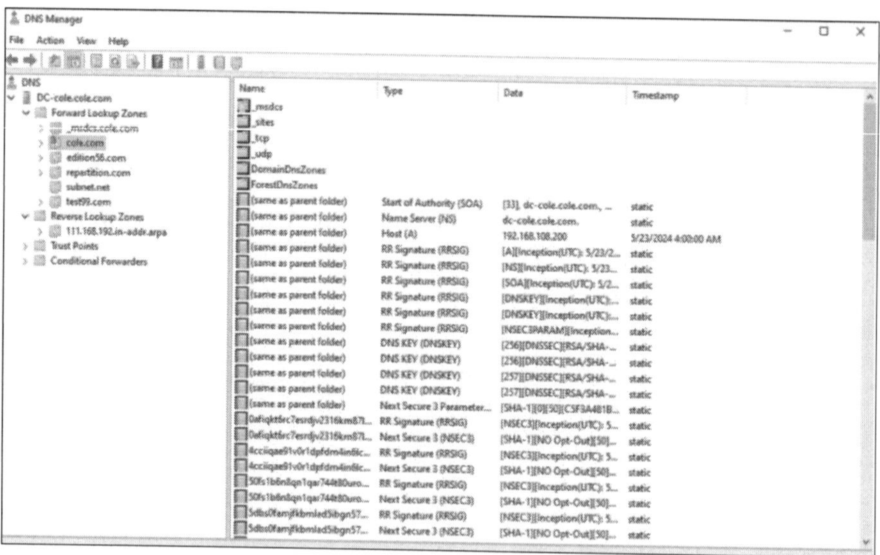

9.2.2 Verificación de firmas

Podemos comprobar que DNSSEC está funcionando en la zona haciendo una petición DNS con PowerShell y añadiendo la opción `DnssecOk`. Si el FQDN se resuelve sin mensaje de error, DNSSEC está funcionando.

```
Resolve-DnsName -Name dc-cole.cole.com -DnssecOk
```

▶ Introduzca el comando en un prompt de PowerShell.

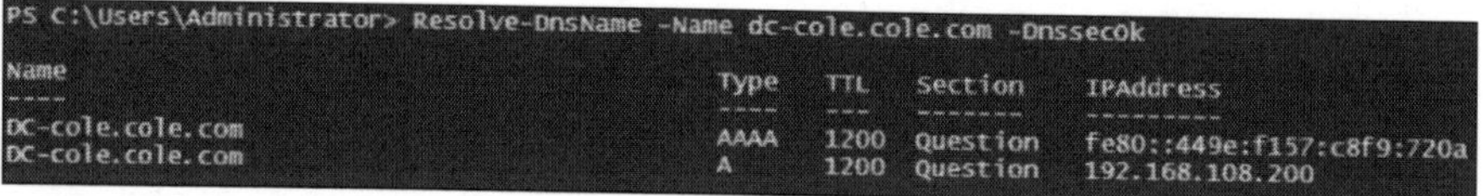

9.2.3 Configuración de la directiva de grupo

Ahora necesitamos implementar la directiva de grupo, que obligará a los clientes del dominio a utilizar DNSSEC.

▶ En el menú **Start**, vaya a **Windows administrative Tools** y, a continuación, a **Group Policy Management**.

▶ Despliegue el bosque, luego el dominio y haga clic con el botón derecho del ratón en **Default Domain Strateg.** Haga clic en **Edit**.

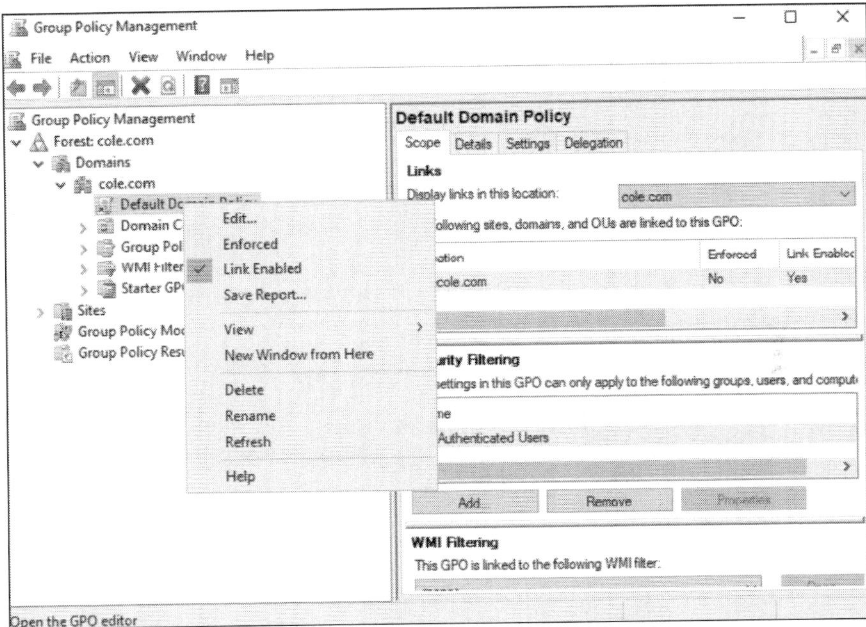

La directiva se puede encontrar en **Computer Configuration - Policies** y, a continuación, **Windows Settings** y **Name Resolution Policy**.

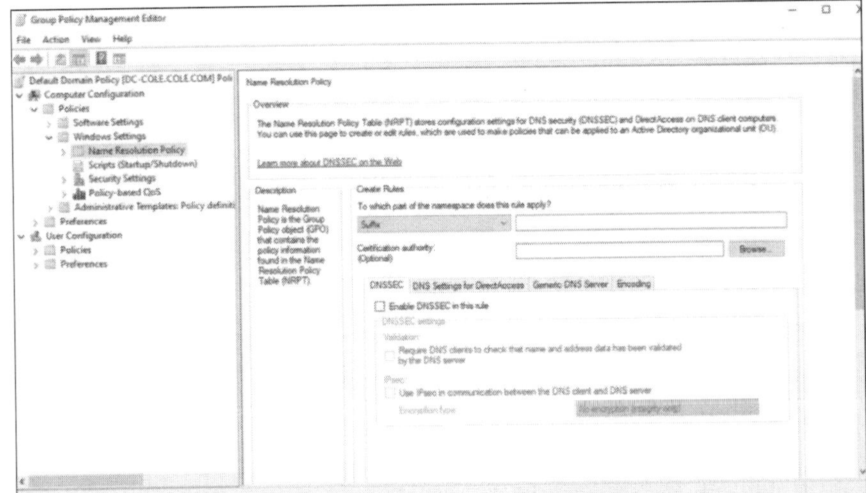

- En la configuración de la directiva, introduzca el nombre de dominio, marque la opción para habilitar DNSSEC en clientes y la opción para forzar el uso de DNSSEC. A continuación, haga clic en **Create**.

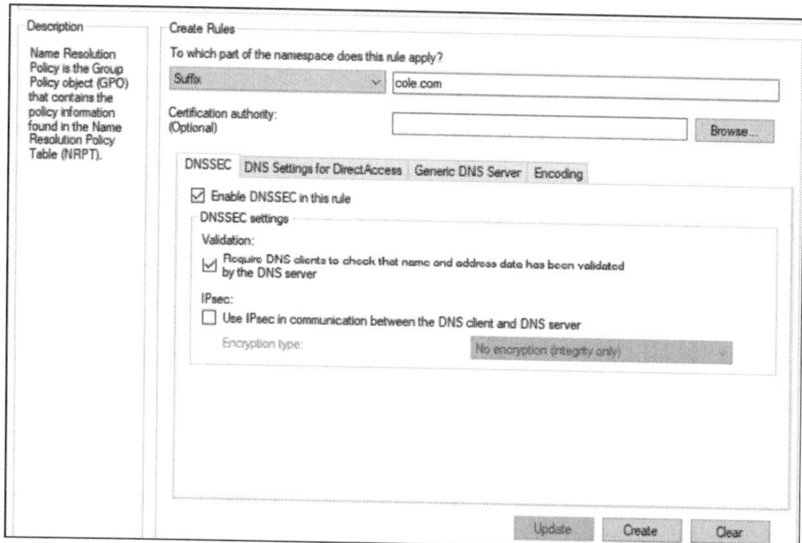

- Esto creará la tabla NRTP (*Name Resolution Policy Table*) que contiene la configuración de resolución DNS que la directiva impondrá a los clientes y que, por lo tanto, obligará a los clientes a utilizar DNSSEC. No olvide hacer clic en **Apply** en la parte inferior de la ventana.

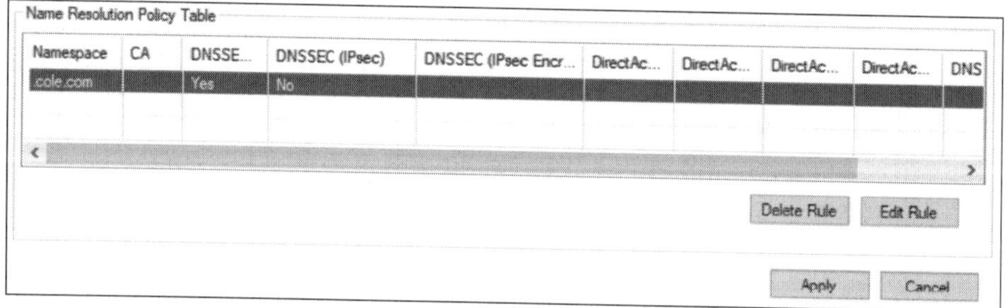

- Envíe el siguiente comando CMD al controlador de dominio, para forzar la actualización inmediata de la directiva:

```
Gpupdate /force
```

▶ La directiva se debería aplicar después de reiniciar los clientes del dominio. Para comprobar que se está utilizando DNSSEC en el equipo cliente, utilice el mismo comando de PowerShell, pero sin la opción DNSSEC. Esto se debería solucionar por sí solo gracias a la directiva.

```
Resolve-DnsName -Name dc-cole.cole.com
```

Este comando debería producir el siguiente resultado, que muestra que el registro es del tipo RRSIG, es decir, firmado:

```
Name                                     Type   TTL   Section    IPAddress
----                                     ----   ---   -------    ---------
dc-cole.cole.com                         A      3600  Answer     192.168.108.200

Name          : dc-cole.cole.com
QueryType     : RRSIG
TTL           : 3600
Section       : Answer
TypeCovered   : A
Algorithm     : 8
LabelCount    : 3
OriginalTtl   : 3600
Expiration    : 6/2/2024 3:51:06 PM
Signed        : 5/23/2024 2:51:06 PM
Signer        : cole.com
Signature     : {85, 102, 185, 196...}
```

Otro posible comando de verificación muestra los ajustes impuestos por la tabla NRTP:

```
Get-DnsClientNrptPolicy -Effective
```

El resultado del comando muestra que el parámetro **DnsSecValidationRequired** es efectivo.

```
Namespace                          : .cole.com
QueryPolicy                        : QueryIPv6Only
SecureNameQueryFallback            : FallbackPrivate
DirectAccessIPsecCARestriction     :
DirectAccessProxyName              :
DirectAccessDnsServers             :
DirectAccessEnabled                : False
DirectAccessProxyType              :
DirectAccessQueryIPsecEncryption   :
DirectAccessQueryIPsecRequired     :
NameServers                        :
DnsSecIPsecCARestriction           :
DnsSecQueryIPsecEncryption         :
DnsSecQueryIPsecRequired           : False
DnsSecValidationRequired           : True
NameEncoding                       :
```

El cliente se ve ahora obligado por la directiva a aceptar únicamente respuestas firmadas para las solicitudes relativas a la zona cole.com.

10. DNS y delegación de subdominios

Si creamos una zona DNS direction.cole.com, entonces creamos un subdominio direction del dominio cole.com dentro de Active Directory. Este es el caso en este ejemplo y el proceso es automático para DNS cuando se crea el subdominio de Active Directory.

Es posible que desee crear subdominios por la flexibilidad que aportan al crear segmentaciones dentro del dominio DNS principal para, por ejemplo, clasificar servicios como el correo electrónico o los sitios de la intranet. Los subdominios también se pueden utilizar para reforzar la seguridad aislando partes sensibles de la empresa, o para aplicar diferentes directivas de seguridad. También pueden facilitar el cumplimiento de los requisitos de conformidad, que exigen que los servicios estén segmentados.

Se crea una delegación DNS para indicar al servidor de la zona padre dónde están los servidores del subdominio que tienen autoridad para este subdominio y para delegar autoridad, para el propio subdominio.

Para una zona fuera de Active Directory, este proceso debe ser realizado manualmente por los administradores.

Para poner en práctica la delegación DNS y la creación de un subdominio, vamos a crear una nueva zona "direction.editions56.com" en el servidor DNS2 de nuestro trabajo práctico. Vamos a hacerlo utilizando PowerShell.

▶ En el servidor DNS2, introduzca el siguiente comando para crear la zona y el archivo de zona en la ubicación predeterminada:

```
Add-DnsServerPrimaryZone `
-Name "direction.edition56.com" `
-ZoneFile "direction.edition56.com.dns"
```

El archivo se creo en c:\windows\system32\dns:

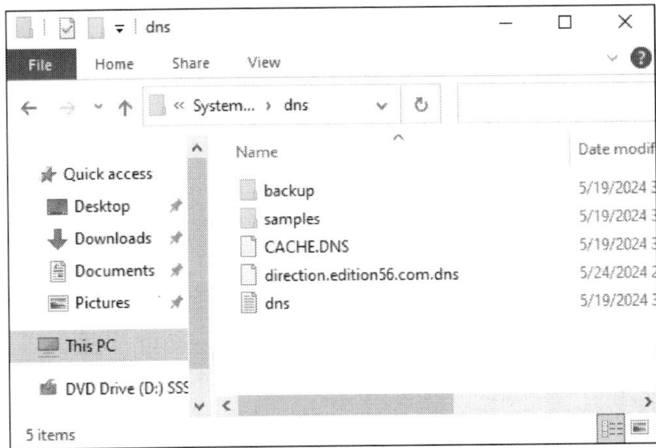

Ahora va a añadir un registro DNS a la zona, para poder probar la resolución una vez haya terminado.

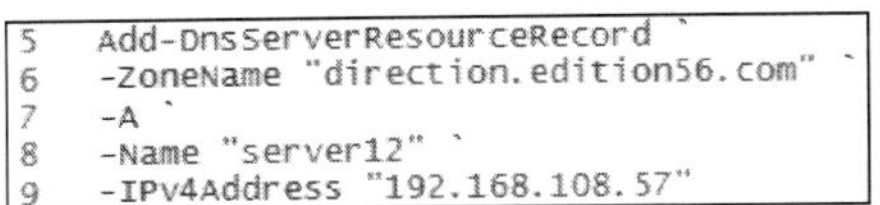

```
Add-DnsServerResourceRecord `
-ZoneName "direction.edition56.com" `
-A `
-Name "server12" `
-IPv4Address "192.168.108.57"
```

Puede ver el resultado en la interfaz gráfica del administrador de DNS.

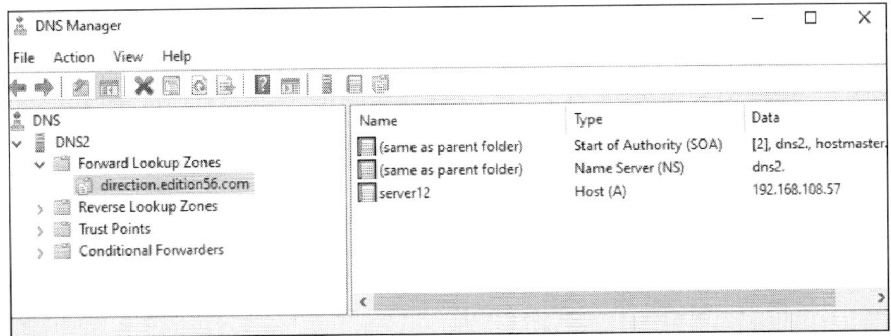

Ahora tiene que ir al servidor propietario de la zona **edition56.com**, es decir, el DC-cole, para hacer la delegación.

Como el dominio no está integrado en Active Directory, necesita hacer un registro DNS para que el servidor DC-cole sepa dónde encontrar el servidor DNS2. Esto lo hará en DC-cole, en la zona padre.

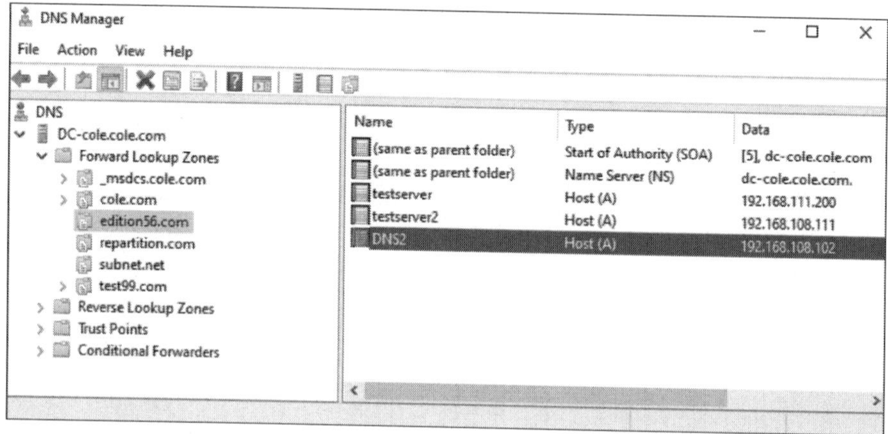

Observación

Si el servidor DNS2 hubiera estado en Active Directory, el sistema habría creado automáticamente un registro DNS en la zona cole.com. Entonces habría sido posible resolver el nombre del servidor con DNS2.cole.com.

▶ En DC-cole, vaya al administrador de DNS y haga clic con el botón derecho del ratón en la zona **edition56.com**.

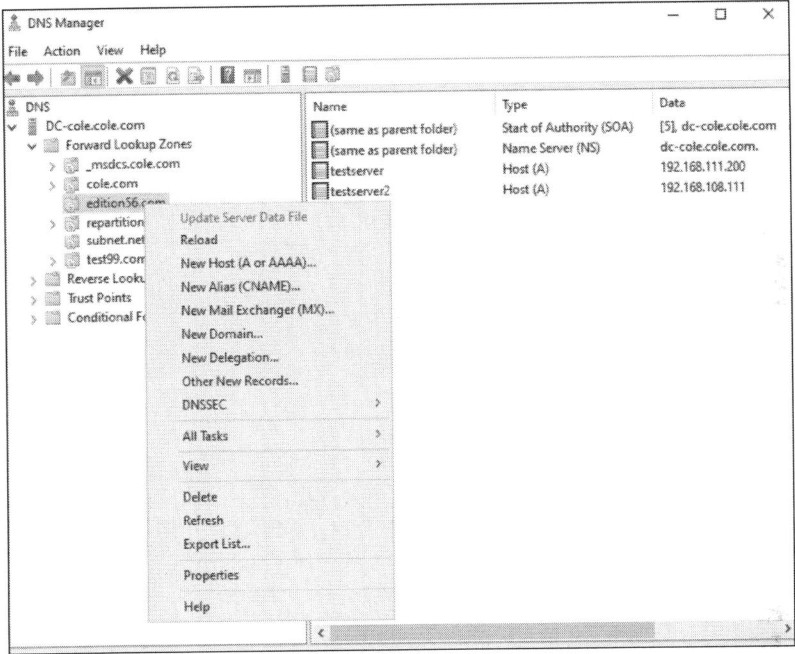

Seleccione **New Delegation** en el menú desplegable. Se abrirá un asistente. Sáltese la primera página y, en la segunda, introduzca el nombre del subdominio.

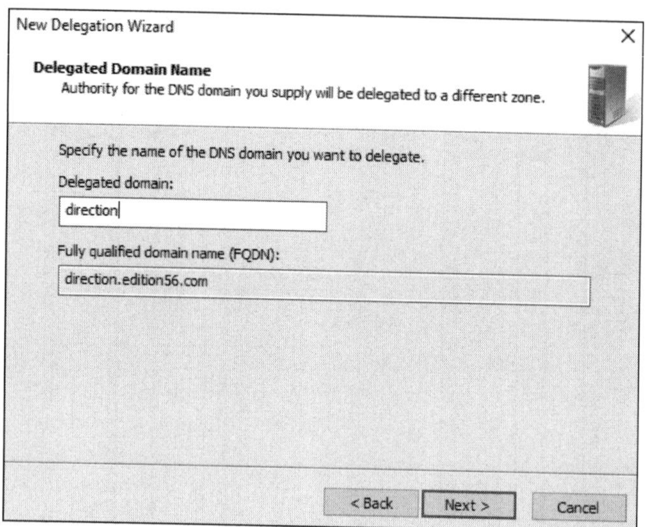

En la siguiente pantalla, el asistente le pide que introduzca la dirección del servidor donde se encuentra la zona de subdominio. Haga clic en **Add**.

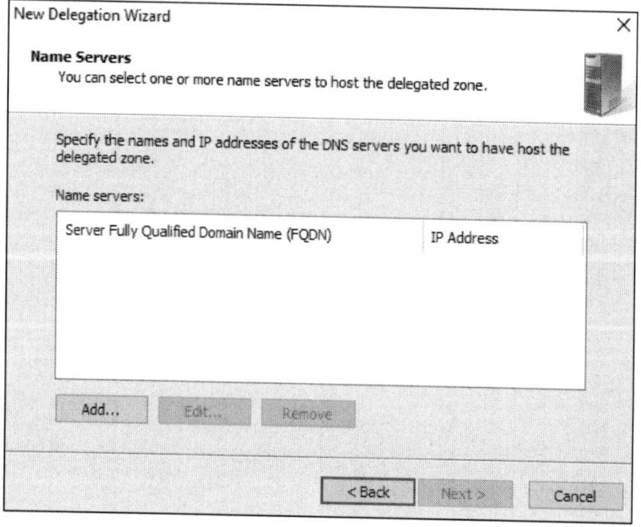

▶ Introduzca el nombre del servidor DNS2 y haga clic en **Resolve**. El sistema debería ser capaz de encontrar la dirección IP correspondiente. Una vez hecho esto, pulse **OK**.

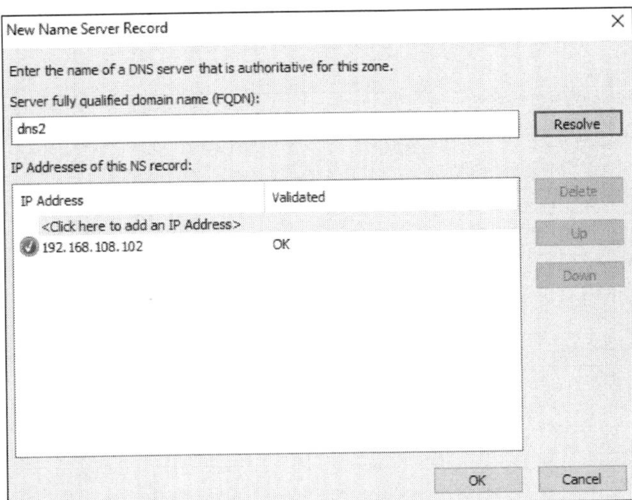

▶ Se ha añadido el servidor que aloja el subdominio. Haga clic en **Next**.

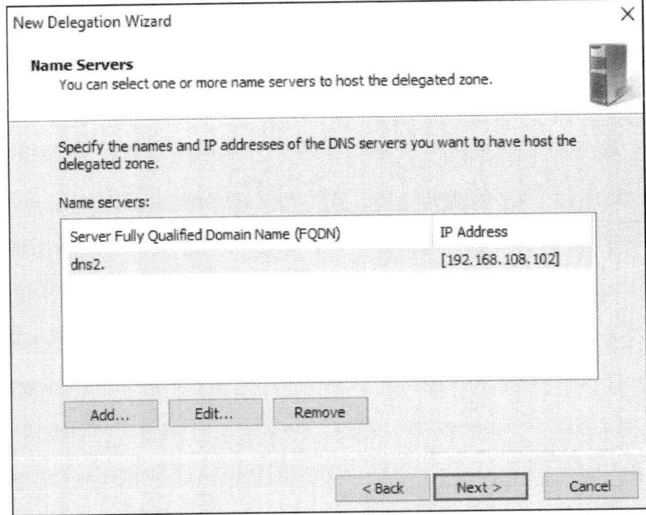

▶ Verá una ventana de resumen final. Haga clic en **Finish**.

La delegación DNS se ha creado correctamente. Contiene el registro NS del servidor DNS2 como servidor de nombres. Sin embargo, no contiene un registro SOA, ya que la autoridad se ha delegado en el subdominio, que se encuentra en la zona **direction.edition56.com**.

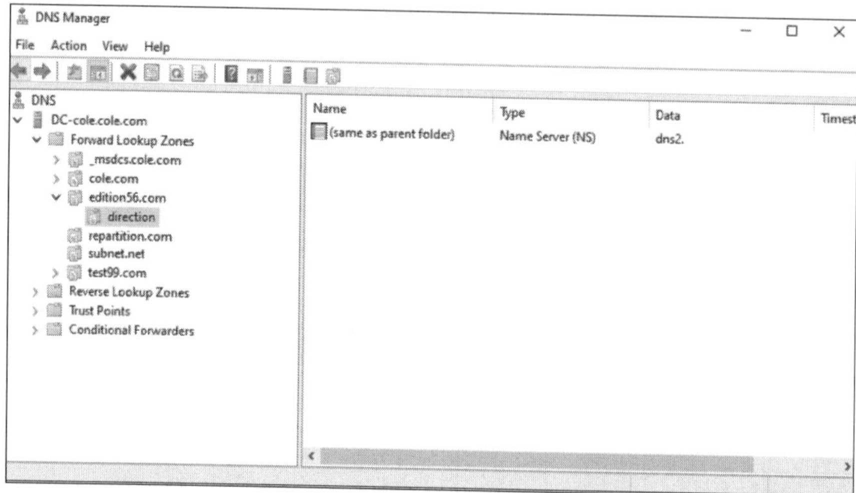

El equipo cliente que tiene DC-cole como servidor DNS, debe ser capaz de resolver un FQDN en el subdominio.

La respuesta no es autoritaria porque es DC-cole quien responde.

```
C:\Users\administrator>nslookup server12.direction.edition56.com
Server:  UnKnown
Address:  192.168.108.200

Non-authoritative answer:
Name:    server12.direction.edition56.com
Address:  192.168.108.57
```

11. Configuración adicional del servicio DNS

11.1 Round robin

Round robin es una característica adicional en DNS para el balanceo de carga. Si crea dos registros DNS para el mismo FQDN que apunten a diferentes direcciones IP, el servicio responderá a ambos registros con una solicitud para ese FQDN.

El round robin cambiará el orden de las respuestas y el cliente sólo almacenará en caché el primero de los registros contenidos en la respuesta.

Round robin está activado por defecto, como se puede ver yendo a las propiedades del servidor y a la pestaña **Advanced**.

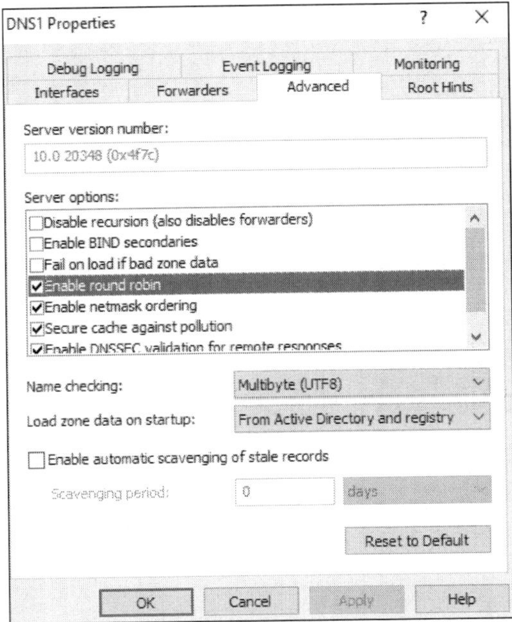

Para probar este mecanismo round robin, hemos creado dos registros con el mismo FQDN, que contienen diferentes direcciones IP.

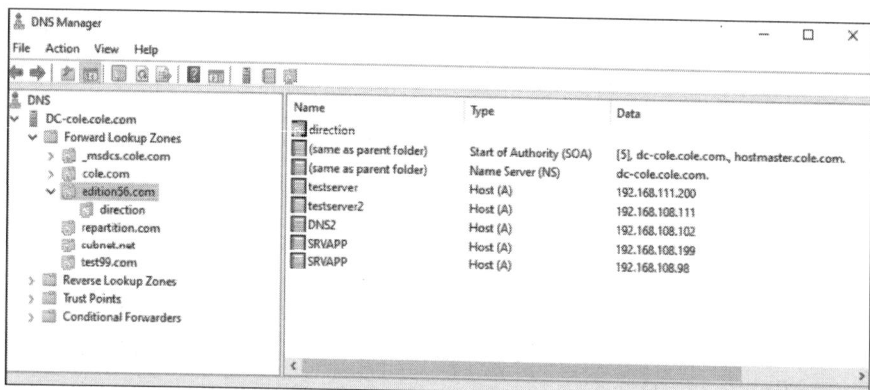

▶ Compruebe la resolución de este FQDN con el comando **nslookup**.

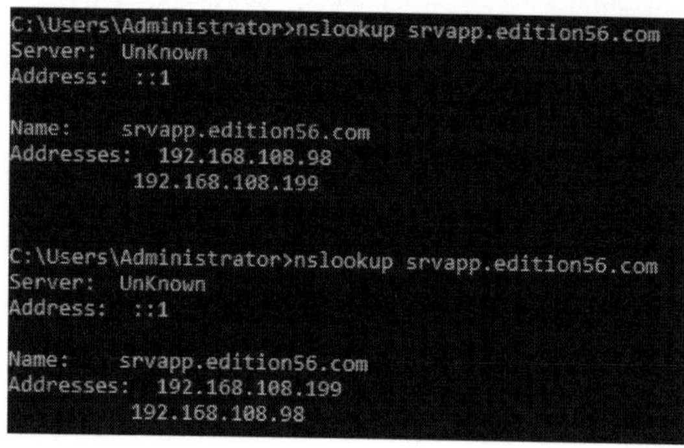
```
C:\Users\Administrator>nslookup srvapp.edition56.com
Server:  UnKnown
Address:  ::1

Name:    srvapp.edition56.com
Addresses:  192.168.108.98
          192.168.108.199


C:\Users\Administrator>nslookup srvapp.edition56.com
Server:  UnKnown
Address:  ::1

Name:    srvapp.edition56.com
Addresses:  192.168.108.199
          192.168.108.98
```

Como puede ver, el orden de los registros en la respuesta se invierte en la segunda solicitud.

Observación

*El comando **nslookup** fuerza la resolución de un FQDN incluso si ya está en caché.*

11.2 Limitar el índice de respuesta

Limitar el índice de respuesta implica definir un número máximo de respuestas que el servicio DNS proporcionará a una sola máquina, para evitar sobrecargar el sistema. Esto también ayuda a protegerse de ataques DDOS como la amplificación de DNS.

El siguiente comando muestra la configuración:

```
Get-DnsServerResponseRateLimiting
```

Esto nos da el siguiente resultado. Podemos ver que por defecto la funcionalidad está desactivada, en la última línea "mode".

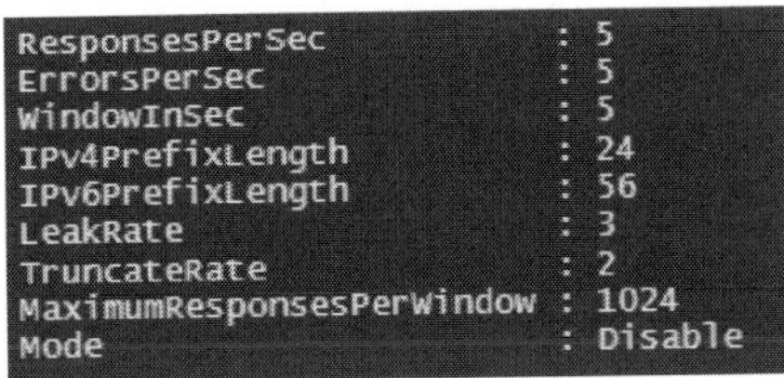

```
ResponsesPerSec           : 5
ErrorsPerSec              : 5
WindowInSec               : 5
IPv4PrefixLength          : 24
IPv6PrefixLength          : 56
LeakRate                  : 3
TruncateRate              : 2
MaximumResponsesPerWindow : 1024
Mode                      : Disable
```

11.2.1 Parámetros de limitación de la tasa de respuesta

- La primera línea ResponsesPerSec define el número de respuestas por segundo que se proporcionarán a las peticiones de la misma máquina cliente.
- La segunda línea ErrorsPerSec define el número de respuestas negativas por segundo a la misma máquina.
- La siguiente línea, WindowInSec, establece la ventana de tiempo utilizada por el sistema para realizar sus mediciones de tasa de respuesta. Cuanto más corta sea la ventana, más estricta será la limitación. Generalmente se establece en 10 o menos, ya que esto consume recursos de CPU y RAM en el servidor.
- A continuación, las dos líneas siguientes permiten establecer las máscaras de subred para definir las redes IP a las que se aplican los límites. Por ejemplo, si establece este parámetro en /24, las 256 direcciones de la misma subred se considerarán como un único cliente a efectos de la aplicación de los límites. Una máscara de /32 aplicaría los límites máquina por máquina.
- La siguiente línea, LeakRate, permite definir un número de respuestas que se concederán, aunque se superen los límites. Si establece este parámetro en 10, entonces cada diez respuestas bloqueadas el sistema seguirá concediendo una respuesta. Esto es para evitar que los clientes no obtengan ninguna respuesta, incluso si un ataque ha saturado el servidor. El máximo es 10, es decir, una respuesta cada 10 denegaciones.

- La línea `TruncateRate` funciona de forma similar a `Leakrate`, pero para conceder respuestas parciales que contengan la cantidad mínima de información necesaria para responder a las peticiones de los clientes. La reacción típica de un cliente que ha recibido una respuesta parcial es seguir haciendo peticiones, pero de otra forma, por ejemplo, utilizando TCP en lugar de UDP.
- La línea `MaximumResponsesPerWindow` define el número máximo de respuestas por ventana, cuya duración es fijada por el parámetro `WindowsInSec`.
- Finalmente, la última línea se utiliza para activar la funcionalidad. Se puede activar, desactivar o activar sólo para monitorización (*logonly*).

11.2.2 Configuración de la limitación del índice de respuesta

La limitación del índice de respuesta, también conocida como RRL (*Response Rate Limiting*), se configura mediante PowerShell. El comando es:

```
Set-DnsServerResponseRateLimiting
```

Para activarlo con la configuración por defecto:

```
Set-DnsServerResponseRateLimiting -Mode Enable
```

Para cambiar el modo. El sistema le pedirá que confirme.

```
Set-DnsServerResponseRateLimiting - Mode "LogOnly
```

Para modificar uno de los parámetros, en este caso el `LeakRate`:

```
Set-DnsServerResponseRateLimiting -LeakRate 10
```

Para una configuración más completa. La opción `-force` evita una solicitud de confirmación:

```
Set-DnsServerResponseRateLimiting `
-mode enable `
-ResponsesPerSec 2 `
-ErrorsPerSec 2 `
-Window 5 `
-LeakRate 10 `
-TruncateRate 0 `
-IPv4PrefixLength 24 `
-Force
```

Para restablecer el límite de velocidad de respuesta:

```
Set-DnsServerResponseRateLimiting -ResetToDefault -Force
```

11.3 Rango de puertos aleatorios

Cuando una máquina envía un mensaje por la red, la trama Ethernet contiene un puerto de destino y un puerto de origen. El puerto de origen se calcula aleatoriamente, dentro de un rango que varía en función del sistema (Windows, Linux, Unix).

Cuando la respuesta al mensaje vuelve a la máquina emisora, el puerto de origen calculado aleatoriamente se convierte en el puerto de destino.

Este es un mecanismo de comunicación básico en una red IP y los servidores DNS de Windows no son una excepción a la regla. Sin embargo, un servidor DNS de Windows utiliza un rango que contiene 2.500 puertos posibles por defecto, para sus comunicaciones salientes. El rango de puertos utilizados va de 49.152 a 51.651.

Este rango se puede aumentar, ya que cuanto mayor sea el número de puertos utilizados, más difícil le resultará a un atacante adivinarlos. El máximo es de diez mil puertos utilizados por el servicio DNS.

El comando `dnscmd` muestra esta configuración:

```
dnscmd /info /socketpoolsize
```

El resultado es el siguiente:

```
Query result:
Dword:  2500 (000009C4)

Command completed successfully.
```

Para aumentar el tamaño del rango de puertos, utilice el siguiente comando. En nuestro ejemplo, aumentamos el tamaño del rango a ocho mil.

```
dnscmd /config /socketpoolsize 8000
```

11.4 Desactivar la recursividad

Para preservar el rendimiento del sistema, es posible desactivar la recursividad DNS, por ejemplo, en un servicio DNS donde sólo hay registros a servidores, con direcciones que nunca cambian. Deshabilitar la recursividad puede evitar que el servicio DNS gestione peticiones que no se deberían tener que gestionar.

Por supuesto, esta configuración no se debe activar en el caso de un servidor DNS que tenga que realizar peticiones fuera de la empresa. Esta opción también desactiva los redireccionadores.

- En el gestor de DNS, vaya a las propiedades del servidor y luego a la pestaña **Advanced**.
- Marque la opción para desactivar la recursividad.

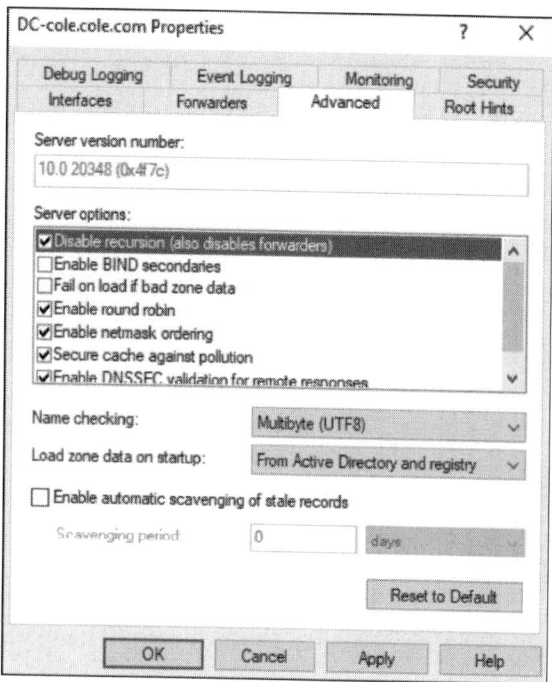

12. Supervisión del servicio DNS

Hay muchos lugares en el sistema donde podemos monitorizar el servicio DNS y comprobar que goza de buena salud. Es posible ver eventos, alertas y el rendimiento general de la máquina.

12.1 Propiedades del servidor

El primer lugar al que vamos a ir para comprobar que el servicio DNS funciona correctamente es a las propiedades del servidor DNS.

12.1.1 Pestaña Monitoring

- Vaya al Administrador de DNS, haga clic con el botón derecho del ratón en el servidor, seleccione **Properties** y vaya a la pestaña **Monitoring**.

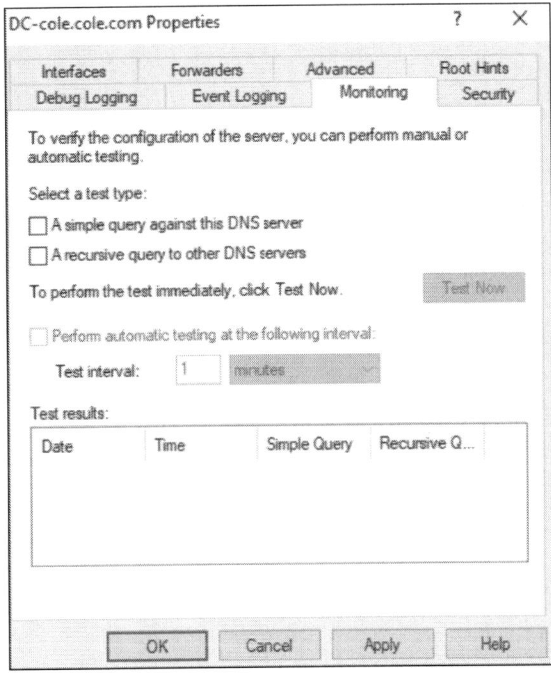

Aquí podremos realizar pruebas funcionales de DNS, para resoluciones locales y recursivas. También será posible programar estas pruebas a intervalos regulares y comprobar si hay algún fallo de funcionamiento, por ejemplo, cuando los servicios que utilizan DNS no funcionan con normalidad.

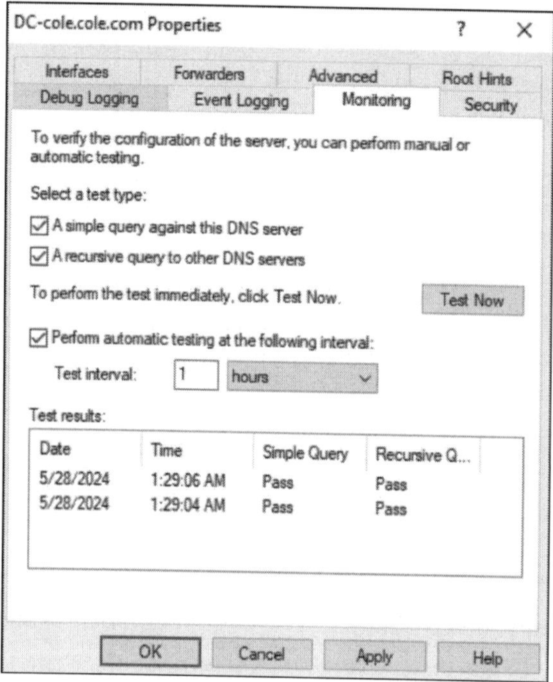

12.1.2 Pestaña Event Logging

Otra pestaña de las propiedades del servidor se refiere a la supervisión del sistema: la pestaña **Event Logging**.

Se utiliza para determinar los tipos de eventos que desea registrar en los registros de eventos. Por defecto, se establece en **All events**, pero puede que desee reducir esta selección para que el sistema sea más ligero. Por supuesto, recomendamos dejarlo en su configuración por defecto.

12.1.3 Pestaña Debug Logging

Esta pestaña se utiliza para registrar todas las acciones realizadas por el servicio DNS en un archivo de texto separado de los registros de eventos. Está desactivada por defecto.

- Marque la opción para habilitar las grabaciones e introduzca una ruta a un archivo de texto; a continuación, haga clic en **Apply**.

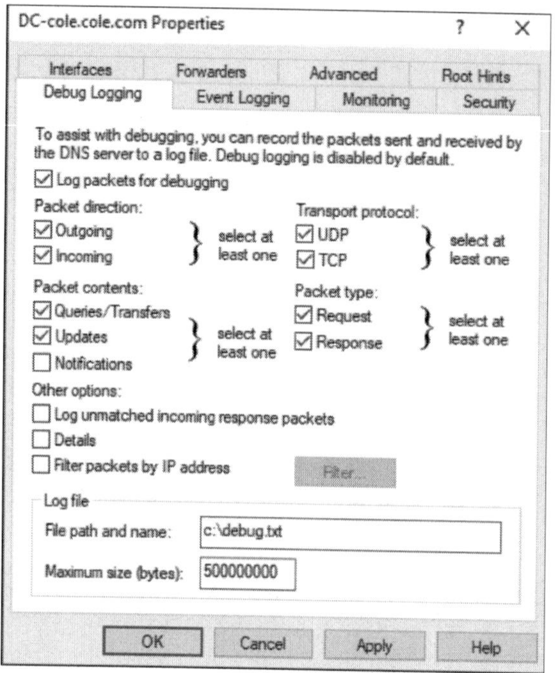

A continuación, es posible seleccionar determinados tipos de eventos, como el tráfico entrante o saliente, el protocolo utilizado o el contenido de los paquetes. Podríamos imaginar una selección para supervisar un tipo de evento que se supone que no debe ocurrir dada la configuración que hemos hecho en el servicio DNS.

Es posible filtrar el contenido por dirección IP, lo que puede ser útil, por ejemplo, para controlar los intercambios con otros servidores DNS.

Una vez activada la funcionalidad, se crea un archivo de texto con ayuda sobre cómo interpretar los datos:

```
DNS Server log file creation at 5/28/2024 1:50:14 AM
Log file wrap at 5/28/2024 1:50:14 AM

Message logging key (for packets - other items use a subset of these fields):
        Field #  Information         Values
        -------  -----------         ------
           1     Date
           2     Time
           3     Thread ID
           4     Context
           5     Internal packet identifier
           6     UDP/TCP indicator
           7     Send/Receive indicator
           8     Remote IP
           9     Xid (hex)
          10     Query/Response      R = Response
                                     blank = Query
          11     Opcode              Q = Standard Query
                                     N = Notify
                                     U = Update
                                     ? = Unknown
          12     [ Flags (hex)
          13     Flags (char codes)  A = Authoritative Answer
                                     T = Truncated Response
                                     D = Recursion Desired
                                     R = Recursion Available
          14     ResponseCode ]
          15     Question Type
          16     Question Name
```

Siguiendo este mini manual, todos los eventos seleccionados se guardarán en el archivo.

```
          14     ResponseCode ]
          15     Question Type
          16     Question Name

5/28/2024 1:52:49 AM 01B0 PACKET  00000272990280F0 UDP Rcv 192.168.108.101 8c87   Q [0000       NOERROR] SOA    (9)edition56(3)com(0)
5/28/2024 1:52:49 AM 01B0 PACKET  00000272990280F0 UDP Snd 192.168.108.101 8c87 R Q [8084 A   R  NOERROR] SOA    (9)edition56(3)com(0)
5/28/2024 1:54:24 AM 01B0 PACKET  000002729A7670C0 UDP Rcv ::1             24e2   Q [0001   D   NOERROR] A      (12)checkappexec(9)microsoft(3)com(0)
5/28/2024 1:54:24 AM 01B0 PACKET  000002729954A8D0 UDP Snd 8.8.8.8         441b   Q [0001   D   NOERROR] A      (12)checkappexec(9)microsoft(3)com(0)
5/28/2024 1:54:24 AM 01B0 PACKET  00000272992AB890 UDP Rcv 127.0.0.1       24e2   Q [0001   D   NOERROR] A      (12)checkappexec(9)microsoft(3)com(0)
5/28/2024 1:54:24 AM 01B0 PACKET  0000027297FB8510 UDP Rcv 8.8.8.8         441b R Q [8081   DR  NOERROR] A      (12)checkappexec(9)microsoft(3)com(0)
5/28/2024 1:54:24 AM 01B0 PACKET  000002729A7670C0 UDP Snd 127.0.0.1       24e2 R Q [8081   DR  NOERROR] A      (12)checkappexec(9)microsoft(3)com(0)
```

12.2 Observador de eventos

El visor de eventos es el mejor lugar para ver lo que ocurre en nuestros servidores.

▶Para abrir el Visor de eventos, vaya al menú **Inicio** y haga clic en su icono.

▶Una vez en el visor, vaya a **Applications and Services Logs** y seleccione DNS.

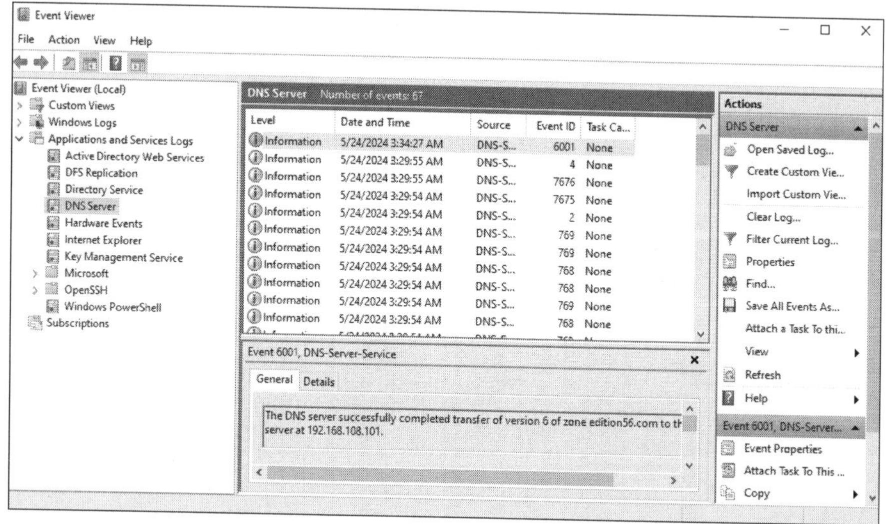

▶Ahora va a crear un filtro para ver los mensajes de error y los mensajes críticos. En la columna de la derecha, haga clic en **Create Custom View**. A continuación, marque los niveles de eventos críticos y de error. A continuación, valide.

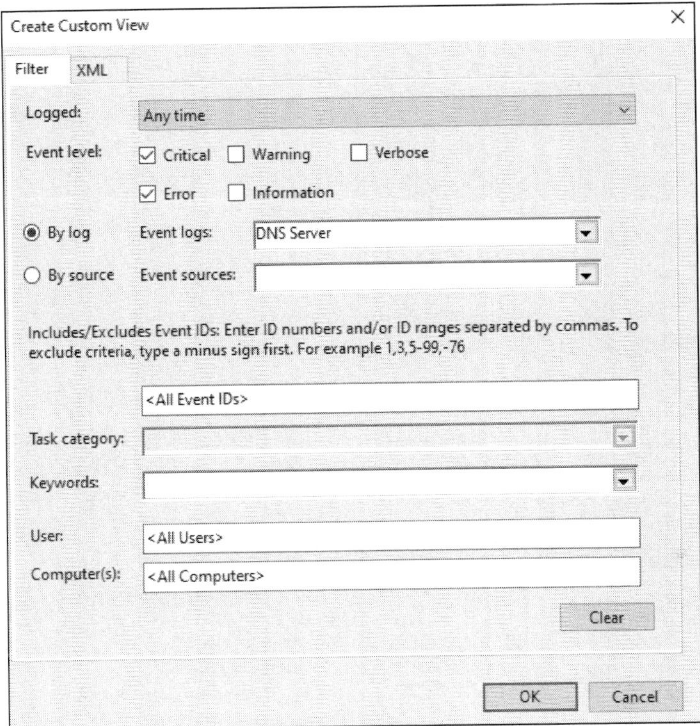

▶Asigne un nombre a la vista y confirme.

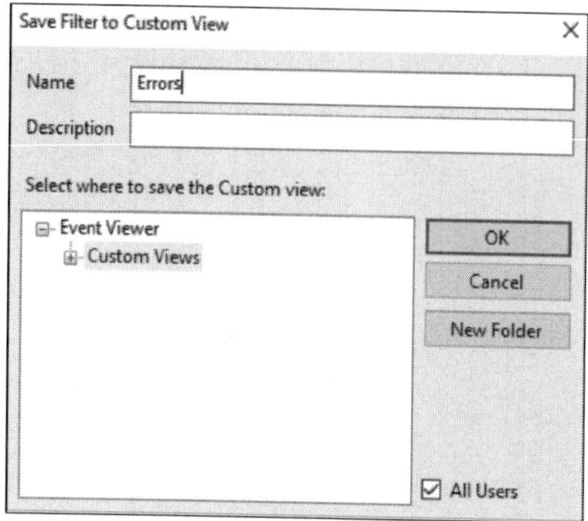

El filtro aparece en la columna de la izquierda. Si se selecciona, sólo aparecerán los mensajes del nivel elegido.

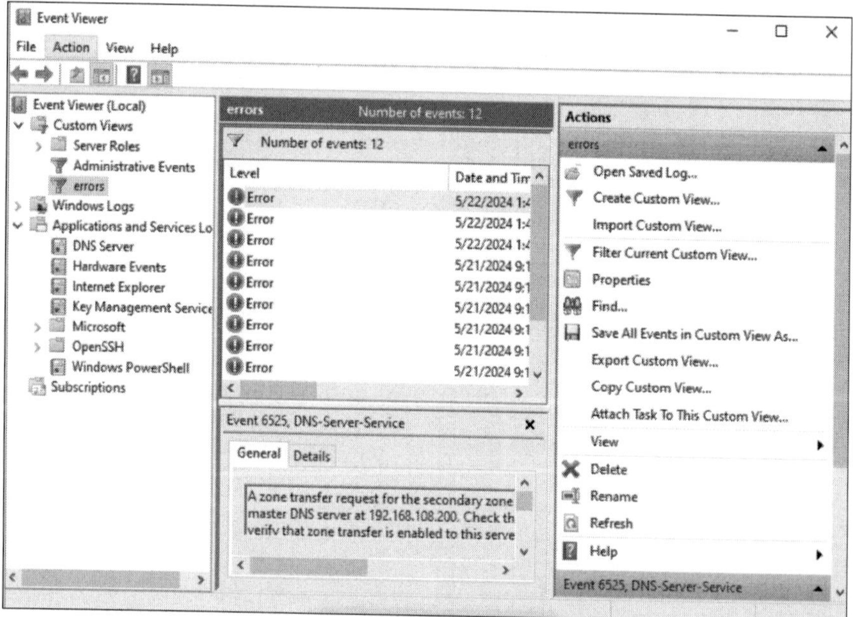

▶Los filtros se pueden crear utilizando los ID de los eventos. Cree un nuevo filtro en el servidor DC-cole y elija el ID 6001, que se corresponde con las transferencias de zona con éxito, todo ello con los registros del servidor DNS seleccionados.

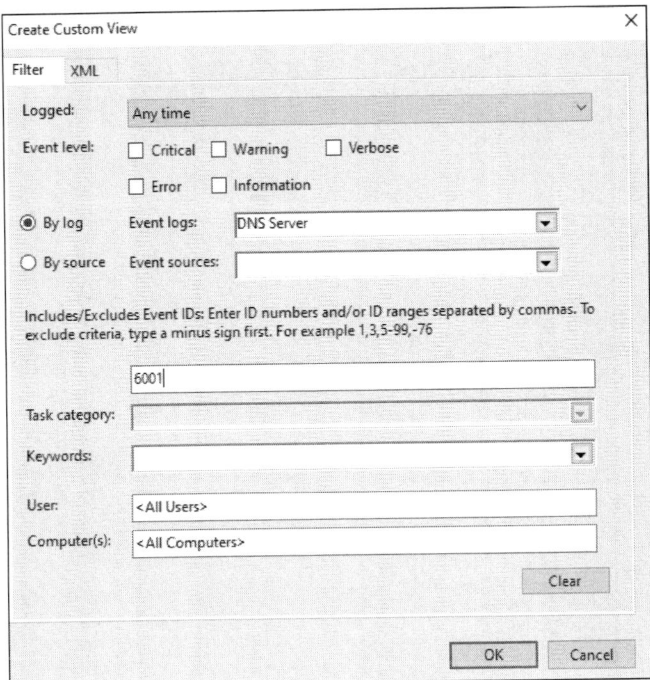

▶Dele un nombre al filtro y confirme.

Puede ver que el filtro sólo muestra los mensajes relativos a transferencias de zona realizadas con éxito, con ID 6001.

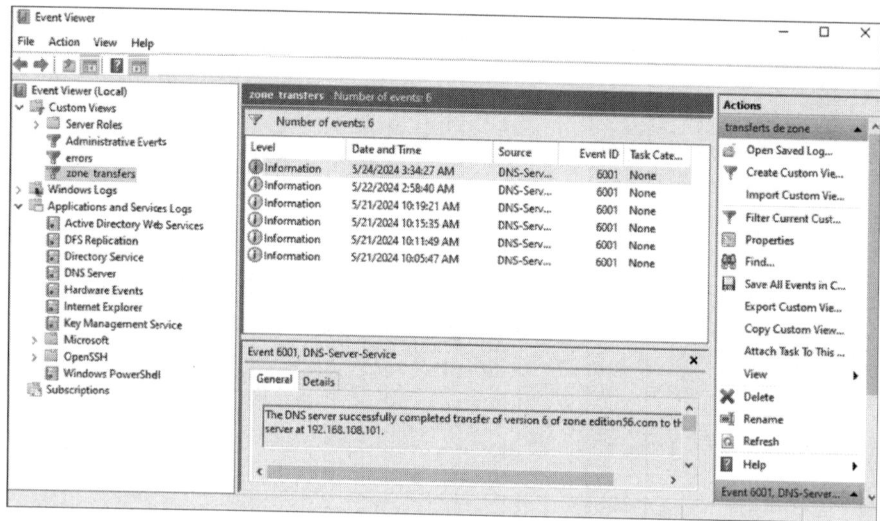

Observación

Conocer los ID de eventos es un tema muy amplio y es imposible enumerarlos todos. Con el tiempo y la experiencia, puede construir una lista de IDs y filtros, ya sea para un servicio como DNS o DHCP o para el servidor en general, incluso monitorización de disco, etc.

▶ Hay otros lugares en el visor de sucesos donde puede ver los registros del servidor DNS. Haga clic con el botón derecho en **DNS Server**, luego vaya a **View** y seleccione **Show Analytic and Debug Logs**.

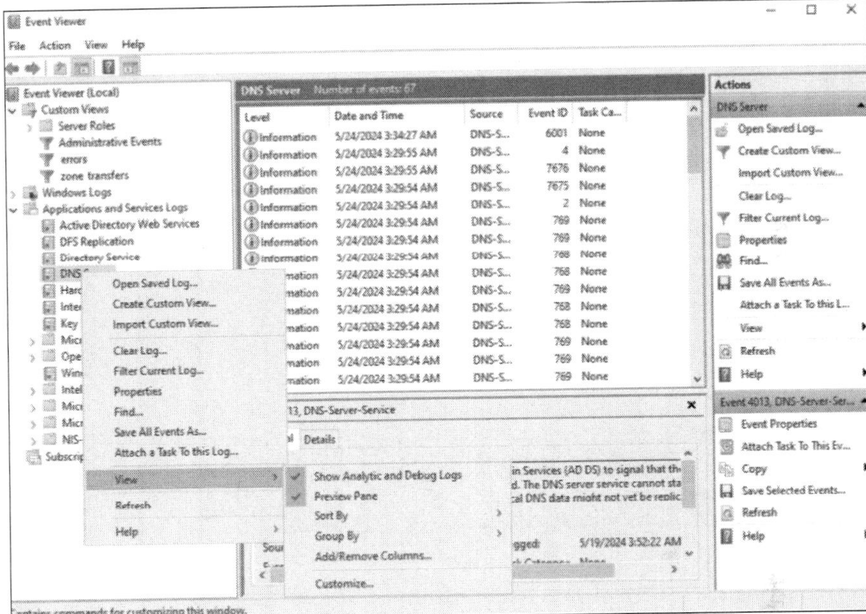

▶En la columna de la derecha, vaya a **Microsoft - Windows**.

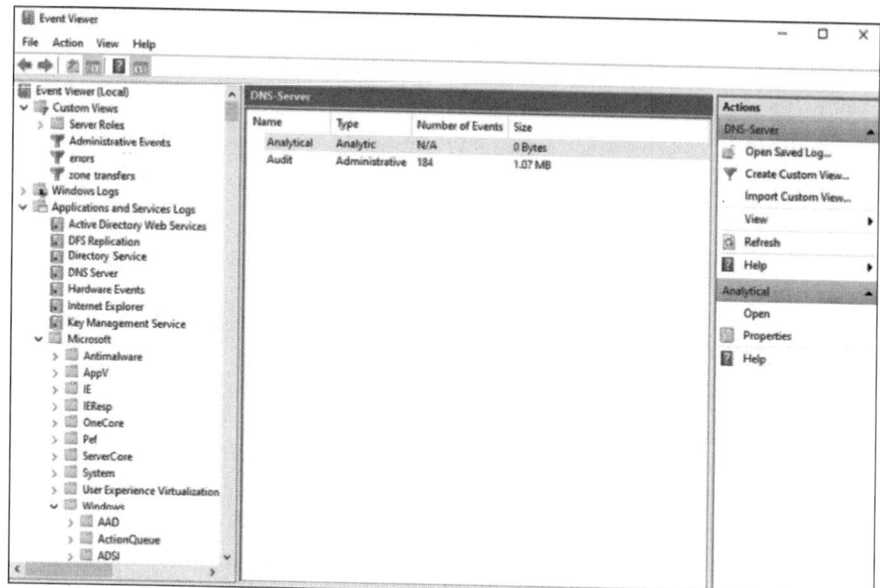

▶ A continuación, desplácese hasta DNS-Server. Encontrará los mensajes de auditoría presentes por defecto y los mensajes analíticos que acaba de activar. Estos se llenarán a medida que el servidor funcione.

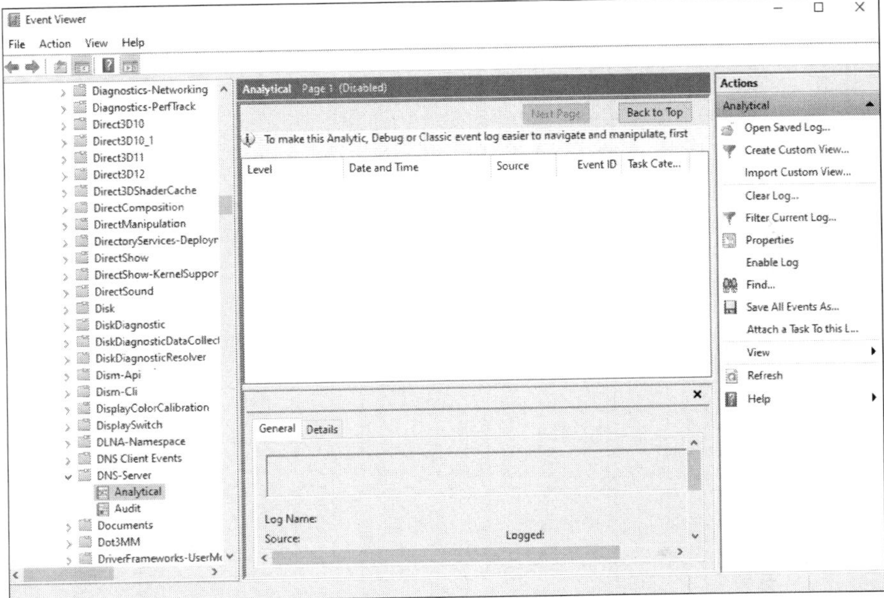

Los mensajes analíticos permiten ver las solicitudes y respuestas DNS, así como estadísticas como el número de solicitudes recibidas por segundo y la tasa de uso de la caché DNS.

También muestra mensajes de seguridad como alertas DNSSEC, intentos de envenenamiento de caché y cualquier petición sospechosa o maliciosa. También mostrará eventos de limitación de la tasa de respuesta RRL.

Por último, hay mensajes generales de funcionamiento del servidor, como cambios de configuración, paradas y arranques de servicios.

Los registros analíticos se pueden filtrar del mismo modo que los eventos.

Capítulo 4
Almacenamiento

1. Sistemas de archivos en Windows Server 2022

1.1 Introducción

Hay tres sistemas de archivos utilizados en Windows Server 2022, exFAT, NTFS y ReFS. No hablaremos del sistema de archivos exFAT en este libro, porque no se usa con frecuencia, así que nos concentraremos en NTFS y ReFS.

Mientras que NTFS es bien conocido y se utiliza en los sistemas Windows desde 1993, ReFS está presente en Windows Server desde la versión 2012, pero es menos conocido por el gran público. ReFS se desarrolló a partir de NTFS y comparte con este último, el sistema de árbol que comienza en la raíz de un volumen. Realmente no se puede decir que uno sea mejor que el otro, ya que los casos de uso son muy diferentes. Mientras que algunas características de Windows Server sólo se pueden utilizar con el sistema NTFS, como el rol de servidor DFS, otras aprovechan al máximo las nuevas características de ReFS.

Aunque más antiguo, NTFS conserva algunas características únicas, como cuotas de disco, volúmenes bootables (Windows no puede arrancar desde un volumen ReFS), hard links, cifrado EFS y otras de las que carece ReFS. Por tanto, ReFS no se puede considerar un sistema de archivos que vaya a sustituir a NTFS, sino más bien un sistema de archivos diseñado para cumplir otras funciones.

ReFS ofrece una mejor gestión de la corrupción de datos, mayor rendimiento en términos de velocidad, gestión de volúmenes muy grandes y mejor deduplicación de datos. Todas estas características lo convierten en el sistema de archivos preferido para almacenar datos masivos, discos de máquinas virtuales, donde mejora el rendimiento o espacios de almacenamiento.

Por tanto, no existe competencia entre ambos sistemas de archivos, ya que ambos cumplen funciones diferentes dentro de Windows Server. Sin embargo, hay que tener en cuenta que ReFS es un sistema de archivos que tiene fama de consumir muchos recursos y de exigir mucho más al hardware, la memoria y el procesador que NTFS.

1.2 Comparación entre NTFS y ReFS

Para facilitar la comparación entre los dos sistemas de archivos, vamos a hacerlo en forma de listas, para que podamos ver las principales diferencias.

En primer lugar, veamos las características de ambos:

- cifrado BitLocker,
- deduplicación de datos (desde Windows Server 2019 para ReFS),
- compatibilidad con volúmenes CSV (volúmenes compartidos en clúster),
- enlaces virtuales,
- enlaces físicos (sólo para nuevos volúmenes con ReFS),
- soporte para failover clusters,
- listas de control de acceso,
- registro USN,
- notificaciones de cambios,
- puntos de unión,
- puntos de instalación,
- puntos de análisis,
- instantáneas de volumen,
- ID de archivo,
- oplocks,
- archivos parcialmente asignados,
- feed con nombre,
- asignación dinámica (sólo en áreas de almacenamiento con ReFS),
- TRIM/UNMAP (sólo en áreas de almacenamiento con ReFS),
- soporte para archivos swap (ReFS 3.7 y posteriores).

A continuación, veremos las diferencias entre los dos sistemas de archivos en términos de limitaciones, siendo las principales diferencias el tamaño de los volúmenes y de los archivos:

Funcionalidad	ReFS	NTFS
Longitud máxima del nombre de archivo	255 caracteres	255 caracteres
Longitud máxima de la ruta	32.000 caracteres	32.000 caracteres
Tamaño máximo del archivo	35 PB (petabytes)	256 TB
Tamaño máximo del volumen	35 PB (petabytes)	256 TB

Veamos una lista de las características de NTFS que faltan en ReFS:

- compresión del sistema de archivos,
- cifrado del sistema de archivos,
- ID del objeto,
- transacciones,
- transferencia de datos descargados,
- nombres cortos,
- atributos extendidos,
- cuotas de disco,
- partición de arranque,
- soporte de los medios extraíbles.

1.3 Nuevas funciones aportadas por ReFS

Ahora es el momento de examinar más de cerca las características que ofrece ReFS. Son muchas y se pueden agruparse en dos categorías principales: resiliencia de los datos y rendimiento.

1.3.1 Resiliencia de los datos

ReFS facilita la detección de la corrupción de datos y, en algunos casos, su tratamiento automático y sobre la marcha. Esto minimiza el tiempo de inactividad y la pérdida de datos.

Flujos de integridad

ReFS utiliza sumas de comprobación para controlar los metadatos utilizados por los sistemas RAID y, en algunos casos, para los propios datos, lo que mejora enormemente la detección de corrupciones.

Integración en zonas de almacenamiento

Si se utiliza ReFS para el almacenamiento en espejo o de paridad, puede reparar la corrupción de datos automáticamente y sobre la marcha, basándose en copias de los datos de los otros discos.

Recuperación de datos

Si los datos se dañan y no hay copias sanas en los otros discos del RAID, ReFS elimina automáticamente los datos dañados sobre la marcha.

Corrección proactiva de errores

ReFS valida los datos con sumas de comprobación de lectura y escritura. Además, utiliza un programa de limpieza que escanea periódicamente los volúmenes para detectar corrupción y, si es necesario, iniciar la reparación o limpieza.

1.3.2 Mejora del rendimiento

ReFS también ofrece funciones para mejorar el rendimiento general del almacenamiento, por lo que la virtualización con Hyper-V resulta especialmente ventajosa.

Paridad acelerada por duplicación

Esta funcionalidad se conoce con un nombre más genérico, **almacenamiento de terceros**. Proporciona tanto una gestión optimizada de la capacidad de almacenamiento como un rendimiento mejorado.

El principio básico es tener discos SSD y HDD en su almacenamiento y dividirlos en niveles. El sistema colocará automáticamente los archivos menos usados en los HDD y los más usados en los SSD.

El sistema va incluso más allá, ya que es capaz de diferenciar entre discos SSD NVMe y discos SSD Sata. El principio del almacenamiento por terceros también se aplicará a las cachés de escritura y lectura, que se colocarán en los discos considerados más rápidos, mientras que la escritura propiamente dicha se realizará en los discos más lentos.

Clonación en bloque

En pocas palabras, el sistema recordará las secuencias binarias comunes a varios archivos y hará referencia a ellas en los metadatos, así como a su ubicación física en el disco. En lugar de manipular los datos en sí, son los metadatos los que se utilizarán. De este modo, la copia de archivos y la E/S del disco son más rápidas. También acelera la fusión de puntos de control en Hyper-V.

Además, las ubicaciones físicas del disco pueden alojar bloques pertenecientes a varios archivos, lo que aumenta el tamaño de los volúmenes finales.

VDL fragmentado

Esta función permite al sistema rellenar rápidamente los archivos con ceros, lo que aumenta drásticamente la velocidad de creación de discos duros fijos de máquinas virtuales de varios minutos a unos segundos.

2. El trabajo práctico

El trabajo práctico de este capítulo consta de tres servidores:

- un controlador de dominio DC-cole para el dominio cole.com,
- un servidor STOCK1, que estará en el dominio,
- un servidor STOCK2, que no será miembro de la red,
- una máquina cliente Windows 10 que estará en el dominio.

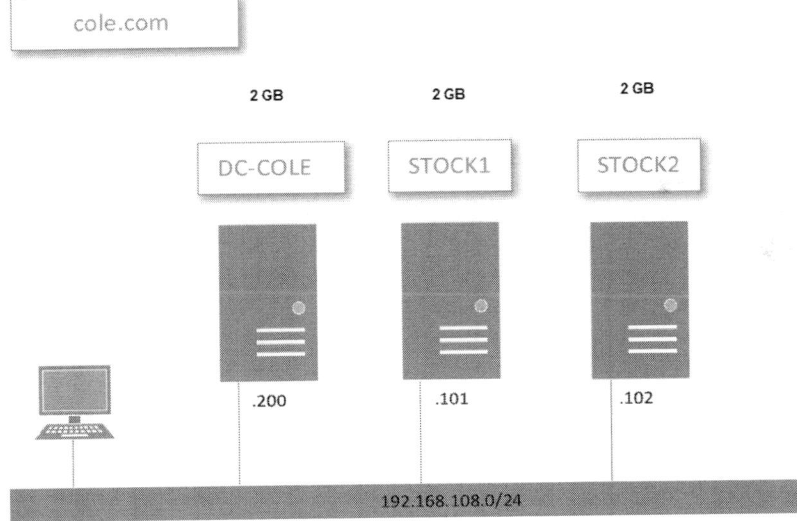

En nuestro trabajo práctico, los servidores STOCK1 y STOCK2 tienen el controlador de dominio como servidor DNS en su configuración de red.

3. Grupos de almacenamiento y espacios de almacenamiento

3.1 Conceptos básicos

Un **pool de almacenamiento** es una agrupación lógica de varios discos físicos. Se pueden agrupar discos de diferentes tipos - SSD sata, NVMe, HDD - en un mismo pool de almacenamiento. Una vez reunidos los discos en un mismo pool, se pueden crear uno o varios discos virtuales. Estos discos virtuales se denominan **espacio de almacenamiento** en la terminología de Windows Server. Estos discos virtuales se pueden formatear en NTFS o ReFS para crear **uno o varios volúmenes**. Se puede acceder a los volúmenes creados de este modo a través del explorador de archivos. Un pool de almacenamiento puede contener uno o más espacios de almacenamiento. Los discos virtuales no son discos de máquinas virtuales Hyper-V, sino entidades vistas por el sistema como discos.

Se pueden implementar los mismos tipos de redundancia que con los sistemas raid tradicionales, agregados por banda, paridad y espejo. Además, estos sistemas no requieren un controlador raid físico.

Reunir los discos en conjuntos lógicos y hacerlos funcionar mediante discos virtuales aporta toda la flexibilidad del software y nuevas funciones. Es lo que se conoce como virtualización del almacenamiento:

- Esto permite el aprovisionamiento dinámico, en el que el disco virtual ocupa sólo el espacio necesario en los discos físicos y crece en función de las necesidades hasta alcanzar su tamaño máximo.
- Esto también permite los niveles de almacenamiento (*tiering*), en los que el sistema coloca los archivos que se utilizan con más frecuencia en los discos físicos más rápidos y los archivos que se utilizan con menos frecuencia en los discos más lentos.
- El sistema creará una caché de escritura en los discos más rápidos, para poder escribir más rápido y posteriormente, distribuirá los datos a los distintos niveles de almacenamiento potencialmente más lentos.
- Es posible mezclar discos virtuales que explotan diferentes tipos de redundancia en el mismo espacio de almacenamiento. Así, si el número de discos físicos lo permite, es perfectamente posible crear un volumen agregado por bandas para los datos que requieren un buen rendimiento y un volumen espejo para la tolerancia a fallos, en el mismo pool de almacenamiento.
- Si un pool de almacenamiento está lleno, basta con añadir discos físicos, sin tener que manipular los discos virtuales ni los volúmenes.

- Los discos incluidos en un espacio de almacenamiento se pueden conectar directamente al servidor, mediante NVME o SATA o a través de la red mediante iSCSI. También es posible utilizar bahías de almacenamiento externas con una tarjeta controladora RAID en un pool de almacenamiento.

3.2 Especificaciones

3.2.1 Conectores

En términos de conectividad, los pools de almacenamiento aceptan los siguientes tipos de bus:

- SAS,
- SATA,
- iSCSI,
- NVMe,
- Fibre Channel,
- USB (no recomendado).

Los discos físicos deben estar en blanco y sin formatear, con un tamaño mínimo de 4 GB.

3.2.2 Armarios JBOD

Un armario JBOD es una caja externa en la que se pueden agregar varios tipos de discos físicos, para crear una capacidad de almacenamiento global. Las siglas JBOD significan *Just a Bunch of Disks* (sólo un paquete de discos).

Los armarios JBOD son compatibles con los grupos de almacenamiento. Microsoft recomienda utilizar los que figuran en el Windows Server Catalogue, que se puede encontrar en esta dirección: www.windowsservercatalog.com.

Los armarios JBOD pueden admitir la identificación de los armarios, lo que permite la duplicación a nivel del armario físico y se puede comprobar con el siguiente comando de PowerShell:

```
Get-PhysicalDisk | ? {$_.BusType -eq "SAS"} | fc
```

3.2.3 Tipos de resiliencia

Existen tres tipos de resiliencia posibles en los pools de almacenamiento de Windows Server. Estas configuraciones se aplican a nivel del espacio de almacenamiento, es decir, el disco virtual que se crea en el pool de almacenamiento.

Simple

Esto requiere al menos un disco y la resiliencia simple es muy adecuada para los datos que requieren un alto rendimiento. Nótese que no hay redundancia en los datos, que se agregan por banda. Esta resiliencia, que no es tal, optimiza la capacidad y el rendimiento del disco. Microsoft recomienda utilizarla para alojar datos temporales. Es el equivalente al RAID 0, agregado por banda.

Espejo

Con la resiliencia en espejo, el sistema almacenará dos o tres copias de los datos, en función de la configuración elegida. Esto aumenta la resiliencia, pero reduce la capacidad. Los datos también se agregan por franjas. Requiere al menos dos discos para proteger contra el fallo de un disco, se necesitan cinco discos para proteger contra el fallo simultáneo de dos discos, de nuevo en espejo. Microsoft recomienda su uso para la mayoría de las implantaciones. Es el equivalente a RAID 1.

Paridad

La paridad requiere al menos tres discos para proteger contra el fallo de un disco, se necesitan siete discos para proteger contra el fallo simultáneo de dos discos. Incluye funcionalidad de registro para combatir la corrupción de datos. Agrega archivos de metadatos y redundancia en varios discos. Microsoft recomienda su uso para archivar y realizar copias de seguridad. Equivale al RAID 5 con tres discos y al RAID 6 con siete discos.

3.3 Crear un fondo común y un espacio de almacenamiento

- En la máquina virtual STOCK1, añada 3 discos de 200 GB asignados dinámicamente.
- En el administrador de servidores, vaya a **File and Storage Services** y, a continuación, a **Storage Pools**.

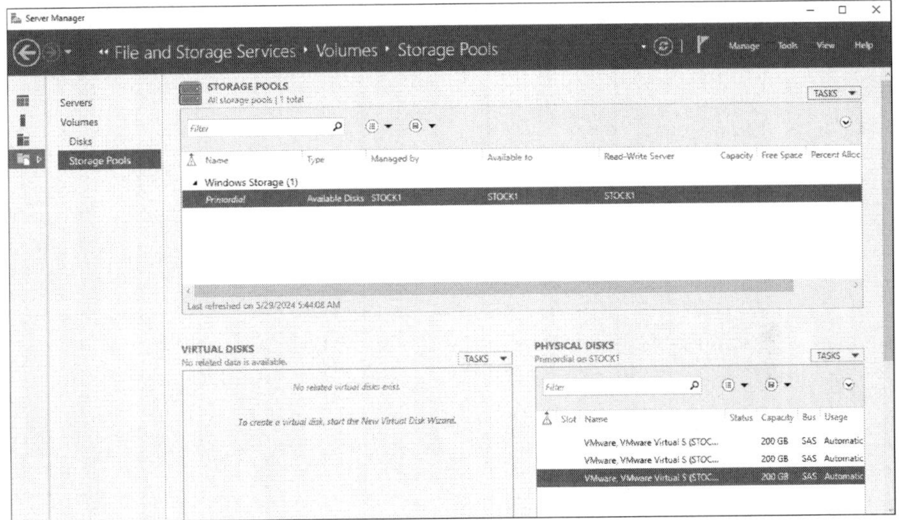

En esta interfaz, podemos ver que hay un grupo de almacenamiento **Primario**, que se crea por defecto. Se utiliza para gestionar los discos físicos y el espacio de disco global. Los otros pools de almacenamiento se crean a partir de este pool.

- Para crear su primer grupo de almacenamiento, haga clic en **TASKS** en los grupos de almacenamiento y seleccione **New Storage Pool** en el menú desplegable.

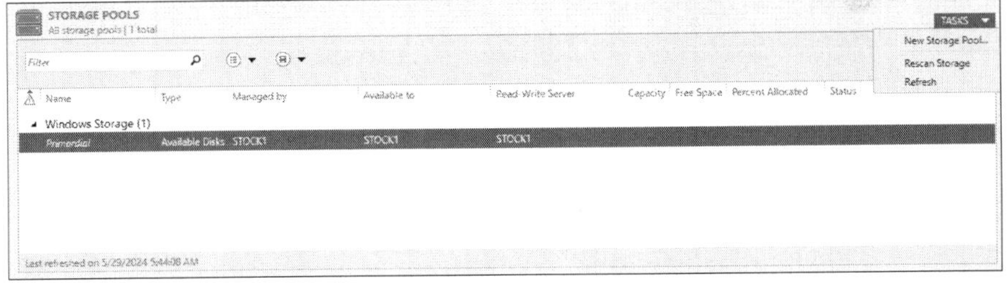

- Vaya a la primera ventana del asistente y, en la segunda, dé un nombre al grupo de almacenamiento.

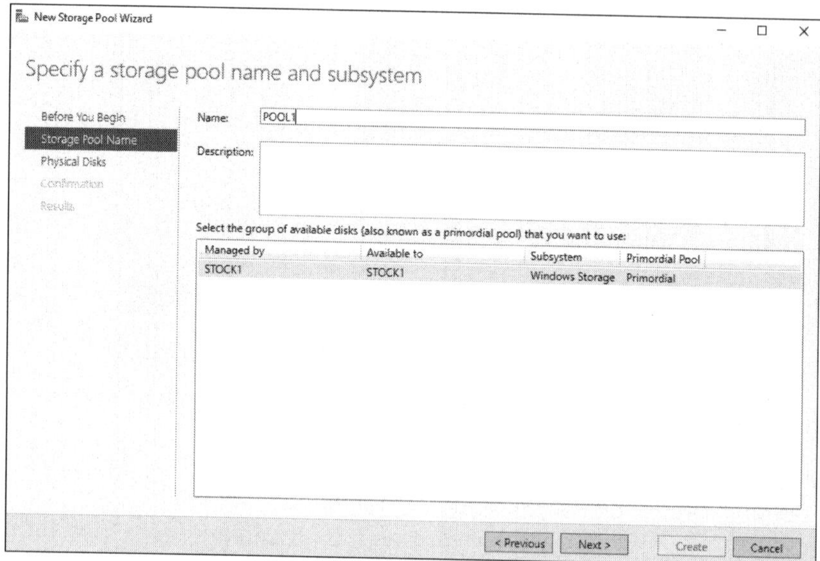

A continuación, viene la página para seleccionar los discos que estarán en el pool de almacenamiento. Observe aquí el método de asignación, que especifica cómo se adjuntarán los discos a los volúmenes.

- Seleccione los tres discos y deje la asignación en **Automatic**. Sería posible mantener un disco en reserva con la opción **Hotspare** o elegir la asignación manual, que le da más control, pero mucho más trabajo después.

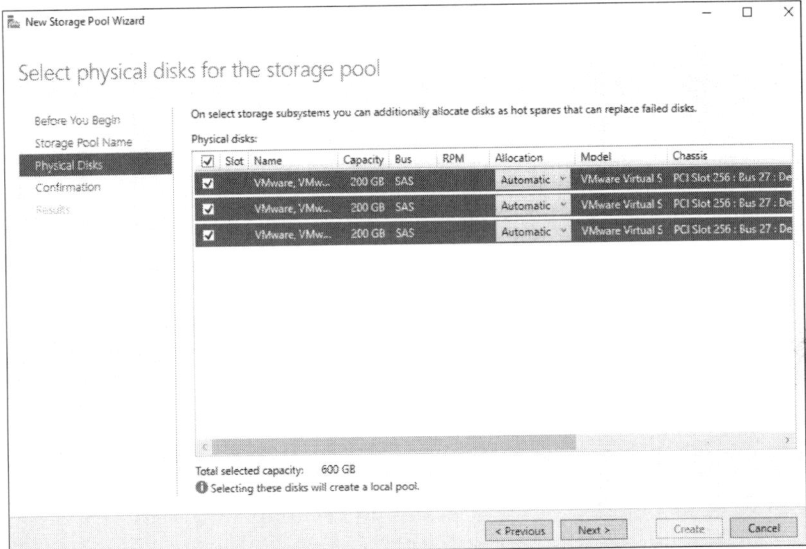

A continuación, aparece la pantalla de resumen. Haga clic en **Create**.

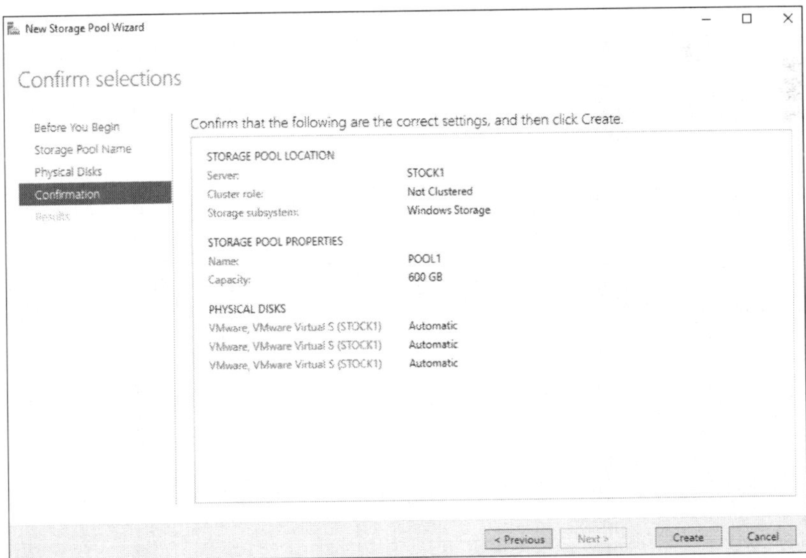

▶ En la pantalla que muestra la creación del pool de almacenamiento, hay una opción en la parte inferior para lanzar el asistente de creación de discos virtuales cuando se cierre la página. Deje esta opción sin marcar.

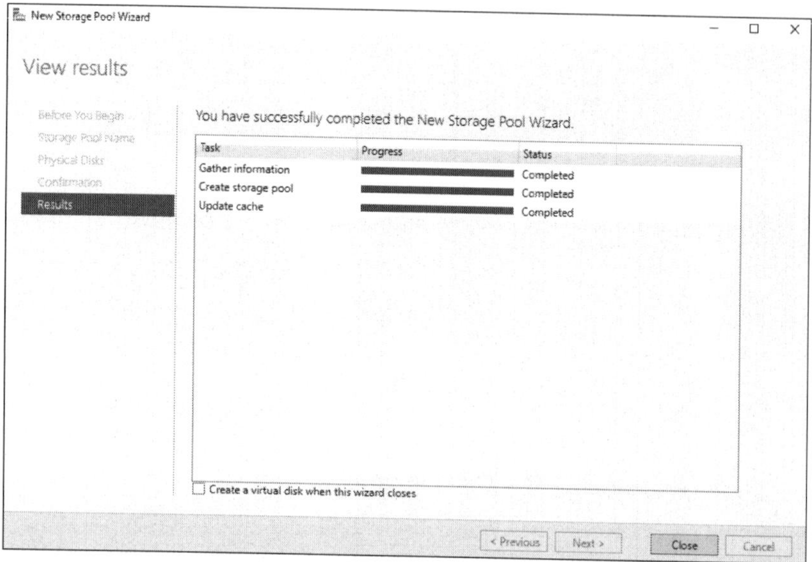

El pool de almacenamiento ya está creado. Ahora necesita crear un disco duro virtual que albergará sus volúmenes y será su espacio de almacenamiento.

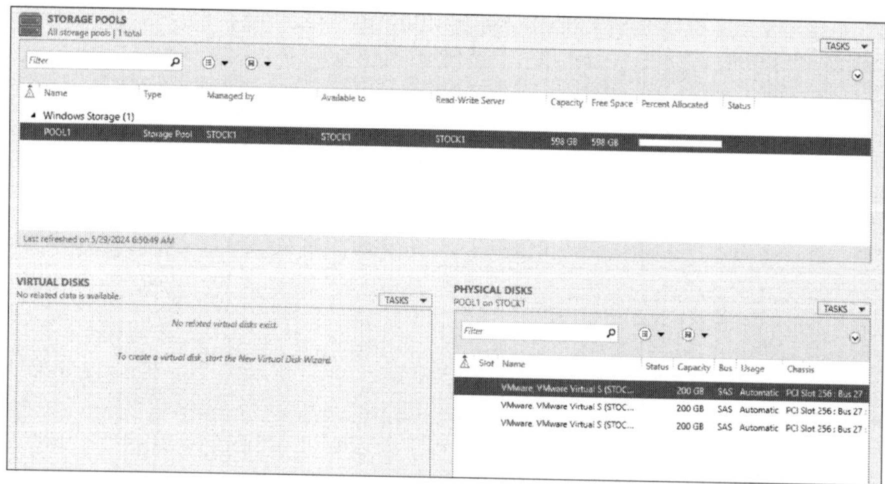

Observación

El grupo primario ya no está en la lista, ya que no hay más discos vacíos disponibles para crear grupos. Volverá a aparecer cuando se conecten nuevos discos a la máquina.

- Para ello, haga clic en **TASKS** en la sección de discos virtuales de la ventana y seleccione **New Virtual Disk**.

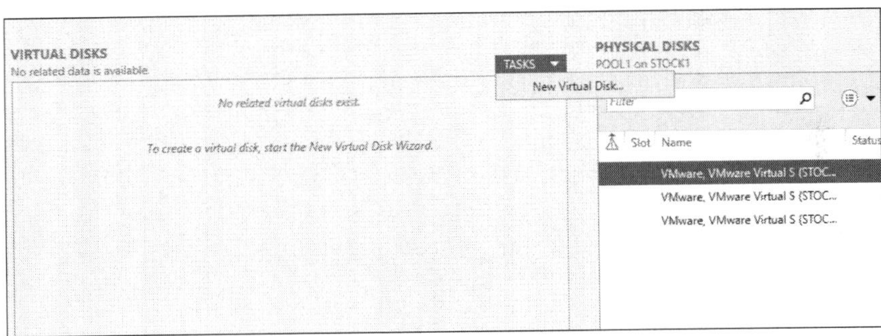

Se iniciará un asistente que le pedirá que elija el grupo de almacenamiento en el que desea crear el disco virtual.

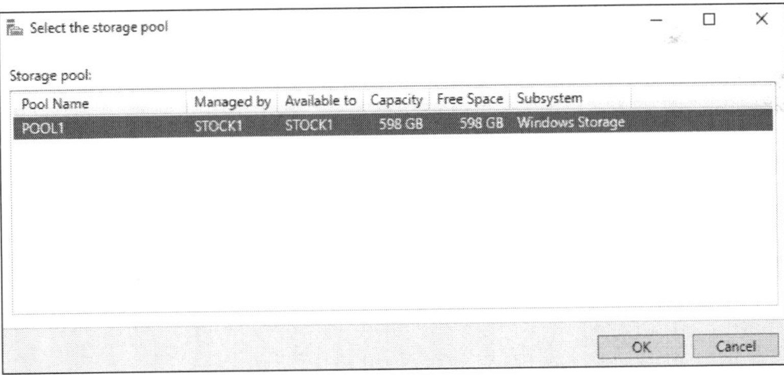

- La página siguiente le avisa de que está a punto de crear un disco virtual. Haga clic en **Next**.
- Dé un nombre al disco virtual. Si tuviera varios tipos de disco, como HD y SSD, tendría una opción para habilitar el almacenamiento de terceros. Este no es el caso en su máquina virtual Windows Server, por lo que la opción está en gris.

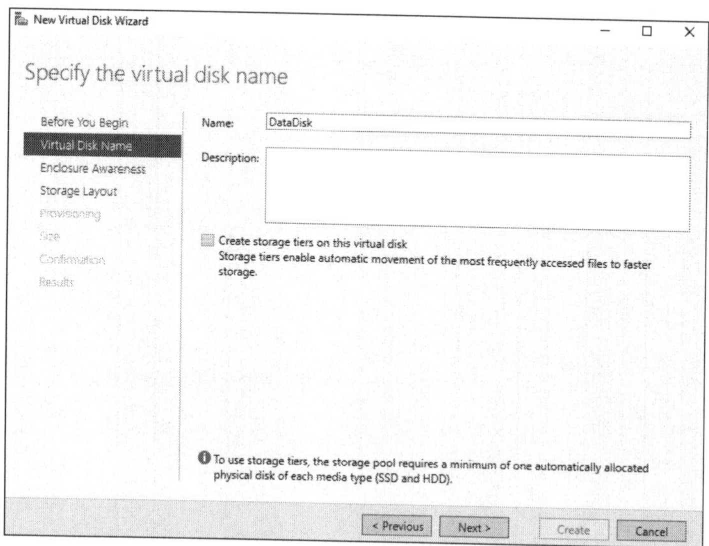

▶A continuación, aparece una ventana que le permite gestionar bahías físicas de almacenamiento JBOD para crear redundancia entre bahías de almacenamiento. Como no dispone de bahías de almacenamiento, la opción aparece atenuada. Haga clic en **Next**.

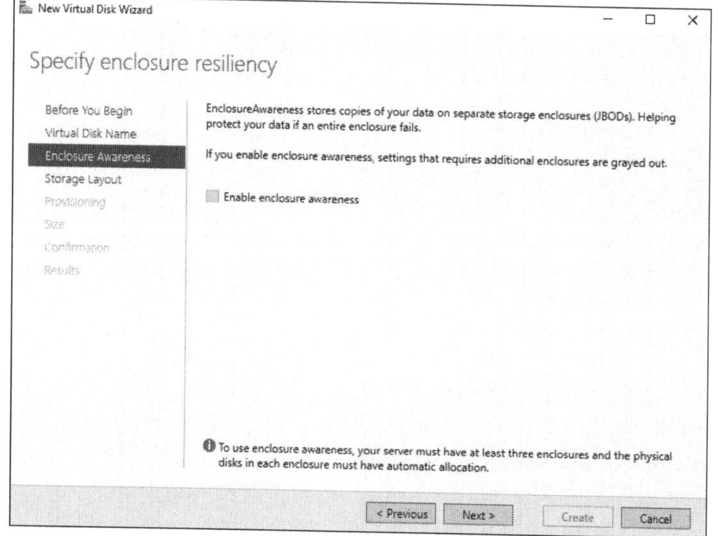

▶ A continuación, debe elegir el tipo de redundancia que desea para su disco virtual. Seleccione **Simple**, es decir, RAID 0, que mejora el rendimiento, pero no proporciona tolerancia a fallos.

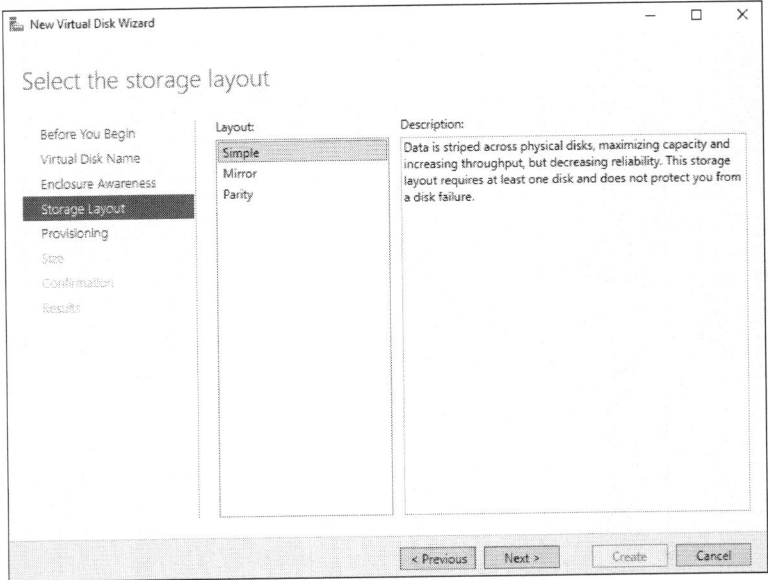

▶ A continuación, se selecciona el aprovisionamiento del disco virtual. Seleccione **Thin** y el disco sólo ocupará el espacio necesario en los discos físicos y crecerá a medida que se llene, hasta su tamaño máximo.

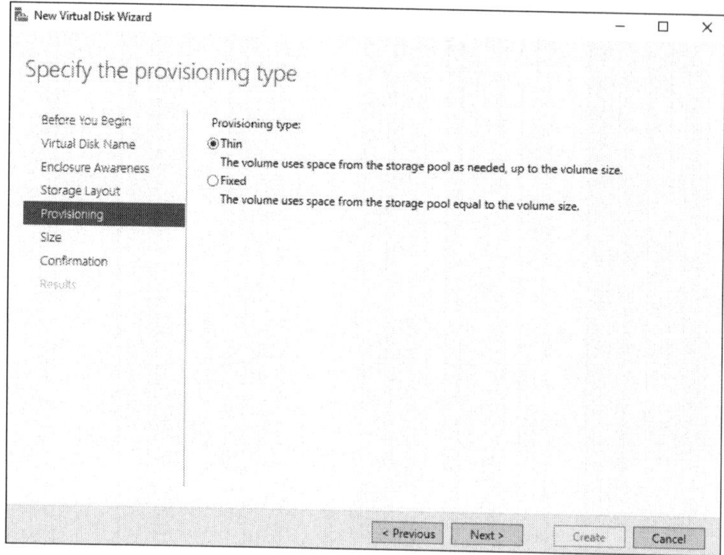

Por último, se decide el tamaño máximo del disco virtual, utilizando la mitad del tamaño del pool de almacenamiento.

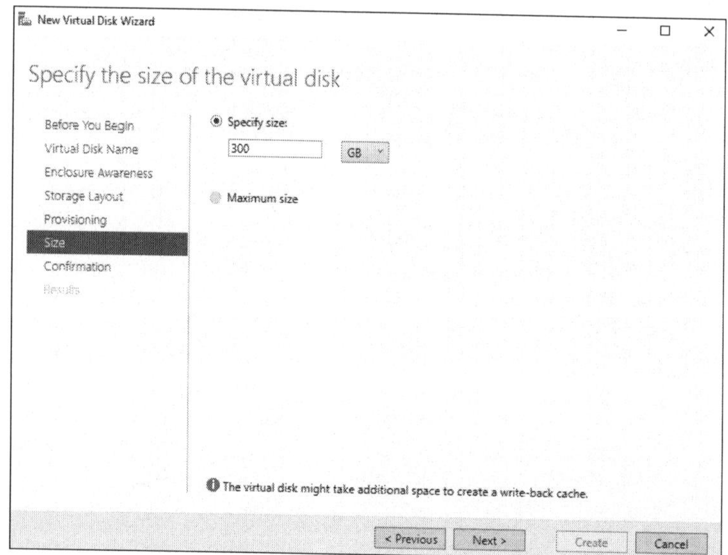

- A continuación, aparece la pantalla de resumen. Haga clic en **Create**.
- En la pantalla de creación del disco virtual, desmarque la opción para iniciar automáticamente el asistente de formateo del disco.

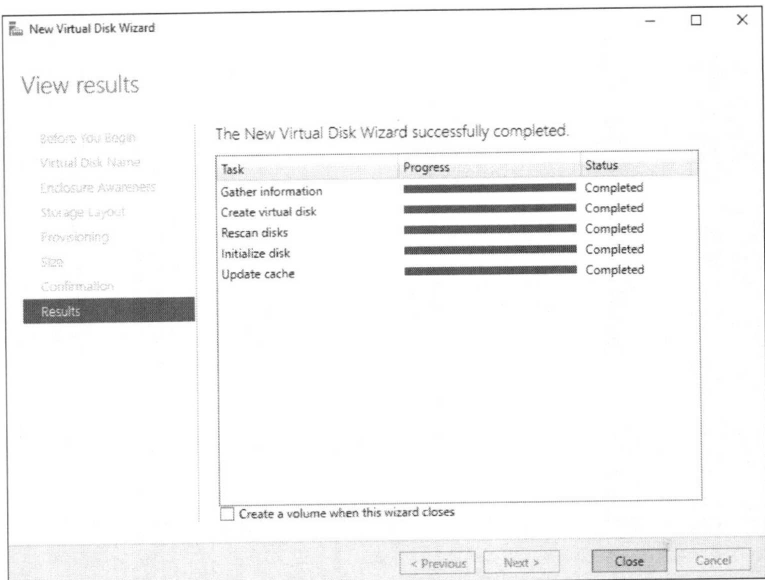

- El disco creado aparece en la sección de Virtual Disks de la ventana de pools de almacenamiento. Haga clic con el botón derecho del ratón sobre él y selecciona **New Volume**.

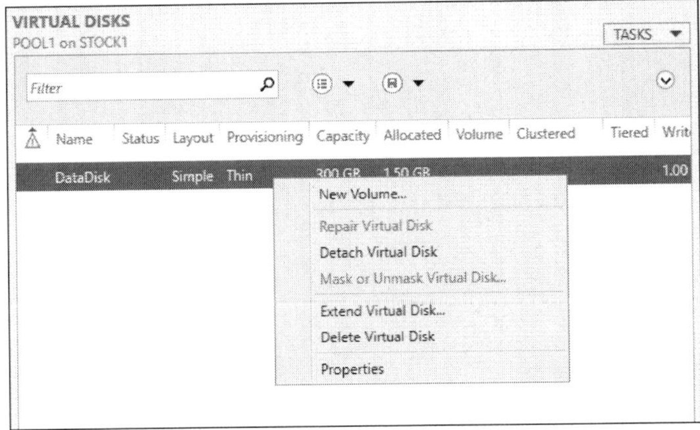

▶ A continuación, aparece la ventana para seleccionar el disco en el que queremos crear un volumen. Seleccione el disco virtual y pulse **Next**.

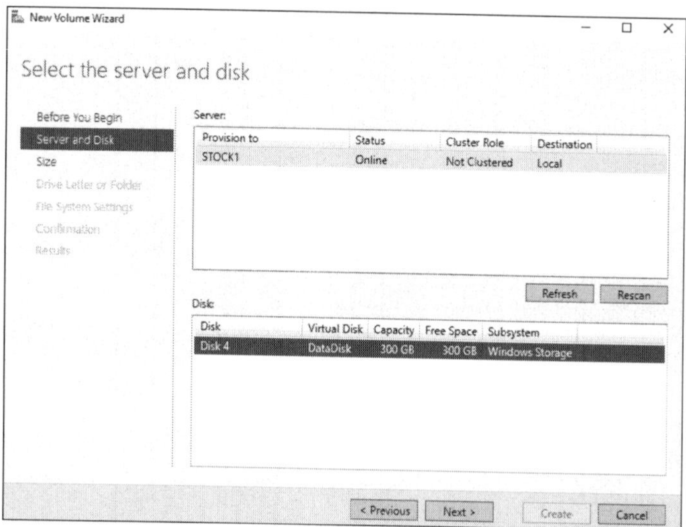

▶ En cuanto al tamaño del volumen, tome la mitad del tamaño del disco virtual.

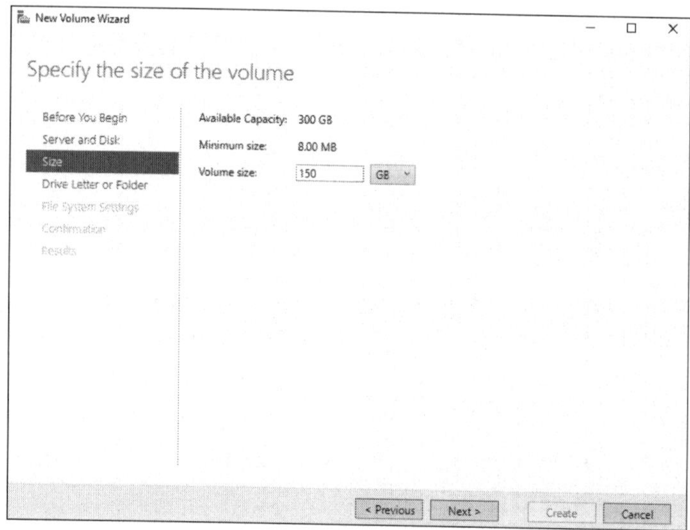

▶En la siguiente ventana, elija una letra de unidad para nuestro volumen.

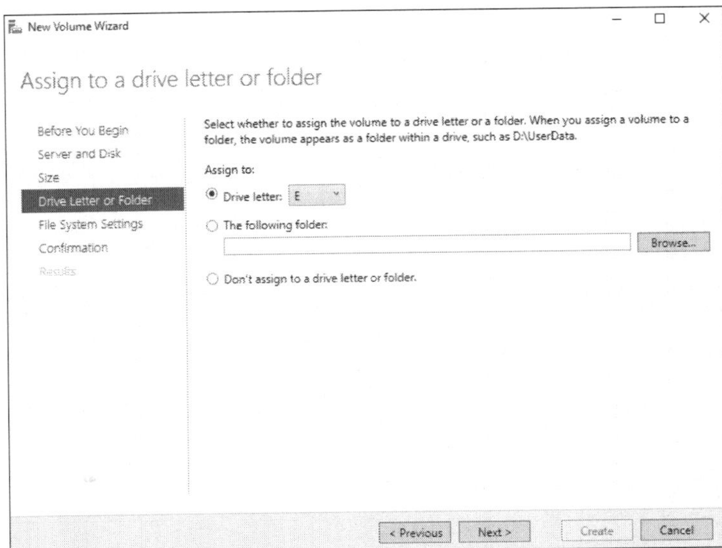

▶Por último, elija el sistema de archivos **NTFS**, un tamaño de unidad de asignación de **4096** y un nombre para nuestro volumen.

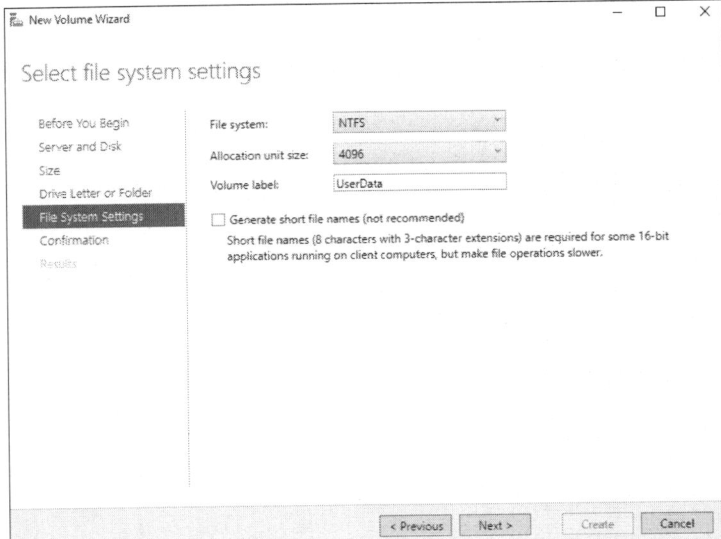

▶En la pantalla de resumen, haga clic en **Create**.

El nuevo volumen aparece en el explorador de archivos.

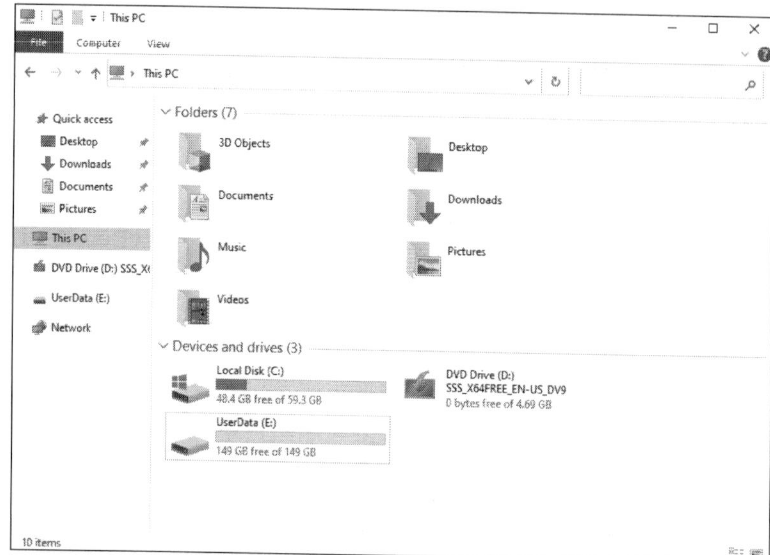

Podemos crear un segundo volumen en nuestro disco virtual.

▶Haga clic con el botón derecho en el disco virtual y seleccione **New Volume**.

▶En la primera ventana del asistente, seleccione el disco y haga clic en **Next**.

▶Elija el tamaño del volumen; tome todo el espacio de disco disponible, es decir, 150 GB.

A continuación, deberá elegir una letra de unidad.

▶A continuación, seleccione el sistema de archivos **NTFS**, un tamaño de asignación de **4096** y el nombre **UserData2**.

El segundo volumen contenido en nuestro disco virtual también es accesible en el explorador de archivos de Windows.

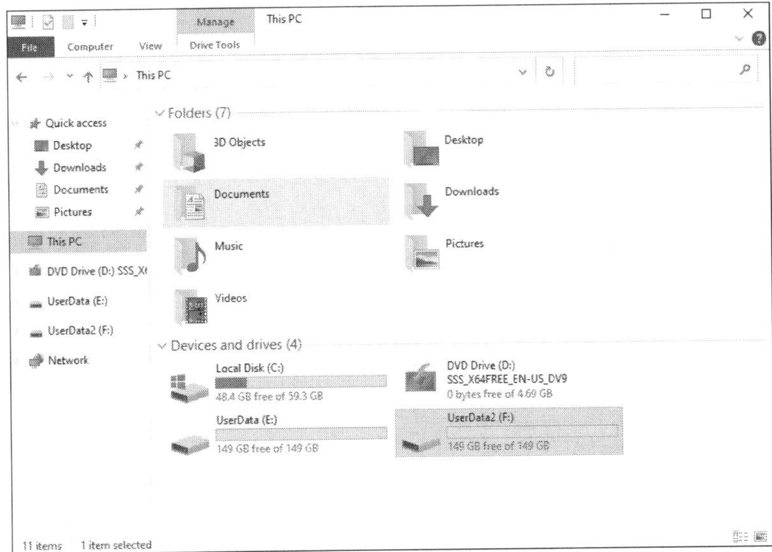

Observación

Todavía queda espacio libre en el pool de almacenamiento. Podríamos crear allí otro espacio de almacenamiento, es decir, un disco virtual y en este disco virtual, otro u otros volúmenes.

3.4 Pool y espacio de almacenamiento con PowerShell

Cuando se crea un pool de almacenamiento utilizando la interfaz gráfica, sólo aparecen en la interfaz los discos disponibles y en blanco. Con PowerShell necesitamos "seleccionar" los discos que pueden ser utilizados por un pool de almacenamiento.

Esto se hace con el comando:

```
Get-PhysicalDisk -CanPool $True
```

El resultado es:

```
PS C:\Users\administrator.COLE> Get-PhysicalDisk -CanPool $true

Number FriendlyName              SerialNumber   MediaType CanPool OperationalStatus
------ ------------              ------------   --------- ------- -----------------
5      VMware Virtual NVMe Disk VMware NVME_0000 SSD       True    OK
4      VMware Virtual NVMe Disk VMware NVME_0000 SSD       True    OK
```

Vamos a utilizar este comando para crear un pool de almacenamiento.

- En la máquina STOCK1, añada 2 discos de 300 GB.
- Comienza poniendo el resultado del comando **Get-PhysicalDisk** en una variable.

```
$disks = Get-PhysicalDisk -CanPool $True
```

Entonces puede escribir un script que creará el pool de almacenamiento, el disco virtual, inicializará el disco (es automático cuando lo hace con el GUI), creará la partición en el disco y lo formateará. El resultado de cada comando se envía al siguiente mediante el pipe.

```
1  $disks= Get-PhysicalDisk -CanPool $True
2
3  New-StoragePool `
4  -FriendlyName "POOL2" `
5  -StorageSubsystemFriendlyName "Windows Storage*" `
6  -PhysicalDisks $disks   |
7
8  New-VirtualDisk `
9  -FriendlyName "DataDisk2" `
10 -Size 200GB `
11 -ResiliencySettingName "Mirror" `
12 -ProvisioningType Thin |
13
14 Initialize-Disk `
15 -PassThru |
16
17 New-Partition `
18 -AssignDriveLetter `
19 -UseMaximumSize ` |
20
21 Format-Volume `
22 -FileSystem NTFS `
23 -AllocationUnitSize 4096 `
24 -NewFileSystemLabel "UserData3"
```

El script crea un espacio de almacenamiento que ocupa todos los discos disponibles. A continuación, crea un disco virtual de 200 GB. En este disco se creará una partición que ocupará todo el espacio del disco. El disco es un disco espejo, es decir, RAID 1, lo que significa que los datos se copiarán dos veces en el espacio de almacenamiento, en dos discos físicos diferentes.

Echemos un vistazo más de cerca al comando utilizado para crear el pool de almacenamiento, `New-StoragePool`.

Incluya una opción `StorageSubsystemFriendlyName` en la línea 5 del script, que utilizamos para indicar que queremos trabajar con la parte del sistema incluida en Windows Server, que gestiona el almacenamiento. De hecho, si tuviéramos una tarjeta para una controladora RAID en la máquina, sería el software para esta controladora lo que tendríamos que indicar. Para conocer los nombres de los subsistemas de almacenamiento, utilizaremos el comando:

```
Get-StorageSubSystem
```

El resultado de este comando indica el nombre a utilizar para el atributo `friendly-name`:

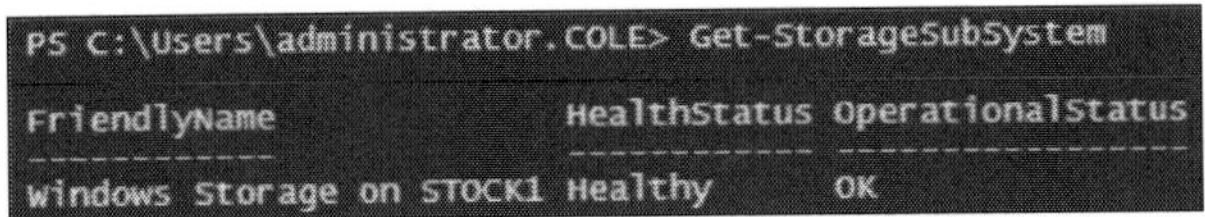

Por lo tanto, para el atributo `StorageSubsystemFriendlyName` en el comando `New-StoragePool`, especificamos `Windows Storage *`; la estrella significa "cualquiera que sea la cadena de caracteres después de Windows Storage, entonces la última parte es el nombre netbios de la máquina y esto cambia para cada máquina diferente".

Lo siguiente en el script es el comando para crear un disco duplicado con asignación dinámica de espacio en disco y el comando para inicializar este disco. Por último, se particionará y formateará el disco.

En el gestor de servidores, encontramos el pool de almacenamiento y el disco. Podemos ver que se ha reservado 1 GB para la caché de escritura del pool.

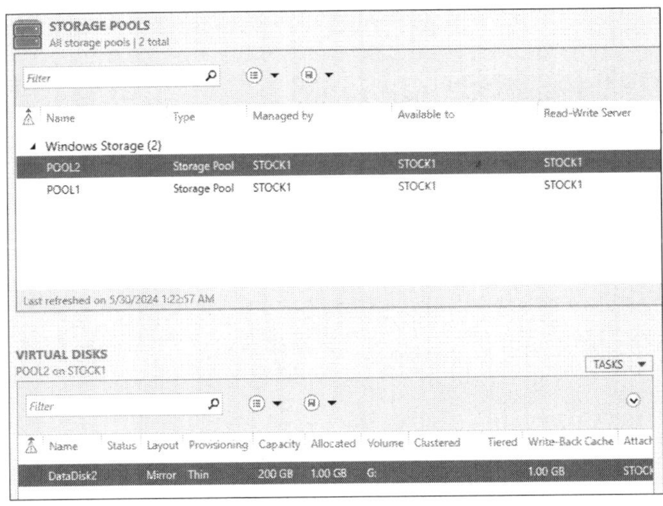

Por supuesto, el volumen está disponible en el explorador de archivos.

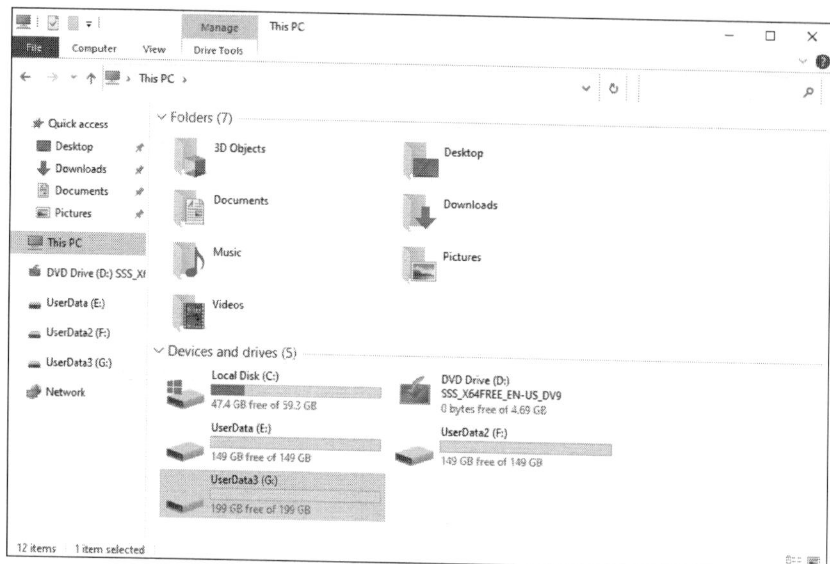

3.5 Ampliar un grupo de almacenamiento

Es perfectamente posible ampliar un pool de almacenamiento añadiendo discos físicos.

- Cuando se quede sin espacio en disco, siga añadiendo discos virtuales.
- Ponga un disco adicional de 400 GB en la máquina STOCK1.
- Actualice el Administrador de servidores haciendo clic en el icono que contiene un círculo con dos flechas. Por defecto, el gestor de servidores se actualiza cada diez minutos.

- Haga click con el botón derecho en POOL2 y seleccione **Add Physical Disk**.

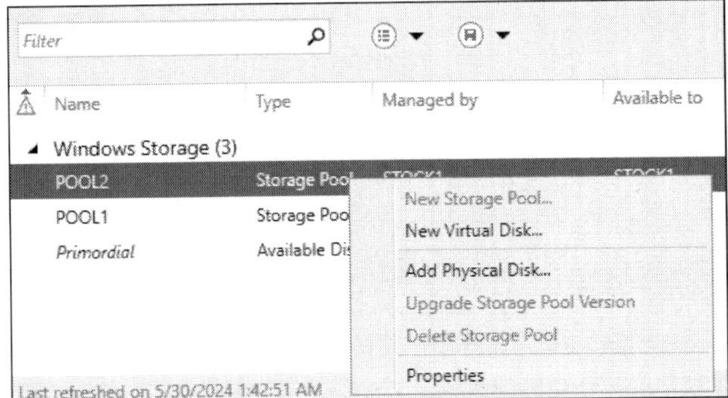

▶ En la siguiente pantalla del asistente, seleccione la unidad que desea añadir y valide.

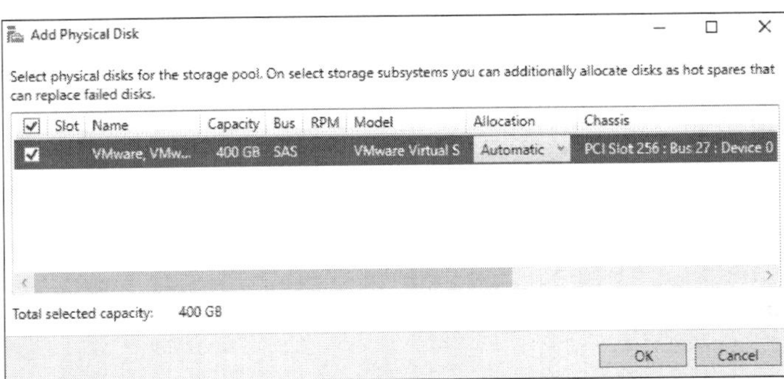

El disco se ha añadido al pool de almacenamiento y se ha aumentado la capacidad total del pool.

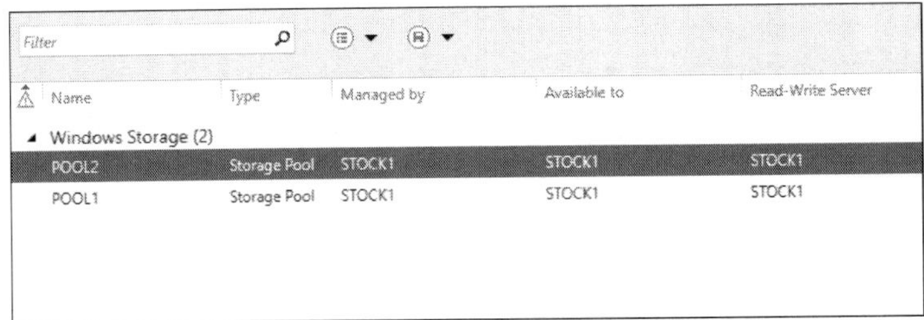

4. Uso compartido avanzado

Windows Server ofrece funciones avanzadas para la gestión de recursos compartidos. Aprovecha la versión 3 del protocolo SMB, el protocolo utilizado por Windows para los recursos compartidos y puede crear recursos compartidos NFS compatibles con Linux y Unix.

4.1 Gestión del protocolo SMB

La versión 1 del protocolo SMB no está instalada por defecto en Windows Server 2019 y 2022. Representa una vulnerabilidad de seguridad y ya no cumple con los estándares actuales. Sin embargo, se puede activar manualmente por motivos de compatibilidad con versiones anteriores. También es posible supervisar los accesos SMB 1. Recomendamos dejar SMB 1 desactivado.

4.1.1 Supervisión SMB 1

Utilice el siguiente comando de PowerShell para ver la configuración del protocolo SMB:

```
Get-SmbServerConfiguration
```

El resultado del comando proporciona una serie de parámetros. La línea `EnableSMB1Protocol` indica si la versión está activada o no. La línea justo debajo se refiere a la versión 2 del protocolo.

➤ También es posible activar la supervisión de los intentos de conexión a través del protocolo SMB 1. Para ello, utilice el comando PowerShell:

```
Set-SmbServerConfiguration -AuditSmb1Access $true
```

Esto permitirá que los intentos de acceder al servidor utilizando el protocolo **SMB 1** se registren en los registros de eventos.

Estos eventos de información se pueden encontrar en **Microsoft - Windows logs - Applications and Services Logs - Windows - SMB server - audit**. Busque eventos con el número de ID 3000.

La descripción del evento incluye la fecha de conexión y la dirección IP del cliente.

4.1.2 Activación y desactivación del protocolo SMB

Si, por razones de compatibilidad con versiones anteriores, está obligado a utilizar SMB 1, deberá instalar la funcionalidad con el administrador de servidores.

Será necesario añadir funciones y roles al gestor de servidores.

▶A continuación, instale el servidor **SMB 1** en las características.

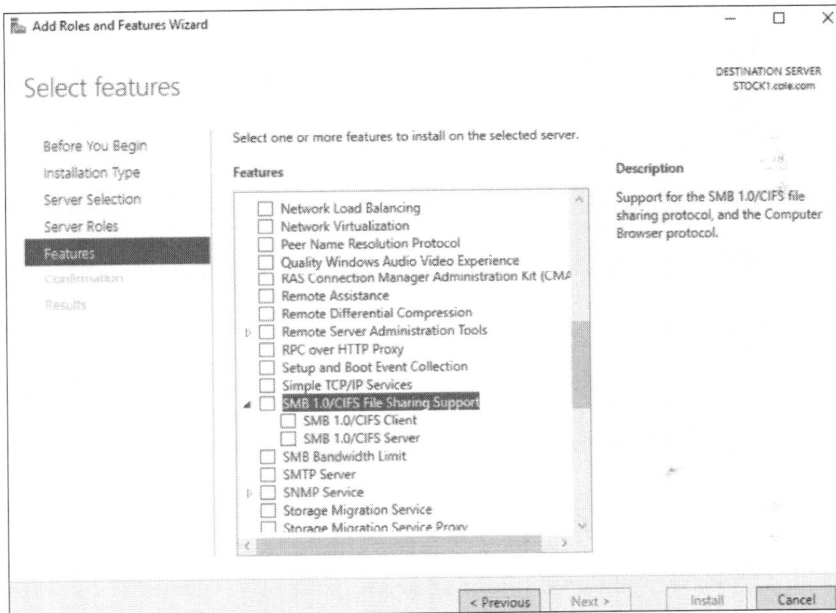

▶A continuación, actívelo mediante PowerShell:

```
Set-SmbServerConfiguration -EnableSMB1Protocol $true
```

▶Si se ha activado SMB 1 y desea desactivarlo, introduzca el comando:

```
Set-SmbServerConfiguration -EnableSMB2Protocol $true
```

Los mismos comandos se pueden utilizar para la versión 2 del protocolo, sólo cambia el número de versión SMB:

```
Set-SmbServerConfiguration -EnableSMB2Protocol $true
```

4.1.3 Gestión de SMB 1 mediante directivas de grupo

Además, es posible prohibir el uso de SMB1 por parte de los clientes con una directiva de grupo que añadirá una clave de registro.

- Para ello, vaya a **start - Windows Administration tools - Group Policy Editor**.
- Normalmente, esta configuración se realiza en la directiva por defecto del dominio. Haga clic con el botón derecho del ratón y seleccione **Edit**.
- Vaya a **Computer Configuration - Preferences - Windows Settings - Registry**. A continuación, haga clic con el botón derecho del ratón en **Registry** y en **New - Registry Item**.

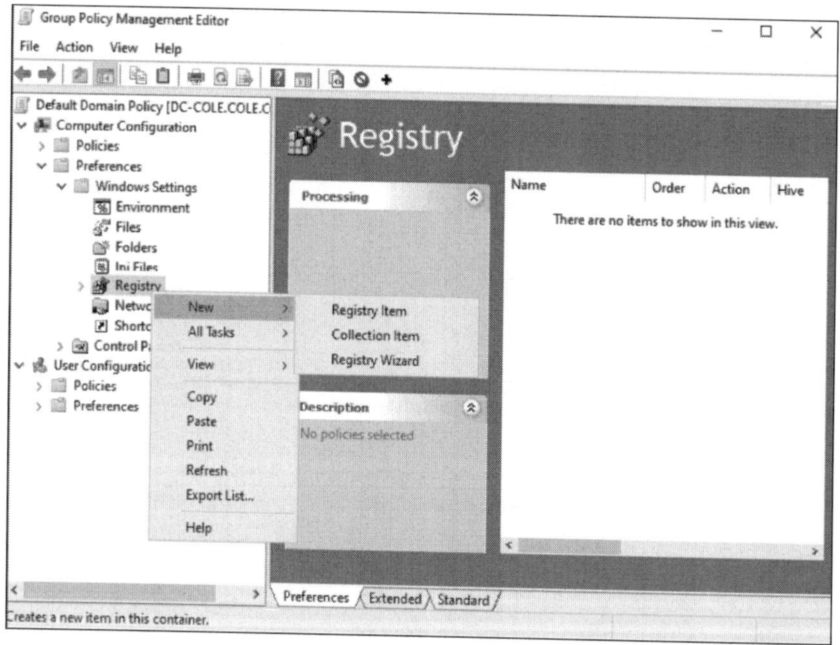

▶ En la ventana que se abre, realice los siguientes ajustes:

- Acción: **Create**
- Colmena: **HKEY_LOCAL_MACHINE**
- Ruta: **SYSTEMCurrentControlSet\ServicesLanmanServerParameters**
- Nombre: **SMB1**
- Tipo de valor: **REG_DWORD**
- Valor: **0**

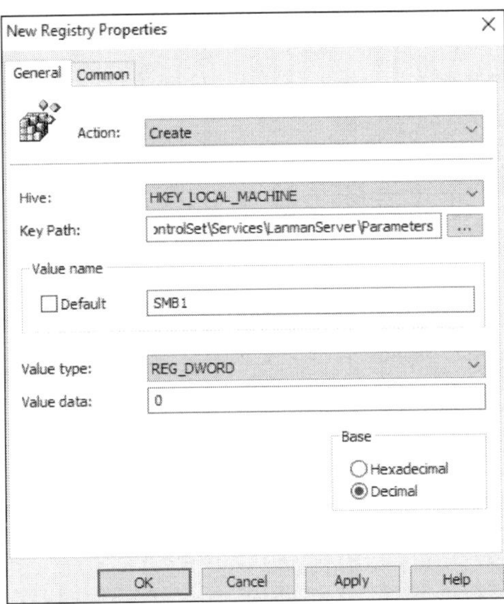

4.2 Creación de recursos compartidos SMB avanzados

Para crear recursos compartidos avanzados, se deben instalar dos servicios del rol **File and Storage Services**:

- File Server
- File Server Resource Manager

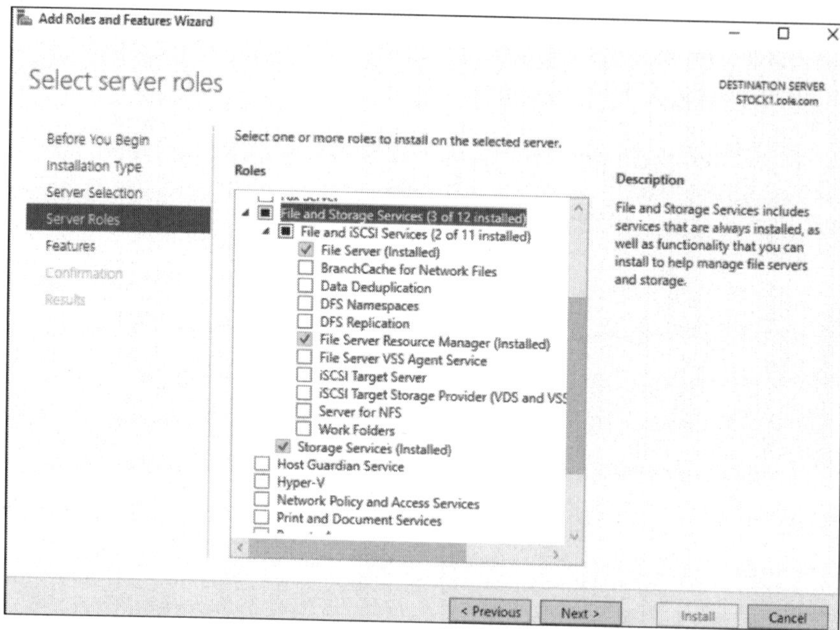

Una vez instalados estos dos servicios de rol, en el administrador de servidores encontraremos una sección de **File and Storage Services** una sección **Shares**. Aquí es donde crearemos y gestionaremos los recursos compartidos.

▶ En el servidor STOCK1, vaya a **Shares**, haga clic en **TASKS**. Seleccione **New Share** en el menú desplegable.

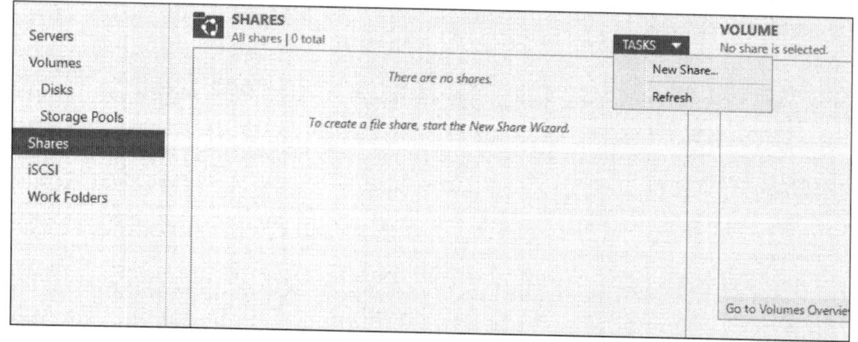

En el asistente que se inicia, puede crear varios tipos de recursos compartidos SMB:

- SMB rápido: es lo mismo que la compartición básica.
- SMB avanzado: permite compartir con funciones adicionales.
- Aplicaciones SMB: estos recursos compartidos están diseñados para trabajar con Hyper-V o bases de datos.

▶Seleccione **SMB Share - Advanced** y pulse **Next** .

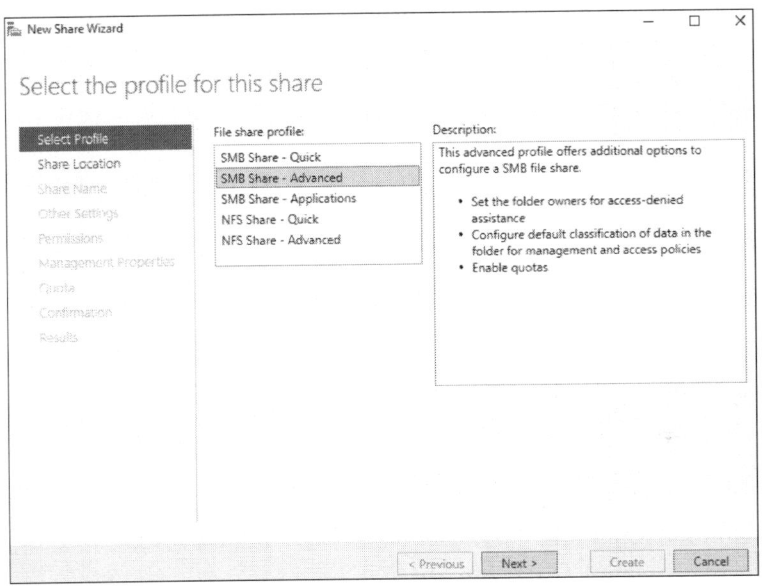

▶En la página siguiente, seleccione **Type a custom path** y haga clic en **Browse**.

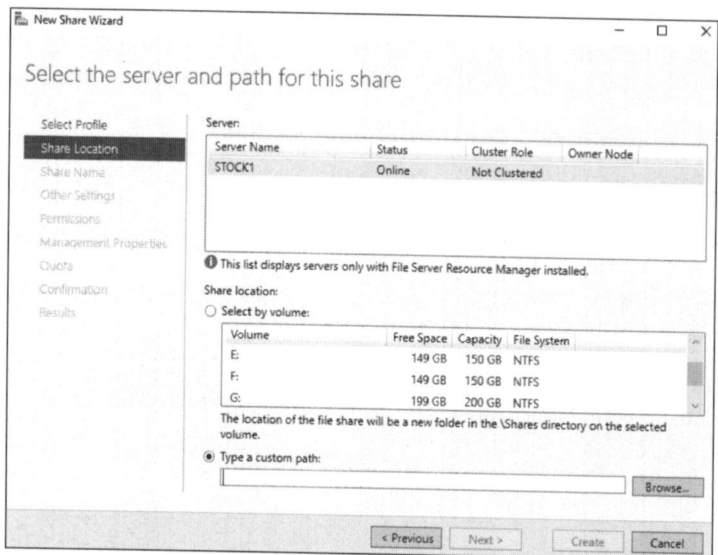

▶Seleccione el volumen **UserData** en su trabajo práctico y haga clic en **New Folder**. Cree una carpeta **DataShare1** en la raíz del volumen. Haga clic en **Select Folder**.

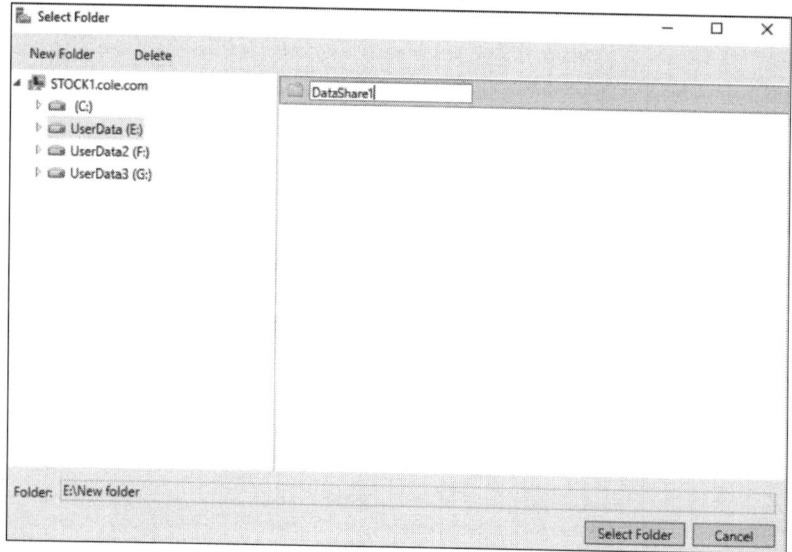

▶ De nuevo en la página de selección de rutas, haz clic en **Next**. A continuación, asigne un nombre al recurso compartido.

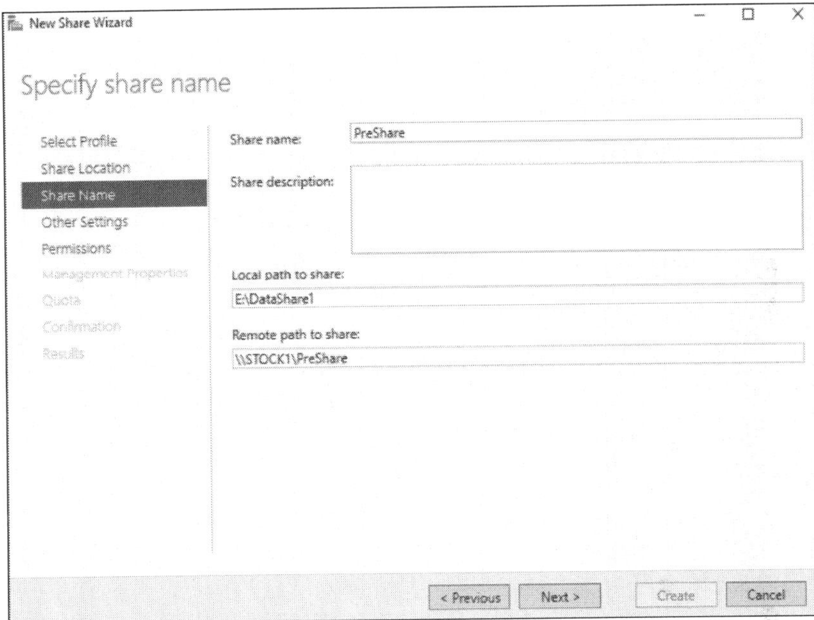

En la siguiente pantalla, el asistente sugiere tres ajustes:

- Enumeración basada en el acceso: con esta opción activada, los usuarios sólo verán las carpetas del recurso compartido que tengan permisos de seguridad configurados para concederles acceso.
- Permitir el almacenamiento en caché del recurso compartido: esta opción permite que el contenido del recurso compartido se almacene localmente en los equipos cliente, de modo que siga siendo accesible cuando el equipo cliente no se encuentre en la red corporativa. Además, la activación de esta opción permite implementar **BranchCache**, una función para almacenar datos en caché en un sitio geográficamente remoto.
- Cifrar el acceso a los datos: con esta opción, se cifrarán los intercambios entre los equipos cliente y el servidor a través del protocolo SMB. Esto requiere que los clientes ejecuten al menos la versión 3 del protocolo SMB.

▶ En nuestro ejemplo, active la enumeración basada en el acceso y el cifrado del acceso a los datos.

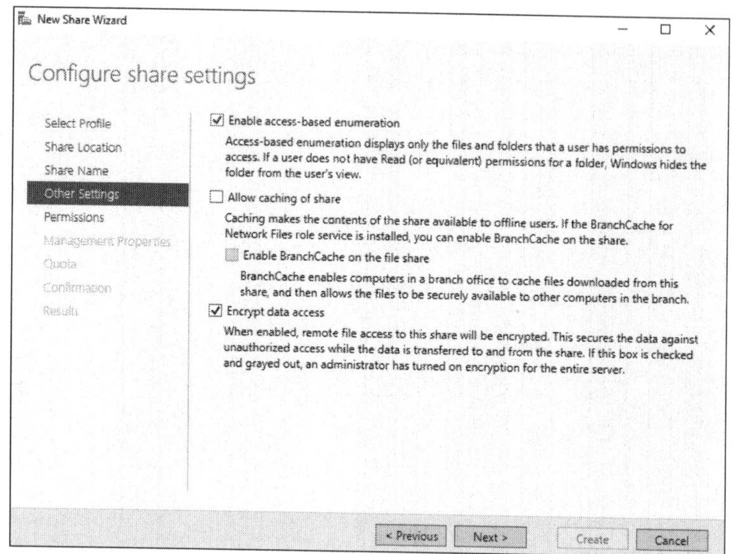

▶ A continuación, el asistente le sugiere que establezca los permisos de acceso. Deje los valores por defecto y establezca permisos diferentes para las subcarpetas. Haga clic en **Next**.

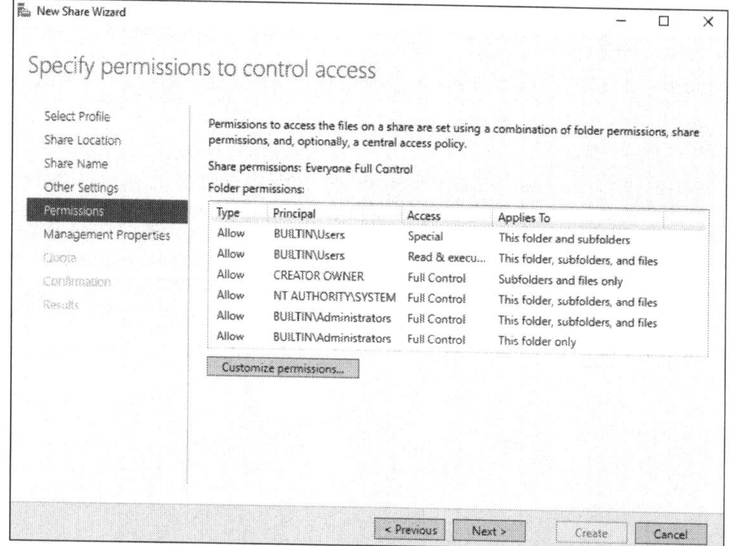

▶ A continuación, defina el tipo de uso compartido. El sistema utiliza esta configuración para clasificar los datos y automatizar su gestión. Seleccione **User Files** y **Group Files**. Defina también una dirección de correo electrónico para ponerse en contacto con la persona que gestiona este uso compartido.

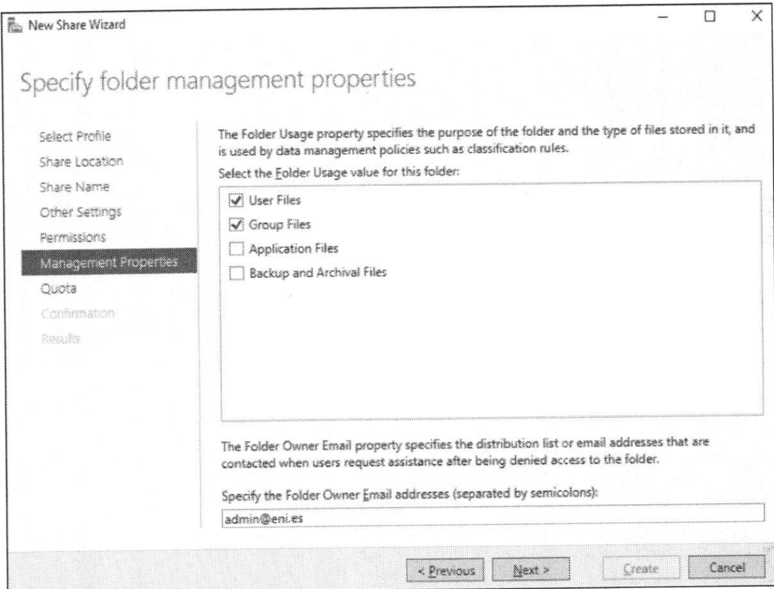

A continuación, el asistente propone establecer una cuota para la carpeta. Podremos definir un límite de tamaño máximo y umbrales de aviso, por encima de los cuales se podrán enviar correos electrónicos a los usuarios o administradores del recurso compartido.

Existen varios tipos de acciones posibles con las cuotas de carpetas en Windows Server, por ejemplo:

- establecer un umbral de alerta de 10 GB de datos en la carpeta, enviando correos electrónicos al administrador cuando se supere este umbral,
- establecer un límite de 300 MB en una carpeta, con correos electrónicos enviados a 280 MB, y bloquear la adición de datos por encima del límite,
- establecer un límite flexible de 300 MB, enviando un correo electrónico a los usuarios y al administrador y aumentando temporalmente el límite a 350 MB, mientras se soluciona el problema.

Estos distintos ejemplos se pueden aplicar utilizando las cuotas predefinidas en el sistema o creando sus propios modelos de cuotas.

▶ Elija la cuota límite fija de 5 GB, con envío de correo electrónico y eventos añadidos a los registros del sistema.

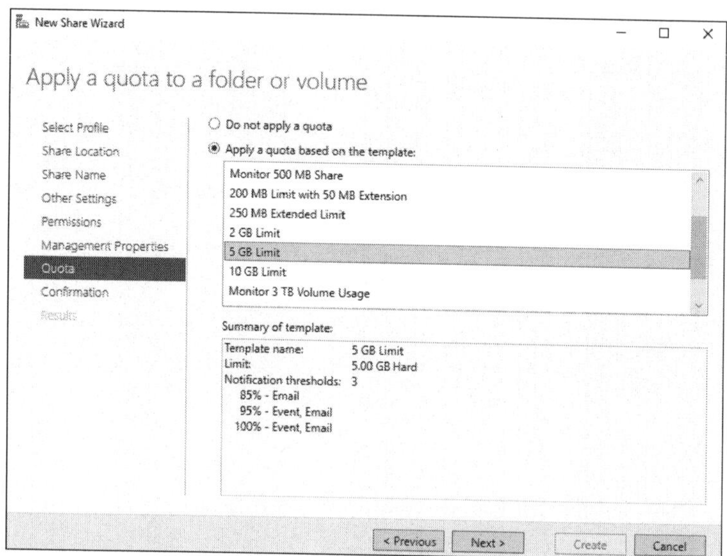

▶ A continuación, aparece la ventana para resumir y crear la acción, haga clic en **Create**.

De vuelta en el gestor de servidores, podemos ver el recurso compartido creado y sus cuotas.

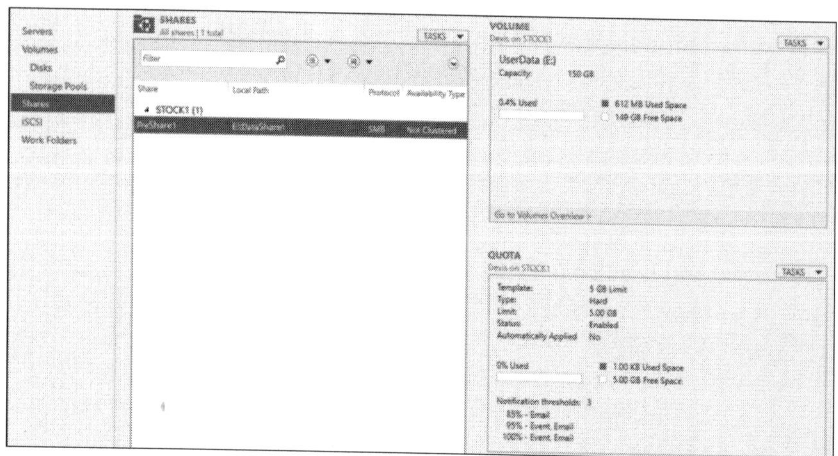

4.3 Creación de recursos compartidos NFS avanzados

Los recursos compartidos NFS (*Network File System*) proceden del mundo Unix y son compatibles con los sistemas Linux. Para crearlos en Windows Server, primero hay que añadir el servicio de rol **Server for NFS**.

▶ En el administrador de servidores, seleccione **Manage** y **Add Roles and Features**.

▶ A continuación, añada el servicio de servidor NFS.

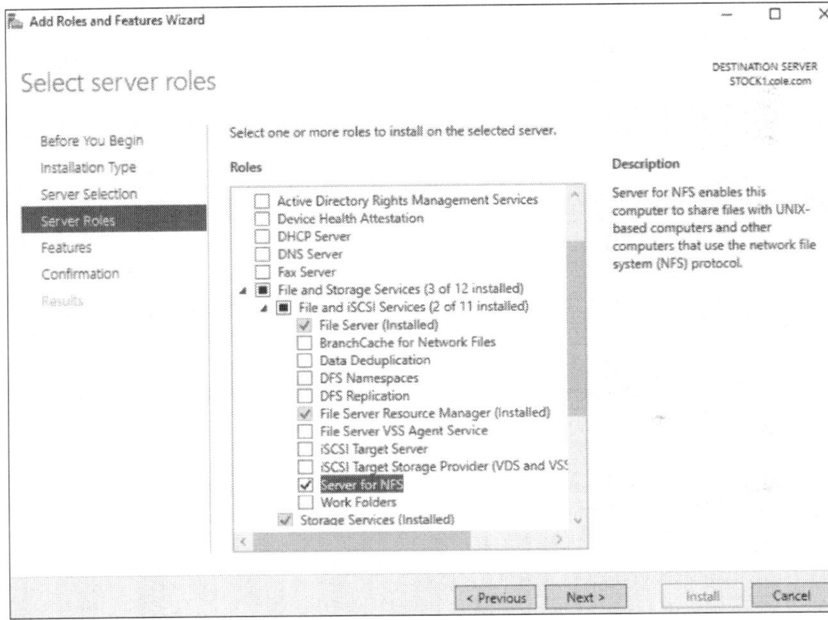

Observación

En un entorno Windows, los recursos compartidos NFS se pueden utilizar para permitir que las aplicaciones alojadas en máquinas Linux o Unix almacenen datos y accedan a ellos.

En el administrador de servidores, en la sección de recursos compartidos, ahora es posible crear recursos compartidos NFS.

▶ Empiece a crear un nuevo recurso compartido y seleccione **NFS Share - Advanced**.

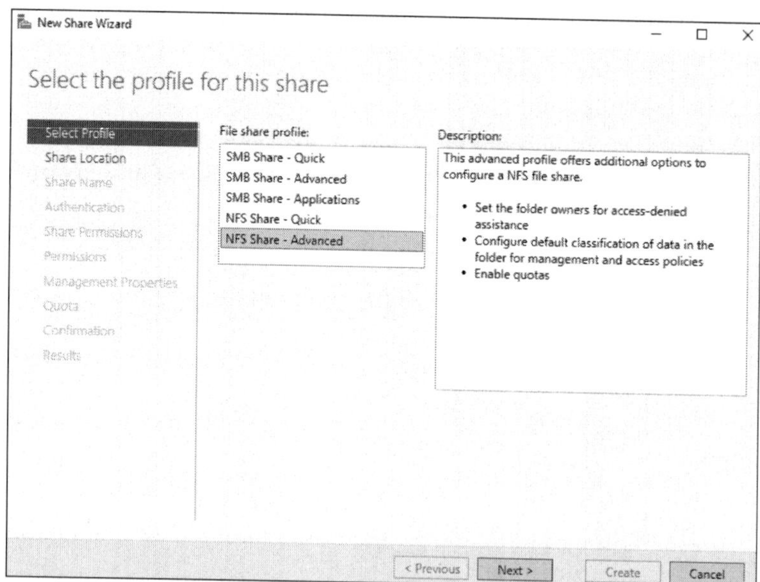

▶ Seleccione una ruta personalizada y haga clic en **Browse**.

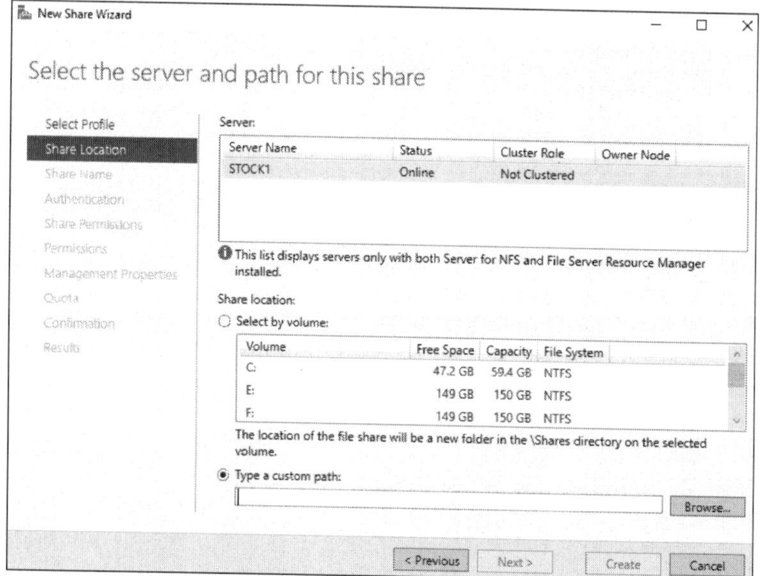

- Cree una nueva carpeta en el volumen **UserData2** y nómbrala como **DataShareNFS**. Haga clic en **Select Folder**.

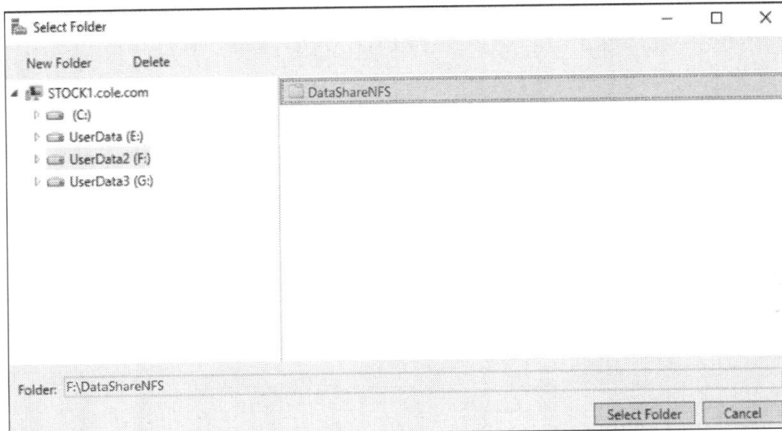

- De vuelta en la pantalla de selección de ruta, haga clic en **Next**.
- En la siguiente ventana, asigne el nombre **ApplicationData** al recurso compartido.

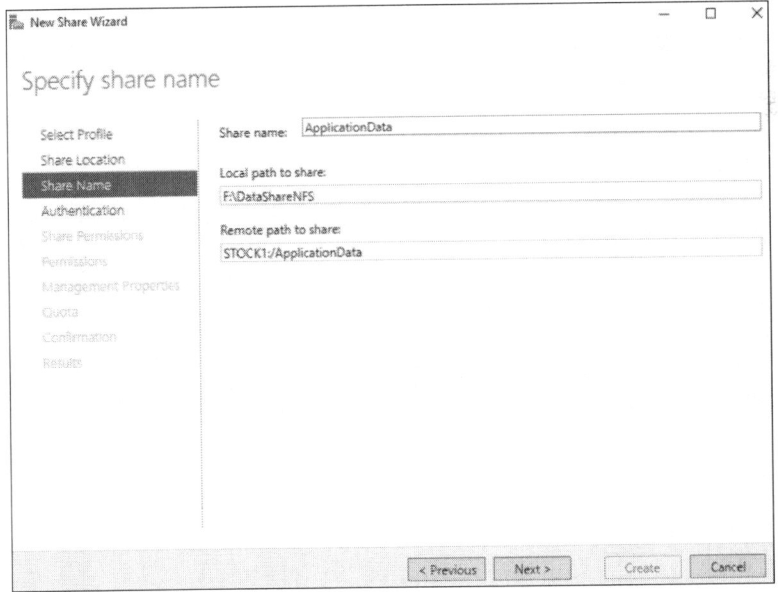

Los siguientes ajustes se refieren a la identificación de los clientes que se conectarán a él. Por lo tanto, dependerán de lo que quiera hacer: utilizar Kerberos o no, permitir el acceso anónimo o no.

▶ Cree un recurso compartido que no requiera autenticación.

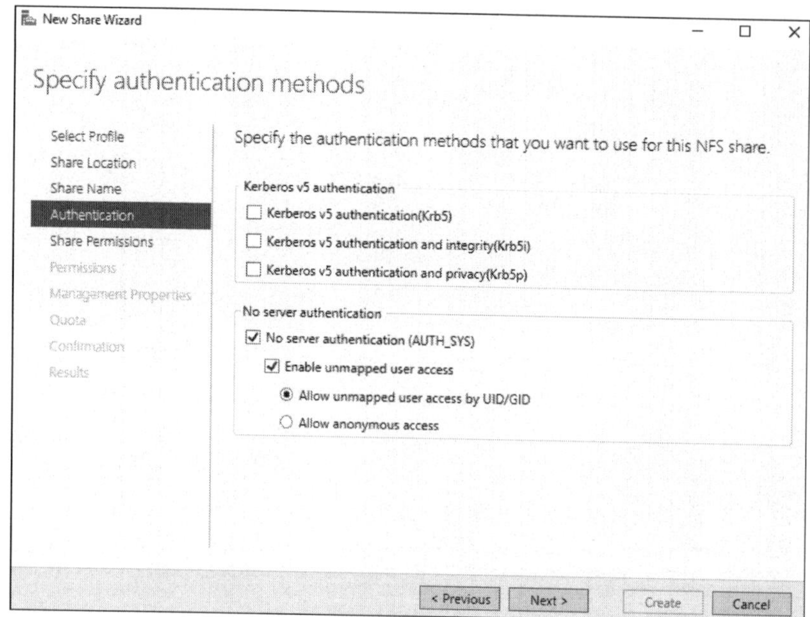

▶ A continuación, viene la página para definir los permisos de lectura y escritura, haga clic en **Add**.

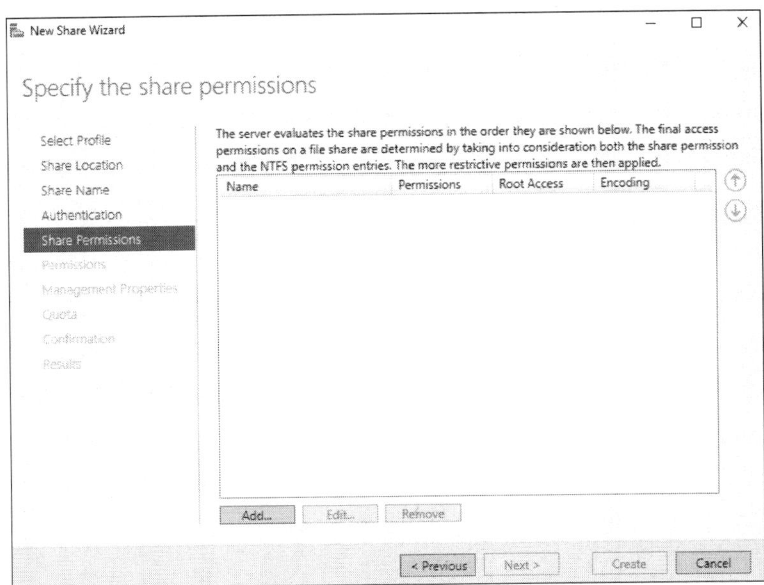

▶ En la ventana que se abre, puede otorgar permisos a una máquina o a un grupo. Conceda permisos de lectura y escritura a todas las máquinas, con acceso a la raíz de la carpeta. Una vez hecho esto, haga clic en **Add**.

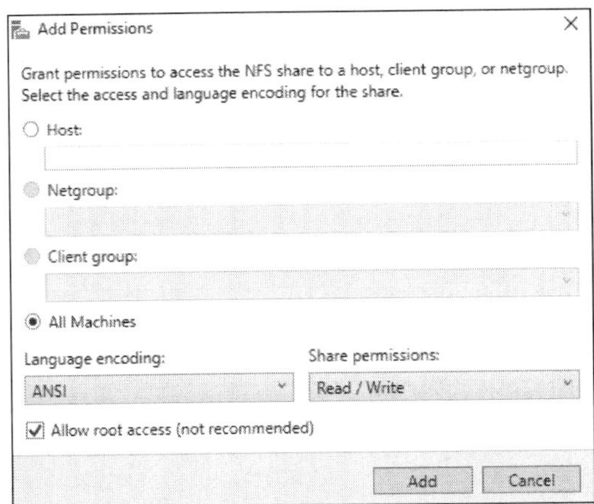

- Las autorizaciones se han añadido a la acción. Haga clic en **Next**.

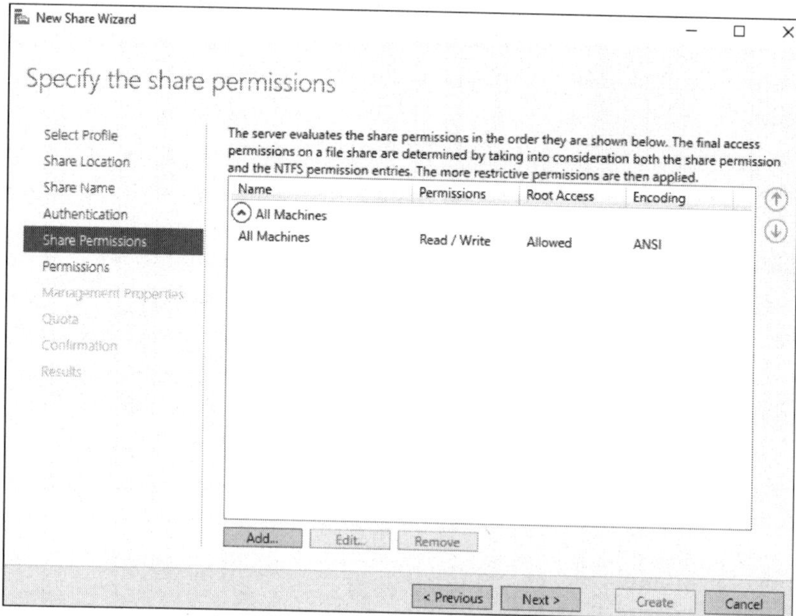

- La siguiente página del asistente se refiere a los permisos de seguridad NTFS; deje la configuración por defecto.
- A continuación, es hora de definir el tipo de datos que se almacenarán en el recurso compartido. Defina los datos de la aplicación e introduzca la dirección de correo electrónico del administrador que gestiona el recurso compartido.

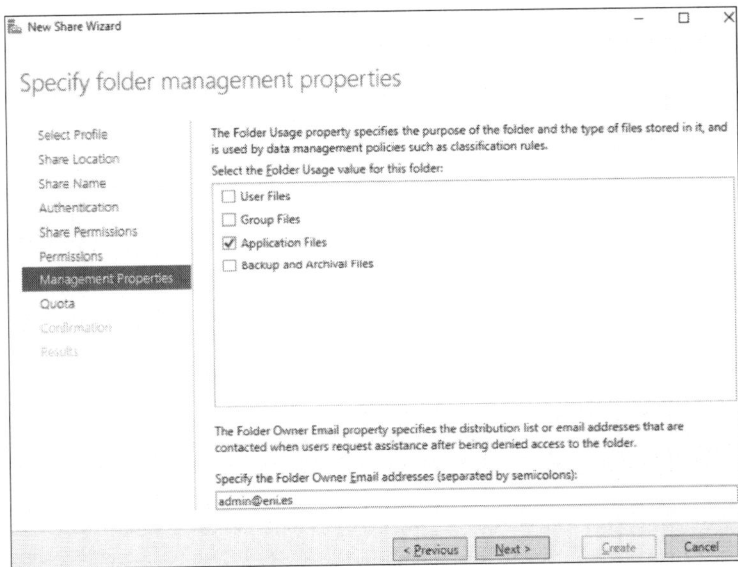

La página siguiente permite establecer cuotas. Elija controlar el tamaño de los datos, pero no limitarlo para que no se bloquee la aplicación que utiliza este recurso compartido. Establezca un umbral de advertencia de 500 GB.

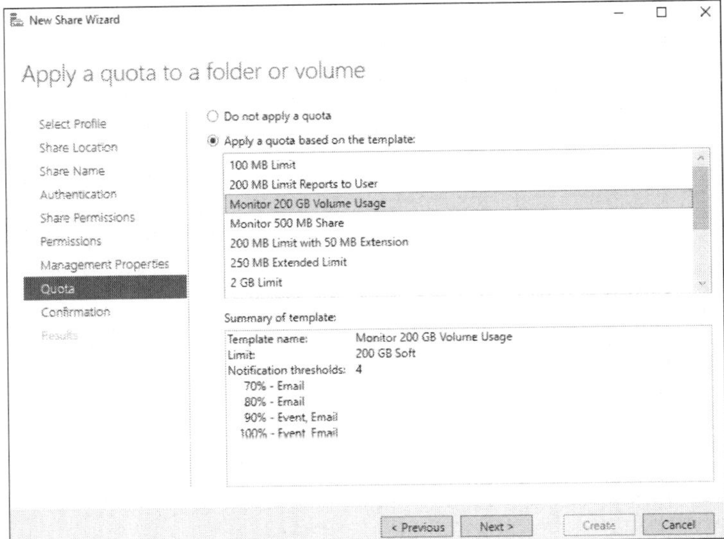

▶ A continuación, viene el resumen de ajustes, haga clic en **Create**.

El recurso compartido se ha creado y aparece en la lista del administrador de servidores.

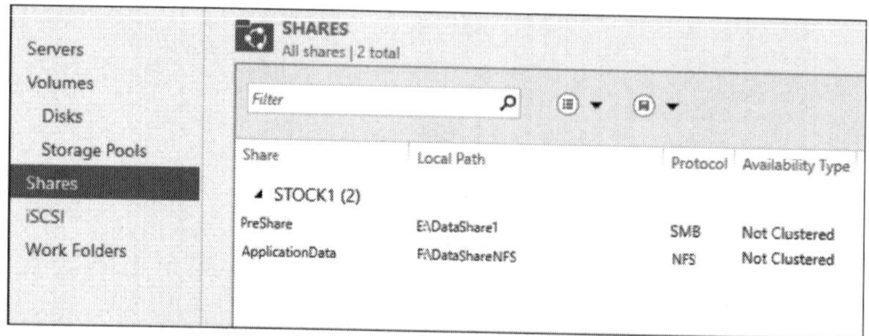

4.4 Resaltar la enumeración basada en el acceso

Cuando creamos un recurso compartido SMB avanzado, activamos la enumeración basada en el acceso. Esta función garantizará que los usuarios que se conecten a este recurso compartido sólo vean las subcarpetas a las que pueden acceder.

▶ Para probar que funciona correctamente, primero tenemos que poner el servidor STOCK1 en el dominio. Por supuesto, la máquina cliente que se utilizará para las pruebas también estará en el dominio.

▶ A continuación, cree un usuario **John Doe** que sea miembro del grupo de gestión y un usuario **John Smith** que sea miembro del grupo de técnicos en Active Directory. Por supuesto, también tiene que crear los dos grupos.

▶ A continuación, con el administrador del dominio, cree dos subcarpetas en la carpeta partage1. La carpeta de **reports** y la carpeta de **tools**.

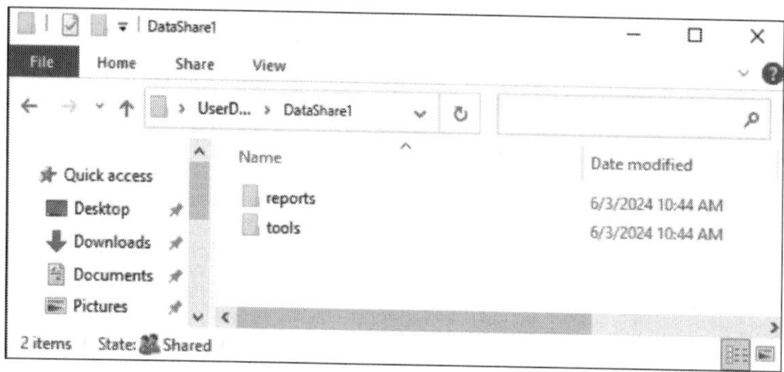

A continuación, deberá establecer los permisos de las subcarpetas. En la carpeta de **reports**, sólo tendrán permisos los miembros del grupo de gestión y, en la carpeta de **tools**, sólo los miembros del grupo de técnicos.

- Haga clic con el botón derecho en la carpeta de **reports**, seleccione **Properties** y vaya a la pestaña **Security**.

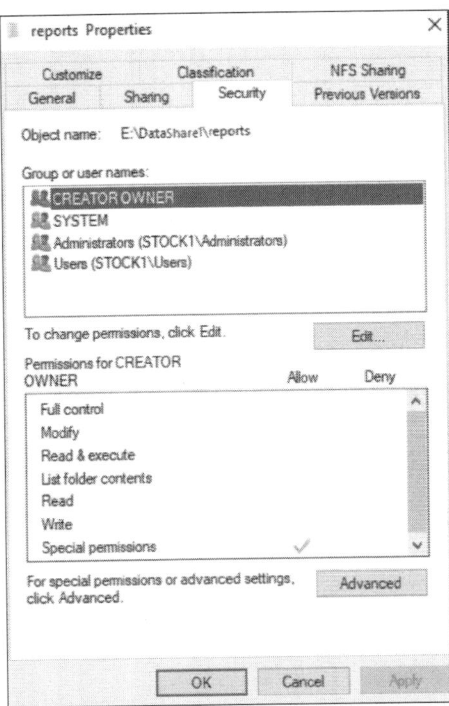

- Haga clic en **Advanced**.

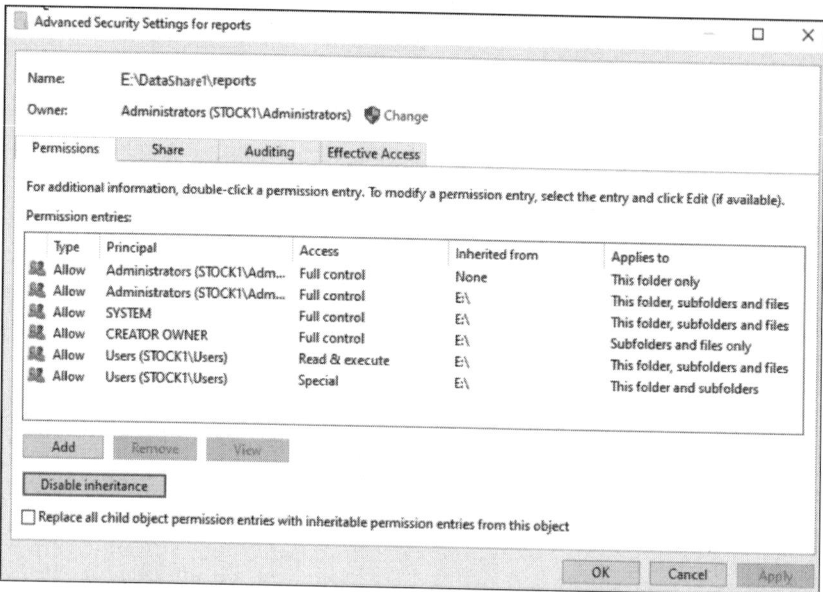

▶ Una vez en las propiedades avanzadas, haga clic en **Disable inheritance**. Se abrirá una ventana, seleccione **Convert inherited permissions into explicit permissions on this object**. Haga clic en **Apply** y en **OK**.

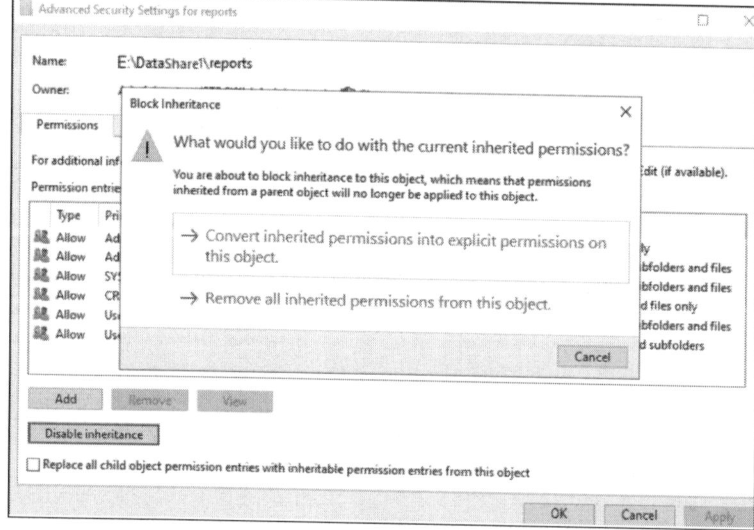

- De nuevo en la ventana de gestión de permisos, haga clic en **Edit**.
- Elimine los permisos existentes, excepto los de **SYSTEM**. A continuación, añada el grupo **direction** con permisos de modificación. Confirme.

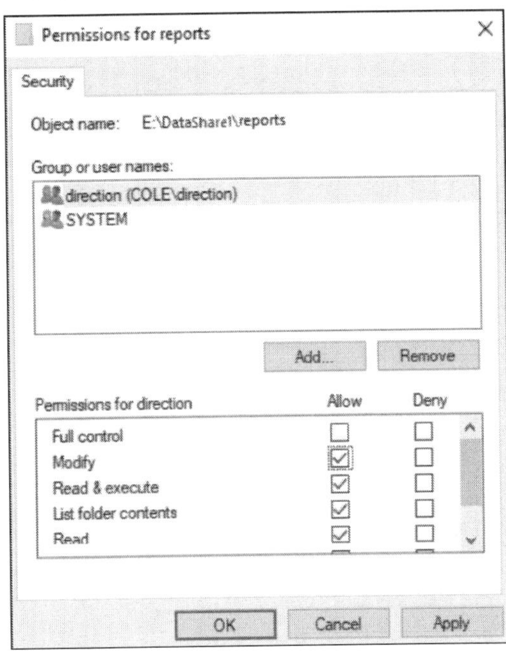

- Haga los mismos cambios en la carpeta **tools**, pero esta vez con el grupo de **tech**.

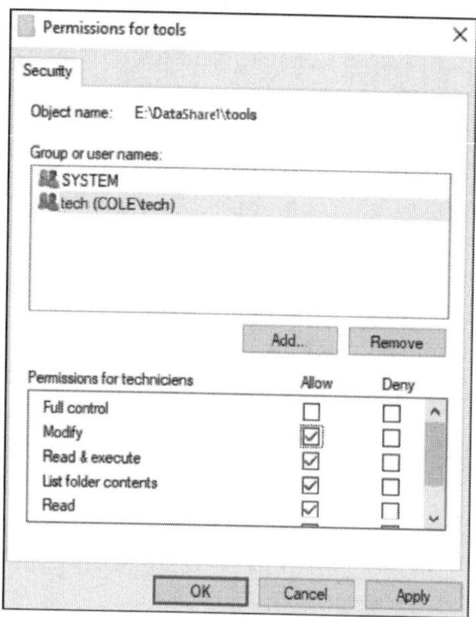

▶ Abra una sesión de Windows en la estación de trabajo cliente, como usuario John Doe. Vaya a la dirección **stock1****PreShare** en el explorador de archivos. El usuario sólo debe ver la carpeta **reports**.

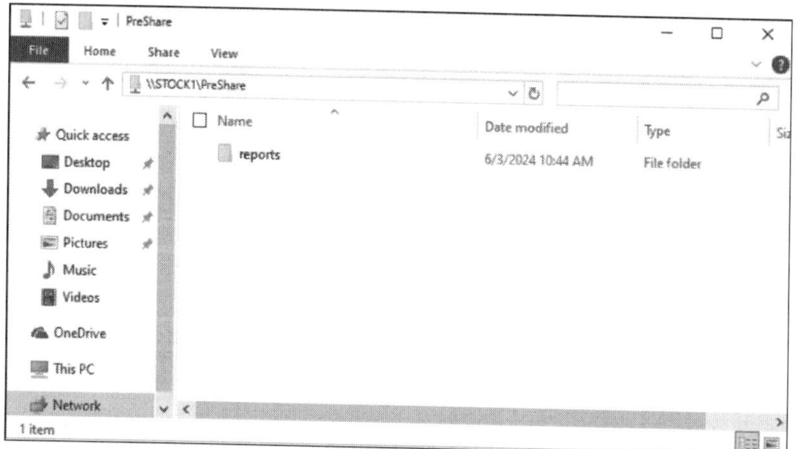

Todavía en la estación de trabajo cliente, abra una sesión con John Smith. Sólo debería poder acceder a la carpeta **tools**.

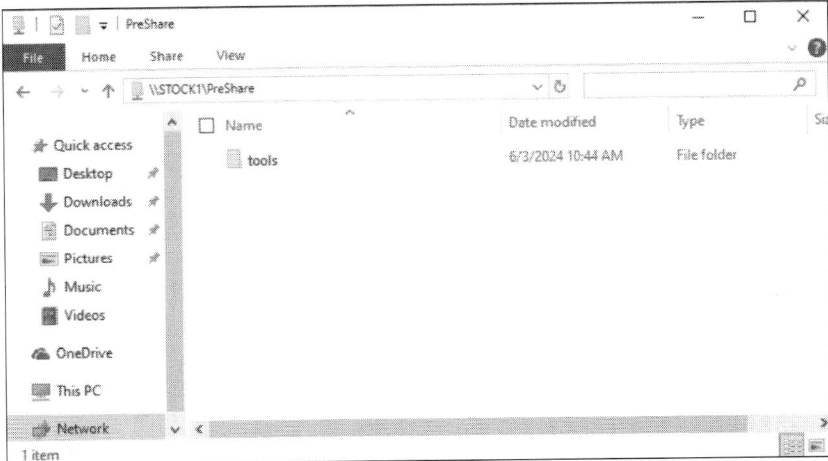

4.5 Gestión de recursos compartidos en PowerShell

Para crear un recurso compartido, primero hay que crear una carpeta. Esto se hace con el comando:

```
New-Item
```

En el servidor STOCK1, cree una carpeta en el volumen **UserData**:

```
New-Item `
-ItemType Directory `
-Name "dossier56" `
-Path e:\
```

A continuación, comparta esta carpeta con el siguiente comando:

```
New-SmbShare
```

Vamos a compartir la carpeta utilizando la misma configuración que para el uso compartido avanzado, pero utilizando la interfaz gráfica:

```
New-SmbShare `
-Name "DataStorage56" `
-FullAccess  everyone" `
-Path "E:\dossier56" `
-CachingMode None `
-FolderEnumerationMode AccessBased `
-EncryptData $true
```

Tenga en cuenta que la opción `FullAccess` asigna permisos de uso compartido **control total** a **todo el mundo**. Esta es la configuración por defecto cuando hacemos un recurso compartido con una interfaz gráfica. También es la mejor práctica recomendada por Microsoft, la idea es reducir entonces la apertura de permisos con permisos de seguridad, que tienen prioridad sobre los permisos de uso compartido.

Sólo queda establecer los permisos de seguridad. Existe un comando original en PowerShell para esto, pero es tan complejo que poca gente lo utiliza. Es muy común instalar el módulo `NTFSSecurity` y utilizarlo para gestionar los permisos de seguridad.

- Introduzca el comando:

```
Install-Module -Name NTFSsecurity
```

- Es muy probable que el sistema le pida que actualice el gestor de paquetes NuGet. Confirme.
- A continuación, el sistema le preguntará si desea descargar el módulo `NTFSSecurity` de la PowerShell Gallery. Diga que sí a todo.
- Comience por desactivar la herencia de permisos NTFS y eliminar los permisos existentes.

```
Disable-NTFSAccessInheritance `
-Path E:\dossier56

Remove-NTFSAccess `
-Path E:\dossier56 `
-Account users `
-AccessRights FullControl

Remove-NTFSAccess `
-Path E:\dossier56 `
-Account administrators `
-AccessRights FullControl
```

- A continuación, añada permisos de modificación al grupo **direction**.

```
Add-NTFSAccess `
-Path E:\dossier56 `
-Account direction `
-AccessRights Modify
```

Observación

en PowerShell son posibles otros parámetros, como la compresión de datos o la limitación del número de usuarios conectados.

5. File Server Resource Manager (FSRM)

En la sección anterior de este capítulo, para poder realizar la compartición avanzada, instalamos el servicio de rol de servidor de archivos y almacenamiento **File Server Resource Manager**.

La instalación de este servicio de rol da acceso a una consola del mismo nombre, que se puede encontrar en **start/windows administration tools** y que se puede utilizar para configurar el servidor de archivos.

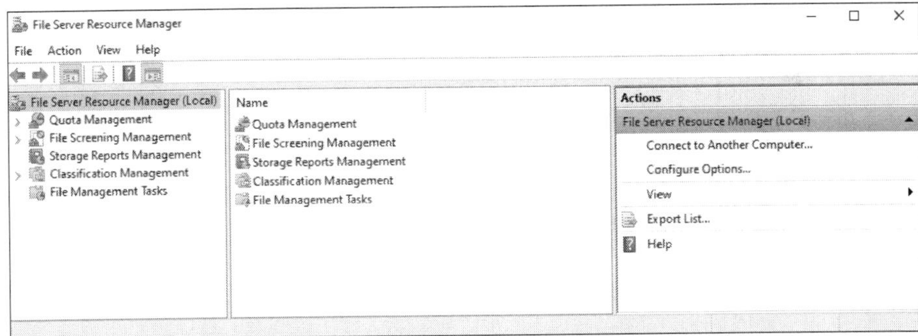

Desde esta consola configuraremos las opciones del servidor. Podremos crear cuotas personalizadas, prohibir determinados tipos de archivos como .mp3 o .iso, gestionar la clasificación de datos y automatizar determinadas tareas de gestión de datos.

5.1 Configuración básica del servidor de archivos

- En la consola, haga clic con el botón derecho en el servidor y seleccione **Configure Options** en el menú desplegable.

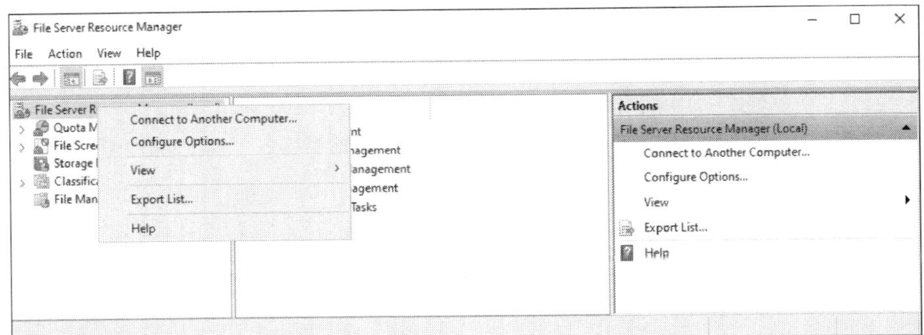

Se abre una ventana con varias pestañas dedicadas a la configuración del servidor de archivos.

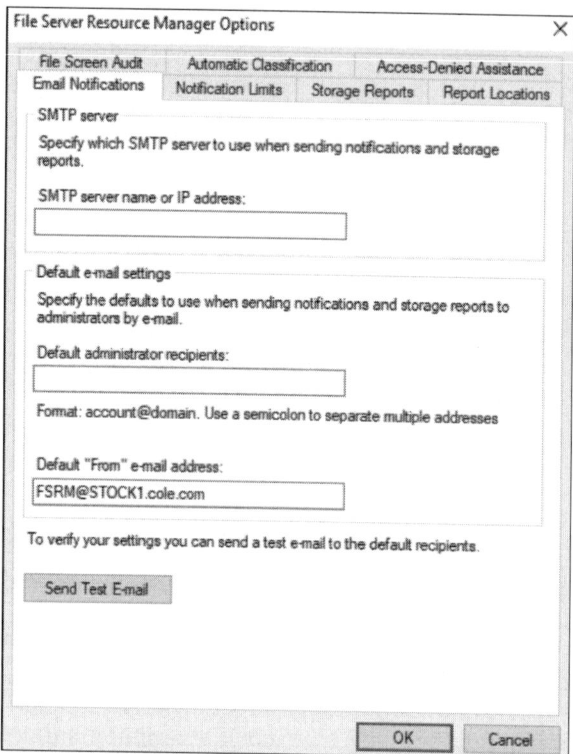

5.1.1 Configuración del servidor de correo electrónico

Al crear recursos compartidos avanzados, vimos que era posible definir una dirección de correo electrónico para avisar a los administradores cuando se superan determinadas cuotas de datos. Por supuesto, esto sólo funciona si el servidor de archivos sabe dónde unirse al servidor de correo.

- Vaya a la pestaña **Email Notifications**, introduzca la dirección del servidor de correo electrónico, la dirección de correo electrónico de los administradores con los que se debe poner en contacto y la dirección de correo electrónico utilizada por el servidor como dirección del remitente.

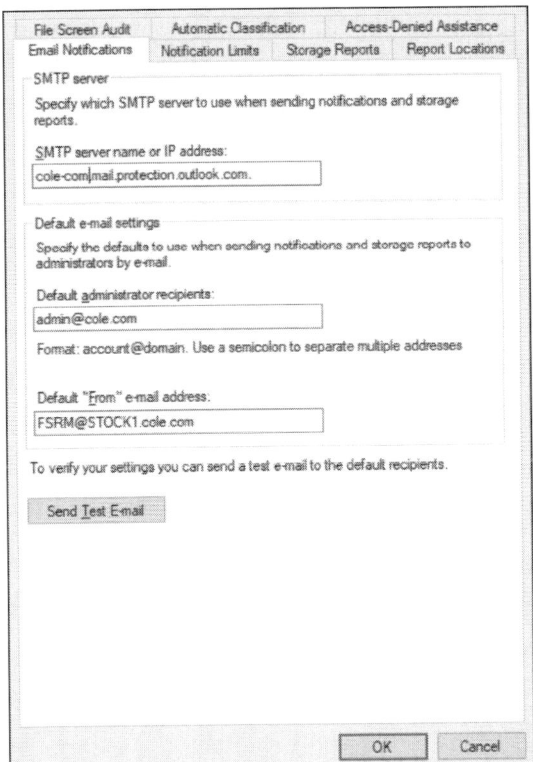

Observación

En nuestro ejemplo, hemos utilizado una dirección de tipo Microsoft 365. Esto requiere la configuración de DNS. Además, existen varios métodos para vincular un servicio o aplicación a Microsoft 365. También se requiere la configuración de Exchange Online.

5.1.2 Límites de notificación

En la pestaña **Notification Limits** podemos definir el tiempo que deberá esperar el servidor de archivos antes de enviar un mensaje de notificación, para no saturar los buzones con mensajes demasiado frecuentes, cuando se superen las cuotas o se detecten archivos no autorizados.

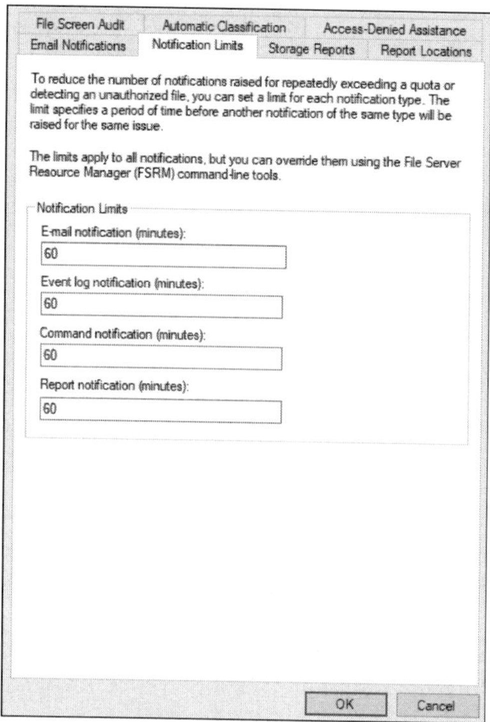

5.2 Creación de cuotas personalizadas

5.2.1 Crear un modelo de cuotas

- En la consola de gestión de FSRM, desplácese hasta **Quota Management** y haga clic con el botón derecho del ratón en **Quota Templates**. En el menú desplegable, seleccione **Create Quota Template**.

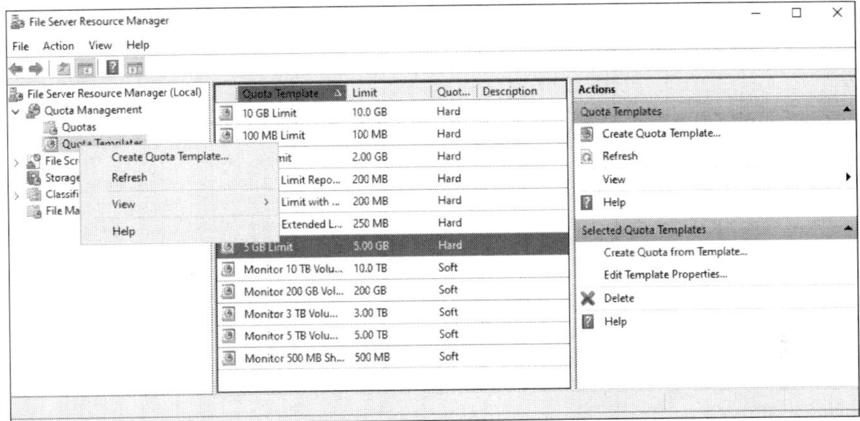

Se abre la ventana de creación de plantillas. Vamos a crear una cuota con un límite fijo de 1 GB y avisos al 80%, 95% y 100%.

▶ En el menú desplegable de la parte superior de la ventana, seleccione la cuota límite de 2 GB y haga clic en **Copy**. Esto copiará la configuración de esta cuota a la plantilla.

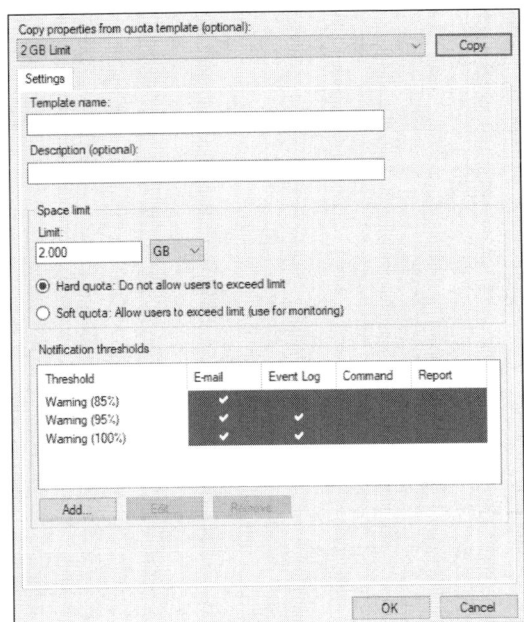

- Dé a nuestro modelo un nombre, una descripción y establezca el límite en 1 GB, con una configuración de cuota incondicional.

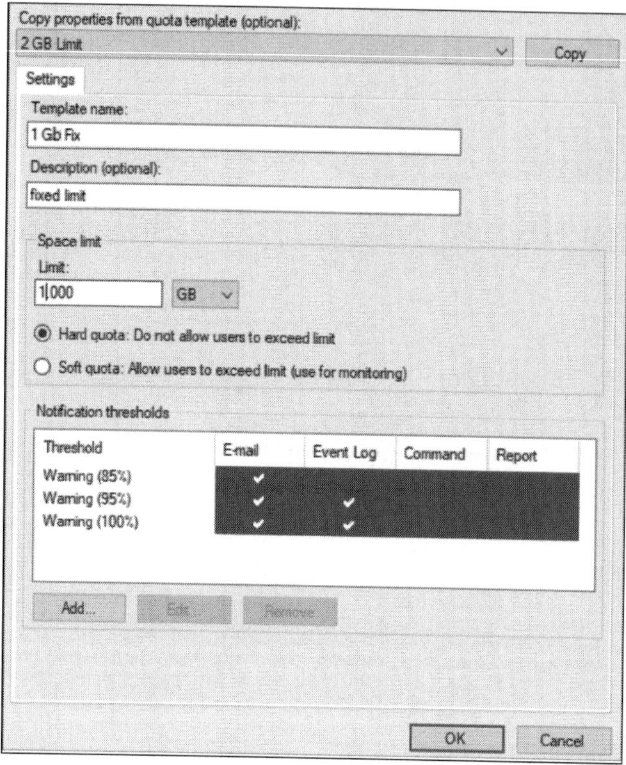

- Seleccione 95% notificación y haga clic en **Edit**. Añada la opción de enviar un correo electrónico al administrador si se supera la cuota.

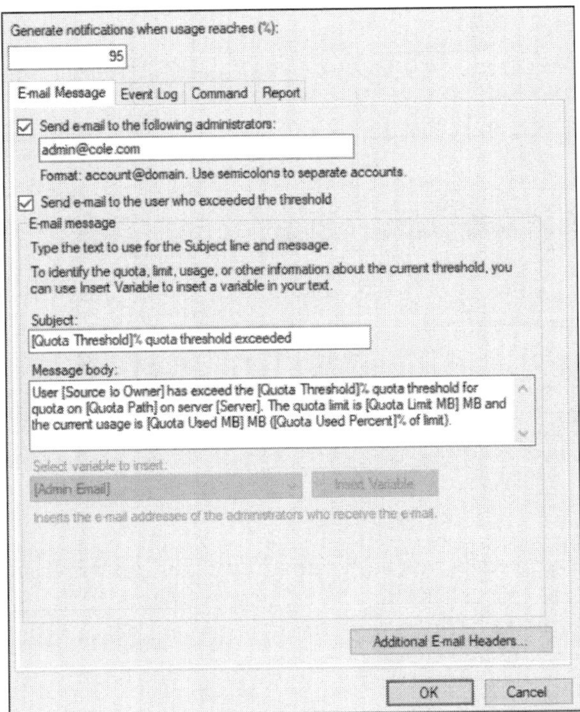

▶De vuelta en la página de creación de plantillas de cuotas, confirme. La plantilla aparecerá en la lista.

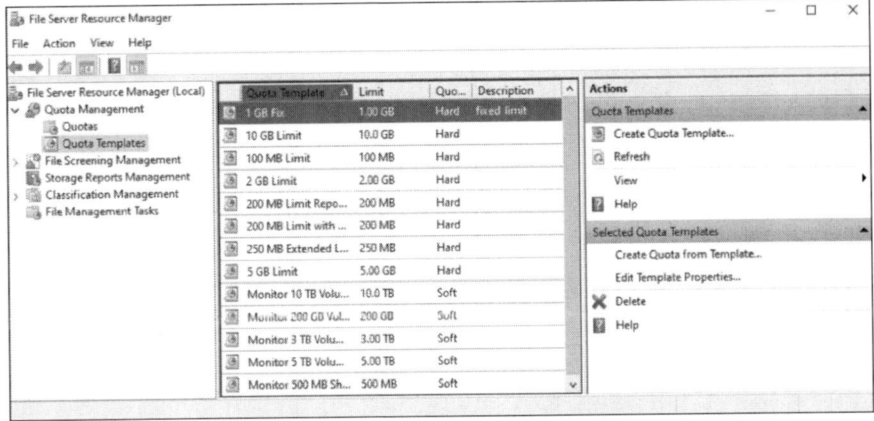

5.2.2 Creación y aplicación de cuotas

- Haga clic con el botón derecho del ratón en la plantilla y seleccione **Create Quota from Template**.

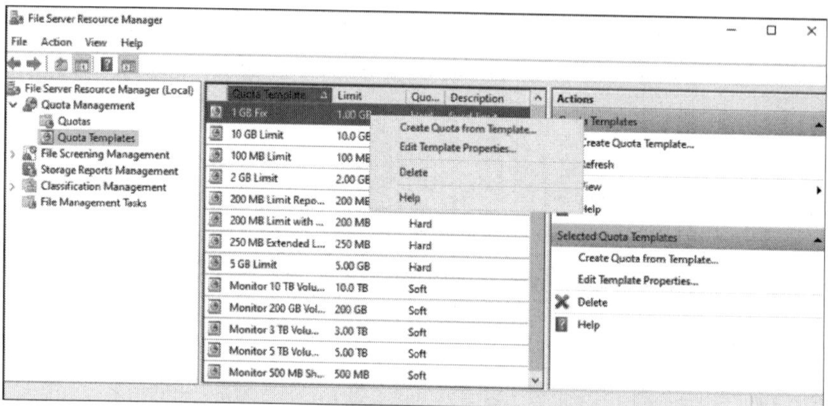

- En la ventana que se abre, introduzca la ruta de la carpeta en la que desea aplicar la cuota. Seleccione la opción para aplicar la cuota a las carpetas existentes y a las subcarpetas que se creen posteriormente. A continuación, haga clic en **Create**.

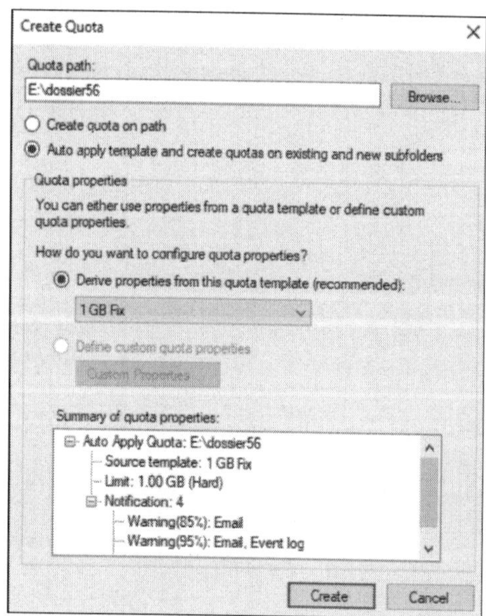

En la carpeta **Quotas** puede ver las diferentes cuotas aplicadas a las carpetas.

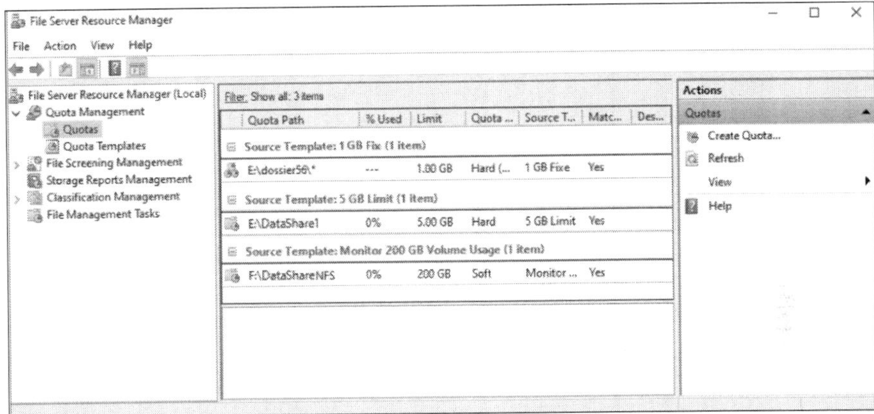

5.3 Filtrado de tipos de archivo

A continuación, veremos cómo prohibir tipos de archivos con FSRM. Al igual que con las cuotas, hay plantillas que se pueden utilizar para crear filtros de archivos.

El filtrado se basa en extensiones de tipo de archivo como .pdf o .mp3. Sólo se puede aplicar un filtro por carpeta. Los filtros también se pueden aplicar a la raíz de un volumen.

En la gestión de filtrado de archivos, podemos encontrar las plantillas.

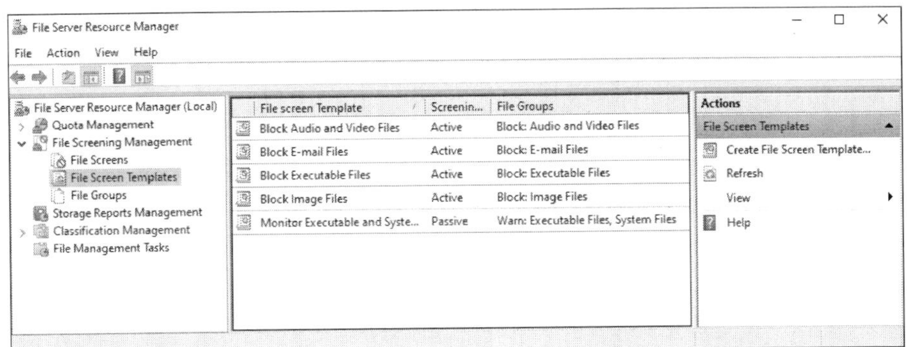

Estos filtros se basan en listas de tipos de archivos, que se encuentran justo debajo. Hay listas de extensiones para archivos ejecutables, archivos de Microsoft Office, archivos de audio y archivos de vídeo, entre otros.

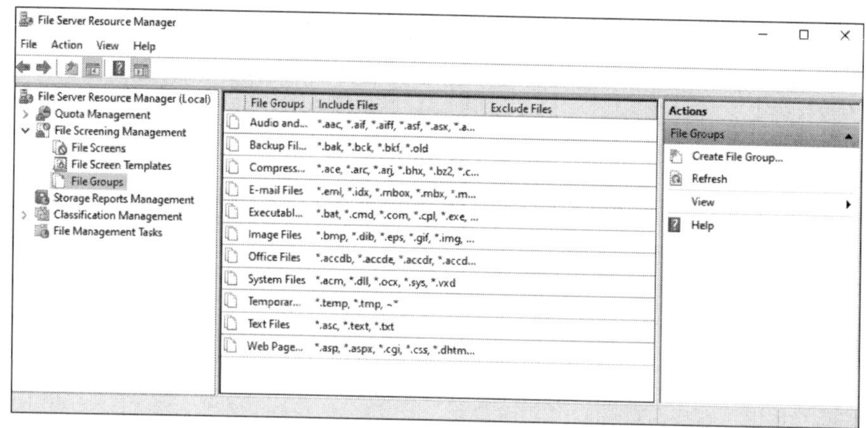

- Cree un filtro a partir de una plantilla. Haga clic con el botón derecho en la plantilla para bloquear archivos ejecutables y seleccione **Create File Screen from Template**.

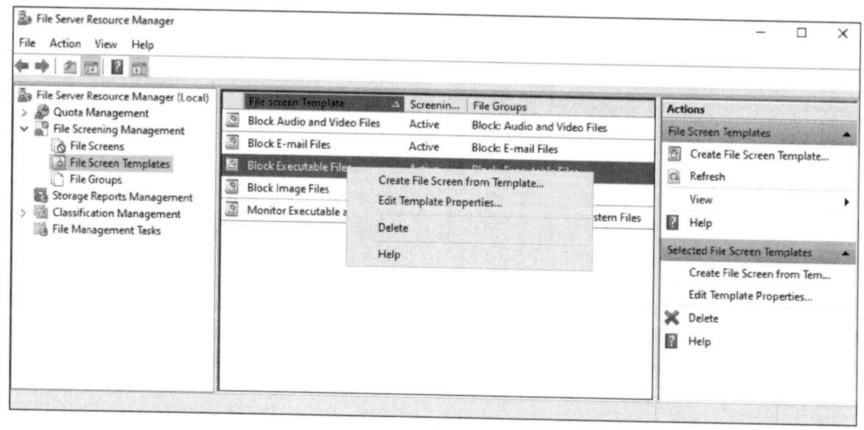

- En la ventana que se abre, introduzca la ruta de la carpeta y seleccione **Define custom file screen properties** y, a continuación, haga clic en **Custom Properties**.

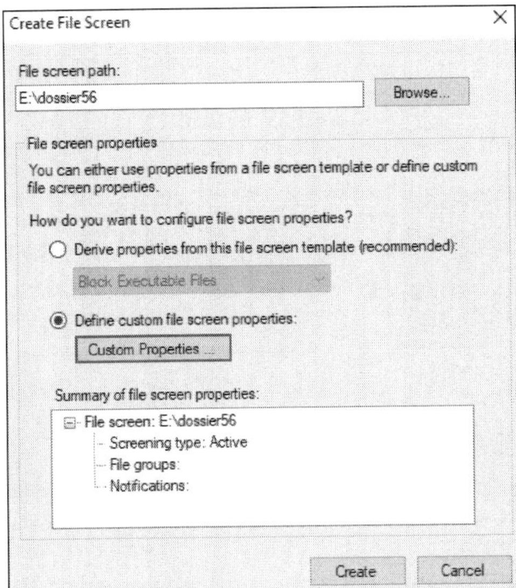

▶Seleccione las categorías que desee y confirme.

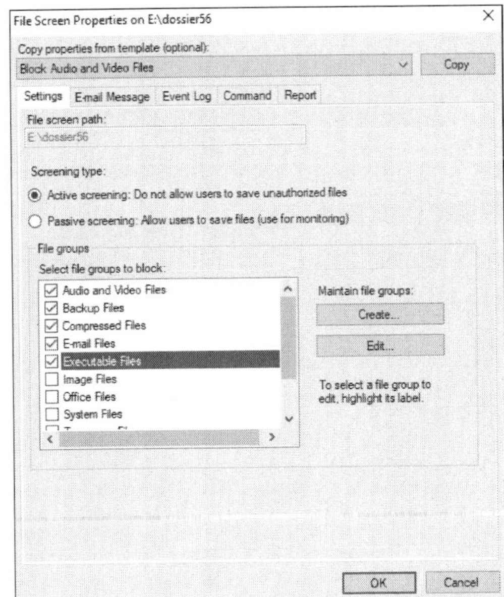

▶ De vuelta en la ventana de creación de filtros, haga clic en **Create**. Se abrirá una nueva ventana que ofrece crear una plantilla al mismo tiempo que el filtro. Dé un nombre a la plantilla.

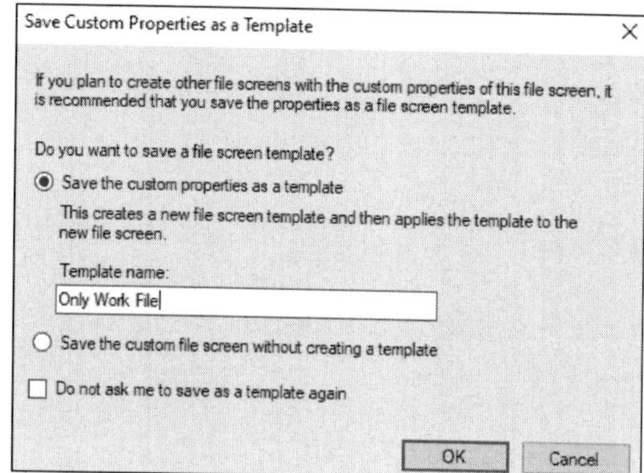

La plantilla de filtro se ha creado y el filtro está activo, como se puede ver en la carpeta **File Screen Templates**.

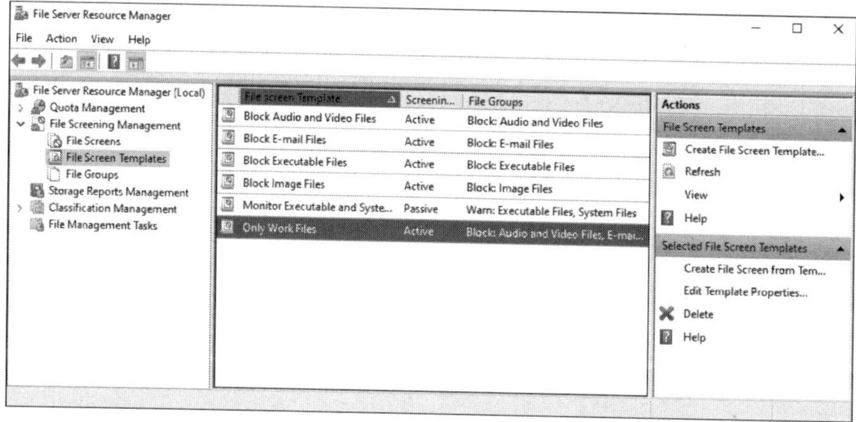

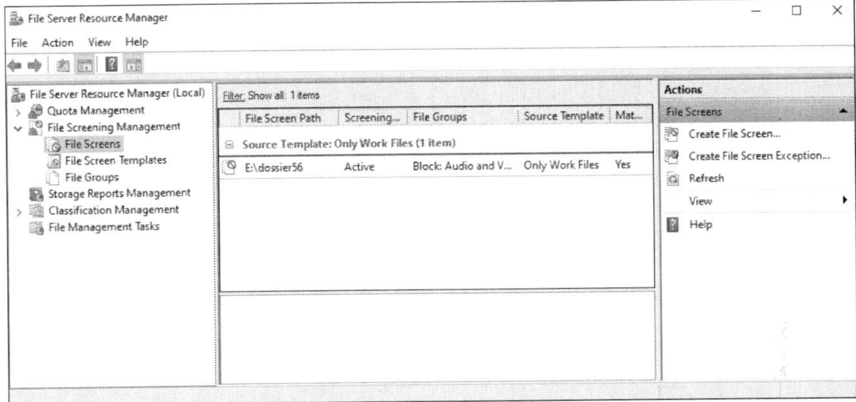

Hacer una selección de todos los tipos de archivo que quiere prohibir, puede ser una tarea larga y complicada. Además, es un riesgo para la seguridad, porque siempre existe la posibilidad de que un tipo de archivo no deseado no esté en las listas de filtros y no puede añadir todos los tipos de archivo, son demasiados.

La solución es prohibir todos los archivos y configurar los parámetros para que sólo se permitan los tipos de archivo que desee.

- Haga clic con el botón derecho del ratón en **File Screen Template** y seleccione **Create File Screen Template**.

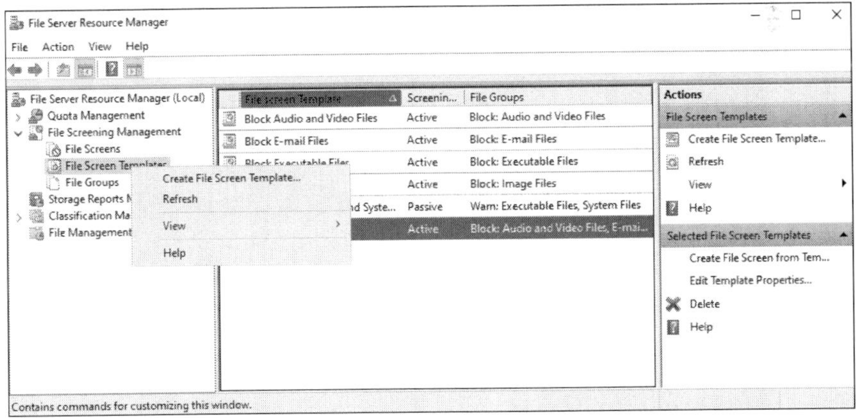

▶ Asigne un nombre al filtro y, en **Maintain file groups**, haga clic en **Create**.

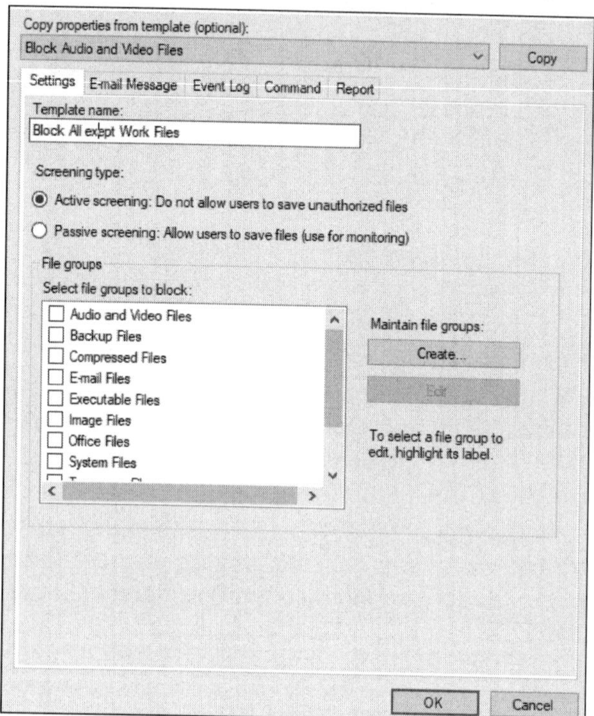

▶ En la ventana de configuración del filtro, en el tipo de archivo que se debe incluir en el filtro y, por tanto, bloquear, escriba *.* para indicar que desea bloquearlo todo. Y en los tipos de archivo que se deben excluir del filtro y, por tanto, autorizar, introduzca los tipos de archivo que sólo se aceptan en el recurso compartido, como los archivos de Word .pdf o .docx.

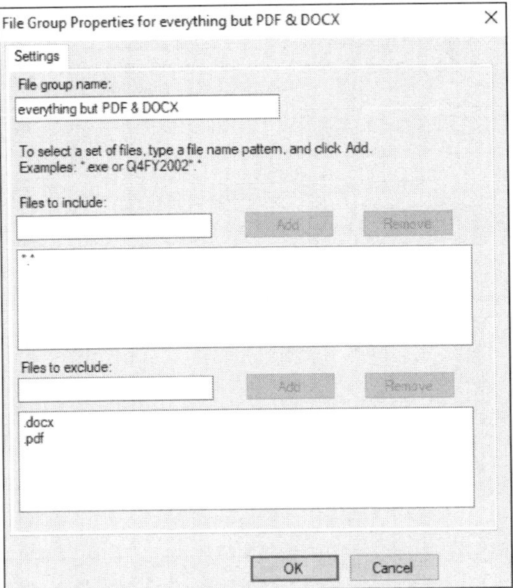

6. Deduplicación de datos

6.1 Conceptos básicos

La deduplicación de datos es una técnica que consiste en almacenar flujos de datos binarios idénticos una sola vez, y anotar sus ubicaciones en un archivo de referencia.

Por ejemplo, si tomamos varios documentos de Word de la misma empresa, tendrán partes idénticas, como los metadatos de Word, las cabeceras del documento o el logotipo de la empresa. Por tanto, todos estos documentos tendrán secuencias de datos binarios idénticas.

El sistema identificará estas secuencias binarias idénticas y dividirá los archivos en consecuencia, en bloques de tamaño variable. Estos bloques sólo se almacenarán físicamente una vez en el disco, en un repositorio y se podrán comprimir.

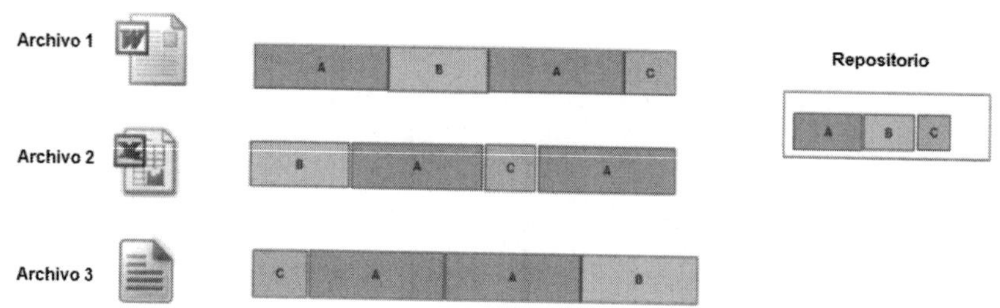

Su ubicación en los archivos originales se sustituirá por puntos de análisis y se anotará en un archivo de referencia.

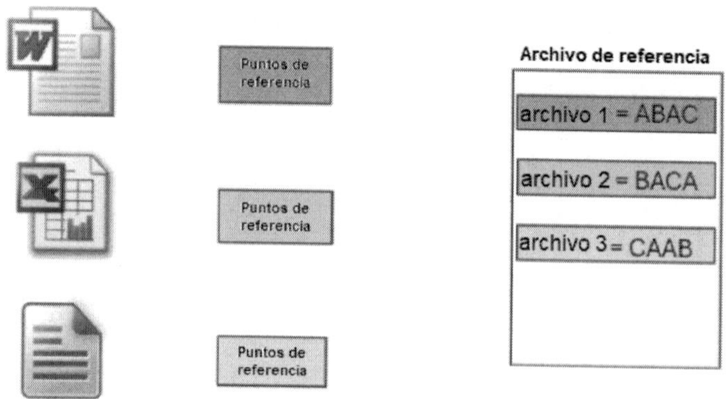

La deduplicación tiene lugar después de la escritura de los datos. Los datos se escriben en el disco de la forma convencional y luego se deduplican. Por tanto, el rendimiento de escritura del sistema no se ve afectado.

En la lectura, el sistema leerá los puntos de referencia de los archivos y recuperará los bloques correspondientes. La parte útil de un documento, excluidos los metadatos, se denomina "flujo de archivos" en la jerga de la deduplicación.

La deduplicación puede ahorrar hasta un 95% de espacio en disco, dependiendo del tipo de archivo:

- Archivos de Microsoft Office: 30 - 50%. Cuando se configura para este tipo de archivos, la deduplicación tiene lugar en segundo plano.
- Archivos ISO, discos duros de máquinas virtuales, VDI: 80 - 95%. La deduplicación de este tipo de archivos también se realiza en segundo plano.
- Archivos de despliegue .msi .cab, binarios de software: 70 - 80%. Este tipo de deduplicación tendrá lugar según un ajuste de prioridades.

También hay que señalar que la deduplicación es especialmente eficaz con el sistema de archivos ReFS.

La deduplicación implica varias fases que se pueden programar en el tiempo y corresponden a las tareas realizadas por el servicio de deduplicación:

- **Optimización**: aquí es donde tiene lugar la deduplicación real, el sistema cortará los archivos en bloques, los almacenará en el repositorio y los comprimirá si es necesario. Por defecto, se realiza cada hora.
- **Limpieza de la memoria**: en esta fase, el sistema elimina los bloques inútiles del repositorio, ya que dejan de estar en los puntos de referencia de los archivos que se han modificado. Esto tiene lugar una vez a la semana por defecto.
- **Limpieza de datos**: el sistema identificará los bloques dañados e intentará reconstruirlos aprovechando cualquier redundancia de disco implementada en el volumen, como la duplicación o la paridad. Además de las redundancias de disco, el sistema realizará una copia de seguridad de los bloques que aparezcan más de 100 veces en los archivos. Esto tiene lugar una vez a la semana por defecto.

La deduplicación no se puede activar en volúmenes inferiores a 2 GB, ni en el volumen que contiene el sistema.

Con la explosión de la virtualización y la cantidad cada vez mayor de datos gestionados por las empresas, la deduplicación de datos se ha convertido en una herramienta empresarial cotidiana, a menudo unida al sistema de archivos ReFS. La deduplicación de Windows Server es compatible con ReFS a partir de Server 2019. La deduplicación admite volúmenes de hasta 64 TB y archivos de hasta 1 TB.

Microsoft recomienda utilizar la deduplicación para servidores de archivos de uso general, servidores de infraestructura de escritorio virtual y servidores de copia de seguridad dedicados. También se suele utilizar para almacenar los discos duros de las máquinas virtuales Hyper-V.

La deduplicación tiene un impacto en el rendimiento de la lectura de archivos, especialmente si se accede a los archivos de forma aleatoria, como en una base de datos. Este problema es menor con los discos de tipo SSD, ya que el tiempo de acceso es el mismo independientemente de la ubicación de los datos en el disco.

Microsoft recomienda utilizar un mínimo de 300 MB de RAM para la deduplicación, más 50 MB por terabyte de datos deduplicados. La cantidad de memoria recomendada para un rendimiento óptimo es de 1 GB por TB de datos. El tamaño mínimo de archivo por defecto para la deduplicación es de 32 KB.

6.2 Aplicación de la deduplicación

Para implementar la deduplicación de datos en Windows Server, es necesario empezar por instalar el servicio de rol correspondiente. En nuestro trabajo práctico, vamos a instalarlo en el servidor STOCK1.

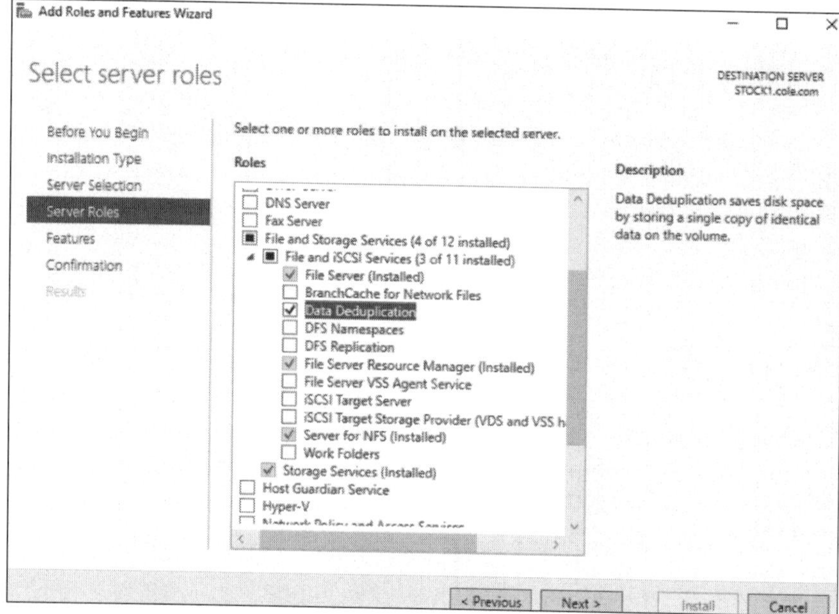

Una vez instalado el servicio de roles, crearemos un nuevo volumen en el pool de almacenamiento 1, formateado en ReFS.

▶ En Server Manager, vaya a Storage Pools y cree un nuevo disco duro virtual en Pool 1.

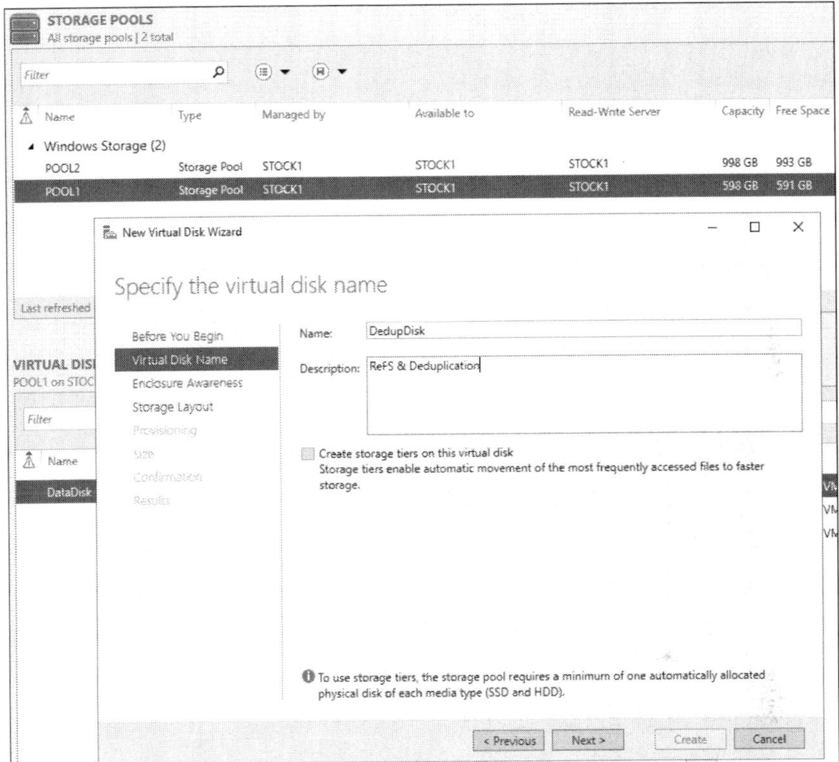

■ Cree un volumen espejo de 400 GB con aprovisionamiento dinámico.

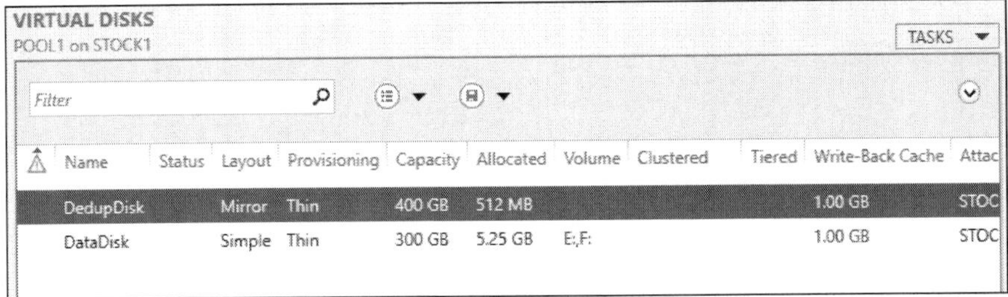

■ Formatee el disco en ReFS con la unidad de asignación a **64K**, para maximizar la ganancia de espacio en disco. Ocupa todo el espacio del disco.

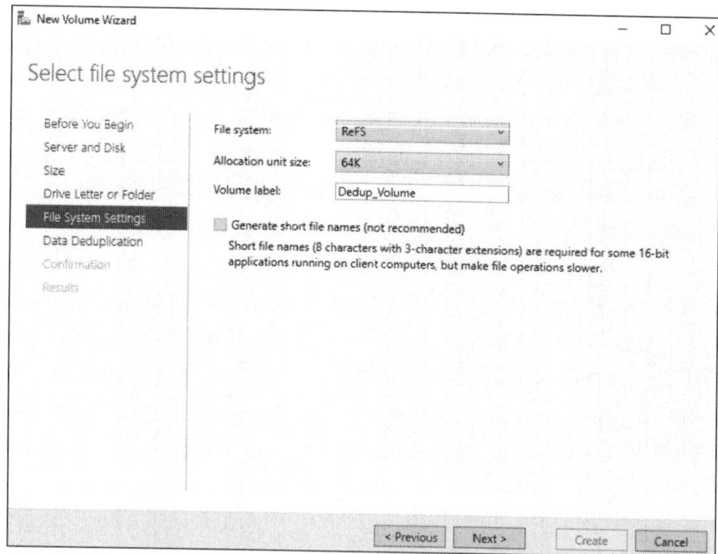

▶ Una vez configurado el formato, el asistente de creación de volúmenes nos sugerirá la deduplicación porque tenemos instalado el servicio de roles correspondiente.

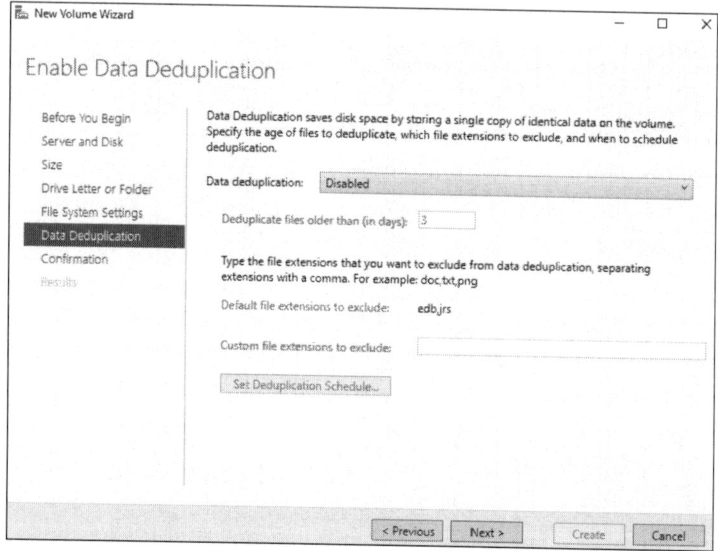

- La primera configuración permite activar la deduplicación y elegir el tipo de archivos y la deduplicación que se realizará en el volumen. Elija **Virtual Desktop Infrastructure (VDI) server**. Este es el tipo de deduplicación que se utilizará para almacenar máquinas Hyper-V y sus discos duros virtuales. Configure también la deduplicación para archivos de un día de antigüedad.

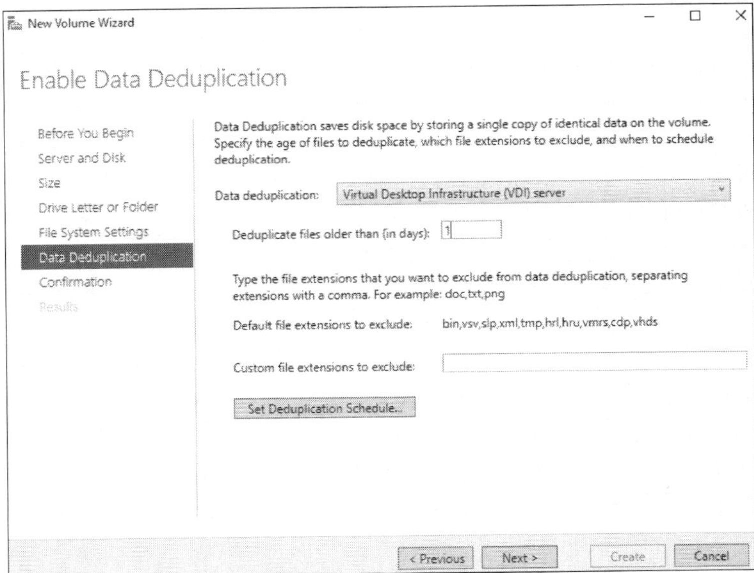

La siguiente configuración permite excluir tipos de archivos especificando sus extensiones.

En nuestro ejemplo no vamos a excluir ningún tipo de archivo.

- El último botón del asistente **Set Deduplication Schedule** permite establecer el horario de funcionamiento de la deduplicación, para evitar cualquier impacto en el rendimiento del sistema durante las horas de producción de la empresa. Haga clic en él para abrir una ventana de programación.
- La opción **Enable Background optimization** está marcada por defecto. Lanzará una tarea de optimización cada hora. Esto consume recursos de CPU y RAM. Se puede desmarcar para programarla fuera de las horas de trabajo. Desactive esta opción.

▶ Programe la deduplicación fuera del horario de oficina. Puede crear dos horarios. En nuestro ejemplo, uno para la semana y otro para el fin de semana. Si no se especifica ningún horario, la deduplicación tiene lugar cada hora por defecto.

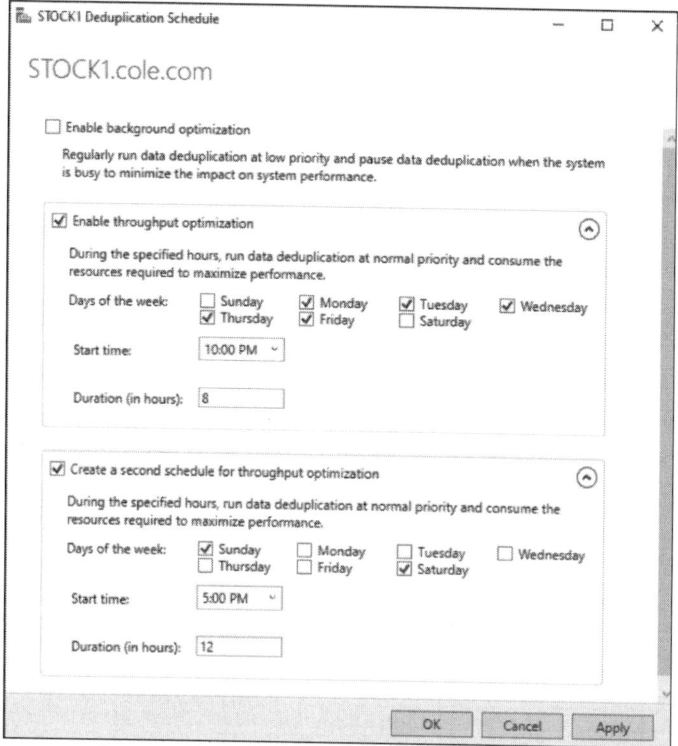

▶ Una vez validados los programas de deduplicación, sólo queda hacer clic en **Next**. Esto le llevará a la página de resumen donde deberá validar el formato y, por tanto, la deduplicación.

También es posible activar la deduplicación en un volumen existente, a excepción del volumen de sistema.

▶ Para activar la deduplicación, haga clic con el botón derecho del ratón sobre el volumen en el administrador de servidores y seleccione **Configure Data Deduplication**. El asistente se iniciará con la misma configuración que cuando se creó el volumen.

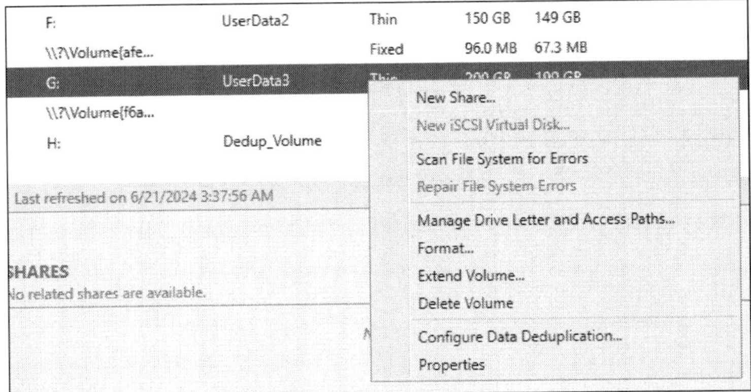

6.3 Deduplicación con PowerShell

Como veremos en esta sección, el uso de PowerShell para establecer los parámetros de deduplicación permite acceder a parámetros adicionales, establecidos por el sistema en función del tipo de archivos, cuando se utiliza la interfaz gráfica.

El comando para activar la deduplicación es:

```
Enable-DedupVolume
```

▶Active la deduplicación en el volumen **Userdata** del trabajo práctico.

```
Enable-DedupVolume `
-Volume E: `
-UsageType HyperV
```

La opción `UsageType` acepta los siguientes valores:

- `Backup`
- `Default`
- `Hyper-v`

El siguiente comando muestra el estado de la deduplicación:

```
Get-DedupStatus
```

En nuestro ejemplo, da el siguiente resultado:

```
PS C:\Users\administrator.COLE> Get-DedupStatus

FreeSpace    SavedSpace   OptimizedFiles     InPolicyFiles      Volume
---------    ----------   --------------     -------------      ------
149.4 GB     0 B          0                  0                  E:
397.34 GB    0 B          0                  0                  H:
```

Es posible establecer parámetros de deduplicación para un volumen, utilizando el comando:

```
Set-DedupVolume
```

```
Set-DedupVolume `
-Volume H: `
-MinimumFileAgeDays 0 `
-NoCompress $false `
-ExcludeFileType .pdf `
-ExcludeFolder H:\SQL `
-OptimizeInUseFiles `
-MinimumFileSize 50000
```

En este ejemplo, podemos ver que PowerShell proporciona acceso a parámetros que no están disponibles a través de la interfaz gráfica.

`-NoCompress` permite activar o desactivar la compresión de bloques.

`-ExcludeFolder` permite excluir una carpeta de la deduplicación.

`-OptimizeInUseFiles` deduplica los archivos que están actualmente en uso. El sistema esperará 15 minutos antes de deduplicarlos.

`-MinimumFileSize` se utiliza para establecer un tamaño mínimo para los archivos que se van a deduplicar, en bytes.

▶ Para ajustar los plannings de deduplicación, desactive la planificación en segundo plano que se ejecuta cada hora. Es necesario detener dos tareas de optimización con el comando:

```
Set-DedupSchedule
```

```
Set-DedupSchedule `
-Name BackgroundOptimization `
-Enabled $false

Set-DedupSchedule `
-Name PriorityOptimization `
-Enabled $false
```

También debemos detener las tareas de limpieza de memoria y limpieza de datos:

```
Get-DedupSchedule `
-Type GarbageCollection |
ForEach-Object { Remove-DedupSchedule -InputObject $_ }

Get-DedupSchedule `
-Type Scrubbing |
ForEach-Object { Remove-DedupSchedule -InputObject $_ }
```

Ahora vamos a programar nuestra propia tarea de deduplicación.

Por ejemplo, con la siguiente configuración:

```
New-DedupSchedule `
-Days Monday,Tuesday,Wednesday,Thursday,Friday `
-Type Optimization `
-Start 22:00 `
-DurationHours 8 `
-Name "optimal days" `
-Enabled $true `
-Priority High `
```

La opción `-type` permite los siguientes valores:

- `Optimization`: es la deduplicación propiamente dicha.
- `GarbageCollection`: corresponde a la limpieza de memoria, borrando del repositorio los bloques no utilizados.
- `Scrubbing`: es la limpieza de datos para comprobar la integridad de los bloques.
- `UnOptimization`: detiene y cancela la deduplicación.

La opción `-Priority` establece la tasa de utilización de CPU y E/S de disco. Acepta los valores:

- `Low`
- `Normal`
- `High`

▶ A continuación, cree una tarea de limpieza de memoria y otra de limpieza de datos.

```
New-DedupSchedule `
-Name "clean memory" `
-Type GarbageCollection `
-DurationHours 12 `
-Memory 100 `
-Cores 100 `
-Priority High `
-Days Saturday `
-Start 01:00

New-DedupSchedule `
-Name "clean data" `
-Type Scrubbing `
-DurationHours 12 `
-Memory 100 `
-Cores 100 `
-Priority High `
-Days Sunday `
-Start 01:00
```

Las programaciones creadas de este modo ejecutarán trabajos de deduplicación en todos los volúmenes en los que la deduplicación esté activada.

También puede forzar el inicio inmediato de la deduplicación con el comando:

```
Start-DedupJob
```

```
Start-DedupJob `
-Type Optimization `
-Priority Normal `
-Volume H: `
-Preempt `
-memory 50 `
-core 50
```

La opción `-Preempt` interrumpe cualquier trabajo de deduplicación en curso, para iniciar el trabajo de deduplicación del comando.

Las opciones `-Memory` y `-Core` establecen el porcentaje de memoria física de la CPU que se utilizará para el trabajo de deduplicación.

Por último, puede detener la deduplicación con el comando:

```
Stop-DedupJob
```

```
Stop-DedupJob `
-Volume H: `
```

6.4 Monitorización de la deduplicación

Es posible ver la configuración y los resultados de la deduplicación desde distintas ubicaciones del sistema y mediante PowerShell.

6.4.1 Registro de eventos

Los eventos relacionados con la deduplicación se pueden consultar en los registros del sistema.

- Abra el visor de eventos y vaya a **Applications and services logs - Microsoft - Windows - Deduplication**.

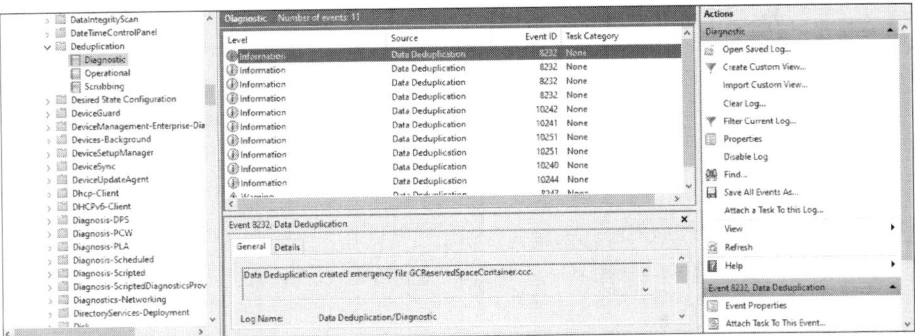

6.4.2 Tareas programadas

Los trabajos de deduplicación se pueden ver en el planificador de tareas, siguiendo la ruta **Task Scheduler Library**, posteriormente **Microsoft** y para terminar, **Windows** y **Deduplication**.

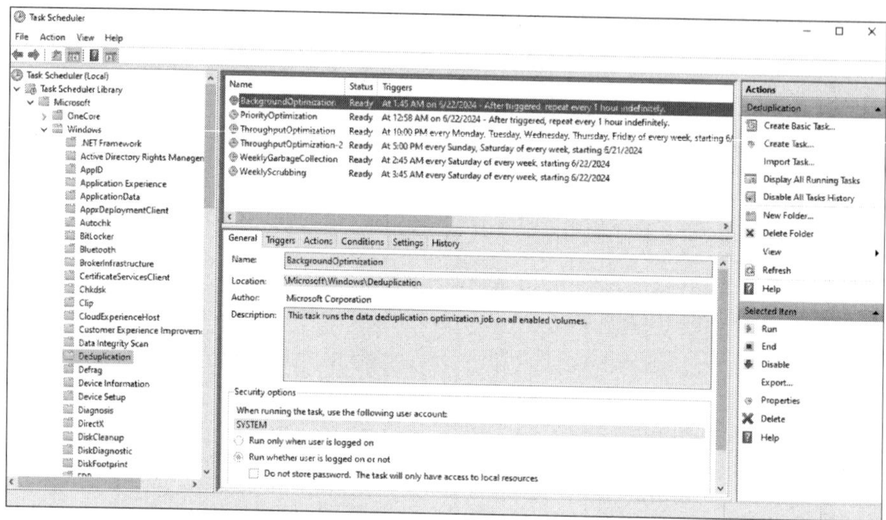

Haga clic con el botón derecho del ratón en una tarea para iniciarla inmediatamente, detenerla y acceder a sus propiedades.

En la sección de propiedades, puede cambiar los criterios de activación y acceder a para ver su historial.

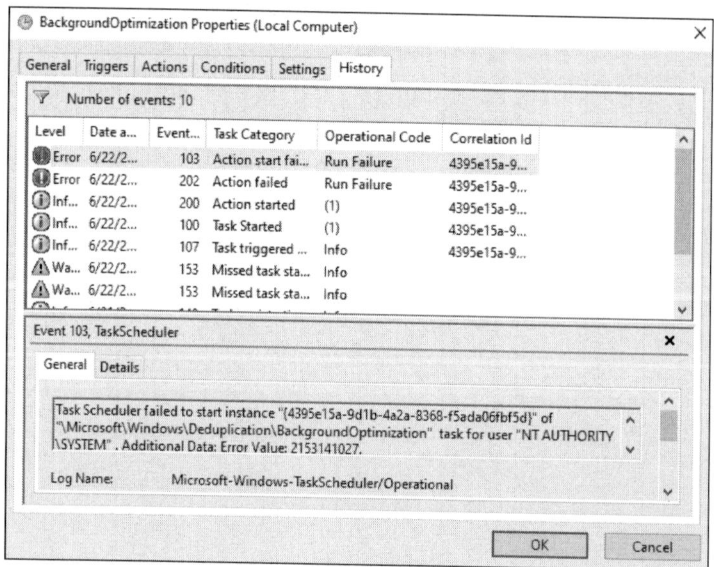

6.4.3 Supervisión con PowerShell

El comando `Get-DedupStatus | fl` muestra la información de deduplicación de todos los volúmenes en los que la deduplicación está activada.

```
Volume                             : H:
VolumeId                           : \\?\Volume{a5ab2f38-dbfc-48ef-b9d9-5bbc3672504e}\
Capacity                           : 399.94 GB
FreeSpace                          : 395.83 GB
UsedSpace                          : 4.11 GB
UnoptimizedSize                    : 4.11 GB
SavedSpace                         : 0 B
SavingsRate                        : 0 %
OptimizedFilesCount                : 0
OptimizedFilesSize                 : 0 B
OptimizedFilesSavingsRate          : 0 %
InPolicyFilesCount                 : 0
InPolicyFilesSize                  : 0 B
LastOptimizationTime               : 6/22/2024 2:45:13 AM
LastOptimizationResult             : 0x00000000
LastOptimizationResultMessage      : The operation completed successfully.
LastGarbageCollectionTime          : 6/22/2024 2:45:07 AM
LastGarbageCollectionResult        : 0x00565302
LastGarbageCollectionResultMessage : There are no actions associated with this job.
LastScrubbingTime                  :
LastScrubbingResult                :
LastScrubbingResultMessage         :
```

El comando `Get-DedupVolume -Volume H: | FL` proporciona información adicional.

```
Volume                   : H:
VolumeId                 : \\?\Volume{a5ab2f38-dbfc-48ef-b9d9-5bbc3672504e}\
Enabled                  : True
UsageType                : HyperV
DataAccessEnabled        : True
Capacity                 : 399.94 GB
FreeSpace                : 395.83 GB
UsedSpace                : 4.11 GB
UnoptimizedSize          : 4.11 GB
SavedSpace               : 0 B
SavingsRate              : 0 %
MinimumFileAgeDays       : 1
MinimumFileSize          : 32768
NoCompress               : False
NearInlineMode           : False
ExcludeFolder            :
ExcludeFileType          :
ExcludeFileTypeDefault   : {bin, vsv, slp, xml...}
NoCompressionFileType    : {asf, mov, wma, wmv...}
ChunkRedundancyThreshold : 100
Verify                   : False
OptimizeInUseFiles       : True
OptimizePartialFiles     : True
InputOutputScale         : 0
IdleTimeoutDefault       : 60
AutoStart                : False
ChunkIndexCacheVolume    :
```

El comando `Get-DedupSchedule` permite ver los trabajos de deduplicación programados, tanto activos como inactivos.

```
Enabled    Type                StartTime    Days                  Name
-------    ----                ---------    ----                  ----
False      Optimization                                           BackgroundOptimization
True       Scrubbing           1:00 AM      Sunday                data Cleaning
True       GarbageCollection   1:00 AM      Saturday              memory Cleaning
False      Optimization                                           PriorityOptimization
True       Optimization        10:00 PM     {Monday, Tuesda...    ThroughputOptimization
True       Optimization        5:00 PM      {Sunday, Saturday}    ThroughputOptimization-2
```

Por último, existe una herramienta de línea de comandos, **ddpeval.exe**, para evaluar las ventajas de la deduplicación en un volumen y los archivos que contiene, antes de activar la deduplicación. Esta herramienta no funcionará en un volumen en el que la deduplicación ya esté activada.

```
PS C:\Users\administrator.COLE> ddpeval F:
Data Deduplication Savings Evaluation Tool
Copyright (c) 2013 Microsoft Corporation.  All Rights Reserved.

Evaluated Target OS: Windows 10.0
Evaluated folder: F:
Evaluated folder size: 985.39 MB
Files in evaluated folder: 8

Processed files: 2
Processed files size: 985.39 MB
Optimized files size: 902.51 MB
Space savings: 82.89 MB
Space savings percent: 8

Optimized files size (no compression): 916.83 MB
Space savings (no compression): 68.56 MB
Space savings percent (no compression): 6

Files excluded by policy: 6
    Small files (<32KB): 6
Files excluded by error: 0
```

7. Réplica de almacenamiento

7.1 Presentación de réplicas de almacenamiento

La réplica de almacenamiento es una herramienta para replicar volúmenes entre servidores o clústers de servidores. Permite la replicación síncrona y asíncrona. Su objetivo es implementar una solución de recuperación de emergencia y un plan de recuperación de desastres. Las réplicas de almacenamiento requieren la implementación de Active Directory.

La replicación utiliza el **protocolo SMB3** y puede utilizar compresión de datos en la versión Datacenter Azure Edition de Windows Server 2022. Los intercambios entre servidores están cifrados y los nodos de replicación utilizan autenticación Kerberos.

- La replicación síncrona tiene lugar en tiempo real y está diseñada para funcionar en entornos de red de baja latencia, dentro del mismo edificio o en la misma ciudad. No garantiza ninguna pérdida de datos. La latencia de red máxima admitida para la replicación síncrona es de 5 ms. También requiere conjuntos de almacenamiento con un buen rendimiento de lectura/escritura ya que, si la replicación síncrona está activada, el trabajo de escritura no se considerará completo hasta que los datos se hayan escrito en ambos discos. **La replicación sincrónica es la replicación por defecto**.
- La replicación asíncrona, en cambio, está diseñada para funcionar entre dos sitios físicos remotos con una conexión de alta latencia y no garantiza que no haya pérdida de datos en caso de desastre. La latencia no se tiene en cuenta en la replicación asíncrona.

Una réplica de almacenamiento implementa la replicación a nivel de bloque y **permite replicar los archivos que están en uso**. Antes de las réplicas de almacenamiento, muchas empresas utilizaban DFS para replicar archivos entre dos sitios remotos, pero DFS gestiona la replicación a nivel de archivo, lo que no permite replicar los datos en uso. Esto significaba que los datos de uso frecuente no se replicaban correctamente.

El almacenamiento de réplica se puede utilizar con una amplia variedad de soluciones de almacenamiento, incluidos discos locales, armarios JBOD y almacenamiento SAN.

Para implementar la replicación de almacenamiento, es necesario utilizar **dos volúmenes por servidor, uno para los logs y otro para los datos a replicar**. Uno de los volúmenes de datos se designará como origen y el otro como destino. Los datos del volumen de destino no son accesibles, los volúmenes que contiene no están montados y sólo se utilizarán en caso de desastre. Los volúmenes deben tener el mismo tamaño en ambos servidores.

Los servidores utilizados para implementar la réplica de almacenamiento establecen una asociación de replicación y los volúmenes replicados forman parte de un grupo de replicación.

Existen varios escenarios posibles para utilizar la réplica de almacenamiento:

- Servidor a servidor: este escenario admite la replicación síncrona y asíncrona. Admite discos locales y pools de almacenamiento, así como almacenamiento iSCSI y SAN. Es el escenario clásico de replicación dentro de un mismo sitio geográfico. El cambio a la réplica se debe hacer manualmente. Este tipo de replicación se puede gestionar mediante PowerShell o Windows Admin Center.

- Clúster a clúster: en este tipo de configuración, la replicación tiene lugar entre dos clústeres de servidores, permitiendo tanto la replicación síncrona como la asíncrona. Utiliza almacenamiento local, iSCSI y SAN. La conmutación por error se realiza manualmente y esta arquitectura se puede gestionar mediante PowerShell o Windows Admin Center.
- Clúster extendido: en un clúster extendido, todos los servidores forman parte del mismo clúster, independientemente de su ubicación geográfica. Por lo tanto, el almacenamiento y la replicación tendrán lugar dentro del mismo grupo de servidores. Esto permite el reconocimiento de sitios para la sincronización síncrona y asíncrona, así como la conmutación por error automática. Este tipo de despliegue puede utilizar volúmenes iSCSI y almacenamiento SAN. Se puede gestionarse mediante PowerShell y la consola Failover Cluster Manager.

La réplica de almacenamiento está disponible con las ediciones estándar y de centro de datos de Windows Server 2022.

Las réplicas de almacenamiento admiten la deduplicación de datos. La función se debe instalar en ambos servidores, pero solo se activa en el servidor de volumen de origen, que se replicará con sus datos deduplicados.

7.2 Requisitos previos y limitaciones

La edición Standard puede gestionar volúmenes de hasta 2 TB y sólo puede replicar un único volumen. La edición Datacenter puede gestionar un número y tamaño ilimitados de volúmenes. La edición Datacenter también puede gestionar clústeres de hasta 64 servidores.

Vale la pena señalar que **el almacenamiento de réplica no es una solución de copia de seguridad**. Si se modifican o eliminan archivos por error en el volumen de origen, también se modificarán o eliminarán en el volumen de destino.

La funcionalidad de réplica de almacenamiento está diseñada para **almacenamiento de uso general**; existen otras soluciones de replicación en Windows Server para Hyper-V y SQL, que se adaptan mejor a las características específicas de este tipo de aplicaciones.

- Se requieren al menos 2 GB de RAM y dos núcleos de CPU para la funcionalidad de replicación de almacenamiento.
- Las réplicas de almacenamiento utilizan los protocolos de red ICMP, SMB (puerto 445), SMB Direct (puerto 5445) y WS-MAN (puerto 5985).
- **El volumen del sistema no se puede replicar**.
- Los discos duros MBR no son compatibles.

- Los volúmenes de datos deben tener el mismo tamaño y el mismo tamaño de unidad de asignación en el origen y el destino de la replicación.
- Los volúmenes de registro deben tener el mismo tamaño y el mismo tamaño de unidad de asignación en el origen y el destino de la replicación.
- Desde Windows Server 2019, los volúmenes NTFS y ReFS se pueden utilizar para la replicación de almacenamiento.
- Los discos de datos pueden utilizar sistemas RAID 1, 5, 10 y 50.
- Los volúmenes de registro deben estar en discos SSD. Microsoft recomienda que sean más rápidos que los discos de datos.
- Todos los servidores que participan en la réplica de almacenamiento deben ser miembros del mismo dominio de Active Directory, para la autenticación y aprobación entre máquinas.

7.3 Implantación de una réplica de almacenamiento

Vamos a crear una réplica de almacenamiento de **servidor a servidor**, con las máquinas STOCK1 y STOCK2 de nuestro trabajo práctico. El servidor STOCK1 será el origen de la réplica y el STOCK2 el destino.

▶ Lo primero que tiene que hacer es crear los volúmenes en ambas máquinas. Añada discos a las máquinas virtuales si es necesario. En el ejemplo, añada dos discos de 200 GB a cada servidor de almacenamiento.

▶ Cree un pool de almacenamiento en cada servidor que utilizará ambos discos y, a continuación, cree dos volúmenes espejo de 100 GB en cada servidor.

Aquí están los volúmenes creados en STOCK2.

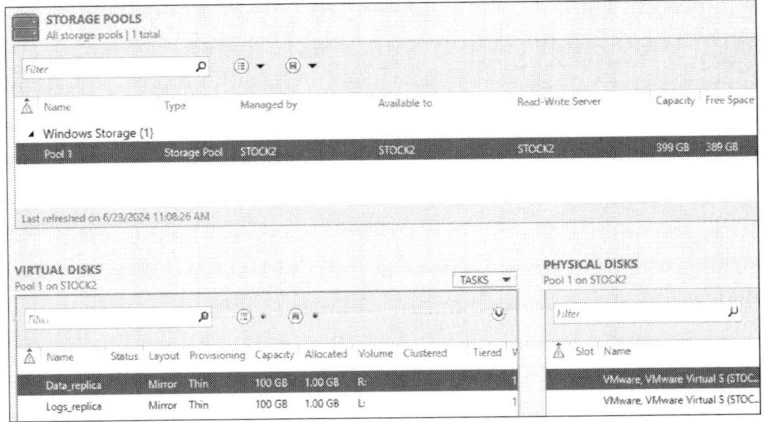

Observación

Para saber cómo crear pools de almacenamiento, consulte Crear un pool y un espacio de almacenamiento.

Una vez creados los volúmenes en ambos servidores, necesitamos instalar los roles y características necesarias en ambos servidores. Haremos esto desde el servidor STOCK1 usando PowerShell.

El primer comando instalará el rol requerido para la réplica de almacenamiento en las dos máquinas STOCK1 y STOCK2, y reiniciará las máquinas. Esto es obligatorio una vez instalada la réplica de almacenamiento.

```
Invoke-Command `
-ComputerName stock1,stock2 `
-ScriptBlock {
Install-WindowsFeature `
-Name Storage-Replica `
-IncludeManagementTools `
-Restart }
```

El segundo comando se utiliza para probar las configuraciones de volumen y la latencia de la red con vistas a configurar la réplica de almacenamiento. Esto se hace utilizando la utilidad de línea de comandos **`Test-SRTopology`**, que está disponible cuando se ha instalado el servicio de rol **File Server Resource Manager**, que es el caso en este trabajo práctico desde la sección Pools de almacenamiento y espacios de almacenamiento de este capítulo.

▶ Escriba el siguiente comando para probar la topología:

```
Test-SRTopology `
-SourceComputerName STOCK1 `
-SourceVolumeName R: `
-SourceLogVolumeName L: `
-DestinationComputerName STOCK2 `
-DestinationVolumeName R: `
-DestinationLogVolumeName L: `
-DurationInMinutes 1 `
-IgnorePerfTests `
-ResultPath c:\
```

Este comando prueba la configuración de servidores y volúmenes y cree un informe en forma de documento HTML. Debería pedirle que ignore las pruebas de rendimiento, ya que lo que queremos probar es la configuración básica.

El informe se creó en la raíz del volumen C:

PerfLogs
Program Files
Program Files (x86)
StorageReports
Users
Windows
TestSrTopologyReport-2024-06-23-11-46-04.html

Podemos ver en el informe que las pruebas fueron concluyentes, con una sola advertencia sobre la cantidad de RAM que es el mínimo requerido para la réplica de almacenamiento.

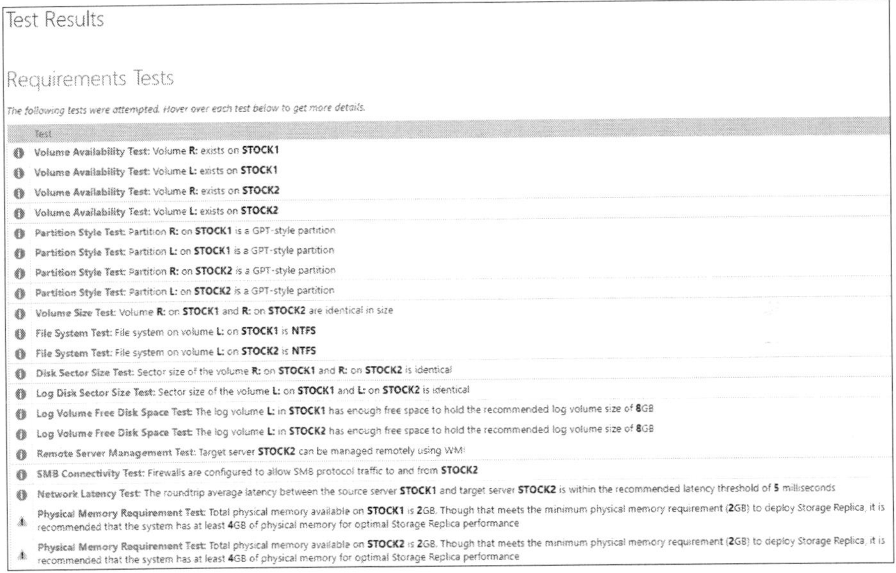

Test Results

Requirements Tests

The following tests were attempted. Hover over each test below to get more details.

Test
Volume Availability Test: Volume **R:** exists on **STOCK1**
Volume Availability Test: Volume **L:** exists on **STOCK1**
Volume Availability Test: Volume **R:** exists on **STOCK2**
Volume Availability Test: Volume **L:** exists on **STOCK2**
Partition Style Test: Partition **R:** on **STOCK1** is a GPT-style partition
Partition Style Test: Partition **L:** on **STOCK1** is a GPT-style partition
Partition Style Test: Partition **R:** on **STOCK2** is a GPT-style partition
Partition Style Test: Partition **L:** on **STOCK2** is a GPT-style partition
Volume Size Test: Volume **R:** on **STOCK1** and **R:** on **STOCK2** are identical in size
File System Test: File system on volume **L:** on **STOCK1** is **NTFS**
File System Test: File system on volume **L:** on **STOCK2** is **NTFS**
Disk Sector Size Test: Sector size of the volume **R:** on **STOCK1** and **R:** on **STOCK2** is identical
Log Disk Sector Size Test: Sector size of the volume **L:** on **STOCK1** and **L:** on **STOCK2** is identical
Log Volume Free Disk Space Test: The log volume **L:** in **STOCK1** has enough free space to hold the recommended log volume size of **8**GB
Log Volume Free Disk Space Test: The log volume **L:** in **STOCK2** has enough free space to hold the recommended log volume size of **8**GB
Remote Server Management Test: Target server **STOCK2** can be managed remotely using WMI
SMB Connectivity Test: Firewalls are configured to allow SMB protocol traffic to and from **STOCK2**
Network Latency Test: The roundtrip average latency between the source server **STOCK1** and target server **STOCK2** is within the recommended latency threshold of **5** milliseconds
Physical Memory Requirement Test: Total physical memory available on **STOCK1** is **2**GB. Though that meets the minimum physical memory requirement (**2**GB) to deploy Storage Replica, it is recommended that the system has at least **4**GB of physical memory for optimal Storage Replica performance
Physical Memory Requirement Test: Total physical memory available on **STOCK2** is **2**GB. Though that meets the minimum physical memory requirement (**2**GB) to deploy Storage Replica, it is recommended that the system has at least **4**GB of physical memory for optimal Storage Replica performance

- Aumente la memoria de ambos servidores a 4 GB de RAM para garantizar que la replicación se ejecuta sin problemas.
- Vaya al comando que implementará la replicación. La replicación se iniciará en cuanto se ejecute el comando.

```
New-SRPartnership `
-SourceComputerName STOCK1 `
-SourceRGName RGstock1 `
-SourceVolumeName R: `
-SourceLogVolumeName L: `
-DestinationComputerName STOCK2 `
-DestinationRGName RGstock2 `
-DestinationVolumeName R: `
-DestinationLogVolumeName L: `
-EnableEncryption
```

Este comando especifica las máquinas de origen y destino y los volúmenes en los dos servidores. Cree los grupos de replicación que contendrán los volúmenes y active el cifrado de los intercambios de replicación.

No hemos especificado un tipo de sincronización, por lo que el valor por defecto será la replicación síncrona. Para utilizar la replicación asíncrona, tendrá que añadir la siguiente opción:

```
-Replication Mode Asynchronous
```

También es posible no iniciar la sincronización inmediatamente, con la opción de comando:

```
-PreventReplication
```

Para iniciar la sincronización posteriormente, utilice el comando:

```
Sync-SRGroup
```

```
Sync-SRGroup `
-computername STOCK1 `
-Name RGstock1
```

Podemos ver que el volumen de datos en el servidor de destino STOCK2 no es accesible, como era de esperar.

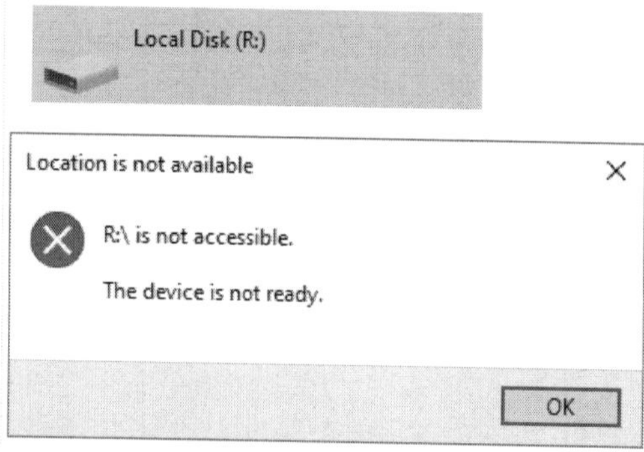

El siguiente comando muestra el estado de replicación y el número de bytes replicados:

```
(Get-SRGroup).Replicas
```

La replicación inicial puede llevar algún tiempo y pasar por varias etapas.

```
CurrentLsn             : 5641
DataVolume             : R:\
IsMounted              :
LastInSyncTime         :
LastKnownPrimaryLsn    : 5641
LastOutOfSyncTime      :
NumOfBytesRecovered    : 327388
NumOfBytesRemaining    : 0
PartitionId            : a0828003-17d8-40ac-b3f3-6853b2f4adfd
PartitionSize          : 107356356608
ReplicaSetId           :
ReplicationMode        : Synchronous
ReplicationStatus      : LogRecordCopyToDestination
PSComputerName         :
```

Podemos ver cómo aumenta el número de bytes replicados y cómo cambia el estado de replicación.

```
CurrentLsn             : 0
DataVolume             : R:\
IsMounted              : False
LastInSyncTime         :
LastKnownPrimaryLsn    : 5641
LastOutOfSyncTime      :
NumOfBytesRecovered    : 23068672
NumOfBytesRemaining    : 12576620544
PartitionId            : ccf8bddd-e462-4e11-9fee-8412f203a4d2
PartitionSize          : 107356356608
ReplicaSetId           : 5104ab45-e176-4042-bd2f-decd3894129e
ReplicationMode        : Synchronous
ReplicationStatus      : InitialBlockCopy
PSComputerName         :
```

También es posible ver los registros de eventos de replicación con el siguiente comando:

```
Get-WinEvent -ProviderName Microsoft-Windows-StorageReplica
```

El resultado es:

```
   ProviderName: Microsoft-Windows-StorageReplica

TimeCreated                      Id LevelDisplayName Message
-----------                      -- ---------------- -------
6/24/2024 3:09:26 AM           1205 Information      Destination started to copy data blocks from the source....
6/24/2024 3:09:26 AM           1200 Information      Preparing destination for synchronization with source....
6/24/2024 3:09:26 AM           5001 Information      Entered preparation state....
6/24/2024 3:09:26 AM           1235 Information      Destination successfully completed checkpoint exchange with
6/24/2024 3:09:26 AM           5015 Information      Successfully established a connection to a partner replica..
6/24/2024 3:09:26 AM           5005 Information      Destination entered stand-by state....
6/24/2024 3:09:26 AM           1237 Information      Block copy is in progress....
```

Una vez completada la replicación inicial, puede invertir la dirección de la replicación con el comando:

```
Set-SRPartnership `
-NewSourceComputerName STOCK2 `
-SourceRGName RGstock2 `
-DestinationComputerName STOCK1 `
-DestinationRGName RGstock1
```

▶ Para detener las réplicas de almacenamiento, utilice el siguiente comando:

```
Get-SRPartnership | Remove-SRPartnership
```

También vamos a hacer limpieza borrando los grupos:

```
Invoke-Command `
-ComputerName stock1,stock2 `
-ScriptBlock { Get-SRGroup | Remove-SRGroup }
```

8. Distributed File System (DFS)

8.1 Introducción a DFS

DFS es una característica de Windows Server que consta de dos servicios de rol File and Storage Services y permite agrupar varios recursos compartidos ubicados en diferentes servidores bajo una única dirección, denominada **espacio de nombres** y garantizar la replicación entre las carpetas compartidas.

El servicio de función DFS Spacename permite agrupar carpetas y DFS Replication garantiza la replicación. Es posible instalar únicamente el servicio de espacio de nombres; la replicación no es obligatoria.

DFS sabe trabajar con Active Directory y se puede configurar para tener en cuenta los sitios de Active Directory, a la hora de gestionar la replicación. La replicación DFS es una replicación a nivel de archivos que no permite replicar archivos en uso.

DFS requiere volúmenes formateados con el sistema de archivos NTFS.

Es posible desplegar estos servicios de rol de varias maneras, pero recomendamos instalar el servicio de espacio de nombres en un controlador de dominio. De este modo, sólo gestionará los espacios de nombres y la replicación DFS se instalará en los servidores que contengan las carpetas compartidas, si decide replicarlas.

También es posible utilizar DFS sin Active Directory, en cuyo caso hablamos de **espacios de nombres autónomos**. Esta es la solución preferida si su empresa no utiliza Active Directory. Sin embargo, **la replicación no será posible, ya que requiere Active Directory** para funcionar.

La replicación se puede configurar sin utilizar un espacio de nombres. Las carpetas compartidas se replicarán, pero no se combinarán en un espacio de nombres ni tendrán una dirección única.

DFS es una función muy utilizada en las empresas y es una buena idea tener una base sólida en ella.

8.2 Principios de funcionamiento

8.2.1 Principios básicos

El servidor de espacios de nombres puede alojar varios espacios de nombres. **Cada espacio de nombres comienza con una raíz**, que es una dirección de red como "\cole.com\reports". Se puede considerar esta raíz como el propio espacio de nombres.

En esta raíz se pueden crear carpetas. Imaginemos que el espacio de nombres contiene informes de varias áreas de la empresa: personal comercial, técnicos y dirección.

Así que vamos a crear carpetas para cada sector, una para comercial, otra para técnicos y otra para dirección.

En cada carpeta, crearemos destinos de carpeta. Se trata de accesos directos que apuntan a recursos compartidos. Estos recursos compartidos se pueden crear antes o cuando se crean los destinos de carpeta.

Cada destino de carpeta puede apuntar a uno o más recursos compartidos, que pueden estar ubicados en diferentes servidores y replicados.

También es posible crear subcarpetas dentro de las carpetas para estructurar la jerarquía de espacios de nombres.

En resumen, un espacio de nombres comienza con una raíz que, a su vez, contiene carpetas. Estas carpetas pueden contener subcarpetas o destinos de carpeta. Estos destinos de carpeta apuntan a recursos compartidos, que pueden estar repartidos entre varios servidores. Un destino de carpeta puede apuntar a varios recursos compartidos, que se replicarán.

La siguiente ilustración muestra un ejemplo de la jerarquía, sin subcarpetas para facilitar la lectura.

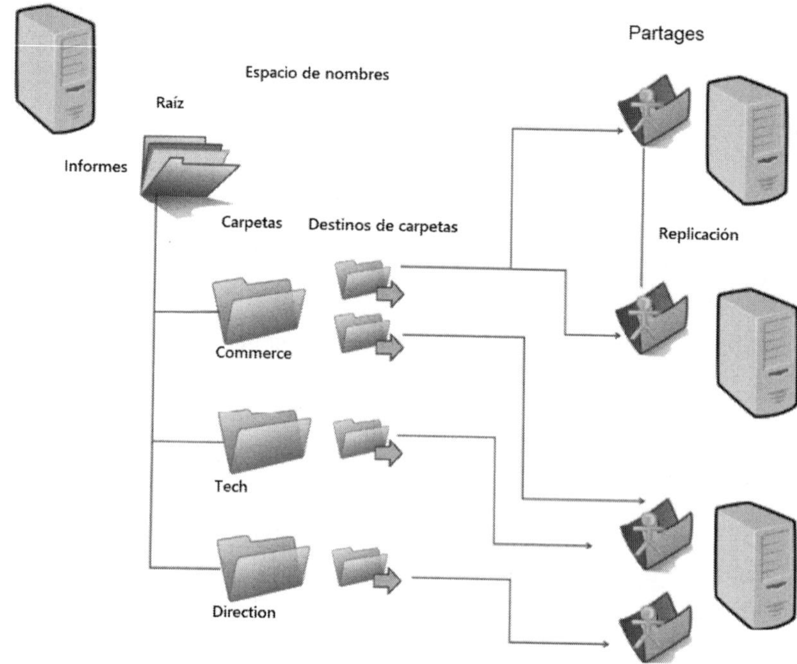

8.2.2 Gestión del espacio de nombres

Las jerarquías de espacios de nombres pueden ser complejas. Las raíces de los espacios de nombres pueden contener hasta 50.000 carpetas con destinos de carpeta y puede haber un máximo de 256 destinos de carpeta por carpeta. Por lo tanto, se requiere una planificación previa meticulosa.

La ruta completa desde el nombre raíz hasta las carpetas y cualquier subcarpeta, tiene un máximo de 260 caracteres, por ejemplo, para una ruta completa del tipo:

\\dc-cole\reports\commerce\subcarpeta\subcarpeta2

Los espacios de nombres pueden implementar una enumeración basada en el acceso, para que los usuarios sólo vean las carpetas del espacio de nombres a las que necesitan acceder.

También es posible establecer el tiempo durante el cual las máquinas cliente almacenarán en caché la información del espacio de nombres.

En el caso de un espacio de nombres incluido en Active Directory, la información relativa a carpetas y destinos de carpetas, así como la configuración del espacio de nombres, se encuentra en la base de datos Active Directory.

Los servidores de espacios de nombres consultarán al servidor que tenga el rol FSMO "emulador PDC" para actualizar la información y cualquier cambio en el espacio de nombres. A continuación, los servidores almacenan en caché esta información para mejorar el rendimiento.

Es posible configurar la forma en que los servidores de espacios de nombres consultan el emulador CDP y la duración de la retención en caché.

Para garantizar la redundancia de los servidores de espacios de nombres, es posible instalar el rol DFS spacename en varios servidores y hacer que gestionen los mismos espacios de nombres.

El nivel de funcionalidad del dominio de Active Directory en el que se instala DFS debe ser Server 2008.

8.2.3 Gestión de la replicación

Como dijimos en la sección anterior, DFS funciona con Active Directory y tiene en cuenta los sitios Active Directory. Un cliente será redirigido al servidor que realmente contiene los recursos compartidos para el mismo sitio que el cliente. Si este servidor no estuviera disponible, entonces el cliente sería redirigido al sitio con el que su sitio tenga el enlace de menor coste. También es posible excluir destinos de carpetas y, por tanto, recursos compartidos que no se encuentren en el mismo sitio.

En cuanto a los recursos compartidos, no se recomienda utilizar varios servidores que alojen recursos compartidos en el mismo sitio Active Directory, con replicación entre ellos. Esto puede dar lugar a conflictos de sincronización, redirigiendo a los usuarios a uno u otro de los recursos compartidos sincronizados aleatoriamente.

La replicación DFS puede utilizar varias topologías. La topología *full mesh* o de **malla completa** es una topología en la que todos replican a todos los demás, y es la configuración más común.

Otra topología de replicación posible es la **recopilación de datos**, en la que varios recursos compartidos se replican en un único recurso compartido central. Este escenario se puede utilizar para recopilar datos de varias sucursales en un servidor de la oficina central. En este caso, no hay replicación entre las carpetas que transmiten sus datos a la carpeta central.

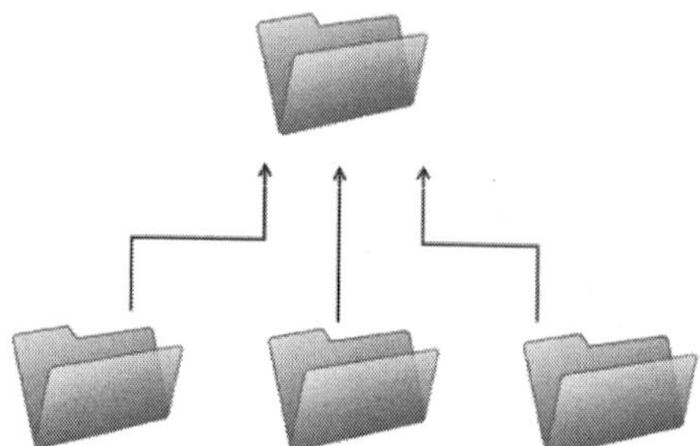

También es posible crear una topología de replicación completamente personalizada. **Por tanto, la replicación puede proporcionar redundancia de datos, pero en ningún caso constituye una copia de seguridad.**

DFS utiliza *Remote Differential Compression* (RDC) para replicar sólo los cambios en los datos y comprimirlos para aumentar la eficiencia de la replicación.

Tenga en cuenta que Windows Server utiliza la replicación DFS para replicar la carpeta SYSVOL, entre los controladores de dominio.

Con múltiples recursos compartidos en los que los usuarios escriben datos al mismo tiempo, sería posible crear conflictos. La replicación DFS utiliza dos mecanismos para evitar estos conflictos:

- La última escritura tiene prioridad: si dos personas modifican un archivo al mismo tiempo, se conservarán los cambios más recientes.
- Tiene prioridad la creación del archivo más antiguo: si dos usuarios crean un archivo con el mismo nombre, se conservará el más antiguo.

8.3 Instalación y configuración de DFS

Para poner en práctica DFS, vamos a instalar el servicio de rol de espacio de nombres en el controlador de dominio de nuestro trabajo práctico, DC-cole, y el rol de replicación DFS en los servidores STOCK1 y STOCK2.

A continuación, añadiremos el servicio de roles de espacio de nombres en STOCK1 para garantizar la redundancia. Vamos a crear un espacio de nombres integrado con Active Directory.

Los recursos compartidos se crearán en la raíz de los volúmenes C: de STOCK1 y STOCK2, para no interferir con las múltiples configuraciones que ya hemos realizado en estos dos servidores. Obviamente, en una empresa los habríamos creado en pools de almacenamiento con paridad.

Vamos a crear los siguientes recursos compartidos en los dos servidores de almacenamiento, con permisos de modificación para los usuarios del dominio:

- Reports_comerciales
- Reports_tecnicos
- Reports_direccion

▶ Instale el servicio de rol de espacio de nombres DFS en el controlador de dominio DC-cole.

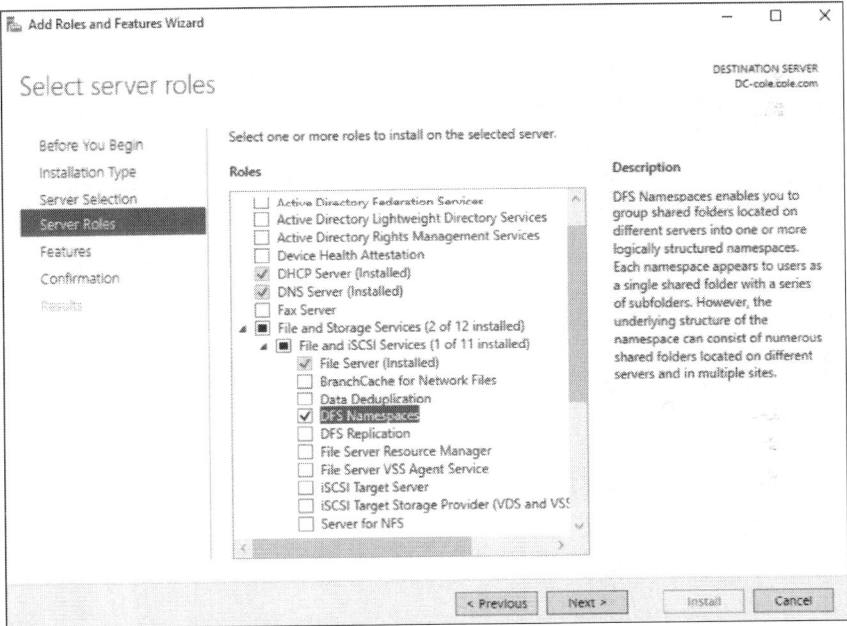

8.3.1 Creación del espacio de nombres

▶ Para crear el espacio de nombres, vaya a **Server Manager - Tools - DFS Management**.

▶ En la consola que se abre, haga clic en **New Namespace** en la columna de la derecha.

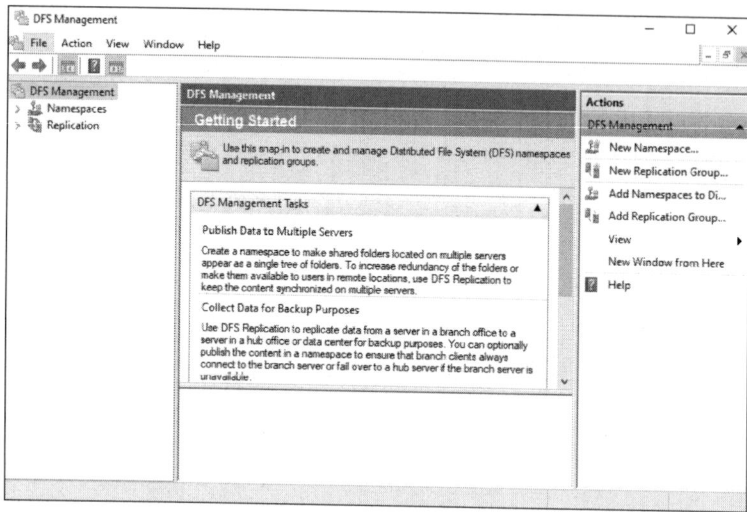

▶ La primera ventana del asistente pregunta por el nombre del servidor que alojará el espacio de nombres. Introduzca el nombre del controlador de dominio.

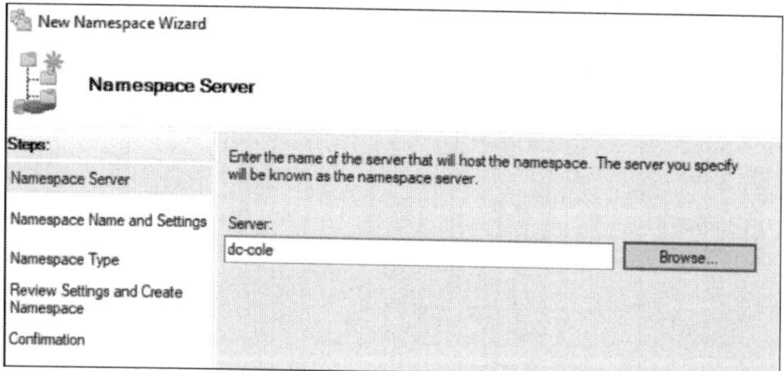

- A continuación, el asistente le pedirá el nombre del espacio de nombres. Introduzca el nombre reports. Esta será la raíz del espacio de nombres. El sistema creará una carpeta compartida para alojar el espacio de nombres, que puede configurar. Aquí, deje la configuración por defecto.

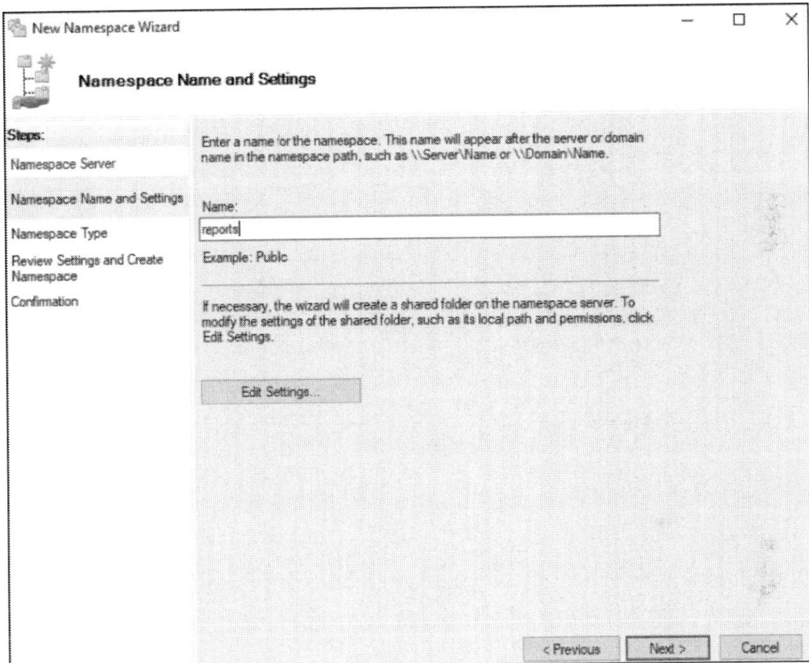

- A continuación, el asistente le preguntará si desea crear un espacio de nombres integrado en Active Directory o un espacio de nombres independiente. Elija un espacio de nombres basado en Active Directory en modo Server 2008.

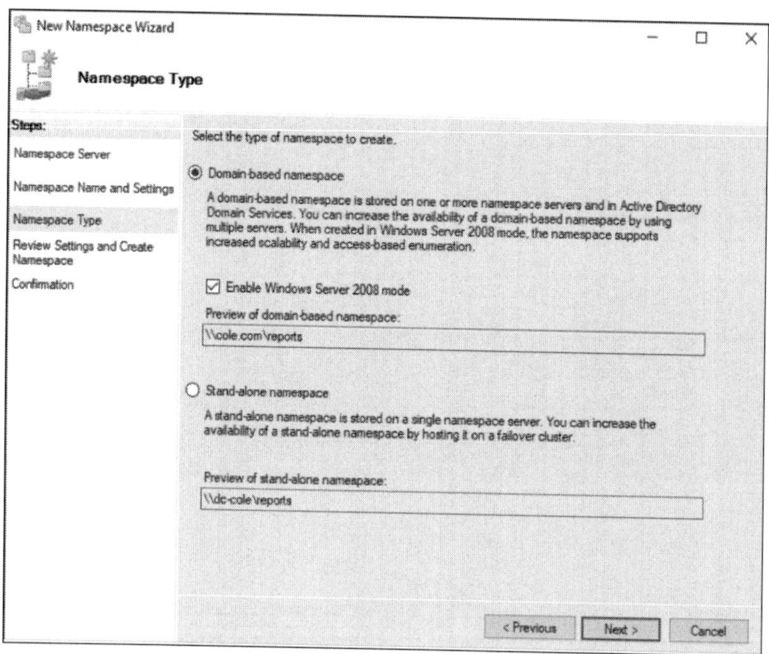

▶ A continuación, aparece la pantalla de resumen y validación. Haga clic en **Create**. Una vez hecho esto, el espacio de nombres aparece en la consola de gestión DFS.

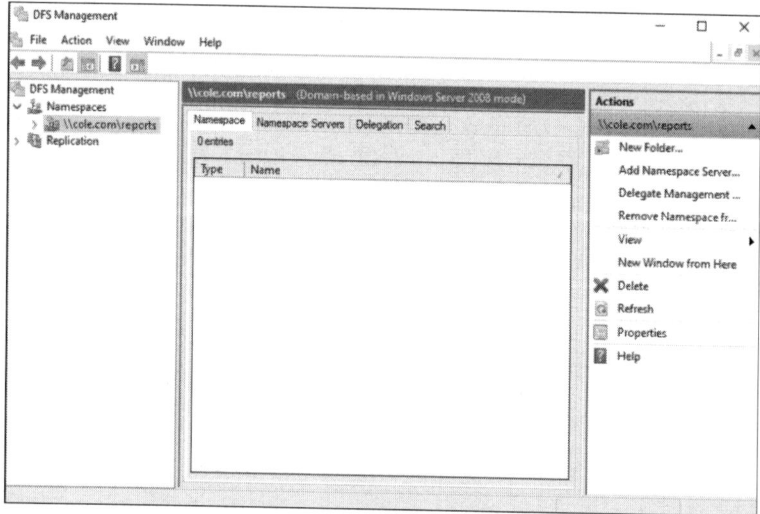

▶Ahora añada carpetas. Haga clic con el botón derecho del ratón en el espacio de nombres y seleccione **New Folder** en el menú desplegable.

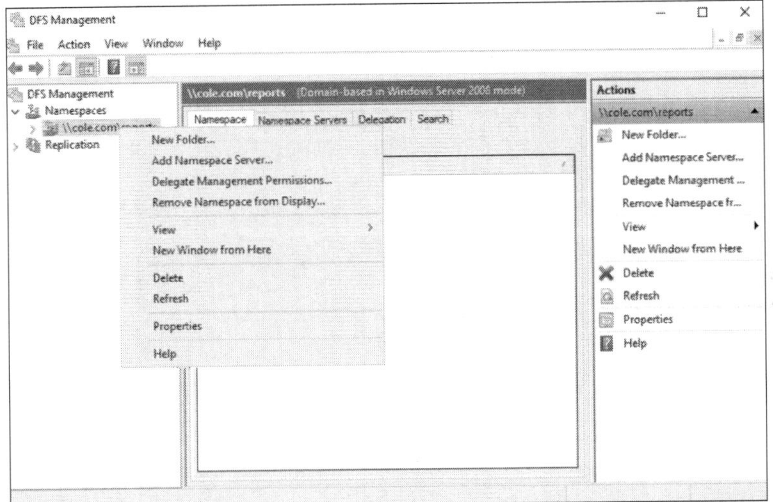

▶En la nueva ventana, introduzca el nombre de la carpeta y haga clic en **Add** para crear los destinos de la carpeta.

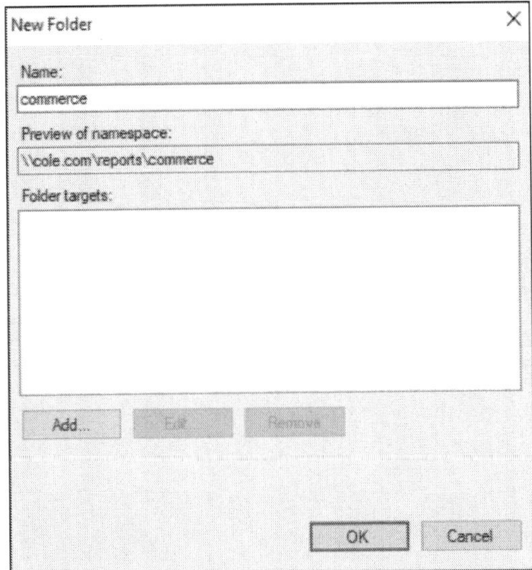

- A continuación, puede introducir a mano la ruta a un recurso compartido, pero haga clic en **Browse** en nuestro caso.

- Por defecto, la ventana muestra los recursos compartidos de la máquina en la que se encuentra, es decir, DC-cole. Introduzca el nombre del servidor **STOCK1** y haga clic en **Show Shared Folders**. Seleccione el recurso compartido de los comerciales y valide.

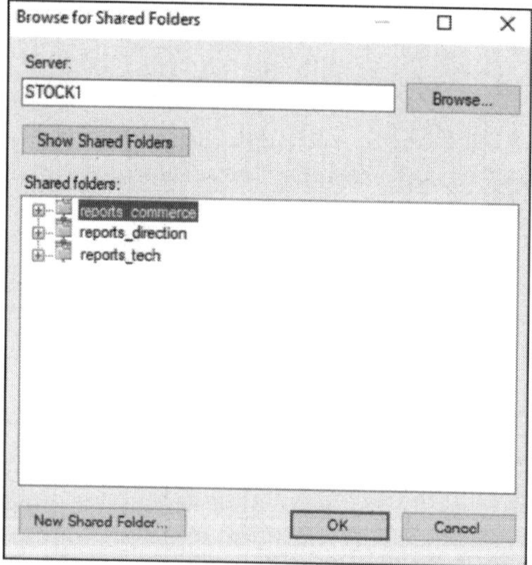

- Tras una segunda validación, volverá a la página de selección de recursos compartidos, haga clic de nuevo en **Add**. Ahora debe añadir el recurso compartido de los comerciales situado en **STOCK2**.

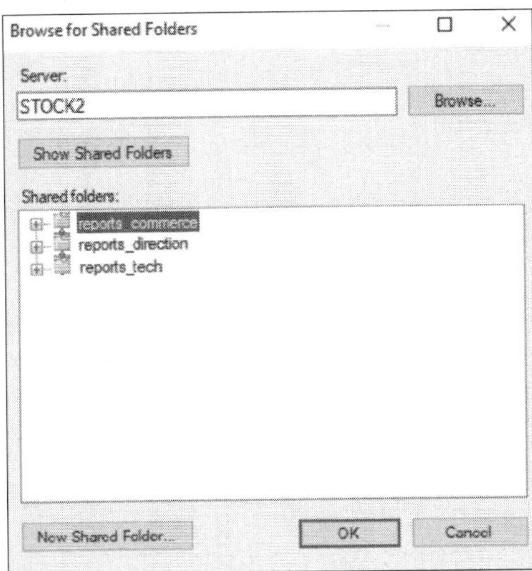

▶ Después de confirmar, puede ver los dos recursos compartidos añadidos a la carpeta. Haga clic en **OK.**

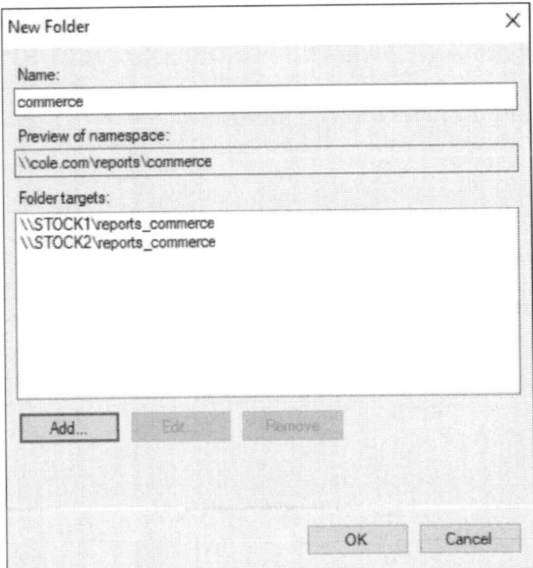

- A continuación, el sistema le preguntará si desea configurar la replicación entre los dos recursos compartidos. Rechace, ya que necesitará hacerlo más adelante para comprender mejor ciertos conceptos. Haga clic en **No**.

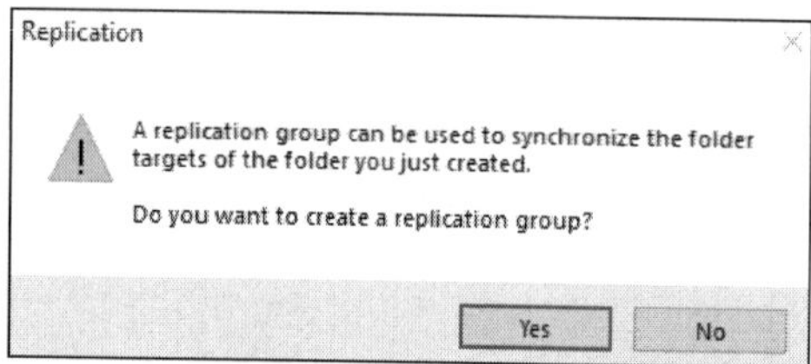

A continuación, se crean la carpeta y sus carpetas de destino, como se puede ver en la consola.

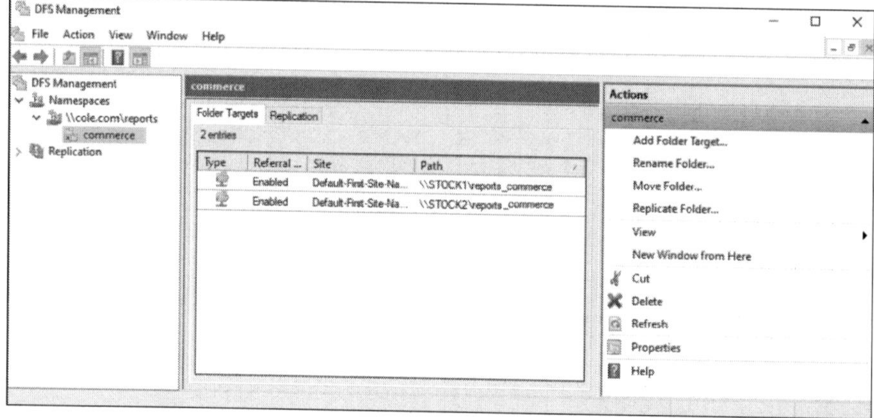

- Repita la operación para las carpetas de técnicos y dirección. Cree las dos nuevas carpetas y añada los recursos compartidos correspondientes. Se le preguntará si desea configurar la replicación, así que diga no cada vez. Cuando termine, debería tener las tres carpetas con destinos de carpeta en los dos recursos compartidos correspondientes.

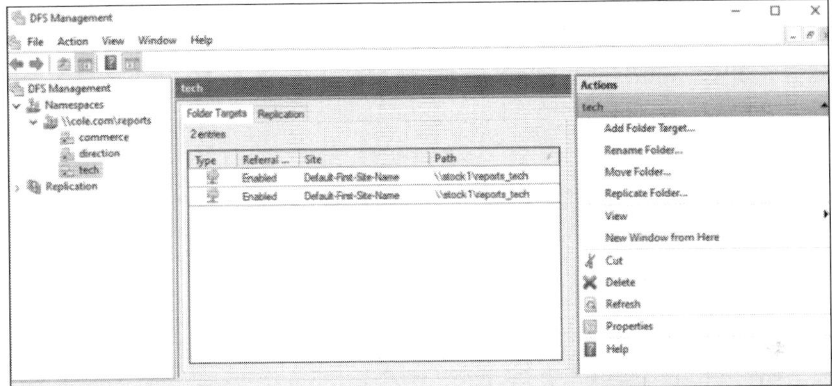

El espacio de nombres ya está en marcha, ahora tenemos que configurar la replicación.

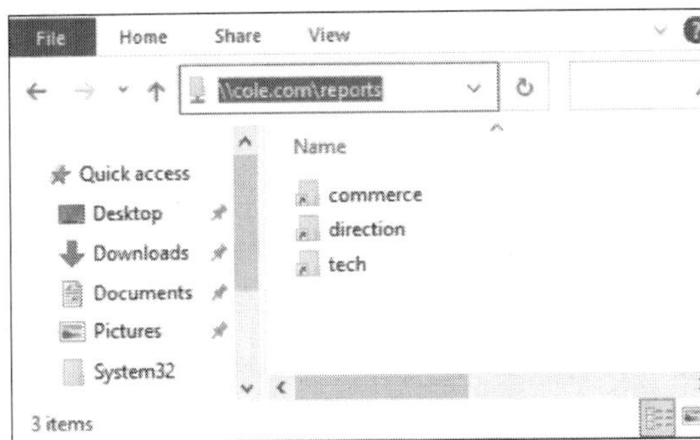

8.3.2 Configuración de la replicación

Comenzaremos instalando el servicio de rol DFS Replication en los servidores STOCK1 y STOCK2.

Para ello, vamos a utilizar PowerShell para instalar la replicación en ambos servidores al mismo tiempo.

▶ Escriba este comando desde el controlador de dominio:

```
Invoke-Command `
-ComputerName stock1,stock2 `
-ScriptBlock {
Install-WindowsFeature `
-Name FS-DFS-Replication `
-IncludeManagementTools
}
```

- Vuelva a la consola de administración de DFS en el controlador de dominio y seleccione el propio servicio en la parte superior de la columna de la derecha. A continuación, en la columna de la derecha, haga clic en **New Replication Group**.

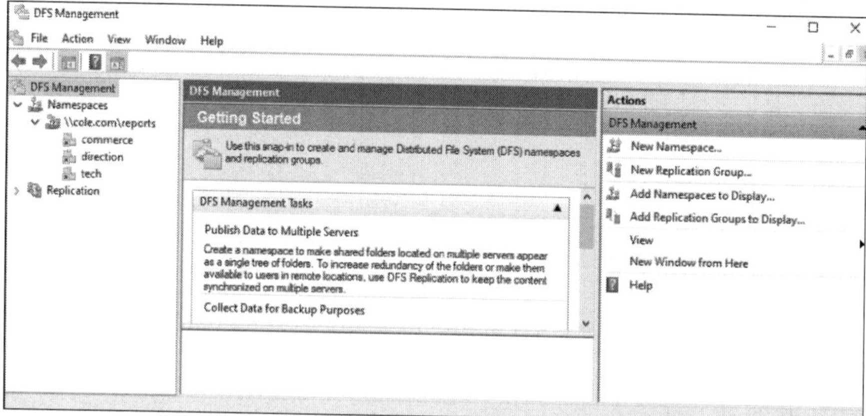

- En la primera ventana del asistente, seleccione **Multipurpose replication group**.

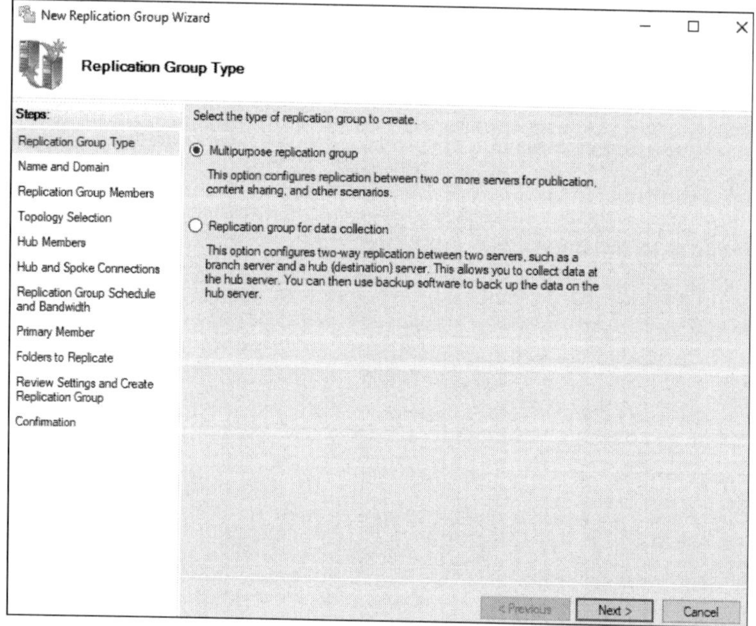

A continuación, debe asignar un nombre al grupo de replicación.

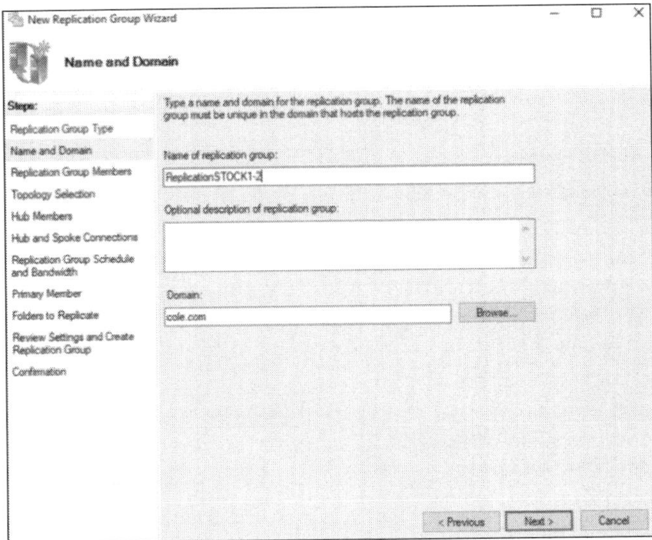

▶A continuación, el asistente pregunta qué servidores formarán parte del grupo de replicación. Haga clic en **Add**.

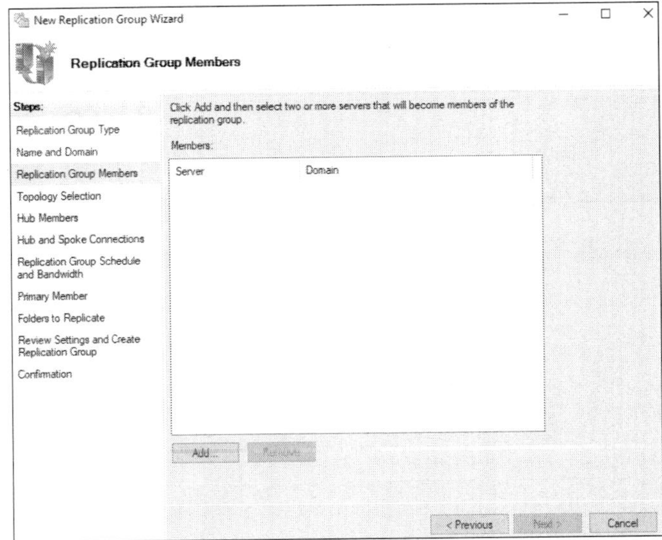

▶ Introduzca los nombres de los dos servidores. A continuación, el sistema comprobará cada servidor, lo que puede tardar unos minutos.

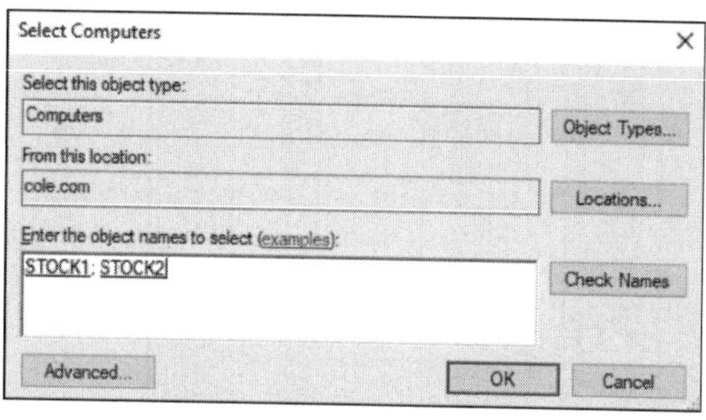

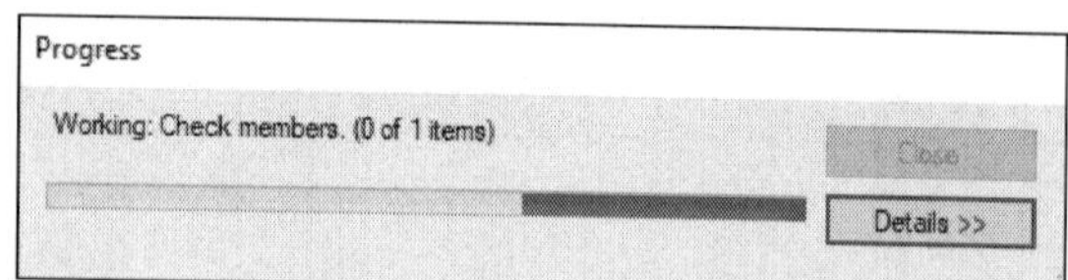

▶ Una vez completadas las comprobaciones, los dos servidores se añaden a la lista de miembros del grupo de replicación. Haga clic en **Next**.

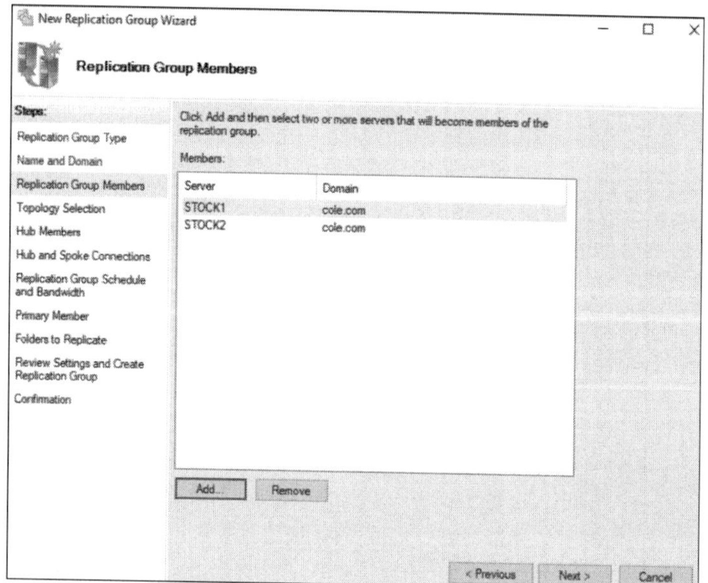

A continuación, se le preguntará qué topología de replicación desea utilizar:

- **Hub and spoke** está diseñada para recopilar datos. Está desactivada porque requiere al menos tres servidores en el grupo de replicación.
- **Full mesh** es la topología en la que todos los servidores se replican entre sí.
- **No topology** sólo se debe seleccionar si desea crear una topología personalizada más adelante.

▶ Seleccione la topología **Full mesh**.

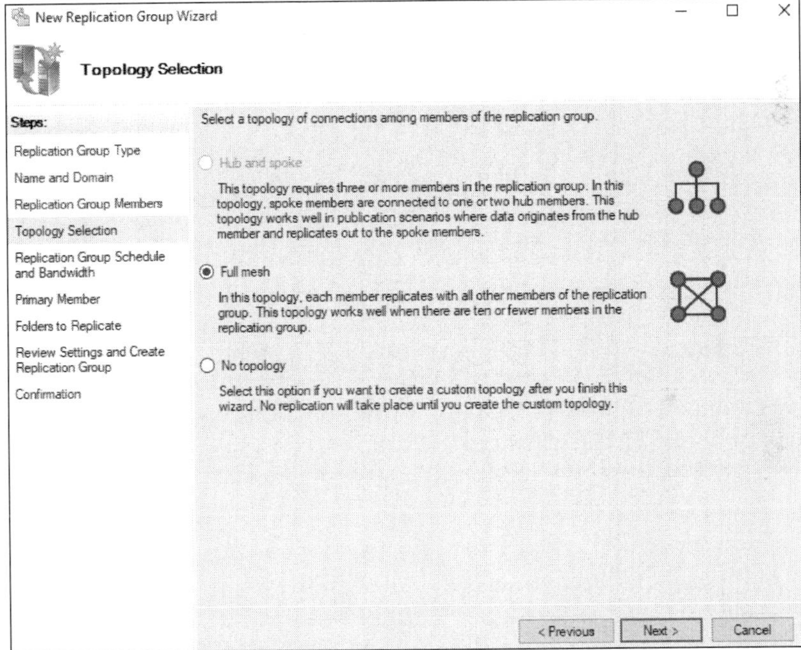

La siguiente ventana permite elegir entre una replicación de 24 horas estableciendo el ancho de banda asignado o definir un calendario de replicación.

La replicación de 24 horas se debería reservar para infraestructuras con muy buen rendimiento de red, ya que replicar miles de archivos puede ser muy exigente en términos de recursos.

▶ Seleccione **Replicate during the specified days and times** y haga clic en **Edit Schedule**.

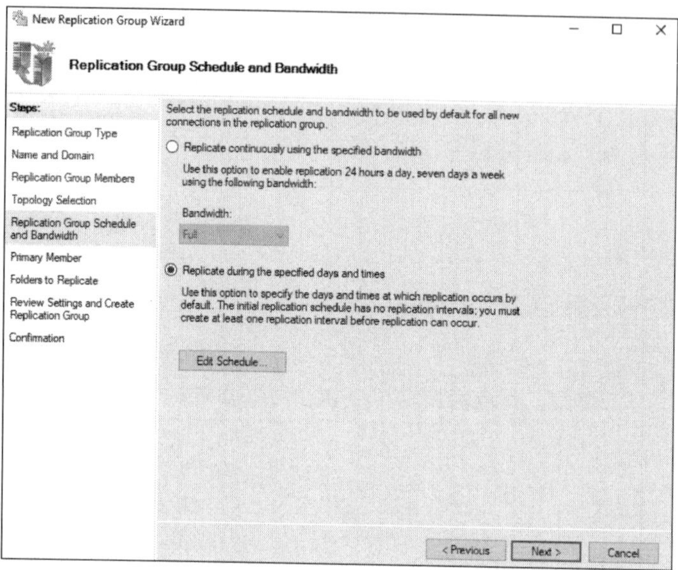

▶ En la ventana que se abre, seleccione una asignación de ancho de banda diferente para cada día y hora. En nuestro ejemplo, hemos seleccionado un ancho de banda completo fuera de las horas de trabajo y 128 Mb/s durante las horas de trabajo.

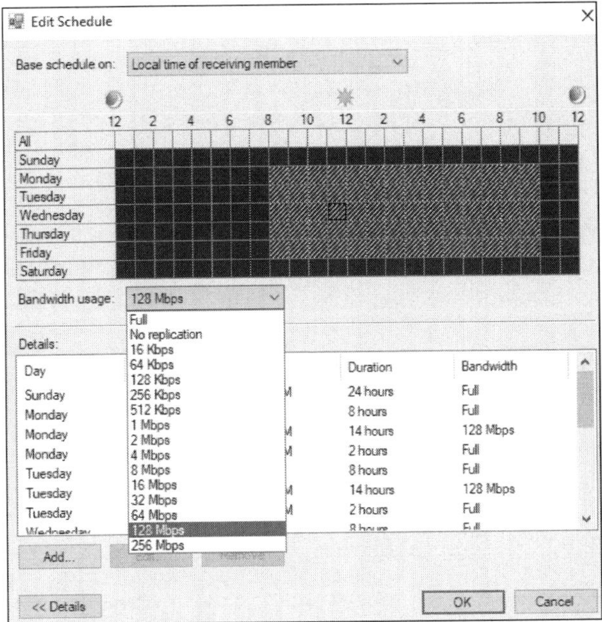

A continuación, debe elegir el servidor principal para la replicación. Aquí es donde comenzará la replicación inicial y su contenido será la autoridad para esta primera replicación en caso de conflicto.

- Especifique **STOCK1** como servidor principal. Una vez más, el sistema realizará comprobaciones que pueden tardar algún tiempo.

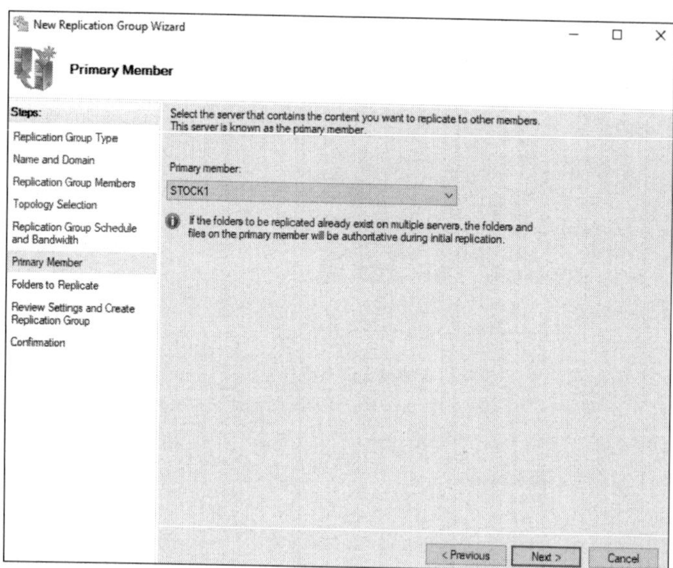

- A continuación, se le pedirá que seleccione las carpetas que desea replicar desde el servidor principal a los demás servidores del grupo de replicación. Haga clic en **Add**.

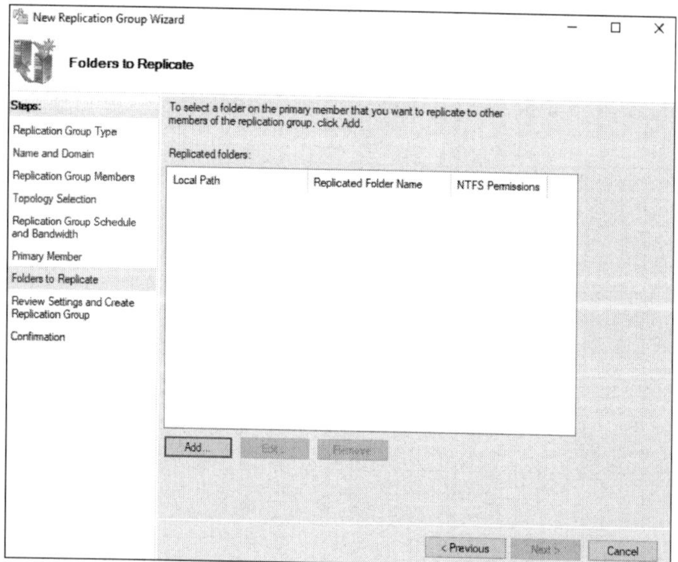

Se abrirá una ventana para seleccionar las carpetas, haga clic en **Browse**.

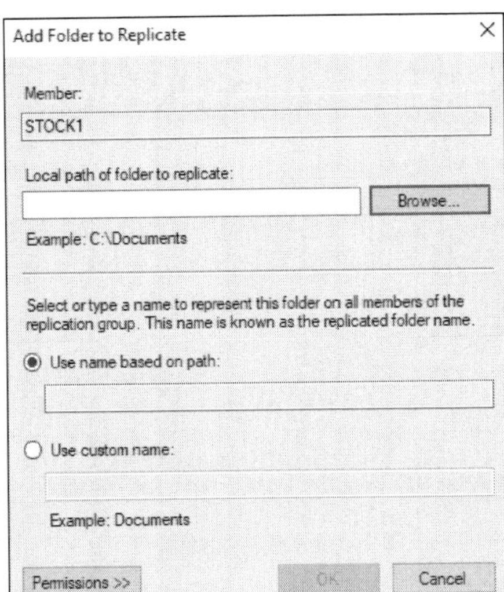

Seleccione uno a uno los tres recursos compartidos que se deben replicar en la topología.

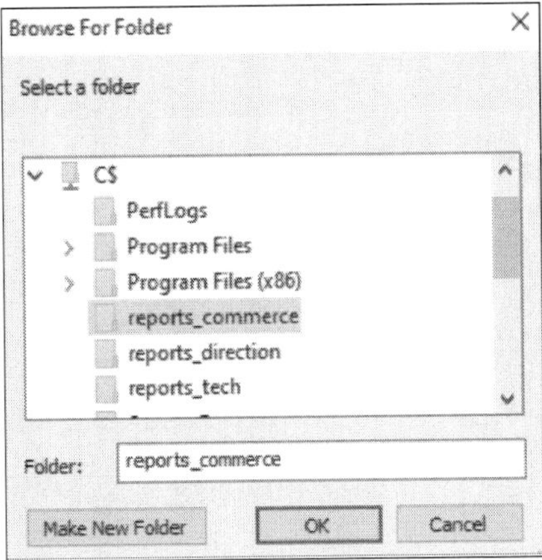

Observación

Tenga en cuenta que en la ventana de selección de carpetas, el botón ***Permissions*** *permite personalizar los permisos NTFS. Los permisos establecidos aquí serán los de la carpeta de destino y tendrán prioridad sobre la configuración de seguridad de la propia carpeta.*

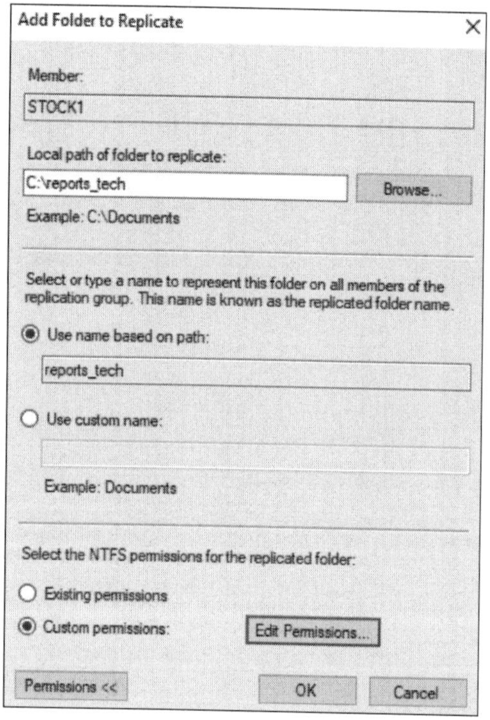

Add Folder to Replicate
Member:
STOCK1
Local path of folder to replicate:
C:\reports_tech
Browse...
Example: C:\Documents
Select or type a name to represent this folder on all members of the replication group. This name is known as the replicated folder name.
Use name based on path:
reports_tech
Use custom name:
Example: Documents
Select the NTFS permissions for the replicated folder:
Existing permissions
Custom permissions:
Edit Permissions...
Permissions <<
OK
Cancel

▶Una vez añadidas las carpetas y personalizados los permisos, haga clic en **Next**.

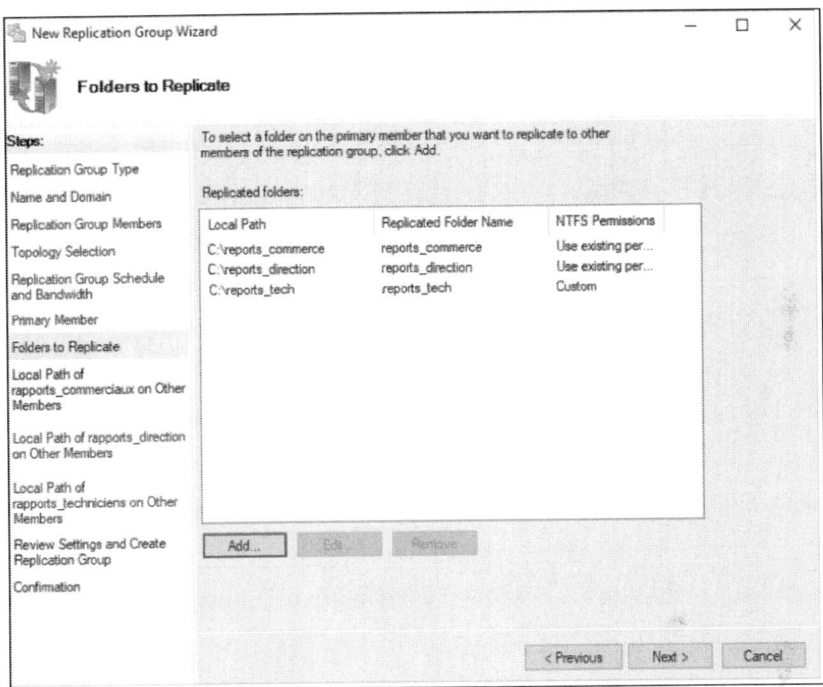

Posteriormente, tenemos que activar la replicación en el segundo servidor, STOCK2, y seleccionar las carpetas a replicar. Esto se hará para las tres carpetas a replicar. El sistema solicitará primero la carpeta de comerciales, después la carpeta de dirección y, por último, la carpeta de técnicos.

▶Seleccione STOCK2 y haga clic en **Edit**.

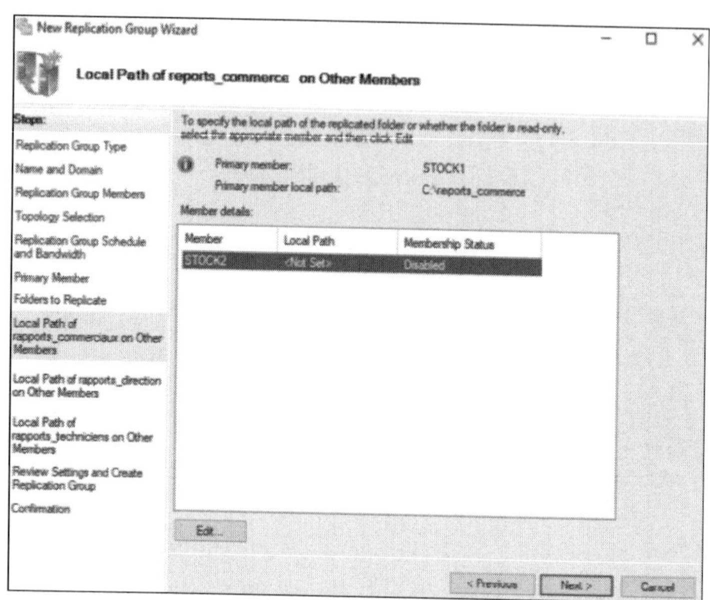

▶ Active la replicación y especifique la ruta local a la carpeta de comerciales en STOCK2.

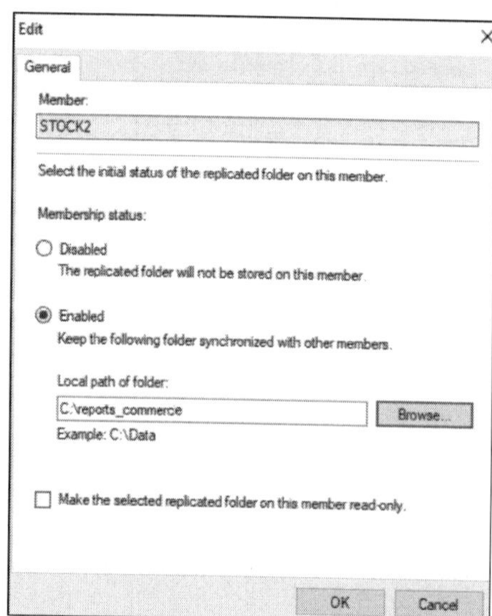

▶Haga clic en **Next** y repita el procedimiento para las carpetas de gestión y de técnicos. Cada vez el asistente indica la carpeta correspondiente en el otro servidor, STOCK1.

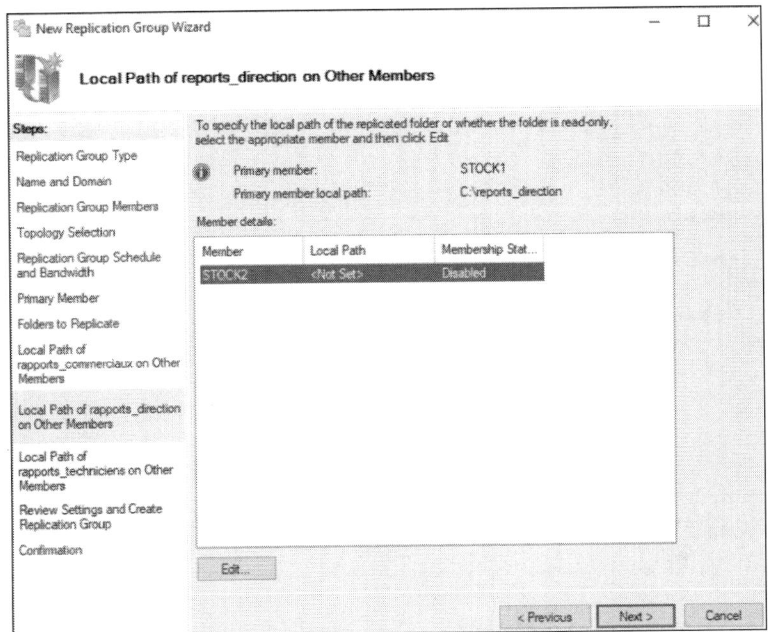

▶Una vez añadidas las tres carpetas con la replicación activada en el segundo servidor, se mostrará una ventana de resumen para comprobar la correspondencia entre las carpetas de los dos servidores. Haga clic en **Create**.

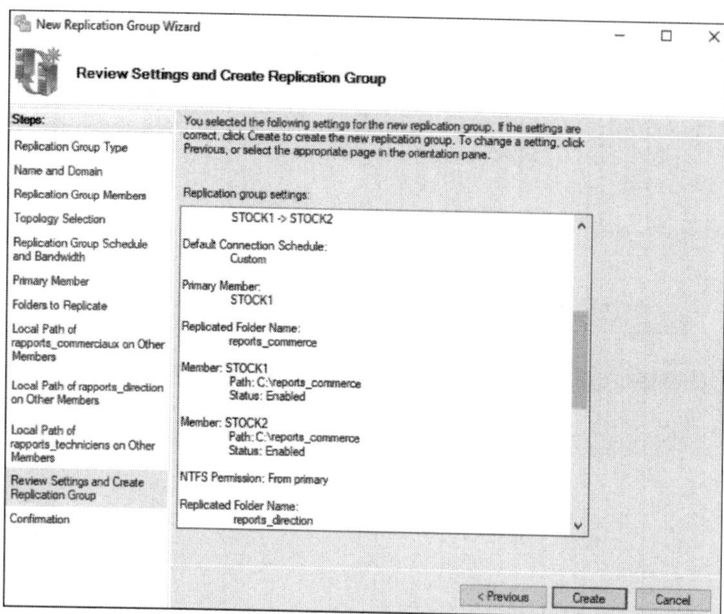

A continuación, el sistema indica que la operación se ha realizado correctamente.

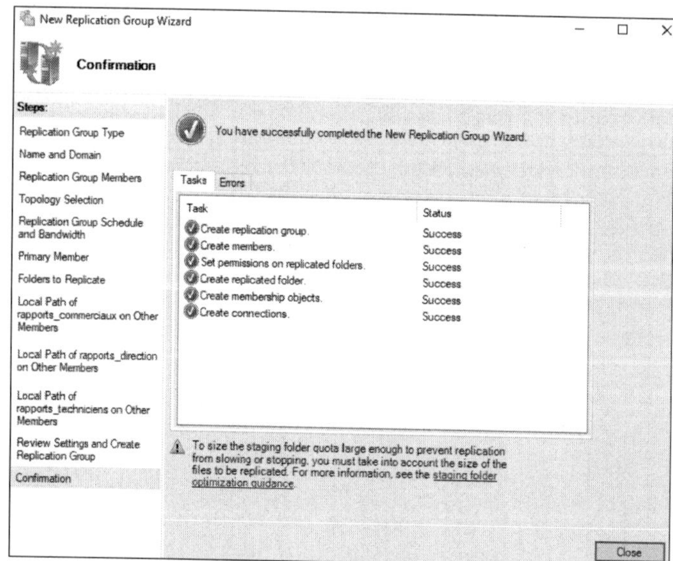

Un mensaje final advierte de que la replicación inicial puede llevar algún tiempo.

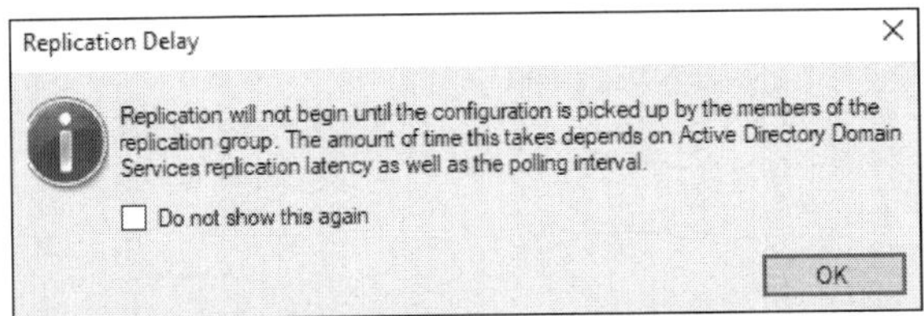

Puede ver la configuración que acaba de realizar en la consola de gestión DFS.

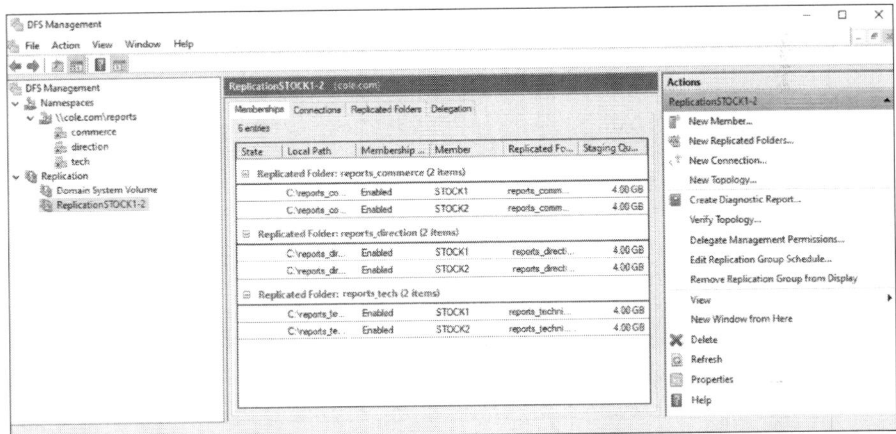

Si va a la pestaña **Replicated Folders**, puede ver que las carpetas aún no se han publicado porque la replicación todavía está en curso. Se publicarán al cabo de unos minutos.

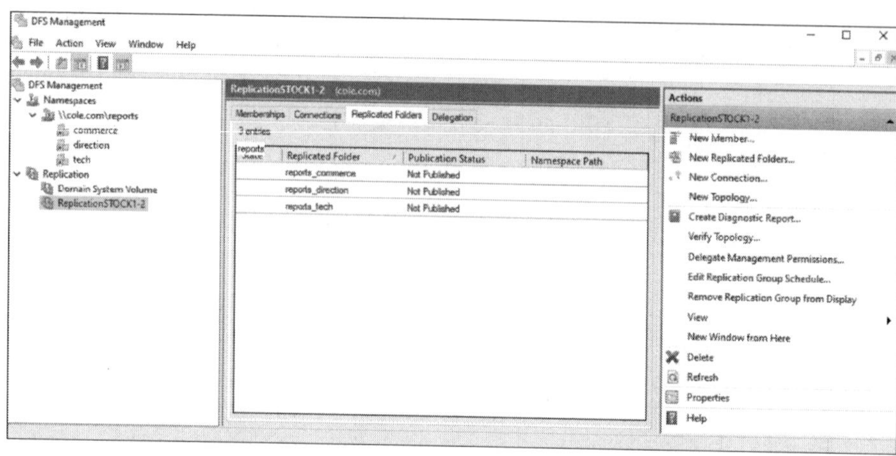

8.3.3 Pruebas de replicación

Para probar la replicación, vamos a poner archivos con nombres bastante explícitos en cada una de las carpetas replicadas, en ambos servidores.

Cuando entramos en una de las carpetas del espacio de nombres, encontramos los archivos presentes en ambos servidores. Esto no significa que la replicación esté funcionando; es la funcionalidad del espacio de nombres la que está trabajando.

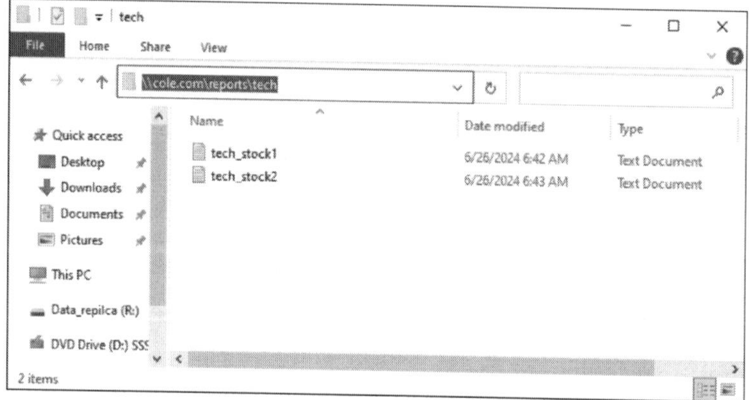

Para asegurarse de que la replicación funciona, compruébelo localmente en una de las carpetas replicadas:

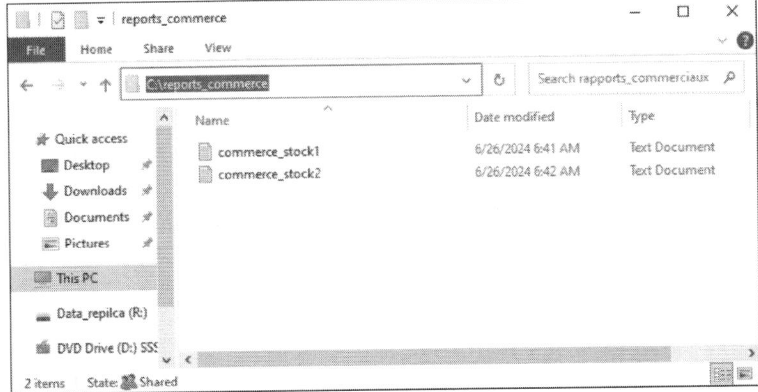

Es posible forzar la replicación inmediata desde la consola, yendo a la pestaña **Connections** y haciendo clic con el botón derecho del ratón en el servidor desde el que se desea lanzar la replicación, y seleccionando **Replicate Now**.

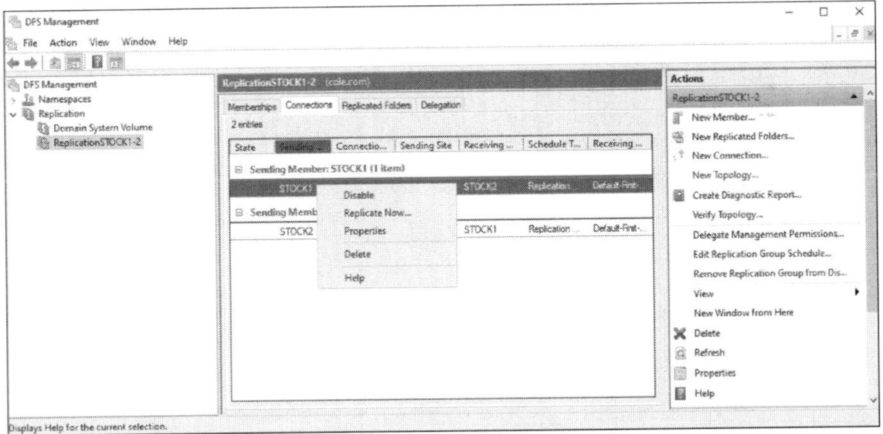

8.4 Redundancia de servidores de espacio de nombres

En la configuración de nuestro trabajo práctico, en esta fase, hay un único punto de fallo: el servidor de espacio de nombres. Si este servidor, en este caso DC-cole, es inalcanzable por una razón u otra, entonces los espacios de nombres ya no funcionan.

Por tanto, es necesario añadir un segundo servidor de espacios de nombres a la topología, para garantizar una alta disponibilidad del servicio.

Añadir un servidor de espacio de nombres

En nuestro trabajo práctico, vamos a añadir el rol de servidor de espacio de nombres a STOCK1 para evitar tener que reinstalar un servidor. Lo importante aquí es aprender a redundar servidores de espacio de nombres. Desde un punto de vista puramente técnico, no hay nada que le impida instalar los dos roles DFS en la misma máquina.

Vamos a instalar el servicio de rol de servidor de espacio de nombres DFS en STOCK1, utilizando PowerShell:

```
Install-WindowsFeature `
-Name FS-DFS-Namespace `
-IncludeManagementTools
```

▶ Vaya a la consola de administración DFS, desde STOCK1. Cuando esté en los espacios de nombres, la consola estará vacía porque el nuevo servidor de espacios de nombres aún no está conectado a la infraestructura DFS.

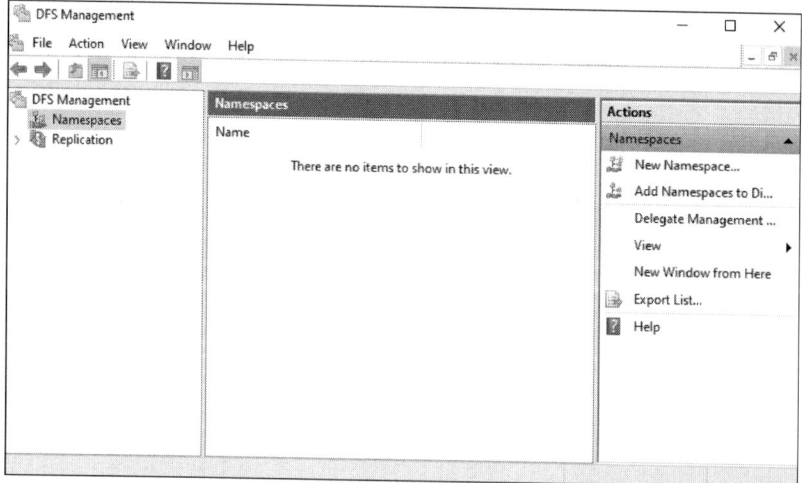

▶Haga clic en **Add Namespaces to Display** en la columna derecha de la consola. El sistema ya ha encontrado el dominio y el espacio de nombres, por lo que debe seleccionarlo antes de confirmar.

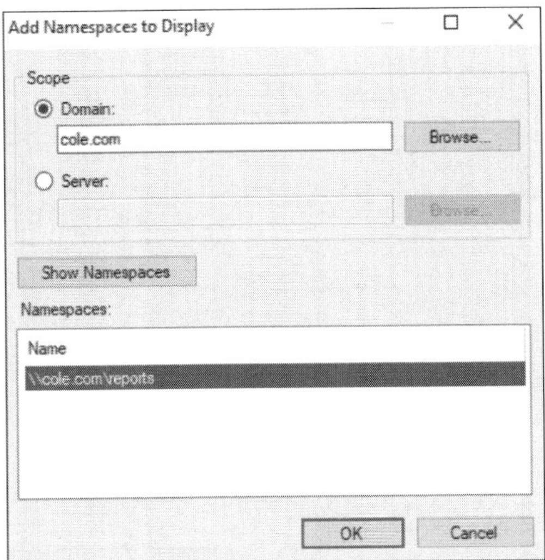

▶El espacio de nombres aparece ahora en la consola, pero aún es necesario añadir este nuevo servidor a la infraestructura DFS. Seleccione el espacio de nombres y haga clic en **Add Namespace Server** en la columna de la derecha.

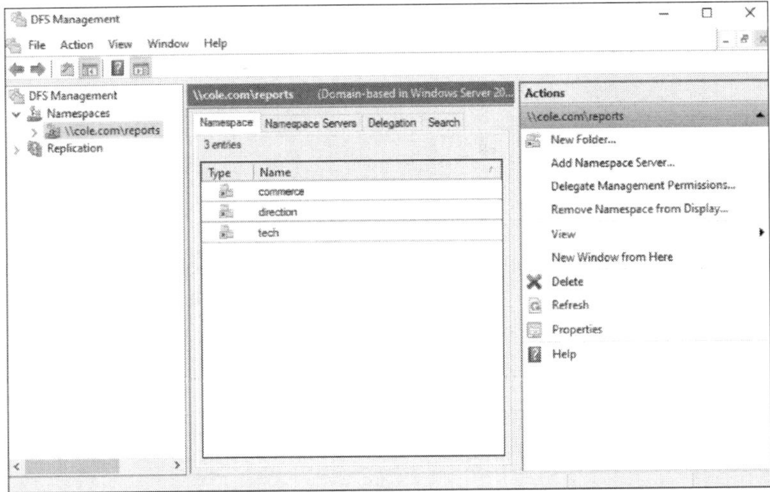

▶ Especifique el nombre del nuevo servidor de espacios de nombres y confirme.

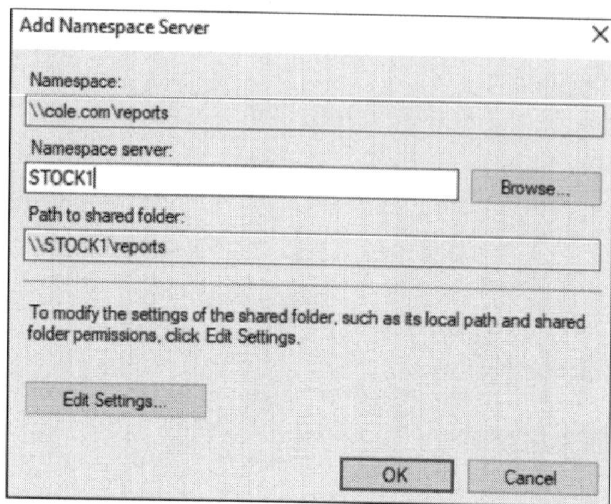

Si va a la pestaña de servidores de espacios de nombres en la consola, puede ver que se ha añadido el servidor para el espacio de nombres de **reports**.

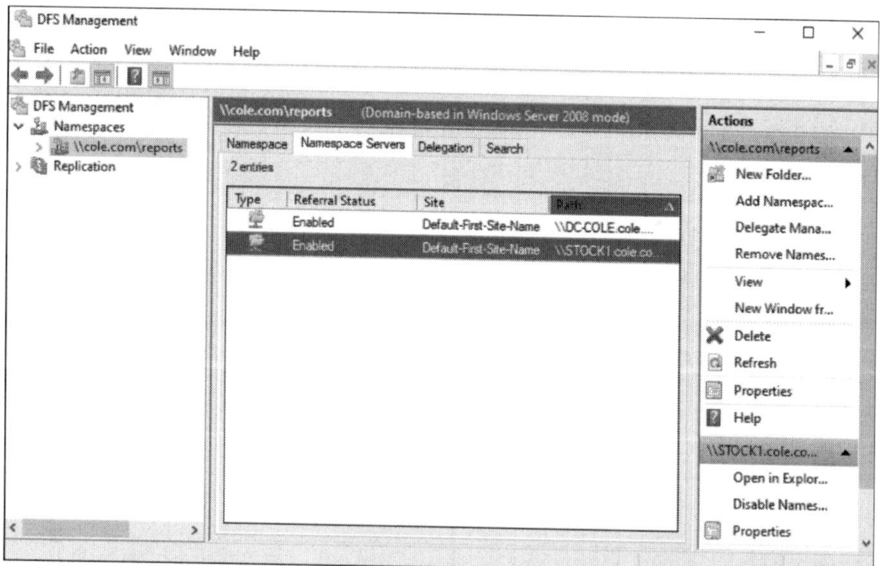

8.5 Ajustes adicionales

8.5.1 Gestión de referencias y sitios Active Directory

Una referencia es **una lista de servidores de espacios de nombres** que el controlador de dominio o el servidor de nombres autónomo, envía a los clientes. Los equipos cliente intentarán conectarse al servidor que figura en primer lugar en la lista; si no está disponible, los clientes intentarán acceder al segundo servidor de espacios de nombres de la lista, y así sucesivamente. Cada espacio de nombres tiene una referencia, con la lista de servidores que lo gestionan.

8.5.2 Eliminar un servidor de espacio de nombres de la referencia

Para eliminar un servidor de espacio de nombres de la referencia enviada a los clientes, por ejemplo, en caso de mantenimiento del servidor o problemas de red, debe ir a la consola DFS y seleccionar el espacio de nombres que desea afectar.

A continuación, vaya a la pestaña **Namespace Servers** y haga clic con el botón derecho del ratón en el servidor que desea desactivar y seleccione **Disable Namespace Server**.

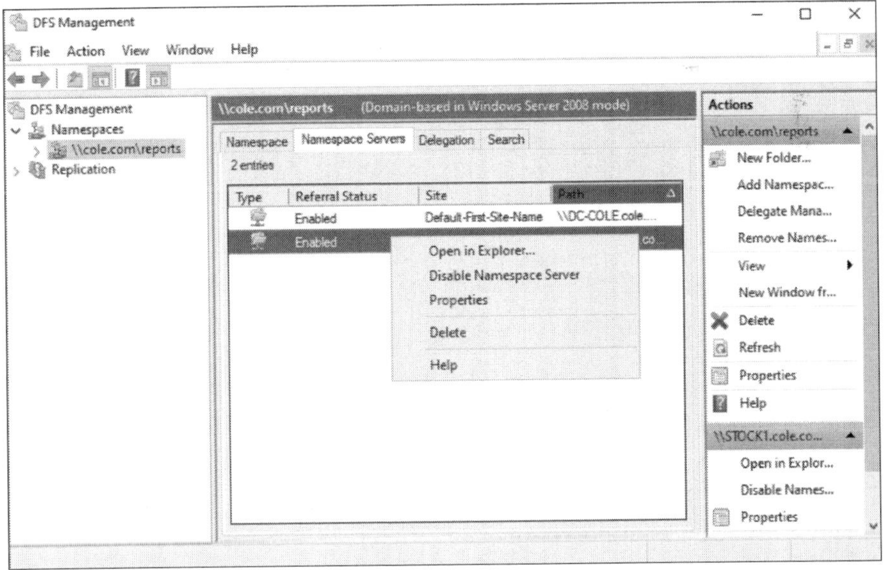

8.5.3 Cambiar la ubicación de un servidor en la referencia

También podemos cambiar el lugar de un servidor de espacio de nombres en el orden de referencia.

En la lista de servidores que figura en la referencia enviada a los clientes, los servidores de espacios de nombres situados en el mismo sitio que el cliente ocupan el primer lugar de la lista.

- Seleccione el espacio de nombres y vaya a la pestaña **Namespace Servers**. A continuación, haga clic con el botón derecho del ratón en el servidor. En el menú desplegable, seleccione **Properties**.
- En las propiedades del servidor, vaya a la pestaña **Advanced** y marque la casilla **Override referral ordening**. A continuación, puede optar por colocar el servidor en primer lugar en la referencia o en último lugar. Las mismas opciones están disponibles para las máquinas que tienen el mismo coste de enlace entre sitios de Active Directory.

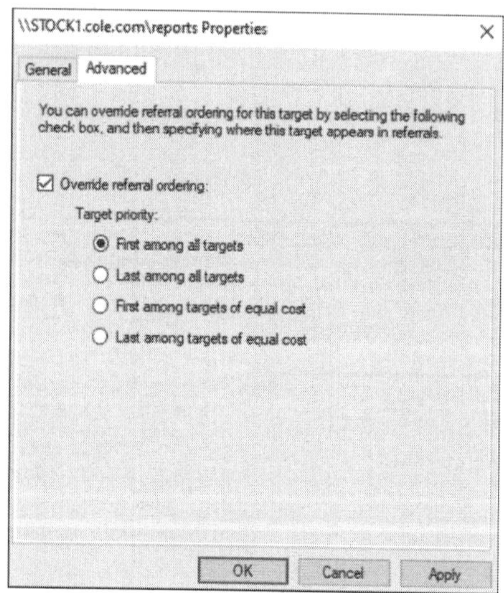

8.5.4 Gestión de sitios Active Directory

Es posible configurar la forma en que los clientes llegan a los servidores ubicados en otros sitios Active Directory.

- Haga clic con el botón derecho del ratón en el espacio de nombres y seleccione **Properties** en el menú desplegable. A continuación, vaya a la pestaña **References**.

El primer ajuste se utiliza para configurar el tiempo que los clientes mantendrán la referencia en caché, antes de volver a solicitarla al servidor.

El segundo ajuste permite seleccionar cómo se unirán los clientes a los servidores de espacio de nombres, ubicados en otro sitio Active Directory. Los ajustes disponibles son:

- de manera aleatoria,
- servidores situados en los emplazamientos de menor coste,
- prohibir a los clientes unirse a servidores fuera de su sitio Active Directory.

Por último, existe una opción para garantizar que los clientes se vuelvan a poner en contacto con su servidor favorito, cuando vuelva a estar disponible.

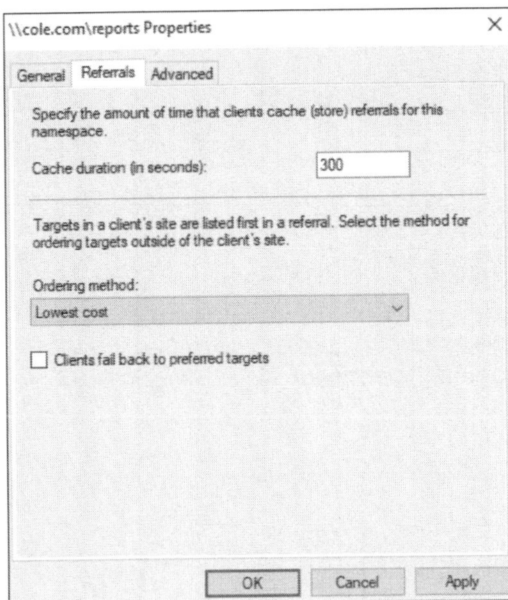

8.5.5 Enumeración basada en el acceso

Como dijimos al principio de esta sección sobre DFS, es posible habilitar la enumeración basada en acceso a nivel de carpeta DFS.

▶ Haga clic con el botón derecho del ratón en el espacio de nombres y vaya a **Properties**. Seleccione la pestaña **Advanced**.

En la parte inferior de la ventana se encuentra la opción de activar la enumeración basada en el acceso.

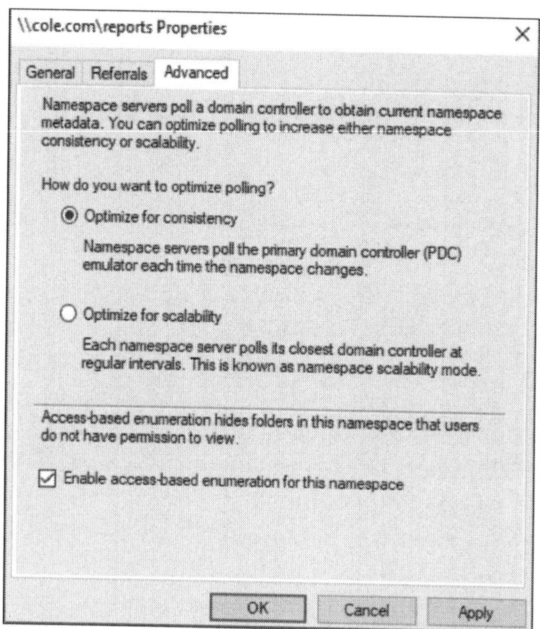

La otra opción de esta pestaña sirve para gestionar el funcionamiento de los espacios de nombres, en función del número de servidores. Microsoft recomienda seleccionar la optimización basada en la coherencia si tiene menos de 16 servidores de espacios de nombres en su infraestructura.

9. Almacenamiento iSCSI

9.1 Introducción a iSCSI

iSCSI (*Internet Small Computer System Interface*) es una tecnología que permite conectar máquinas al almacenamiento, a través de la red IP. Es lo que se conoce como *Storage Area Network* o SAN, en la que los servidores pueden utilizar almacenamiento situado en otra parte de la red de la empresa o en una red remota a través de iSCSI. iSCSI es una tecnología de almacenamiento *block level*.

Las máquinas que se conectan al almacenamiento iSCSI utilizan **iniciadores para acceder a los volúmenes** y las máquinas que contienen almacenamiento iSCSI, utilizan **destinos para hacer accesibles los volúmenes** (*target*). Un volumen iSCSI se denomina LUN (*Logical Unit Number*).

Las máquinas que utilizan iSCSI necesitan un **adaptador de red**, que puede ser hardware en forma de tarjeta PCI que se añade a la máquina o un componente de software que simula una tarjeta de este tipo.

iSCSI encapsula los comandos iSCSI en paquetes TCP/IP estándar, lo que permite utilizar redes tradicionales para operar el almacenamiento iSCSI.

Para establecer una conexión iSCSI, el iniciador debe descubrir los destinos y, a continuación, establecer una sesión de comunicación con ellos. Una vez hecho esto, se pueden transmitir datos, tanto de lectura como de escritura. Los destinos y los iniciadores tienen un identificador único, el IQN (*iSCSI Qualified Name*), que se utiliza para establecer sesiones e identificarse.

Como el almacenamiento está en otro lugar de la red, varias máquinas pueden utilizarlo al mismo tiempo. Este es uno de los principios básicos de la agrupación en clústeres, en la que varias máquinas se reúnen en una sola entidad y utilizan un almacenamiento compartido que se encuentra a distancia en la red.

Existen otras tecnologías para el almacenamiento SAN, como el canal Fibre Channel o *Fibre Channel over Ethernet* (FCoE), pero requieren la adquisición de nuevo hardware de red.

Los destinos iSCSI de Windows Server pueden ser utilizados por iniciadores que no sean de Microsoft, como VMware, Linux u otros servidores.

iSCSI utiliza DNS para resolver los nombres de destino e iniciador, por lo que las máquinas que utilizan iSCSI deben ser capaces de resolver a IP para localizarse en la red.

9.2 Creación de destinos iSCSI

9.2.1 Instalación del rol

Para crear destinos iSCSI en Windows Server, primero debe instalar el servicio de rol **iSCSI Target Server**. Vamos a instalarlo en el servidor STOCK2 de nuestro trabajo práctico.

Los dos servidores STOCK1 y STOCK2 son miembros del dominio, lo que significa que se han creado automáticamente registros DNS para estas máquinas.

▶ Instale el rol de servidor de destino iSCSI en STOCK2.

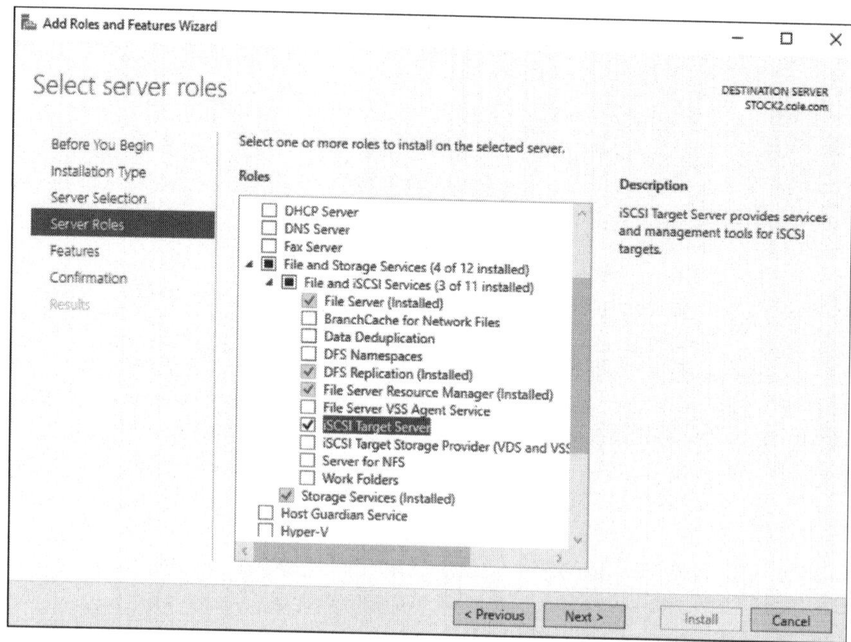

Una vez instalado el rol, encontramos la gestión iSCSI en el administrador de servidores.

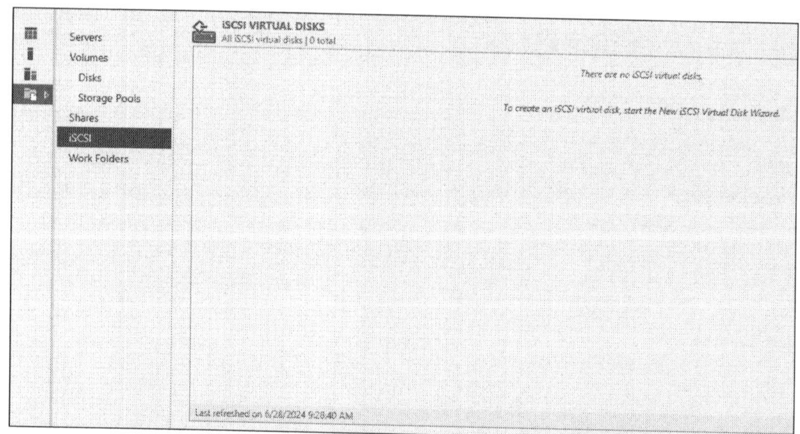

▶En el estado actual de nuestro trabajo práctico, el servidor STOCK2 sólo contiene volúmenes dedicados a la réplica de almacenamiento. Añada un disco a la máquina virtual y formatéelo en **NTFS**. En nuestro ejemplo, será un volumen de **300 GB**.

9.2.2 Creación del destino iSCSI

El primer paso para crear un destino iSCSI es crear un disco virtual que albergará el volumen de destino.

▶Haga clic en el enlace para iniciar el asistente de creación de discos iSCSI.

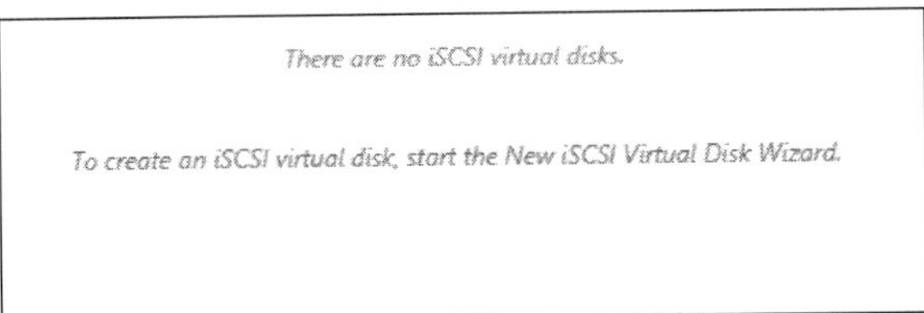

▶En la primera ventana del asistente, elija el nuevo volumen como ubicación para el disco iSCSI.

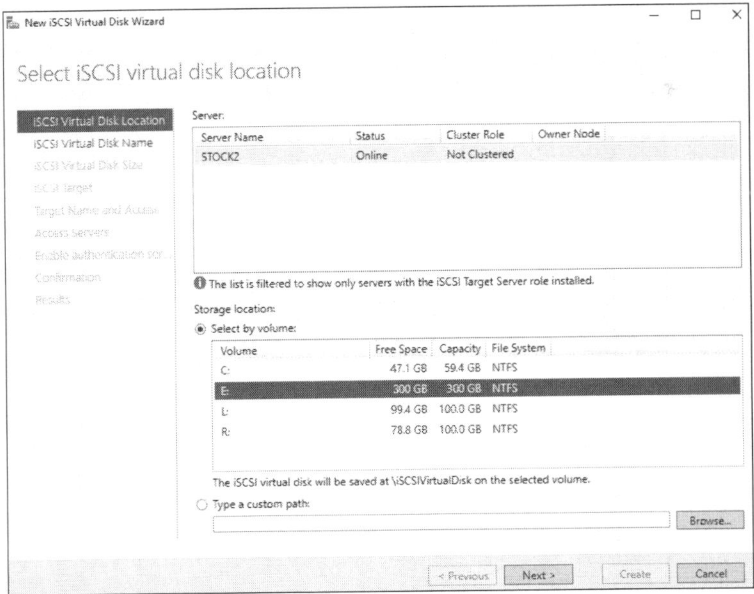

▶ Asigne un nombre al disco virtual.

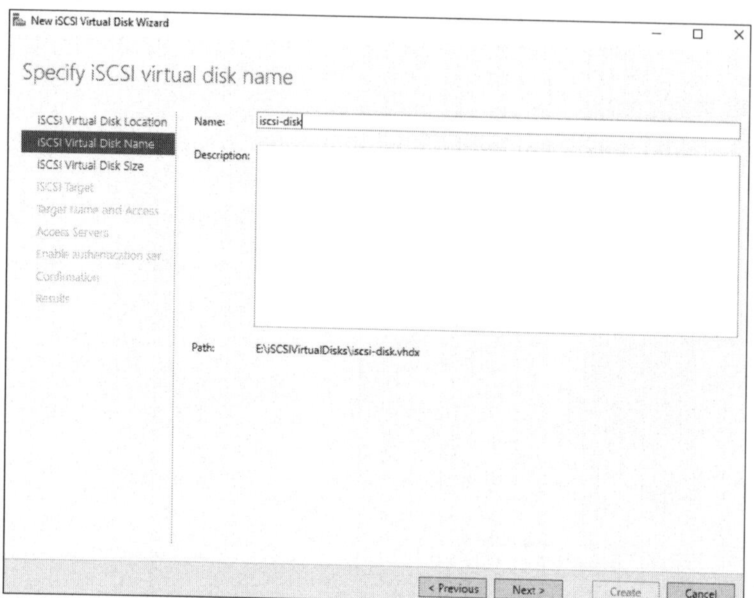

▶Cree un disco de 200 GB con asignación dinámica.

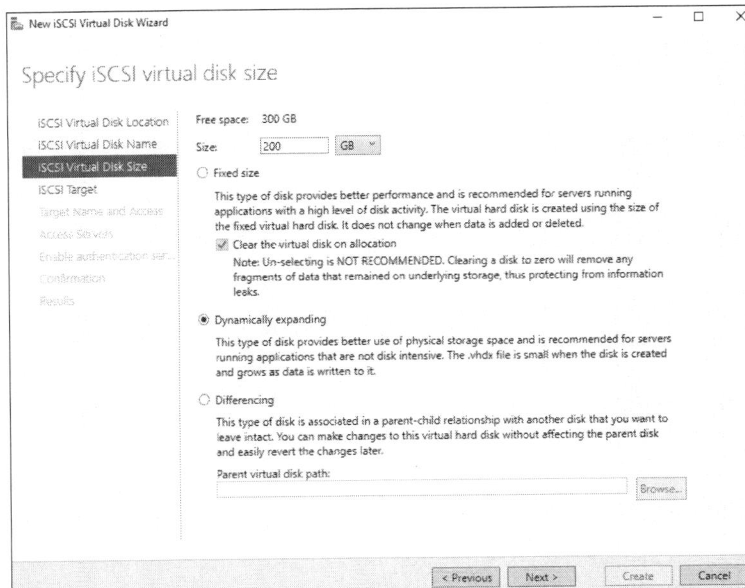

▶ A continuación, es hora de crear el destino iSCSI que se vinculará al disco virtual. Seleccione **New iSCSI target**.

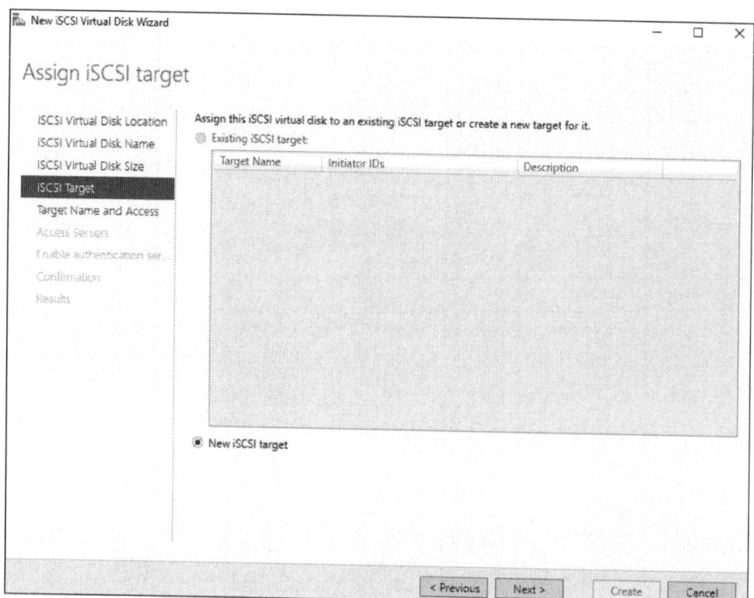

▶ Dale un nombre al destino.

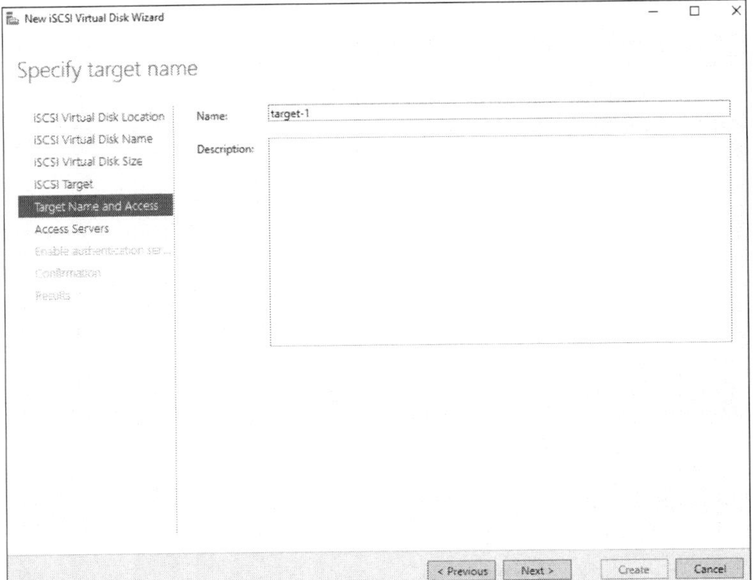

▶ Ahora necesitamos especificar los iniciadores que se podrán conectar al destino. Haga clic en **Add**.

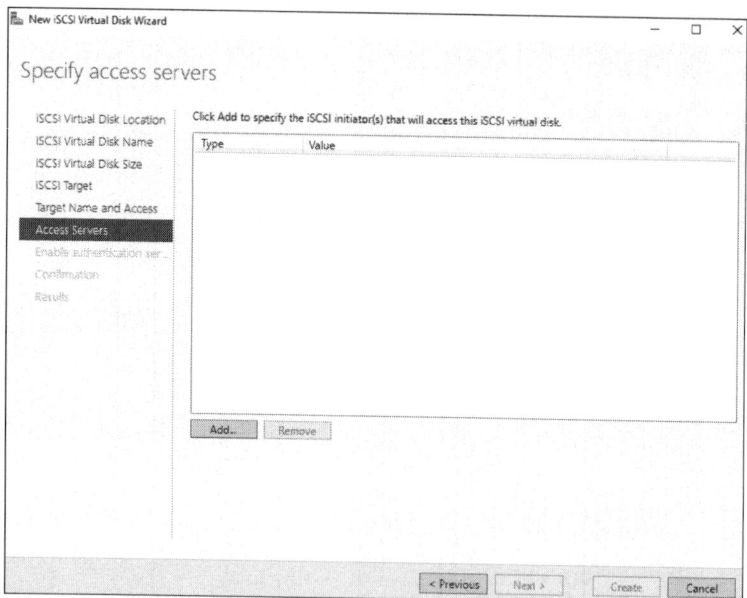

▶ A continuación, debe especificar el tipo de valor que se utilizará para identificar el iniciador iSCSI. Elija el **IQN**.

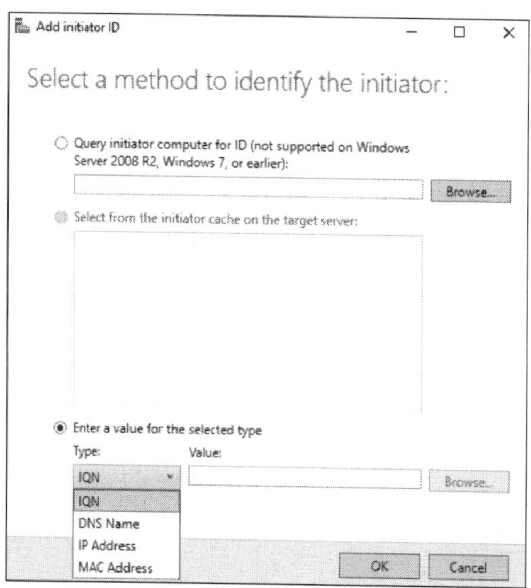

▶ Para saber qué valor especificar para el IQN del iniciador, vaya al servidor que será el iniciador, es decir, STOCK1. En el administrador de servidores, vaya a **Tools** y seleccione **iSCSI Initiator**.

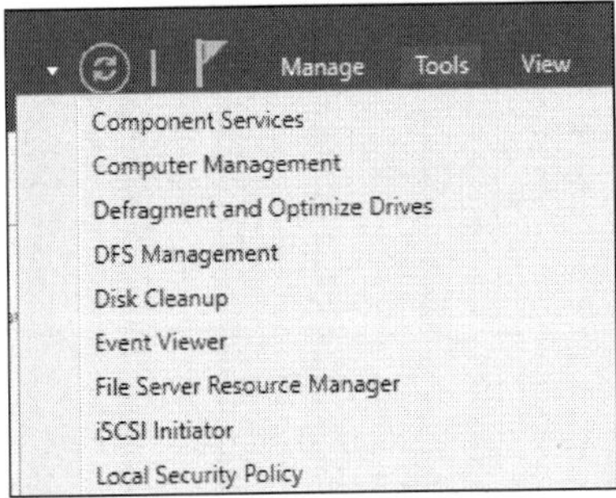

▶ Aparece un mensaje indicando que el servicio iSCSI no se ha iniciado. Haga clic en **Yes** para iniciarlo.

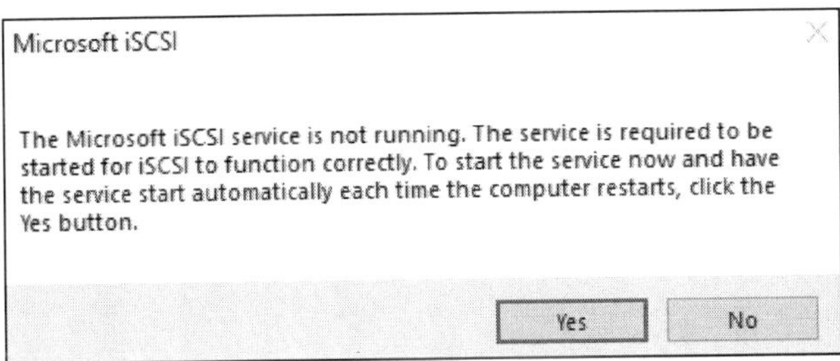

▶ Reinicie la herramienta **iSCSI Initiator** en STOCK1 y vaya a la pestaña **Configuration**. Podrá ver el IQN del servidor que se debe introducir en STOCK2.

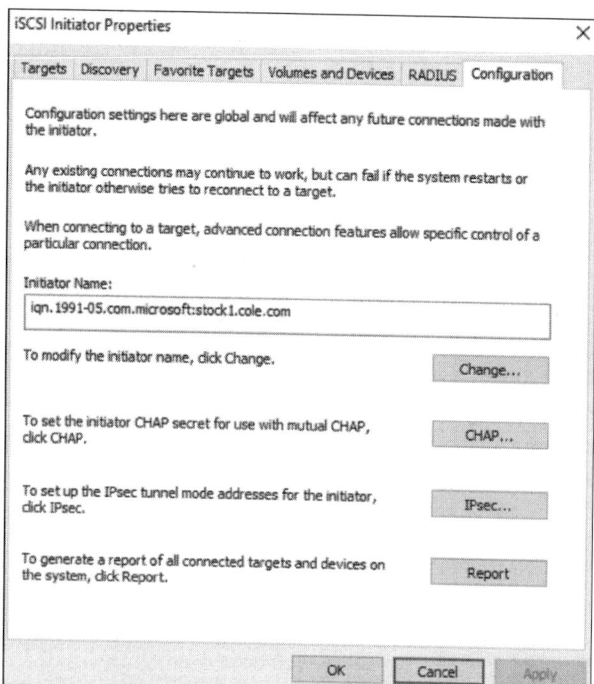

▶ Vuelva a STOCK2 para establecer el **IQN** de STOCK1.

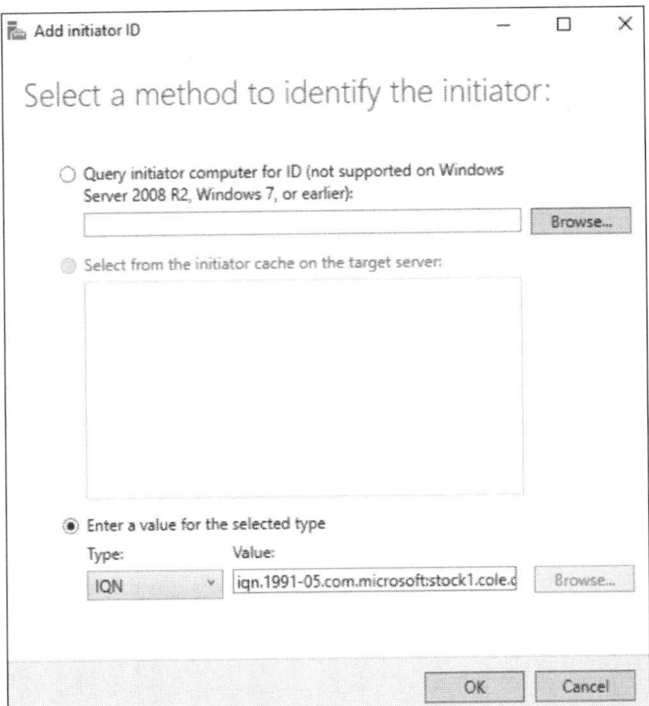

▶ Una vez añadido el IQN, deje el resto de ajustes por defecto y haga clic en **Next** para completar el asistente.

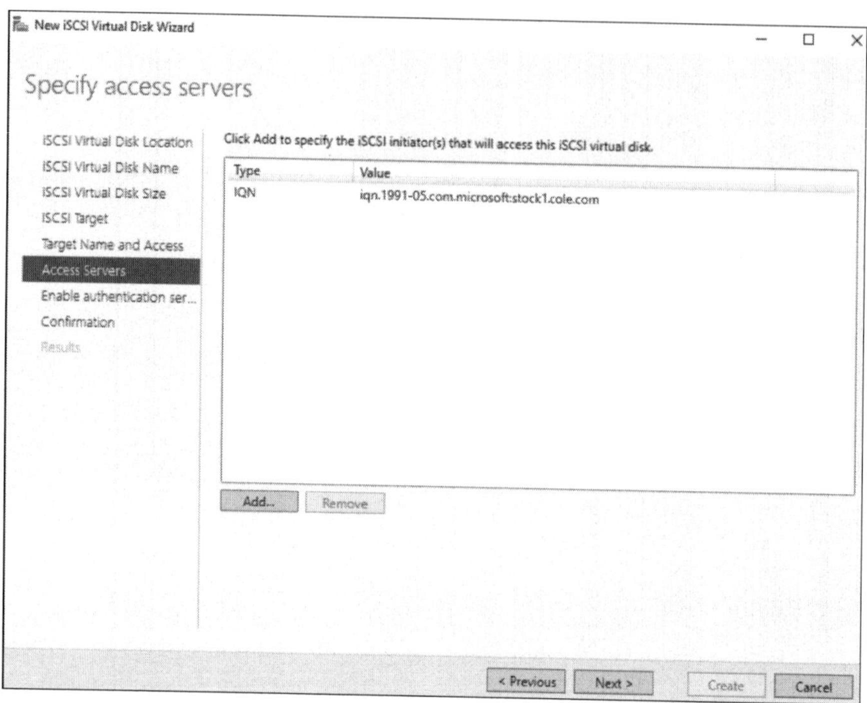

Observación

Si varios servidores van a ser iniciadores y se van a conectar al disco iSCSI y su destino, simplemente repita la operación para añadir iniciadores con sus IQNs. Esto se puede hacer más adelante.

El disco se ha creado con su destino, pero no está conectado actualmente.

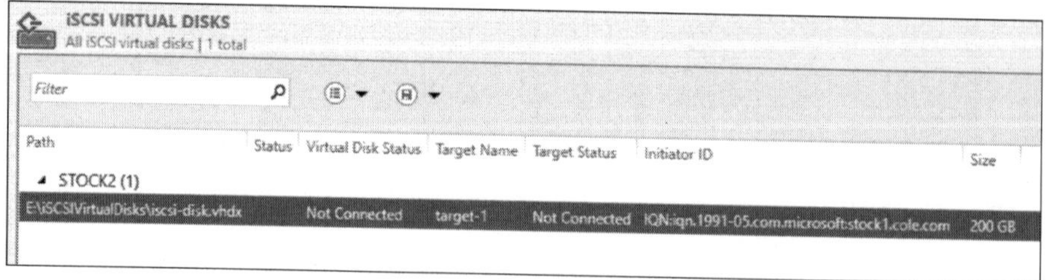

9.2.3 Conexión del iniciador

Ahora volvemos a **STOCK1** para conectarnos al destino iSCSI.

- En la herramienta **iSCSI Initiator**, en la pestaña **Targets**, introduzca el nombre **STOCK2** y haga clic en **Quick Connection**.

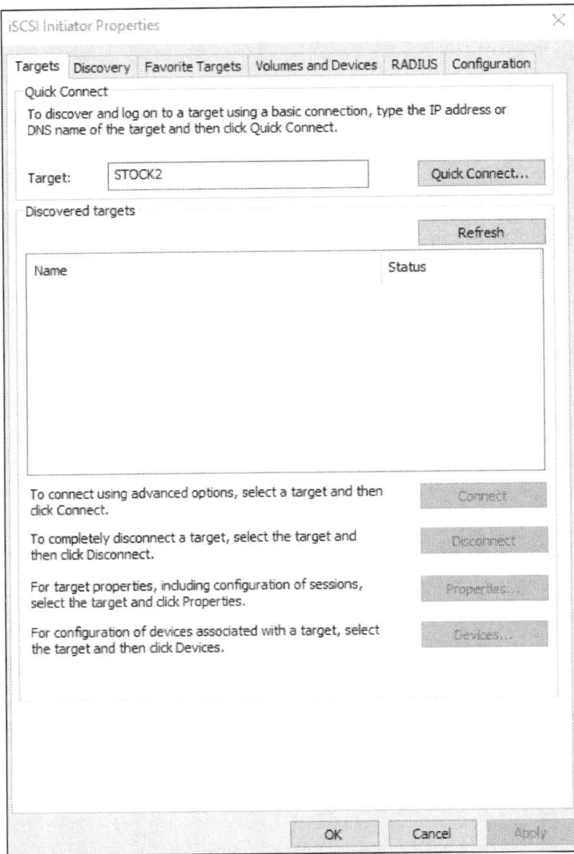

▶ Se abrirá una ventana indicando que estamos conectados a STOCK2 vía iSCSI. Haga clic en **Done**.

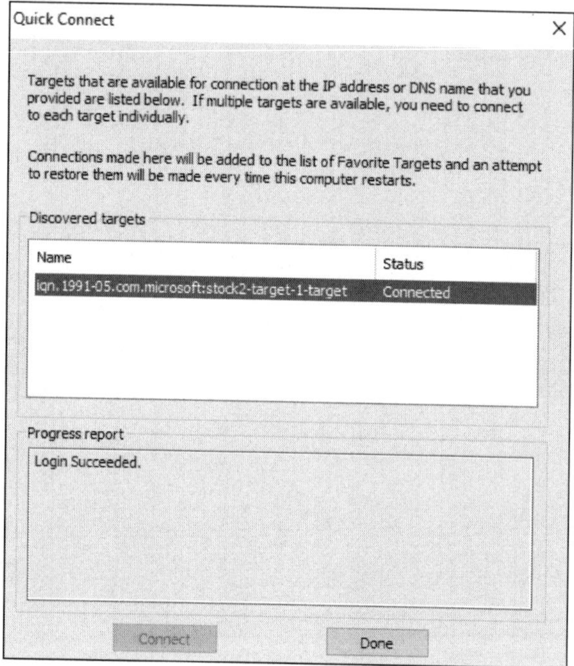

▶ Añada el destino a la lista de destinos favoritos para que la conexión se establezca automáticamente cuando se reinicie el servidor. Seleccione el destino y haga clic en **Connect**.

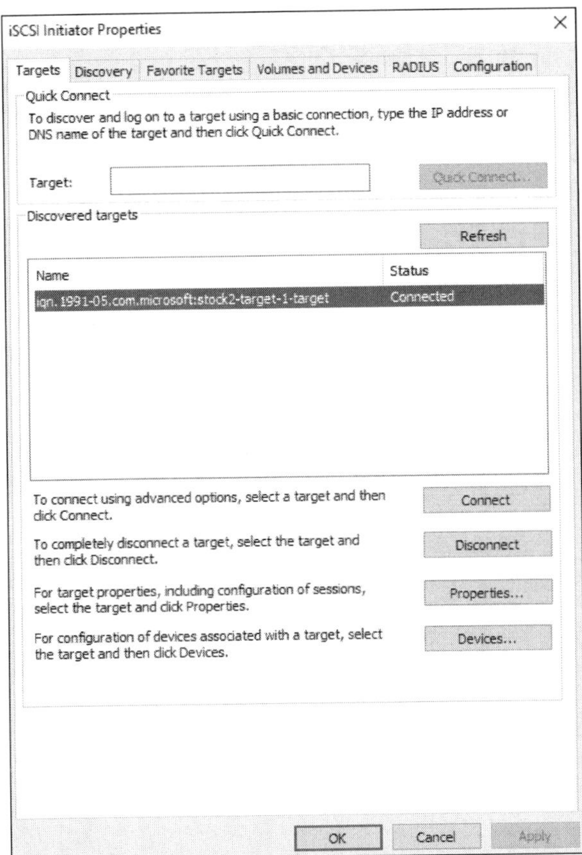

▶Aparecerá una nueva ventana, haga clic en **OK**.

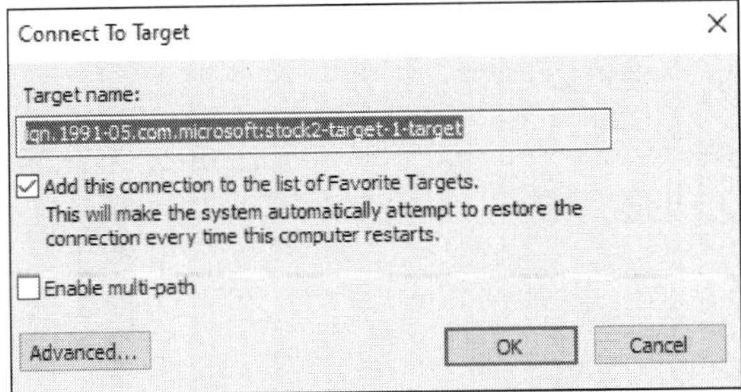

- Ahora vaya a la pestaña **Volumes and Devices** y haga clic en **Auto Configure**. El volumen debería aparecer en la lista. Haga clic en **OK**.

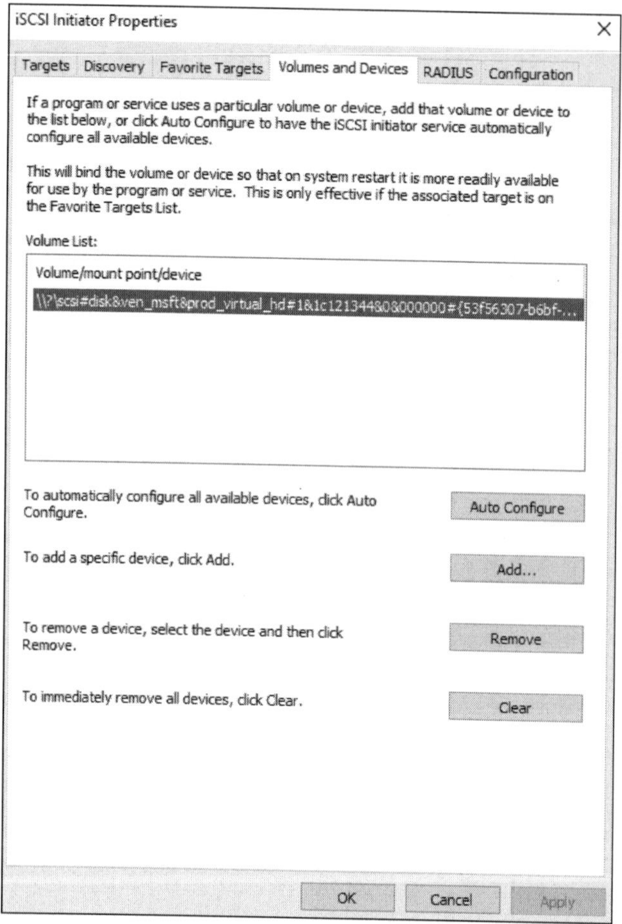

- En las herramientas del administrador de servidores, vaya a **Computer Management** y, a continuación, a **Disk Management**. El volumen debería aparecer en la lista; es necesario inicializarlo.
- Haga clic con el botón derecho del ratón en el volumen y seleccione **Online** en el menú desplegable.

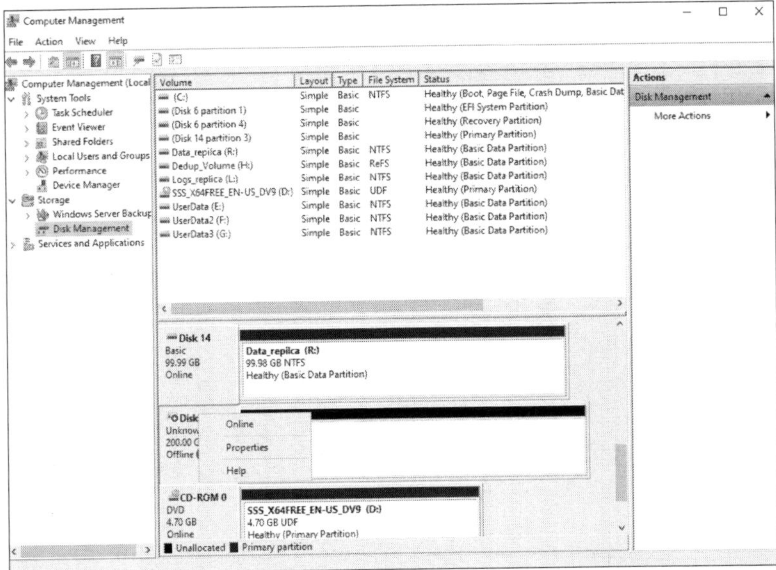

▶ Vuelva a hacer clic con el botón derecho del ratón y seleccione **Initialize Disk**. Haga clic en **OK** en la ventana que aparece.

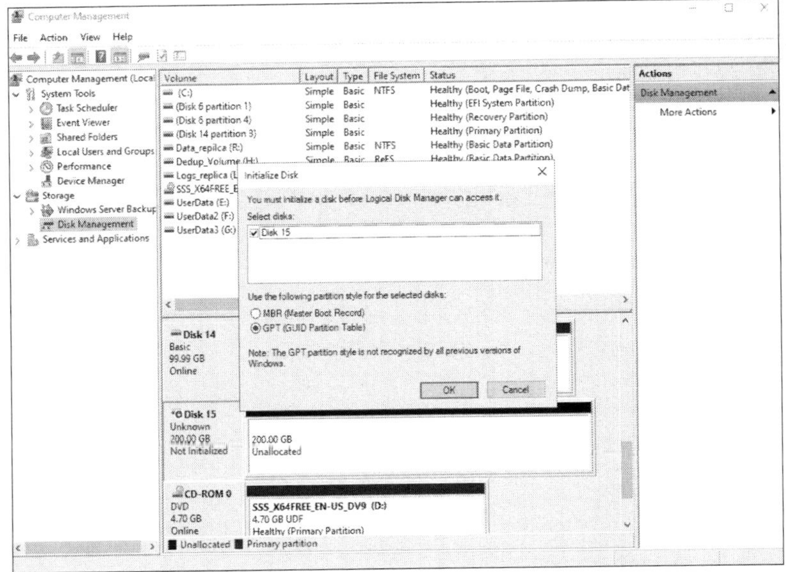

▶ Ahora tiene que formatear el disco. Cree un nuevo volumen único.

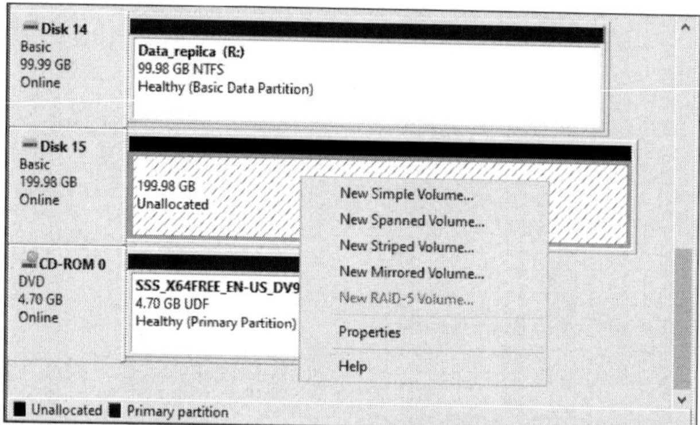

▶ Formatee el volumen como NTFS y dale un nombre.

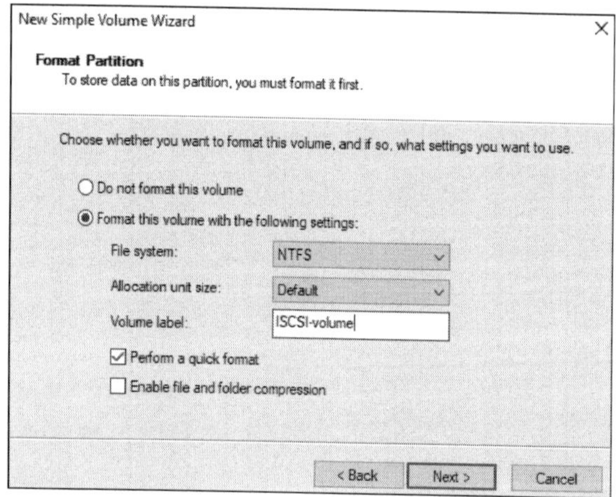

El disco aparece ahora en el explorador de archivos STOCK1.

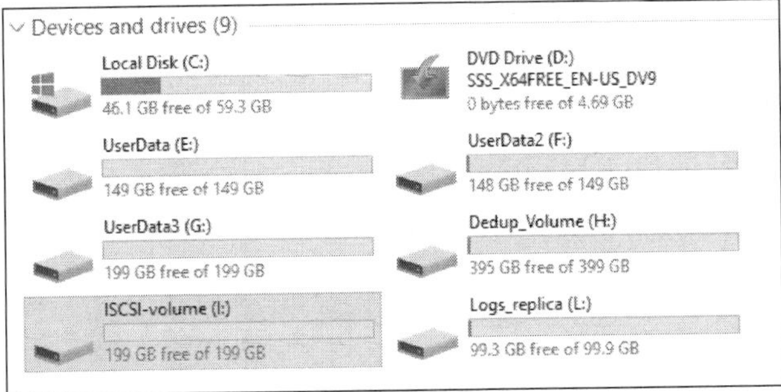

9.2.4 Configuración de la autenticación CHAP

Para utilizar CHAP (*Challenge-Handshake Authentication* Protocol) para la autenticación, es necesario realizar ajustes en ambos servidores. Empecemos por el destino, STOCK2.

- En el lado STOCK2, haga clic con el botón derecho del ratón en el destino iSCSI y seleccione **Properties**.

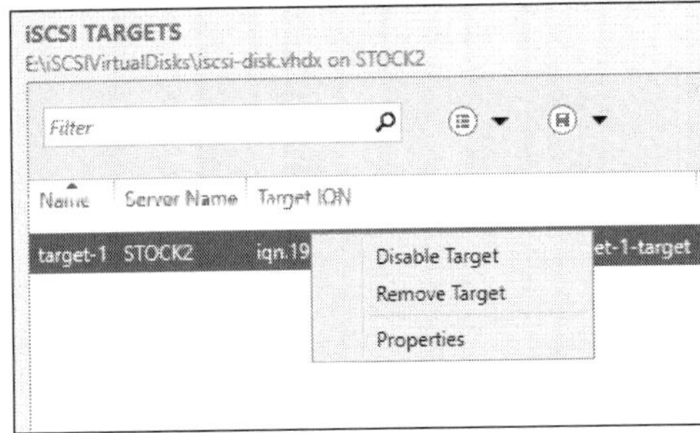

▶ Vaya a la pestaña **Security**, active **Enable CHAP** e introduzca el IQN y la contraseña para STOCK1.

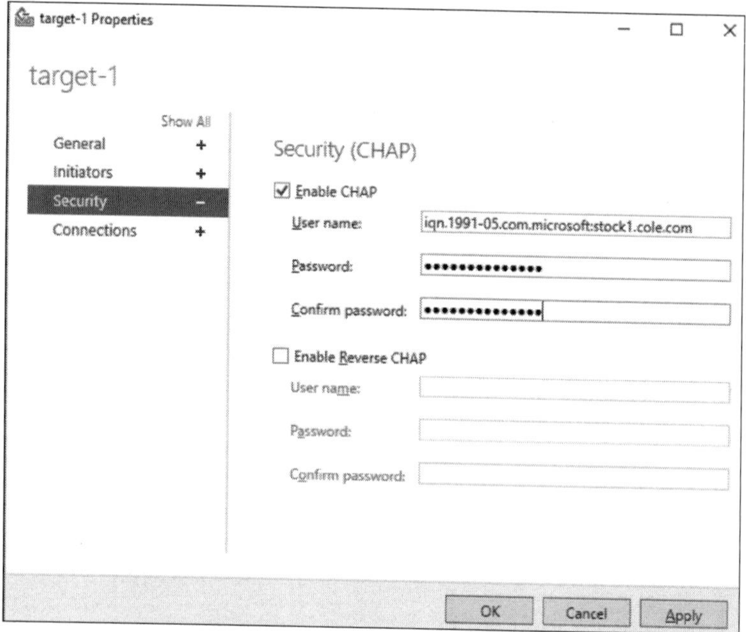

▶ En el lado de STOCK1, se deberá introducir la contraseña en cada conexión, como es normal para el protocolo CHAP. Reinicie STOCK1.

▶En la herramienta Iniciador iSCSI, en la pestaña **Targets**, haga clic en **Connect**.

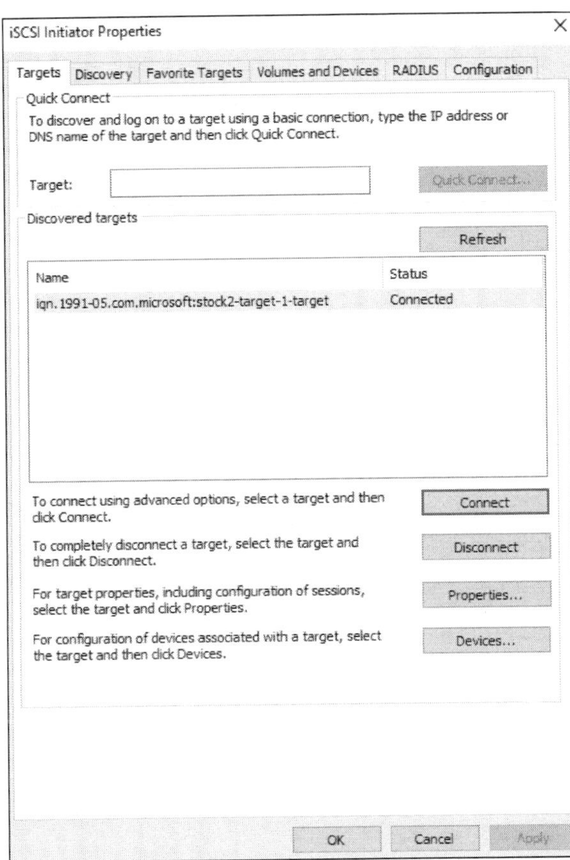

- En la ventana que se abre, haga clic en **Advanced**.

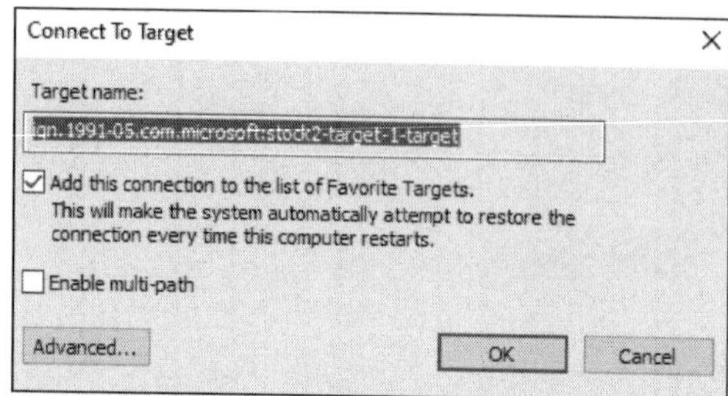

- Active la autenticación CHAP, la contraseña debe tener al menos 12 caracteres. Valide.

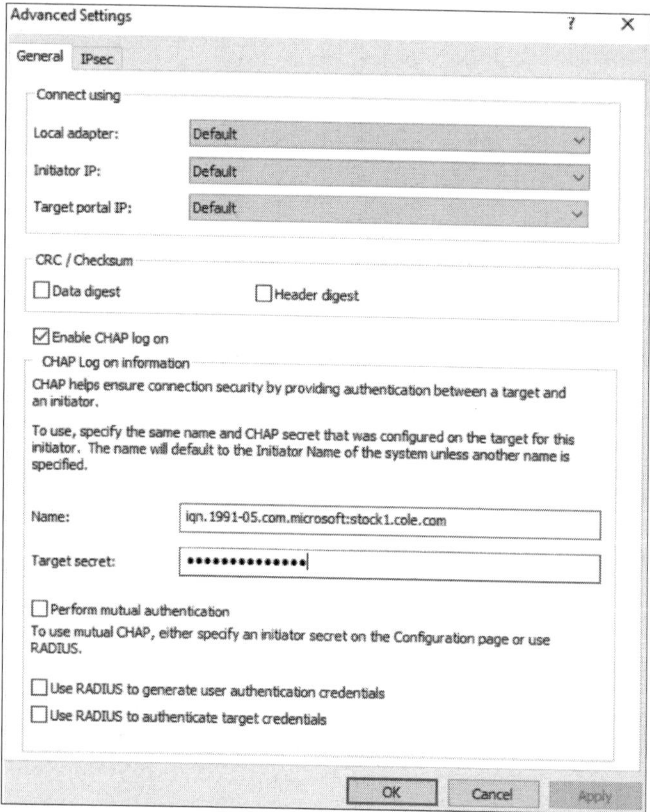

Capítulo 5
Hyper-V

1. Introducción a la virtualización en Hyper-V

1.1 Introducción

La virtualización es una tecnología que se remonta a los años 70 y consiste en simular componentes de hardware en software. Hoy se puede virtualizar cualquier cosa: servidores, estaciones de trabajo cliente, dispositivos de red y almacenamiento.

Cabe señalar que la virtualización masiva de puestos de trabajo cliente se conoce como VDI (*Virtual Desktop Infrastructure*). Es un tema que no se tratará en este libro, que se centra en la virtualización de servidores.

La capa de software que permite la virtualización se denomina hipervisor. Existen dos tipos de hipervisor:

- Tipo 1: el hipervisor forma parte del sistema operativo de la máquina real y habla directamente con el hardware. Hyper-V es un hipervisor de tipo 1 porque forma parte del sistema.
- Tipo 2: el hipervisor es una aplicación que se instala sobre el sistema operativo de la máquina real. El sistema operativo actúa entonces como enlace entre el hardware y el hipervisor.

En todos los casos, la máquina real que aloja las máquinas virtuales se denomina host y las máquinas virtuales, invitados.

Hay varias formas de virtualizar y, en el contexto de la virtualización de servidores, hay dos categorías principales: cuando el hipervisor hace creer al sistema invitado que está en hardware real y cuando el sistema invitado sabe que está virtualizado y se modifica para hablar con el hipervisor.

Cuando el sistema no se modifica y no es consciente de que está virtualizado, se habla de virtualización o virtualización total o completa. Cuando el sistema se modifica para comunicarse con el hipervisor y, por tanto, es consciente de que está virtualizado, se denomina paravirtualización.

En la categoría de virtualización total aún existen varios tipos de virtualización. Uno de ellos es la virtualización asistida por hardware, que aprovecha las características AMD-v y VT-x de los procesadores AMD e Intel. Es el tipo de virtualización que utiliza Hyper-V.

Sin embargo, Hyper-V permite que el sistema invitado se comunique con el hipervisor mediante unas funciones denominadas "servicios de integración". Estos servicios añaden controladores al sistema alojado en la máquina virtual para mejorar la interacción con el hardware virtualizado y permitirle hablar con el hipervisor. Esto mejora enormemente el rendimiento de la máquina virtual y proporciona funcionalidades adicionales como copiar/pegar desde la máquina real o la gestión automática de la resolución de pantalla de la máquina virtual.

Se podría argumentar que añadir controladores modifica el sistema y, dado que los invitados hablan con el hipervisor, no estamos muy lejos de la paravirtualización.

Hyper-V se presenta en tres versiones: Hyper-V en Windows 10 y 11, Hyper-V en Windows Server e Hyper-V Server, que es un sistema operativo completo que se instala directamente en el hardware (*bare metal*). Estas versiones no son idénticas y no ofrecen completamente la misma funcionalidad. Este libro trata exclusivamente de la función Hyper-V en Windows Server.

Observación

Hyper-V Server es gratuito, pero no se ha actualizado desde Windows Server 2019, y no existe una versión equivalente para Windows Server 2022.

Hyper-V permite la virtualización anidada, es decir, máquinas virtuales dentro de máquinas virtuales. Esto es posible porque Hyper-V es capaz de simular procesadores VT-x.

1.2 Sistemas para huéspedes compatibles

Hyper-V se puede utilizar para virtualizar sistemas Windows y también determinados sistemas Linux y Unix. Esta es la lista de posibles sistemas invitados en Windows Server 2022, según indica Microsoft:

Sistemas cliente Windows

Windows 11

Windows 10

Windows 8.1

Windows 7 (Service Pack 2)

Sistemas Windows Server

Server 2022

Server 2019

Server 2016

Server 2012 R2

Server 2012

Server 2008 R2 (Service Pack 1)

Server 2008 (Service Pack 2)

Sistemas no Windows

Los sistemas Linux y Unix requieren versiones específicas de los servicios de integración, LIS (*Linux Integration Services*) y BIS (*BSD Integration Services*), que puede ser necesario descargar e instalar. La compatibilidad puede ser parcial en función de las distribuciones y versiones:

- RHEL/CentOS (ya contiene LIS) de las series 5.x a 9.x,
- Debian (ya contiene LIS) de 10.0 a 11,
- Oracle Linux series 6.x a 9.x,
- Suse enterprise (ya contiene LIS) de SLES 11 a 14,
- Ubuntu (ya incluye LIS) de 16.04 a 22.04,
- FreeBSD (ya contiene BIS) de 10.4 a 13.1.

1.3 Requisitos de configuración

El rol Hyper-V requiere especificaciones de hardware y algunas de sus funciones también tienen sus propios requisitos. Por supuesto, estos requisitos de hardware se deben añadir a la configuración mínima de Windows Server.

Para el rol Hyper-V, las especificaciones son:

- 4 GB DE RAM,
- soporte de virtualización AMD-v o Intel-vt activado en el firmware,
- funcionalidad de bits XD para Intel y NX para AMD activada en el firmware,
- extensión de monitor de ordenador virtual habilitada en firmware,
- procesador de 64 bits con funcionalidad SLAT0.

Podemos comprobar la configuración del sistema con el comando PowerShell:

```
Get-ComputerInfo
```

Y eche un vistazo a la sección Hyper-V, al final del resultado del comando:

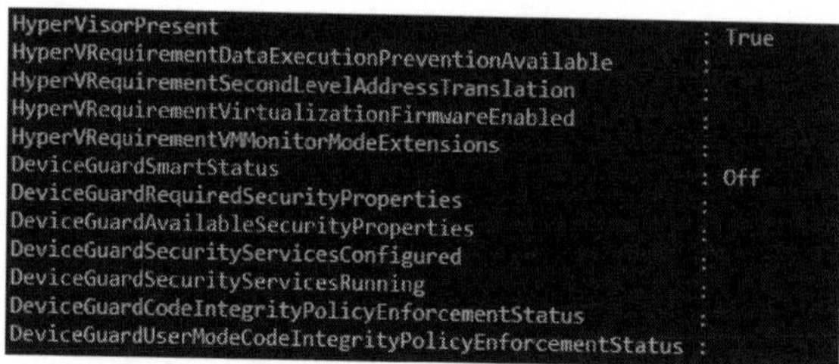

Si la primera línea **`HyperVisorPresent`** indica **`True`**, entonces el rol Hyper-V se puede instalar. Si el resultado es `False`, el resto de la sección indicará qué funciones están presentes o faltan.

Para funcionalidades específicas:

- Asignación discreta de dispositivos
  - el procesador debe tener funcionalidad EPT para Intel o NPT para AMD,
  - remapeado de interrupciones VT-d de Intel o MMU de E/S de AMD,
  - remapeado DMA en Intel o I/O MMU en AMD,
  - servicios de control de acceso ACS en puertos PCIe.

- Máquinas virtuales con la máxima protección
  - UEFI versión 2.3.1c o superior,
  - Chip TPM v2.0.

1.4 Límites superiores

1.4.1 Para los hosts de virtualización

- Procesadores lógicos: 1024
- Memoria: 256 TB con paginación de 4 niveles, 4 PB con paginación de 5 niveles
- Tarjetas de red: ilimitadas
- Máquinas virtuales funcionando simultáneamente: 1024
- Almacenamiento: límite del sistema operativo anfitrión

1.4.2 Para máquinas virtuales

- Puntos de control: 50
- Procesadores virtuales: 1024 para la generación 2, 64 para la generación 1
- Memoria: 240 TB (generación 2) o 1 TB (generación 1)
- Puertos serie: 2
- Tamaño de los discos físicos conectados: límite del sistema operativo huésped
- Tamaño de los discos duros virtuales: 64 TB para VHDX, 2 TB para VHD
- Discos virtuales IDE: 4
- Discos SCSI virtuales: 256
- Controladoras SCSI virtuales: 4
- Tarjetas de red virtuales: 64
- Tarjetas de red heredadas: 4

2. Trabajo práctico Hyper-V

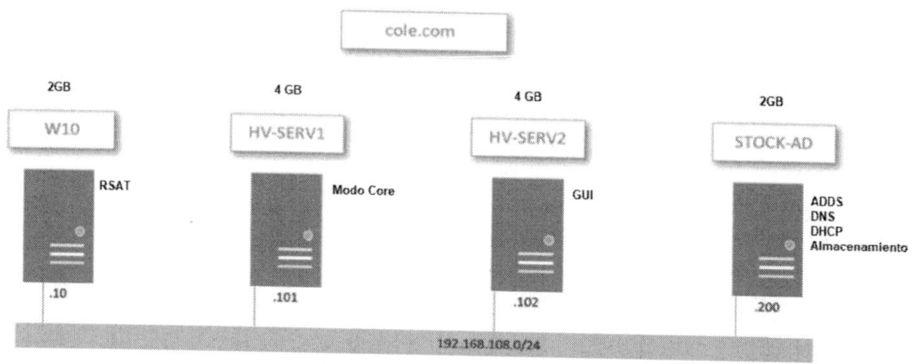

Las operaciones descritas en este capítulo utilizan una máquina Windows 10 para la administración remota. Tendremos dos servidores Windows Server ejecutando Hyper-V, uno en modo Core sin la GUI, HV-SERV1 y otro en instalación completa con la GUI, HV-SERV2. Por último, tendremos un controlador de dominio que también proporcionará DHCP para las máquinas invitadas.

Todas las máquinas están en el dominio y añadidas a los servidores gestionados desde los RSAT de la máquina Windows 10.

Las máquinas deben tener acceso a Internet, por ejemplo, utilizando una red puente (bridge) o NAT, en su hipervisor. El direccionamiento IP se debe adaptar en consecuencia. También puede utilizar un servidor adicional, si su máquina real lo soporta, con el papel de router como ya hemos visto en este libro.

No olvide activar la configuración del procesador para la **virtualización anidada en sus máquinas virtuales**. Esto ocurre a nivel del procesador de sus máquinas y la ubicación varía dependiendo del hipervisor que instale. Sin esta configuración, el rol Hyper-V no se podrá instalar en sus máquinas virtuales.

Observación

Para instalar RSAT en un equipo cliente Windows y desplegar un servidor en modo Core sin interfaz gráfica, consulte el capítulo introductorio de este libro, sección Despliegue de un servidor Core.

La máquina Windows 10 en la que se han instalado los RSAT, nos permitirá gestionar nuestros servidores de forma remota. Sin embargo, la instalación de RSATs, aunque necesaria, no proporciona herramientas de gestión de Hyper-V. Para ello, necesitamos añadir una característica opcional.

- Abra un símbolo del sistema cmd y escriba `control`.
- Se abre el panel de control, ajústalo a los iconos pequeños.
- Haga clic en **Programs and Features**.
- Haga clic en **turn windows features on or off** en la columna de la izquierda.
- Instale las herramientas de gestión de Hyper-V. Esto llevará tiempo y requerirá un reinicio.

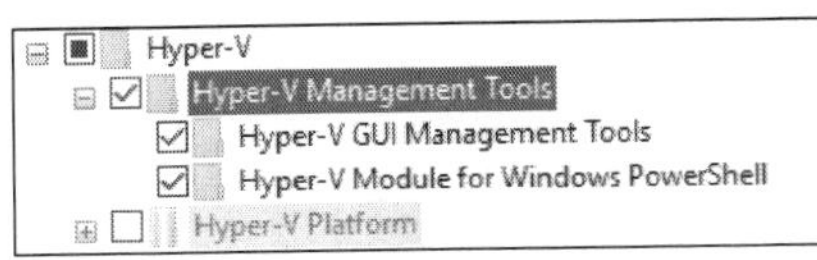

- Por último, añada los servidores al administrador de servidores de la máquina Windows 10.
- Vaya a **Manage - add servers**. Busca por nombre y añade los tres servidores.

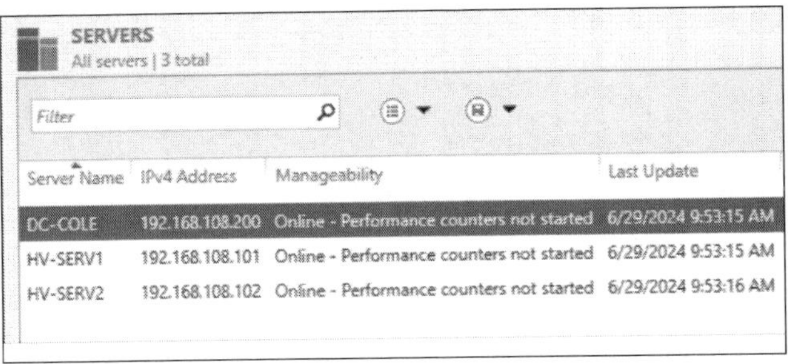

Observación

Este procedimiento se describe detalladamente en el capítulo Introducción, sección Despliegue de un servidor Core.

3. Instalación del rol Hyper-V

3.1 Instalación con PowerShell

El servidor HV-SERV1 es un servidor sin interfaz gráfica en modo Core, que es la recomendación de Microsoft. A continuación, el rol se debe instalar mediante PowerShell.

▶ Haga clic con el botón derecho del ratón en el servidor Core en el administrador de servidores del equipo Windows 10 y seleccione **Windows PowerShell**.

El comando `Get-WindowsFeature -name *Hyper-V*` especifica todos los roles y servicios de rol Hyper-V que se pueden instalar.

El siguiente comando instala el rol Hyper-V y Management Tools. Será necesario reiniciar el sistema.

```
Install-WindowsFeature -Name Hyper-V -IncludeManagementTools -restart
```

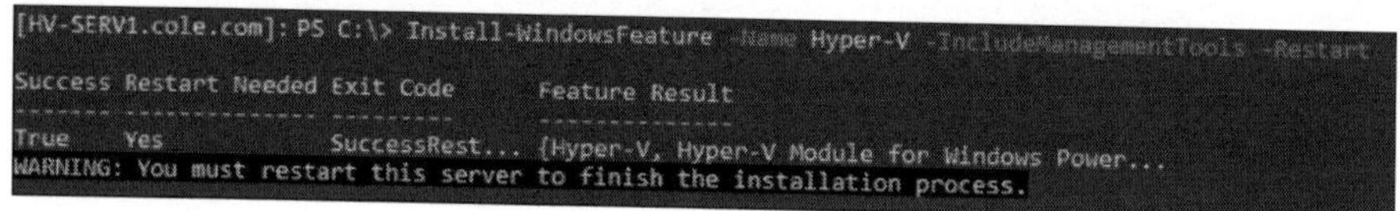

Una vez reiniciado el servidor Core, el administrador de servidores indicará que el rol se ha instalado correctamente.

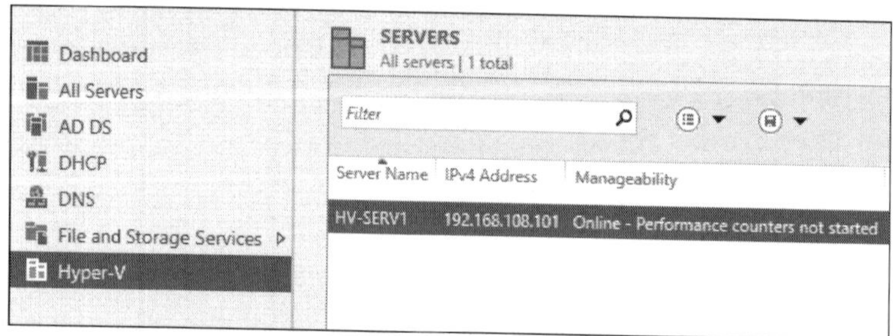

3.2 Instalación en modo gráfico

La instalación en modo gráfico se realiza a través del administrador de servidores de Windows 10.

- Vaya al menú **Manage**, luego añada roles y funciones y seleccione el servidor **HV-SERV2**.

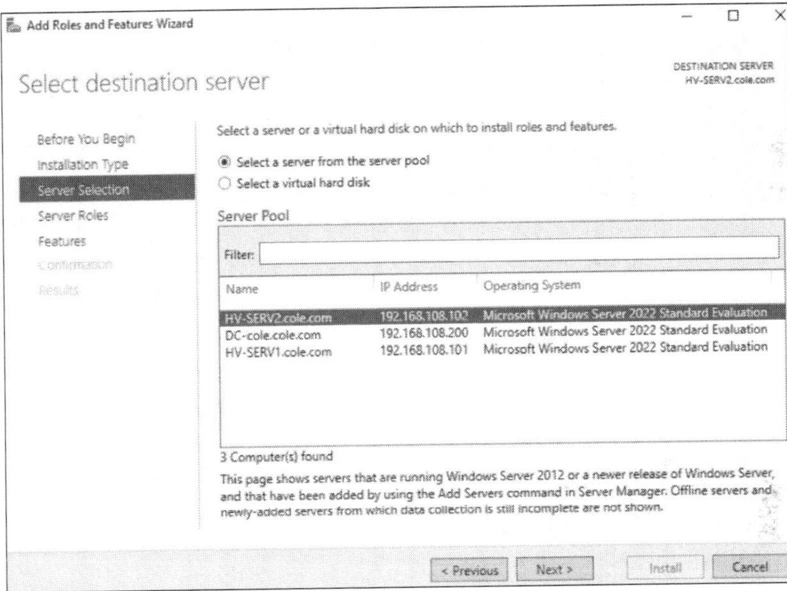

- Vaya a las páginas de instalación y marque el rol **Hyper-V**.

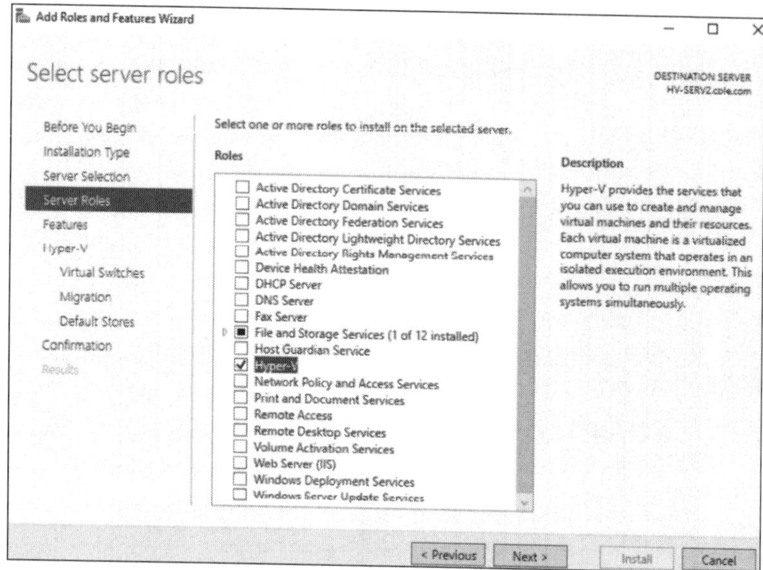

A continuación, el sistema preguntará qué tarjeta de red utilizar para las máquinas virtuales. Seleccione la tarjeta de red para la máquina.

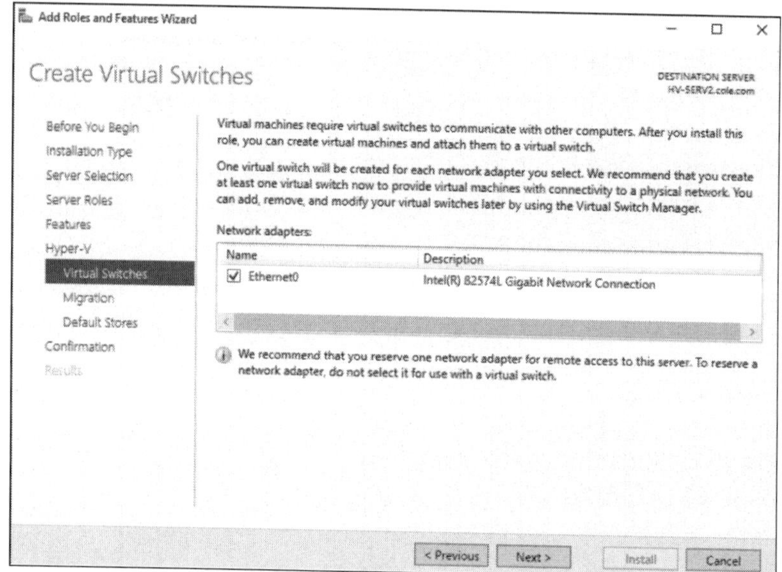

▶A continuación, el instalador le preguntará si desea autorizar la migración en caliente de máquinas virtuales, para cambiarlas de un servidor Hyper-V a otro, en términos de procesador y memoria. Por el momento, deje desactivada esta opción por defecto.

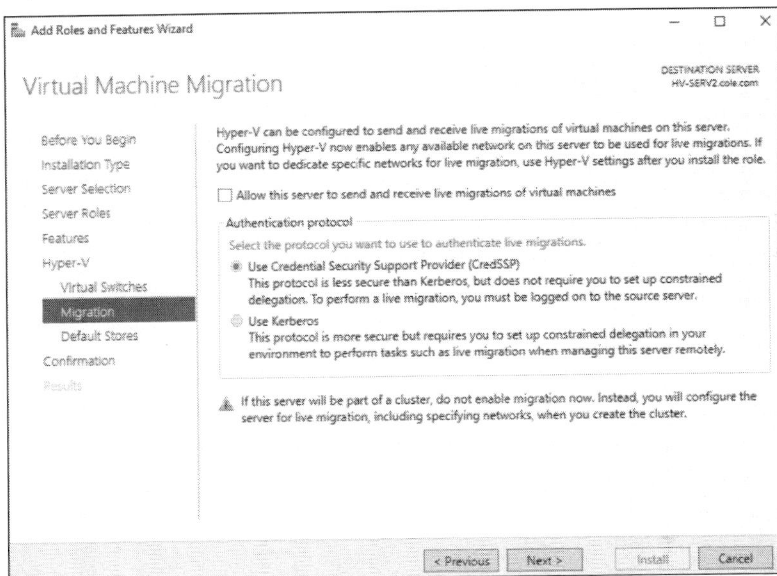

▶A continuación, el sistema pregunta dónde almacenar las máquinas virtuales y los discos virtuales para estas máquinas. Las ubicaciones predeterminadas están en la carpeta **ProgramData** para los archivos de configuración de las máquinas virtuales y en la carpeta **Documents** del perfil público para los discos duros de las máquinas virtuales.

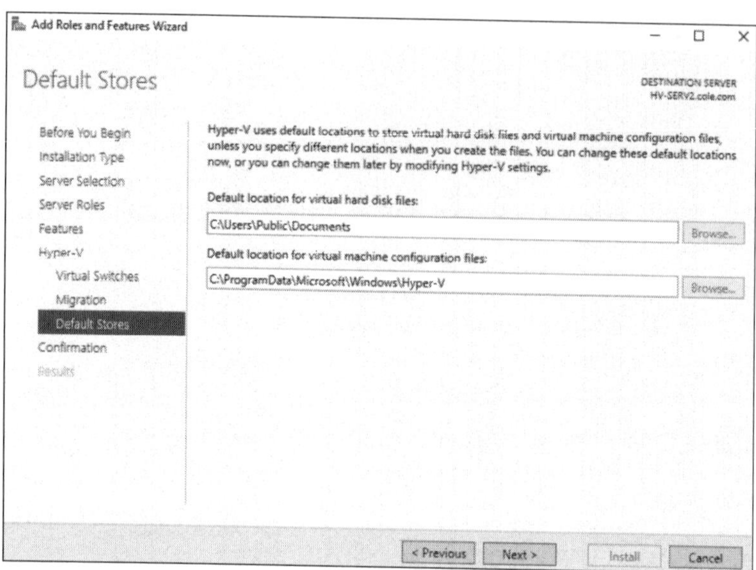

La siguiente pantalla resume lo que se va a instalar y usted marca la opción de reiniciar la máquina al final de la instalación. La máquina se reiniciará y finalizará la instalación tras el reinicio.

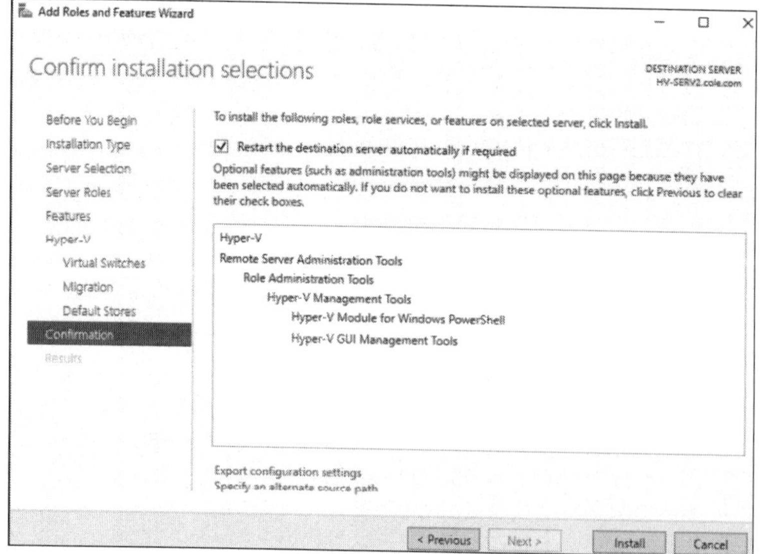

3.3 Gestión desde la máquina cliente

- En su máquina Windows 10, escriba **Hyper-V** en el campo de búsqueda. **Hyper-V Manager** aparece en los resultados.

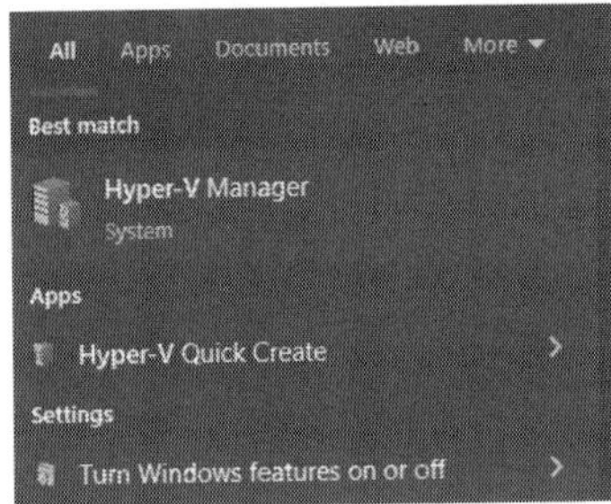

- Inicie la consola Hyper-V Manager y haga clic con el botón derecho en **Hyper-V Manager**. Seleccione **Connect to Server**.

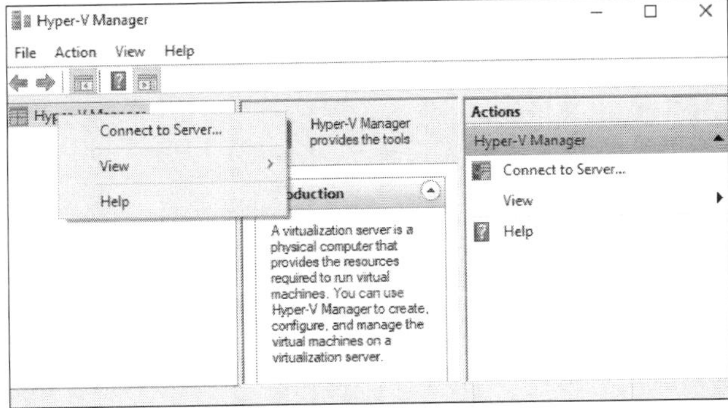

- En la ventana que se abre, seleccione **Another computer** e introduzca el nombre del servidor **HV-SERV1**. Repita la operación para HV-SERV2.

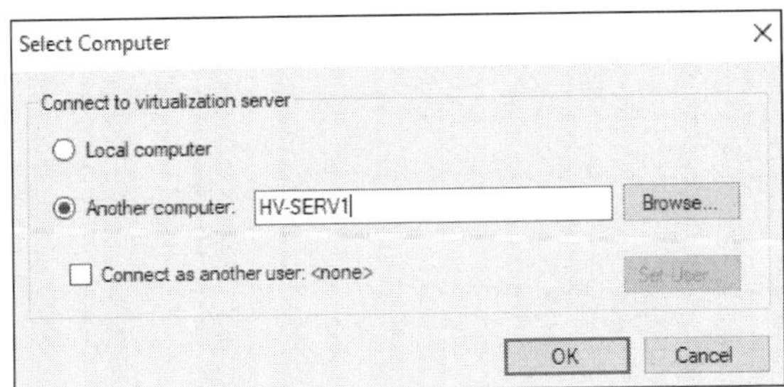

Ambos servidores están ahora en la consola de gestión **Hyper-V Manager**.

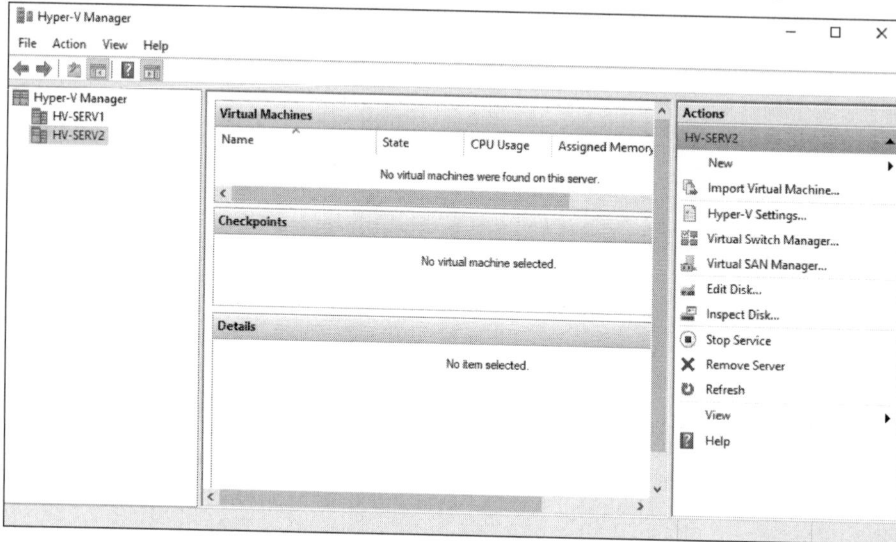

3.4 Crear su primera máquina virtual

Vamos a crear una máquina Windows Server en modo Core en el servidor HV-SERV2.

- Vaya a la consola de administración de Hyper-V para la máquina Windows 10 y seleccione **HV-SERV2**. Si las opciones para crear máquinas virtuales no aparecen en la columna de la derecha, actualice la pantalla.
- En la columna de la derecha, seleccione **New** y, a continuación, **Virtual machine**.
- Nombre la máquina virtual **core1** y deje la ubicación por defecto.

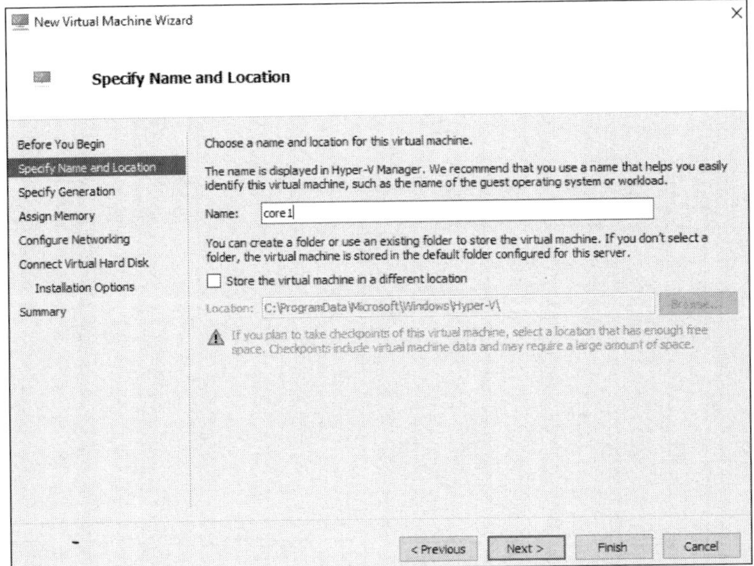

Seleccione una máquina de generación 2.

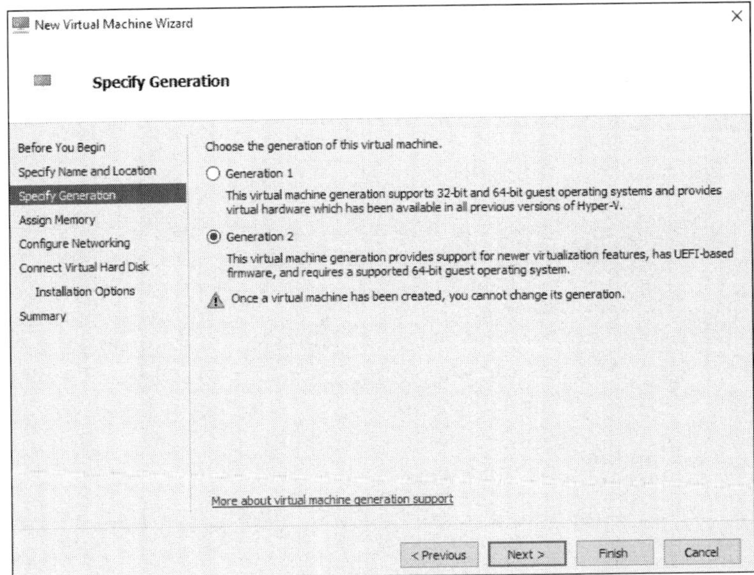

▶ Dele 1024 MB de memoria y activa la memoria dinámica.

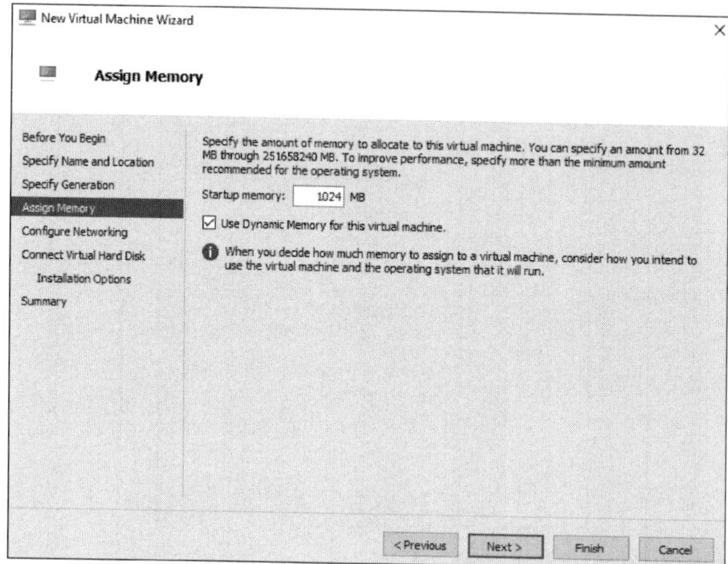

▶ Conecte la máquina virtual al switch virtual creado al instalar Hyper-V.

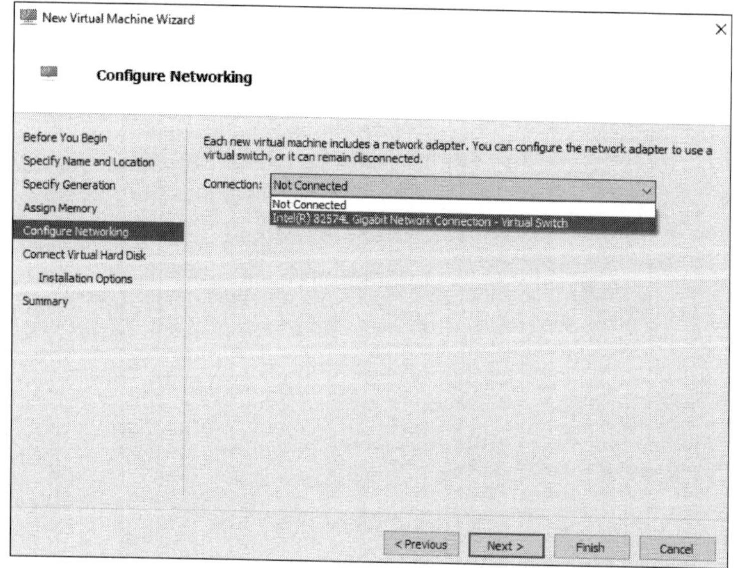

■ Deje las opciones por defecto del disco duro.

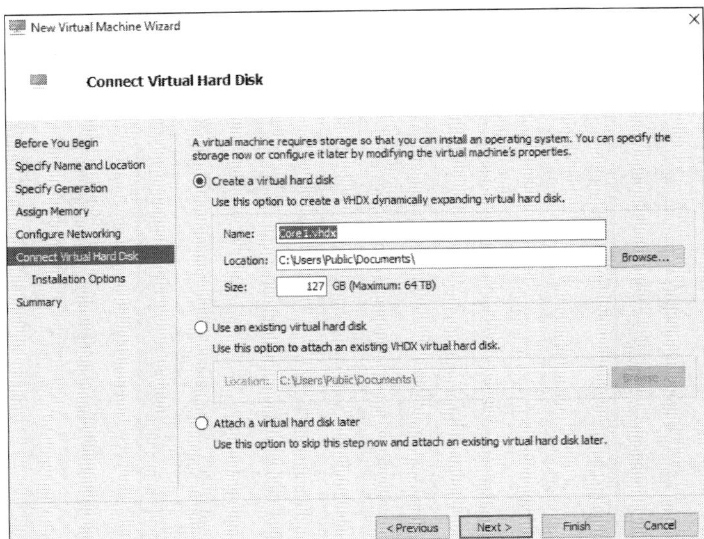

■ Deje la opción de instalación predeterminada **Install an operating system later**.

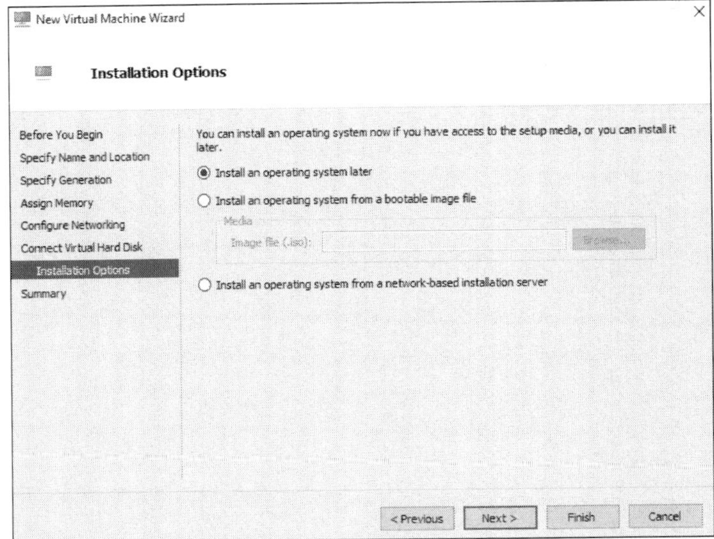

■ A continuación, aparece la pantalla de resumen, haga clic en **Create**.

▶ La máquina virtual aparece en la consola Hyper-V, haga clic con el botón derecho del ratón sobre ella y seleccione **Settings**.

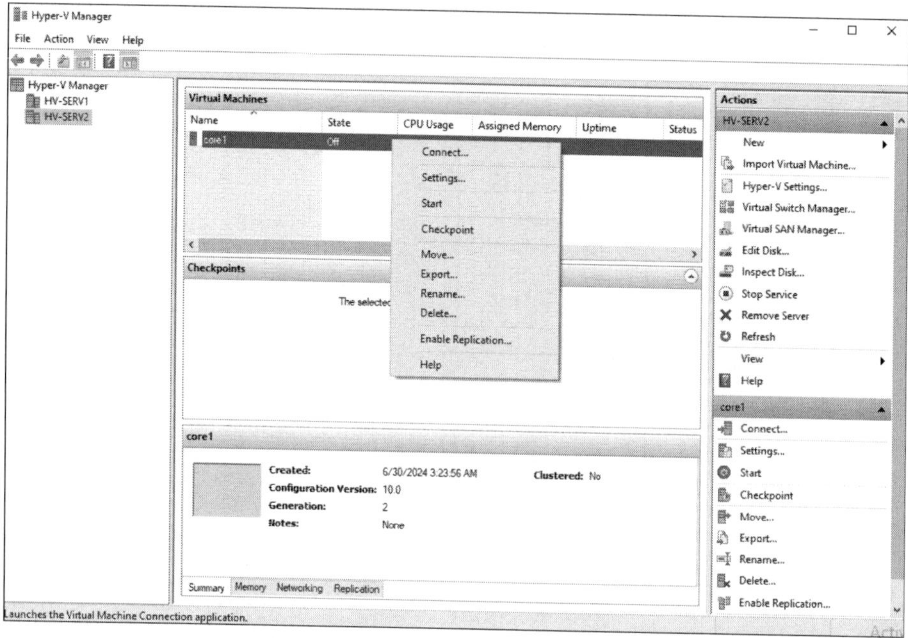

▶ Añada una unidad de DVD a la máquina para instalar el sistema. Seleccione **SCSI Controller** y **DVD Drive**. Haga clic en **Add**.

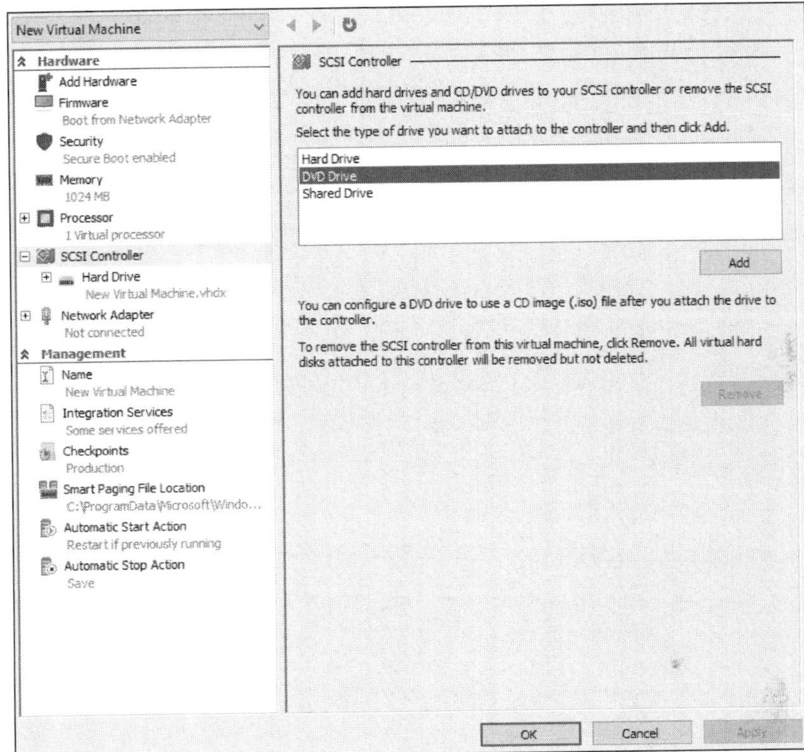

Ahora debe copiar un archivo ISO de instalación en la máquina HV-SERV2. Esta operación se puede llevar a cabo de diferentes maneras dependiendo del hipervisor que esté utilizando para el trabajo práctico, ya sea a través de una red compartida desde su máquina real o con un copiar/pegar.

- Seleccione la unidad de DVD que acaba de añadir y haga clic en **Image file** y, a continuación, en **Browse** para buscar el archivo .iso.

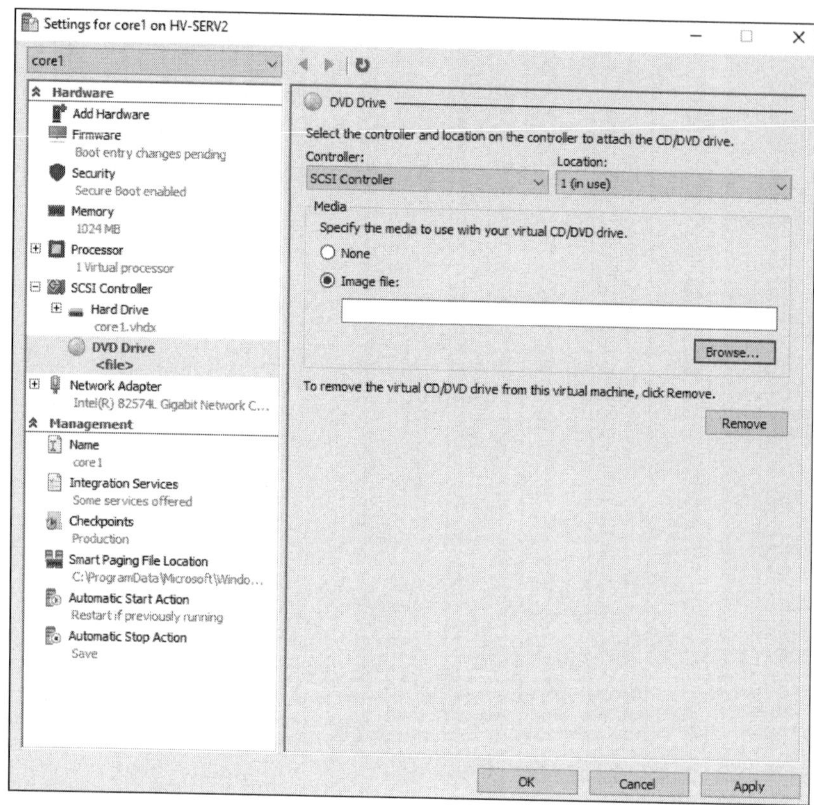

- Una vez seleccionado el archivo de imagen, haga clic en **Apply** en la parte inferior de la ventana y, a continuación, **OK**.
- De vuelta en la consola de gestión de Hyper-V, haga clic con el botón derecho del ratón en la máquina virtual y seleccione **Connect**.

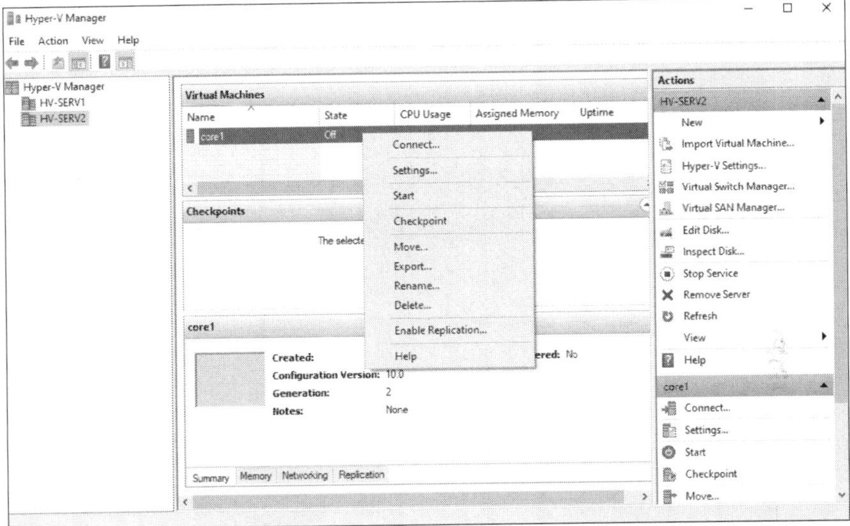

▶Se abre la ventana de conexión de la máquina virtual, haga clic en **Start**.

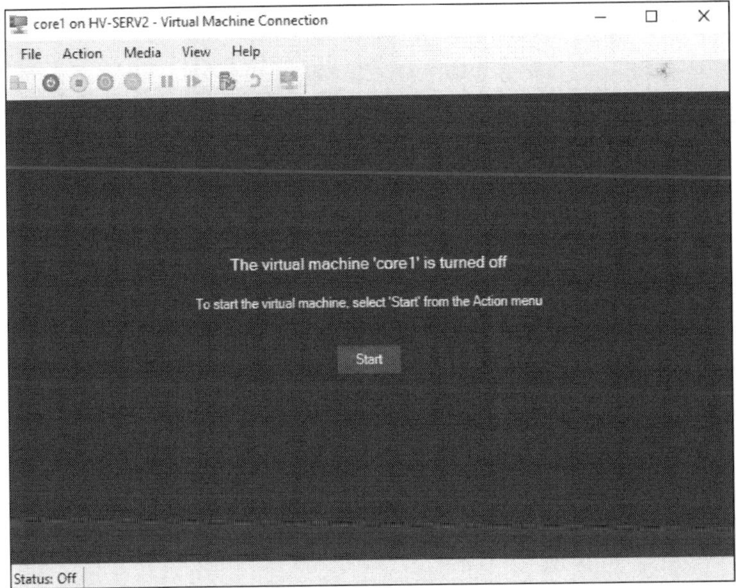

▶ La máquina intentará arrancar primero a través de la red, ya que ésta es su configuración por defecto. Espere a que cambie al DVD y pulse una tecla para iniciar la instalación. Instale un servidor Core.

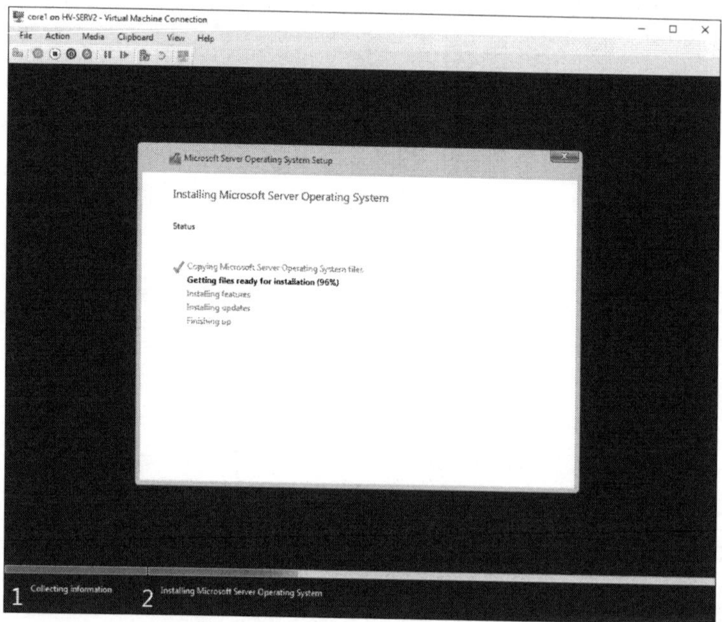

La máquina se reiniciará al final de la instalación y podrá verla en funcionamiento en la consola de gestión.

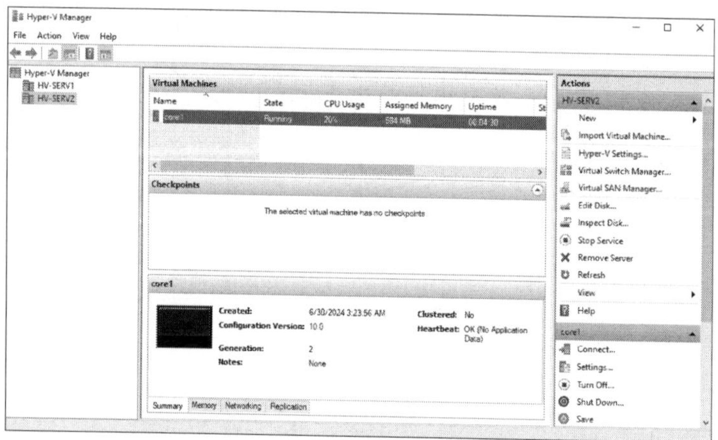

4. Configuración de servidores Hyper-V

4.1 Grupo de administradores Hyper-V

Cuando se instala el rol Hyper-V en un servidor, el sistema crea un grupo local **Hyper-V Administrators**. Por defecto, no contiene miembros. Por defecto, no contiene ningún miembro.

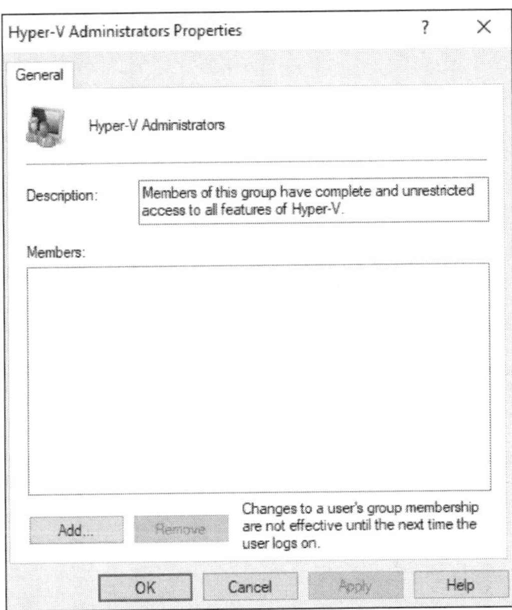

Se puede utilizar para dar a un técnico permisos sobre Hyper-V sin darle acceso al resto de la infraestructura. Si desea que este técnico tenga permisos en todos los servidores Hyper-V, debe hacerlo miembro de este grupo localmente en cada servidor.

- Utilice PowerShell para realizar esta acción, con un usuario previamente creado en Active Directory.

```
Invoke-Command `
-ComputerName HV-SERV1,HV-SERV2 `
-ScriptBlock {
Add-LocalGroupMember `
-Group "hyper-v administrators" `
-Member olivier
 }
```

4.2 Habilitación de la virtualización anidada

La virtualización anidada (*nested virtualisation*) es la capacidad de crear máquinas virtuales dentro de máquinas virtuales. Es una técnica utilizada habitualmente en la nube y en centros de datos, infraestructuras VDI y entornos de prueba.

Esta operación sólo se puede realizar mediante PowerShell. La máquina virtual para la que queremos habilitar la virtualización anidada debe estar apagada.

Los requisitos mínimos para la virtualización anidada difieren en función del tipo de procesador de la máquina física:

Para procesadores Intel

- Tecnología VT-x y EPT
- Windows Server 2016 o posterior
- Configuración de la máquina virtual 8 o posterior

Para procesadores AMD

- Procesador EPYC/ryzen o posterior
- Windows Server 2022 o posterior
- Configuración de la máquina virtual 9.5 o posterior

Observación

La versión de configuración de una máquina virtual depende de la versión de Windows Server e Hyper-V con la que se construyó e indica la compatibilidad con nuevas características y diferentes versiones de Hyper-V.

En nuestro trabajo práctico, las máquinas físicas equivalentes son los servidores HV-SERV1 y HV-SERV2. Por lo tanto, el comando para habilitar la virtualización anidada se debe ejecutar en estas máquinas. Para el ejemplo, vamos a habilitar la virtualización anidada en la máquina core1, que está alojada en HV-SER2.

▶ Abra un símbolo del sistema PowerShell para HV-SERV2 haciendo clic con el botón derecho del ratón en el servidor, en el administrador de servidores de la máquina Windows 10 y seleccionando **PowerShell**.

▶ Introduzca el siguiente comando:

```
Set-VMProcessor `
-VMName core1 `
-ExposeVirtualizationExtensions $true
```

4.3 Modo de sesión extendida

El modo "sesión extendida" proporciona a las máquinas virtuales funcionalidades para interactuar con el servidor de virtualización:

- acceder a volúmenes de host,
- utilizar almacenamiento extraíble y puertos USB,
- utilizar una impresora,
- copiar/pegar desde el servidor a la máquina virtual,
- utilizar el audio del servidor,
- resolución de pantalla dinámica.

La funcionalidad debe estar habilitada en el servidor Hyper-V y en la ventana de conexión. El modo de sesión extendida no funciona con máquinas Linux.

▶ En la consola de administración de Hyper-V, haga clic con el botón derecho del ratón en el servidor y seleccione **Hyper-V Settings**.

▶ Seleccione **Enhanced Session Mode Policy** y haga clic en **Allow enhanced session mode**. Haga clic en **Apply**.

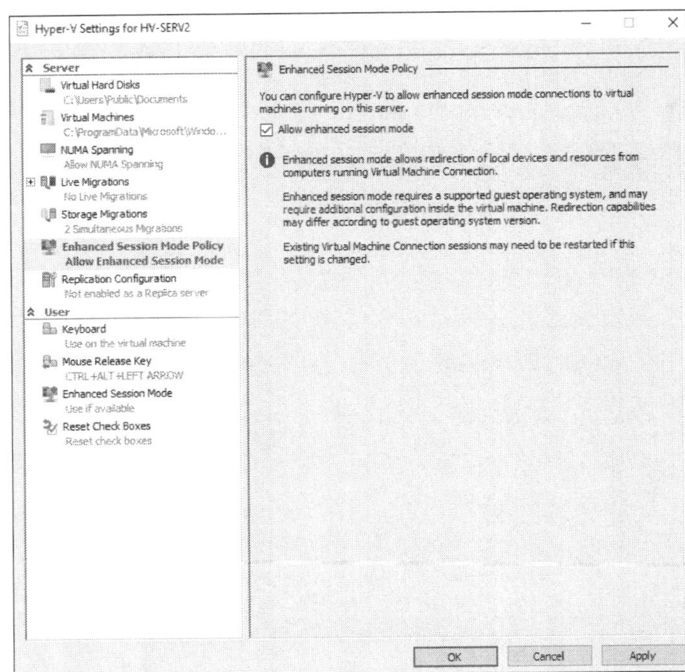

▶ En la ventana de sesión, seleccione el menú **View** y marque **Enhanced session**.

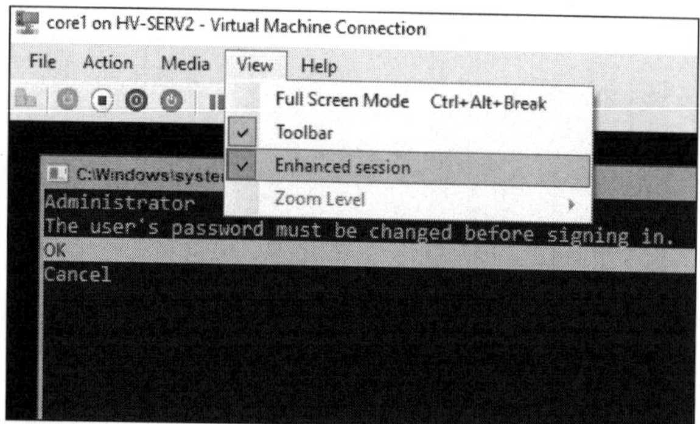

▶ En el servidor, escriba el siguiente comando:

```
vmconnect.exe
```

▶ A continuación, se abre la ventana de conexión con las opciones de conexión en el centro. Vaya a la pestaña **Local Resources** y, en la sección **Local devices and resources**, haga clic en **More**.

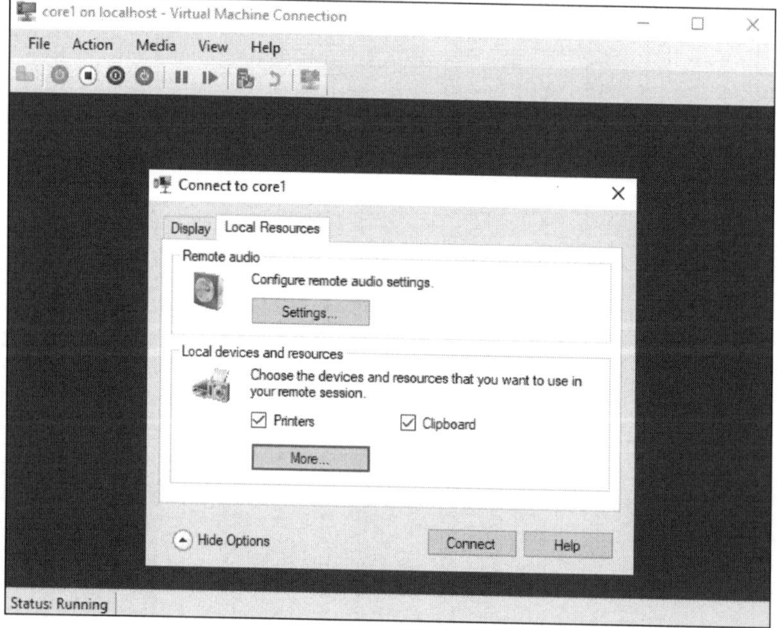

▶ Despliegue los volúmenes y seleccione el volumen que desea montar en la máquina virtual.

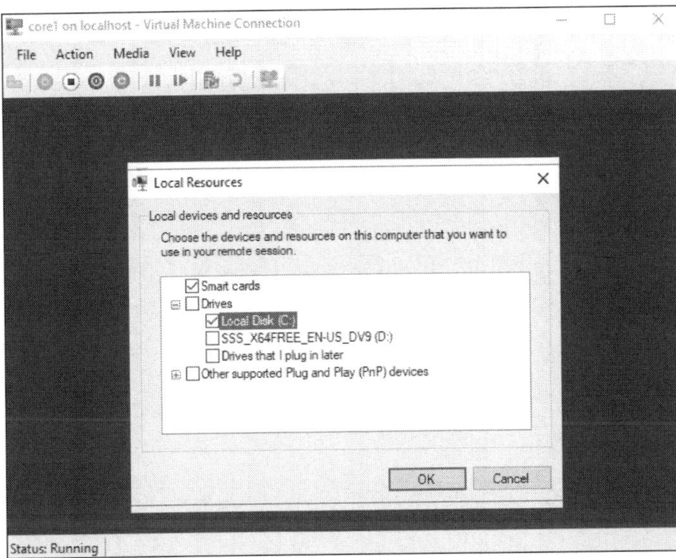

4.4 Cambiar las ubicaciones por defecto

En la configuración Hyper-V del servidor, también puede cambiar las ubicaciones predeterminadas para los archivos de configuración de la máquina virtual y los discos duros de la máquina, que se encuentran en el disco del sistema.

▶ Añada un disco a la máquina servidor y formatéalo en ReFS. Cree una carpeta para las máquinas y otra para los discos.

▶ Vaya a la configuración Hyper-V del servidor, seleccione **Virtual Hard Disks** y haga clic en **Browse**.

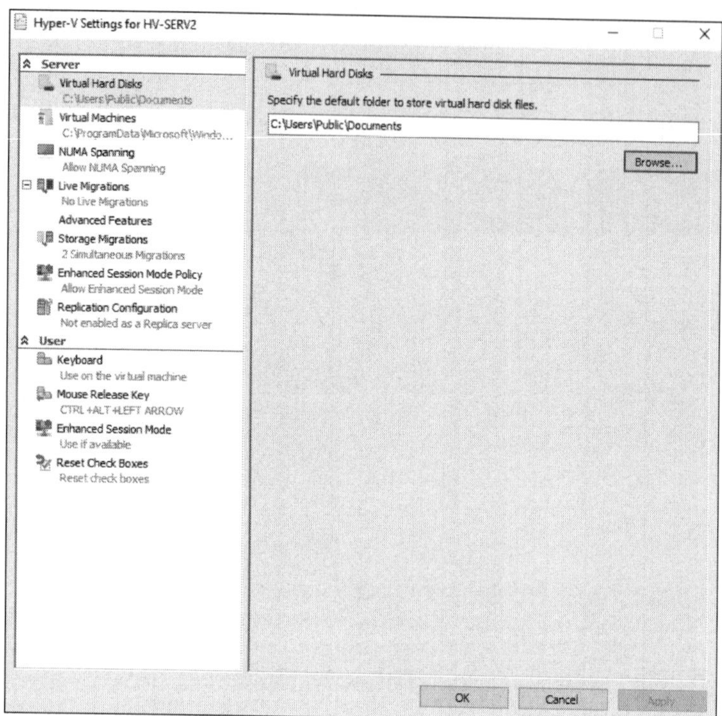

▶ Vaya al volumen recién creado y seleccione la carpeta para los discos duros.

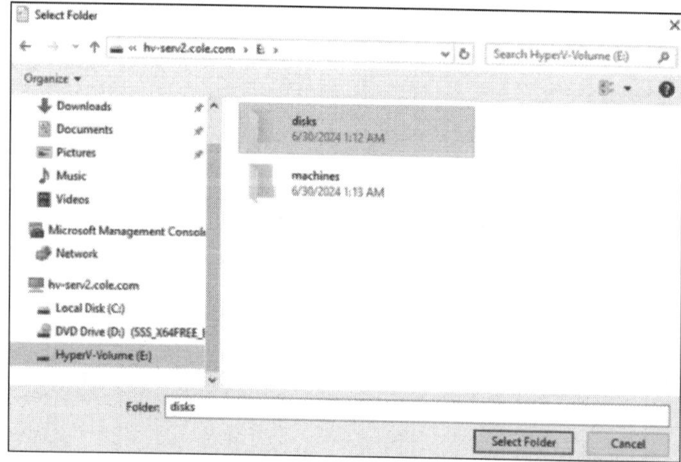

▶Repita la operación para la ubicación de los archivos de la máquina virtual.

5. Configurar una máquina virtual

5.1 Configuración de la memoria

Si vamos a los parámetros de una máquina virtual, podemos ver su configuración de memoria. Aquí se ven los ajustes para la máquina core1:

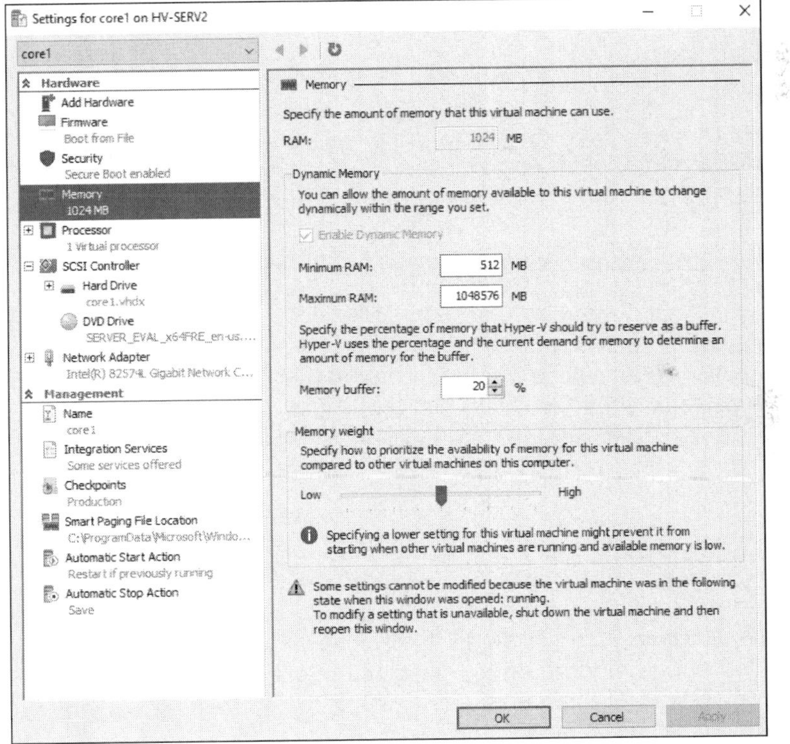

5.1.1 Memoria de arranque

La primera sección muestra la cantidad de memoria asignada a la máquina cuando se creó. Esto se conoce como **memoria de arranque**. Si la asignación de memoria dinámica no está habilitada, entonces el servidor Hyper-V siempre asignará esta cantidad de memoria a la máquina. **Este valor se puede cambiar con la máquina virtual encendida, si la memoria dinámica está deshabilitada, para máquinas Windows**. Se requiere Windows 10 y posterior y Windows Server 2016 y posterior.

Si la memoria dinámica está activada, la memoria de arranque será la cantidad asignada al encender la máquina y evolucionará posteriormente.

5.1.2 Memoria dinámica

Si se habilita la asignación dinámica de memoria, bien cuando se crea la máquina como hemos hecho nosotros o bien después de crearla yendo a este menú y marcando la opción **Enable dynamic memory**, entonces la máquina podrá tener más memoria que el valor de arranque cuando lo necesite y consumir menos memoria cuando tenga poca actividad.

Puede especificar una cantidad mínima y máxima de RAM.

- Establezca la RAM mínima para la máquina core1 en 512 MB y la RAM máxima en 2048 MB.
- El siguiente ajuste es la memoria intermedia. Su valor es un porcentaje de la memoria utilizada por la máquina virtual. Es una cantidad de memoria reservada para la máquina en caso de un pico repentino de consumo de RAM. Para las máquinas Windows, también se utiliza como caché cuando el servidor tiene suficiente memoria disponible. Establezca el búfer de core1 al 10%.

5.1.3 Peso de la memoria

Esta configuración se utiliza para determinar la prioridad de esta máquina virtual, en relación con las demás máquinas alojadas en el servidor. Cuanto mayor sea la configuración, mayor será la prioridad de esta máquina en relación con las demás. Una máquina virtual que es crítica para el funcionamiento de la infraestructura debe tener una prioridad más alta que las otras máquinas.

5.1.4 Visualización de la memoria

En el gestor de Hyper-V, si selecciona una máquina y va a la pestaña **Memory** en la parte inferior de la ventana, puede acceder a información sobre el estado de la memoria. Además de un resumen de la configuración de la memoria, puede ver la memoria que el servidor ha asignado a la máquina, la memoria consumida, que indica la cantidad de RAM que está utilizando actualmente la máquina y el estado de la memoria.

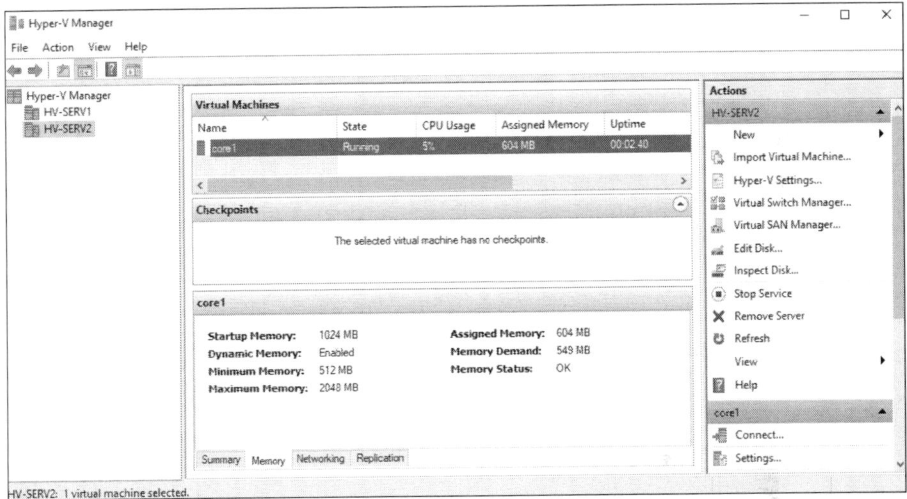

5.1.5 Arquitectura NUMA

NUMA (*Non-Uniform Memory Access*) es una **arquitectura utilizada por máquinas con varios procesadores**, en la que a cada procesador se le asigna memoria en función de la ubicación física de los bloques de memoria. Así, cada procesador dispone de su propia memoria local, pero también puede utilizar la memoria de otros procesadores si es necesario, de ahí el aspecto "no uniforme". Cada núcleo de procesador que utiliza memoria se denomina *nodo*.

Hyper-V conoce la arquitectura NUMA de la máquina física y este sistema de asignación de memoria está activado por defecto en la configuración del servidor Hyper-V.

También existe un ajuste para NUMA en las propiedades de la máquina virtual, a nivel de procesador, que permite ajustar con precisión el uso de memoria por los nodos.

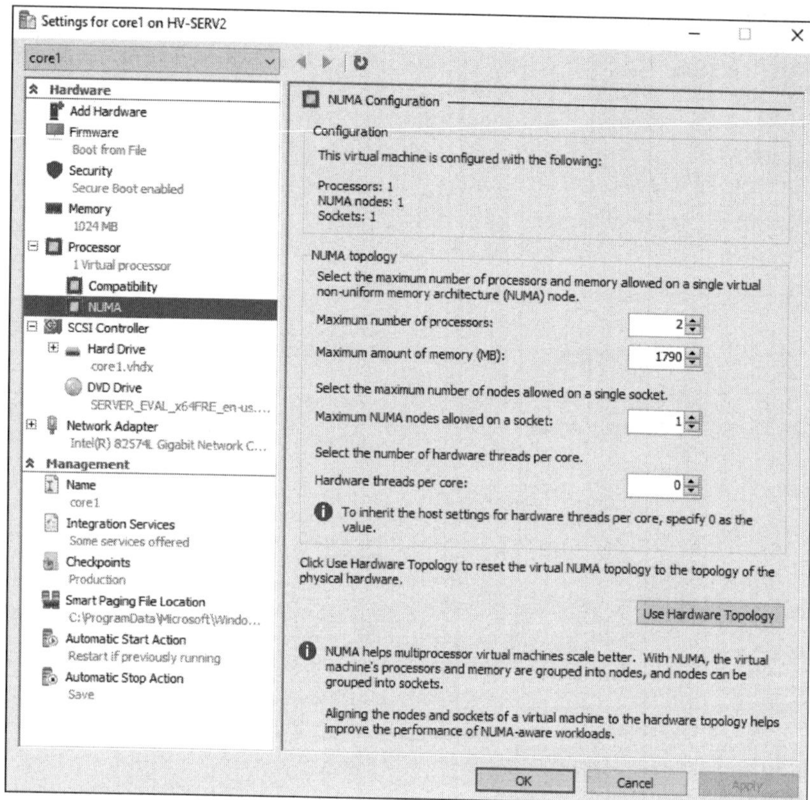

Algunas aplicaciones, como SQL, pueden aprovechar NUMA y mejorar significativamente el rendimiento. Para que una máquina virtual utilice NUMA, **se debe desactivar la asignación dinámica de memoria**.

Para aumentar el rendimiento de una máquina con NUMA, puede aumentar el número de nodos autorizados, el número de hilos y la memoria por nodo.

5.2 Archivos de paginación

Los archivos de paginación, también conocidos como *smart paging*, son una función de Hyper-V que utiliza espacio en disco para dar memoria a una máquina virtual, cuando se reinicia. Esto sólo ocurre cuando el servidor físico se queda sin memoria al reiniciar la máquina virtual. **Esta característica está siempre activada en el servidor**.

Es posible establecer la ubicación donde se almacenarán los archivos de paginación a nivel de máquina virtual. Esto se recomienda porque, por defecto, la ubicación de los archivos de paginación está en el disco del sistema.

La configuración se debe realizar cuando la máquina virtual está apagada. Para ello, vaya a las propiedades de la máquina y seleccione una carpeta que haya creado previamente.

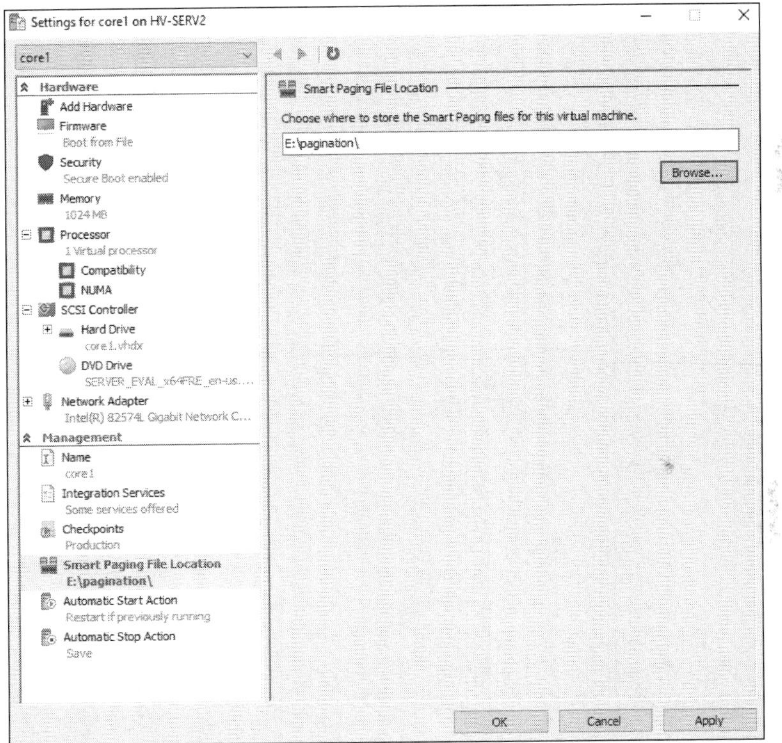

5.3 Puesta en marcha segura

El arranque seguro comprueba que el cargador de arranque de la máquina (*bootloader*), no ha sido sustituido por malware.

Hyper-V puede comprobar el gestor de arranque de las máquinas Windows y Linux. En el caso de las máquinas Windows, el arranque seguro está activado por defecto, lo que no ocurre en los sistemas Linux.

Debe ir a la configuración de la máquina virtual para activar el arranque seguro.

▶En la configuración de la máquina virtual, vaya a **Security**.

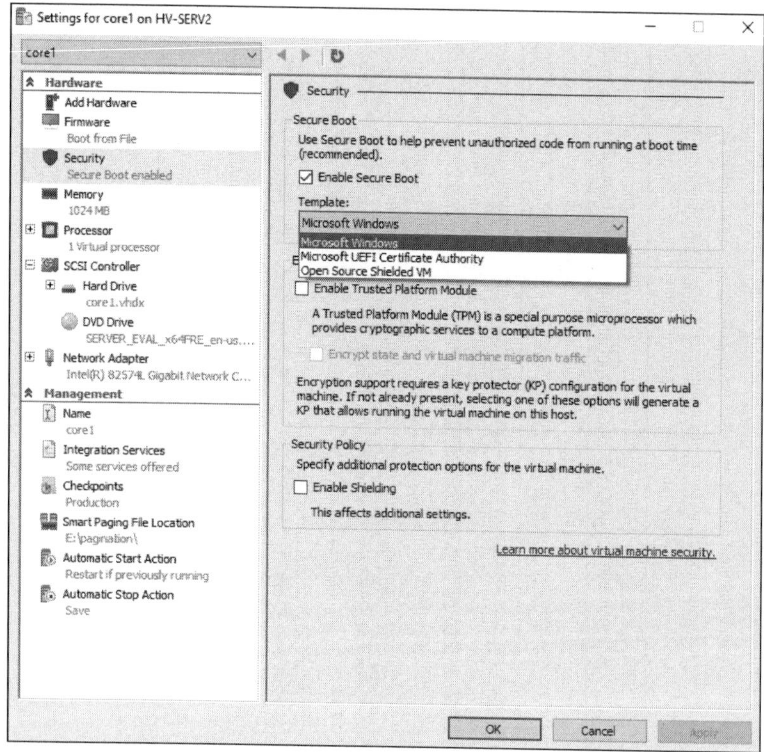

Hay tres opciones de cargador de arranque:

- Microsoft Windows, para sistemas Windows,
- autoridad de certificación UEFI de Microsoft para distribuciones Linux conocidas,
- máquina virtual con la máxima protección Open Source, para otras distribuciones Linux.

5.4 Servicio de integración

Los servicios de integración también se encuentran en los parámetros de la máquina virtual. Estos son utilizados por la máquina virtual para comunicarse con el servidor para determinadas funciones.

Por defecto, todos están activados excepto los servicios para invitados:

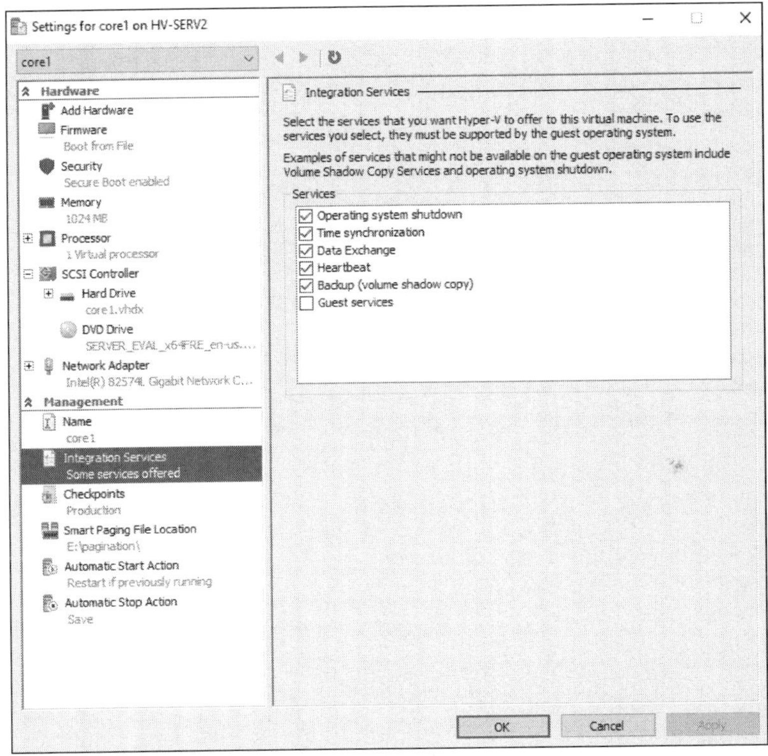

Operating system shutdown : aporta el *gracefull shutdown*, es decir, la posibilidad de apagar la máquina correctamente desde los menús contextuales de Hyper-V, igual que si se apagara desde el menú de inicio dentro de la máquina virtual con la opción **shut down**. La opción **turn off** corta la alimentación de la máquina.

Time synchronization: permite a la máquina virtual sincronizar su reloj con el del servidor. Puede que desee detener esto en el caso de un controlador de dominio virtualizado, que se sincronizará con un reloj externo más preciso.

Data Exchange: esta opción la utiliza el sistema invitado para intercambiar metadatos con el sistema servidor. Esta opción no se utiliza para el intercambio de archivos.

Heartbeat: utilizado por el servidor para monitorizar el estado de la máquina virtual, que le envía periódicamente señales indicando su estado: arrancada, parada, iniciada, etc.

Backup (volume shadow copy): esta opción permite realizar una copia de seguridad de las máquinas virtuales, aunque estén encendidas.

Guest services: esta opción permite el intercambio de archivos entre el servidor y la máquina virtual y permite utilizar el comando `Copy-VmFiles`. **Esta opción no está activada por defecto**.

5.5 Asignación de dispositivos en modo discreto

5.5.1 Introducción

También conocida como *discrete device assignment*, es una función que permite conectar hardware físico directamente a una máquina virtual, sin pasar por las capas de virtualización ni por los controladores instalados en la máquina virtual. El objetivo de esta característica es aprovechar al máximo el rendimiento del hardware. Esta función está diseñada para funcionar con hardware de servidor, más que con ordenadores personales.

Observación

Obviamente, esta operación no será posible en nuestro trabajo práctico, ya que los servidores Hyper-V son a su vez máquinas virtuales.

Hay dos tipos de hardware que se pueden utilizar para la asignación discreta: las tarjetas gráficas y los discos duros NVMe.

El hardware debe ser capaz de ceder el control de las ranuras PCIe de la placa base al sistema operativo, y esta funcionalidad se debe activar en el firmware de la máquina física, mediante la función **SR-IOV**.

Microsoft proporciona un script para comprobar la compatibilidad del hardware y proporcionará una lista de elementos que se pueden utilizar para la asignación discreta.

Se puede descargar desde esta dirección:

https://github.com/MicrosoftDocs/Virtualization-Documentation/blob/live/hyperv-tools/DiscreteDeviceAssignment/SurveyDDA.ps1

El script también se incluirá en los archivos de descarga disponibles con este libro.

El hardware debe estar desactivado en la máquina real.

Una máquina virtual que utiliza hardware en modo discreto ya no puede utilizar las siguientes funciones:

- migración dinámica,
- memoria dinámica,
- añadir la máquina a un clúster de alta disponibilidad,
- guardar y restaurar la máquina virtual.

5.5.2 Preparación del hardware

El hardware tendrá que ser desactivado y desmontado en la máquina real. Esto se puede hacer con un archivo:

```
Dismount-VMHostAssignableDevice -LocationPath $locationPath
```

La variable `$locationpath` se refiere a la ruta PCIe del hardware que se puede encontrar en la propiedad en el administrador de dispositivos.

En nuestro ejemplo, veremos la ruta para el controlador NVMe:

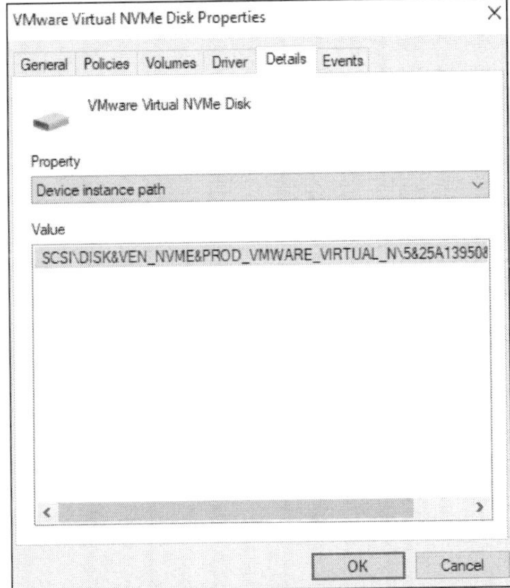

Esta ruta también la proporciona el script de Microsoft.

5.5.3 Configuración de la máquina virtual

Una vez preparado el hardware, es necesario configurar la máquina virtual para desactivar el apagado automático mediante PowerShell:

```
Set-VM -Name core1 -AutomaticStopAction TurnOff
```

El resto del procedimiento varía en función del tipo de hardware: disco duro NVMe o tarjeta gráfica. Veamos el caso en el que queremos conectar un disco duro a la máquina virtual.

Para montar un disco NVMe en una máquina virtual, ejecute un comando PowerShell en el servidor de virtualización

```
Add-VMAssignableDevice -LocationPath $locationPath -VMName core1
```

Una vez montado el disco en la máquina virtual, puede comprobar su presencia en el administrador de dispositivos.

Es necesario instalar los controladores del dispositivo antes de poder utilizarlo en la máquina virtual.

5.5.4 Reconfigurar el dispositivo en el host

Si desea eliminar el hardware de la máquina virtual y devolverlo a la máquina física, debe ejecutar los siguientes comandos:

Para desmontar el hardware de la máquina virtual:

```
Remove-VMAssignableDevice -LocationPath $locationPath -VMName core1
```

Para volver a montar el equipo en la máquina real:

```
Mount-VMHostAssignableDevice -RutaDeLocalización $rutaDeLocalización
```

5.6 Arranque y parada automáticos

5.6.1 Puesta en marcha automática

Se puede configurar una máquina virtual para que se inicie automáticamente cuando se reinicie el servidor. Esto se puede configurar en caliente, cuando se enciende la máquina virtual.

▶ Vaya a las propiedades de la máquina virtual y a **Automatic Start Action**.

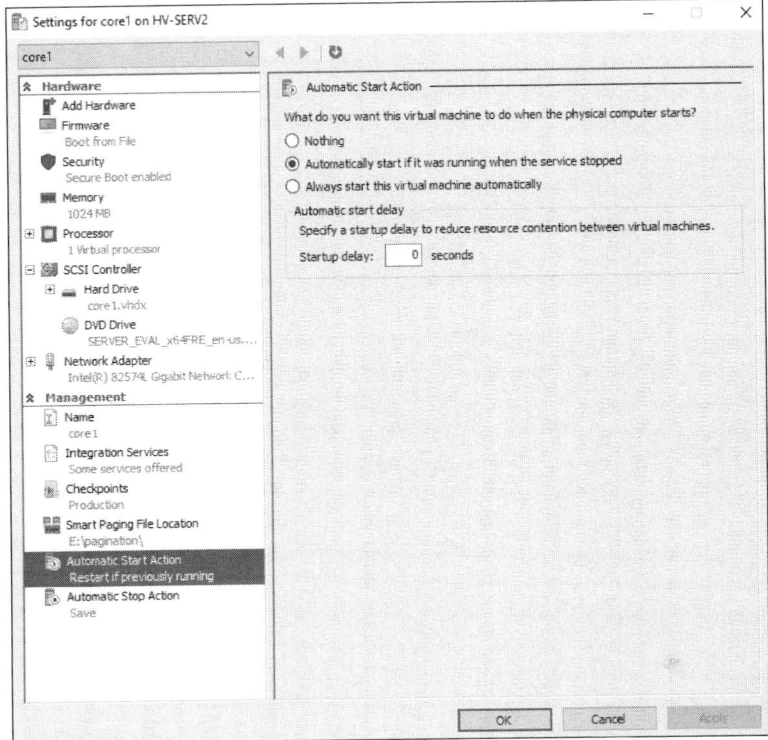

La función está activada por defecto y configurada para iniciarse al mismo tiempo que el servidor, si ya estaba encendido cuando se apagó la máquina real.

- Seleccione la opción para iniciar siempre esta máquina cuando se enciende el servidor, con un retardo de 120 segundos. El retardo se utiliza para arrancar primero las máquinas más críticas para el negocio, de modo que se inicien más rápidamente.

5.6.2 Parada automática

Esta función tiene un nombre engañoso, ya que en ningún caso está pensada para configurar un apagado automático de la máquina virtual, sino para decidir determinadas acciones cuando se apaga el servidor físico. El apagado automático sólo se puede configurar cuando la máquina virtual está apagada.

Por defecto, la funcionalidad está configurada para copiar el contenido de la memoria RAM de la máquina virtual al disco duro del servidor. El sistema reservará una cantidad de espacio en el disco igual al tamaño de la memoria.

Esto puede ocupar mucho espacio en disco y es posible que desee desactivar esta opción.

▶ Seleccione la opción **Shut down the guest operating system**.

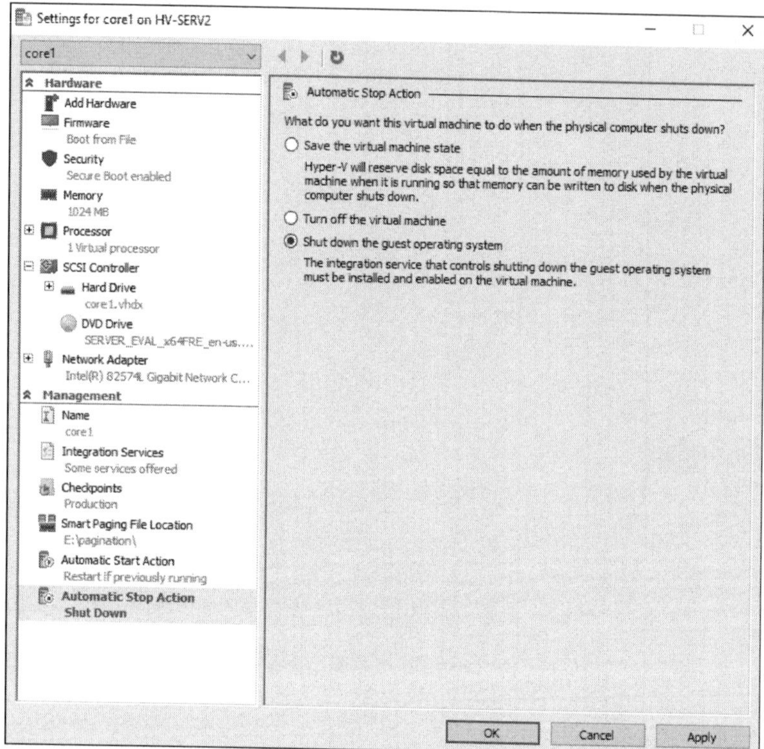

6. Gestión de máquinas virtuales

6.1 Exportar e importar máquinas virtuales

Es posible exportar una máquina virtual e importarla al mismo servidor o a un servidor diferente, ya sea para hacer una copia adicional de la máquina virtual o para sustituirla.

6.1.1 Exportar máquinas virtuales

Vamos a exportar la máquina core1 y colocar esta exportación en una carpeta creada previamente en HV-SERV2.

- Haga clic con el botón derecho del ratón en la máquina virtual en Hyper-V Manager y seleccione **Export** en el menú desplegable.

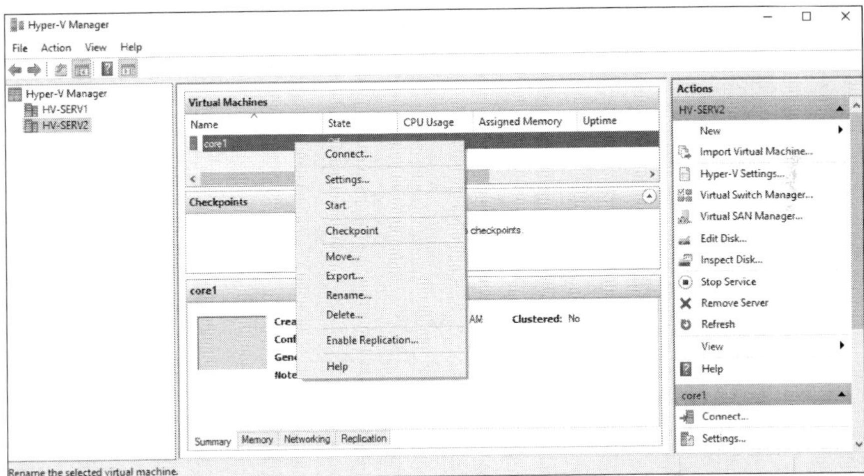

- Elija el destino de la exportación. Se trata del recurso compartido creado previamente en el volumen ReFS. Haga clic en **Export**.

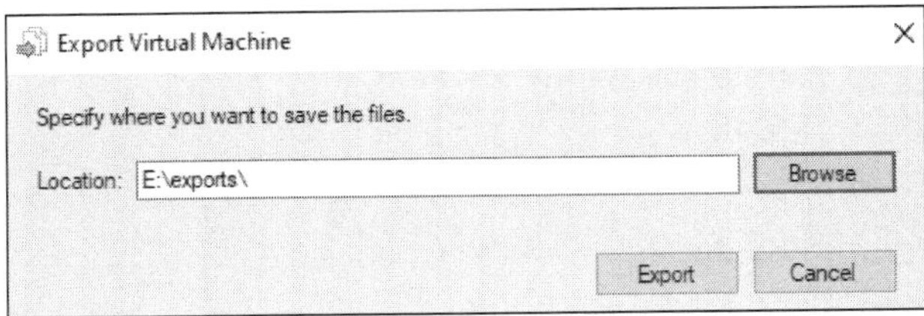

En el servidor HV-SERV2, la máquina ha sido exportada:

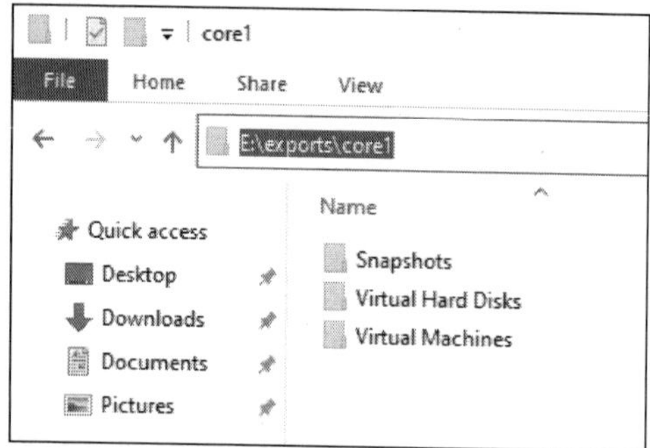

6.1.2 Importar máquinas virtuales

- En la consola de gestión Hyper-V, haga clic con el botón derecho del ratón en el servidor **HV-SERV2** y seleccione **Import Virtual Machine**.

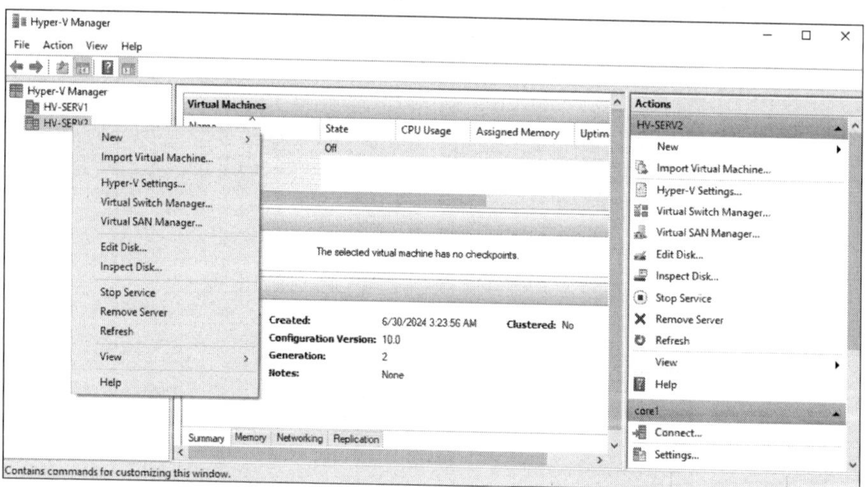

- Sáltese la primera pantalla y, en la segunda, introduzca la ruta a la carpeta de exportación de la máquina core1.

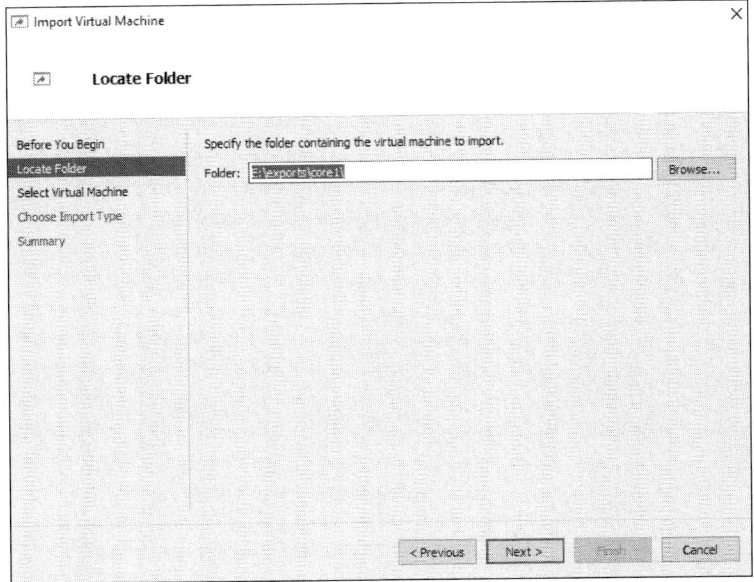

A continuación, el sistema le pedirá que elija la máquina virtual.

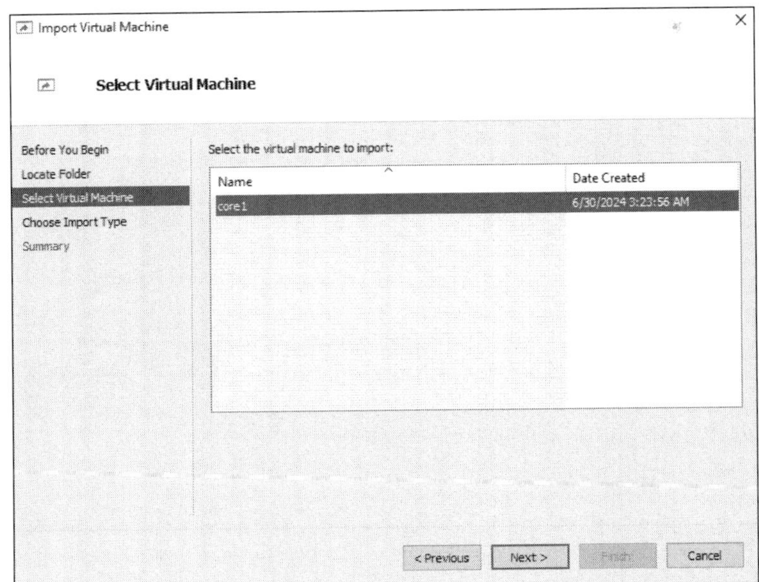

- En el siguiente paso, elija el método de importación:

  Register the virtual machine in-place : esta opción se debe utilizar si desea restaurar una máquina y las carpetas y archivos ya se encuentran en la ubicación deseada. La máquina conserva su ID. Los archivos exportados se convierten entonces en los archivos de la máquina.

  Restore the virtual machine: utilice esta opción si desea conservar el ID de la máquina, pero copiar los archivos, sin tocar los archivos originales.

  Copy the virtual machine: esta opción permite crear una nueva máquina con un nuevo ID a partir de la exportación, con un nuevo ID.

- Elija copiar la máquina virtual para crear una nueva.

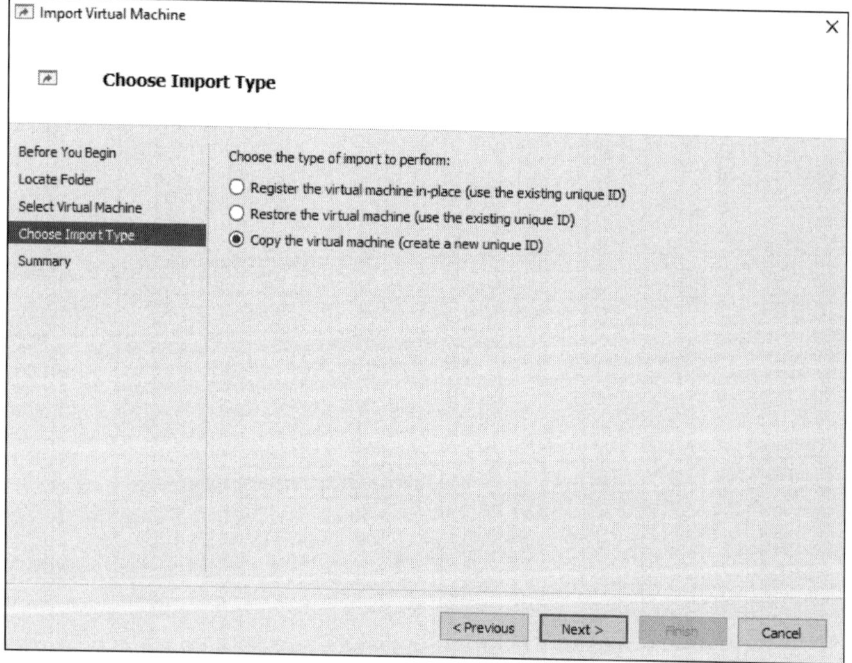

Después viene la elección de la ubicación de la máquina. Estas son las ubicaciones de servidor por defecto que utilizará.

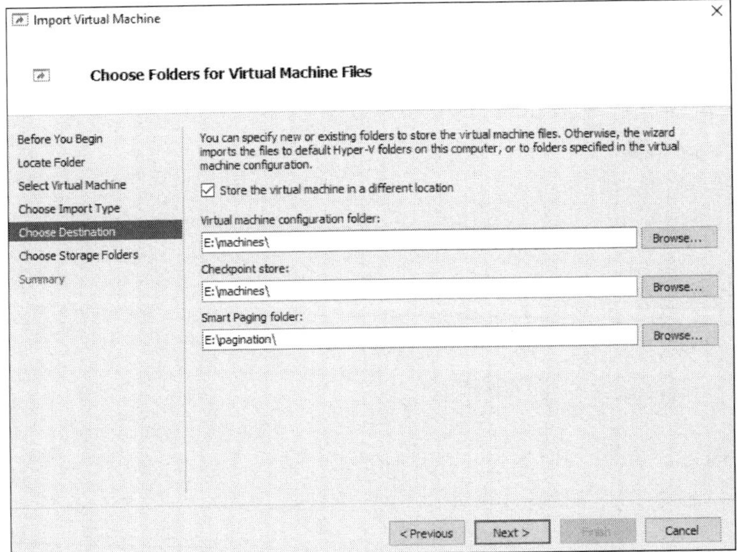

Después de los archivos, se solicita la ubicación del disco duro de la máquina virtual. Una vez más, elija la ubicación predeterminada que se ha establecido en el servidor.

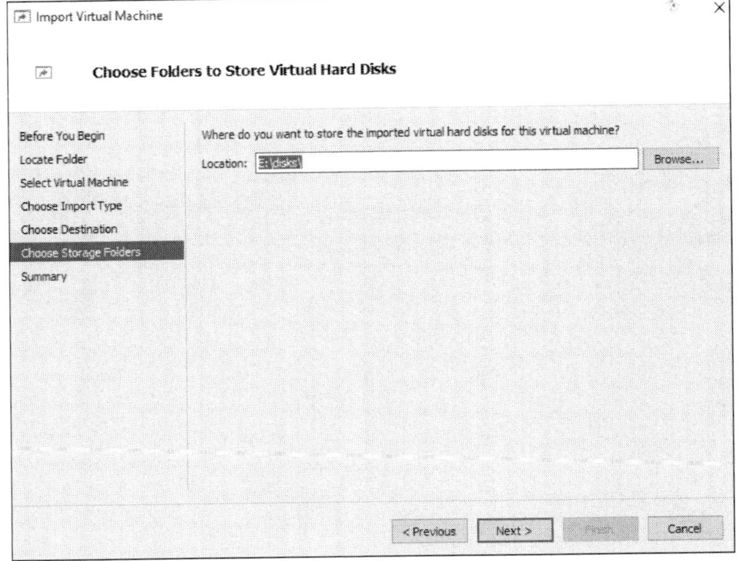

▶ A continuación, aparece la pantalla de resumen. Haga clic en **Finish**. Los archivos se copiarán de la exportación a las ubicaciones de la nueva máquina.

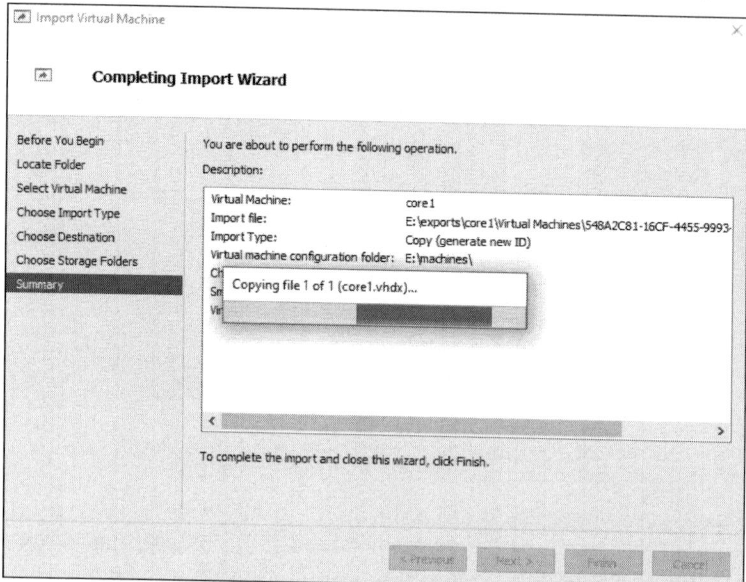

Una vez creada la nueva máquina, sólo queda cambiarle el nombre haciendo clic con el botón derecho del ratón sobre la máquina y seleccionando **Rename**.

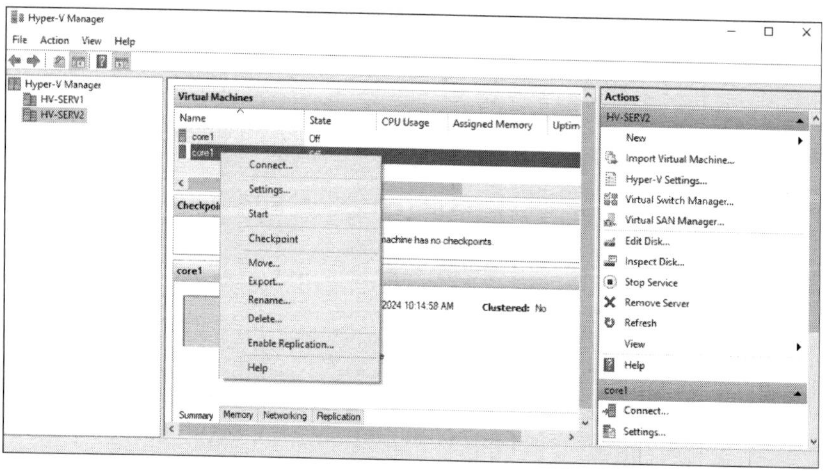

6.1.3 Crear máquinas virtuales con PowerShell

Por supuesto, también puede crear máquinas virtuales utilizando PowerShell.

El comando `New-VM` se utiliza para crear una máquina. Aquí la máquina se creará con su disco duro y se conectará a un switch Hyper-V.

```
New-VM -Name "CORE3" -MemoryStartupBytes 4GB -Path "D :
\VM\CORE3" -NewVHDPath "D:\VM\CORE3 Linux\CORE3.vhdx"
-NewVHDSizeBytes 40GB -Generation 2 -SwitchName "Ethernet"
```

- Ahora añada una iso de instalación a la máquina virtual, utilizando el comando `Add-VMDvdDrive`:

```
Add-VMDvdDrive -VMName "CORE3" -Path "D:\ISO\
SERVER_EVAL_x64FRE_en-us.iso"
```

- Por último, coloque la unidad de DVD de la máquina en primer lugar, en el orden de arranque en el firmware de la máquina virtual.

```
Set-VMFirmware -VMName "CORE3" -BootOrder $(Get-VMDvdDrive
-VMName "CORE3"), $(Get-VMHardDiskDrive -VMName "CORE3"),
$(Get-VMNetworkAdapter -VMName "CORE3")
```

6.2 PowerShell direct y PSsession

6.2.1 Presentación

PowerShell direct es una función que apareció con Windows Server 2016 y permite interactuar con máquinas virtuales sin pasar por la red, desde el servidor Hyper-V. Esto permite empezar a configurar las máquinas, aunque aún no se haya realizado su configuración de red.

Combinado con las PSsessions de PowerShell, permite trabajar completamente desde su estación de trabajo de administración, conectándose al servidor con una PSsession y luego a la máquina virtual con PowerShell Direct.

Como recordatorio, abrir un prompt de comando PowerShell desde la máquina de gestión a un servidor o usar `Enter-PSsession` desde un prompt local es lo mismo.

- Abra un símbolo del sistema PowerShell en su equipo Windows 10 y escriba el siguiente comando:

```
Enter-PSSession -ComputerName HV-serv2
```

El símbolo del sistema indica que está conectado al servidor.

```
PS C:\Users\administrator> Enter-PSSession -ComputerName HV-serv2
[HV-serv2]: PS C:\Users\administrator.COLE\Documents> _
```

▶ Ahora inicie las máquinas virtuales con el siguiente comando:

```
Start-VM -Name CORE1,CORE2
```

Necesitamos establecer los identificadores de las máquinas virtuales porque no se ha configurado nada desde que se crearon.

▶ Conéctese a la máquina core1 y establezca la contraseña. Haga lo mismo en core2.

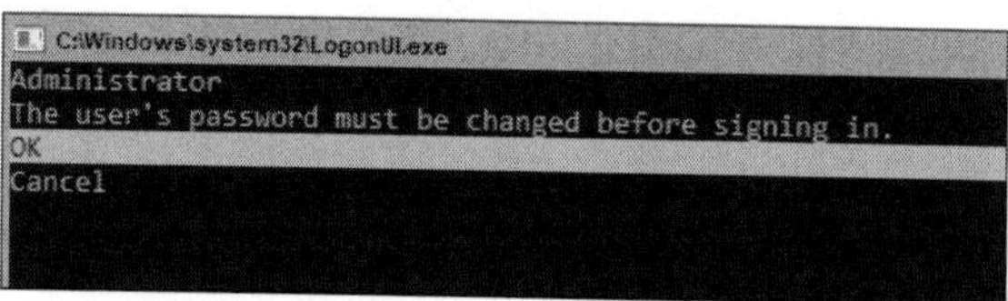

▶ Estas máquinas no tienen configuración de red y, sin embargo, podrá conectarse a ellas. Si han encontrado un DHCP y han obtenido una dirección, ceda el lease con el siguiente comando:

```
Ipconfig/release
```

▶ En PowerShell, escriba:

```
Enter-PSSession -VMName core1
```

El sistema le pedirá que se autentique.

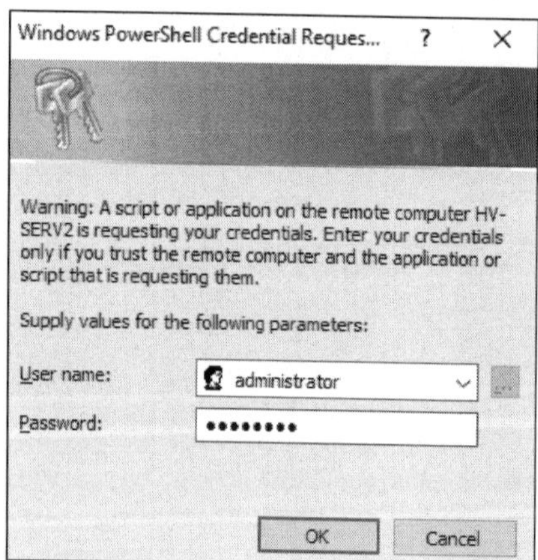

A continuación, introducimos la máquina core1, tal y como nos indica el prompt:

```
[HV-serv2]: PS C:\> Enter-PSSession -VMName core1

Windows PowerShell Credential Request: cmdlet Enter-PSSession at command pipeline position 1
Warning: A script or application on the remote computer HV-SERV2 is requesting your credentials.
 only if you trust the remote computer and the application or script that is requesting them.

Supply values for the following parameters:
Credential
[HV-serv2]: [core1]: PS C:\Users\Administrator\Documents>
```

La opción `-VMname` permite conectarse a la máquina, aunque no tenga IP. También podríamos utilizar la opción `-VMID` para obtener el mismo resultado.

Para salir de la sesión, basta con teclear:

```
Exit
```

6.2.2 Ejecución de scripts

Este mecanismo también se puede utilizar para ejecutar scripts en máquinas virtuales desde el servidor. Los scripts se deben almacenar en el servidor. Tenemos dos scripts en HV-SERV2:

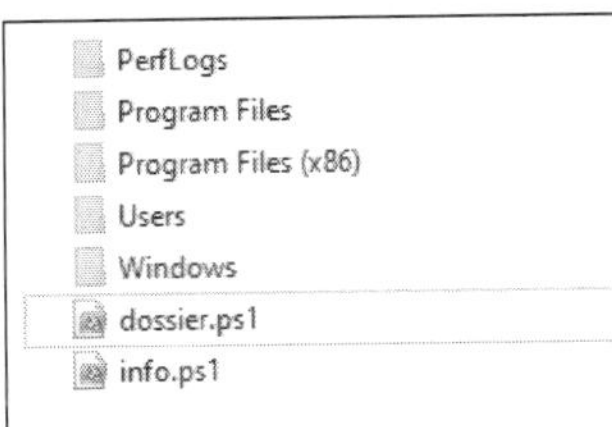

El primero crea una carpeta en la raíz de C: y el segundo, escribe información sobre el sistema en un archivo de texto en la carpeta.

El primer script:

```
mkdir c:\admins
```

El segundo script:

```
systemminfo > c:\admins\core1.txt
```

- Se encuentra en un equipo Windows 10, con una sesión abierta en el servidor HV-SERV2. Para no tener que identificarte cada vez, ponga los identificadores en un archivo:

```
$cred = Get-Credential
```

- Se abrirá la ventana de autenticación. Introduzca sus datos de acceso.

▶ Ejecute el comando para el primer script, que creará el archivo:

```
Invoke-Command -VMName CORE1 -FilePath C:\carpeta.ps1 -Credential
$cred
```

▶ Ejecute el comando para el segundo script:

```
Invoke-Command -VMName CORE1 -FilePath C:\info.ps1 -Credential $cred
```

Operativa en la línea de comandos, desde una sesión abierta en HV-SERV2 y los scripts están en HV-SERV2:

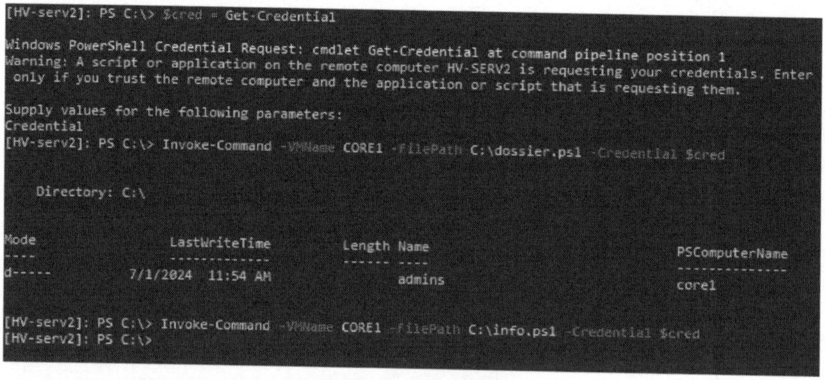

```
[HV-serv2]: PS C:\> $cred = Get-Credential

Windows PowerShell Credential Request: cmdlet Get-Credential at command pipeline position 1
Warning: A script or application on the remote computer HV-SERV2 is requesting your credentials. Enter
 only if you trust the remote computer and the application or script that is requesting them.

Supply values for the following parameters:
Credential
[HV-serv2]: PS C:\> Invoke-Command -VMName CORE1 -FilePath C:\dossier.ps1 -Credential $cred


    Directory: C:\


Mode                 LastWriteTime         Length Name                                    PSComputerName
----                 -------------         ------ ----                                    --------------
d-----          7/1/2024  11:54 AM                admins                                  core1


[HV-serv2]: PS C:\> Invoke-Command -VMName CORE1 -FilePath C:\info.ps1 -Credential $cred
[HV-serv2]: PS C:\>
```

Sólo queda comprobar en core1 que se han creado la carpeta y el archivo.

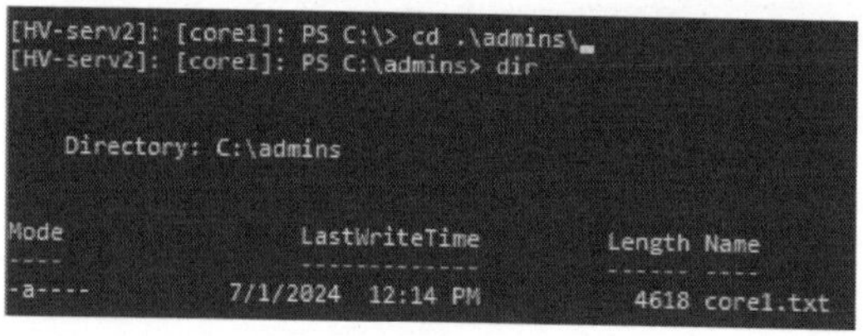

```
[HV-serv2]: [core1]: PS C:\> cd .\admins\
[HV-serv2]: [core1]: PS C:\admins> dir


    Directory: C:\admins


Mode                 LastWriteTime         Length Name
----                 -------------         ------ ----
-a----          7/1/2024  12:14 PM           4618 core1.txt
```

6.2.3 Sesiones persistentes

El mecanismo de ejecución de scripts abre las denominadas sesiones efímeras, que se cierran en cuanto finaliza la tarea. Puede comprobarlo con el comando `Get-PSSession`, que devolverá una pantalla vacía. Del mismo modo, las sesiones se cierran en cuanto se sale de ellas con `Exit`.

Vamos a crear una sesión persistente con el comando `New-PSSession` en core1 y otra en core2 y almacenarlas en variables.

Para core1:

```
$session1 = New-PSSession -VMName CORE1 -Credential $cred
```

Para core2:

```
$session2 = New-PSSession -VMName CORE2 -Credential $cred
```

Para comprobar que se han creado sesiones:

```
Get-PSsession
```

Operativa:

```
[HV-serv2]: PS C:\> $session1 = New-PSSession -VMName CORE1 -Credential $cred
[HV-serv2]: PS C:\> $session2 = New-PSSession -VMName CORE2 -Credential $cred
[HV-serv2]: PS C:\> Get-PSSession

 Id Name            ComputerName    ComputerType    State         ConfigurationName
 -- ----            ------------    ------------    -----         -----------------
  9 WinRM9          core2           VirtualMachine  Opened
  8 WinRM8          core1           VirtualMachine  Opened
```

Ahora podemos utilizar estas sesiones para copiar archivos hacia y desde máquinas virtuales. Creamos previamente un archivo de prueba en HV-SRV2.

Mientras las sesiones estén abiertas, puede enviar archivos a las máquinas virtuales utilizando la opción `-ToSession`.

Este comando copiará el archivo de prueba a core1:

```
Copy-Item -ToSession $session1 -Path C : \TESTFILE.txt -Destination C : \
```

Cambie la variable de sesión a core2:

```
Copy-Item -ToSession $session2 -Path C : \TESTFILE.txt -Destination C : \
```

También puede copiar archivos de máquinas virtuales al servidor utilizando la opción `-FromSession`, por ejemplo, para recuperar el archivo de información core1 creado con un script en la sección anterior:

```
Copy-Item -FromSession $session1 -Path C : \admins\core1.txt
- Destination C : \
```

Una vez finalizadas estas operaciones, las sesiones se deben cerrar, ya que representan un riesgo para la seguridad.

```
Remove-PSSession -Name winrm8,winrm9
```

6.3 Puntos de control

6.3.1 Principios básicos

Puntos de control, se conocen como *snaphots* en el mundo de la virtualización. Permiten volver a un estado anterior de la máquina virtual.

Cuando se crea un punto de control, el sistema dejará de escribir datos en el disco duro de la máquina virtual y creará **un disco de diferenciación** y escribirá los nuevos datos en él. Si se crea un segundo punto de control, entonces se crea un nuevo disco de diferenciación y así sucesivamente.

El disco de diferenciación es un archivo de tipo AVHDX en la misma carpeta que el disco VHDX.

core1
core1_1D1FA801-5B6C-4B85-BCC4-0E6D959B7BFB.avhdx
core1_44713A29-5953-455D-AF03-70A59924CF4E.avhdx

Cuando se elimina un punto de control, los datos se fusionan con el disco principal. Si sólo hay un punto de control, los datos se fusionarán con el disco VHDX.

Si hay varios puntos de control y se elimina un punto de control al final de la cadena, los datos se fusionarán con el archivo AVHDX anterior.

Si se elimina un punto de control que está en medio de una cadena, los datos se distribuyen al disco padre o al disco hijo, dependiendo de la fecha de creación de los datos que había en el punto de control eliminado.

Los puntos de control también contienen una copia de los archivos de configuración de la máquina para que pueda realizar un seguimiento del estado de la máquina en términos de memoria, configuración de arranque, hardware añadido, etc.

6.3.2 Tipos de puntos de control

Hyper-V tiene dos tipos de punto de control, estándar y de producción.

Puntos de control estándares:

- capturan los archivos de configuración,
- capturan el estado de la RAM y su contenido, un archivo abierto que no se haya guardado se encontrará intacto,
- capturan el estado de la CPU y de los procesos en ejecución, una aplicación que se esté ejecutando se encontrará en el mismo estado,
- están diseñados más para entornos de prueba y desarrollo.

Puntos de control de producción:

- no capturan el estado de la memoria, lo que ahorra espacio en disco,
- no capturan el estado de la CPU,
- utilizan instantáneas VSS en sistemas Windows para crear una instantánea VSS, las aplicaciones compatibles con VSS, como Exchange o SQL, podrán aprovecharlo para garantizar la coherencia de los datos,
- se utilizarán las funciones de Linux para la coherencia de los datos,
- capturan los archivos de configuración de la máquina,
- restauran la máquina a su estado apagado,
- para su uso en entornos de producción.

6.3.3 Utilización de puntos de control

Normalmente, se creará un punto de control antes de una modificación del sistema, de modo que se pueda revertir si surgen problemas como resultado de la modificación.

Algunos ejemplos son la actualización del sistema, la instalación de nuevas funciones, la actualización de una aplicación empresarial o antes de una limpieza del sistema.

También puede crear puntos de control antes de realizar una prueba de configuración, ya sea del sistema o de una aplicación.

Los puntos de control no se deben conservar demasiado tiempo, ya que ocupan espacio en disco y demasiados puntos de control pueden ser difíciles de gestionar.

También nos aseguraremos de dar nombres explícitos a los puntos de control, incluida la fecha de creación. Los nombres están limitados a 100 caracteres.

Los puntos de control no son copias de seguridad; si los datos se dañan o el disco físico deja de funcionar, los puntos de control se pierden.

6.3.4 Puntos de control automáticos

Hyper-V se puede configurar para tomar puntos de control automáticamente.

Si no hay otro punto de control, el sistema establecerá uno automáticamente cuando se inicie la máquina virtual. Este punto de control se borrará cuando se apague la máquina y se tomará uno nuevo cuando se reinicie. Este comportamiento se detiene en cuanto se crea manualmente un punto de control.

También es posible crear tareas programadas que ejecuten scripts para crear puntos de control a intervalos regulares o eliminar puntos de control que hayan alcanzado cierta antigüedad. Este tipo de scripts y tareas programadas se deben utilizar fuera del horario laboral para minimizar el impacto en el rendimiento del sistema y se deben configurar en el servidor de las máquinas virtuales afectadas.

6.3.5 Gestión de puntos de control mediante PowerShell

Estos son algunos comandos PowerShell para crear, aplicar, renombrar y eliminar puntos de control.

Para crear un punto de control:

```
Checkpoint-VM
```

Para aplicar un punto de control:

```
Restore-VMCheckpoint
```

Para cambiar el nombre de un punto de control:

```
Rename-VMCheckpoint
```

Para eliminar un punto de control:

```
Remove-VMCheckpoint
```

He aquí un ejemplo de estos comandos:

```
Checkpoint-VM `
-Name CORE1 `
-SnapshotName test

Restore-VMCheckpoint `
-Name test `
-VMName CORE1 `
-Confirm:$false

Rename-VMCheckpoint `
-VMName CORE1 `
-Name test `
-NewName "test antes update 03/11/23"

Remove-VMCheckpoint `
-VMName CORE1 `
-Name "test antes update 03/11/23"
```

Un script para gestionar puntos de control automáticamente con una tarea programada. Este script de ejemplo elimina las snapshots que tienen más de 10 días en todas las máquinas virtuales del servidor.

```
$VMName = "*"

Get-VMSnapshot `
-VMName $VMName |
Where-Object {$_.CreationTime -lt (Get-Date).AddDays(-10) } |
Remove-VMSnapshot
```

6.4 Gestión de versiones de máquinas virtuales

La versión de las máquinas virtuales depende de la versión de Hyper-V con la que fueron creadas. Es posible que no se pueda importar una máquina virtual que sea más reciente que el hipervisor. Cada nueva versión de máquina virtual aporta nuevas características. Por ejemplo, la versión 9.0 añade soporte para espera extendida, la versión 8.0 añade soporte para virtualización anidada, etc.

Windows Server 2022 es compatible con las siguientes versiones de máquina:

10, 9,3, 9,2, 9,1, 9, 8,3, 8,2, 8,1, 8.

Utilice el siguiente comando para ver qué versiones son compatibles con su servidor Hyper-V:

```
Get-VMHostSupportedVersion
```

El resultado del comando también indica la versión nativa del sistema:

```
[HV-SERV2.cole.com]: PS C:\> Get-VMHostSupportedVersion

Name                                                Version IsDefault
----                                                ------- ---------
Microsoft Windows 10 Anniversary Update/Server 2016   8.0     False
Microsoft Windows 10 Creators Update                  8.1     False
Microsoft Windows 10 Fall Creators Update/Server 1709 8.2     False
Microsoft Windows 10 April 2018 Update/Server 1803    8.3     False
Microsoft Windows 10 October 2018 Update/Server 2019  9.0     False
Microsoft Windows 10 May 2019 Update/Server 1903      9.1     False
Microsoft Windows 10 May 2020 Update/Server 2004      9.2     False
Microsoft Windows 10 (Manganese)                      9.3     False
Microsoft Windows Server 2022                         10.0    True
```

Al crear una máquina virtual con PowerShell, puede especificar una versión con la opción `-version`, por ejemplo, si desea que sea compatible más adelante con otro servidor más antiguo:

```
New-VM -Name "sql-server2" -Version 9.0
```

También es posible cambiar la versión de una máquina importada de un hipervisor antiguo a la versión actual de su servidor Hyper-V. Esto se hace utilizando PowerShell y el archivo:

```
Update-VMVersion `
-ComputerName HV-SERV2 `
-Name CORE1
```

Tenga en cuenta que no es posible revertir una máquina virtual a una versión anterior.

En los parámetros de la máquina virtual, puede definir la ubicación de los puntos de control. La ubicación por defecto es en la carpeta ProgramData del disco del sistema. Aquí es donde se almacenarán los archivos de configuración y los archivos de estado de la máquina, que no se deben confundir con los discos de diferenciación.

Es aconsejable cambiar esta ubicación, por ejemplo, creando una carpeta especial para los puntos de control en la carpeta de la máquina.

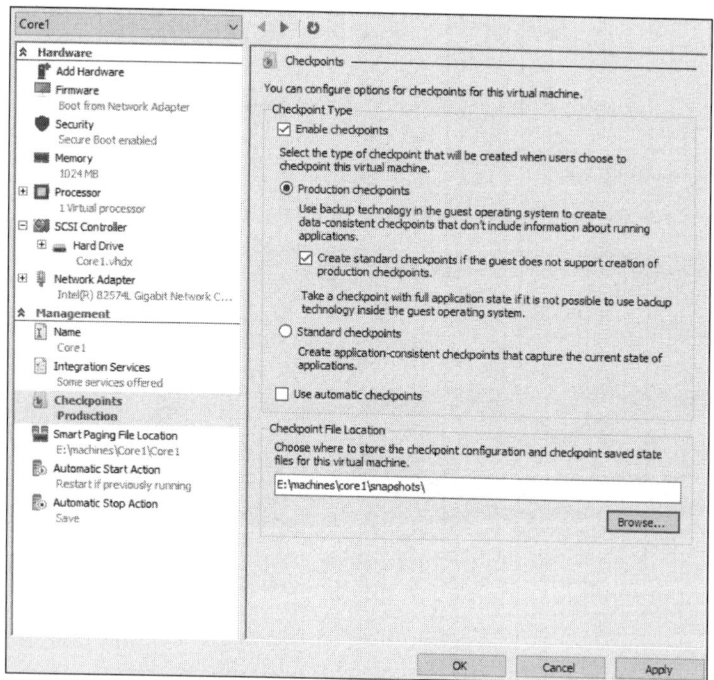

6.5 Grupos de máquinas virtuales

Los grupos de máquinas virtuales se utilizan para agrupar máquinas en un conjunto lógico, de forma que se puedan gestionar al mismo tiempo. Existen dos tipos de grupos de máquinas virtuales:

- **Grupos VM collection**: las máquinas virtuales se colocan en estos grupos.
- **Grupos Management Collection**: son grupos en los que se colocan los grupos de tipo colección VM.

Los grupos de máquinas virtuales sólo se pueden crear y gestionar mediante PowerShell.

Nuestro primer ejemplo crea dos grupos de máquinas virtuales y un grupo de management:

```
New-VMGroup `
-Name testgroup1 `
-GroupType VMCollectionType

New-VMGroup `
-Name testgroup2 `
-GroupType VMCollectionType

New-VMGroup `
-Name mgmtgroup `
-GroupType ManagementCollectionType
```

A continuación, vamos a poner las máquinas en un grupo y los grupos de recogida en el grupo de management:

```
Add-VMGroupMember `
-name testgroup1 `
-VM (get-vm 'core1', 'core3')

Add-VMGroupMember `
-Name mgmtgroup `
-VMGroupMember (Get-VMGroup 'testgroup1', 'testgroup2')
```

▶ Para ver los miembros de un grupo, utilice el siguiente comando:

```
Get-VMGroup -Name testgroup1
```

El resultado es:

```
Name           : testgroup1
InstanceId     : db6f254e-249a-4bcd-922d-27324d55d59b
GroupType      : VMCollectionType
VMMembers      : {Core1, core3}
VMGroupMembers :
CimSession     : CimSession: .
ComputerName   : HV-SERV2
IsDeleted      : False
```

Ahora vamos a poder realizar acciones en varias máquinas virtuales al mismo tiempo utilizando grupos.

En las máquinas que son miembros de un grupo de recogida:

```
Stop-VM `
-VM (Get-VMGroup 'testgroup1').VMMembers `
-Force
```

El argumento `-Force` está ahí para que no tenga que confirmar las acciones manualmente.

Es posible hacer lo mismo con un grupo de management, lo que afectará a todas las máquinas virtuales de todos los grupos de este grupo de management:

```
$collec = (Get-VMGroup 'mgmtgroup').VMGroupMembers
$vms = ($collec).vmmembers
Start-VM `
-VM $vms
```

La primera línea del script establece en una variable los grupos de recogida incluidos en el grupo de management.

La segunda línea extrae las máquinas que están en los grupos en otra variable.

El resto del script inicia las máquinas virtuales.

6.6 Grupos de CPU

Los grupos de CPU están diseñados para limitar los recursos informáticos que puede utilizar una máquina virtual o un grupo de máquinas virtuales. El objetivo es evitar que una máquina utilice todos los recursos de CPU de un host a expensas de otras máquinas virtuales.

Es posible obligar a una máquina virtual a utilizar sólo uno de los procesadores y limitar su uso.

Esta funcionalidad sólo se puede implementar con sistemas servidor y no con Hyper-V en sistemas cliente Windows.

Para crear y configurar grupos de CPU, es necesario descargar una utilidad de línea de comandos, cpugroups.exe. Esta utilidad es bastante sensible a las diferencias de versión, así que evite descargarla de cualquier sitio que no sea Microsoft.

Este enlace le permite descargarlo directamente:
https://go.microsoft.com/fwlink/?linkid=865968

También se le proporcionarán los archivos adicionales que acompañan a este libro.

▶ Una vez descargada la utilidad, cópiela en el servidor HV-SERV2.

Al escribir el comando `cpugroups.exe`, se muestra una lista de posibles comandos:

```
  cpugroups Command [CommandOptions]

Commands and their options:

  GetCpuTopology
      - Prints the host's processor topology
   GetGroups [/GroupId:<Guid>]
      - Prints existing CPU groups and their configurations
   CreateGroup /GroupId:<Guid> /GroupAffinity:<LpIndex1[,LpIndex2,...]>
      - Creates a new CPU group
   DeleteGroup /GroupId:<Guid>
      - Deletes an existing empty (no bound VMs) CPU group
   SetGroupProperty /GroupId:<Guid> /CpuCap:<CpuCapValue>
      - Sets CPU cap for a CPU group
   SetVmGroup {/VmName:<String> | /VmId:<Guid>} /GroupId:<Guid>
      - Sets the CPU group id for a VM (binds/unbinds a VM to/from a CPU group)
   GetVmGroup [/VmName:<String> | /VmId:<Guid>]
      - Prints the CPU group id for a VM
   GetGroupVms [/GroupId:<Guid>] [/VmName:<String> | /VmId:<Guid>]
      - Groups and prints VMs by CPU group (enumerates VMs in CPU groups)
   GetServiceProperties <"JSON">
      - Forwards request to HCS
   ModifyServiceSetings <"JSON">
      - Forwards request to HCS
   GetSystemProperties <VmId> <"JSON">
      - Forwards request to HCS
   ModifySystemProperties <VmId> <"JSON">
      - Forwards request to HCS
   [-? | /?]
      - Prints this usage information
```

El siguiente comando comunica información sobre los procesadores de la máquina:

```
CpuGroups.exe GetCpuTopology
```

En el resultado, se debe conservar el indicador `CoreID`, ya que lo necesitaremos para especificar los procesadores a asignar a las máquinas virtuales.

```
C:\>CpuGroups.exe GetCpuTopology
LpIndex NodeNumber PackageId CoreId RootVpIndex
------- ---------- --------- ------ -----------
      0          0         0      0           0
      1          0         2      2           1
```

Para crear un grupo de CPUs, necesitamos crear un ID para este grupo, y este ID debe seguir una sintaxis determinada.

- Para crear este ID, vaya al administrador de dispositivos y, a continuación, a **Computer**. Despliegue **Computer** y haga clic con el botón derecho y seleccione **Propiedades** en el modelo de ordenador.

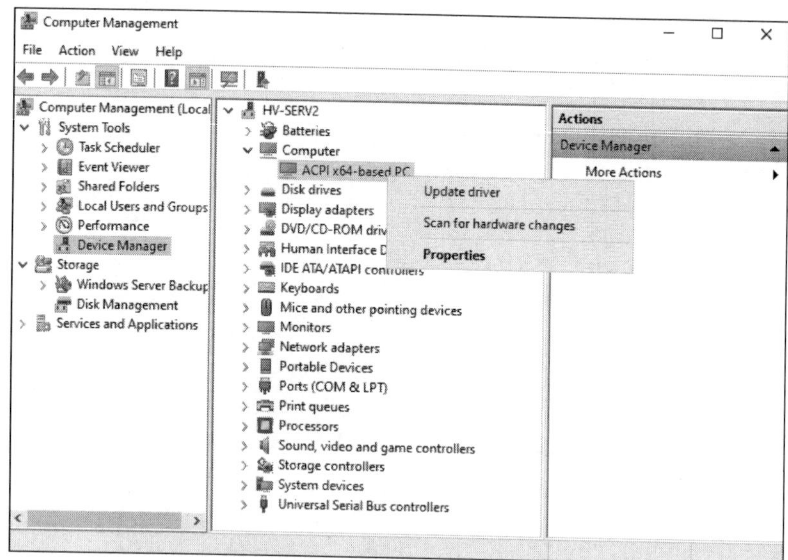

▶ Vaya a la pestaña **Details** y **Property**. Desplácese por la lista hasta la serie de números de la parte inferior.

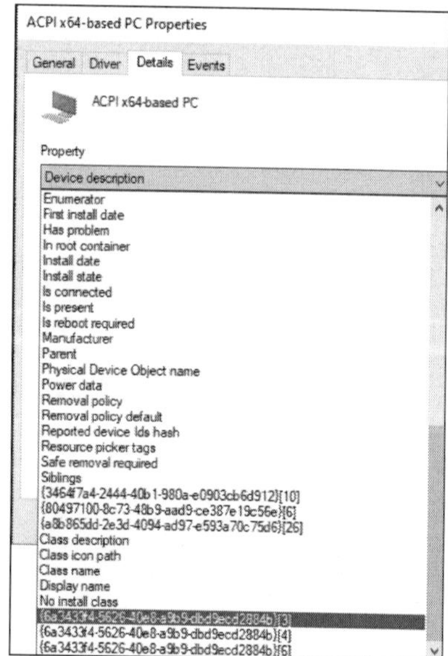

- Tome los cuatro primeros conjuntos de dígitos y añada doce dígitos a su gusto. Esto daría un ID de:
  6a3433f4-5626-40e8-a9b9- 000000000001

Ahora que tenemos un ID, podemos crear el grupo CPU:

```
CpuGroups.exe CreateGroup /GroupId:6a3433f4-5626-40e8-a9b9-
000000000001/GrupoAfinidad : 0
```

```
C:\>CpuGroups.exe CreateGroup /GroupId:6a3433f4-5626-40e8-a9b9-000000000001 /GroupAffinity:0

C:\>_
```

Se crea el grupo. La opción `/GroupAffinity` indica a qué procesador está vinculado este grupo. Es posible vincular varios grupos, separando sus números con comas.

- En el siguiente comando, tendrá que establecer el porcentaje, pero Microsoft expresa este valor entre 0 y 65.636. Asigne el 50% del procesador, es decir 32.768, que será el valor a introducir para establecer el porcentaje. Utilice el comando `SetGroupProperty`.

```
CpuGroups.exe SetGroupProperty/GroupId:6a3433f4-5626-40e8-a9b9-
000000000001/CpuCap:32768
```

```
C:\>CpuGroups.exe SetGroupProperty /GroupId:6a3433f4-5626-40e8-a9b9-000000000001 /CpuCap:32768

C:\>_
```

Ahora vamos a poner una máquina en el grupo CPU, usando el comando `SetVmGroup`.

```
CpuGroups.exe SetVmGroup /VmName:core1/GroupId:
6a3433f4-5626-40e8-a9b9- 000000000001
```

```
C:\>CpuGroups.exe SetVmGroup /VmName:core3 /GroupId:6a3433f4-5626-40e8-a9b9-000000000001

C:\>
```

Por último, puede ver los grupos de CPU con el siguiente comando:

```
CpuGroups.exe GetVmGroup
```

```
C:\>CpuGroups.exe GetVmGroup
                        VmName                                 VmId                          CpuGroupId
------------------------------ ------------------------------------ ------------------------------------
                         Core1 00FEDCB5-C337-4D34-8E72-D9C269BAD58F 00000000-0000-0000-0000-000000000000
                 Test-Machine2 1C0FAF3A-939F-4E19-9C45-3FB0582A8612 00000000-0000-0000-0000-000000000000
                         core3 3CF48B60-C4D7-47B2-B3E1-84F79961DCD7 6A3433F4-5626-40E8-A9B9-000000000001
```

Las máquinas con un `CpuGroupId` de cero no están en un grupo de CPU.

7. Gestión de discos de máquinas virtuales

7.1 Añadir y configurar discos virtuales

7.1.1 Añadir un nuevo disco

▶ Para añadir un disco a una máquina virtual, vaya a los parámetros de la máquina y al controlador SCSI. Seleccione **Hard Drive** y haga clic en **Add**.

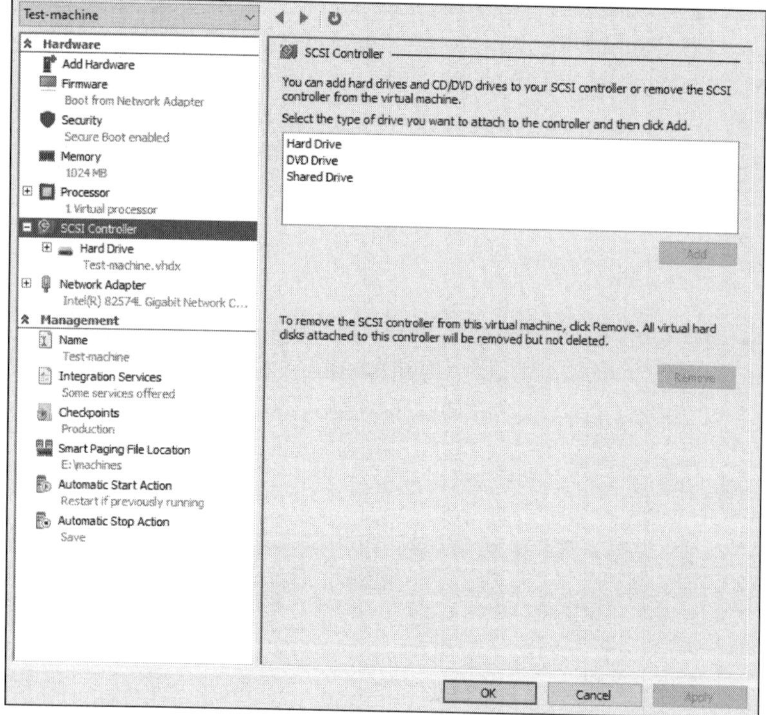

▶ En el siguiente menú, elija las controladoras SCSI si hay varias y la ubicación del disco en la controladora. Es posible poner hasta 64 elementos por controladora SCSI.

También sería posible escanear el servidor en busca de discos VHDX existentes.

▶Haga clic en **New**.

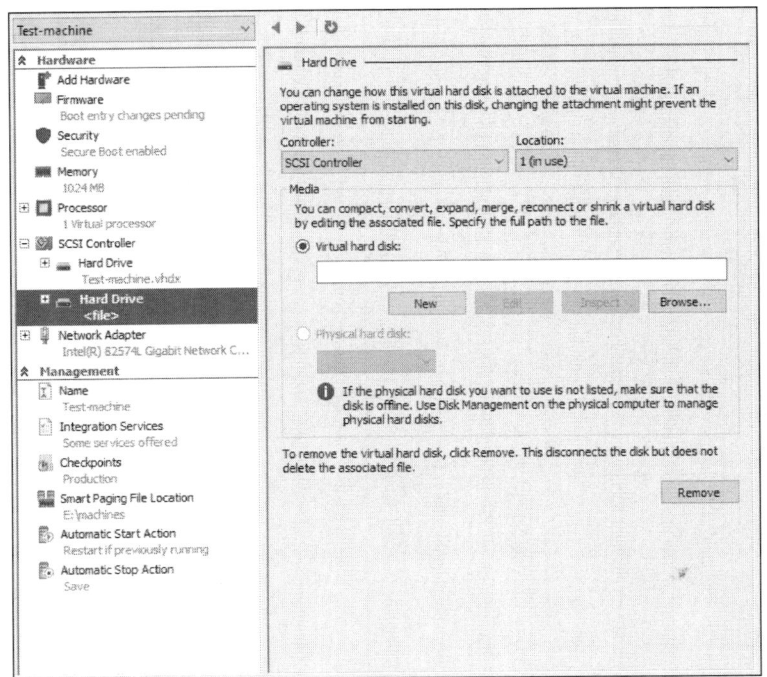

▶Se lanza un asistente, ignore la primera página. A continuación, existe la opción de crear un disco de tamaño fijo o de asignación dinámica. También hay una opción para hacer un disco de diferenciación, del que hablaremos más adelante. Elija un disco dinámico.

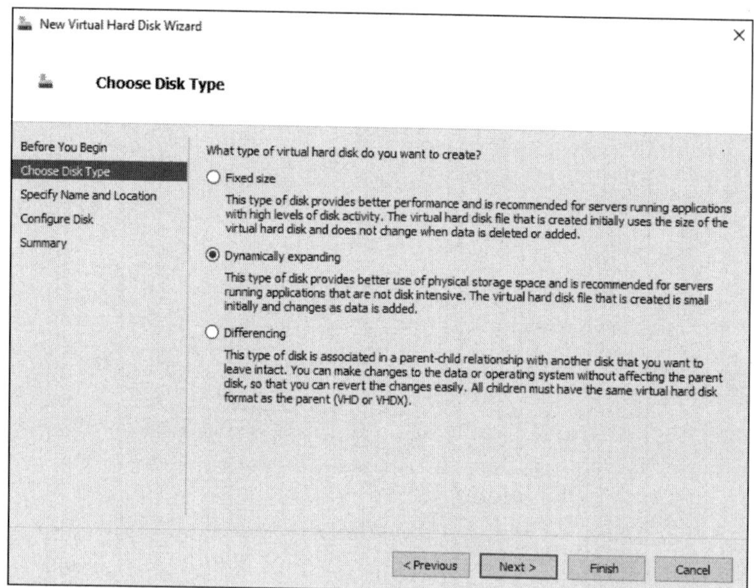

A continuación, tiene que dar un nombre al disco y seleccionar una ubicación.

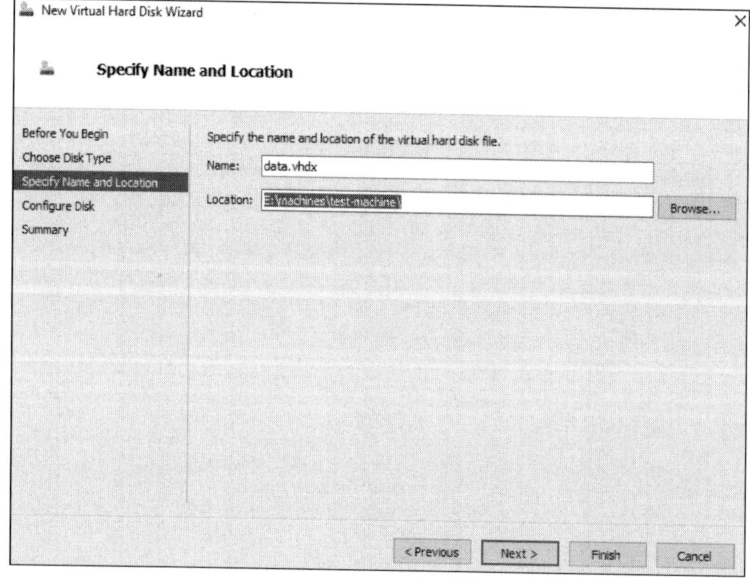

▶A continuación, debe especificar el tamaño del disco. Tenga en cuenta las opciones para copiar el contenido de un disco existente a su nuevo disco. Ya sea desde un disco en la máquina real o desde cualquier otro archivo VHDX en el servidor.

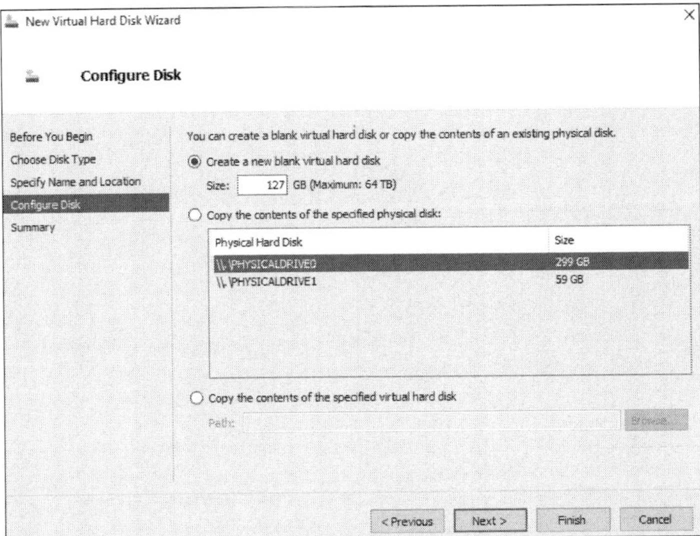

▶A continuación, aparece la pantalla de resumen, haga clic en **Finish**.

▶De vuelta en los parámetros de la máquina virtual, haga clic en **Apply**.

El disco que hemos añadido está en blanco y habrá que formatearlo en la máquina virtual.

7.1.2 Modificar un disco

Es posible modificar el disco duro de una máquina virtual después de haberla creado.

▶Apague la máquina virtual, ya que la única forma de realizar cambios en caliente es ampliar el disco duro.

De vuelta en los parámetros de la máquina, seleccione el disco y haga clic en **Edit**.

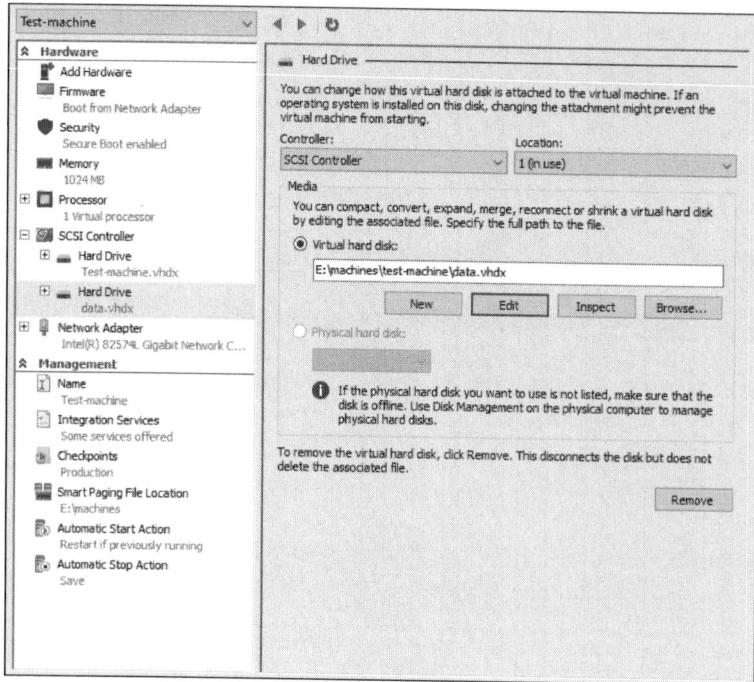

En la página siguiente, tienes tres opciones:

- **Compact**: reducir el tamaño de un disco.
- **Convert**: para cambiar el formato del disco a VHDX o VHD, creando un nuevo disco y copiando el contenido en él.
- **Expand**: para aumentar el tamaño del disco duro. La única opción que se puede intercambiar en caliente.

Selecciona **Expand**.

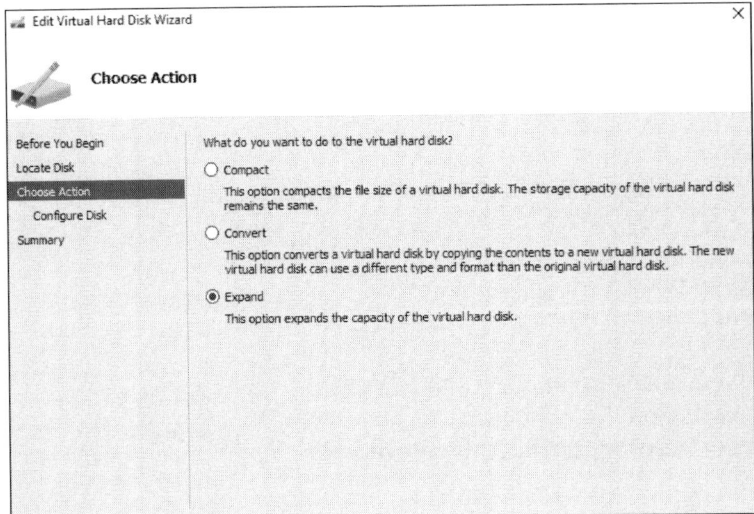

▶ Aumente la capacidad del disco a **200 GB**.

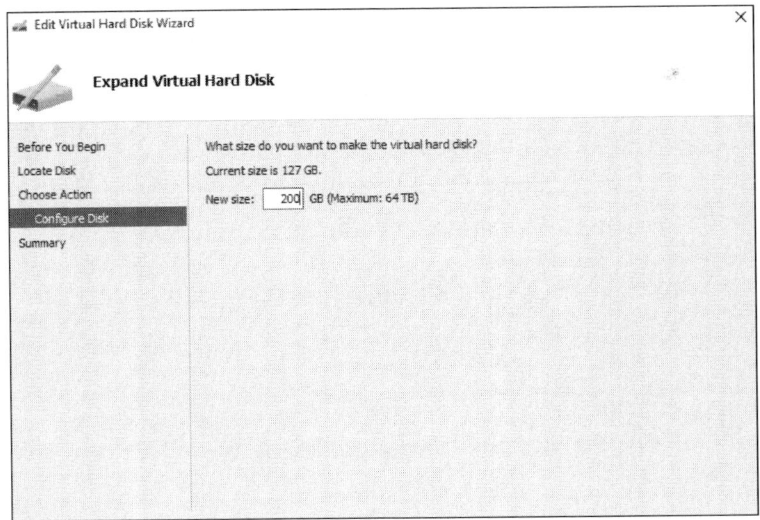

▶ Por último, confirme en la pantalla de resumen.

▶ Haga clic en **Inspect** para ver los cambios y un resumen de la configuración.

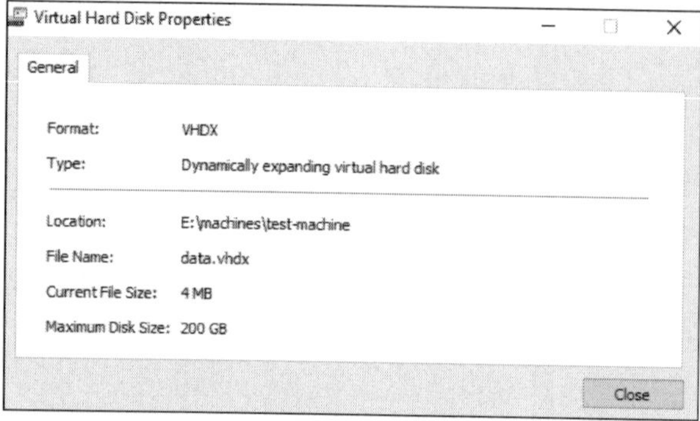

7.1.3 Calidad del servicio de almacenamiento

La calidad de servicio de almacenamiento de los discos duros Hyper-V se utiliza para limitar el uso del ancho de banda de almacenamiento del disco, en términos de acceso al disco físico.

Podemos utilizar QoS para distribuir mejor este ancho de banda entre los VHDX y las máquinas virtuales. Por supuesto, podemos dar prioridad a una máquina sobre otra en función de su importancia.

Los valores introducidos para este ajuste expresan una cantidad de 8 KB por segundo. Así, 100 corresponderá a 800 KB por segundo.

▶ Despliegue el menú del disco duro para acceder a la configuración QoS y establezca el máximo en 100.

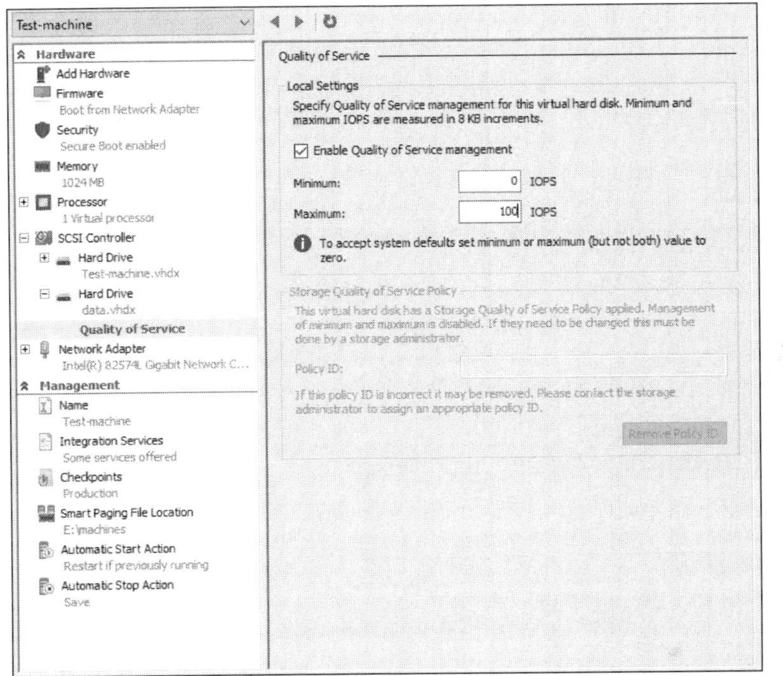

7.2 Pass-through disk

La función de disco pass-through permite conectar un disco físico a una máquina virtual.

Como recordatorio, la funcionalidad de asignación de dispositivos en modo discreto, que vimos en el subapartado Asignar dispositivos en modo discreto, de este capítulo, también permite conectar máquinas virtuales a un disco físico, pero solo discos NVMe, ya que en realidad son los puertos PCIe los que se conectan. También es posible conectar otros tipos de hardware, como tarjetas gráficas.

Los discos pass-through permiten conectar otros tipos de disco a una máquina virtual. Un disco físico que desee conectar debe estar inicializado, pero sin conexión.

Añada un disco al servidor **HV-SERV2**, inicialícelo y desconéctelo.

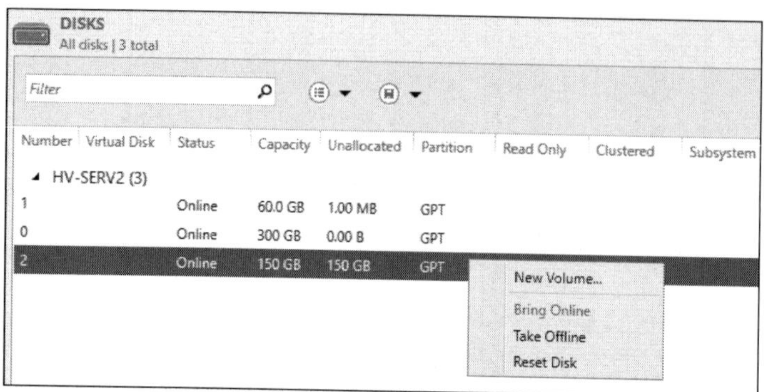

- A continuación, vaya a los parámetros de la máquina virtual. La máquina virtual debe estar apagada.
- Vaya a **Add Hardware** y añada un controlador SCSI.

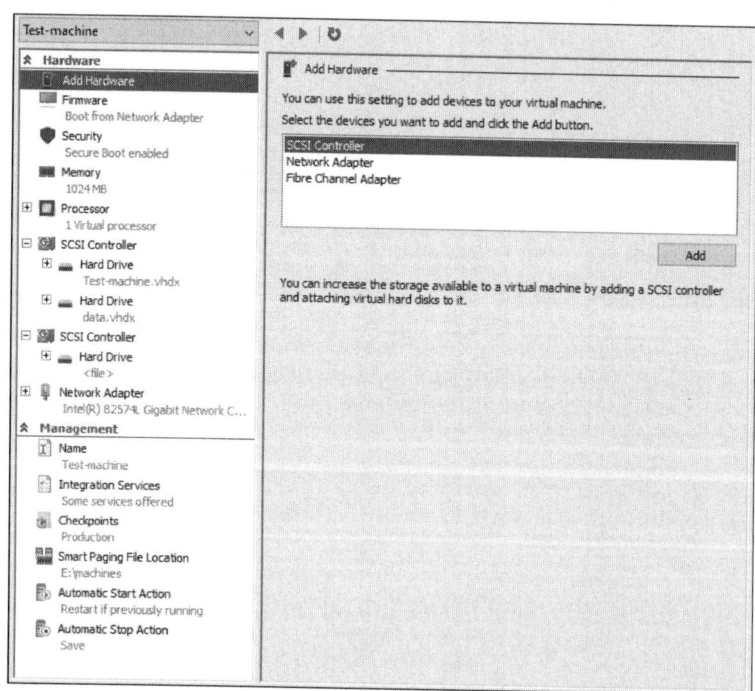

- Despliegue el nuevo controlador. Debería poder seleccionar **Physical drive Disk**. Seleccione la unidad física en el menú desplegable.

- La opción de discos físicos seguirá en gris, así que aplique los cambios, cierre la ventana y vuelva a abrirla. Ahora puede seleccionar el disco físico.

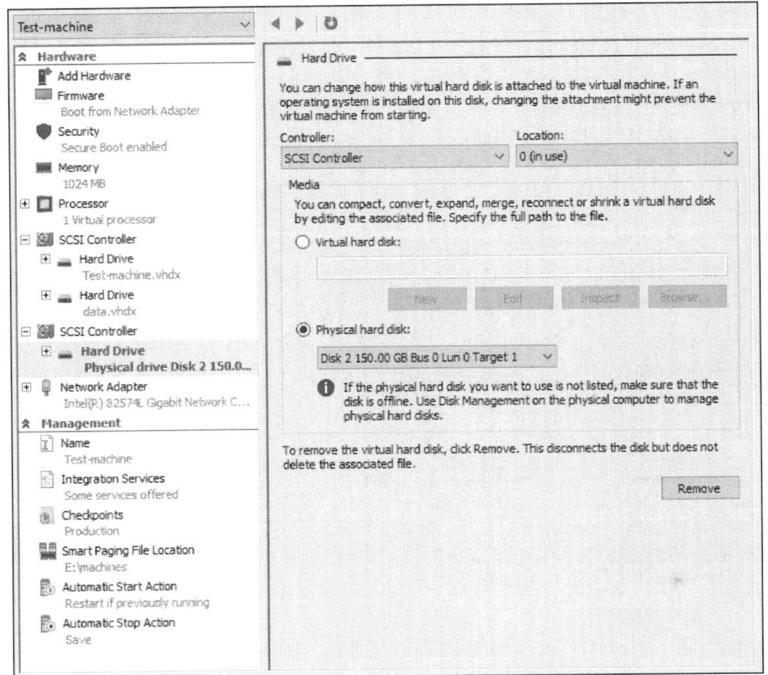

El disco tendrá que ser puesto en línea y formateado en la máquina virtual.

7.3 Discos de diferenciación

7.3.1 Presentación de los discos de diferenciación

Los discos de diferenciación funcionan de forma similar a los puntos de control. Se crea un disco hijo y los cambios se guardan en él.

Sin embargo, como ya hemos dicho, los puntos de control no están pensados para conservarlos durante mucho tiempo, sino para utilizarlos con fines de prueba. Los discos de diferenciación, en cambio, se pueden conservar todo el tiempo que queramos, porque son discos.

Además, las instantáneas pueden bloquear la modificación de los discos y algunas otras funciones. Nada de esto ocurre con los discos de diferenciación.

Cuando se crea un disco de diferenciación, este disco es hijo del disco original. Y los discos de diferenciación se pueden crear a partir de otro disco de diferenciación.

Un ejemplo de escenario de implementación sería hacer un disco con el sistema base Windows Server instalado, con la configuración básica del sistema, seguido de un disco de diferenciación para instalar un servicio de servidor de archivos y un segundo disco de diferenciación partiendo del mismo disco base, para hacer un servidor DNS. Los discos de diferenciación estarían entonces conectados a diferentes máquinas virtuales.

Esto ahorra espacio en disco y tiempo, ya que el sistema base sólo se instala una vez.

La siguiente ilustración muestra este tipo de uso de discos de diferenciación, con el segundo servidor de archivos utilizando un disco de diferenciación que es hijo del disco del primer servidor de archivos. Una máquina virtual podrá utilizar el disco base, pero no al mismo tiempo que las demás máquinas.

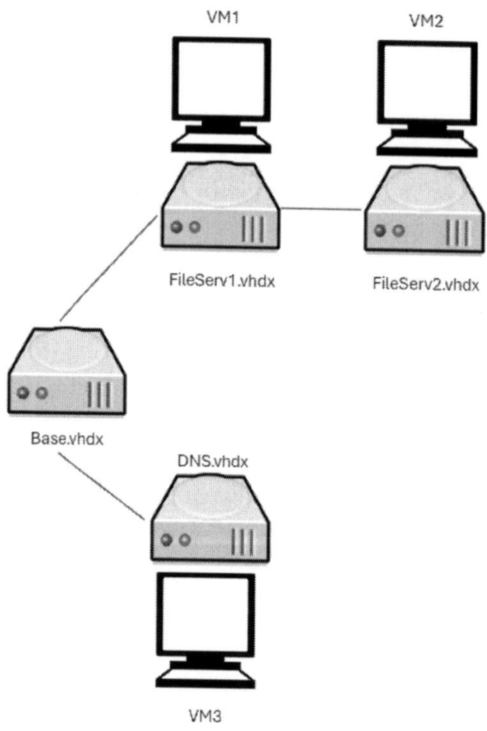

Al igual que los puntos de control, los discos de diferenciación se pueden utilizar para pruebas y fusionar con su disco padre.

7.3.2 Aplicación de discos de diferenciación

- Instale una máquina virtual con Windows Server Core. Su disco será el disco base. No realice ninguna configuración en él y, a continuación, apague la máquina.
- En la consola de administración de Hyper-V, haga clic con el botón derecho en el servidor, luego haga clic en **New** y elija **Hard Disk**.

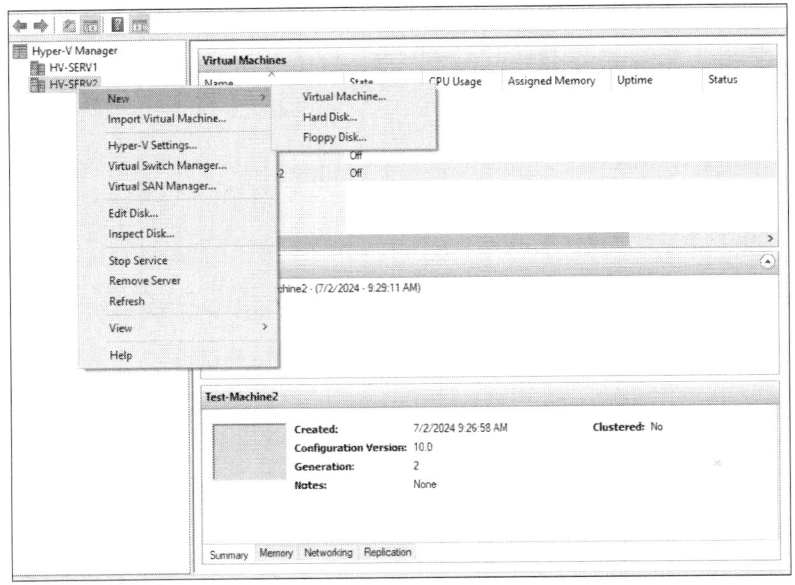

▶ Elija el formato de disco **VHDX**.

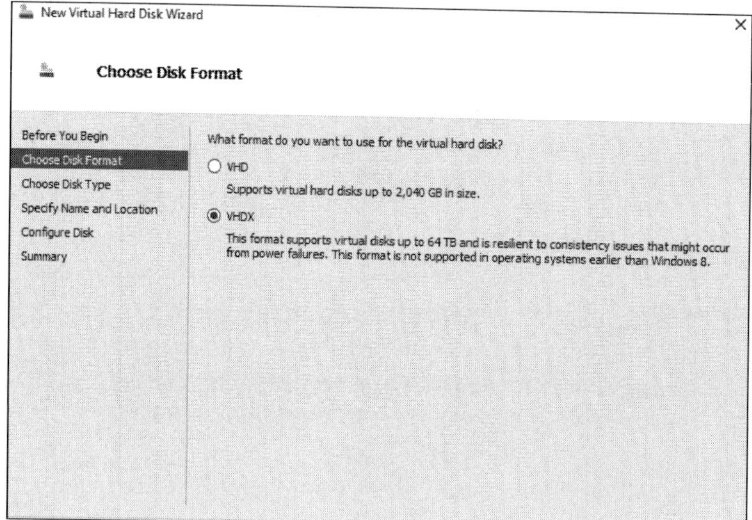

▶ A continuación, seleccione el disco de diferenciación.

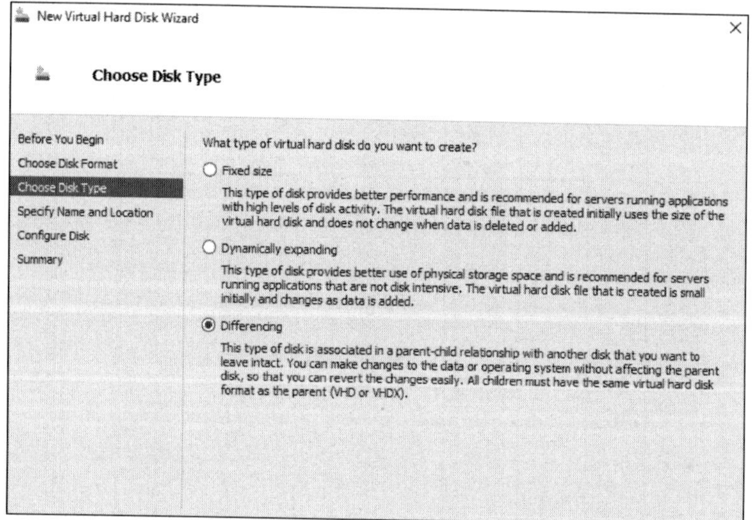

▶Dele un nombre explícito al disco y elija su ubicación.

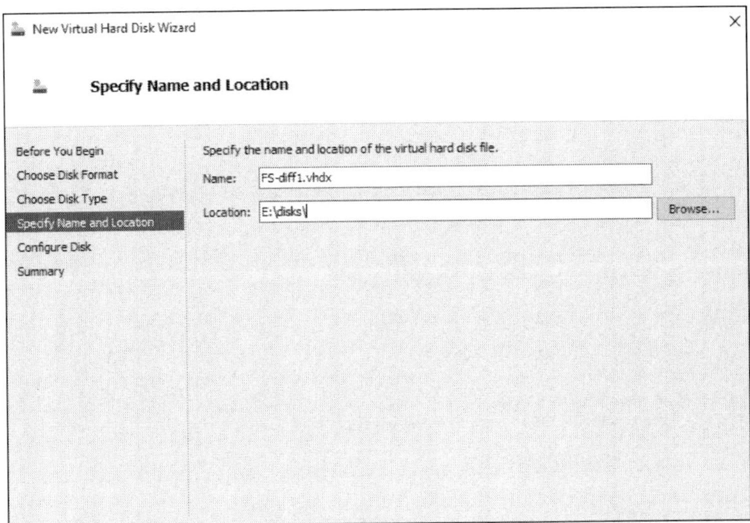

Ahora debe elegir el disco principal, es decir, el disco de la máquina base que contiene el sistema recién instalado.

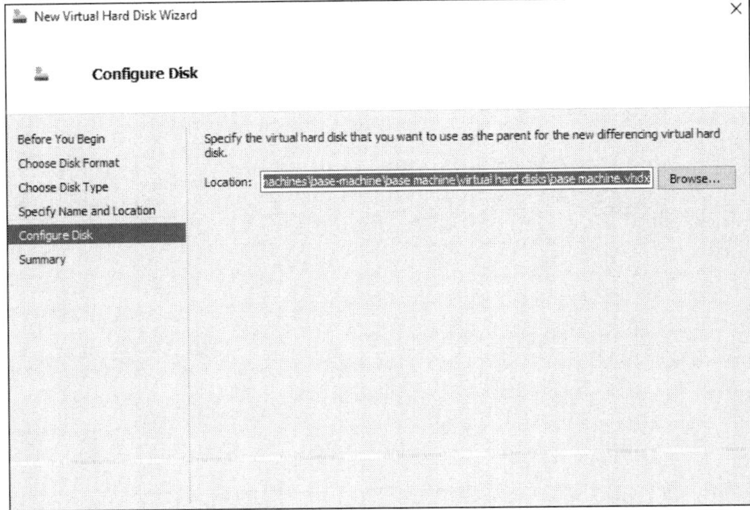

▶A continuación, aparecerá la pantalla de resumen habitual.

- Cree una segunda máquina virtual con la configuración habitual y al elegir el disco, seleccione **Use an existing virtual hard disk** y elija el disco de diferenciación.

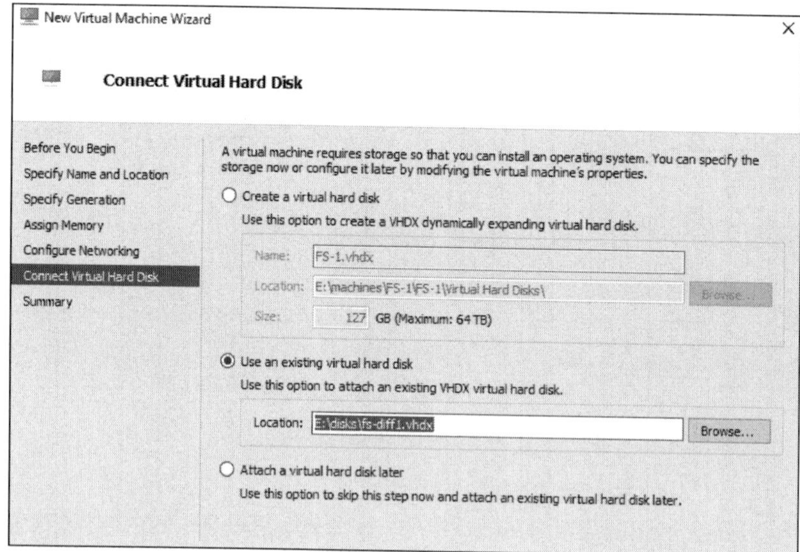

Repita la operación:

- Cree un segundo disco de diferenciación a partir del disco base.
- Cree una nueva máquina virtual y vincúlela al segundo disco de diferenciación.
- Encienda las dos máquinas vinculadas a discos de diferenciación.
- Conéctese a las dos máquinas hechas con discos de diferenciación y ejecute `ipconfig`. Las dos máquinas tienen IPs diferentes asignadas por el DHCP del controlador de dominio. Ahora se pueden configurar de forma diferente.

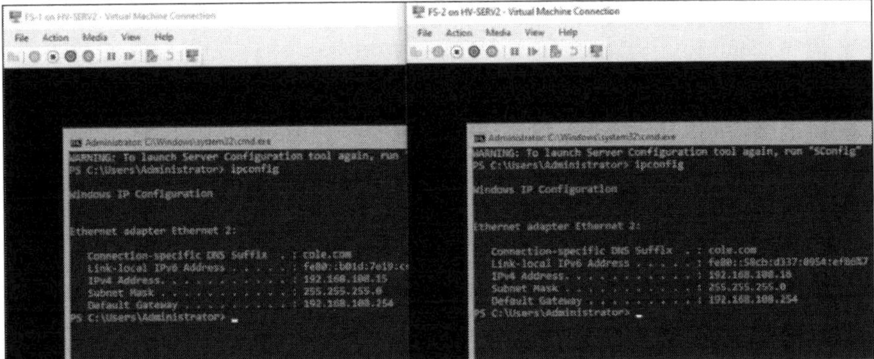

Si se fija en el tamaño de los discos de diferenciación de HV-SERV2, son mucho más ligeros que el disco básico, que pesa 6,5 GB.

FS-diff1	484,352 KB	Hard Disk Image File
FS-diff2	486,400 KB	Hard Disk Image File

7.4 Gestión de discos con PowerShell

- Para crear un disco, utilice el siguiente comando:

```
New-Vhd
```

```
New-VHD `
-Path E:\machines\new-machine\new.vhdx `
-Dynamic `
-SizeBytes 100GB
```

- A continuación, para adjuntar este disco a una VM:

```
Add-VMHardDiskDrive
```

```
Add-VMHardDiskDrive `
-VMName new-machine `
-Path E:\machines\new-machine\new.vhdx `
-ControllerType SCSI `
-ControllerNumber 0 `
-ControllerLocation 0
```

- Para modificar el disco utilizado en nuestro ejemplo con el fin de establecer la QoS:

```
Set-VMHardDiskDrive
```

```
Set-VMHardDiskDrive `
-VMName new-machine `
-ControllerType SCSI `
-ControllerNumber 0 `
-ControllerLocation 0 `
-MinimumIOPS 10 `
-MaximumIOPS 1000
```

▶ Para añadir un disco pass-through, primero añada un controlador SCSI y, a continuación, añada el disco:

```
Add-VMScsiController
```

```
Add-VMScsiController `
-VMName new-machine

Add-VMHardDiskDrive `
-VMName new-machine `
-DiskNumber 1 `
-ControllerType SCSI `
-ControllerNumber 1 `
-ControllerLocation 0
```

▶ Para hacer un disco de diferenciación, que luego tendrá que ser conectado a una máquina virtual como un disco VHDX normal:

```
New-VHD `
-Path E:\disks\diffdisk3.vhdx `
-ParentPath E:\machines\new-machine\new.vhdx `
-Differencing
```

8. Gestión de redes en Hyper-V

8.1 Switch virtual

8.1.1 Aspectos generales

Hyper-V utiliza switchs virtuales para conectar las máquinas virtuales a la red. Existen tres tipos de switchs y funcionan en el nivel 2 del modelo OSI. Los switchs Hyper-V tienen un número ilimitado de puertos, por lo que se les puede conectar un número ilimitado de máquinas virtuales.

Switch externo: este tipo de switch permite a las máquinas virtuales comunicarse entre sí, con el servidor real y con la red física. Es el tipo de switch predeterminado que se crea al instalar Hyper-V. Solo puede haber un switch externo conectado a una tarjeta de red física.

Switch interno: con este tipo de switch, las máquinas virtuales se pueden comunicar entre sí y con la máquina real, pero no con la red física. Este tipo de switch se puede configurar para realizar NAT con la red física.

Switch privado: con un switch privado, las máquinas virtuales sólo se pueden comunicar entre sí. Se puede utilizar para crear una red backend y se conectará a una máquina virtual que actuará como router y se conectará a otro switch que será un switch externo.

Tenga en cuenta que es posible cambiar el tipo de un interruptor después de haberlo creado.

8.1.2 Vinculación de un switch externo a la tarjeta de red física

Cuando se crea un switch externo, se creará un adaptador de red al que se conectará la tarjeta de red física.

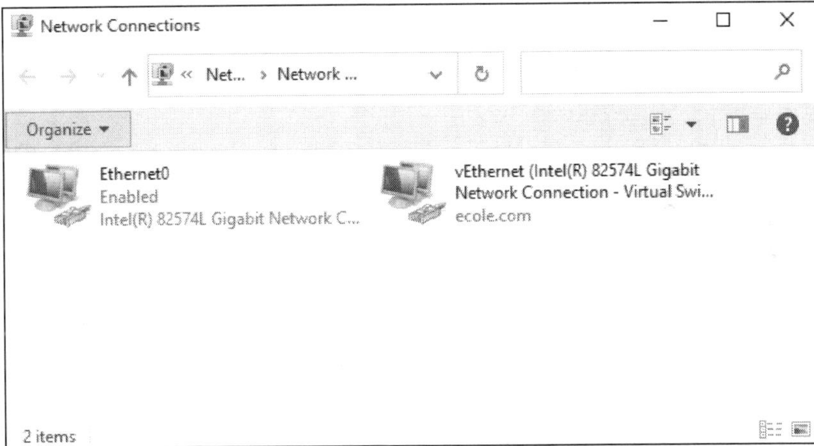

El adaptador físico de la tarjeta de red tiene su configuración deshabilitada y se añade una nueva configuración para enlazarlo con el adaptador del switch. Podemos ver en la siguiente captura de pantalla que la configuración IP de la tarjeta de red está deshabilitada y que se ha añadido una línea para vincular este adaptador al adaptador del switch.

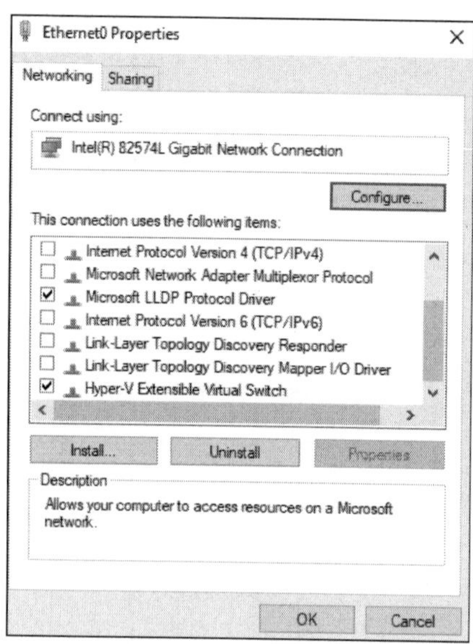

Si nos fijamos en la configuración del adaptador del switch, sí que tiene activada la configuración IP.

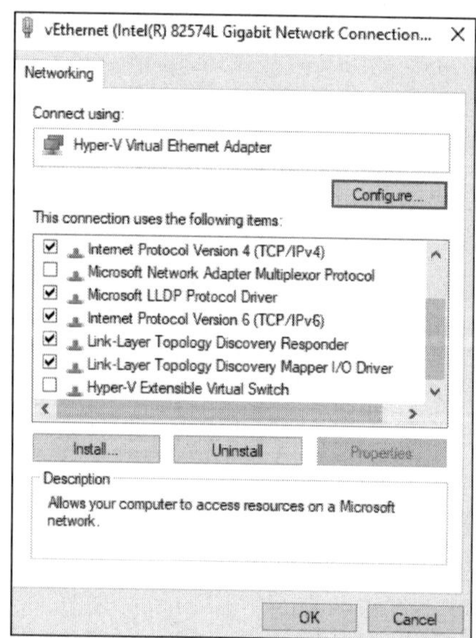

Si te fijas en estas configuraciones IP, son idénticas a las de la tarjeta de red física.

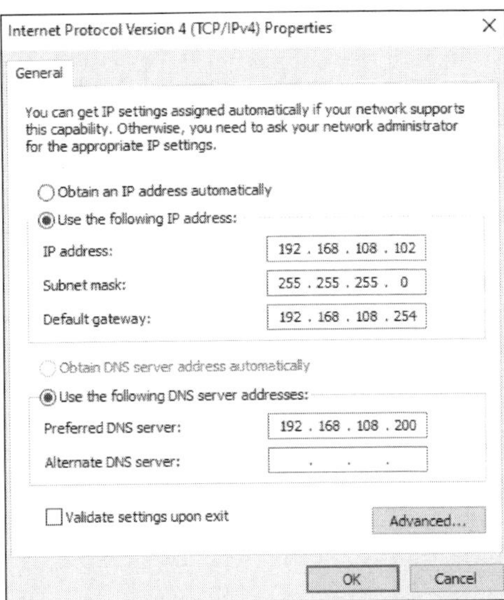

Es importante entender que la tarjeta de red física pasa a través del adaptador del switch para acceder a la red real. Este comportamiento es idéntico en todas las versiones de Windows en las que Hyper-V está activado y se utilizan switchs externos. Si desea cambiar la configuración IP de la tarjeta de red real, debe realizar los ajustes en el adaptador del switch.

8.1.3 Creación de un interruptor externo

Como hemos dicho, sólo se puede conectar un switch externo a una tarjeta de red física. Para crear un nuevo switch externo, necesitamos añadir una tarjeta de red física a nuestro servidor. Microsoft recomienda tener al menos dos tarjetas de red en un servidor Hyper-V, una para la gestión y otra para las máquinas virtuales.

- Añada una tarjeta de red al servidor HV-SERV2.
- En Hyper-V Manager, haga clic en **Virtual Switch Manager** en la columna de la derecha.

▶ En el administrador de switchs, seleccione **New virtual network switch**. Seleccione **External** y haga clic en **Create Virtual Switch**.

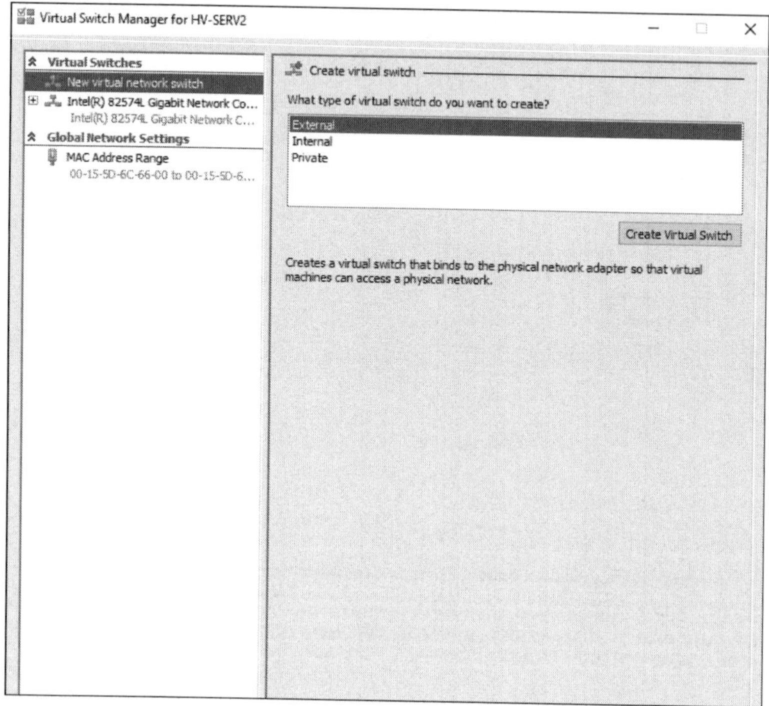

▶ Dé un nombre al nuevo switch y conéctelo al nuevo adaptador. La casilla **Allow management operating system to share this network adapter** es la opción que permite que el adaptador de red real utilice el switch.

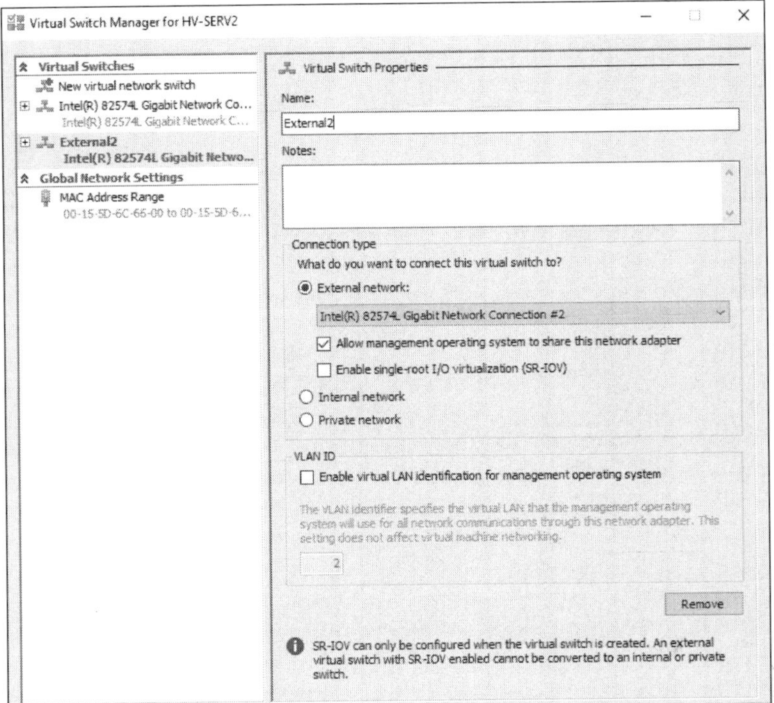

La opción **Enable single-root I/O virtualization** permite la comunicación directa entre la tarjeta de red real y las máquinas virtuales conectadas al switch, lo que mejora el rendimiento. Para utilizar esta opción, el firmware del servidor y la tarjeta de red deben soportar la tecnología SR-IOV. Esta configuración no se puede modificar una vez creado el switch.

Por último, es posible gestionar las VLAN a nivel de switch. También es posible a nivel de tarjeta de red para máquinas virtuales.

- Cuando apliques la configuración y crees el switch externo, un mensaje te advertirá de que puede haber una interrupción en la red. Ignórelo y confirme.

8.1.4 Conexión de máquinas virtuales

Vamos a conectar dos máquinas virtuales a este switch. En nuestro ejemplo, tomaremos las dos máquinas creadas con los discos de diferenciación creados en el capítulo anterior.

- Vaya a los parámetros de la máquina virtual y seleccione la tarjeta de red. Conéctela al nuevo switch externo. Configure también la gestión del ancho de banda limitando la tarjeta de red a 500 MB por segundo. Estos ajustes se pueden hacer sobre la marcha.

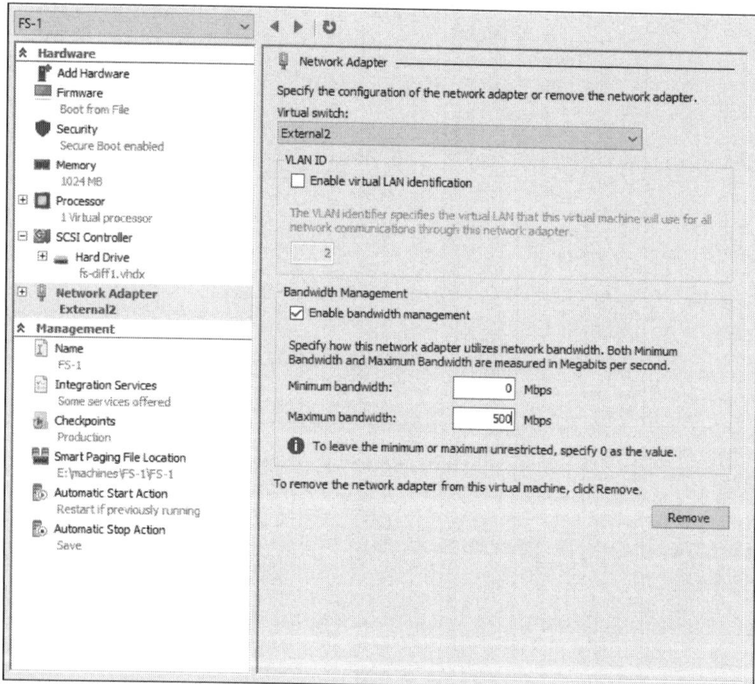

- Repita el procedimiento con la segunda máquina. Una vez hecho esto, las máquinas deben ser capaces de llegar a Internet y comunicarse entre sí.

```
PS C:\Users\Administrator> ping 8.8.8.8

Pinging 8.8.8.8 with 32 bytes of data:
Reply from 8.8.8.8: bytes=32 time=20ms TTL=128
Reply from 8.8.8.8: bytes=32 time=22ms TTL=128
Reply from 8.8.8.8: bytes=32 time=19ms TTL=128
Reply from 8.8.8.8: bytes=32 time=20ms TTL=128
```

- Para hacer ping a las dos máquinas, puede que necesites desactivar el cortafuegos en la máquina a la que quieres hacer ping con el siguiente comando:

```
Set-NetFirewallProfile -Profile Domain,Public,Private -Enabled false
```

```
PS C:\Users\Administrator> ping 192.168.108.16

Pinging 192.168.108.16 with 32 bytes of data:
Reply from 192.168.108.16: bytes=32 time=2ms TTL=128
Reply from 192.168.108.16: bytes=32 time=1ms TTL=128
Reply from 192.168.108.16: bytes=32 time=2ms TTL=128
Reply from 192.168.108.16: bytes=32 time=6ms TTL=128
```

Observación

Por supuesto, las máquinas deben tener configuración IP, ya sea a través del DHCP del controlador de dominio o manualmente. Por favor, consulte el capítulo introductorio para la configuración manual de IP para un servidor Core.

8.1.5 Switch interno y NAT

Para configurar NAT con un switch interno, primero hay que dar al switch una dirección IP y luego configurar NAT. Esto sólo se puede hacer usando PowerShell.

NAT se configura a nivel de servidor, no a nivel de switch. Sólo puede haber un NAT por servidor.

Empecemos por crear un interruptor interno:

```
New-VMSwitch -Name NatSwitch -SwitchType Internal
```

Al crear un nuevo switch también se creará un adaptador de red en el servidor, por lo que tendremos que introducir su nombre en el siguiente comando.

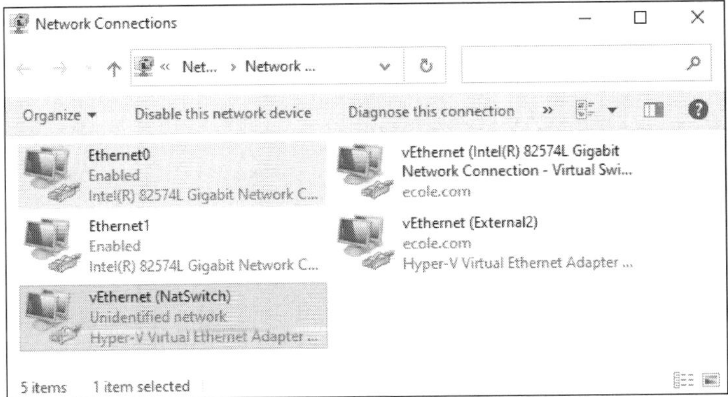

▶ Ahora asigna una dirección IP al switch interno:

```
New-NetIPAddress `
-IPAddress 10.10.10.1 `
-PrefixLength 24 `
-InterfaceAlias 'vEthernet (NatSwitch)'
```

Ahora puede configurar NAT:

```
New-NetNat `
-Name VNat `
-InternalIPInterfaceAddressPrefix 10.10.10.0/24
```

▶ Ahora necesita poner una máquina en esta red conectándola a este nuevo switch. Utilice dos comandos para hacerlo, uno que recupere el nombre de la tarjeta de red y envíe el resultado a través de un pipe en el comando que la conectará.

```
Get-VMNetworkAdapter `
-VMName FS-1 |
Connect-VMNetworkAdapter `
-SwitchName "NatSwitch"
```

▶ ara probar NAT, vuelva a hacer la configuración de red en FS-1 y dele una IP en la red NAT, es decir, 10.10.10.0/24. Establece la dirección de la puerta de enlace NAT en 10.10.10.1.

```
Ethernet adapter Ethernet 2:

   Connection-specific DNS Suffix  . :
   Link-local IPv6 Address . . . . . : fe80::69d6:a3ea:ceb5:9838%5
   IPv4 Address. . . . . . . . . . . : 10.10.10.20
   Subnet Mask . . . . . . . . . . . : 255.255.255.0
   Default Gateway . . . . . . . . . : 10.10.10.1
PS C:\Users\Administrator> ping 8.8.8.8

Pinging 8.8.8.8 with 32 bytes of data:
Reply from 8.8.8.8: bytes=32 time=20ms TTL=127
Reply from 8.8.8.8: bytes=32 time=21ms TTL=127
Reply from 8.8.8.8: bytes=32 time=18ms TTL=127
Reply from 8.8.8.8: bytes=32 time=17ms TTL=127

Ping statistics for 8.8.8.8:
    Packets: Sent = 4, Received = 4, Lost = 0 (0% loss),
Approximate round trip times in milli-seconds:
    Minimum = 17ms, Maximum = 21ms, Average = 19ms
PS C:\Users\Administrator> _
```

8.2 Configuración de tarjetas de red

8.2.1 Dirección MAC

Las tarjetas de red de las máquinas virtuales en Hyper-V obtienen sus direcciones MAC de un grupo de direcciones que se puede configurar en el administrador de switchs. La primera mitad de la dirección, el SI, es el identificador de Microsoft.

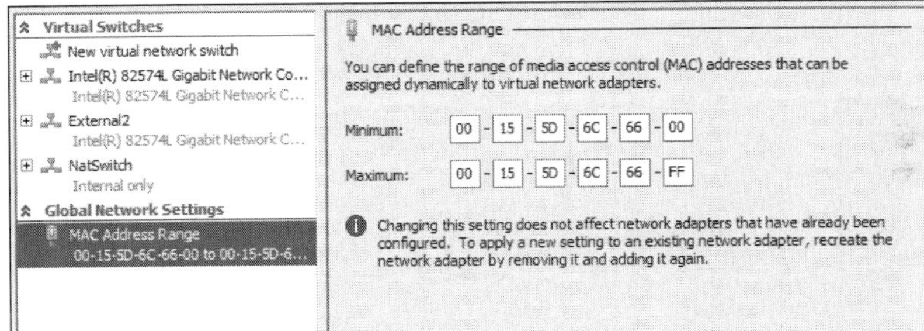

Por lo tanto, se encontrará una dirección MAC de este rango de direcciones en la configuración de la tarjeta de red, si está configurada dinámicamente, que es la configuración por defecto. Para cambiar la configuración, la máquina virtual debe estar apagada. La configuración de la dirección MAC se encuentra en las funciones avanzadas de la tarjeta de red.

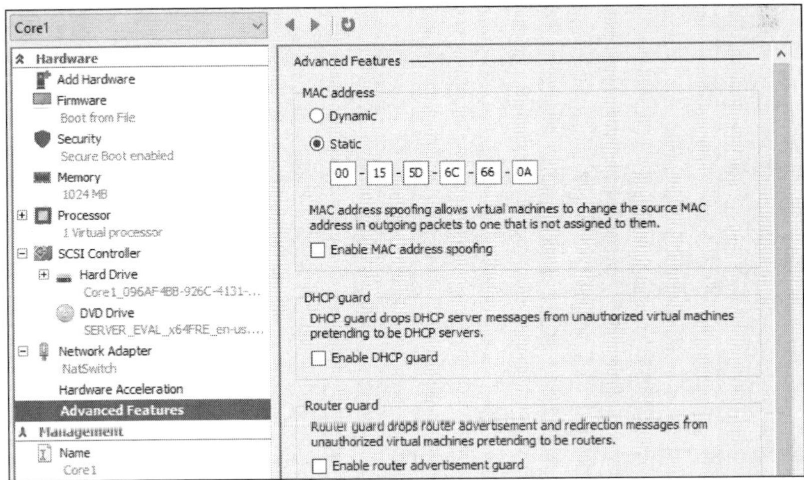

8.2.2 Aceleración por hardware

En la configuración de la tarjeta de red, hay una sección **Hardware Acceleration**. La configuración aquí depende de la tarjeta de red actual y de su compatibilidad con sus funciones. En la configuración por defecto, algunas opciones están activadas, pero se ignorarán si la tarjeta de red no es compatible.

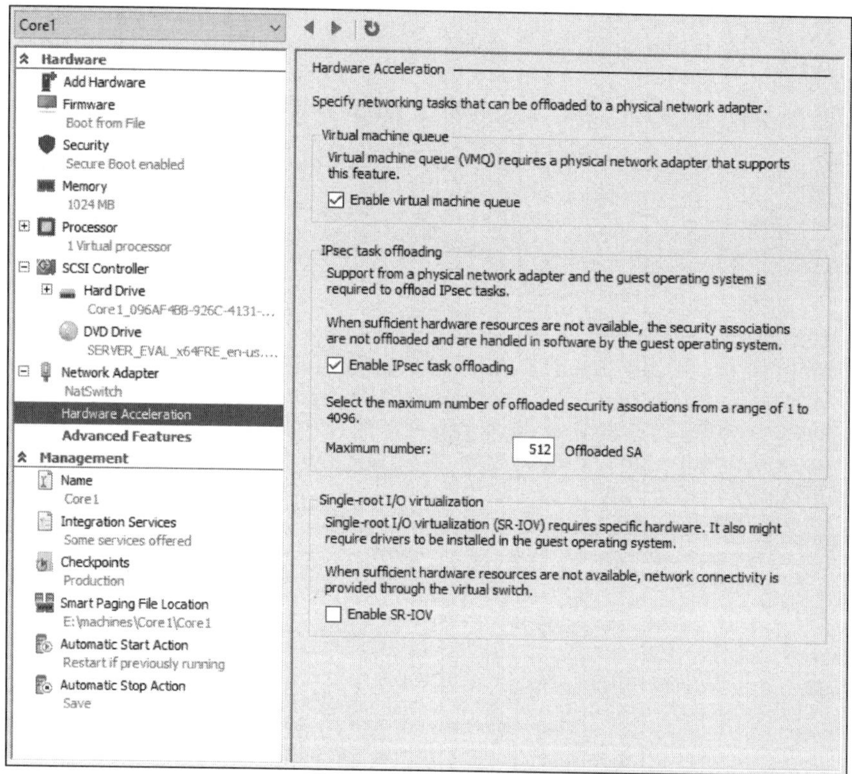

La opción **Virtual machine queue** almacena los paquetes en la tarjeta de red y los envía directamente a la máquina virtual, ignorando el switch virtual, lo que mejora el rendimiento.

La opción **IPsec task offloading** hace que la tarjeta de red realice los cálculos criptográficos IPsec en lugar de la CPU, lo que aumenta el rendimiento general del servidor.

Y está la funcionalidad SR-IOV de la que ya hemos hablado, para conectar una tarjeta de red física directamente a la máquina virtual.

8.2.3 Funciones avanzadas

Además de la dirección MAC, las características avanzadas incluyen una serie de funciones interesantes:

- **DHCP guard**: impide que las máquinas virtuales envíen mensajes de servidor DHCP, para evitar tener varios DHCP en la red y prevenir falsos servidores DHCP maliciosos.
- **Router guard**: impide que los routers no autorizados envíen mensajes en la red.
- **Protected network**: para migrar la máquina a otra red si forma parte de un clúster, en caso de fallo.
- **Port mirroring**: para replicar el tráfico de red en otro puerto con fines de supervisión y diagnóstico.
- **NIC teaming**: agrupación de tarjetas de red virtuales para acelerar el rendimiento.

8.3 Agrupación de tarjetas de red

Las tarjetas de red físicas del servidor se pueden agrupar para aumentar el rendimiento y distribuir la carga y a este grupo de tarjetas se puede conectar un switch.

8.3.1 Agrupación de tarjetas físicas

- Añada dos tarjetas de red al servidor HV-SERV2.
- Para agrupar tarjetas físicas en HV-SERV2, vaya al administrador de servidores/servidor local. Actualice el administrador de servidores; por defecto se actualiza cada 10 minutos.
- En la sección **NIC Teaming**, haga clic en **Disabled**.

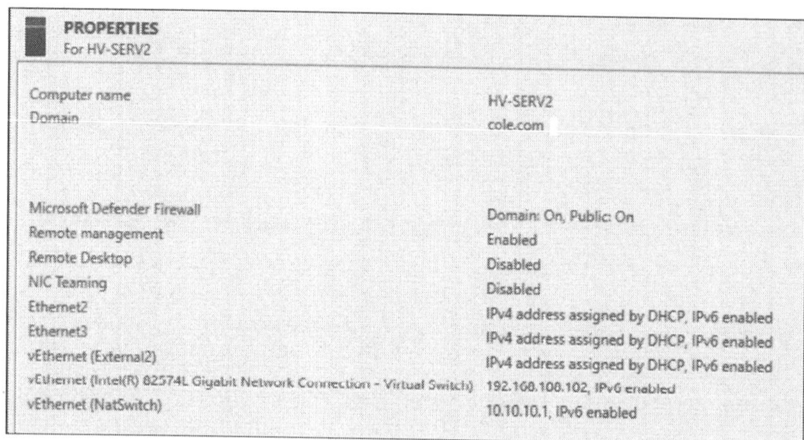

▶ Se abre la ventana de creación de equipos. En **TEAMS**, vaya a **TASKS** y haga clic en **New Team**.

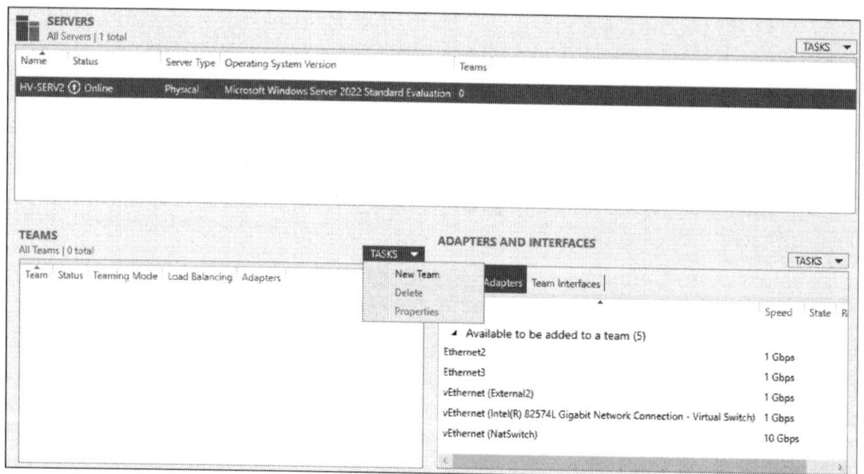

▶ Asigne un nombre al equipo y seleccione las dos tarjetas recién añadidas.

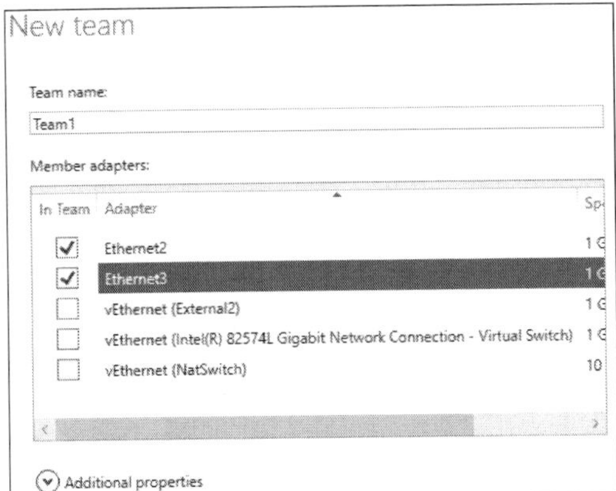

▶ Todavía en la misma ventana, desplácese hacia abajo **Additional properties** para acceder a las opciones de balanceo de carga.

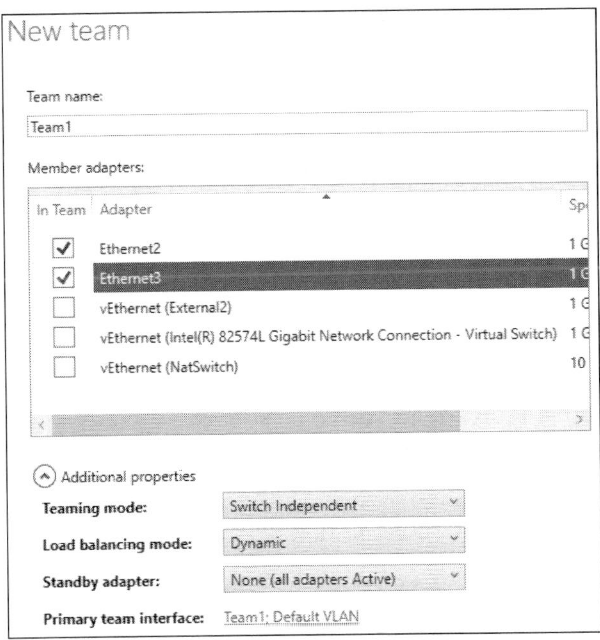

- **Teaming mode**: este ajuste depende de la configuración del switch físico al que están conectadas las tarjetas de red.
  - **Switch Independent**: en este modo, el switch físico no tiene ni idea del equilibrio de carga ni del equipo. El tráfico saliente se equilibrará, el entrante no. Se debe utilizar si el switch físico no sabe cómo equilibrar la carga.
  - **Static teaming**: cada interfaz del switch físico debe configurarse para el equilibrio de carga.
  - **LACP**: para su uso con switchs que puedan implementar este protocolo.
- **Load balancing mode**: este ajuste permite elegir el método utilizado para el balanceo de carga. El modo Hyper-V permite conectar las máquinas virtuales a una tarjeta de red y admite tarjetas de más de 10 GB por segundo. Microsoft recomienda utilizar el modo dinámico.
- **Standby adapter**: pone una de las tarjetas de red en espera, a efectos de conmutación por error.
- **Primary team interface**: sirve para definir a qué VLAN pertenece el equipo.

▶ Deje los ajustes por defecto, están adaptados a nuestro trabajo práctico, no hay interruptor físico. Confirme.

La asociación tardará unos minutos, durante los cuales habrá mensajes de advertencia y posteriormente todas las luces se pondrán verdes.

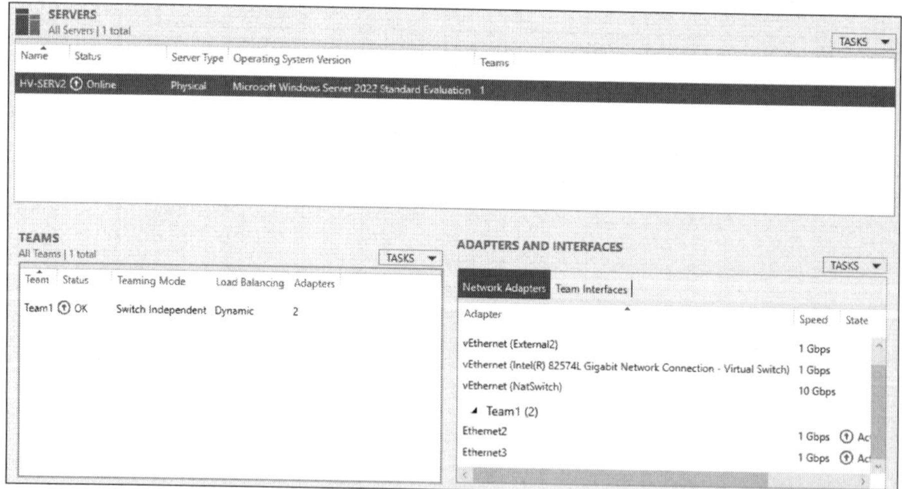

8.3.2 Uso del equipo en un switch Hyper-V

Desde Windows Server 2022, ya no es posible utilizar la interfaz gráfica para conectar un switch a un equipo de tarjetas de red. Esto se debe a que Microsoft ha introducido una nueva forma de gestionar equipos de tarjetas de red en switchs Hyper-V denominada SET (*Switch Embedded Teaming*).

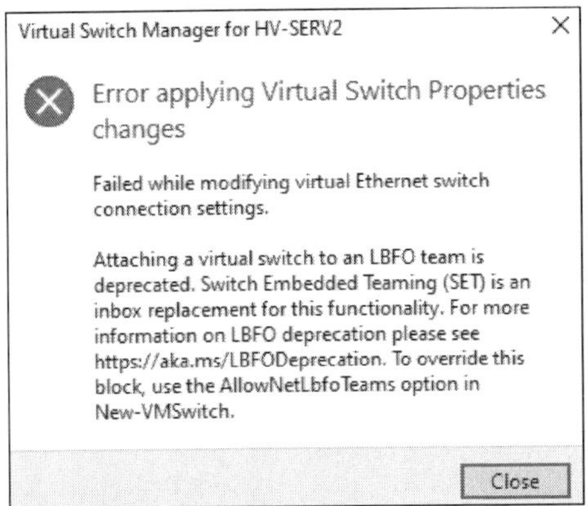

El método que utilizamos para crear el equipo de tarjetas de red se denomina LBFO y las diferencias con el nuevo método `SET` radican en que es el switch virtual el que gestiona el equipo en lugar del sistema operativo. También hay diferencias en la compatibilidad con distintos protocolos.

Por ejemplo, el método `SET` no es compatible con la autenticación 802.1X o la QoS de máquinas virtuales. O `SET` solo ofrece el modo **Switch Independent** para el balanceo de carga.

Además, `SET` sólo funciona con tarjetas de red idénticas: mismo fabricante y modelo, idéntica configuración, idénticos controladores.

Para conectar un switch a un equipo de tarjetas de red gestionado por el sistema operativo, es decir, el método `LBFO`, es necesario utilizar PowerShell:

- En el servidor HV-SERV2, abra una ventana de PowerShell.
- Crear un nuevo switch utilizando el equipo de tarjeta de red:

```
New-VMSwitch -AllowManagementOS $true -Name VMswicth
-NetAdapterName Team1 -AllowNetLbfoTeams $true
```

```
New-VMSwitch
-AllowManagementOS $true `
-Name VMswicth `
-NetAdapterName Team1 `
-AllowNetLbfoTeams $true
```

El switch se ha creado y está utilizando el equipo de la tarjeta de red:

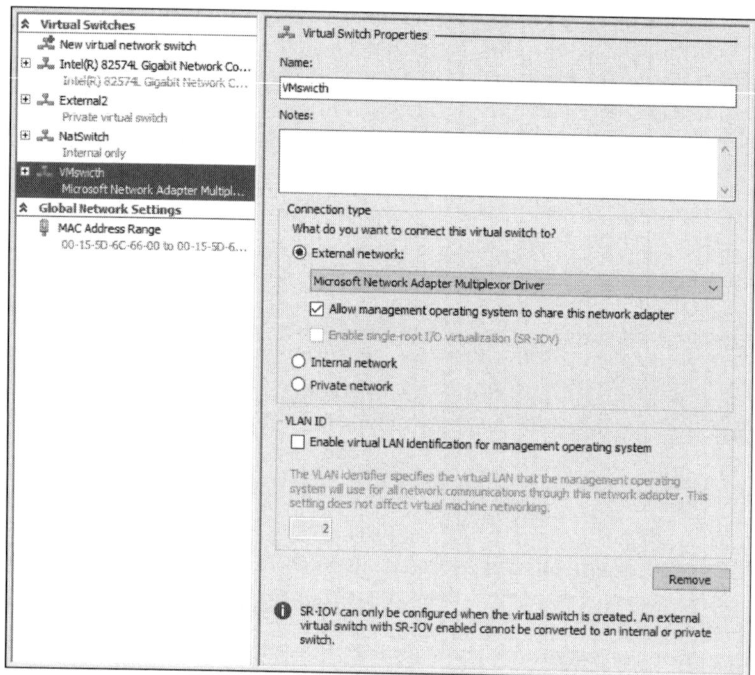

El método SET conecta las tarjetas de red directamente al switch, por lo que no es necesario un equipo de tarjetas.

▶ Añada dos tarjetas de red al servidor HV-SERV2.

▶ Desde el servidor HV-SERV2, introduzca el siguiente comando:

```
New-VMSwitch -Name SETswitch -NetAdapterName "Ethernet4","Ethernet5"
-EnableEmbeddedTeaming $true
```

```
New-VMSwitch `
-Name SETswitch `
-NetAdapterName "Ethernet4","Ethernet5" `
-EnableEmbeddedTeaming $true
```

El switch se ha creado, pero ya no tiene acceso a determinados ajustes.

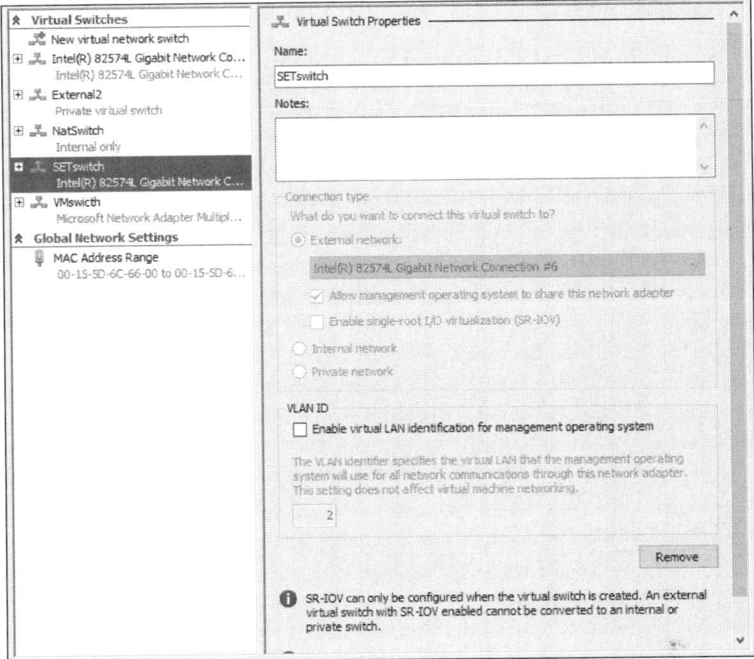

8.4 Migración en caliente de máquinas virtuales

La migración en caliente, también llamada "migración dinámica" por Microsoft, consiste en cambiar una máquina virtual de un servidor Hyper-V sin apagarlo y, por tanto, sin interrumpir el servicio. Esta función se debe activar en todos los servidores que vayan a participar en esta migración.

Hay dos tipos de migración:

- **Migración de almacenamiento**: sólo se moverán los archivos de la máquina virtual.
- **Migración en caliente**: la máquina virtual cambiará el servidor que le proporciona la RAM y el procesador. Para poder realizar esta migración, la máquina virtual se debe colocar en un almacenamiento accesible para ambos servidores a través de la red, como un almacenamiento compartido o iSCSI.

Ambos tipos de migración se pueden realizar al mismo tiempo.

8.4.1 Configuración de Hyper-V

Los servidores Hyper-V deben estar configurados para implementar la migración en caliente.

- En la consola de administración de Hyper-V en la máquina Windows 10 de nuestro trabajo práctico, haga clic con el botón derecho en **HV-SERV1** en y seleccione **Hyper-V settings** y, a continuación, seleccione **Live Migrations**.
- Marque la casilla para activar las migraciones dinámicas, esto permite migraciones hacia y desde el servidor. Por defecto, se permiten dos migraciones simultáneas, pero esta configuración dependerá del rendimiento de su red. Elija utilizar cualquier red disponible.

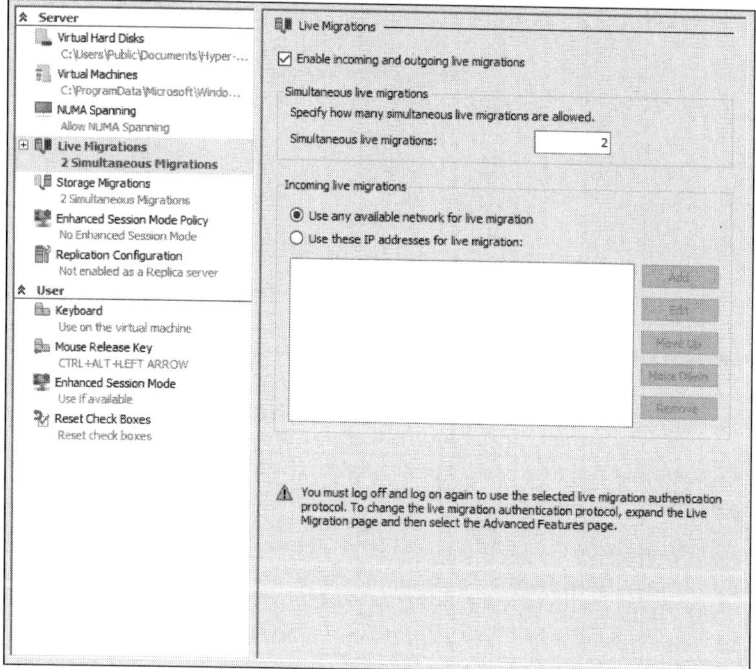

- A continuación, vaya a la configuración avanzada de la migración dinámica.
- Utilice la autenticación Kerberos de Active Directory y la compresión de datos para la transferencia. Esto comprime el contenido RAM de las máquinas virtuales.

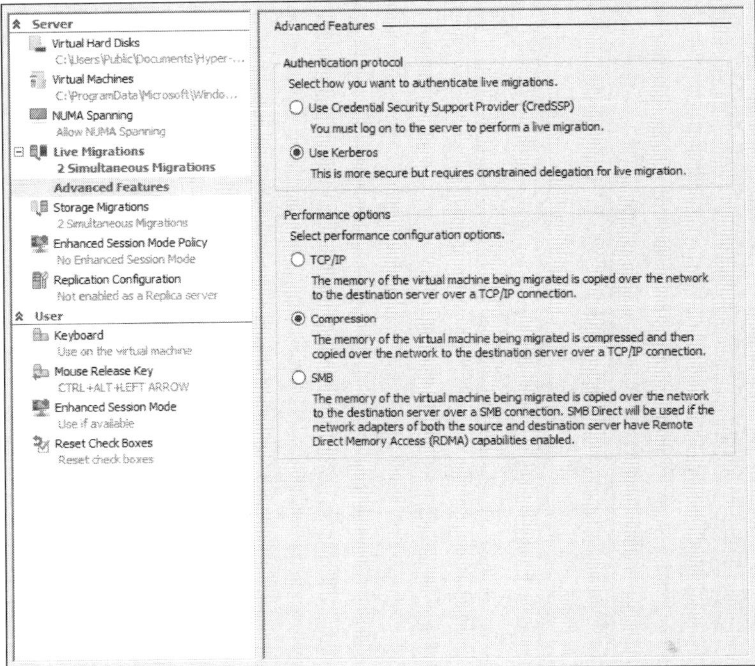

Los ajustes se deben reproducir de forma idéntica en el servidor HV-SERV2.

8.4.2 Delegación de restricciones Kerberos

Como se ha elegido la autenticación Kerberos para las migraciones, que es la opción más segura, necesitamos realizar algunos ajustes en el Directorio Activo.

Tenemos que decir a nuestros servidores que confíen los unos en los otros a la hora de migrar recursos de almacenamiento y computación para máquinas virtuales.

▶ Abra la consola de administración **Active Directory Users and Computers** desde el equipo de administración de Windows 10.

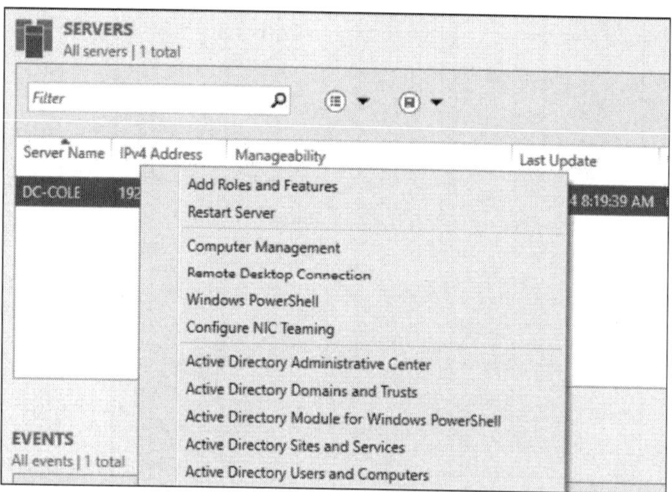

▶ Haga clic con el botón derecho en **HV-SERV1** y seleccione **Properties**.

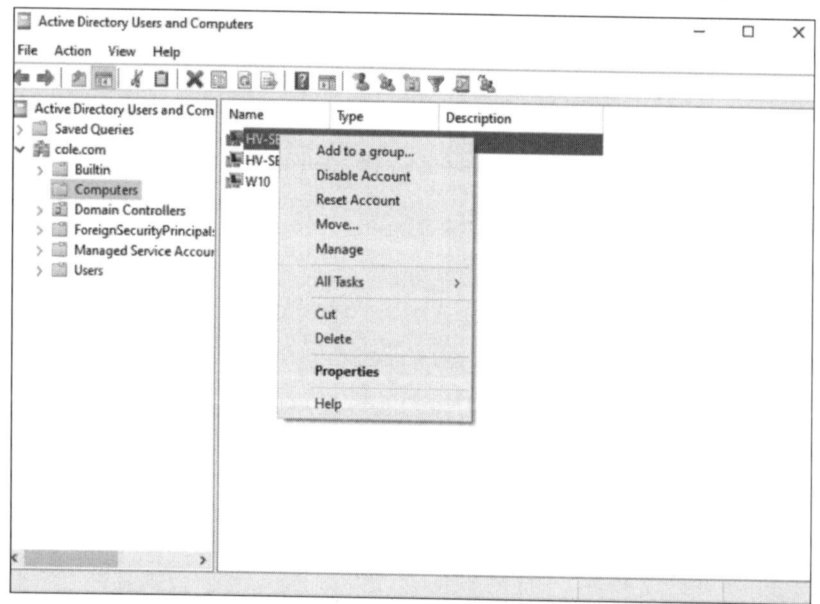

▶ Vaya a la pestaña **Delegation** y seleccione **Trust this computer for delegation to specified services only**. Seleccione **Use any authentication protocol**. Haga clic en **Add**.

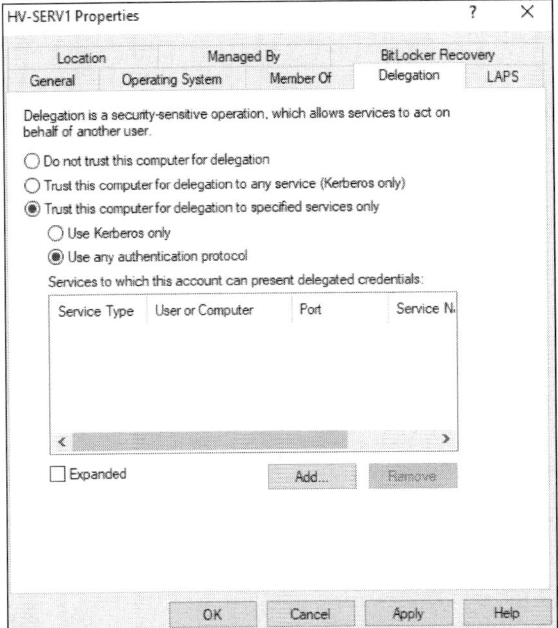

■En la siguiente ventana, haga clic en **Users or Computers**.

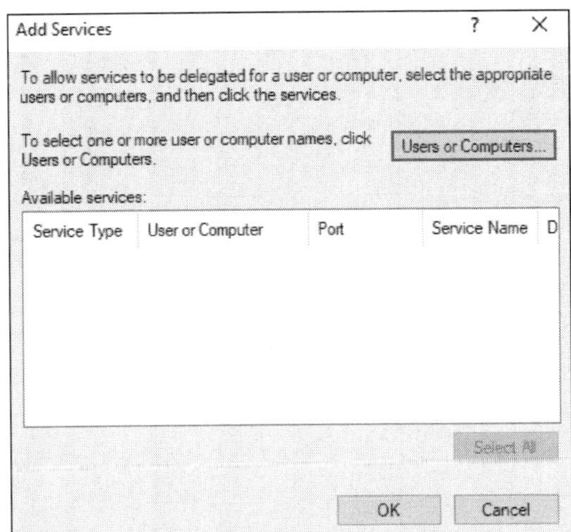

■Introduzca el nombre de la máquina **HV-SERV2** y confirme.

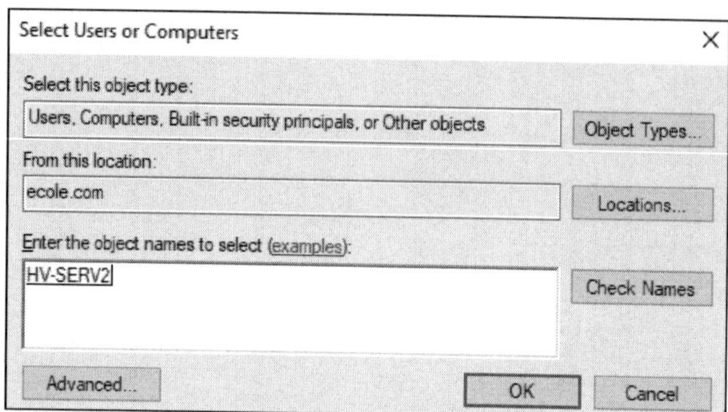

▶ Añada los servicios **CIFS** para almacenamiento y **Microsoft virtual system migration service**.

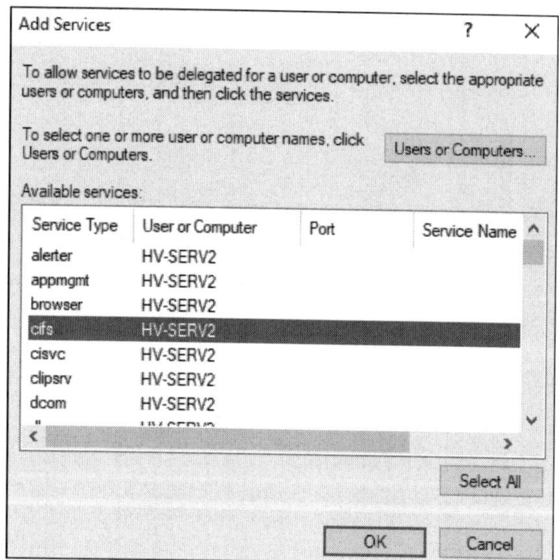

▶ Una vez añadidos ambos servicios, confirme.

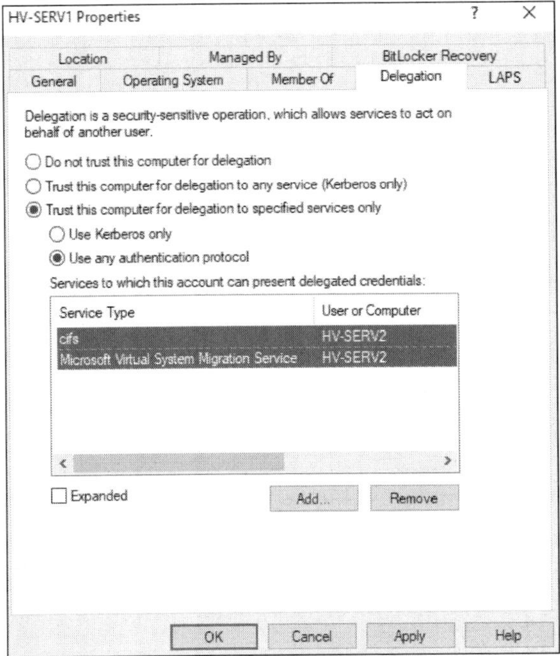

▶ Repita la operación en HV-SERV2 para indicarle que confíe en HV-SERV1 para estos dos servicios.

8.4.3 Consideraciones adicionales

Existen varias configuraciones posibles para la máquina virtual a migrar:

- **Eliminar la ISO de la unidad de DVD**: si hay una ISO en la unidad de DVD de la máquina virtual, esto impedirá la migración, ya que el archivo ISO no está presente en el servidor de destino.
- **Switch de destino**: si el servidor de destino no dispone de un switch con el mismo nombre que aquel al que está conectada la máquina, el sistema le pedirá que elija el switch de destino.
- **Grupos de máquinas virtuales**: si en el servidor de destino no hay ningún grupo de máquinas virtuales con el mismo nombre que el grupo al que pertenece la máquina, se nos pedirá que elijamos un grupo en el servidor de destino o que eliminemos la máquina de su grupo.
- **Disco de diferenciación**: no es posible migrar una máquina basada en un disco de diferenciación.

8.4.4 Almacenamiento y migración de máquinas

▶ Antes de realizar la migración, debe preparar HV-SERV1. Añádale un disco y formatéalo. A continuación, cree una carpeta en el nuevo volumen que albergará las máquinas.

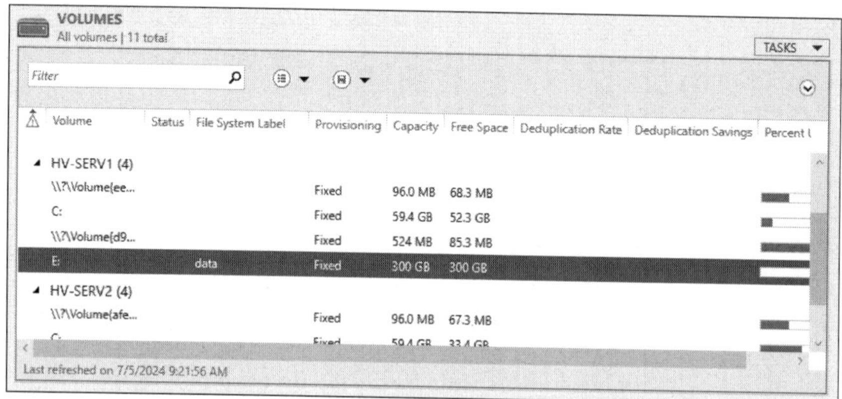

8.4.5 Migrar simultáneamente la máquina y el almacenamiento

▶ En la consola de administración de Hyper-V, haga clic con el botón derecho del ratón en la máquina que desea migrar y seleccione **Move**.

▶ En la primera pantalla del asistente, seleccione **Move the virtual machine**.

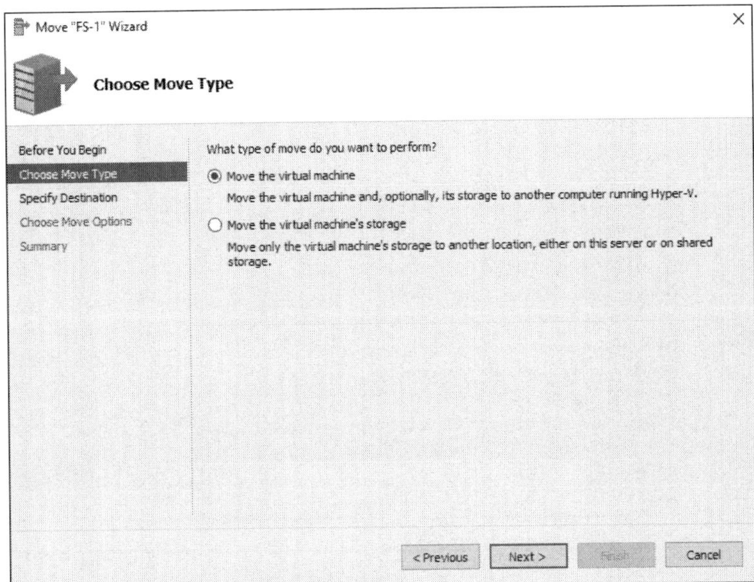

▶ Introduzca el nombre del servidor de destino.

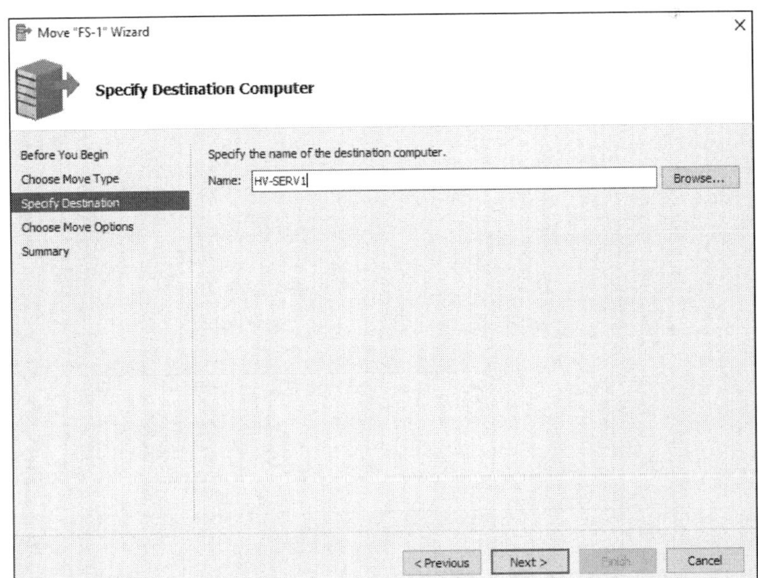

▶ En la siguiente pantalla, elija mover todos los archivos a una única ubicación. Sería posible elegir diferentes ubicaciones para cada archivo en la máquina virtual, pero no se recomienda. La tercera opción sólo moverá los recursos informáticos.

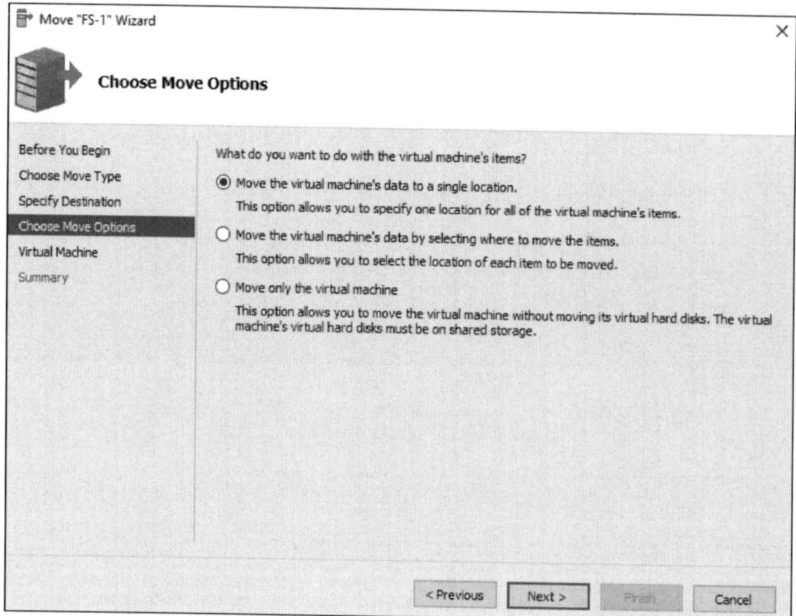

A continuación, especifique la carpeta de destino. Puede ver el tamaño de los datos que se van a mover.

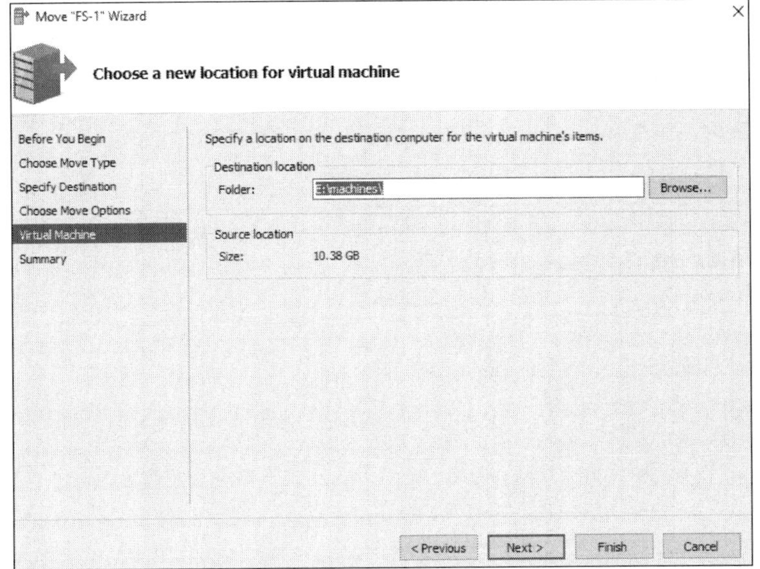

▶Aparece la pantalla de resumen, haga clic en **Finish**. Esto inicia la migración.

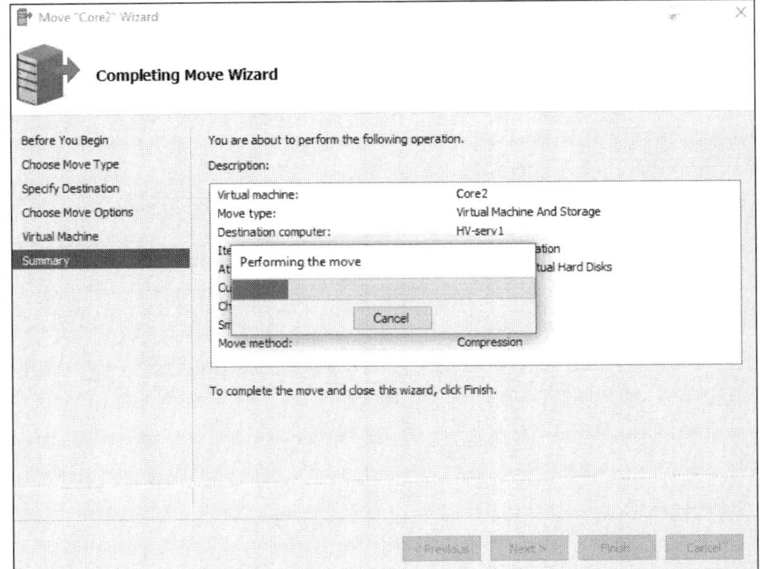

Puede supervisar el progreso de la migración en la consola de gestión de Hyper-V.

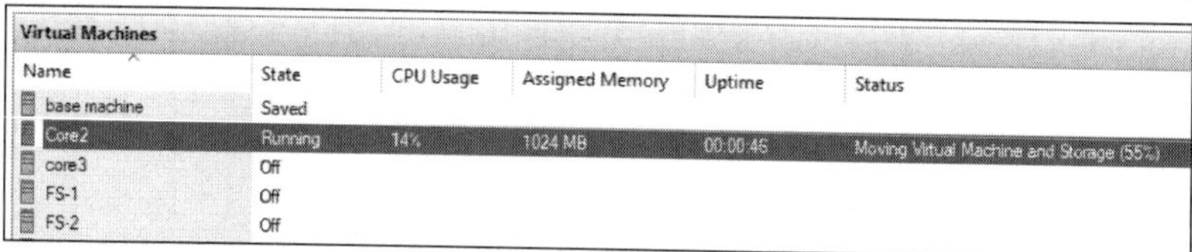

8.4.6 Migración de una sola máquina

Para evitar tener que mover los archivos y discos duros de las máquinas virtuales cada vez que se migran, las máquinas virtuales tienen que estar en un almacenamiento accesible a ambos servidores a través de la red.

Es posible utilizar almacenamiento iSCSI o recursos compartidos y colocar máquinas en ellos cuando se crean.

Vamos a crear un recurso compartido en el controlador de dominio DC-cole.

- Añada un disco al controlador de dominio y formatéalo como ReFS.
- Desde la máquina de gestión de Windows 10, en el administrador de servidores, vaya a la ventana de recursos compartidos y **TASKS**. Seleccione **New Share**.

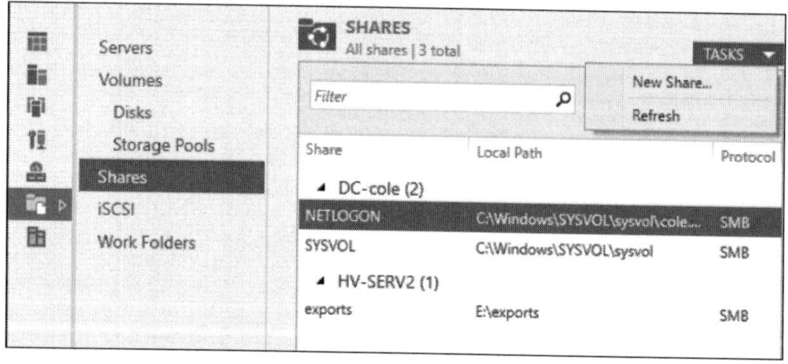

Necesitaremos crear un recurso compartido para aplicaciones, que contenga optimizaciones y configuraciones específicas para Hyper-V.

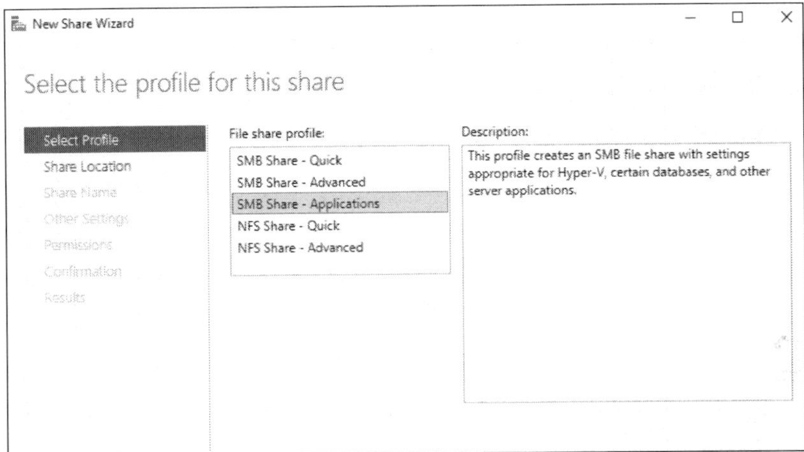

▶Cree una carpeta en el disco del nuevo controlador de dominio.

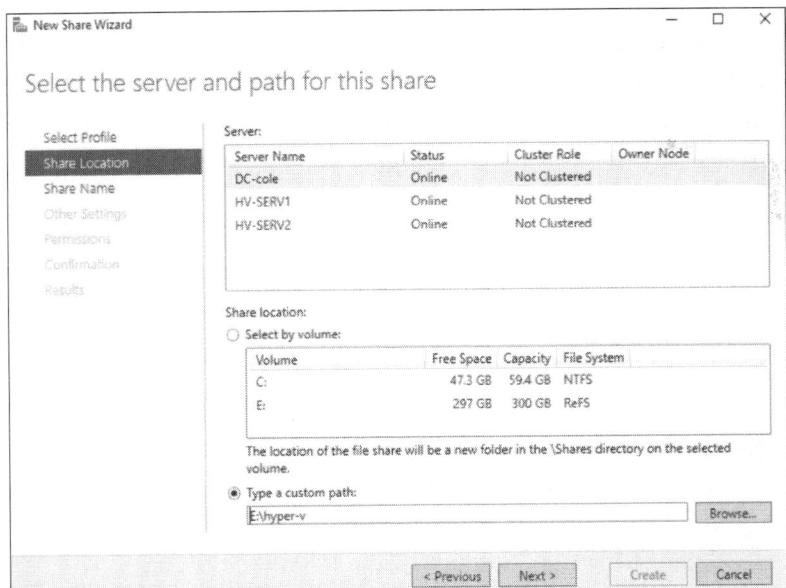

▶En la siguiente ventana, asigne un nombre al recurso compartido.

▶A continuación, en la nueva ventana, deje la configuración de uso compartido por defecto.

▶A continuación, vienen los ajustes de permisos NTFS. Tendrá que añadir control total a ambos servidores. Hagaa clic en **Customize permissions**.

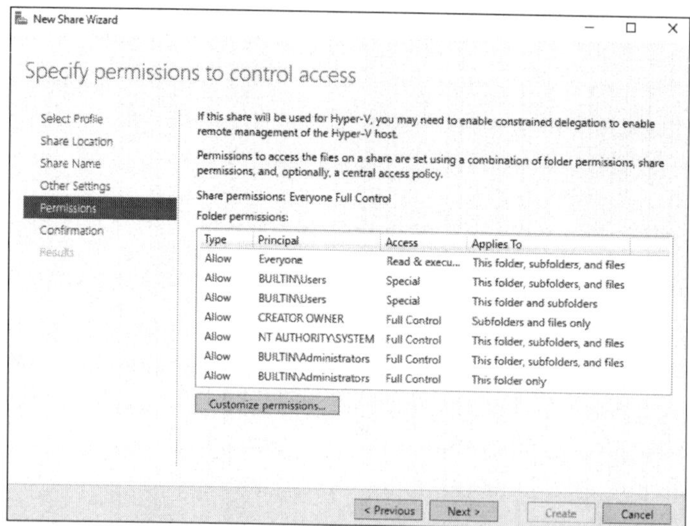

▶En la ventana de gestión de permisos que se abre, haga clic en **Add**.

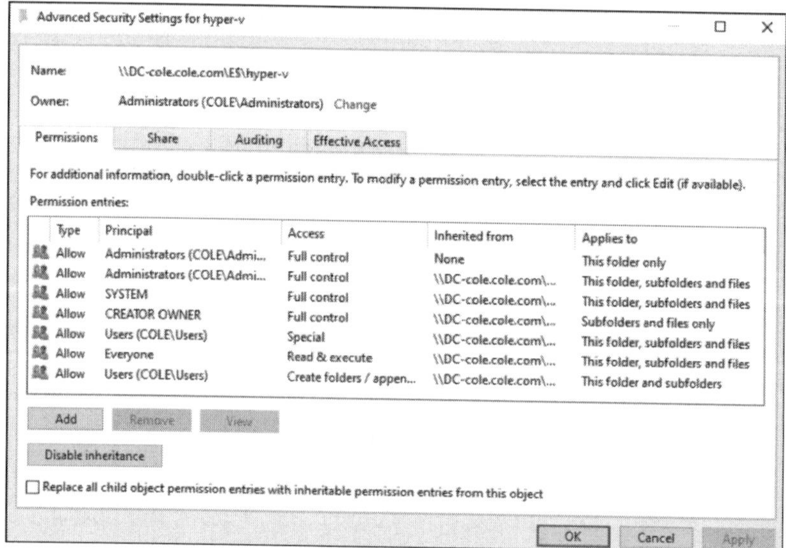

▶A continuación, haga clic en **Select a principal**.

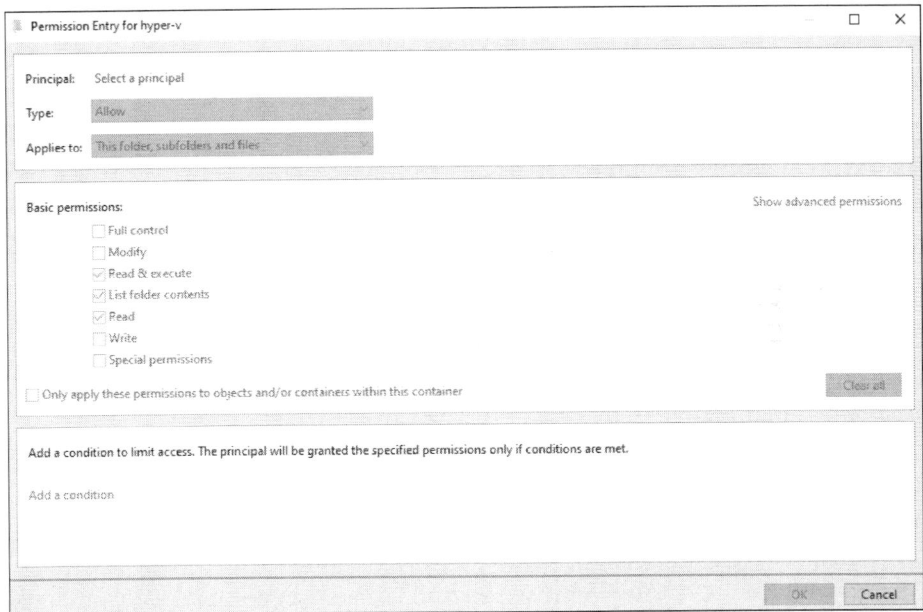

▶Los ordenadores no están incluidos en los tipos de objeto, por lo que debe añadirlos. Haga clic en **Object Types**.

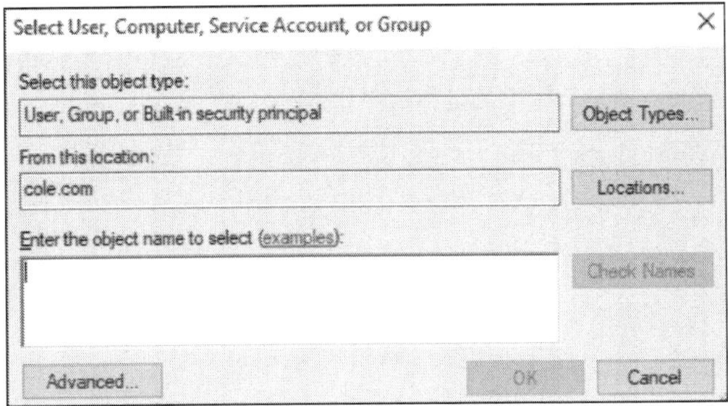

Añada el tipo de objeto **Computers** y confirme.

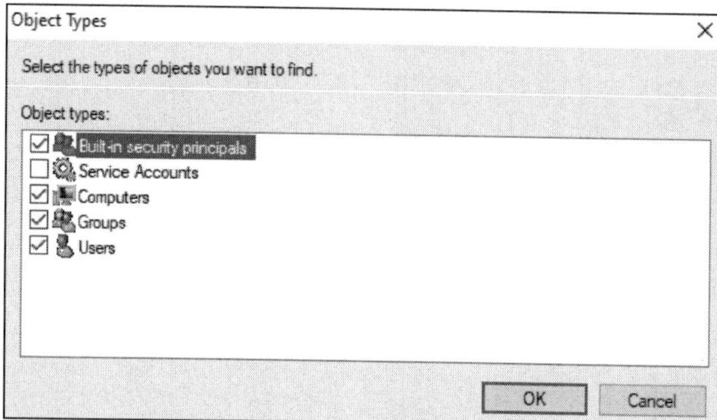

Añada **HV-SERV1**.

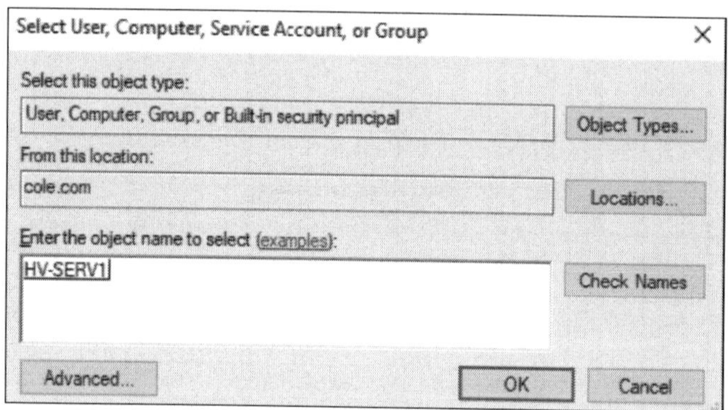

Dele pleno control sobre la carpeta.

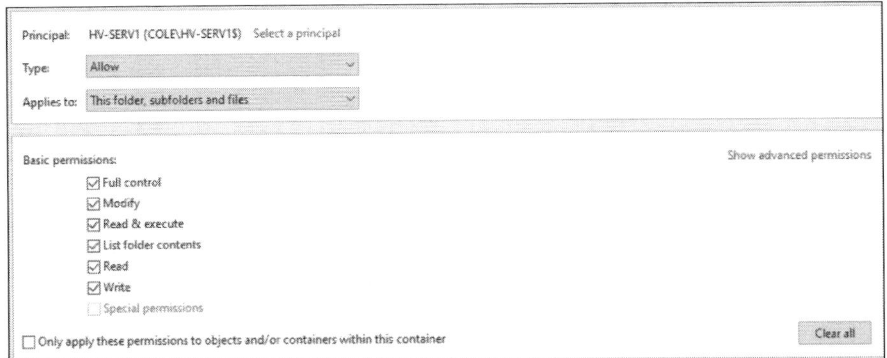

- Repita la operación para HV-SERV2 y dele también el control total. Aplique y confirme una vez añadidos ambos servidores.

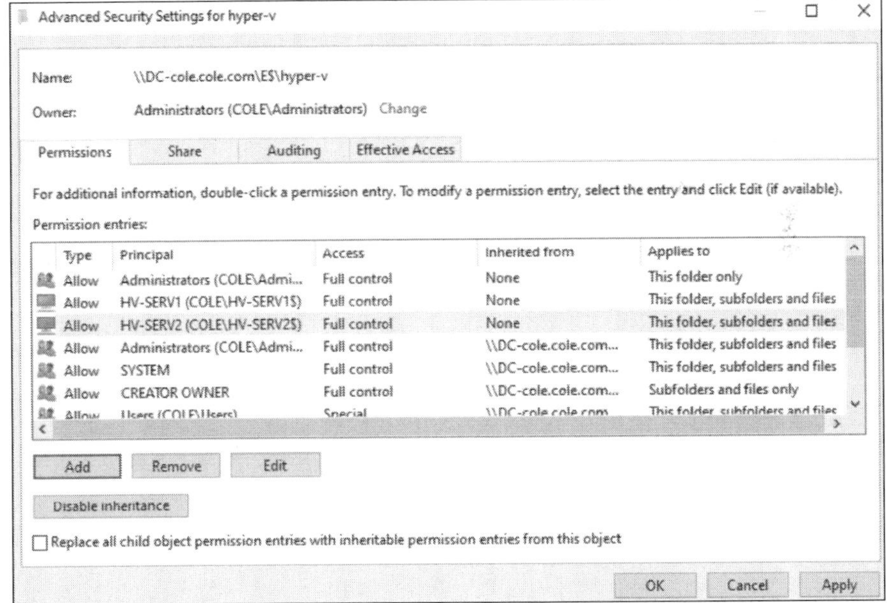

- Finalmente llega la pantalla de resumen; confirme para compartir la carpeta.
- Ahora necesita delegar una restricción Kerberos para que los dos servidores HV-SERV1 y HV-SERV2 confíen en DC-cole. Vaya a **Active Directory Users and Computers**.

- Vaya a las propiedades de HV-SERV1 y añada DC-cole para el almacenamiento.

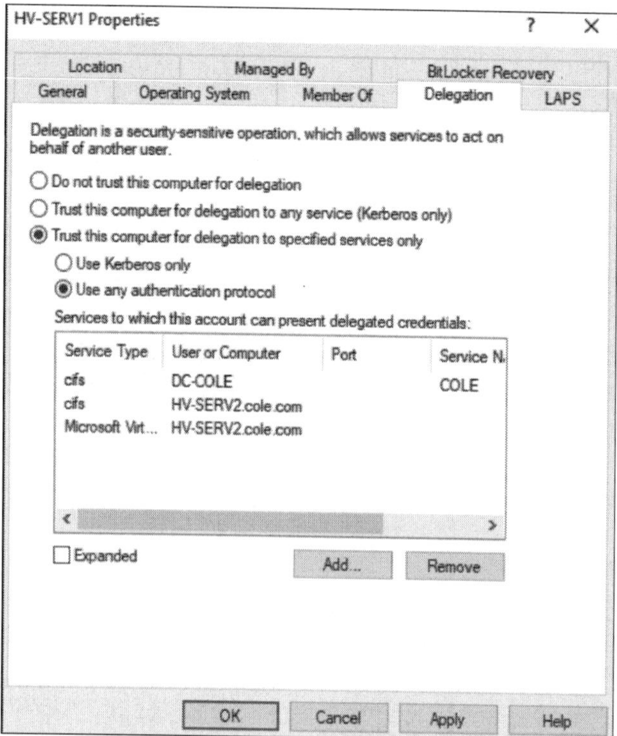

- Haga lo mismo en HV-SERV2 y añada seguridad a DC-cole para el almacenamiento.

- Cree una máquina virtual colocando sus archivos y disco duro en el recurso compartido. En el ejemplo, creará la máquina a partir de HV-SERV1. Este servidor le dará la RAM y la CPU, pero los archivos estarán en DC-cole, el controlador de dominio.

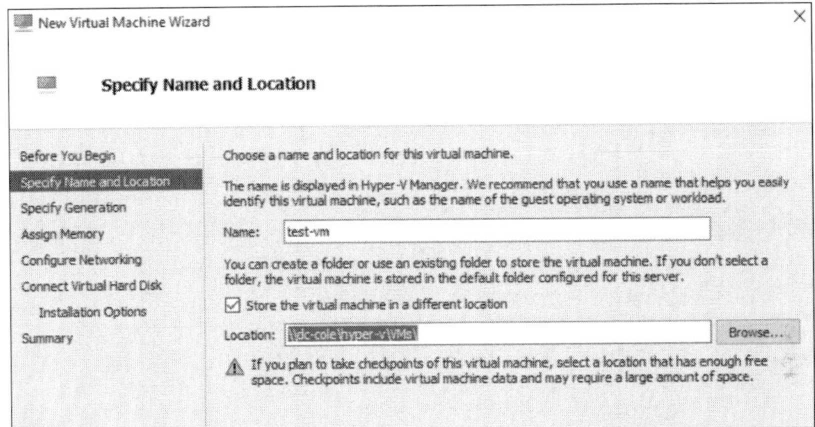

- Crear una máquina de generación 2, con asignación dinámica de memoria. En la pantalla de creación del disco VHDX, la ubicación se coloca automáticamente en el recurso compartido.

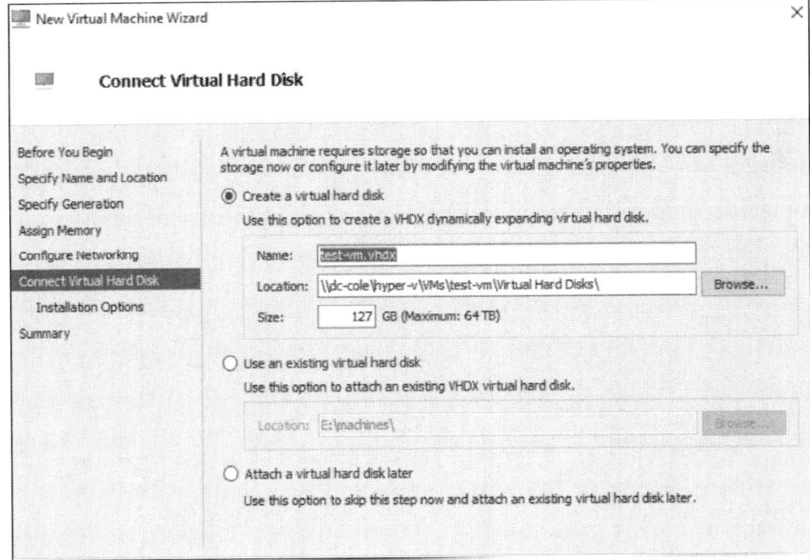

- Una vez creada la máquina, iníciela para probar la migración en caliente.
- Ahora migre la máquina a HV-SERV2. Haga clic con el botón derecho del ratón en la máquina y seleccione **Move**.

▶ En la primera pantalla, seleccione **Move the virtual machine**.

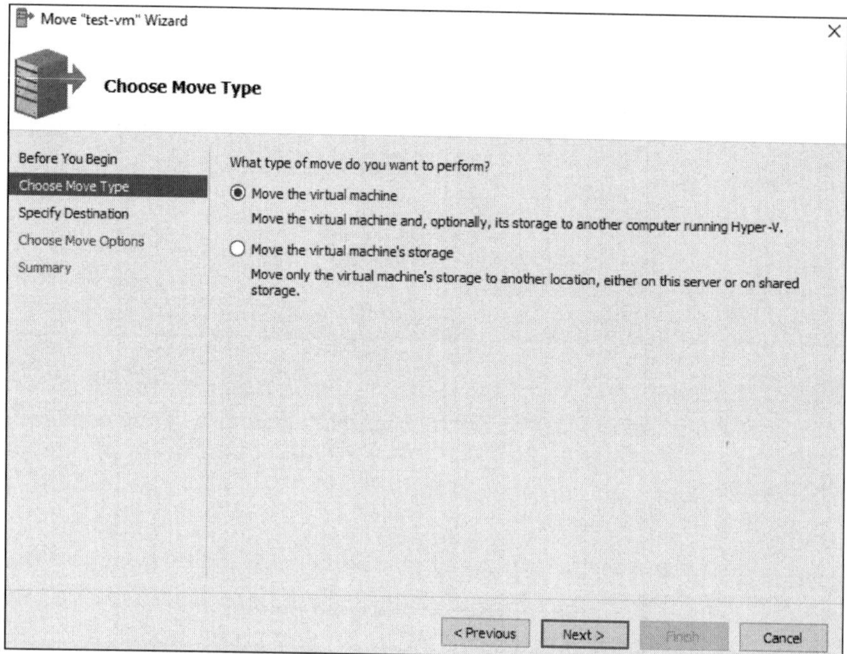

▶ En la siguiente pantalla, especifique el servidor de destino, en este caso HV-SERV2.

▶ A continuación, indique que sólo desea mover la máquina virtual, es decir, cambiar el servidor de RAM y CPU.

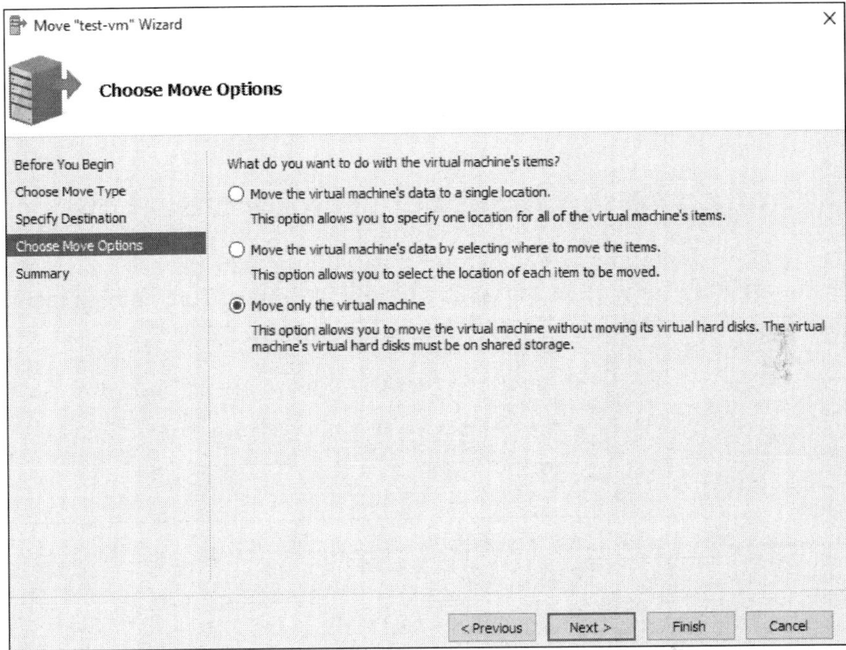

- A continuación, en la pantalla de resumen habitual, confirme. La migración será mucho más rápida porque los archivos y el disco de la máquina virtual no se moverán del recurso compartido en DC-cole.

9. Réplica de Hyper-V

La réplica de Hyper-V es una función que crea una réplica de una máquina virtual en otro servidor. Esta característica debe estar activada y configurada en los servidores Hyper-V afectados.

Es posible hacer dos réplicas de la máquina original en otros dos servidores. Por lo tanto, podríamos tener una réplica de la primera réplica. La primera máquina, la original, se llama "primaria". La réplica se llama "secundaria" y la réplica de la réplica se llama "réplica extendida".

Las réplicas están apagadas, pero se actualizan con los cambios realizados en la máquina principal. Estos cambios se almacenan en puntos de restauración, y es posible tener hasta 24 puntos de restauración por máquina.

En caso de fallo, será necesario intervenir manualmente para bascular a la réplica. Es posible programar conmutaciones por error automáticas en caso de mantenimiento del servidor o de la máquina virtual original. Por último, será necesario realizar la operación en sentido inverso para devolver las máquinas virtuales a su estado inicial una vez resueltos los problemas.

9.1 Configuración de servidores para la réplica de Hyper-V

- Desde el equipo de gestión de Windows 10, vaya a la configuración de Hyper-V para el servidor HV-SERV1 y, a continuación, a la sección **Replication Configuration**.

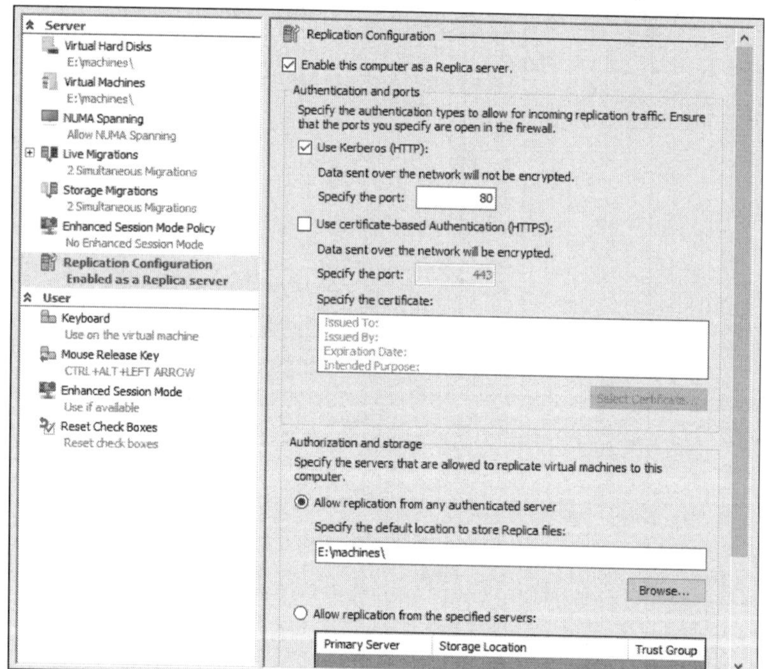

- Marque la opción **Enable this computer as a Replica server**.
- Para la autenticación, seleccione **Usar Kerberos (HTTP)** en el puerto **80**.
- A continuación, en la sección **Authorization and storage**, seleccione **Allow replication from any authenticated server**.
- Por último, elija la ubicación donde se almacenarán los archivos de la máquina replicada. Seleccione una carpeta creada previamente.

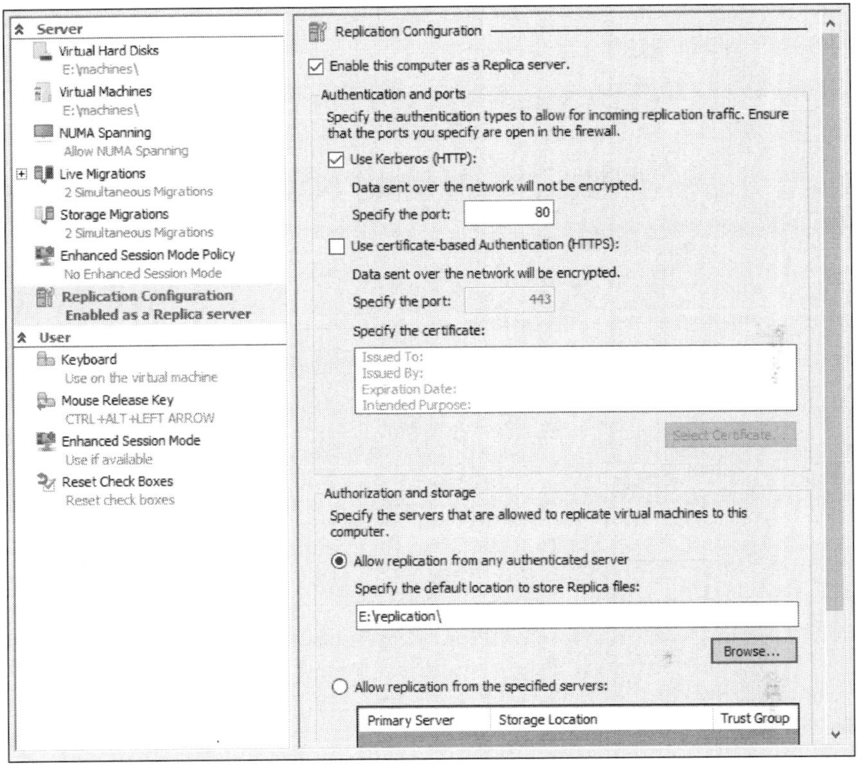

El último ajuste de la parte inferior de la página se utiliza para seleccionar los servidores, desde los que se autoriza la replicación.

También tendrá que configurar el cortafuegos del servidor, como se indica en el mensaje al confirmar la configuración.

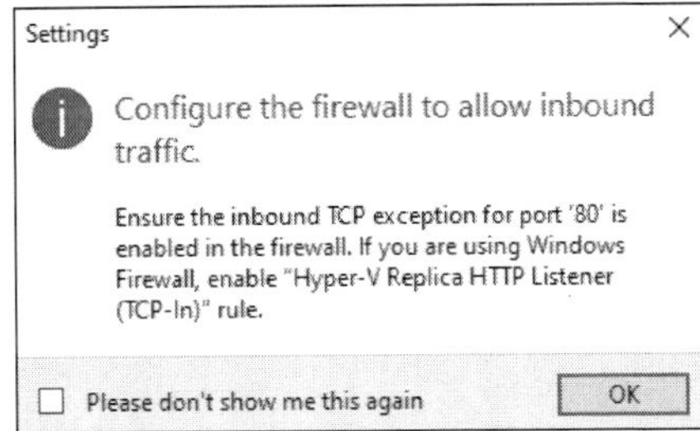

La regla a activar en el cortafuegos para el tráfico entrante es **Hyper-V Replica HTTP Listener (TCP-In)**.

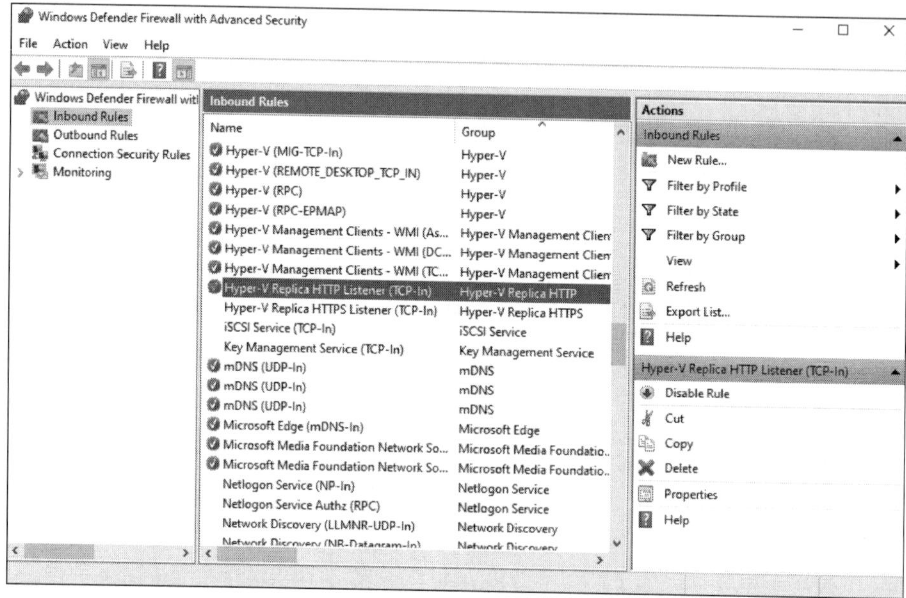

▶ Para configurar el firewall con PowerShell, utilice el siguiente comando en el servidor HV-SERV1:

```
Enable-NetFirewallRule -displaygroup "Hyper-V Replica HTTP"
```

▶ Configure los dos servidores de forma idéntica para que pueda replicar máquinas virtuales en ambas direcciones.

9.2 Configuración de la réplica de Hyper-V

Una vez configurados ambos servidores, pase a la replicación de máquinas virtuales.

▶ Haga clic con el botón derecho del ratón en una máquina en HV-SERV1 y seleccione **Enable Replication**. Esta máquina será nuestra máquina primaria.

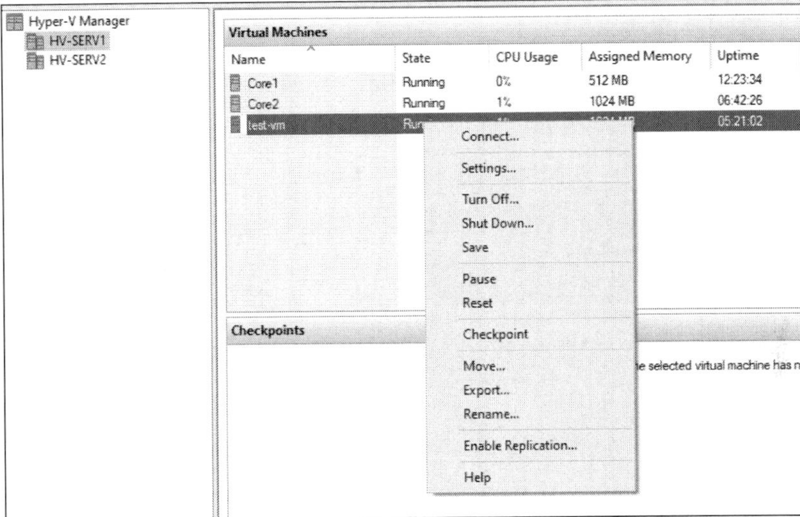

▶ Omita la primera ventana y, en la segunda, introduzca el nombre del servidor de replicación.

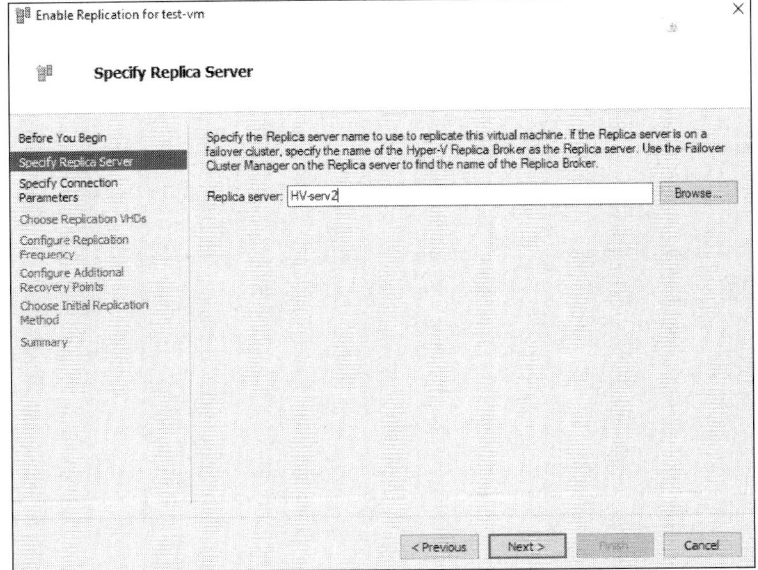

▶ En la ventana siguiente, seleccione la autenticación Kerberos y compresión de datos durante la transmisión.

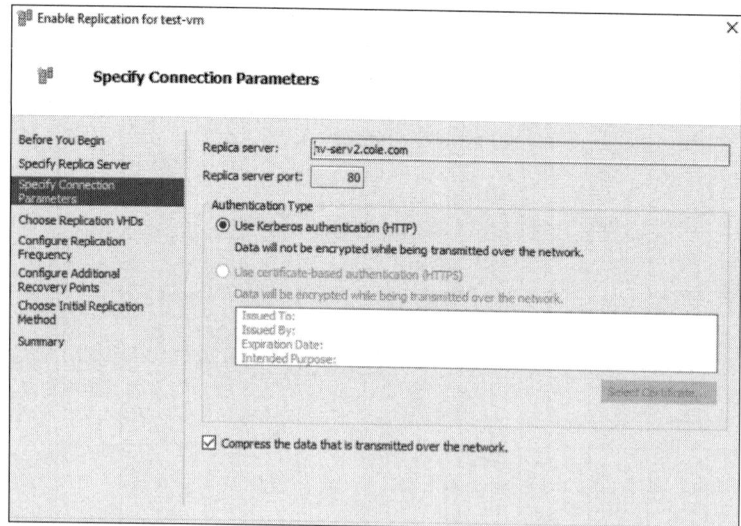

▶ A continuación, seleccione los discos de la máquina virtual que se incluirán en la replicación.

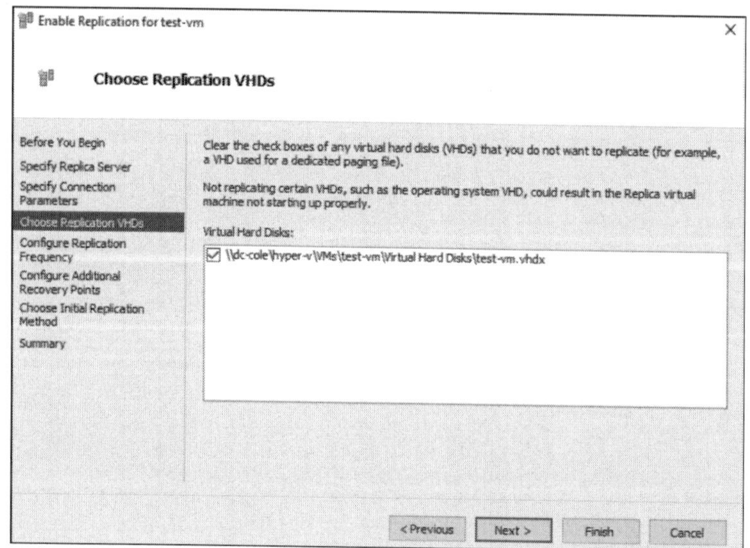

A continuación, hay que decidir con qué frecuencia se replicarán en la máquina secundaria los cambios realizados en la máquina primaria. Esta elección depende de la cantidad de pérdida de datos que esté dispuesto a aceptar y de la cantidad de datos que esto generará en la red.

Por ejemplo, una máquina que aloje una base de datos SQL puede representar una gran cantidad de datos a replicar, pero difícilmente podemos aceptar la pérdida de datos en este caso.

▶ Hay tres opciones posibles; elija **5 minutes**.

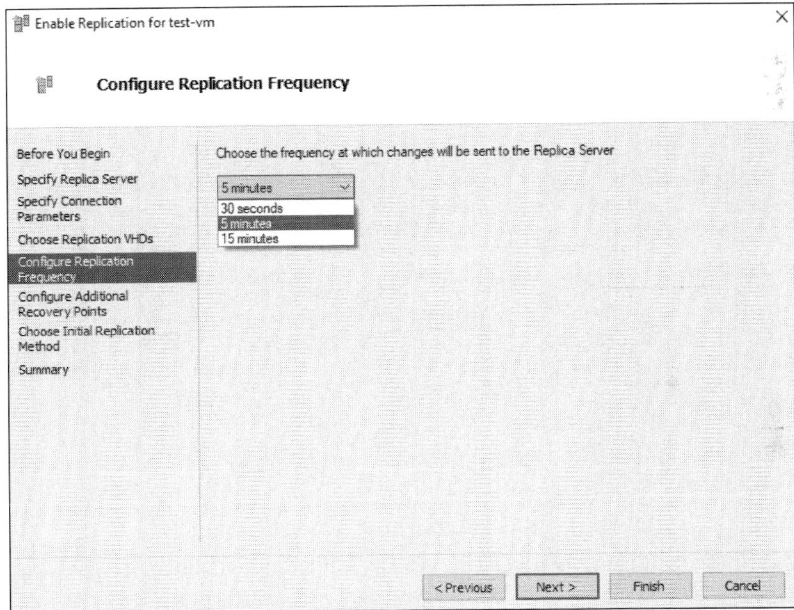

▶ A continuación, elija el número de puntos de recuperación. Cíñase a un único punto de recuperación.

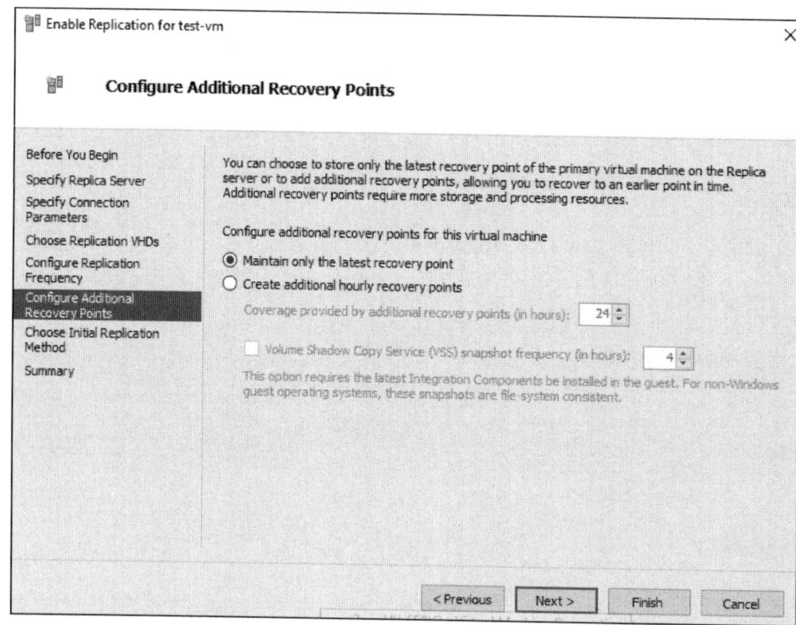

La siguiente ventana permite definir cómo se llevará a cabo la replicación inicial. Hay tres opciones disponibles:

- a través de la red,
- con un disco duro externo,
- en una máquina virtual creada previamente en el servidor secundario.

También es posible lanzar la replicación a una hora determinada, para evitar la congestión de la red durante las horas de trabajo.

▶ Realice inmediatamente la replicación inicial a través de la red.

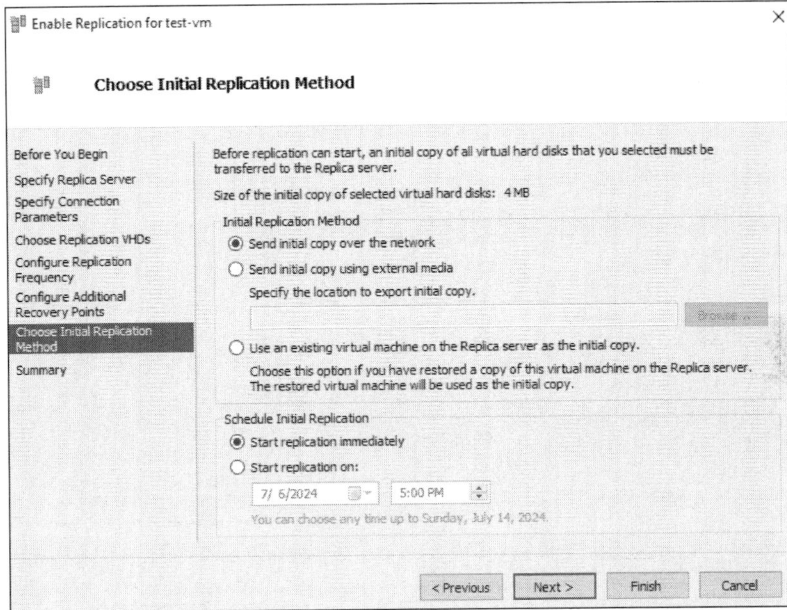

▶A continuación, aparece la pantalla de resumen. Pulse **Finish**. La máquina virtual primaria se copiará en el segundo servidor.

9.3 Uso de la réplica de Hyper-V

Empezaremos comprobando que la replicación goza de buena salud.

▶En el equipo primario, haga clic con el botón derecho del ratón y vaya al menú **Replication**. Seleccione la opción **View Replication Health**.

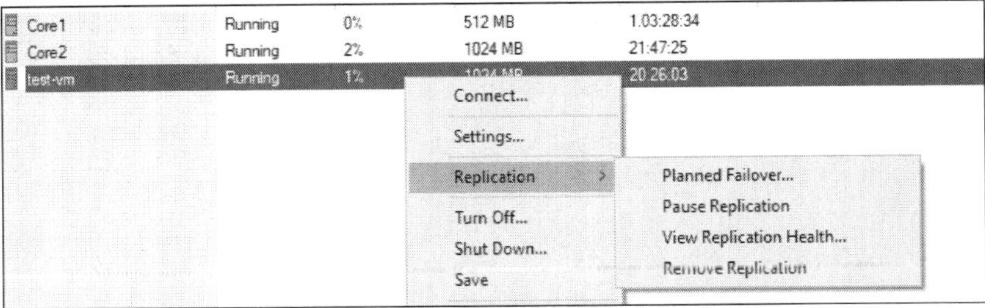

Esta opción muestra un informe del estado de la replicación. La misma opción existe en la máquina secundaria.

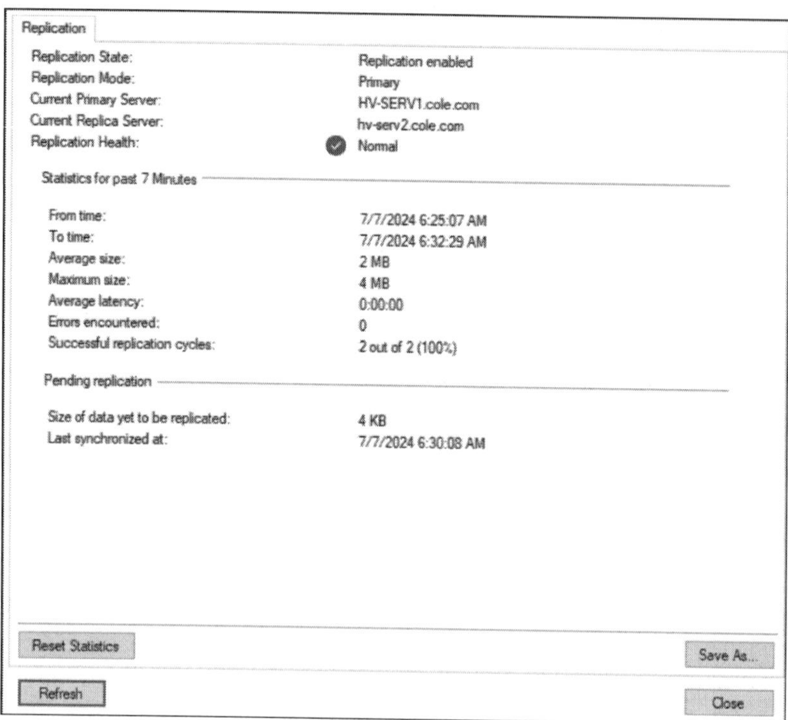

9.3.1 Conmutación programada

También existe una opción de conmutación por error programada en la máquina primaria. Esto no permite programar una conmutación automática. Esta opción se utiliza para realizar manualmente una conmutación por error planificada de antemano. Esto es útil en caso de mantenimiento del servidor o de la máquina virtual para evitar interrupciones del servicio. Esta opción sólo funciona con la máquina primaria apagada.

- Después de apagar la máquina primaria, en el menú de opciones de conmutación por error, seleccione **Planned Failover**.
- La ventana tiene dos opciones, una para arrancar automáticamente la máquina secundaria y otra para invertir el sentido de la conmutación, una vez finalizada la operación. La máquina secundaria se convertirá en la máquina primaria. Marque ambas opciones y haga clic en **Fail Over**.

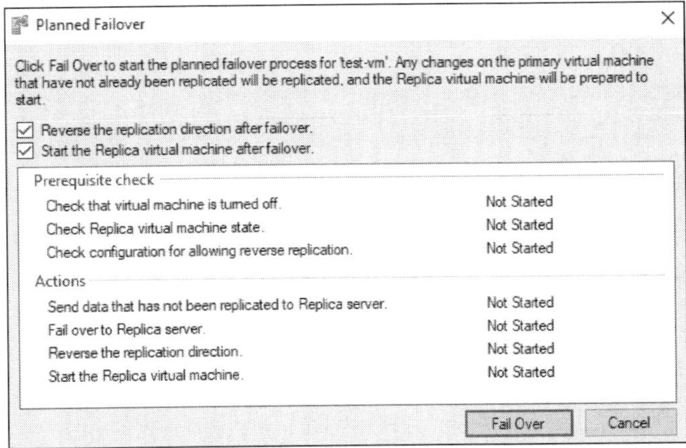

Los datos creados desde el último punto de recuperación se enviarán a la máquina secundaria, que se iniciará automáticamente y, por tanto, se convertirá en la nueva máquina primaria. Esto es fácil de ver porque ahora tiene la opción **Planned Failover**.

9.3.2 Conmutación en caso de desastre

El otro caso de uso principal para la réplica de Hyper-V es en caso de desastre, cuando la máquina principal ya no funciona.

- Para simular la avería, apague la máquina primaria.
- Vaya a la máquina secundaria y seleccione **Failover**. Se abrirá una ventana que le permitirá seleccionar el punto de conmutación por error en caso de que haya configurado más de uno. Haga clic en **Fail Over**.

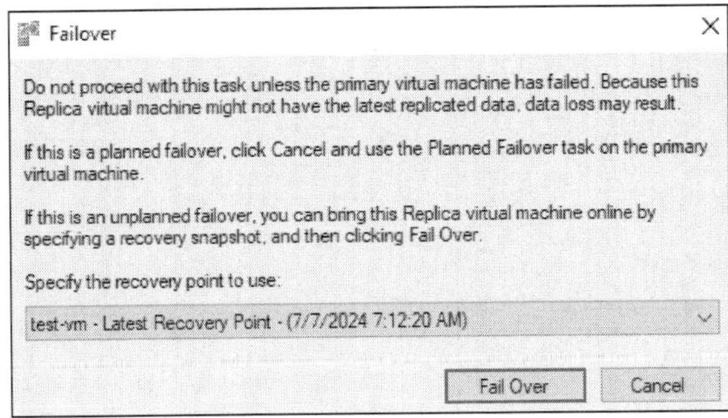

▶ Encienda la máquina secundaria manualmente.

También hay una opción para suspender la replicación y otra para invertir el sentido de la conmutación por error. Esta última permite que la máquina original vuelva a ser la primaria, una vez resueltos los problemas.

10. Contenedores y Docker

Para desplegar contenedores en Windows Server 2022, es necesario tener instalado el rol Hyper-V y añadido el servicio de rol "contenedores". Esto le permitirá instalar Docker y crear contenedores Windows de forma sencilla. Los contenedores basados en sistemas Linux no se podrán ejecutar en Windows Server.

Observación

Tenga en cuenta que es probable que el procedimiento para instalar Docker en Windows Server cambie con bastante frecuencia.

▶ Desde la máquina de administración, despliegue la funcionalidad **Containers** en HV-SERV2. Reinicie la máquina después de la instalación.

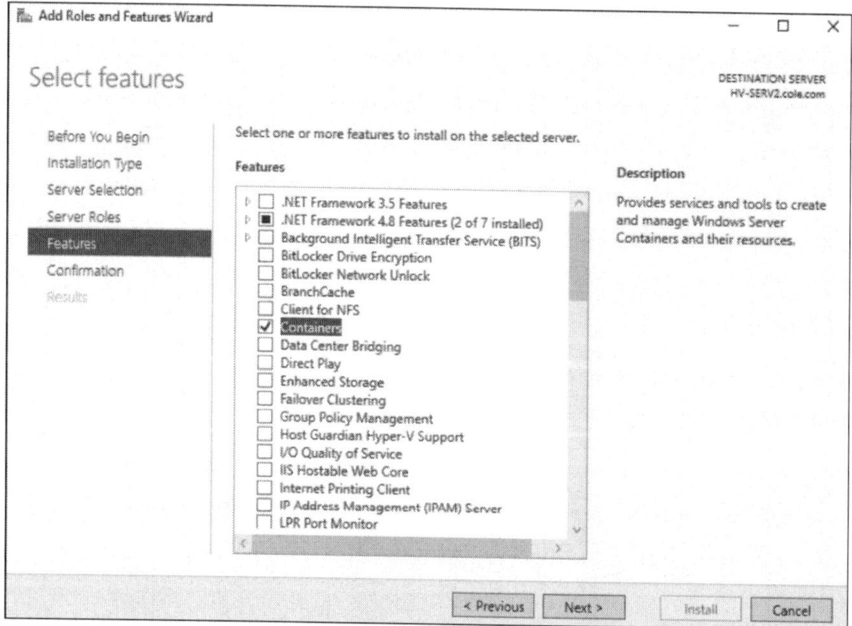

▶A continuación, conéctese a HV-SERV2 mediante PowerShell e introduzca el siguiente comando:

```
Install-Module DockerMsftProvider -Force
```

▶Se le pedirá que confirme que desea instalar NuGet.

Necesita descargar un script de instalación de Docker desde GitHub.

```
Invoke-WebRequest -UseBasicParsing "https://raw.githubusercontent.com/
microsoft/Windows-Containers/Main/helpful_tools/Install-DockerCE/
install-docker-ce.ps1" -o install-docker-ce.ps1
```

▶A continuación, ejecute el script con el siguiente comando:

```
./install-docker-ce.ps1
```

El resultado es el siguiente:

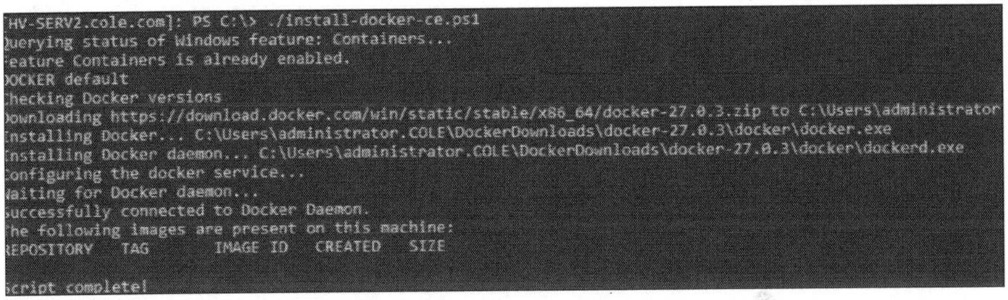

```
HV-SERV2.cole.com]: PS C:\> ./install-docker-ce.ps1
uerying status of Windows feature: Containers...
eature Containers is already enabled.
OCKER default
hecking Docker versions
ownloading https://download.docker.com/win/static/stable/x86_64/docker-27.0.3.zip to C:\Users\administrator
nstalling Docker... C:\Users\administrator.COLE\DockerDownloads\docker-27.0.3\docker\docker.exe
nstalling Docker daemon... C:\Users\administrator.COLE\DockerDownloads\docker-27.0.3\docker\dockerd.exe
onfiguring the docker service...
aiting for Docker daemon...
uccessfully connected to Docker Daemon.
he following images are present on this machine:
EPOSITORY   TAG       IMAGE ID   CREATED   SIZE

cript complete!
```

▶Docker está instalado, reinicie la máquina.

▶Vuelva a conectar PowerShell a HV-SERV2 y pruebe Docker con el siguiente comando:

```
docker --version
```

El comando debería dar un resultado similar al siguiente:

```
[HV-SERV2.cole.com]:  PS C:\> docker --version
Docker version 27.0.3, build 7d4bcd8
[HV-SERV2.cole.com]:  PS C:\> _
```

Observación

*Los comandos que vamos a escribir a partir de ahora son **comandos de Docker**. Los contenedores y Docker son un tema muy amplio y no entraremos en detalles en este libro dedicado a Windows Server. Vamos a ver cómo desplegar un servidor web IIS en un contenedor.*

Primero tenemos que descargar la imagen IIS basada en el servidor Core desde Docker Hub y el repositorio oficial de Microsoft, con el comando:

```
docker pull mcr.microsoft.com/windows/servercore/iis
```

Puede comprobar la presencia de la imagen en la máquina con el siguiente comando:

```
docker image ls
```

El resultado es el siguiente:

```
[HV-SERV2.cole.com]:  PS C:\> docker image ls
REPOSITORY                                  TAG       IMAGE ID       CREATED       SIZE
mcr.microsoft.com/windows/servercore/iis   latest    f75f6b629ed7   2 weeks ago   4.91GB
[HV-SERV2.cole.com]:  PS C:\>
```

- A continuación, cree un contenedor a partir de la imagen descargada, abriendo el puerto 80 al puerto 8080. Especifica también que el contenedor se debe reiniciar al mismo tiempo que el servidor.

```
docker run -d -p 8080:80 --name WEBSERV --restart always
mcr.microsoft.com/windows/servercore/iis
```

- Para comprobar que el contenedor funciona, conéctese desde un navegador web a la máquina HV-SERV2, en el puerto 8080.

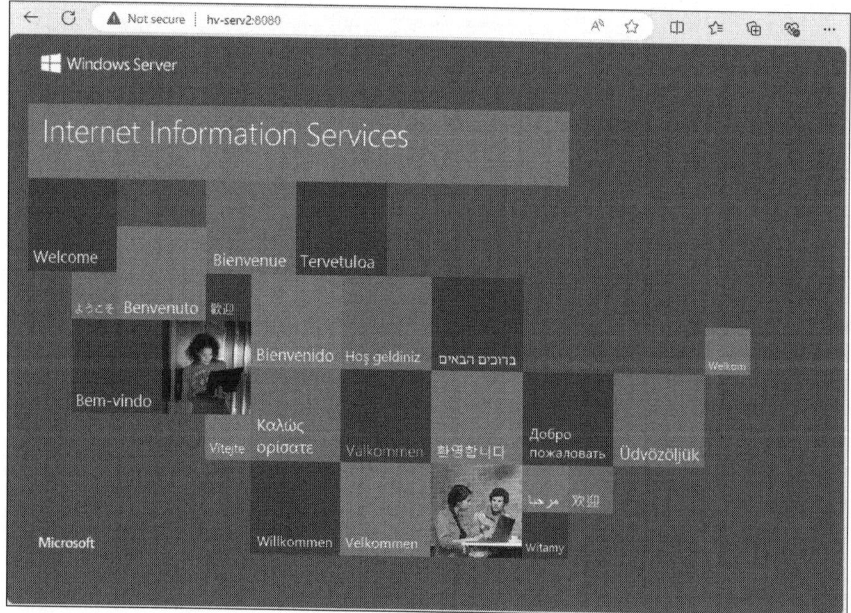

Observación

Existe un registro DNS para HV-SERV2, que permite resolverlo en el navegador web. También podríamos habernos conectado a él utilizando su dirección IP.

El comando `docker container ls` permite ver los contenedores en funcionamiento.

```
[HV-SERV2.cole.com]:  PS C:\> docker container ls
CONTAINER ID   IMAGE                                      COMMAND                   CREATED
00d949de839c   mcr.microsoft.com/windows/servercore/iis   "C:\\ServiceMonitor.eâ€¦"   20 minutes ago
[HV-SERV2.cole.com]:  PS C:\> _
```

Capítulo 6
El clustering con Windows Server

1. Introducción a la clustering

1.1 Aspectos generales

El clustering consiste en reunir varias máquinas en una sola entidad lógica con un posible doble objetivos: evitar fallos de hardware, aumentar los recursos disponibles o ambas cosas a la vez.

En este libro ya hemos hablado del clúster DHCP, que permite tener un servidor en standby por si el primero falla o distribuir la carga de trabajo entre los dos servidores.

En este capítulo, veremos la agrupación en clústeres de servidores, con varios servidores que ejecutan un servicio como Hyper-V o SQL o un servidor de archivos, combinados en una única entidad.

En un clúster, cada servidor se denomina nodo y Windows Server puede gestionar clústeres de 2 a 64 nodos. Estos nodos pueden ser máquinas físicas o virtuales. Los clústeres se pueden configurar en un dominio de Active Directory, en varios dominios diferentes o incluso en un Workgroup sin dominio.

Normalmente, los servidores de un clúster, los nodos, compartirán un almacenamiento común a través de la red. Este almacenamiento puede adoptar varias formas, como armarios JBOD, almacenamiento iSCSI, simples recursos compartidos en un pool de almacenamiento, etc. Lo importante es que todos los nodos puedan acceder a los datos de la misma forma. También es posible agrupar el almacenamiento local de cada servidor del clúster. Es lo que se conoce como infraestructura hiperconvergente.

En el mundo de Windows Server, la lógica predominante es la de los clústeres de conmutación por error para garantizar una alta disponibilidad. Por ejemplo, la agrupación dinámica de recursos informáticos para máquinas virtuales, requiere la adición de la solución de gestión de Microsoft, *System Center Virtual Machine Manager* (SCVMM), aunque las funciones de balanceo de carga estén disponibles en el clúster Hyper-V. Por otro lado, es posible crear clústeres de recursos compartidos SOFS, en los que todos los servidores están activos al mismo tiempo.

1.2 Consideraciones sobre la red

En la implementación de un clúster, es una buena idea separar los diferentes tipos de tráfico en varias redes físicas. Normalmente, habrá una red para las máquinas cliente, de modo que puedan acceder a Internet y comunicarse entre sí y con los servidores. Se puede implementar un balanceo de carga para que las peticiones de los clientes se distribuyan equitativamente entre los servidores.

Otra red se dedicará a las comunicaciones entre los servidores y a supervisar su estado. Esta red también se utilizará para administrar el clúster a distancia.

Y, por último, una red de almacenamiento y acceso al almacenamiento del servidor. Las redes de almacenamiento suelen ser redundantes para evitar puntos únicos de fallo, y los servidores saben que pueden utilizar una u otra de estas redes dedicadas al almacenamiento, con una función conocida como MPIO (*Multi Path In/Out*). También en este caso es posible equilibrar la carga entre servidores y almacenamiento.

1.3 Quórum

En un clúster de Microsoft, puede estar "activo" un único nodo (servidor) y funcionar con normalidad. Los demás nodos están en espera y se dice que son "pasivos". Sin embargo, para funcionar, un clúster necesita que la mayoría de los nodos estén activos y funcionando. Si no hay una mayoría de nodos funcionando en el clúster, éste dejará de funcionar, aunque algunos servidores sigan disponibles.

Esta mayoría de nodos que es necesaria para que el clúster funcione, se denomina quórum. Cada nodo tiene un "voto" para determinar si el clúster debe seguir funcionando o no. Si no hay mayoría de votos para seguir funcionando, entonces no se alcanza el quórum y el clúster se detiene.

Si un clúster contiene un número par de nodos, puede haber un empate entre los votos de las máquinas que pueden funcionar y los votos de las que no. Si hay empate, el clúster deja de funcionar.

Un ejemplo sencillo de este mecanismo: en un clúster con dos servidores, si uno deja de funcionar, hay el mismo número de votos para el nodo que funciona y para el que ha dejado de hacerlo.

Para evitar este problema, puede poner un número impar de servidores en el clúster o utilizar lo que se conoce como, testigo. Un testigo es un disco, recurso compartido o dispositivo de almacenamiento en la nube, que contiene un voto y está conectado al clúster. Con un número par de nodos y un testigo, tendremos un número impar de votos. Tener un testigo es obligatorio en clústeres con dos nodos.

Existe otro método para evitar tener un número par de votos: el quórum dinámico. Con este sistema, en un clúster con un número par de nodos, uno de los nodos no tendrá ningún voto. Y el número de votos cambiará dinámicamente con el número de nodos. Los votos se añadirán o eliminarán del clúster según sea necesario, de modo que siempre haya un número impar de votos.

1.4 Acceso al almacén

Como acabamos de ver, en un clúster sólo hay un servidor activo a la vez. Los demás miembros del clúster están conectados al almacenamiento sin tener realmente acceso a él, para evitar que varias máquinas modifiquen los datos al mismo tiempo.

Si un servidor se cae, el que se activa a su vez tiene acceso al almacenamiento y a los datos. Tampoco se puede acceder a los datos de almacenamiento del clúster a través del explorador de archivos. Los volúmenes así reservados para el clúster se llaman CSVs (*Cluster Shared Volume*). Los volúmenes se pueden formatear en NTFS o ReFS, pero aparecerán en el clúster como si tuvieran un sistema de archivos CSVFS.

Se añade una capa de software adicional para gestionar el acceso a los volúmenes, que implementa CSVFS.

2. Instalación del trabajo práctico

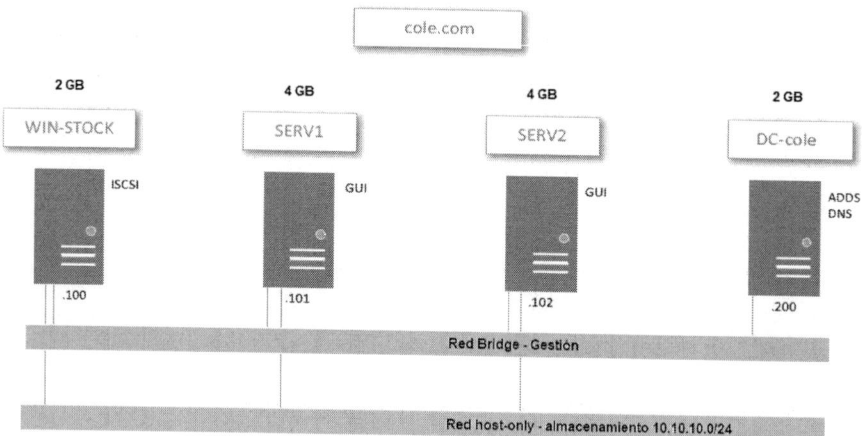

En este trabajo práctico, dispondremos de cuatro servidores, incluyendo un controlador de dominio, dos servidores en los que podemos instalar diferentes roles y un servidor de almacenamiento. Todos los servidores son miembros del dominio, lo que facilitará la autenticación y la resolución DNS. Todos los servidores tienen una interfaz gráfica.

Los servidores del clúster y el servidor de almacenamiento tienen dos tarjetas de red. La primera se encuentra en una red puente (bridge) o externa para su hipervisor, que servirá como red de gestión y comunicación del clúster y que, por tanto, tendrá acceso a la red real. El direccionamiento IP de las tarjetas de red de la red de gestión se debe adaptar al direccionamiento IP de su red real.

La otra tarjeta de red se encuentra en una red sólo de host en su hipervisor, sin acceso a la red real y será utilizada por el clúster para acceder a este almacenamiento. El controlador de dominio no tiene acceso a esta red.

El trabajo práctico evolucionará a lo largo de este capítulo, pero esta es una base sólida para descubrir la agrupación en clústeres en Windows Server. No dude en tomar instantáneas de su infraestructura con regularidad.

3. Clúster de conmutación por error

3.1 Configuración del almacenamiento

Lo primero que hay que implementar en un clúster de conmutación por error es el almacenamiento. Vamos a crear almacenamiento iSCSI en el servidor WIN-STOCK del trabajo práctico. También necesitamos crear un testigo para el quórum del clúster.

Ya hemos visto cómo configurar iSCSI en el capítulo Almacenamiento de este libro, pero vamos a revisar este proceso añadiendo algunos conceptos y comandos PowerShell más.

3.1.1 Preconfiguración de iniciadores iSCSI

Comenzaremos habilitando los iniciadores iSCSI en los dos servidores del clúster, lo que almacenará en caché sus IQN para que no tengamos que rellenarlos manualmente al crear el destino en el servidor de almacenamiento.

- Para habilitar los iniciadores, inicie y configure el servicio iSCSI en ambos equipos. Para ello, utilice PowerShell desde el controlador de dominio:

```
Invoke-Command serv1,serv2 {
Get-Service *iscsi* |
Set-Service `
-StartupType Automatic `
-PassThru |
Start-Service }
```

- Comprobación de iniciadores con PowerShell:

```
Invoke-Command serv1,serv2 { Get-InitiatorPort }
```

El resultado muestra que se han creado los IQN de los iniciadores:

```
PortSupportedSpeed              : Unknown
PortSpeed                       : Unknown
PSComputerName                  : serv1
RunspaceId                      : 04e27824-f4af-48c0-b0bb-526980c34394
AlternateNodeAddress            :
AlternatePortAddress            :
ConnectionType                  : 2
InstanceName                    : ROOT\ISCSIPRT\0000_0
NodeAddress                     : iqn.1991-05.com.microsoft:serv1.cole.com
ObjectId                        : ROOT\ISCSIPRT\0000_0
OperationalStatus               : {7}
OtherConnectionTypeDescription  :
PortAddress                     : ISCSI ANY PORT
PortType                        : 1

PortSupportedSpeed              : Unknown
PortSpeed                       : Unknown
PSComputerName                  : serv2
RunspaceId                      : 80fd28d0-a609-4228-8e7d-bc6ee1cfda08
AlternateNodeAddress            :
AlternatePortAddress            :
ConnectionType                  : 2
InstanceName                    : ROOT\ISCSIPRT\0000_0
NodeAddress                     : iqn.1991-05.com.microsoft:serv2.cole.com
ObjectId                        : ROOT\ISCSIPRT\0000_0
OperationalStatus               : {7}
OtherConnectionTypeDescription  :
PortAddress                     : ISCSI ANY PORT
PortType                        : 1
```

- En el siguiente comando, especifique el servidor de almacenamiento a los iniciadores, lo que les permitirá hablar con él. Esto almacenará en caché los IQN de los iniciadores en el servidor de destino, por lo que no tendrá que rellenarlos manualmente. La IP es la del servidor WIN-STOCK en la red de almacenamiento.

```
Invoke-Command serv1,serv2 { New-IscsiTargetPortal
-TargetPortalAddress 10.10.10.100 }
```

3.1.2 Configuración del servidor de almacenamiento

- Añade un disco de 200 GB al servidor de almacenamiento y formatéalo en ReFS.
- Añada el servicio de rol **iSCSI Targer Server** en el servidor.

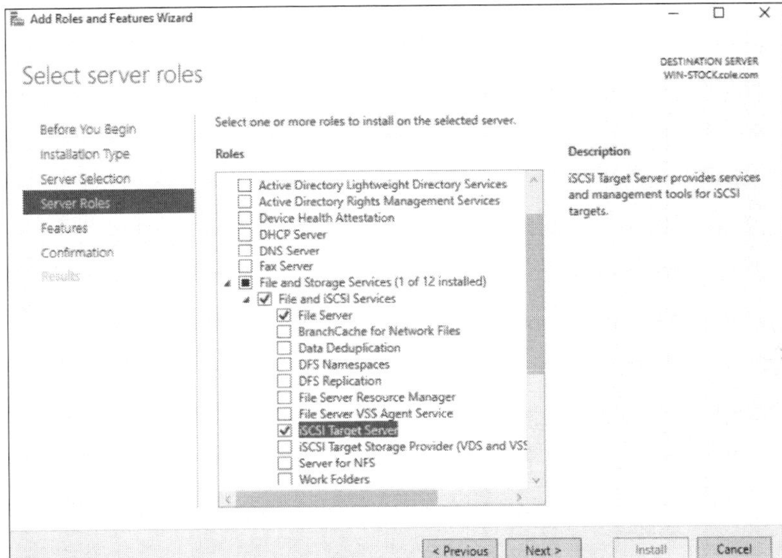

▶Inicie la creación del disco virtual iSCSI en el nuevo volumen.

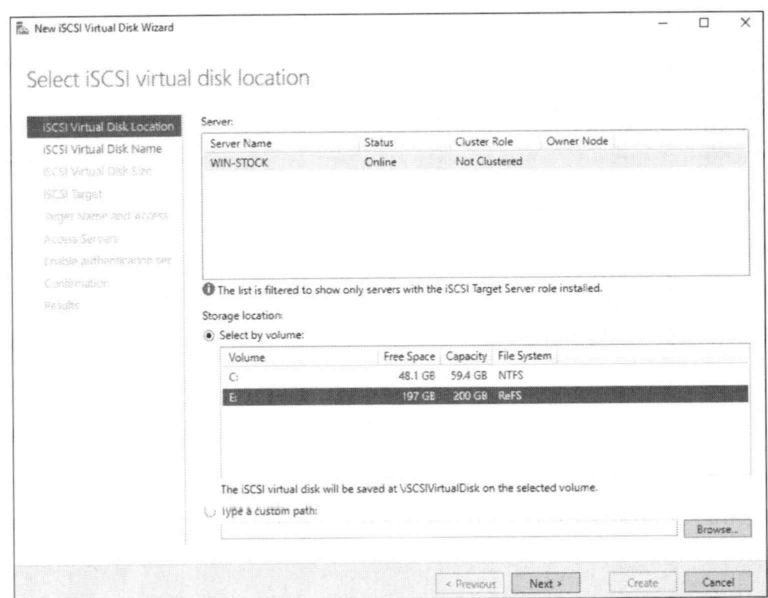

- Dale un nombre, establece su tamaño en **150 GB**, con asignación dinámica y haz clic en **Next**.
- Cree el destino iSCSI y asígnele un nombre.
- En la página siguiente, haga clic en **Add** para configurar el acceso de los iniciadores. Los iniciadores ya se han añadido a la caché.

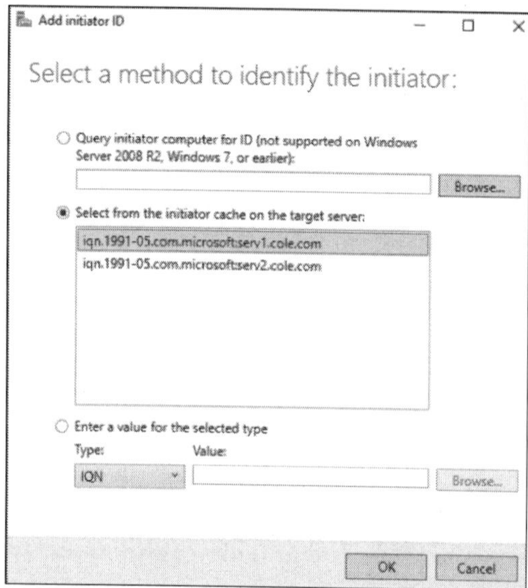

- Añada los dos IQN para los dos servidores.

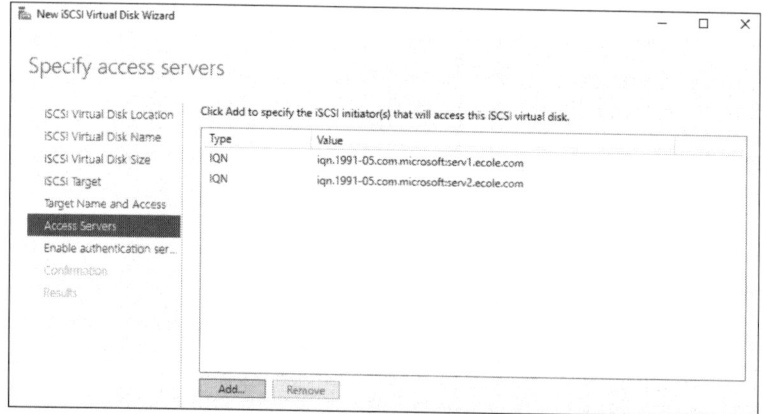

- Ignore los demás ajustes y haga clic en **Next** hasta llegar a la ventana de resumen y, a continuación, confirme.
- Ahora cree el disco de muestra, de nuevo utilizando un disco iSCSI. Inicie la creación de un nuevo volumen iSCSI y seleccione el disco de 200 GB.

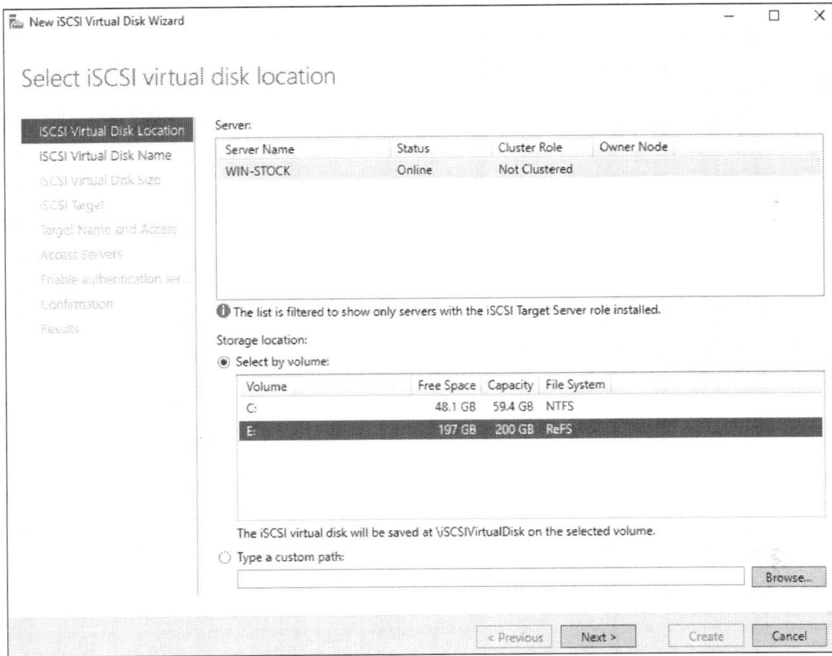

- Dale un nombre al nuevo disco y llámalo **CL-Testigo**.
- El tamaño mínimo para un disco de muestra es de 512 MB. Asigne 1 GB de espacio en disco, con asignación dinámica.
- Ya hay un destino iSCSI configurado, utilícelo. Selecciónelo y confirme.

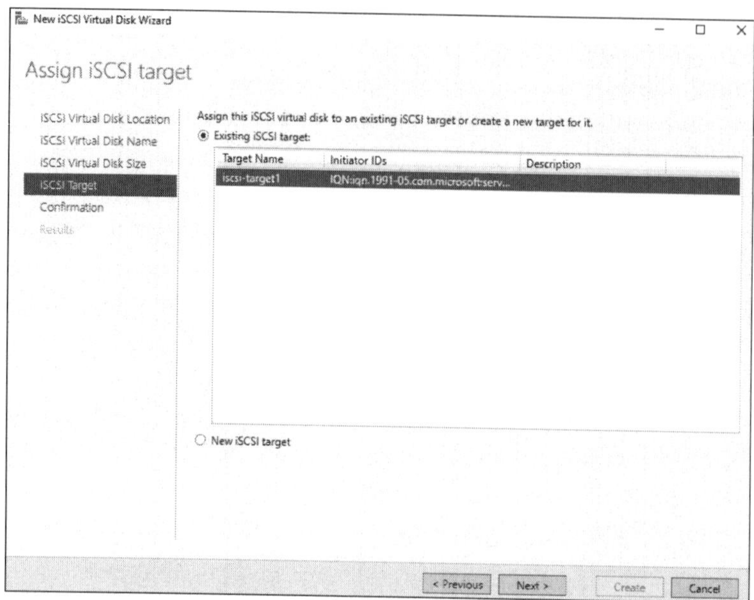

▶A continuación, aparece la pantalla de resumen para crear el disco de muestra.

Ahora que se han creado los dos discos, vamos a realizar una última configuración en el servidor para asegurarnos de que el tráfico de red procedente del almacenamiento, no pasa a través de la otra tarjeta de red.

▶En el administrador de servidores, **File and Storage services**, vaya a la página de servidores y haga clic con el botón derecho del ratón en **WIN-STOCK**. En el menú desplegable, seleccione **iSCSI Target Settings**.

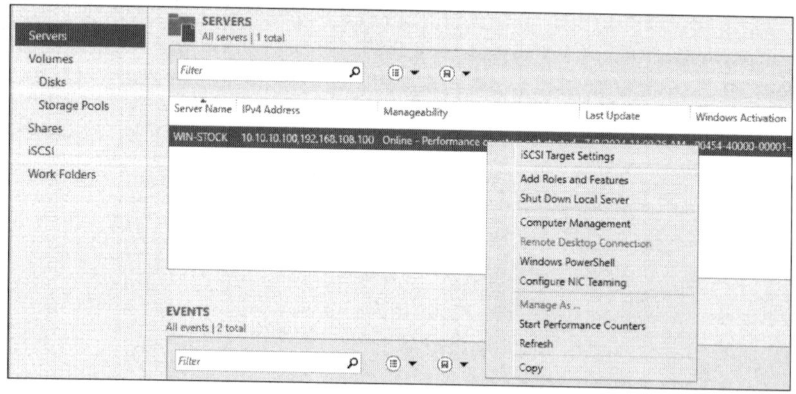

- En la nueva ventana, desmarque la dirección que no corresponde a la red de almacenamiento. Esto garantizará que el tráfico de almacenamiento sólo pase por la red que tiene asignada.

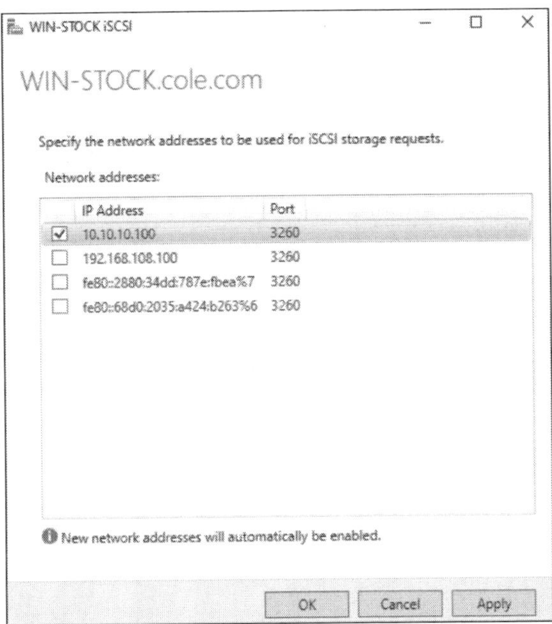

3.1.3 Configuración final de los iniciadores

Nuestros volúmenes no están conectados porque los iniciadores no están configurados. Ya hemos visto esta configuración en la interfaz gráfica, en el capítulo Almacenamiento. Esta vez vamos a hacerlo usando PowerShell.

- El primer comando actualizará la información del portal iSCSI de los iniciadores.

```
Invoke-Command serv1,serv2 { Get-IscsiTargetPortal |
Update-IscsiTargetPortal }
```

- La segunda comprobará que se ha añadido el destino iSCSI:

```
Invoke-Command serv1,serv2 { Get-IscsiTarget }
```

El resultado es el siguiente:

```
PSComputerName : serv1
RunspaceId     : 46899dbf-4910-4948-9e0d-1c3213480af2
IsConnected    : False
NodeAddress    : iqn.1991-05.com.microsoft:win-stock-iscsi-target1-target

PSComputerName : serv2
RunspaceId     : 2045dc3b-eceb-4ea5-be21-a3a493f44838
IsConnected    : False
NodeAddress    : iqn.1991-05.com.microsoft:win-stock-iscsi-target1-target
```

▶ A continuación, conecte el destino a los iniciadores.

```
Invoke-Command serv1,serv2 { Get-IscsiTarget | Connect-IscsiTarget }
```

▶ Por último, haga que la conexión sea persistente para que los iniciadores se vuelvan a conectar automáticamente tras un reinicio:

```
Invoke-Command serv1,serv2 { Get-IscsiSession | Register-IscsiSession
}
```

Los discos iSCSI aparecen en el administrador de servidores de las máquinas SERV1 y SERV2.

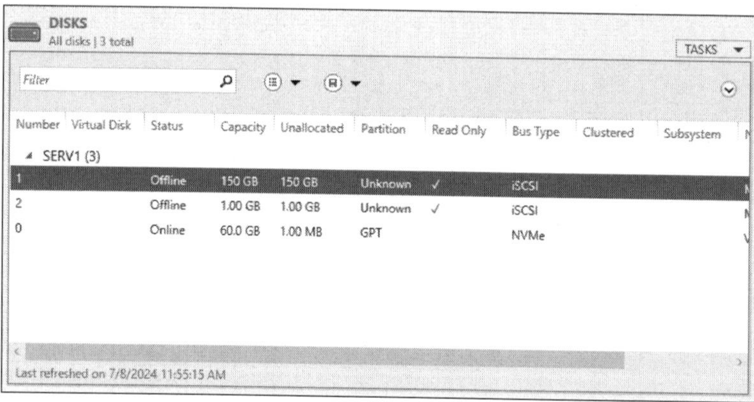

- Tiene que ponerlos **Online**, inicializarlos y formatearlos. Hágalo en SERV1 y SERV2. Será necesario ponerlos sólo **Online**. Los volúmenes aparecerán en ambos servidores.

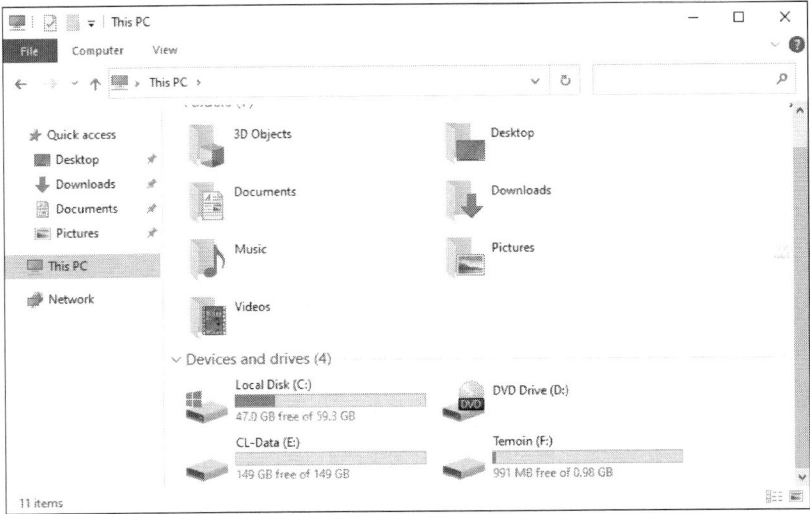

3.2 Preparación del clúster

3.2.1 Instalación de la funcionalidad

- Para crear un clúster, es necesario instalar la característica de failover clustering (no el rol). Esto se puede hacer en la interfaz gráfica y en PowerShell.

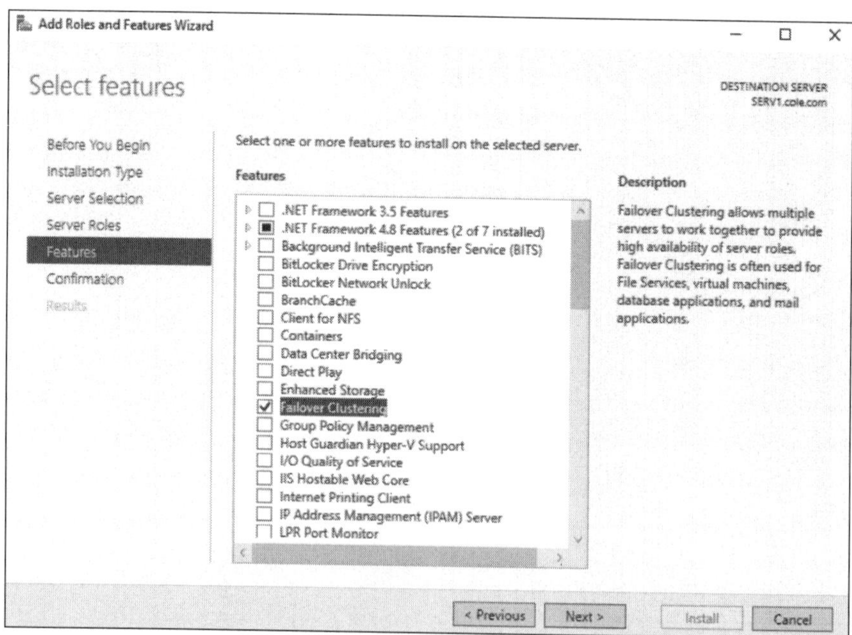

Este es el método PowerShell, que tiene la ventaja de permitir que la funcionalidad se instale al mismo tiempo en ambas máquinas, utilizando el archivo:

```
Invoke-Command SERV1,SERV2 {
Install-WindowssFeature Failover-Clustering `
-IncludeManagementTools
}
```

▶ Reinicie los dos servidores en los que se ha instalado la funcionalidad de clúster.

3.2.2 Prueba de configuración

▶ Una vez instalada la función, desde SERV1 vaya al menú **Tools** del administrador de servidores. Seleccione **Failover Cluster Manager**.

▶ El primer paso consiste en probar la configuración de los servidores para la conmutación por error. En la consola de gestión, haga clic en **Validate Configuration** en la columna de la derecha.

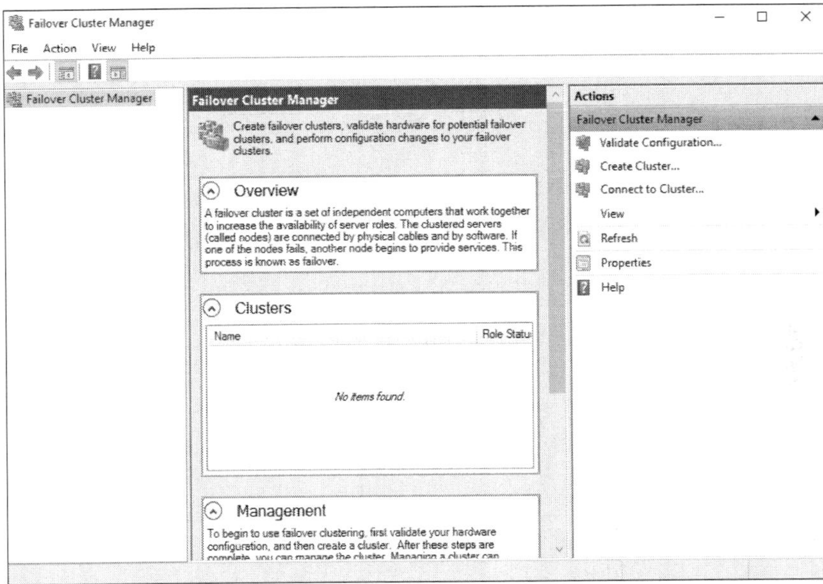

- Se lanzará un asistente, ignore la primera página. En la segunda página, añada los dos servidores.

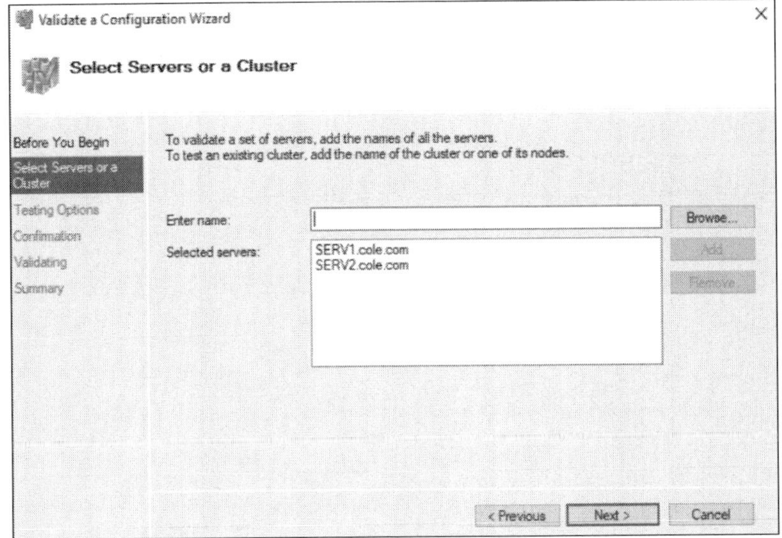

- En la siguiente ventana del asistente, puede elegir ejecutar todas las pruebas o sólo una selección. Seleccione **Run all tests**.

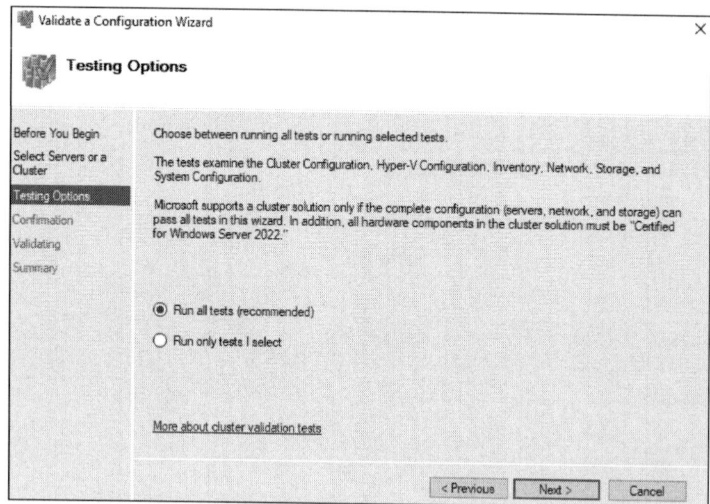

La siguiente ventana simplemente enumera las pruebas que se ejecutarán. Entre ellas se incluyen pruebas de almacenamiento, red y configuración del servidor. La ejecución de la prueba tardará unos minutos.

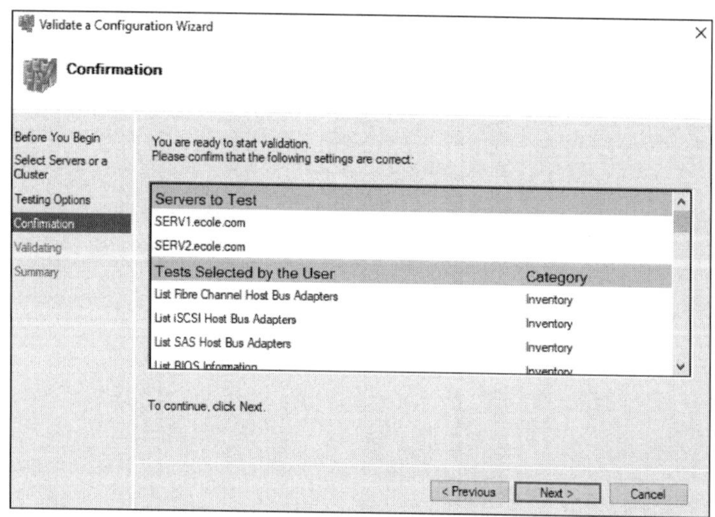

▶ Una vez finalizadas las pruebas, puede leer el informe haciendo clic en **View Report**.

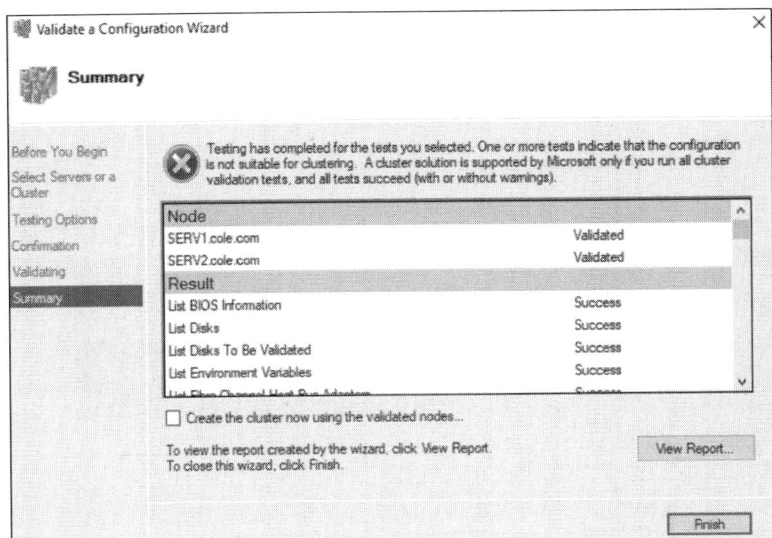

▶ El informe se abre en su navegador. Se guarda en la carpeta "Temp", como puede ver en la barra de direcciones.

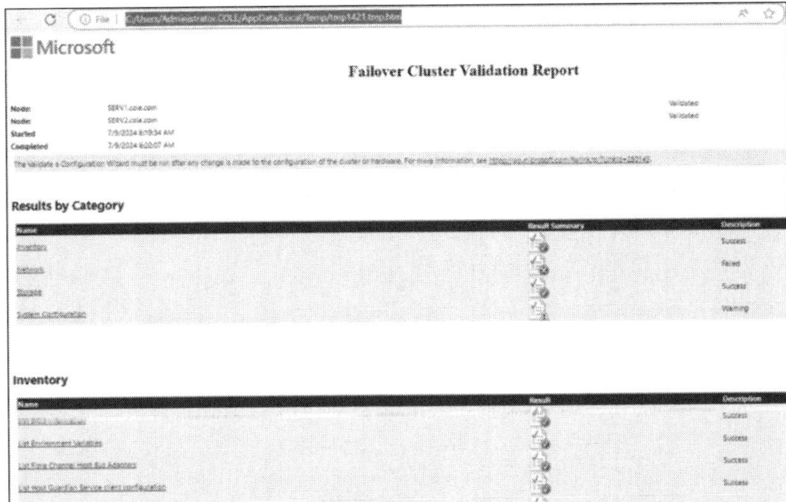

Las pruebas realizadas incluyen las actualizaciones instaladas en los dos servidores, que deben ser lo más idénticas posible. Esta prueba genera una advertencia, que no impide la creación del clúster.

Si, como en estas capturas de pantalla, encuentra algún fallo, es posible que no pueda crear el clúster.

▶ Haga clic en el error. El informe muestra los detalles de la prueba en cuestión.

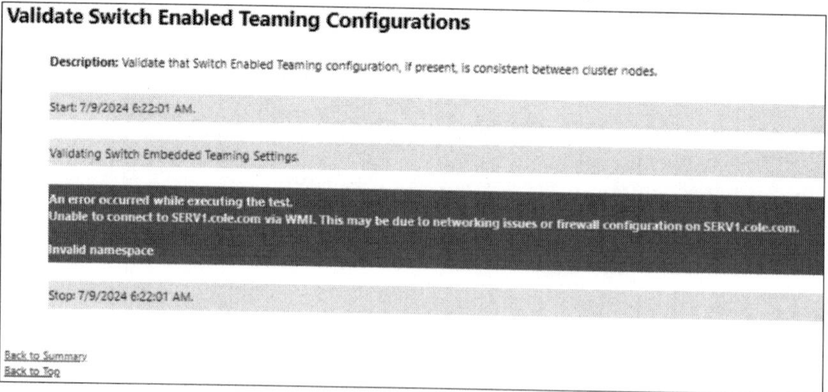

A continuación, intente resolver el problema y vuelva a ejecutar las pruebas. A continuación, puede seleccionar sólo la(s) prueba(s) que está(n) causando el problema.

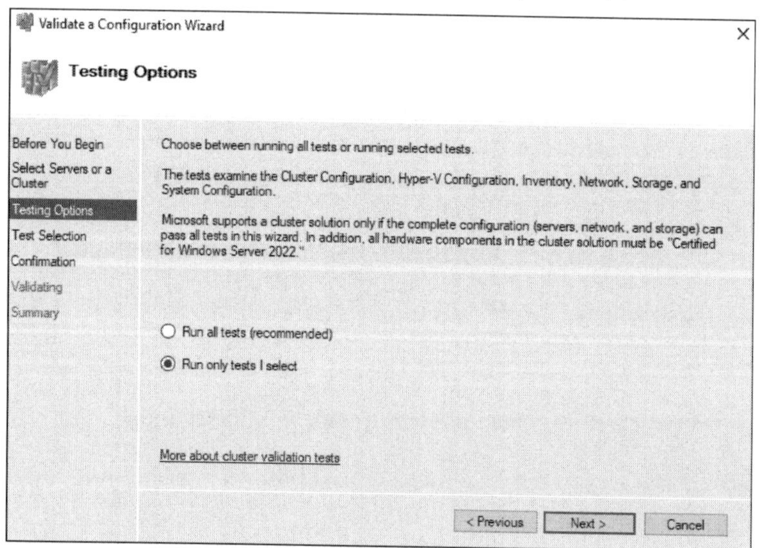

A continuación, accederá a una nueva ventana para seleccionar las pruebas.

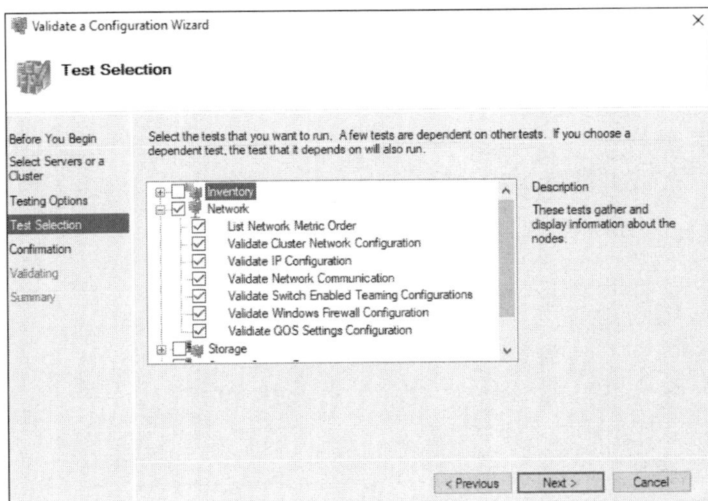

3.3 Creación de clústeres

- En la consola de gestión de clústeres, haga clic en **create cluster**.
- Ignore la primera ventana y en la segunda, añada los dos servidores.

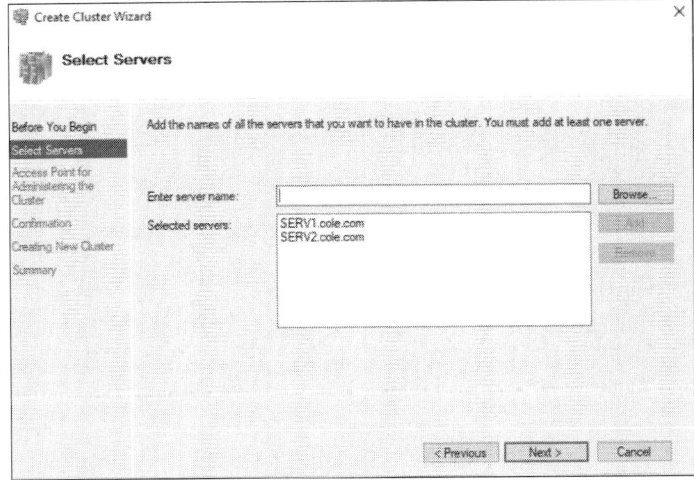

▶ En la siguiente ventana del asistente, asigne un nombre al clúster e introduzca su dirección IP.

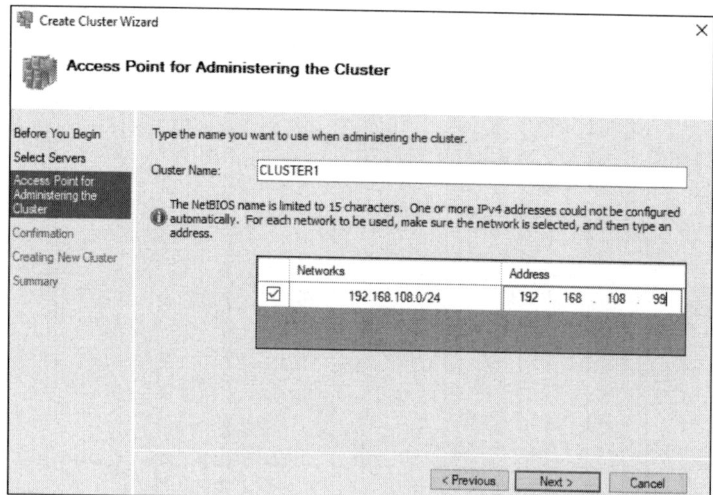

▶ A continuación, una ventana indicará las acciones a realizar. Se creará un objeto Active Directory, junto con un registro DNS para el clúster. Esta ventana incluye una opción para añadir todo el almacenamiento elegible al clúster, márquela.

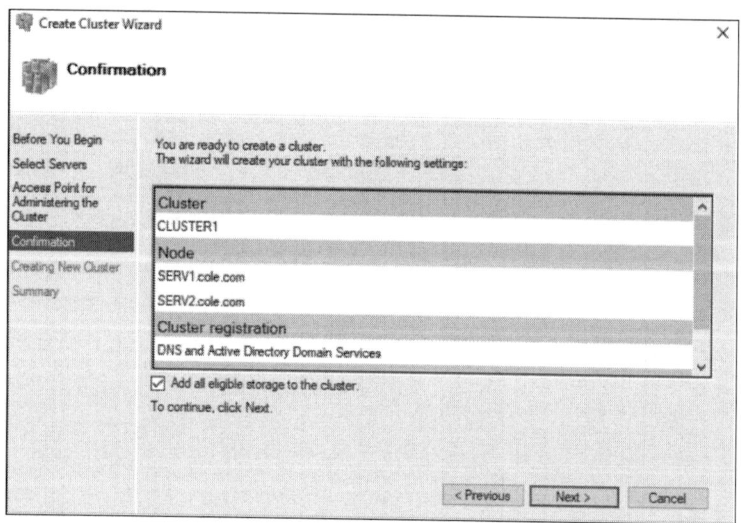

A continuación, el sistema procede a crear el clúster.

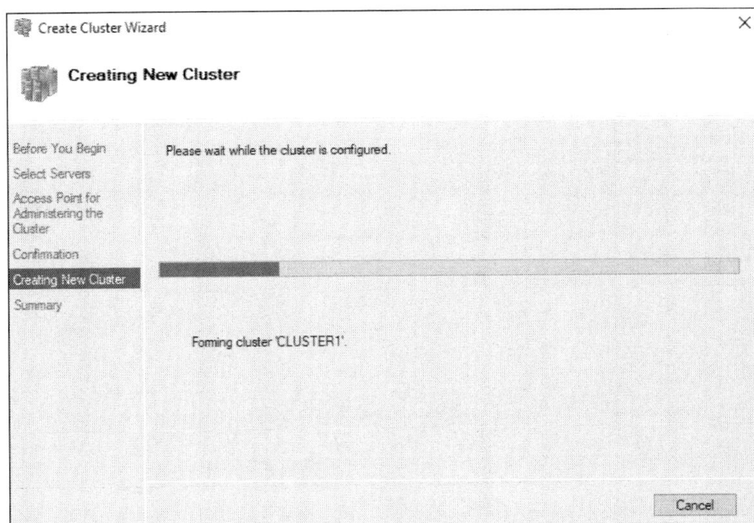

Una vez finalizada la operación, se muestra un informe de los ajustes realizados. En él se indica qué disco se ha utilizado como disco de control de quórum.

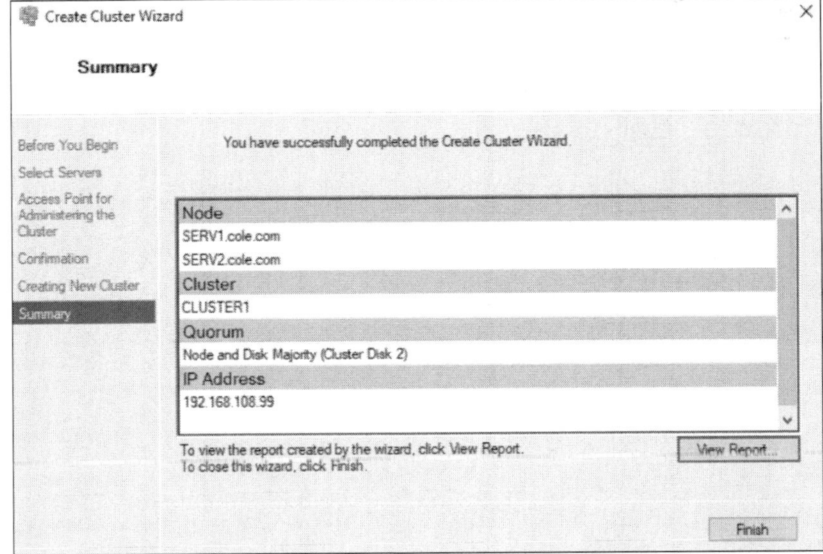

A continuación, el clúster aparece en la consola de gestión.

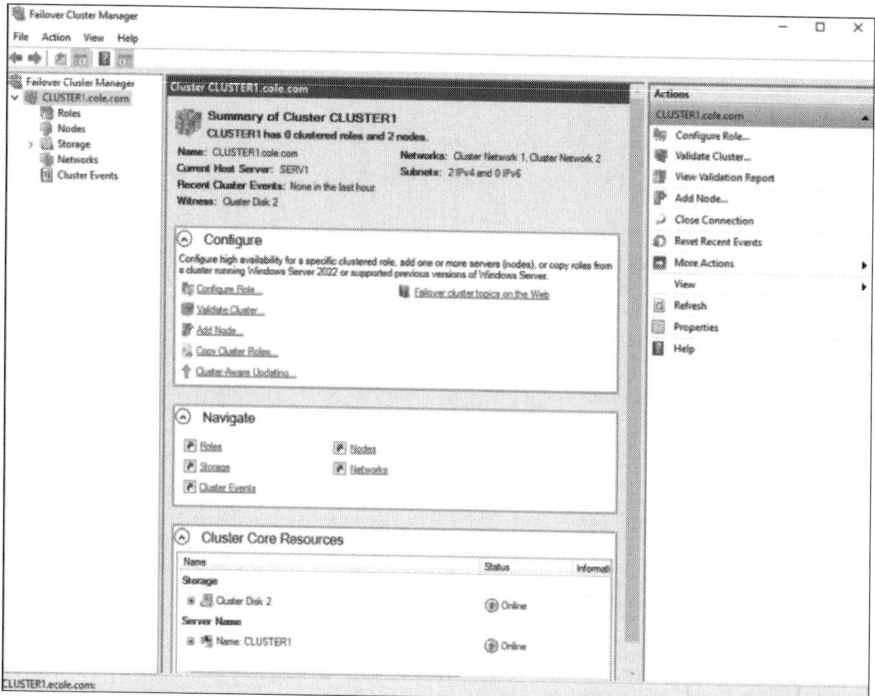

3.4 Configuración del clúster

En la consola de gestión, tenemos acceso a toda la configuración del clúster, empezando por la red.

3.4.1 Configuración de la red

Si vamos al menú de redes, la consola muestra todas las redes utilizadas por el clúster.

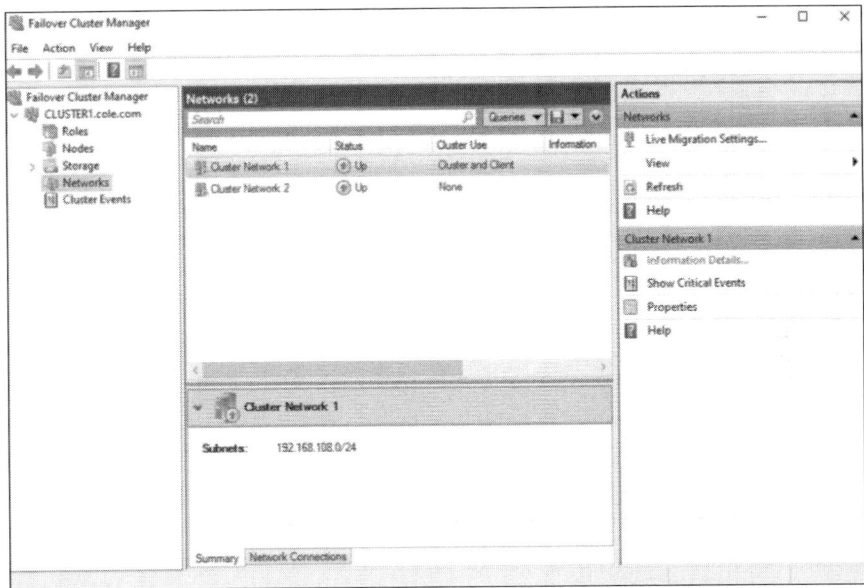

▶ Haga clic con el botón derecho en Red 1 y seleccione **Properties**.

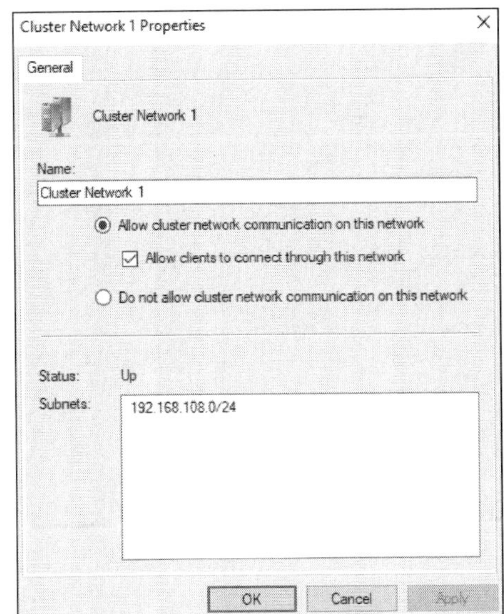

Podemos ver que esta red autoriza a los miembros del clúster a comunicarse en ella, así como a los clientes a conectarse al clúster. Esto es perfectamente normal, ya que sólo tenemos dos redes, siendo ésta la reservada para el almacenamiento.

Observación

Tener dos redes es el mínimo recomendado por Microsoft. Una mejor práctica sería añadir una tercera red únicamente para las comunicaciones del clúster y dejar ésta a los clientes.

Si nos fijamos en las propiedades de la segunda red, vemos que no autoriza ni las conexiones de los clientes ni las comunicaciones de los clústeres. Se trata de la red dedicada al almacenamiento.

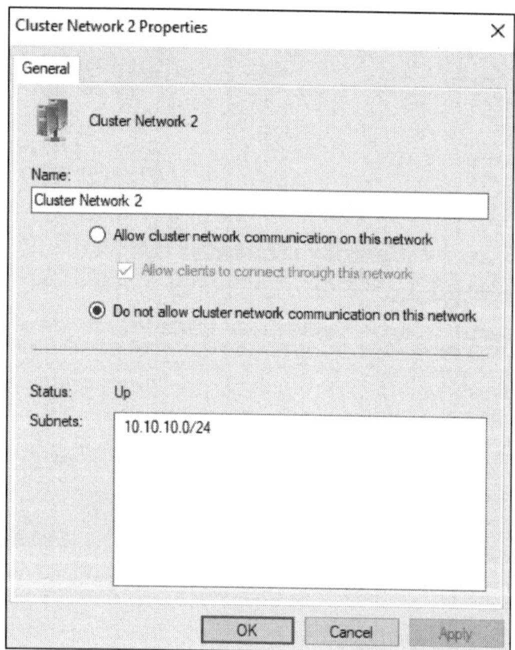

- Añada una tarjeta de red a cada nodo y configúreles una IP en la red 20.20.20.0/24. Establezca la dirección del servidor DNS en la del controlador de dominio.

Esta red se dedicará a las comunicaciones de los clústeres.

En la consola de gestión del clúster, la nueva red se añade automáticamente en cuanto se añaden las tarjetas de red. Se ha configurado para que sólo permita el paso de las comunicaciones del clúster.

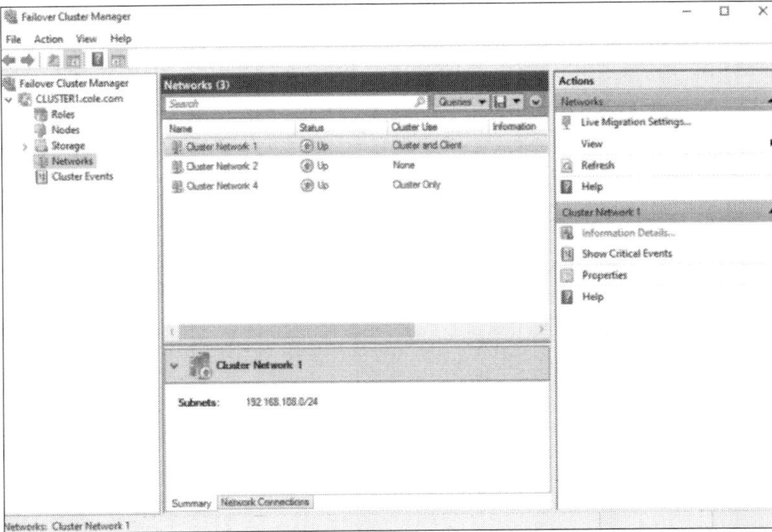

▶ Para cambiar la dirección IP global del clúster, debe seleccionar el clúster y desplazarse hacia abajo por la parte central de la consola de gestión. Despliegue el clúster y haga clic con el botón derecho del ratón en la dirección IP y, a continuación, seleccione **Properties**.

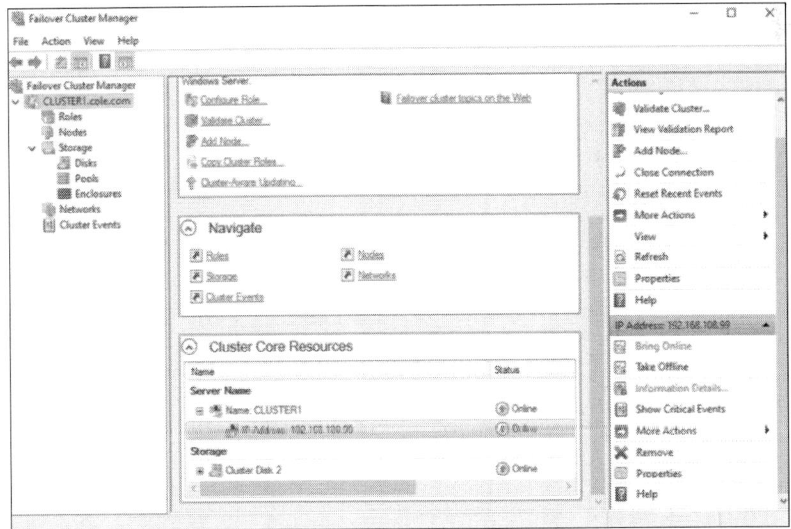

- En la pestaña **General**, puede establecer la dirección IP global del clúster. También puede elegir la red que desea utilizar. En el menú desplegable sólo aparecen las redes que permiten conexiones de clientes. Cambie la dirección del clúster a .250.

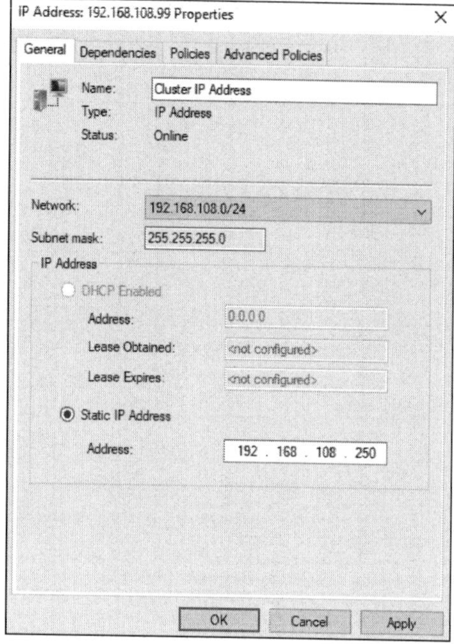

- Compruebe en el DNS de la infraestructura, en el controlador de dominio, que se ha tenido en cuenta la nueva dirección.

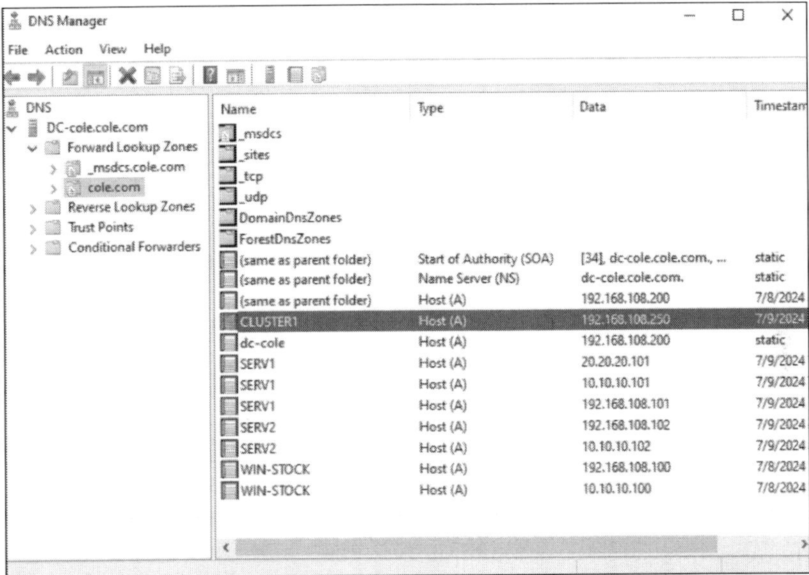

▶ Si no es así, vaya a la consola de gestión, a los recursos del clúster, haga clic con el botón derecho del ratón en el nombre del clúster y seleccione **Take Offline**.

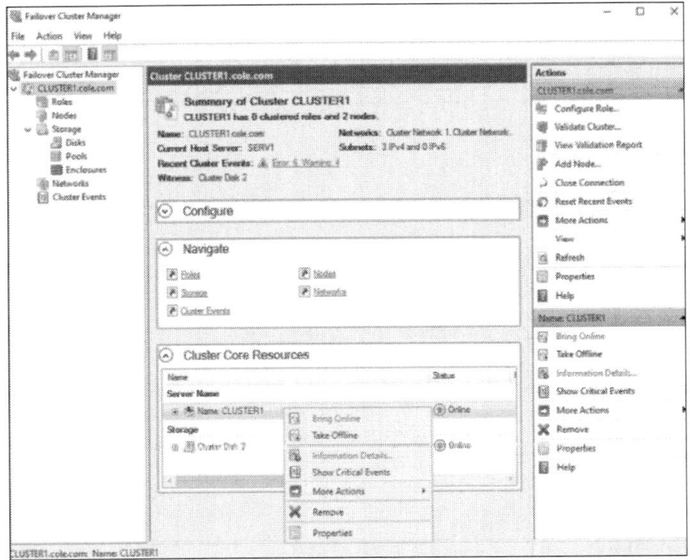

▶A continuación, vuelva a hacer clic con el botón derecho del ratón, vaya a **More Actions** y seleccione **Repair**. El sistema intentará crear de nuevo el registro DNS.

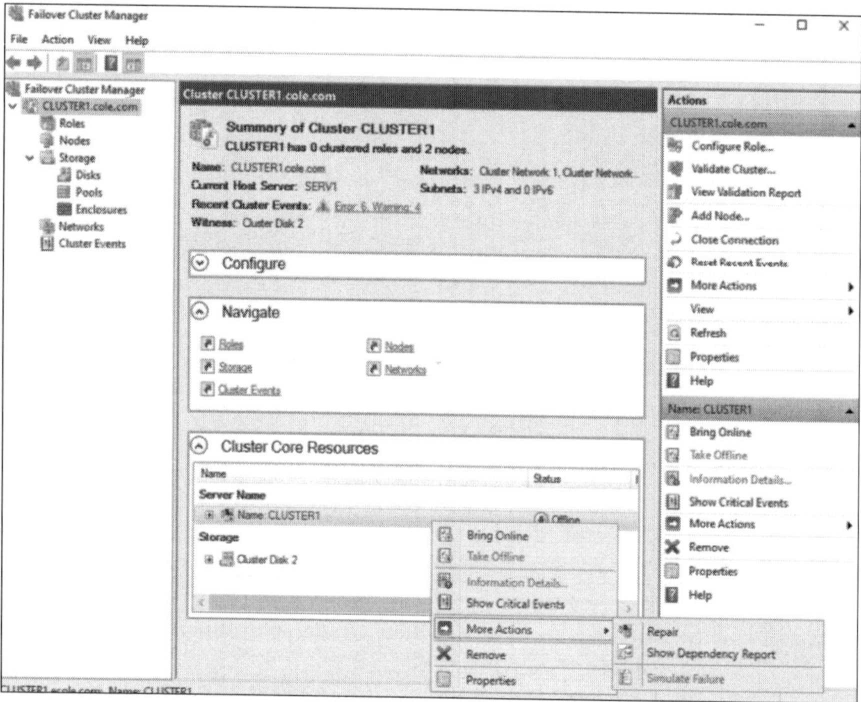

3.4.2 Añadir roles de clúster

Para ver cómo añadir roles al clúster, tomemos el ejemplo de un servidor de archivos.

Tenemos que empezar por instalar el rol de servidor de archivos en los dos servidores del clúster. Haremos esto usando PowerShell, en ambos servidores al mismo tiempo.

▶Escriba este comando desde el controlador de dominio:

```
Invoke-Command SERV1,SERV2 { Install-WindowssFeature File-Services
-IncludeManagementTools }
```

- En la consola de gestión del clúster, haga clic con el botón derecho del ratón en **Roles** y seleccione **Configure Role**.

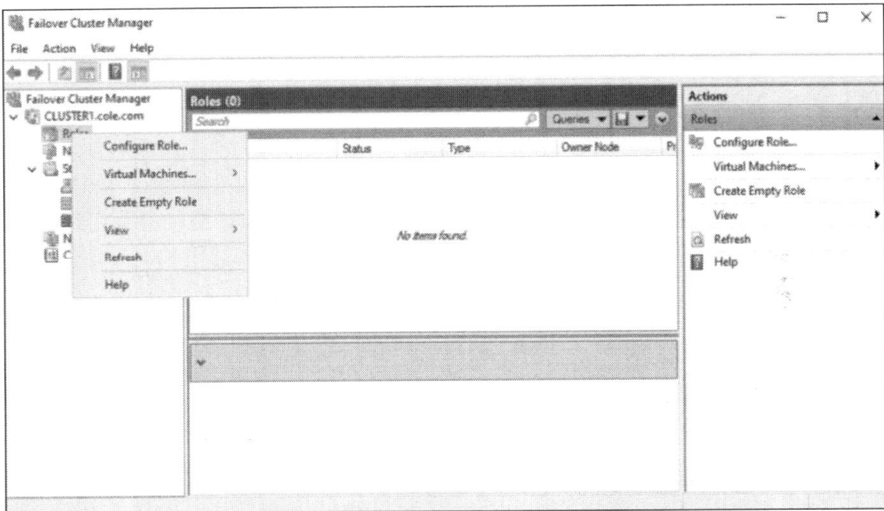

- Ignore la primera ventana del asistente y seleccione **File Server** en la segunda.

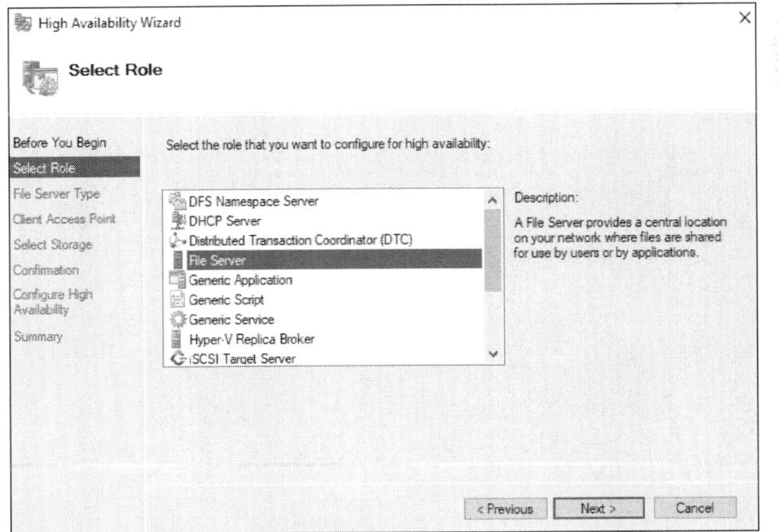

▶ A continuación, seleccione un servidor de archivos de uso general. Este tipo de clúster permite compartir SMB y NFS y admite la deduplicación de datos. También admite FSRM y el rol DFS.

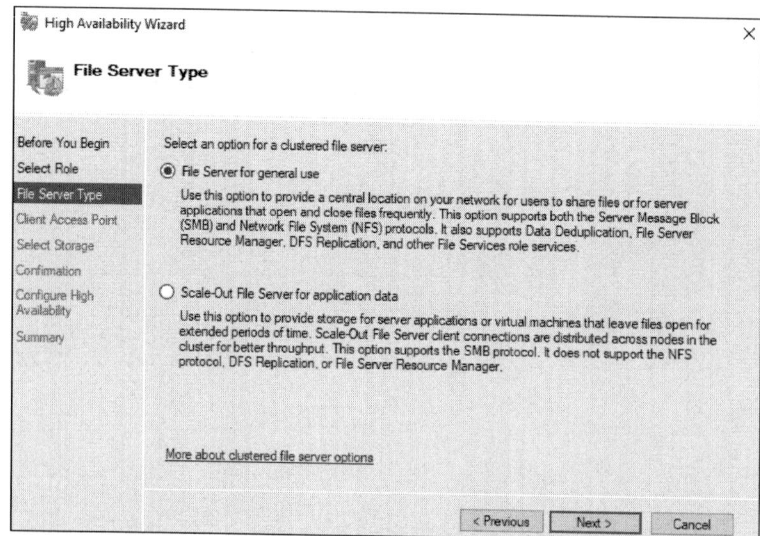

▶ Asigne a nuestro servicio de clúster un nombre y una dirección IP.

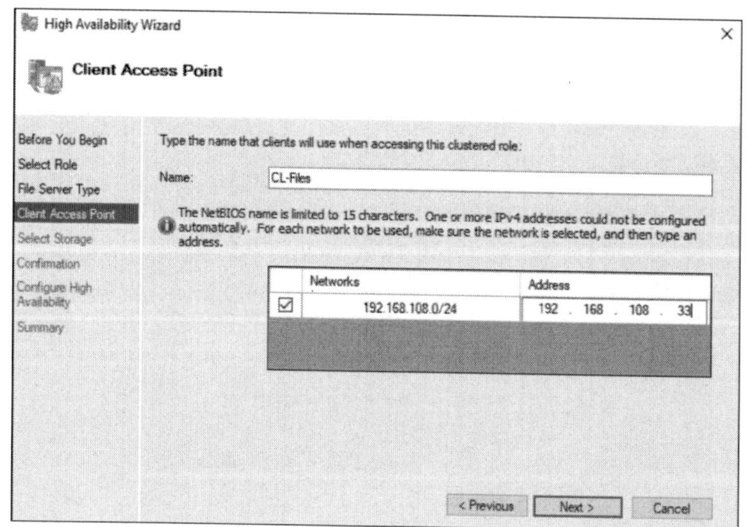

Debe elegir el disco o discos que utilizará el rol. En el trabajo práctico sólo hay uno, pero es necesario seleccionarlo.

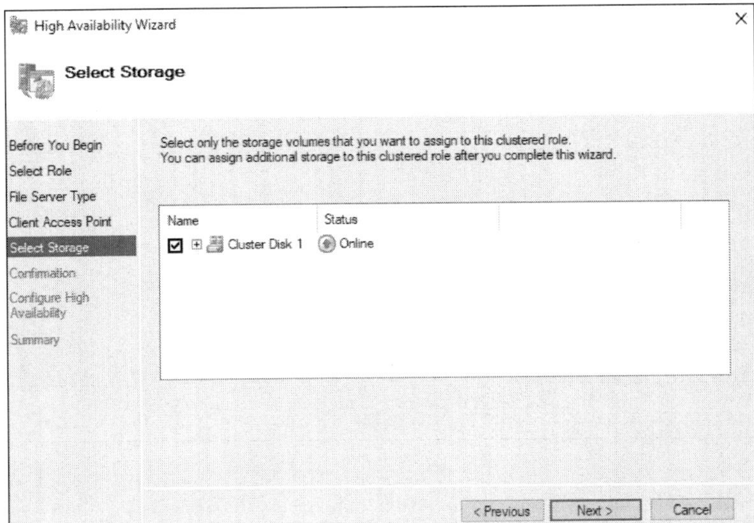

- Aparecerá una pantalla de resumen, indicando que se creará un objeto de Active Directory para el rol de clúster. Haga clic en **Next**.

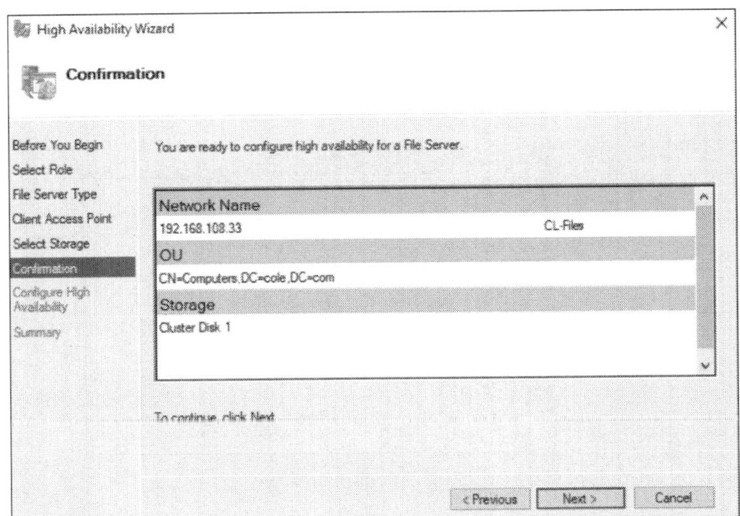

▶ En la última ventana del asistente, haga clic en **View report**. Se abrirá en su navegador web.

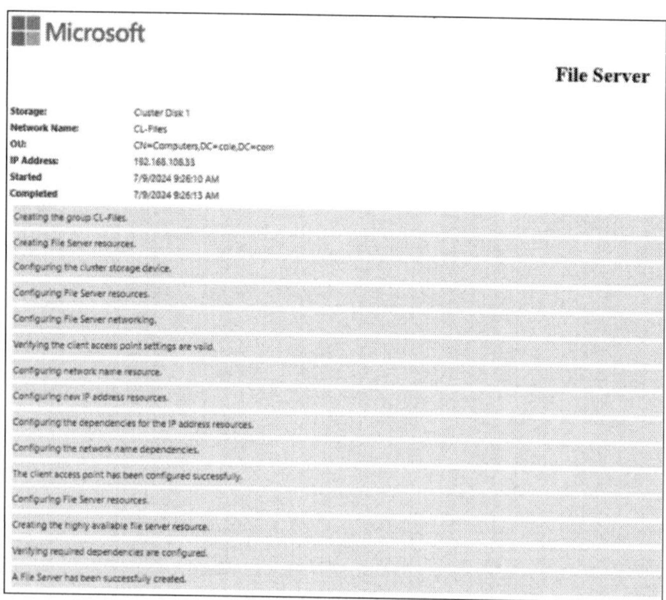

El rol aparece en la consola de gestión. Haga clic con el botón derecho del ratón para acceder a la gestión de roles.

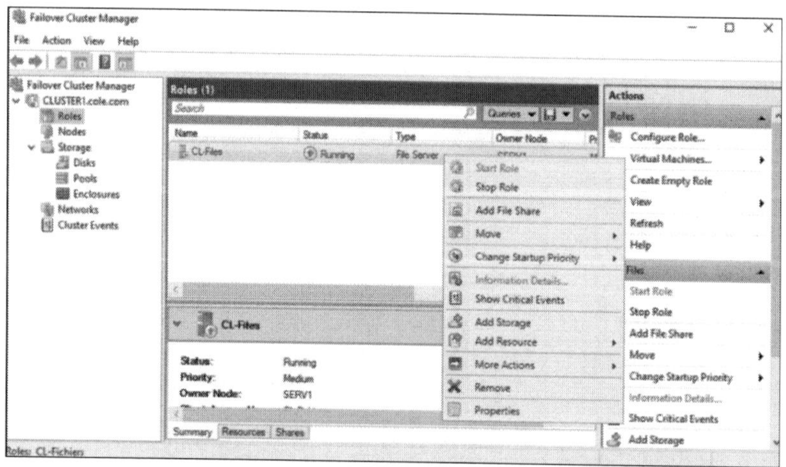

En Active Directory, puede ver los dos objetos que se han creado: el del rol de servidor de archivos y el de la dirección global del clúster.

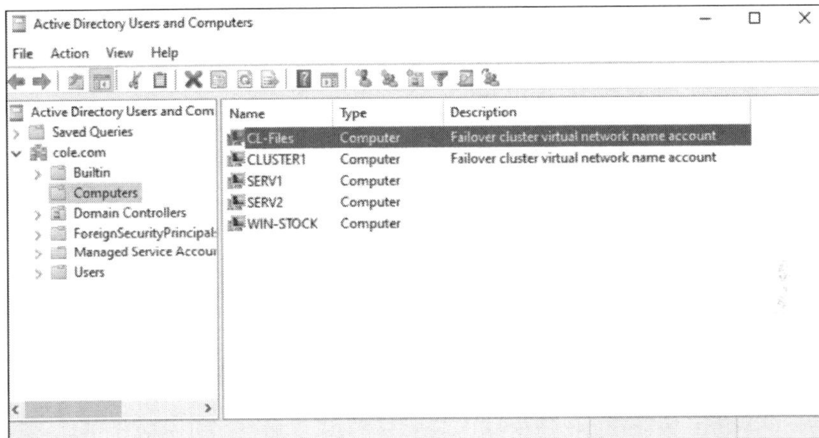

▶Cree un recurso compartido en el clúster. Haga clic con el botón derecho del ratón en el servicio de archivos del clúster y seleccione **Add File Share**.

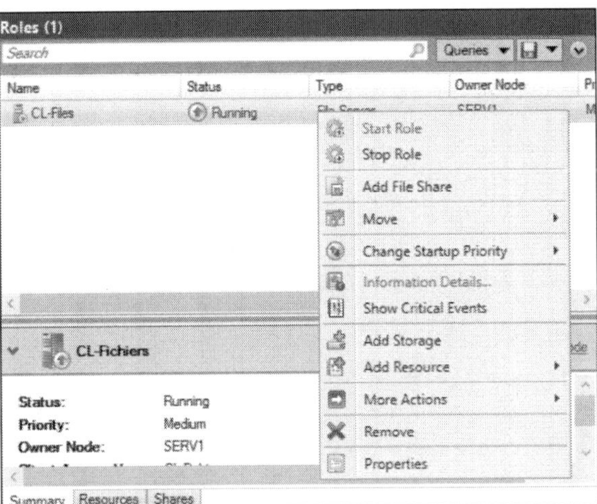

▶ Si aparece un mensaje de error diciendo que el punto de acceso no está listo, ejecute el siguiente comando en CMD para borrar la caché DNS.

```
Ipconfig /flushdns
```

Se inicia el conocido asistente para la creación de recursos compartidos. La única diferencia estará en las opciones de compartición: habrá una nueva opción activada por defecto. Esta opción aprovecha las características del protocolo SMB 3 y garantiza que los clientes o las aplicaciones sigan conectados a los datos, en caso de cambio a otro servidor del clúster.

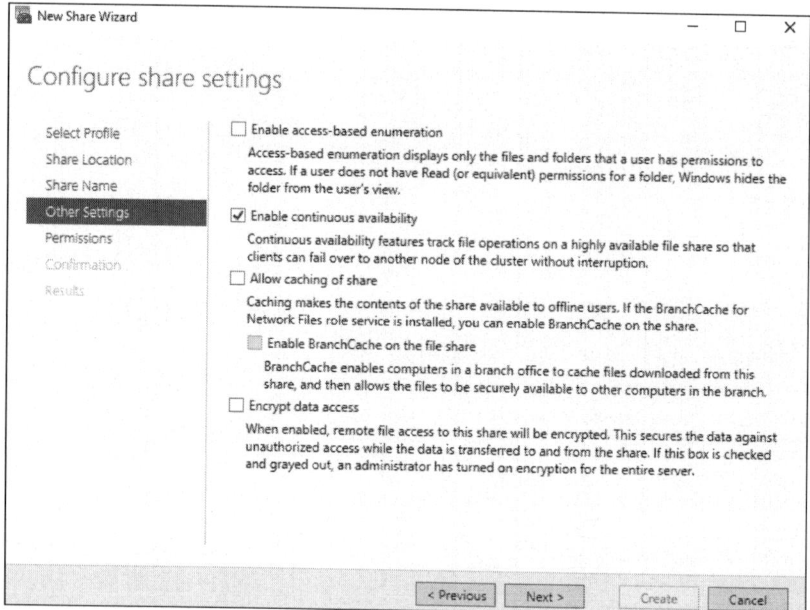

Una vez creado el recurso compartido, aparecerá en la pestaña **Shares**, en la parte inferior de la ventana. La carpeta compartida se ha creado en el volumen iSCSI del clúster.

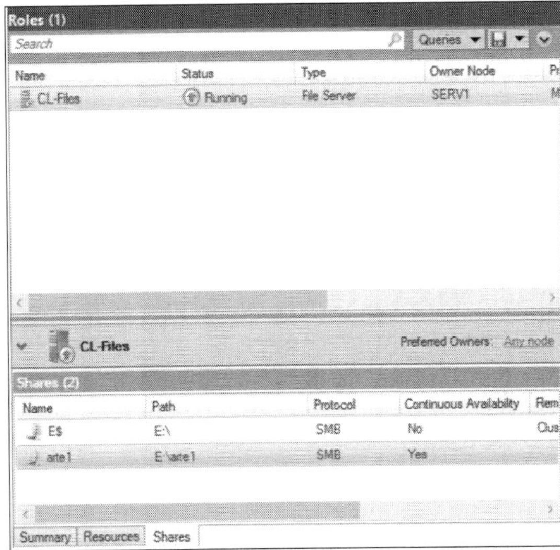

3.4.3 Gestionar al propietario del rol

▶Haga clic con el botón derecho en el rol y seleccione **Properties**.

En la pestaña **General**, dispone de una lista de nodos del clúster, cuyo orden se puede modificar. El clúster utilizará los nodos para el rol en el orden mostrado en la lista. Si se selecciona un nodo se le dará preferencia, aunque no esté al principio de la lista. El sistema empezará a leer la lista en el nodo seleccionado.

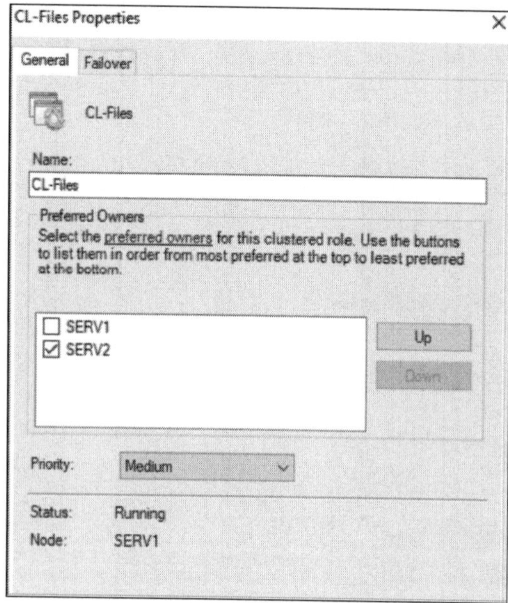

La configuración de la prioridad determina el orden en que se inician las funciones, si hay varias funciones instaladas en el clúster.

Puede cambiar el nodo de rol sobre la marcha, haciendo clic con el botón derecho del ratón en el rol y seleccionando **Move**. Entonces tiene dos opciones: **Best Possible Node** para dejar que el sistema elija el nodo o **Select Node** para elegir usted mismo el nodo para este rol.

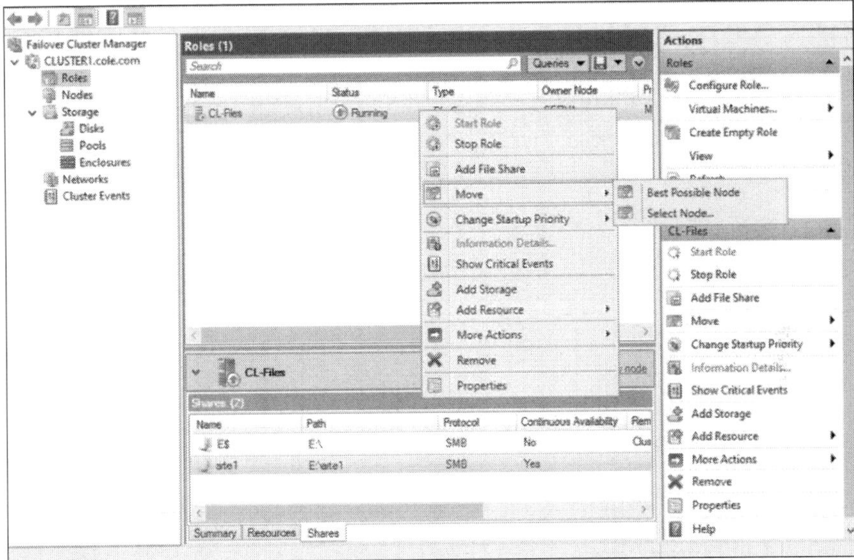

Si volvemos a las propiedades del rol, esta vez a la pestaña **Failover**, encontramos ajustes para gestionar el failover y los nodos.

El primer ajuste, **Failover**, se utiliza para determinar el número de veces que el servicio puede cambiar de nodo en un periodo determinado, antes de considerarse fuera de servicio. Microsoft recomienda establecer el número total de conmutaciones por error, igual al número de nodos menos uno.

El segundo ajuste se utiliza para decidir si el rol debe volver automáticamente a su nodo inicial y después de cuánto tiempo.

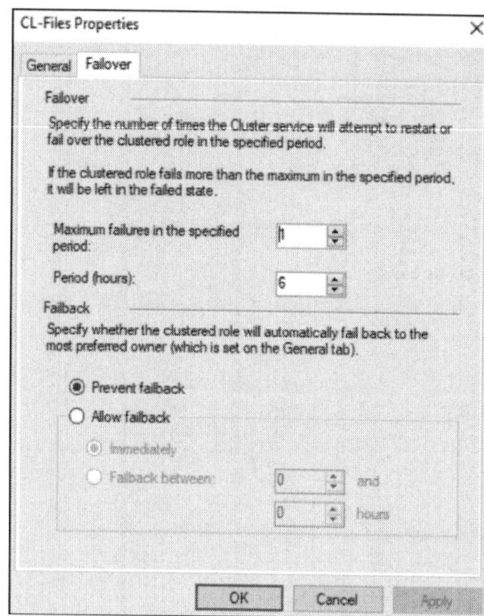

▶ Otra opción para gestionar roles y su relación con los nodos, se encuentra en la pestaña **Resources**, en la parte inferior de la consola. Haga clic con el botón derecho del ratón en el nombre del rol y seleccione **Properties**.

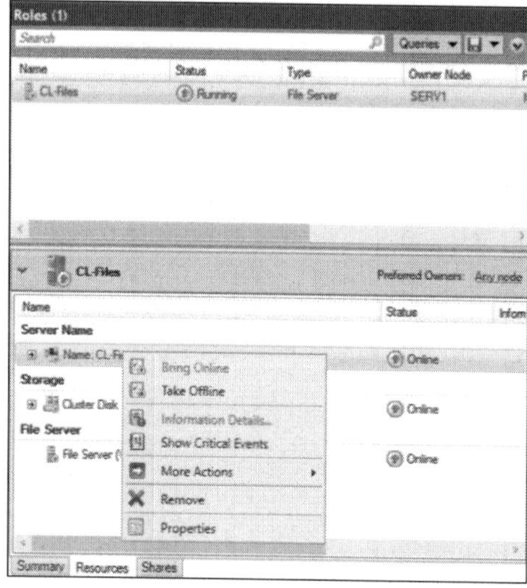

Si va a la pestaña **Advanced Policies**, encontrará una configuración de posibles propietarios. Por defecto, todos los nodos del clúster están seleccionados. Si elimina la selección de uno de los nodos, ya no podrá iniciar el rol y no podrá mover un rol a este nodo manualmente. Sin embargo, la conmutación por error al nodo deseleccionado en caso de fallo seguirá siendo operativa.

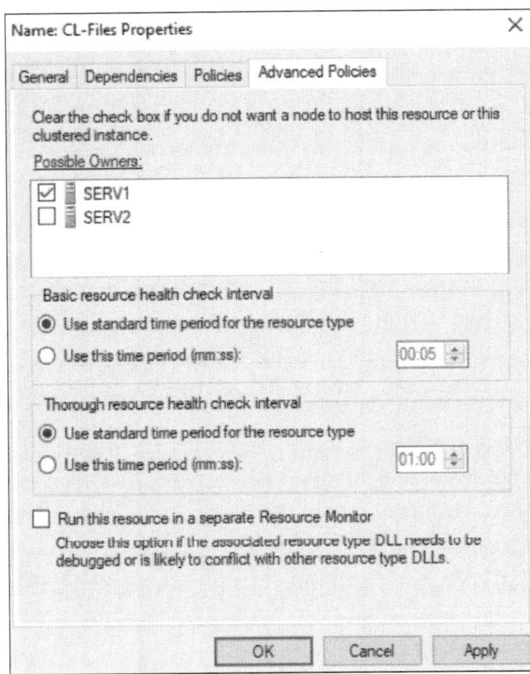

Debajo están los ajustes de intervalo para comprobar la salud de los nodos.

4. Servidor de archivos SOFS

4.1 Introducción al SOFS

Un servidor de archivos SOFS (*Scale Out File Server*), también conocido como "servidor de archivos con escalabilidad paralela", es un servidor en el que todos los nodos del clúster están activos al mismo tiempo.

De hecho, en el clúster de servidores de archivos que construimos en la sección anterior de este capítulo, sólo un nodo estaba activo y el otro estaba en espera, en caso de fallo y conmutación por error. Sólo el nodo activo estaba conectado a los recursos compartidos.

En un servidor SOFS, todos los nodos están conectados a los recursos compartidos al mismo tiempo y todos participan en el encaminamiento de datos a los clientes, lo que permite un ancho de banda mucho mayor. Este mecanismo utiliza una característica de SMB 3, que es SMB multicanal.

Otra ventaja de los servidores SOFS es que podemos añadir fácilmente servidores al clúster, lo que aumenta aún más el ancho de banda y garantiza una mayor tolerancia a fallos.

También será posible desconectar un nodo para mantenimiento sin tener que preocuparse por la conmutación por error.

Para poder conectar varios nodos a un recurso compartido, el sistema utiliza CSVs (*Cluster Shared Volumes*). Estos volúmenes no utilizan NTFS o ReFS, que no permiten montar un volumen en varios sitios, sino un sistema de archivos especializado, CSVFS. Esto se consigue añadiendo una capa de software entre los volúmenes NTFS o ReFS y el clúster.

Esta capa de software separa los metadatos de los datos de usuario, de modo que los metadatos se pueden gestionar con varios nodos. NTFS y ReFS permiten acceder a los datos simultáneamente, pero es la gestión de los metadatos lo que impide utilizar estos sistemas de archivos para CSV. La gestión de metadatos se asignará a uno de los nodos, que será designado "coordinador" del clúster.

Los SOFS son especialmente adecuados para almacenar datos de aplicaciones como SQL e Hyper-V, mientras que los clústeres de almacenamiento se reservan mejor para los datos de usuario.

4.2 Preparación del trabajo práctico

Para crear un clúster SOFS, vamos a mantener el clúster de la sección anterior, con el almacenamiento iSCSI conectado. Sin embargo, tenemos que eliminar el rol de servidor de archivos del clúster.

▶ En la consola de gestión del clúster, vaya a **Roles**, haga clic con el botón derecho del ratón en el rol del servidor de archivos y seleccione **Remove** en el menú desplegable.

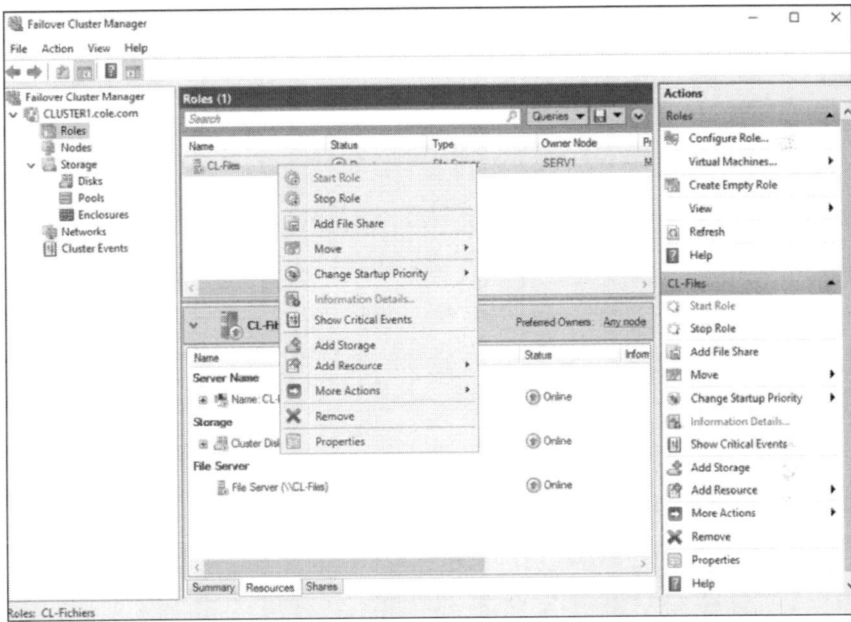

▶ Aparecerá un mensaje indicando que los objetos de Active Directory no se eliminarán. Haga clic en **Yes**.

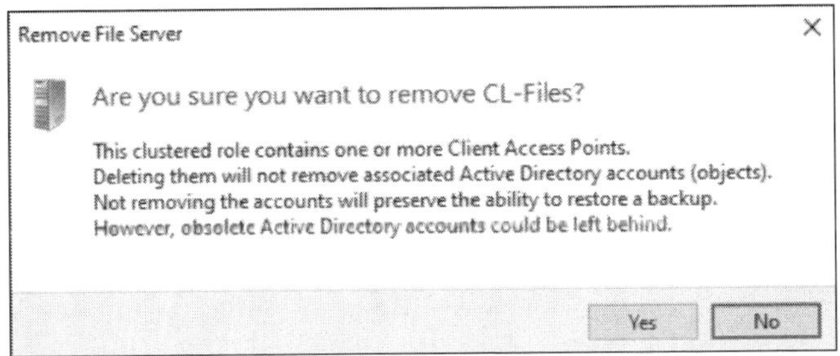

- Los servidores SERV1 y SERV2 aún tienen instalado el rol de servidor de archivos, es necesario para SOFS, consérvelo.

4.3 Creación del clúster SOFS

4.3.1 Instalación del rol

- Para crear un clúster SOFS, en la consola de gestión de clústeres, vaya a **Roles** y seleccione **Configure role**.
- Ignore la primera página y en la página de selección de roles, elija **File Server**.

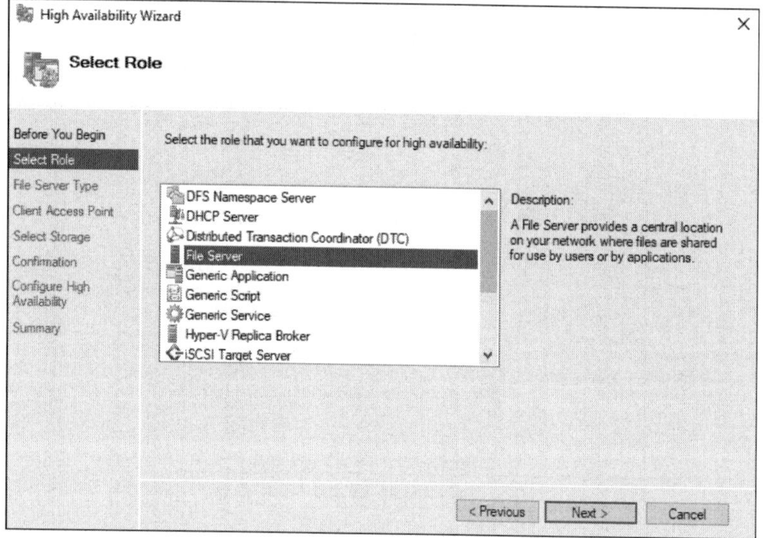

▶En la siguiente ventana, seleccione **Scale-Out File Server for application data**.

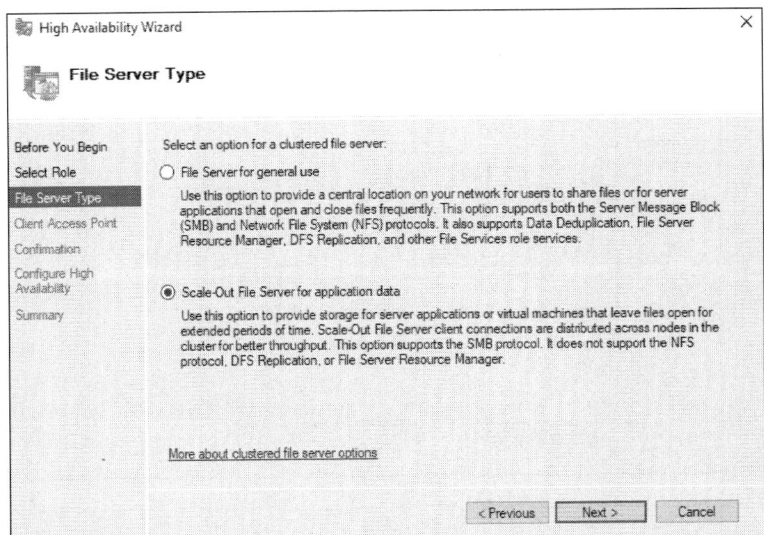

▶A continuación, asigne un nombre al clúster; se creará un objeto de Active Directory y un registro DNS con este nombre.

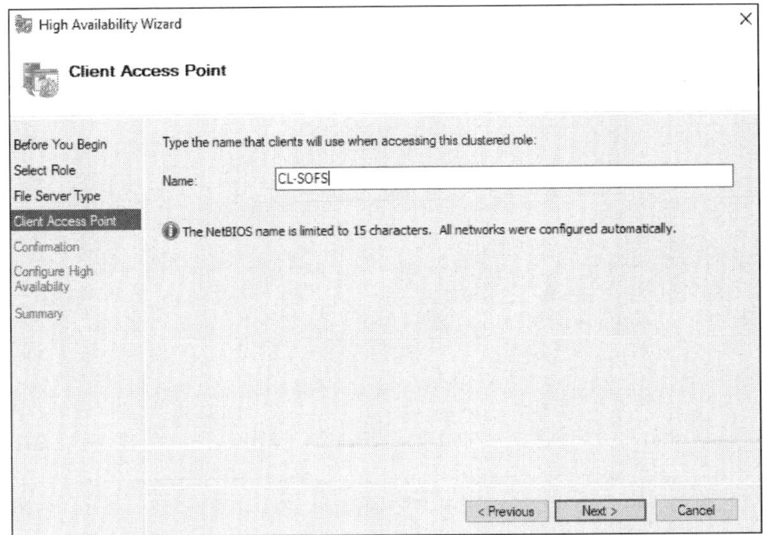

La siguiente pantalla muestra la red utilizada y la ubicación del objeto Active Directory. Puede hacer clic en **Next** hasta que finalice el procedimiento.

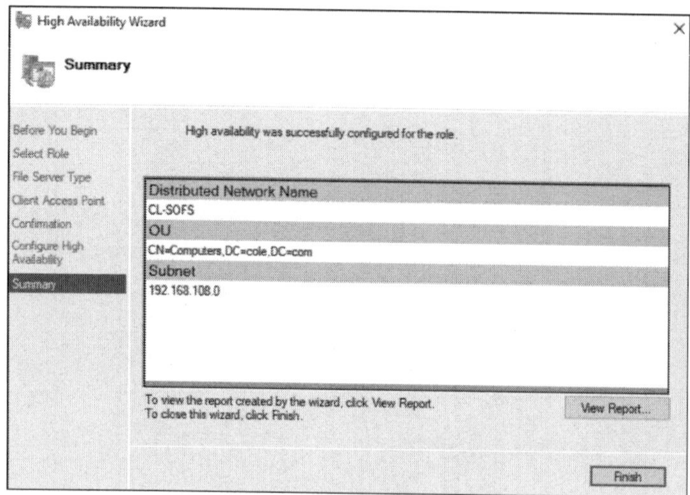

4.3.2 Comprobaciones

Se ha añadido el rol al clúster.

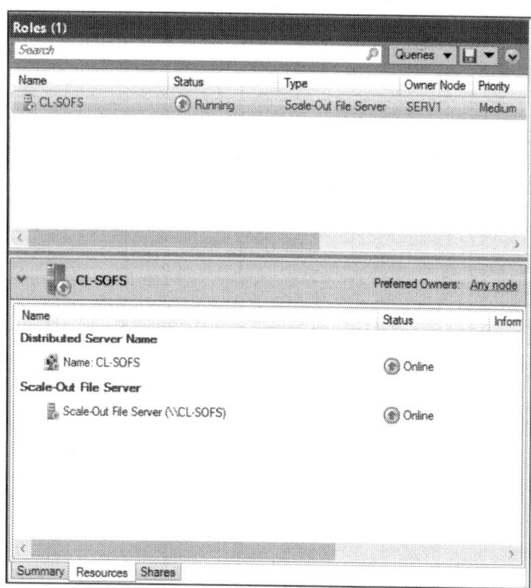

En Active Directory, podemos ver que se ha creado el servidor SOFS y el antiguo servidor de archivos de la sección anterior, se ha desactivado.

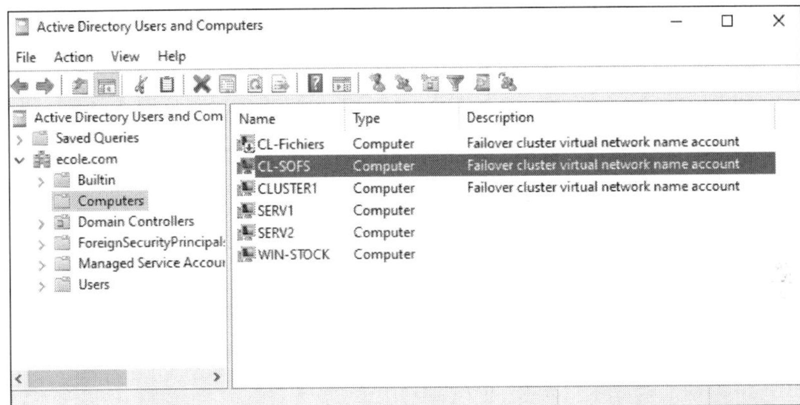

En DNS, se ha creado un registro por nodo en la red seleccionada por el sistema, que es la red que permite el acceso de los clientes en el clúster.

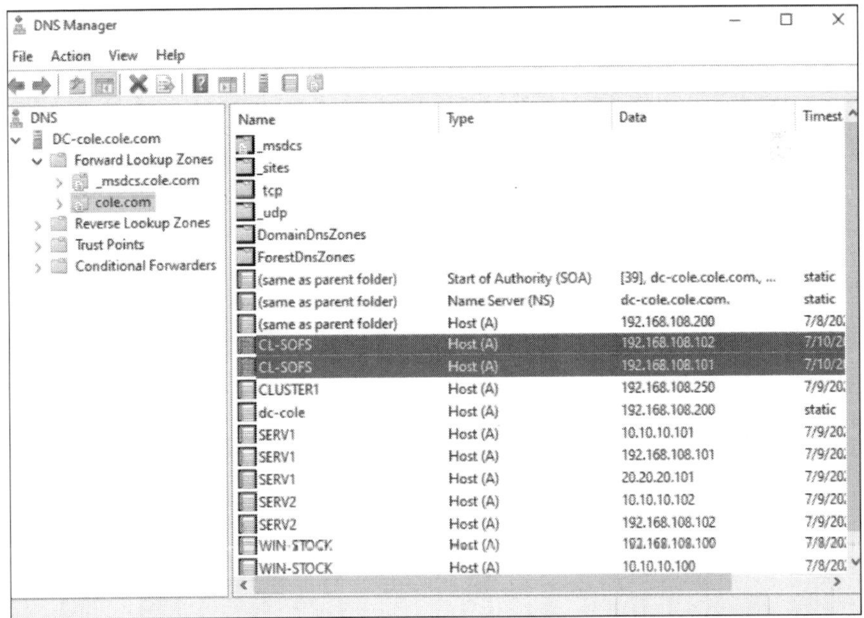

4.3.3 Añadir CSV

Para que el almacenamiento y los recursos compartidos se puedan utilizar simultáneamente por parte de todos los nodos del clúster, necesitamos crear un CSV, un recurso compartido a nivel de clúster. Los recursos compartidos creados posteriormente y utilizados por los clientes, estarán en este recurso compartido.

- En el gestor de clústeres, vaya a la gestión de discos.
- En el disco de almacenamiento iSCSI, haga clic con el botón derecho del ratón y seleccione **Add to Cluster Shared Volumes**.

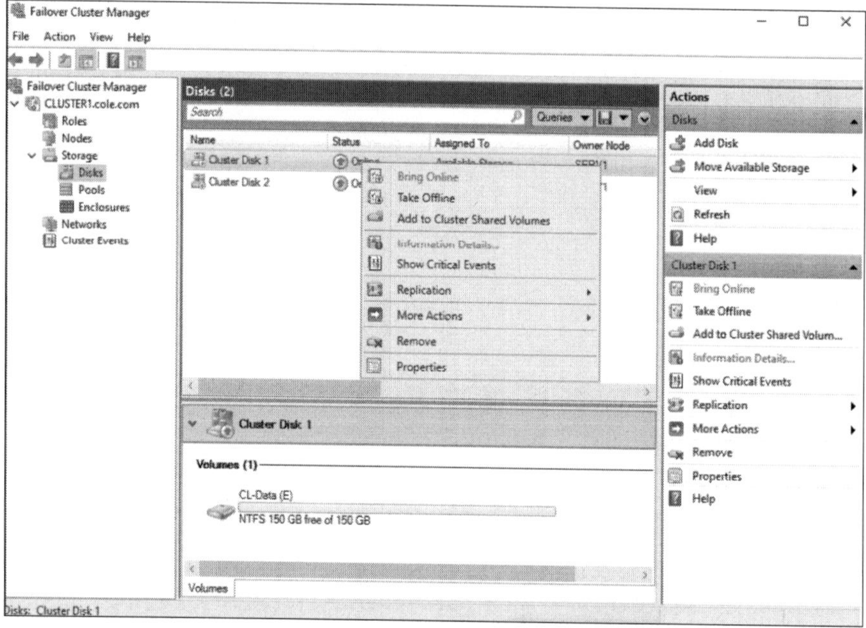

El volumen ha sido compartido a nivel de clúster, por lo que ahora podemos compartirlo. Podemos ver que el sistema de archivos es CSVFS.

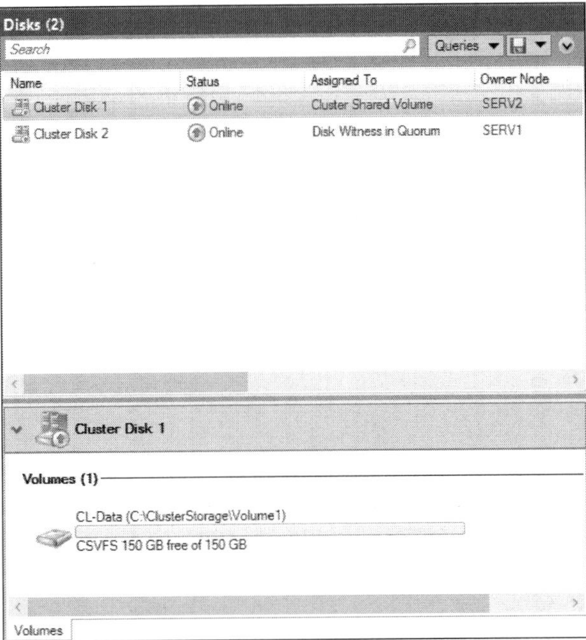

En los nodos del clúster, se ha creado una carpeta en la raíz del disco del sistema, que incluye un acceso directo al volumen.

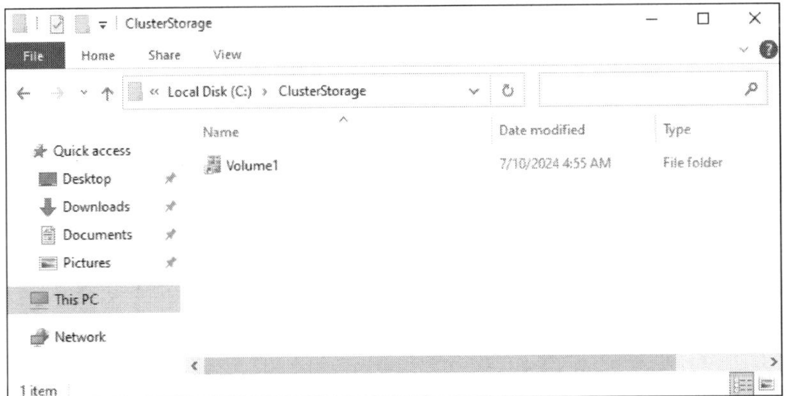

4.3.4 Creación de recursos compartidos

- Sólo queda crear un recurso compartido en el CSV. En la sección de roles, haga clic con el botón derecho del ratón en el rol y seleccione **Add File Share** en el menú desplegable.

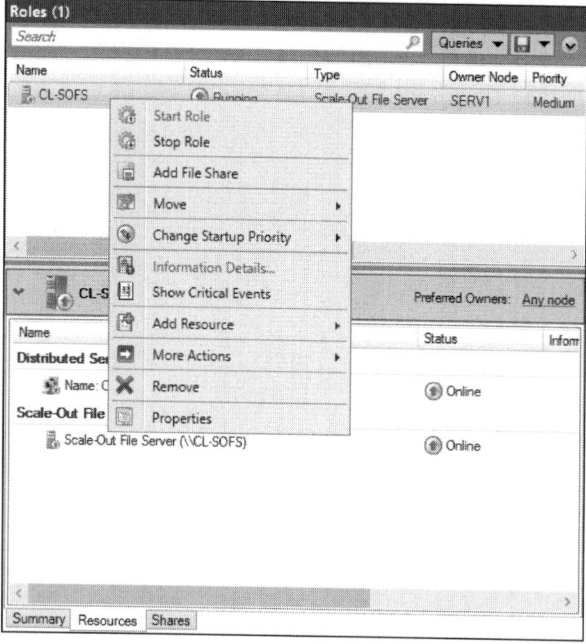

- Comparta las aplicaciones.

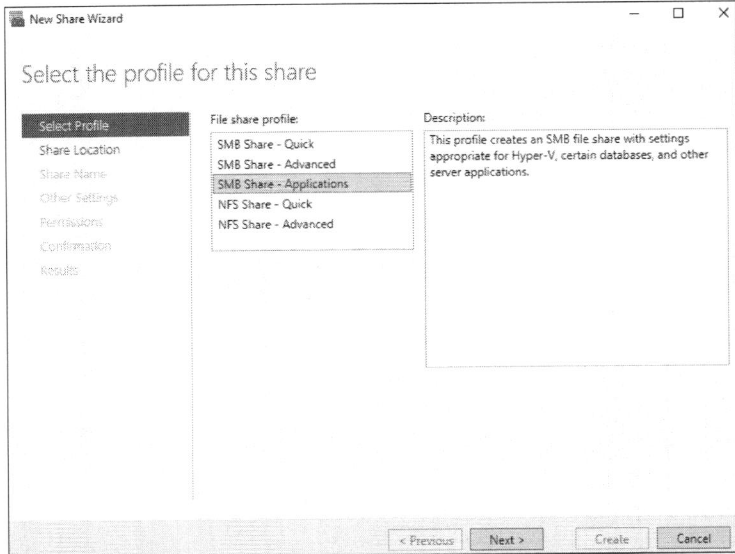

- Puede comprobar que se utilizará el volumen compartido. No puede crear una ruta personalizada; se configurará automáticamente. Haga clic en **Next**.

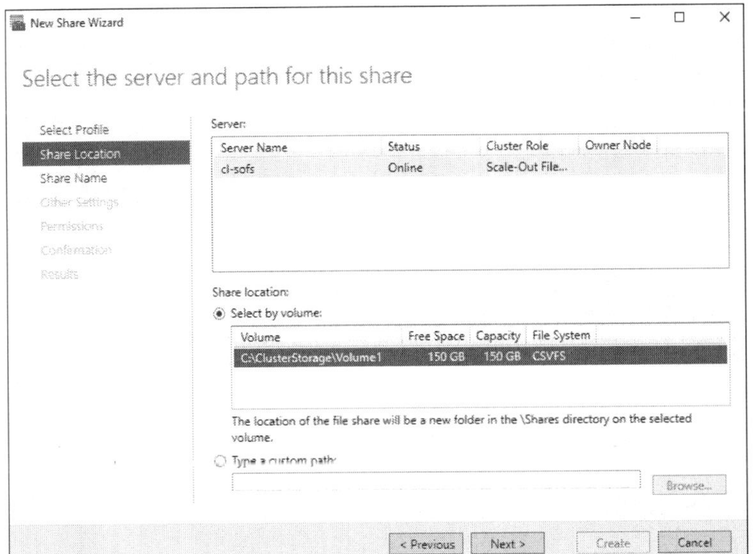

▶ Dele un nombre al recurso compartido. De paso, puede ver que se creará una carpeta en el volumen y los recursos compartidos se crearán allí.

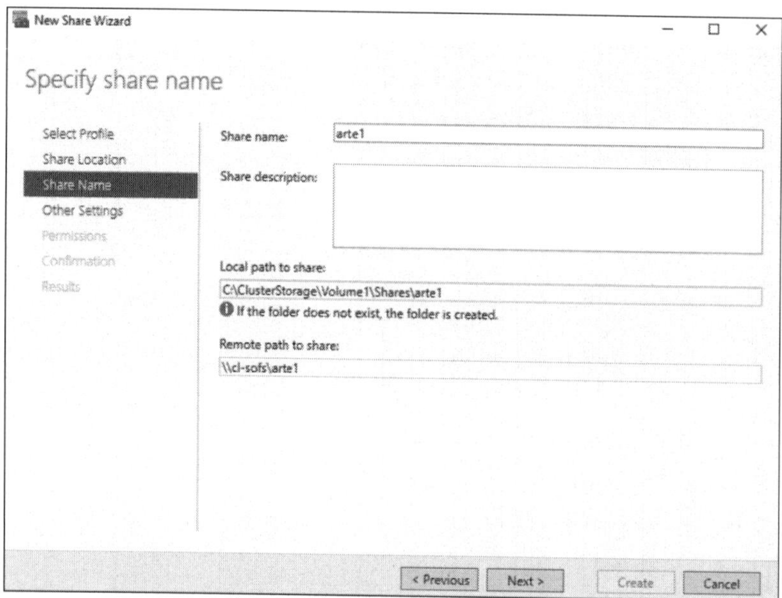

▶ En las opciones de uso compartido, la disponibilidad continua está activada por defecto, y la única opción disponible es el cifrado de datos. Haga clic en **Next**.

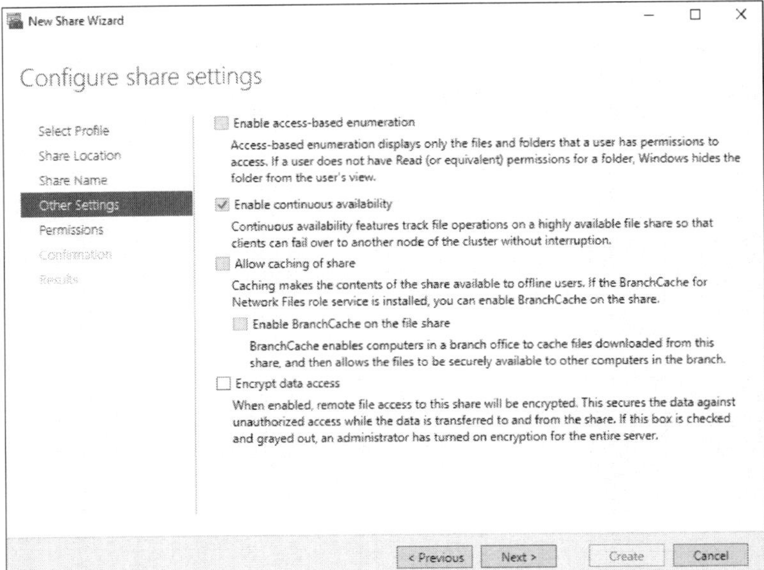

▶ A continuación, viene la configuración de los permisos de seguridad. Deje los permisos por defecto.

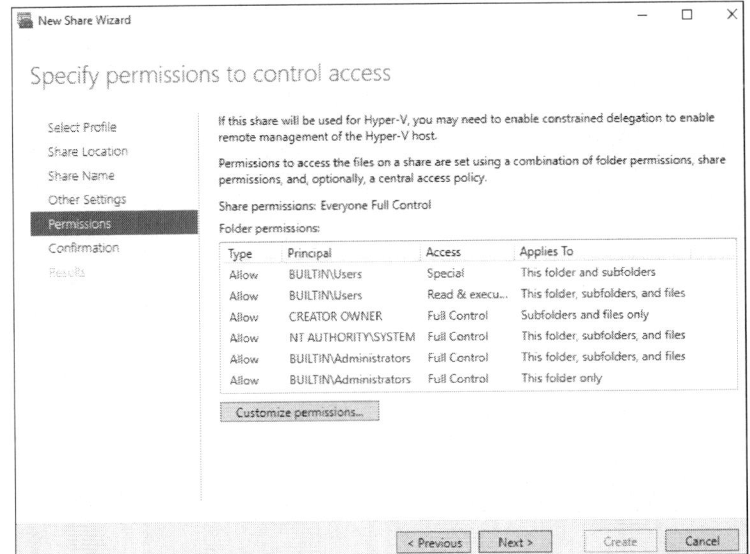

Observación

Estos permisos se pueden adaptar a la aplicación que vaya a utilizar el recurso compartido. Por ejemplo, si estamos almacenando máquinas Hyper-V, tenemos que dar acceso a los servidores Hyper-V y delegar las restricciones de Active Directory.

▶ Finalmente llega la pantalla de resumen, haga clic en **Create**.

Los clientes y aplicaciones que accedan a este recurso compartido, podrán hacerlo a través del nombre dado al rol. Esta es la ruta que tendremos que dar a las aplicaciones, por ejemplo, para almacenar los discos duros de las máquinas virtuales Hyper-V.

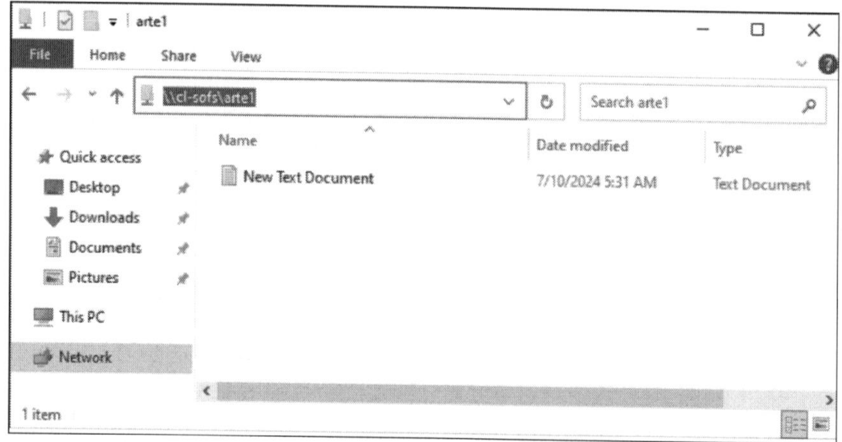

4.3.5 Configuración de la caché de recursos compartidos

Es posible crear una caché en la RAM del clúster, para operaciones de lectura. Por defecto, esta caché está a cero, por lo que es necesario configurarla.

Esta operación sólo es posible con PowerShell, utilizando el siguiente comando:

```
(Get-Cluster -Name "cluster1").BlockCacheSize = 1024
```

El tamaño de la caché se expresa en MB y es posible utilizar hasta el 80% de la RAM del clúster.

5. Clúster Hyper-V

Ahora es el momento de crear un clúster de servidores Hyper-V. Para ello, necesitamos que las dos máquinas SERV1 y SERV2 tengan instalado el rol Hyper-V. Esto sólo es posible si la virtualización anidada está habilitada en las máquinas virtuales de su hipervisor.

Observación

Tenga en cuenta que al instalar Hyper-V se instalará un nuevo adaptador de tarjeta de red en cada uno de los servidores. Recuerde comprobar su configuración antes de continuar.

5.1 Instalación del clúster Hyper-V

5.1.1 Preparación del clúster

- Una vez activada la virtualización anidada en los procesadores de las máquinas, instale Hyper-V en SERV1 y SERV2.
- Elimine el rol de clúster SOFS y vuelva a realizar un CSV desde el almacenamiento existente.
- Después de eliminar el rol SOFS del clúster, vaya al disco y añádelo a los CSVs del clúster.

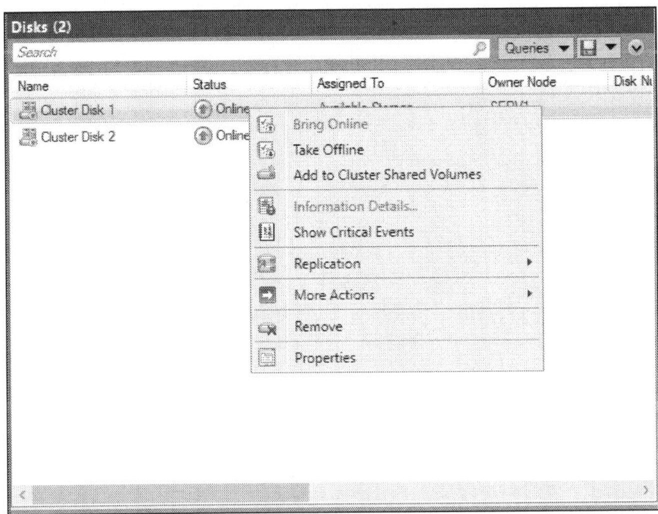

- Desde el explorador de uno de los servidores, vaya al CSV y cree una carpeta para colocar las máquinas virtuales.

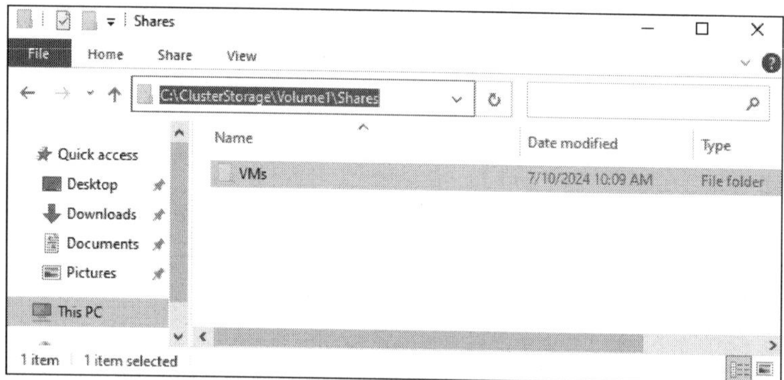

5.1.2 Crear una primera máquina virtual

- En el administrador del clúster, haga clic con el botón derecho del ratón en **Roles**, seleccione **Virtual Machines** y después **New Virtual Machine**.

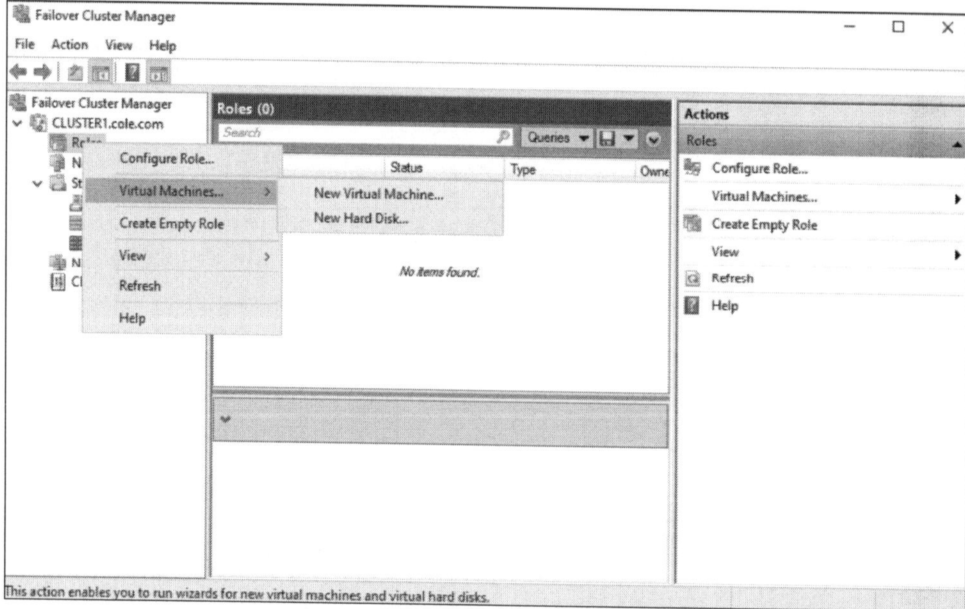

A continuación, deberá decidir qué servidor alojará la máquina virtual.

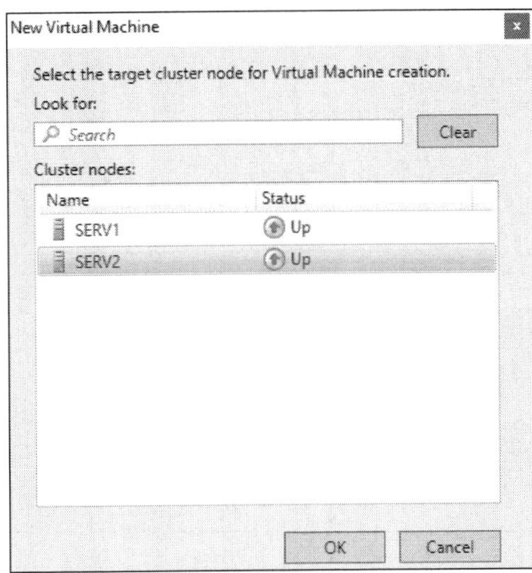

▶ Se inicia el asistente para la creación de una máquina virtual. Dé un nombre a la máquina y colóquela en la carpeta creada en el volumen CSV.

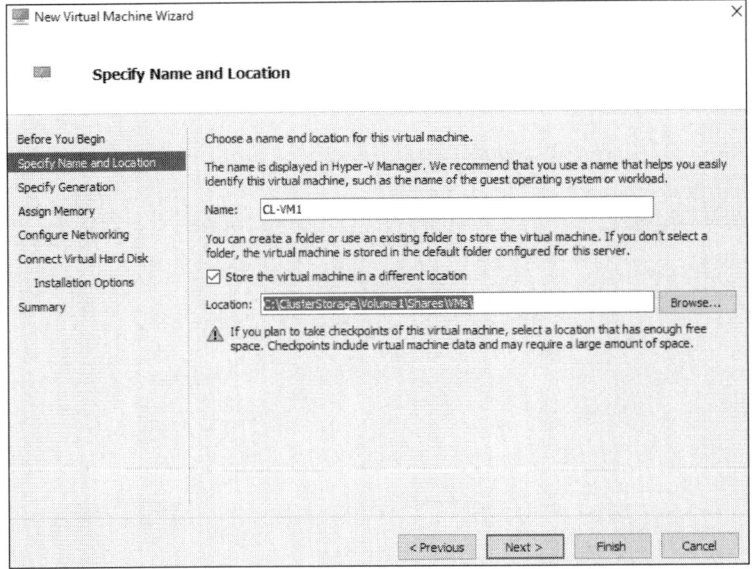

- Cree una máquina de generación 2 con 1024 MB de memoria y asignación dinámica y conéctela al conmutador externo, creado cuando se instaló Hyper-V.
- A continuación, en la configuración del disco VHDX, compruebe que el sistema ha colocado el disco en el volumen compartido.

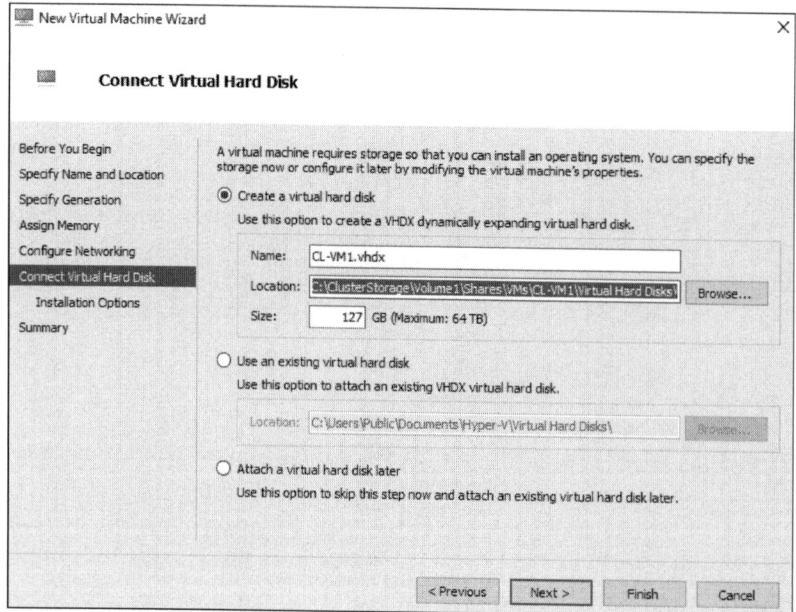

- Diga que desea instalar el sistema operativo más tarde y confirme hasta que se cree la máquina virtual.

Verá un mensaje de resumen con la opción de mostrar un informe.

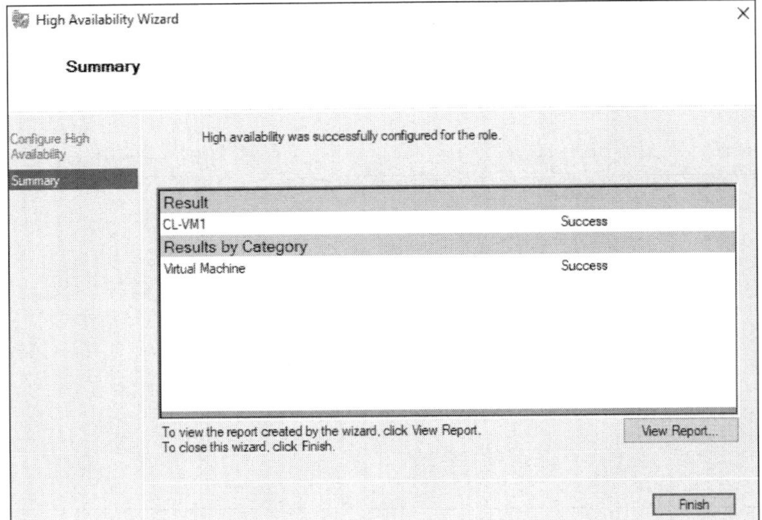

▶ Se crea la máquina virtual. Haga clic con el botón derecho del ratón sobre ella y seleccione **Settings**. Se encontrará en la ventana de administración de la máquina virtual. Añada una unidad de DVD.

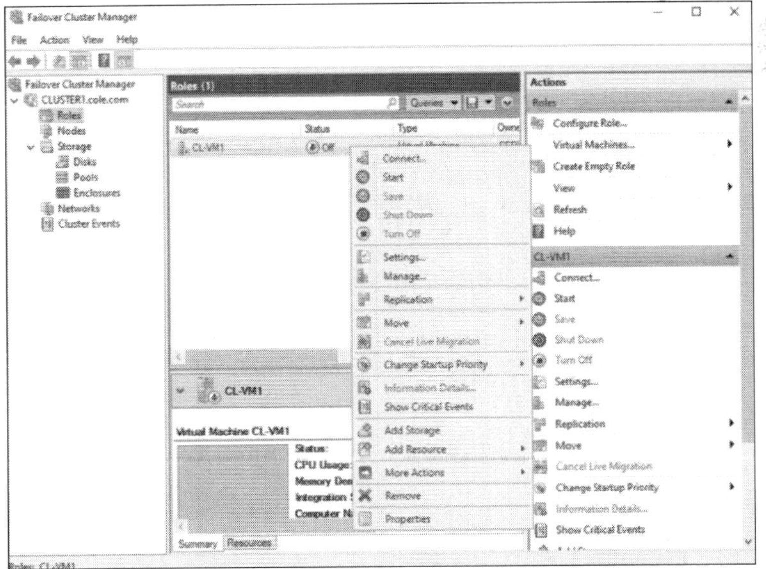

- Sólo queda instalar un sistema. Para ello, añada una ISO al volumen compartido del clúster.

Observación

Si desea colocar la ISO en otro volumen, deberá realizar una delegación restringida en el servidor de almacenamiento para ambos hipervisores.

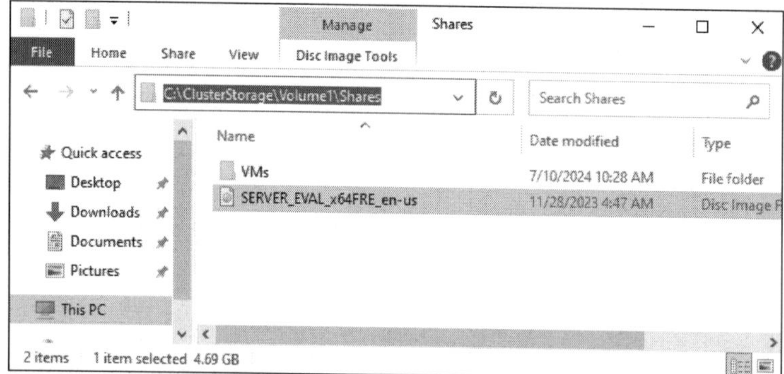

- Encienda la máquina e instale el sistema. Instalará un sistema Windows Server Core.

5.2 Importar máquinas virtuales

- En primer lugar, cree una máquina virtual en uno de los servidores del clúster. La importará al clúster. Guarde los archivos de la máquina y su disco VHDX en el volumen iSCSI. Si es necesario, migre su almacenamiento.
- En la consola de gestión del clúster, haga clic con el botón derecho del ratón en **Roles** y seleccione **Configure role**.
- A continuación, seleccione la función **Virtual Machine**.

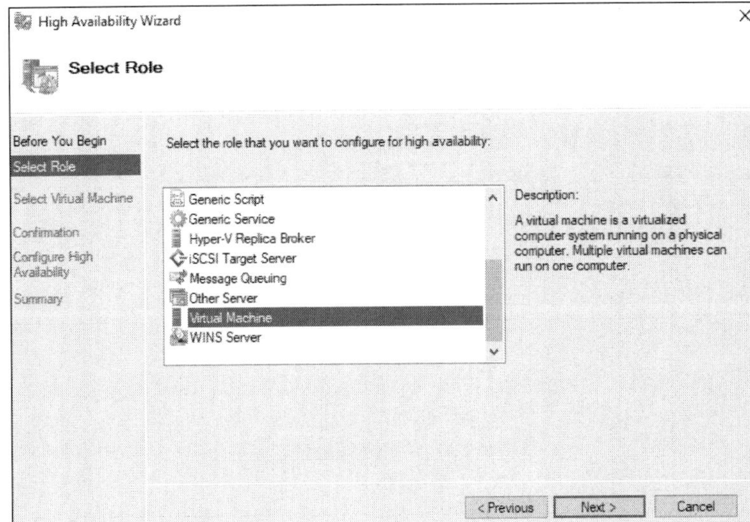

A continuación, el sistema le pregunta qué máquinas virtuales desea añadir al clúster. Nosotros solo tenemos una, pero puede añadir varias a la vez y volver más tarde para añadir más.

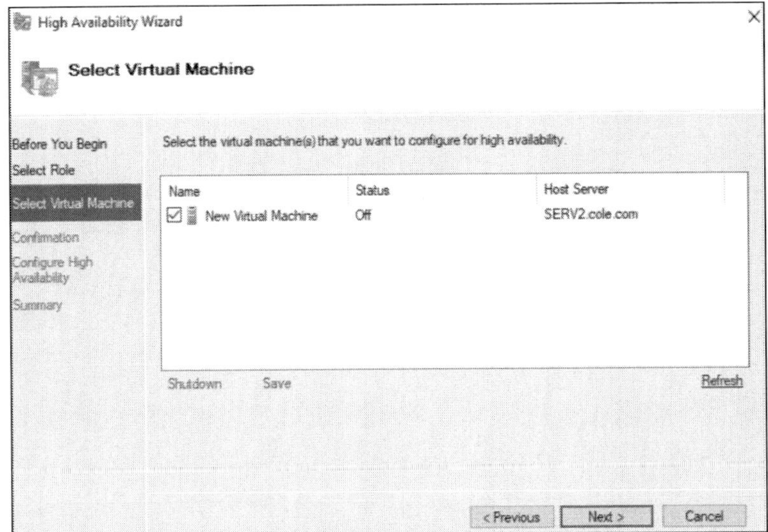

▶ A continuación, en la fase de resumen, haga clic en **Next** y confirme. Una vez añadida la máquina, aparecerá una pantalla en la que podrá consultar un informe.

Por último, la máquina virtual se añade al clúster.

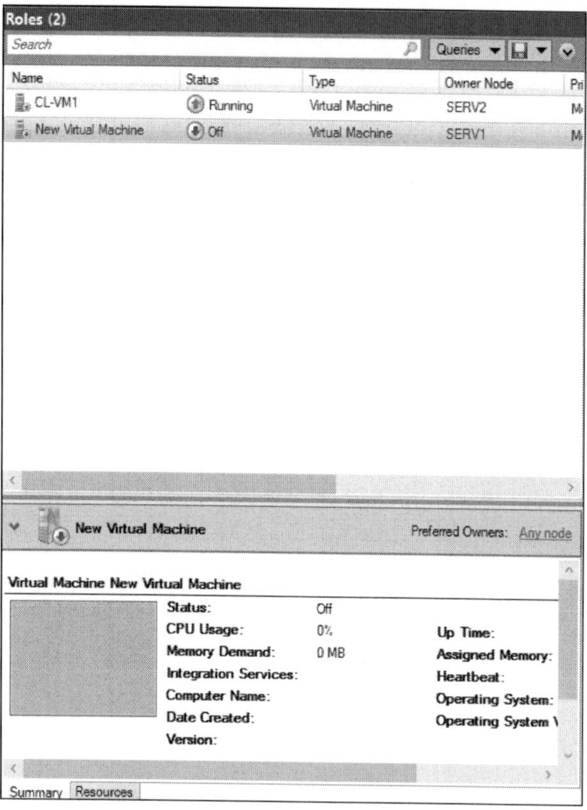

En esta etapa, la migración en caliente ha sido configurada en los hipervisores por el clúster. Puede ver que se han configurado las redes del clúster.

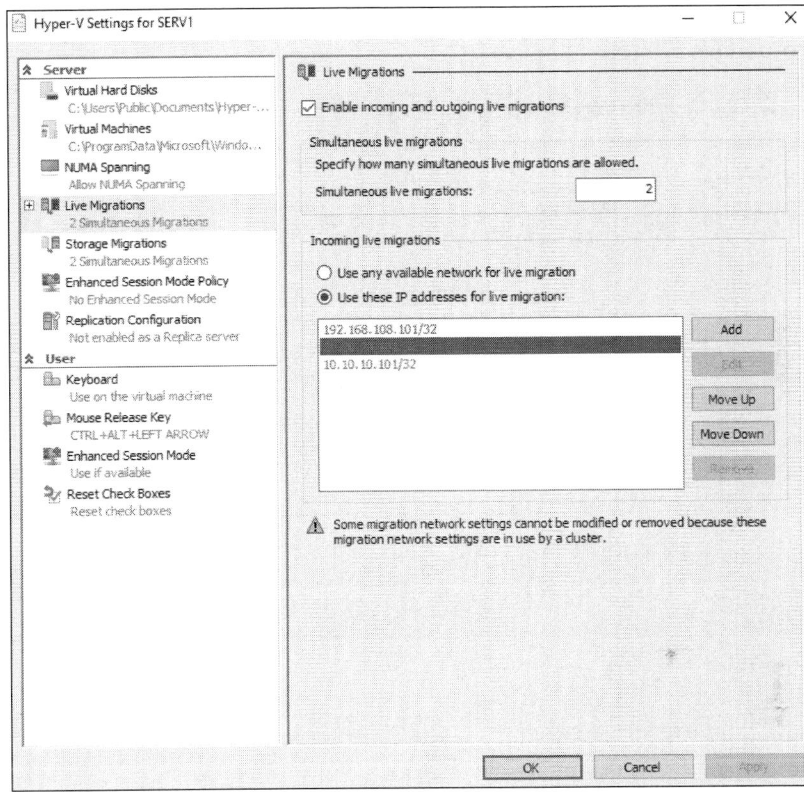

De este modo, las máquinas pueden aprovechar la alta disponibilidad que proporciona la conmutación por error del clúster. Tienen la misma configuración que cualquier otro recurso en sus propiedades.

▶ Haga clic con el botón derecho del ratón en una de las máquinas del clúster y seleccione **Properties** en el menú desplegable.

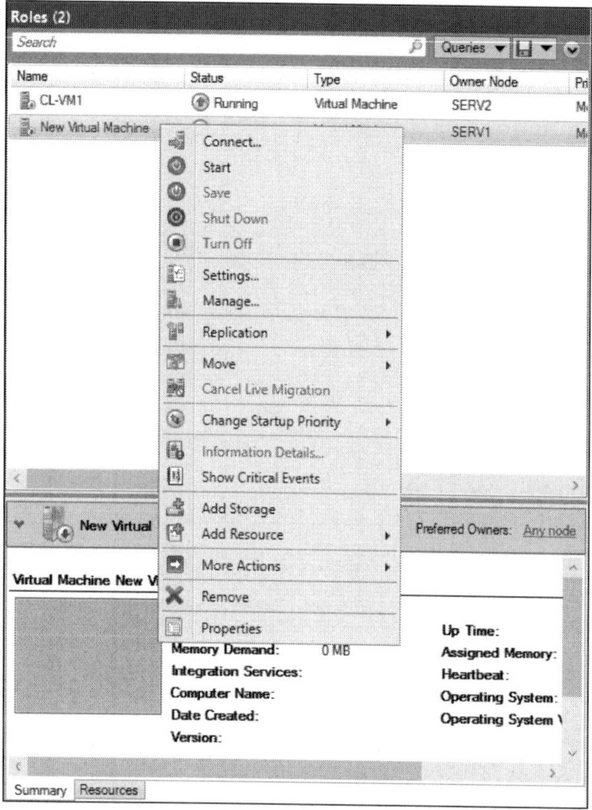

Aquí encontrará la configuración de la agrupación de roles.

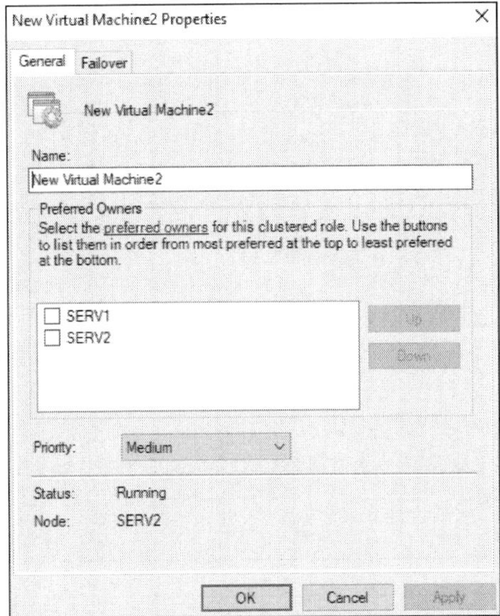

Del mismo modo, es posible migrar una máquina virtual a otro nodo sobre la marcha, como cualquier otro rol de clúster.

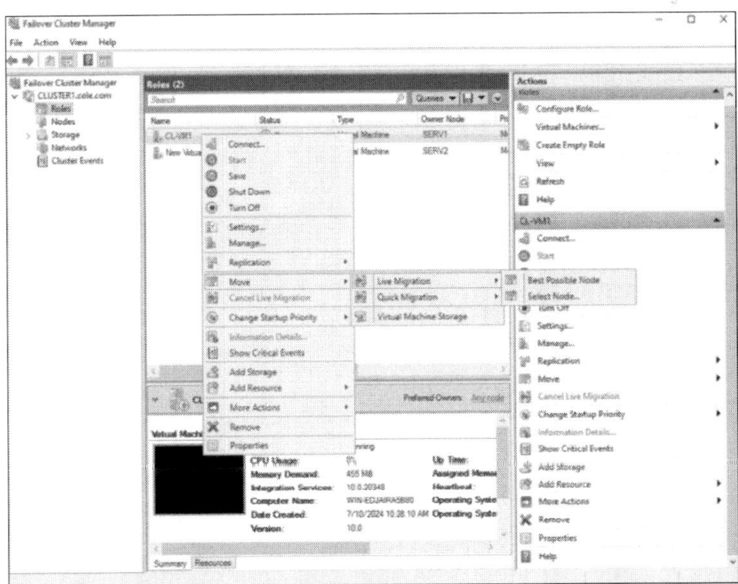

Observación

La migración rápida es una forma antigua de migrar máquinas virtuales, introducida por razones de compatibilidad con versiones anteriores. Si se utiliza, la máquina virtual se detendrá durante la migración y se guardará el estado de la máquina. La única razón para utilizar la migración rápida hoy en día, es si la migración en caliente no está disponible o no funciona por alguna razón.

5.3 Características de clustering

5.3.1 Reparto de la carga

Los clústeres de Windows Server disponen de una función de balanceo de carga a nivel de clúster. Aunque este ajuste sólo es accesible en los parámetros del propio clúster, sólo afecta al rol de las máquinas virtuales Hyper-V y a las máquinas presentes en el clúster.

▶ Para acceder a esta configuración, haga clic con el botón derecho del ratón en el propio clúster y seleccione **Properties**.

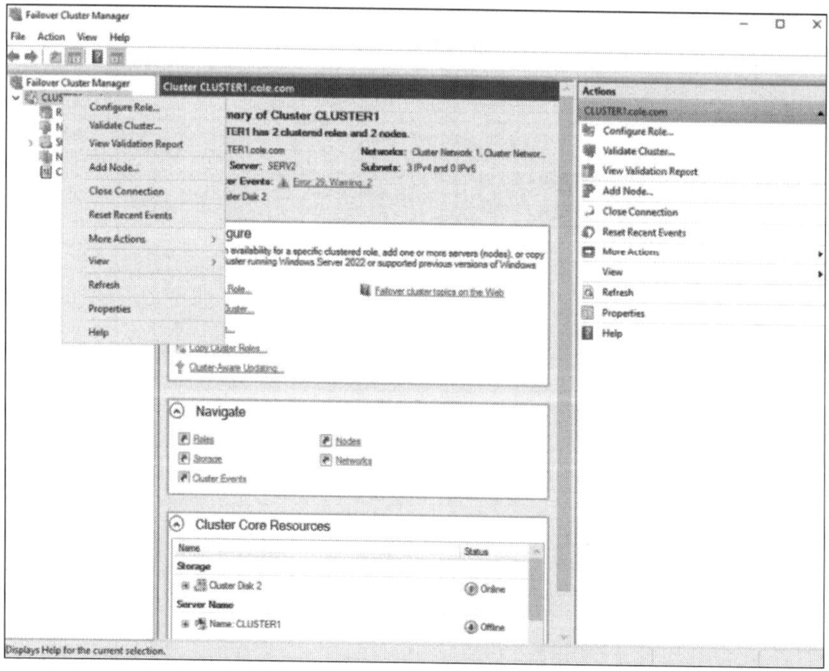

▶ Seleccione la pestaña **Balancer**.

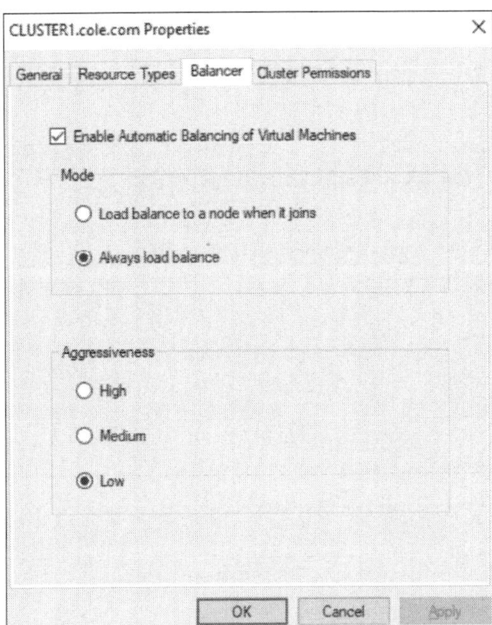

En esta configuración, puede elegir si desea balancear la carga siempre o sólo cuando se añade un nodo al clúster, para tener en cuenta los nuevos recursos disponibles.

Seguidamente, tenemos el ajuste de agresividad del balanceo de carga, con tres valores posibles que definen el nivel de utilización de recursos en el que se producirá el balanceo:

- alto: corresponde al 60% de los recursos del nodo,
- medio: corresponde al 70% de los recursos del nodo,
- bajo: corresponde al 80% de los recursos del nodo.

Si uno de los nodos tiene una carga de recursos superior al nivel seleccionado, el clúster migrará las máquinas virtuales a otros nodos con una carga inferior.

Los ajustes mostrados en la ilustración anterior son los ajustes por defecto para esta función.

5.3.2 Redes protegidas

Esta funcionalidad se establece a nivel de máquina virtual y el clúster la utiliza.

Para acceder a ella, vaya a la configuración avanzada de la tarjeta de red de la máquina virtual.

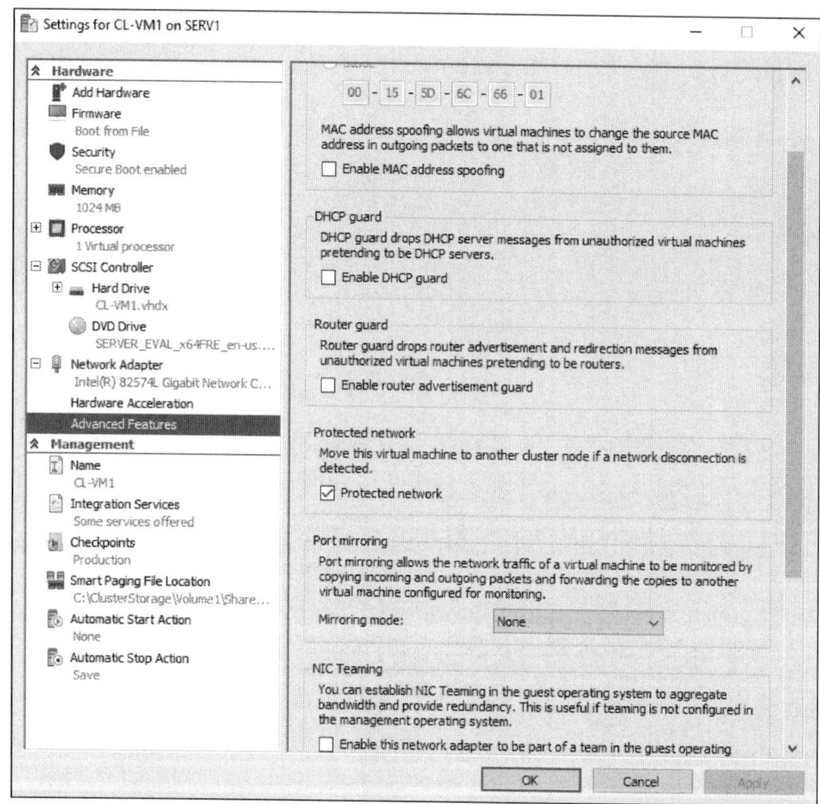

Si la máquina virtual pierde la conexión a la red a la que está conectada normalmente, el clúster buscará en los demás nodos la misma red. Si el clúster encuentra otro nodo que tenga acceso a la misma red, la máquina virtual será migrada en caliente.

La migración se activa cuando la tarjeta de red detecta que ya no tiene acceso a los soportes de su red.

Esta configuración está activada por defecto en las máquinas del clúster.

5.3.3 Supervisión de máquinas virtuales

Los clústers Hyper-V tienen una función para monitorizar procesos dentro de una máquina virtual y reiniciarla, si el proceso se detiene. Por ejemplo, si el proceso IIS de un servidor web se detiene y lo monitorizamos, la máquina virtual será reiniciada por el clúster.

- Para utilizar esta función, el servicio **Hyper-V Virtual Machine Management** debe estar en ejecución. Configúrelo para que se inicie automáticamente si aún no lo está.

HV Host Service	Provides an interface for th...	Running	Manual (Trig...	Local Syste...
Hyper-V Data Exchange Service	Provides a mechanism to e...		Manual (Trig...	Local Syste...
Hyper-V Guest Service Interface	Provides an interface for th...		Manual (Trig...	Local Syste...
Hyper-V Guest Shutdown Service	Provides a mechanism to s...		Manual (Trig...	Local Syste...
Hyper-V Heartbeat Service	Monitors the state of this vi...		Manual (Trig...	Local Syste...
Hyper-V Host Compute Service	Provides support for runni...	Running	Manual (Trig...	Local Syste...
Hyper-V PowerShell Direct Service	Provides a mechanism to ...		Manual (Trig...	Local Syste...
Hyper-V Time Synchronization Service	Synchronizes the system ti...		Manual (Trig...	Local Service
Hyper-V Virtual Machine Management	Management service for H...	Running	Automatic	Local Syste...
Hyper-V Volume Shadow Copy Requestor	Coordinates the communi...		Manual (Trig...	Local Syste...
IKE and AuthIP IPsec Keying Modules	The IKEEXT service hosts th...		Manual (Trig...	Local Syste...
Internet Connection Sharing (ICS)	Provides network address t...		Disabled	Local Syste...
IP Helper	Provides tunnel connectivit...	Running	Automatic	Local Syste...
IPsec Policy Agent	Internet Protocol security (I...		Manual (Trig...	Network S...

- Para activar esta función, haga clic con el botón derecho del ratón en la máquina virtual, seleccione **More** y vaya a **Configure monitoring**.

Esto le permitirá seleccionar los servicios que serán supervisados por el clúster.

6. Espacio de almacenamiento directo

6.1 Introducción

6.1.1 Conceptos básicos

Los espacios de almacenamiento directo, también conocidos como "storage space direct" o "S2D" por Microsoft, son una tecnología que permite agregar el almacenamiento local de los servidores que componen un clúster en un pool de almacenamiento. Esto permite crear lo que se conoce como, una infraestructura hiperconvergente.

Esto permite combinar tipos de disco SSD y HD, en SATA, NVME o SAS, para disponer de una caché de escritura, almacenamiento de terceros y resiliencia de tipo mirroring o paridad de pools de almacenamiento. Se pueden utilizar volúmenes NTFS o ReFS.

También existe un tipo de despliegue para espacios de almacenamiento directo conocido como "convergente", en el que hay dos clústeres: un clúster SOFS para el almacenamiento otro para los recursos informáticos. En este libro, sólo hablaremos de arquitecturas hiperconvergentes.

Los almacenes directos utilizan simultáneamente varias tecnologías de Windows Server, como los clústeres de conmutación por error, los volúmenes compartidos CSV y los pools de almacenamiento y añaden una función denominada bus de almacenamiento virtual.

El bus de almacenamiento virtual permite a los servidores del clúster, ver los discos conectados a los demás servidores. La comunicación entre los servidores y los distintos discos, se realiza simplemente a través de las conexiones Ethernet de los servidores.

Las áreas de almacenamiento directo requieren Windows Server 2022 Datacenter Edition y se pueden combinar hasta 16 servidores en un área de almacenamiento directo hiperconvergente.

6.1.2 Conceptos básicos de hiperconvergencia

El concepto esencial de la hiperconvergencia es que el almacenamiento y la potencia de cálculo están en la misma máquina. Esto tiene una serie de ventajas. Las infraestructuras hiperconvergentes (HCI) ofrecen las siguientes ventajas en comparación con las infraestructuras de almacenamiento SAN tradicionales.

- **Menores costes**: una infraestructura hiperconvergente requiere menos servidores, menos dispositivos de red y ninguna bahía de almacenamiento externo. Esto supone un ahorro sustancial.
- **Menor complejidad**: gestionar el sistema, la red y las bahías de almacenamiento utilizadas, así como la interacción entre los tres, puede resultar complicado. Además, están los problemas de compatibilidad y configuración que supone conseguir que una marca de servidores funcione con otra de bahías de almacenamiento. Estos problemas no existen en las infraestructuras hiperconvergentes.
- **Ahorro de espacio físico**: en una sala de servidores o un centro de datos, el espacio físico no es ilimitado y las bahías de almacenamiento pueden ser voluminosas. Por otro lado, existen servidores especializados en hiperconvergencia, con multitud de ranuras para discos duros y placas base capaces de gestionar ingentes cantidades de almacenamiento, todo ello en un rack de dos unidades.

La principal desventaja de las infraestructuras hiperconvergentes es que la red por la que pasan las comunicaciones de almacenamiento debe ser de muy alto rendimiento. Hacer que los discos virtuales VHDX estén disponibles en varios servidores a través de la red, puede consumir mucho ancho de banda. Es importante entender que el disco VHDX de una máquina virtual, se puede distribuir entre los discos físicos de varios servidores.

Además, Microsoft recomienda al menos 10 GB/segundo de ancho de banda para la red de comunicaciones del clúster. Microsoft también recomienda tarjetas de red RDMA. RDMA es una tecnología que permite a una máquina acceder al contenido de la memoria de otra máquina directamente a través de la red, sin pasar por la capa del sistema operativo. Las tarjetas RDMA también se pueden utilizar para implementar QoS en la red, entre SMB, monitorización de máquinas virtuales y comunicaciones de clúster.

Microsoft ha puesto a disposición scripts y documentación para la gestión de redes hiperconvergentes en GitHub en la siguiente dirección:
https://github.com/microsoft/SDN/tree/master/Diagnostics

Para nuestro trabajo práctico, la red será funcional en las máquinas virtuales, aunque estaremos lejos del rendimiento recomendado.

6.2 Adaptar el trabajo práctico

Para los fines de esta subsección del capítulo, necesitaremos adaptar las máquinas virtuales.

El primer punto es que necesitamos máquinas con la Datacenter Edition de Windows Server 2022. Así que tendremos que reinstalar algunas máquinas. Esta será una oportunidad para empezar de nuevo con servidores recién instalados.

Para la ocasión, vamos a renombrar los dos servidores del clúster NODE1 y NODE2. Vamos a añadirles tres discos: dos de 100GB y uno de 50GB cada uno. Estos discos deben permanecer desconectados y sin formatear.

Todas las máquinas serán miembros del dominio cole.com y tendrán dos tarjetas de red. En un clúster típico, una red se dedicará a la gestión y otra al almacenamiento.

En esta versión del trabajo práctico, el disco de muestra del clúster se sustituirá por un recurso compartido de muestra en el controlador de dominio.

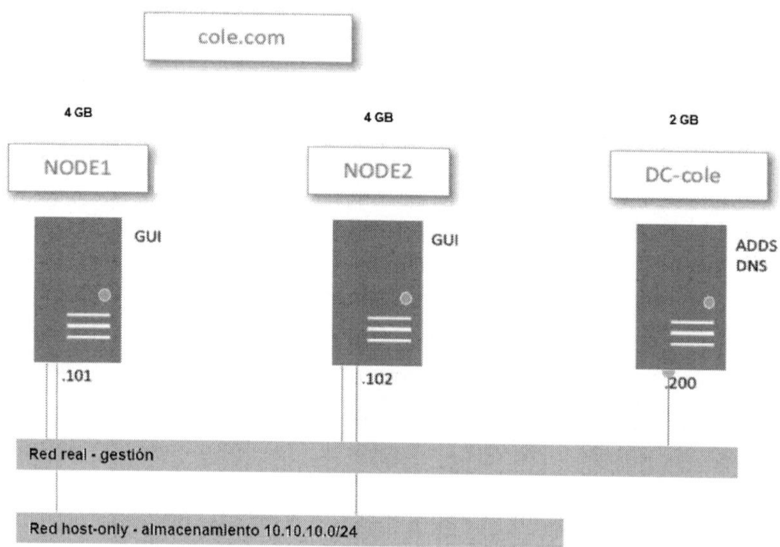

6.3 Preparación de la máquina

- Después de instalar dos máquinas con Windows Server 2022 Datacenter Edition, colóquelas en el dominio.
- En el controlador de dominio, cree un recurso compartido que se utilizará como testigo y otorgue el control total a los dos nodos y a los administradores del dominio.
- Añade y configura una tarjeta de red adicional para un total de dos tarjetas en cada nodo.
- En el administrador de servidores del controlador de dominio, añada los nodos al administrador de servidores. Para ello, vaya a **Server Manager**, seleccione **Manage** y, a continuación, **Add servers**.
- Añada discos a ambos nodos. Para el trabajo práctico, utilizará cuatro discos de 200 GB por nodo.
- En el gestor de servidores, los discos deben aparecer **offline**. No debe tocarlos.

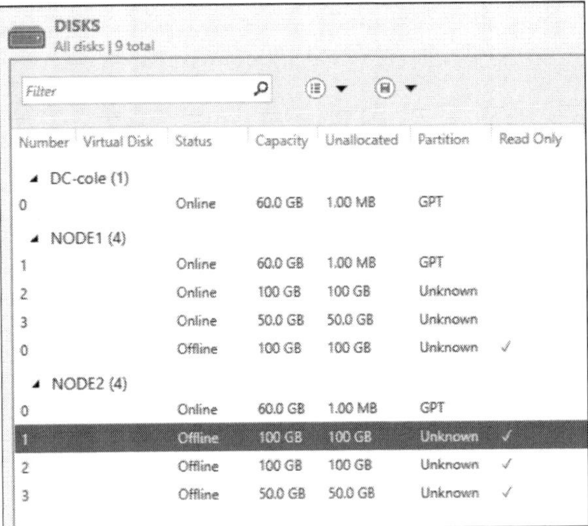

Number	Virtual Disk	Status	Capacity	Unallocated	Partition	Read Only
DC-cole (1)						
0		Online	60.0 GB	1.00 MB	GPT	
NODE1 (4)						
1		Online	60.0 GB	1.00 MB	GPT	
2		Online	100 GB	100 GB	Unknown	
3		Online	50.0 GB	50.0 GB	Unknown	
0		Offline	100 GB	100 GB	Unknown	✓
NODE2 (4)						
0		Online	60.0 GB	1.00 MB	GPT	
1		Offline	100 GB	100 GB	Unknown	✓
2		Offline	100 GB	100 GB	Unknown	✓
3		Offline	50.0 GB	50.0 GB	Unknown	✓

Observación

¡Atención! Si utiliza un hipervisor VMware para ejecutar los trabajos prácticos, todos los discos se verán con el mismo identificador y tendrá fallos al probar el clúster y al configurarlo.

- Para evitar este problema, edite el archivo .VMX de las máquinas virtuales de sus nodos y añada lo siguiente al final del archivo.

```
disk.EnableUUID = "TRUE
```

Los tipos de disco añadidos deben ser SCSI.

6.4 Instalación del clúster

Necesitaremos instalar tres roles en NODE1 y NODE2: failover cluster, Hyper-V y file server. Como recordatorio, para instalar Hyper-V, ambos nodos deben tener activada la virtualización anidada en la configuración de sus procesadores.

- Hazlo con PowerShell, además de un comando para reiniciar:

```
Invoke-Command NODE1,NODE2 {
Install-WindowsFeature FS-FileServer,Failover-Clustering,Hyper-V `
-IncludeAllSubFeature `
-IncludeManagementTools
}

Invoke-Command NODE1,NODE2 { Restart-Computer }
```

- Compruebe la configuración del clúster, de nuevo mediante PowerShell. Especifique aquí qué elementos desea probar para poder añadir `Storage Space Direct`:

```
Test-Cluster `
-Node NODE1, NODE2 `
-Include "Storage Spaces Direct", "Inventory", "Network", "System Configuration"
```

- Ahora puede pasar a crear el clúster. Necesita añadir la opción `-NoStorage` al comando, ya que creará el espacio de almacenamiento directo más tarde.

```
New-Cluster `
-Name Direct-Cluster -Node NODE1,NODE2 `
-StaticAddress 192.168.108.99 `
-NoStorage
```

- A continuación, configure el quórum utilizando un recurso compartido como testigo. En uno de los dos nodos, inicie la consola de gestión del clúster. Haga clic con el botón derecho del ratón en el clúster y seleccione **More Actions - Configure Cluster Quorum Settings**.

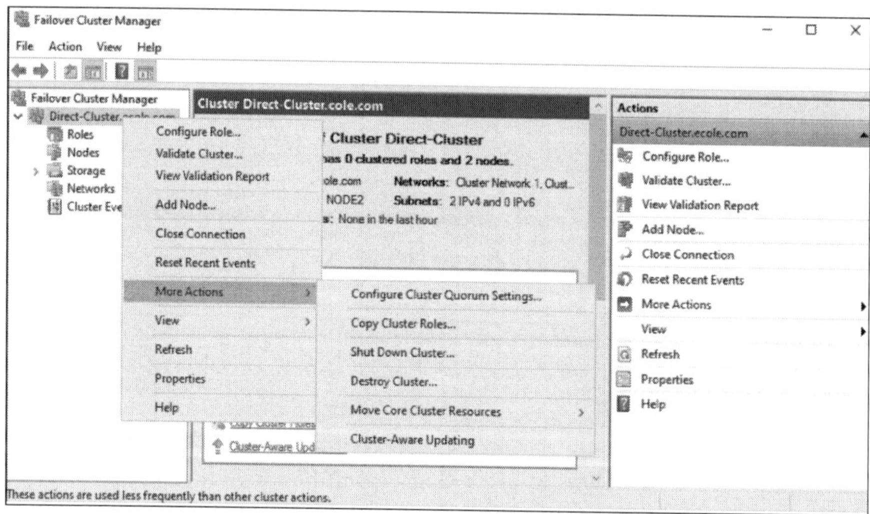

▶Seleccione **Select the quorum witness**.

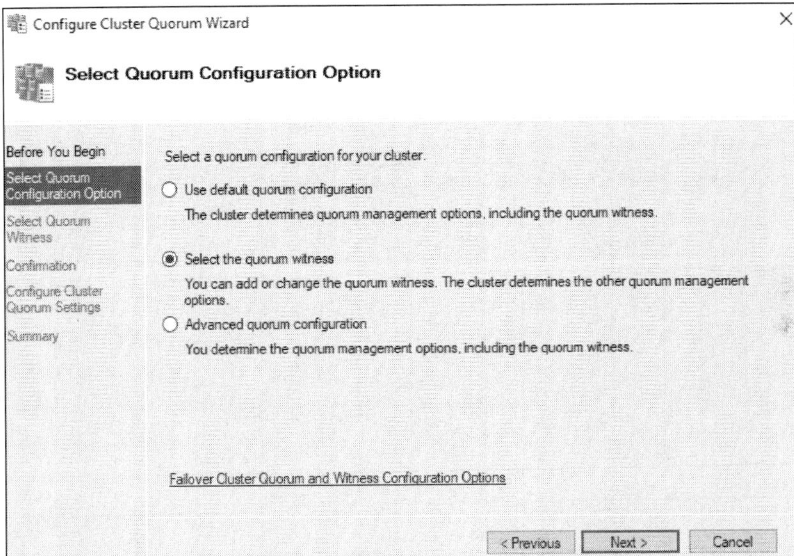

▶Seleccione la opción **Configure a file share witness**.

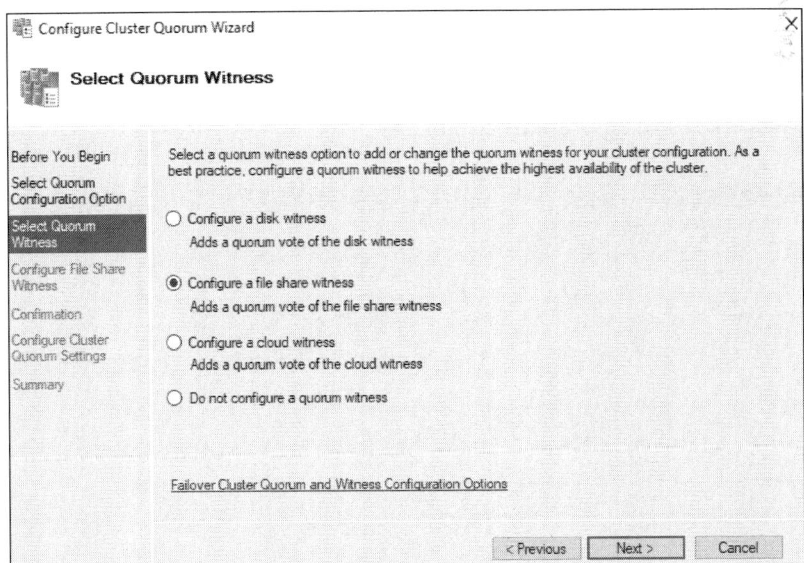

▶ A continuación, introduzca la ruta de acceso al recurso compartido.

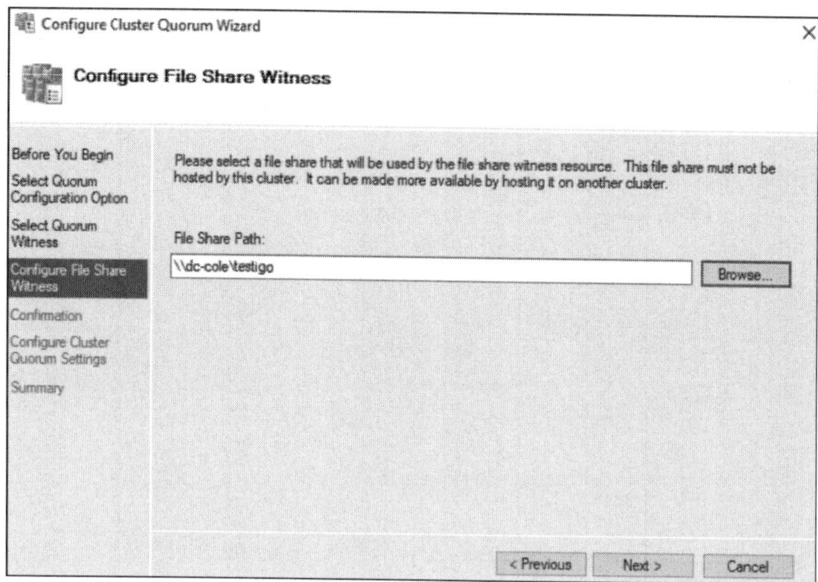

Observación

Recuerde que los dos nodos y los administradores del dominio tienen pleno control sobre los permisos de uso compartido.

▶ En las páginas de resumen e informe, confirme.

6.5 Creación de espacios de almacenamiento directo

Ahora que nuestro clúster está en su lugar, podemos crear el espacio de almacenamiento directo.

▶ Comience por habilitar la funcionalidad, que también creará un pool de almacenamiento para el clúster, con los discos que están desconectados. Para ello, utilice el comando :

```
Enable-ClusterStorageSpacesDirect `
-CimSession Direct-Cluster `
-CacheState Disabled
```

▶ Desactiva la caché porque no tiene ningún disco capaz de implementar esta funcionalidad. Se le pedirá confirmación, así que diga sí a todo.

Si accede a la interfaz gráfica, podrá ver el pool de almacenamiento del clúster.

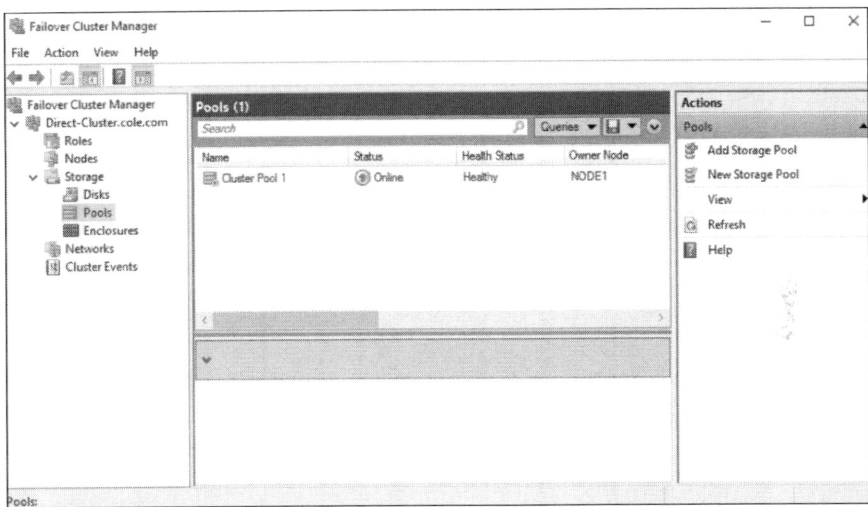

Sólo queda un último comando por ejecutar. Esto creará el volumen, le dará formato y añadirá un CSV para compartir el volumen a nivel de clúster.

```
New-Volume `
-CimSession Direct-Cluster `
-FriendlyName Direct-Volume `
-StoragePoolFriendlyName S2D* `
-FileSystem CSVFS_ReFS `
-Size 100GB
```

Designamos el pool de almacenamiento en el que se creará el volumen como "S2D*" ya que, por defecto, el nombre de los pools de almacenamiento en storage space direct siempre empieza por "S2D". También podemos ver los sistemas de archivos CSVFS y ReFS.

Si vamos a la consola de gestión del clúster, efectivamente el disco ha sido creado mediante un CSV. También podemos ver que se trata de un volumen en espejo.

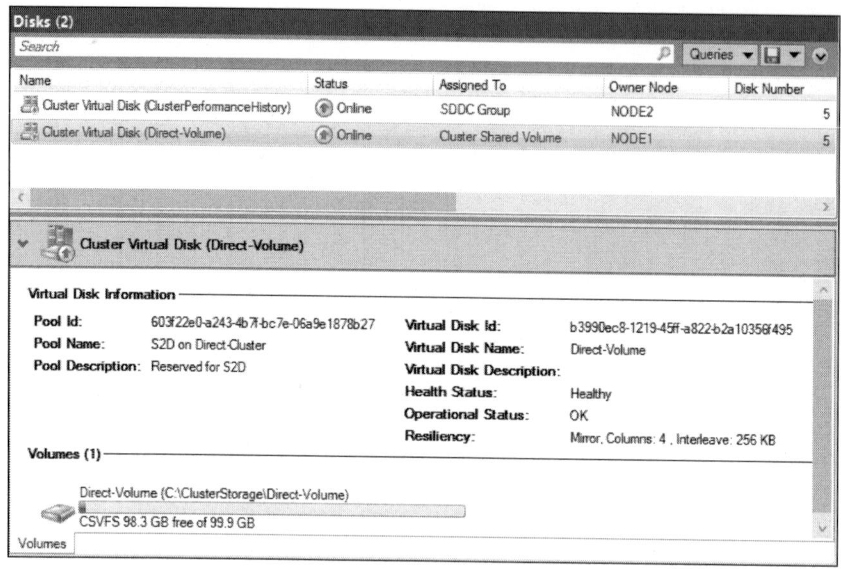

Y, como en los trabajos prácticos anteriores, el volumen es accesible a través de un recurso compartido CSV en los nodos del clúster.

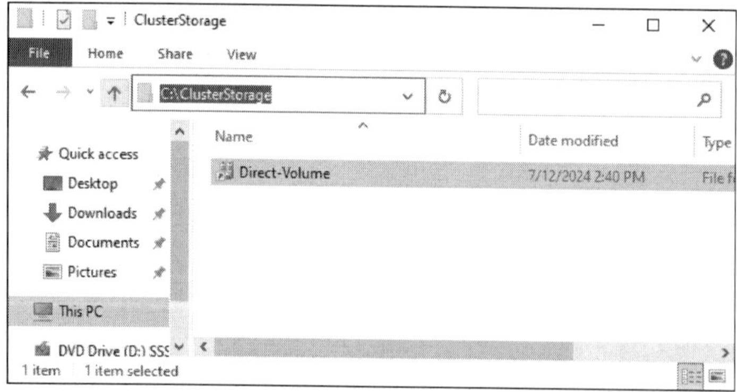

Por lo tanto, tenemos discos locales en los nodos del clúster, que son compartidos y accesibles como el almacenamiento SAN.

▶ Para validar toda la configuración que ha realizado, cree una máquina virtual desde el clúster manager, almacenando sus archivos y disco en el volumen Storage Space Direct.

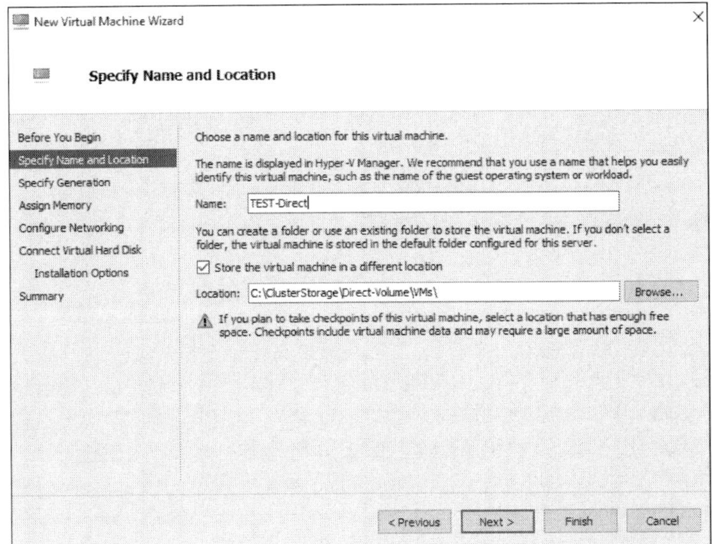

▶Encienda la máquina virtual; funciona correctamente.

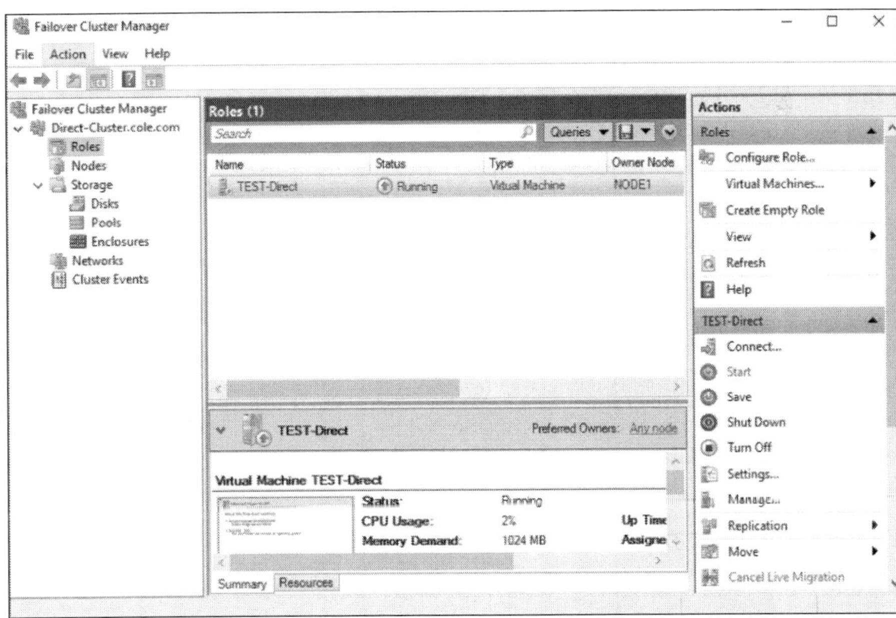

Sin embargo, aún tendríamos que configurar Hyper-V para los conmutadores, las ubicaciones predeterminadas, los servicios de integración, etc., así como la configuración del clúster: por ejemplo, qué nodo prefiere la máquina virtual, la configuración de conmutación por error, etc. Pero desde el punto de vista del "espacio de almacenamiento directo" y la agrupación en clústeres, todo es funcional.

7. Balanceo de la carga de la red

7.1 Introducción

El balanceo de carga de red se lleva a cabo en Windows Server utilizando un tipo de clúster diferente de los clústeres de conmutación por error. En estos clústeres de balanceo de red, los servidores se denominan hosts.

El balanceo de carga de red es una característica de Windows Server, no un rol. Es una característica bastante antigua que ha evolucionado poco. Microsoft a menudo se refiere a ella por el acrónimo NLB (*Network Load Balancer*). Se puede gestionar utilizando una consola o PowerShell.

Si un host se cae, el balanceo de carga tiene lugar entre los hosts restantes y, cuando vuelve a estar disponible, se reincorpora al clúster de equilibrio de carga, se carga automáticamente y asume su parte del tráfico. La redistribución y el reequilibrio tardan un máximo de 10 segundos.

Se puede añadir un máximo de 32 hosts al clúster y los hosts se pueden añadir o eliminar de forma transparente. Los hosts deben tener configuraciones IP estáticas; el balanceo de red desactiva el protocolo DHCP en las tarjetas de red para las que está configurado.

Microsoft recomienda tener al menos dos tarjetas de red por host, una para la red de gestión y otra para el acceso de clientes. Es en las tarjetas de acceso a la red cliente, donde debe tener lugar el balanceo de carga. Es más, algunos modos de balanceo de carga requieren dos tarjetas de red.

La forma en que el clúster equilibra la carga se definirá mediante reglas denominadas "filtros" en la terminología de Microsoft.

Existe otro tipo de balanceo de carga de red en Windows Server, el *Software Load Balancer*. Está especializado en el equilibrio en redes virtuales y en la gestión del tráfico de las máquinas virtuales.

7.2 Preparación del trabajo práctico

Para implementar el balanceo de carga, vamos a utilizar dos servidores con el servidor web IIS instalado y un controlador de dominio. El rol de servidor web sólo se utilizará para comprobar que el balanceo de carga funciona.

Los dos servidores IIS tendrán dos tarjetas de red:

- HOTE1 192.168.108.101/24 y 10.10.10.101/24
- HOTE2 192.168.108.102/24 y 10.10.10.102/24

El controlador de dominio para el dominio cole.com será 192.168.108.200/24. Todas las máquinas están en el dominio.

La red 192.168.108.0/24 será nuestra red de acceso al cliente y, por lo tanto, es en esta red donde se configurará el balanceo de carga.

Si los hosts del clúster son máquinas virtuales Hyper-V, la suplantación de direcciones MAC debe estar activada en las tarjetas de red de estas máquinas virtuales.

7.3 Implementación del balanceo de la carga

7.3.1 Instalación de roles y características

- Comience por instalar la característica de balanceo de carga y sus herramientas de gestión, así como el rol de servidor web IIS en ambos hosts. Para ello, utilice PowerShell:

```
Invoke-Command HOST1,HOST2 {
Install-WindowsFeature -Name NLB,RSAT-NLB,Web-Server
}
```

- A continuación, en uno de los hosts, vaya a **Server Manager - Tools - Network Load Balancing Clusters**.

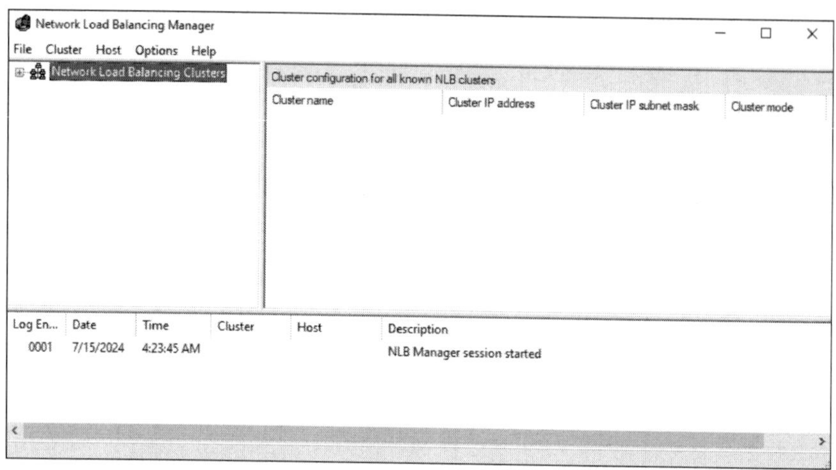

7.3.2 Crear y configurar un clústeres

▶ Vaya al menú **Cluster** y seleccione **New**.

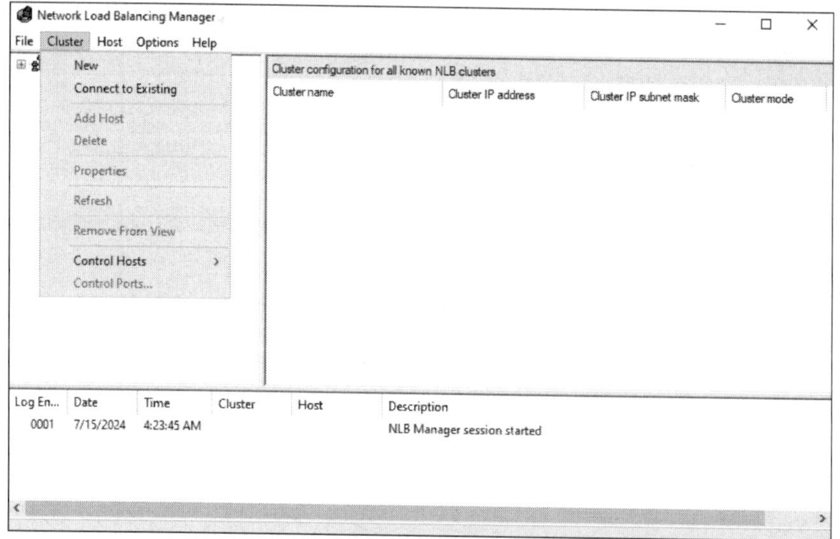

▶En la ventana que se abre, introduzca el nombre de un host y haga clic en **Connect**; las tarjetas de red de la máquina aparecerán en la parte inferior de la ventana. A continuación, seleccione la tarjeta de red que se utilizará para el equilibrio de carga, es decir, la tarjeta de la red de acceso del cliente.

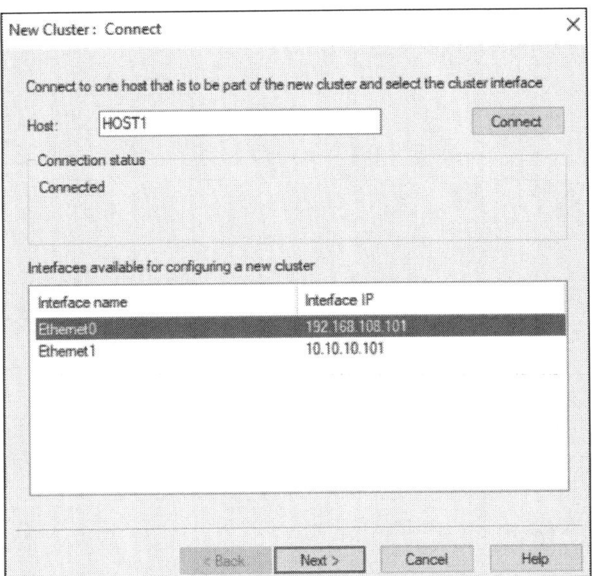

La siguiente ventana da acceso a varios parámetros:

- **Prioridad**: determina el identificador único de la máquina en el clúster. También se utiliza para definir el host por defecto. La máquina con la prioridad más baja es el host por defecto. Esta es la máquina a la que se enviará el tráfico que no figure en los filtros de balanceo.
- **Estado inicial**: define el estado en el que se encuentra la máquina en el clúster: arrancada, suspendida o parada. Podemos querer parar una máquina sin sacarla del clúster, por ejemplo, por razones de mantenimiento. Existe la opción de mantener el estado suspendido tras un reinicio del host, para realizar pruebas antes de volver a ponerlo en estado activo en el clúster.

▶Dar a la máquina prioridad 1 y estado **Started**.

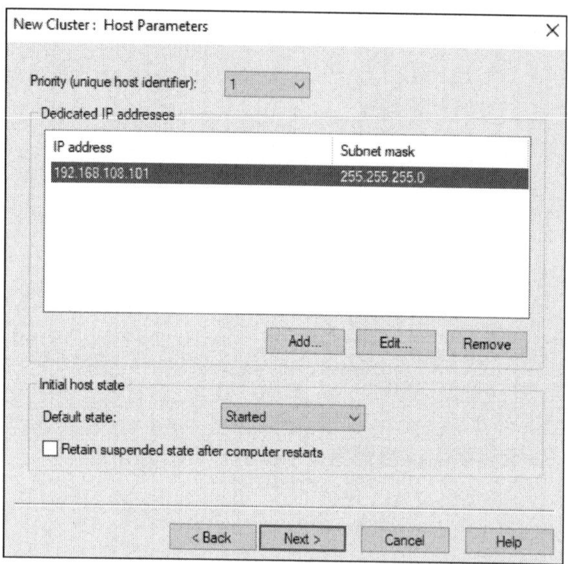

▶ A continuación, defina la dirección IP única del clúster. Esta es la dirección que utilizarán los clientes para acceder al servicio. Haga clic en **Add**.

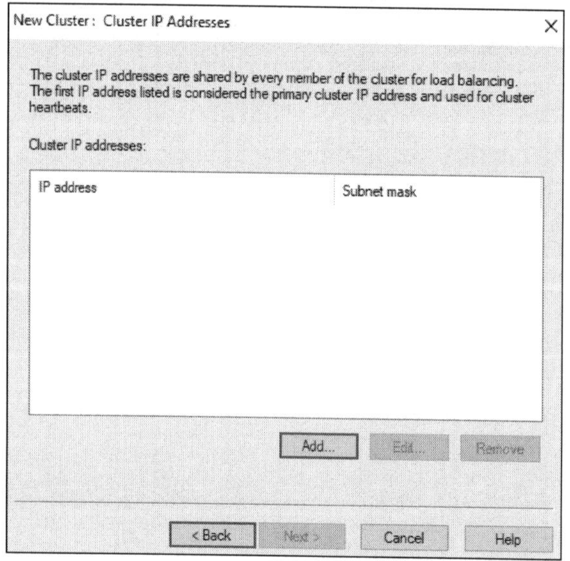

▶ Defina la IP y la máscara y, aunque es posible, no hará IPv6 en este ejemplo.

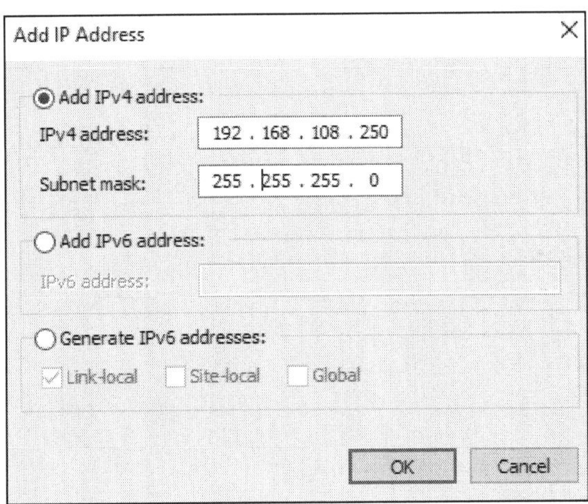

La siguiente ventana contiene una serie de ajustes:

- **Full Internet name**: este parámetro tiene un nombre engañoso. En realidad, es solo una descripción.
- **Cluster operation mode**: aquí hay tres configuraciones posibles.
  - Unicast: requiere dos tarjetas de red y ninguna configuración adicional por parte de los dispositivos de red a los que está conectado el clúster. Este modo generará mucho tráfico en la red corporativa.
  - Multicast: sólo necesita una tarjeta de red, pero requiere ajustes adicionales en los dispositivos de red de su infraestructura. También genera mucho tráfico en la red corporativa.
  - IGMP multicast: sólo necesita una tarjeta de red para funcionar, pero requiere mucha configuración adicional en la infraestructura física de la red.
- **Cluster IP configuration**: también podemos elegir la dirección IP del clúster si se han configurado varias y podemos ver la dirección MAC del clúster. Esta dirección MAC sustituirá a las de los hosts del clúster.

▶ Introduzca una descripción y elija el modo **Unicast**.

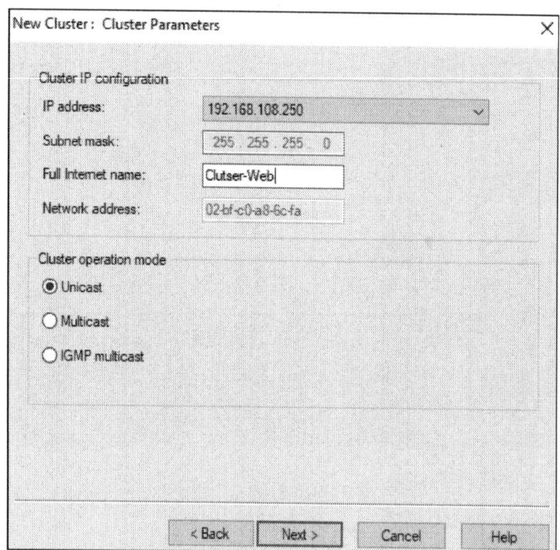

▶ A continuación, se configuran las reglas de filtrado del clúster, que permiten gestionar el comportamiento del clúster en función de los puertos de red utilizados por los clientes para conectarse. Existe una regla por defecto que puede editar. Seleccione la regla y haga clic en **Edit**.

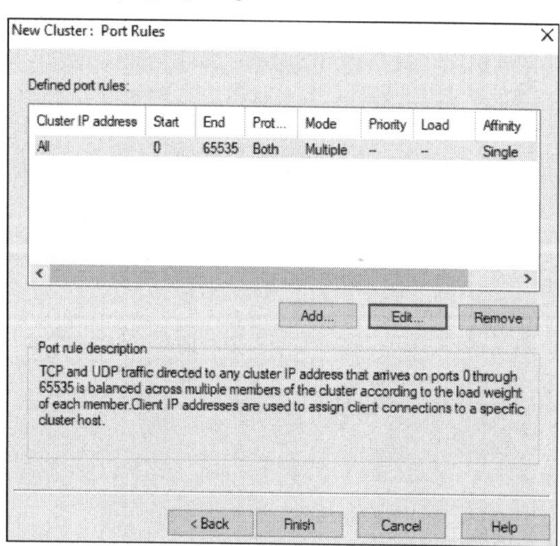

En la nueva ventana, podemos elegir a qué dirección IP del clúster se aplica este filtro. Sólo tenemos una; podemos dejar esta configuración por defecto. A continuación, podemos definir el puerto o puertos a los que se aplica el filtro.

A continuación, viene la configuración del modo de filtrado. Vamos a habilitar la conexión a múltiples hosts y acceder a la configuración de afinidad.

- None: no hay afinidad con ningún host del clúster, las peticiones de conexión se distribuirán entre los nodos.
- Single: las solicitudes de conexión de un host, basadas en su dirección IP, se distribuirán siempre al mismo host.
- Network: las solicitudes de conexión se distribuirán entre los hosts en función de su subred IP original.

También es posible redirigir siempre todas las peticiones de un puerto de red al mismo host, y desactivar un puerto y, por tanto, no dejar que los clientes se conecten a un puerto.

▶Seleccione el puerto **80** en **TCP**, con filtrado a múltiples hosts y sin afinidad.

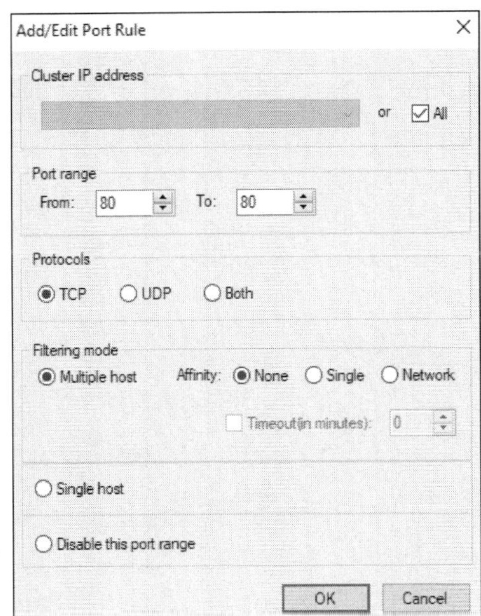

▶ Añada otras dos reglas para bloquear los otros puertos. Haga clic en **Add**.

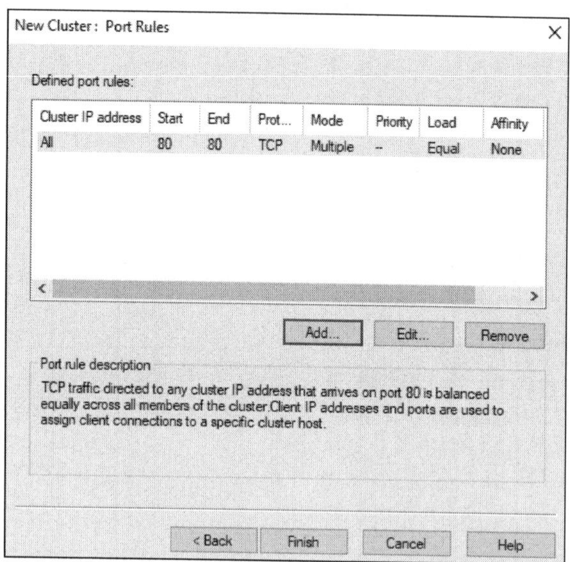

La primera de las dos reglas desactivará los puertos del **0** al **79**, en TCP y UDP.

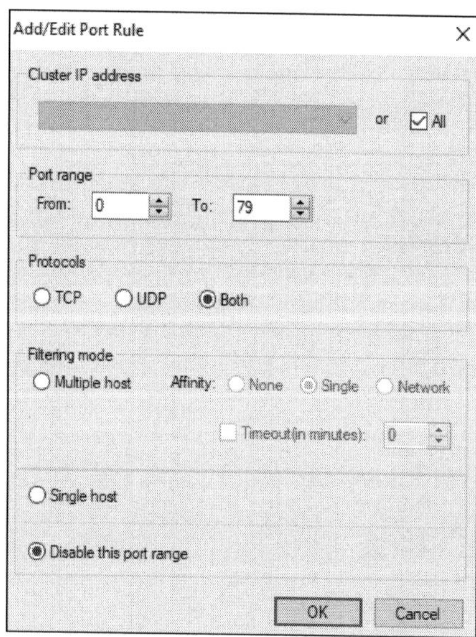

- Añada una regla para desactivar los puertos del **81** al **65535**.

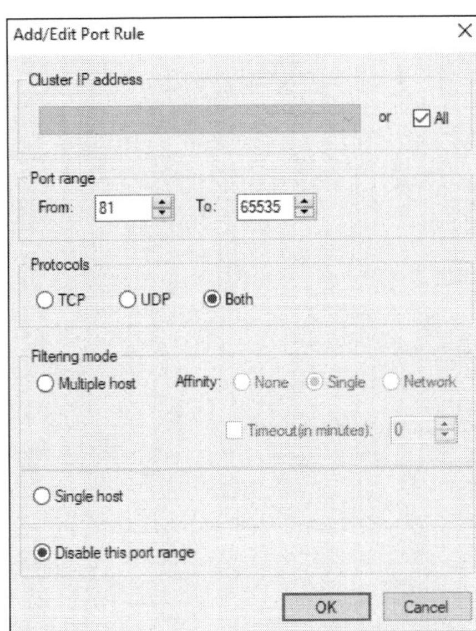

- Una vez creadas las tres reglas, sólo el puerto **80** en **TCP** estará autorizado a conectarse al clúster. Haga clic en **Finish**.

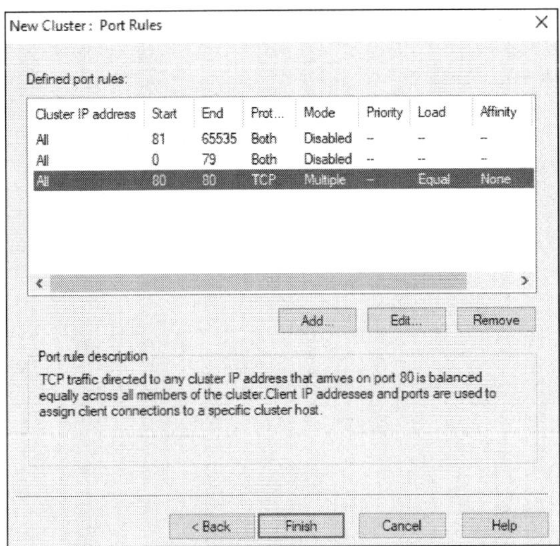

El clúster está creado y añadir el host tardará unos segundos.

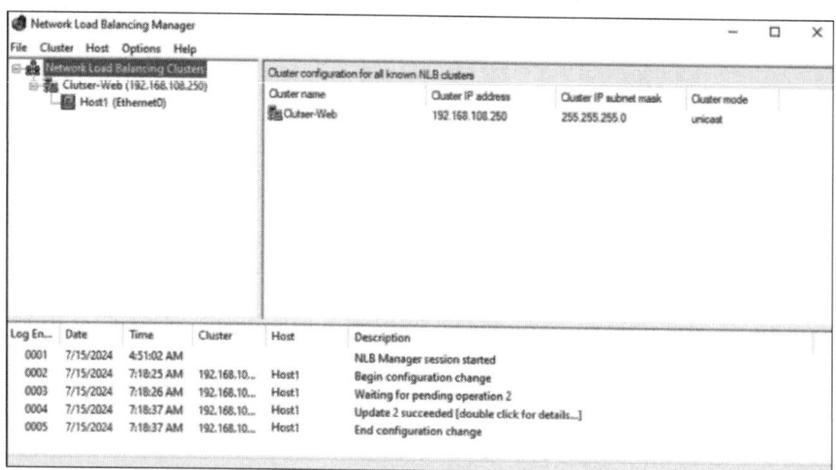

7.3.3 Añadir un host al clúster

Ahora tenemos que añadir el otro servidor al clúster.

▶ Haga clic con el botón derecho del ratón en el clúster y seleccione **Add Host To Cluster** en el menú desplegable.

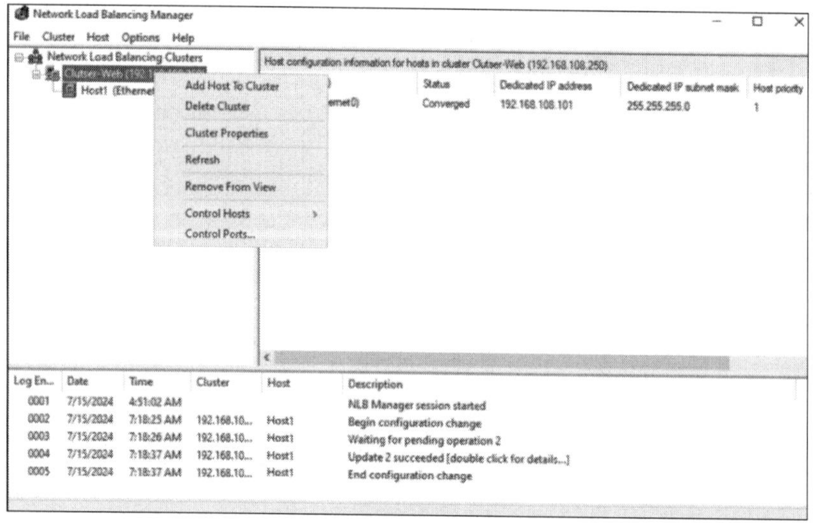

- A continuación, introduzca de nuevo el nombre de un host y haga clic en **Connect**. Las tarjetas de red de la máquina aparecerán en la parte inferior de la ventana. A continuación, seleccione la tarjeta de red que se utilizará para el balanceo de carga, es decir, la tarjeta que se encuentra en la red de acceso del cliente.

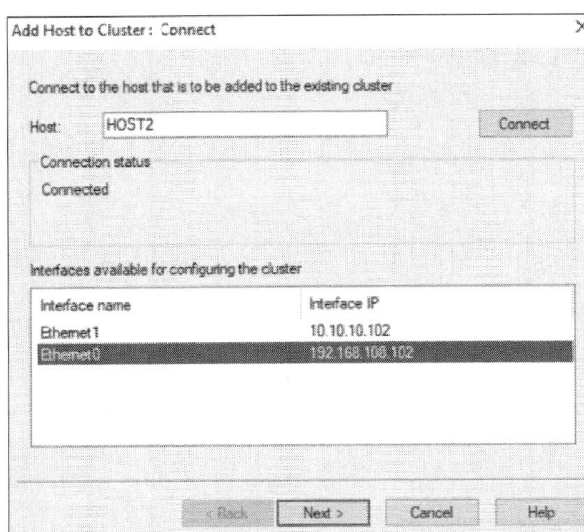

- En la siguiente ventana, deje la configuración por defecto. Puede ver que este host tendrá el identificador y la prioridad 2. Los identificadores y prioridades ya asignados ya no están en la lista de disponibles.

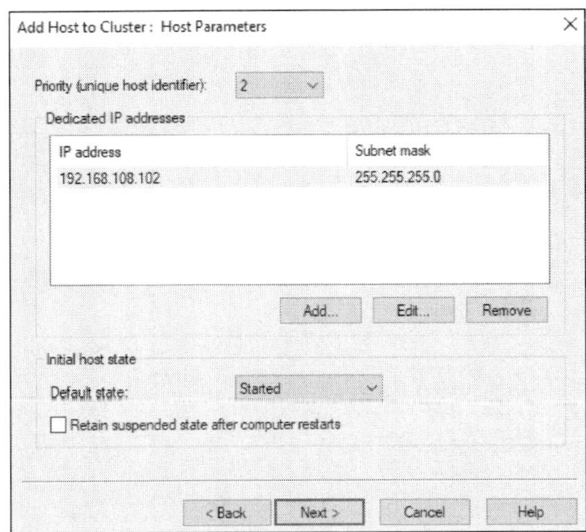

▶No modifique las reglas de filtrado, haga clic en **Finish**.

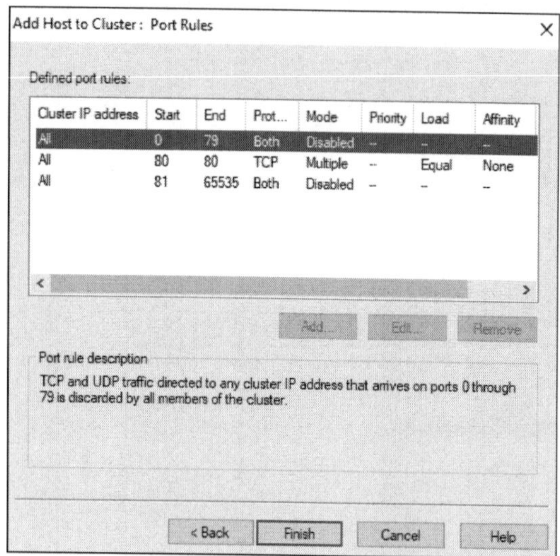

Al igual que con el primer host, la adición tardará unos segundos. A continuación, podemos ver el clúster completo con los dos hosts.

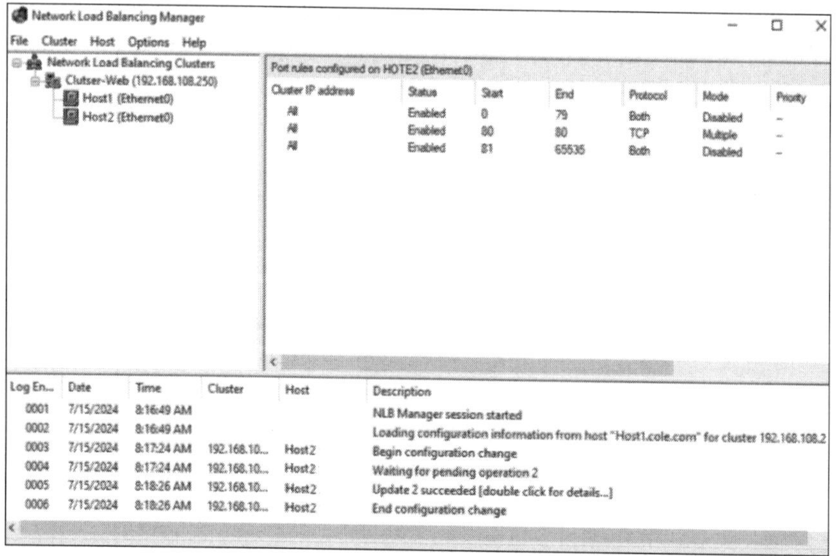

7.3.4 Comprobar el funcionamiento del clúster

Desde el controlador de dominio, puede mostrar la página IIS predeterminada conectándose a la dirección del clúster.

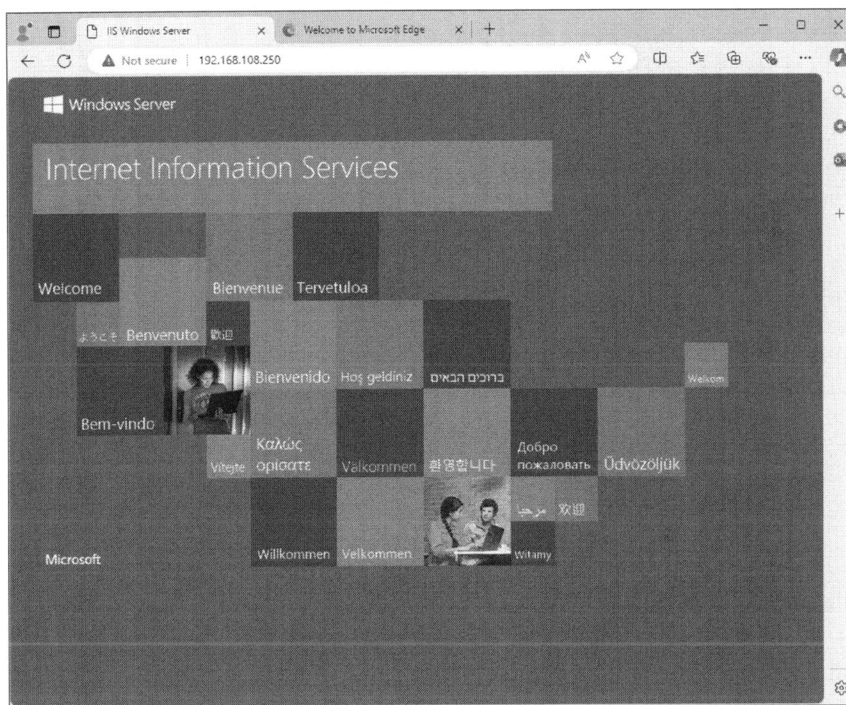

Para resaltar el balanceo de carga, vamos a personalizar las páginas de inicio de IIS con el siguiente comando, que escribirá los nombres de las máquinas acompañados de un pequeño mensaje en sus respectivas páginas. No olvide utilizar ventanas de navegación privadas durante sus pruebas.

```
Invoke-Command Host1.Host2 {
"RESPONDE <b>$env:COMPUTERNAME</b>." `
> C:\inetpub\wwwroot\iisstart.htm
}
```

Desde el controlador de dominio, con la configuración establecida, deberíamos ver que los dos hosts se alternan.

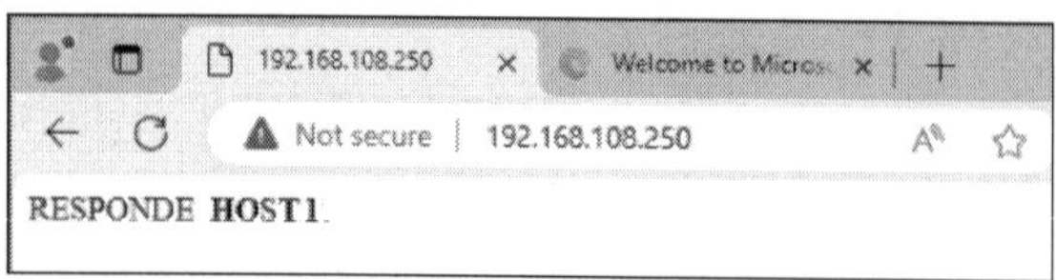

8. Clúster extendidos

Los clústeres extendidos, también conocidos como *stretch clusters*, son clústeres de conmutación por error que abarcan varios sitios geográficos remotos y pueden conmutar por error de un sitio geográfico a otro. Es difícil demostrar aquí la creación de clústeres extendidos, dados los recursos físicos necesarios, pero repasaremos los conceptos principales.

8.1 Presentación y conceptos básicos

En un clúster extendido, la conmutación por error de los nodos tendrá lugar dentro del mismo sitio, y si todos los nodos de un sitio se caen, las cargas de trabajo pasarán a los nodos del otro sitio. En un clúster extendido, los nodos de ambos sitios pueden estar activos al mismo tiempo.

Es posible crear clústeres extendidos con un mínimo de dos servidores, uno por sitio. En este caso, la conmutación por error en el mismo sitio no será posible. Podemos poner un máximo de 64 servidores en un clúster extendido.

Esto implica la replicación de almacenamiento de un sitio a otro, que es proporcionada por la funcionalidad de réplica de almacenamiento que vimos en el capítulo El almacenamiento de este libro.

La réplica de almacenamiento en un clúster extendido soporta sincronización síncrona y asíncrona. Este es el único caso en el que la conmutación por error del almacenamiento será automática, ya que ambos almacenamientos son miembros del mismo clúster. Cada sitio sólo tendrá acceso a su propio almacenamiento, lo que se conoce como almacenamiento asimétrico.

Como recordatorio, la réplica de almacenamiento utiliza dos volúmenes: uno para los datos y otro para los registros. Cada sitio debe tener ambos volúmenes en su almacenamiento. El almacenamiento en cada sitio puede ser provisto usando cajas JBOD, almacenamiento iSCSI o cualquier tipo de almacenamiento SAN. Si sólo hay un servidor instalado en cada sitio, entonces el almacenamiento puede ser local a los servidores.

Los clústeres extendidos también funcionan con un quórum y un testigo, que puede ser un recurso compartido o un almacenamiento en la nube en Azure.

En términos de red, los sitios están, por supuesto, conectados mediante una conexión VPN, MPLS o cualquier otro tipo de conexión WAN. Si no están en la misma subred IP, se pueden asignar varias direcciones al clúster. Los miembros del clúster se deben poder comunicar entre sí, pero no con el almacenamiento del otro sitio.

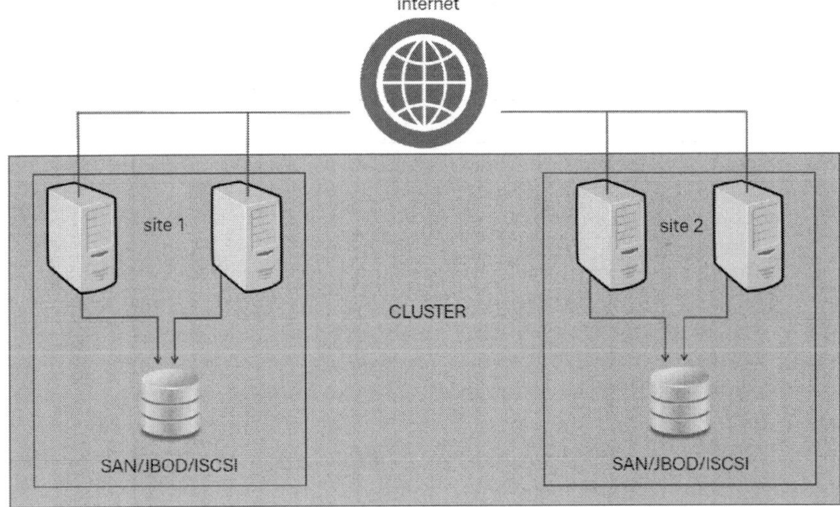

Windows Server 2022 aporta una serie de nuevas características a los clústeres extendidos, como tener en cuenta automáticamente los sitios Active Directory, si están implementados, a la hora de crear sitios del clúster. También hay reglas de afinidad para garantizar que las cargas de trabajo, como las máquinas virtuales, estén siempre juntas en el mismo nodo. Por último, existe la opción para utilizar cifrado en los intercambios SMB y compatibilidad con BitLocker.

8.2 Requisitos previos

- Todos los nodos del clúster deben estar en el mismo dominio de Active Directory.
- Los nodos del clúster se deben instalar con Windows Server Datacenter Edition. Windows Server Standard Edition se puede utilizar a partir de Server 2019, pero limita la replicación de almacenamiento a un único volumen de hasta 2 TB.
- El almacenamiento físico debe tener el mismo tamaño de sector en todos los discos de datos y en todos los discos de registro.
- Los discos de registro deben tener un tamaño mínimo de 9 G0.
- Los dispositivos de red deben permitir el paso de ICMP, SMB (puerto 445) SMB direct (puerto 5445) y WS-MAN (puerto 5985) entre todos los nodos del clúster.

8.3 Azure Stack HCI

Windows Server 2022 introduce una nueva forma de implementar clústeres extendidos, con Azure Stack HCI.

Azure Stack HCI es un sistema operativo diseñado específicamente para arquitecturas hiperconvergentes y clústeres extendidos. Microsoft requiere un mínimo de 32 GB de RAM para instalar Azure Stack HCI.

Azure Stack HCI se puede utilizar para desplegar el plan de control de Azure en clústeres locales y, en particular, el Azure Resource Manager, con el que podemos gestionar servidores y clústeres.

Azure Stack HCI se gestiona mediante el software de gestión de Microsoft denominado Windows Admin Center, que permite gestionar los recursos locales y en la nube desde la misma interfaz. Examinaremos el Windows Admin Center en el próximo capítulo.

Por último, Azure Stack proporciona herramientas de supervisión para todos los clústeres y sus recursos a través del agente Azure ARC.

A diferencia de los clústeres stretch implementados con Windows Server, que utilizan replicación de almacenamiento, los clústeres Azure Stack utilizan espacios de almacenamiento directo, la solución de almacenamiento hiperconvergente de Microsoft.

Capítulo 7
Windows Server y Azure

1. Introducción

1.1 Caso de uso

Si utiliza una arquitectura local combinada con servicios en la nube, está hablando de una arquitectura híbrida. A lo largo de los años, Microsoft ha desarrollado muchas herramientas para implantar y gestionar estas arquitecturas híbridas. Obviamente, esto requiere conexiones seguras entre la empresa y la nube y aquí también hay una variedad de herramientas disponibles.

Ante todo, una arquitectura híbrida permite ampliar su infraestructura a la nube, lo que abre un sinfín de posibilidades, entre ellas:

- gestionar los picos de actividad desplegando rápidamente recursos adicionales en la nube de Azure,
- implantar soluciones de copia de seguridad para elementos críticos de la infraestructura de la empresa, como controladores de dominio o servidores de archivos, que permitan una recuperación rápida,
- simplificar y proteger la gestión de la autenticación sincronizando las identidades entre Microsoft 365 y Active Directory,
- supervisar y proteger los elementos de la infraestructura local mediante Azure,
- crear entornos de prueba en la nube antes de implantar soluciones en la empresa,
- almacenar y analizar los datos generados por las herramientas in situ mediante las soluciones Azure.

1.2 Medios de conexión

Para garantizar una comunicación segura entre la red física de la empresa y las redes virtuales de Azure, conocidas como VNet, en las que se despliegan los recursos de la nube, podemos elegir entre varias herramientas:

- La pasarela Azure VPN, que establece una conexión VPN entre la nube y la empresa. Azure VPN puede gestionar conexiones a varios sitios físicos al mismo tiempo. También puede crear conexiones VPN entre diferentes cuentas de Azure.
- Azure Express Route permite establecer una conexión privada entre un punto de acceso PoP a la red Azure y la red corporativa. Esto se consigue solicitando a un ISP que ponga a disposición de la empresa una pequeña parte de su red física.
- Azure Virtual WAN es un servicio que reúne varias funciones de red, como VPN de sitio a sitio y de cliente a sitio, Express Route, conectividad entre varias Azure VNets, todo ello con funciones de enrutamiento, cifrado y cortafuegos de Azure.
- Azure Bastion es una función que le permite conectarse a máquinas virtuales Azure a través de un navegador web, de forma segura mediante HTTPS.

La red física privada de Microsoft es global y cubre muchas zonas geográficas, con puntos de entrada repartidos por todo el planeta. Una vez conectado a esta red, es posible enviar datos a grandes distancias sin salir de la red privada de Microsoft y, por tanto, sin utilizar Internet.

Por tanto, es posible ampliar la red privada de la empresa, por ejemplo, conectando sucursales entre sí y a redes virtuales Azure, sin utilizar Internet. Por supuesto, esto genera tráfico de red y costes de ancho de banda en la red privada de Microsoft.

1.3 Entra ID

Anteriormente conocido como Azure Active Directory, Entra ID es el servicio de directorio para Azure y Microsoft 365. Si el antiguo nombre resultaba confuso, este servicio de directorio tiene muy poco en común con Active Directory de Windows Server, aparte del hecho de que gestiona identidades.

Por lo tanto, las cuentas y grupos de usuarios y ordenadores se pueden sincronizar entre los dos directorios, junto con sus contraseñas, utilizando la herramienta proporcionada por Microsoft: Entra ID Connect. Los mismos identificadores se pueden utilizar para conectarse al ordenador de la oficina o a Azure. La sincronización sólo tiene lugar entre Active Directory y Entra ID.

Entra ID es la piedra angular de la seguridad en la nube de Microsoft, ya que permite características como el inicio de sesión único (SSO), el restablecimiento de contraseñas mediante autoservicio y el cambio de contraseñas de Active Directory desde Microsoft 365 (write-back).

Entra ID se basa en la noción de tenant, que es la cuenta creada en primer lugar cuando se crea la cuenta Azure. Al igual que con Active Directory, es posible crear una estructura de árbol a partir de este tenant, en la que se pueden asignar permisos de acceso y niveles de privilegio y aplicar directivas. Un tenant Entra ID puede estar asociado a varias suscripciones Azure y a una suscripción Microsoft 365 al mismo tiempo.

1.4 Herramientas de administración

1.4.1 Windows Admin Center

Windows Admin Center es una aplicación gratuita de Microsoft que se puede instalar localmente en una máquina de la empresa, a la que se conecta a través de un navegador web, y que se utiliza para gestionar los servidores físicos de la empresa, los recursos de Azure y los contenedores.

El Windows Admin Center utiliza un sistema de plug-ins para añadir funciones según el tipo de recurso que se vaya a gestionar. Para gestionar un servidor Windows, puede añadir plug-ins para Active Directory, DNS o DHCP.

El Windows Admin Center deberá estar conectado a la cuenta Azure de la empresa para poder incluir los recursos ubicados en la nube.

Aunque las ventajas de la gestión centralizada entre los recursos locales y en la nube son evidentes, el Windows Admin Center no ofrece el mismo nivel de gestión de Windows Server que la interfaz gráfica de usuario de Windows Server, sobre todo en lo que respecta a Active Directory.

Sin embargo, el Windows Admin Center se puede utilizar para enviar comandos PowerShell y conectarse al escritorio remoto de los equipos de la empresa.

1.4.2 Azure Arc

Azure Arc es un servicio centralizado de gestión de recursos de Microsoft, que se puede conectar a servidores in situ en la empresa, a máquinas ubicadas en espacio de colocación en centros de datos de terceros o a máquinas virtuales distribuidas por distintos proveedores de servicios en la nube.

Para ello, es necesario instalar un agente a través de PowerShell o del Windows Admin Center y, a continuación, podrá gestionar toda la infraestructura híbrida y multicloud desde la consola de administración de Azure.

Una vez instalado el agente, Azure Arc se puede utilizar para aplicar directivas de Azure a los servidores, supervisar las máquinas y utilizar la funcionalidad Azure Logs Analytics o Azure Monitor en las máquinas. También es posible proteger las máquinas en las que está instalado el agente de Azure Arc con Microsoft Defender para el Cloud.

Azure Arc es capaz de trabajar con entornos distintos de Windows y algunas de sus funciones son gratuitas, mientras que otras son de pago.

Desde la actualización de octubre de 2023, el administrador de servidores de Windows Server 2022 dispone de una función para gestionar la instalación del agente Azure Arc.

1.5 Cuentas Azure y Microsoft 365

Para poder practicar y realizar las operaciones descritas en este capítulo, necesitará **una cuenta de prueba gratuita de Azure**. Estas cuentas de prueba son válidas durante un mes y le dan un crédito que varía según el periodo, y que oscila entre 100 y 200 dólares para gastar en recursos Azure.

Deberá facilitar una dirección de correo electrónico y un número de tarjeta de crédito. No se cargará nada en ningún caso, ya que el paso de una cuenta gratuita a una de pago no es automático y no se puede realizar sin ninguna acción por su parte.

Para crear una cuenta de prueba de Azure, vaya a la siguiente dirección:
https://Azure.microsoft.com/es-es/free

Si quiere practicar la sincronización de directorios, también necesita **una cuenta de prueba de Microsoft 365**. En este caso también se necesitará una tarjeta bancaria, pero tenga en cuenta que **se debe desactivar antes de que finalice el mes de prueba**.

2. El trabajo práctico

El trabajo práctico que vamos a utilizar para implementar nuestra arquitectura híbrida, contendrá tres máquinas Windows Server 2022 y una máquina cliente Windows 10 u 11.

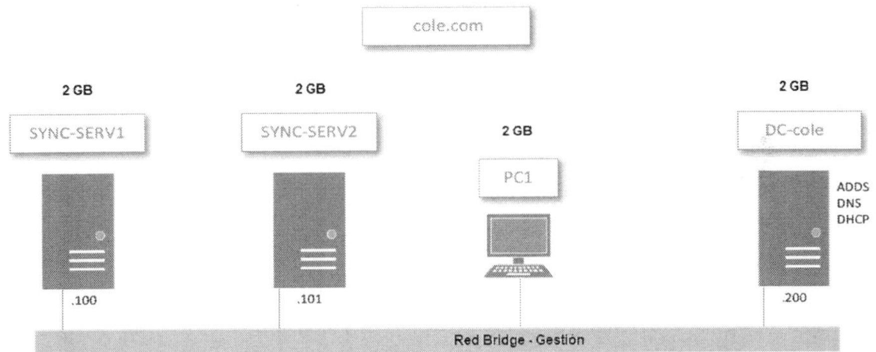

Tendremos un controlador de dominio, dos servidores que se utilizarán para sincronizar directorios y una máquina cliente de prueba. Todas las máquinas están en el dominio cole.com.

Las máquinas utilizadas para la sincronización no tienen ningún rol instalado.

3. Sincronización de directorios

3.1 Conceptos básicos

La sincronización de directorios entre un Active Directory local y Entra ID, el directorio de servicios en la nube de Microsoft, se consigue mediante una aplicación que se debe descargar e instalar en un servidor miembro del dominio.

Durante la primera sincronización, se sincronizará todo el bosque de Active Directory. A continuación, podrá elegir qué unidades organizativas del bosque local desea sincronizar.

La aplicación Entra ID Connect no sólo garantizará la sincronización de los objetos locales de Active Directory, sino que también participará en el procesamiento de la autenticación cuando se conecte a los servicios en la nube de Microsoft 365.

Existen varios tipos de sincronización, que se pueden configurar en la aplicación Entra ID Connect:

- PHS (*Password Hash Synchronization*). Se envía un hash de la contraseña del usuario Active Directory y se almacena en Entra ID. Este es el modo de sincronización por defecto. Con la sincronización PHS, es Entra ID el que realiza la identificación cuando se conecta a los servicios en la nube de Microsoft. Esto garantiza el acceso a los servicios en la nube incluso si falla la infraestructura local. Este es el modo de sincronización recomendado por Microsoft.
- PTA (*Pass-Through Authentication*). Este modo de sincronización se debe configurar después de la sincronización inicial. Con la sincronización PTA, las solicitudes de conexión a los servicios en la nube se devuelven a Active Directory. Es posible dejar la sincronización PHS al mismo tiempo que la sincronización PTA, que se utilizará en caso de fallo de la infraestructura local.
- ADFS (*Active Directory Federation Services*). Este modo de sincronización se basa en un rol de Windows Server: ADFS. Además del servidor de sincronización y del controlador de dominio, deberá añadir un servidor que implemente ADFS. También necesitará un servidor que tenga instalado el rol de proxy web. En este escenario, Active Directory es el que realiza la autenticación. La contribución del servidor de federación es centralizar las solicitudes de autenticación, incluso para las aplicaciones que no son de Microsoft. En este punto, las solicitudes de conexión a Microsoft 365, así como a aplicaciones de terceros, pasan por el portal del servidor proxy. ADFS también admite la sincronización PHS como respaldo en caso de fallo.

Todos los tipos de sincronización admiten la autenticación multifactor para aplicaciones en la nube. Solo ADFS admite la autenticación multifactor para aplicaciones locales.

Cabe señalar que los usuarios sincronizados en Entra ID desde Active Directory no tendrán una licencia de Microsoft 365 asignada a ellos; esto se tendrá que hacer en una fecha posterior y, por supuesto, puede ser programado usando PowerShell.

3.2 Dominios Microsoft 365 y Active Directory

Cuando adquiere una suscripción a Microsoft 365 o Azure, la primera cuenta que se crea es el tenant. Es miembro de un dominio predeterminado que termina en "onmicrosoft.com", por ejemplo, cole.onmicrosoft.com.

A continuación, debemos personalizar el nombre de dominio. Para ello, necesitamos tener un dominio público comprado en Internet, por ejemplo "cole.es". No vamos a entrar en detalles sobre este procedimiento aquí, ya que está fuera del alcance del libro, que es Windows Server. Es posible poseer y añadir varios dominios públicos a Microsoft 365.

Una vez añadido el dominio público a Microsoft 365, no se corresponde necesariamente con el dominio del bosque de Active Directory. Podemos crear un nombre de dominio adicional en Active Directory y utilizarlo para los usuarios locales, de forma que tengan el mismo inicio de sesión en su PC y en Microsoft 365.

Lo que vamos a crear es un **nuevo sufijo UPN** (*User Principal Name*) que corresponde a la última parte de un identificador como laura@cole.com, donde "cole.com" es el sufijo UPN.

En nuestro ejemplo, queremos añadir un nuevo sufijo "cole.fr" para que nuestros usuarios se puedan conectar con el mismo inicio de sesión a su PC y a Microsoft 365.

Para añadir un sufijo UPN, tenemos que ir al menú **start - administration tools**. A continuación, abra **Active Directory Domains and Trusts**.

- En la consola, haga clic con el botón derecho del ratón en **Active Directory Domains and Trusts**. Seleccione **Properties** en el menú desplegable.

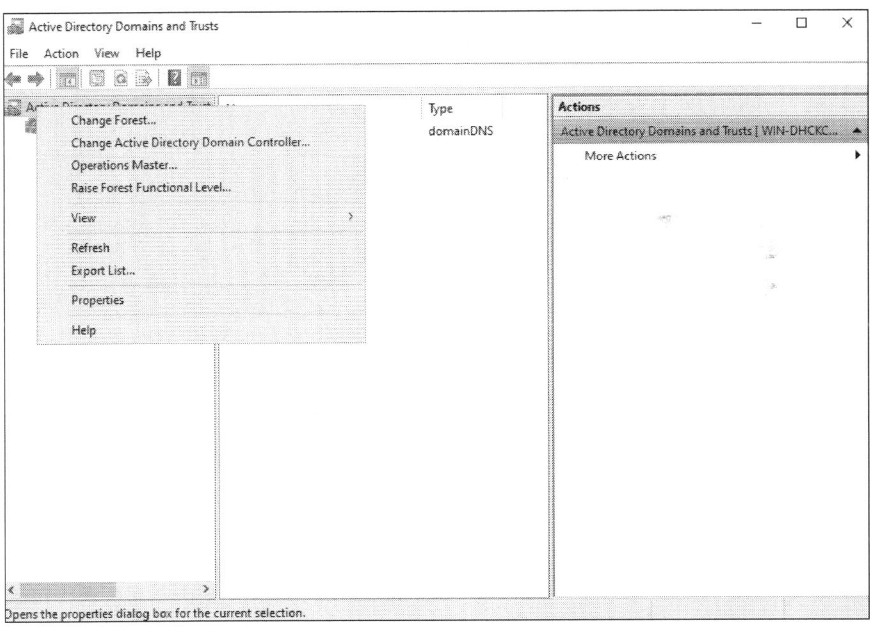

▶Introduzca el nuevo sufijo UPN y haga clic en **Add**. A continuación, haga clic en **Apply**.

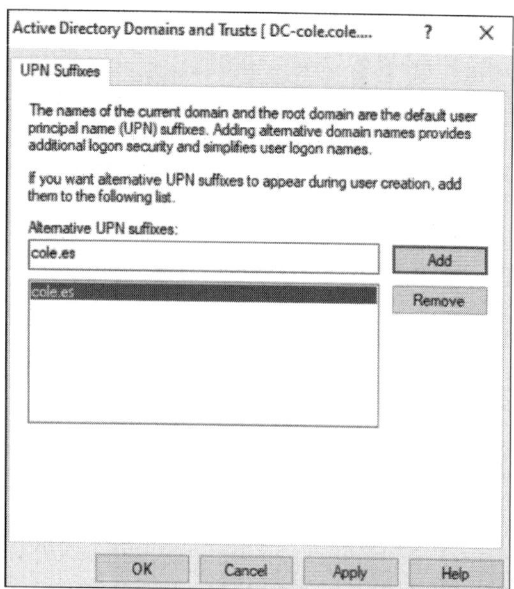

Cuando se crea un nuevo usuario, el nuevo UPN estará disponible.

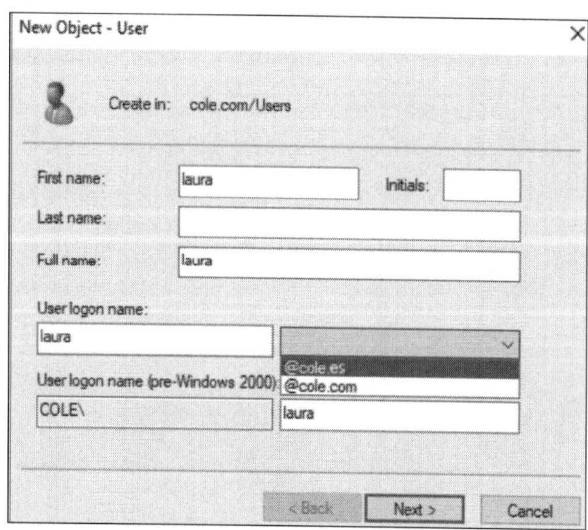

También puede cambiar el UPN de un usuario existente en la pestaña **Account** de su perfil de Active Directory.

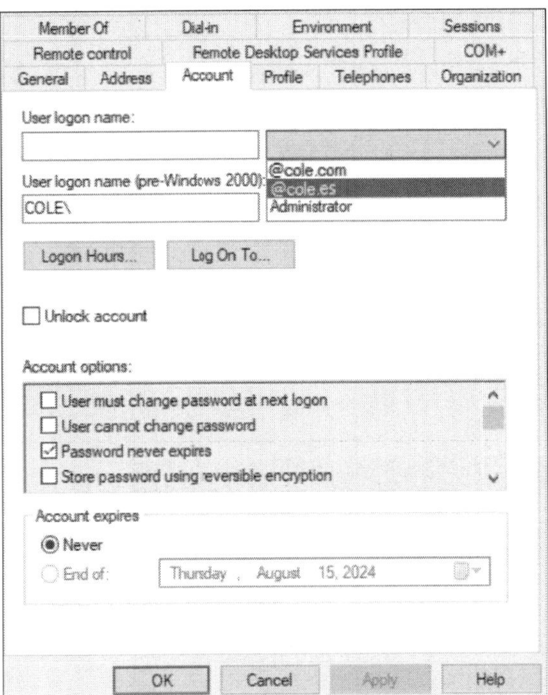

Por último, utilizando PowerShell, es posible cambiar todos los UPN de los usuarios existentes que tienen el UPN local.

El primer comando pondrá en una variable todos los usuarios que tienen el UPN inicial para el bosque:

```
$Users = Get-ADUser `
-Filter "UserPrincipalName -like '*cole.com'" `
-Properties userprincipalname `
-ResultSetSize $null
```

A continuación, un segundo comando cambiará los sufijos UPN al nuevo sufijo. Puede sustituir el UPN inicial por "*" para cambiar todos los UPN.

```
$users | foreach {
$newupn = $_.UserPrincipalName.Replace("@cole.com","@cole.es"); $_ |
Set-ADUser -UserPrincipalName $newupn
}
```

3.3 Preparación de Active Directory

3.3.1 Papelera de reciclaje de Active Directory

Si la sincronización de Active Directory con Entra ID puede funcionar sin ella, se recomienda encarecidamente activar la papelera de reciclaje de Active Directory antes de la sincronización.

La sincronización puede generar errores y borrar objetos. Además, si un objeto se elimina de Active Directory antes de la sincronización, también se eliminará de Entra ID.

Si la papelera de reciclaje está activada, serán fáciles de recuperar, ya sea después de una sincronización que haya generado errores o para recuperar objetos borrados antes de la sincronización.

▶ Para activar la papelera de reciclaje de Active Directory, vaya al administrador del servidor, luego a **Tools** y seleccione **Active Directory Administrative Center**.

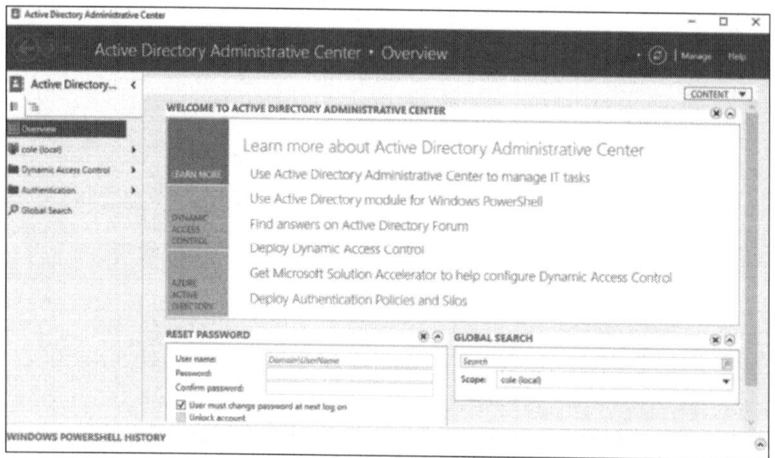

▶ Seleccione la raíz del bosque y, en la columna de la derecha, haga clic en **Enable Recycle Bin**.

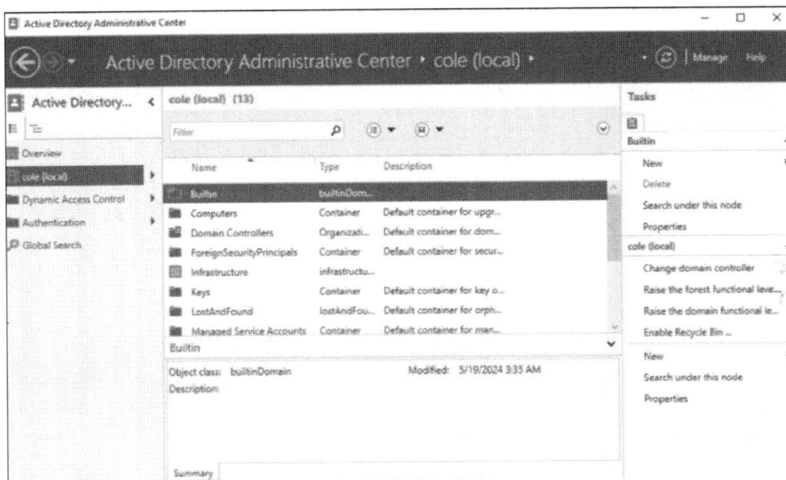

A continuación, aparecerá una advertencia informándole de que esta acción es irreversible.

Una vez activada, la papelera de reciclaje aparece en la ventana tras una actualización.

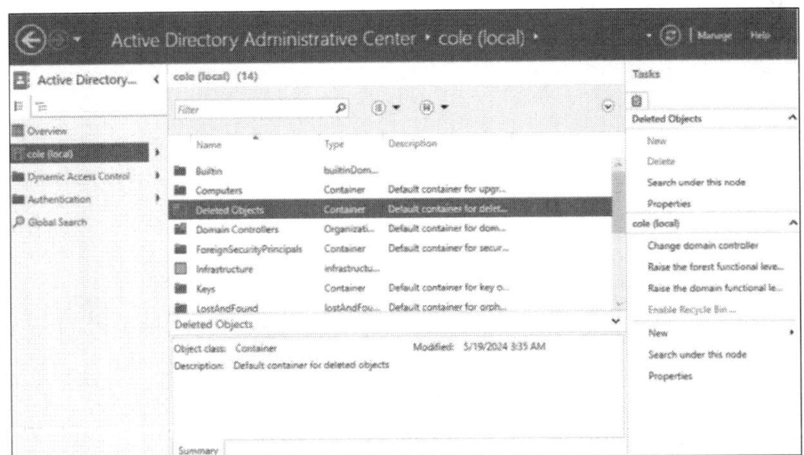

3.3.2 Limpieza del directorio Active Directory

Antes de realizar la sincronización inicial, conviene limpiar Active Directory para no sincronizar objetos inútiles, como cuentas inactivas.

Se puede utilizar un comando PowerShell para listar las cuentas que no se han utilizado durante algún tiempo, se han desactivado o han caducado:

```
Buscar-ADAccount
```

A continuación, se muestra un ejemplo que busca cuentas de usuario que han estado inactivas durante 180 días:

```
Search-ADAccount `
-AccountInactive `
-UsersOnly `
-TimeSpan 180
```

Otro ejemplo que busca cuentas de ordenador deshabilitadas:

```
Search-ADAccount `
-AccountDisabled `
-ComputersOnly
```

3.3.3 Utilidad IDfix

Existe una utilidad creada por Microsoft llamada IDfix, que se puede descargar de https://github.com/Microsoft/idfix.

IDfix genera un informe que enumera los objetos de Active Directory que pueden causar problemas durante la sincronización. Entonces, será necesario intervenir manualmente para resolver estos problemas antes de la sincronización.

3.4 Implementar la sincronización

La máquina en la que se instalará Entra ID Connect procesará potencialmente cientos de solicitudes de conexión. Para ello, la aplicación Entra ID Connect se debe instalar en un servidor que no realice ninguna otra función.

Las solicitudes de conexión a Microsoft 365 pasarán por Entra ID Connect. Esto significa cientos o incluso miles de solicitudes para la máquina, dependiendo del tamaño de la empresa. Es más, Entra ID Connect no funcionará si está instalado en un controlador RODC de solo lectura.

Gracias a la utilidad Entra ID Connect, es posible sincronizar un Active Directory local en un directorio Entra ID. Los usuarios, grupos y máquinas del directorio local se añadirán al directorio de Entra ID.

■Observación

Para resaltar la sincronización, hemos creado previamente OUs, Usuarios y Grupos en Active Directory. Todos los usuarios tienen el nuevo UPN.

Para descargar Entra ID Connect, se debe dirigir al centro de administración de Entra de su organización, al que puede acceder en esta dirección:
https://entra.microsoft.com/

Se deberá autenticar con su cuenta de Tenant de Microsoft 365.

▶ Una vez que haya iniciado sesión, vaya a **Indentity - Overview**. Verá el mosaico de Microsoft Entra Connect. Su ubicación exacta en la página puede variar dependiendo del tamaño de la ventana de su navegador. Haga clic en **Go to Microsoft Entra Connect**.

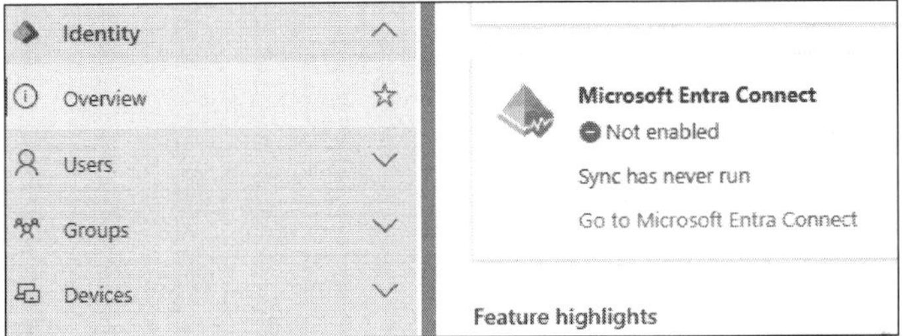

▶ Una vez en la página de Entra Connect, haga clic en **Download Microsoft Entra Connect**.

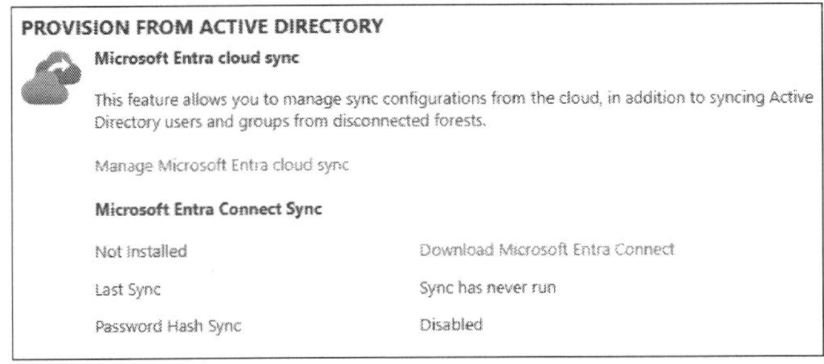

Observación

En el momento de escribir estas líneas, el instalador sigue llamándose "AzureAD-Connect.msi". En algunos lugares de la interfaz de Entra ID, es posible que se siga utilizando el antiguo nombre "Azure AD" en lugar de Entra ID.

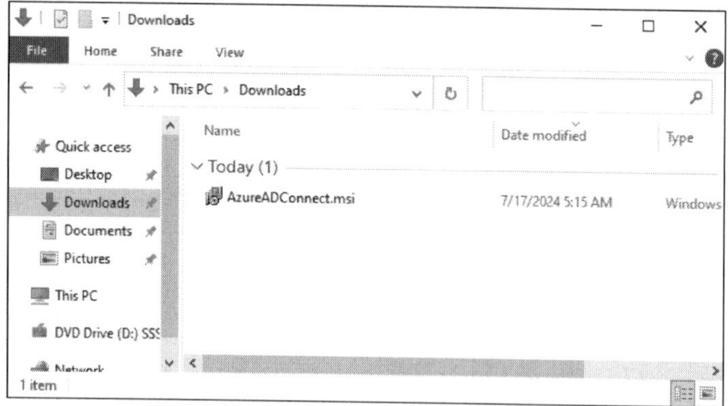

3.4.1 Sincronización inicial

- Si no quiere que el procedimiento sea molesto, puede ser una buena idea desinstalar Internet Explorer. Vaya a **settings - apps - apps & features - optional features**. Busque Internet Explorer en la lista y desinstálalo. Será necesario reiniciar el sistema.
- Haga doble clic en el instalador para empezar a configurar Entra ID Connect. Acepte los términos de la licencia y continúe.

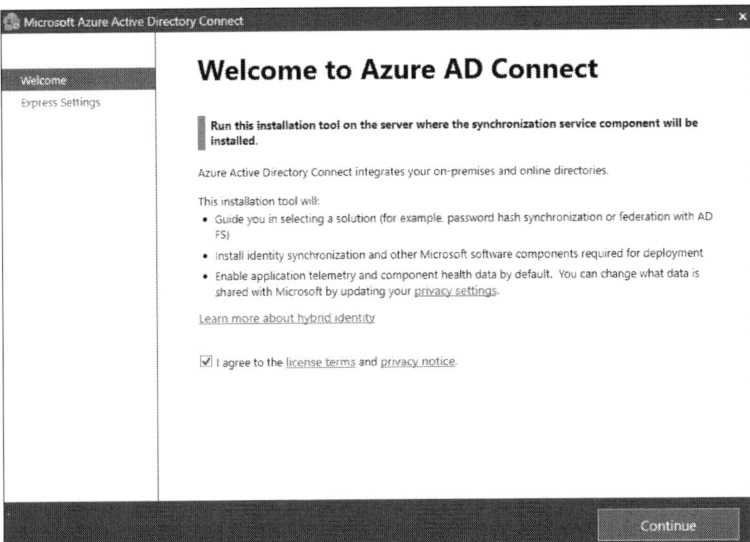

▶ La página siguiente indica que se realizarán ajustes "exprés", lo que es normal para la sincronización inicial. También indica que se realizará una sincronización del hash de las contraseñas. Haga clic en **Use express settings**.

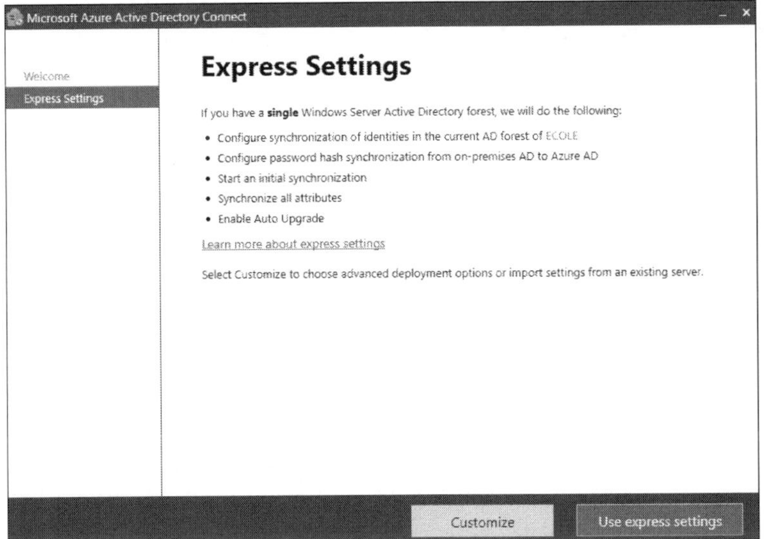

A continuación, se le pedirá que introduzca las credenciales de una cuenta que tenga permisos de administrador global o administrador de identidad híbrida en el directorio Entra ID.

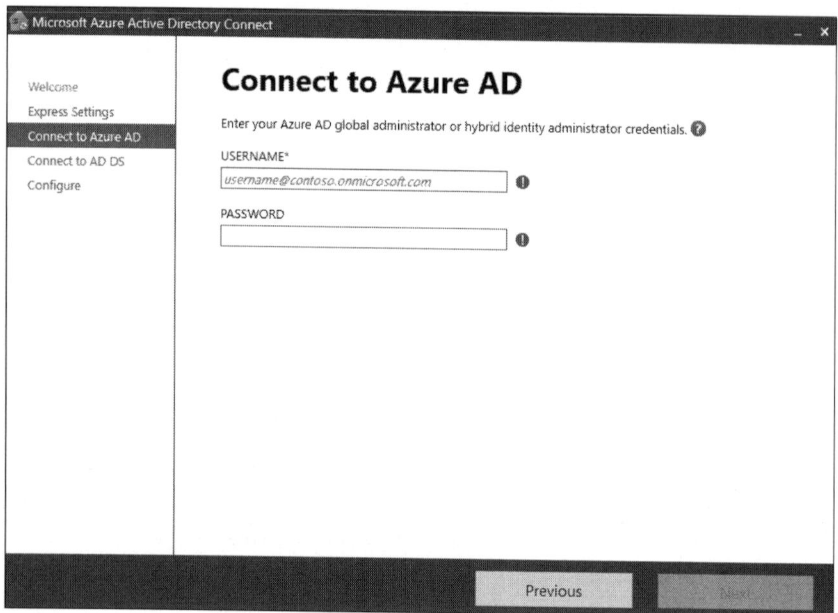

▶ Se abrirá una ventana en Edge, inicia sesión de nuevo.

Si en su organización se ha implantado la doble autenticación, se le solicitará.

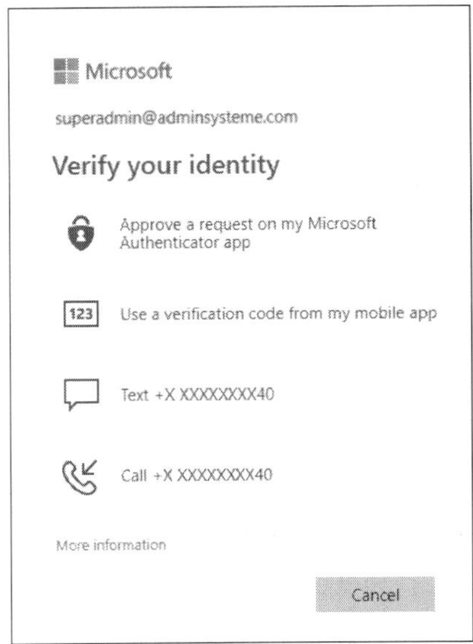

A continuación, se solicitan las credenciales de administrador del bosque local de Active Directory.

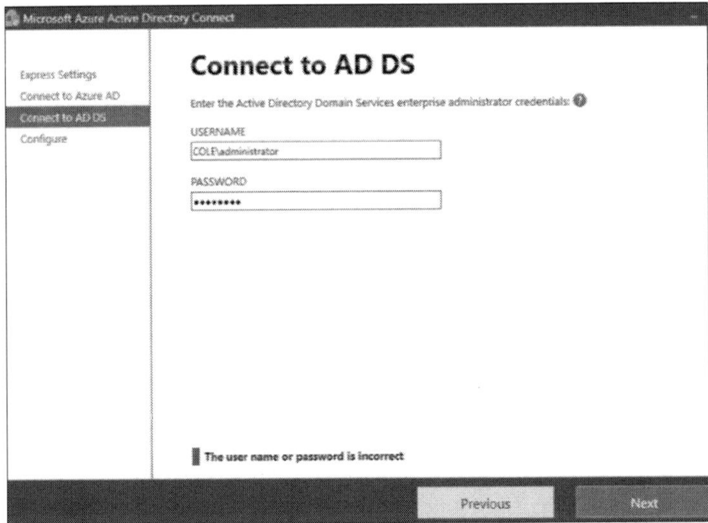

En la siguiente pantalla, al no existir un dominio público real, la aplicación indica que los dominios no existen en el directorio de Entra ID. Puede marcar la opción **Continue without matching all UPN suffixes to verified domains**. Los usuarios seguirán sincronizados, pero tendrán un UPN con el dominio onmicrosoft.com.

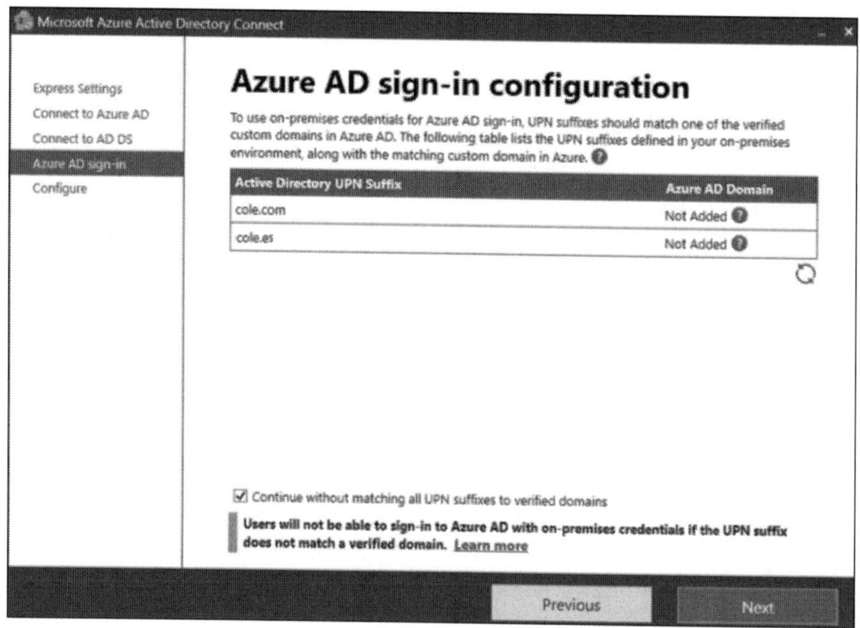

Observación

Si tuviéramos el dominio cole.es y se hubiera configurado en Microsoft 365 y Active Directory, entonces aparecería aquí como "añadido".

▶ A continuación, aparece la pantalla de resumen, haga clic en **Install**.

Se instalará una base de datos SQL Express y un agente de sincronización. También se creará una cuenta de Active Directory para la sincronización. En la configuración exprés de la sincronización inicial, se sincronizará todo el bosque de Active Directory en el directorio Entra ID. También se añadirán servicios al sistema.

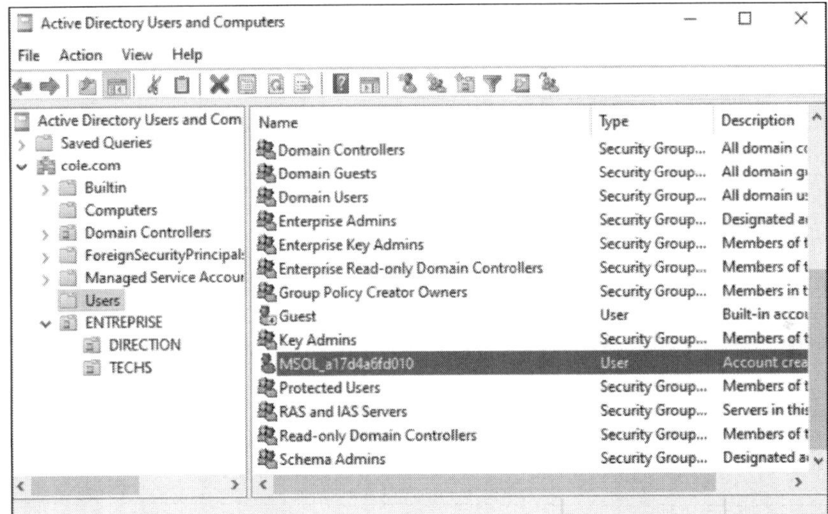

La cuenta Active Directory

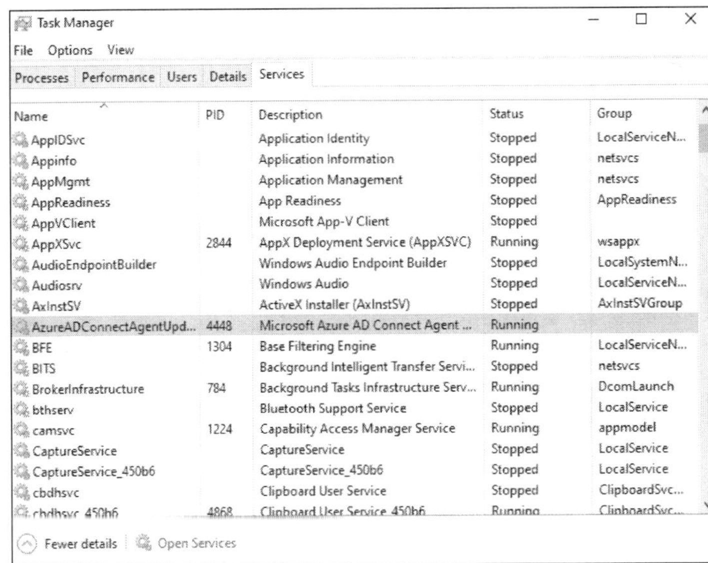

Uno de los servicios de Windows añadidos

También se ha añadido una cuenta de sincronización a Entra ID.

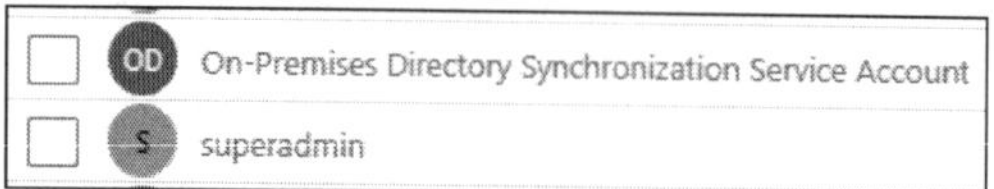

3.4.2 Configuración de la sincronización

▶ Haga doble clic en el icono Azure AD Connect del escritorio. Se iniciará la aplicación, que detendrá la sincronización. Una vez iniciada la aplicación, haga clic en **Configure**.

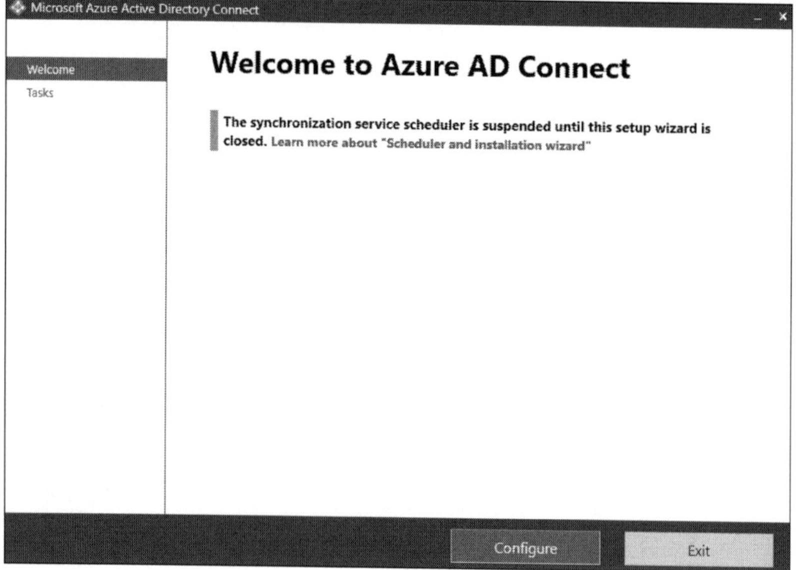

▶ Haga clic en **Customize synchronization options**.

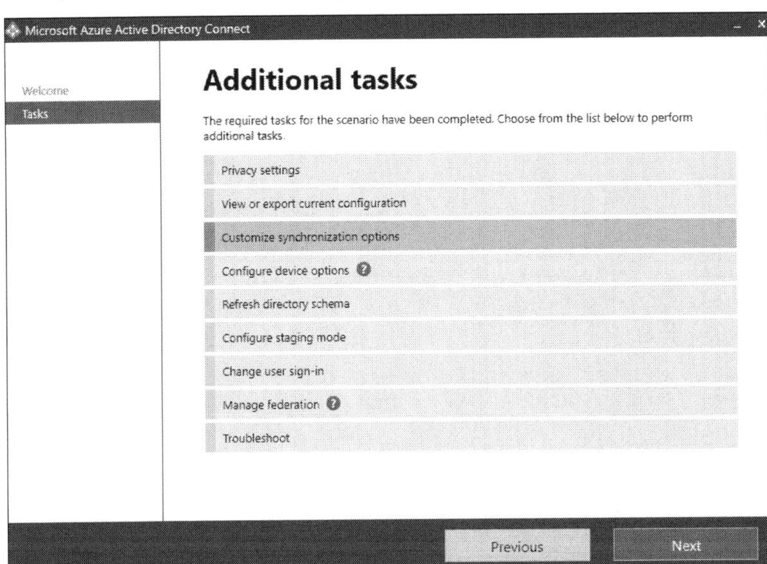

Se deberá autenticar como titular de una cuenta Microsoft 365.

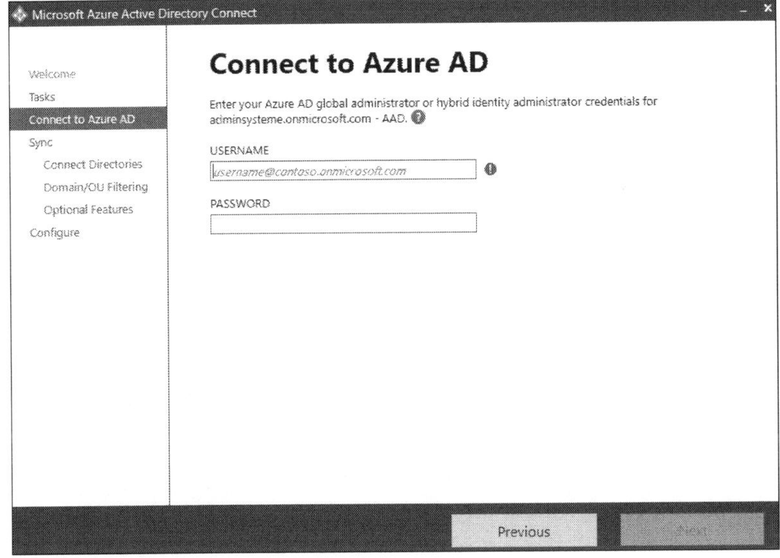

Se volverá a solicitar la doble autenticación.

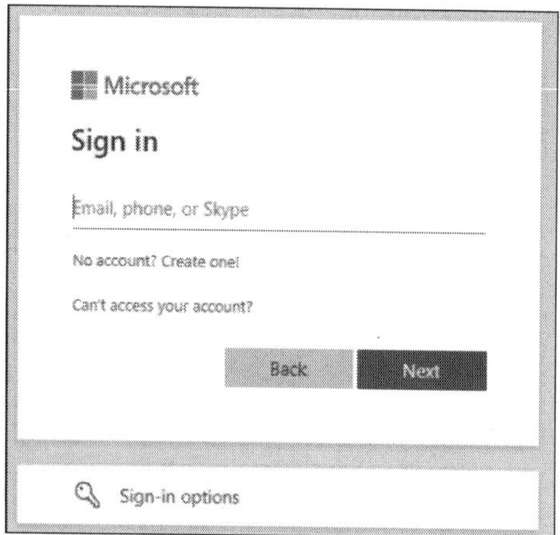

▶ Seguidamente, viene la elección de los dominios a sincronizar. Aunque haya añadido sufijos UPN, sólo tiene uno. Haga clic en **Next**.

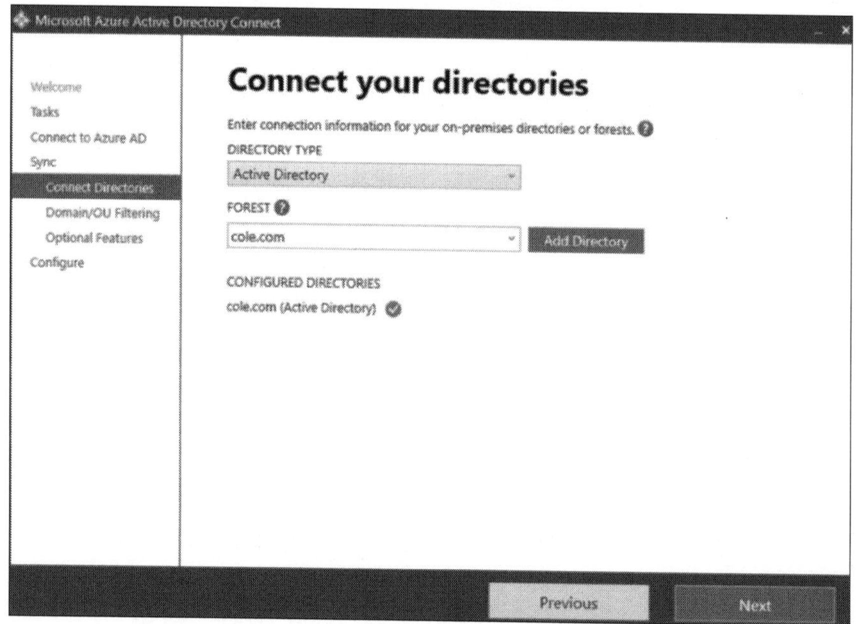

En la página siguiente puede elegir las unidades organizativas que desea sincronizar.

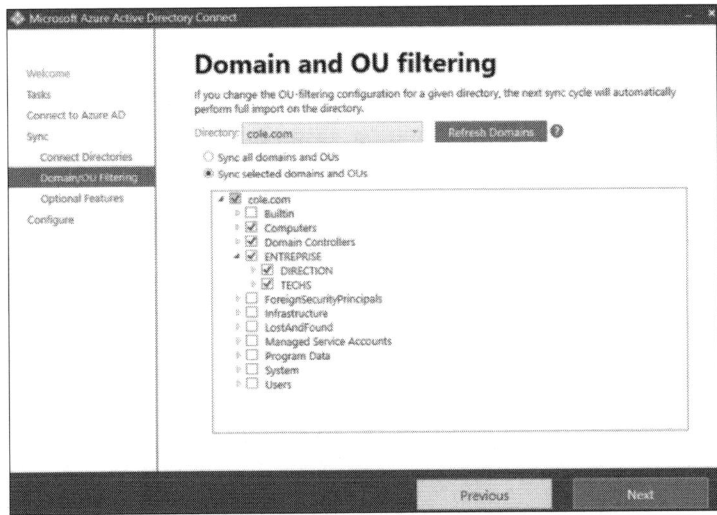

A continuación, se le ofrecen diferentes opciones, incluida la reescritura de contraseñas, que permite cambiar las contraseñas de Active Directory, al mismo tiempo que la contraseña de la cuenta de Microsoft 365, desde la consola de administración de Microsoft 365.

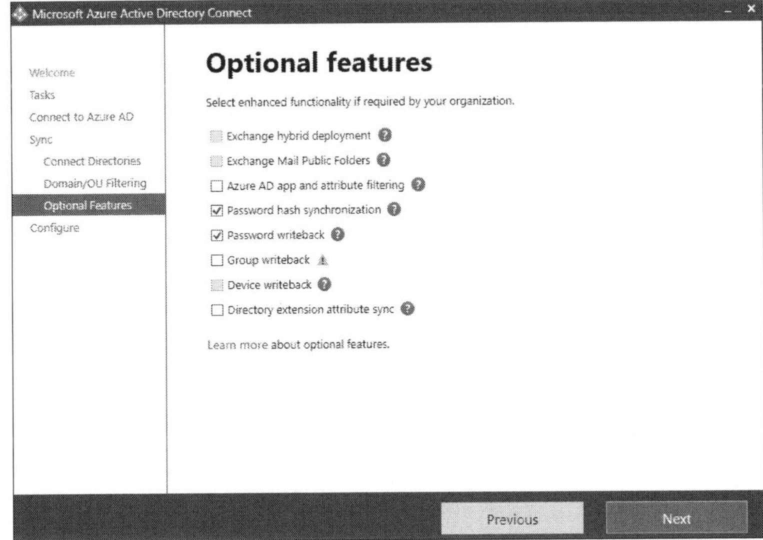

Observación

Tenga en cuenta que reescribir la contraseña requiere una configuración adicional de Active Directory.

Aparecerá la última página de resumen y la sincronización no se iniciará hasta que se cierre la aplicación.

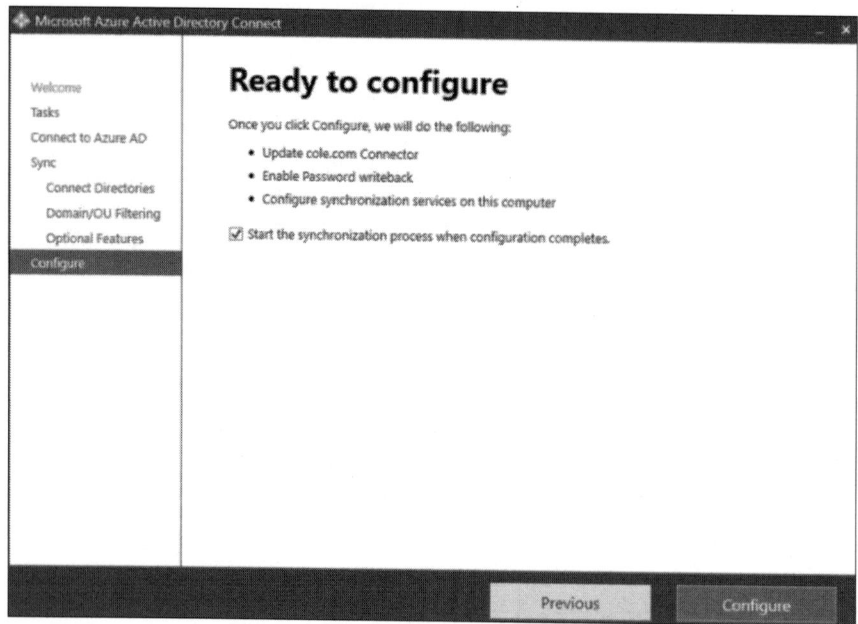

3.4.3 Reescribir contraseña

- Para reescribir contraseñas, vaya a directivas de grupo y establezca la duración de la contraseña en cero. En el controlador de dominio, escriba el comando GPMC.MSC en el CMD.
- Haga clic con el botón derecho del ratón en la directiva predeterminada del dominio y seleccione **Edit**.

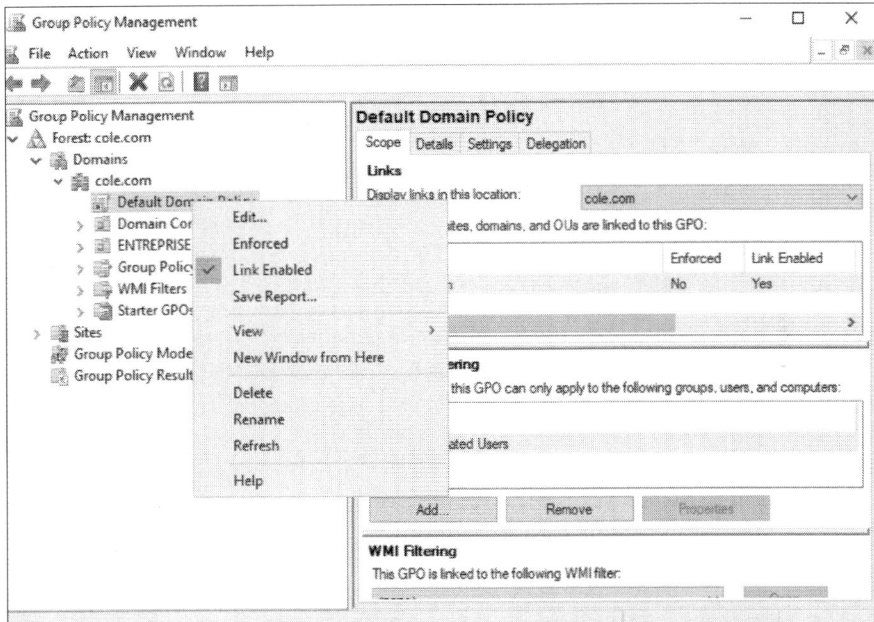

- A continuación, vaya a **Computer Configuration - Windows Settings - Security Setting - Account Policies - Password Policy**. Establezca la duración mínima en cero.

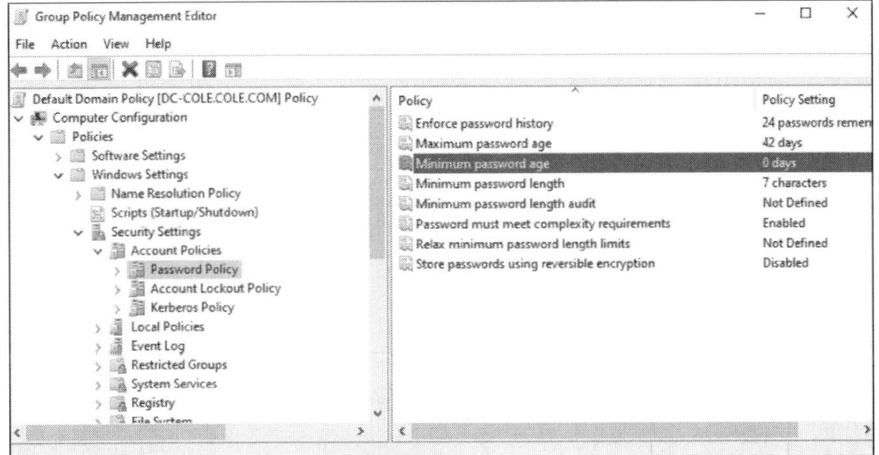

Para tener en cuenta inmediatamente los cambios en la directiva de grupo, no olvide ejecutar el siguiente comando en cmd:

```
Gpupdate /force
```

3.4.4 Sincronización PTA

Para configurar la sincronización PTA, de modo que Active Directory valide las solicitudes de conexión a Microsoft 365, es necesario volver a iniciar la aplicación Entra ID Connect.

Se utilizarán los puertos 443 y 80:

- El puerto 443 se utiliza para todas las comunicaciones salientes autenticadas.
- El puerto 80 sólo se utiliza para descargar listas de revocación de certificados (CRL) para garantizar que ninguno de los certificados utilizados por esta funcionalidad ha sido revocado.

Esto conducirá a la instalación de un agente de sincronización, que Microsoft recomienda duplicar instalando Entra ID Connect en un segundo servidor.

- Inicie la aplicación Entra ID Connect. Haga clic en **Configure**.
- En la aplicación, seleccione **Change user sign-in**.

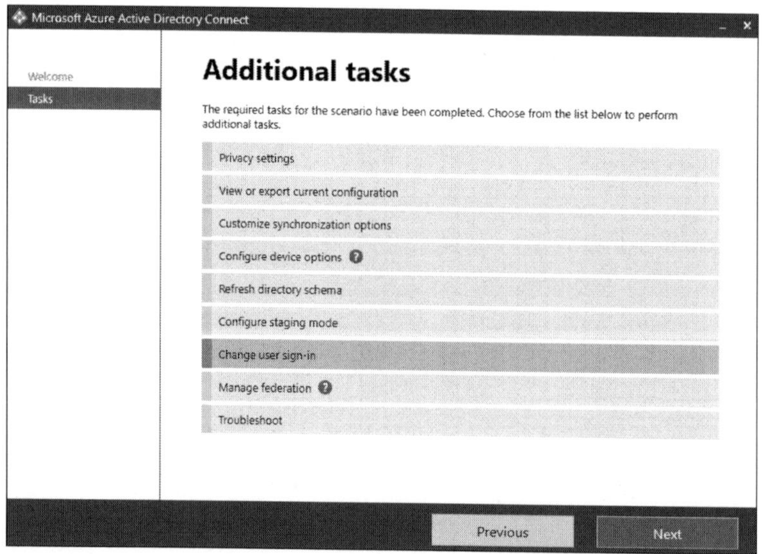

- Autentíquese como tenant de la cuenta de Microsoft 365 y realiza la doble autenticación.

▶ En la siguiente pantalla, seleccione **Pass-through authentication**. Por defecto, la opción para activar el inicio de sesión único (SSO) está marcada.

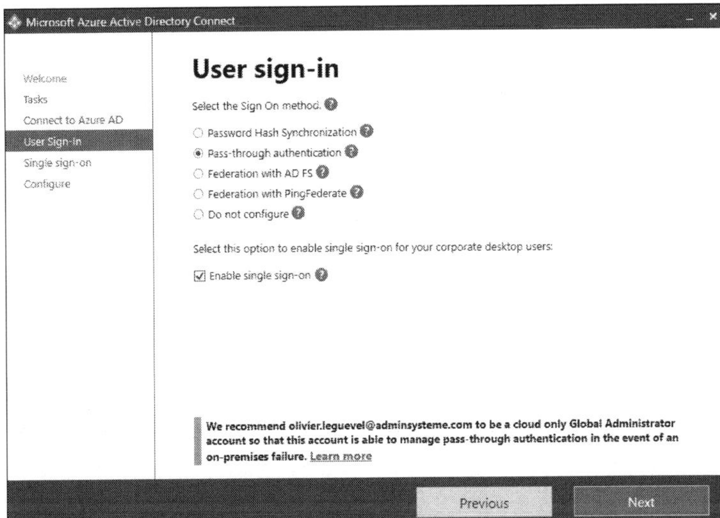

En la página siguiente, introduzca las credenciales del administrador del bosque de Active Directory.

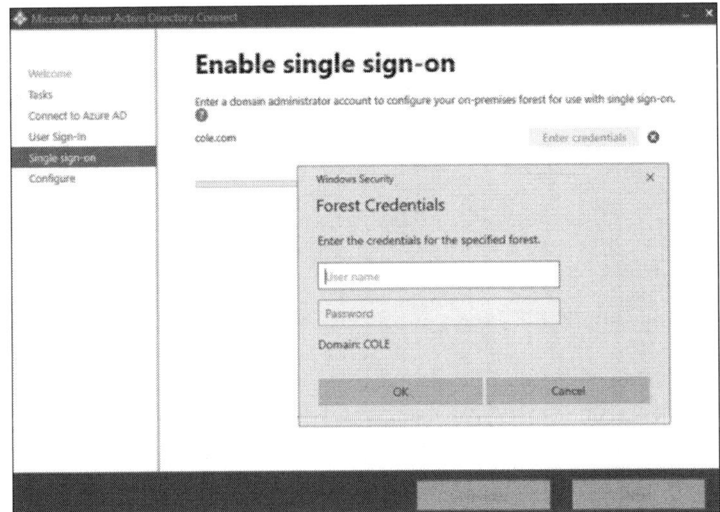

A continuación, viene la página de resumen y validación. Entra ID Connect instalará un agente de sincronización.

Podemos ver en el portal Entra ID que el agente se está comunicando con Microsoft 365. La advertencia visible aquí proviene del hecho de que sólo se ha instalado un agente. Como hemos dicho, Microsoft recomienda instalar dos agentes.

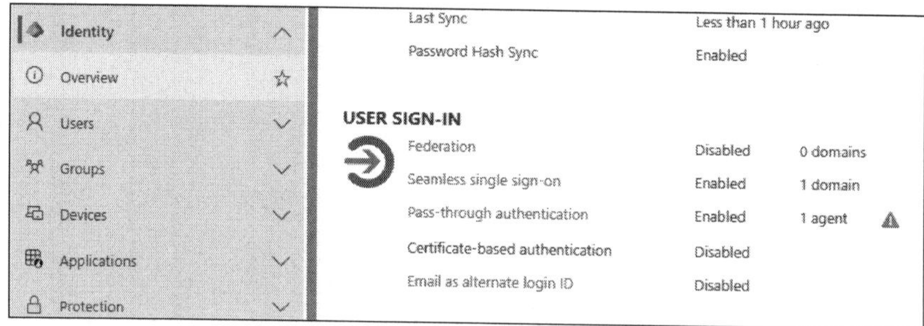

- Para implementar un segundo agente, instale la aplicación Entra ID Connect en el segundo servidor de sincronización.
- Realice la sincronización inicial y, a continuación, vuelva a la configuración de la aplicación en el menú **User sign-in**. Seleccione de nuevo la autenticación directa.

4. Servidores con Azure Arc

4.1 Conceptos básicos

Azure Arc es una tecnología que permite vincular máquinas locales a la consola de administración de Azure y utilizar determinadas funciones de Azure con nuestras máquinas locales. Azure Arc es compatible con máquinas Windows Server y Linux, así como con entornos VMware vSphere. Azure Arc se puede instalar en máquinas físicas y virtuales. Azure Arc también se puede instalar en máquinas virtuales creadas por otros proveedores de servicios en la nube.

Esto funciona instalando un agente en las máquinas que actuará como enlace con Azure. Este agente se puede desplegar mediante scripts PowerShell proporcionados por Microsoft en la página de Azure dedicada a Azure Arc o a través de un instalador MSI disponible en el centro de descargas de Microsoft.

El agente también se puede desplegar con soluciones DevOps como Terraform o Ansible.

Una vez instalado el agente, se creará un objeto de máquina híbrida en Azure para las máquinas locales y un objeto correspondiente en Entra ID.

Azure Arc ofrece distintas posibilidades:

- **Management**: se pueden aplicar etiquetas, aplicar directivas de Azure e inventariar máquinas en Azure.
- **Protección**: una máquina que ejecuta Azure Arc puede ser supervisada por Microsoft Defender for the Cloud y Microsoft Sentinel.
- **Monitorización**: podemos utilizar Azure Monitor y Azure Logs Analytics para monitorizar una máquina Azure Arc.
- **Configuración**: Azure Arc le permite gestionar actualizaciones mediante la funcionalidad de gestión de actualizaciones de Azure e implementar scripts PowerShell o Python mediante Azure Automation.
- **Gestión**: las máquinas se pueden gestionar mediante Azure Arc desde el Windows Admin Center incluido en el portal Azure. También es posible desplegar SSH en máquinas Windows desde el portal de Azure.

4.2 Cómo funciona el agente

4.2.1 Requisitos previos de Windows Server

El agente Azure Arc, cuyo nombre completo es Azure Connected Machine agent, es compatible con todos los sistemas Windows Server desde Server 2012 hasta Windows Server 2022 inclusive.

Se admiten sistemas Core y GUI.

Se debe instalar .NET Framework 4.6 o posterior, junto con PowerShell 4.0 o posterior. Se requiere Windows management framework 5.1, con PowerShell DSC, WinRM y WMI. Estos elementos suelen estar presentes por defecto en Windows Server 2022.

4.2.2 Requisitos previos de Azure

Los siguientes proveedores de recursos deben estar activados en Azure:

- Microsoft.GuestConfiguration
- Microsoft.ConectividadHíbrida
- Microsoft.Compute
- Microsoft.HybridCompute
- Microsoft.AzureArcData (para servidores SQL)

4.2.3 Funcionamiento

La instalación del agente añadirá tres servicios a la máquina donde esté instalado:

- **HIMDS (*Hybrid Instance Metadata Service*)**: gestiona la conexión con Azure y la identidad de la máquina en Azure.
- **GCArcService (*Guest Configuration Arc Service*)**: es el servicio encargado de configurar la máquina a través de Azure, por ejemplo, para aplicar las directivas de Azure.
- **Guest Configuration Extension Service**: para añadir funcionalidades a la máquina desde Azure, como SSH.

4.2.4 Actualización de agentes

Cuando esté disponible una nueva versión del agente, la consola de gestión de Azure mostrará una notificación.

El agente no se actualiza; Windows Update instala las nuevas versiones. También es posible actualizarlo usted mismo volviéndolo a desplegar, por ejemplo, en una máquina de prueba antes de desplegarlo en toda la infraestructura.

4.2.5 Conectividad de red

El agente Azure Arc utiliza el puerto TCP 443, con el protocolo HTTPS. Puede atravesar Internet, ya que los intercambios están cifrados.

Si se utiliza un proxy, se debe autorizar una larga lista de URL. Esta lista se puede consultar en esta dirección:
https://learn.microsoft.com/es-es/Azure/Azure-arc/servers/network-requirements?tabs=Azure-cloud

Además, el agente debe estar configurado para utilizar el proxy, con el comando:

```
azcmagent config set proxy.url http://ProxyServerFQDN:port
```

Este comando utiliza el módulo azmanagement CLI, que se instala al mismo tiempo que el agente y se puede utilizar en un símbolo del sistema PowerShell. Sustituya `ProxyServerFQDN` por el nombre DNS del proxy, seguido del puerto utilizado.

Por último, es posible utilizar conexiones privadas para el agente Azure Arc, ya sean VPN de sitio a sitio o Azure Express Route.

4.3 Instalación del agente Azure Arc

4.3.1 Preparativos para la instalación

- Inicie sesión en la consola de su cuenta Azure, escriba **Azure Arc** en la barra de búsqueda y seleccione Azure Arc en los resultados.

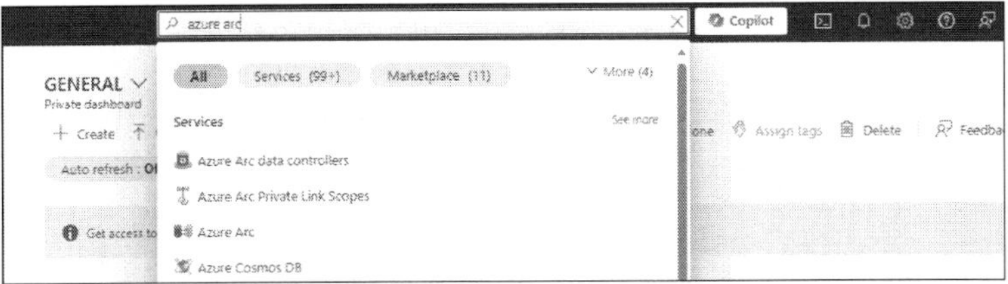

- En la página de inicio de Azure Arc, haga clic en **Add resources**.

- A continuación, en el tipo de recurso **Machines**, haga clic en **Add/Create** y seleccione **Add a machine**.

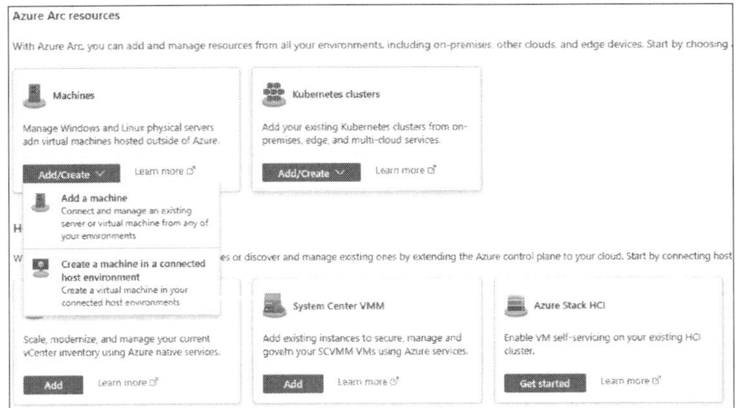

▶ A continuación, se ofrecen varias formas de añadir máquinas, elija **Add Windows Server with installer**. Haga clic en **Download installer**. Se iniciará la descarga.

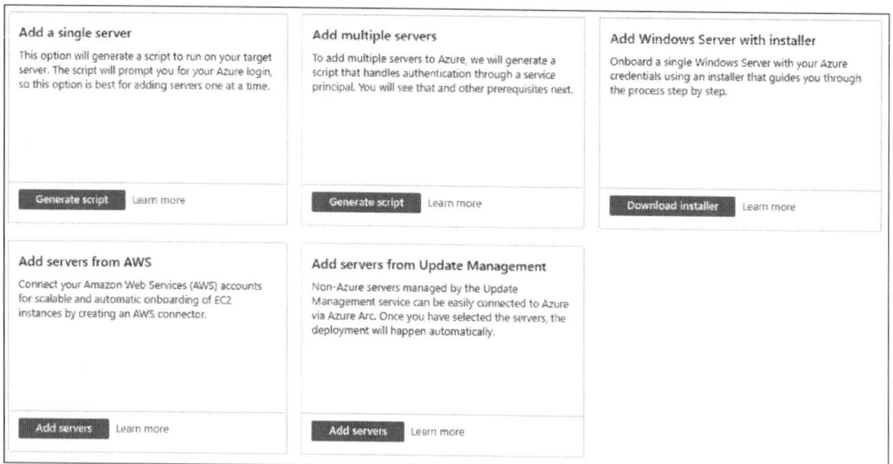

▶ Es necesario crear un grupo de recursos antes de iniciar la instalación; en él se alojará el objeto Azure creado para representar el servidor. En la consola de Azure, vaya a **Resource groups** y haga clic en **Create**.

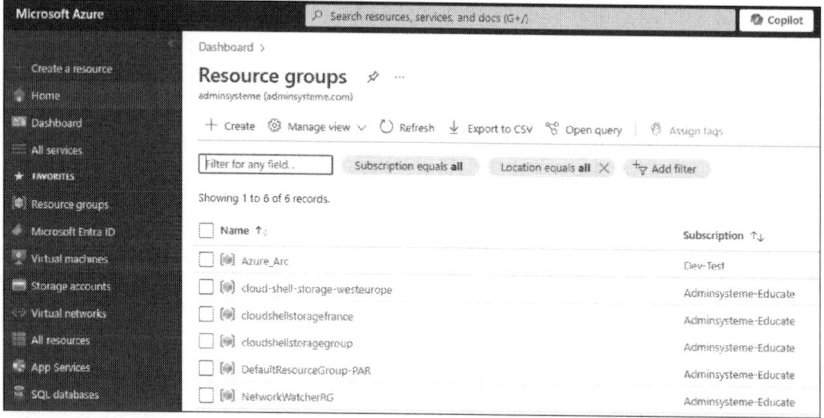

▶ Elija la suscripción, asigne un nombre al grupo de recursos y seleccione la región Azure en la que se creará. A continuación, haga clic en **Review + create**.

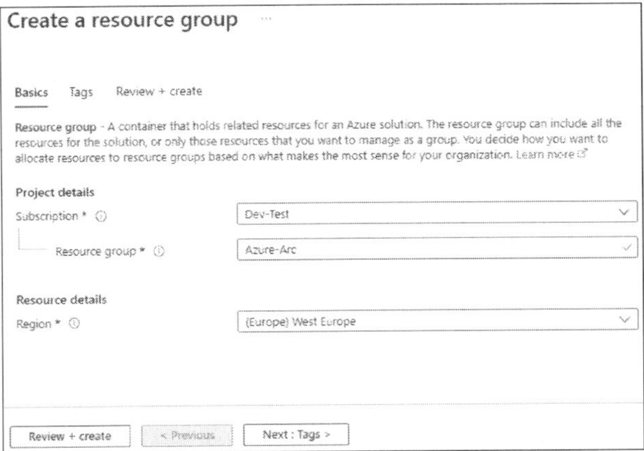

También deberá comprobar los proveedores de recursos enumerados en la subsección de requisitos previos de Azure de este capítulo.

- Escriba **Subscriptions** en la búsqueda de Azure y haga clic en **Subscriptions** en los resultados.
- Haga clic en el nombre de su suscripción.
- Despliegue el menú **Settings** y seleccione **Resource providers**. Desde aquí puede comprobar y activar los proveedores de recursos si es necesario.

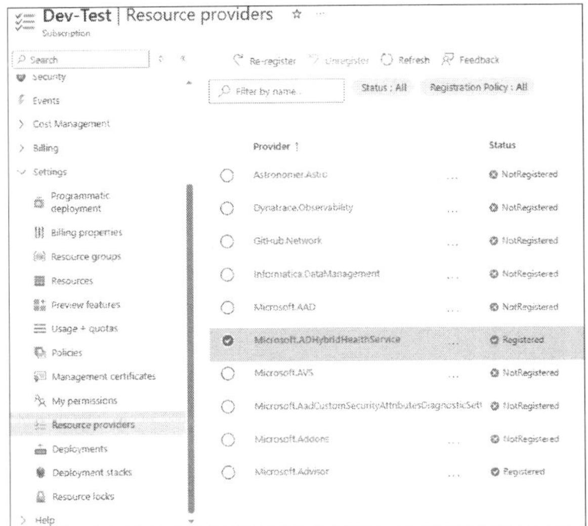

4.3.2 Instalación del agente

- Haga doble clic en el instalador y, en la primera página, haz clic en **Next**.
- Seleccione **Azure Global** y haga clic en **Sign in to Azure**.

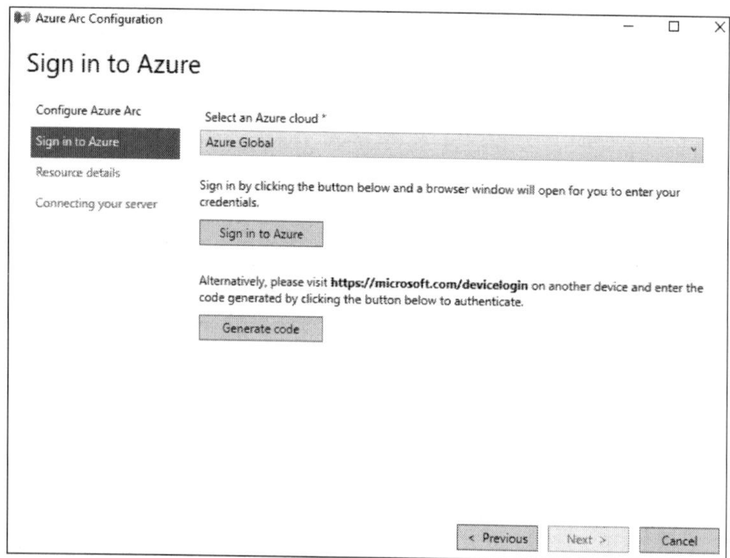

- Se abre una página en el navegador web. Inicie sesión con una cuenta que tenga permisos de administrador global en Azure.

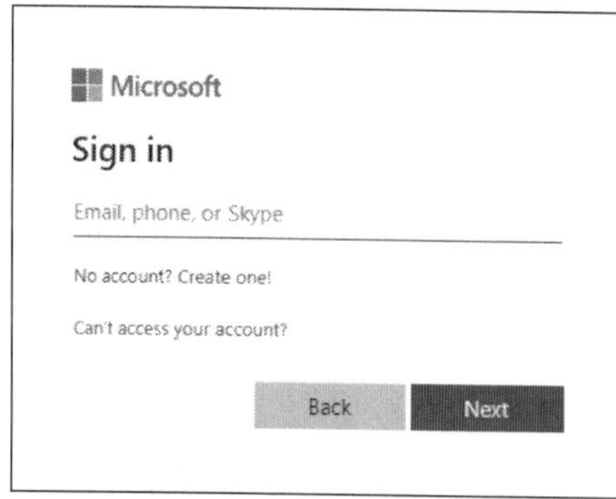

- Al final de la conexión, verá un mensaje indicando que la autenticación se ha realizado correctamente. Vuelva al instalador.

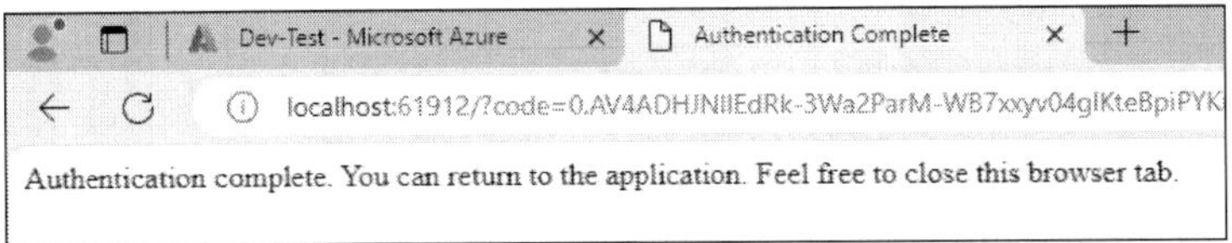

- El instalador le indicará que está conectado. Haga clic en **Next**.
- A continuación, debe especificar el Tenant, la suscripción, el grupo de recursos y la región. Seleccione también **Public endpoint**, ya que no está utilizando un proxy.

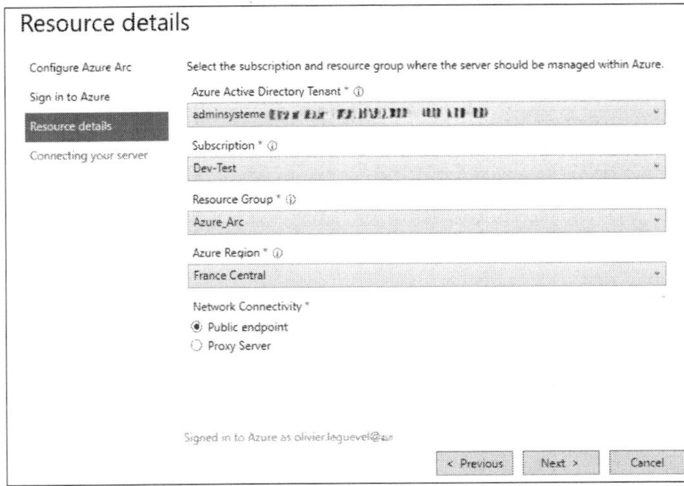

- El proceso puede durar unos minutos. Recibirá un mensaje de confirmación al final. Haga clic en el enlace para ir directamente a la página de gestión de máquinas en Azure.

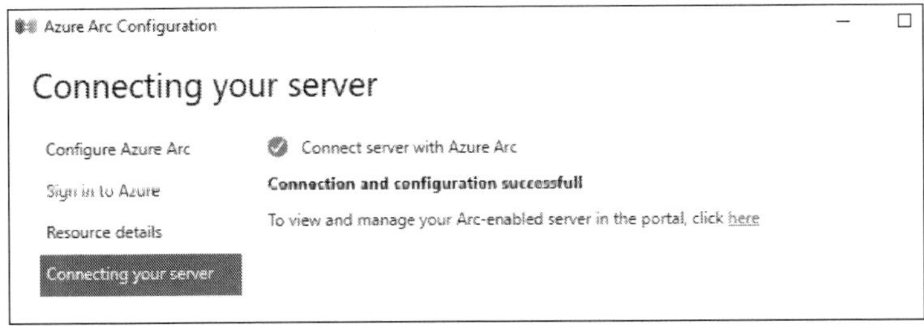

Esto nos lleva a la página correspondiente al objeto Azure de nuestro servidor. Desde aquí podemos aplicar directivas, automatizar actualizaciones, gestionar permisos de acceso y monitorizar la máquina.

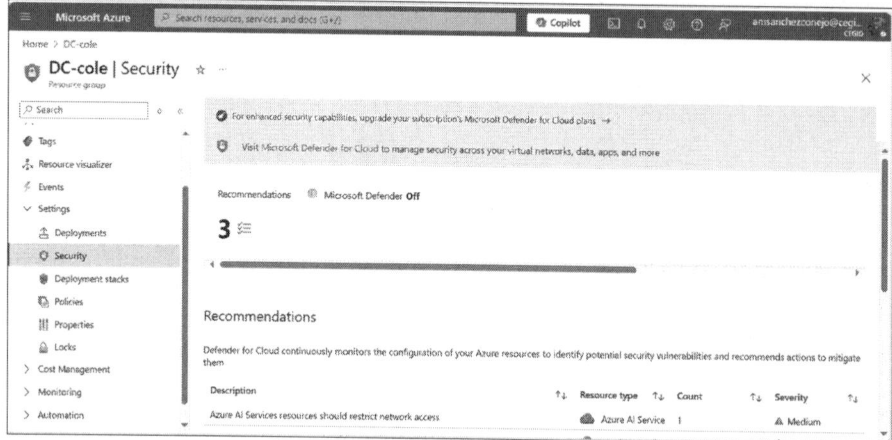

4.4 Agregar Windows Admin Center

Para aumentar aún más las posibilidades de gestión de nuestro servidor en Azure, podemos utilizar la versión de Windows Admin Center incluida en Azure. Windows Admin Center es un software de gestión de activos informáticos, que se puede instalar en una máquina Windows independiente y que también está disponible en Azure.

Sin embargo, su uso con un servidor Azure Arc requiere un manejo adicional. Esto añadirá una extensión al agente de Azure Arc.

4.4.1 Configuración de permisos

- En la página de recursos del servidor Azure, seleccione **Access control (IAM)** y haga clic en **Add**. Seleccione **Add role assignment**.

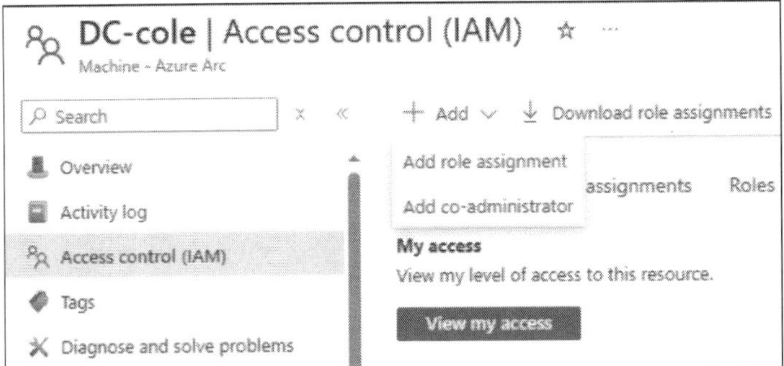

- En la pestaña **Role**, utilice la búsqueda y seleccione el rol **Windows Admin Center Administrator Login**, haciendo clic sobre él.

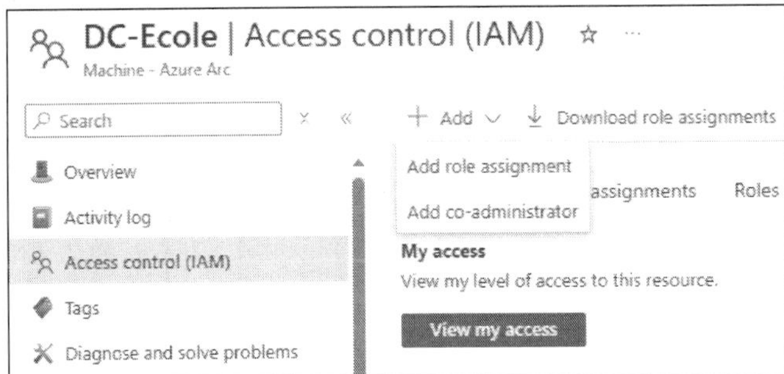

- A continuación, en la pestaña **Members**, haga clic en **Select members**. Se abrirá una ventana lateral. Seleccione su usuario o grupo haciendo clic sobre él.

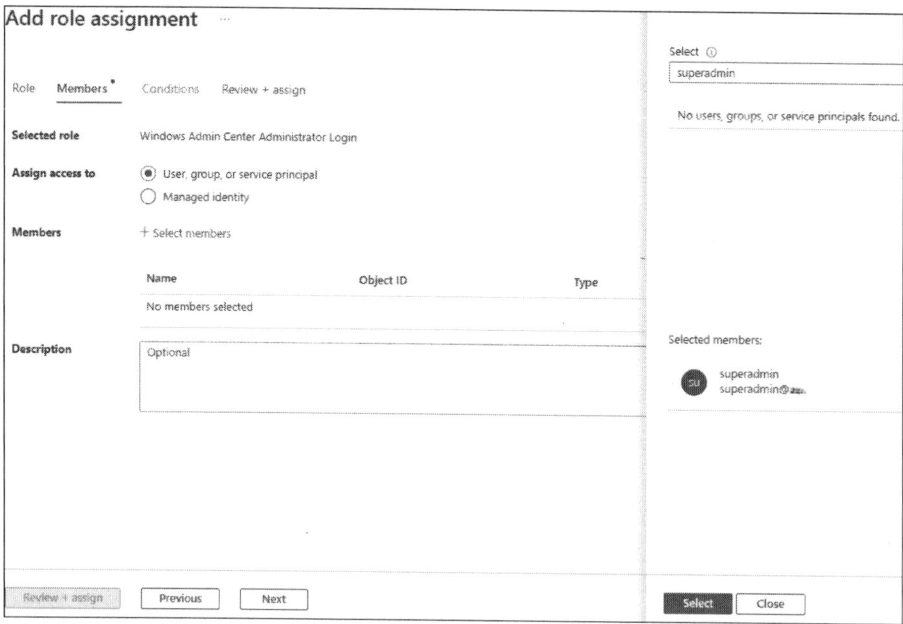

4.4.2 Instalación

▶ Vuelva a la página de recursos del servidor Azure y seleccione **Windows Admin Center**. A continuación, haga clic en **Set up**.

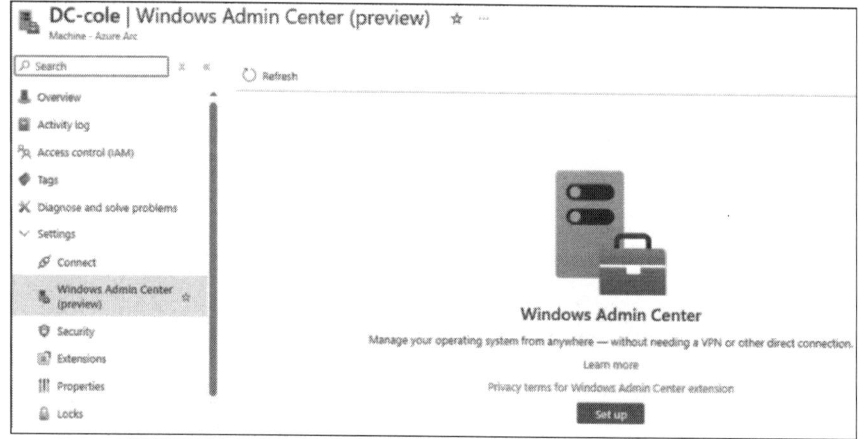

▶ Se abre una página. Muestra el puerto de escucha del Windows Admin Center y le permite cambiarlo. Deje el puerto predeterminado y haga clic en **Install**.

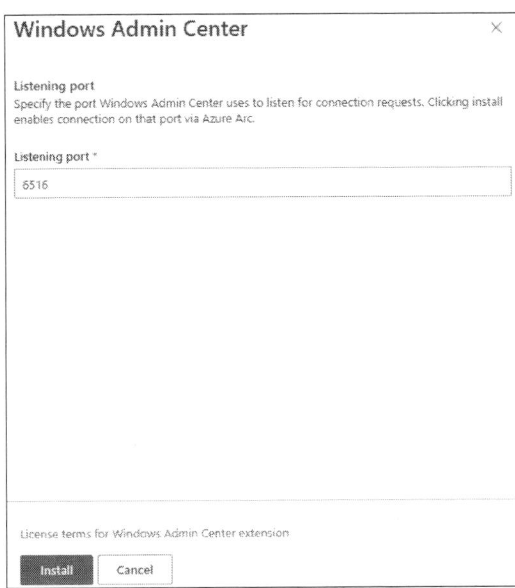

Se iniciará la instalación, que puede tardar entre 10 y 15 minutos. Puede supervisar la instalación en las notificaciones de Azure.

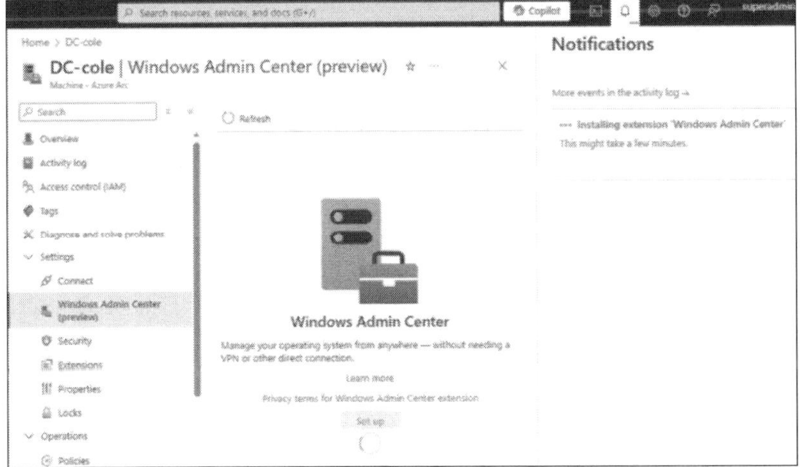

▶ Una vez finalizada la instalación, actualice toda la página del navegador web y haga clic en **Connect**.

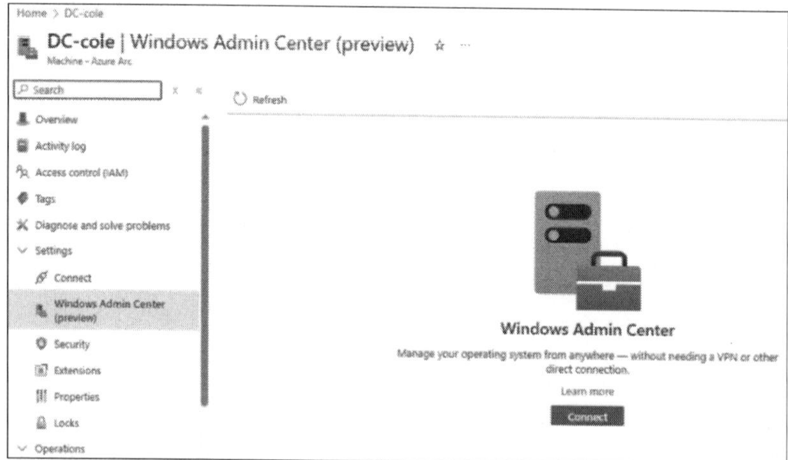

A continuación, se le pedirá que introduzca las credenciales de un administrador de la máquina.

Windows Admin Center

Microsoft

Sign in to Windows Admin Center (Preview)
using your machine's admin credentials

Username

administrator

Password

Sign in

Una vez iniciada la sesión, tendrá acceso a todas las funciones de administración del Windows Admin Center.

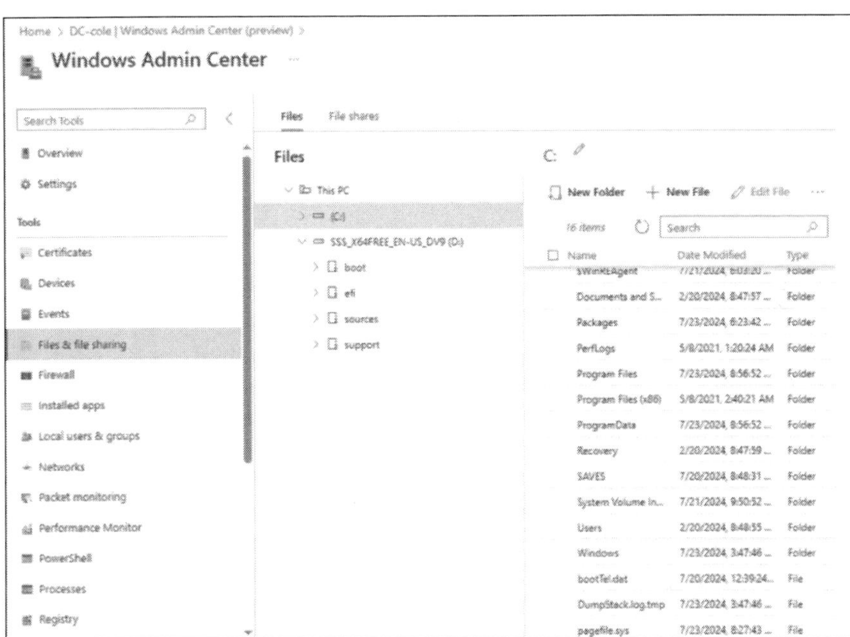

4.5 Añadir varios servidores

El método de despliegue de Azure Arc que acabamos de ver, mediante un instalador, tiene la ventaja de ser sencillo, pero requiere la intervención humana para llevar a cabo la instalación. Por lo tanto, esta solución no es viable para desplegar el agente en un número grande de servidores.

La consola de gestión de Azure Arc permite crear scripts que se pueden utilizar para desplegar el agente de Azure Arc en varias máquinas simultáneamente, sin intervención humana.

Para ello, el script necesita poder autenticarnos en Azure, por lo que tendremos que crear un service principal, una especie de cuenta de servicio, que tiene una vida limitada y cuyas credenciales introduciremos en el script.

A continuación, el script se puede desplegar mediante GPO o soluciones de despliegue de terceros, como Terraform o Ansible.

4.5.1 Creación del principal de seguridad

▶ En la consola de gestión de Azure Arc, vaya a **Management** y seleccione **Service principals**. A continuación, haga clic en **Add**.

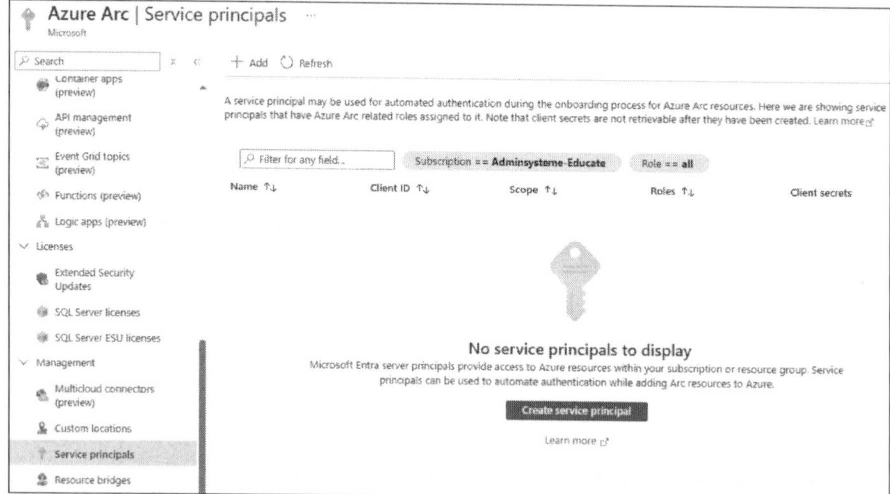

▶ Comience dando un nombre a la entidad de seguridad del servicio y, a continuación, decida si puede actuar a nivel de toda la suscripción o a nivel del **Resource group** de máquinas Azure Arc. Elija el nivel del **Resource group**, que es más seguro.

Service principal details

Enter a name, and the subscription or resource group that you want to assign this service principal to.

Name *	Arc-deployment
Scope assignment level *	○ Subscription ◉ Resource group
Subscription *	Dev-Test
Resource group *	Azure_Arc

A continuación, tiene que decidir cuánto tiempo durará el secreto del principal del servicio, que parecido a su contraseña y añadirle una descripción.

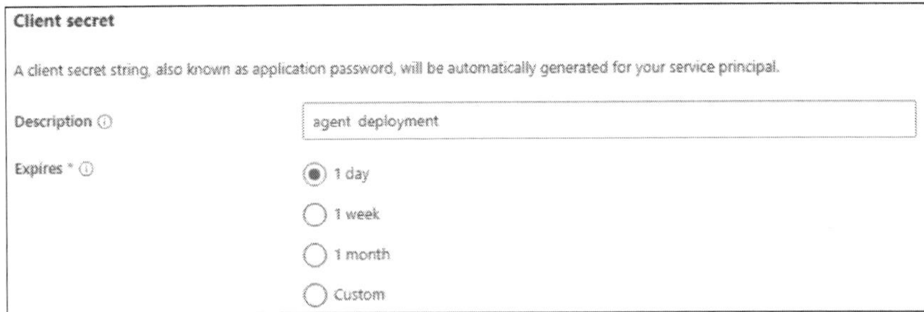

- Finalmente, selecciona su rol. Necesita darle el rol para desplegar el agente, **Azure Connected Machine Onboarding**. Haga clic en **Create**.

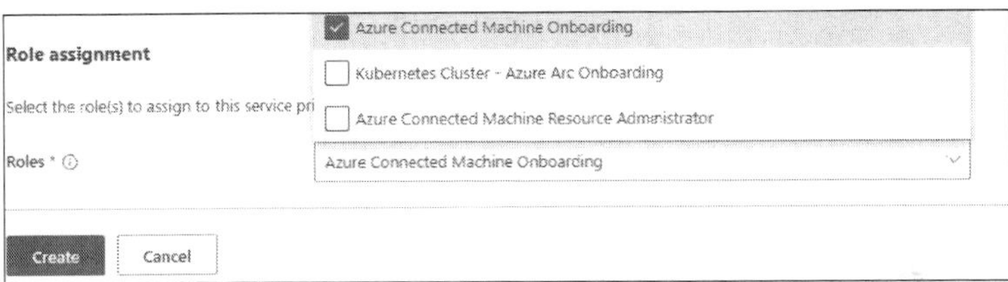

Atención: al final de la creación del secreto de seguridad, un mensaje le permite descargar su secreto. Esta es la única vez que tendremos acceso a él.

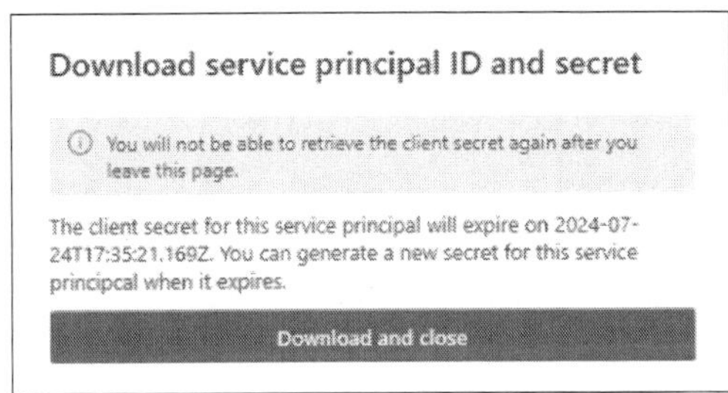

4.5.2 Creación del script de despliegue

- Vuelva a la vista general de Azure Arc y haga clic en **Add resources**
- En **Machines** pulse en **add/create** y seleccione **Add a machine**.
- En **Add multiple servers**, haga clic en **Generate script**.

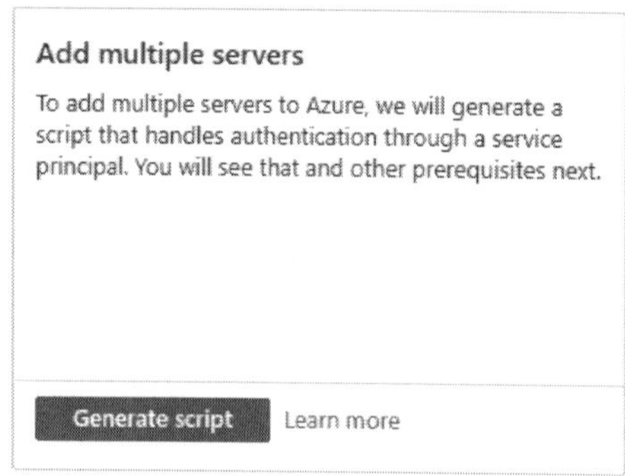

- Seleccione la suscripción, el grupo de recursos, la región y el sistema operativo de las máquinas en las que se desplegará el agente.

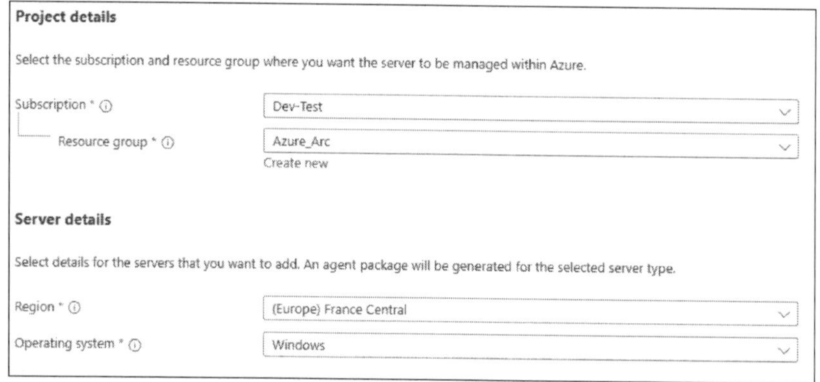

- Más abajo, elija el método de conexión y seleccione la entidad de seguridad principal. Haga clic en **Next**.

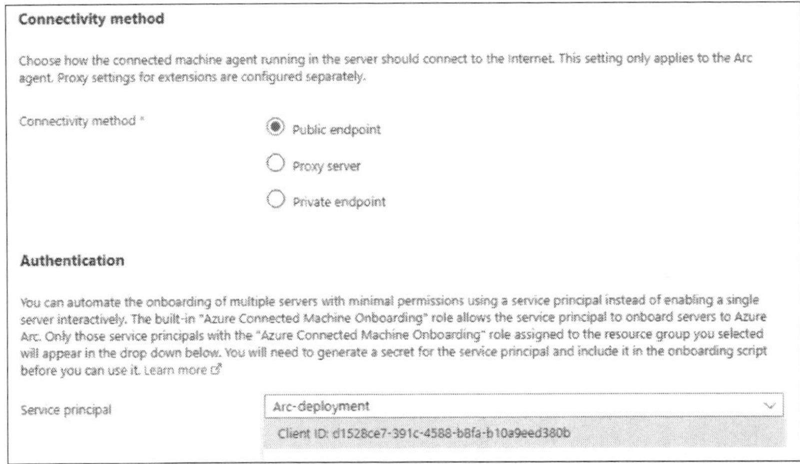

▶ En la página siguiente, puede crear y asignar etiquetas. Pueden ser útiles para clasificar recursos, facturar o supervisar. Cree las etiquetas que desee y haga clic en el botón para descargar el script.

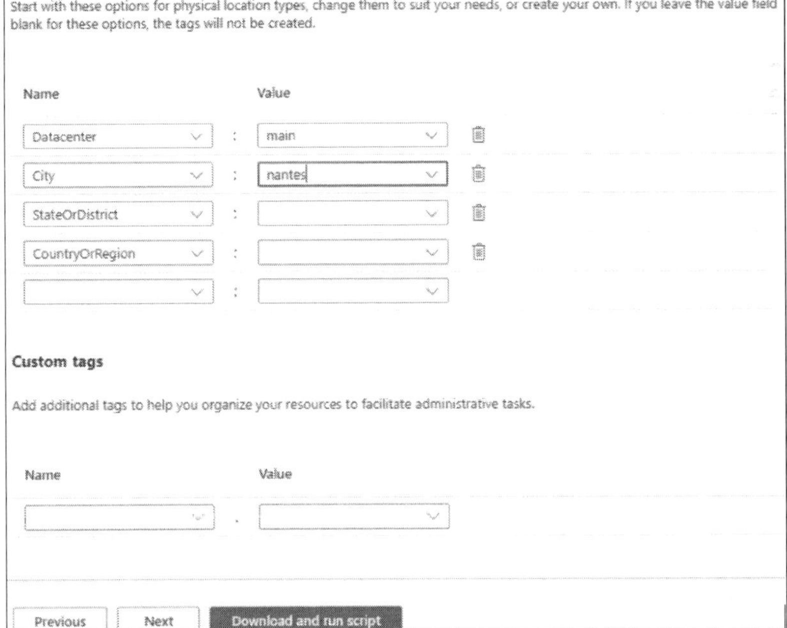

▶ El último paso en la creación del script es elegir cómo se desplegará. En el ejemplo, elija **Basic script**.

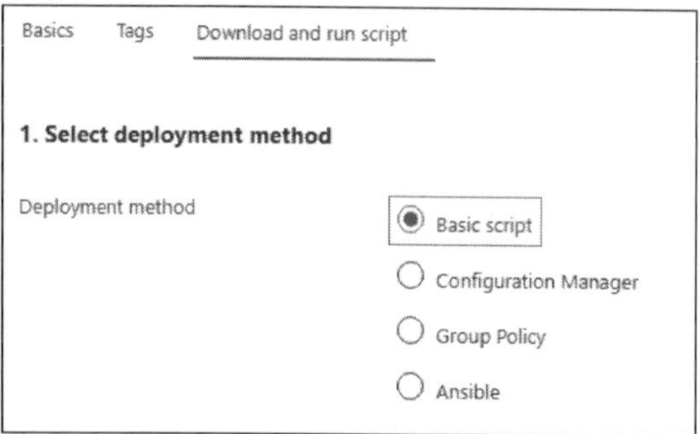

▶ El resto de la página muestra el script. Haga clic en **Download**.

```
$global:scriptPath = $myinvocation.mycommand.definition

function Restart-AsAdmin {
    $pwshCommand = "powershell"
    if ($PSVersionTable.PSVersion.Major -ge 6) {
        $pwshCommand = "pwsh"
    }

    try {
        Write-Host "This script requires administrator permissions to install the Azure Connected Machine
        Agent. Attempting to restart script with elevated permissions..."
        $arguments = "-NoExit -Command `"& '$scriptPath'`""
        Start-Process $pwshCommand -Verb runAs -ArgumentList $arguments
        exit 0
    } catch {
        throw "Failed to elevate permissions. Please run this script as Administrator."
    }
}

try {
    if (-not ([Security.Principal.WindowsPrincipal] [Security.Principal.WindowsIdentity]::GetCurrent()).
    IsInRole([Security.Principal.WindowsBuiltInRole]::Administrator)) {
        if ([System.Environment]::UserInteractive) {
            Restart-AsAdmin
        } else {
            throw "This script requires administrator permissions to install the Azure Connected Machine
            Agent. Please run this script as Administrator."
        }
    }

    # Add the service principal application ID and secret here
```

Download

4.5.3 Finalización del script de despliegue

- Ahora necesitamos introducir las credenciales para nuestra entidad de seguridad principal en el script. Haga clic con el botón derecho del ratón en el script y seleccione **Edit**.

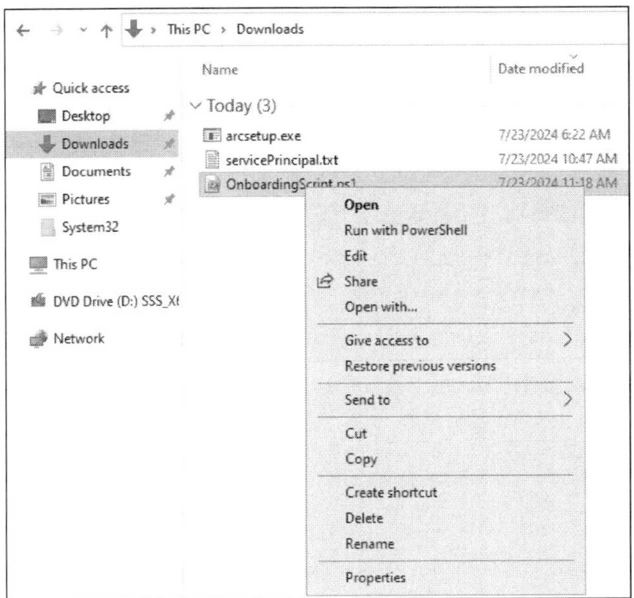

El script se abre en PowerShell ISE. En la línea 30 del script, debe introducir el secreto descargado del archivo de texto cuando se creó la entidad de seguridad principal.

```
28     # Add the service principal application ID and secret here
29     $ServicePrincipalId="d1528ce7-391c-4588-b8fa-b10a9eed380b";
30     $ServicePrincipalClientSecret="<ENTER SECRET HERE>";
31
```

Esto da:

```
28     # Add the service principal application ID and secret here
29     $ServicePrincipalId="d1528ce7-391c-4588-b8fa-b10a9eed380b";
30     $ServicePrincipalClientSecret="4vx8Q~DGt3dD38QupT.sB5hmoyFKAi20F7p6Xcmo";
31
```

- Guarde el script y ejecútelo.

```
Administrator: Windows PowerShell
VERBOSE: Installing Azure Connected Machine Agent
VERBOSE: PowerShell version: 5.1.20348.558
VERBOSE: Total Physical Memory: 2048 MB
VERBOSE: .NET Framework version: 4.8.4161
VERBOSE: Checking if this is an Azure virtual machine
VERBOSE: Error The operation has timed out. checking if we are in Azure
VERBOSE: Downloading agent package from https://aka.ms/AzureConnectedMachineAgent to
C:\Users\ADMINI~1.ECO\AppData\Local\Temp\AzureConnectedMachineAgent.msi
VERBOSE: Installing agent package
Installation of azcmagent completed successfully
INFO    Connecting machine to Azure... This might take a few minutes.
INFO    Testing connectivity to endpoints that are needed to connect to Azure... This might take a few minutes.
  20% [==>          ]
  30% [===>         ]
  INFO    Creating resource in Azure...              Correlation ID=d3b62f4d-2230-4388-984d-fcefbeeb8435 Resource ID=
/subscriptions/[...]/resourceGroups/Azure_Arc/providers/Microsoft.HybridCompute/machines/
SYNC-SERV2
  60% [======>      ]
```

Se ha añadido el objeto Azure, como se puede ver en el archivo:

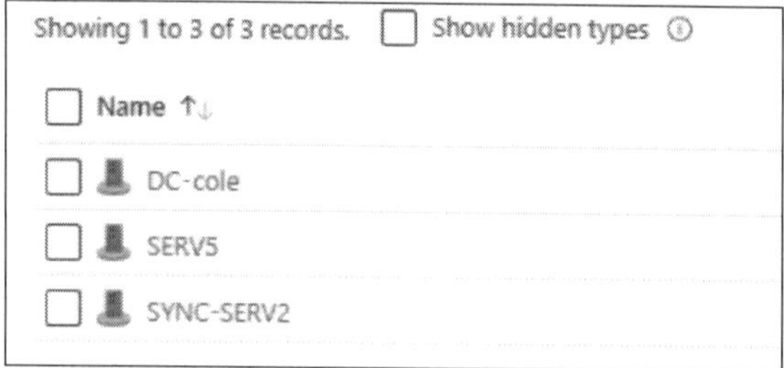

4.5.4 Nombres reservados

El recurso creado en Azure tiene el mismo nombre que el servidor físico. Ciertos nombres están reservados para el sistema Azure. Si su máquina tiene uno de estos nombres, la instalación del agente fallará.

Algunos ejemplos de nombres reservados son "Azure", "Exchange" y "PowerPoint".

La lista completa de nombres reservados por Azure se puede consultar en esta dirección: https://learn.microsoft.com/en-us/Azure/Azure-resource-manager/troubleshooting/error-reserved-resource-name

4.5.5 Despliegue del script

Hay varias formas de desplegar el script a gran escala: usando GPO con un script de inicio o con una directiva que ejecuta una tarea programada, esta tarea programada a su vez ejecuta el script.

En el caso de la tarea programada, el script debe estar en un recurso compartido y los equipos que van a ejecutar la tarea programada a través del GPO deben tener permisos de lectura y ejecución sobre la carpeta compartida.

5. Supervisión de infraestructuras

5.1 Monitor Azure

Azure Monitor es el servicio de monitorización de recursos incluido en Azure, que permite obtener y almacenar registros de eventos y contadores de rendimiento desde dentro de los recursos Azure.

Azure Monitor funciona con un agente, que se puede ejecutar tanto en máquinas virtuales Azure como en máquinas con Azure Arc. En el caso de las máquinas con Azure Arc, funciona y se instala como una extensión del agente de Azure Arc.

Los datos recopilados por Azure monitor se pueden enviar a varios lugares de Azure, pero se enviarán a un espacio denominado "log analytics workspace".

Hay que crear reglas para decidir qué tipo de datos se quieren recoger y adónde se deben enviar.

Hay muchas formas de visualizar los datos recopilados: puede crear alertas, cuadros de mando, utilizar Grafana y el servicio Logs Analytics de Azure, por nombrar sólo algunas.

5.1.1 Instale la extensión Azure Monitor

Para poder utilizar los servicios de Azure Monitor en una máquina Azure Arc, necesitamos añadirle la extensión correspondiente.

▶ Escriba el nombre de la máquina en la búsqueda de Azure y haga clic en ella.

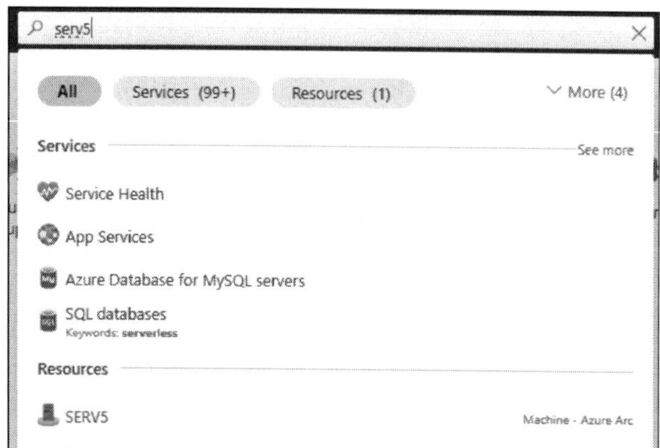

▶En la configuración de la máquina, vaya a **Extensions** y haga clic en **Add**.

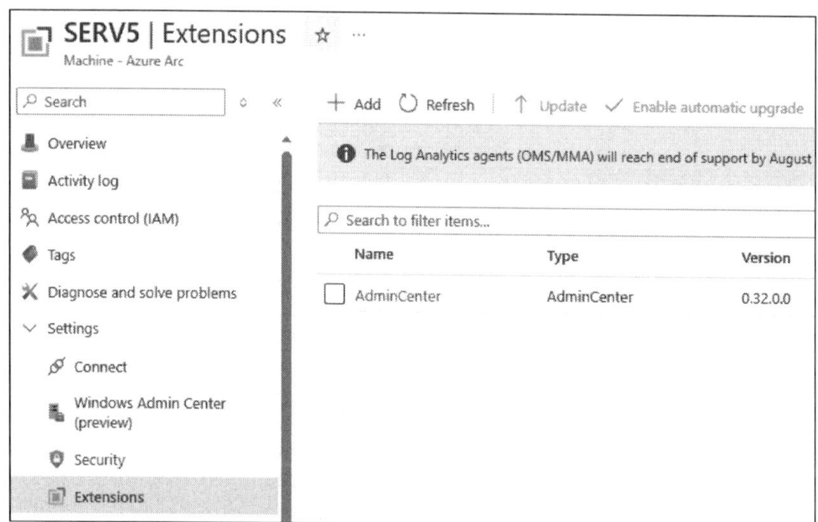

▶Seleccione el agente de monitorización de Azure y haga clic en **Next**.

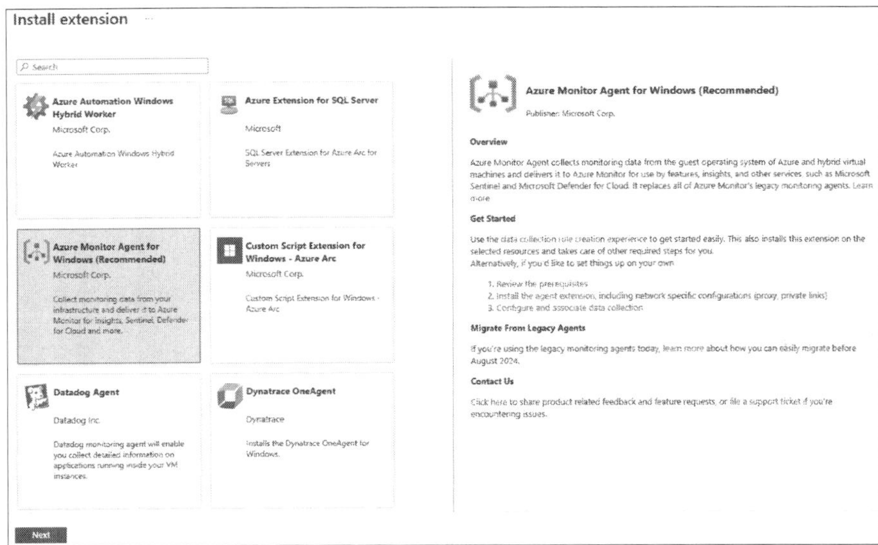

▶ En la última página, si utiliza un proxy, haga clic en **Review + create**.

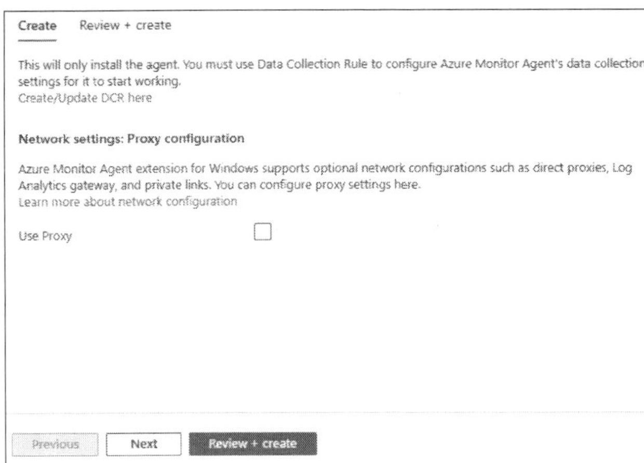

▶ En la última página, haga clic en **Create** y comenzará el despliegue.

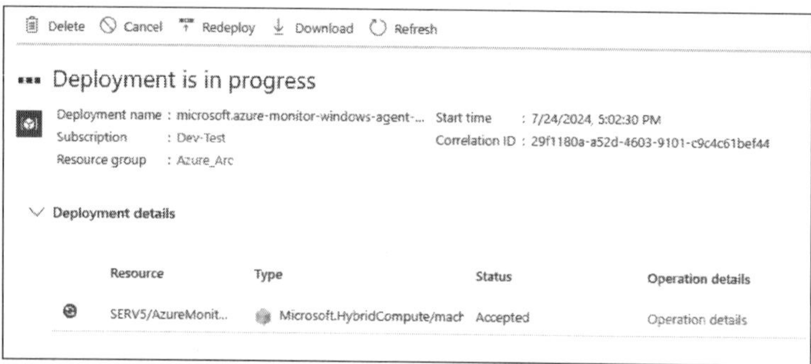

5.1.2 Poner en práctica los insights

▶ En la página de la máquina, vaya a **Monitoring** y, a continuación, a **Insights**. En la página central, haga clic en **Enable**.

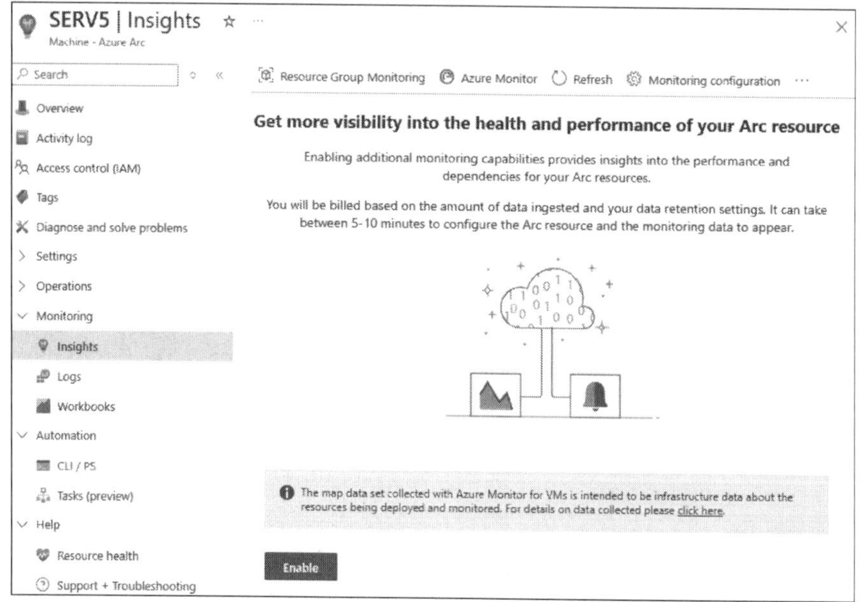

- En la página siguiente, seleccione la suscripción. Se creará un espacio de trabajo de análisis de registros predeterminado. La configuración puede tardar 10 minutos.

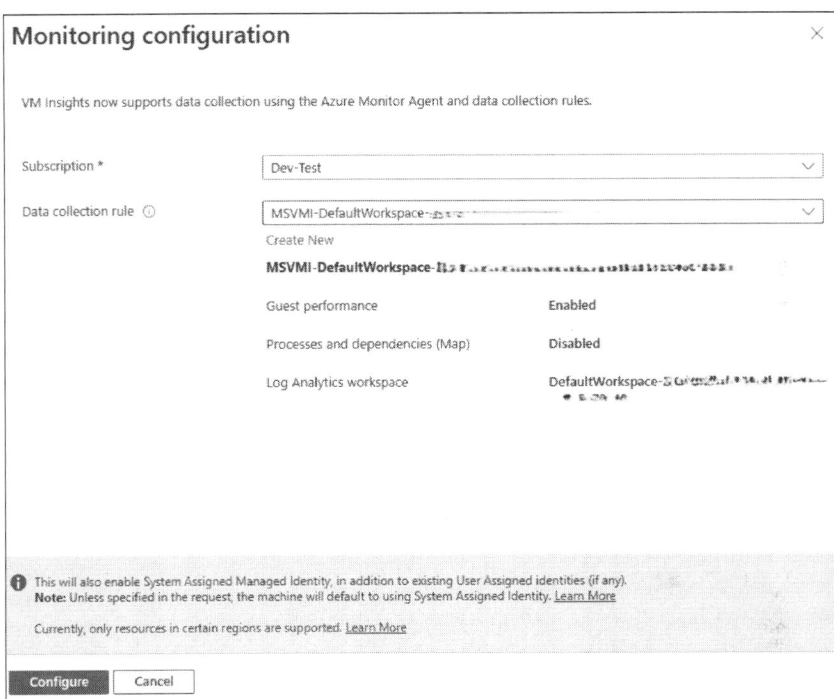

- Vaya a notificaciones para ver cómo avanza el despliegue.

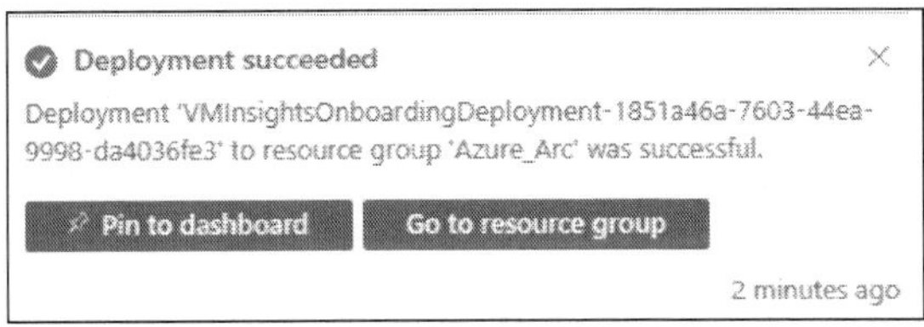

Puede volver a los insights de la máquina y en la pestaña **Performance** ya empiezan a llegar los datos.

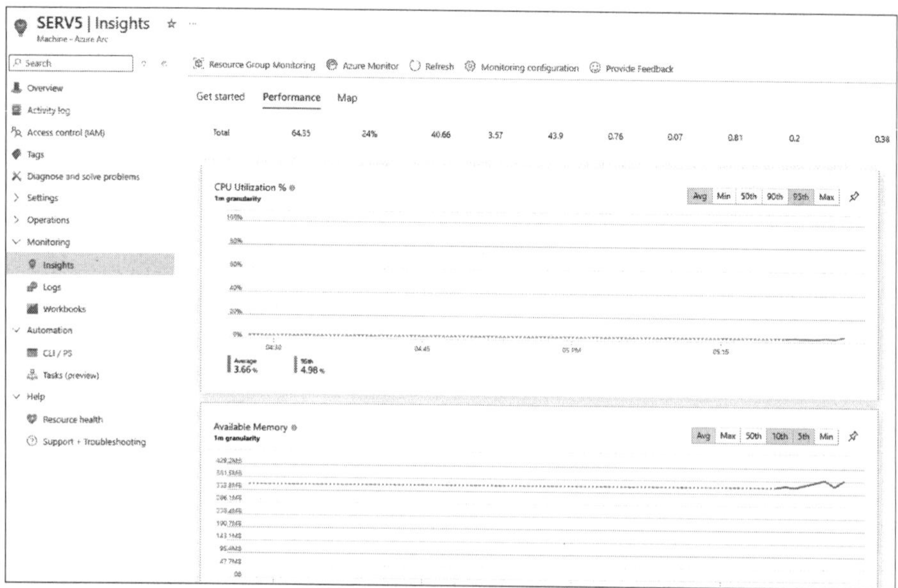

5.1.3 Creación de cuadros de mando

En la esquina superior derecha de cada métrica, hay un pequeño icono con forma de alfiler. Si hace clic en él, Azure le sugerirá que copie el gráfico en un cuadro de mando.

▶ Seleccione **Create new** y asigne un nombre al cuadro de mandos.

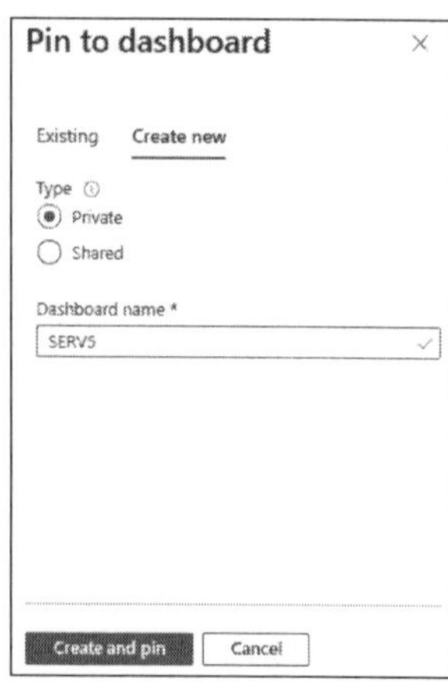

- Fije las métricas que le interesen al cuadro de mandos, de la misma manera.
- Vaya a la página de cuadros de mando de Azure y seleccione el panel del servidor Azure Arc.

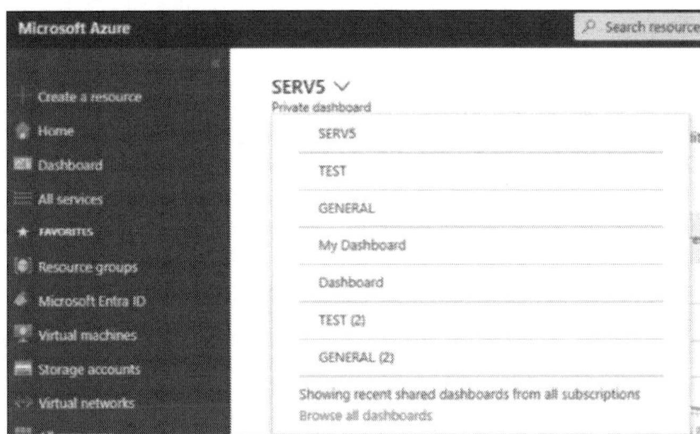

Tiene acceso al panel de control de nuestro servidor, y puede ajustar el tamaño y la disposición de las métricas a su conveniencia. También puede configurar el tiempo de actualización de las métricas.

5.2 Creación de alertas con Azure Monitor

Vamos a crear una alerta para una de nuestras máquinas Azure Arc para que nos envíe un correo electrónico, cuando el disco duro de la máquina caiga por debajo de cierta cantidad de espacio disponible.

5.2.1 Preparación de la recogida de datos

Empecemos creando un espacio de trabajo Log Analytics para recuperar datos de la máquina.

- Escriba **analytics** en la barra de búsqueda de Azure y seleccione **Log Analytics workspaces** en los resultados.

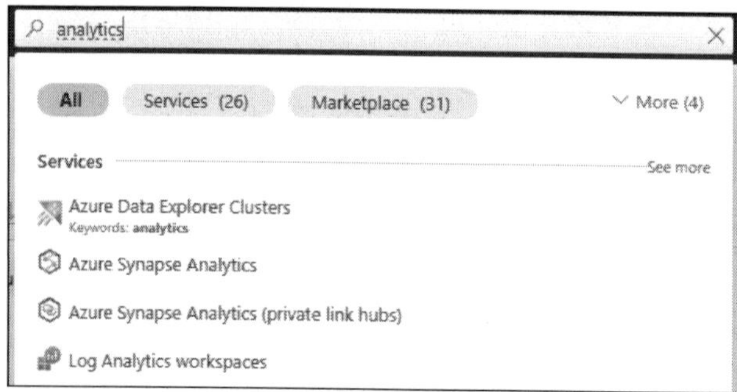

- En la página de espacios de trabajo, haga clic en **Create**.

- Elija la suscripción, el grupo de recursos, dé un nombre al espacio de trabajo y la región, que debe ser la misma que la de la máquina. Haga clic en **Review + Create** y vuelva a crear.

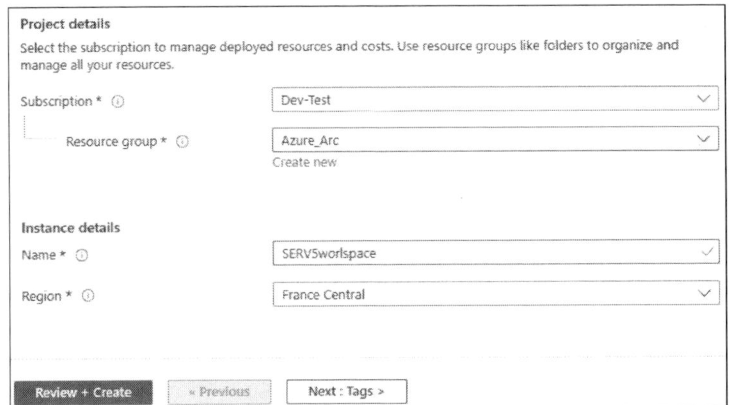

▶ Ve a la página de la máquina, en insights. Deberían estar activados. Si no es así, actívelos. Una vez hecho esto, la página debería tener este aspecto:

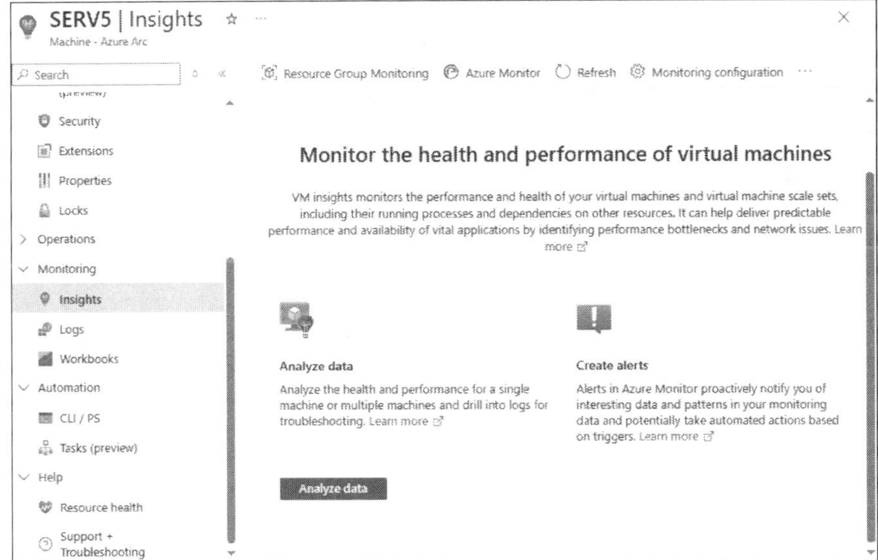

▶ Ahora haga clic en **Monitoring configuration**. Esto abrirá una nueva página, haga clic en **Edit**.

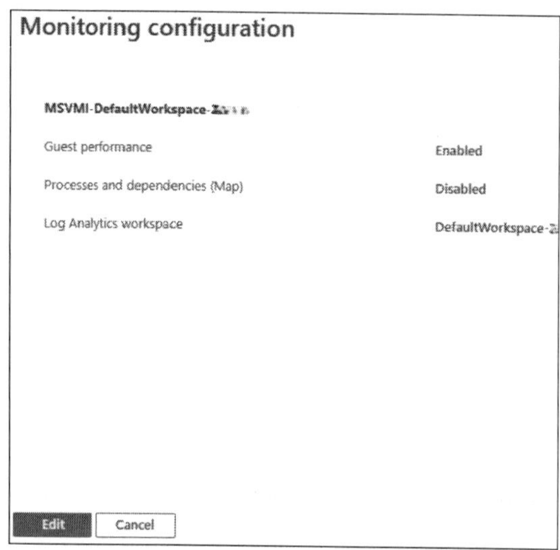

▶ Debajo de la regla de recogida de datos, haga clic en el enlace **Create New**.

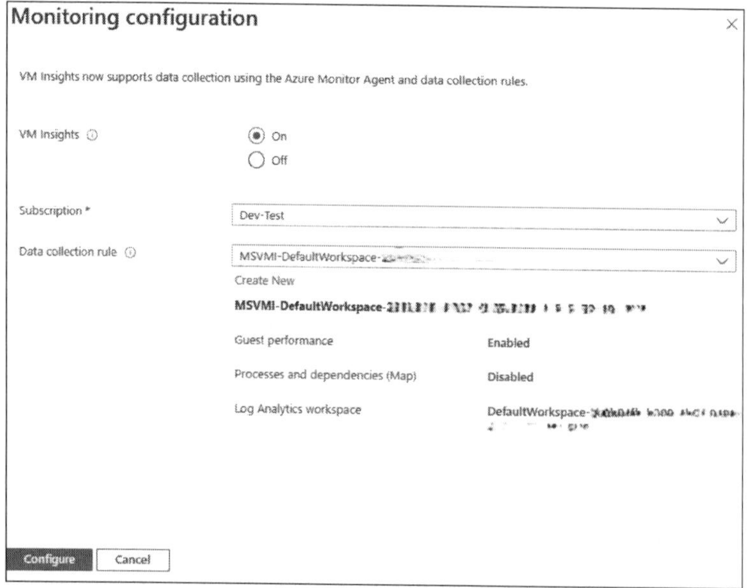

- Asigne un nombre a la regla de recopilación de datos, active los procesos y las dependencias, elija la suscripción y seleccione el espacio de trabajo que acabamos de crear. Haga clic en **Create**.

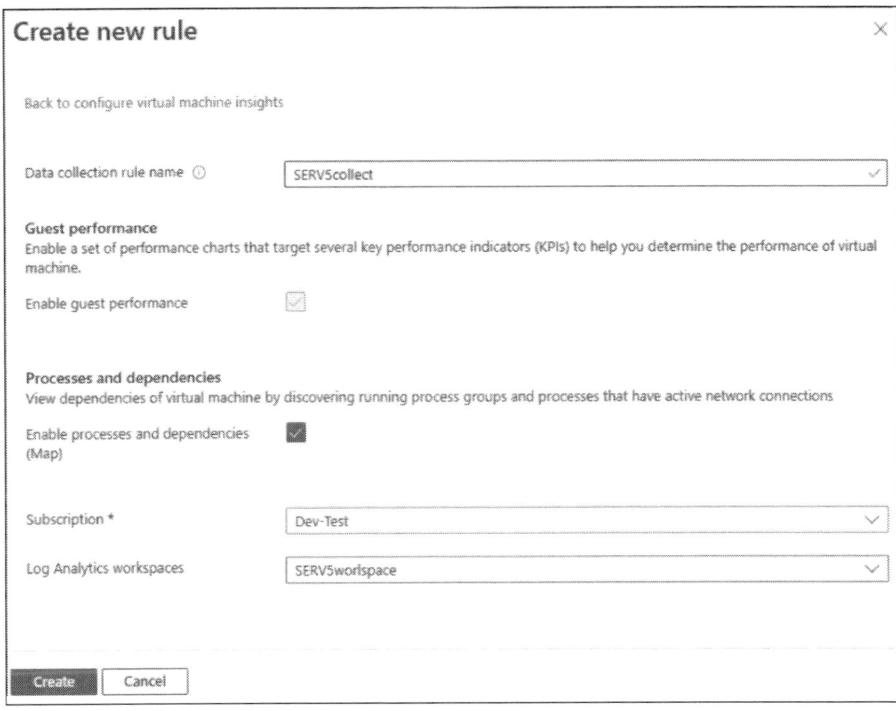

▶ De vuelta en la página de configuración de la monitorización, haga clic en **Configure**.

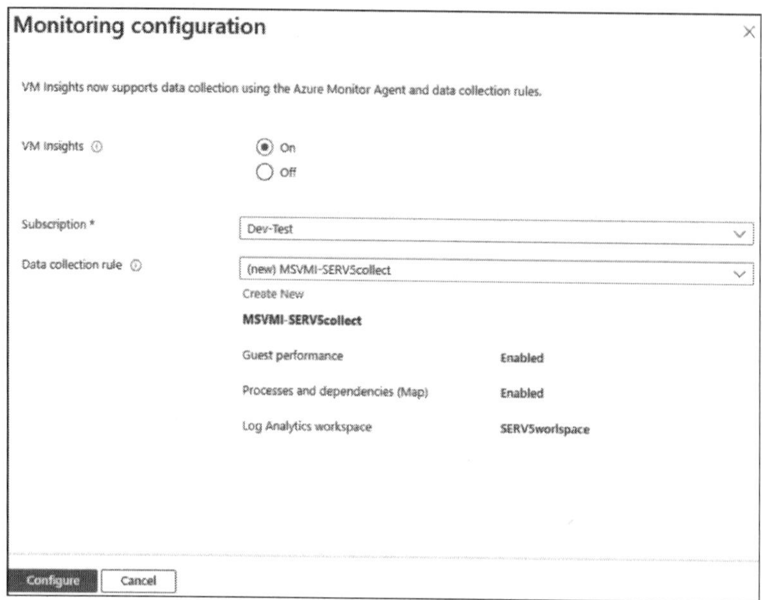

5.2.2 Crear una alerta

▶ En la barra de búsqueda de Azure, escriba **monitor** y seleccione el servicio en los resultados.

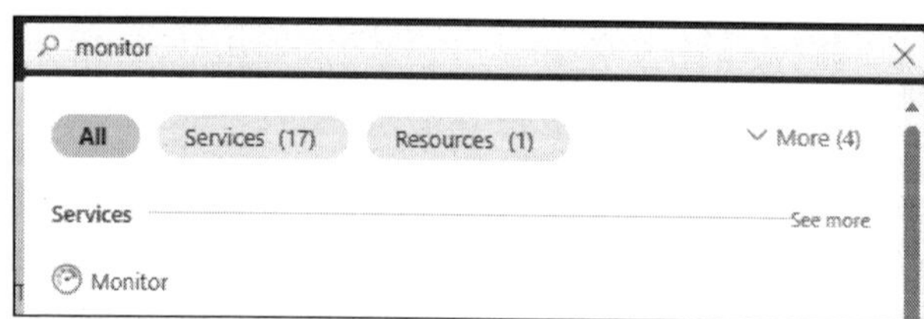

- Una vez en Azure Monitor, vaya al menú de alertas.

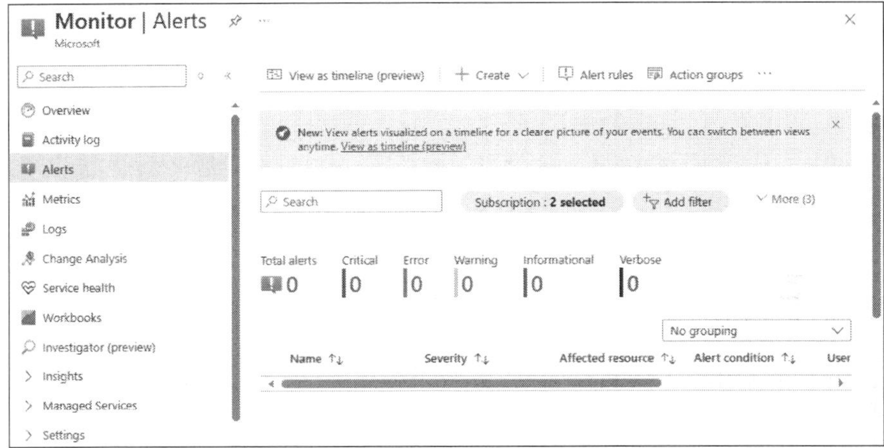

- A continuación, haga clic en **Create** y seleccione **Alert rule**.

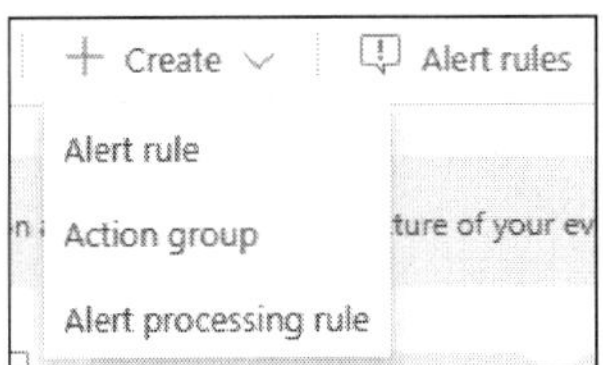

- Seleccione su suscripción y el recurso para el que desea crear una alerta y haga clic en **Apply**. Esto definirá el alcance de la alerta.

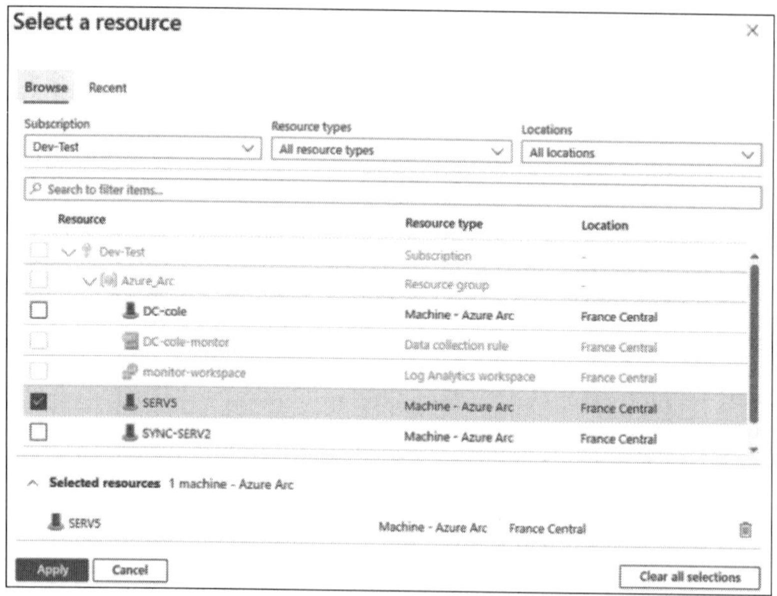

Una vez definido el ámbito de la alerta, vaya a la pestaña **Conditions** de la alerta.

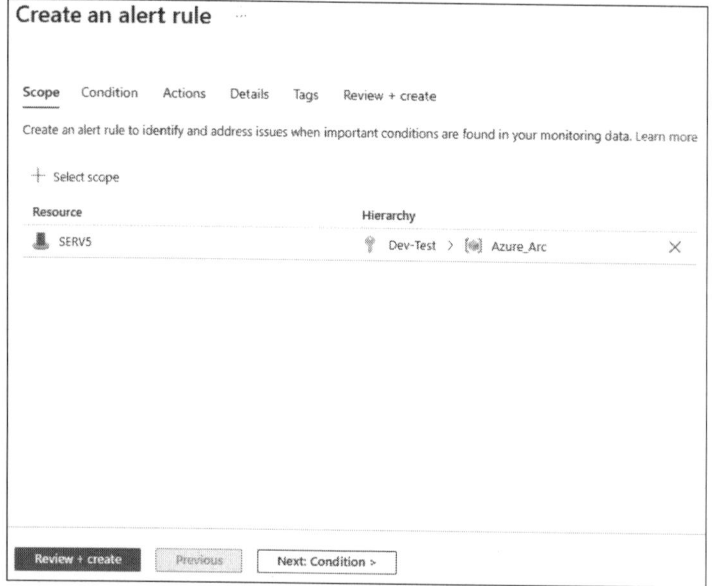

▶ Haga clic en **See all signals**.

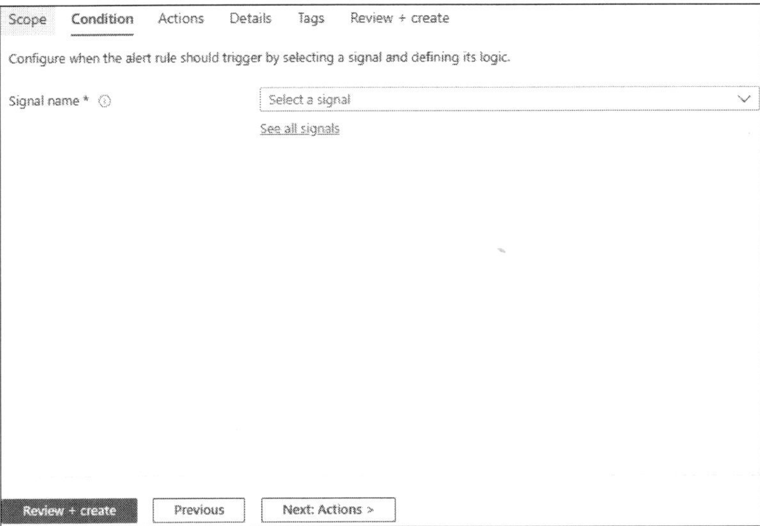

▶ En **Metrics** tiene a su disposición una larga lista de criterios. Elige la cantidad de espacio en disco disponible en megabytes.

Select a signal

Log search	
Custom log search	Log Analytics
Resource health	
Resource health	Resource health
Metrics	
\LogicalDisk(_Total)\% Disk Read Time	Guest operating system metrics
\LogicalDisk(_Total)\% Disk Time	Guest operating system metrics
\LogicalDisk(_Total)\% Disk Write Time	Guest operating system metrics
\LogicalDisk(_Total)\% Free Space	Guest operating system metrics
\LogicalDisk(_Total)\% Idle Time	Guest operating system metrics
\LogicalDisk(_Total)\Avg. Disk Queue Length	Guest operating system metrics
\LogicalDisk(_Total)\Avg. Disk Read Queue Length	Guest operating system metrics
\LogicalDisk(_Total)\Avg. Disk sec/Read	Guest operating system metrics
\LogicalDisk(_Total)\Avg. Disk sec/Transfer	Guest operating system metrics
\LogicalDisk(_Total)\Avg. Disk sec/Write	Guest operating system metrics
\LogicalDisk(_Total)\Avg. Disk Write Queue Length	Guest operating system metrics

La métrica que desea seleccionar:

Select a signal

\LogicalDisk(_Total)\Disk Read Bytes/sec	Guest operating system metrics
\LogicalDisk(_Total)\Disk Reads/sec	Guest operating system metrics
\LogicalDisk(_Total)\Disk Transfers/sec	Guest operating system metrics
\LogicalDisk(_Total)\Disk Write Bytes/sec	Guest operating system metrics
\LogicalDisk(_Total)\Disk Writes/sec	Guest operating system metrics
\LogicalDisk(_Total)\Free Megabytes	Guest operating system metrics
\Memory\% Committed Bytes In Use	Guest operating system metrics
\Memory\Available Bytes	Guest operating system metrics

- A continuación, debe establecer las condiciones de alerta. Defina que el espacio libre total sea inferior o igual a 50 GB.

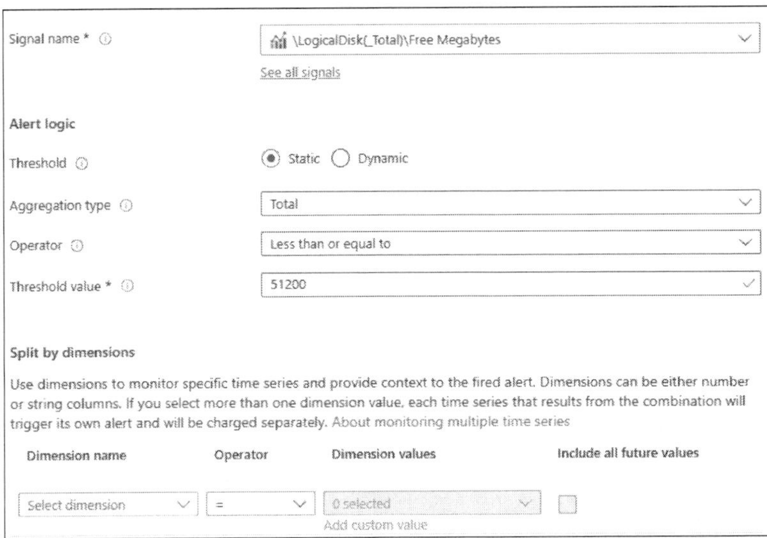

- Para la frecuencia con la que Azure comprobará la métrica, elija cada hora:

Split by dimensions

Use dimensions to monitor specific time series and provide context to the fired alert. Dimensions can be either number or string columns. If you select more than one dimension value, each time series that results from the combination will trigger its own alert and will be charged separately. About monitoring multiple time series

Dimension name	Operator	Dimension values	Include all future values
Select dimension	=	0 selected Add custom value	

When to evaluate

Check every: 1 hour

Lookback period: 1 hour

▶ A continuación, vaya a la pestaña **Actions** para configurar cómo reaccionará Azure cuando se active la alerta.

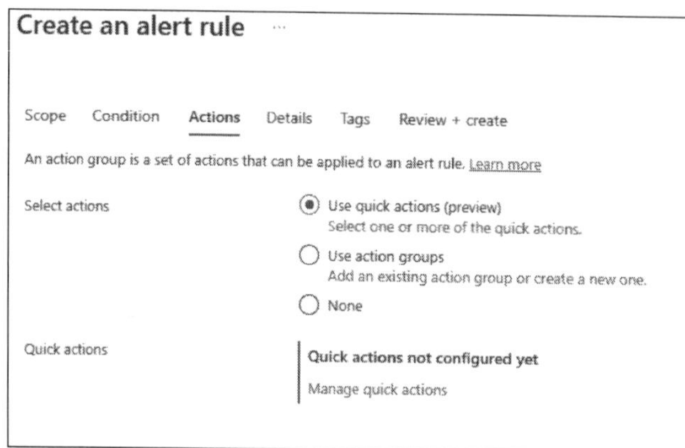

▶ Enviar un correo electrónico y una notificación en la aplicación móvil Azure.

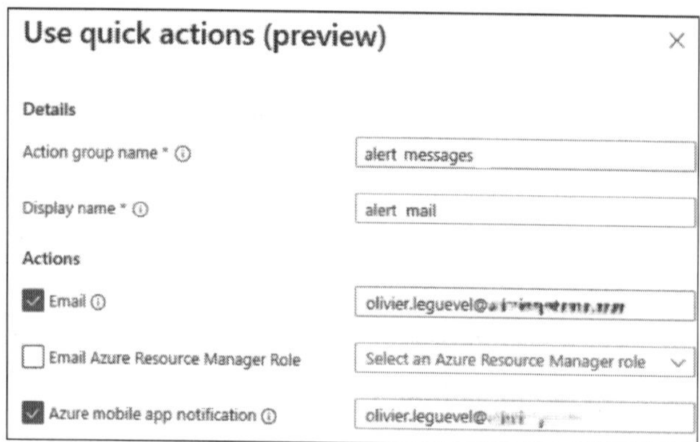

▶ Por último, en la pestaña **Details**, asigne un nombre a la alerta y defina su gravedad. Una vez hecho esto, puede crear la alerta.

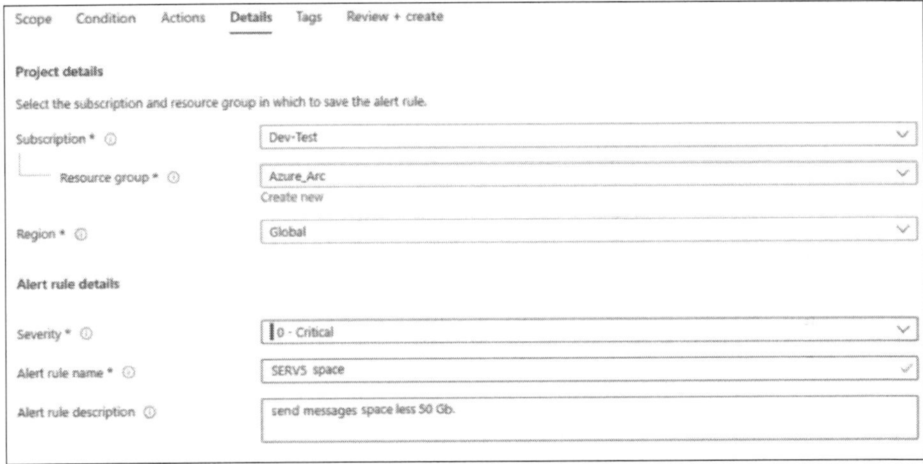

La alerta es un objeto Azure como cualquier otro; puede verlo en el grupo de recursos.

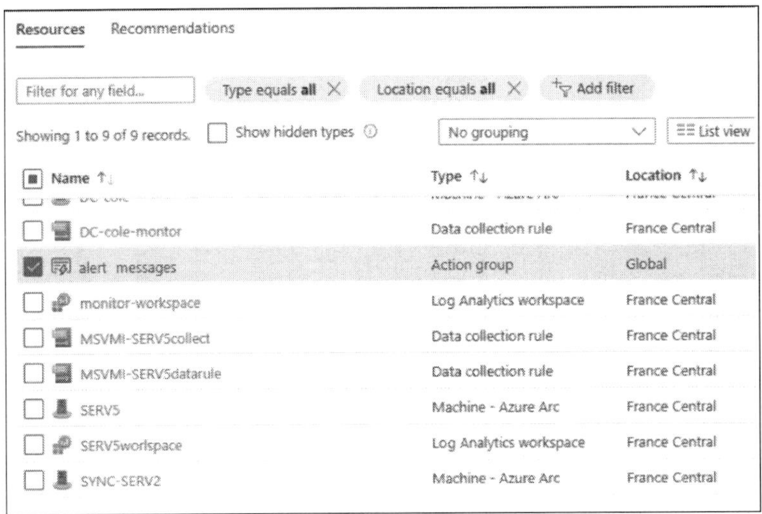

5.3 Aplicación de las directivas Azure

Otro mecanismo que podemos implementar con los servidores Azure Arc son las directivas de grupo, que también se pueden utilizar para monitorizar máquinas.

▶ Vaya a la página Azure Policies y búsquelas en Azure.

▶ En las definiciones de directivas, filtre la lista para mostrar las que se pueden aplicar a las máquinas Azure Arc. Haga clic en la segunda directiva de la captura de pantalla, la que comprobará que el agente Azure Monitor está instalado en las máquinas.

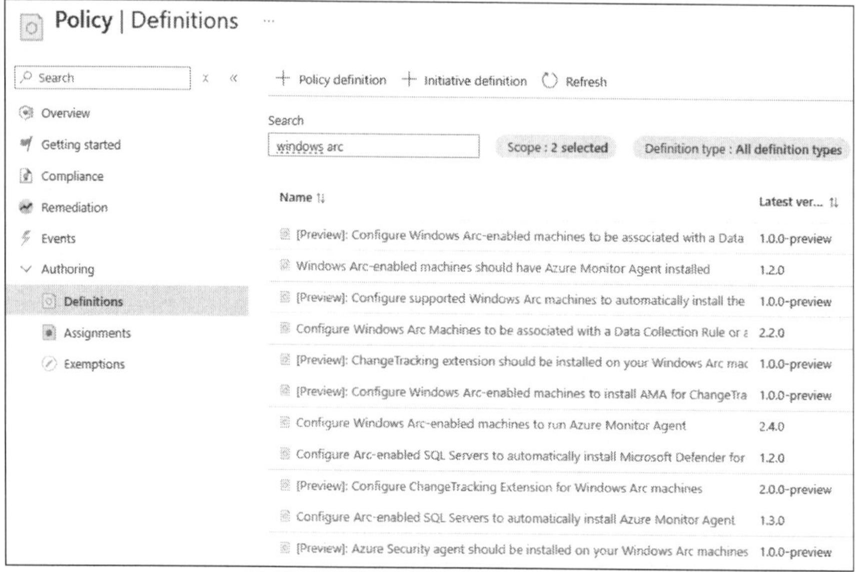

▶ Una vez en la directiva, puede ver y, si lo desea, modificar, el código de la directiva, que está en lenguaje JSON. Déjelo por defecto y haga clic en **Assign policy**.

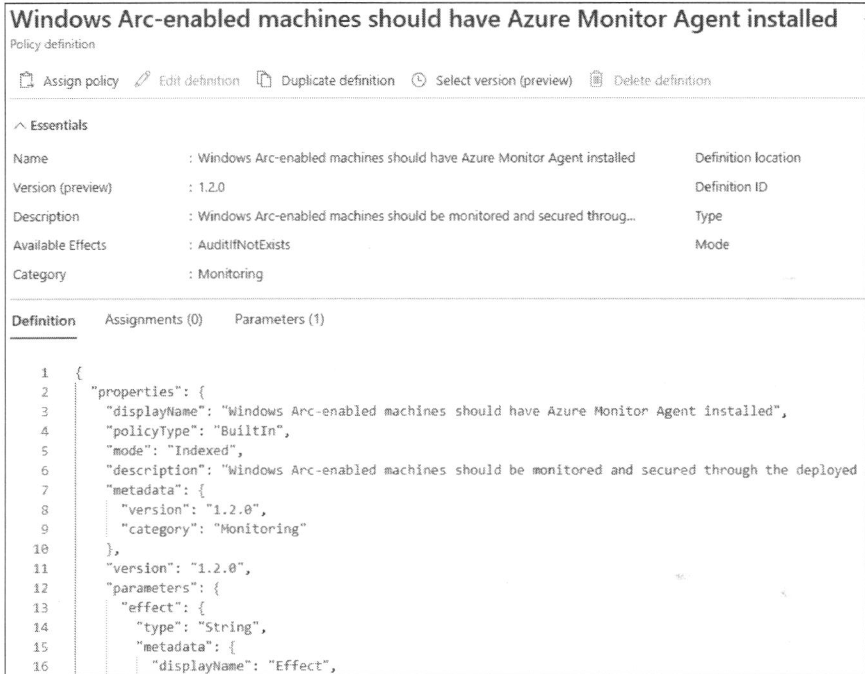

Observación

Es práctica común crear estrategias personalizadas editando su código, partiendo de una definición. Cuando se hace esto, es necesario duplicar la directiva antes de editarla para mantener el original intacto.

▶ En la página de asignación, haga clic en el botón azul de ámbito para seleccionar el grupo de recursos al que se aplicará la directiva.

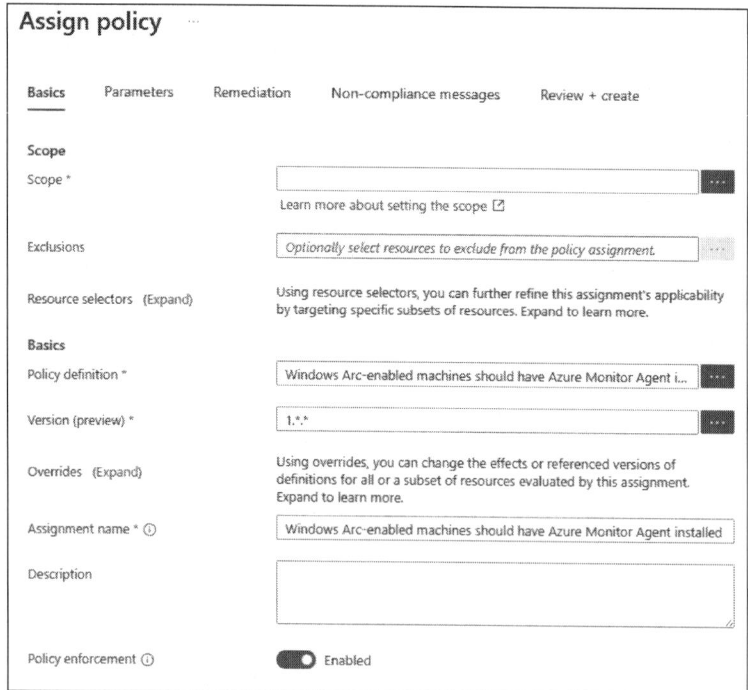

▶ Introduzca su suscripción y grupo de recursos.

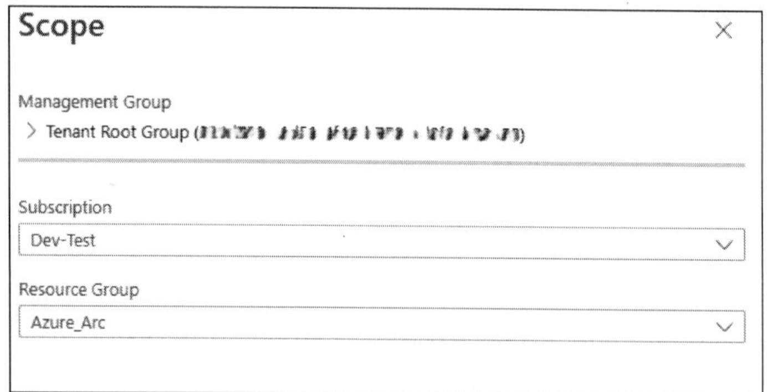

Es posible hacer exclusiones para eliminar determinados elementos del grupo de recursos de la directiva, pero no lo haremos.

En la pestaña **Parameters**, vamos a desmarcar la opción **Only show parameters that need input or review**, que mostrará las opciones disponibles. Aquí es donde puede desactivar una directiva, pero vamos a dejarla activada.

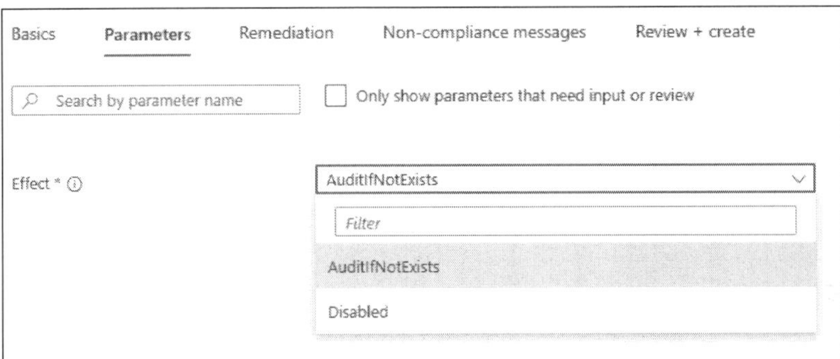

No es necesario realizar ninguna corrección para esta estrategia, puede ir directamente a la pestaña del mensaje de no conformidad.

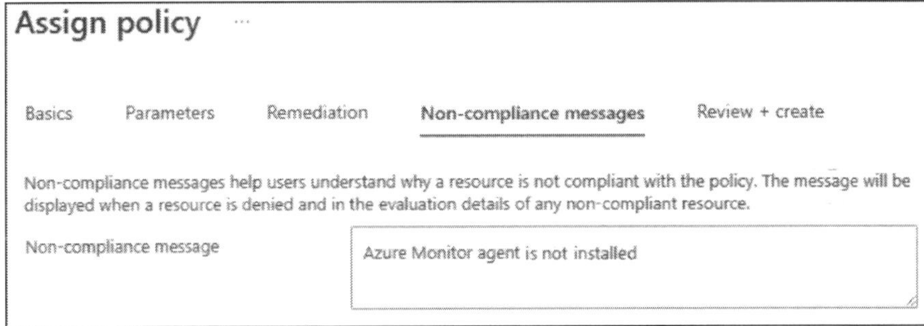

A continuación, puede hacer clic en **verify+create** y asignar la directiva.

Si va a la **conformidad de la directiva**, puede ver que la directiva se ha añadido. Tiene el estado de no iniciada; una directiva puede tardar entre 15 y 30 minutos en hacerse efectiva.

6. Windows Admin Center

Windows Admin Center (WAC) es **una aplicación gratuita** de Microsoft diseñada para gestionar, tanto máquinas locales, como recursos en Azure. Como vimos en la sección anterior de este capítulo, se incluye en la consola de administración de Azure, a nivel de cada máquina.

Se puede desplegar in situ en una máquina Windows. Es una aplicación que ha evolucionado considerablemente con el tiempo y ahora ofrece una amplia gama de funciones, lo que la convierte en una solución completa para gestionar una infraestructura híbrida.

WAC puede tomar el control de máquinas de forma remota, enviar comandos PowerShell de forma remota, conectar máquinas con Azure Arc, administrar Active Directory, instalar Azure Monitor y mucho más.

Por tanto, Windows Admin Center puede administrar máquinas Windows Server desde 2012 hasta 2022, Windows 10 y 11, así como una gran cantidad de recursos de Azure, desde máquinas virtuales hasta almacenamiento y clústeres Kubernetes.

6.1 Instalar WAC

Windows Server es una aplicación que se puede instalar en una máquina, que actuará como portal, y a la que se podrán conectar el resto de máquinas. No es necesario instalar un agente, y las comunicaciones entre el conjunto de máquinas y el portal, se realizan mediante https.

Es posible instalar WAC en varios servidores y configurar un clúster de conmutación por error o un balanceo de carga de red. Uno de los tipos más comunes de despliegue es instalar WAC en una máquina que, a su vez, será gestionada desde WAC.

Para instalar el WAC, empiece por descargar el instalador de Microsoft en la dirección https://www.microsoft.com/en-us/windows-server/windows-admin-center

- Haga clic en **Download Windows Admin Center**, esto descargará el instalador en formato .msi.

- Ejecute el instalador como administrador y acepte la licencia.

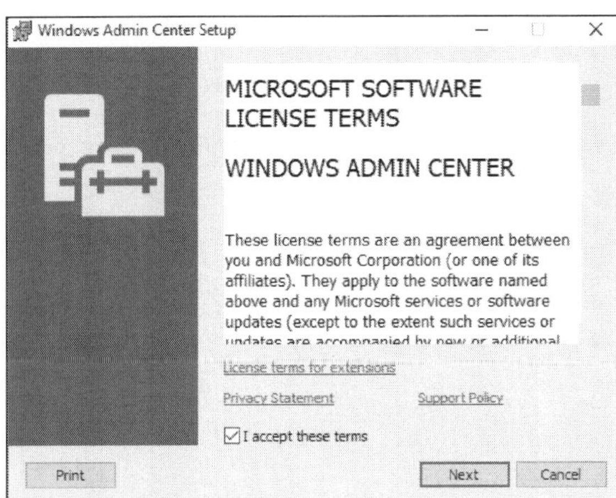

▶ Deje la primera página con su configuración por defecto y, en la segunda página, especifique que el WAC debe ser actualizado por Windows Update.

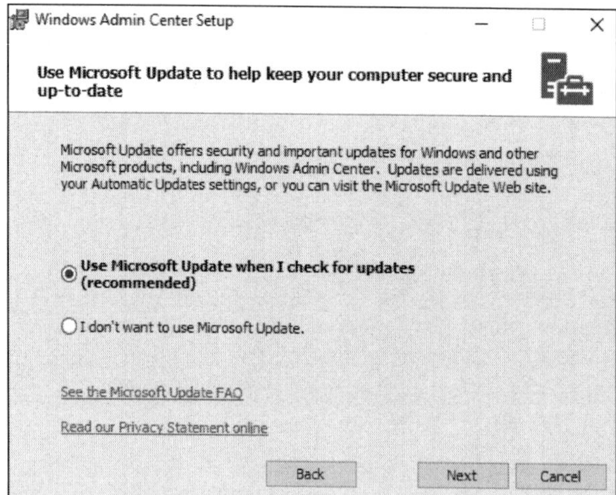

▶ En la página siguiente, deje las opciones por defecto.

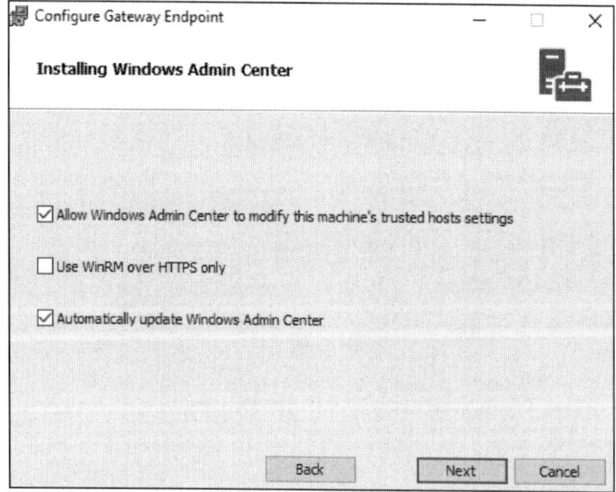

- A continuación, accederá a la página de configuración de puertos. Cambie el puerto por defecto para acceder a la interfaz web para mejorar la seguridad. WAC generará un certificado autofirmado; podría haber importado un certificado. Por último, redirige el tráfico HTTP a HTTPS.

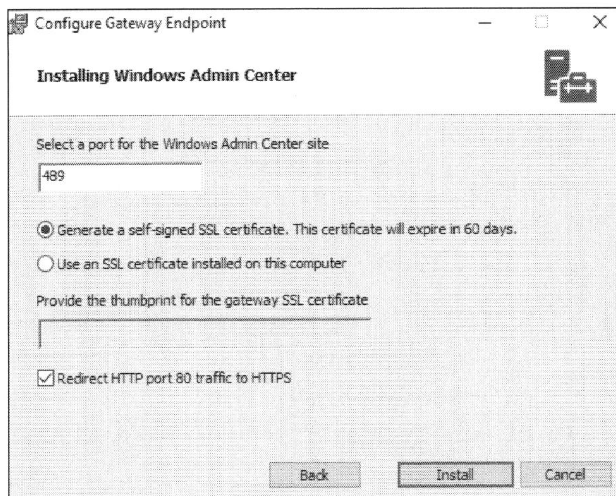

Una vez finalizada la instalación, la interfaz muestra la URL, con el puerto personalizado, para acceder a la interfaz WAC.

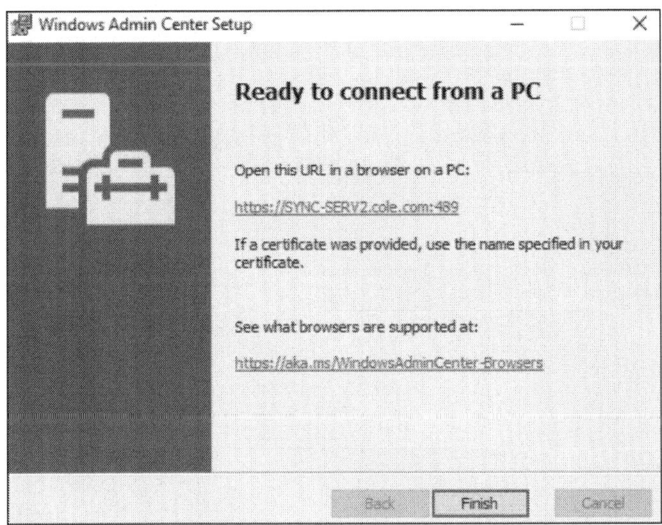

Cuando haga clic en el enlace, se iniciará el navegador web y se le pedirá que se identifique. Entrará como administrador del dominio.

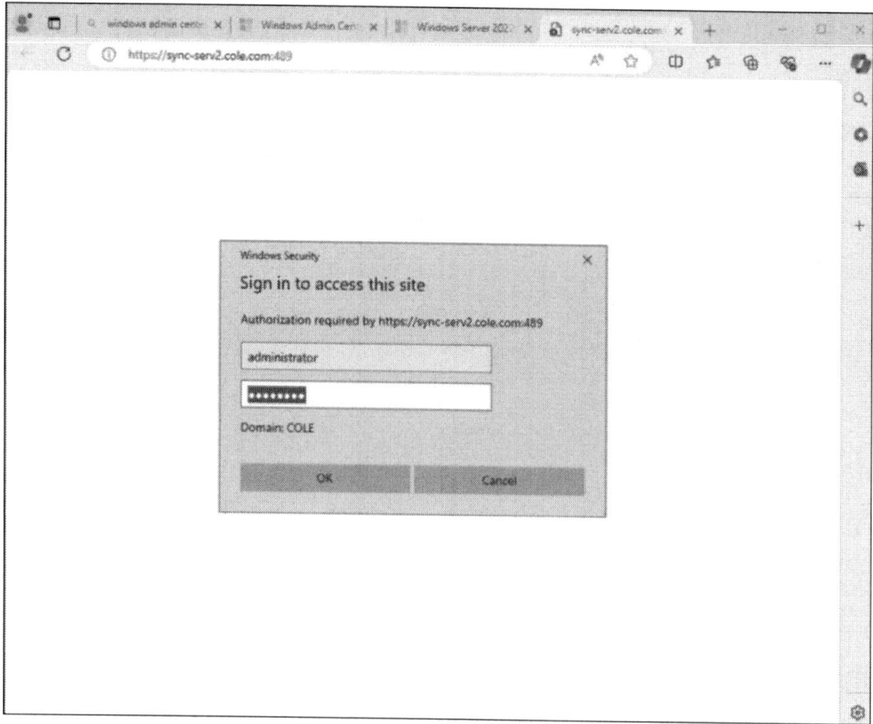

El primer mensaje indica la versión instalada y explica las principales novedades.

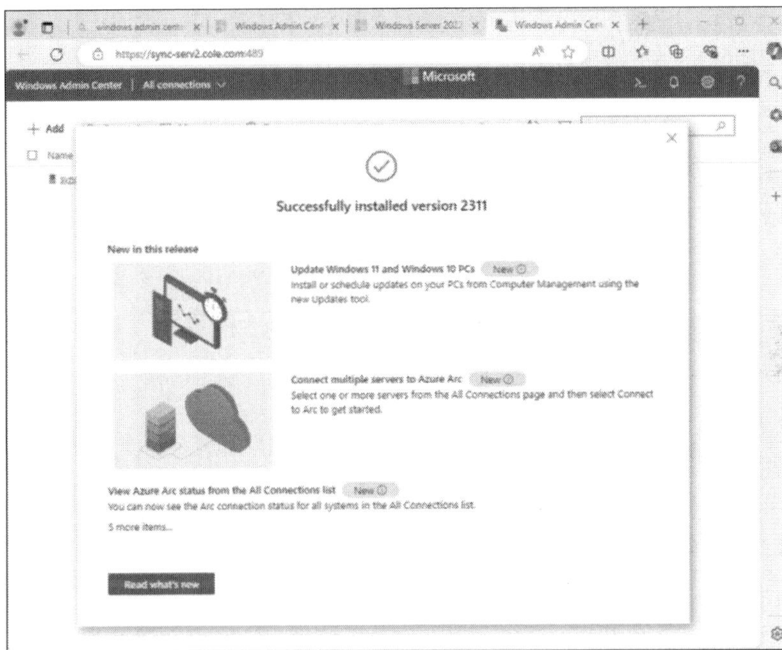

A continuación, podrá comprobar que la máquina en la que ha instalado el WAC ya ha sido añadida al inventario y que la aplicación está actualizando las extensiones.

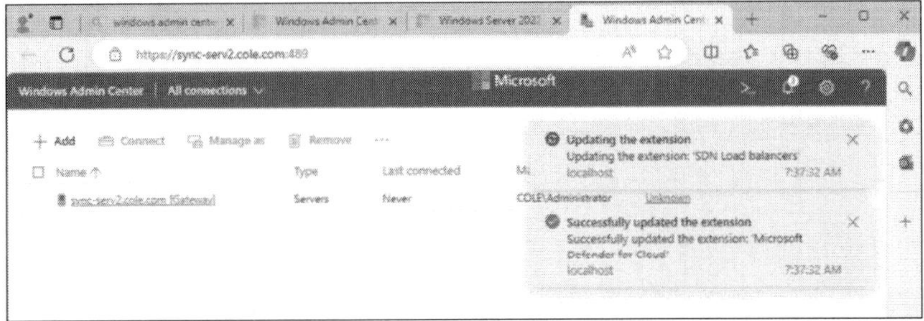

Observación

Las extensiones de las que hablamos aquí son extensiones que añaden funcionalidad al WAC, por ejemplo, instalar una extensión es necesario para gestionar Active Directory, DNS y DHCP.

6.2 Añadir máquinas

▶Para añadir máquinas al WAC, haga clic en **Add**.

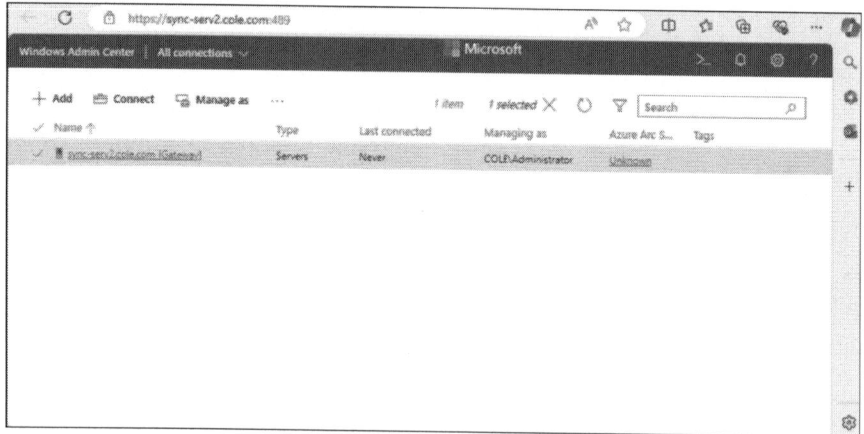

En la página siguiente, debe indicar qué tipo de máquina desea añadir. Puede elegir entre:

- servidores Windows,
- PC con Windows,
- clústeres de servidores Windows,
- máquinas virtuales Azure.

▶Seleccione **Servers** haciendo clic en **Add**.

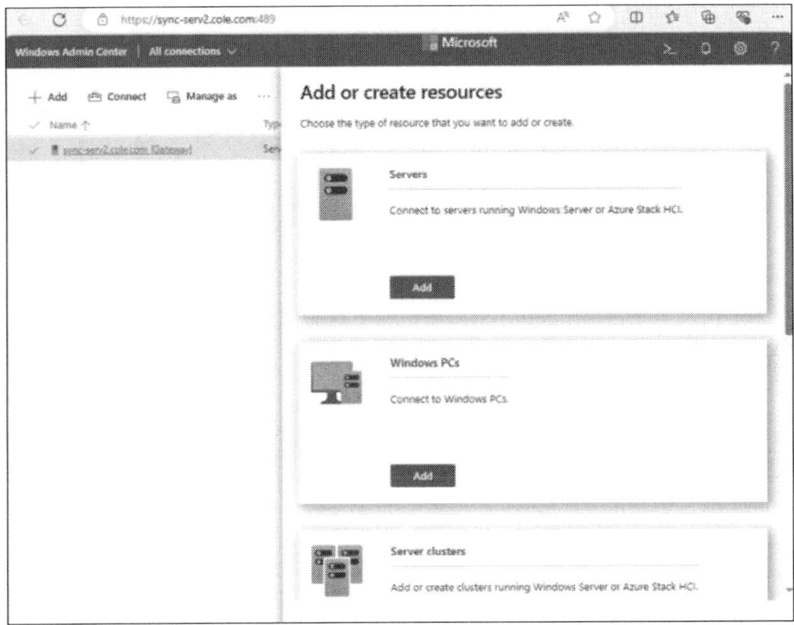

▶ Aquí puede elegir añadir una máquina introduciendo su nombre, importar una lista de máquinas utilizando un archivo CSV o examinar Active Directory. Seleccione **Import a list**.

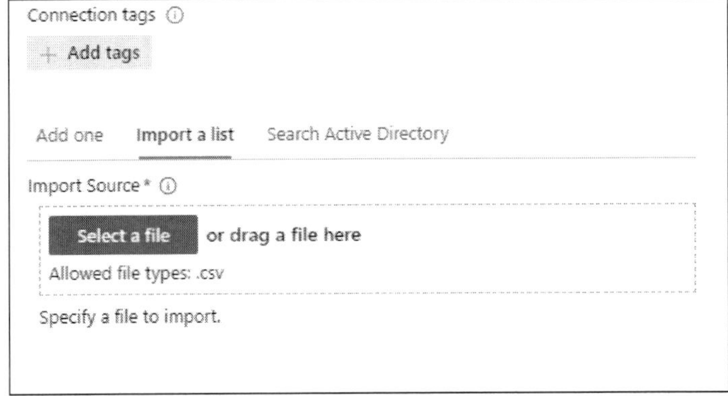

El archivo CSV debe seguir la sintaxis del siguiente ejemplo:

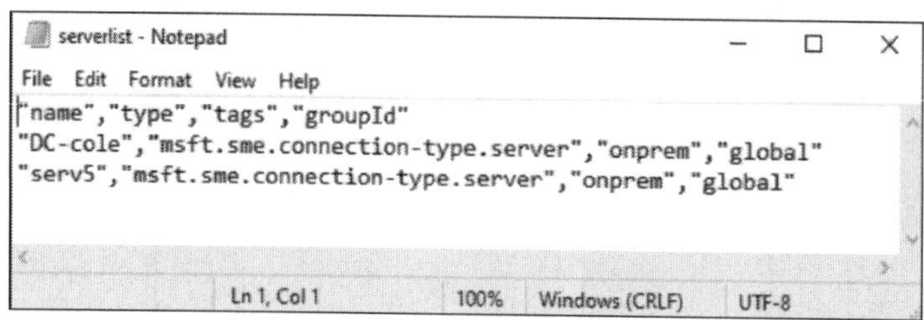

- Distingue entre mayúsculas y minúsculas; tenga cuidado con la "I" de groupId.
- El tipo debe empezar por `msft.sme.connection-type`. Para máquinas cliente añadimos "client", para un clúster "cluster".
- Las etiquetas son libres.
- El `groupId` depende de la naturaleza de lo que se aporte. Global corresponde a servidores, "hyperv" a máquinas virtuales, etc.

Si su archivo CSV contiene errores, Windows Admin Center le dará algunas pistas:

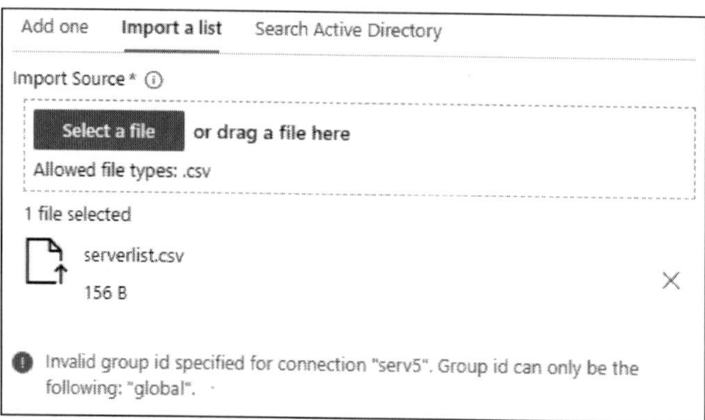

▶ Una vez corregido el archivo, puede iniciar la importación. Haga clic en **Add**.

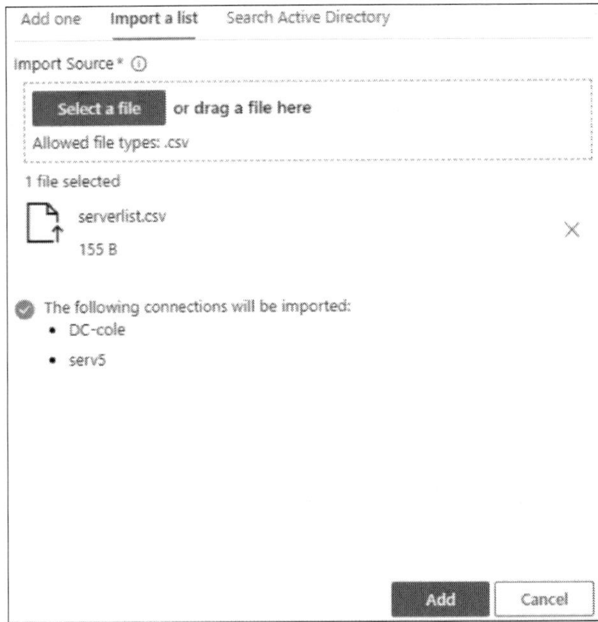

6.3 Primera conexión a una máquina

▶Los servidores se han añadido al inventario. Haga clic en el nombre de uno de sus servidores para conectarse a él.

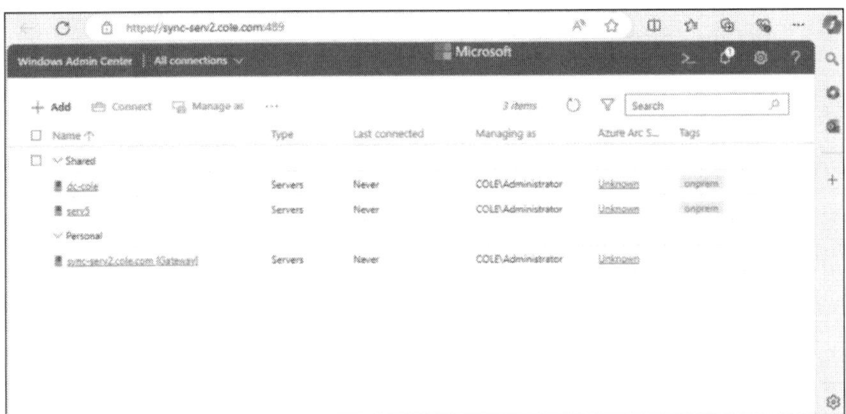

▶ Si se requiere autenticación, marque la opción de utilizar estas credenciales para todas las conexiones.

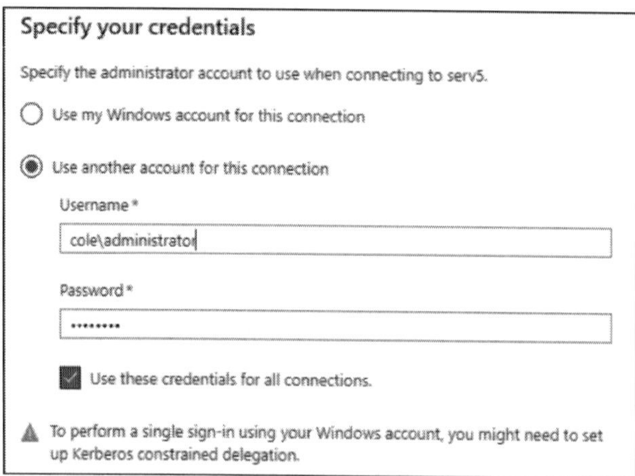

Ya está conectado al servidor y tiene acceso a una amplia lista de funciones.

6.4 Añadir extensiones

A pesar de la extensa lista de funciones incluidas en WAC, no encontrará nada para administrar Active Directory, DHCP o DNS. Tendrá que añadir extensiones para ello.

- Haga clic en el icono de configuración situado en la parte superior izquierda de la página.

- Seleccione el menú de extensiones en la barra lateral.

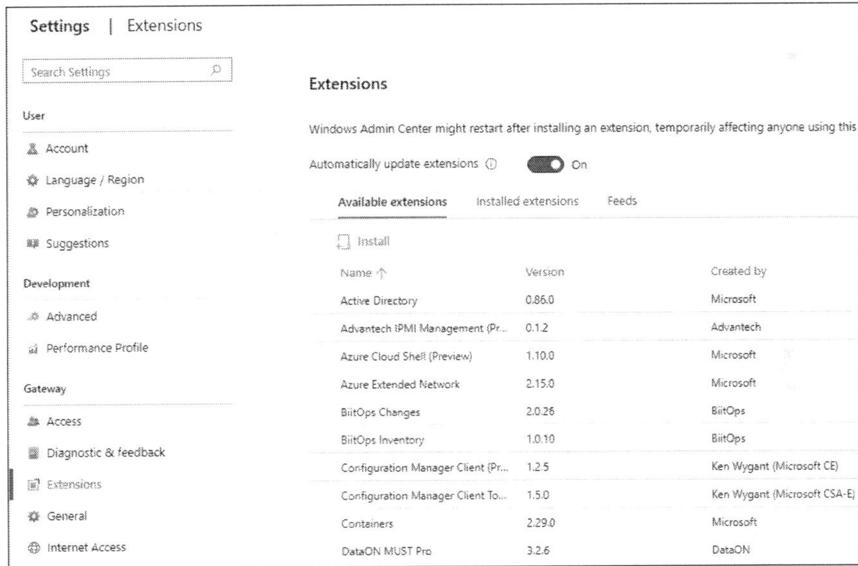

- Seleccione la extensión Active Directory y haga clic en **Install**.

Available extensions | Installed extensions | Feeds

Install

Name ↑	Version	Created by
Active Directory	0.86.0	Microsoft
Advantech IPMI Management (Pr...	0.1.2	Advantech
Azure Cloud Shell (Preview)	1.10.0	Microsoft
Azure Extended Network	2.15.0	Microsoft
BiitOps Changes	2.0.26	BiitOps
BiitOps Inventory	1.0.10	BiitOps
Configuration Manager Client (Pr...	1.2.5	Ken Wygant (Microsoft CE)
Configuration Manager Client To...	1.5.0	Ken Wygant (Microsoft CSA-E)

Details - Active Directory

Description

Manage Active Directory objects, including users, computers, organizational units and attributes

▶ Haga lo mismo para DHCP y DNS.

Available extensions | Installed extensions | Feeds

Install

Name ↑	Version	Created by
Dell APEX Cloud Platform	2.0.1	Dell Technologies
Dell OpenManage Integration	3.2.0	Dell Technologies
Dell PowerPath	2.0.0	Dell Technologies
Dell PowerStore Manager	1.0.1	Dell Inc.
DHCP (Preview)	0.9.3	Microsoft
DNS	2.75.0	Microsoft
Fujitsu ServerView® Health	2.0.2	FUJITSU LIMITED

Las extensiones aparecen ahora en la lista de extensiones instaladas y se han eliminado de la lista de extensiones disponibles.

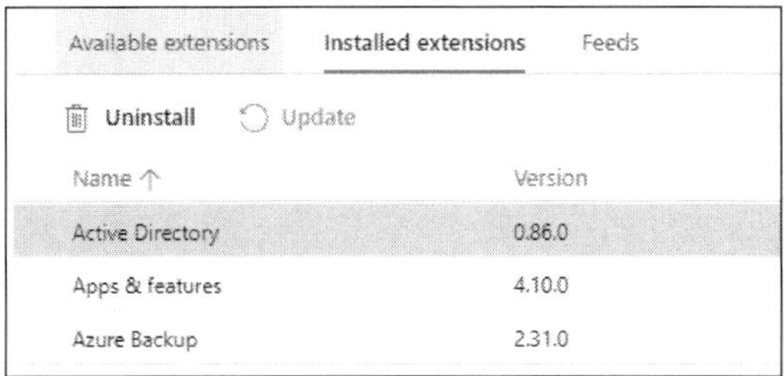

- Vuelva a la lista de máquinas haciendo clic en **Windows Admin Center** en la barra superior de la ventana.

La característica de gestión Active Directory ahora está **disponible** en la página del controlador de dominio.

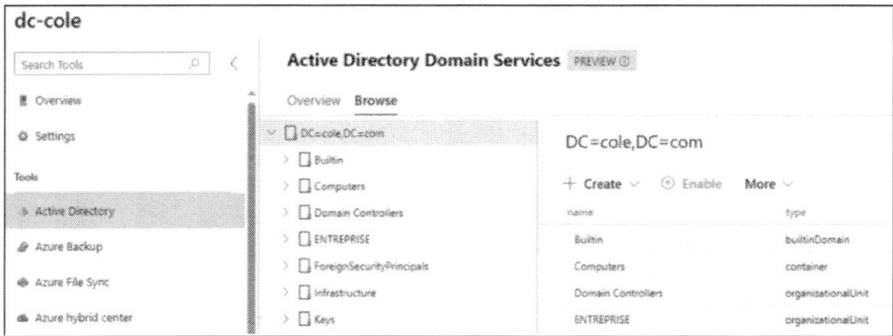

Observación

Las operaciones de Active Directory se pueden utilizar para la gestión diaria, como la creación de cuentas, el restablecimiento de contraseñas o la creación de unidades organizativas. Para operaciones más avanzadas, necesitará acceder a las consolas de gestión ADDS directamente desde el servidor o utilizar PowerShell desde WAC.

6.5 Vinculación de una cuenta Azure

Aunque el estado de las máquinas Azure Arc se actualiza automáticamente, nuestro Windows Admin Center no está conectado a Azure.

▶ Para ello, vaya a la página de configuración del WAC y al menú **Account**. Haga clic en el enlace **Register with Azure**.

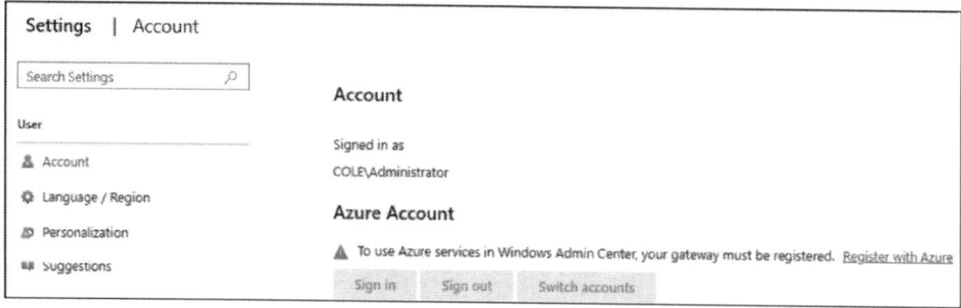

▶ A continuación, vuelva a hacer clic en **Register**.

▶ En la página que se abre, selecciona **Azure global** y copie el código. A continuación, haga clic en el enlace **Enter the code**.

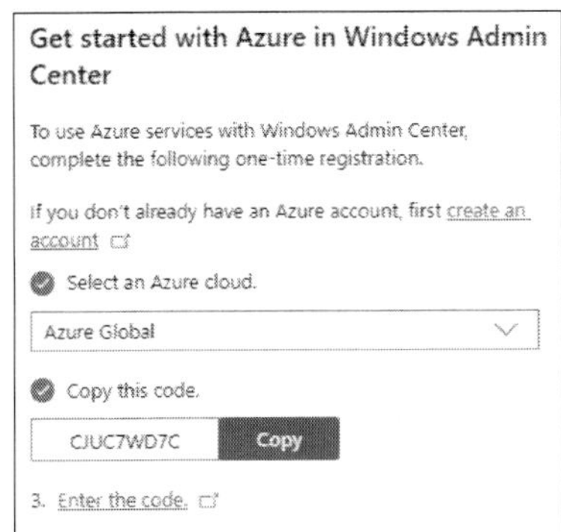

- Se abrirá automáticamente una página web. Introduzca el código y confírmelo. El código es de un solo uso.

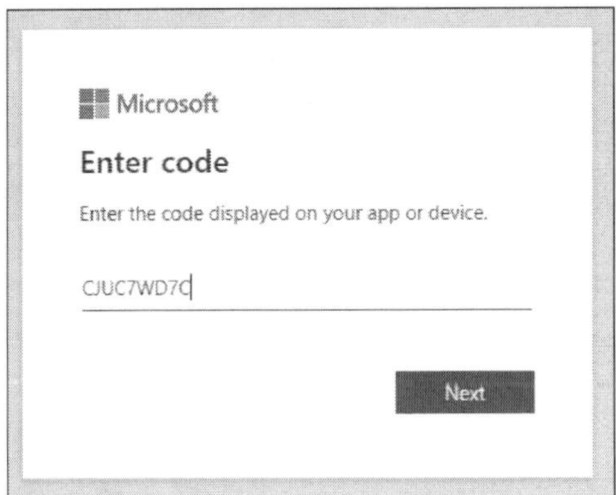

A continuación, la página web le pedirá que se autentique.

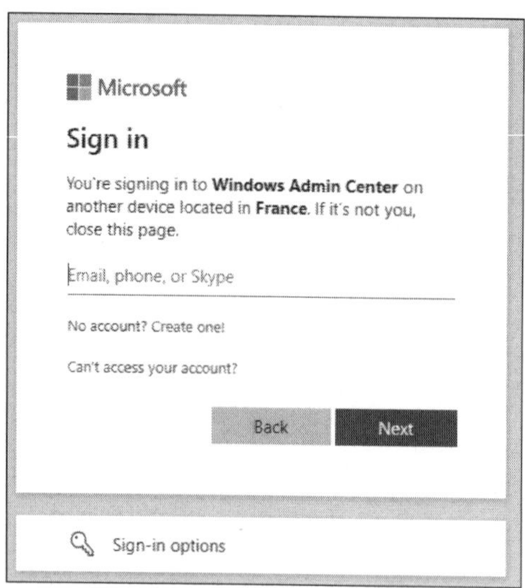

Una vez autenticado, la página muestra un mensaje que le indica que vuelva a WAC.

▶ A continuación, se deberá conectar a una aplicación Entra ID. Elija crear una nueva. Haga clic en **Connect**.

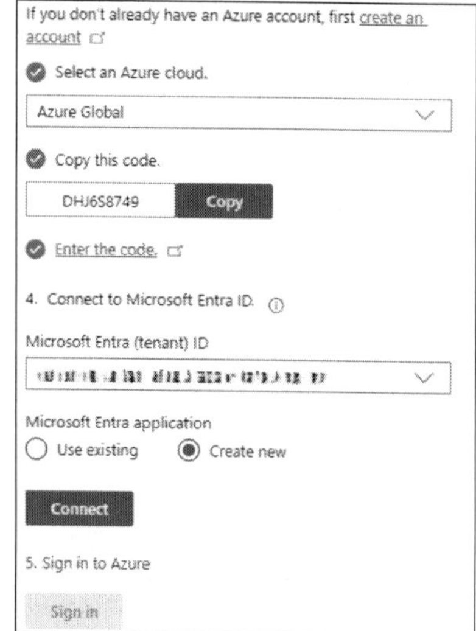

▶Ya puede registrar el WAC en Azure haciendo clic en **Sign in**.

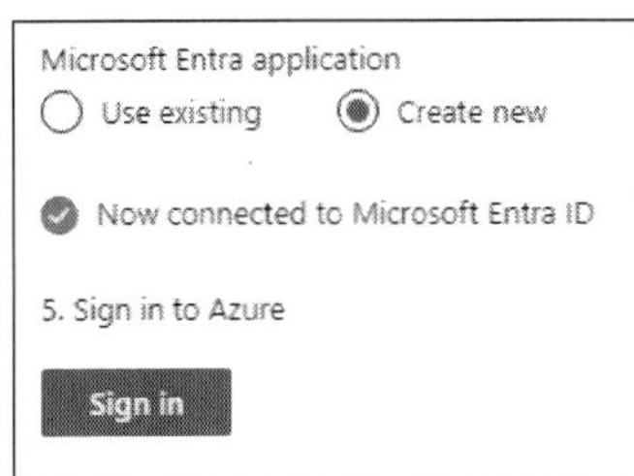

▶Se abre una última página para solicitar autorizaciones adicionales para el WAC. Haga clic en **Acept**.

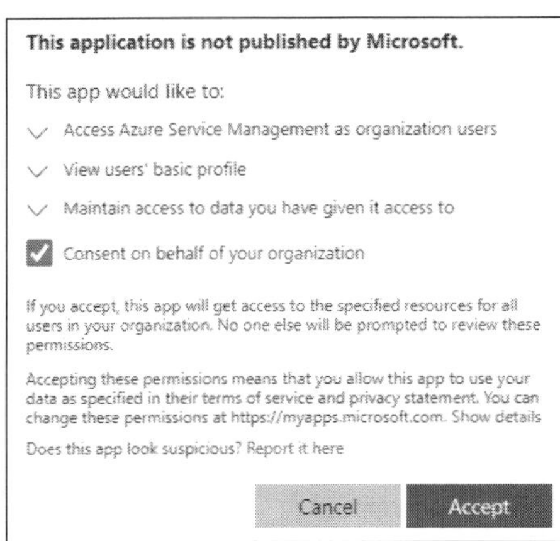

Aparece un mensaje de confirmación en WAC.

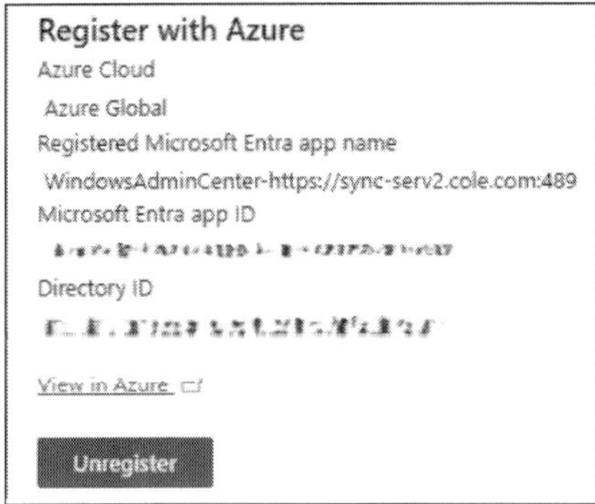

▶ Haga clic en el enlace **View in Azure**. Se le redirigirá a la página de gestión de WAC en Azure.

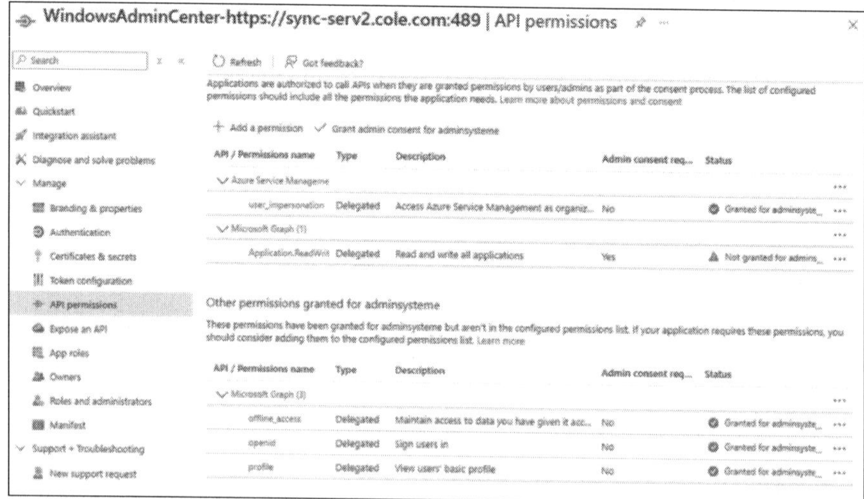

▶ Uno de nuestros servidores no está conectado a Azure Arc, vuelva al inventario WAC, selecciónalo y haz clic en **Connect to Arc**.

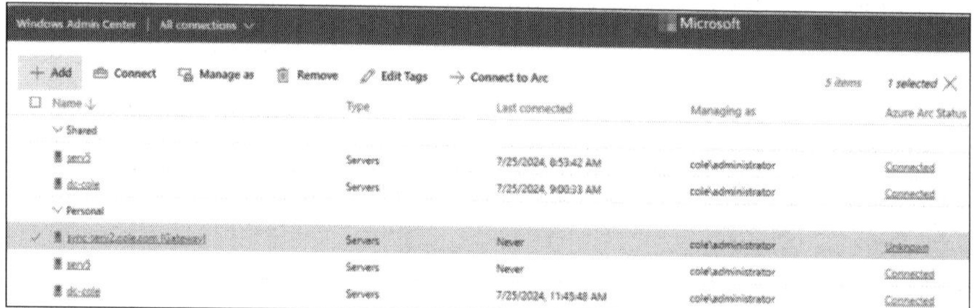

▶Se abrirá una página. Seleccione su suscripción, grupo de recursos y región.

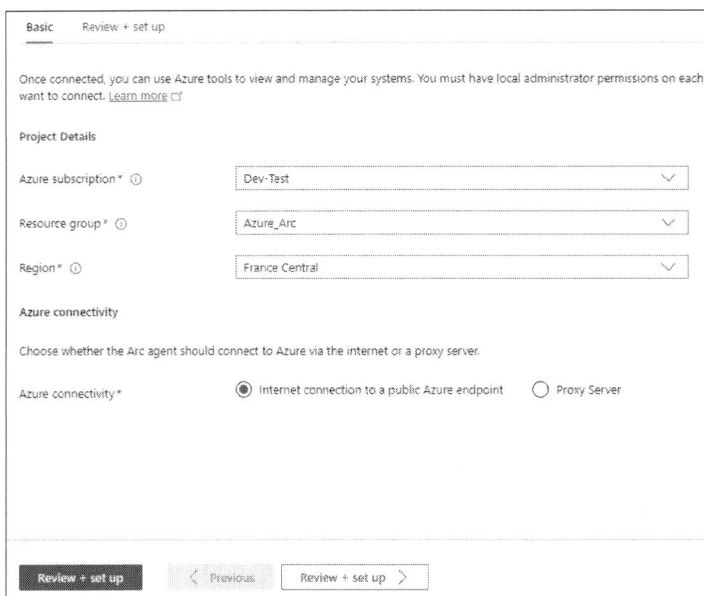

Si es necesario, se instalará el agente de Azure Arc y podrá comprobar el éxito de la operación en las notificaciones.

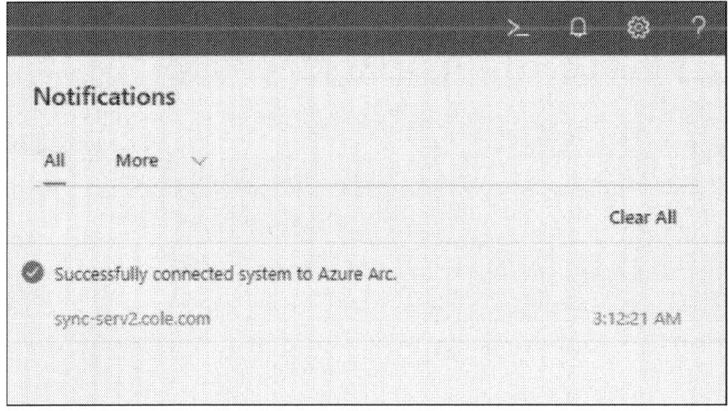

Si vamos a la página de gestión de máquinas Azure Arc, la sección **Azure hybrid centre** nos da acceso a opciones como Azure Monitor, Azure Backup, gestión automática de actualizaciones, Microsoft Defender para la nube y la creación de VPNs entre el servidor y Azure.

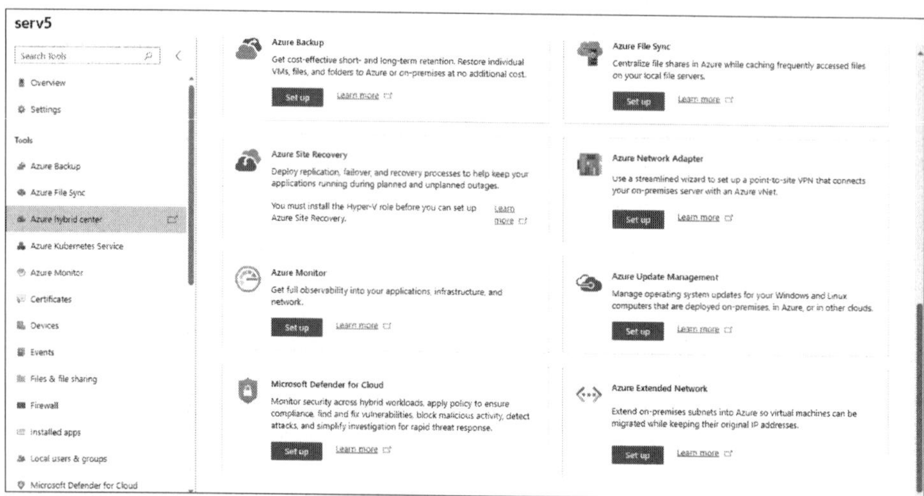

7. Controladores de dominio en Azure

7.1 Conceptos básicos

Cuando una empresa tiene uno o más controladores de dominio en su infraestructura local, puede ser útil desplegar uno adicional en Azure.

El primer caso de uso que viene inmediatamente a la mente es la conmutación por error. Si no se puede acceder al controlador o controladores de dominio in situ, por ejemplo, si la red interna no funciona o el armario que contiene los servidores sufre un corte de energía, los clientes podrán seguir autenticándose con el controlador de dominio desplegado en Azure. Por supuesto, esto requiere conectividad de red, como una VPN de sitio a sitio o soluciones Azure como Express Route.

El otro caso de uso principal para un Active Directory en la nube, es autenticar recursos que también están en Azure, como bases de datos, otros servidores o aplicaciones. En este caso, el controlador de dominio en Azure puede ser independiente o formar parte del bosque local.

También puede aprovechar ciertas características de Azure, como el acceso condicional.

7.2 Consideraciones prácticas

7.2.1 Direcciones IP estáticas en Azure

Por defecto, la máquina virtual Azure dispone de una dirección IP dinámica, proporcionada por el DHCP de la red virtual en la que se encuentra, ya que todas las redes virtuales Azure disponen de un servicio DHCP integrado. Esta configuración se realiza a nivel del objeto adaptador de red de la máquina virtual Azure.

7.2.2 Roles FSMO y catálogo global

Si el controlador de dominio Azure está integrado en un bosque local, los roles FSMO no deben estar en la máquina ubicada en la nube. El rol maestro RID se puede colocar temporalmente en la máquina Azure mientras se resuelve cualquier problema con el controlador de dominio local.

Por otro lado, todos los controladores de dominio en Azure deben tener una copia del catálogo global. En cualquier caso, así lo recomienda Microsoft.

7.2.3 Ubicación de la base de datos de Active Directory

La base de datos Active Directory NTDS.dit, la carpeta SYSVOL y los registros no deben estar en el mismo disco que el sistema en una máquina Azure. Esto plantea problemas de consistencia de datos porque los discos del sistema son gestionados de una manera especial por Azure. El disco añadido a la máquina Azure para alojar la base de datos Active Directory y la carpeta SYSVOL debe tener la caché desactivada.

7.2.4 Apagar la máquina virtual

Cuando desee apagar una máquina virtual que es un controlador de dominio, debe hacerlo desde dentro del sistema operativo y no desde la interfaz de administración de Azure.

Esto desasigna la máquina y causa problemas de consistencia de datos. Por ejemplo, se perdería el conjunto de RID asignados por el maestro de RID.

Además, la carpeta SYSVOL de la máquina virtual dejaría de ser autoritativa. Esto puede causar problemas si no hay otro controlador de dominio disponible.

7.3 Creación de un controlador de dominio en Azure

- Comience a crear una máquina virtual haciendo clic en **create resource** y, a continuación, en **virtual machine**. Dele un nombre y elija su grupo de recursos, región y zona de disponibilidad.

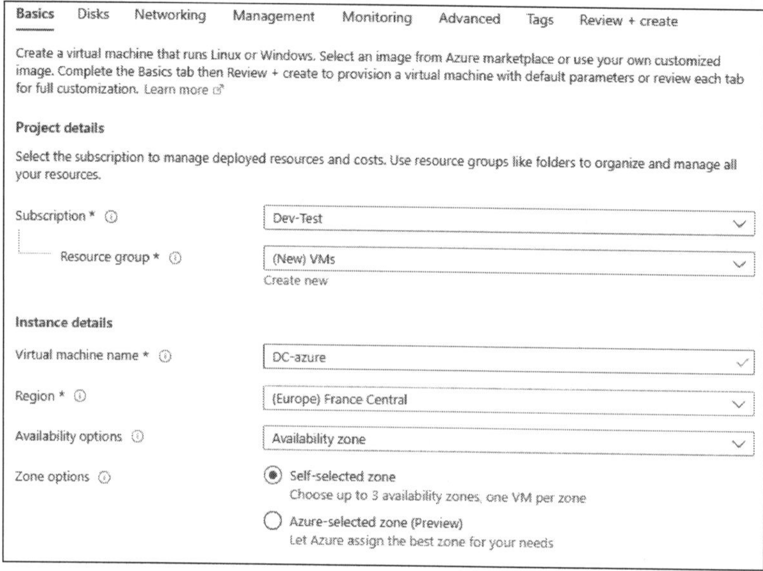

- Elija **Windows Server 2022 Datacenter: Azure Edition Hotpatch**. Elija un tamaño de máquina virtual con 8 GB de RAM para disfrutar de una experiencia fluida con la máquina virtual.

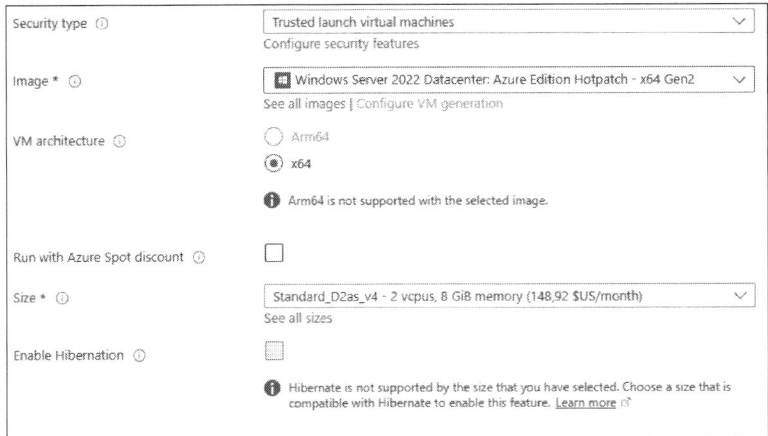

▶ Introduzca las credenciales para conectarse a esta máquina y deje el puerto RDP abierto. Puede desactivarlo más tarde.

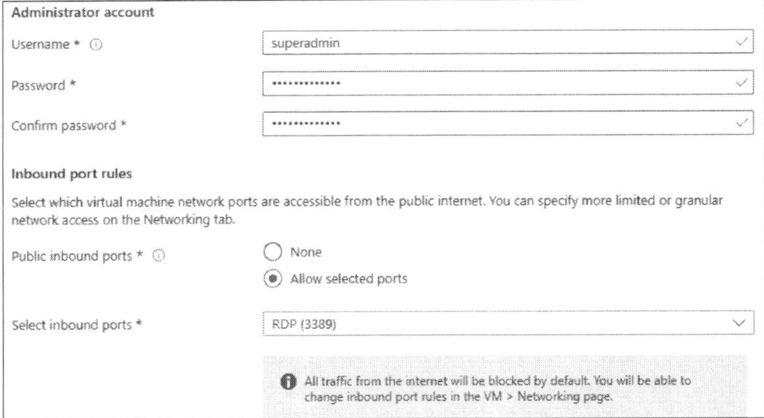

Observación

Tener el puerto RDP de una máquina Azure abierto en Internet es peligroso. Se está exponiendo potencialmente a cientos de intentos de conexión fraudulentos. Las IP públicas de Azure son conocidas y los hackers las escanean regularmente. Esta práctica se debería reservar para entornos de prueba. En un entorno corporativo, usaría Azure Bastion para conectarse de forma segura o podría enviar comandos PowerShell a la máquina usando el Windows Admin Center.

▶ Ahora puede ir a la pestaña de discos. Mantenga el tipo de disco por defecto. En la parte inferior de la página, haz clic en **Create and attach a new disk**.

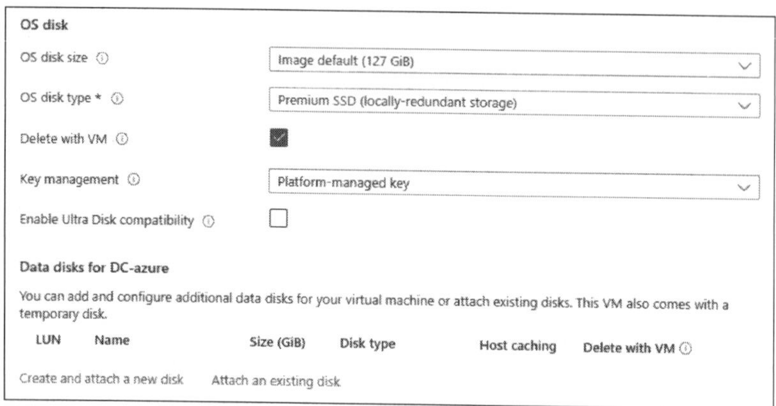

▶ En la página de creación del nuevo disco virtual, asigne un nombre al disco y defina su tamaño. Deje las demás opciones por defecto y haga clic en **OK**.

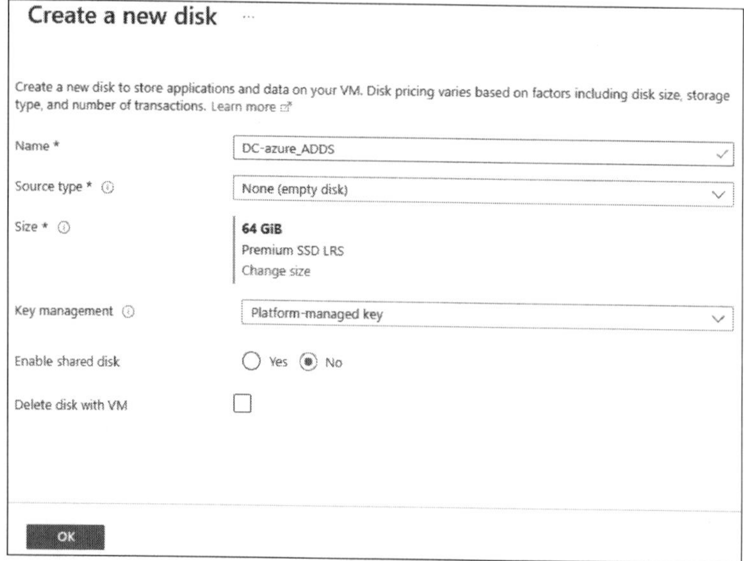

▶ Una vez añadido el disco, desactive su caché configurándolo como **None**.

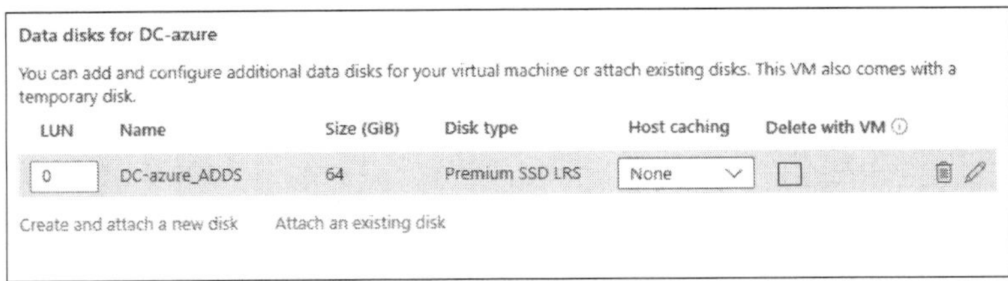

▶ Deje la configuración de red por defecto para esta demostración, pero podría elegir una red virtual VNet creada previamente, con un rango de IP personalizado. Aquí puede ver que se creará una VNet, junto con una IP pública y un cortafuegos.

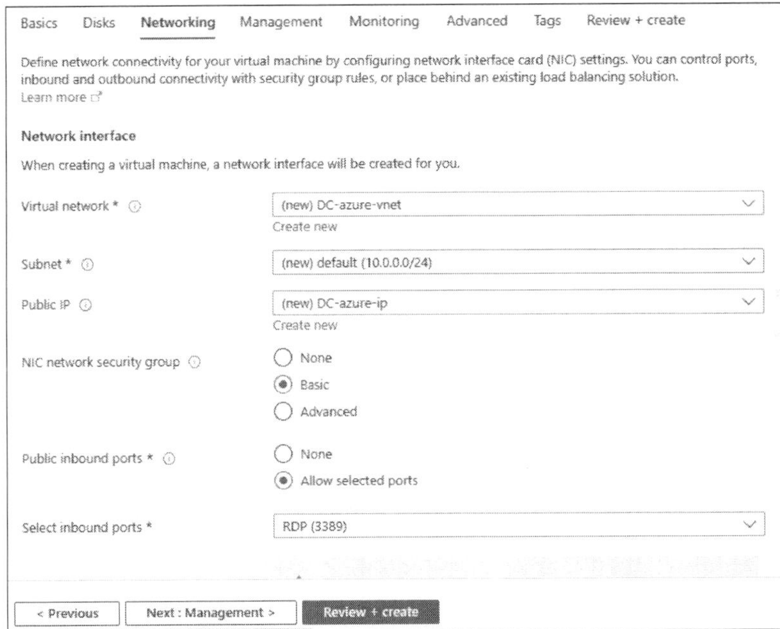

- Vaya a la pestaña **Management**. En la parte inferior, puede configurar el sistema de la máquina virtual para que aproveche la nueva función de Windows Server 2022 Azure Edition, Hot Update. Active Hot Update y configure la máquina para que no se reinicie durante las actualizaciones.

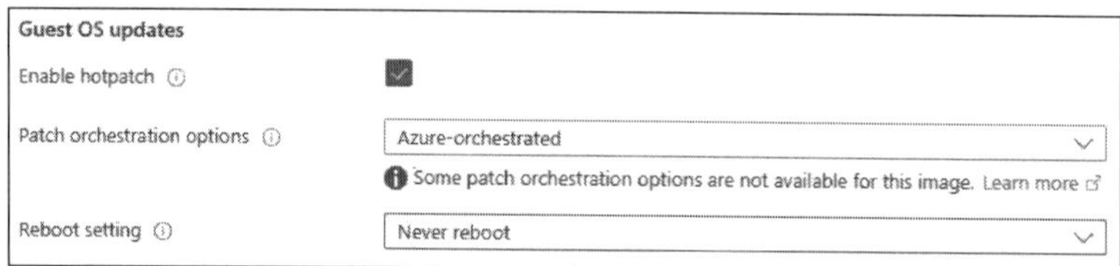

- Haga clic en **Review + Create** para iniciar la creación de la máquina virtual.
- Una vez creada la máquina virtual, vaya a su página y a la sección **Connect**. A continuación, haga clic en **Download RDP file**.

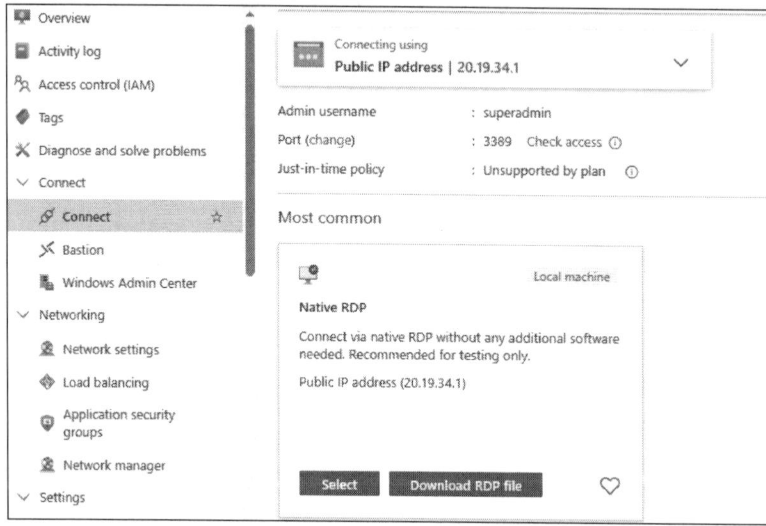

- Una vez descargado el archivo RDP, pulse sobre él para iniciar la conexión, acepte el certificado e introduzca la contraseña.
- Ahora debe formatear el disco de datos para poder colocar en él la carpeta SYSVOL y la base de datos Active Directory cuando, promueva el servidor a controlador de dominio. Usando el administrador del servidor, vaya a administración de discos, haga clic con el botón derecho del ratón en el disco y seleccione **New Volume**.

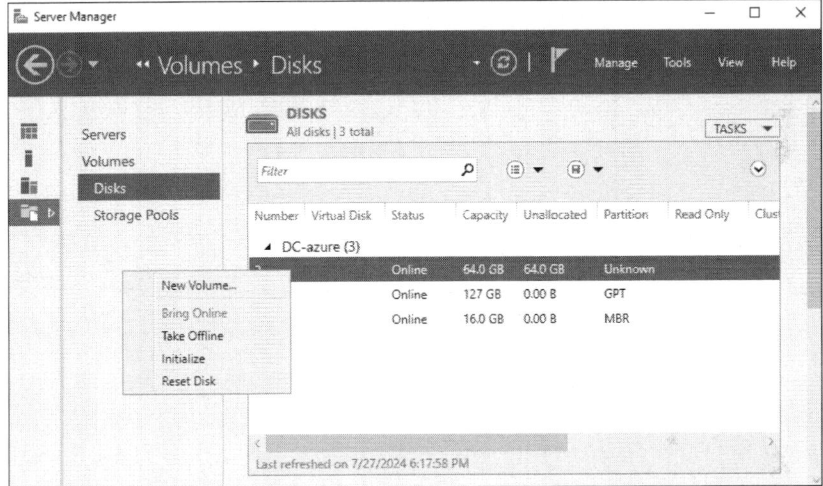

▶Siga el procedimiento habitual para crear un volumen, recordando la letra de unidad lógica, que necesitará cuando promueva el servidor a controlador de dominio.

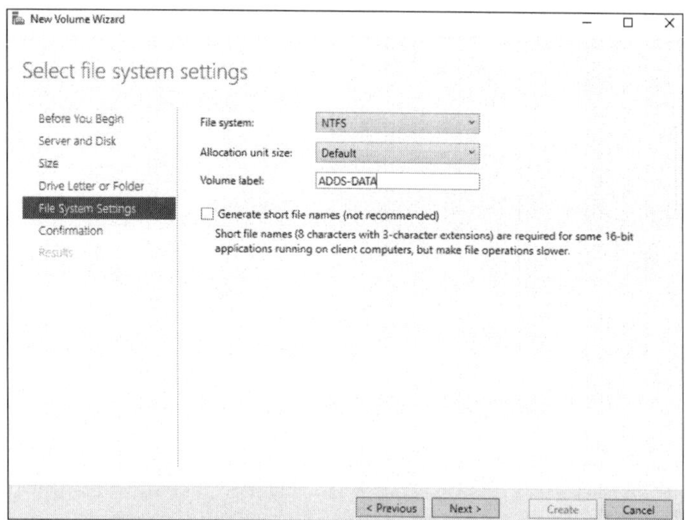

▶Ahora necesita configurar la dirección IP de la máquina a IP estática. Esto se hace en Azure en la tarjeta de red de la máquina. Vaya al grupo de recursos de la máquina y haga clic en su tarjeta de red.

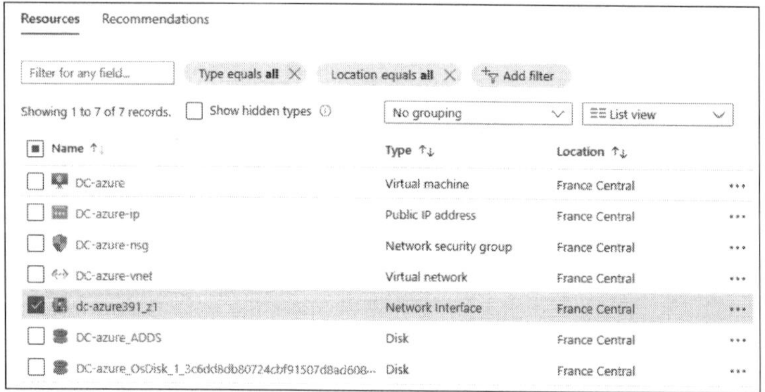

En la página de la tarjeta de red, vaya a **IP Settings**. Haga clic en **ipconfig1**.

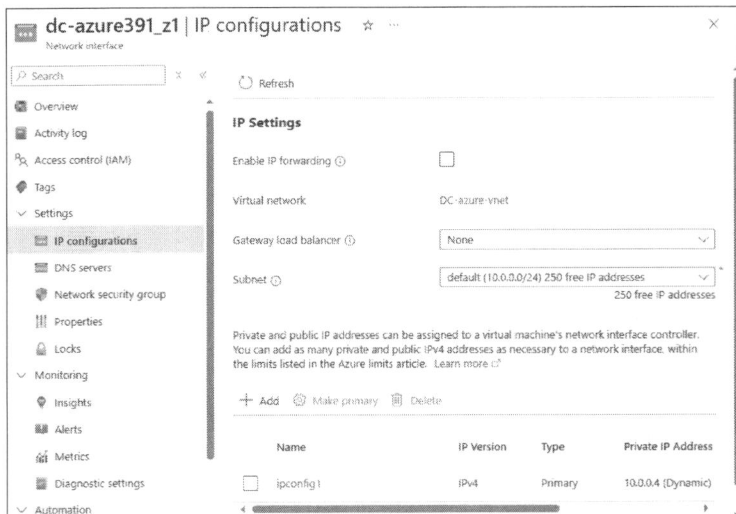

En la nueva página, configure la dirección IP como estática.

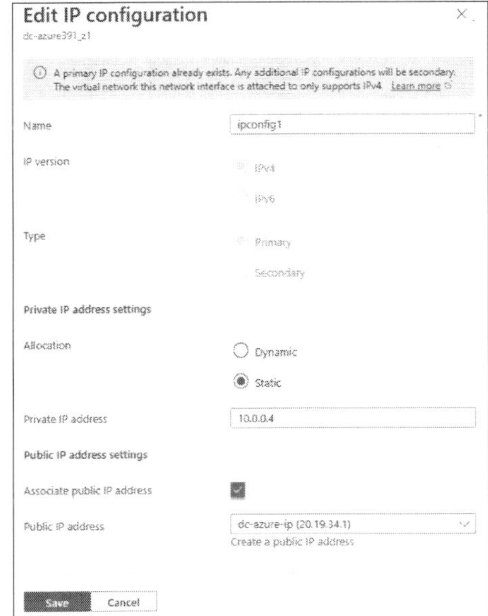

Ya está listo para instalar el rol ADDS.

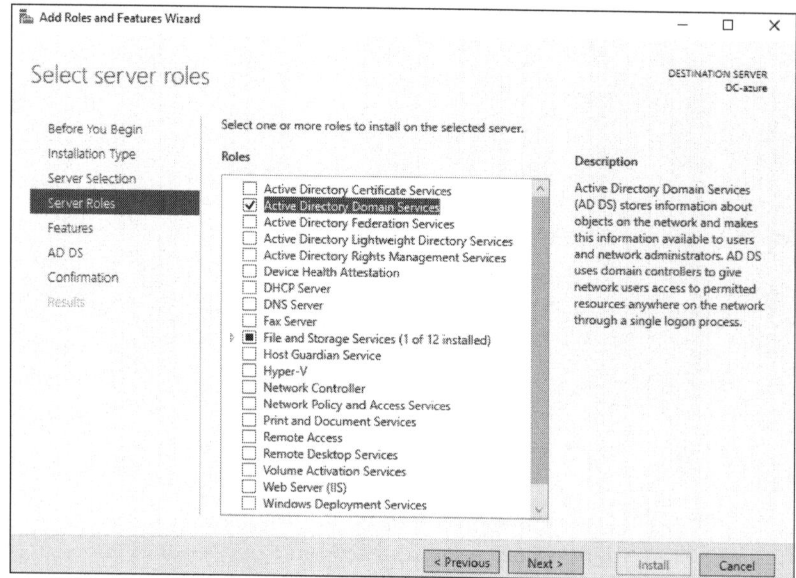

- Una vez completada la instalación, comience a promover el servidor a controlador de dominio. En este ejemplo, vamos a crear un nuevo bosque.
- Siga el procedimiento clásico de promoción del controlador de dominio, asegurándose de que dispone del catálogo global, que es el predeterminado. Al elegir la ubicación de la base de datos y SYSVOL, especifique el disco de datos.

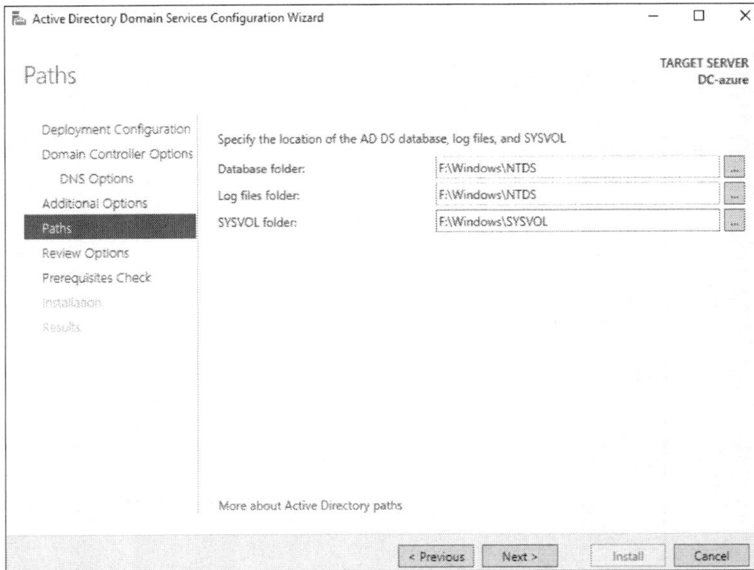

- Cuando el servidor se promocione a controlador de dominio, se desconectará al reiniciarlo. Espere unos minutos y vuelva a conectarse.
- Una vez reconectado, vaya al gestor DNS y compruebe los redirectores. En el servidor fue promovido a controlador de dominio, el sistema creó un redirector que se puede utilizar para resolver los recursos en la red virtual Azure de la máquina y hacia el mundo exterior. Recuerde que, en el sistema de la máquina, después de la promoción, la dirección del servidor DNS es 127.0.0.1.

Observación

La dirección del redirector, 168.63.129.16 es la dirección del servicio DNS por defecto para todas las Azure VNet. Cada red virtual Azure tiene un servicio DNS en esta dirección, que resuelve FQDNs dentro de la VNet y hacia Internet, pero no entre dos redes virtuales Azure. El nombre de dominio de este servicio DNS es cloudapp.net y su dirección es distribuida a los recursos por el DHCP interno de la VNet. En la siguiente captura de pantalla, la primera parte del nombre DNS, que parece aleatoria, es en realidad el identificador de la VNet donde se encuentra la máquina virtual.

```
   Host Name . . . . . . . . . . . . : DC-azure
   Primary Dns Suffix  . . . . . . . : azcole.com
   Node Type . . . . . . . . . . . . : Hybrid
   IP Routing Enabled. . . . . . . . : No
   WINS Proxy Enabled. . . . . . . . : No
   DNS Suffix Search List. . . . . . : azcole.com
                                       j2lfke3uhbne1ip52ko2ippgjc.parx.internal.cloudapp.net

Ethernet adapter Ethernet:

   Connection-specific DNS Suffix  . : j2lfke3uhbne1ip52ko2ippgjc.parx.internal.cloudapp.net
   Description . . . . . . . . . . . : Microsoft Hyper-V Network Adapter
   Physical Address. . . . . . . . . : 00-22-48-3A-19-C9
   DHCP Enabled. . . . . . . . . . . : Yes
   Autoconfiguration Enabled . . . . : Yes
   Link-local IPv6 Address . . . . . : fe80::efd6:ec1a:427f:a229%4(Preferred)
   IPv4 Address. . . . . . . . . . . : 10.0.0.4(Preferred)
   Subnet Mask . . . . . . . . . . . : 255.255.255.0
   Lease Obtained. . . . . . . . . . : Saturday, July 27, 2024 6:46:36 PM
   Lease Expires . . . . . . . . . . : Wednesday, September 3, 2160 1:22:00 AM
   Default Gateway . . . . . . . . . : 10.0.0.1
   DHCP Server . . . . . . . . . . . : 168.63.129.16
   DHCPv6 IAID . . . . . . . . . . . : 100672072
   DHCPv6 Client DUID. . . . . . . . : 00-01-00-01-2E-36-8D-4A-00-22-48-3A-19-C9
   DNS Servers . . . . . . . . . . . : ::1
                                       127.0.0.1
   NetBIOS over Tcpip. . . . . . . . : Enabled
```

Si queremos añadir otras máquinas virtuales al dominio, deben tener el controlador como DNS. Esta configuración es posible a nivel de tarjeta de red y a nivel de VNet. La configuración de la tarjeta de red tiene prioridad sobre la VNet.

- Para cambiar la configuración DNS de una máquina, vaya a la página de gestión de tarjetas de red y, a continuación, a la sección **DNS Servers**. No olvide guardar la configuración.

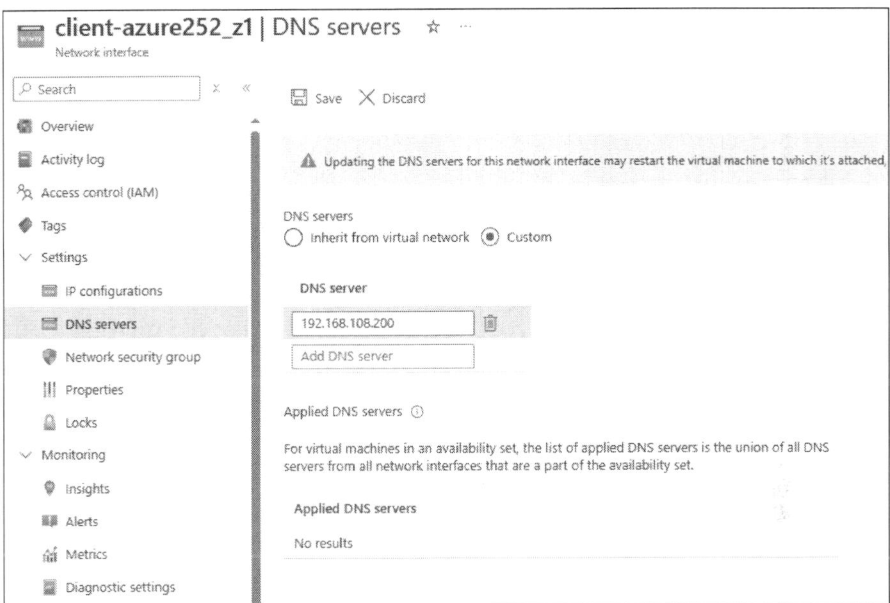

7.4 Microsoft Entra ID ADDS

7.4.1 Conceptos básicos

Microsoft Entra ID ADDS es la oferta *Plateform as a Service* (PaaS) de Microsoft para desplegar y utilizar un dominio de Active Directory en Azure. Esta funcionalidad está integrada en Entra ID, pero con un coste adicional.

Entra ID ADDS es una función PaaS. Cuando se despliega, se crean dos máquinas virtuales y una red virtual en Azure, pero no tenemos acceso a ellas. Sólo podemos interactuar con la consola de gestión Entra ID ADDS. Las dos máquinas virtuales son en realidad controladores de dominio.

Aunque Entra ID ADDS utiliza los mismos conceptos y características que Windows Server Active Directory, su uso y utilidad no son realmente los mismos. El Entra ID ADDS está diseñado para proporcionar un servicio de autenticación a las aplicaciones que necesitan un servicio ADDS para funcionar y necesitan gestionar identidades. Entra ID ADDS no está pensado para ser un servicio de autenticación para usuarios fuera de la empresa.

7.4.2 Consideraciones sobre el dominio

El dominio ADDS se sincronizará con Entra ID, gracias a Entra ID Connect. Es esencial que el dominio ADDS in situ tenga un nombre "enrutable" que corresponda a un dominio DNS público terminado en un TLD (*Top Level Domain*) como ".com", ".net" ".es", etc.

Si este no es el caso y nuestro bosque de Active Directory tiene un nombre que termina en ".local". Entonces habrá que añadir un nuevo sufijo UPN al bosque, como vimos en la subsección Dominios Microsoft 365 y Active Directory de este capítulo sobre sincronización con Entra ID Connect.

Deberá demostrar que es titular del dominio público y utilizar un certificado público. En ese caso, la sincronización puede tener lugar entre el dominio ADDS en el sitio y Entra ID Connect.

El dominio sincronizado en Entra ID se utilizará como base para crear un nuevo dominio Entra ID ADDS. El nombre del dominio Entra ID ADDS no debe exceder un máximo de quince caracteres, excluyendo el TLD.

Por defecto, Entra ID ADDS propone mantener el mismo nombre de dominio que Entra ID. Pero esto, obviamente, puede causar conflictos con el dominio local. Por ejemplo, si una aplicación o máquina virtual en Azure se necesita comunicar con ambos dominios, el dominio local y el dominio Entra ID ADDS.

Por lo tanto, es preferible tener un nombre de dominio diferente en Entra ID ADDS.

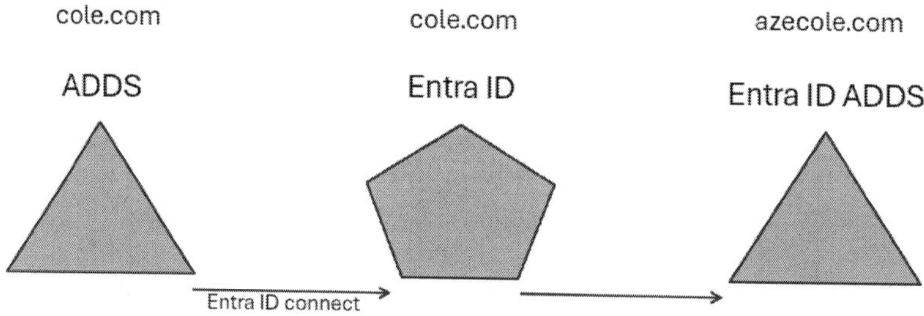

Técnicamente es posible utilizar un nombre "onmicrosoft.com" para el dominio Entra ID ADDS, pero esto impedirá que funcione con el protocolo LDAP.

7.4.3 Consideración de la red

- Las dos máquinas virtuales que controlan Entra ID ADDS se deben desplegar en una red virtual que no exista en toda la infraestructura híbrida. Podremos elegir el rango IP de esta red cuando despleguemos Entra ID ADDS.
- Tras el despliegue, tendrá que configurar las DNS de la red virtual que, por defecto utiliza las DNS internas que Azure implementa en todas sus redes. A continuación, tendrá que especificar las dos máquinas virtuales como DNS. En una red IP /24, estas máquinas tendrán IPs .4 y .5.
- Los recursos colocados en Azure que utilizarán nuestra instancia Entra ID ADDS, estarán en redes virtuales separadas. Se deben emparejar con la red Entra ID ADDS.
- A estos recursos también habrá que darles las dos máquinas virtuales Entra ID ADDS como DNS. Esto también se puede hacer configurando las dos máquinas virtuales como servidores DNS en lugar del DNS por defecto, en la red virtual de los recursos.
- Típicamente, cuando la red y la configuración DNS están en su lugar, los dos controladores de dominio serán administrados desde una máquina virtual Windows Server en Azure, desde la red virtual emparejada. Se deberá colocar en el dominio Entra ID ADDS y podrá gestionar los controladores de dominio añadiéndolos al gestor de servidores. En ese momento, Active Directory y DNS se podrán administrar gráficamente desde esta máquina de gestión.

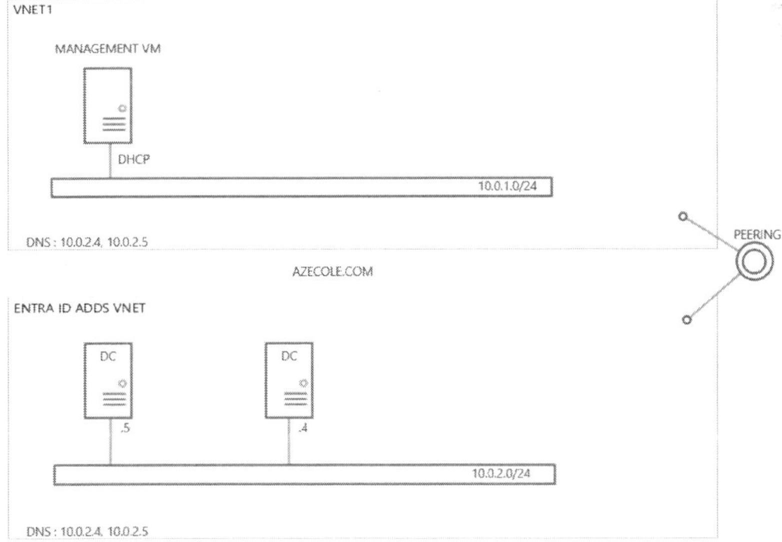

7.4.4 Versiones de Entra ID ADDS

Managed Domain Service de Microsoft está disponible en tres versiones:

- Standard: hasta 25.000 objetos, copia de seguridad cada 5 días, sin relación de aprobación con dominios in situ,
- Enterprise hasta 100.000 objetos, copia de seguridad cada 3 días, hasta 5 relaciones de aprobación,
- Premium hasta 500.000 objetos, copia de seguridad diaria y hasta 10 relaciones de aprobación.

Las relaciones de aprobación pueden ser útiles para confiar en dispositivos de identificación como las tarjetas inteligentes.

El servicio se factura por horas.

7.4.5 Limitaciones de Entra ID ADDS

- Sin acceso para los administradores de la empresa
- Ninguna ampliación del régimen
- Sólo un dominio por tenant Entra ID
- Compatibilidad limitada con directivas de grupo
- Sin cambio de contraseña de Entra ID ADDS
- No hay operaciones de escritura para el protocolo LDAP
- Sin autenticación mediante certificado o tarjeta inteligente

8. Azure File Sync

8.1 Introducción

Azure File sync es una característica de Azure que sincroniza datos entre una carpeta compartida en Azure y una carpeta en un servidor Windows local. Azure File Sync tiene varias características que la convierten en una extensión interesante para un servidor de archivos local.

Azure File Sync está diseñado para trabajar con datos no estructurados, es decir, archivos como Word, PDF, Excel, VHDX, etc.

Para utilizar Azure File Sync, necesita una cuenta de almacenamiento Azure con, al menos, un recurso compartido Azure File. El servicio Azure File Sync es un servicio independiente del recurso compartido. También necesitará un grupo de sincronización, que sigue siendo un objeto independiente en Azure. La carpeta compartida de Azure, el grupo de replicación y el servicio Azure File Sync deben estar en la misma región y en la misma suscripción de Azure.

Será necesario desplegar un agente en el servidor de archivos in situ. Los volúmenes utilizados en el servidor in situ pueden estar formateados en NTFS o ReFS.

Aunque es posible sincronizar varias carpetas repartidas en varios servidores in situ con un único servicio Azure File Sync, un servidor solo puede sincronizarse con un único servicio Azure File Sync.

8.1.1 Gestión de conflictos

Azure File Sync utiliza el enfoque de "el último que escribe tiene razón" en caso de conflicto, por ejemplo, cuando dos personas editan el mismo archivo al mismo tiempo. En este caso, la última entrada será la que conserve el servicio.

Tenga en cuenta que este método significa que si crea un archivo con el mismo nombre que un archivo existente, el archivo antiguo se sobrescribirá.

8.1.2 Sincronización inicial

Son posibles dos tipos de sincronización inicial:

- Carga autoritativa: los servidores locales son autoritativos, y su contenido tendrá prioridad sobre cualquier cambio que se pueda producir en el recurso compartido de Azure. La eliminación de un archivo en el servidor también lo eliminará en Azure.
- Fusión: los datos se sincronizan en ambas direcciones; es el escenario preferido para la sincronización inicial.

8.1.3 Jerarquía cloud

La jerarquía cloud es una característica de Azure File Sync que permite conservar en los servidores locales sólo los archivos que se utilizan con más frecuencia y almacenar en la nube únicamente los que se utilizan con menos frecuencia.

Existen dos tipos de directivas:

- **Directiva de espacio libre**: permite definir un porcentaje de espacio disponible en disco por debajo del cual los archivos menos utilizados sólo se almacenarán en la nube.
- **Directiva de fechas**: los archivos que no se hayan leído o modificado durante un periodo de tiempo determinado sólo se almacenarán en la nube.

Azure File Sync también admite la deduplicación de datos en volúmenes de servidor.

Otra característica de la jerarquización en la nube es la recuperación proactiva. Si se crea o modifica un archivo desde un servidor, se descargará localmente en los servidores que especifiques.

8.1.4 Casos prácticos

- Podemos utilizar Azure File Sync para realizar una copia de seguridad del servidor in situ en Azure.
- Azure File Sync permite acceder a los datos desde la nube tanto antes como durante la sincronización, lo que acelera enormemente la recuperación en caso de desastre.
- También puede aumentar la capacidad de almacenamiento de nuestro servidor de archivos in situ con Azure File Sync.
- Por último, también podemos implementar la replicación entre varios sitios físicos remotos con Azure File Sync, lo que la convierte en una solución para sustituir a DFS.

8.2 Crear almacenamiento en la nube

Vamos a crear una cuenta de almacenamiento en Azure, y un recurso compartido en esta cuenta de almacenamiento.

▶ Busque cuentas de almacenamiento en Azure y seleccione **Storage accounts**.

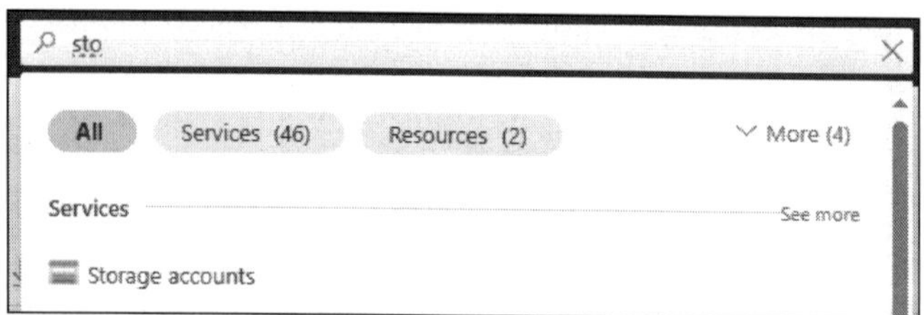

▶ En la página de gestión de cuentas de almacenamiento, haga clic en **Create**.

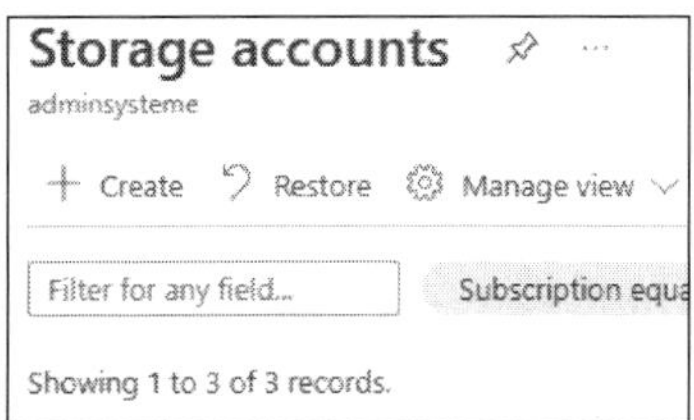

▶ En la primera página de la configuración de la cuenta de almacenamiento, cree un grupo de recursos para el almacenamiento y asigne un nombre a la cuenta de almacenamiento. Este nombre debe ser único, ya que se puede acceder a las cuentas de almacenamiento por URL en Internet. A continuación, elija la región y la redundancia.

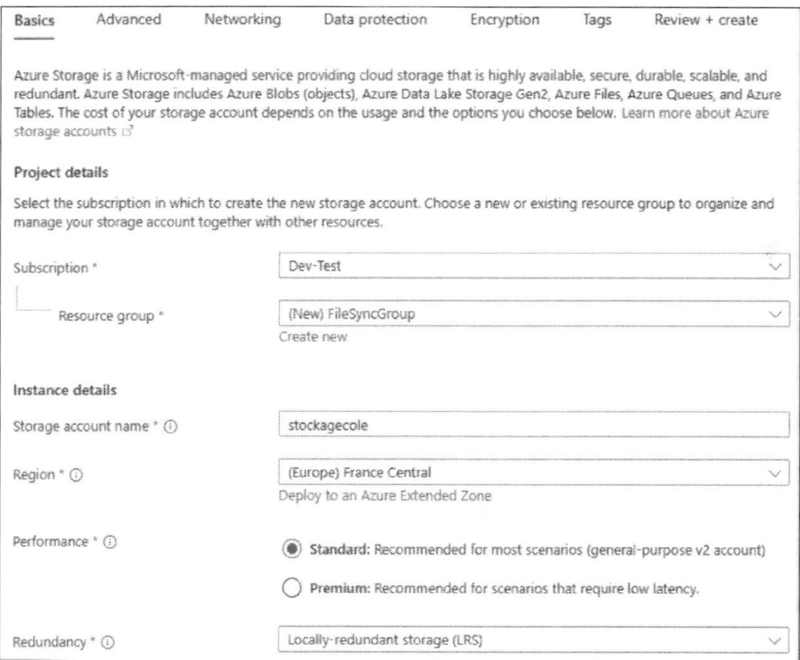

- Para los propósitos de nuestra demostración, puede dejar el resto de configuraciones en sus valores por defecto. Muchas otras opciones son posibles, como elegir la versión TLS, especificar las IP públicas que tienen derecho a conectarse a Azure storage, habilitar el versionado de archivos, etc. Haz clic en **Review + create**.
- Una vez finalizado el despliegue, vaya a la página de la cuenta de almacenamiento y a la sección **File share**. Haga clic en **File share** para crear un recurso compartido en la cuenta de almacenamiento.

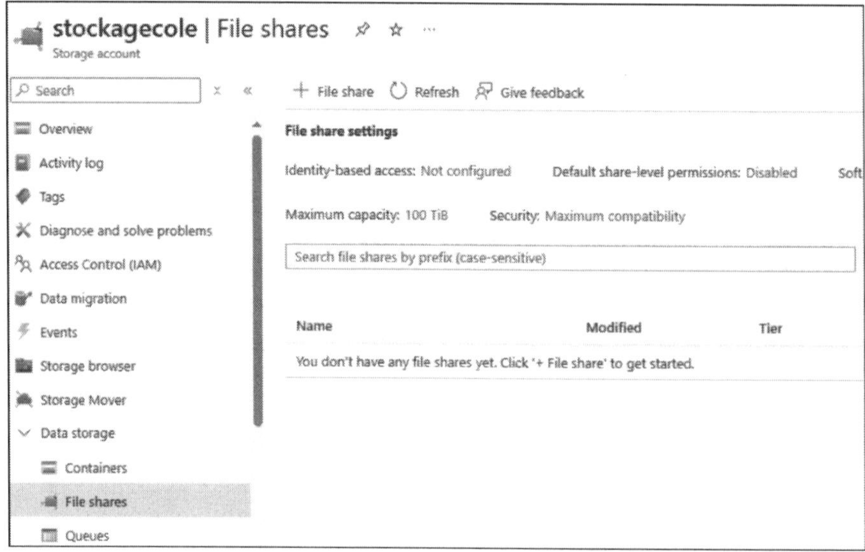

- Asigne un nombre al recurso compartido y un tercero "caliente" para los datos a los que se accede con frecuencia. La página también proporciona enlaces a scripts Bash y PowerShell para ayudar a configurar las máquinas cliente para acceder al recurso compartido.

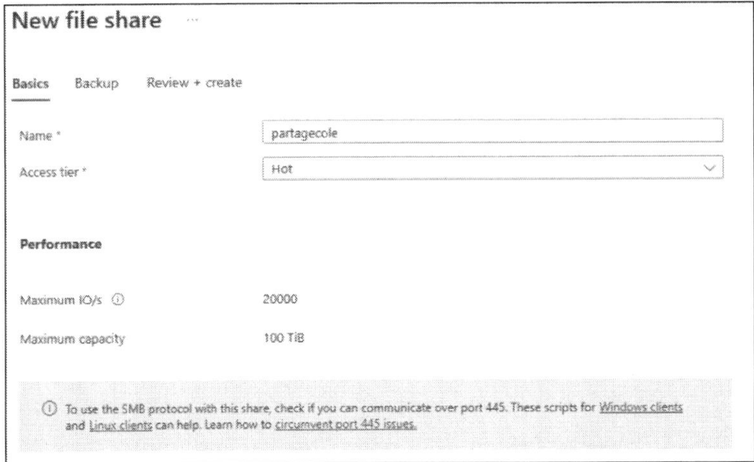

- Si vamos a la pestaña **Backup**, podemos ver que la copia de seguridad de los datos compartidos en Azure está activada por defecto. Se trata de una copia de seguridad incremental durante 30 días. Esto es configurable. Dejamos estas opciones por defecto y pulsamos en **Review + create** para crear el recurso compartido.

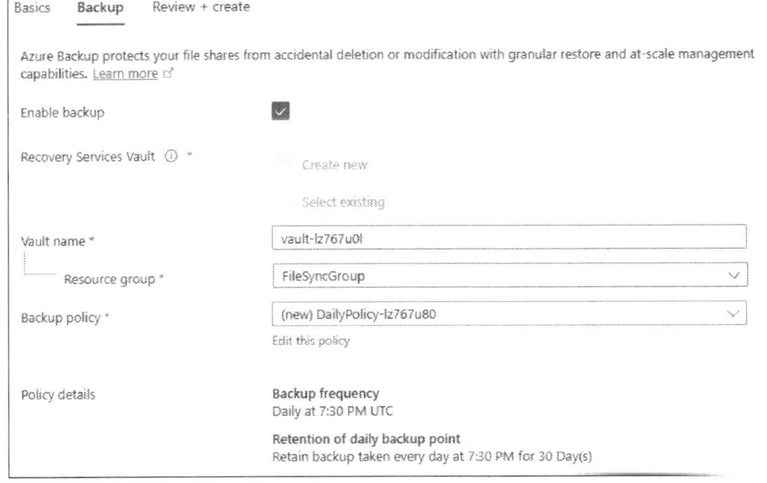

8.3 Configuración de Azure File Sync

8.3.1 Creación del servicio de sincronización

- Ahora necesita crear un servicio Azure File Sync. En la barra de búsqueda de Azure, busque **file sync** y seleccione **Azure File Sync** en el resultado.

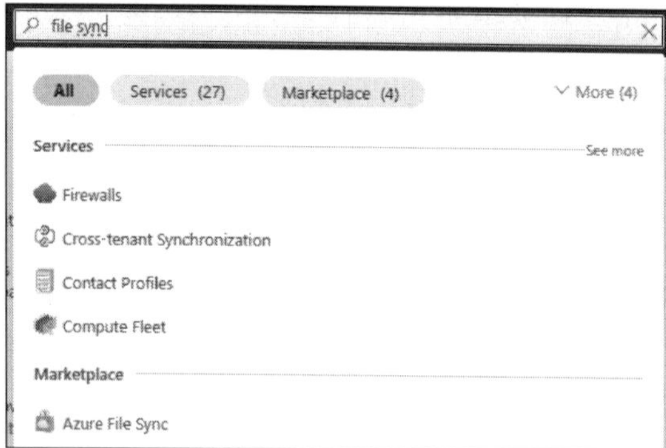

- Coloque el servicio Azure File Sync en el mismo grupo de recursos que el recurso compartido y dele un nombre. Haga clic en **Review + create**.

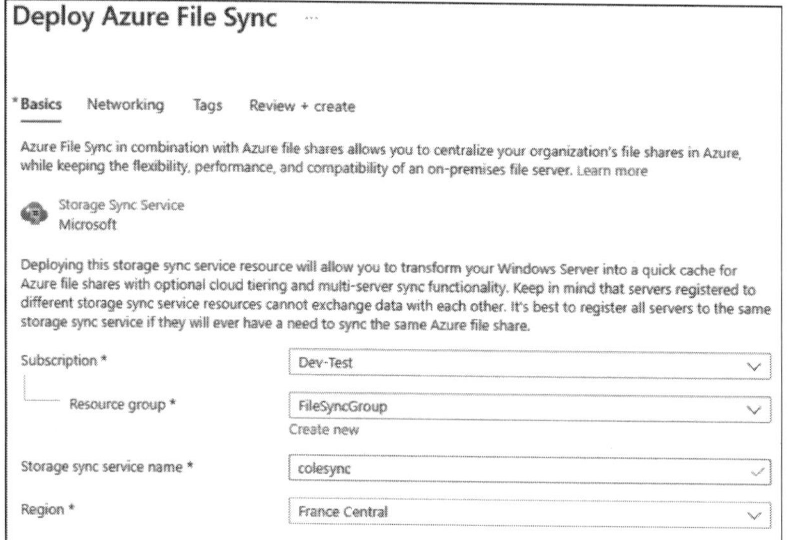

8.3.2 Creación de un grupo de sincronización

- Vaya al grupo de recursos de almacenamiento y haga clic en el servicio **Azure File Sync**.

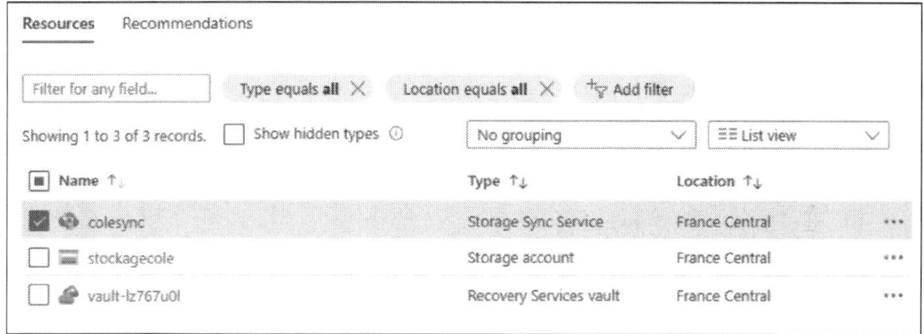

- En la página de servicios, selecciona **Sync groups** y haz clic en **Create a sync group**.

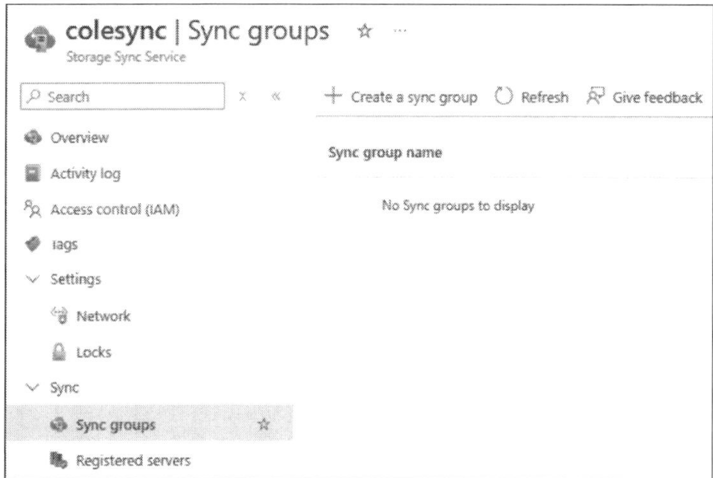

- Asigne un nombre al grupo de sincronización, haga clic en el botón **Select storage account** y elija la cuenta de almacenamiento que contiene el recurso compartido de Azure. A continuación, seleccione el recurso compartido. Una vez hecho esto, haz clic en **Create**.

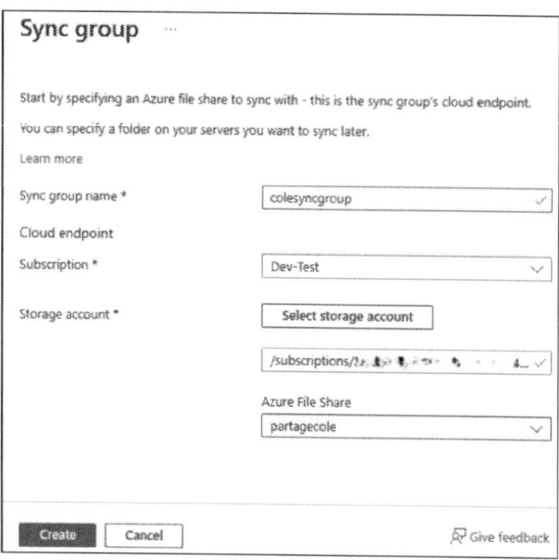

8.3.3 Instalación del agente Azure File Sync

▶ Una vez creado el grupo, vaya a la sección **Registered servers** para descargar el agente haciendo clic en el enlace correspondiente.

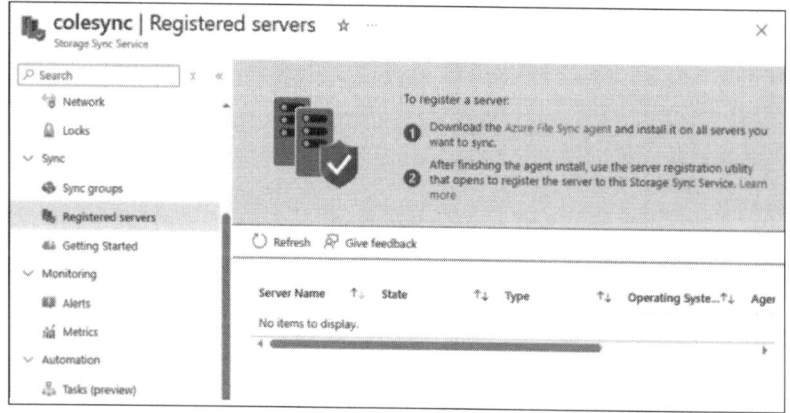

En la página de descargas de Microsoft, al pulsar sobre **Download**, se solicita la versión de Windows Server de la máquina en la que se desea instalar el agente.

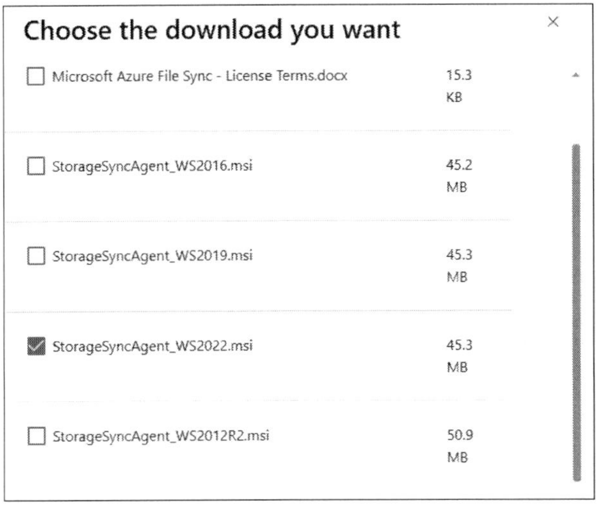

Choose the download you want

	Archivo	Tamaño
☐	Microsoft Azure File Sync - License Terms.docx	15.3 KB
☐	StorageSyncAgent_WS2016.msi	45.2 MB
☐	StorageSyncAgent_WS2019.msi	45.3 MB
☑	StorageSyncAgent_WS2022.msi	45.3 MB
☐	StorageSyncAgent_WS2012R2.msi	50.9 MB

Observación

Microsoft ha anunciado el fin del soporte de Windows Server 21012 R2 para el agente Azure File Sync el 4 de marzo de 2025.

- Una vez descargado, ejecute el instalador. Se iniciará un procedimiento de instalación estándar. Acepte los términos de la licencia.
- Puede elegir configurar el proxy. Deje la configuración predeterminada.

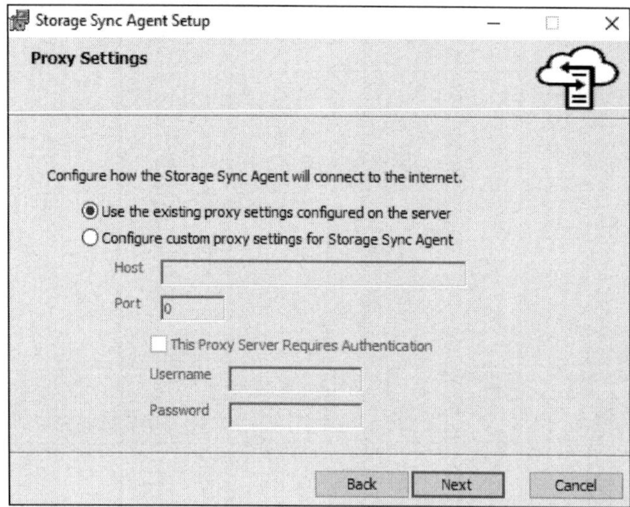

▶ A continuación, especifique que desea utilizar Microsoft Update para gestionar las actualizaciones de los agentes.

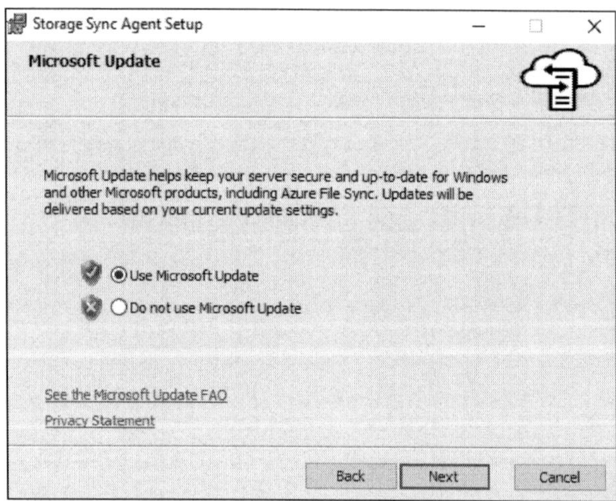

- Elija el día y la hora en que desea que el agente se actualice, en nuestro ejemplo el domingo a las 11h. Haga clic en **Install**.

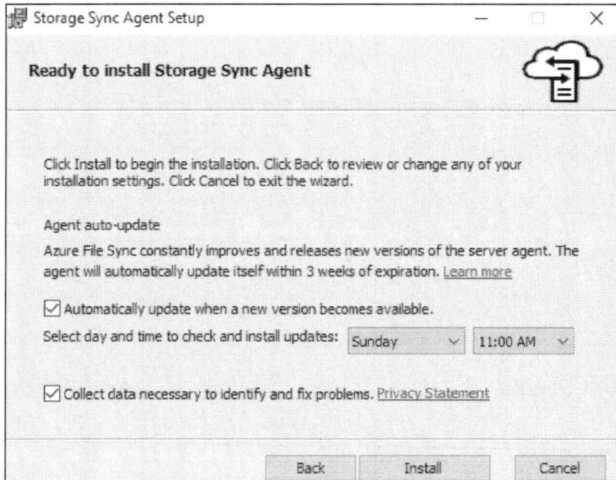

La aplicación de gestión del agente se inicia automáticamente al final de la instalación. Se debe conectar a la cuenta de Azure.

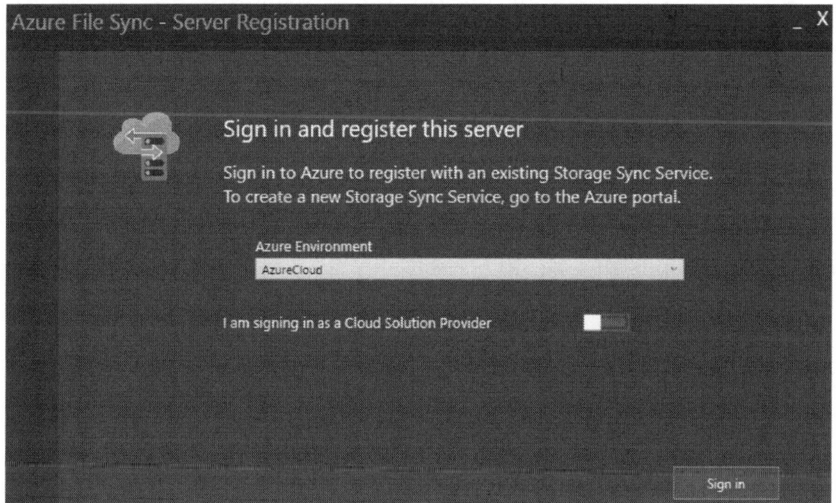

Deberá desactivar la seguridad mejorada de Internet Explorer accediendo a administrador de servidores - **Local Server**.

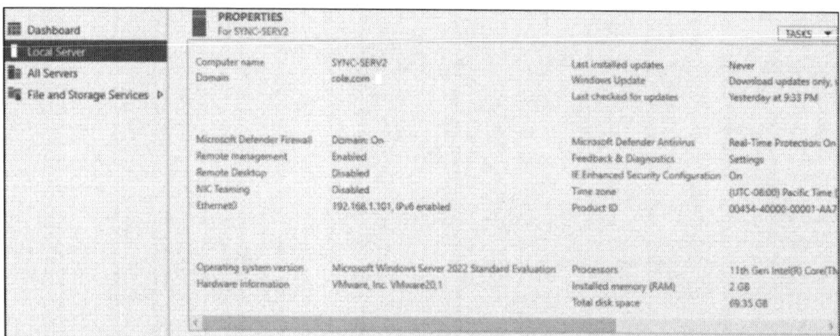

Entonces podrá conectarse a su cuenta Azure, con un usuario que tenga el rol de administrador global en Entra ID. Si la autenticación dual está configurada, se le solicitará.

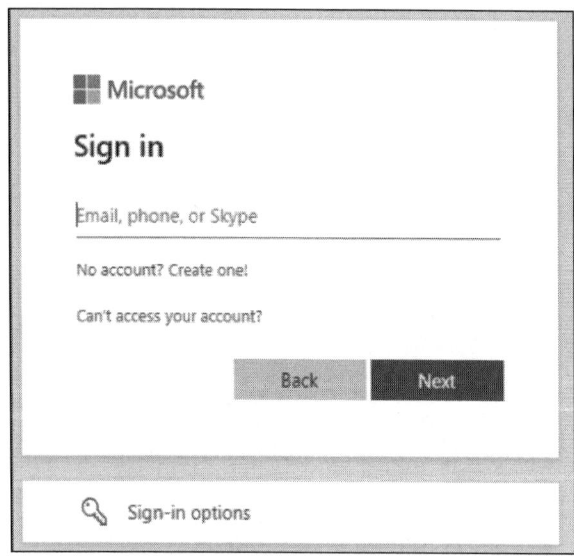

A continuación, puede elegir su suscripción, el grupo de recursos y el servicio Azure File Sync que desea utilizar.

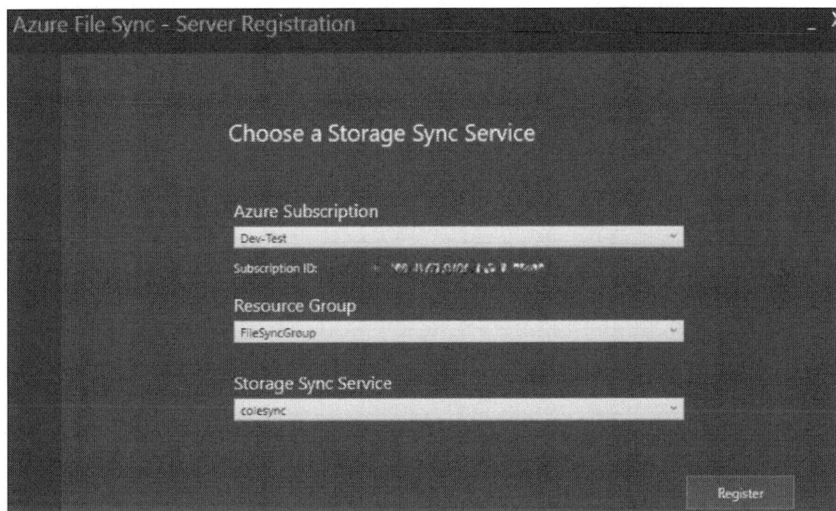

- La aplicación realizará pruebas de conectividad y ofrecerá copiar un enlace que apunta directamente al servicio Azure File Sync. Copie el enlace.

- Pegue el enlace en un navegador web para ir a la página de gestión de Azure File Sync. Ahora puede comprobar que el servidor se ha cargado en Azure.

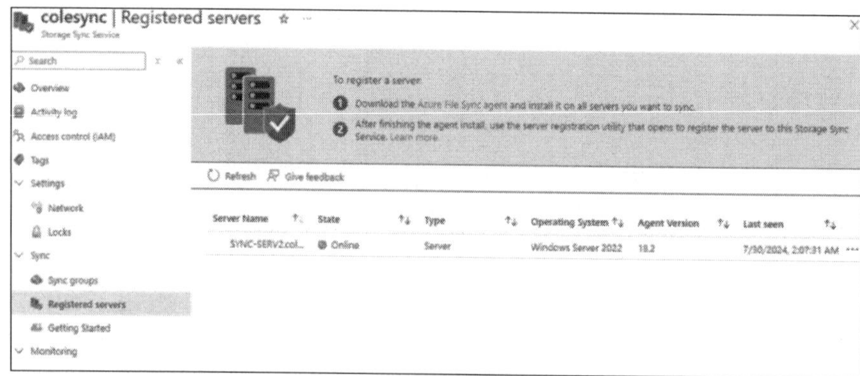

▶ Repita el procedimiento en el segundo servidor para tener dos servidores con los que sincronizar.

8.3.4 Ajustes de sincronización

▶ Ahora debe configurar la sincronización. Esto se puede hacer en PowerShell o en Azure. Vaya a la sección de grupos de sincronización. Haga clic en el grupo de sincronización.

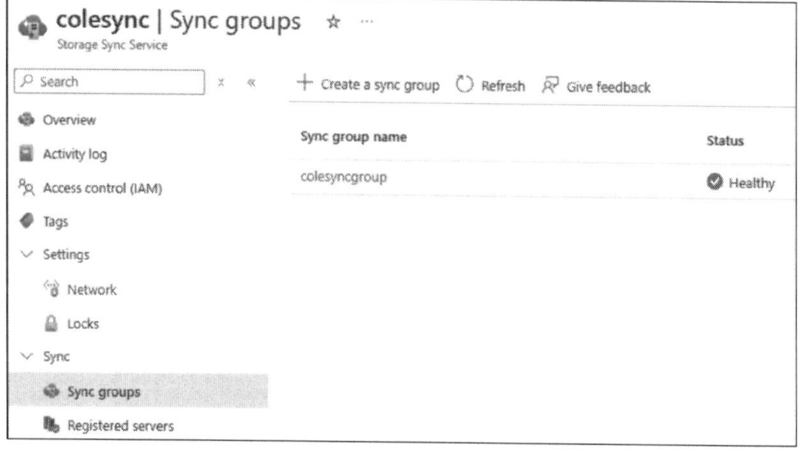

▶Haga clic en **Add cloud endpoint**.

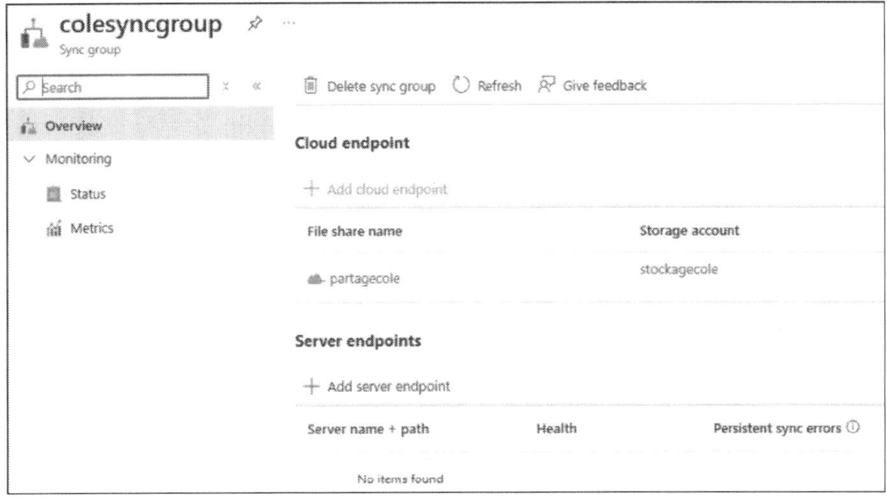

En la ventana que se abre, seleccione en primer lugar el servidor miembro del grupo de replicación y la ruta de la carpeta que desea sincronizar.

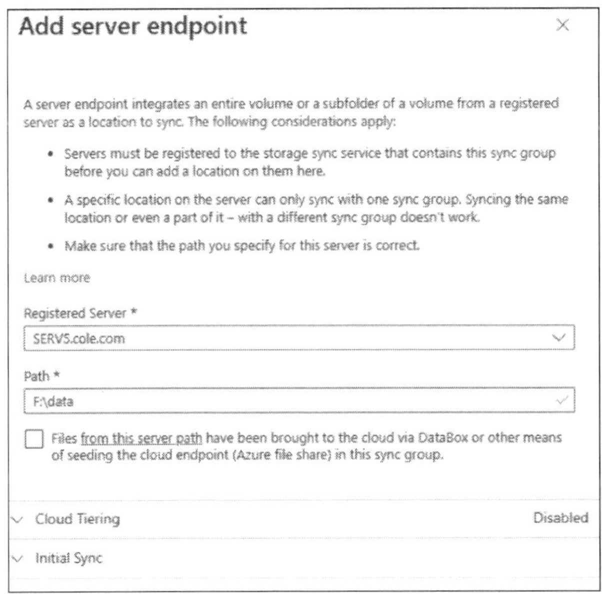

▶ A continuación, aplique la jerarquización en la nube. Vamos a decir que siempre queremos al menos un 20% de espacio disponible en disco y que los archivos que no se hayan leído o modificado durante 30 días no se guardarán físicamente en el servidor.

Observación

Aunque Azure File Sync es capaz de sincronizar carpetas en el disco del sistema, en este caso la jerarquización en la nube no es posible.

Ahora vamos a configurar la sincronización inicial. Tiene dos secciones, la primera para la primera subida de datos a la nube y la segunda para la primera descarga de datos al servidor.

▶ Para la primera carga, elija **Merge**. Tenga en cuenta que esto puede crear conflictos si dos archivos diferentes tienen el mismo nombre en los servidores. En este caso, ambos se conservarán, pero uno se marcará como causante de un conflicto. El contenido de los servidores se añadirá al contenido existente, si lo hubiera, del recurso compartido en Azure.

Initial Sync

Initial Upload

Select how the server initially uploads the Azure file share data. Learn more

(•) Merge the content of this server path with the content in the Azure file share. Files with the same name and path will lead to conflicts if their content is different. Both versions of those files will be stored next to each other. If your server path or Azure file share are empty, always choose this option.

( ) Authoritatively overwrite files and folders in the Azure file share with content in this server's path. This option avoids file conflicts.

- Files in the cloud share will be updated to match the server.
- Files in the cloud share will be deleted if they do not exist in this server's path.
- Permissions and other metadata of files in the cloud share will be updated to match the server.

When you used DataBox or other methods to seed the Azure file share from this server's path, select this option. Changes might have occurred on the server while DataBox was in transit and this option will catch-up the Azure file share with the latest changes. Learn more

- Para la primera descarga de datos, elija **Download the namespace only**. Esto sólo descargará la estructura de carpetas y subcarpetas y los archivos sólo se descargarán cuando un usuario quiera acceder a ellos. Esta opción minimiza los costes asociados al tráfico de red en Azure.

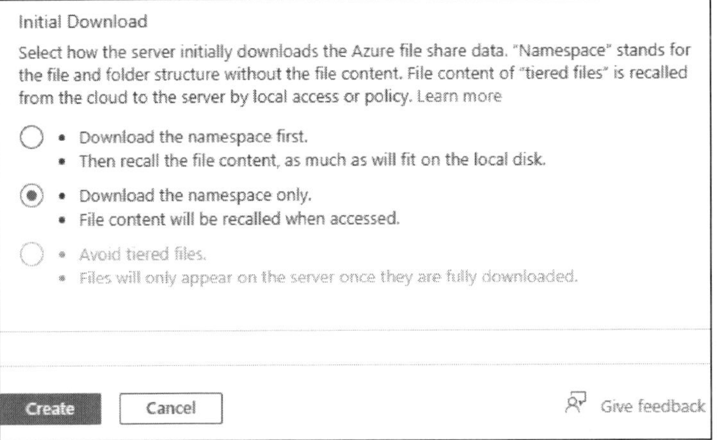

Observación

El tráfico saliente de la red puede generar costes. La directiva de precios de todos los proveedores de la nube cambia con el tiempo, pero la mayoría de las veces se cobra por el tráfico saliente desde la infraestructura de la nube a Internet. A título informativo, adjuntamos una captura de pantalla de las tarifas de Microsoft, que pueden cambiar en cualquier momento.

Internet Egress (routed via Microsoft Premium Global Network)

Source Continent	First 100GB / Month	Next 10TB / Month	Next 40TB / Month	Next 100TB / Month	Next 350TB / Month
From North America, Europe to any destination	Free	€0.0815 per GB	€0.0778 per GB	€0.0656 per GB	€0.0469 per GB
From Asia (China excluded), Australia, MEA to any destination	Free	€0.1124 per GB	€0.0796 per GB	€0.0768 per GB	€0.0749 per GB
From South America to any destination	Free	€0.1695 per GB	€0.1639 per GB	€0.1592 per GB	€0.1498 per GB

▶ Se ha creado el punto final del servidor, es decir, la carpeta que desea sincronizar y su configuración de sincronización.

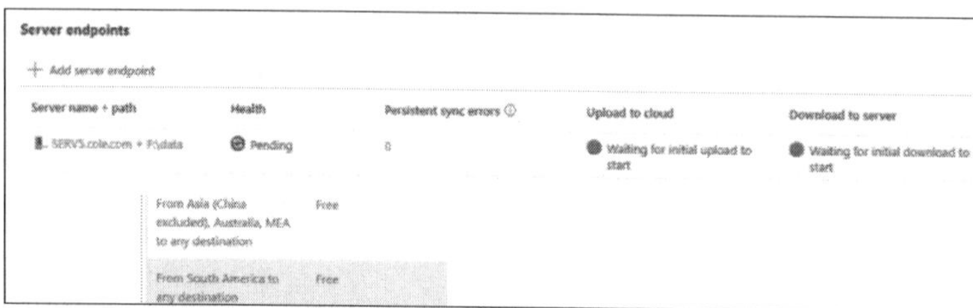

Este punto final tardará algún tiempo en estar operativo, pero una vez que lo esté, podrá añadir el segundo servidor y su carpeta como segundo punto final de replicación.

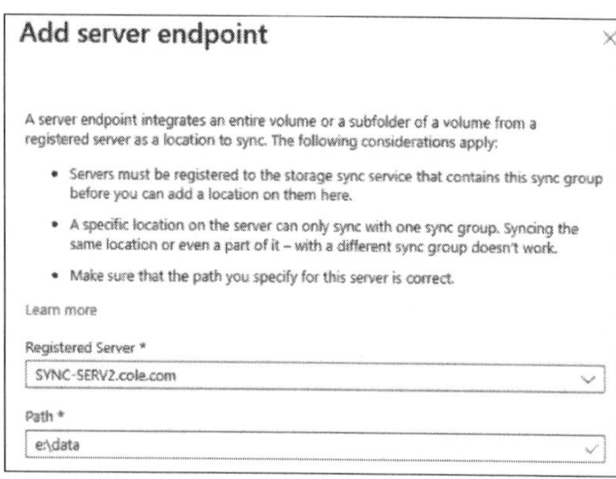

▶A continuación, establezca la misma configuración para la priorización de datos.

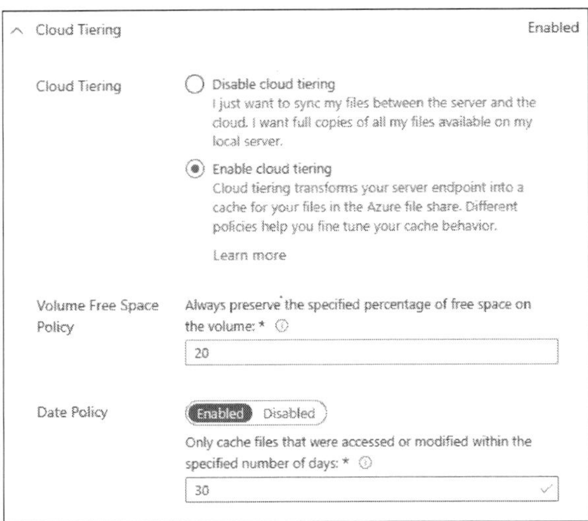

Observación

Si hubiéramos establecido un valor diferente para el espacio de almacenamiento libre, entonces el mayor valor entre los servidores del grupo de replicación sería el que se tendría en cuenta.

▶Finalice con la misma configuración inicial de descarga. No hay ajustes iniciales para el envío de datos a Azure, que se reservan para el primer servidor añadido al grupo.

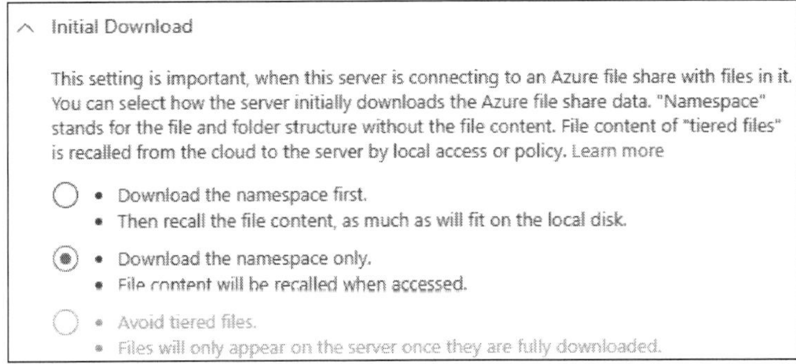

Una vez efectuada, la sincronización se realiza en tiempo real, desde cualquier servidor miembro del grupo de replicación.

9. Todo debe ser borrado

Como siempre con los recursos en la nube en fase de prueba, no olvide borrar o desactivar todo para evitar cargos sorpresa. Si ha creado una cuenta de prueba de Azure, no se cargará ni un céntimo en tu tarjeta, pero no podrá crear más recursos ni entrenar si se gastan todos los créditos.

Si tiene una cuenta de pago, te recomendamos encarecidamente que cree un presupuesto con una alerta si lo supera. Pero lo mejor es eliminar los grupos de recursos.

Eliminar recursos no debería ser un gran problema, pero Azure Cloud Sync puede ser un poco complicado.

Eliminar recursos de Azure File Sync

- Comience por desactivar la jerarquización de la nube en los extremos del servidor. Lo encontrará en el grupo de sincronización.

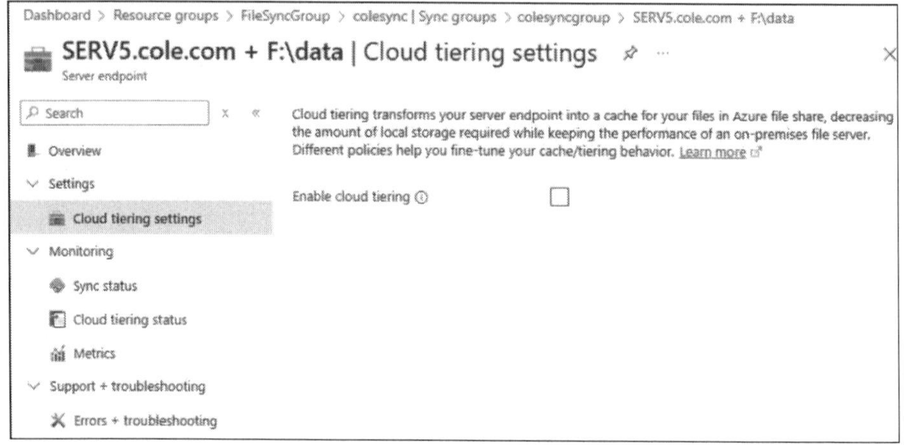

- A continuación, vuelva a la vista previa y haga clic en el icono para eliminar el punto final.

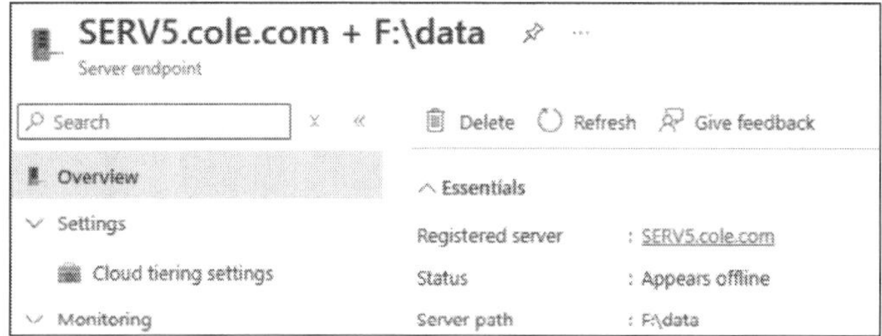

▶En la nueva página que se abre, seleccione la opción **I want to delete my server endpoint and stop using my local server**.

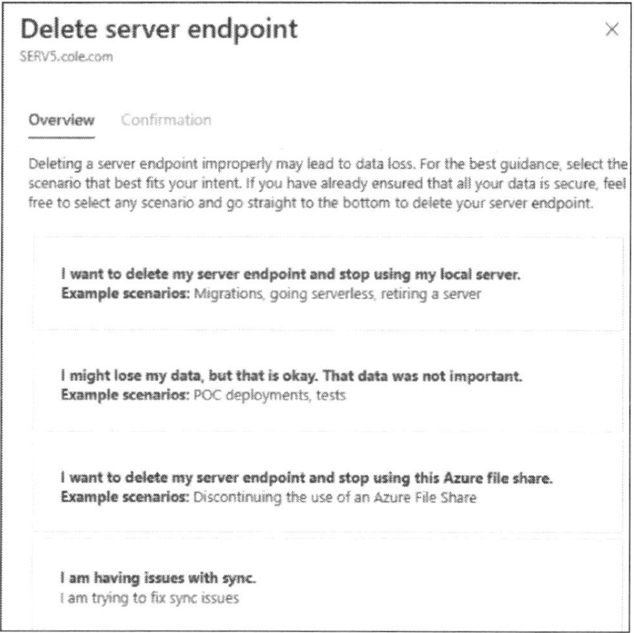

▶Confirme y haga clic en **Delete**.

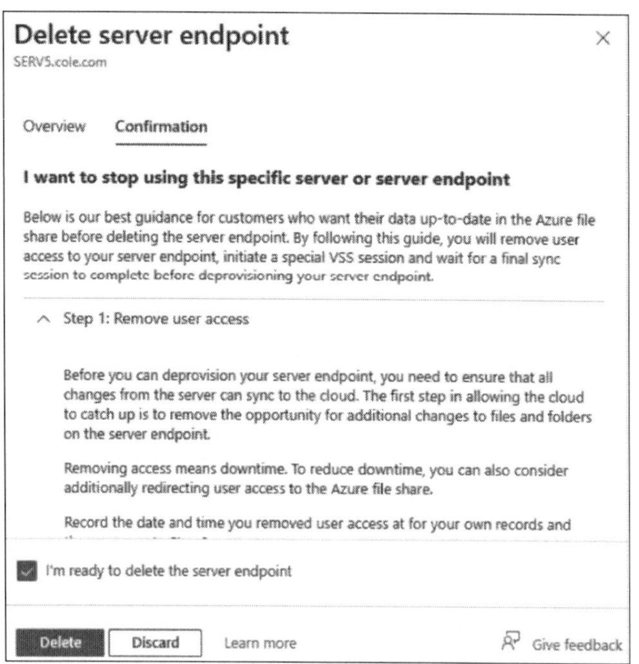

A continuación, debe eliminar el Cloud endpoint.

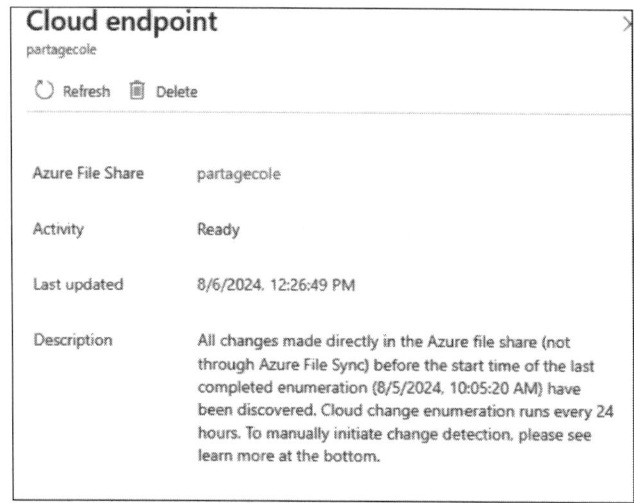

Puede eliminar el grupo de sincronización.

- Si los equipos en los que está instalado el agente ya no están disponibles, vaya a los servidores registrados en el grupo de sincronización y haga clic con el botón derecho del ratón en el servidor para anular su registro.

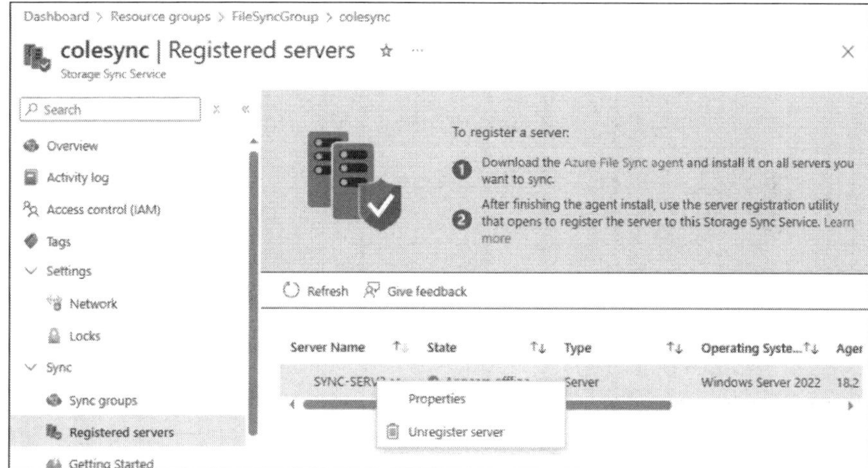

- En la nueva ventana, introduzca el nombre del servidor y valide.

Observación

El mensaje de error nos dice que es posible perder datos y proporciona un comando PowerShell para recuperar los datos disponibles sólo en línea, antes de anular el registro del servidor.

- Una vez dados de baja los servidores, los puntos finales del servidor se eliminan automáticamente. Elimine el Cloud endpoint y, a continuación, el grupo de sincronización.

Ahora puede eliminar el servicio de sincronización. Esto eliminará el recurso compartido al mismo tiempo.

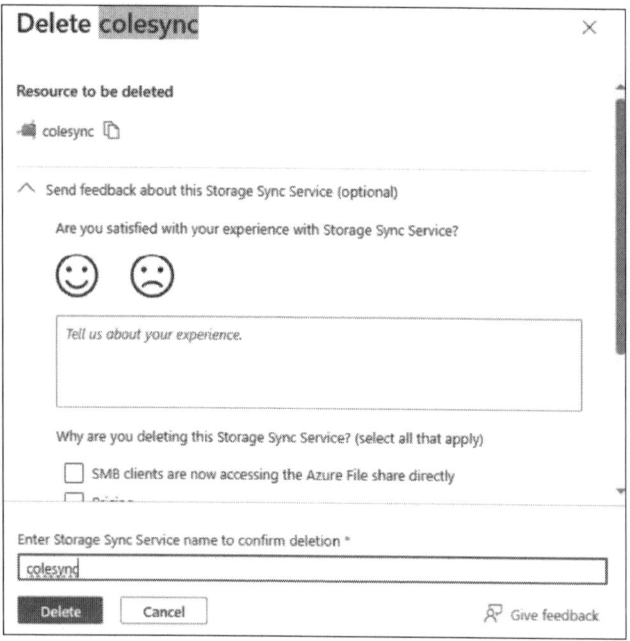

A continuación, deberá eliminar el almacén creado con el servicio de sincronización. También en este caso, algunos vínculos con otros objetos de la nube pueden impedirlo.

Azure le sugerirá un script o puede realizar las operaciones necesarias manualmente. En este último caso, la interfaz proporcionará una guía paso a paso, con la verificación de los pasos necesarios.

Una vez eliminados el servicio de sincronización y Storage Vault, puede eliminar el grupo de recursos dedicado a Azure File Sync.

Capítulo 8
La seguridad de Windows Server

1. Copia de seguridad de Windows Server

1.1 Planificación y primera copia de seguridad

Aunque no es una medida de seguridad en el sentido estricto de la palabra, la copia de seguridad es una parte esencial de la protección de un sistema informático. Windows Server incluye una característica de copia de seguridad que no está instalada por defecto. Permite realizar copias de seguridad de todo el servidor o de volúmenes o archivos seleccionados.

▶ Instale la característica **Windows Server Backup**.

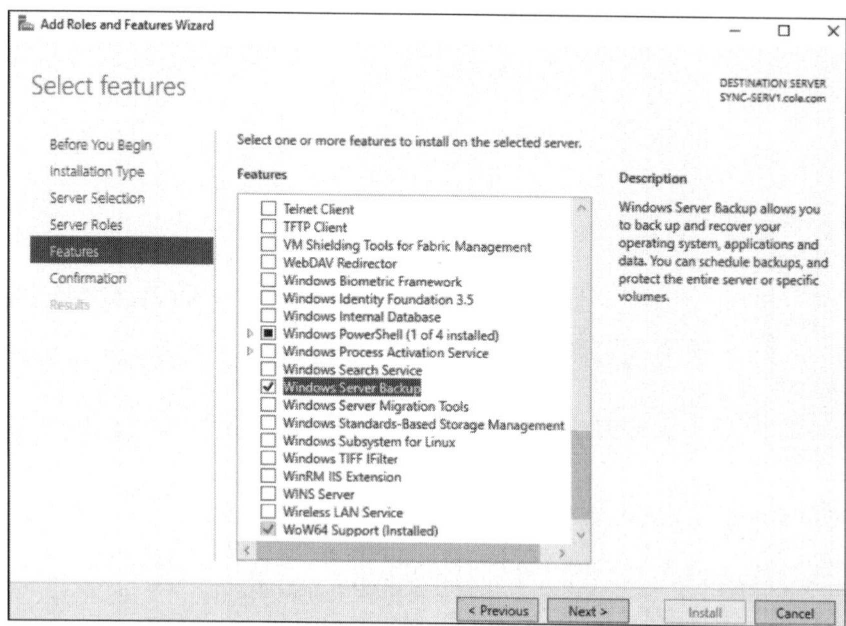

Para utilizar Windows Server Backup, vaya a **Server Manager**, luego a **Tools** y seleccione **Windows Server Backup**. Se abrirá la consola de gestión de copias de seguridad.

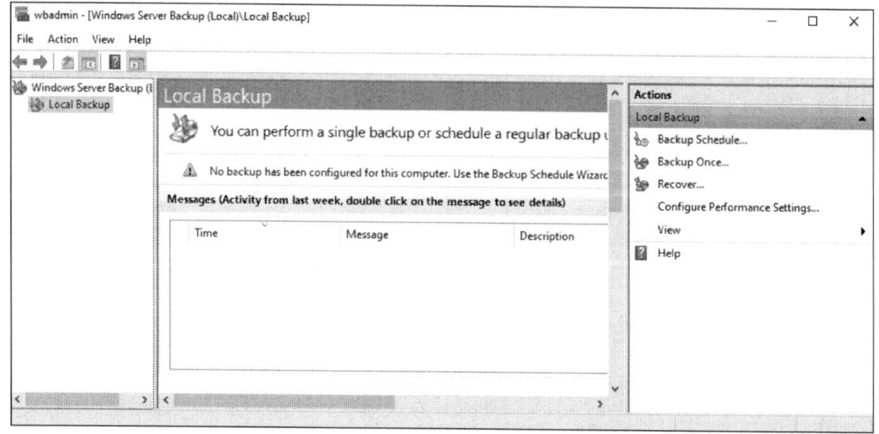

En nuestro ejemplo, vamos a implementar una copia de seguridad periódica de un servidor Hyper-V y sus máquinas virtuales.

▶ Haga clic con el botón derecho del ratón en **Local Backup** y seleccione **Backup Schedule** en el menú desplegable.

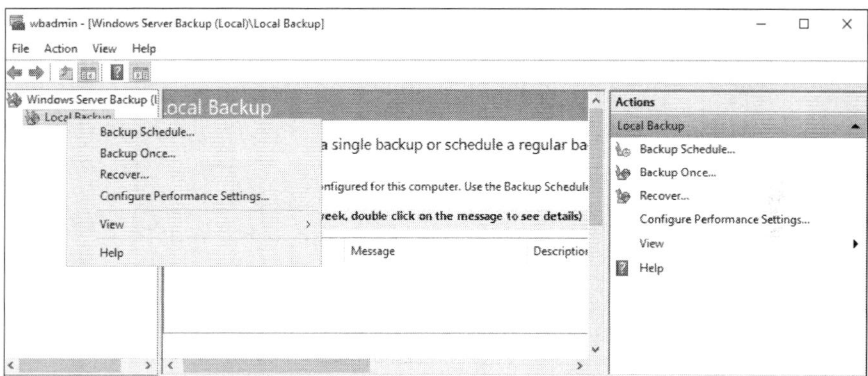

▶ La primera ventana le pregunta si quiere hacer una copia de seguridad de todo el servidor o personalizar la configuración. Elija **Custom**.

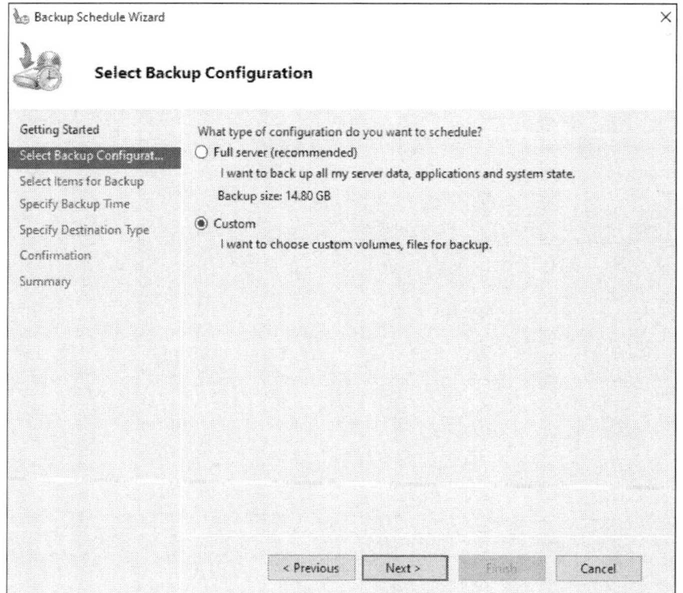

▶ En la siguiente ventana, elija lo que desea guardar. Haga clic en **Add Items**.

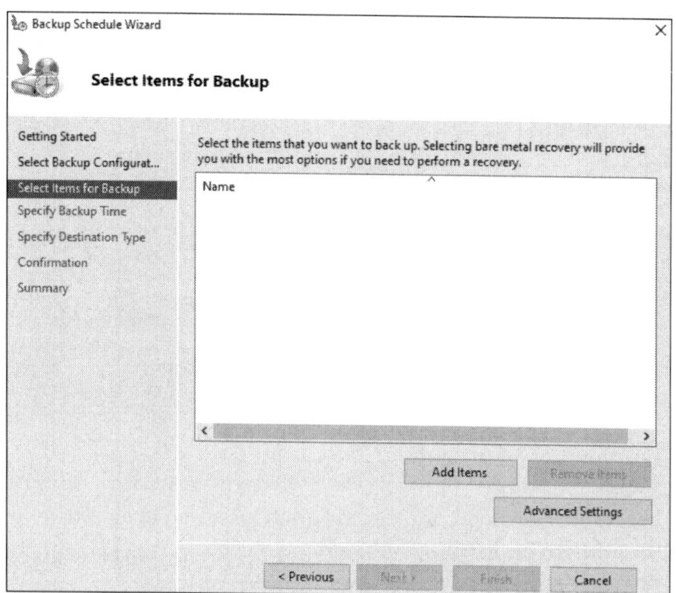

Aparecerá una lista de lo que se puede copiar. Como estamos haciendo una copia de seguridad de un servidor Hyper-V, las máquinas virtuales y la configuración del servidor Hyper-V están disponibles para la copia de seguridad. Va a realizar una copia de seguridad de las máquinas virtuales y la configuración del servidor Hyper-V.

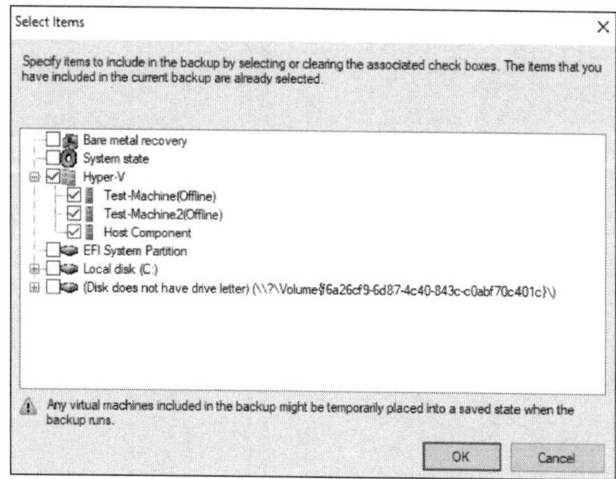

Observación

Sería posible hacer una copia de seguridad de una máquina virtual desde dentro de ella. Pero no se haría copia de seguridad de la configuración de la propia máquina virtual, a diferencia de la copia de seguridad de la máquina virtual desde el servidor, como estamos haciendo ahora.

Tenga en cuenta que es posible guardar un elemento denominado "estado del sistema". He aquí una lista de lo que incluye este elemento:

- archivos de inicio,
- archivos de sistema,
- el registro,
- la base de datos del clúster (si forma parte de un clúster),
- base de datos Active Directory (si es controlador de dominio),
- la carpeta SYSVOL (si se trata de un controlador de dominio),
- la metabase IIS (si IIS está instalado),
- configuración del servicio de certificados (si se trata de una autoridad de certificación).

▶ Vuelva a la página anterior con la lista de elementos seleccionados para la copia de seguridad. El botón de configuración avanzada permitirá excluir elementos de la copia de seguridad. Haga clic en **Next**.

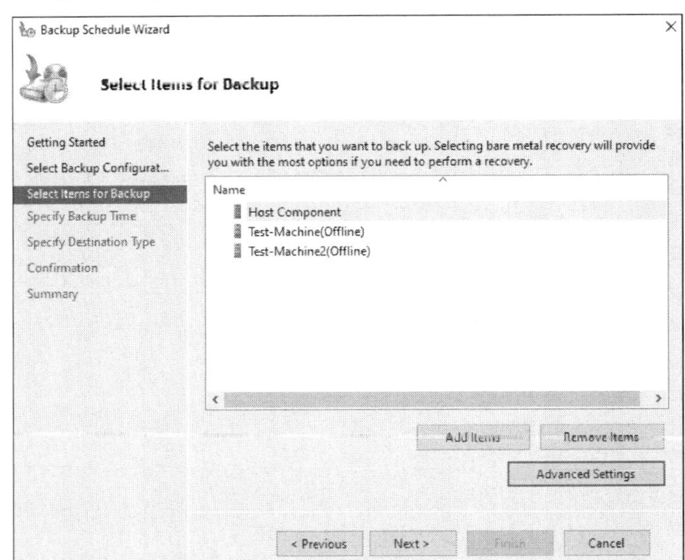

A continuación, viene la pantalla para establecer las horas de programación de la copia de seguridad. Elija todos los días a las 11pm. Sería posible programar copias de seguridad varias veces al día.

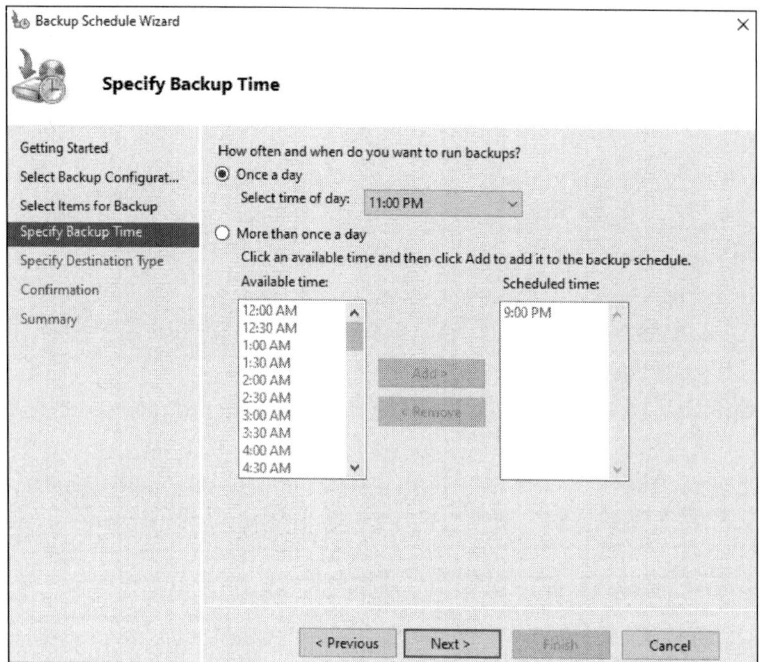

Ahora tiene que elegir dónde almacenar la copia de seguridad. En un disco que se reformateará para la copia de seguridad y al que sólo se podrá acceder a través de ella, en un volumen o en un recurso compartido. Opte por el recurso compartido.

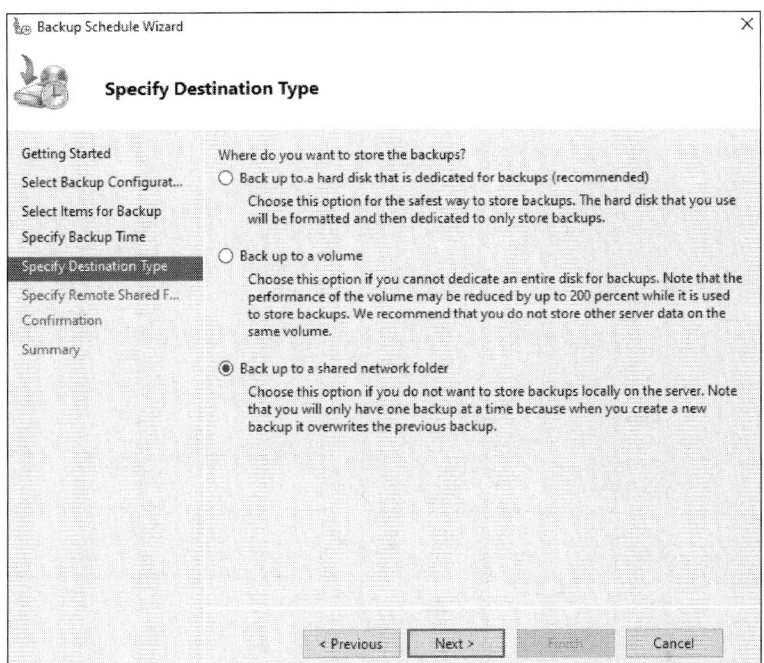

Si hace clic en **Next**, un mensaje le advertirá de que cuando elija hacer una copia de seguridad en un recurso compartido, se eliminarán todas las copias de seguridad anteriores. Sólo se conservará la nueva copia de seguridad.

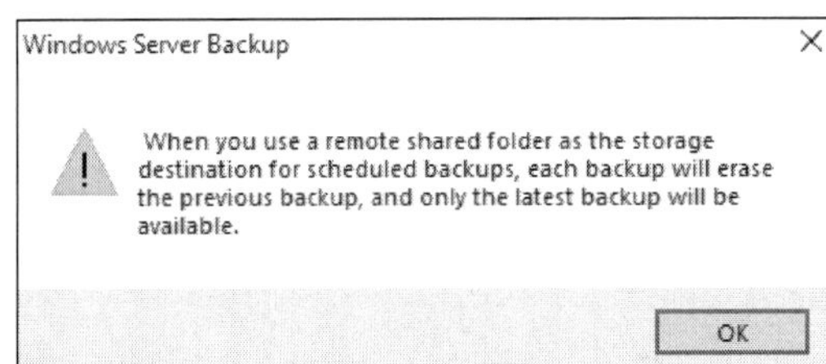

- En la página siguiente, tiene que introducir la ruta compartida. También hay una opción para los permisos. No tiene ninguna opción de configuración, sólo está disponible la opción **Inherit**. Esta opción significa que cualquier persona con las credenciales adecuadas podrá utilizar la copia de seguridad. Introduzca la ruta compartida y confirme.

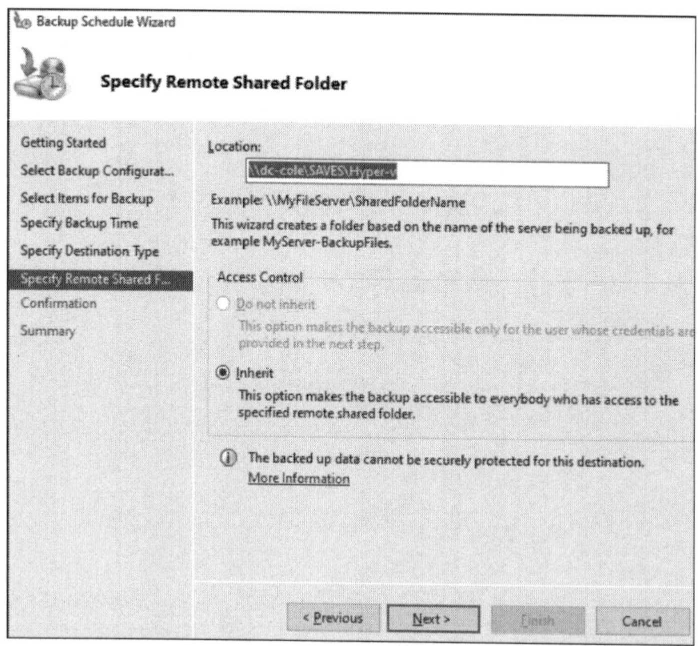

Deberá autenticarse. El recurso compartido se ha creado con la cuenta de administrador del dominio, por lo que deberá introducir estas credenciales.

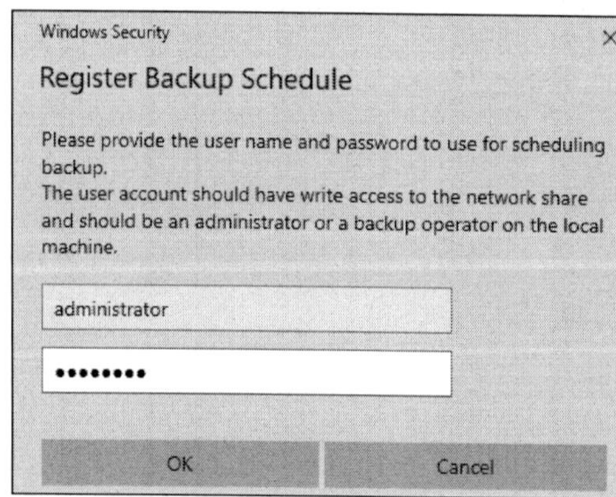

▶ A continuación, aparece la pantalla de resumen, haga clic en **Finish**.

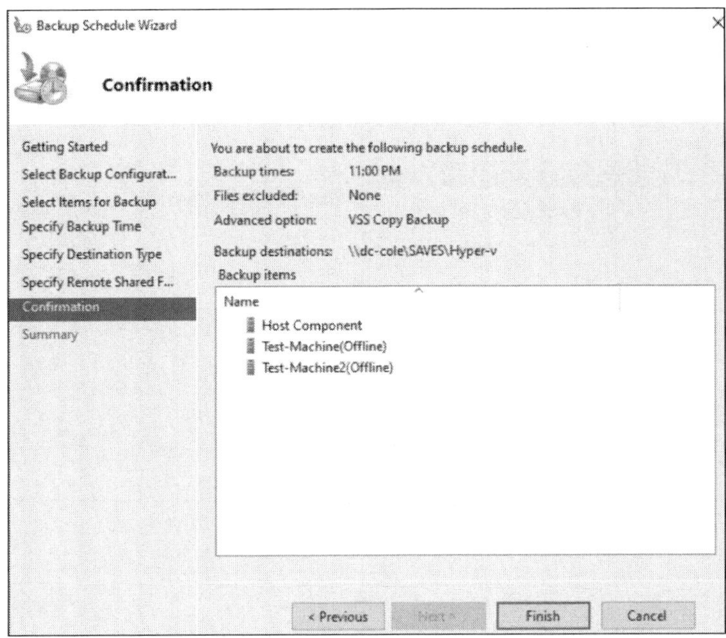

En la parte central de la consola, puede ver que la copia de seguridad está programada y que aún no se ha realizado ninguna.

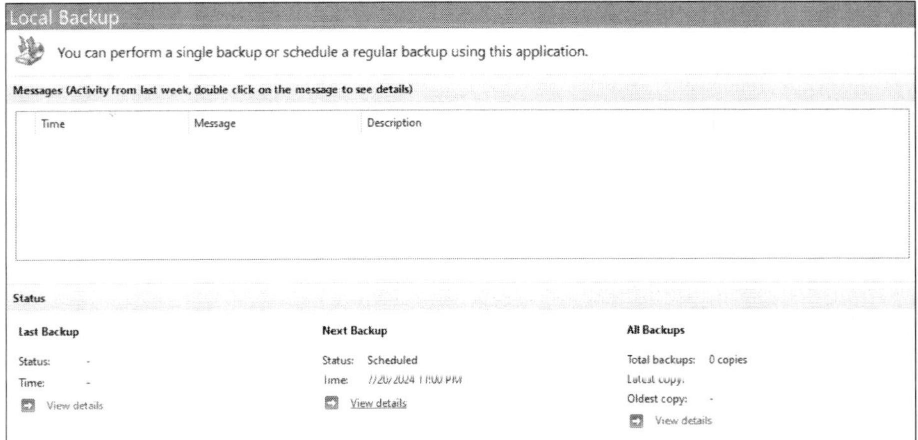

▶Ahora va a realizar una copia de seguridad inmediata. Haga clic con el botón derecho del ratón en **Local Backup** y seleccione **Backup Once**.

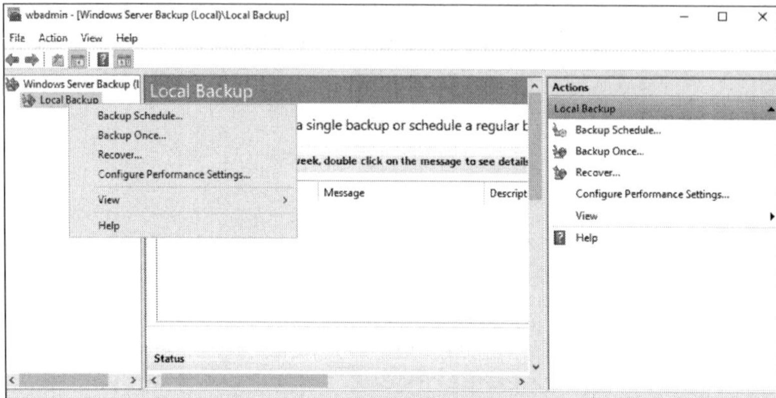

Utilizará las opciones de copia de seguridad programada, que incluirá los mismos elementos en la copia de seguridad. Se almacenará en la misma ubicación.

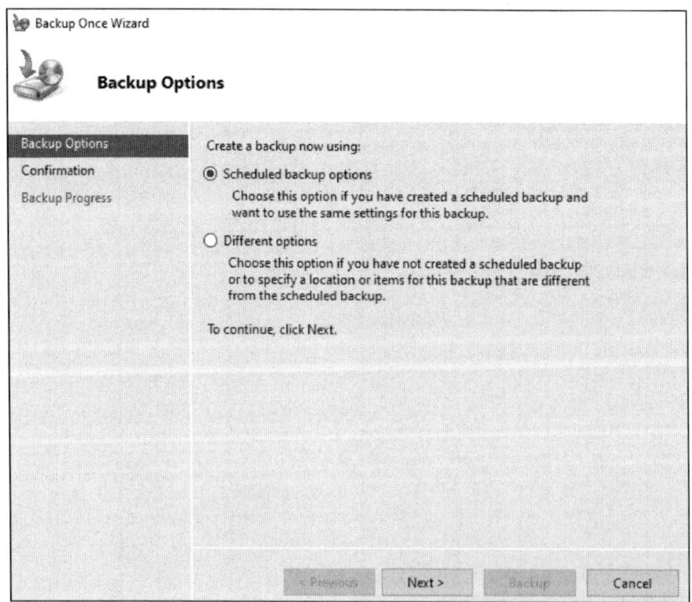

▶A continuación, aparece la pantalla de resumen, haga clic en **Backup**.

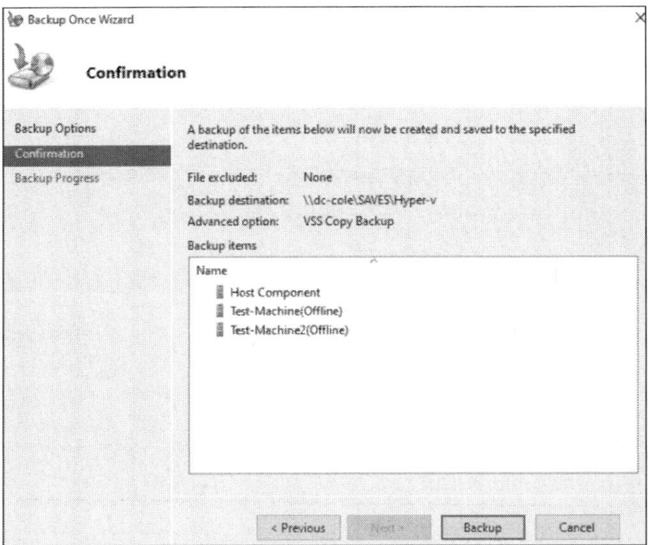

1.2 Restauración

Para probar la restauración, va a borrar una de las máquinas virtuales y para poder restaurarla.

- Después de eliminar la máquina virtual, vuelva a la consola de administración de copias de seguridad. Haga clic con el botón derecho del ratón en **Local Backup** y seleccione **Recover**.

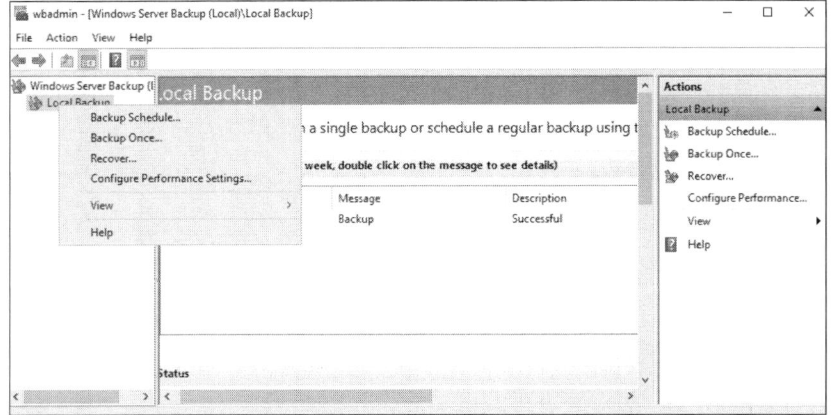

▶ Indique que la copia de seguridad se encuentra en otra ubicación.

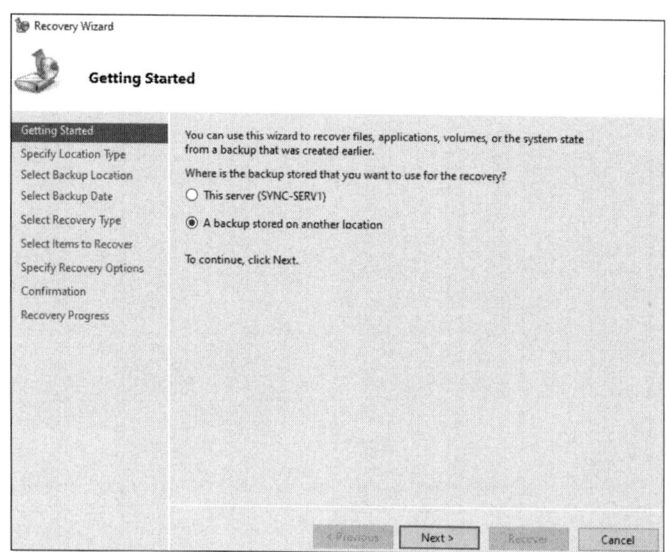

▶ En la ventana siguiente, indique que la copia de seguridad está en un recurso compartido.

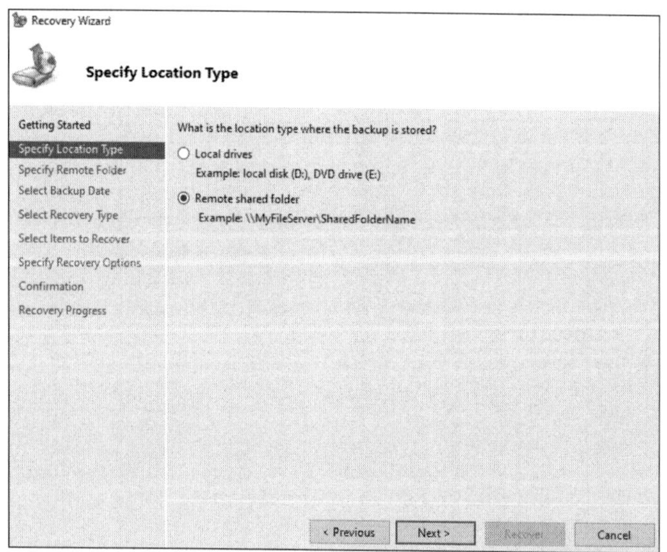

▶Indique la ruta al recurso compartido.

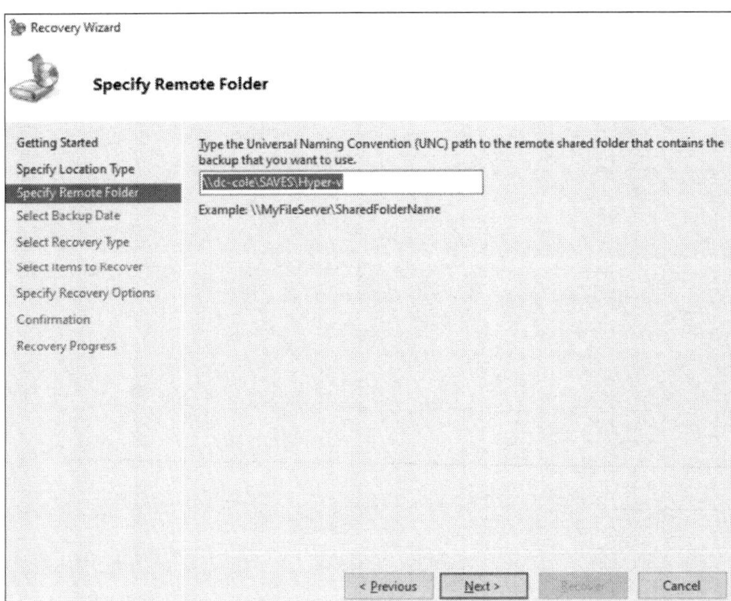

A continuación, debe elegir la copia de seguridad de la que desea recuperar los elementos. En este momento sólo tiene una.

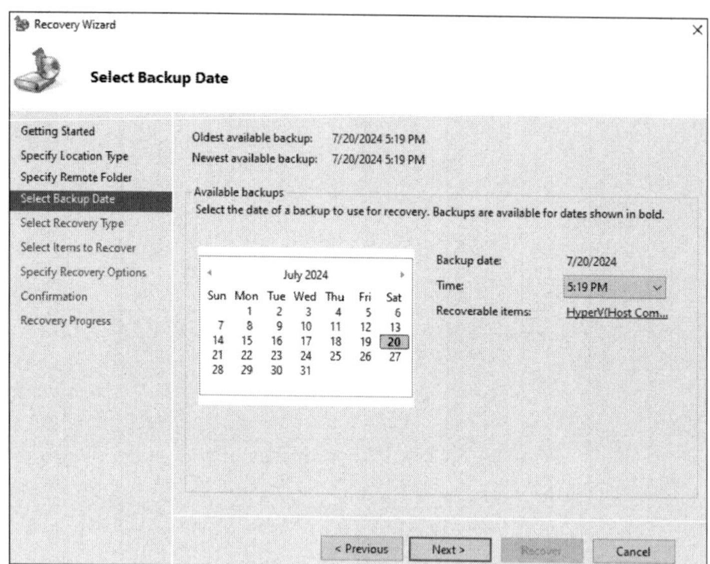

A continuación, dirá que desea recuperar elementos de Hyper-V. Usted podría haber recuperado archivos o incluso volúmenes.

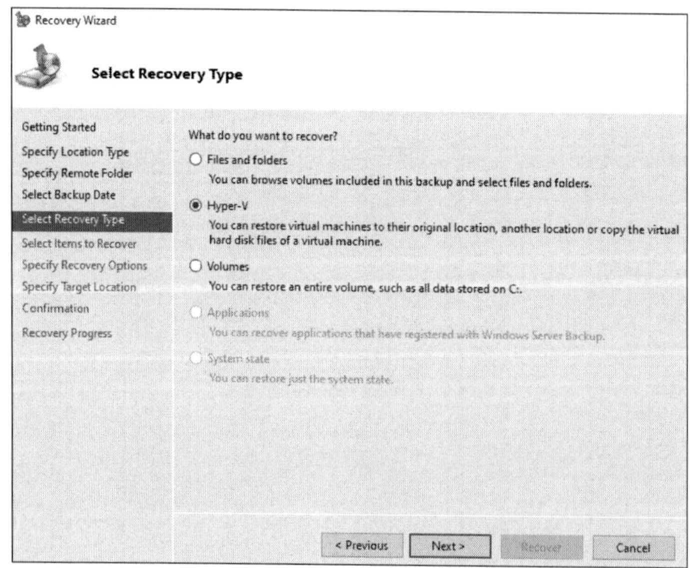

- A continuación, seleccione la máquina que desea recuperar.

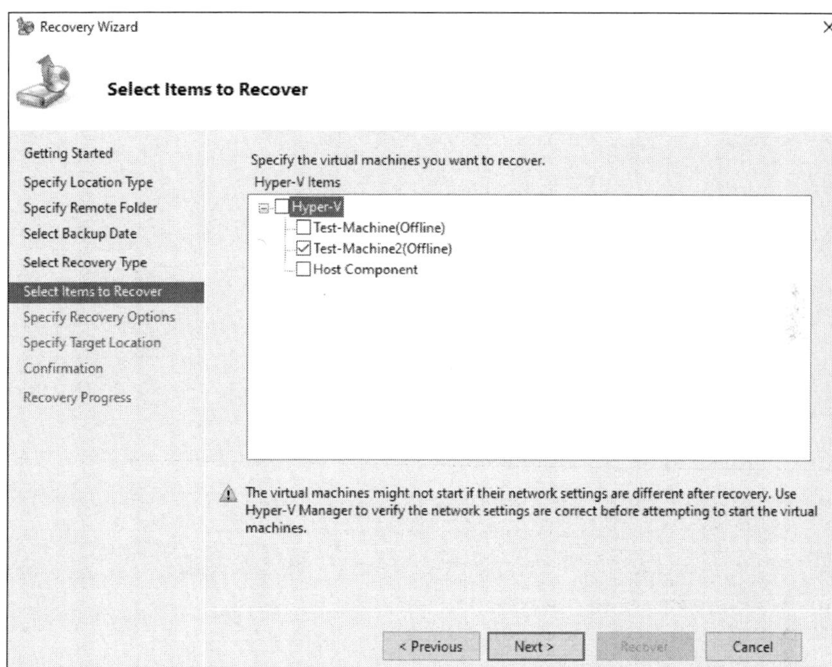

- Especifique que desea recuperar la máquina virtual en la ubicación original. Podría haber elegido una ubicación diferente.

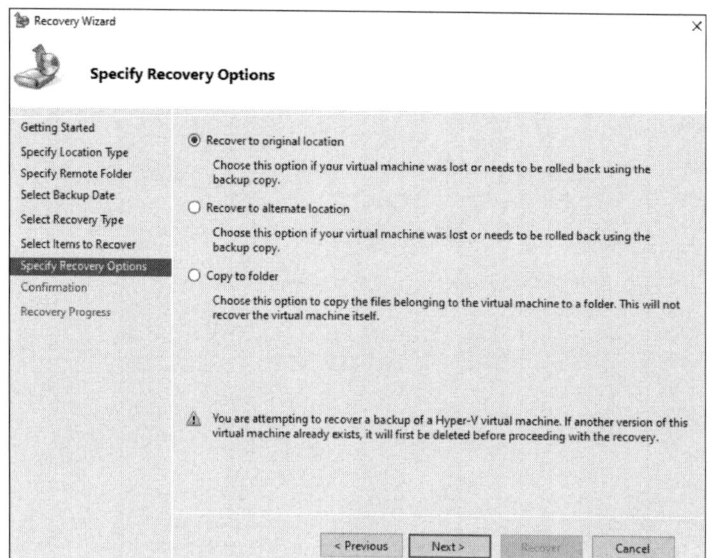

▶ Por último, aparece la pantalla de resumen. Haz clic en **Recover**.

La recuperación aparece en la consola como realizada con éxito.

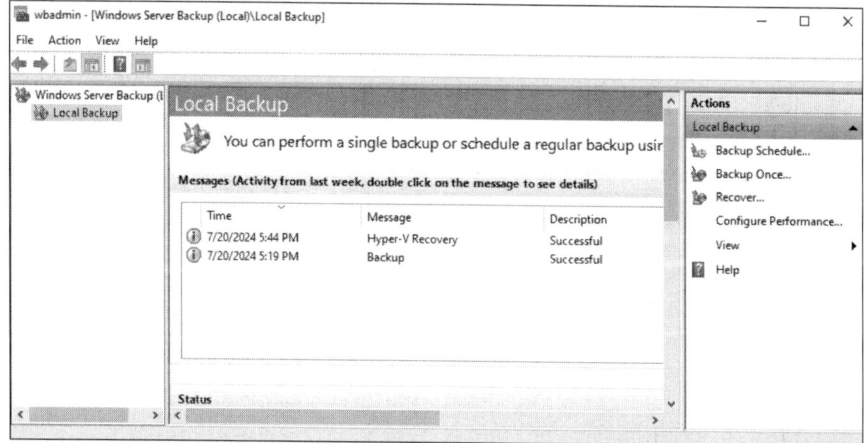

1.3 Gestión de copias de seguridad

◘Haga doble clic en la línea de copia de seguridad.

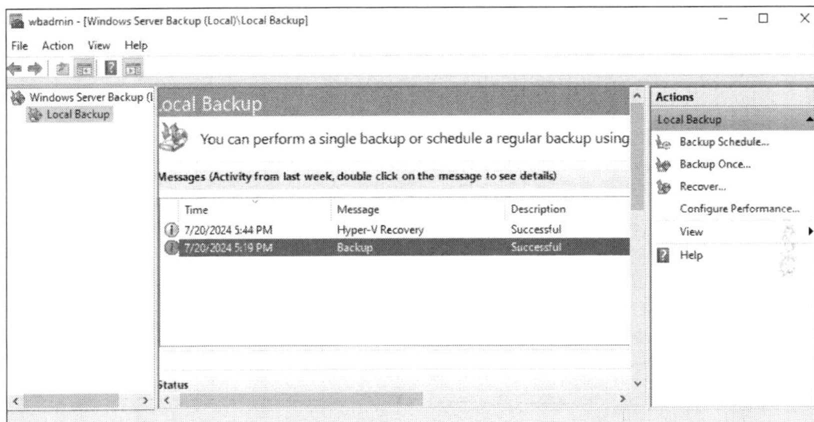

◘Se abrirá una ventana con más detalles. Haz clic en el enlace de la parte inferior de la página **View list of all backed up files**.

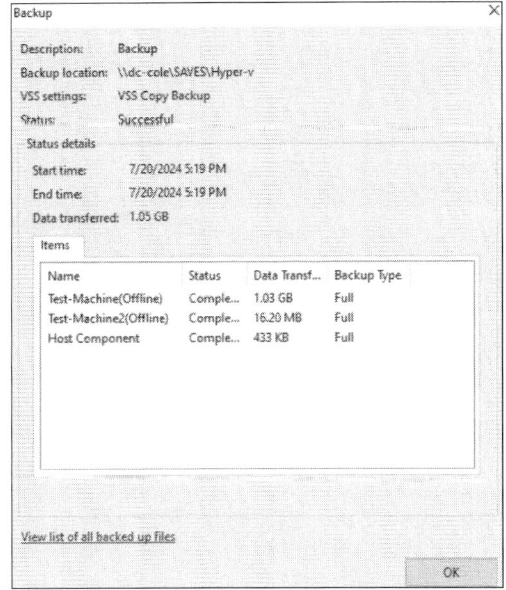

A continuación, podrá acceder a todo el contenido de la copia de seguridad.

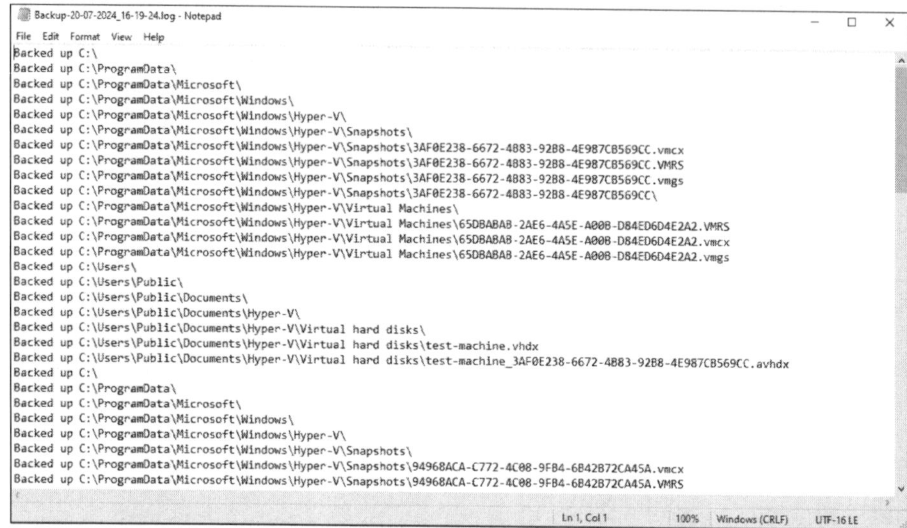

La lista equivalente está disponible en la línea de recuperación.

▶ En la consola de gestión de copias de seguridad, haga clic en **Configure Performance** en la columna de la derecha.

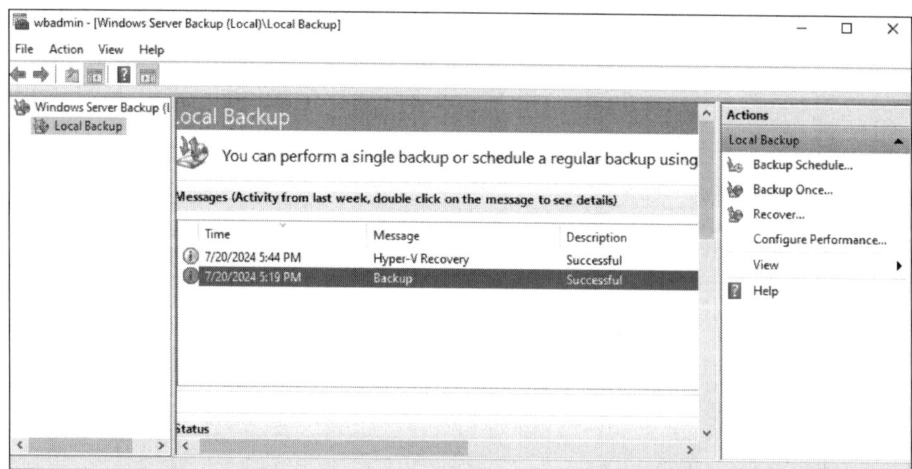

La primera opción, "rendimiento normal de la copia de seguridad", realizará una copia de seguridad completa de **tipo incremental**.

La segunda opción, "rendimiento de copia de seguridad superior", sólo hará una copia de seguridad de los cambios desde la copia de seguridad anterior. Se trata de una copia de seguridad de **tipo diferencial**.

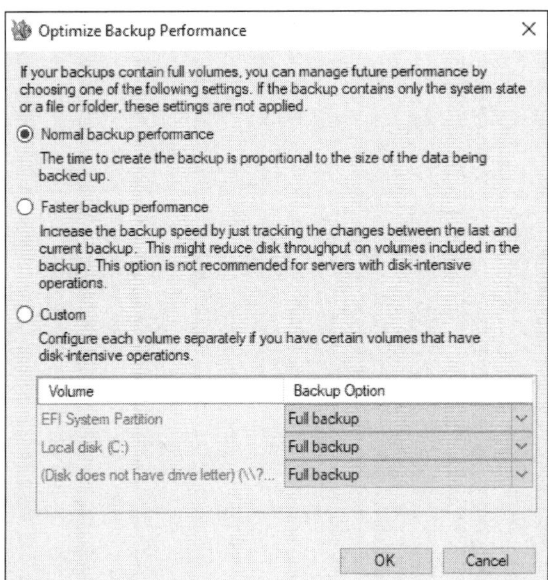

Los eventos relacionados con la copia de seguridad se pueden ver en el visor de eventos.

- Vaya a **Applications and Services Logs**, seguidamente **a Microsoft**, luego a **Windows**, vaya a **Backup** y, para terminar, a **Operational**.

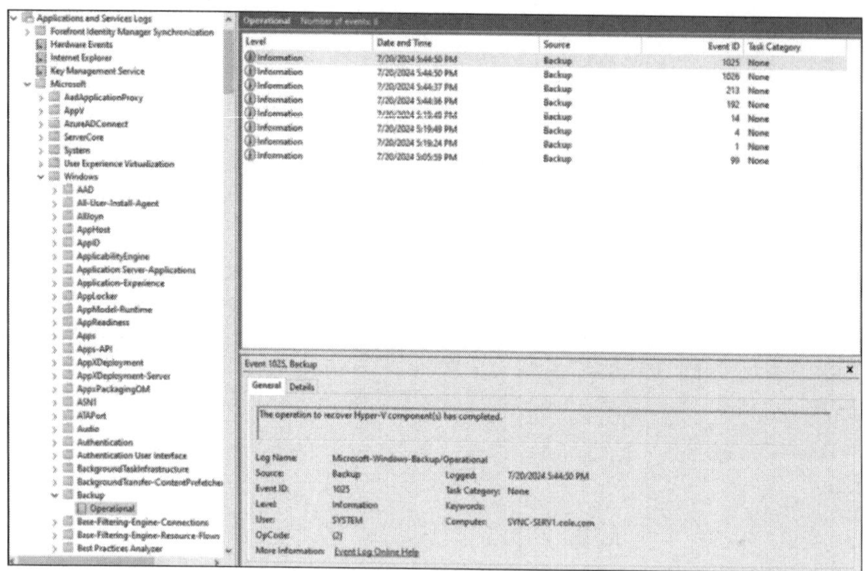

Observación

La información con ID 4 es una copia de seguridad correcta. Un ID de 1 es el inicio de una copia de seguridad.

2. BitLocker

BitLocker es una función de cifrado de discos duros que se encuentra tanto en la versión cliente de Windows 10 y 11 como en Windows Server.

2.1 Conceptos básicos

2.1.1 Chip TPM

BitLocker puede funcionar con chips TPM, que son chips en placas base que generan y almacenan claves de cifrado. Estas claves se almacenan en el propio hardware, lo que resulta más seguro que almacenarlas en Windows.

Si necesita activar el chip TPM, esto se hace en el firmware de la máquina, con la opción Intel PTT o AMD PSP.

Para averiguar si la máquina tiene un chip TPM, escriba el siguiente comando:

```
Tpm.msc
```

Esto abrirá la consola de gestión de TPM, que indicará la presencia del chip, su estado y versión. Si la consola está vacía, entonces su máquina no tiene un chip TPM.

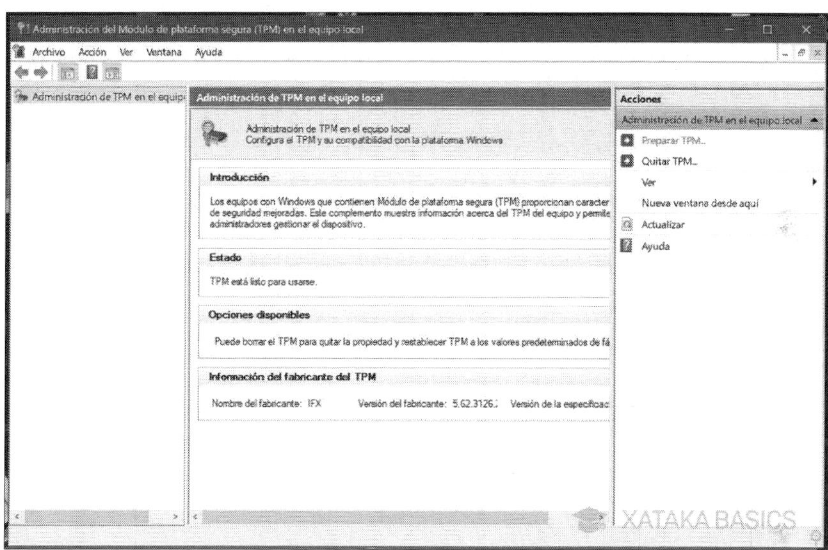

▶ Para habilitar el chip TPM **en las máquinas Hyper-V**, la máquina virtual debe ser de generación 2. Vaya a los parámetros de la máquina y **Segurity**. A continuación, active la opción.

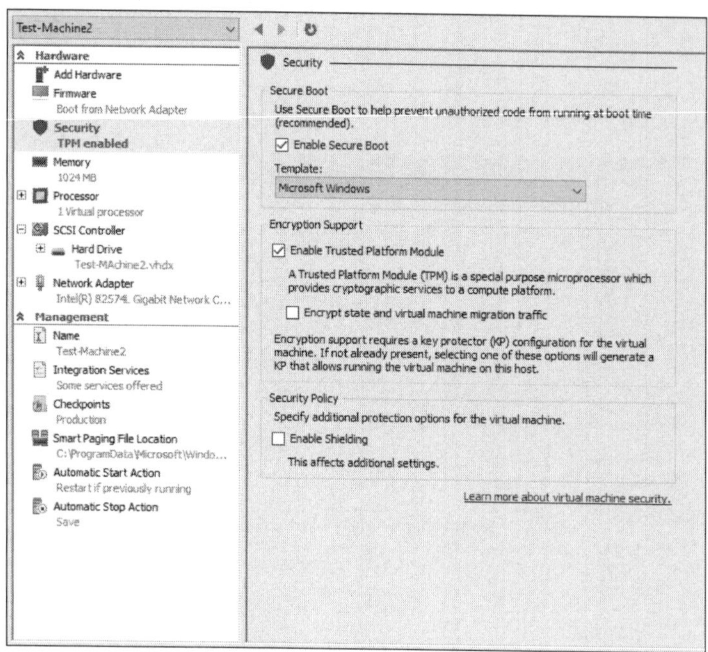

2.1.2 Características de BitLocker

- BitLocker es capaz de añadir un código PIN, una contraseña o la solicitud o una llave física, cuando la máquina se inicia.
- Por supuesto, BitLocker puede cifrar discos duros. Tanto los discos conectados localmente a una máquina como los soportes extraíbles.
- También es posible almacenar claves de recuperación de BitLocker en objetos de Active Directory. Este es el método recomendado por Microsoft.
- BitLocker se puede activar y configurar mediante la directiva de grupo.
- BitLocker puede proteger volúmenes de clúster compartidos.
- Los volúmenes del sistema protegidos por un código PIN en el arranque, pueden utilizar la funcionalidad de "desbloqueo de red". Esto permite arrancar sin intervención humana, lo que puede ser útil en el caso de servidores gestionados remotamente. Requiere un chip TPM.
- BitLocker tiene una función de "desbloqueo automático" para que no tenga que desbloquear a mano los discos de datos cada vez que los use. Esto almacenará una clave para la unidad, que se guardará en el registro.

- Algunos soportes extraíbles se pueden desbloquear automáticamente para usuarios seleccionados en Active Directory.

2.1.3 Protectores BitLocker

BitLocker cifra los discos mediante cifrado simétrico. La clave utilizada para este cifrado se denomina FVEK (*Full Volume Encryption Key*) y está a su vez cifrada, junto con una VMK (*Volume Master Key*). Ambas se almacenan en una parte no cifrada del disco.

A su vez, BitLocker protege la clave VMK mediante varios métodos conocidos como protectores:

- Contraseñas de acceso a los volúmenes.
- Contraseñas de recuperación.
- Claves de recuperación, que son códigos de 48 dígitos. Se almacenan en el chip TPM. También se pueden almacenar en un archivo .txt o en una llave USB.
- Un objeto de Active Directory de tipo usuario o grupo.
- Un código PIN para el chip TPM.
- Una llave de arranque.
- Un certificado para desbloquear a través de la red.

Cada protector recibe una copia de la clave VMK y la cifra a su vez.

Cuando ya no pueda acceder a un disco, debido a un cambio en el hardware, una actualización del sistema o la pérdida de la contraseña, puede utilizar la clave de recuperación, que se puede almacenar en Active Directory o en un archivo de texto.

2.2 Instalación de BitLocker

Instalación de BitLocker

▶ BitLocker no está instalado por defecto en Windows Server. Para implementar BitLocker, instale la característica **BitLocker Drive Encryption**. Será necesario reiniciar el sistema.

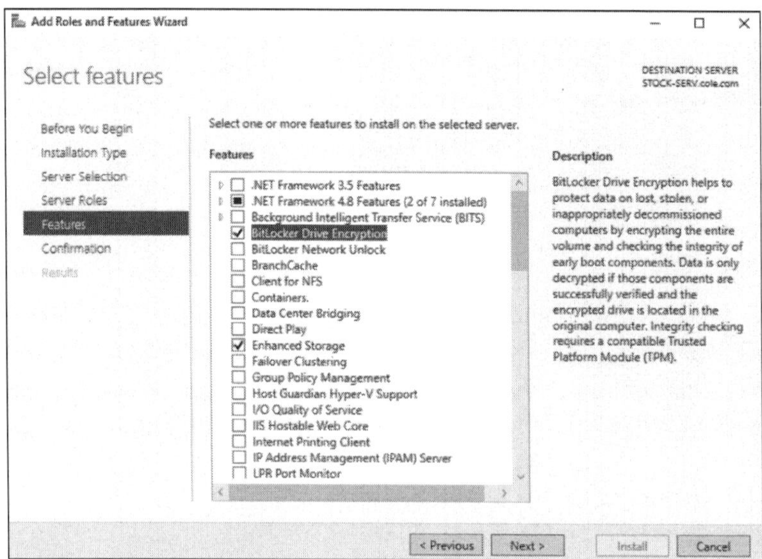

La instalación se reanudará tras el reinicio.

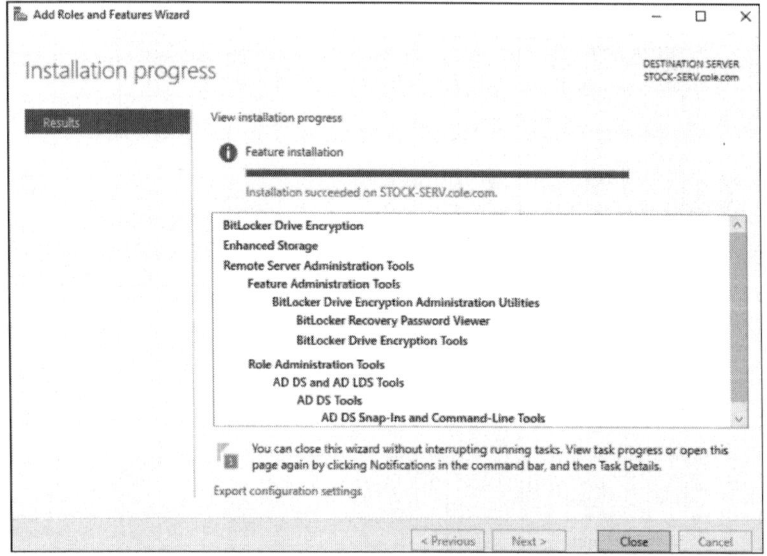

Una vez instalado, la característica está disponible en el panel de control.

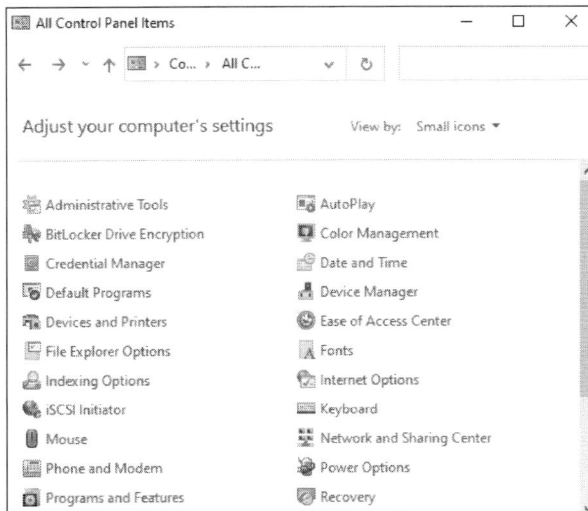

2.3 Cifrar un disco de datos

2.3.1 Instalación en el controlador de dominio

- Para acceder a las claves de recuperación en Active Directory, instale el rol BitLocker en el controlador de dominio. Esto instalará una subfunción de BitLocker, el visor de contraseñas de recuperación de BitLocker.

Esto añadirá una pestaña a los perfiles de objetos Active Directory, de modo que pueda recuperar las contraseñas una vez finalizada la configuración.

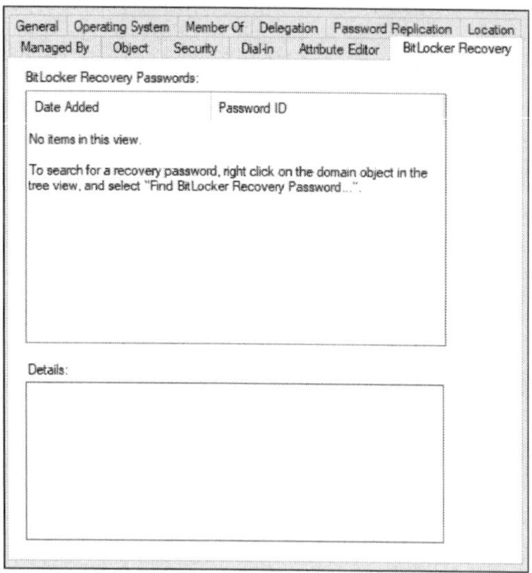

2.3.2 Configuración de la directiva de grupo

Hay varias docenas de directivas de grupo dedicadas a configurar BitLocker. Se encuentran en **Computer Configuration - Policies - Administrative Templates - Windows Components - BitLocker Drive Encryption**.

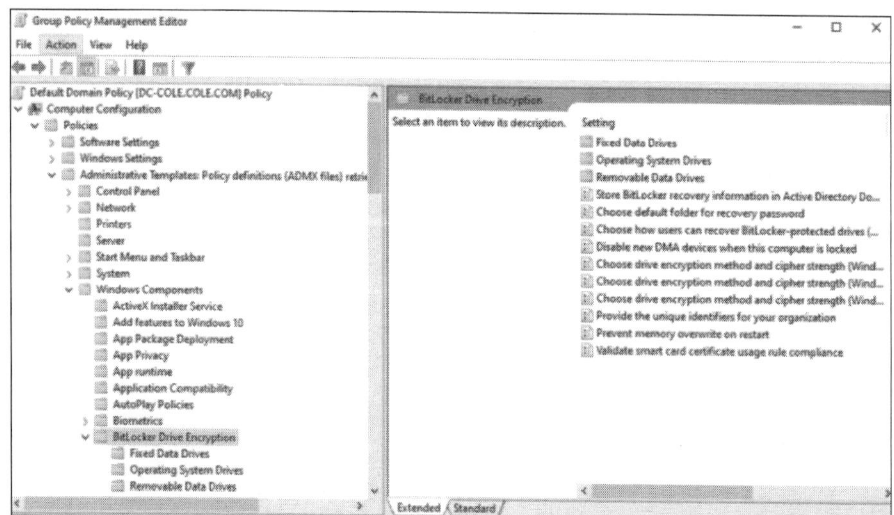

- En cifrado de unidad BitLocker, habilite la directiva **Store BitLocker recovery information in Active Directory Domain Services** .

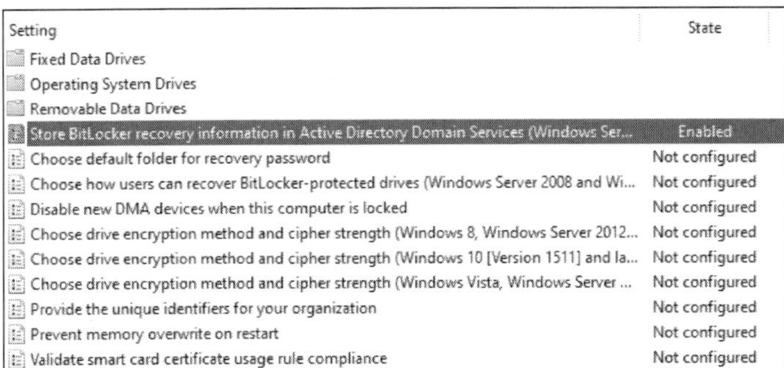

Setting	State
Fixed Data Drives	
Operating System Drives	
Removable Data Drives	
Store BitLocker recovery information in Active Directory Domain Services (Windows Ser...	Enabled
Choose default folder for recovery password	Not configured
Choose how users can recover BitLocker-protected drives (Windows Server 2008 and Wi...	Not configured
Disable new DMA devices when this computer is locked	Not configured
Choose drive encryption method and cipher strength (Windows 8, Windows Server 2012...	Not configured
Choose drive encryption method and cipher strength (Windows 10 [Version 1511] and la...	Not configured
Choose drive encryption method and cipher strength (Windows Vista, Windows Server ...	Not configured
Provide the unique identifiers for your organization	Not configured
Prevent memory overwrite on restart	Not configured
Validate smart card certificate usage rule compliance	Not configured

- Vaya a la carpeta **Fixed Data Drives** y active la directiva **Choose how BitLocker-protected fixed drives can be recovered**.

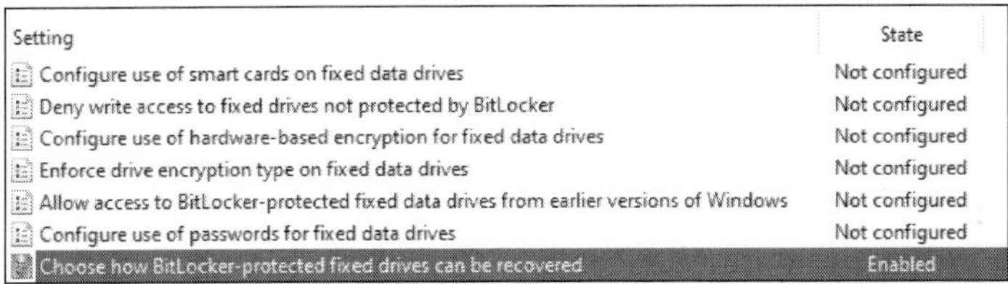

Setting	State
Configure use of smart cards on fixed data drives	Not configured
Deny write access to fixed drives not protected by BitLocker	Not configured
Configure use of hardware-based encryption for fixed data drives	Not configured
Enforce drive encryption type on fixed data drives	Not configured
Allow access to BitLocker-protected fixed data drives from earlier versions of Windows	Not configured
Configure use of passwords for fixed data drives	Not configured
Choose how BitLocker-protected fixed drives can be recovered	Enabled

- En el controlador de dominio, ejecute el siguiente comando:

```
Gpupdate/force
```

2.3.3 Copia de seguridad en Active Directory y activación

- En la máquina cuyo disco desea cifrar, escriba el siguiente comando para añadir una contraseña de recuperación al volumen:

```
Add-BitLockerKeyProtector `
-MountPoint e: `
-RecoveryPasswordProtector
```

- Utilice la utilidad `manage-bde.exe` para recuperar el ID del protector que acaba de añadir.

```
manage-bde.exe -protectors -get e :
```

El resultado es el siguiente:

```
Volume E: [DATA]
All Key Protectors

    Numerical Password:
      ID: {30E131A6-DB69-4E1B-8599-B050E052458C}
      Password:
        399509-109549-060390-646525-673134-685069-524964-076714
```

Necesita el ID, entre llaves, para almacenar esta contraseña en Active Directory. Debajo del ID se encuentra la contraseña de recuperación propiamente dicha, de 48 dígitos, que nunca se debe divulgar ni perder.

▶ En el siguiente comando, guarde la contraseña en el Active Directory.

```
Backup-BitLockerKeyProtector e: `
-KeyProtectorId '{30E131A6-DB69-4E1B-8599-B050E052458C}'
```

Sólo queda activar el cifrado, de nuevo mediante `manage-bde.exe`.

```
manage-bde.exe -on -UsedSpaceOnly f:
```

2.4 Cifrar el disco del sistema

Cifrar el disco del sistema con BitLocker proporciona una protección adicional cuando se inicia el servidor, ya que es posible solicitar un código PIN antes de que se inicie el sistema operativo, a nivel de firmware. Esta característica de BitLocker también utiliza chips TPM, pero se puede configurar sin ellos.

2.4.1 Configurar directivas

Al igual que con un disco de datos, la protección del disco del sistema con BitLocker se puede configurar mediante GPO.

▶ Vaya al editor de directivas de grupo, en el controlador de dominio. Encontrará las directivas para BitLocker y el disco del sistema en: **Computer Configuration - Policies - Adminisitrative Templates - Windows Components - BitLocker Drive Encryption - Operating System Drives**.

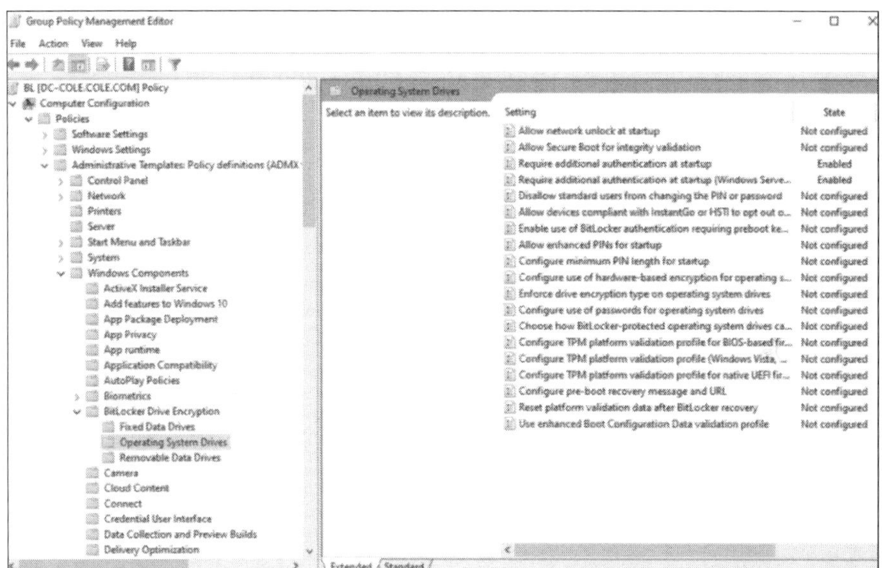

- Para habilitar la autenticación mediante PIN, active la directiva **Require additional authentication at startup**. La primera opción de esta directiva habilita la autenticación de PIN al inicio, para equipos que no tienen chips TPM. A continuación, puede decidir si desea permitir, exigir o rechazar la autenticación adicional.

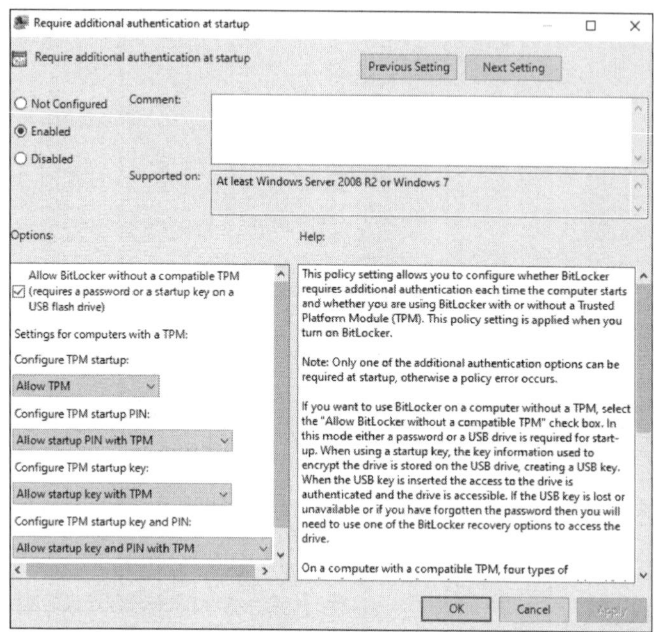

2.4.2 Cifrado del disco del sistema

▶ Cifrará el disco del sistema utilizando la interfaz gráfica. Haga clic con el botón derecho del ratón en el volumen que contiene el sistema y seleccione **Turn on BitLocker**.

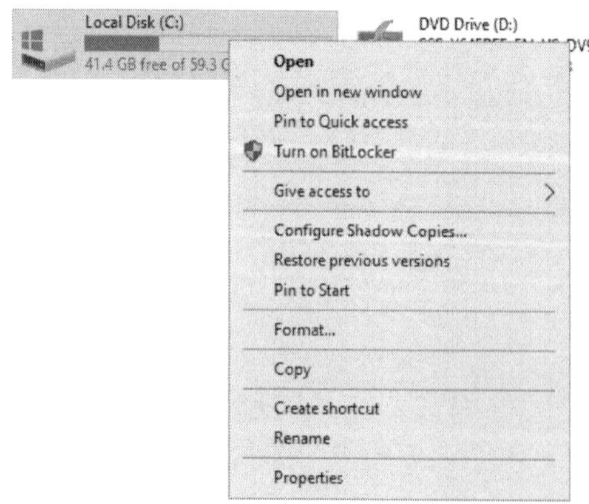

Antes de encriptar el disco y reiniciar, se debe retirar cualquier soporte de la unidad de DVD.

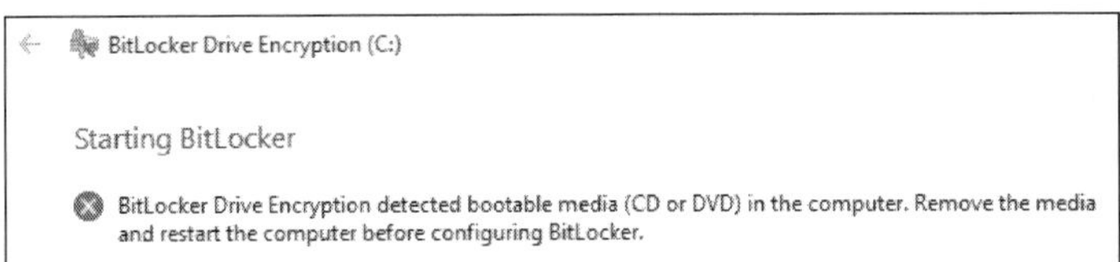

Cuando reinicie, el asistente de BitLocker se iniciará automáticamente y le preguntará por el método de autenticación. Deberá elegir el código PIN.

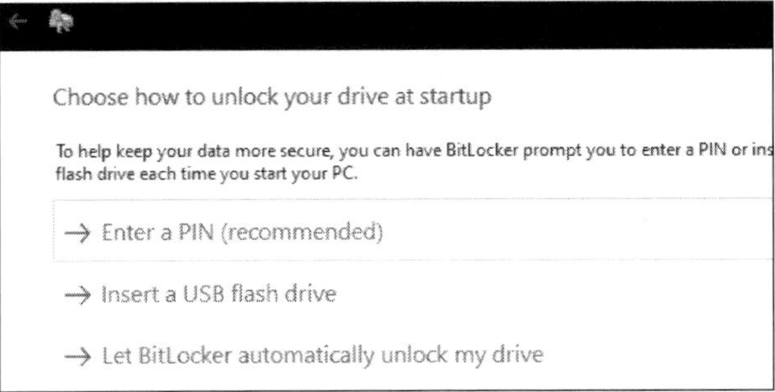

▶ Introduzca el código PIN.

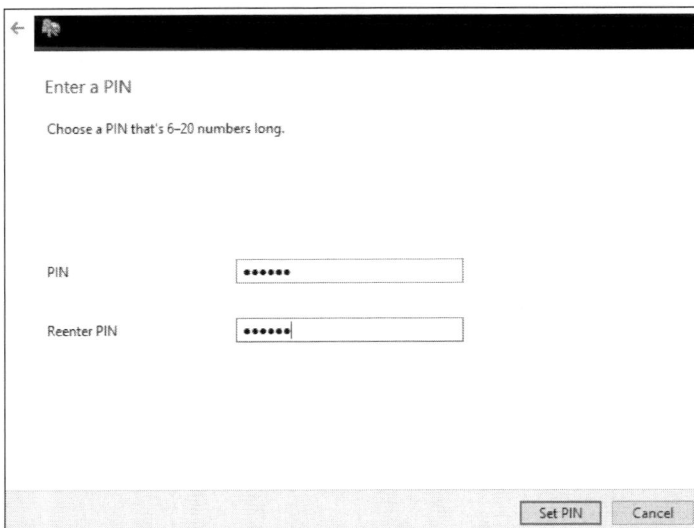

Va aguardar la clave de recuperación en un archivo.

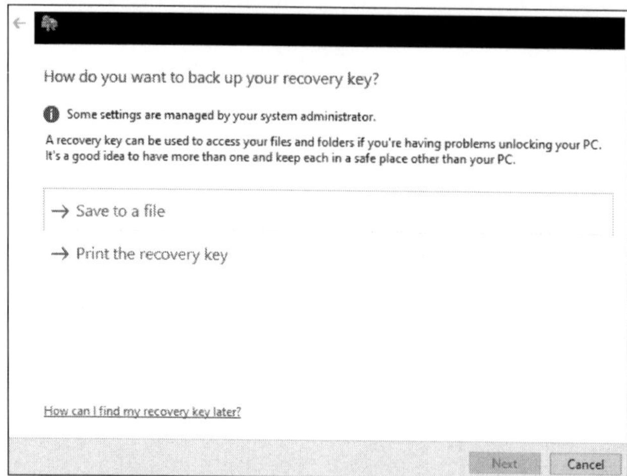

Está obligado a colocar el archivo en un disco distinto del que ya está cifrado y el disco del sistema que está cifrando se considerará cifrado.

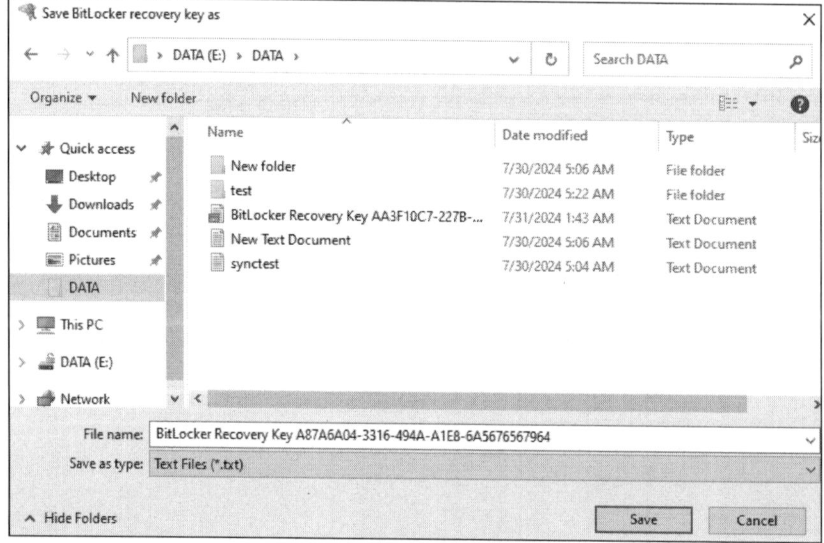

▶ A continuación, elija cifrar sólo el espacio de disco que ya se ha utilizado.

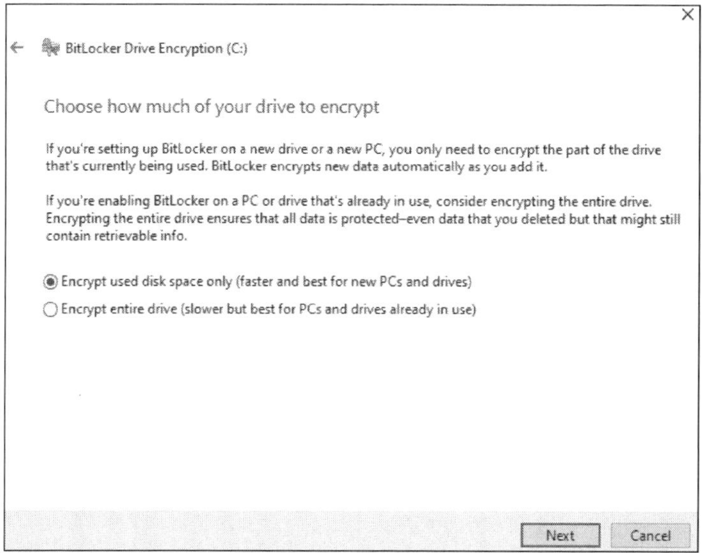

Al final del asistente, realizará una comprobación del sistema para asegurarse de que la clave se puede utilizar para recuperar el volumen.

A continuación, el sistema le pide que reinicie.

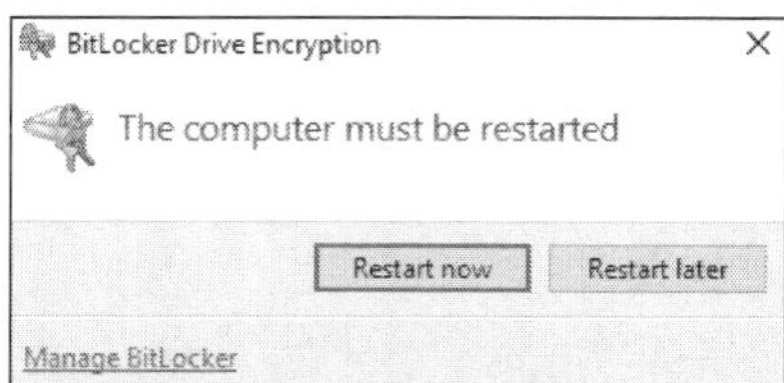

Al reiniciar el sistema, el firmware solicita el código PIN.

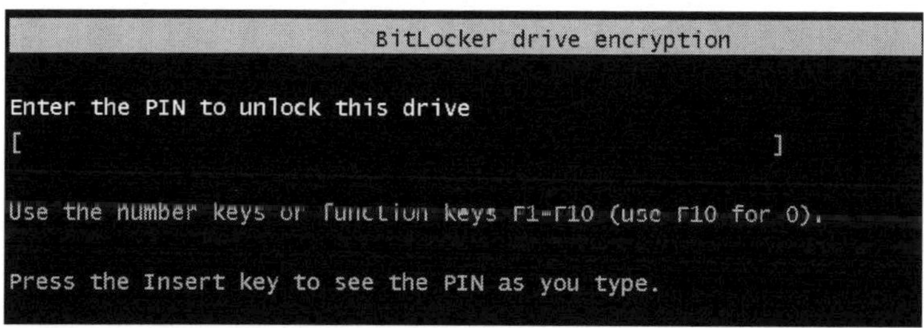

3. Microsoft Defender

La aplicación Windows Security reúne toda una serie de características de seguridad para los sistemas Microsoft. Incluye el antivirus, antes conocido como Windows Defender, que ha evolucionado considerablemente y cuya gestión se ha centralizado en una aplicación que reúne varias funciones de seguridad.

- Para acceder a esta aplicación, vaya a **Start - Settings - Update & Security**. A continuación, seleccione **Windows Security**.

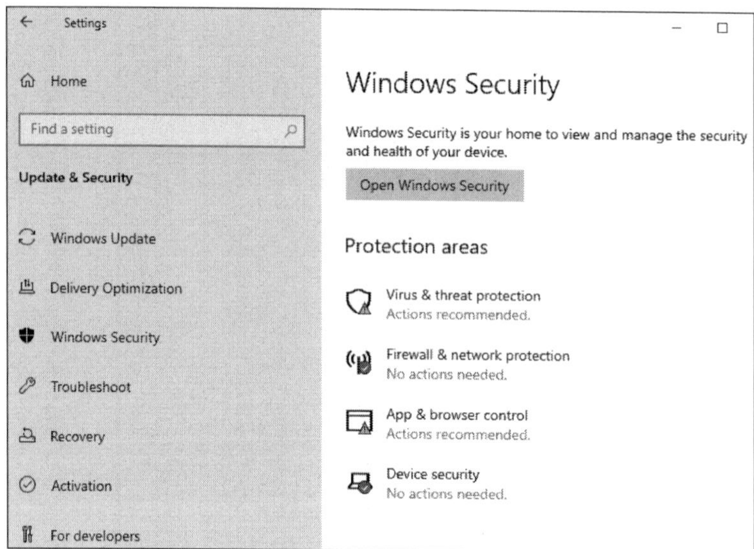

- Haga clic en **Open Windows Security** para iniciar la aplicación. Como puede ver en esta captura de pantalla, si hay problemas con determinados ajustes, se muestra una advertencia.

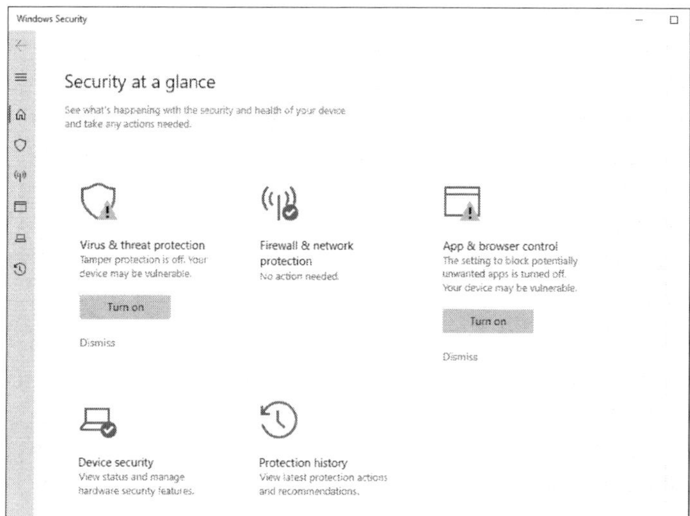

3.1 Configuración básica

▶ Haga clic en **Virus & threat protection** para acceder a la configuración del antivirus.

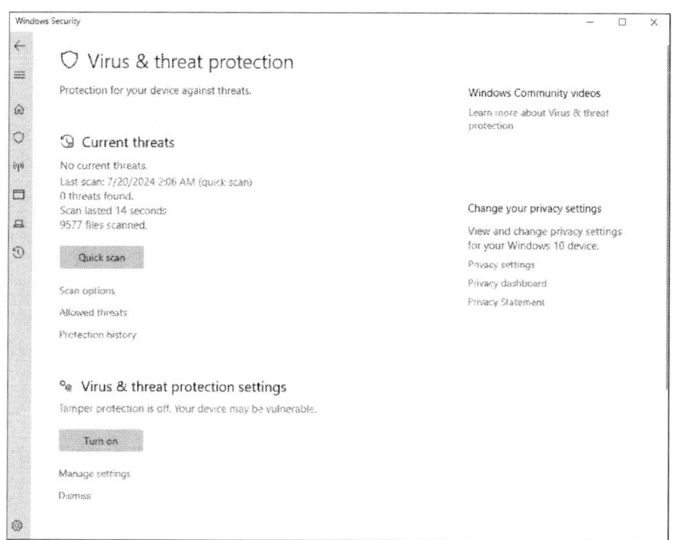

- **Current threats**: lanza un análisis del sistema. Si entramos en las opciones, podemos elegir el tipo de análisis: rápido, completo o personalizado. Esta última opción se puede utilizar para seleccionar un volumen o carpeta en particular.
- **Virus & threat protection settings**: aquí puede activar la protección en tiempo real, la protección en la nube para las últimas muestras de virus encontradas por Microsoft o el envío automático de muestras.
- **Virus and threat protection settings**: permite buscar y descargar las definiciones de virus más recientes. Estas definiciones también se descargan regularmente con las actualizaciones de Windows.
- **Ransomware protection**: vigila y protege los archivos sensibles. Este parámetro también se encuentra en la protección contra virus y amenazas.

Haga clic en **Virus & threat protection settings** para acceder a la configuración adicional.

Protección en tiempo real y protección en la nube, como acabamos de ver, pero también hay parámetros que estudiaremos con más detalle:

- **Tamper protection**: impide cambios en la configuración de seguridad, como la protección en tiempo real y la protección en la nube. Puede evitar que se desactive el software antivirus.

El siguiente parámetro atraerá nuestra atención:

- **Controlled folder access**: esta función protege una lista de carpetas permitiendo que sólo accedan a ellas las aplicaciones predeterminadas de Microsoft.

Puede añadir carpetas que a su vez estarán protegidas haciendo clic en **Protected folders**.

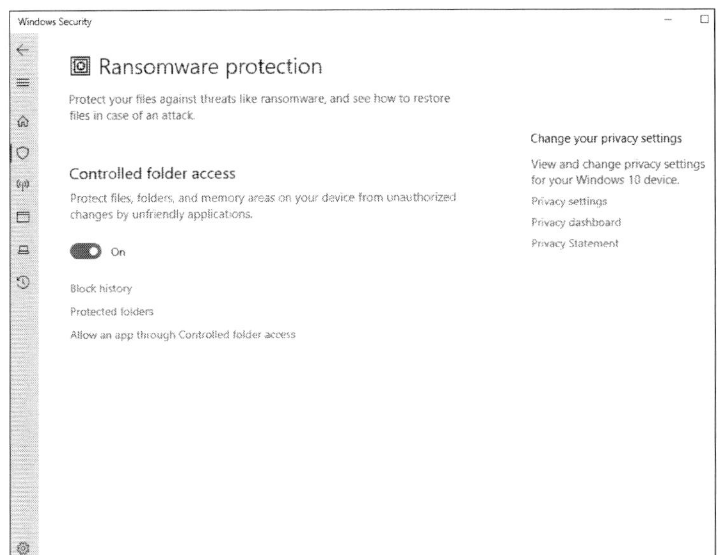

Aquí puede ver que las carpetas protegidas por defecto forman parte de la carpeta de perfil del administrador o de la carpeta de perfil público. Puede ver que la carpeta de descargas no está incluida.

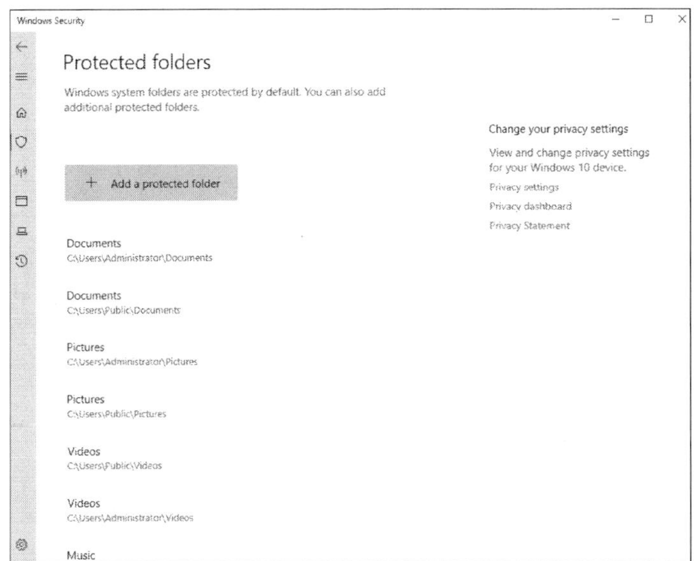

Haga clic en **Add a protected folder** y, en el explorador de archivos que se abre, seleccione la carpeta de descargas.

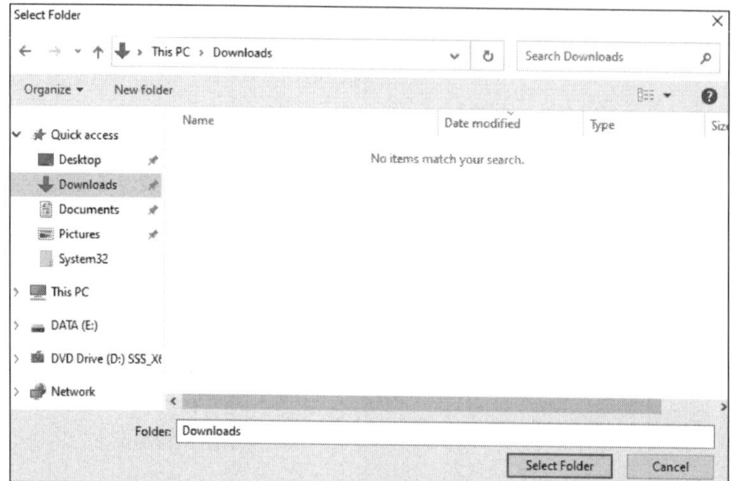

Exclusiones: a veces el software antivirus considera erróneamente que los archivos o las aplicaciones son amenazas. También podemos querer autorizar herramientas de pruebas de penetración durante una auditoría de seguridad. Por lo tanto, esta característica se utiliza para configurar el antivirus para que ignore un objeto.

Haga clic en **Add an exclusion**.

Se pueden ignorar cuatro tipos de objetos:

- un archivo,
- una carpeta,
- un tipo de archivo,
- un proceso.

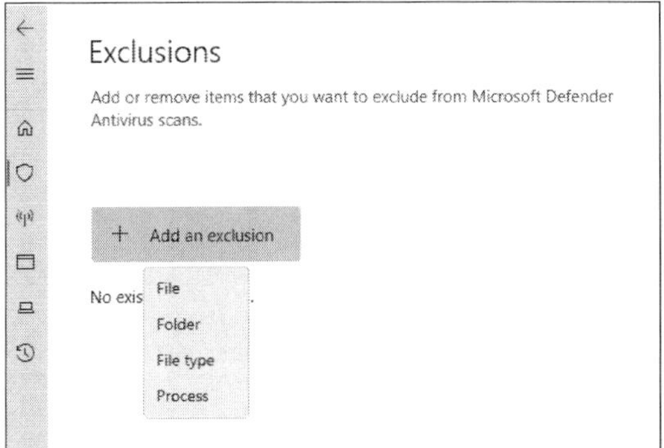

Por último, están las notificaciones. Por defecto, las notificaciones del cortafuegos cuando bloquea una aplicación, están desactivadas.

- Haga clic en **Change notification settings** y active las notificaciones del cortafuegos.

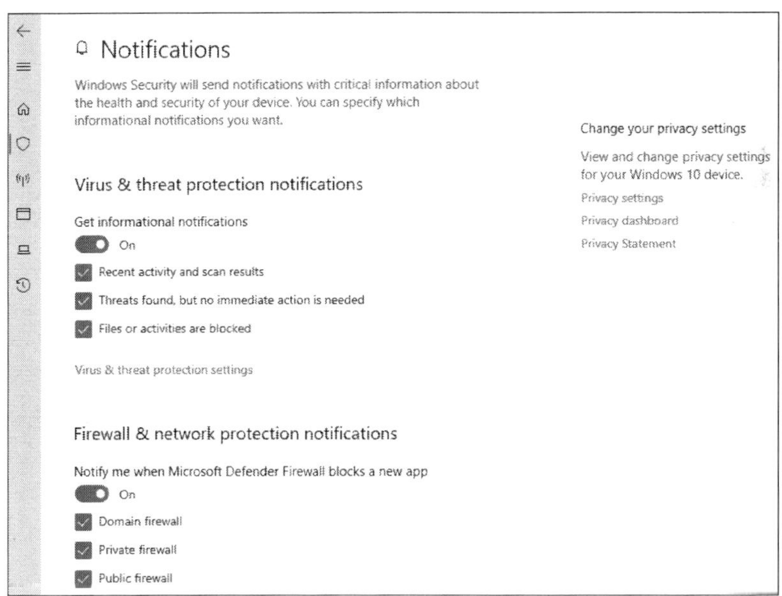

Aparte del antivirus, hay un ajuste que no está activado por defecto, que es el aislamiento del kernel. Esta función utiliza la virtualización para crear una zona aislada en la memoria, que estará protegida de ataques y virus. Los controladores no firmados no se pueden ejecutar en esta zona.

El sistema utilizará esta área para ejecutar procesos sensibles o almacenar información como claves de cifrado.

Para activar el aislamiento del kernel, vuelva a la página de inicio de la aplicación de seguridad y, a continuación, vaya a **Device Security**.

▶ Haga clic en **Core isolation details**.

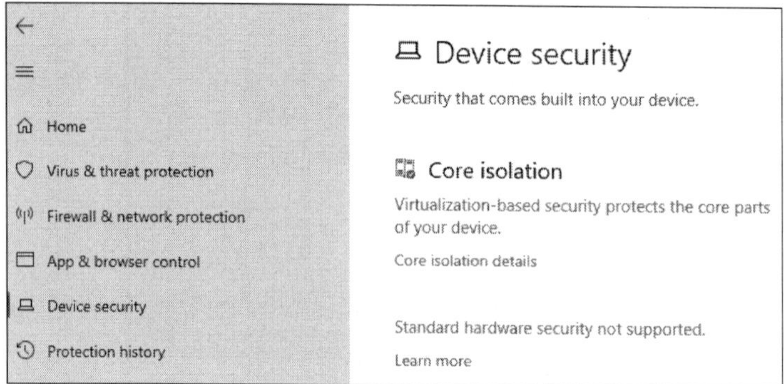

▶ A continuación, puede activar la funcionalidad, aunque será necesario reiniciar el sistema.

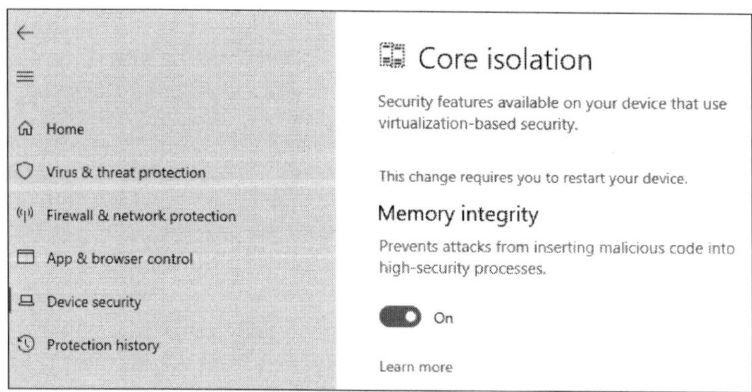

3.2 Gestión de Microsoft Defender

Es posible que se haya desinstalado el antivirus Microsoft Defender, por ejemplo, para instalar un antivirus de otro fabricante.

Para instalar Microsoft Defender, debe pasar por la característica de añadir del administrador del servidor. Será necesario reiniciar el servidor para completar la instalación.

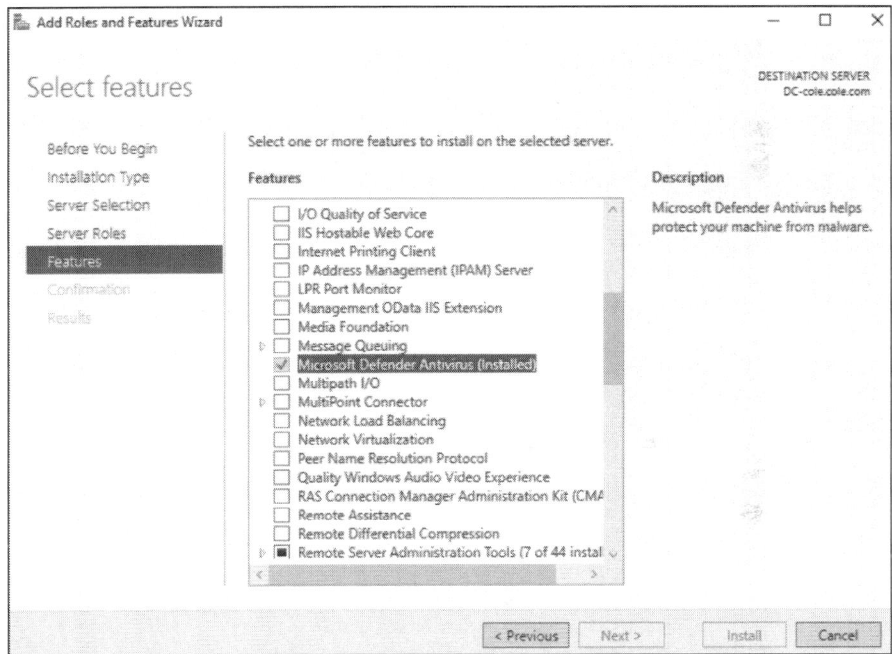

Esta instalación se puede realizar desde la línea de comandos:

```
Install-WindowsFeature -Name Windows-Defender
```

▶Para comprobar que el antivirus se está ejecutando, utilice el siguiente comando:

```
Get-Service -Name windefend
```

El resultado es el siguiente:

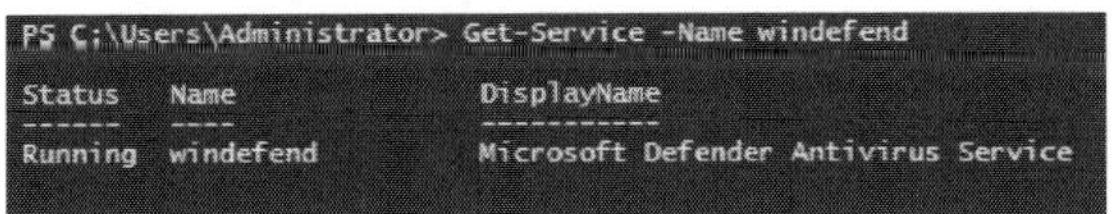

```
PS C:\Users\Administrator> Get-Service -Name windefend

Status   Name               DisplayName
------   ----               -----------
Running  windefend          Microsoft Defender Antivirus Service
```

El siguiente comando ofrece un informe completo sobre Microsoft Defender:

```
Get-MpComputerStatus
```

```
AMEngineVersion                  : 1.1.24060.5
AMProductVersion                 : 4.18.24060.7
AMRunningMode                    : Normal
AMServiceEnabled                 : True
AMServiceVersion                 : 4.18.24060.7
AntispywareEnabled               : True
AntispywareSignatureAge          : 0
AntispywareSignatureLastUpdated  : 7/21/2024 6:50:07 PM
AntispywareSignatureVersion      : 1.415.233.0
AntivirusEnabled                 : True
AntivirusSignatureAge            : 0
AntivirusSignatureLastUpdated    : 7/21/2024 6:50:06 PM
AntivirusSignatureVersion        : 1.415.233.0
BehaviorMonitorEnabled           : True
ComputerID                       : 8F48A51A-FB35-4CEE-8C7A-92A2A9C7C37C
ComputerState                    : 0
DefenderSignaturesOutOfDate      : False
DeviceControlDefaultEnforcement  :
DeviceControlPoliciesLastUpdated : 12/31/1600 4:00:00 PM
DeviceControlState               : Disabled
FullScanAge                      : 4294967295
FullScanEndTime                  :
FullScanOverdue                  : False
FullScanRequired                 : False
FullScanSignatureVersion         :
FullScanStartTime                :
InitializationProgress           : ServiceStartedSuccessfully
IoavProtectionEnabled            : True
IsTamperProtected                : True
IsVirtualMachine                 : True
LastFullScanSource               : 0
LastQuickScanSource              : 2
NISEnabled                       : True
NISEngineVersion                 : 1.1.24060.5
NISSignatureAge                  : 0
NISSignatureLastUpdated          : 7/21/2024 6:50:06 PM
NISSignatureVersion              : 1.415.233.0
OnAccessProtectionEnabled        : True
ProductStatus                    : 524288
QuickScanAge                     : 0
QuickScanEndTime                 : 7/22/2024 4:10:26 AM
QuickScanOverdue                 : False
QuickScanSignatureVersion        : 1.415.215.0
QuickScanStartTime               : 7/22/2024 4:09:00 AM
```

Si desea instalar un antivirus de otro proveedor en el servidor, es posible que tenga que desinstalar Microsoft Defender o configurarlo en modo pasivo.

Para poner Microsoft Defender en modo pasivo, debe configurar una clave de registro.

La clave de registro se encuentra en:

```
HKEY_LOCAL_MACHINE\SOFTWARE\Policies\Microsoft\
Windows Advanced Threat Protection
```

La clave de registro se debe llamar:

```
ForceDefenderPassiveMode
```

Es una clave REG-DWORD y debe tener el valor 1.

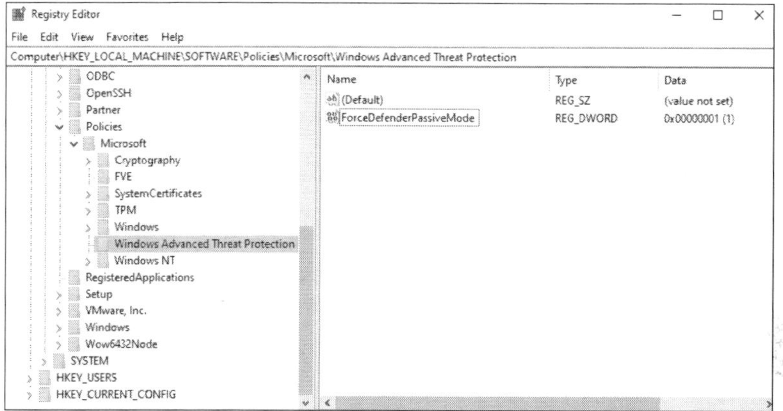

Si esta clave del registro se establece en 0, Microsoft Defender estará en modo activo. En todos los casos, deberá reiniciar el equipo después de configurar la clave de registro.

Es habitual que la instalación de un antivirus de terceros ponga automáticamente Microsoft Defender en modo pasivo.

También es posible desinstalar sólo la interfaz gráfica de Microsoft Defender, para que sea mucho más difícil cambiar su configuración. Para ello, utilice el comando:

```
Uninstall-WindowsFeature -Name Windows-Defender-GUI
```

3.3 Gestión de directivas de grupo

Para administrar Microsoft Defender mediante GPO, vaya a **Computer configuration - Policies - Administrative Templates - Windows Components - Microsoft Defender Antivirus**.

Aquí encontrará docenas de directivas divididas en diferentes categorías.

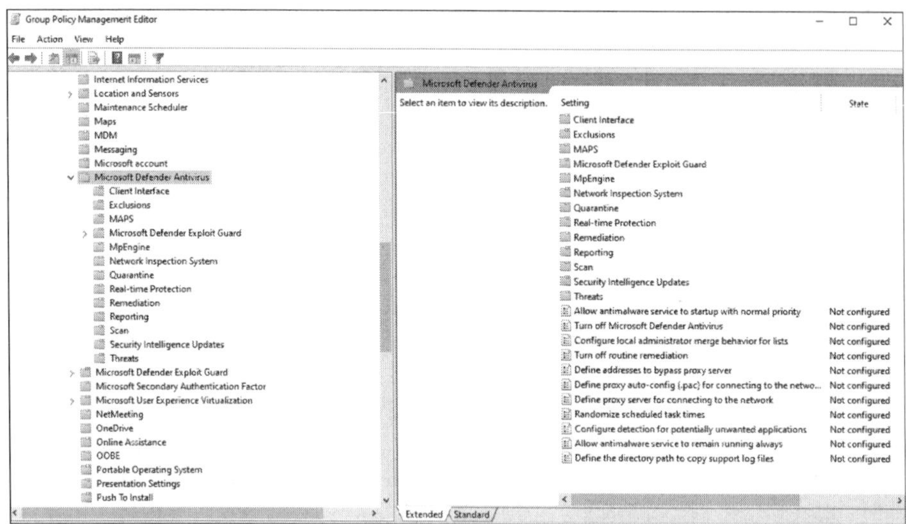

Una de las directivas esenciales encontrará **Turn off Microsoft Defender Antivirus** que, si se desactiva, obligará a Microsoft Defender a estar siempre activo, lo que puede impedir que se instalen otras soluciones de seguridad. Microsoft recomienda no configurar para esta directiva.

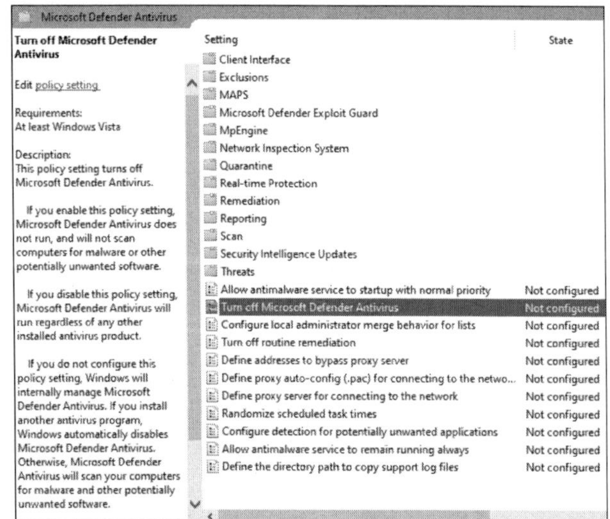

En la carpeta **Real-time Protection**, encontrará la opción **Turn off real-time protection**. Si está desactivada o no está configurada, Microsoft Defender estará siempre activo en tiempo real.

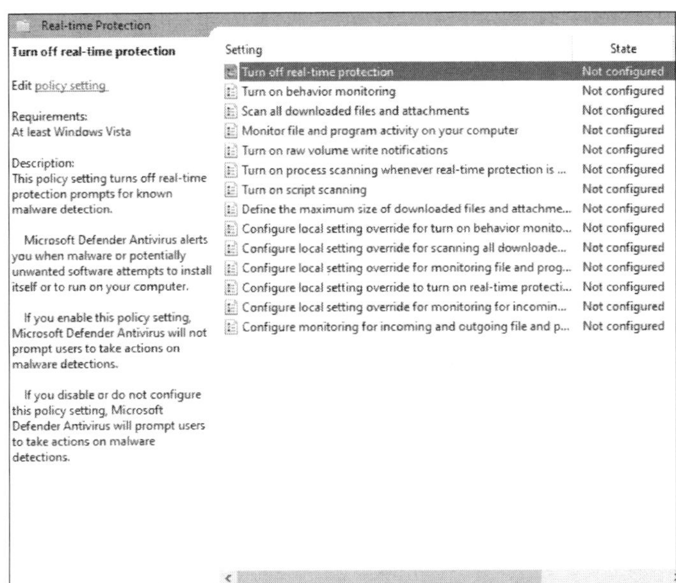

En la carpeta **Scan**, encontrará varios GPO interesantes, como **Specify the maximum percentage of CPU utilization during a scan**, directivas para configurar análisis programados y ajustes para analizar recursos compartidos de red.

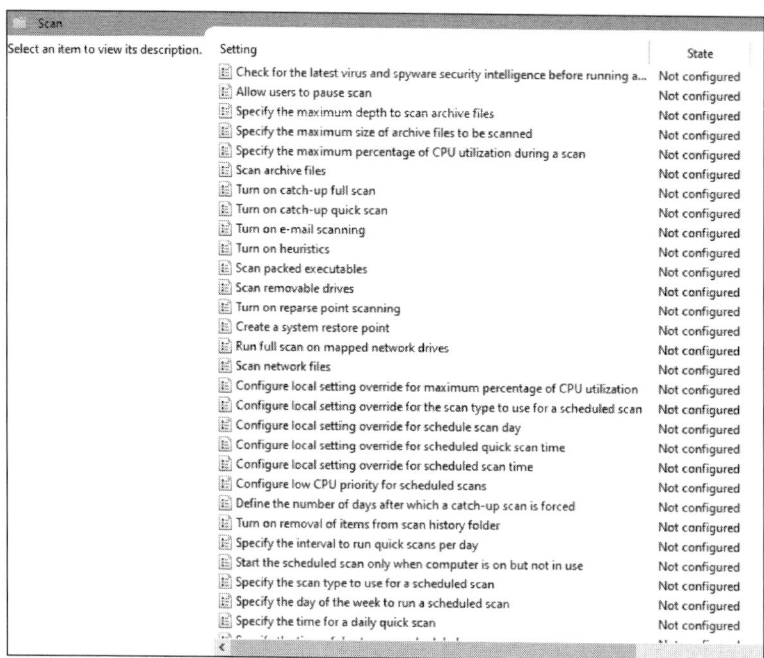

Enumerar todas las directivas sería demasiado largo, sobre todo porque es posible descargar las directivas más recientes de Microsoft Defender y añadirlas a la tienda central, como vimos en nuestro capítulo dedicado a Active Directory.

4. Líneas de referencia de seguridad

Microsoft pone a disposición de las empresas una serie de herramientas gratuitas en su centro de descargas, para ayudarlas a mejorar la seguridad de sus infraestructuras.

Estas herramientas, conocidas como líneas de referencia de seguridad, están contenidas en un archivo. Incluyen archivos PDF, directivas para desplegar y scripts PowerShell para importar directivas.

Estos archivos se pueden descargarse en formato ZIP en la URL:

https://www.microsoft.com/en-us/download/details.aspx?id=55319

Va a descargar las líneas de referencias para Windows Server 2022, así como la utilidad **PolicyAnalyser**, que es una utilidad para analizar GPO y elaborar informes comparativos.

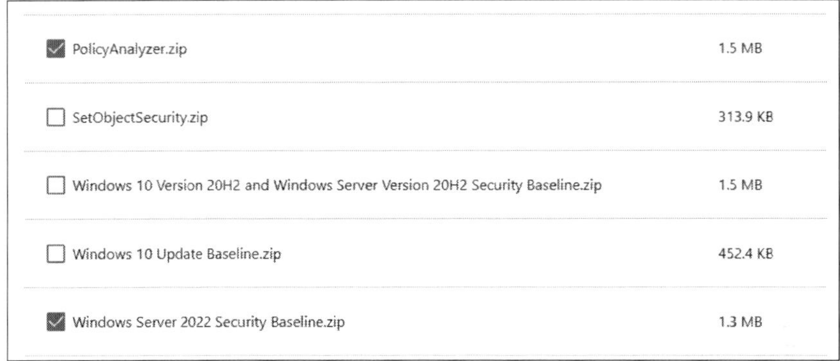

- Una vez descargados los archivos, descomprímalos y colóquelos en su controlador de dominio.

4.1 PolicyAnalyser

PolicyAnalyser es una utilidad con una interfaz gráfica que compara las directivas establecidas en el controlador de dominio, con las de las referencias de seguridad.

- En la carpeta descargada, ejecute la aplicación **PolicyAnalyser.exe**.

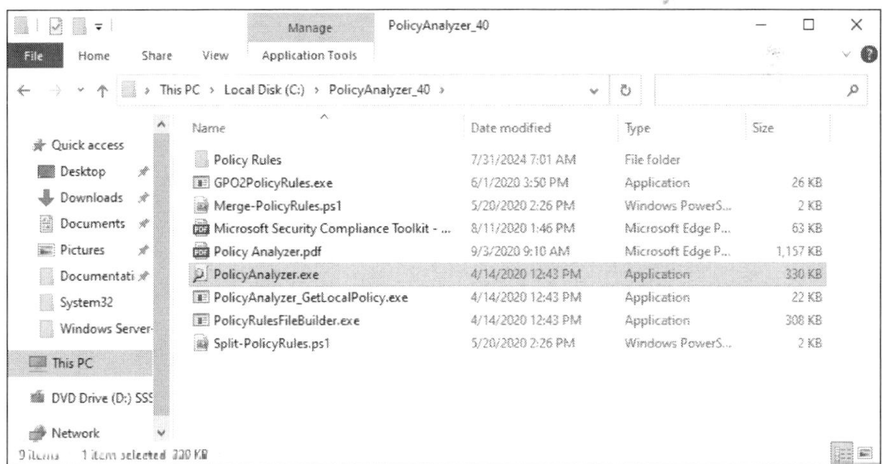

▶En la interfaz de la aplicación, haga clic en **Add**.

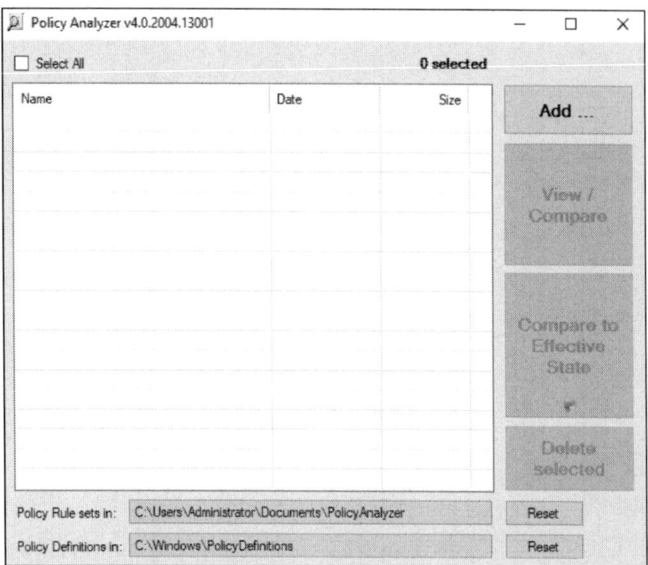

▶En la nueva ventana, vaya a **File** y seleccione **Add files from GPO(s)**.

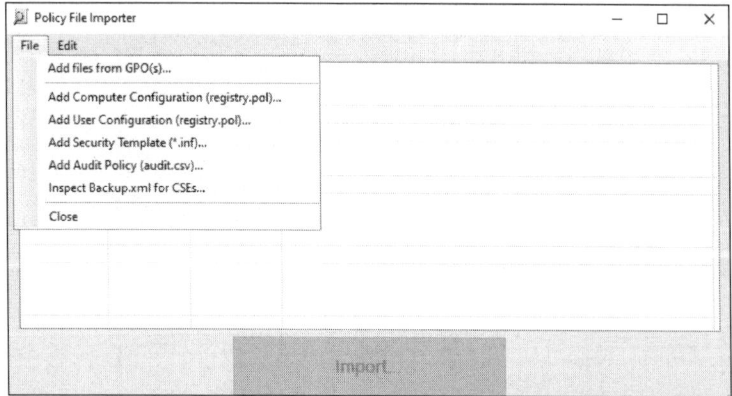

Tendrá que encontrar los GPO que quiere comparar, en los que hemos descargado con la línea de base de seguridad de Windows Server 2022.

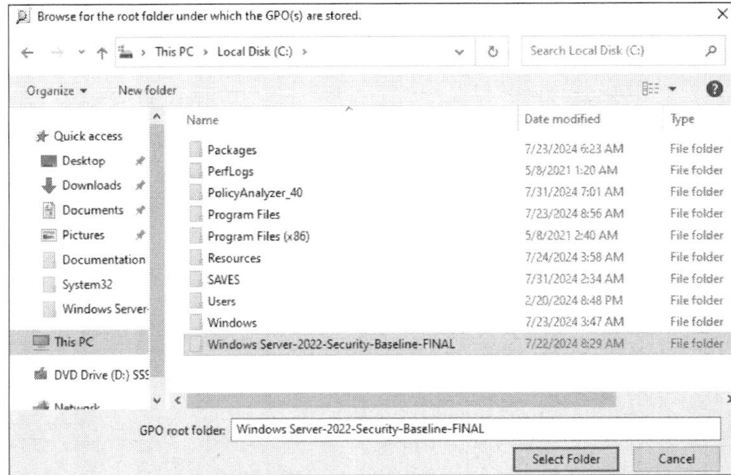

◘ Seleccione la subcarpeta que contiene los GPO.

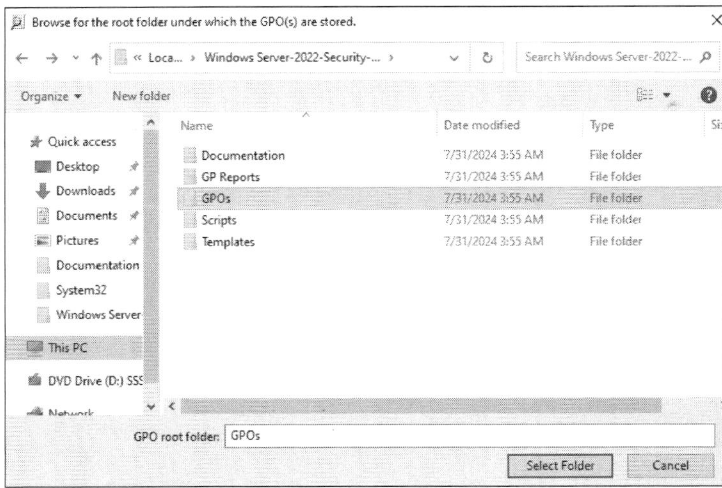

◘ GPO están listos para ser importados en PolicyAnalyser, haga clic en **Import**.

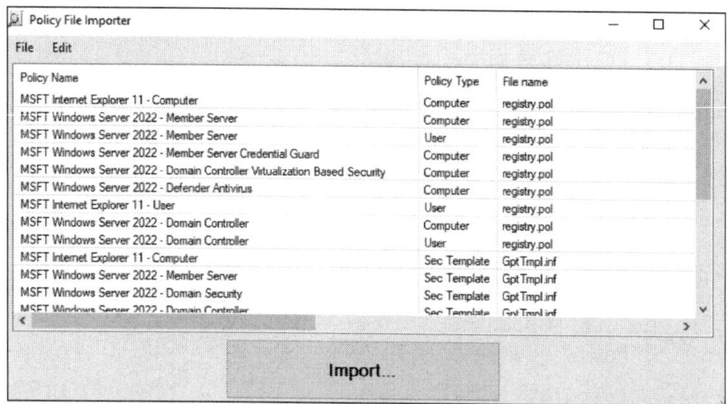

- La aplicación le pedirá que guarde esta importación. Colóquelos en la carpeta por defecto propuesta por la aplicación, en la carpeta **Documents**, dándole un nombre explícito.

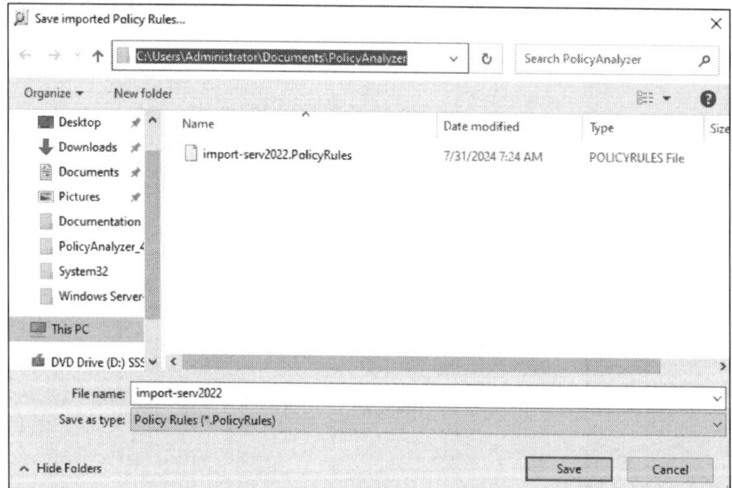

- Una vez importadas las directivas, haga clic en **Compare to Effective State** para ver las diferencias entre las directivas configuradas en el controlador de dominio y las recomendaciones de Microsoft.

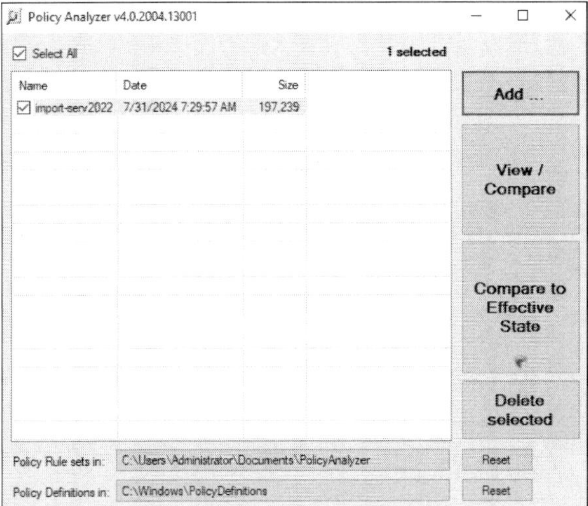

La aplicación generará un informe con las directivas que no cumplan las recomendaciones resaltadas en amarillo.

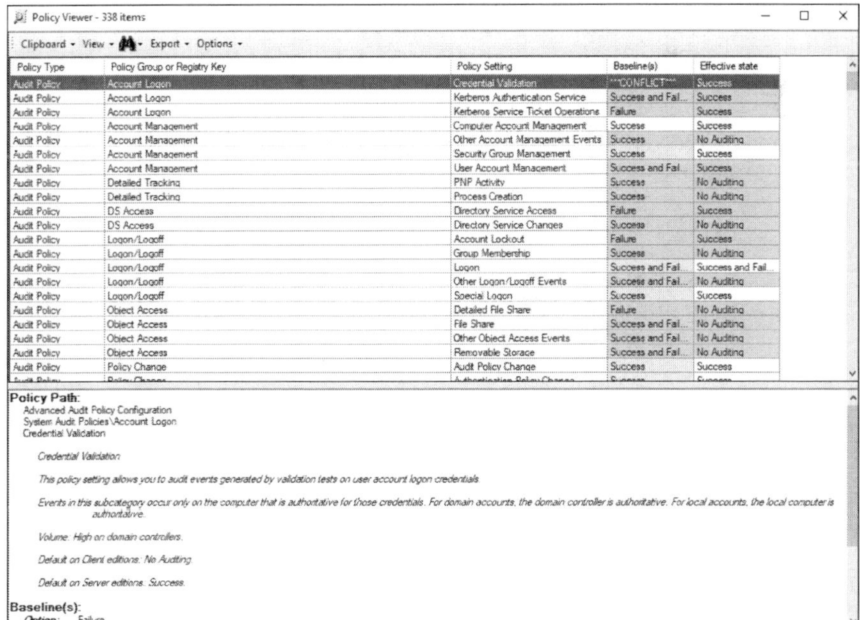

Puede exportar el informe a una hoja de cálculo Excel, accediendo al menú de exportación.

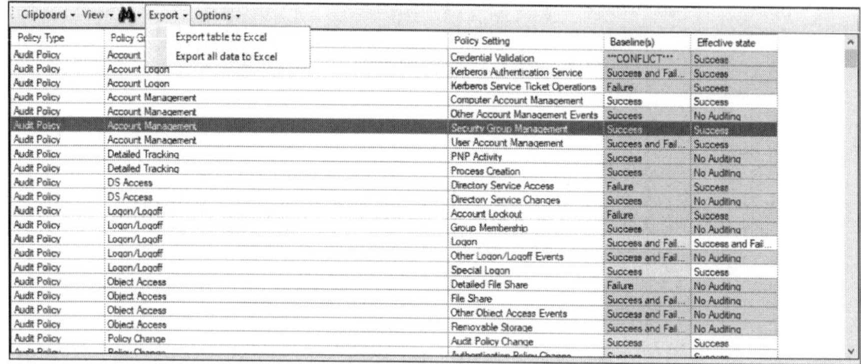

Clipboard ▾ View ▾ Export ▾ Options ▾

Export table to Excel
Export all data to Excel

Policy Type	Policy G...	Policy Setting	Baseline(s)	Effective state
Audit Policy	Account	Credential Validation	***CONFLICT***	Success
Audit Policy	Account Logon	Kerberos Authentication Service	Success and Fail...	Success
Audit Policy	Account Logon	Kerberos Service Ticket Operations	Failure	Success
Audit Policy	Account Management	Computer Account Management	Success	Success
Audit Policy	Account Management	Other Account Management Events	Success	No Auditing
Audit Policy	Account Management	Security Group Management	Success	Success
Audit Policy	Account Management	User Account Management	Success and Fail...	Success
Audit Policy	Detailed Tracking	PNP Activity	Success	No Auditing
Audit Policy	Detailed Tracking	Process Creation	Success	No Auditing
Audit Policy	DS Access	Directory Service Access	Failure	Success
Audit Policy	DS Access	Directory Service Changes	Success	No Auditing
Audit Policy	Logon/Logoff	Account Lockout	Failure	Success
Audit Policy	Logon/Logoff	Group Membership	Success	No Auditing
Audit Policy	Logon/Logoff	Logon	Success and Fail...	Success and Fail...
Audit Policy	Logon/Logoff	Other Logon/Logoff Events	Success and Fail...	No Auditing
Audit Policy	Logon/Logoff	Special Logon	Success	Success
Audit Policy	Object Access	Detailed File Share	Failure	No Auditing
Audit Policy	Object Access	File Share	Success and Fail...	No Auditing
Audit Policy	Object Access	Other Object Access Events	Success and Fail...	No Auditing
Audit Policy	Object Access	Removable Storage	Success and Fail...	No Auditing
Audit Policy	Policy Change	Audit Policy Change	Success	Success

Observación

Comparar directivas es una buena forma de ver de antemano los cambios que se van a realizar en la infraestructura. Es aconsejable dedicar un tiempo a la preproducción para evaluar estos cambios y realizar una primera importación en un servidor de prueba, que no esté conectado a la infraestructura real.

4.2 Importación de directivas

Ahora podemos importar las directivas y compararlas de nuevo con el PolicyAnalyser para ver los resultados.

Empezaremos creando una nueva directiva de grupo, una para cada directiva que se vaya a importar.

- Haga clic con el botón derecho del ratón en la carpeta **Group Policy Objects** y seleccione **New**.

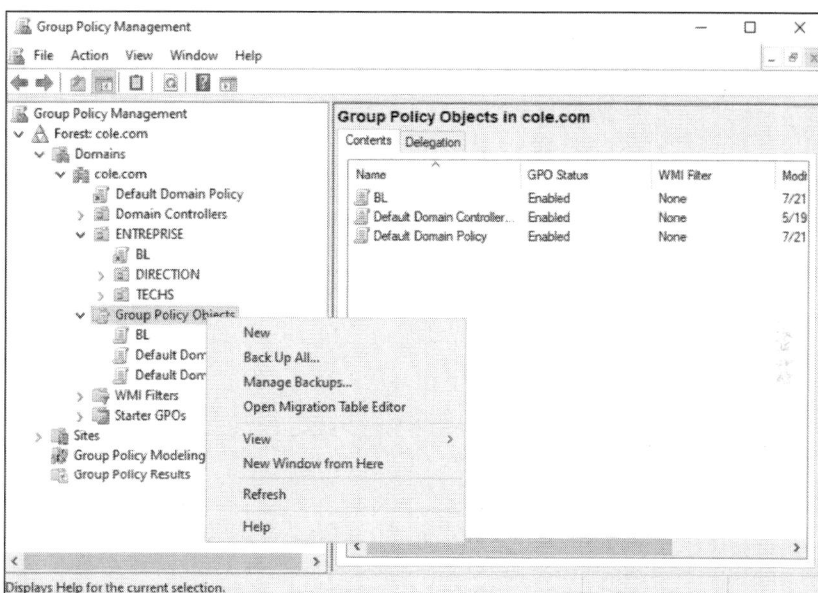

▶ Asigne un nombre a la directiva que corresponda a la que desea importar. En el ejemplo, la de controladores de dominio.

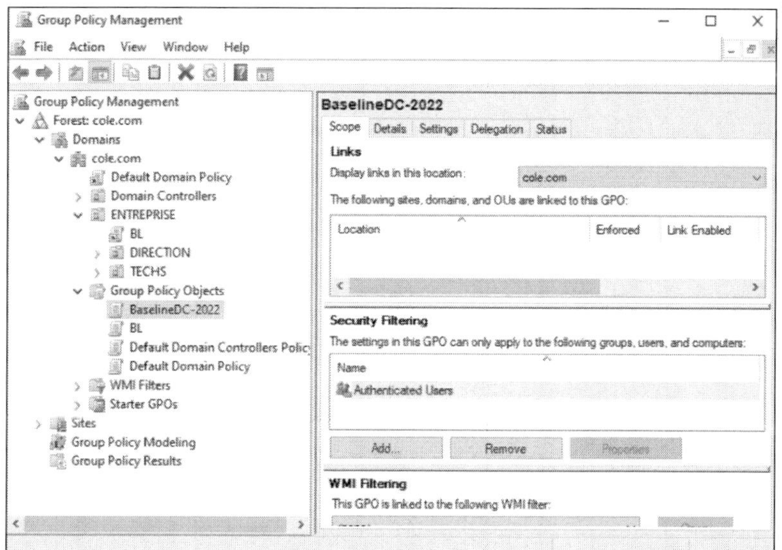

▶ Haga clic con el botón derecho del ratón y seleccione **Import Settings**.

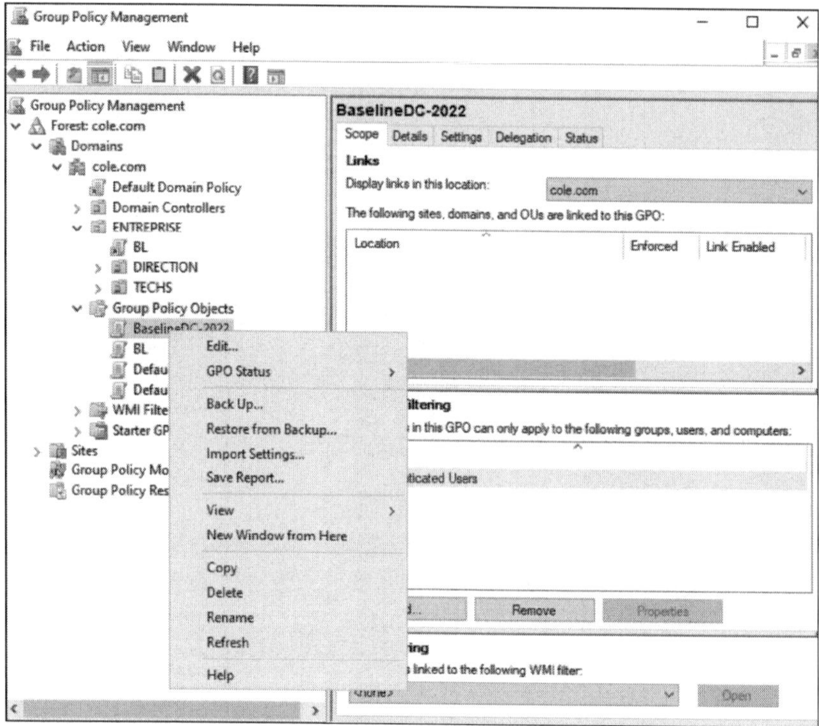

▶ Ignore las dos primeras páginas del asistente y, a continuación, seleccione la carpeta que contiene las directivas descargadas.

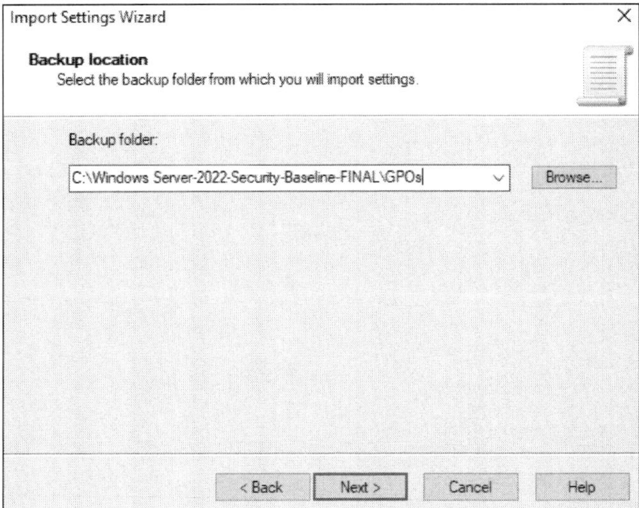

▶ En la página siguiente, seleccione la directiva deseada.

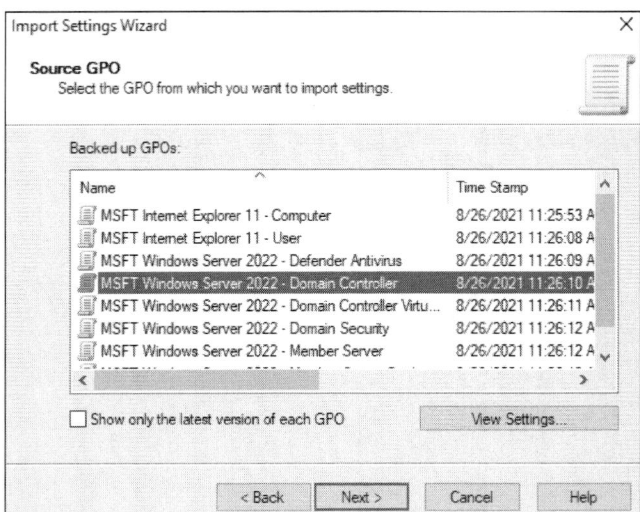

▶ Ahora se realizará la importación. Puede hacer clic en **Next** hasta que se complete la importación.

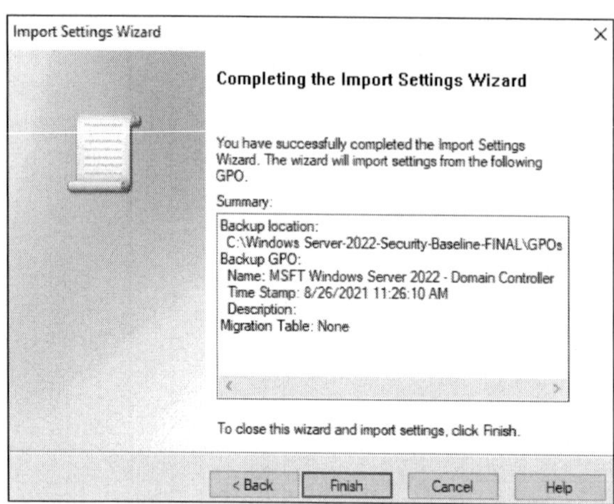

Puede ver la configuración de la directiva haciendo clic con el botón derecho del ratón en la directiva y seleccionando **Edit**.

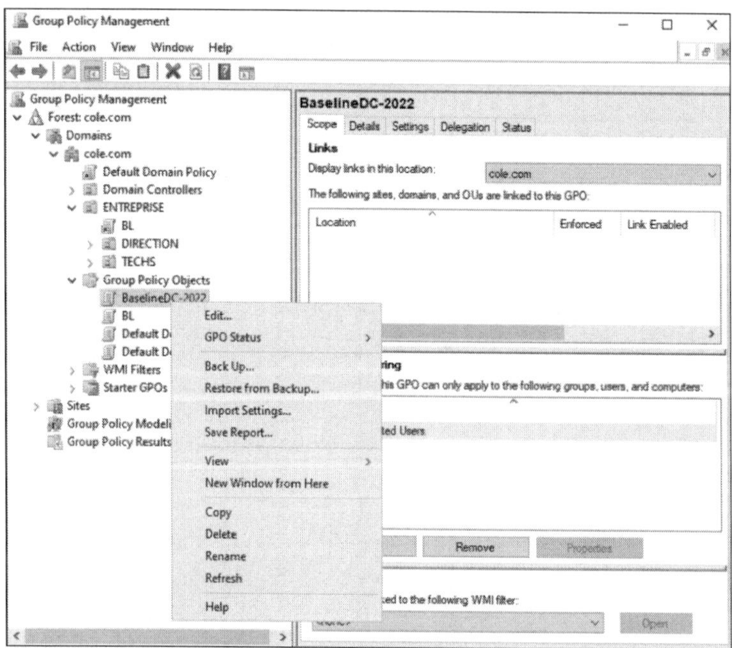

Puede ver que algunos de los parámetros GPO se han modificado en las plantillas de administración, por ejemplo.

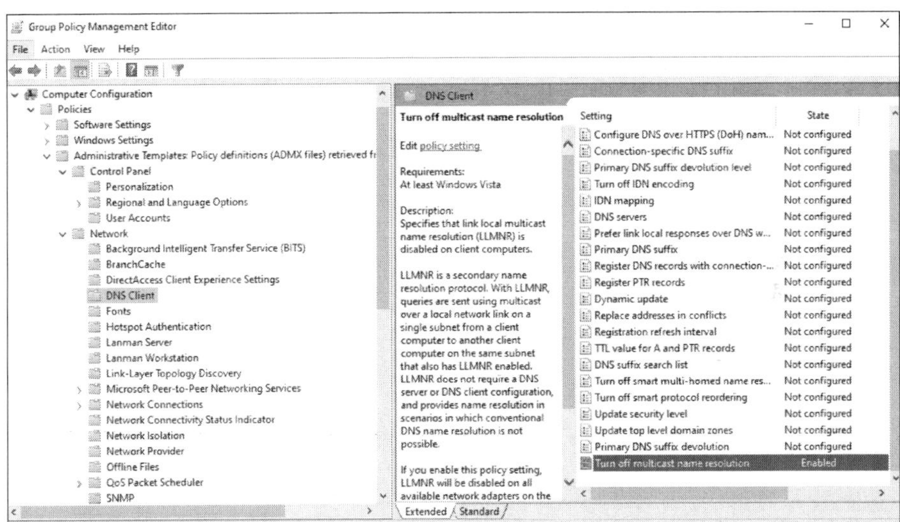

La lista de ajustes realizados por la directiva se puede consultar en la pestaña **Settings** de la directiva.

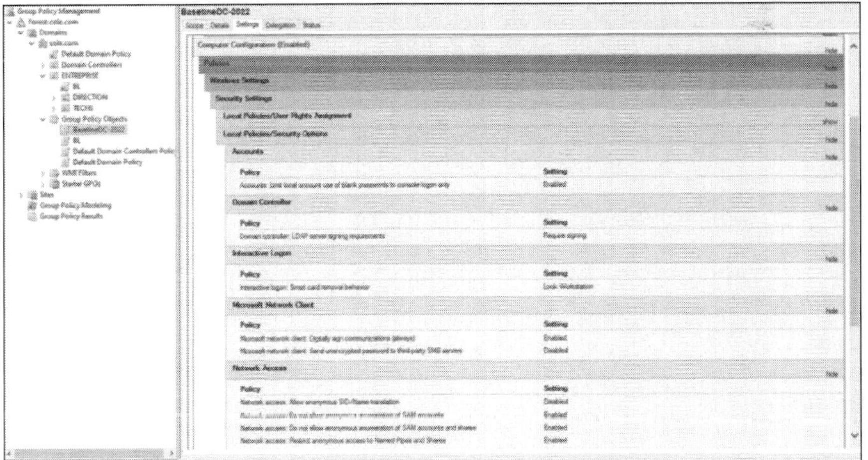

- Todo lo que queda es vincular la directiva a la unidad organizativa requerida, en el ejemplo los controladores de dominio. Haga clic con el botón derecho del ratón en la unidad organizativa y seleccione **Link an Existing GPO**. A continuación, seleccione la directiva que acaba de crear.

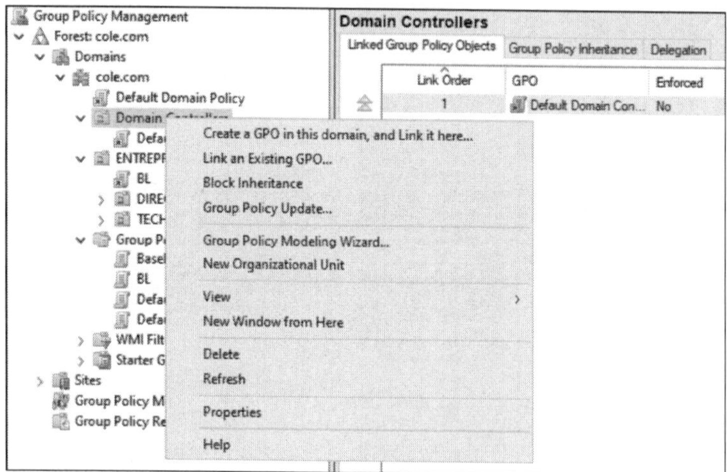

- No olvide el comando habitual cuando realice cambios en las directivas de grupo:

```
gpupdate/force
```

4.3 Documentación

En la carpeta de referencias descargada, encontrará una subcarpeta llamada **Documentation**. Contiene dos tablas de Excel que enumeran los ajustes de la directiva.

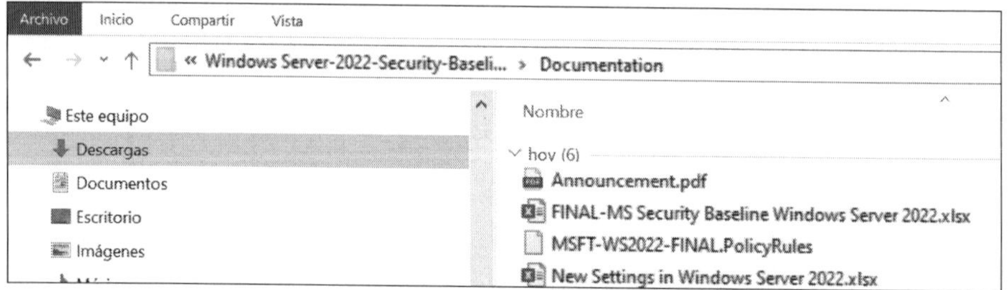

Si abre la carpeta de recomendaciones, encontrará miles de GPO, con configuraciones recomendadas para los servidores miembros del dominio y los controladores de dominio.

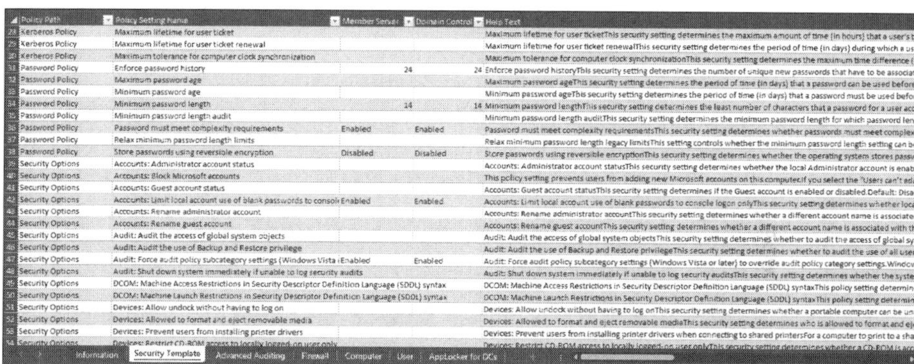

En la parte derecha de la tabla, puede acceder a los comentarios sobre las directivas que merece la pena consultar.

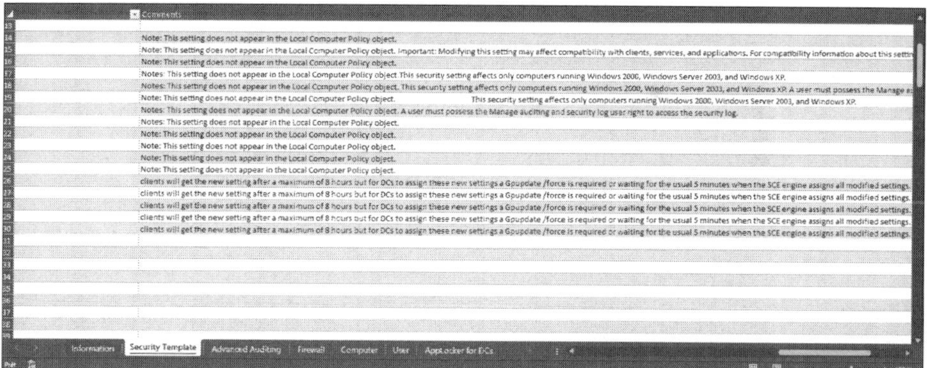

En la carpeta **GP Reports** encontrará el contenido de la pestaña **Settings** de la directiva, que podrá consultar antes de desplegarla.

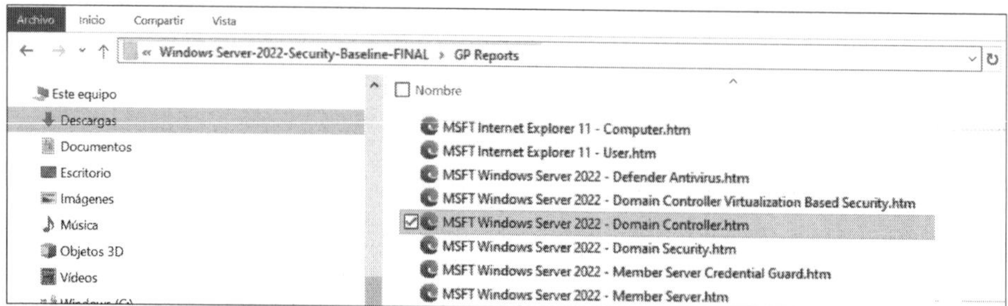

Así podrá ver la configuración de la directiva en el navegador web del servidor.

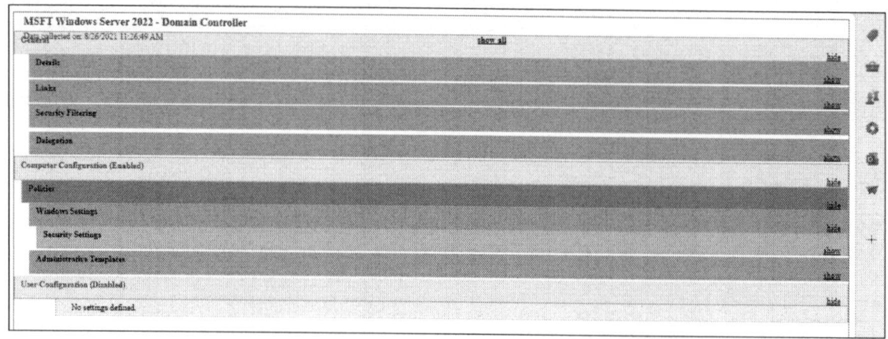

5. Active Directory Certificat Services (ADCS)

ADCS es el servicio de Windows Server para generar certificados. Antes de ver cómo se despliega y utiliza, repasaremos los fundamentos de la criptografía de certificados.

5.1 Aspectos básicos del cifrado

Para cifrar datos informáticos, los sistemas informáticos utilizan algoritmos matemáticos como DES o AES. Estos algoritmos son conocidos y públicos, por lo que cualquiera puede recuperar datos en texto claro utilizando estos algoritmos. Por tanto, es necesario introducir un elemento aleatorio, llamado clave.

La clave es una secuencia de datos binarios creada al azar o definida por el usuario, que se introduce en el cálculo en el momento de la encriptación. Hace que los datos sean imposibles de descifrar a menos que se disponga de esta clave. La longitud de la clave depende del algoritmo utilizado, por ejemplo, AES256 generará una clave de 256 bits de longitud.

He aquí dos ejemplos de claves:

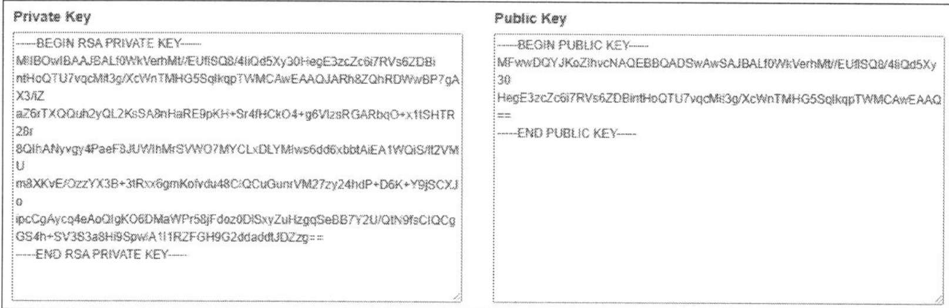

Si se utiliza la misma clave para cifrar y descifrar, se habla de cifrado simétrico. Si se utilizan claves diferentes para cifrar y descifrar, se trata de un cifrado asimétrico.

5.1.1 Cifrado simétrico

El cifrado simétrico tiene la ventaja de consumir pocos recursos de procesador y ser rápido. Se suele utilizar para VPN, cifrado de discos y blockchain. Se utiliza cuando es necesario cifrar grandes cantidades de datos o para el cifrado y descifrado en tiempo real.

El problema de las claves simétricas es que no contienen información identificativa. Esto hace imposible verificar la integridad de los datos, ya que cualquiera que posea la clave puede descifrarlos, modificarlos y cifrarlos de nuevo.

Para el cifrado asimétrico, la clave se debe enviar al destinatario por un canal diferente, utilizando un algoritmo distinto para la fase de negociación y transmisión de la clave.

5.1.2 Cifrado asimétrico

El cifrado asimétrico consume más procesador y es más lento. Además, no se puede cifrar con más datos que el número de bits de la clave. Se utiliza para cifrar contraseñas, tokens de autenticación y solicitudes de conexión.

Las dos claves utilizadas para el cifrado asimétrico se denominan clave pública y clave privada. La clave pública se crea a partir de la clave privada, pero lo contrario es imposible. Esto permite distribuir la clave pública sin tener que volver a crear la clave privada.

Ambas claves pueden cifrar y descifrar y lo que una clave ha cifrado, sólo la otra puede descifrarlo. Por tanto, los pares de claves pública y privada garantizan la autenticación y la confidencialidad.

5.1.3 Funcionamiento de las claves

El cifrado simétrico y el asimétrico se suelen utilizar juntos. Por ejemplo, el algoritmo Diffie-Hellman utilizado por las VPN Ipsec, utiliza claves simétricas para el cifrado rápido de datos, y estas claves simétricas se cifran a su vez con claves asimétricas antes de ser intercambiadas por los routers.

En este ejemplo, las claves asimétricas son efímeras y se renuevan cada vez que se establece una conexión.

5.1.4 Hashing

Si bien las claves públicas y privadas garantizan la autenticación y la confidencialidad, hay una tercera condición esencial para que los intercambios sean seguros: la integridad de los datos. Queremos estar seguros de que los datos no se han modificado entre la transmisión y la recepción. Esto es lo que permite el hashing.

El hashing es una técnica que consiste en hacer pasar los datos por un algoritmo y escribir el resultado al final de los datos. Cuando se reciben los datos, se pasan por el mismo algoritmo y, si el resultado es idéntico, los datos no han sido modificados. El resultado tiene una longitud fija, por lo que tanto si pasa una sola palabra o un directorio entero por el algoritmo, el resultado tendrá la misma longitud.

He aquí algunos ejemplos de hashes que utilizan diferentes algoritmos.

Original text	test message
Original bytes	636563692065737420756e65206d6573736167652064652074... (length=28)
Adler32	92f40a37
CRC32	fbd9068e
Haval	7cae11e94c79d07027f1ab80e86b196e
MD2	fd1f18973fae284be422646f8f764319
MD4	b1774391ded34abcf64b63c085b62e84
MD5	7dc162faf97877cfb8bb3a14efc7899a
RipeMD128	52afbdc3f5752ac349b26413b17adc7f
RipeMD160	0ca4581694cf0299f552e909b1f24d229b6656d4
SHA-1	fa9f167a33374856dde8e1cedbd0af39ea748e3b
SHA-256	da806e0d8b470ff3a81a071560a6f77a3029b7ad2d3a8375c9f7db26e3885297

5.1.5 Firma digital

La firma digital utiliza el cifrado asimétrico y el hash. Para crear una firma digital, se hace un hash del mensaje en texto claro. El resultado tendrá una longitud fija y será lo suficientemente corto como para ser cifrado asimétricamente.

El hash del mensaje, una vez cifrado, se escribe al final de los datos y constituye la firma.

En un intercambio cifrado asimétricamente, si la persona que recibe el mensaje puede descifrarlo, es porque fue el poseedor de la otra clave quien lo envió. Y el hash nos asegura que los datos no han sido modificados.

La firma digital nos da autenticación e integridad de los datos y las dos combinadas nos dan el no repudio. El remitente no puede decir que no ha sido él quien ha enviado el mensaje o que éste ha sido alterado.

La firma digital no proporciona confidencialidad de los datos, ya que sólo se cifra el hash, mientras que los datos están sin cifrar. Para la confidencialidad, necesitamos un sobre digital.

5.1.6 Sobre digital

El sobre digital es el mecanismo utilizado para intercambiar claves, por ejemplo, durante una conexión HTTPS o al configurar una VPN. Este mecanismo combina el cifrado simétrico y el asimétrico.

Supongamos que Alice quiere enviar un mensaje a Bob. Empezará por conectarse con Bob y descargar su clave pública.

A continuación, calcula una clave aleatoria que utiliza para cifrar su mensaje, previamente firmado. Utilizando la clave pública de Bob, cifra su clave simétrica y se la envía a Bob.

Bob, con su clave privada, podrá descifrar la clave de Alice, descifrando así el mensaje y verificando la firma.

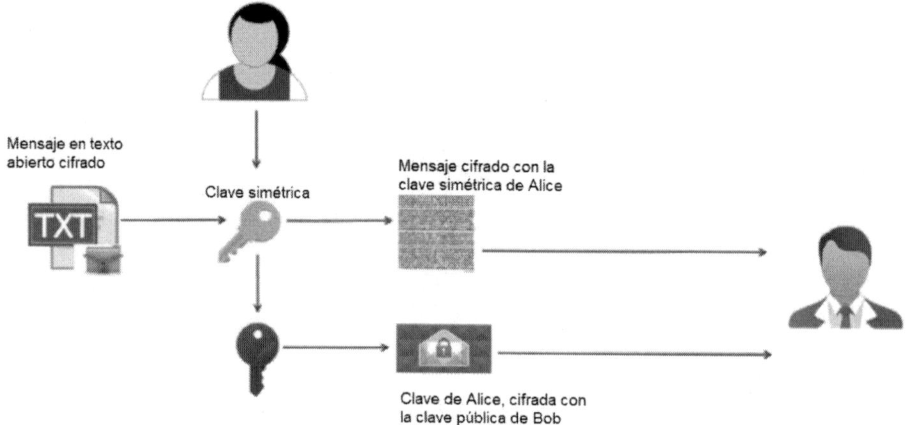

5.2 Certificados

Un certificado es un archivo digital utilizado para probar la identidad y distribuir claves. Lo emite una autoridad de certificación, que verifica la identidad de la entidad antes de emitir su certificado.

Esto garantiza a los clientes que están conectados a la entidad correcta y los intercambios se pueden cifrar utilizando la clave incluida en el certificado. Los certificados también están firmados, lo que garantiza la integridad de los datos.

Las autoridades de certificación pueden ser públicas o privadas. Las autoridades públicas son organizaciones muy conocidas en el mundo de la informática y expiden certificados a las empresas para que puedan demostrar su identidad cuando operan en Internet.

Sin embargo, también es posible implementar su propia autoridad de certificación, para que una máquina o servicio pueda demostrar su identidad y cifrar sus intercambios con los clientes dentro de la red privada de la empresa. En Windows Server, el rol ADCS se utiliza para crear una autoridad de certificación raíz.

Los certificados tienen una vida útil y un cliente, antes de confiar en un certificado, consultará una lista de revocación en el servidor que lo emitió para ver si ha sido revocado, aunque su fecha de validez aún no haya expirado.

5.2.1 Cadena de confianza

Los certificados funcionan con una cadena de confianza. La autoridad de certificación que emite el primer certificado de la cadena, se denomina autoridad de certificación raíz de confianza y emite un certificado raíz. Este certificado es autofirmado. En el caso de una autoridad raíz pública, su certificado está pre-registrado en Windows.

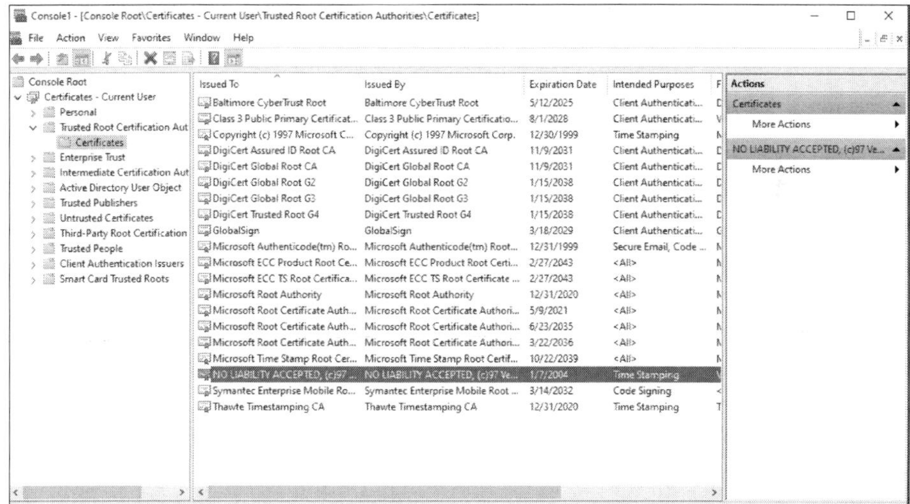

Por tanto, si una de estas autoridades públicas reconocidas por todos expide un certificado a una empresa, la empresa puede demostrar quién es y nosotros confiaremos en su certificado, porque conocemos al organismo que lo ha expedido y también confiamos en él.

Si nos conectamos al portal Azure, podemos comprobar el certificado en el navegador web y ver la cadena de confianza. En nuestro ejemplo, podemos ver que la conocida organización Digicert, cuyo certificado raíz está pre-registrado en Windows Server, ha emitido un certificado a Microsoft Azure, que a su vez ha emitido uno al portal Azure, creando una cadena de confianza.

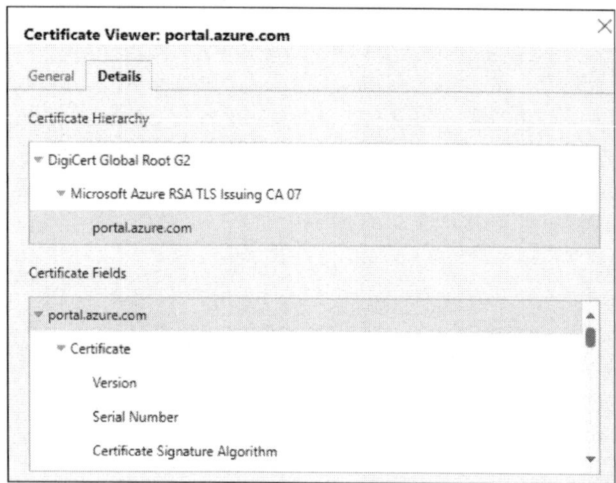

En este caso, Microsoft Azure actúa como autoridad de certificación intermedia y emite el propio certificado del portal.

5.2.2 Autoridad raíz ADCS

En el caso de ADCS, se puede implementar el mismo mecanismo de cadena de confianza. La función ADCS será nuestra autoridad de certificación raíz privada, con la que crearemos un certificado raíz y, a continuación, será posible emitir certificados intermedios según sea necesario.

Será necesario importar el certificado raíz ADCS en los equipos de la infraestructura de la empresa, ya que no está pre-registrado. Es posible desplegar este certificado raíz, que habremos creado mediante directiva de grupo. Una vez desplegado nuestro certificado raíz, se pueden crear cadenas de confianza con recursos dentro de la empresa.

Las autoridades de certificación ADCS pueden estar vinculadas a Active Directory, Microsoft las denomina autoridades de empresa. Si no están vinculadas a Active Directory, se dice que son autónomas.

Las autoridades de certificación de empresa, vinculadas a Active Directory, también se utilizan para la autenticación con tarjeta inteligente, ya que los certificados de las tarjetas están directamente vinculados a las cuentas de usuario de Active Directory.

5.3 Instalar ADCS

5.3.1 Instalación

En nuestro ejemplo, vamos a instalar ADCS en un controlador de dominio. Esto no es obligatorio. Si quisiéramos crear una autoridad de certificación empresarial, habría bastado con un servidor miembro del dominio.

El rol a instalar es **Active Directory Certificate Services**.

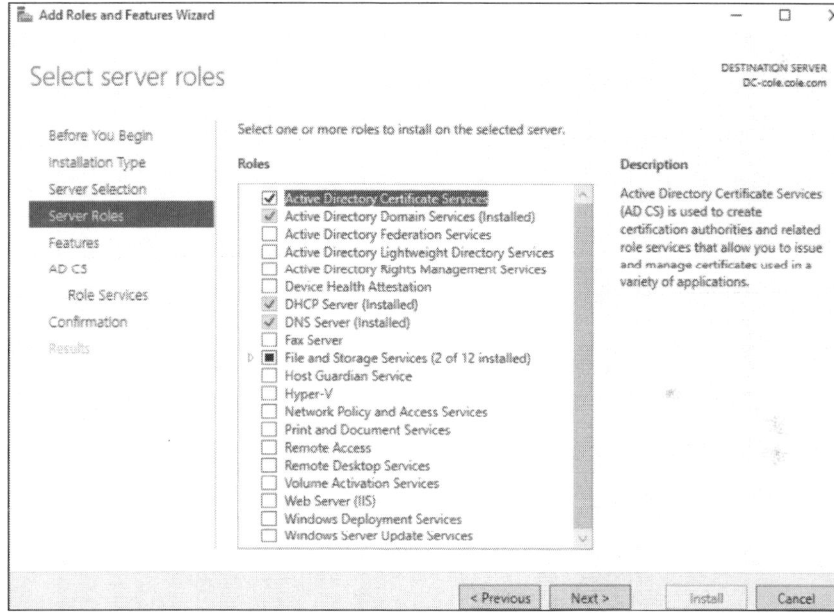

- Pulse **Next** hasta llegar a la página de servicios de rol, donde añadirá el servicio de rol **Certification Authority Web Enrollment**, que permite a los clientes descargar el certificado raíz, las listas de revocación (CRL) y renovar certificados.

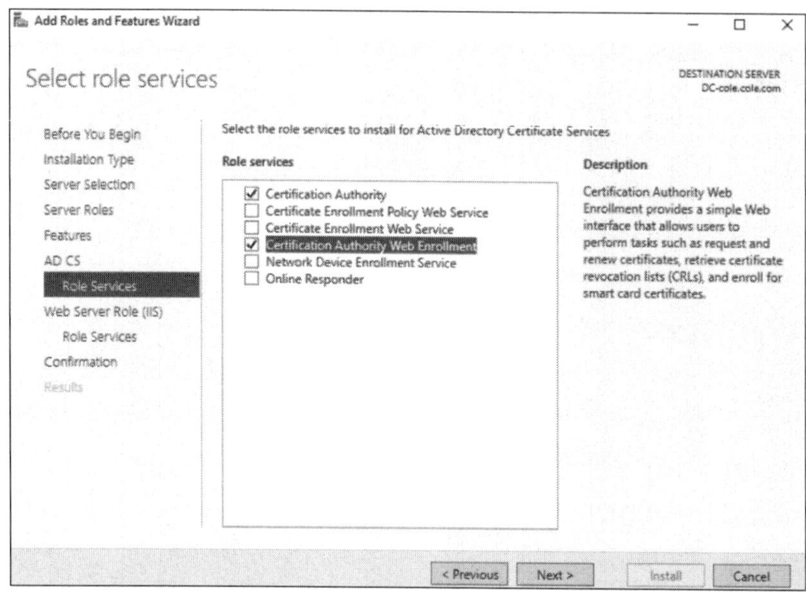

Al instalar este servicio de rol también se añadirá el servidor web IIS.

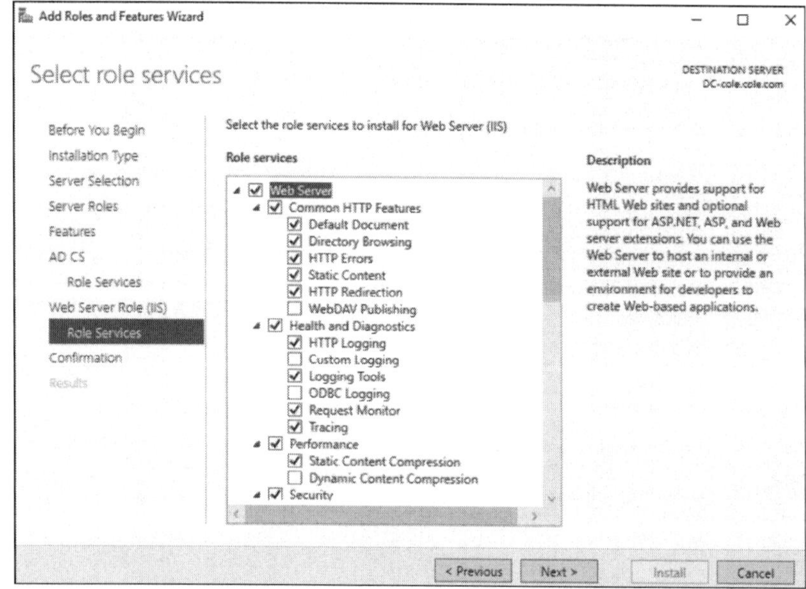

Haga clic en **Next** hasta el final del asistente e instale el rol y los servicios de rol.

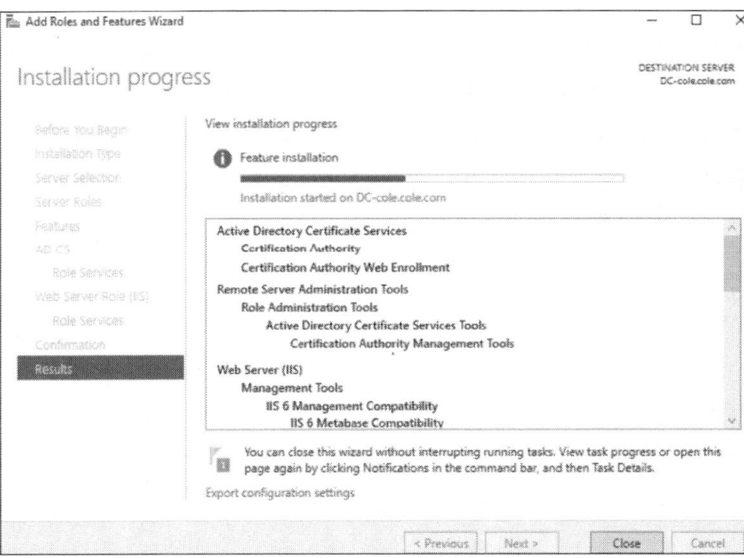

5.3.2 Post instalación

Al final de la instalación, el asistente proporciona un enlace para la configuración posterior a la instalación. Haga clic en **Configure Active Directory Certificate Services on the destination server**.

La primera pantalla posterior a la instalación le pide que se autentique. Utilice las credenciales del administrador del dominio.

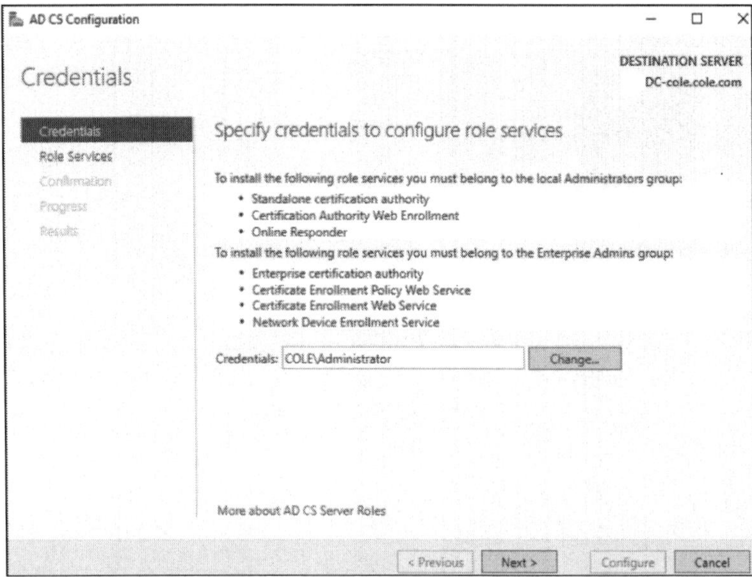

▶ A continuación, debe seleccionar los servicios que desea configurar, eligiendo los dos que tiene instalados.

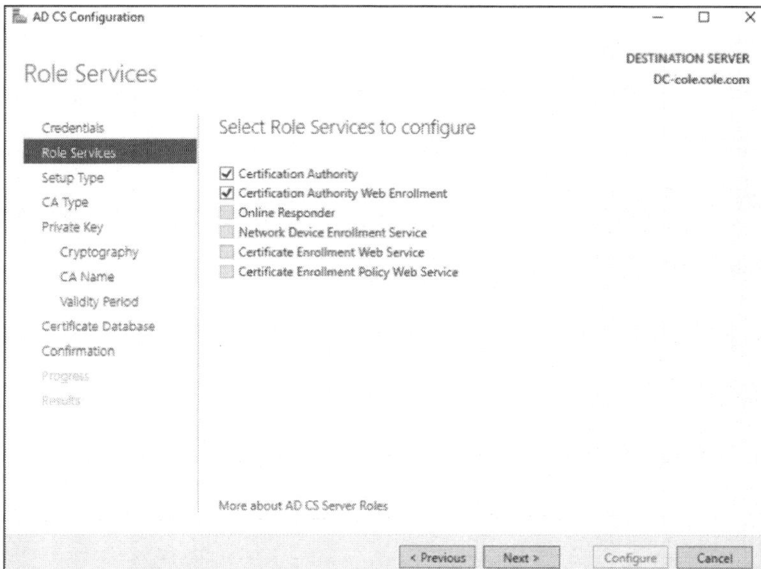

- Elija utilizar una autoridad de certificación empresarial, es decir, una que esté incluida en Active Directory.

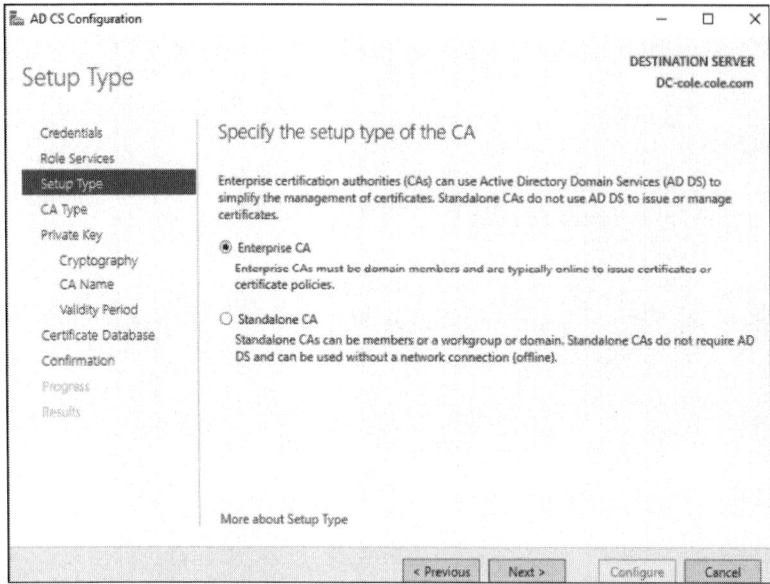

▶A continuación, especifique que desea crear una autoridad de certificación raíz.

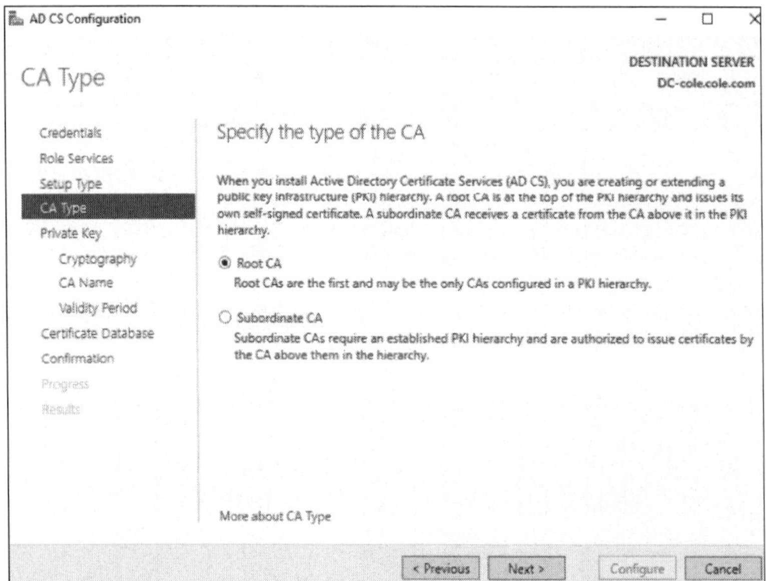

A continuación, decidirá crear una nueva clave privada.

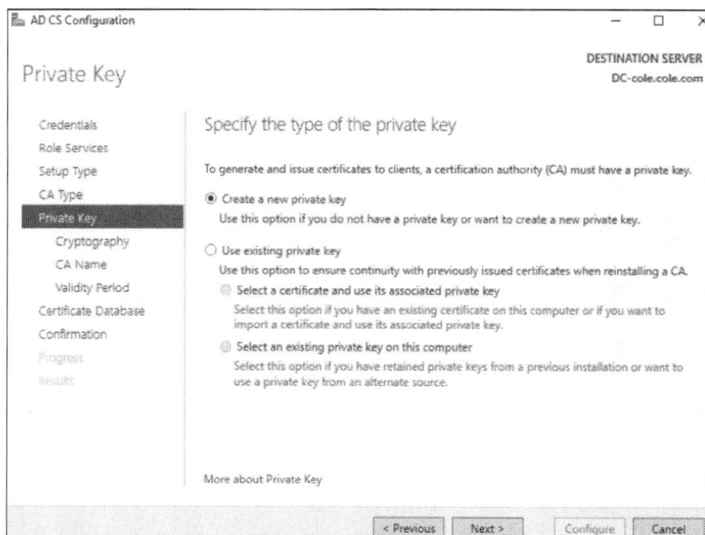

▶ Debe configurar el algoritmo de cifrado. Deja la configuración por defecto, excepto la longitud de la clave, que aumentará a **4096**.

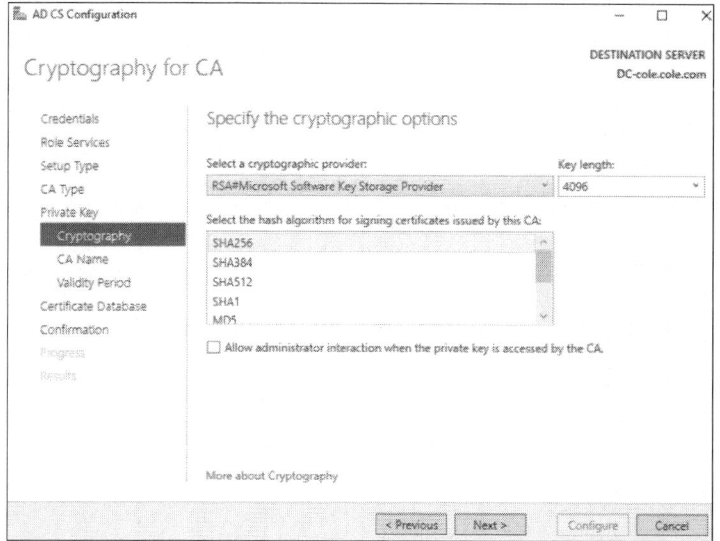

- En la siguiente pantalla, asigne un nombre a la autoridad de certificación y deje los demás campos por defecto.

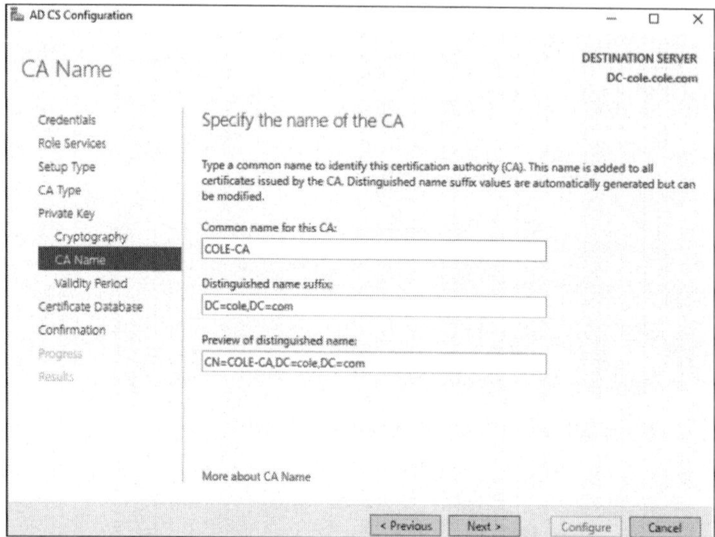

- A continuación, establezca la duración de los certificados en 6 meses.

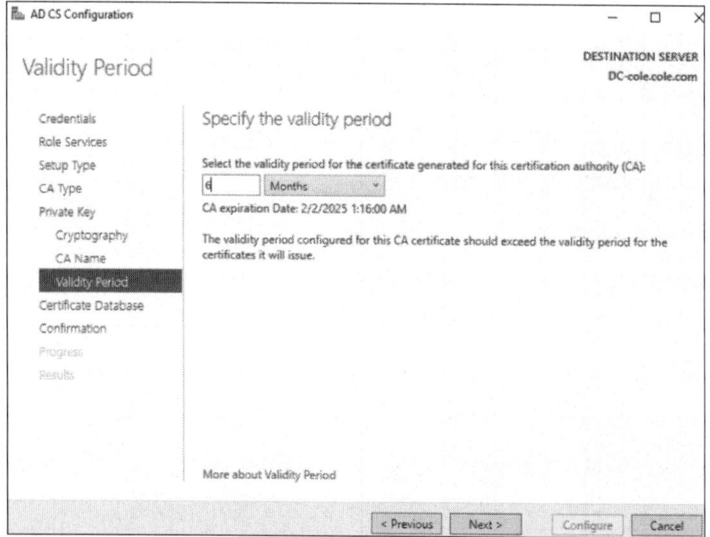

▶A continuación, establezca la ubicación de la base de datos de certificados. Deje la ubicación por defecto.

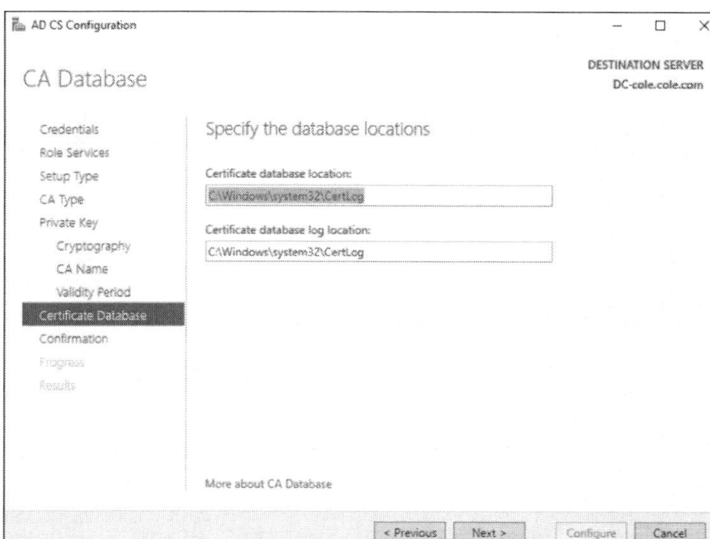

▶Por último, aparece la pantalla de resumen. Haga clic en **Configure**.

5.3.3 Comprobaciones

Vamos a comprobar que se ha creado el certificado raíz.

Abra un símbolo del sistema CMD y escriba el siguiente comando:

```
Mmc
```

Se abre una consola de gestión vacía. Vaya a **File** y seleccione **Add/Remove Snap-in**.

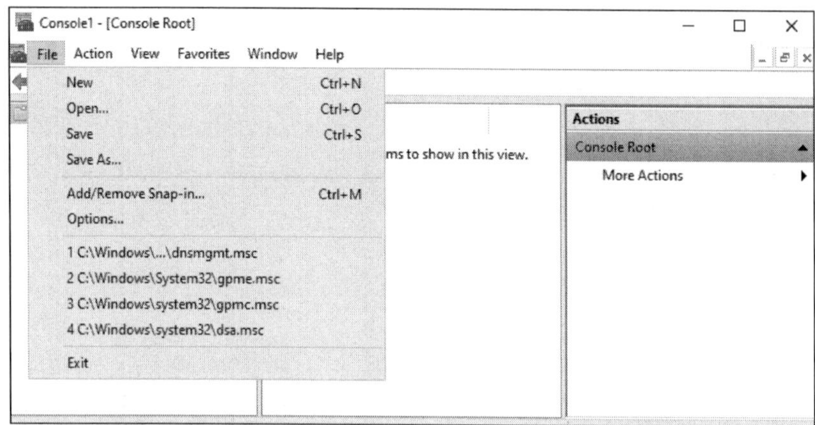

Seleccione el componente del certificado y haga clic en **Add**.

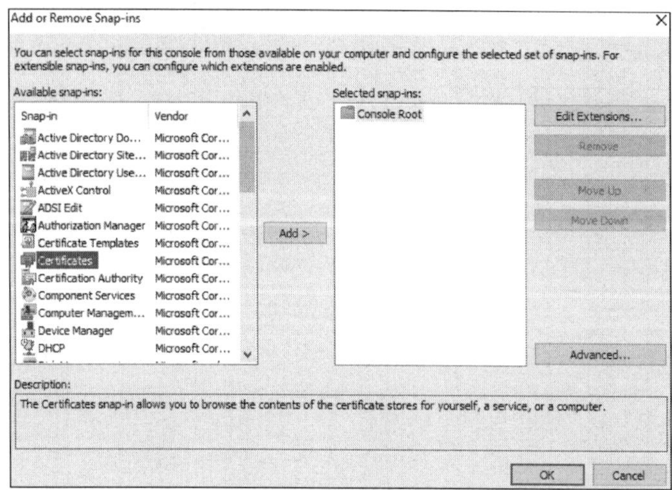

A continuación, debe elegir qué tienda de certificados desea añadir. Elija el de la máquina.

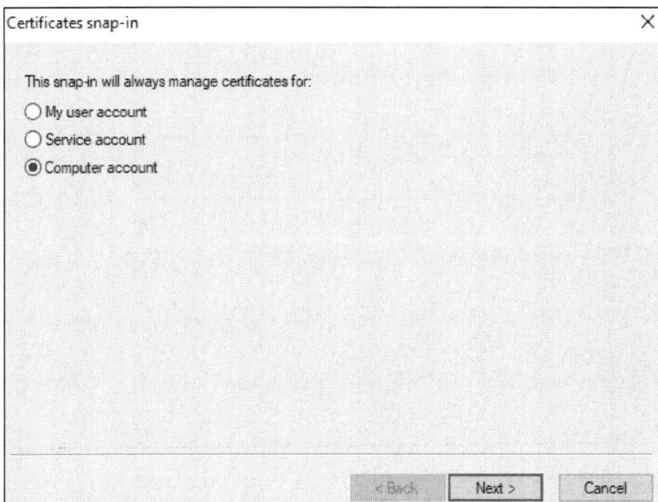

Especifique que desea el del ordenador local.

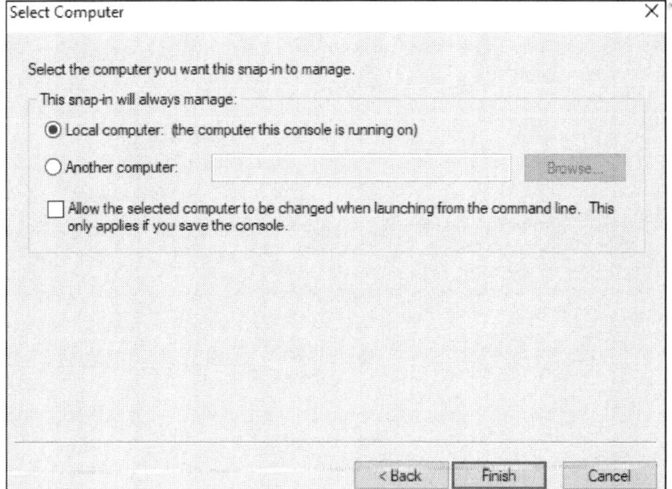

El componente de software se ha añadido, haga clic en **OK**.

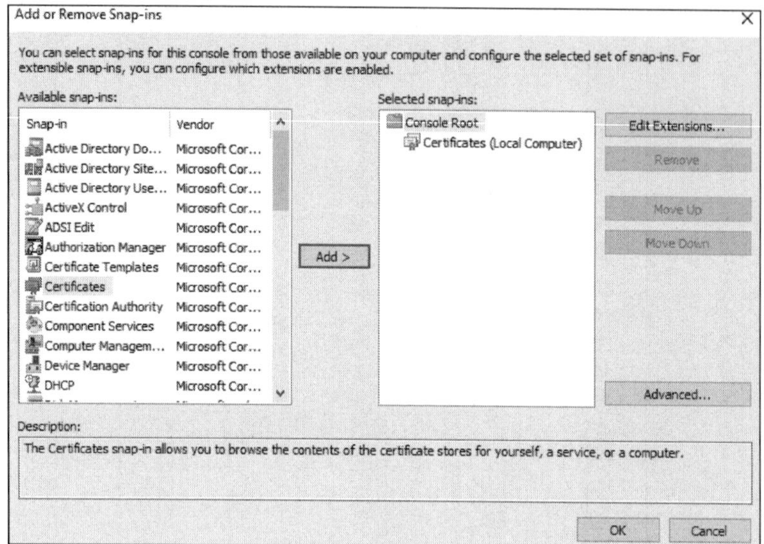

▶ De vuelta en la consola, despliegue **Trusted Root Certification Authorities** y seleccione la carpeta **Certificates**. Verá que se ha instalado el certificado raíz de la autoridad.

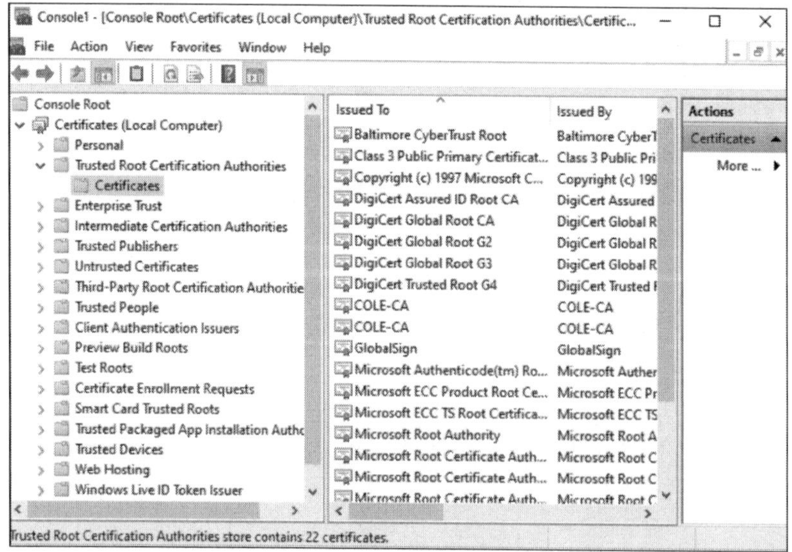

▶En **Server Manager**, vaya a **Tools** y seleccione **Certification Authority**. Se abrirá la consola de gestión de la autoridad de certificación.

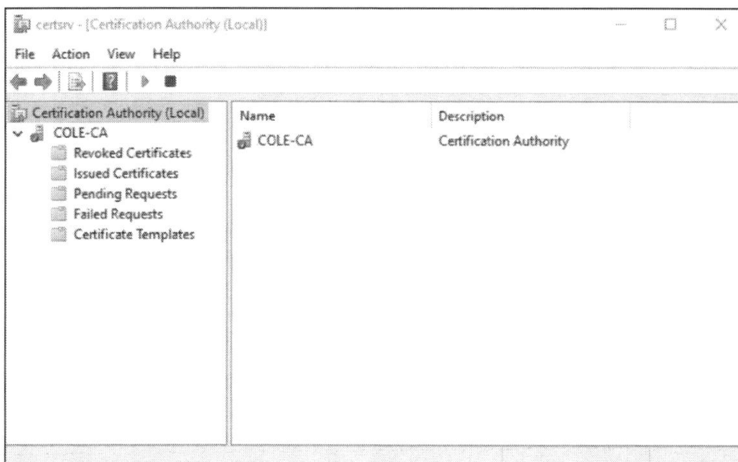

En **Issued Certificates**, puede ver que la autoridad de certificación ya ha emitido un certificado para el controlador de dominio.

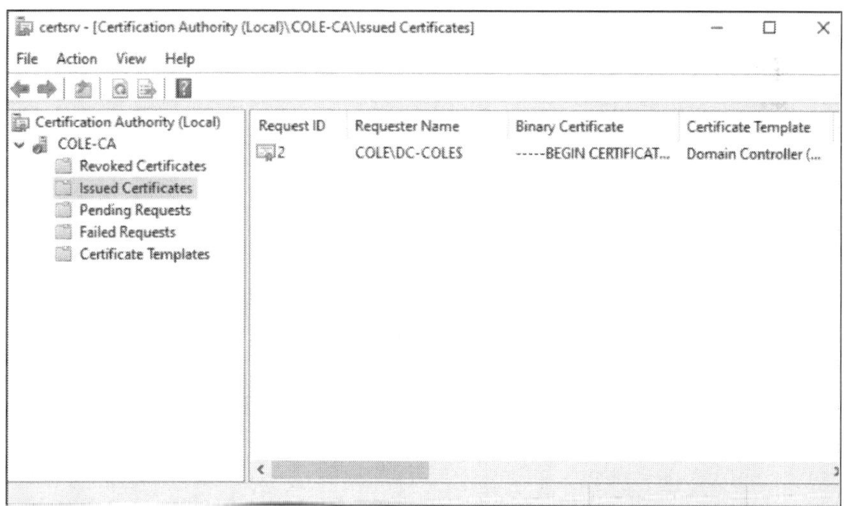

Si hace doble clic en el certificado, podrá ver en la pestaña **Certification Path** que, efectivamente, fue la autoridad raíz la que emitió este certificado para el controlador de dominio.

5.4 Registro por la web

El servicio de rol de inscripción por la web implementa un sitio web que permite a las máquinas de la infraestructura ponerse en contacto con la autoridad de certificación, mediante un navegador web. Este servicio de rol también se puede deportar a otro servidor.

Puede utilizar este sitio web para realizar diversas tareas, las más importantes de las cuales son:

- descargar el certificado de autoridad raíz,
- solicitar la creación de un certificado con un archivo PKCS#10,
- descargar la lista de revocación de certificados CRL,
- descargar certificados distintos del certificado raíz, para instalar todos los certificados en una cadena de confianza.

▶ Para conectarse desde otra máquina de la infraestructura, desactive la seguridad mejorada de Internet Explorer, que podría causarle problemas. Para ello, vaya a **Server Manager** y **Local Server**.

- Inicie el navegador Edge y, en la barra de direcciones, introduzca la IP del controlador de dominio en el que ha instalado ADCS, seguido de **/certsrv**. Autentícate como administrador de la empresa.

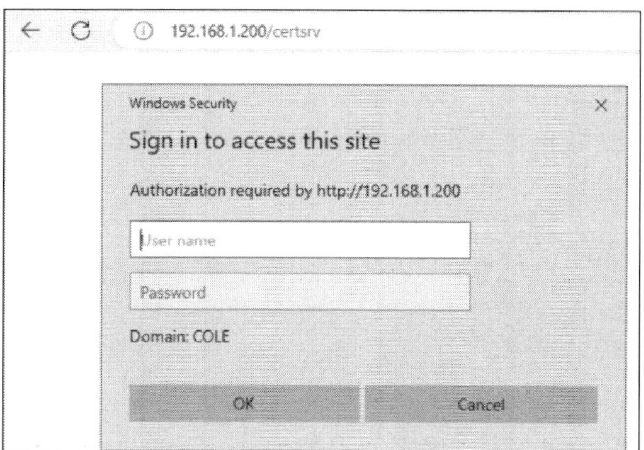

- En la página de inicio, haga clic en **Download a CA certificate, certificate chain, or CRL**.

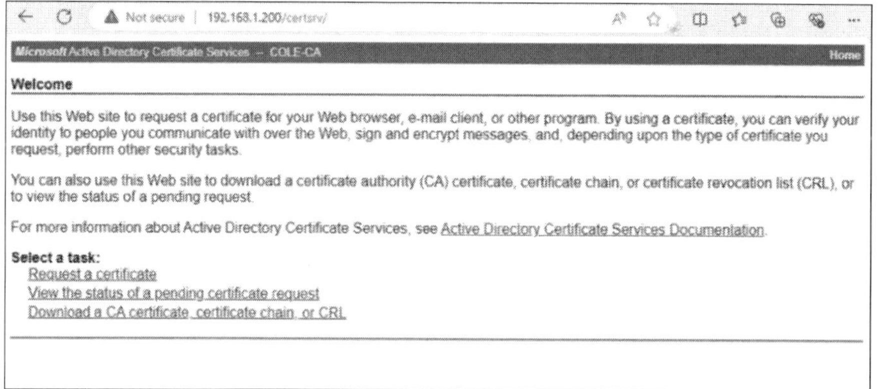

▶ En la página siguiente, haga clic en **install this CA certificate**, en la parte superior de la página, para instalar el certificado raíz en la máquina, de modo que pueda confiar en los distintos certificados emitidos por nuestra autoridad.

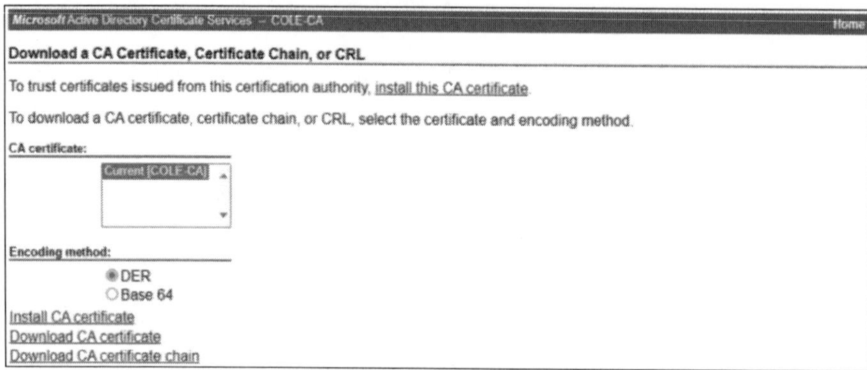

▶ Se descargará un archivo .cer. Acepte la descarga y haga doble clic en el archivo.

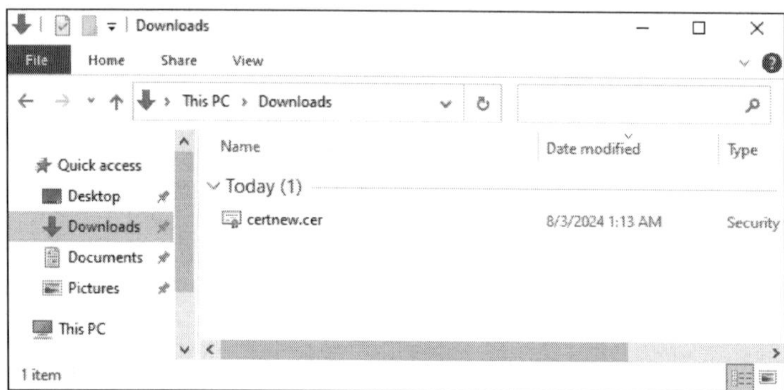

▶ Una vez abierto el certificado, haga clic en **Install Certificate**.

Se inicia un asistente, seleccione **Local Machine**.

▶A continuación, seleccione la opción de colocar los certificados usted mismo y haga clic en **Browse**.

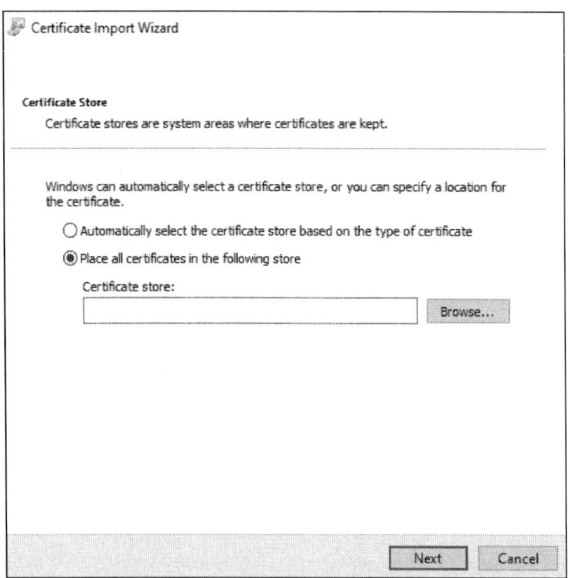

▶Seleccione la tienda **Trusted Root Certification Authorities**. Haga clic en **OK** y, una vez de vuelta en el asistente, haga clic en **Next**.

▶Aparece la ventana de resumen habitual, haga clic en **Finish**.

Puede comprobar la importación del certificado raíz mediante una consola MMC, añadiendo el complemento de certificados como vimos en la sección anterior.

Observación

Dependiendo de la situación y de los recursos que tendrán que confiar en la autoridad raíz, también puede ser necesario importar el certificado a la tienda del usuario, además de a la tienda del ordenador.

5.5 Infraestructura de clave pública (PKI)

Las autoridades de certificación pueden ser de varios tipos y Windows Server puede implementar cuatro tipos diferentes de autoridad:

- autoridad raíz corporativa,
- autoridad corporativa subordinada,
- autoridad raíz autónoma,
- autoridad subordinada autónoma.

Como ya hemos visto, las autoridades de empresa están vinculadas a Active Directory, mientras que las autoridades independientes se instalan en máquinas que no están en el dominio.

Las autoridades subordinadas pueden actuar como autoridades intermediarias o emisoras. Esto permite crear una auténtica infraestructura de gestión y distribución de certificados. Existen dos tipos de arquitectura: de dos niveles y de tres niveles.

5.5.1 Arquitectura 2-tiers

En este tipo de arquitectura, la autoridad raíz está desactivada y no forma parte del dominio Active Directory, para proteger el certificado raíz y su clave privada. Microsoft llega a recomendar colocar su disco duro en una caja fuerte. Es posible implementar varias autoridades emisoras, responsables de emitir certificados a las máquinas cliente. Se pueden utilizar para equilibrar la carga y se pueden añadir autoridades adicionales para satisfacer las necesidades de una empresa en crecimiento.

Arquitectura de 2-tiers:

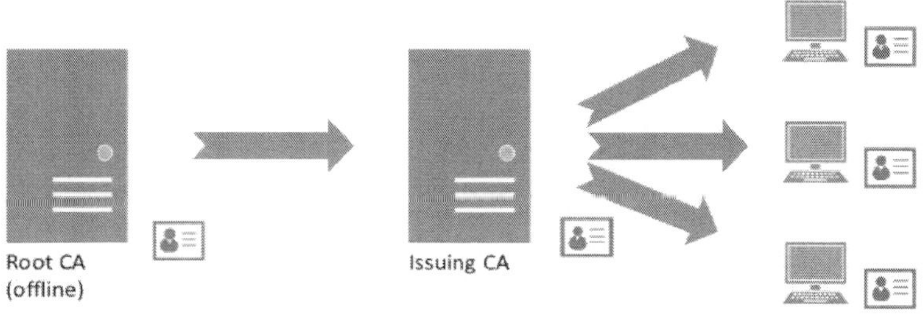

5.5.2 Arquitectura 3-tiers

Las arquitecturas 3-tiers se configuran generalmente para distribuir certificados a varios sitios físicos remotos. En cada sitio, hay una autoridad intermedia que desempeña el papel de autoridad raíz para el sitio y que también debe estar desactivada.

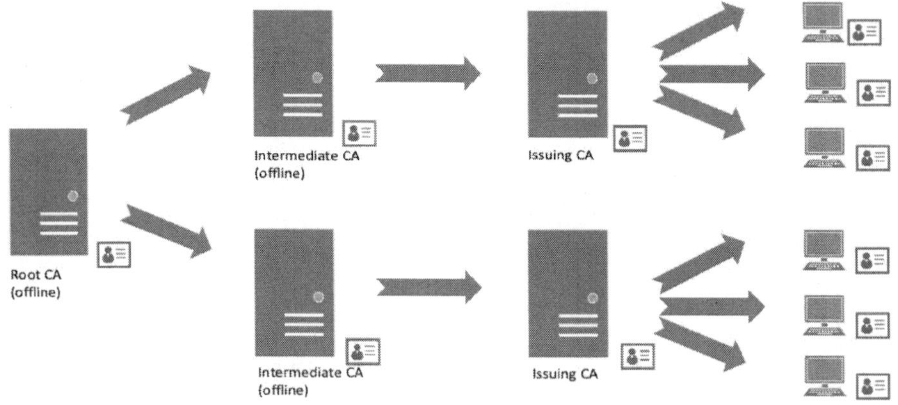

En este tipo de arquitectura, sólo las autoridades emisoras son autoridades de empresa vinculadas a Active Directory.

También existen dispositivos conocidos como *Hardware Security Module* (HSM) especializados en almacenar y proteger claves y certificados, almacenándolos en armarios a prueba de manipulaciones con alarmas y mecanismos de autodestrucción. Dentro de los HSM, las claves se almacenan en memorias seguras y cifradas. Los HSM también son capaces de crear claves de cifrado y distribuirlas.

5.6 Protección del servidor web IIS

Ahora vamos a asegurar nuestro servidor web IIS con un certificado para que podamos establecer conexiones HTTPS. Para ello, empezaremos por crear una plantilla de certificado.

5.6.1 Creación de un modelo de certificado

- Nuestra autoridad de certificación dispone de una lista de modelos de certificados. En el administrador de servidores, vaya a **Tools** y seleccione **Certification Authority**.
- Haga clic con el botón derecho del ratón en **Certificate Templates** y seleccione **Manage** en el menú desplegable.

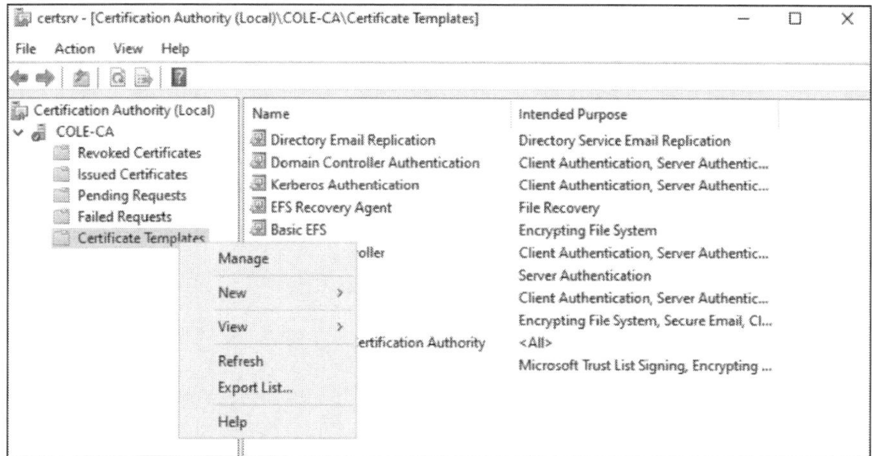

▶Aparece la lista completa de modelos. Encuentre el que se llama **Servidor Web**. Haga clic con el botón derecho del ratón y seleccione **Duplicate Template**.

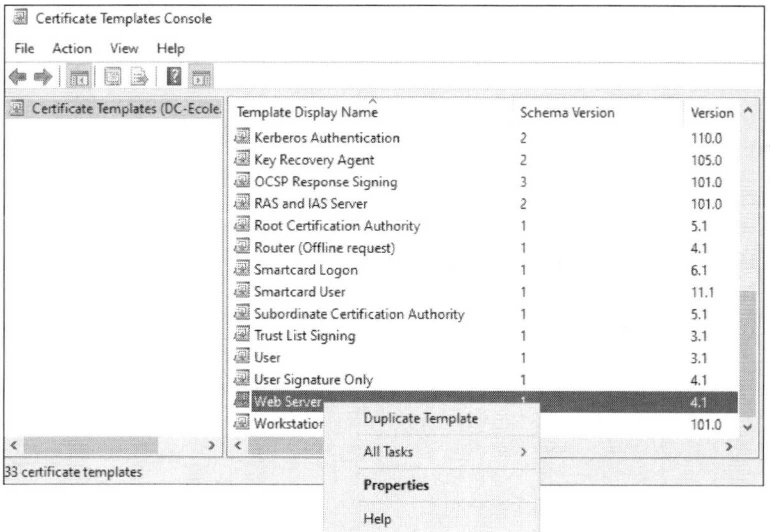

▶En la pestaña **General**, asigne un nombre al certificado y defina su vida útil. Marque la opción **Publish certificate in Active Directory**.

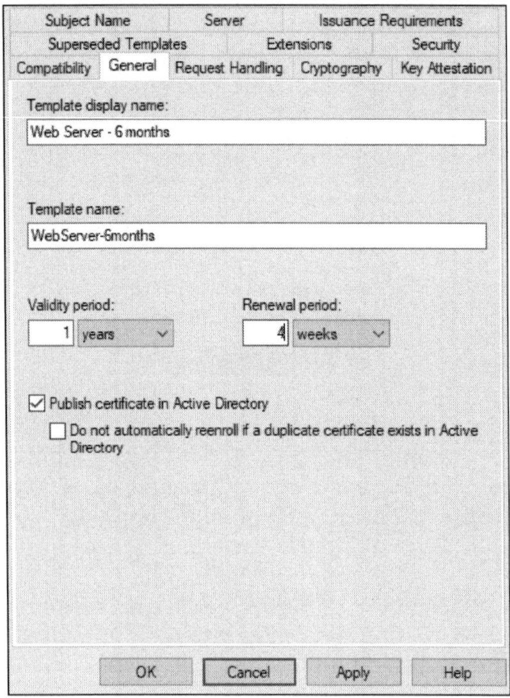

- En la pestaña **Request Handling**, marque la opción **Allow private key to be exported**.

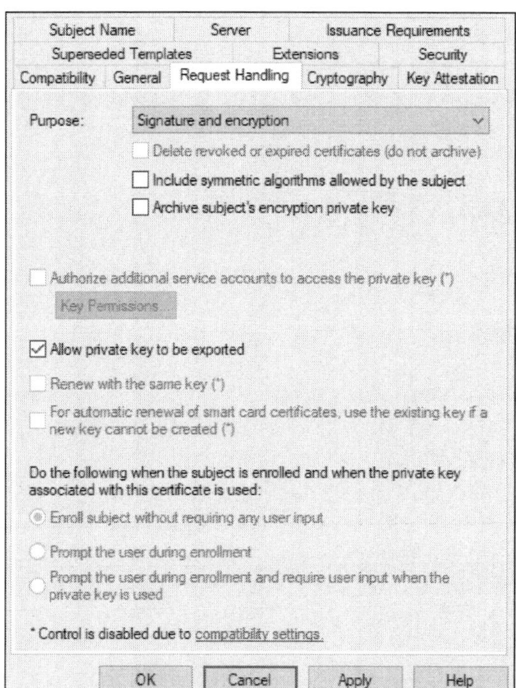

- Como la autoridad de certificación está vinculada al dominio, debe establecer determinados permisos. En la pestaña **Security**, añada el grupo **Domain Computers** y dele los siguientes permisos: **Read**, **Enroll** y **Autoenroll**. Conceda los mismos permisos a los usuarios autenticados.

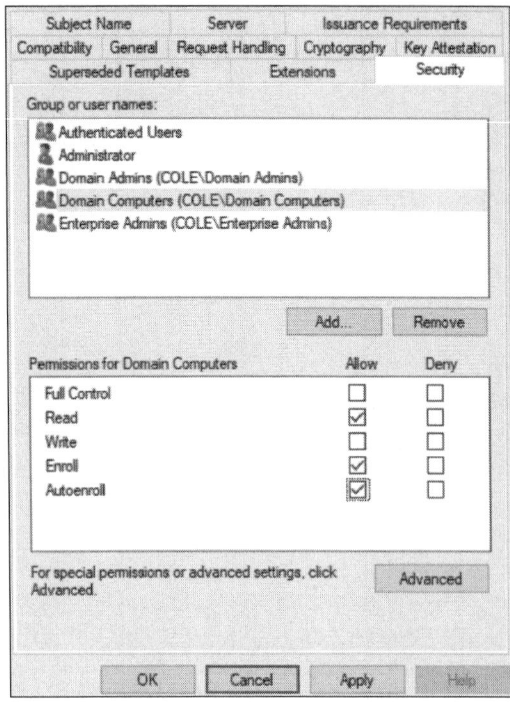

- Haga clic en **Apply** y **OK** y el nuevo modelo aparecerá en la lista.

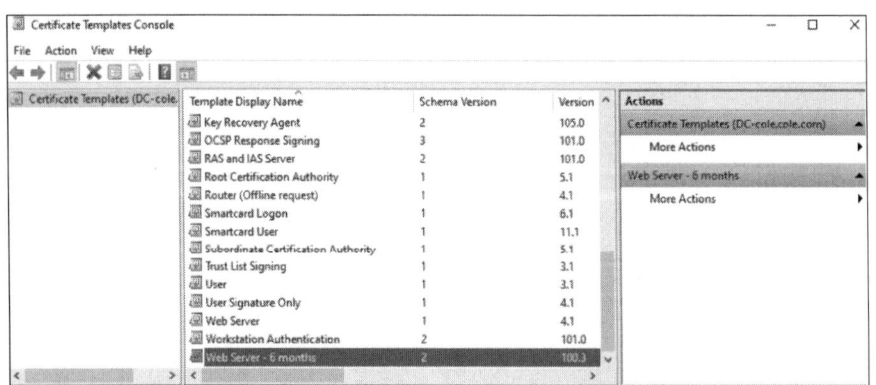

- Vuelva a la ventana de gestión de certificados y, en **Certificate Templates**, haga clic con el botón derecho del ratón y seleccione **New** y, a continuación, **Certificate Template to Issue**.

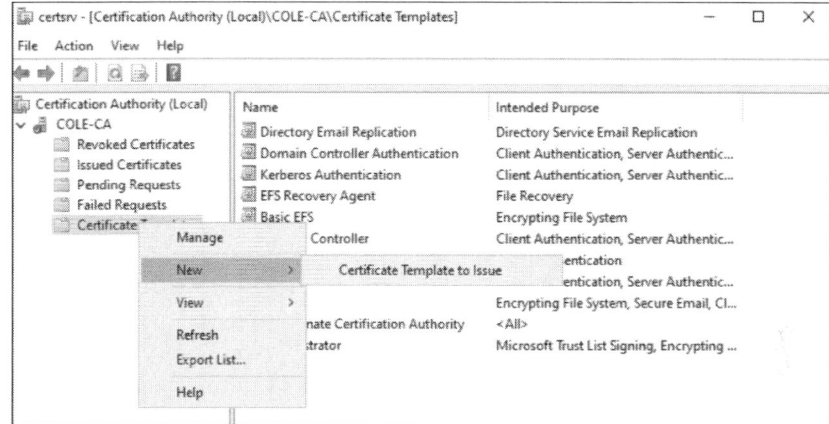

▶Seleccione la plantilla que acaba de crear y haga clic en **OK**.

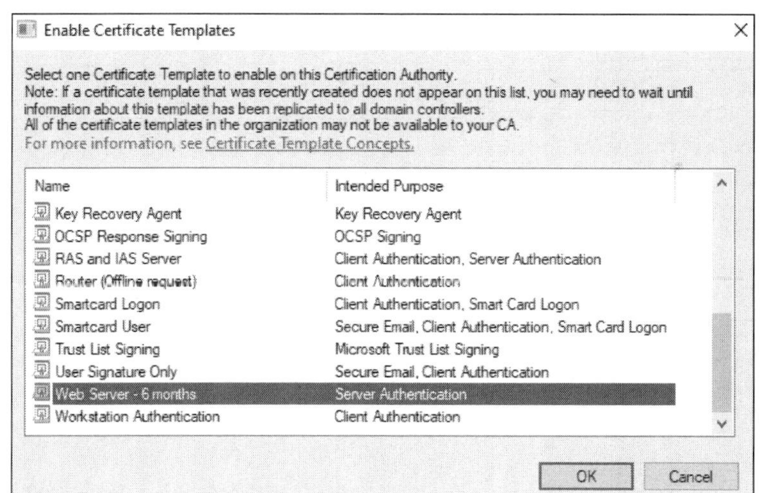

5.6.2 Creación de un certificado a partir de un modelo

▶Abra un símbolo del sistema CMD y escriba el siguiente comando:

```
Certlm.msc
```

▶ En la consola que se abre, vaya a **Personal** y haga clic con el botón derecho del ratón en **Certificate**. Seleccione **All Tasks** y luego **Request New Certificate**.

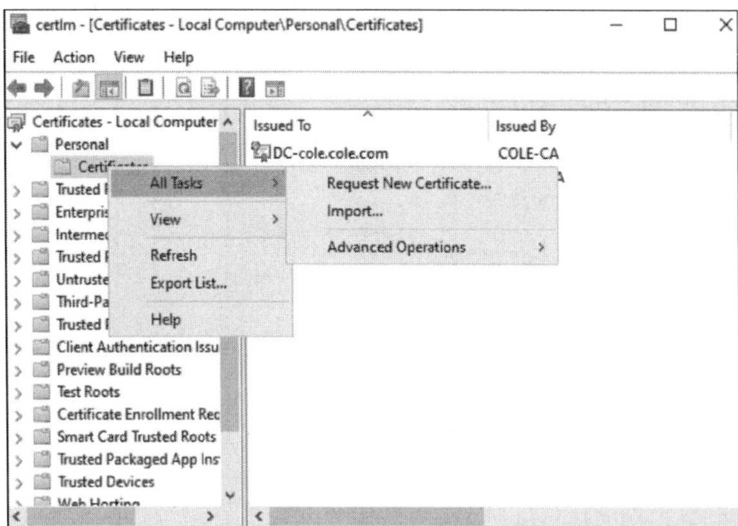

▶ Vaya a la primera página y deje la directiva de registro por defecto. Esto especifica que el registro se realizará a través de Active Directory.

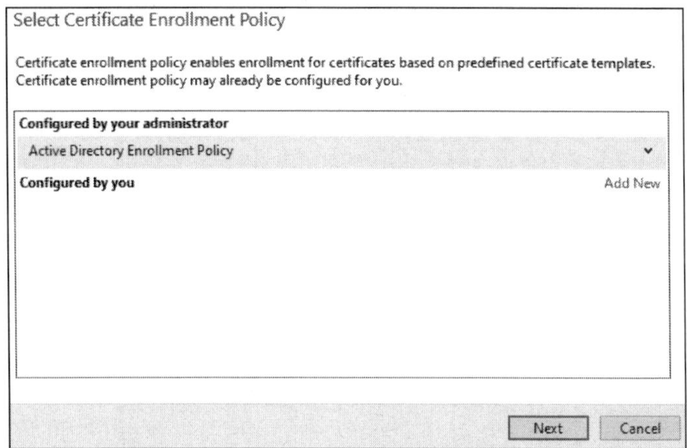

▶ El modelo de certificado debería aparecer en la siguiente ventana, con un enlace para configurarla. Haga clic en el enlace.

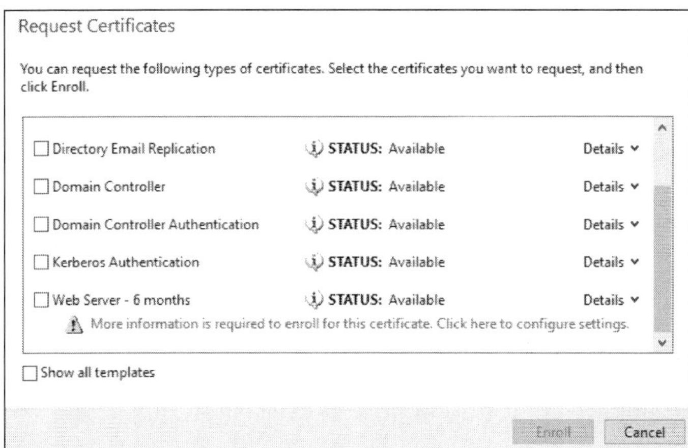

Primero debe establecer el nombre común y el nombre DNS. Es posible establecer varios nombres DNS.

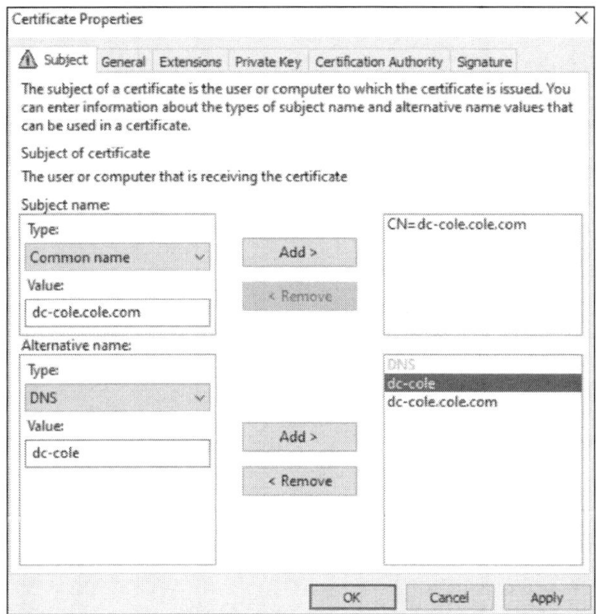

▶ Seleccione el certificado y haga clic en **Enroll**.

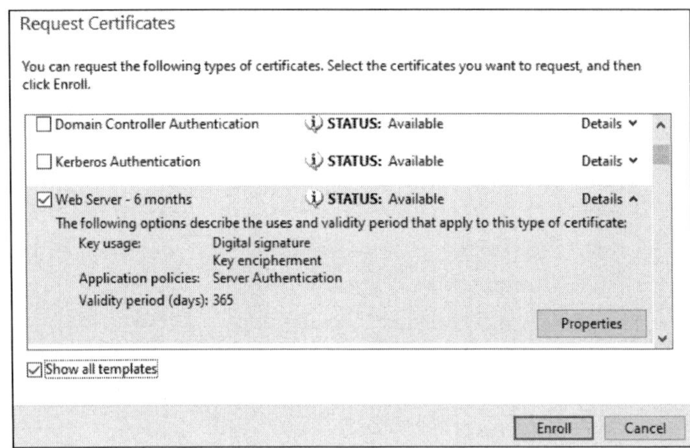

Se ha añadido el nuevo certificado.

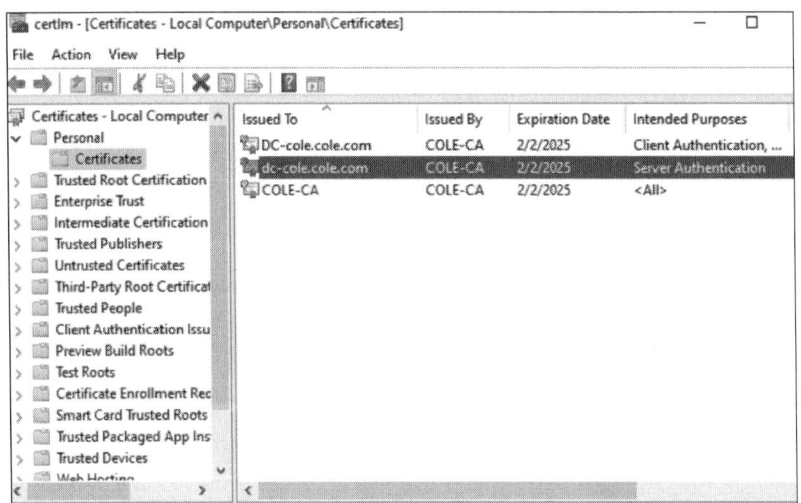

5.6.3 HTTPS en el servidor web IIS

Vamos a vincular el certificado del servidor web que acabamos de crear al sitio IIS por defecto.

- En el administrador de servidores del controlador de dominio, vaya a la sección **IIS** y haga clic con el botón derecho del ratón en el servidor. Seleccione **IIS**.

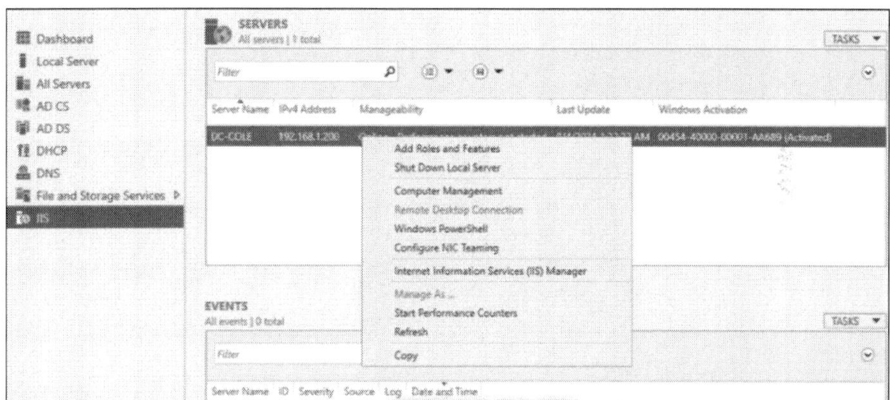

- En la consola de gestión de IIS, vaya al sitio web predeterminado. Este contiene el sitio de registro web de ADCS. Haga clic en **Bindings** en la columna de la derecha.

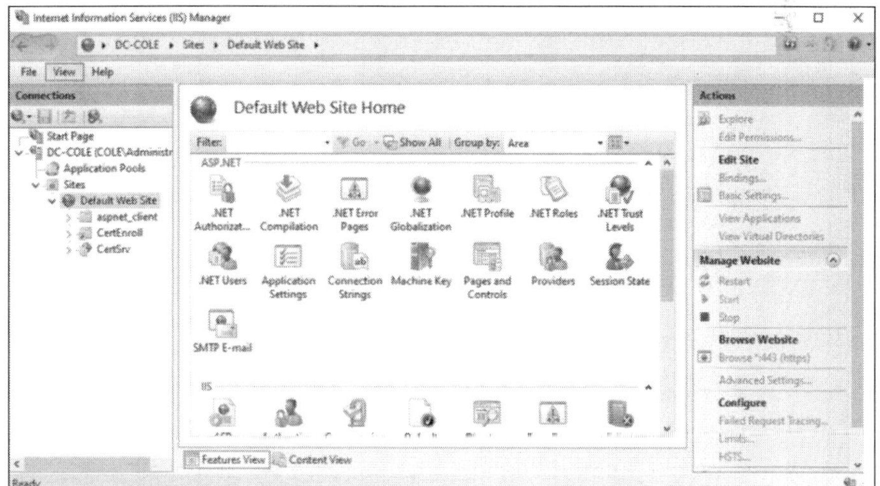

▶ En la ventana de enlaces, haga clic en **Add**.

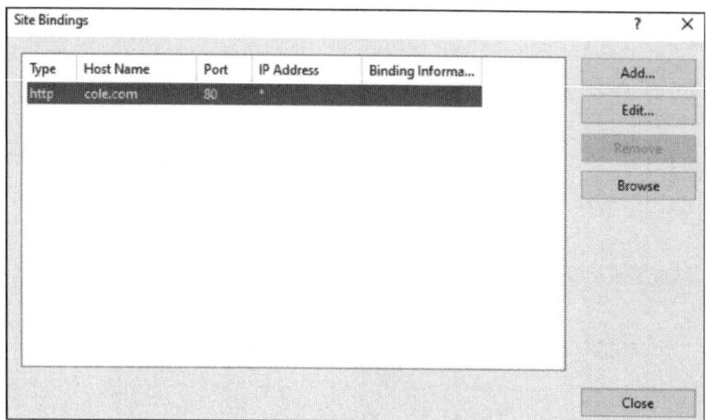

▶ Deje todos los ajustes por defecto y seleccione el certificado de servidor que ha creado.

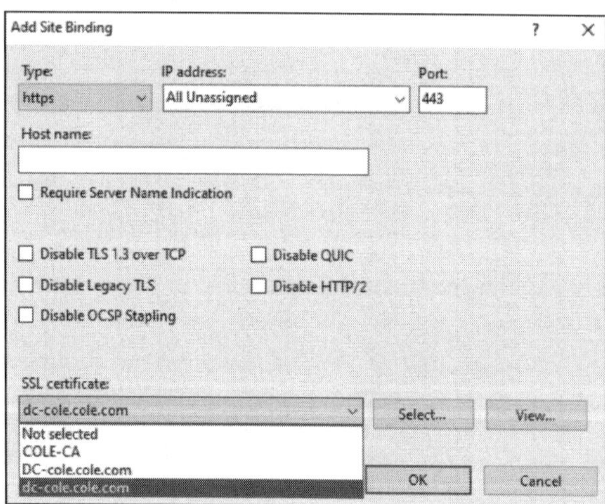

▶ Elimine el enlace para la conexión HTTP.

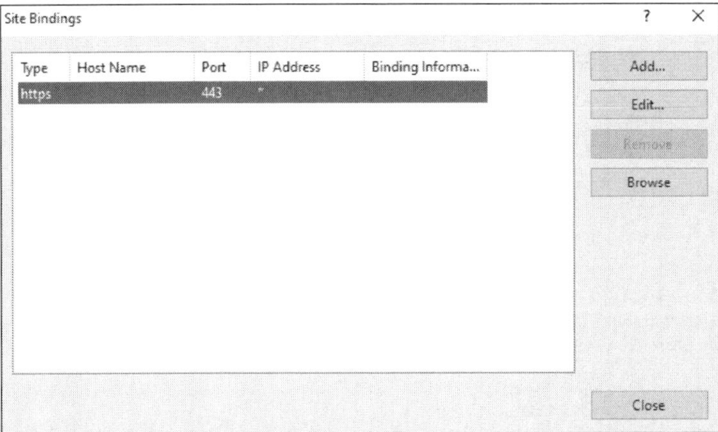

- Desde otra máquina del dominio, que tenga instalado el certificado raíz, conéctese al controlador de dominio utilizando el navegador web Edge. Especifique el protocolo HTTPS en la dirección: https://dc-cole.cole.com

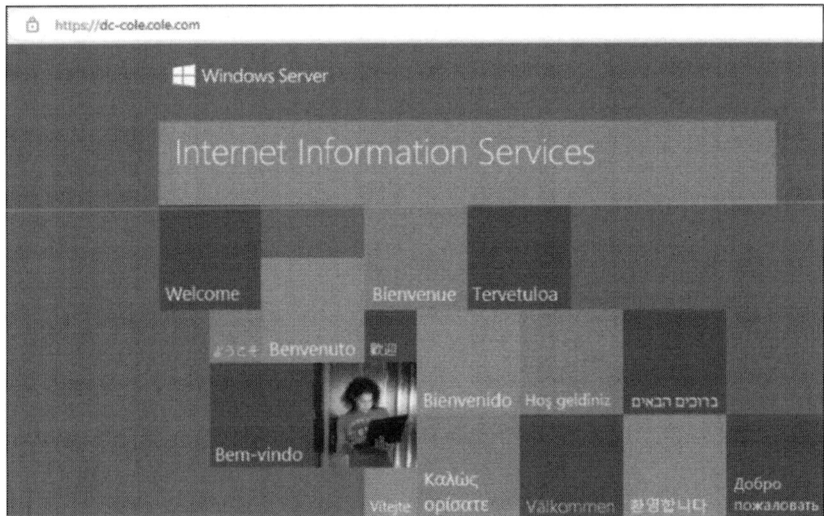

La conexión se establece sin mensaje de error y el candado que indica la conexión HTTPS está presente.

Lo mismo ocurre cuando visitamos el sitio web de registro, ya que se incluye en el sitio por defecto.

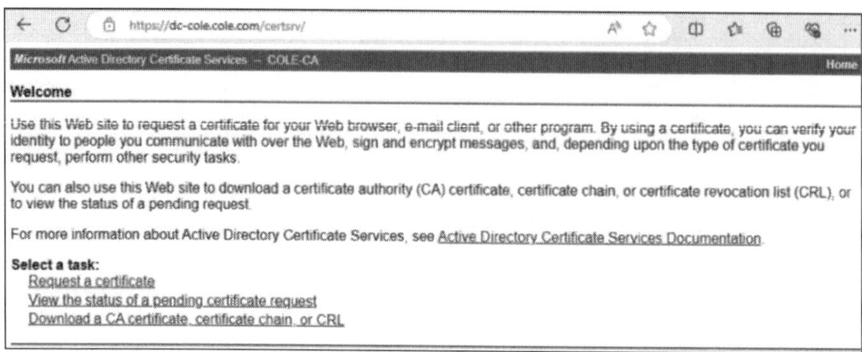

5.7 Copia de seguridad ADCS

5.7.1 Copia de seguridad de la base de datos y de la clave

Los primeros elementos de los que hay que hacer una copia de seguridad son la clave privada y la base de datos. Para hacer esto, tenemos que ir a la consola de administración de la autoridad de configuración.

- Haga clic con el botón derecho del ratón en la autoridad y vaya a **All Tasks**. Seleccione **Back up CA**.

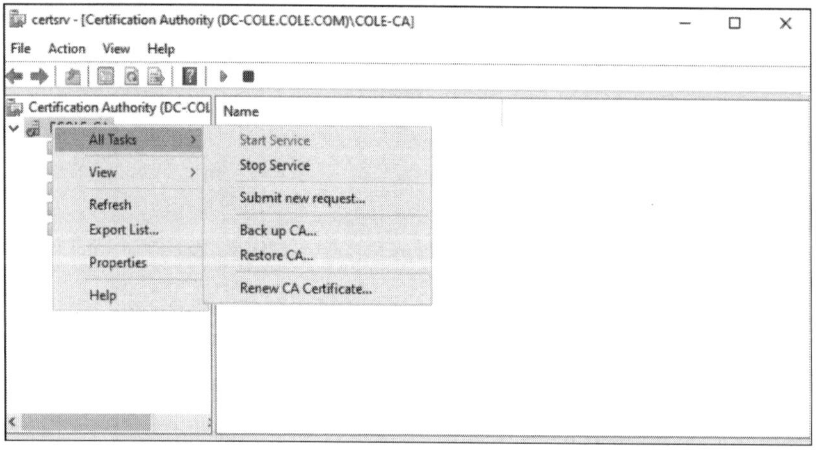

- Ignore la primera página y, en la segunda, seleccione las opciones para hacer una copia de seguridad de la base de datos y de la clave. A continuación, especifique la ubicación de la copia de seguridad.

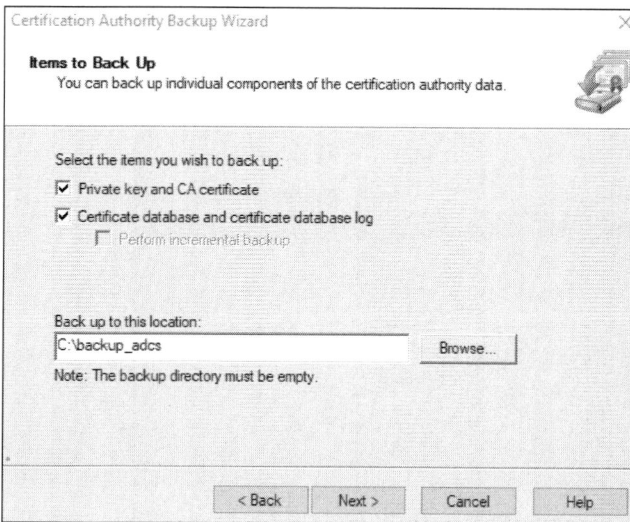

▶Añada una contraseña a la copia de seguridad.

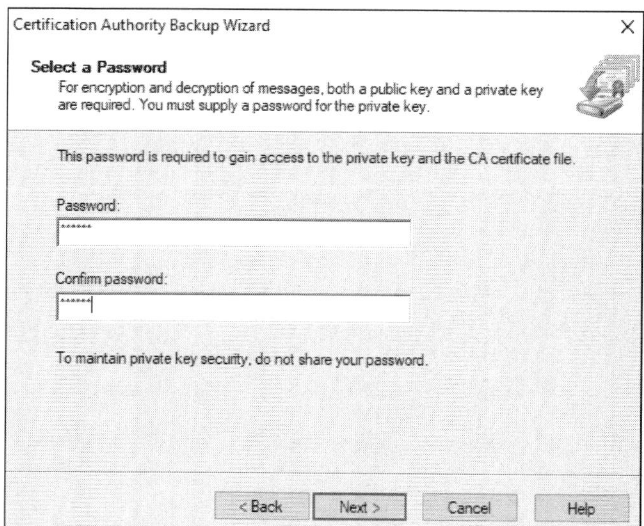

▶Por último, aparece la pantalla de resumen, haga clic en **Finish**.

Se ha realizado una copia de seguridad de la base de datos y del certificado raíz que contiene la clave.

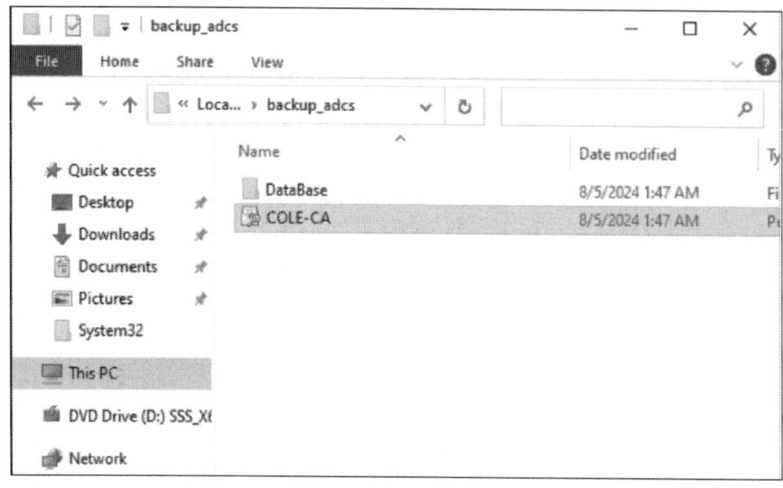

Si entramos en la carpeta, encontramos el archivo EDB, que es la base de datos propiamente dicha, con un archivo de registro y un archivo de copia de seguridad.

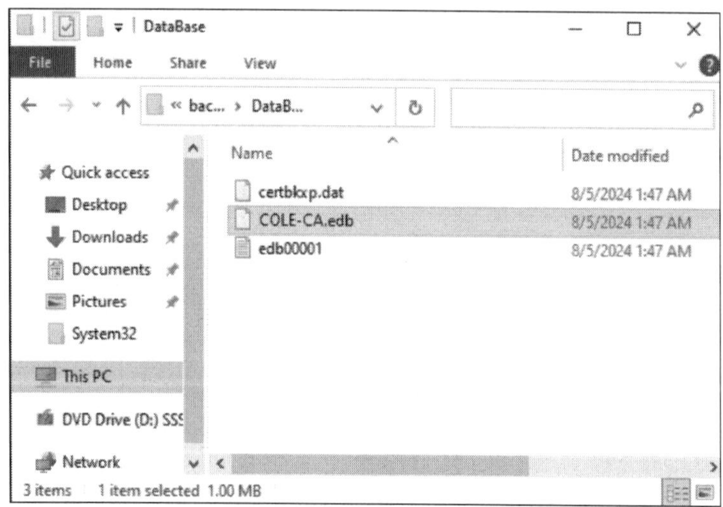

5.7.2 Guardar los ajustes de autoridad

Los parámetros de la autoridad de certificación están contenidos en un archivo:
HKLM\SYSTEM\CurrentControlSet\Services\CertSvc\Configuration

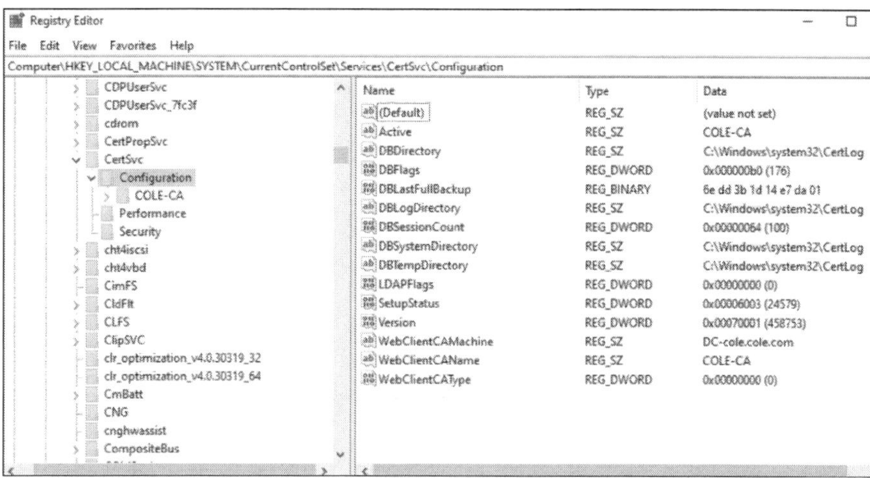

▶ Para guardar esta configuración, exporte la clave de registro **CertSvc** y su contenido. Haga clic con el botón derecho del ratón en la clave y seleccione **Export**.

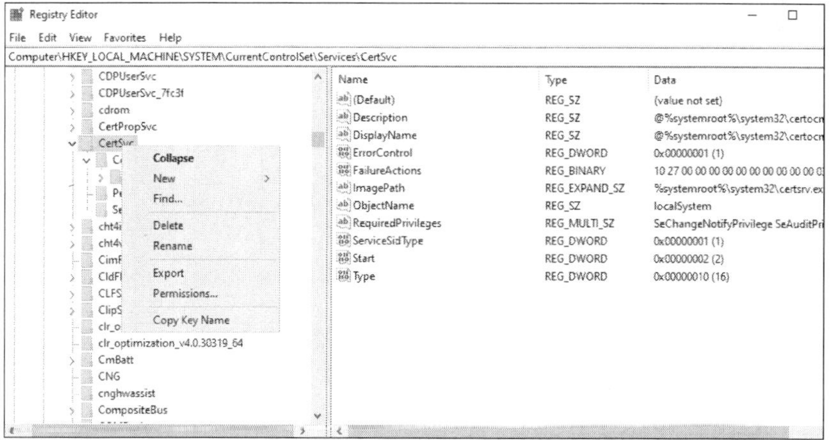

- Elija la ubicación de la copia de seguridad y dele un nombre a la exportación. Haga clic en **Save**.

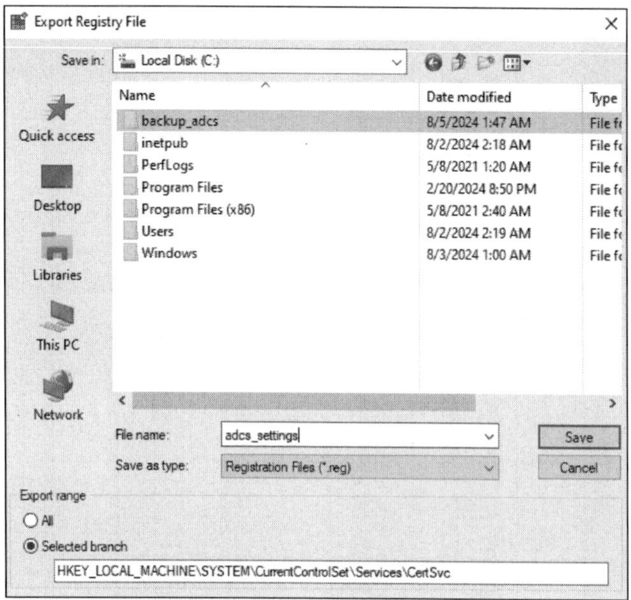

6. DNS over HTTPS

Como novedad para Server 2022, ahora es posible utilizar HTTPS para el tráfico DNS, pero sólo para la parte cliente DNS de Windows Server, no para el servidor DNS. Esta práctica se denomina *DNS over HTTPS* o DoH.

En este caso, el tráfico DNS se encapsulará en HTTPS utilizando el puerto 443 y se cifrará utilizando el protocolo TLS.

6.1 Implementación

Para activar DNS sobre HTTPS, vaya a la configuración y a la configuración de red.

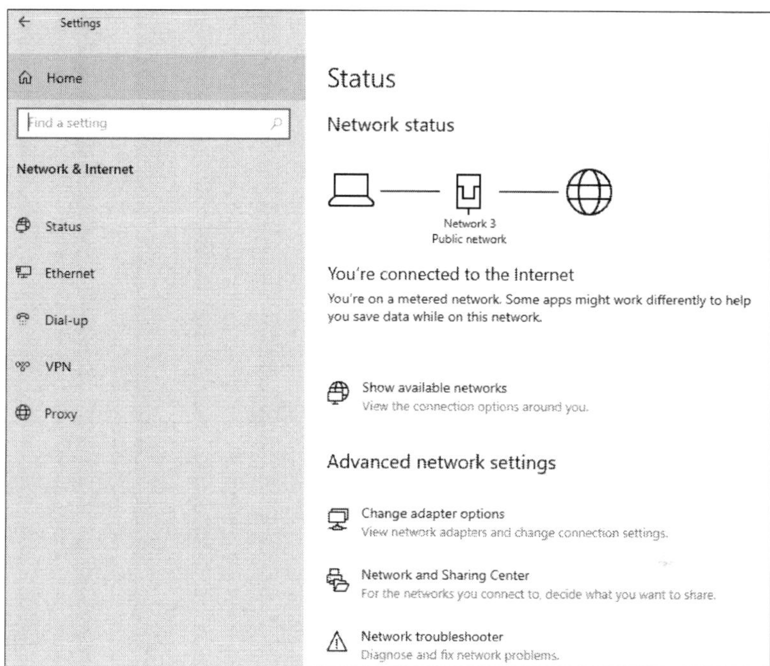

- A continuación, vaya a **Ethernet** y haga clic en el icono de la red a la que está conectado.

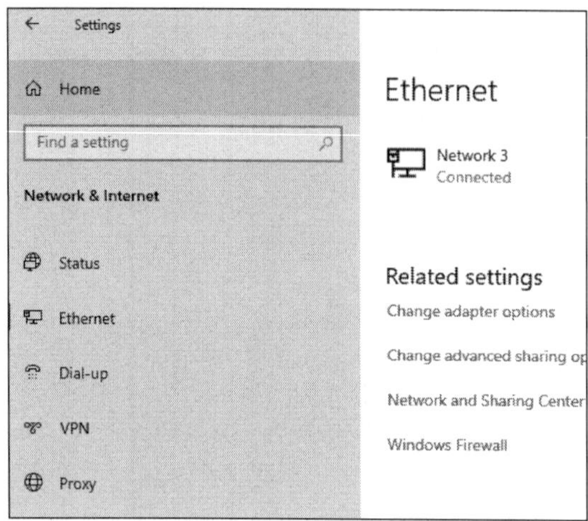

▶ Desplácese hasta la configuración DNS y haga clic en **Edit**.

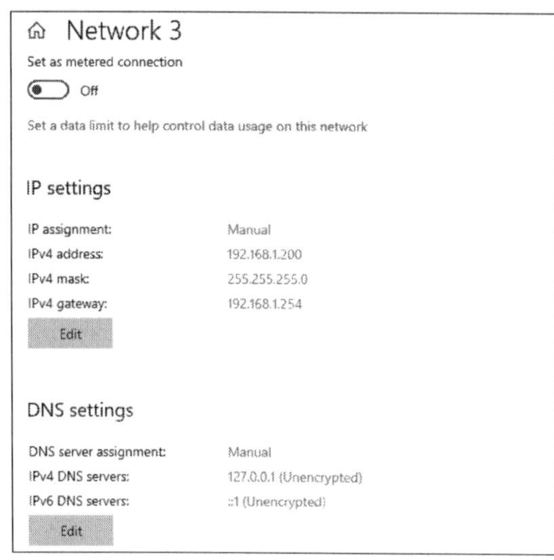

Estamos en un controlador de dominio, así que vamos a dejarlo como el servidor DNS preferido. Sin embargo, vamos a añadir un servidor DNS secundario.

Si queremos añadir un servidor DNS externo que acepte peticiones DNS sobre HTTPS, debemos asegurarnos de que el servidor que queremos añadir permite este tipo de tráfico.

Existe un comando PowerShell para preguntar al sistema qué servidores DNS habilitados para HTTPS conoce:

```
Get-DnsClientDohServerAddress
```

El resultado es el siguiente:

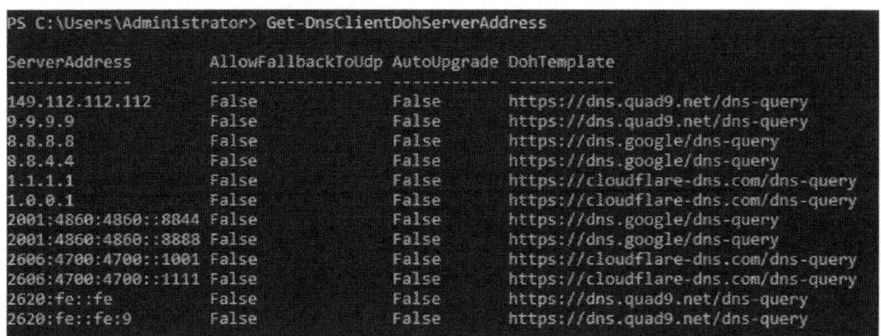

PS C:\Users\Administrator> Get-DnsClientDohServerAddress

ServerAddress	AllowFallbackToUdp	AutoUpgrade	DohTemplate
149.112.112.112	False	False	https://dns.quad9.net/dns-query
9.9.9.9	False	False	https://dns.quad9.net/dns-query
8.8.8.8	False	False	https://dns.google/dns-query
8.8.4.4	False	False	https://dns.google/dns-query
1.1.1.1	False	False	https://cloudflare-dns.com/dns-query
1.0.0.1	False	False	https://cloudflare-dns.com/dns-query
2001:4860:4860::8844	False	False	https://dns.google/dns-query
2001:4860:4860::8888	False	False	https://dns.google/dns-query
2606:4700:4700::1001	False	False	https://cloudflare-dns.com/dns-query
2606:4700:4700::1111	False	False	https://cloudflare-dns.com/dns-query
2620:fe::fe	False	False	https://dns.quad9.net/dns-query
2620:fe::fe:9	False	False	https://dns.quad9.net/dns-query

Sólo queda introducir el servidor DNS elegido y seleccionar la opción que activa e DNS sobre HTTPS. Para activar la opción, el servidor DNS introducido debe aceptar peticiones DoH.

Observación

Por supuesto, la misma configuración es perfectamente factible en la configuración del servidor DNS preferido, si así lo deseamos.

6.2 Configuración mediante directivas de grupo

Es posible configurar DNS sobre HTTPS en los equipos informáticos de nuestra empresa, mediante directivas de grupo. La directiva que permite esta configuración se encuentra en la siguiente ubicación: **Computer Configuration - Policies - Administrative Templates - Network - DNS Client**. La directiva se llama **Configure DNS over HTTPS (DoH)**.

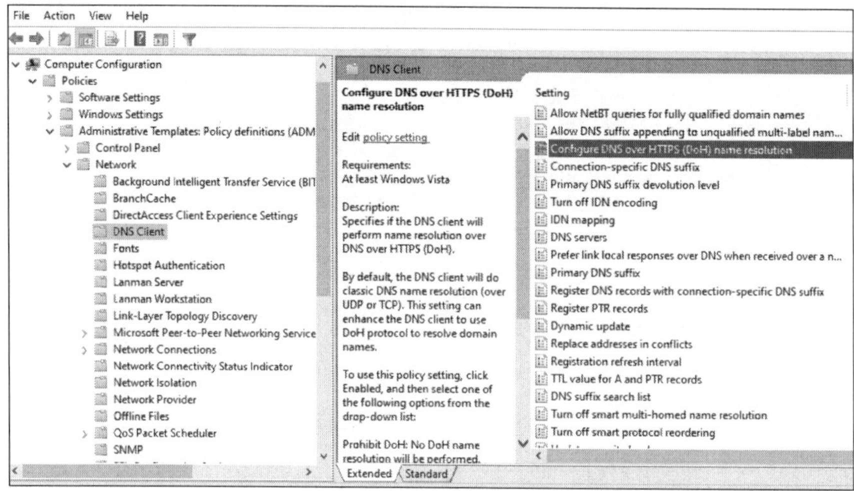

Esta directiva ofrece tres configuraciones posibles:

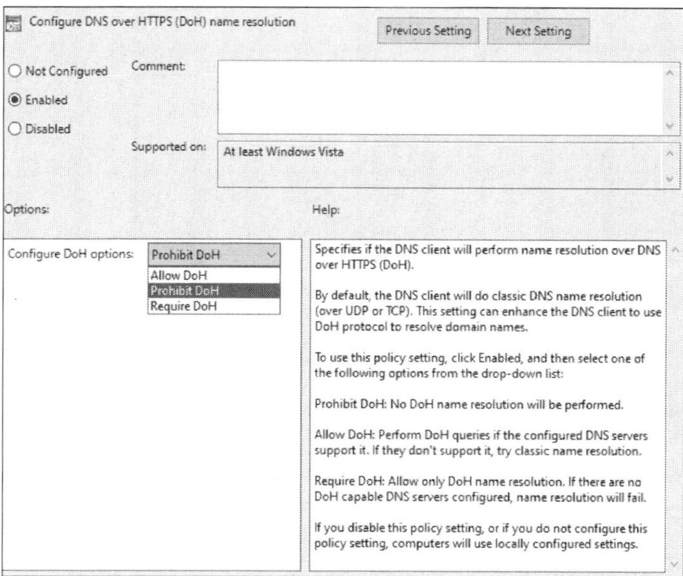

- **Allow DoH**: las consultas DNS se realizarán utilizando DoH si el servidor consultado soporta el protocolo. En caso contrario, se realizarán utilizando el protocolo DNS tradicional en el puerto 53.
- **Prohibit DoH**: no se puede utilizar DoH.
- **Require DoH**: las consultas se realizarán necesariamente utilizando DNS sobre HTTPS. Si el servidor consultado no soporta este protocolo, las consultas fallarán.

Como DoH está actualmente implementado en Windows Server, sólo en el lado del cliente DNS, esta directiva no debería ser implementada para máquinas que son miembros del dominio. Esto se debe a que tendrán el controlador de dominio como su servidor DNS e, inevitablemente, será incapaz de manejar DoH.

A

B

C

D

E

F

G

H

I

J

M

N

P

Q

R

S

U

V

Para poder acceder durante un año
a la versión online de este libro,
envíenos su justificante de compra a

librodigital@ediciones-eni.com

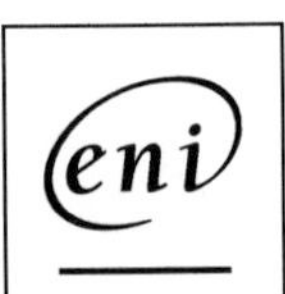